Inhaltsverzeichnis

1. EINLEITUNG　9

Bali auf einen Blick _____ 11

> ❗ Die roten Seiten: Highlights, Supertipps und Warnungen

2. Bali – Insel der Götter und Dämonen　13

Historischer Überblick　13
Zeittafel Indonesiens _____ 13
Balis historischer Werdegang _____ 19
Bedeutende Persönlichkeiten _____ 37
Vicki Baum 37 · Antonio Mario Blanco 37 · Rudolf Bonnet 38 · Willem Gerard Hofker 39 · I Gusti Nyoman Lempad 39 · Arie Smit 40 · Han Snel 41 · Walter Spies 41 · Paden Ahmed Sukarno 43

Landeskundlicher Überblick　44
Geographie _____ 44
Klima _____ 49
Fauna _____ 51
Landfauna 51 · Meeresfauna 54 · Flussfauna 56
Flora _____ 56
Wirtschaft _____ 60
Bevölkerung und Gesellschaft _____ 67
Bildungswesen _____ 78
Das politische System: Staat und Verwaltung _____ 79
Indonesien 79 · Bali 82
Sprache _____ 83
Was die Menschen bedrückt _____ 86

Kunst und Kultur　93
Architektur _____ 95
Kosmologische Ordnung – gebauter Glaube 95 · Pavillons und Speicher 98 · Portale 100 · Schreine 101 · Glockenturm 104 · Dörfliche Anwesen 104 · Das balinesische Dorf (Desa) 107 · Tempel (Pura) 108 · Paläste (Puri) 113
Steinmetzarbeiten _____ 113
Holzschnitzkunst _____ 115
Malerei _____ 117
Gamelan _____ 121
Tänze, Tanzdramen & Theaterspiele _____ 127
Arja 130 · Baris 130 · Barong 131 · Barong landung 133 · Calonarang 133 · Gambuh 134 · Janger 134 · Jauk 135

• Jogéd bumbung 135 • Kebyar 135 • Kecak (auch Kejak oder Kejek) 136 • Legong 137 • Oleg tambulilingan 138 • Pendet 138 • Ramayana 139 • Rejang 139 • Sanghyang 139 • Topeng 141 • Wayang wong oder Wayang orang 142

Das Wayang-Spiel 142
Literatur und Dichtung 149
Ramayana 151 • Mahabharata 154
Die balinesischen Kalender 157
Islamischer Kalender 157 • Pawukon 157 • Saka 158
Kunsthandwerk 159
Batik 159
Webarbeiten 160
Ikat oder Endek 160 • Doppel-Ikat oder Geringsing 162 • Prada 163 • Songket 163
Silber- und Goldarbeiten 163
Flechtarbeiten 164
Keramik 165
Der Kris 166

Religion 169
Der balinesische Hinduismus 170
Das balinesische Pantheon 178
Die Priester 182
Riten und Feste 183
Riten 184 • Feste 192

Archipel der Gaumenfreuden: die Küche Indonesiens 204

3. Bali als Reiseziel 225

Allgemeine Reisetipps von A-Z 225
Regionale Reisetipps von A-Z 359
Organisierte Touren 466
   Zu Lande 466
   Zu Wasser 469
   In der Luft 471
Programmvorschläge 471
   Programmvorschlag für einen dreitägigen Aufenthalt 472
   Programmvorschlag für einen fünftägigen Aufenthalt 472
   Programmvorschlag für einen siebentägigen Aufenthalt 472

Die Grünen Seiten: Das kostet Sie Bali

Die Blauen Seiten: News aus Bali

4. Bali sehen und erleben 473

Das touristische Dreieck 474
Denpasar 474 · Redaktions-Tipps 476 · Sanur 486 · Pulau Serangan 490 · Tuban 494 · Kuta 494 · Legian/Seminyak/Kerobokan 496

Die Halbinsel Bukit Badung 497
Redaktions-Tipps 498 · Jimbaran 499 · Ungasan 500 · Uluwatu 501 · Nusa Dua 505 · Tanjung Benoa 507

Die vorgelagerten Inseln 509
Nusa Penida 509 · Redaktions-Tipps 509 · Nusa Lembongan 513 · Nusa Ceningan 515

Das Herz Balis 516
Batubulan 517 · Redaktions-Tipps 518 · Singapadu 519 · Sukawati 520 · Batuan 522 · Kemenuh 523 · Blahbatuh 524 · Bona 525 · Mas 527 · Singakerta 529

Ubud 530
Redaktions-Tipps 531

Nördlich von Ubud 541
Payangan und Keliki 542 · Redaktions-Tipps 543 · Taro 545 · Jasan 546 · Sebatu 547 · Tampaksiring 548

Östlich von Ubud 553
Redaktions-Tipps 554 · Pejeng 556 · Bedulu 558 · Gianyar 564

Von Bangli nach Candi Dasa 566
Bangli 566 · Redaktions-Tipps 567 · Penglipuran 572 · Sidan 574 · Semarapura 576 · Tihingan 582 · Goa Lawah 583 · Padangbai 584 · Manggis 585 · Tenganan 586 · Candi Dasa und Sengkidu 590

Der Osten 592
Amlapura 592 · Redaktions-Tipps 594 · Amed 598 · Tirtagangga 599

Der Gunung Agung und seine Südflanke 601
Redaktions-Tipps 602 · Besakih 603 · Iseh 612 · Sidemen 612 · Putung 612

Der Nordosten und der Danau Batur 613
Redaktions-Tipps 614 · Tulamben 614 · Tembok und Sambirentang 615 · Kintamani 618 · Penelokan 621 · Kedisan 622 · Toya Bungkah 625

Inhaltsverzeichnis

Reiserouten

Rund um Singaraja und Lovina — 629
Air Sanih 629 · Redaktions-Tipps 630 · Kubutambahan 631 · Singaraja 634 · Lovina 638

Die Region des Danau Bratan — 640
Gitgit 640 · Redaktions-Tipps 641 · Pancasari 642 · Candi Kuning 642

Vom Danau Bratan nach Pemuteran — 647
Redaktions-Tipps 647 · Wanagiri 647 · Munduk 650 · Seririt und Banjar 651 · Cape Gondol/Melanting 653 · Pemuteran 654

Der Westen — 656
Banyuwedang und Labuhan Lalang 656 · Redaktions-Tipps 657 · Cekik 660 · Gilimanuk 661 · Negara 666 · Sangkar Agung 668 · Pantai Medewi 669

Zwischen Pantai Medewi und Tabanan — 671
Redaktions-Tipps 672 · Belimbing 674 · Lalang Linggah 674 · Kerambitan 674 · Tibubiyu 676 · Tabanan 676 · Pantai Yeh Gangga 678

Im Regierungsbezirk Tabanan — 679
Wanasari 681 · Penatahan 681 · Redaktions-Tipps 681 · Wangayagede 682 · Jatiluwih 684 · Pacung 685 · Sembung 686 · Marga 686 · Kukuh 687 · Sangeh 688 · Mengwi 689 · Kapal 691 · Pantai Canggu 694 · Tanah Lot 695

5. Kleiner Sprachführer — 697
Zahlen 697 · Monate 697 · Wochentage 697 · Zeitangaben 698 · Pronomen 698 · Wichtige Begriffe (allgemein) 698 · Begrüßungs- und Höflichkeitsformeln 699 · Wichtige Redewendungen 700 · Geographie, Reise und Verkehr 701 · Unterkunft 702 · Essen und Trinken 703 · Einkaufen 704 · Behörden 705 · Im Krankheitsfall 706 · Farben 706

6. Glossar — 707

7. Literaturverzeichnis — 720
Allgemeines 720 · Historisches 721 · Kunst und Kultur 721 · Religion 723 · Belletristik 723 · Sprache 724

8. Stichwortverzeichnis — 725

Außerdem weiterführende Informationen zu folgenden Themen:
Gajah Mada und der ‚König mit dem ausgewechselten Gesicht' 23 • Vulkanismus 46 • Der Wasserbüffel 53 • Der Bambus 58 • Reis 62 • Bevölkerungsentwicklung Indonesiens 67 • Adat 70 • Lontar-Blätter 150 • Opfergaben 176 • Der Verbrennungsturm 188 • Hahnenkampf und andere Glücksspiele 196 • Der Warung 256 • Rijstaffel: die indonesische Reistafel 262 • Kamar mandi 335 • Besteigung des Gunung Agung 609 • Besteigung des Gunung Batur und des Gunung Abang 626 • Besteigung des Gunung Catur 645 • Wasserbüffelrennen und musikalische Schmankerln 664 • Besteigung des Gunung Batukau 683

Verzeichnis der Karten und Grafiken:

Amlapura 595	Körperliche Maßeinheiten 98
Aufbau einer balinesischen Wayang-Bühne 145	Kuta / Legian: die Region 495
Bali Museum 480	Kuta/Legian (Restaurants, Geschäfte) 384/385
Bangli 570	
Blahbatuh 524	Lovina (Hotels, Restaurants, Geschäfte) 396/397
Brahma Vihara Asrama 651	
Bugbug 592	Minibus- und Bemo-Preise im Inselsüden 345
Bukit Badung 497	Museum Puri Lukisan 538
Candi Dasa (Hotels, Restaurants, Geschäfte) 366/367	Nawa-sanga: die balinesische Windrose 171
Danau Batur: die Region 617	Negara 667
Danau Bratan: die Region 642	Neun Richtungstempel Balis 97
Danau Buyan und Danau Tamblingan 649	Ngurah Rai International Airport 227
Denpasar (Hotels, Restaurants, Geschäfte) 370/371	Niederschlagsverteilung 51
	Nusa Dua (Hotels, Restaurants, Geschäfte) 404/405
Denpasar: Stadtzentrum 477	Nusa Dua 506
Der ‚Mond von Pejeng' nach W.O.J. Nieuwenkamp) 556	Nusa Lembongan 513
	Nusa Penda 511
Gamelan-Instrumente: die wichtigsten 126	Padangbai 585
Gelgel 575	Pejeng und Bedulu 555
Geologische Struktur Balis 46	Pemuteran 655
Gianyar 564	Pura Kehen 570
Goa Gajah 561	Pura Luhur Uluwatu 502
Grundriss eines dörflichen Anwesens 106	Pura Maospahit: Grundriss 482
Grundschema für die Errichtung familiärer Anwesen 105	Pura Meduwe Karang 631
	Pura Penataran Agung Batur 619
Gunung Kawi 551	Pura Penataran Agung Besakih 606
Indonesische Archipel 44	Pura Rambut Siwi 669
Indonesisches Staatswappen 80	Pura Sada Kapal 692
International Terminal 228	Pura Taman Ayun 690
Jimbaran 499	Pura Ulun Danu Bratan 643
Kahyangan Tiga 110	Sanur (Hotels, Restaurants, Geschäfte) 420/421
Kekayon 148	Sanur 488

Semarapura	578	Tirtagangga	600
Seminyak (Hotels, Restaurants, Geschäfte)	430/431	Tempelanlage: schematischer Grundriss	110
Singaraja	635	Tonsysteme: westliche und javanisch-balinesische	124
Strände: die besten	323		
Surf- und Windsurfreviere: die besten	322	Toya Bungkah	626
		Tuban (Hotels, Restaurants, Geschäfte)	446/447
Tabanan	677		
Taman Gili	579	Ubud (Restaurants, Geschäfte)	452/453
Tampaksiring	548	Ubud	532/533
Tanjung Benoa (Hotels, Restaurants)	439	Verwaltungsbezirke Balis	82
		Wanara Wana (Plan des Affenwaldes von Ubud)	536
Tanjung Benoa	507		
Tauchreviere: die besten	318	Wayang-kulit-Puppe: Dewi Sinta	143
Tempel im Bereich des Pura Besakih	605	Wayang-kulit-Puppe: Rama	146

Legende

- ═══ Autobahn/beschr. Route
- ─── Hauptstraße/beschr. Route
- ─── Nebenstraße/beschr. Route
- ● Ortschaften
- ★ Sehenswürdigkeiten
- ☆ Aussichtspunkt
- ▲ Berg
- Park/Wald~Nationalpark
- Strand
- Surfen/Windsurfen
- Tauchmöglichkeit
- ⚓ Hafen
- ✈ Flughafen
- Busbahnhof
- Ausflugsboot
- Autofähre
- Ⓟ Parkplatz

- ⓘ Information
- $ Bank
- Polizei
- Toiletten
- behindertenger. Aufzug
- ✉ Post
- Tankstelle
- Denkmal
- Ⓜ Museum
- wichtige Gebäude
- ✚ Krankenhaus
- Einkaufsmöglichkeit
- Markt
- Kunsthandwerkermarkt
- Fischmarkt
- Tempel
- Golfplatz

© *i* graphic

I. EINLEITUNG

In den achtziger und zu Beginn der neunziger Jahre des 20. Jahrhunderts dem fast ganz Asien heimsuchenden rauschartigen Traum vom schier unbegrenzten Wirtschaftswachstum erlegen, stürzte keines der davon betroffenen Länder in der zweiten Hälfte der neunziger Jahre so tief wie Indonesien, gebeutelt von Inflation und wirtschaftlichem Desaster, die wiederum auch in – zum Teil schon seit Jahrzehnten schwelenden und nunmehr voll ausbrechenden – ethnischen Konflikten gipfelten, derer die korrupte und marode Regierung in Jakarta bis zum heutigen Tage nicht Herr zu werden vermochte. Viele fürchten schon, dass eine Balkanisierung dem riesigen indonesischen Archipel drohe, dieser infolge sich zuspitzender religiöser und ethnischer Auseinandersetzungen zerrissen werden könnte, territorial wie sozial.

Wie ein Wunder mutete es während all dieser von Unruhen geprägten Jahre an, dass Bali nur einmal wirklich negativ in die Schlagzeilen geriet, und auch dann nur für einen Tag, als einige fanatisierte, großenteils von außen eingeschleuste Unruhestifter mehrere Gebäude in Singaraja niederbrannten und marodierend und plündernd durch die Straßen der Stadt zogen. Und einem fast noch größeren Wunder kam es gleich, dass der Spuk bereits nach einem Tag wieder vorbei war, Bali und seine Bewohner sich nicht in den aberwitzigen, irrsinnigen Strudel von Gewalt hineinreißen ließen, in den immer weitere Teile des Archipels von politischen und religiösen Scharfmachern hineingesogen wurden.

Ist Bali also doch der viel gepriesene Hort der Glückseligen? Jener Ort, an dem man den Sorgen und der Hektik der so genannten westlichen Zivilisation entfliehen kann? Ein Ort, an dem noch Menschlichkeit herrscht, man das Wort ‚wir' noch nicht aus dem Wortschatz gestrichen hat, das Ego nur Teil eines großen Ganzen, einer Gemeinschaft ist, nach der man sich in unseren Breiten so sehr sehnt, obwohl immer weniger bereit sind, ihren Beitrag dafür zu leisten, Selbstsucht und Egozentrismus, Streben nach Karriere und Ansehen aus dem Alltag verdrängen, was zu einem Miteinander gehört.

Nein, ein Ort an dem nur Nektar fließt und eitel Sonnenschein herrscht ist Bali sicherlich nicht, dafür müssen auch die Balinesen mit viel zu vielen Alltagsproblemen fertig werden, und zwar heutzutage mehr denn je, denn die wirtschaftliche Misere des Landes und die damit einhergehenden sozialen Schwierigkeiten sind auch an ihren Gestaden nicht einfach vorbeigegangen. Unter das Lächeln der Balinesen mischen sich in den letzten Jahren immer mehr Sorgenfalten, für die jedoch nicht nur die Situation im eigenen Lande verantwortlich zu machen ist, sondern in nicht unerheblichem Maße auch das Auftreten und Benehmen derjenigen, die eigentlich als Gäste auf die Insel kommen, sich jedoch gar allzu oft daneben benehmen.

Was in den zwanziger und dreißiger Jahren des letzten Jahrhunderts mit einer kleinen Schar Intellektueller und Künstler begann, deren zu Träumen verführende Erzählungen und Berichte immer mehr Menschen dazu veranlasste, die Reisestrapazen in das ferne Land auf sich zu nehmen, hat auf Bali mittlerweile mancherorts dazu geführt, dass sich die zu Sonne und Fun Herbeigeeilten derart daneben benehmen, wie sie es an vielen Orten rund um den Globus tun.

Mit dem Hinweis auf die drohende Über- und Entfremdung schon mehrfach totgesagt, vermochte sich Bali allen Unkenrufen zum Trotz sein zum Überleben seiner Identität notwendiges soziales Gefüge weitestgehend zu erhalten, was nicht heißen will, dass nicht hier und da bedrohliche Risse im Fundament auszumachen sind, die zu kitten man aber bis dato noch einigermaßen imstande war.

Damit diese Risse nicht größer und tiefer werden, müssen vor allem wir, die wir uns der Gastfreundschaft der Inselbewohner erfreuen dürfen, ihnen jenen Respekt zollen, den sie verdient haben und erwarten können. Denn es liegt zu einem Guttteil an uns, ob uns die einzigartige Kultur der Balinesen auch weiterhin erhalten bleibt, eine Gesellschaft, deren oberstes Prinzip die Konfliktvermeidung ist, die in ihrem Innersten im Einklang mit Mitmenschen und Natur zu leben trachtet, den Nächsten als Mitmenschen und nicht als Konkurrenten sieht. Und nichts fürchten die Balinesen schließlich mehr als die Störung dieser Harmonie, für deren Erhalt sie alles ihnen Mögliche unternehmen, angefangen von den dreimal täglich dargebrachten kleinen Opfergaben an den Hausaltären und an wichtigen Energiepunkten, bis hin zur Teilnahme an den regelmäßig stattfindenden Tempelfesten, denn nur so ist einigermaßen gewährleistet, dass ihre Welt nicht ganz aus den Fugen gerät.

Natürlich hat sich auch Bali seit meinem ersten Besuch im Jahre 1983 dramatisch verändert, insbesondere der Süden, den ich schon wenige Jahre später nicht mehr wiedererkannte, vereinnahmt vom Rummel einer wenig Einfühlungsvermögen und Respekt zeigenden vergnügungssüchtigen Klientel, die ganz wesentlich dafür verantwortlich zu machen ist, dass das Image Balis gelitten hat.

Ein Image, das dem allergrößten Teil der Insel und seiner Bewohner zum Glück nicht gerecht wird, denn noch immer überrascht mich Bali bei meinen Streifzügen mit grandiosen Landschaften und Menschen, deren Offenheit und Herzlichkeit mich auch heute noch zutiefst berühren. Und eben diese von Herzen kommende Wärme ist es, die einen jeden vom ersten Augenblick an gefangen nimmt, ihm den Abschied schwer und das Wiederkommen leicht macht.

Bali ist sicherlich nicht der Hort der Glückseligen, war es auch nie, allenfalls in den Augen allzu verklärter Fremder, die blind waren für die Ängste und Probleme der Inselbewohner, aber ebenso wenig ist Bali tot, ganz im Gegenteil, im Spannungsfeld zwischen gestern und morgen sucht und geht es seinen Weg, ruhend auf den über Jahrhunderte hinweg gewachsenen Fundamenten einer im Großen und Ganzen noch immer homogenen und stabilen Gesellschaft, die uns in mancher Hinsicht Vorbild sein könnte.

Nein, der Zauber Balis ist noch lange nicht verflogen, dazu hat das Eiland viel zu viel zu bieten, ist seine Bevölkerung viel zu stolz und gastfreundlich. Und wer einmal da war, verspürt den Wunsch immer wieder zu kommen, denn hier findet wahrlich fast ein jeder, wonach er in seinen Urlaubsträumen sucht.

Bali und Balinesen nehmen gefangen, lassen einen, wenn man sich auf sie einlässt, nicht mehr los – im positiven Sinn. Und letztendlich will man auch gar nicht mehr losgelassen werden.

Ich denke oft an die Worte eines guten balinesischen Freundes: „Balinesen erzeugen Kunst und opfern Kunst." Während er diese Worte damals lediglich auf die kunsthandwerklichen Produkte und die tagtäglich dargebrachten Opfergaben bezog, sind sie für mich zum Inbegriff des balinesischen Lebens geworden: Kunst zum Leben, die Kunst zu leben. Ihr kann man, wenn man sich öffnet, seine gewohnten Normen vergisst, sich einzufühlen bemüht, auf dieser Insel ein Gutteil näher kommen. Und dabei will Ihnen dieses Buch ein wenig helfen.

Und gibt es etwas Schöneres, als von einer Reise ein Stück Lebensweisheit, neue Lebensperspektiven mit nach Hause zu nehmen?

Neunkirchen am Brand
im November 2004

Bali auf einen Blick

Fläche	5.632,86 km²
Bevölkerung	3,2 Millionen
Bevölkerungswachstum	1,5 Prozent
Analphabetenrate	weniger als 2 Prozent
Lebenserwartung	Männer: 66,8 Jahre; Frauen: 71,8 Jahre
Arbeitslosigkeit	2003 mindestens 20 Prozent, genaue statistische Zahlen liegen bislang nicht vor
Bruttosozialprodukt	US$ 590 pro Einwohner
Amtssprache	Bahasa Indonesia
Religion	95 Prozent Hindus, 4,5 Prozent Muslims und 0,5 Prozent Christen
Hauptstadt	Denpasar
Weitere wichtige Städte	Amlapura, Bangli, Gianyar, KutaiLegian, Negara, Sanur, Semarapura, Singaraja, Tabanan, Ubud

Bali auf einen Blick

Flagge	Querrechteckig, in zwei gleich große Rechtecke geteilt, oben rot, unten weiß
Staats- und Regierungsform	Zentralistisch organisierte Präsidialrepublik mit Volkssouveränität – Verfassung vom 18. August 1945, mit Ergänzung von 1969
Verwaltung	neun Regierungsbezirke (Kapubaten), unterteilt in 51 Unterbezirke (Kecamatan), die wiederum in rund 570 Dörfer (Desa) und Stadtbezirke zerfallen; darüber hinaus ca. 1.480 kleine Dörfer (Desa adat), die aus rund 3.630 Banjar (Dorfbezirke oder Stadtviertel) bestehen.
Staatspräsident	Frau Megawati Sukarnoputri (seit 23. Juli 2001)
Parteien	24 Parteien an den Parlamentswahlen im April 2004 beteiligt
Unabhängigkeit	27. Dezember 1949
Nationalfeiertag	17. August (Hari Proklamasi Kemerdekaan)
Wirtschaft	Bruttosozialprodukt: US$ 18.535.000, Wirtschaftswachstum: 3,83 Prozent, Anteile an Arbeitskräften: Tourismus ca. 52 Prozent, Landwirtschaft ca. 44 Prozent
Import	Gesamtwert: US$ 26.000.000, Güter: Konsumgüter, Elektronik, Kraftfahrzeuge und Kraftfahrzeugzubehör
Export	Gesamtwert: US$ 230.000.000, Güter: Textilien, kunsthandwerkliche Erzeugnisse, Lebensmittel
Tourismus	Touristen: 2003 unter 1 Mio., Einnahmen aus dem Tourismus: ca. US$. 1 Mrd.
Die wichtigsten Agrarprodukte	Reis, Kokosnüsse, Obst, Kautschuk, Zuckerrohr, Tee, Kaffee
Währung	Indonesische Rupiah
Probleme	Der internationale Terrorismus islamischer Fundamentalisten und dessen Bekämpfung
Zeitverschiebung	MEZ + 7 Stunden, während der europäischen Sommerzeit MEZ + 6 Stunden

2. BALI – INSEL DER GÖTTER UND DÄMONEN

Historischer Überblick

Zeittafel Indonesiens

ab ca. 500 000 v.Chr. Erste Besiedlungsspuren des so genannten ‚Java-Menschen' im Gebiet des heutigen indonesischen Archipels.
ab ca. 30 000 v.Chr. Erstes Auftreten des Homo sapiens.
ca. 2500-1500 v.Chr. Entstehung einer jungsteinzeitlichen Kultur, ausgelöst durch mehrere auf dem Seeweg erfolgte Einwanderungswellen proto- und altmalaiischer Völker aus der südchinesischen Provinz Yunnan.
ca. 300 v.Chr. Einwanderung deutero- oder jungmalaiischer Völker aus dem südchinesischen Raum; als Träger der so genannten ‚Dong-Son-Kultur' stehen sie für den Beginn der indonesischen Bronze-Eisenzeit.

Indonesiens Frühgeschichte

ca. 100 n.Chr. Beginn der hinduistisch-buddhistischen Epoche, ausgelöst durch die Kolonisation indischer Händler und religiöser Missionare, deren Einflüsse und Gedankengut freiwillig absorbiert und den Vorstellungen und Bedürfnissen der einheimischen Bevölkerung angepasst werden. Brahmanismus und Buddhismus prägen, zunächst jedoch nur innerhalb der aristokratischen Elite, jenes indisch beeinflusste Geistesleben, das seinen Niederschlag im Weltbild, in der Kunst und Architektur sowie in der politischen und sozialen Organisation der sich nunmehr im indonesischen Archipel entwickelnden Gesellschaft findet. Durch den immer intensiver werdenden Handel mit China und der damit einhergehenden Einwanderung chinesischer Kaufleute gelangt in den folgenden Jahrhunderten auch immer mehr Gedanken- und Kulturgut aus dem Reich der Mitte in die indonesische Inselwelt.
um 400 Erste hinduistische Königreiche auf Westjava und Ostborneo.

Hinduistisch-buddhistische Epoche

ab ca. 650 Aufstieg der ersten wirtschaftlichen Seemacht Indonesiens, des buddhistischen Großreiches Srivijaya mit seiner Hauptstadt Palembang in Südsumatra, das sich zur dominierenden politischen und wirtschaftlichen Macht im südostasiatischen Raum aufschwingt und Westjava unter seine Kontrolle bringt.
ca. 700 Die hinduistisch-shivaistische Sanjaya-Dynastie gründet in Mitteljava das erste Reich von Mataram. Erste islamische Einflüsse im Archipel durch Händler aus der arabischen Welt und erste Spuren des Buddhismus auf Bali.

Das Großreich Srivijaya

ca. 700-775 Srivijaya dehnt seinen Machtbereich bis zur Malaiischen Halbinsel aus. Auf Mitteljava beherrscht die hinduistische Sanjaya-Dynastie das ausgedehnte erste Reich von Mataram.
um 800 Das Großreich Srivijaya verbindet sich mit der buddhistischen Shailendra-Dynastie auf Mitteljava, die für rund ein Jahrhundert die Vorherrschaft in Zentraljava erringt.
800-850 Während in Zentraljava eine Renaissance des hinduistischen Mataram-Reiches stattfindet, verlagern die Shailendra ihre Macht nach Südsumatra und übernehmen dort den Thron von Srivijaya.

Mataram

860-1000 Das Srivijaya-Reich entfaltet seine größte Macht, auf Java jedoch reicht seine Macht nie über den Westteil der Insel hinaus.
992 Das neue ostjavanische Reich unter König *Dharmavangsa* attackiert Srivijaya.

Srivijaya am Höhepunkt der Macht

Historischer Überblick

Airlangga

Erste Islamische Herrscher

Zusammen- bruch Majapahits

Die Nieder- länder kommen

Die VOC

1016/17 Gegenangriff Srivijayas auf Ostjava, wobei König *Dharmavangsa* getötet und sein Reich in viele kleine Fürstentümer zersplittert wird.
1019 Einung und Wiederaufstieg Ostjavas unter König *Airlangga*, dessen Abstammung aus einem balinesischen Fürstengeschlecht die sich fortan intensivierenden Beziehungen zwischen Ostjava und Bali erklärt.
1042 Tod *Airlanggas* und Teilung seines Imperiums in die Reiche von Janggala und Kediri.
1049 Bali erlangt wieder seine Selbstständigkeit.
ab ca.1200 Erste Übertritte indonesischer Herrscher zum Islam.
1222 Der legendenumwobene *Ken Angrok* vereinigt das alte Airlangga-Reich und begründet die bis 1292 existierende Singasari-Dynastie.
1284-1292 Bali von *Kertanegara* (1268-92), dem König der Singasari-Dynastie, erneut unterworfen.
1293 Strafexpedition des *Kublai Khan* von *Raden Wijaya*, dem Schwiegersohn *Kertanegaras*, abgewehrt, der daraufhin das ostjavanische Königreich Majapahit gründet.
ab ca.1300 Starke Ausdehnung des Islam in Nordsumatra, getragen insbesondere von den auf der Malaiischen Halbinsel ansässigen Händlern muslimischen Glaubens, aber auch von persischen, indischen und arabischen Kaufleuten.
ca. 1330-1390 Unter Premierminister *Gajah Mada* (1331-64) und König *Hayam Wuruk* (1350-89) erreicht Majapahit seine größte Ausdehnung und erlebt seinen kulturellen Höhepunkt.
1343 *Gajah Mada* unterwirft Bali, das javanische Kolonie und in der Folgezeit kulturell stark von Java beeinflusst wird.
ab ca. 1400 Der Islam erobert weite Teile Javas, wodurch es auf Bali zur selbstständigen Weiterentwicklung der hinduistisch geprägten Kultur kommt. Das einst große und mächtige Srivijaya-Reich löst sich langsam auf, und auch das Reich Majapahit verliert im Laufe des Jahrhunderts zusehends an Macht.
1509 Erste portugiesische Expedition nach Sumatra.
ca. 1520 Unter dem Ansturm des im Norden Zentraljavas beheimateten islamischen Königreiches Demak bricht das hinduistische Großreich von Majapahit endgültig zusammen, woraufhin die hinduistische Aristokratie größtenteils von Java nach Bali auszieht. Sultanate treten nun an die Stelle des zerfallenen javanischen Großreiches, das islamische Mataram-Reich tritt die Nachfolge Majapahits an.
1522 Die Portugiesen lassen sich auf den Molukken nieder und errichten ein Monopol im Gewürzhandel; gleichzeitig forcieren sie die katholische Missionierung.
1596 Die protestantischen Niederländer, die ihren Unabhängigkeitskampf gegen die spanische Krone und deren Verbündeten Portugal in den Fernen Osten tragen und die Iberer schließlich zum Rückzug zwingen, gründen in Banten (Westjava) einen Handelsstützpunkt und leiten damit ihre Kolonisation des indonesischen Archipels ein.
1602 Gründung der ‚Vereenigde Oost-Indische Compagnie' (VOC), die von Anfang an nicht nur den Charakter einer Handelsgesellschaft, sondern auch den eines politisch-militärischen Machtinstruments zur Erlangung des absoluten Handelsmonopols im indonesischen Inselreich besitzt und Gegengewicht zu den in diesen Ge-

Schutzdämonen wie dieser finden sich in jedem Tempel der Insel.

wässern umtriebigen Spaniern und Portugiesen darstellen soll.

1619 Der von der VOC eingesetzte Generalgouverneur *Jan Pieterszoon Coen* gründet Batavia, das heutige Jakarta.

ca. 1620-1669 Die Holländer festigen – auch durch militärische Siege gegen die ehemalige Kolonialmacht Portugal – ihre Vormachtstellung und setzen ihr Monopol im Gewürzhandel weitgehend durch, wobei sie die einheimische Bevölkerung zum Anbau landwirtschaftlicher Exportgüter zwingen, um so ein Maximum an Profit aus ihrer Kolonie herauszupressen.

Seit Jahrhunderten unverändert: die Reisterrassenlandschaft Balis

Niederländisches Gewürzhandelsmonopol

1749-1755 Der dritte javanische Erbfolgekrieg endet mit der Teilung des islamischen Königreiches Mataram in die miteinander verfeindeten Sultanate Yogyakarta und Surakarta.

1811 Aufgrund der 1806 erfolgten zwangsweisen Eingliederung Hollands in den französischen Staatenverbund während der napoleonischen Kriege wird Java für sieben Monate französische Kolonie.

1881-1816 Englisches Interregnum unter Sir *Thomas Stamford Raffles*, das weitreichende Veränderungen, besonders administrativer, wirtschaftlicher und politischer Natur mit sich bringt.

Englisches Interregnum

1816 Endgültige Übernahme Indonesiens durch das Königreich der Niederlande, wobei Aceh in Nordsumatra unabhängig bleibt.

1825-1830 javanischer Volksaufstand (sog. ‚Java-Krieg') gegen die niederländischen Kolonisatoren unter Prinz *Diponegoro* (1785-1855), ausgelöst durch die rigorose Ausbeutung der Bevölkerung in Form des von *Herman Willem Daendels* zu Beginn des Jahrhunderts eingeführten ‚Zwangsanbausystems' und das damit verbundene rücksichtslose Besteuerungssystem: Das niederländische Kolonialsystem wird in seinen Grundfesten erschüttert.

Volksaufstand

ab 1870 Um ihr durch das ‚Zwangsanbausystem' angeschlagenes Image aufzubessern und die Wirtschaft des Landes, speziell dessen Industrialisierung anzukurbeln, baut die Kolonialmacht das fehlgeschlagene Agrarsystem nach und nach wieder ab und öffnet Indonesien für europäisches Kapital und Unternehmertum, insgesamt jedoch mit relativ wenig Erfolg.

Landwirtschaftliche Reformen

26./27. August 1883 Der Ausbruch des Krakatau in der Seestraße zwischen Java und Sumatra kostet 36.000 Menschen das Leben.

1906 Um der holländischen Kolonisation zu entgehen, wählen auf Bali viele den Freitod (Puputan). Beginn der Unabhängigkeitsbewegung in weiten Teilen Indonesiens.

Beginn der Unabhängigkeitsbewegung

Historischer Überblick

Bali voll- **1908** Vollständige Besetzung Balis durch die Holländer, die erst jetzt den ganzen
ständig Archipel politisch kontrollieren.
besetzt **1918** Einsetzung des ‚Volksraad' als konsultative Institution, vorwiegend bestehend aus von der Kolonialregierung ernannten holländischen Beamten und einheimischen Aristokraten.

Gründung **4. Juni 1927** *Raden Ahmed Sukarno* ruft die ‚Partai Nasional Indonesia' (PNI) ins Leben
der PNF und proklamiert zusammen mit der indonesischen Einheit als Hauptziel der Bewegung die ‚Freiheit für Indonesien' (Indonesia Merdeka). Sein Traum ist die Vereinigung der Gedanken und Zielvorstellungen der drei Hauptströmungen der Unabhängigkeitsbewegung: der gemäßigten islamischen Führer, der Kommunisten und der radikalen Nationalisten, ein Ziel, dem er sich bis zu seinem Lebensende verschreibt.

1930-1939 Die Niederländer weisen die Forderungen der indonesischen Nationalisten nach eingeschränkter Autonomie im Zeitraum von zehn Jahren zurück und verhaften deren Führer, darunter *Sukarno, Dr. Mohammed Hatta* und *Sutan Sjahrir*, mehrmals.

7. Dezember 1941 Holländisch-Ostindien erklärt Japan ein paar Stunden nach dem japanischen Angriff auf Pearl Harbor den Krieg.

10. Januar 1942 Japanische Truppen überfallen Indonesien.

8. März 1942 Die holländischen Kolonialstreitmächte kapitulieren. Ein Großteil der indonesischen Bevölkerung begrüßt die Japaner zunächst als Befreier vom Joch der europäischen Kolonialherren, ehe sich die neuen Herren durch Willkürakte, Grausamkeiten und rücksichtslose Ausbeutung selbst um den Erfolg ihrer Propaganda bringen.

17. August 1945 Zwei Tage nach der bedingungslosen Kapitulation Japans proklamieren *Sukarno* und *Dr. Hatta* die Unabhängigkeit (Merdeka) Indonesiens.

31. August 1945 Gründung einer indonesischen Regierung aus 16 Ministern mit *Sukarno* als Präsident und *Dr. Hatta* als Vizepräsident.

ab September 1945 Im Gefolge britischer Truppen, die den Auftrag haben, die japanischen Soldaten zu entwaffnen, kommen niederländische Soldaten nach Indonesien zurück. Schon bald kommt es zu blutigen, kriegerischen Auseinandersetzungen zwischen der jungen Republik und den Niederländern, die wenig später wieder die Kontrolle über eine ganze Reihe wichtiger Zentren im Lande ausüben.

Zwei Balinesen zu Beginn des 20. Jahrhunderts

21. Juli 1947 Ein auf Java gelandetes niederländisches Invasionskorps versucht im Rahmen der so genannten ersten ‚Polizeiaktion' die verloren gegangenen kolonialen Besitzungen zurückzuerobern.

1949 Aufgrund weltweiter Proteste und infolge energischer Interventionen des UN-Sicherheitsrates und der USA lenken die Niederländer, die allmählich auch militärisch an Boden verlieren, ein und stimmen Verhandlungen über die Zukunft
Indonesien Indonesiens zu.
endlich
unabhängig **23. August -2. November 1949** Die ‚Ronde-Tafel-Conferentie' von Den Haag beschließt die Anerkennung der ‚Vereinigten Staaten von Indonesien' (Indonesia Seri-

IWANOWSKI'S
Highlights Supertipps Warnungen

News im Web: www.iwanowski.de

HIGHLIGHTS

- Das Nonplusultra ist natürlich ein **Helikopterrundflug** (S. 307f) über die Insel der Götter. Zwar ist das Vergnügen nicht ganz preiswert, die dabei gewonnenen Eindrücke werden Sie jedoch mit Sicherheit ein Leben lang nicht vergessen.
- Aus nicht ganz so luftiger Höhe, jedoch kaum weniger beeindruckend, ist der Ausblick vom **Gunung Agung** (S. 609f) und **Gunung Batur** (S. 626ff). Ein Aufstieg zum Sonnenaufgang auf einen der Vulkane lässt Sie die großartige Natur Balis noch intensiver erleben.
- **Wanderungen** durch die Reisterrassenlandschaft Zentralbalis oder im Hinterland von Tenganan (S. 586ff) sowie im Bereich der Seen, z.B. rund um Danau Buyan und Danau Tamblingan (S. 647ff) oder auch rund um den Danau Bratan (S. 641ff).
- Wer Fauna und Flora Balis wirklich kennenlernen möchte, sollte eine mindestens eintägige Wanderung durch den **Taman Nasional Bali Barat** (Nationalpark Westbali) (S. 656ff) unternehmen.
- Für all diejenigen, die gerne tauchen und schnorcheln, gehört die Erkundung der **Unterwasserwelt** rund um die Insel zum Muss, wobei man die schönsten und interessantesten Reviere vor Nusa Lembongan (S. 513ff) und Pulau Menjangan (S. 657) sowie bei Tulamben (S. 614f) und Amed (S. 598) findet.
- Der Top Spot für Surfer ist noch immer **Suluban** (S. 504) im Westen der Bukit Badung.
- Künstlerisch Interessierte sollten sich nicht die Chance entgehen lassen, in den **Werkstätten lokaler Künstler** vorbeizuschauen, die zum Teil auch Unterricht erteilen.
- Besuchen Sie das eine oder andere **Tempelfest** (Termine erhalten Sie bei den Fremdenverkehrsämtern oder aus den diversen Informationsbroschüren sowie im Hotel), wobei besonders das Odalan das Herz eines jeden Fotografen höher schlagen lässt.
- Ein Spektakel der ganz besonderen Art stellen die **Wasserbüffelrennen** (S. 664ff) dar, die in den Spätsommer- und Herbstmonaten rund um Negara stattfinden.
- Ein Ausflug nach **Nusa Lembongan** (S. 513ff), zum Tauchen, Schnorcheln oder einfach zum Relaxen.

SUPERTIPPS

Hotels

Bei dem Riesenangebot erstklassiger und ausgefallener Unterkünfte, über das Bali verfügt, ist es nicht leicht, sich auf einige wenige Empfehlungen zu beschränken, was – getrennt nach Regionen – an dieser Stelle aber dennoch versucht wird.

Im Süden:

Jimbaran: Bali Inter-Continental Resort on Jimbaran Beach (S. 375)
   Four Seasons Resort Bali at Jimbaran (S. 376)
   Jamahal Private Resort & Spa (S. 376)
   Villa Balquisse (S. 377)
Kerobokan: Hotel Vila Lumbung (S. 380)
Kuta: Poppies (S. 383)
Legian: Alam Kul Kul Boutique Resort (S. 391f)
   Hotel Padma (S. 391)
   Three Brothers Bungalows (S. 393)
Nusa Dua: Amanusa (S. 403)
   Grand Hyatt Bali (S. 403f)
Nusa Lembongan: Coconuts Beach Resort (S. 409)
   Nusa Lembongan Resort (S. 409)
   Waka Nusa Resort (S. 409)
Sanur: Bali Hyatt (S. 422)
   Bali Melita Villa (S. 419)
   La Taverna Hotel (S. 419)
   Pavilions - Private Villas (S. 418)
   Tandjung Sari (S. 419)
   Waka Maya (S. 422)
Seminyak: The Oberoi (S. 428f)
   The Villas Hotel & Spa (S. 429)
   Villa Ganesha (S. 430)
   Villa Kendil (S. 429)
   Villa Seminyak (S. 429)
Tanjung Benoa: Bali Reef Resort (S. 440)
   Suites Hotel Bali Royal Resort (S. 440)
Tuban: Discovery Kartika Plaza Hotel (S. 445)
   Hotel Bali Rani (S. 446)
Uluwatu: Uluwatu Resort (S. 464)
Ungasan: Bali Cliff Resort (S. 464)
   The Balangan (S. 464)

Im Osten:

Amed: Apa Kabar Villas (S. 360)
Candi Dasa: The Watergarden (S. 365)
Iseh: Pondok Wisata Patal Kikian (S. 375)
Manggis: Amankila (S. 399)
  The Serai (S. 399)
Saba Bay: Lor-in Resort (S. 417)
Sengkidu: Nirwana Cottages (S. 433)

Im Norden:

Kayuputih: Damai Lovina Villas (S. 378)
Lovina: Puri Bagus Lovina (S. 395)
Tembok: Jepun Bali Resort (S. 442)

Im Westen:

Banyuwedang: Mimpi Resort Menjangan (S. 362)
Belimbing: Cempaka Belimbing Villas (S. 363f)
Labuhan Lalang: Waka Shorea Resort (S. 391)
Lalang Linggah: Gajah Mina Beach Resort (S. 391)
Pantai Canggu: Hotel Tugu Bali (S. 413)
Pantai Yeh Gangga: Waka Ganga (S. 413)
Pemuteran: Matahari Beach Resort & Spa (S. 415)
Tanah Lot: Le Meridien Nirwana Golf & Spa Resort (S. 437f)
Tibubiyu: Bibis (S. 443)

Region Ubud:

Campuhan: Hotel Tjampuhan Spa (S. 456)
  Ibah (S. 451)
  Pita Maha (S. 454)
Kedewatan: Amandari (S. 451)
  Puri Wulandari (S. 454)
Laplapan: Natura Resort & Spa (S. 454)
Payangan: Begawan Giri Estate (S. 414)
  The Chedi (S. 414)
Pengosekan: Kokokan Hotel (S. 455)
Petulu: Puri Asri (S. 457)
Sambahan: Waka di Ume (S. 455)
Sanggingan: Ulun Ubud Resort & Spa (S. 456)
Sayan: Four Seasons Resort Bali at Sayan (S. 451)
Semana: Villa Semana (S. 434)

Ubud: Komaneka Resort Ubud (S. 455)
    Pringga Juwita Water Garden Cottages (S. 456)
    Waka Barong Resort (S. 455)

Region Danau Batur:

Penelokan: Lakeview Restaurant & Hotel (S. 416)

Region Danau Bratan / Danau Buyan:

Pacung: Pacung Mountain Resort (S. 411)
Pancasari: Bali Danau Buyan Resort (S. 412)
    Bali Handara Kosaido Country Club (S. 412)

Restaurants

Banyuwedang: Sunset Beach Restaurant and Bar (S. 362)
Candi Dasa: Kafe TJ's (S. 366)
    Kedai (S. 366)
    Lotus Seaview (S. 367)
Jimbaran: PJ's (S. 377)
    Warung Mie (S. 377)
Kayuputih: The Restaurant (S. 378)
Kerobokan: Kafe Warisan (S. 380)
    Restaurant Vila Lumbung (S. 380)
    The Living Room (S. 380f)
Kuta: Aromas (S. 386)
    Kafé Dulang (S. 387)
    Ketupat Restaurant (S. 387)
    Poppies Restaurant (S. 388)
    R.Aja's (S. 388)
    The Balcony (S. 388)
Legian: Bunga Kelapa Restaurant & The Veranda Bar (S. 393)
    Papa's Café (S. 393f)
    Swassdee Kha (S. 394)
Lovina: Warung Bambu Pemaron (S. 398)
Manggis: The Restaurant (Amankila) (S. 400)
    The Restaurant (The Serai) (S. 400)
    The Terrace (S. 400)
Nusa Dua: The Terrace (S. 407)
    Ulam (S. 407)
Nusa Lembongan: Jo-Jo's Restaurant (S. 410)
    The Sanghiang Bar and Lounge (S. 410)

Pacung: Pacung Indah Hotel & Restaurant (S. 411)
Pantai Canggu: Waroeng Tugu (S. 413)
Pantai Yeh Gangga: Waka Gangga (S. 414)
Pejeng: The Pavillon Restaurant (S. 414)
Pemuteran: Dewi Ramona Restaurant (S. 415)
Penelokan: Lakeview Restaurant & Hotel (S. 416)
Sanur: Lotus Pond (S. 424)
   Lumut (S. 424)
   Mezzanine (S. 424)
   Piazza Bakery and Café (S. 425)
   Spago (S. 425)
   Telaga Naga (S. 425)
Seminyak: Enoteca (S. 432)
   Fabio's (S. 432)
   KuDeTa (S. 432)
   La Lucciola (S. 432)
   La Maison (S. 432)
   The Kura Kura Restaurant (S. 432)
Tanah Lot: Nirwana Restaurant (S. 438)
Tanjung Benoa: Bumbu Bali Restaurant & Cooking School (S. 441)
   Kecak (S. 441)
Tuban: Kunyit Bali Restaurant (S. 448)
   The Appetite (S. 448)
Ubud: Ayung Terrace (S. 458)
   Café Lotus (S. 458)
   Café Wayan & Bakery (S. 458)
   Miro's Garden Restaurant (S. 459)
   The Restaurant (S. 460)
   Warung Kudus (S. 460)
Ungasan: Balangan (S. 465)

Sehenswürdigkeiten

- Air Terjun Bangsing (bei Pujungan) (S. 673)
- Goa Garba (nahe Pejeng) (S. 555)
- Gunung Kawi (bei Tampaksiring) (S. 550ff)
- Pura Besakih (S. 603ff)
- Pura Krobokan (nahe Pejeng) (S. 553f)
- Pura Luhur Uluwatu (S. 501ff)
- Pura Kehen (in Bangli) (S. 570f)
- Pura Taman Ayun (in Mengwi) (S. 689ff)
- Pura Tanah Lot (S. 695f)

- Pura Ulun Danu Batur (am Danau Batur) (S. 619f)
- Pura Ulun Danu Bratan (am Danau Bratan) (S. 642ff)
- Reisterrassen bei Abang (S. 599), Jatiluwih (S. 684), Pacung (S. 685), Sidemen (S. 612) und Tirtagangga.(S. 599f)
- Taman Gili (in Semarapura) (S. 578ff)
- Tenganan (S. 586ff)

Museen

- Agung Rai Museum of Art (ARMA) (Pengosekan) (S. 535f)
- Bali Museum (Denpasar) (S. 479ff)
- Museum Puri Lukisan (Ubud) (S. 538f)
- Neka Art Museum (Sanggingan) (S. 541f)

Einkaufen

- Auf dem **Pasar Seni** in Sukawati (S. 521) finden Sie praktisch alles, was Bali an Kunsthandwerklichem zu bieten hat, und dies – wenn Sie gut handeln können – zu überaus fairen Preisen. Und selbst wenn Sie nicht hier kaufen, für einen ersten Überblick über das Angebot und die Preise gibt es keinen besseren Ort.
- Kaufen Sie nach Möglichkeit nicht gleich beim erstbesten Händler, sondern nehmen Sie sich Zeit zum **Vergleichen und Handeln**.
- Je weiter Sie sich von den Touristenzentren entfernen, umso günstiger werden die Preise.
- All diejenigen, die nicht viel Zeit haben und auch nicht allzu sehr auf den Preis achten müssen, werden sicherlich in der **Galeria Nusa Dua** (S. 507) fündig, wo insbesondere die **Galeri Keris** ein sehr umfangreiches Angebot an kunsthandwerklichen Produkten und Textilien parat hält.

Für Kinder

- Elephant Safari Park (bei Taro) (S. 546)
- Taman Burung – Bali Bird Park (bei Singapadu) (S. 520)
- Waterbom Park (Tuban) (S. 449)

Allgemeine Tipps

- Lassen Sie, wenn Sie nicht ausschließlich nach Strand und Fun dürsten, den Inselsüden möglichst rasch hinter sich, denn das wahre Wesen Balis werden Sie dort nicht finden, was äußerst betrüblich wäre.
- Dem Wesen Balis und der Balinesen kommen Sie umso näher, je weiter Sie sich von den touristischen und urbanen Zentren entfernen. Bedenken bezüglich der Verständigung sollten Sie nicht daran hindern, sich in den kleinen, abgelegenen Dörfern umzusehen, sich dort Zeit zu nehmen für ausgedehnte Spaziergänge und den einen oder anderen Plausch, der notfalls auch mit Händen und Füßen geführt werden kann.
- Verzichten Sie ruhig auch einmal auf jeglichen Komfort und versuchen Sie privat unterzukommen, wozu Sie abseits der normalen Routen womöglich ohnehin gezwungen sein könnten. Das Leben in und mit der Gastfamilie wird Ihnen weit mehr über Bali vermitteln, als Sie sich mit Hilfe von Büchern aneignen können. Doch nutzen Sie die Gastfreundschaft nicht schamlos aus, sonst legen Sie den Grundstein für weitergehende Auflösungserscheinungen innerhalb der balinesischen Gesellschaft.
- Benutzen Sie wo und wann immer möglich die öffentlichen Verkehrsmittel, in denen Sie mit den Einheimischen in engen Hautkontakt und zwangsläufig auch ins Gespräch geraten werden, was Ihnen wiederum dabei helfen wird, so manches ansonsten leicht übersehene Alltagsproblem der Inselbewohner zu erkennen bzw. besser zu verstehen.
- Balis zauberhafte Landschaft und liebenswerte Menschen lernen Sie am besten kennen, wenn Sie sich per Pedes oder mit dem Fahrrad fortbewegen; mit dem Auto oder dem Motorrad fährt man gar allzu leicht an den wahrhaft interessanten Dingen vorbei.
- Falls Sie strandnah wohnen, sollten Sie hin und wieder einmal früh aufstehen, um bei einem morgendlichen Strandspaziergang das Naturerlebnis Bali in vollen Zügen genießen zu können.
- Und zum Schluss eine Empfehlung, die eigentlich weltweit Gültigkeit hat, wenn es darum geht, Land und Leute wirklich kennen zu lernen: Gehen Sie auf die Menschen zu, nehmen Sie Teil an ihrem Leben, an ihren Freuden und Sorgen, konsumieren Sie nicht nur, sondern tauschen Sie sich mit ihnen gedanklich aus. Und kaum irgendwo geht dies besser als auf Bali, wo Ihnen nahezu allerorten überaus herzliche Gastfreundschaft entgegengebracht werden wird.

WARNUNGEN

Zum Glück ist Bali, trotz des Touristenansturms, noch relativ sicher, auch wenn die Übergriffe in den letzten Jahren zugenommen haben, doch handelte es sich dabei glücklicherweise zum allergrößten Teil noch immer um reine Eigentumsdelikte, sprich **Taschendiebstähle**.

Seien Sie aber bitte dennoch nicht leichtsinnig und allzu gutgläubig, wobei Ihnen Gefahr fast ausnahmslos von Seiten der Nicht-Balinesen droht, die Ihnen in betrügerischer Absicht etwas unterjubeln wollen oder Ihnen **Rauschgift** verkaufen wollen. Vor allem vor letzterem sei gewarnt, denn auf den Besitz und Konsum von Drogen stehen in Indonesien schwere Strafen.

Frauen sollten sich in der Nähe der Touristenzentren in den Abend- und Nachtstunden nicht an einsamen Orten aufhalten, um möglichen Gewalttätern keine Chancen zu geben.

Allen, die dem vermeintlichen Liebreiz des einheimischen weiblichen Geschlechts verfallen, sei gesagt, dass es sich bei den mehr oder weniger jungen Frauen, die die Gesellschaft von Ausländern suchen, praktisch ausnahmslos um **Prostituierte** handelt, von denen – nach offiziellen Schätzungen – zwischen 75 und 90 Prozent den HIV-Virus in sich tragen.

Hüten Sie sich, vor allem während der ersten Woche, vor der **intensiven Sonneneinstrahlung**, ganz besonders in der Zeit von 11.00 Uhr bis 15.00 Uhr, sonst kann es sehr leicht passieren, dass Sie die schönsten Tage des Jahres von einem Sonnenbrand gepeinigt im Bett verbringen.

Passen Sie in **öffentlichen Verkehrsmitteln** auf Ihr Hab und Gut auf, und selbst im Hotel sollten Sie Wertvolles niemals offen herumliegen lassen.

Wer sich mit der Absicht trägt, ein **Auto oder Motorrad zu mieten**, sollte sich zunächst einmal das balinesische Verkehrsgebaren anschauen und dann kritisch entscheiden, ob er sich diesem gewachsen fühlt oder nicht.

kat), die von den Niederlanden am 27. Dezember offiziell verkündet wird. Diese föderative Republik, in der 16 Teilstaaten zusammengeschlossen sind, umfasst den gesamten ehemaligen niederländisch-ostindischen Kolonialbesitz mit Ausnahme von West-Neuguinea, dessen Unabhängigkeit zu gewähren sich die Holländer zunächst noch weigern.

Sukarno zum Präsidenten gewählt

17. August 1950 Konstitution der zentralistischen ‚Republik Indonesia' und Wahl *Sukarnos* zum Präsidenten, dem jedoch lediglich eine repräsentative Rolle zugewiesen wird.

29. September 1955 Erste allgemeine Parlamentswahlen, bei denen *Sukarno* einen klaren Sieg davonträgt.

1957 Im März verhängt Präsident *Sukarno* den Ausnahmezustand, um so die in Teilen der Republik (Sumatra und Sulawesi) ausgebrochenen separatistischen Erhebungen niederzuschlagen. Da die junge, labile parlamentarische Demokratie aufgrund der wirtschaftlichen Misere, der innenpolitischen Konflikte zwischen extremen politischen und ideologischen Gruppierungen und der Abspaltungstendenzen dem ständig wachsenden Druck nicht länger standzuhalten vermag, verkündet der Präsident am 21. Februar, in Übereinstimmung mit den Militärkommandeuren, seine Konzeption der ‚Gelenkten Demokratie', durch die ihm nahezu uneingeschränkte Machtbefugnisse zuteil werden.

Ausnahmezustand

1959 *Sukarno* versucht die drei stärksten politischen Kräfte des Landes, die Nationalisten, Kommunisten und islamischen Fundamentalisten, in der Einheitsfront NASAKOM zu formieren, was ihm mehr schlecht als recht gelingt. Wirtschaftlich gerät das Land in der Folgezeit an den Rand des Zusammenbruchs, wofür der Präsident neokoloniale Kräfte verantwortlich macht, die Südostasien unter ihre Kontrolle bringen wollen, weswegen er Indonesien immer stärker an China, die Sowjetunion und andere Ostblockländer anlehnt, was wiederum zur Folge hat, dass die PKI zur tragenden Kraft im Lande aufsteigt und ihrerseits verstärkt auf die Kollektivierung der Landwirtschaft drängt.

Anlehnung an den Ostblock

1963 West Neuguinea (Irian Jaya) wird nach UN-Vermittlung indonesischer Verwaltung unterstellt.

30. September/1. Oktober 1965 Der gescheiterte Putschversuch radikaler Kommunisten und sympathisierender Offiziere, beim dem sechs Generäle, die als Gegner der PKI gelten, ermordet werden und der von der strategischen Reserve der Armee unter General *Suharto* niedergeschlagen wird, hat das Verbot der PKI und die blutige Verfolgung der Opposition zur Folge. Die Zahl der in den nächsten Monaten dahingemetzelten angeblichen Kommunisten beträgt 200.000 - 1.000.000, darunter auch viele Unbeteiligte. Da Beijing als Drahtzieher des Putschversuches ausgemacht wird, richtet sich der Verfolgungswahn auch gegen die im Lande lebenden Chinesen, von denen ebenfalls zahllose ums Leben kommen, ebenso wie eine unbekannte Anzahl an Christen.

Gescheiterter Putsch

11. März 1966 General *Suharto*, seit Mitte Oktober 1965 Oberbefehlshaber der Streitkräfte, übernimmt die Macht als geschäftsführender Präsident.

27. März 1968 *Suharto* wird von der Beratenden Vollversammlung auf fünf Jahre zum Präsidenten von Indonesien gewählt. Politisch und wirtschaftlich vollzieht sich eine Kehrtwendung um 180 Grad, wobei die Reform der desolaten Volkswirtschaft, z.B. die Reprivatisierung aller zuvor verstaatlichten Betriebe und Ländereien, absolute Priorität in der Regierungspolitik erlangt und man sich außenpolitisch zusehends den westlichen Industrienationen annähert, die Beziehungen zur UdSSR und China hingegen auf Eis gelegt werden.

Suharto wird Präsident

1969 Umstrittene Integration Irian Jayas in den indonesischen Staat.

Tod Sukarnos **21. Juni 1970** Tod *Sukarnos*, der seine letzten Lebensjahre unter Hausarrest verbrachte.

1971 Erste allgemeine Wahlen seit 1955, bei denen die von Präsident *Suharto* unterstützte Golkar-Partei durch erhebliche Wahlmanipulationen an die Macht gelangt. Politische Aktivitäten außerhalb des Wahlkampfes werden verboten, was somit das Ende der indonesischen Demokratie bedeutet.

1973 Wiederwahl *Suhartos*.

Annexion Osttimors **1975** Indonesien annektiert auf Geheiß *Suhartos* gewaltsam die ehemalige portugiesische Kolonie Osttimor.

1978, 1983, 1988 und 1993 Erneute Wiederwahlen *Suhartos*.

27. Juli 1996 Nach einem Angriff auf das Parteihauptquartier von *Megawati Sukarnoputri*, bei dem zwei Menschen getötet werden, kommt es in Jakarta zu schweren Ausschreitungen. In der Folgezeit werden die Rufe nach Reformen, Demokratie, Bekämpfung der Korruption und Ungerechtigkeit im Lande ständig lauter.

Wirtschaftskrise **Frühjahr 1997** Die asiatische Wirtschaftskrise greift auch auf Indonesien über.

31. Oktober 1997 Der International Monetary Fund (IMF) will der angeschlagenen indonesischen Wirtschaft nach dem rapiden Kursverfall der Rupiah mit einem 43-Milliarden-Hilfspaket unter die Arme greifen, fordert jedoch im Gegenzug umfassende wirtschaftliche und politische Reformen.

Frühjahr 1998 Die äußerst zögerliche Art und Weise, mit der *Suharto* die vom IMF geforderten Reformen angeht sowie seine erneute Ernennung zum Präsidenten im März durch die Nationalversammlung, die gleichzeitig dessen Zögling *Bacharuddin Jusuf Habibie* zum Vizepräsidenten beruft, stürzt die Wirtschaft in eine immer tiefere Krise.

12.-14. Mai 1998 Nachdem Sicherheitskräfte sechs Studenten bei einer Demonstration an der Trisakti University in Jakarta erschossen haben, kommt es zu schweren Ausschreitungen in der Hauptstadt, deren traurige Bilanz 1.200 Tote sind. Doch auch in anderen Landesteilen kommt es zu Gewalttätigkeiten und Übergriffen, die

Rücktrittsforderungen sich – wie schon des öfteren in der Vergangenheit – vielfach gegen die vergleichsweise wohlhabende chinesische Minderheit richten, die man für das wirtschaftliche Desaster mit verantwortlich macht. Die Rücktrittsforderungen gegenüber Präsident *Suharto* werden immer lauter.

Suhartos Entmachtung **20. Mai 1998** Nachdem er zwei Tage zuvor die Unterstützung seiner parlamentarischen Hauptverbündeten verloren hat und Studenten das Parlament besetzt haben, tritt Präsident *Suharto* nach 32 Jahren im Amt zurück; als Nachfolger benennt er seinen Gefolgsmann *Bacharuddin Jusuf Habibie*, der mehr Demokratie, Reformen, die Bekämpfung der Korruption und die Untersuchung der Vetternwirtschaft des Suharto-Clans verspricht.

Sommer 1998 Die anfängliche Euphorie anlässlich des Machtwechsels schlägt schon bald um, da es dem neuen Präsidenten, in dem das Volk die Fortsetzung der alten Politik sieht, am Willen fehlt, die angekündigten Maßnahmen anzugehen.

Machtvakuum **7. Juni 1999** *Megawati Sukarnoputris* PDI-P wird bei den Parlamentswahlen, durch die sich *Habibie* als legitimer Nachfolger *Suhartos* bestätigen lassen möchte, mit 34 % der Stimmen stärkste Partei. Da es der Wahlsiegerin jedoch nicht gelingt, eine parlamentarische Mehrheit zu schmieden, bleibt die Präsidentenfrage vakant.

30. August 1999 Die Bevölkerung Osttimors stimmt mit überwältigender Mehrheit für die Unabhängigkeit. In den folgenden Wochen zieht das indonesische Militär plündernd und mordend durch Osttimor. Da die indonesische Regierung nichts gegen diese Übergriffe unternimmt, wird am 20. September eine unter australischer Führung stehende Schutztruppe nach Osttimor entsandt, die die Unabhängigkeit gewährleisten soll.

20. Oktober 1999 Die politischen Turbulenzen, die anhaltende wirtschaftliche Misere und der aufgrund der ausbleibenden Reformen international immer stärker werdende Druck zwingen *Bacharuddin Jusuf Habibie* zum Rücktritt, nachdem bekannt geworden war,

Kunstvolle Opfergaben gehören zu jedem Tempelfest.

dass er sich die Stimmen der GOLKAR bei der bevorstehenden Präsidentenwahl habe kaufen wollen. Zum Nachfolger wird überraschend *Abdurrahman Wahid* gewählt; dieser ernennt *Megawati Sukarnoputri* zur Vizepräsidentin.

April 2000 *Suharto* wird unter Hausarrest gestellt, nachdem er zwei gerichtlichen Vorladungen nicht gefolgt ist.

28. September 2000 Das Betrugsverfahren gegen *Suharto* wird eingestellt, was zu neuen Protestaktionen der Opposition führt.

Suharto unter Hausarrest

Frühjahr 2001 Da es *Abdurrahman Wahid* weder gelingt die schlechte wirtschaftliche Situation in den Griff zu bekommen noch die international angemahnten Reformen in die Wege zu leiten, er sich darüber hinaus auch noch auf Staatskosten bereichert, werden erste Stimmen für ein Amtsenthebungsverfahren wegen Amtsmissbrauch und Unfähigkeit gegen ihn laut.

23. Juli 2001 *Megawati Sukarnoputris* wird als neue indonesische Präsidentin vereidigt, nachdem der am Tag zuvor von Vorgänger *Abdurrahman Wahid* unternommene Versuch gescheitert ist, durch die von ihm angeordnete Schließung des Parlaments durch Polizei und Militär dem drohenden Amtsenthebungsverfahren doch noch entgehen zu können. Da ihm Militär und Polizei jedoch die Gefolgschaft versagen, spricht sich die Nationalversammlung einstimmig für seine Absetzung und die Ernennung von Frau *Megawati Sukarnoputri* als Nachfolger im Amt aus.

Megawati Sukarnoputri wird Präsidentin

Balis historischer Werdegang

Balis **Frühgeschichte** liegt im Dunkeln und war somit geeignetes **Objekt mystisch-mythologischer Spekulationen**, wie sie dann auch in den balinesischen Schöpfungsbericht einmündeten, dem zufolge die ersten Balinesen Produkte des ‚Großen Lehrers' *Batara Guru* und dessen zweitem Selbst, *Brahma*, sind, die diese nach mehreren zuvor missglückten Versuchen goldbraun dem Brennofen entnehmen konnten und denen sie anschließend Leben einhauchten und Hunde beigesellten, die ihnen gehorchen und Gesellschaft leisten mussten. Diesen ersten, männlichen Menschenfiguren verhalf der duale Gott sodann zu weiblichen Partnern, woraufhin diese ersten vier balinesischen Paare insgesamt 117 Jungen und 118 Mädchen zeugten.

Mystisch-mythologische Frühgeschichte

Eine andere, in der alten Handschrift ‚Catur Yoga' niedergeschriebene Legende berichtet, dass Bali bei der Entstehung der Welt im Mittelpunkt des Universums steht, eine

Insel auf dem Rücken einer Schildkröte ist, die unter einem Himmel voller schöner und seltener Blumen in einem Ozean schwimmt.

Wieder eine andere Überlieferung weiß von einem bedeutenden javanischen Priester zu berichten, der seinen Finger über die Java und Bali verbindende Landenge zieht und die Landmasse dadurch in zwei Inseln teilt.

Götter und Dämonen

Den Schlüssel für das Verständnis der balinesischen Genesis findet indes nur derjenige, der sich klar macht, dass sich in äußerst spekulativen Vorstellungen sowohl Elemente der Sutren, der Bibel und des Koran als auch solche anderer heiliger Schriften sowie Volkssagen des Ostens und Westens mit eingeflossen sind, wodurch ein fast unüberschaubares Pantheon einheimischer und eingeführter Götter und Dämonen entstanden ist, deren Anrufung ebenso wichtig ist wie die Verherrlichung der Ahnen und der Natur.

Pura Tanah Lot: Symbolbild für ganz Bali

Dass die Entstehungsgeschichte der Insel derart im Dunstkreis mythologischer Phantasien liegt, nimmt angesichts der dürftigen wissenschaftlichen Kenntnisse über deren Frühzeit nicht weiter Wunder. Bis auf wenige Steinwerkzeuge legt sich ein Schleier des Unwissens über das steinzeitliche Bali, doch geht man heute davon aus, dass kleine Nomadengruppen in den dichten Dschungeln gejagt und zusätzliche Nahrung aus den Tidebecken gefischt haben. In der Bronzezeit hingegen ist Bali bereits dicht besiedelt, die Menschen leben in Dorfgemeinschaften und bestatten ihre Toten in Ton- und Steinsarkophagen.

Animistische Agrargesellschaft

Woher diese von Fürsten und mächtigen Priestern angeführte animistische Agrargesellschaft kommt, lässt sich aufgrund fehlender Zeugnisse nur theoretisch rekonstruieren, doch gilt mittlerweile als weitestgehend gesichert, dass es sich bei ihnen um Nachfahren verschiedener mit den Mongolen verwandter proto- und altmalaiischer Völker handelt, die vom südostasiatischen Festland auf die Insel übergesetzt haben, was im dritten vorchristlichen Jahrtausend geschehen sein soll. Reste einer neolithischen Siedlung, Tonscherben, Breitbeile und etwa 100 Grabstätten, die nach dem Zweiten Weltkrieg in der Nähe von Cekik (Westbali) gefunden werden, belegen diese These.

Neuankömmlinge

Es muss um etwa 300 v.Chr. sein, als austronesische Jungmalaien (Deuteromalaien) aus Südchina bzw. Nordvietnam ihre bronze- und eisenzeitliche Kultur (Dong-Son-Kultur) auch nach Bali bringen, deren bedeutendstes Zeugnis der riesige, als ‚Mond von Pejeng' bekannte Bronzegong im Pura Penataran Sasih in Pejeng ist. Die neuen Einwanderer verdrängen ihre Vorgänger in die Bergregionen, wo diese als so genannte Bali Aga z.T. bis heute relativ abgeschieden ihre vom später auf die Insel kommenden Hinduismus kaum beeinflusste Kultur pflegen, so z.B. im ostbalinesischen Dorf Tenganan.

Die in der zweiten Hälfte des ersten Jahrtausends nach Christus den größten Teil Südostasiens prägende Indisierung erfasst auch Bali, da die herrschende Schicht in der indischen, sprich hinduistisch-buddhistischen Kultur jenen für ihre Zwecke geeigneten kulturellen, theologischen und administrativen Überbau findet, der von den Balinesen ihren eigenen Erfordernissen entsprechend transformiert wird. Überwiegend Händler, z.T. aber auch andere Reisende und gelegentlich sogar Missionare sind es, die die ohnehin schon potente Stellung der Fürsten, die zusammen mit den Priestern in prachtvollen Kraton und Puri wohnen und regieren, weiter stärken, indem sie die Vorstellung des Gottkönigs in das religiöse und politische Denken einführen, dessen Hauptstadt und Palast die Vollkommenheit und den Glanz des Himmels widerspiegeln, wobei es deren Bewohnern nur solange gut gehe, solange sich der Herrscher in Übereinstimmung mit den Gesetzen der Götter und Natur befinde.

Indisierung Balis

Diese Umwandlung von einer relativ primitiven Agrargesellschaft in eine durch und durch vom Hinduismus durchdrungene, auf soliden kulturellen und politischen Säulen ruhende Gesellschaft ist ein Jahrhunderte dauernder Prozess, der vorwiegend vom benachbarten Java ausgeht, wo die Hinduisierung viel früher abgeschlossen worden ist. Dem wirtschaftlichen Aufschwung dient das im 6. und 7. Jahrhundert angelegte Bewässerungssystem zur Verbesserung der Reisernten, auf die die Insel infolge der stetig wachsenden Bevölkerungszahl zukünftig in steigendem Maße angewiesen ist.

Junge Balinesin in den 30er Jahren des 20. Jahrhunderts

Die **ersten Inschriften**, die balinesische Herrscher in den Jahren **882-914** hinterlassen, weisen auf die Stärke des indischen Einflusses auf die Kultur Balis hin, so z.B. die ‚Säule von Sanur' aus dem Jahre 914. Zu dieser Zeit entsteht vermutlich auch die Kultstätte von **Goa Gajah**.

Erste Inschriften

Goa Gajah zählt zu den ältesten Kultstätten Balis.

Erste genau datierte geschichtliche Ereignisse lassen noch bis zur Jahrtausendwende auf sich warten, denn zu dieser Zeit, **991**, wird *Airlangga* geboren, der Sohn des balinesischen Königs *Dharmmodayanawarmmaweda*, der auch als *Udayana* bekannt ist, und der javanischen

Airlangga

Prinzessin *Guapriya Dharmapatni* aus der Mataram-Dynastie, die man auch *Mahendradatta* nennt. Als der javanische Herrscher, an dessen Hof *Airlangga* erzogen wird, **1011** im Bürgerkrieg fällt, trägt die siegreiche Partei dem jungen Prinzen den Thron an, der das Angebot annimmt und sich unverrichteter Dinge an den Wiederaufbau des javanischen Reiches macht, das er mit Bali vereinigt, das seinerseits fortan von seinem Bruder *Anak Wungsu* regiert wird.

Zwar bricht das Bündnis nach *Airlanggas* Tod im Jahre **1049** auseinander und Bali gewinnt seine Souveränität zurück, doch zieht die Insel in den kommenden Jahrhunderten großen Nutzen aus den nach wie vor engen Beziehungen zur westlichen Nachbarinsel, so u.a. durch den ständig stärker werdenden Einfluss der hinduistischen Religion, die auf Bali immer mehr Anhänger gewinnt.

Kulturelle Blütezeit

Die **Epoche relativer Unabhängigkeit** währt bis zum Jahre **1284**, in dem Bali von *Kertanegara*, dem letzten Regenten der ostjavanischen Singasari-Dynastie (1268-92) unterworfen wird. Doch bereits **1292** gelingt es der Insel infolge der Ermordung von *Kertanegara* (dessen Sohn die Majapahit-Dynastie gründet) und des Untergangs seines übermächtigen ‚Verbündeten', sich aus dessen Umklammerung zu befreien und seine Unabhängigkeit wieder zu erlangen. Doch trotz des einen oder anderen Konfliktes erleben Java und Bali in diesen Jahrhunderten eine **kulturelle Blütezeit**.

Javanischer Einfluss

Allzu lange währt die Freiheit allerdings nicht, denn bereits **1343** unterwirft *Gajah Mada*, ehedem Führer der königlichen Palastwache und nunmehr Premierminister des mächtigen, große Teile des heutigen Indonesiens umfassenden Majapahit-Reiches, Bali erneut, das dadurch **javanische Kolonie und in der Folgezeit kulturell stark von Java beeinflusst** wird. So verdankt Bali Majapahit nicht nur die **königlichen Rituale und das Kastenwesen, sondern auch bestimmte künstlerische Stilrichtungen und seine Tempelarchitektur**.

Bali bricht mit Java

Der sich seit Beginn des 15. Jahrhunderts auf Java rasch ausbreitende Islam veranlasst viele Hindus, allen voran den Adel, Priester und Künstler, auf der Nachbarinsel Zuflucht zu suchen, wodurch die auf der Insel beheimatete Hindukultur neue Impulse erhält. **1478** schließlich setzt der Sohn des letzten Majapahit-Fürsten nach Bali über und gründet hier die **Gelgel-Dynastie**, sich den Titel ‚Dewa Agung' (‚König von Bali') gebend und die Insel unter seinen Anhängern aufteilend. Fortan stehen sich das islamische Java und das hinduistische Bali spinnefeind gegenüber.

Entstehung einer eigenständigen balinesischen Kultur

Mit dem **1550** an die Macht kommenden *Dalem Batu Renggong*, der den Titel ‚Dewa Agung' übernimmt, beginnt für Bali ein **goldenes Zeitalter**. Von seinem Hof in Gelgel aus schweißt er die bis dato bestehenden balinesischen Fürstentümer (Kerajaan) **erstmalig zu einem stark zentralisierten Reich** zusammen und tritt nach der Eroberung von Blambangan auf Ostjava sowie den Nachbarinseln Lombok und Sumbawa quasi das Erbe des untergegangenen Majapahit-Reiches an, wobei er auch im kulturellen Bereich eine Renaissance einleitet, während der es die Balinesen verstehen, die Einflüsse des Majapahit-Reiches ihren eigenen Bedürfnissen entsprechend umzugestalten und so den Kern der gegenwärtigen Kultur zu formen.

Danghyang Nirartha

Als Urheber dieser Ausbreitung gilt der Priester *Danghyang Nirartha*, den die balinesischen Brahmana Siwa als ihren Vorfahren ansehen und der noch heute die höchste

> **INFO** **Gajah Mada und der ‚König mit dem ausgewechselten Gesicht'**
>
> Balis Geschichte ist wahrlich nicht arm an Legenden, wobei sich eine der dramatischsten um den Besuch *Gajah Madas* bei König *Ratna Banten* bzw. *Dalem Beda Ulu* rankt, dem herausragenden Herrscher seiner Zeit und letztem König der Pejeng-Bedulu-Dynastie.
>
> Dieser soll seine Untergebenen mittels übernatürlicher Kräfte zu beeindrucken versucht haben, indem er sich – ohne Schmerzen dabei zu zeigen – mit einem Zauberkris selbst blitzschnell enthauptete und den abgetrennten Kopf anschließend wieder an die ursprüngliche Stelle platzierte. Da sich in den Augen *Shivas* derlei Frevel für ein menschliches Wesen nicht ziemte, sorgte der Gott bei der nächsten Demonstration dafür, dass der König sein Haupt nicht zu fassen bekam, das in einen Bach fiel und davongetragen wurde. Geistesgegenwärtig schlugen Untertanen einem vorbeilaufenden Schwein den Kopf ab und reichten diesen dem König, der ihn sich aufsetzte, woraufhin er fortan *Dalem Beda Ulu*, der ‚König mit dem ausgewechselten Gesicht' hieß.
>
> Um der Schmach zu entgehen und nicht ständig angegafft zu werden, verlangte der König daraufhin, dass jeder, der zu ihm kam, sich vor ihm verbeugen müsse und ihm nicht ins Gesicht schauen dürfe, andernfalls drohte die Todesstrafe.
>
> Als nun *Gajah Mada* zu einem Höflichkeitsbesuch beim König weilte, tat er so, als müsse er einen harten Bissen hinunterschlucken, wozu er seinen Kopf zurücklegte. Der König, einerseits über den Trick seines Besuchers erbost, musste andererseits dessen dreistes Benehmen hinnehmen, da Vergeltungsmaßnahmen gegenüber Gästen verboten waren. Dies hatte zur Folge, dass der König auf der Stelle durch von ihm selbst in sich entzündete Flammen verzehrt wurde – eine bis dato auf Bali noch nie da gewesene Einäscherung. Seither gilt *Gajah Mada* als Symbolfigur für Unbotmäßigkeit, *Beda Ulu* hingegen wird seines vornehmen Wesens wegen gerühmt, und der Ort, an dem einst der Fürstenpalast stand, trägt heute den Namen Bedulu.

geistige Persönlichkeit der Insel darstellt. Zahlreiche religiöse Einrichtungen gehen auf ihn zurück, u.a. die Priesterkaste und die großen Riten sowie etliche wichtige Tempel Balis, deren Gründer er sein soll.

Die Wogen des ausgehenden 16. Jahrhunderts spülen die ersten Vorboten jener schicksalhaften Begegnung an die Küsten des Eilandes, die den Archipel, und somit auch Bali von Grund auf verändern wird: den Orang putih, den Weißen aus Europa. Zwar sind schon seit Beginn des Jahrhunderts immer wieder Abenteurer, Kaufleute, Missionare und Eroberer an den Gestaden der Insel vorbeigesegelt, ob einer von ihnen Fuß auf sie gesetzt hat, ist aufgrund fehlender Beweise und Hinweise allerdings fraglich, so dass es vermutlich *Sir Francis Drake* ist, der **1580** als **erster Europäer** Fuß auf jenes Stück Land setzt, das zu Beginn des Jahrhunderts als ‚Java Minor' in die Kartographie eingegangen ist.

Erste Europäer

Historischer Überblick

Die Portugiesen kommen

Doch sind es die **Portugiesen**, die als erste ihr materielles Interesse an Bali zeigen und daraufhin **1585** eines ihrer Schiffe von Malakka aus mit Soldaten, Kaufleuten und Baumaterial in See stechen lassen, um auf der Insel eine Handelsniederlassung und ein Fort zu errichten. Als das Schiff auf ein Riff läuft, überleben die Tragödie nur fünf Mann der Besatzung, die vom Dewa Agung zwar freundlich aufgenommen und behandelt werden, jedoch nicht nach Malakka zurückkehren dürfen.

Der Pura Besakih ist das religiöse Zentrum aller balinesischen Hindus.

Die ersten zuverlässigen Informationen über Bali sammelt schließlich zwölf Jahre später, **1597**, der Holländer *Cornelis de Houtman*, der von der Schönheit der Insel derart angetan ist, dass er sie ‚Jonck Holland' (‚Jung-Holland') tauft. Der Dewa Agung *Raja Bekung*, Sohn des *Dalem Batu Renggong*, der in seinem riesigen Palast in Gelgel residiert, umgeben u.a. von 200 Frauen und zahlreichen Adligen, behandelt die vier Teilnehmer der Expedition, die an Land gehen, ebenso respektvoll wie alle anderen Balinesen dies tun.

Arnouldt Lintgens, der Anführer der Gruppe, übergibt dem Regenten einige Geschenke, nachdem er und seine Männer den wissbegierigen Herrscher bis ins Detail über Holland informiert haben, was die Expeditionsteilnehmer und – nach deren Rückkehr in die Heimat – auch viele ihrer Landsleute zu der irrigen Annahme veranlasst, die Inselbewohner würden förmlich darauf warten, dass ihnen die Segnungen der niederländischen Zivilisation und Handelswaren zuteil würden.

1601 erreicht die nächste, von *Jacob van Heemskerck* geleitete Expedition Bali, dessen Auftrag es ist, im Namen des niederländischen Königs Handelsbeziehungen mit der südostasiatischen Insel zu vereinbaren, was auch ohne Probleme geschieht, im Gegenteil, der Dewa Agung spricht sich darüber hinaus für die Einheit der beiden Länder und eine Allianz aus.

Sklavenhandel

Mit der Ankunft der Europäer haben die Fürsten allerdings eine neue Quelle der Bereicherung entdeckt; den Verkauf fremder und eigener Untertanen als Sklaven für die niederländischen Plantagen, für die sie im Gegenzug u.a. Opium für die Hofschranzen und Adligen eintauschen. Dass Bali trotzdem bis in die Neuzeit weitestgehend unabhängig bleiben wird, hat es der Tatsache zu verdanken, dass es für die von den Holländern eingeführte Plantagenwirtschaft ungeeignet – weil zu dicht besiedelt und gebirgig – ist.

Gelgels Untergang

Zu **Beginn des 17. Jahrhunderts** erreicht das balinesische Herrschaftsgebiet seine größte Ausdehnung, doch **neigt sich das ‚goldene Zeitalter' Gelgels** im letzten Teil der Regierungszeit *Raja Bekungs* **allmählich seinem Ende zu**, eingeleitet durch seine fehlgeleiteten Abenteuer in Blambangan, die das Reich Mataram **1639** schließlich zu einer großangelegten Invasion Balis veranlassen, wodurch er sein Ansehen bei den anderen Fürsten Balis verspielt. Unter seinem Enkel *Di Made*, der neben Blambangan auch Lombok und Sumbawa verliert, ist es mit dem Glanz des Fürstenhofes endgültig vorbei, woraufhin sich **die anderen Fürsten der Insel von ihm lossagen**.

Überzeugt, dass auf dem Palast von Gelgel ein Fluch liegt, veranlasst Gusti Sideman, Di Mades Nachfolger, den **Neubau seines Palastes im nahe gelegenen Klungkung**, in der Hoffnung, von hier aus ebenso pompös Hof halten zu können wie seine Vorfahren – eine trügerische Hoffnung, die sich nie erfüllen wird. Auch wenn der Dewa Agung und sein Hof nach wie vor die imperiale Großartigkeit des Hinduismus symbolisieren, so verfügen sie zukünftig jedoch über keinerlei reale Macht mehr, die längst in die Hände einiger vorgeblicher Vasallen und vor allem in diejenigen der anderen Fürsten übergegangen ist, die mehr und mehr zu Feinden des Dewa Agung werden und Autonomie verlangen. Doch nicht nur die Fürsten selbst, sondern auch die Häuptlinge (Punggawa) der herrschenden Familien und Priester (Pandawa) fordern weltliche Oberhoheit über Dörfer und Regionen, die theoretisch dem Machtbereich der Fürsten angehören; das Land droht in von Eifersucht, Aberglaube und Machtgier geprägten Intrigen und militärischen Konflikten zu versinken und zerfällt schließlich **1651** in *Bali zerfällt* **etwa ein Dutzend selbstständiger Fürstentümer**, zwischen denen es in der Folgezeit häufig zu kriegerischen Auseinandersetzungen kommt.

Als Sieger aus diesem hinterhältigen Intrigenspiel – wenn es einen solchen überhaupt geben kann – geht letztendlich das Haus Gianyar hervor, dessen Herrscherfolge *Dewa Manggis Kuning* einleitet, Sohn von *Baginda Raja Sri Dalem-Saganing*, dem vierten Dewa Agung von Gelgel.

Doch noch ist die Zeit für Gianyar nicht reif, gegen **Ende des 17. Jahrhunderts** übernimmt zunächst einmal das im Inselnorden gelegene **Buleleng** unter *Gusti Pandji Sakti* die militärische und politische Machtposition des Dewa Agung. Durch geschickte *Buleleng* Schachzüge gelingt es diesem, den größten Teil Karangasems und Jembranas zu unter- *übernimmt* werfen, von den Staaten im Süden Gehorsam zu fordern und einen Verbündeten auf *die Macht* den Thron von Blambangan zu setzen. **1711** bemächtigt sich sein Schwiegersohn *Gusti Agung Sakti*, der Herrscher von Mengwi, des Thrones und festigt die Stellung des **vereinigten Reiches Buleleng-Mengwi**.

Den Holländern gelingt es zu dieser Zeit, sich aus den internen Auseinandersetzungen Balis herauszuhalten, nur einmal, **1717/18** sehen sie sich zu einer ‚Säuberungsaktion' genötigt, und zwar nachdem balinesische Truppen auf Ostjava und Madura große Verwüstungen angerichtet haben.

In nicht ganz so großer Zurückhaltung üben sich die Engländer, die die balinesischen Rajas nicht nur mit Waffen versorgen, sondern mit diesen auch Sklaven- und Opiumgeschäfte abwickeln. Das Vordringen der Engländer in balinesische Gewässer bringt die *Englische* Niederländer immer wieder in politische und finanzielle Bedrängnis, sind sie doch *Macht-* überzeugt, dass England die Absicht habe, eine neue Kolonie zu gründen, sobald es ein *gelüste* Handelsmonopol mit einer der vielen Inseln abgeschlossen habe, auf die Holland glaubt angestammte Ansprüche geltend machen zu können. Und liegt da das strategisch günstig gelegene Bali nicht nahe?

Im innerbalinesischen Machtpoker gerät Buleleng derweilen allmählich ins Hintertreffen, an seine Stelle rückt um **1740** das ostbalinesische **Karangasem**. Seine Unabhän-

Der Raja von Karangasem mit seinen Kindern (um 1920)

gigkeit von Klungkung erreicht Karangasem als Ergebnis eines Rachefeldzuges, den die drei Söhne des Rajas unternehmen, den der Dewa Agung hat ermorden lassen, nachdem ihn jener während eines Besuches an seinem Hofe beleidigt hatte. Dass das Leben des Dewa Agung von den drei Söhnen geschont und dessen Reich nahezu unangetastet bleibt, verdankt er der Achtung vor der Tradition. So erlangt Karangasem, an dessen Spitze nunmehr *Gusti Gede Karangasem*, der älteste Sohn des ermordeten Rajas, steht, **1768** schließlich die Vorherrschaft über Nord- und Ostbali, wohingegen Mengwi **1771** die Herrschaft über Blambangan verliert, wodurch eine völlig neue Machtkonstellation auf der Insel entsteht, zumal im gleichen Jahr *Dewa Manggis IV* den Puri Agung Gianyar errichten lässt und somit eine Entwicklung in Gang setzt, die **1793** in der Entstehung des **Königreiches von Gianyar** gipfelt, das unter *Dewa Manggis Disasteria* der reichste und mächtigste Staat des Inselsüdens wird.

Im Jahre **1800** entsteht sodann das **Königreich von Bangli**, wodurch die Machtverteilung auf Bali noch diffuser wird. Zur Verschärfung der Lage tragen auch die finanziellen Verluste infolge der Einstellung der Sklavenhändler während der Napoleonischen Kriege und des Ausbruchs des Tambora auf Sumbawa im Jahre 1815 bei, dessen Asche auch Bali teilweise bedeckt, wodurch die Fruchtbarkeit und somit die Lebensmittelversorgung der Bevölkerung bis Mitte des Jahrhunderts eingeschränkt ist.

Bali wird niederländische Kolonie

Als sich 1823 Buleleng dann noch erfolgreich gegen Karangasem erhebt und dessen Raja, *Gusti Gede Ngurah Lanang*, nach Lombok flieht, sind die machtpolitischen Verhältnisse auf Bali schließlich derart durcheinandergewirbelt und unüberschaubar geworden, dass es **den Holländern ein leichtes ist, sich die Insel als Kolonie zu vereinnahmen**.

Bis zu diesem Zeitpunkt ist es ausländischen Kaufleuten, Handelsagenten und Kolonialbeamten nicht gelungen auf dem hinduistischen Bali, das sich der Überfremdung seiner Religion, Wirtschaft und Politik durch Christen und Muslims widersetzt, Fuß zu fassen.

Agrarpolitisches Desaster

Um diese für die Niederländer unbefriedigende Situation zu ändern, ordnet die Kolonialmacht **1830** auch auf Bali das **‚Zwangsanbausystem'** an, das den Bauern vorschreibt, was sie vordringlich anzubauen haben, nämlich Kautschuk, Kaffee und Tee, wodurch der traditionelle Reisanbau vernachlässigt wird und es unter der Bevölkerung zwangsläufig zu Hungersnöten kommt, was die Einheimischen natürlich noch mehr gegen die Weißen aufbringt. Die von den Holländern in diesem Zuge den Rajas angebotenen Gespräche, bei denen es vordergründig um Freundschafts- und Handelsverträge geht, zielen im Kern indes auf die Anerkennung der Herrschaft und des Handelsmonopols der Holländer ab. Als auch die vom Kolonialoffizier H.J. van Huskus Koopman geführten Gespräche, bei denen er die Rajas zur De-facto-Abtretung der Souveränität über die Insel bewegen will, scheitern, sehen die Holländer als einzige Möglichkeit der dauerhaften Konfliktlösung nur noch Gewaltanwendung, wobei ihnen ein für sie glücklicher Zufall den Vorwand für die längst geplante Intervention liefert.

Als die Fregatte *Overijssel*, die sich auf ihrer Jungfernfahrt von Plymouth nach Surabaya befindet und eine wertvolle Ladung Maschinen an Bord hat, am **19. Juli 1841** aufgrund eines Navigationsfehlers (der Kapitän hat Bali mit Java verwechselt) auf das Kuta-Riff aufläuft und daraufhin unverzüglich von den Balinesen geplündert wird, **halten die Niederländer die Stunde für ein militärisches Einschreiten gekommen**. Dabei handelt es sich nicht um den ersten derartigen Vorfall, sondern vielmehr um einen zu der damaligen Zeit nicht unüblichen Vorgang, den die Balinesen keineswegs als strafbare Handlung ansehen, denn gemäß einem alten balinesischen Prinzip, dem so genannten ‚Riffrecht' des ‚Tawan karang', mit dem die Meeresgöttin *Batara Baruna* seit alters her geehrt wird, betrachten die Rajas jedes Schiff, das vor den Küsten Balis havarierte, als Geschenk der Götter, wobei sowohl das Schiff selbst als auch dessen Ladung, Besatzung und Passagiere fortan als persönliches Eigentum der Rajas gelten, die jedem einen Anteil zukommen lassen, der sich an der Bergung beteiligt.

Schiffbruch mit Folgen

Farbenfrohe Bugischoner bei Pengambengan

Die Regierung in Den Haag sieht sich indes gezwungen, eine Delegation nach Bali zu entsenden, die zum einen auf die Einhaltung früherer Versprechen pocht, denen zufolge die Balinesen die vor ihren Küsten gestrandeten Schiffe unangetastet lassen wollten, zum anderen legt der neue niederländische Beauftragte für Bali den Rajas ein Bündel von Abmachungen vor, das diese zu unterzeichnen hätten, unter das sich jedoch Fürst *Gusti Ketut Jelantik*, ein Bruder der Rajas von Buleleng und Karangasem, in Buleleng mit den Worten die Unterschrift zu setzen weigert. „Solange ich lebe, wird dieser Staat die Souveränität Hollands, wie Sie sie interpretieren, niemals anerkennen. Nach meinem Tod mag der Raja nach seinem Gutdünken entscheiden. Nie sollte mit Hilfe eines Fetzens Papier ein Mann sich zum Herr über ein fremdes Land machen können. Besser wäre es, der Kris entschiede."

Diese Demütigung veranlasst die Niederländer daraufhin zur Zusammenstellung eines Expeditionskorps, das im Jahre **1846** von Besuki aus mit dem Ostmonsun nach Bali

Die Lage spitzt sich zu

übersetzen soll. Auf Bali trifft Fürst Jelantik im Norden der Insel indes entsprechende Verteidigungsmaßnahmen, lässt Befestigungsanlagen errichten und Truppen unter Waffen stellen, wobei er sich auf Waffenhändler aus der britischen Kolonie Singapur stützen kann, die seit der 1814 erfolgten britischen Expedition in Nordbali gute Geschäfte mit der Insel machen. Innenpolitisch kommt es durch die Bedrohung von außen zum Schulterschluss der beiden bislang verfeindeten Reiche Buleleng und Karangasem, die mächtigsten des Eilandes, die nunmehr vereint gegen die Ziele Hollands Front machen, wohingegen sich die anderen Inselfürstentümer aus verschiedenen, meist handelspolitischen Gründen aus dem Konflikt herauszuhalten versuchen.

Erster Waffengang

Es ist der **22. Juni 1846**, als die aus 58 Schiffen bestehende niederländische Armada mit nahezu 3.000 gut bewaffneten Männern, darunter 1.700 Infanteristen, und 230 Feldgeschützen vor Buleleng Anker wirft und den Balinesen von Gesandten Ultimaten übermittelt werden, die diese allerdings unbeachtet verstreichen lassen, woraufhin die Holländer am 28. Juni ihren Angriff starten, der die starken balinesischen Verteidigungslinien, in denen rund 15.000, vorwiegend mit Speer und Kris bewaffnete Männer zusammengezogen sind, dank der haushoch überlegenen Waffentechnik überrennt. So rasch und verlustarm – die Angreifer verlieren nur 18 Mann – der Sieg auch errungen ist, als ebenso bedeutungslos erweist er sich im nachhinein, da die Rajas, die sich ins gebirgige Landesinnere zurückgezogen haben, den Forderungen der Niederländer, die von den Balinesen – die bei den Kämpfen hohe Verluste an Menschen und Material zu beklagen haben – Reparationen in Höhe von 400.000 Gulden und die Genehmigung zum Bau eines Forts verlangen, nur z.T. nachkommen. Zwar erkennen sie die Oberhoheit des holländischen Batavia an, der Zahlung des Strafgeldes und dem Bau der Garnison wissen sie sich jedoch geschickt zu widersetzen.

Die Eroberung Balis durch die Niederländer (zeitgenössische Darstellung)

Mit der Absicht, ihren Forderungen Nachdruck zu verleihen und die Widerspenstigen endgültig zu unterwerfen, landen die Niederländer 1848 mit einem **zahlenmäßig noch stärkeren**, aus 2.400 Soldaten bestehenden **Expeditionsheer**, stoßen aber bei Jagaraga auf ein ebenfalls weit besser gerüstetes Verteidigungsheer, dessen 16.000 Mann, denen 25 Kanonen und 1.500 Gewehre zur Verfügung stehen, von dem gewieften Strategen Jelantik kommandiert werden und den Angreifern in drei Schlachten schwere Verluste (insgesamt fallen 264 Holländer) beibringen, die daraufhin zum Rückzug blasen.

Ungehinderter Einmarsch

Das Auftauchen des **dritten holländischen Expeditionskorps** vor den Küsten Balis im **März 1849** kündet von bevorstehenden schicksalhaften Geschehnissen. Die aus über 100 Schiffen bestehende Flotte hat rund 3.000 Seeleute und über 5.000 Infanteristen an Bord, die – ohne auf allzu viel Widerstand zu treffen – in Buleleng einmarschieren, wo sie im Palast des Rajas ihr Hauptquartier aufschlagen.

Der Tag der Entscheidung scheint gekommen, als sich am **4. April** die beiden Lager hochgerüstet und zum Kampf entschlossen gegenüberstehen – und gehen ebenso auseinander, ohne dass auch nur ein Schuss gefallen, es zur Unterzeichnung irgendeines Abkommens gekommen wäre.

Das Gemetzel beginnt **sieben Wochen später**, als die Niederländer die balinesischen Befestigungen bei Jagaraga angreifen. Während auf holländischer Seite 33 Mann fallen und 148 verletzt werden, sterben auf balinesischer Tausende, darunter Jelantiks Frau sowie eine Gruppe von Frauen, die gemäß dem Puputan-Ritus in das Gewehrfeuer der Angreifer laufen.

Schlacht von Jagaraga

Dank neuer Verbündeter und Truppen aus Lombok gelingt es den Holländern im Laufe des folgenden Jahres in mehreren offenen Feldschlachten, infolge derer u.a. der Raja von Karangasem zusammen mit seiner Familie den Freitod wählt, bis vor die Tore Klungkungs vorzustoßen, ehe sie gestoppt werden. Doch wendet sich das Blatt schlagartig, als der Raja von Buleleng und *Gusti Ketut Jelantik* in einen von marodierenden Soldaten des Rajas von Lombok gelegten Hinterhalt geraten, wobei der Raja auf der Stelle getötet wird und Jelantik Gift nimmt, als er die Aussichtslosigkeit der Lage erkennt. Von Trauer über den Tod der beiden übermannt, bricht der Widerstand der Balinesen zusammen – **nach langen und verlustreichen Kämpfen stehen die Holländer**, die auch durch Tropenkrankheiten viele Mann verloren haben, **am Ziel ihrer Wünsche**. Der dänische Kaufmann *Mads Johanes Lange*, der in Kuta ein blühendes Unternehmen aufgebaut hat und bereits 1846 als Vermittler zwischen Holländern und Balinesen tätig gewesen ist, legt den Entwurf für ein Abkommen vor, das die Einsetzung neuer Herrscher vorsieht und die Inselbewohner zu Vasallen der Holländer macht, ein Plan, den die Besatzer in der Folgezeit möglichst rasch in die Tat umzusetzen versuchen, auch wenn es noch bis zum Beginn des 20. Jahrhunderts dauern wird, ehe sie die Kontrolle über die ganze Insel besitzen werden.

Kapitulation

Zunächst **bringen sie bis 1855 den Norden und Westen der Insel einschließlich Jembranas unter ihre Oberherrschaft**. Königliche Hauptstadt wird Buleleng, das spätere Singaraja, wo sich auch die Kolonialverwaltung konzentriert. Zum ersten Gouverneur ernennen die Niederländer *P.L. van Bloemen Waanders*, einen Kenner Balis und dessen Bräuche, was sicherlich dazu beiträgt, die anfänglichen Schwierigkeiten zwischen den einst rivalisierenden Parteien allmählich auszuräumen, zumindest was den Norden betrifft, in dem es Ende des 19. Jahrhunderts einen gewissen wirtschaftlichen Fortschritt und friedliche Jahre gibt, im Gegensatz zum Inselsüden, der weiterhin unter den Kämpfen der einzelnen Fraktionen leidet, was die Holländer zu weiteren militärischen Feldzügen veranlasst.

Der Raja von Karangasem (um 1920)

Aufstieg Gianyars

Im Süden der Insel erlebt Mitte des 19. Jahrhunderts das **Reich Gianyar** unter *Dewa Manggis Disasteria* seine Blütezeit und steigt dort zum **mächtigsten und reichsten Staat** auf, wobei Gianyar sich allerdings die Feindschaft der anderen Rajas zuzieht, da es versucht, sich auch Dörfer ihrer jeweiligen Machtbereiche einzuverleiben. 1882 erhält Buleleng den Status der Hauptstadt von ganz Nusa Tenggara, d.h. den Inseln von Bali bis Timor.

Eine weitere tragende Rolle in der Tragödie, die der vollständigen Übernahme Balis durch die Holländer vorausgeht, fällt mehr oder weniger unfreiwillig dem östlichen Nachbarn Lombok zu, dessen balinesischen Herrscher die Kolonialherren 1894 militärisch bestrafen wollen, weil er in seinem Machtbereich die Sasak-Muslims misshandelt und unterdrückt habe. Die von den Generalmajoren P.P. van Ham und J.A. Vetter angeführte Strafexpedition glaubt, nachdem sie ohne auf Widerstand gestoßen zu sein bis ins Inselinnere hat vorstoßen können, bereits an einen unblutigen Sieg, als ihr Lager bei der Ortschaft Jakranegara unvermutet von Balinesen überfallen wird: 99 Niederländer, darunter *van Ham*, fallen, 272 werden verwundet. Dieser als ‚**Hinterhalt von Lombok**' in die Annalen eingegangene Zwischenfall ruft sowohl in Batavia als auch in Holland selbst Empörung hervor und veranlasst die Kolonialmacht, unverzüglich Verstärkung nach Lombok zu entsenden, um sich für die schmachvolle Niederlage zu rächen.

Anerkennung der niederländischen Souveränität

Tod und Verderben überziehen daraufhin Lombok, bis die Balinesen, um der Schmach der Kapitulation zu entgehen, in Mataram den Freitod durch den Puputan-Ritus wählen, sich entweder selbst tötend oder direkt in das Gewehrfeuer der Holländer laufend. Für diesen Sieg, bei dem zehn hochrangige balinesische Adlige ums Leben kommen, zahlt die Kolonialmacht einen hohen Preis, denn die Geschehnisse des Jahres 1894 hinterlassen – wie die Zukunft zeigen wird – in den Seelen der restlichen Balinesen tiefe Narben. **1895 bzw. 1900 erkennen die besiegten Rajas von Karangasem und Gianyar die Souveränität der Niederländer an**, behalten aber zunächst weiterhin ihre Selbstständigkeit.

Erneute Kriegserklärung

Wiederum liefert die Plünderung eines gestrandeten Schiffes, diesmal des chinesischen Schoners ‚Sri Kumala', den Niederländern den willkommenen Anlass zur Ausweitung ihrer Macht auf Bali. Der auf Borneo lebende chinesische Besitzer des Schiffes, das am **27. Mai 1904** bei Sanur auf ein Riff läuft, beschuldigt balinesische Strandräuber, sich widerrechtlich in Besitz des Strandgutes gebracht zu haben, wobei er im Besonderen eine angeblich gestohlene Kiste mit 2.000 Silberdollar meint. Zwar schrauben die Niederländer die Schadensersatzforderungen herunter, wenden sich damit aber an den Raja *Agung Made* von Badung, der die Zahlung verweigert, woraufhin im **Juni** eine Blockade über den südlichen Teil Balis verhängt und dem Fürsten von Badung – nach Stellung mehrerer Ultimaten – schließlich **der Krieg erklärt wird**.

Im Schutze des Feuers der Marinegeschütze beginnt im **September 1906** an Balis Südküste der Aufmarsch der niederländischen Streitkräfte, bestehend aus Infanterie, Artillerie und Kavallerie.

Niederländische Invasion

Als der Raja von Badung auch ein letztes Ultimatum verstreichen lässt, beginnen die Niederländer am **14. September 1906** in Sanur mit der Invasion, in deren Verlauf sie zunächst kaum auf Widerstand stoßen. Von Kesiman kommend, stoßen die Truppen am

Historischer Überblick

20. September nach Badung – das spätere Denpasar – vor, das verlassen daliegt, nur aus dem Puri, aus dem lauter Trommelwirbel nach außen dringt, steigt Rauch auf, da der Palast auf Befehl des Regenten in Brand gesteckt worden ist.

Die beunruhigende, geradezu gespenstische Szenerie erlebt durch den beim Näherkommen der Holländer einsetzenden Auszug der Balinesen aus dem Palast eine weitere dramaturgische Steigerung. Gekleidet in das weiße Gewand für den Verbrennungsritus, wird an der Spitze der seltsamen, stillen Prozession der Raja, der kostbaren Juwelenschmuck angelegt hat und einen wundervollen Kris bei sich trägt, von vier Männern in seiner herrschaftlichen Sänfte getragen. Ihm folgen, gleichfalls in weißen Gewändern, die Hofbeamten, Wachsoldaten, Priester, Frauen, Kinder und Gefolgsleute, insgesamt mehr als tausend Personen.

Gespenstischer Aufmarsch

Als sich der unheimliche Zug bis auf hundert Schritte den völlig ratlosen und verblüfften Holländern genähert hat, lässt der Raja ihn anhalten und entsteigt seiner Sänfte, woraufhin er dem neben ihm stehenden Priester ein Zeichen gibt, der ihm daraufhin den Kris durch die Brust stößt. Noch ehe die konsternierten Invasoren irgend ein Zeichen der Reaktion zeigen können, erdolchen sich viele der Balinesen selbst oder einen der umstehenden Landsleute, während die aus dem Palast strömende, mit Lanzen und Speeren bewaffnete Menge langsam gegen die niederländischen Soldaten vorrückt, nachdem sich die Frauen des Königs innerhalb der Palastmauern gleichfalls selbst erdolcht haben. Frauen werfen den Soldaten höhnisch Juwelen und Goldmünzen entgegen, ehe sie im Feuer der Salven sterben, die die Leichenberge vor dem Palast immer höher auftürmen. Dem Massaker folgen Plünderungen, bei denen die Dahingemetzelten ebenso durchsucht werden wie die Palastruinen.

Ein Hofstaat begeht Selbstmord

Am Nachmittag desselben Tages wiederholt sich das grausige Schauspiel in Pemecutan, einem kleinen Staat in Badung, dessen gebrechlicher alter Raja, nachdem er von den schrecklichen Ereignissen in Badung erfahren hat, gemeinsam mit seinem Hofstaat

Auf Bali blüht es in allen Farben.

in gleicher Manier seinem Leben ein Ende setzt und so den Holländern das Terrain kampflos überlässt. Diesmal allerdings beteiligen sich die Invasoren nicht an dem Gemetzel, bei dem rund 1.500 Menschen sich das Leben nehmen, was die Holländer aber nicht daran hindert, anschließend erneut zu plündern.

Noch immer sind die Kolonialherren mit dem Erreichten nicht zufrieden, und so zieht das Expeditionskorps weiter nach Tabanan, dessen alter Raja, als er vom Nahen der Niederländer hört, freiwillig aus dem Leben scheidet, woraufhin seine Frauen bei dessen Verbrennung gemäß dem Suttee-Ritus freiwillig den Scheiterhaufen besteigen.

Selbstverbrennung

Zwar gelingt dem neuen Fürsten in Begleitung des Kronprinzen zunächst die Flucht vor den Holländern, schließlich müssen sie sich diesen jedoch ergeben und werden ins

Gefängnis von Denpasar gebracht, wo sie sich – mit Hilfe eines Messers bzw. von Gift – ebenfalls selbst das Leben nehmen, als sie erfahren, dass man sie nach Lombok oder Madura in Verbannung schicken will.

Macht-losigkeit

Nachdem somit **Badung und Tabanan in politische Abhängigkeit von Holland geraten** sind, unternimmt die Kolonialmacht den Versuch, den Dewa Agung in Klungkung durch provozierende Machtdemonstrationen zum bewaffneten Widerstand zu verleiten, jedoch ohne Erfolg, denn jener ist zu vorsichtig und entmutigt, um darauf einzugehen. Die Schwäche, ja Machtlosigkeit des Dewa Agung erkennend, unterbreiten die Holländer ihm ein ganzes Bündel von Abmachungen, die eher Ultimaten denn Vereinbarungen gleichen, die er aber dennoch ohne Umschweife unterzeichnet, obwohl er die darin verborgene Absicht erkennt, **Klungkung ein neues Verwaltungssystem aufzuzwingen**.

Letztes Kapitel einer Leidensgeschichte

Doch noch immer ist Bali nicht vollständig unter niederländischer Kontrolle, und so kommt es hier und da immer wieder zu bewaffneten Übergriffen und Scharmützeln. Das letzte Kapitel in dieser Leidensgeschichte läuten die Leute des Punggawa von Gelgel ein, als sie **1908** mit Angriffen auf Agenten des Opiummonopols beginnen, woraufhin die Holländer Soldaten nach Gelgel in Marsch setzen, die sich aber nach Gegenangriffen durch die Balinesen an die Küste zurückziehen müssen. Aus Furcht vor der zu erwartenden Strafexpedition der Kolonialmacht flieht der Punggawa von Gelgel nach Klungkung, wo der Dewa Agung in Erwartung der bevorstehenden Attacke bereits mit Verteidigungsmaßnahmen begonnen hat. Doch reichen diese bei weitem nicht aus, um dem massiven Artilleriebeschuss der Niederländer standzuhalten, durch den Gelgel und Teile Klungkungs zerstört werden. Als die Angreifer am **28. April 1908** auf dem Platz vor dem Puri schließlich ihre Geschütze in Stellung bringen und einige Warnschüsse in Richtung Palast abfeuern, wiederholt sich das makabre Schauspiel von vor zwei Jahren. An der Spitze von rund 200 Angehörigen seines Hofstaates bewegt sich der ganz in Weiß gekleidete Herrscher, der eine Zeremoniallanze mit Goldspitze in der einen und seinen von den Ahnen ererbten Kris in der anderen Hand trägt, langsam auf die holländischen Reihen zu, deren Kanonen verstummt sind.

Des Rajas Tod

Hundert Meter vor der Phalanx der Feinde stößt der Raja plötzlich seinen Kris mit gebieterischer Geste in den Boden, hat ihm sein Hohepriester doch weisgesagt, dass der Zauberkris einen tiefen Erdspalt öffnen werde, in dem sämtliche Gegner verschwänden. Das Wunder indes bleibt aus, vielmehr zerschmettert eine Kugel des Rajas Knie, ehe ihn eine zweite tödlich getroffen niedersinken lässt, woraufhin sechs seiner Frauen einen Kreis um dessen Leichnam bilden, sich niederknien und sich jeweils ihren Kris feierlich ins Herz stoßen.

Das Puputan von Klungkung

Und wieder vollzieht sich jenes schauerliche Drama der Selbstentleibung und des Sich-gegenseitig-Tötens, dessen Rest die Kanonen und Gewehrsalven der Holländer besorgen, die nach dieser weiteren entsetzlichen Bluttat wiederum den Puri schleifen, von dem nur ein zu einer Kaserne und einem Gefängnis führendes Tor – einem Mahnmal gleich – stehen bleibt. **Nur wenige Balinesen überleben dieses Puputan, das die Zeugnisse des ruhmreichen Klungkung zerstört.**

Nun erst kann das Königreich der Niederlande ganz Bali zu seiner Kolonie erklären.

Historischer Überblick

Die Berichte der Puputan-Ereignisse der Jahre 1906 und 1908 erregen weltweites Aufsehen und lösen Proteste gegenüber der niederländischen Kolonialverwaltung aus, deren Strafmaßnahmen als vollkommen überzogen verurteilt werden. Da Holland auch wegen seines Vorgehens auf den anderen Inseln des indonesischen Archipels im Kreuzfeuer der Kritik steht, sieht es sich – auch auf Bali – zu **einigen Reformen** gezwungen.

Positiv an **Den Haags Kolonialpolitik** zahlt sich für Bali indes dessen ablehnende Haltung bezüglich der Besiedlung durch Europäer aus. Von Beginn an widersetzt sich der Gouverneur dem Drängen holländischer Konzerne, riesige Plantagen zu gründen, so dass letztendlich nur sehr wenige Firmen Niederlassungen auf Bali einrichten. Unternehmerisch weitaus aktiver sind da die Chinesen, die nicht nur Kaffeegärten und Kokospalmhaine, sondern auch große Grundstücke in den Städten erwerben. **Alles in allem schützt die Kolonialmacht die Insel jedoch vor Überfremdung und Ausbeutung durch europäische Handelsgesellschaften.**

Besonnene Kolonialpolitik

1917 ist für Bali ein weiteres **Katastrophenjahr**: zunächst verwüsten ein **Erdbeben** und der **Ausbruch des Gunung Batur** Teile der Insel, anschließend fordert eine **Epidemie der Spanischen Grippe** zahlreiche Opfer.

So sehr sich die Kolonialverwaltung zu dieser Zeit auch bemüht neben Händlern und Missionaren auch den internationalen Tourismus fernzuhalten, so wenig kann sie verhindern, dass **ab den 20er und verstärkt in den 30er Jahren des 20. Jahrhunderts nach und nach immer mehr Neugierige auf die Insel kommen,** Künstler jeglicher Couleur, Ethnologen, Archäologen, Anthropologen, Soziologen, Ökonomen und derlei mehr. 1930 zählt man rund 100 Bali-Besucher monatlich, von denen etliche, vor allem Schriftsteller, Maler und andere Schöngeister für immer zu bleiben beabsichtigen, darunter auch der deutsche Maler und Musiker *Walter Spies*, der bereits 1926 nach Bali kommt und sich in Ubud niederlässt, oder die Schriftstellerin *Vicki Baum*, die zu Beginn der nächsten Dekade hier eintrifft.

Die ersten Touristen

1938 werden die **historischen Fürstentümer auf Bali zwar wiederhergestellt**, erreichen jedoch nie mehr Glanz und Macht früherer Tage.

Die friedvolle Idylle, nach der die ausländischen Besucher und Dauergäste auf der Insel suchen, wird spätestens am **19. Februar 1942** jäh gestört, als ein etwa 500 Mann starker **japanischer Truppenverband bei Sanur landet**, nach Denpasar marschiert und bereits wenige Tage später die ganze Insel unter Kontrolle gebracht hat.

Japanische Besatzung

Auch wenn es auf Bali nicht zu derartigen Grausamkeiten wie in vielen anderen von den Japanern besetzten Gebieten kommt, führt das arrogante Verhalten der neuen Besatzer gegenüber den Einheimischen, von denen insbesondere jene verhaftet und misshandelt werden, die mit zivilen und militärischen Dienststellen der Holländer zusammengearbeitet haben, dennoch rasch zu Misstrauen und Subversion. Die gegründeten militärischen und paramilitärischen Gruppierungen richten ihren Widerstand in der Folgezeit jedoch nicht nur gegen die Japaner, sondern meist auch gegen die Niederländer.

Widerstand formiert sich

Einer der Führer der **Widerstandsbewegung** ‚Tentara Keamanan Rakyat' (‚Sicherheitstruppe des Volkes'), der sich nach und nach alle anderen paramilitärischen Gruppen anschließen und so die balinesische Volksarmee aus er Taufe heben, ist der charismatische junge Offizier *Gusti Ngurah Rai*, Spross einer Familie von Kriegern aus Badung, der sich bei seinen militärischen Aktionen mehr auf seine intuitiven Fähigkeiten und mystischen Kräfte denn auf Taktik und Logistik verlässt.

Scheinbare Unabhängigkeit

Nach der bedingungslosen Kapitulation der Japaner am 15. August 1945 wähnen sich Indonesier wie Balinesen am Ziel ihrer Träume, zumal da nach der am 17. August erklärten Unabhängigkeit des Inselreiches der **Rückzug der Japaner** aus Politik und Verwaltung beginnt, der am **8. Oktober 1945** abgeschlossen ist, womit wieder balinesische Beamte in den Provinzbehörden und Residenzen sitzen. Doch der Schein der vermeintlich gewonnenen Unabhängigkeit trügt, **denn noch gibt sich die alte Kolonialmacht nicht geschlagen, versucht stattdessen die holländische Vorkriegsverwaltung wieder einzusetzen**.

Und so beginnt ein weiteres blutiges Kapitel balinesischer Geschichte.

Unabhängigkeitskrieg

Bali gehört in den folgenden Jahren zu den Schauplätzen des erbitterten Unabhängigkeitskampfes gegen die Niederländer. Da die Balinesen sich in offenen Feldschlachten allerdings keine Chance gegen die militärisch übermächtigen Niederländer ausrechnen, entwickelt *I Gusti Ngurah Rai* die Strategie des ‚Langen Marsches zum Gunung Agung' im Osten der Insel, wohin er alle verfügbaren Kämpfer West- und Südbalis ruft, um in diesen gebirgigen Regionen einen Guerillakampf gegen die alten und neuen Kolonialherren zu führen. Trotz des unwegsamen Geländes gelingt es den Holländern überraschend schnell das Lager der Aufständischen auszumachen und zu umzingeln. Nur mit Mühe gelingt es den Eingeschlossenen, sich auf abenteuerliche Weise nach Tabanan durchzuschlagen, wo *Gusti Ngurah Rai* und seine Mannen am **16. November 1946** jedoch erneut von den nachrückenden niederländischen Truppen eingekesselt werden.

Erkennend, dass nur noch die Kapitulation und Verhandlungen sie aus ihrer ausweglosen Lage befreien können, entschließen sich die Eingeschlossenen gemäß dem Puputan-Ritus am **20. November** zum selbstmörderischen Angriff gegen die Belagerer, der unter der Bezeichnung ‚Zwischenfall von Marga' bekannt wird und bei dem neben *Gusti Ngurah Rai* selbst noch 93 weitere Balinesen ihr Leben verlieren. (Der Schauplatz des Geschehens ist heute ein Heldenfriedhof.) Der Tod dieses großen Freiheitskämpfers bricht

Die Heldengedenkstätte Taman Pujaan Bangsa Margarana

die Moral der Balinesen, die sich in der Folgezeit nur noch vereinzelte unbedeutende Scharmützel mit den Niederländern liefern.

Nach der Anerkennung der Unabhängigkeit Indonesiens durch die Niederlande **Ende 1949** erklärt Bali seinen **Beitritt zur ‚Republik der Vereinigten Staaten von Indonesien'**. Im darauffolgenden Jahr, **1950**, nur zwölf Jahre nach ihrer Wiederherstellung, werden die historischen Fürstentümer Balis wieder aufgelöst und durch Regierungsbezirke ersetzt. Durch die Abschaffung der Feudalherrschaft verlieren die balinesischen Aristokraten auch ihre politische Macht, doch werden sie auch zukünftig als Wahrer der alten Traditionen vom Volk verehrt.

Politische Umwälzungen

Nach der Ausrufung der Republik Indonesien im Jahre **1956** bleiben auch auf Bali die mit dem Übergang von der Kolonie zum selbstständigen Staat verbundenen Schwierigkeiten nicht aus, wobei sich diese Transformation für die Insel aufgrund der alten Gegensätze zu Java als besonders schwierig erweist, obwohl der in Jakarta residierende Präsident *Sukarno* mütterlicherseits Balinese ist und sich somit in das Wesen der Balinesen einfühlen könnte, zumal er für sich persönlich die Rolle des Rajas wählt, ohne sich jedoch gleichzeitig angemessen für das materielle und geistige Wohlergehen seines Volkes zu kümmern. **1958** wird Bali **eigenständige indonesische Provinz** (Propinsi Bali). **1959** wird **Denpasar anstelle Singarajas Hauptstadt** von Bali.

Wirtschaftlich schwer angeschlagen, droht schon bald neues Unheil: Am **18. Februar 1963** fängt der seit Jahrhunderten ruhende **heilige Vulkan Gunung Agung** mitten in den Vorbereitungen zum Eka dasa rudra, dem größten und wichtigsten balinesischen Hindu-Fest, das nur alle hundert Jahre im am Abhang des Vulkans gelegenen Nationaltempel Pura Besakih gefeiert wird, zu rumoren an. Obwohl Rauch und Asche dem Vulkankegel entsteigen und gelegentlich die Erde bebt, beginnt die Zeremonie des Eka dasa rudra wie vorgesehen am **8. März**. Vier Tage später speit der Berg Schlamm und Felsgestein aus seinem Höllenschlund, doch erst am **17. März entlädt sich der Zorn der Götter in einer gewaltigen Feuer- und Rauchsäule**, deren Ascheregen die Sonne verdunkelt, während sich ein breiter glutheißer Lavastrom den Berghang hinunterwälzt. Bleibt auch der Tempel wie durch ein Wunder von den Unbilden der Natur verschont, so versinken doch ganze Dörfer unter den schwarzen Fluten des ausgeworfenen Erdinneren; rund 2.500 Menschen, die den Urgewalten nicht rechtzeitig entfliehen konnten, sterben. Das Fest ist mit einem Schlag zu Ende, die wichtigsten Aufräumungsarbeiten indes dauern nahezu ein Jahr.

Naturkatastrophe

Die infolge des **niedergeschlagenen Putschversuches vom 30. September und 1. Oktober 1965** landesweit durchgeführten Verfolgungen von Kommunisten und den als kommunistenfreundlich geltenden Chinesen münden auf Bali in die schlimmsten Massaker überhaupt, so dass am Ende des sinnlosen Gemetzels allein auf dieser Insel rund 100.000 Menschen ihr Leben haben lassen müssen. Die Zahl der Opfer ist deshalb so hoch, weil die Zugehörigkeit zu einer Partei auf Bali traditionellerweise kollektiv beschlossen wird, weswegen bei den veranstalteten **Hetzjagden** der Jahre **1965 und 1966** ganze Dörfer ausgelöscht werden.

Antichinesische Pogrome

Doch auch diese entsetzliche Tragödie vermögen die Bewohner der Insel zu überwinden, die in den Jahren nach dem Amtsantritt Präsident *Suhartos* im Jahre 1968 in zunehmendem Maße einen Zustrom ausländischer Touristen erleben, der vielen von

Das Zeitalter des Massentourismus beginnt

ihnen zu einer neuen wirtschaftlichen Basis verhilft und von dem neben Hoteliers und Restaurantbesitzern vor allem Künstler und Kunsthandwerker profitieren. Das **Zeitalter des Massentourismus** beschert jedoch auch der Bekleidungs- und Modeindustrie einen enormen Aufschwung, wohingegen die Bedeutung der Landwirtschaft stetig abnimmt.

1979 können die Balinesen schließlich die wegen des Ausbruchs des Gunung Agung im März 1963 ausgefallene Eka dasa rudra-Zeremonie nachholen, an der als Gäste u.a. Staatspräsident *Suharto* und seine Gattin *Tien* teilnehmen.

Die während der 80er und 90er Jahre in immer größerer Zahl einfallenden Touristenmassen verwandeln das äußere Erscheinungsbild des südlichen Inselteils radikal, einst verschlafene Dörfer wie z.B. Kuta und Legian mutieren zu bunten, schrillen Stätten lärmender Gesichtslosigkeit, zugebaut mit Hotels, Restaurants, Geschäften und Vergnügungsstätten.

Odalan im Pura Kehen in Bangli

Vergleichsweise lange von der asiatischen Wirtschaftskrise weitestgehend verschont, stürzt diese, verschärft durch die unsichere innenpolitische Lage, durch den erneuten rapiden Verfall der indonesischen Rupiah, im Januar 1998 auch Bali in eine tiefe Krise. Wie in anderen Landesteilen kommt es auch auf Bali in der Folgezeit immer wieder zu Zusammenstößen zwischen Sicherheitskräften und Demonstranten, die eine neue Politik fordern, jedoch weitaus gewaltfreier als auf den anderen Inseln, auch wenn in Singaraja bei Angriffen auf chinesische Geschäfte und Einrichtungen mehrere Personen getötet und erheblicher Sachschaden angerichtet werden. Doch zum Glück erlischt die Flamme des auflodernden Rassenhasses ebenso rasch wieder wie sie aufgelodert ist. Die aufgrund der unsicheren Verhältnisse im Archipel zurückgehende Touristenzahlen und die anhaltende Schwäche der Rupiah treffen Bali hingegen ins Mark. Wege aus der Krise erhofft sich die Bevölkerung von *Megawati Sukarnoputri*, deren Wahl zur neuen indonesischen Präsidentin am **23. Juli 2001** bei den Balinesen neue Hoffnungen und Zuversicht weckt.

Politische Hoffnungsträgerin

Bedeutende Persönlichkeiten

Vicki Baum (24. Januar 1888 - 29. August 1960)

Die Verfasserin des wohl berühmtesten deutschsprachigen Romans über Bali stammte aus Wien, wo sie als Schriftstellerin und Harfenistin ihren Lebensunterhalt verdiente. Sie besuchte zu einer Zeit die Insel, als die niederländischen Kolonialherren sie nach jahrelangen Auseinandersetzungen bereits vollständig unter ihre Kontrolle gebracht hatten.

Fasziniert davon, wie wenig sich die Balinesen trotz des massiven Einflusses der fremden Herren in ihren sozialen und kulturellen Belangen beeindrucken ließen, gelang es ihr, tief in die Geschichte der Insel und die Mentalität der Inselbewohner einzudringen. Als Resultat ihres neunmonatigen Aufenthaltes erschien 1937 schließlich das Buch ‚Liebe und Tod auf Bali', ein Werk, das die Insel und das Schicksal ihrer Menschen schlagartig einem breiten europäischen Publikum ins Bewusstsein rückte.

Exemplarisch für den Leidensweg der ganzen Insel erzählt sie darin die tragische Geschichte und das Ende des Königreiches von Badung im Jahre 1906, das unter die bisweilen rigide Kolonialpolitik der Niederländer gerät, wobei es diesen letztendlich aber nur sehr oberflächlich gelingt, Einfluss auf das traditionelle dörfliche Leben der Menschen auszuüben. Das Buch überzeugt vor allem durch seine sorgfältig recherchierten historischen Hintergründe und die feinsinnigen Milieuschilderungen.

1960 verstarb die gebürtige Österreicherin, die durch die Verfilmung ihres Romans ‚Menschen im Hotel' zu Weltruhm gelangte, in Hollywood.

Antonio Mario Blanco
(15. September 1912 - 10. Dezember 1999)

Der in Manila (Philippinen) geborene Spanier, der die Kunst der Selbstdarstellung meisterhaft beherrschte (1997 ließ er sein Leben sogar verfilmen) und darin, aber mitunter auch durch sein äußeres Erscheinungsbild, seinem berühmten Kollegen *Salvadore Dali* ähnelte, gehörte zu den bedeutendsten Malern, die Bali als Ort ihres künstlerischen Schaffens wählten.

Reich bewegte Jugendjahre prägten Wesen und Werk dieses Künstlers, der in der philippinischen Hauptstadt zur Schule ging und an der Kunstakademie in New York studierte, ehe er dann nacheinander in Florida, Kalifornien, Honolulu und Japan lebte.

Miss Cempaka beim Tanz (Antonio Mario Blanco, 1970)

Nachdem er ein Buch über Bali gelesen hatte, war es sein innigster Wunsch, diese Insel zu besuchen. Daher schiffte er sich 1952 nach Singaraja ein, wo ihm unmittelbar nach der Ankunft die Brieftasche gestohlen wurde, woraufhin man ihn – mittellos – zum Herrscher von Ubud brachte. Das bis dahin entstandene, vielfach ausgezeichnete künstlerische Werk beeindruckte den Sohn des Fürsten von

Ubud derart, dass ihm der Regent von Ubud einige Tage später eine ehemalige Sommerresidenz inmitten einer weitläufigen Gartenanlage als Atelier und Wohnsitz anbot. Als ihn *Blanco* darauf hinwies, dass er keinerlei Vermögenswerte besitze, beruhigte ihn jener dahingehend, dass er sich einzig und allein darum bemühen solle, Werbung für Bali zu machen. 1953 heiratete *Blanco* eines seiner ersten balinesischen Modelle, das ihm noch viele Jahre als Modell diente und in einem großen Teil seiner Werke – meist stark erotisiert – auftaucht.

Zwar verließ *Blanco*, der den ehemaligen Staatspräsidenten *Sukarno* zu seinen Freunden zählte und von diesem mehrmals besucht wurde, kurze Zeit darauf die Insel noch einmal, kehrte jedoch wenige Jahre später endgültig nach Bali zurück, um hier an der Ausfeilung seines mit erotischen Elementen vermischten skurril-impressionistischen Œuvres zu arbeiten, das man heute z.T. in seinem ehemaligen Wohnsitz in Ubud zeigt, in dem seit 2000 das neu errichtete Museumsgebäude Besucher empfängt, dessen Fertigstellung der Meister jedoch nicht mehr erlebte, denn er verstarb kurz vor der Einweihung im Dezember 1999. *Blanco*, der einzig und allein seine Frau zu sich ins Atelier ließ während er arbeitete, wurde mit großem Prunk in Penestanan beigesetzt, wobei es sich das Oberhaupt der fürstlichen Familie von Ubud nicht nehmen ließ, auf den Beerdigungsturm hinaufzusteigen, um so seinen Respekt dem Verstorbenen gegenüber zu erweisen.

So eigenwillig der Künstler war, so wenig Einfluss hatte sein Werk letztendlich auf die Kunst Balis. Um sein Erbe kümmert sich heute sein Sohn *Mario*, der selbst malt, jedoch motivisch und stilistisch ganz anders als sein Vater, auf erotische Darstellung vollkommen verzichtet und sich stattdessen fast ausschließlich auf Landschaften und Porträts konzentriert. Und auch seine drei Töchter sind der Kunst eng verbunden.

Rudolf Bonnet (30. März 1895 - 18. April 1978)

Der in Laren (Niederlande) geborene niederländische Künstler kam 1929 nach Bali, zwei Jahre nach *Walter Spies*, mit dem er umgehend Kontakt aufnahm und mit dem gemeinsam er 1936 die ‚Pita Maha Künstlervereinigung' gründete.

Während des Zweiten Weltkriegs von den Japanern auf Sulawesi inhaftiert, kehrte er in den 50er Jahren nach Bali zurück, um das Museum Puri Lukisan in Ubud einzurichten. Da auch er als Ausländer in Indonesien nicht zu allen Zeiten gern gesehen war, verließ er die Insel vorübergehend, kam jedoch 1973 zurück, um beim Aufbau der Dauerausstellung des Museums zu helfen.

Die Mädchen Nyoman und Ketut (Rudolf Bonnet, 1976)

1978 verstarb *Bonnet* während eines kurzen Holland-Besuches, und noch im selben Jahr verschieden auch *Cokorda Gede Agung Sukawati*, der Gönner von *Spies* und *Bonnet*, und der balinesische Künstler *I Gusti Nyoman Lempad*, der beim Aufbau der ‚Pita Maha Künstlervereinigung' gleichfalls eine führende Rolle gespielt hatte. *Bonnets* Asche wurde nach Bali gebracht und im darauffolgenden Jahr bei der Einäscherung von *Cokorda Gede Agung Sukawati* mit verstreut.

Bonnets Einfluss auf die moderne balinesische Malerei ist noch heute in den Werken zeitgenössischer Künstler spürbar, denn er war es, der z.B. durch seine Markt- und Hahnenkampfszenen den Menschen als Geschöpf an sich und Zentralfigur alltäglicher Gegebenheiten und Szenerien ins Bild rückte, wodurch er sich von *Spies* unterschied, dessen Arbeiten oft mystisch verklärt wirkten.

Willem Gerard Hofker (1902 - 1981)

1938 kam der in Amsterdam geborene niederländische Maler, der dem akademischen Stil folgte, mit seiner Frau nach Batavia; hier beschlossen sie, sich für einige Jahre auf Bali niederzulassen.

Komposition dreier Frauen (Willem Gerard Hofker, 1942)

Nach der Besetzung durch die Japaner wurde das Ehepaar 1942 zwar vorübergehend auf Java interniert, durfte allerdings wenig später – unter der Bedingung, sich nicht in die Politik einzumischen – nach Ubud zurückkehren, da die neuen Besatzer das malerische Werk der beiden schätzten. Dort gelang es ihm, trotz der Kriegsunruhen, auf seinen Bildern, besonders in seinen Porträts, eine Welt der stillen Grazie und Harmonie einzufangen, die einer Vision Balis gleichkommen.

Nach der Unabhängigkeitserklärung Indonesiens kehrte das Künstlerehepaar in die Niederlande zurück.

I Gusti Nyoman Lempad (1862 - 1978)

Balis berühmtester Maler wurde als drittes von vier Kindern in Blahbatuh geboren, von wo er schon bald mit seinen Eltern und Geschwistern nach Ubud umsiedelte. „Strebe nicht danach, ein schlauer Mensch zu werden", gemahnte ihn sein Vater in jungen Jahren, „denn kluge Leute leben nur kurz und sterben schnell."

Diesem Rat folgte *Lempad*, dem eine schulische Ausbildung vorenthalten wurde und der daher nicht schreiben konnte, ein Leben lang. Seinen Namen, mit dem er später seine Werke signierte, kopierte er einfach nach dem ihm vorgegebenen Beispiel. Und obgleich sein Vater Kunsthandwerker war, übernahm er nichts von dessen Können, sondern ging bei einem Brahmanen im Palast in die Lehre, der nicht nur u.a. Maler und Bildhauer, sondern darüber hinaus auch Architekt und Zeremonienmeister war. Von ihm lernte *Lempad* alles über Balis Tänze, Religion und Gesellschaft, und schon bald zählte er zu den angesehensten Künstlern in Ubud.

Lempad schloss enge Freundschaft mit *Walter Spies*, dem er auch beim Bau seines Hauses half und dem er zu einem nicht unerheblichen Teil die Weiterentwicklung seines künstlerischen Werkes, seiner Ausdrucksmöglichkeiten verdankt. Doch trotz des langjährigen Einflusses von *Spies* und *Bonnet* – mit denen er auch am Aufbau der Künstlervereinigung Pita Maha zusammenarbeitete – blieb *Lempad* letztendlich doch er selbst, hielt er im Wesentlichen an seinem eigenen Stil fest, weit mehr als die meisten anderen balinesischen Künstler, so dass ein Lempad sofort als ein Lempad zu erkennen ist, wobei er niemals um des Gelderwerbs malte und bildhauerte, sondern stets einzig und allein aus dem Verlangen heraus, seinem kreativen Schaffensvermögen Ausdruck zu verleihen. Deshalb tauchten seine Werke auch nie in Galerien und Kunstgeschäften auf.

Farben sucht man bei *Lempads* Bildern vergebens, er beschränkte sich auf Papier, Feder und Tusche. Motivisch konzentrierte er sich immer mehr auf Themen aus dem Ramayana und Mahabharata sowie aus tantrischen Epen, sich dabei stark an den klassischen Wayang-Stil anlehnend. Der Schlüssel zu seinem Erfolg dürfte darin zu finden sein, dass seine Werke überaus lebensnah wirken, dem realen Leben zu entstammen scheinen.

Schutz des Barong
(I Gusti Nyoman Lempad, 1939)

Lempad vertrat immer die Ansicht, dass die Rolle eines jeden nicht vom Individuum, sondern von der Gesellschaft bestimmt sein sollte. Und so war es ihm fast schon peinlich, als er mit zunehmendem Alter mit immer mehr Auszeichnungen überhäuft wurde. Ihm wäre es lieber gewesen, hätte er ebenso unbemerkt leben und gehen können, wie er vor mehr als einem Jahrhundert zur Welt gekommen war.

Arie Smit (geb. 15. April 1916)

Der in Zaanden in den Niederlanden geborene Maler, der in Rotterdam Grafik studierte, wurde 1938 zum Militärdienst nach Niederländisch-Indien geschickt, wo er bei der niederländischen Armee als Lithograph arbeitete. Von den Japanern zu Beginn des Jahres 1942 gefangen genommen, brachten ihn diese zunächst nach Singapur und anschließend nach Thailand, wo er an der berühmt-berüchtigten Eisenbahnlinie mitbauen musste, die zur birmesischen Grenze führte und später durch den Film ‚Die Brücke am River Kwai' bekannt wurde.

Nach seiner Freilassung kehrte er nach dem Krieg nach Indonesien zurück und blieb auch nach der Unabhängigkeitserklärung des Landes im Inselarchipel. 1951 wurde er indonesischer Staatsbürger und unterrichtete in Bandung Graphik, 1956 besuchte er schließlich erstmals Bali und ließ sich 1958 endgültig dort nieder, um sich hier ganz seiner Kunst zu widmen.

In Penestanan, in der Nähe seines Wohnorts Campuhan, wurde er so zum Vater der ‚Young-

Ruhe (Arie Smit, 1981)

Artists'-Bewegung, einer naiven und farbenfrohen Malrichtung, mit Hilfe derer sich einheimische Jugendliche bildlich auszudrücken lernten, frei von Konventionen, einzig und allein ihren eigenen Weg gehend. Der Künstler, der während all der Jahre auf Bali in mehreren Dutzend Dörfern gelebt hat, wohnt und arbeitet heute in Ubud.

Han Snel (geb. 16. Juli 1925)

In Scheveningen (Niederlande) geboren, kam *Snel* als Rekrut in der niederländischen Armee 1946 erstmals nach Indonesien, um – entgegen seiner Überzeugung – dort für die Wiederherstellung von Recht und Ordnung zu kämpfen. Da er sein Herz an den Archipel verloren hatte, war es sein innigster Wunsch zu bleiben. Also wechselte er vier Jahre später die Seiten, beantragte politisches Asyl und wurde noch im selben Jahre indonesischer Staatsbürger, woraufhin er wenig später nach Bali übersiedelte. *Snels* künstlerisches Frühwerk war eine Hommage an das reiche kulturelle Erbe Balis, dessen Traditionen, Landschaften, Farben und Menschen, und bereits 1965 präsentierte er seine sehr realistischen, naturnahen Werke auch erfolgreich im Ausland.

Während der folgenden zwei Jahrzehnte löste er sich mehr und mehr von den tradierten Formen und Normen und entwickelte jene abstrakte Bildsprache, der er bis heute treu geblieben ist. Kennzeichnen impressionistische Züge sein Werk in den 60er Jahren, so löst er sich in den 70ern zusehends von der Form und konzentriert sich ganz auf Farben und Dimensionen, wobei er bis heute auf der Suche nach neuen Ausdrucksformen ist, sich dabei, wie er selbst sagt, einfach treiben lassend, sich ganz der momentanen Intuition und Inspiration hingebend.

Walter Spies (14. September 1895 - 19. Januar 1942)

Der deutsche Maler und Musiker gehört auf Bali bis heute zu den am höchsten verehrten ausländischen Künstlern, und er war es, der in den 30er Jahren jenes Bild entwarf, dem die Besucher seither – meist vergebens – hinterher jagen. Der Sohn einer reichen und angesehenen Kaufmanns- und Diplomatenfamilie wurde in Moskau geboren, wo er bis zu seinem 15. Lebensjahr weilte, ehe er nach Dresden umsiedelte und dort auch das Gymnasium besuchte. Gerade zu der Zeit, als der Erste Weltkrieg ausbrach, kehrte er zu seiner Familie nach Russland zurück, woraufhin er wenig später interniert wurde, zunächst nahe Moskau, anschließend in einer Kleinstadt im Ural. Doch so leidvoll die russische Internierungshaft für ihn auch gewesen sein mag, so erweckte sie in ihm doch jene Liebe zur Natur, die in seinem späteren künstlerischen Schaffen deutlich zum Ausdruck kommen wird.

Während der Unruhen der Oktoberrevolution kehrte er erneut nach Moskau zu seiner Familie zurück, floh aber dann verkleidet außer Landes, so dass er 1919 wieder in Dresden eintraf, bevor er nach Berlin umsiedelte, wo er schon bald Anschluss an den Komponisten *Ernst Krenek* und Expressionisten wie *Oskar Kokoschka* oder *Otto Dix*, einen der berühmtesten Vertreter der Neuen Sachlichkeit (nach 1923), fand.

Von Hamburg aus verließ er 1923 Deutschland auf einem Frachter in Richtung Java, um sich nach seiner Ankunft in Bandung zunächst als Pianist in einem Kino und in Bars zu verdingen und niederländischen Kindern in Yogyakarta Musikunterricht zu geben, ehe ihn der Sultan von Yogyakarta am 1. Januar 1924 zum Dirigenten seines nach westlichen Maßstäben gebildeten Hoforchesters ernannte. Schon bald spielte er alle im Gamelan gebräuchlichen Instrumente und machte sich wenig später als Musikforscher einen Namen, wobei er – um sie vor dem Vergessen zu bewahren – altjavanische (später auch balinesische) Kompositionen sammelte, die er auf nach europäischer Tonart gestimmten Instrumenten auch der westlichen Welt zu Ohren brachte.

Walter Spies

1925 schließlich kam Spies zum ersten Mal nach Bali, wo er sich zwei Jahre später im Palast des kunstsinnigen Fürsten von Ubud endgültig niederließ, fasziniert von der Landschaft und den Menschen, denen er sein weiteres Lebenswerk widmete, und auch wegen der hier weit großzügigeren Haltung bezüglich seiner Homosexualität. Sein einige Jahre später errichtetes Domizil ‚Campuhan' wurde rasch zum Treffpunkt von auf Bali lebenden Künstlern und Intellektuellen sowie durchreisenden Gesinnungsgenossen, zu denen auch *Vicki Baum* zählte, die eben dort ihren Roman ‚Liebe und Tod auf Bali' schrieb. *Charlie Chaplin*, *Barbara Hutton*, *Noel Coward* und *Margaret Mead* sind nur einige wenige bekannte Namen, die ebenfalls hier logierten.

1932 wurde er Kurator des Bali Museum in Denpasar, und zusammen mit *Rudolf Bonnet* und *Cokorda Gede Agung Sukawati*, ihrem balinesischen Gönner, gründete er 1936 die ‚Pita Maha Künstlervereinigung'.
1938 erschien das Buch ‚Dance & Drama in Bali', an dem er als Mitautor beteiligt war, und schließlich kreierte er für eine zu Besuch weilende deutsche Filmcrew Balis berühmtesten Tanz: den Kecak. 1937 zog er von seinem komfortablen Zuhause in Ubud in das abgelegene ostbalinesische Dorf Iseh um. 1938 änderte sich die Lage für den arm gebliebenen Spies schlagartig, als eine von Holland ausgehende Welle von Puritanismus in die niederländische Kolonie überschwappte und er wegen homosexueller Praktiken an Minderjährigen verhaftet und im Gefängnis von Denpasar inhaftiert wurde, von wo er wenig später in die Haftanstalt von Surabaya überführt wurde, in der er acht Monate einsaß und aus der er erst bei Ausbruch des Zweiten Weltkriegs freikam.

So wichtig und z.T. richtungsweisend Spies' Einflüsse auf die balinesische Malerei der Neuzeit waren, so tragisch endete sein Leben. Nach Besetzung der Niederlande durch deutsche Truppen wurden alle im von Holland verwalteten Indonesien lebenden deutschen Staatsbürger interniert, darunter auch *Walter Spies*, der auf Sumatra gefangen gehalten wurde. Am 18. Januar 1942, wenige Tage nach der japanischen Invasion im Inselreich, sollte er zusammen mit anderen Gefangenen nach Ceylon verlegt werden, kam jedoch nie dort an, da die *Van Imhoff*, das Schiff auf dem er sich befand, am darauffolgenden Tag von einer japanischen Fliegerbombe getroffen wurde und nahe Nias sank – *Walter Spies* gehörte nicht zu den wenigen Überlebenden.

Dass Spies, dessen Malstil eine Mischung aus *Rousseau* und Surrealismus darstellt und der sich in alle Aspekte der balinesischen Kunst und Kultur involviert fühlte, oftmals als Vater der modernen balinesischen Malerei angesehen wird, liegt wohl hauptsächlich daran, dass er es nicht nur verstand die einheimischen Künstler mit seinem eigenen Malstil vertraut zu machen, sondern sich selbst auch von deren mentaler Einstellung zur Kunst inspirieren ließ. Das überaus fruchtbare Ergebnis dieser Symbiose ist heute in einigen Museen in Ubud zu besichtigen, in denen – neben einem Original – einige seiner schönsten Werke ausgestellt sind (die Originale befinden sich fast ausnahmslos im Ausland).

Paden Ahmed Sukarno (6. Juni 1901 - 21. Juni 1970)

Als Sohn eines javanischen Vaters und einer balinesischen Mutter (die aus einer nordbalinesischen Brahmanenfamilie kam) in Surabaya auf Java geboren, wandte sich der spätere Gründer des souveränen Staates Indonesien schon bald nach seinem Schulbesuch in Surabaya und dem anschließenden Ingenieurstudium, (Dr. Ing.) der nach Unabhängigkeit strebenden Politik zu. So gründete er am 4. Juli 1927 die ‚Indonesian Nationalist Union', die nicht einmal ein Jahr später in ‚Partai Nasional Indonesia' (PNI) umbenannt wurde und an deren Spitze er sich stellte. Zu den Richtlinien der Partei gehörten die Nicht-Kooperation mit der niederländischen Kolonialregierung und die Forderung nach vollständiger Unabhängigkeit. Wegen antikolonialer Umtriebe verhaftet, verbrachte er die Zeit von Dezember 1929 - 1932 im Gefängnis und wurde im August des darauf folgenden Jahres von der niederländischen Kolonialregierung nach Ende auf Flores, 1938 dann nach Bengkulu in Südsumatra verbannt, ehe er 1942 von den Japanern befreit wurde, mit denen er in der Folgzeit für die Erlangung der Unabhängigkeit Indonesiens zusammenarbeitete.

Das größte Hindernis auf dem Wege dorthin sah *Sukarno* darin, die Provinzfürsten davon zu überzeugen, dass gemeinsames Handeln zur Gründung eines einheitlichen Staatsgebildes unumgänglich sei, ein Ziel, das am 17. August 1945 durch die gemeinsam mit *Dr. Mohammed Hatta* vorgenommene Ausrufung der Unabhängigkeit erreicht zu sein schien, die von der niederländischen Kolonialmacht allerdings erst gut vier Jahre später anerkannt wurde. Nach der am 17. August 1950 erfolgten Konstitution der zentralistischen ‚Republik Indonesia' und der Wahl *Sukarnos* zum Präsidenten, dem jedoch lediglich eine repräsentative Rolle zugewiesen wurde, beginnen sich die Wege der beiden ehemaligen Weggefährten allmählich zu trennen, denn während *Dr. Hatta* eine Demokratie nach westlichem Vorbild bevorzugte, verwirklichte *Sukarno* am 21. Februar 1957, in Übereinstimmung mit den Militärkommandeuren, seine Konzeption der ‚Gelenkten Demokratie', wodurch ihm nahezu uneingeschränkte Machtbefugnisse zuteil wurden.

Im Mittelpunkt seines politischen Wirkens als Präsident stand die Schaffung eines Gleichgewichts zwischen allen wichtigen politischen und gesellschaftlichen Gruppierungen, was er durch die ‚Pancasila' (‚Fünf Prinzipien' – siehe Kapitel *‚Das politische System: Staat und Verwaltung'*, S. 80) zu erreichen hoffte, in denen er eine Verbindung zwischen hindu-javanischen, islamischen und sozialistischen Wertvorstellungen zu schaffen suchte. In vielen asiatischen Ländern erlebten die kommunistischen Parteien während der Amtszeit *Sukarnos*, der den Beinamen ‚Bung' (Bruder) erhielt, wachsenden Einfluss, so auch in Indonesien, wo die PKI zur weltweit drittgrößten kommunistischen Partei aufstieg, so dass sich das Land immer stärker an die VR China, die Sowjetunion und andere Ostblockstaaten anlehnte, zum Westen hingegen zusehends auf Distanz ging.

War es reiner Zufall, dass die Kommunisten am 30. September 1965 einen Putsch versuchten, oder wollte *Sukarno*, die von ihnen ausgehende Gefahr erkennend, jene durch eine selbst eingefädelte Inszenierung von der politischen Bühne drängen? Seine Rolle bei diesem Putschversuch ist auf jeden Fall bis heute ungeklärt, doch leiteten diese Ereignisse das Ende seiner Regierung ein, das zwei Jahre später kam. Beschnitt man ihm zunächst nur die Rechte als Staatspräsident, so wurde er am 11. März 1966 von General *Suharto* als geschäftsführender Präsident abgelöst und von diesem 1967 bis zu seinem Tode 1970 in Jakarta unter Hausarrest gestellt.

Landeskundlicher Überblick

Geographie

Der **indonesische Archipel** mit seinen **17.508 Inseln**, von denen nur rund 6.000 einen Namen haben, etwa 350 größer als 100 km² und nur rund 900 ständig bewohnt sind, bildet größtenteils den Überrest einer nach der letzten Eiszeit zerbrochenen Landverbindung zwischen Asien und Australien und erstreckt sich – den größten Teil des Malaiischen Archipels zwischen dem Indischen und dem Pazifischen Ozean einnehmend – beiderseits des Äquators zwischen 6°8' nördlicher Breite und 11°15' südlicher Breite sowie zwischen 94°45' und 141°5' östlicher Länge, woraus sich eine maximale Nord-Süd-Erstreckung von 1.890 km und eine maximale Ost-West-Ausdehnung von 5.120 km ergibt. Zählt man zur reinen **Landfläche** von **1.919.444 km²** noch die Hoheitsgewässer hinzu, so beträgt das gesamte Staatsgebiet rund 9,8 Millionen Quadratkilometer.

Der größte Archipel der Welt

Bali, von den Einheimischen ‚Nusa Dua' (‚Zwei Inseln') genannt, liegt als **westlichste der Kleinen Sundainseln** auf etwa 8°30' südlicher Breite und 115° östlicher Länge und besitzt eine **Inselfläche** von **5.561 km²**, wobei die größte Ost-West-Ausdehnung 144 km und diejenige in nord-südlicher Richtung maximal 87 km beträgt. Zum Territorium Balis werden für gewöhnlich noch die südöstlich vorgelagerten, durch die **Selat Badung** (Badung-Straße) getrennten Eilande **Nusa Penida**, **Nusa Ceningan** und **Nusa Lembongan** sowie die im Süden Benoa Harbour abriegelnde **Pulau Serangan** und die der Nordostspitze vorgelagerte **Pulau Menjangan** gerechnet, wodurch die **Gesamtfläche Balis** auf **5.632,86 km²** anwächst. Rund 70 % der nicht verbauten Fläche werden landwirtschaftlich genutzt, zirka 22 % bestehen aus Primärwald und nur etwa acht Prozent sind ungenutzte Wildnis.

Intensiv genutztes Eiland

Im Westen trennt die an der engsten Stelle nur 2,5 km breite **Selat Bali** (Bali-Straße) die Insel von Java, im Norden umspült sie die **Laut Bali** (Bali-See), im Osten separiert sie die gut 40 km breite **Selat Lombok** (Lombok-Straße) von der Nachbarinsel

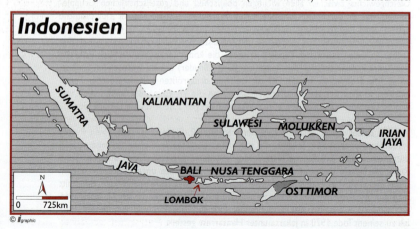

Lombok, wohingegen im Süden der **Indische Ozean** (Samudera Indonesia) an ihre Küsten brandet.

Inselhauptstadt und Verwaltungszentrum der eigenständigen Provinz Bali (Propinsi Bali) ist das auf 8°39' südlicher Breite und 115°13' östlicher Länge im Inselsüden gelegene **Denpasar**, das momentan **ca. 340.000 Einwohner** zählt und seit 1992 Balis **neunter Regierungsbezirk** (Kabupaten) ist. (Siehe auch Kapitel „Das politische System: Staat und Verwaltung", S. 82.)

Das politische Zentrum

Ihren heutigen Inselcharakter verdankt Bali dem Abschmelzen der kontinentalen Eismassen nach der letzten Eiszeit vor etwa 10.000 Jahren und dem damit verbundenen Anstieg des Meeresspiegels, denn bis zu diesem Zeitpunkt gehörte die Insel noch zu jener großen, von mächtigen Eispanzern überzogenen Landmasse, die sich aus den heutigen Inseln Java, Sumatra, Borneo und Bali zusammensetzte und das so genannte halbinselförmige Sunda-Plateau bildete.

Wie viele indonesische Inseln ist auch das in weiten Teilen gebirgige Bali **geprägt von Vulkanen**, deren Aktivität das Leben der Menschen in vielen Teilen Indonesiens bis heute entscheidend mitbestimmt und bedroht, gerade auch auf dieser Insel, deren höchste Berge ebenfalls Vulkane sind, angeführt vom **Gunung Agung** mit 3.142 m, gefolgt vom **Gunung Batukau** mit 2.276 m und dem **Gunung Abang** mit 2.153 m.

Vulkane als prägende Landschaftselemente

Blick auf die westliche Gebirgskette

Vor etwa 70 Millionen Jahren begann die Inselbildung, als die leichtere indisch-australische Sahul-Platte von Süden her anfing auf die nördlich angrenzende schwerere südostasiatische Kontinentalplatte zuzudriften und sich allmählich unter diese schob, wodurch der Rand der abtauchenden Sahul-Platte in rund 50 km Tiefe eingeschmolzen wird, ein bis heute andauernder Prozess, als dessen Folge Magma durch Risse und Fissuren nach oben steigt und so die landschaftsbestimmenden Vulkane der Insel bildet.

Die jüngsten dieser Vulkane, denen fast ganz Bali seine Existenz verdankt, liegen im östlichen Inselteil, die Hügellandschaft im Westen dagegen sind die Reste von über eine Million Jahre alten Vulkanen. Balis Vulkane gehören zum strato-basaltischen Typ, dessen sehr flüssige Lava mit einer Geschwindigkeit von bis zu 1.500 Metern pro Stunde ausfließen kann. Die **Vulkane sind den Balinesen heilig**, schließlich tragen sie entscheidend mit zur Bodenerneuerung und somit der hohen Fruchtbarkeit der Böden

Objekte religiöser Verehrung

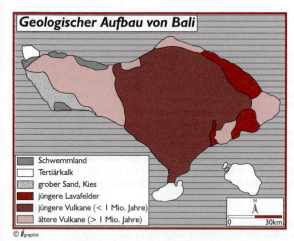

bei, Faktoren, von denen das Leben der Inselbewohner – trotz der damit verbundenen Gefahren – seit jeher im Wesentlichen abhängt.

Obwohl hauptsächlich aus Vulkanen und deren Eruptionsgestein aufgebaut, prägen im Süden neben vereinzelt von der Sunda-Platte abgebrochenem Gestein zusätzlich Kalksteinhügel die Landschaft, die durch die Sunda-Platte abgefräste Überreste der Sahul-Platte sind. Deutlichste Zeugnisse hierfür sind die im Südosten vorgelagerte **Nusa Penida** und die im Süden gelegene **Bukit Badung**, eine der beiden Halbinseln, die auch Zonen aus ehemaligen, heute über dem Meeresspiegel liegenden **Korallenriffen** einschließen, deren andere die im äußersten Nordwesten einem Dorn gleich in die Bali-Straße ragende **Bukit Prapat Agung** ist.

INFO Vulkanismus

Galten Vulkanausbrüche und Erdbeben bis in die Neuzeit hinein in vielen Kulturkreisen als Zeichen göttlichen Zorns und Strafe für menschliches Fehlverhalten, so kennt man deren Ursachen seit der Veröffentlichung des Buches ‚Die Entstehung der Kontinente und Ozeane' durch den Geophysiker *Alfred Wegener* (1880-1930) genau. Seine Theorie von auf dem zähflüssigen Erdinneren dahindriftenden Kontinentalplatten vermochte die erdgeschichtlichen Veränderungen der Kontinente und die damit einhergehenden geologischen Phänomene erstmalig schlüssig zu erklären.

Überall dort, wo sich die ständig aneinander entlangschrammenden, durchschnittlich 30-70 km dicken Platten ineinander verhaken, baut sich, wenn sie sich nicht wieder rechtzeitig voneinander lösen, allmählich soviel Spannung im Erdinneren auf, dass sich diese eines Tages in einem Erdbeben entlädt. Dort wo die Erdkruste dieser Reibungszonen jedoch zu dünn und brüchig ist, bilden sich Vulkane, zu Land genauso wie unter der Meeresoberfläche.

Das beim Ausbruch eines Vulkans herausgeschleuderte Magma ist das Produkt der tief im Erdinneren vonstatten gehenden Gesteinsschmelze, die unter extrem hohem Druck und bei sehr hohen Temperaturen erfolgt, wodurch andererseits ein enorm hoher Gasdruck entsteht, der, wenn die Druckverhältnisse zu groß geworden sind, zur Eruption führt. Meist speit der Vulkan sein glutheißes, feuriges Magma-Asche-

Gas-Gemisch durch den Schlot aus, den frühere Ausbrüche geschaffen haben, doch können sich auch neue Auswurfherde auftun, was häufig dann der Fall ist, wenn sich die Erdschollen aufgrund der Kontinentaldrift zwischenzeitlich verschoben haben und der alte Schlot dadurch blockiert ist. Da die Eruptionsherde selbst jedoch nicht wandern, können so neue Vulkankegel oder Landmassen bzw. Inseln entstehen, wie dies z.B. bei den Hawaii-Inseln der Fall ist.

Tödliche Wirkung haben jedoch nicht nur die sich zähflüssig die Berghänge hinabwälzende Lava und die oftmals damit einhergehenden Erdstöße, sondern auch die in riesigen Wolken ausgestoßene heiße Vulkanasche, die sich beim Herabsinken wie ein grau-schwarzes Totenhemd über die nähere Umgebung des Unglücksherdes legt, und mitunter die damit verbundene giftige Gaswolke. Die zunächst alles Leben auslöschende Lava erstarrt beim Erkalten zu neuen, nicht selten bizarren Landschaftsformen, hervorgerufen durch die unterschiedlichen Fließgeschwindigkeiten der Lavaströme und die anschließend einsetzende, landschaftsformende Erosion, der es auch mit zu verdanken ist, dass nach einigen Jahren neues Leben zu sprießen beginnt, denn letztendlich wirkt sich der hohe Mineralgehalt – einem natürlichen Düngemittel gleich – als bodenverbessernd aus.

Ausbruch des Gunung Agung
(Zeichnung von Ida Bagus Nyoman Rai, 1968)

Die Vulkane, von denen sich auf Java, Sumatra, Bali und etlichen Inseln der Nusa Tenggara insgesamt über 300 finden und von denen etwa 125 als besonders ausbruchgefährlich gelten, wobei 76 von ihnen seit ca. 1600 n.Chr. aktiv gewesen sein sollen, 49 sich hingegen im Fumarolenstadium befinden (d.h. sie stoßen gegenwärtig nur noch Schwefelgase aus), sind für Indonesien trotz der von ihnen ausgehenden Bedrohung von allergrößter Bedeutung. Mitten auf der aktivsten Vulkanzone der Erde gelegen, die sich rings um den Pazifik zieht, sorgten sie nicht nur immer wieder für ausreichend Nachschub an fruchtbaren Böden, sondern durch den von ihnen verursachten Luftstau auch für reichlich Niederschläge, die in den höheren Bergregionen schnell und tief in das poröse Gestein eindringen, so dass sich mitunter bereits nach einem halben Jahr neue Quellen bilden, von denen aus dann mittels ausgeklügelter Bewässerungssysteme die Reisfelder an den sanft ansteigenden Hängen der meist regelmäßig aufgebauten Vulkankegel bewässert werden.

Für weltweites Aufsehen sorgte der Ausbruch des Krakatau in der Sunda-Straße zwischen Java und Sumatra im Jahre 1883, bei dem über 36.000 Menschen ums Leben kamen – einer der verheerendsten, seit es historische Aufzeichnungen gibt.

Auffallend ist es, dass fast alle Flüsse und Bäche, die überwiegend im zentralen Teil der Insel entspringen, diese in südlicher oder nördlicher Richtung durchfließen, so dass man im Laufe der Geschichte zahllose Irrigationskanäle anlegen musste, um das ausgedehnte, weitestgehend dem Nassreisanbau dienende Bewässerungssystem versorgen zu können, was angesichts der reichlich fallenden Niederschläge bis in die Neuzeit kein Problem darstellte.

Landschaftlich lässt sich Bali im Wesentlichen in fünf Teile gliedern:

Vierteilung

- **Zentralbali**
  Vier voneinander getrennte Vulkankomplexe mit sechs Gipfeln über 2.000 m Höhe prägen den zentralen Teil der Insel, und zwar von Ost nach West: **Gunung Agung** (3.142 m), Balis heiligster und höchster Berg, **Gunung Batur** (1.717 m), der mit seinem Massiv und Kratersee den Übergang zu Nordbali darstellt, **Gunung Catur** (2.096 m), zu dessen Füßen sich der Danau Bratan befindet, **Gunung Batukau** (2.276 m), Balis Nummer zwei. Gegen Norden hin fällt dieser breite und massive Gebirgsriegel, der gleichzeitig als Wetterscheide wirkt, relativ steil zur Küste hin ab, wohingegen er zum Süden hin sehr viel sanfter zu den immer wieder von Schluchten durchzogenen Niederungen ausschwingt, die Balis Reiskammer darstellen.

Reisterrassen bei Jatiluwih

Der fruchtbarste und touristischste Inselteil

- **Südbali**
  Der Süden ist der **fruchtbarste Teil der Insel**, bestimmt von feuchten und durch Vulkanasche und -lava fruchtbar gemachten Aufschüttungsebenen, die auf der dem Wind zugekehrten Seite des zentralen Gebirgszuges liegen, wodurch sie ganzjährig mit genügend Regen versorgt werden, der für die Bewässerung der in dieser Region besonders intensiv betriebenen Landwirtschaft, vor allem Reisanbau in Terrassenform, benötigt wird. In diesem, meist von in Nord-Süd-Richtung verlaufenden tiefen Schluchten durchfurchten Tafelland liegt Balis Reiskammer, so dass sich hier das **Gros der balinesischen Bevölkerung** sowie die **Masse der touristischen Einrichtungen** zusammenballt, die sich von Ubud über die Inselhauptstadt bis hin zur Bukit Badung ausgebreitet haben.

Spektakuläre Gebirgsregion

- **Ostbali**
  Den Osten kennzeichnen nahezu übergangslos in den Meeresfluten versinkende Gebirgsflanken, angefangen mit der Nordseite des **Gunung Batur**, vor allem aber die südliche und nördliche des **Gunung Agung** sowie der **Gunung Seraya** (1.175 m),

der die östlichste Gebirgsbastion der Insel darstellt und einem Wellenbrecher gleich in die Lombok-Straße hineinragt.

- **Nordbali**

Die nördliche Region besteht aus jenem schmalen, agrarisch nutzbaren Küstenstreifen, den die See im Laufe der Jahrtausende an der Nordflanke des zentralen Gebirgszuges mit Hilfe der sich hier ins Meer ergießenden Flüsse und Bäche in Form von Sandstränden und kleinen Schwemmebenen hat entstehen lassen.

Karge Schönheit

- **Westbali**

Diesen Inselteil nimmt größtenteils Balis bislang einziger Nationalpark, der so genannte **Taman Nasional Bali Barat** (Nationalpark Westbali), ein, der geprägt ist von tiefen Tälern zwischen den im Tertiär entstandenen Bergketten und dichten Wäldern, die ein Refugium für Balis Fauna und Flora sind.

Ein Stück unberührter Natur

Da dieser somit weitgehend unbewohnte ‚Hochland von Jembrana' genannte Inselteil auf der dem Wind abgekehrten Seite im Schutze des zentralen Gebirgszuges liegt, ist er wesentlich trockener als der Inselsüden.

Klima

Dank seiner äquatornahen Lage ist Balis tropisches Klima von einer für den südostasiatischen Raum eher untypischen Wetterbeständigkeit gekennzeichnet und besteht dabei aus **zwei Jahreszeiten**, einer von **April bis Oktober dauernden ‚Trockenzeit'** und einer die Monate **November bis März umfassenden ‚Regenzeit'**, doch fallen diese – trotz der selbstverständlich auftretenden jahreszeitlichen Schwankungen – weit weniger extrem aus als dies in großen Teilen Südostasiens der Fall ist, sowohl bezüglich der monatlichen Niederschlagsmengen als auch – und dies vor allem – in Bezug auf die Temperaturunterschiede, wodurch die Insel zum **ganzjährigen Reiseziel** wird, wobei der Juli als kühlster und trockenster Monat gilt.

Klimatische Ausgeglichenheit

Die durchschnittlichen **Tageshöchsttemperaturen** schwanken das Jahr über an den Küsten und im flachen Inselinneren zwischen 29,7 und 31,6 °C, werden aber – nach kurzer Akklimatisierungszeit – aufgrund der beständig von See her wehenden leichten Brise als noch angenehm empfunden, trotz der **bei mindestens 75 % liegenden Luftfeuchtigkeit**, die während der ‚Regenzeit' aber auch bis auf 95 % ansteigen kann. Während der Nacht sinken die Temperaturen in diesen Gebieten um durchschnittlich 8 °C, im Bergland – in dem die Temperaturen tagsüber im Mittel um etwa 5 °C unter denen an der Küste liegen – z.T. sogar noch um etliche Grade mehr, so dass man in den Bergen – je nach Höhenlage – gelegentlich mit Nachttemperaturen von nur 15 °C und weniger zu rechnen hat, was dazu führt, dass nicht selten langanhaltende Nebelbänke bzw. Dunstwolken auch tagsüber Balis höchste Gipfel verschleiern.

Wohl temperiertes Bergland

Wesentlich höhere Schwankungen als bei den Temperaturen sind das Jahr über bei den **Niederschlägen** feststellbar, was an den jahreszeitlich unterschiedlichen Luftströmungen liegt. Wenn ab November die leicht bis mäßig wehenden nordwestlichen Monsunwinde, die sich über dem Meer mit Feuchtigkeit angereichert haben, Balis Küsten erreichen, setzt auf der Insel die Regenzeit ein, die im Januar ihr Niederschlagsmaxi-

Ungleichmäßige Niederschlagsverteilung

Pantai Kuta – Balis beliebtester Strand

mum erreicht. Doch selbst zu dieser Jahreszeit kann die Sonne gelegentlich tagelang von einem blauen, wolkenlosen Himmel scheinen, ganz besonders im Inselsüden. Die geringsten Niederschläge sind für den August zu verzeichnen, denn dann wehen kühlere und heftigere Monsunwinde trocken und heiß von Australien kommend aus südöstlicher Richtung. Sehr unterschiedlich fallen Niederschlagsmengen und Anzahl der Regentage auch je nach Aufenthaltsort aus, wobei man in den höheren Lagen der Gebirgsregion und dem weitestgehend von tropischem Regenwald bedeckten Westen insgesamt mit mehr Regen zu rechnen hat als in den übrigen Teilen der Insel. So fallen an den Südflanken des Gunung Agung und Gunung Batukau jährlich mehr als drei Meter Regen, wohingegen an der Nordküste, auf Bukit Badung und Nusa Penida weniger als 1,5 m gemessen werden. So ist allgemein festzustellen, dass die Dauer der Trockenzeit zu den äußeren Rändern der Insel hin zunimmt; regnet es im Norden nur an 50-80 und im Süden an 100-140 Tagen im Jahr, so steigt die Zahl der Regentage in den Höhenlagen auf 160-210 Tage pro Jahr. **Die durchschnittliche Jahresniederschlagsmenge beträgt inselweit 2.150 mm.**

Klimatabelle (durchschnittliche Werte für Denpasar)							
Monat	Tages-temp. (max.) in °C	Tages-temp. (min.) in °C	Nieder-schläge in mm	Regentage (>1 mm/Tag)	Wasser-temp. (in °C)	Luft-feuchtig-keit (in %)	Sonnen-schein-dauer (h/Tag)
Januar	31,0	23,7	326	16	28	78	5,2
Februar	31,1	23,7	325	15	28	80	5,1
März	31,2	23,5	209	13	28	78	5,4
April	31,6	23,2	84	6	29	78	6,9
Mai	31,2	23,2	78	5	28	79	6,7
Juni	30,4	22,4	72	5	28	79	6,6
Juli	29,7	22,4	61	4	28	77	6,9
August	29,9	22,3	34	3	27	75	7,4
September	30,6	22,6	54	3	27	75	6,9
Oktober	31,4	23,3	110	5	27	75	7,1
November	31,5	23,6	191	8	28	76	6,1
Dezember	31,2	23,6	293	14	29	79	5,8
Jahr	30,9	23,1	1.837	96	27,9	77	6,3

Beläuft sich die **tägliche Sonnenscheindauer** von April bis Oktober zwischen 6,9 und 7,5 Stunden, so fällt sie in den restlichen Monaten aufgrund des dann oft wolkenverhangenen Himmels um bis zu zwei Stunden kürzer aus.

Nicht unwesentlich tragen die das ganze Jahr über fast gleichbleibenden **Wassertemperaturen** dazu bei, dass Bali in der Gunst der Touristen rund ums Jahr hoch im Kurs steht. Misst man im August durchschnittlich 27 °C, so klettert das Thermometer im Dezember sogar bis auf 29 °C.

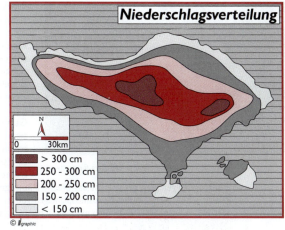

Siehe auch unter Kapitel ‚Allgemeine Reisetipps von A-Z – Reisezeit' (S. 306f).

Fauna

Landfauna

Aufgrund der intensiven Bodennutzung und den somit nur geringen Restbeständen unberührter Natur vermochten sich nur Teile der ursprünglichen Fauna zu erhalten, wobei es sich nicht um wirklich ureigene balinesische Geschöpfe handelt, denn die gibt es ebenso wenig wie eine derartige Flora, was an der geologisch jungen Beschaffenheit der Insel liegt, so dass all ihre Tiere oder Pflanzen genau genommen als von außerhalb eingewandert anzusehen sind.

Balis größtes Landsäugetier, der ehemals zahlreich hier lebende **Bali-Tiger**, eine kleine Unterart des Königstigers, gehört nicht zu den Überlebenden des Verdrängungskampfes; er gilt seit 1937 als ausgerottet, zumindest wurde er seither nicht mehr gesichtet. *Kaum noch Großwild*

Das gleiche Schicksal droht Balis größtem wild lebenden Säugetier, dem **Banteng**, eine in den Wäldern Westbalis lebende Wildrindart, von der es nur noch – und nur auf dieser Insel – wenige Exemplare gibt.

Doch tummeln sich auf der Insel noch immer etliche größere wild lebende Spezies, deren Uhr derzeit noch nicht abzulaufen droht, darunter Warane, einige kleine Krokodilarten, Leguane sowie diverse Affenarten, deren ‚aggressivsten' Vertreter die grauen bis rostbraunen **Javaneraffen** sind, deren Bekanntschaft man oft an Straßen- und Waldrändern sowie bei bestimmten Tempeln machen kann. Seien Sie vorsichtig, wenn Sie sich ihnen nähern, denn unvorsichtigen oder aufdringlichen Besuchern haben diese Kletterkünstler schon so manchen Fotoapparat oder sonstiges gemopst. *Lustige Gesellen*

Javaneraffen sorgen stets für Kurzweil.

Weitaus seltener wird man des schwarzen **Brillenlangur** ansichtig, der zwar in allen Wäldern der Insel vorkommt, jedoch sehr scheu ist und sich in die tieferen Waldregionen zurückzieht, wo er auch seine Jungen aufzieht, deren Fell in den ersten Monaten leuchtend orange gefärbt ist.

Ganz oben im Kronendach des schützenden Waldes ist auch das extrem scheue **Schwarze Riesenhörnchen** zu Hause, mit bis zu 75 cm Länge das größte Eichhörnchen Asiens. Von den Bauern weniger gern gesehen ist das braune **Plantagenhörnchen**, das sich, wie sein Name schon verrät, in den Kokosnussplantagen gütlich tut, indem es das Fruchtfleisch der Nüsse knabbert und dadurch mitunter schwere Ernteverluste verursacht.

· *Giftige Zeitgenossen*

Vor allem in Dschungelregionen stößt man öfters einmal aus **Schlangen**, darunter auch giftige wie die herrliche, bis zu 1,2 m lange **Schmuckbaumnatter**, die jedoch nur schwach giftig ist und sich überwiegend von kleinen Säugetieren und Vögeln ernährt.

Besonders farbenprächtig und vielfältig zeigt sich die hier heimische **Vogelwelt**, die mit einer ganzen Reihe von **Papageien- und Finkenarten** vertreten ist, deren am weitesten verbreiteter der rostbraune, weißbäuchige **Prachtfink** ist, der während der Reifezeit in ganzen Schwärmen in den Reisfeldern einfällt.

Vielfältige Vogelwelt

Darüber hinaus ziehen einen noch viele andere Flugkünstler in ihren Bann, deren wichtigsten die folgenden sind: weiße **Reiher** – die Stelzvögel sind oft bei der Nahrungssuche in den Reisfeldern zu beobachten; **Gelbhaubenkakadu** – diese weißgefiederte Art kommt nur auf Nusa Penida vor; **Java-Liest** – ein Verwandter des Eisvogels, der nur auf Bali und Java vorkommt und an Flüssen und in Reisfeldern zu beobachten ist; **Fregattvogel** – drachengleich segeln diese Vögel besonders gerne entlang des Strandes von Kuta; **Flaggen-Drongo** – Erkennungsmerkmal des schwarz gefiederten Waldbewohners ist sein auffälliger Schwanz, der in zwei, miniaturisierten Golfschlägern ähnlichen Federfortsätzen endet; **Jahrvogel** – der größte Vogel Balis, der in den Baumwipfeln Westbalis nach reifen Früchten sucht, fliegt zumeist paarweise und ist an seinem schweren Flügelschlag, gelben Kehlbeutel und rotbraunen Schopf zu erkennen; **Grünschnabelkuckuck** – in den Wäldern der Hochebene zu Hause, ist der grüngraue und rotbraun gefiederte Vogel nur schwer auszumachen, da er sich lieber hüpfend und kletternd als fliegend fortbewegt; **Glanzkäfertaube** und **Rothalsfruchttaube** – die beiden grasgrünen Taubenarten mit ihren rotbraunen bzw. rosa und grauen Kopf- und Halspartien sind in den Blätterdächern der Bäume zu beobachten, wo sie ihre Früchte holen; **Pazifik-Segler** – diese aus Sibirien kommenden schwalbenähnlichen schwarzen Zugvögel mit ihren weißen Bäuchen sieht man in Schwärmen über den Berggipfeln segeln, wo sie nach Insekten jagen; **Spornpieper** – der goldbraune Piepmatz mit seinem weißen Bauch ist eine der am weitesten verbreiteten Vogelarten Balis und ist sowohl im Grasland als auch auf den Reisfeldern abzutreffen.

Bedrohteste der über 300 Vogelarten auf der Insel ist wohl der ca. 25 cm große, endemische **Bali-Star** (Leucopsar rothschildi), von dem es gegenwärtig auf Nusa Penida und im westbalinesischen Nationalpark nur noch rund 50 Exemplare gibt. Ursache für die prekäre Situation des in der Savanne und in den laubabwerfenden Monsunwäldern des Nordwestens lebenden Vogels ist der jahrelange Handel mit ihm, doch scheinen die zu seinem Schutz ergriffenen Maßnahmen allmählich zu greifen. Bis auf die blaue Zeichnung um die Augenpartie sowie schwarze Flügel- und Schwanzspitzen ist er vollständig weiß gefiedert.

Steht auf der Roten Liste

Die nächtens fast überall in großen Scharen anzutreffenden **Fledermäuse** und **Flughunde**, die bis zu einem Meter Spannweite erreichen können, werden von den Balinesen als heilig verehrt.

Als überaus nützliche und völlig ungefährliche Untermieter sind die beiden Arten von **Geckos** anzusehen, die sich – vor allem in der Dämmerung und nachts – auf Insektenjagd begeben, wobei sie sich mit Vorliebe um Lampen, Laternen und andere Lichtquellen sammeln und mit fiependen Geräuschen ihre Anwesenheit kundtun. Ein neunmal hintereinander von ihm ausgestoßenes ‚To-keh', daher der Name des bis zu 30 cm großen **Tokeh**, verheißt den Balinesen Glück und Wohlergehen. Seine kleinere Variante ist der **Cicak**.

Flinke Fliegenfänger

Als Nutztiere laufen einem vielerorts **Kühe** und die behäbig wirkenden, domestizierten **Wasserbüffel** (Kerbau) über den Weg, mit deren Hilfe die Reisfelder gepflügt werden, außerdem suhlen sich in jedem Dorf Hängebauchschweine und auf den Straßen und in den Höfen gackern Gänse, Hühner und Kampfhähne, während Enten – nach Schnecken und anderem Ungeziefer suchend – zu Hunderten auf den Reisfeldern dümpeln.

Häusliche Mitbewohner

Wie viele **Insektenarten** die Insel bevölkern ist ungeklärt, doch flattern einem deren auffälligste Vertreter überall über den Weg: prachtvolle, in allen Farben schillernde **Schmetterlinge**.

> **INFO** ## Der Wasserbüffel
>
> ‚Kerbau' nennen die Indonesier dieses vielseitig einsetzbare Last- und Zugtier, das nach wie vor die effektivste ‚Landwirtschaftsmaschine' der Bauern ist, denn weitaus schonender als jeder motorisierte Pflug hilft er dabei, die Reisfelder nach der Ernte für die nächste Aussaat vorzubereiten, gemächlichen Schrittes Pflugschar um Pflugschar durch die schwere, wassergetränkte Erde ziehend.
>
> Doch auch als geduldiges und überaus gutmütiges Lasttier hat er sich bestens bewährt, und auch zur Milch- und Käsegewinnung trägt er ebenso seinen Teil bei wie zur Fleischproduktion. Damit aber noch nicht genug, schließlich liefert die Büffelhaut ein begehrtes Leder, werden aus seinen Knochen Figuren geschnitzt, und selbst seine Exkremente sind noch von Nutzen, zum einen als wertvoller Dünger, zum anderen in Form getrockneten Mistes als Brennmaterial.

Seine Vorfahren kamen vor langer Zeit zusammen mit der Reiskultur auf den Archipel. Trotz seines zähen Erscheinungsbildes ist er jedoch sehr empfindlich gegen Sonneneinstrahlung, daher muss er seine im Vergleich zum Rind drei- bis fünfmal dickere porenarme Haut ständig mit einer Schlammschicht schützen, die er durch Suhlen in Tümpeln und Wassergräben erneuert.

Von einer ganz anderen Seite kann man das normalerweise gemächlich dahinschreitende Tier während der in den Sommer- und Herbstmonaten im Westen Balis stattfindenden Wasserbüffelrennen erleben, bei denen die dickbauchigen Kolosse zu über den Parcours stiebenden Dampfwalzen werden. (Siehe hierzu auch das INFO im Kapitel ‚*Der Westen*', S. 664ff)

Diese Wasserbüffel müssen nicht arbeiten, sie müssen nur rennen.

Meeresfauna

Farbenfrohe Unterwasserwelt

Die Gewässer rund um Bali sind äußerst fischreich, was sowohl den einheimischen Fischern als auch den Hobbytauchern zugute komm. Da den religiösen Vorstellungen der Balinesen zufolge das Meer Sitz zahlreicher böser Geister und Dämonen ist, überlassen diese die Fischerei überwiegend den zugewanderten Buginesen, wobei vor allem Thunfisch und Barsche gefangen werden.

Bei Tauchern besonders hoch im Kurs steht Nusa Penida, die eine eigenartige Mischung im Meer lebender Tier- und Pflanzenarten aufzuweisen hat, von denen es manche nirgendwo sonst auf Bali gibt. Grund für die hervorragenden Wachstumsbedingungen der maritimen Welt ist der hohe Sauerstoffgehalt des Wassers, der auf die heftigen Meeresströmungen rings um die Insel und die tropische Sonne zurückzuführen ist, wodurch Nusa Penida zum vielleicht besten Tauchrevier Balis wird.

Filigrane Meisterwerke der Natur

Zu den ältesten tierischen Lebensformen der Erde überhaupt zählen die **Korallen**, von denen es vor Balis Küsten zahlreiche verschiedene Arten gibt. Bedauerlicherweise haben die Korallenbänke infolge des mit dem Tourismus hereinbrechenden gewinnsüchtigen Raubabbaus in der jüngeren Vergangenheit teilweise starken Schaden genommen, verschärft durch das El-Niño-Phänomen und die damit einhergehende Erwärmung der Gewässer, die auch an den Korallenrevieren rings um Bali nicht spurlos vorbeigegangen sind. Mit Hilfe verschiedener technischer Maßnahmen bemüht man sich gegenwärtig an mehreren Orten die zerstörten Korallenbänke wieder aufzubauen. Nach wie vor holen jedoch die Einheimischen die **Schwarze Koralle** aus dem Meer, aus der Armreife gefertigt werden, die gegen Rheuma und schwarze Magie helfen sollen.

Nach lautem internationalem Protest wurde der Verkauf von Schildpattprodukten, deren Einfuhr in die EU streng verboten ist, zwar weitestgehend eingestellt, nach wie vor aber dient das Fleisch der in den Gewässern rings um Bali heimischen und auf der Insel gezüchteten Meeresschildkröten den Einheimischen zur Bereitung von Sate für rituelle Opfer, so dass nach Schätzungen alljährlich noch immer mehr als 20.000 **Grüne Meeresschildkröten** in Bali getötet werden.

Opfer ritueller Opfergaben

Die furchteinflößendsten Meeresbewohner dürften zweifelsohne die **Weißspitzen-Riffhaie** sein, die zu den größten Räubern dieser Gewässer zählen, für Taucher aber kaum eine Gefahr darstellen. Eine Begegnung der besonderen Art ist auch ein Rendezvous mit einem bis zu 1.300 kg schweren und sieben Meter Spannweite messenden **Mantarochen**. Dieser harmlose Planktonfresser wird insbesondere von den nährstoffreichen Gewässern zwischen Bali und Nusa Penida angelockt. Vor Lovina sind bei Sonnenaufgang oftmals Delfine zu beobachten.

Fotogene Unterwasserobjekte

Nachts geht die **Java-Muräne**, die sich tagsüber in Höhlen versteckt hält, mit ihren rasiermesserscharfen Zähnen auf Jagd. Weitaus gefährlicher kann indes der bei Berührung giftige **Rotfeuerfisch** werden, der zu den Lieblingsmotiven der Unterwasserfotografen zählt. Wer sich ihm unvermutet gegenüber sieht, erschrickt meist erst einmal, dabei ist der bis zu 2,2 m große **Mondfisch** ein harmloser Zeitgenosse, dem man sich ohne weiteres nähern kann.

Häufig anzutreffende farbenprächtige Vertreter der Unterwasserwelt Balis sind u.a. **Halfterfisch**, **Imperator-Kaiserfisch**, **Weißpunkt-Kofferfisch**, **Fledermausfisch**, **Hummer** oder auch **Trompetenfisch**, der sich zur Jagd meist kopfunter in Senkrechtlage begibt und in dieser Position auf Beute lauert. Unauffälliger kommen hingegen **Anemonenfisch**, **Kugelfisch**, diverse **Krakenarten**, **Korallengarnelen** oder auch die bei den Chinesen als Delikatesse geschätzte **Seegurke** (Trepang) einher, um nur einige der zahlreichen maritimen Bewohner vorzustellen.

Rund um Nusa Penida findet sich eine der größten Muschelarten der Region, die **Riesenmuschel**, die allerdings in ihrem Bestand gefährdet ist, da sie von den Einheimischen in großen Mengen aus dem Meer geholt wird.

Auf den Seegraswiesen und entlang der Strände stößt man außerdem u.a. auf **Seesterne**, **Schlangensterne**, **Einsiedlerkrebse**, **Seeigel**, **Pilzkorallen** und **Winkerkrabben**.

Strandgut

Als heilig wird von den Balinesen die **schwarzweiß gebänderte Seeschlange** verehrt, die z.B. beim Meerestempel Pura Tanah Lot vorkommt.

Flussfauna

Dank der reichlichen Niederschläge führen die Flüsse Balis das ganze Jahr über genügend Wasser, um auch in diesen reichhaltiges Leben zu gewährleisten.

Viel Leben in Balis Flüssen

Balis einziger endemischer Fisch ist die gelb-silbrige **Bali-Keilfleckbarbe**, die im Danau Bratan und in einigen Flüssen im Süden der Insel anzutreffen ist. Aus Afrika stammt die silberblaue Buntbarschart **Tilapia**, die mittlerweile in vielen Seen und Flüssen zu Hause ist, ebenso wie der bunte **Guppy**, der ursprünglich aus Trinidad stammt, zwischenzeitlich aber sogar die überschwemmten Reisfelder besiedelt.

Der gefürchtetste Süßwasserraubfisch der Insel ist der rotbraune **Schlangenkopffisch** (Channa), der bis zu einem Meter lang werden kann und sogar Kleinkinder angegriffen haben soll.

Vor allem in kiesigen Bachbetten lebt der **Stiphodany**, der mit Hilfe seiner mit Saugnäpfen ausgestatteten Brustflossen Stromschnellen und kleinere Staumauern zu überwinden vermag.

Außerdem findet man in Balis Flüssen und Seen verschiedene **Süßwassergarnelen**, die z. T. auch in Wasser geringerer Qualität zu leben vermögen.

Flora

Schon bei der ersten Exkursion ins Hinterland fällt auf, wie landwirtschaftlich intensiv Bali genutzt wird. Jedes Fleckchen Erde scheint unter dem Pflug zu sein, schier endlose Reisterrassen bestimmen scheinbar weite Teile des Eilandes – dabei bedecken sie nur rund 20 % der Inseloberfläche –, hier und da abgelöst von gleichfalls auf Ertragsmaximierung getrimmten Gemüsefeldern und Palmwäldern.

Vegetationsvielfalt

Und doch kennt Bali sehr unterschiedliche Vegetationstypen, die von der jeweiligen Dauer der Trockenzeit und der Höhenlage abhängen.

Tropische Artenvielfalt

Am ursprünglichsten ist Bali im Westen, und zwar im **Taman Nasional Bali Barat** (Nationalpark Westbali), in dem man noch das andere, unberührte Bali findet: **tropische Dschungelwälder bzw. Tieflandregenwald**, der für seine Baumriesen und Schlingpflanzen, seine seltene Fauna und große Artenvielfalt berühmt ist, wobei in den tieferen Lagen Edelhölzer wie Mahagoni, in deren höheren Regionen schlanke, hochwachsende Pinien und verschiedene Dipterocarpi-Arten das Bild bestimmen. Geradezu als Schlüsselpflanzen des Regenwaldes könnte man die diversen Arten des Feigenbaums (Ficus) bezeichnen, deren Früchte einer Vielzahl von Tieren Nahrung bieten und in deren Laubdach und Wurzelgeflecht ein Heer von Lebewesen Unterschlupf findet.

Baumriese

Kaum ein Dorf, das keinen, wenn nicht gar mehrere **Banyanbäume** (Waringin) besitzt, eine für Südostasien typische Feigenbaumart, wobei es sich auf Bali meist um Ficus bengalis handelt, der bis zu 30 m hoch werden kann und von dessen weitausladender Krone unzählige Luftwurzeln herunterhängen, die als Stützen für die Äste fungieren. Da dieser Baum aufgrund seines raschen Wachstums und mächtigen Wurzelwerkes bezüglich anderer Baumarten ein wahrer Verdrängungskünstler ist, wächst er selten allein, sondern bildet meist ganze Wälder, lediglich den zentralen Dorfplatz beschirmt in der Regel nur einer dieser Baumriesen. Weil Buddha unter eben solch einem Baum in Südindien die Erleuchtung erlangt haben soll und so das Tor zum Nirwana aufstieß, gelten Banyanbäume Buddhisten und Hinduisten als verehrungswürdig und dürfen daher nicht gefällt werden, und es gibt keinen wichtigen Tempel auf Bali, innerhalb dessen Umfassungsmauern sich nicht mindestens einer davon findet.

Ebenfalls nur noch im Westen der Insel stößt man auf die spärlichen Reste des früher viel weiter verbreiteten laubabwerfenden **Monsunwaldes**, der sich dort in den hügeligen Regionen entlang mancher Flussläufe erhalten hat. Ein typischer Baum dieser Waldart ist der bis zu 35 m hohe **Akomasbaum**, der dabei einen Durchmesser von einem Meter erreichen kann; sein rotes Holz ist allerdings von geringer Qualität, da es leicht zum Spalten neigt.

Auf dem Rückzug

Die üppige Vegetation der Niederungen und mittleren Höhen dünnt in den Lagen über 1.500 immer weiter aus und weicht so dem durch widerstandsfähige, niedere Pflanzen und Sträucher gekennzeichneten **Bergwald** oder **Gebirgsregenwald**, der seinerseits noch weiter oben weitestgehend in eine kahle, von schwarzem Lavagestein bestimmte vegetationsarme Zone übergeht, in der nur noch Zwergbäume in Krüppelformen, deren Stämme von Flechten und Moosen überzogen sind, für ein paar Farbkleckse sorgen. In den trockeneren Gebieten des Bergwaldes überwiegt die **Kasuarine**, der typischste Baum der Vulkanflanken, der mit seinen kurzen, hängenden Nadeln einer Kiefer ähnelt.

Robuste Gebirgsvegetation

Die umstehende Vegetation überragend, dominiert die **Lontarpalme** das Erscheinungsbild der von **Elefantengras** (Alang alang) bedeckten **Savanne**, von der sich kleine Areale auf der Bukit Prapat Agung und Bukit Badung erhalten haben und in der weniger als 1.000 mm Niederschlag im Jahr fallen. Dieser Baum ist vielseitig nutzbar, so stellt man z.B. aus seinen Blättern Körbe her und benutzt den Saft der braunen Früchte, die sehr lecker schmecken, zur Herstellung von Palmwein, zudem wurden seine getrockneten und gepressten Blätter lange Zeit als Schreibgrundlage verwendet.

Im Süden und Westen der Insel beherrschen Palmwälder vielfach die Szene, wo sie die Hänge unterhalb der Bergwälder bedecken, doch sind **Palmen** praktisch allgegenwärtig, dienen sie doch sowohl profanen wie religiösen Zwecken. Bedauerlicherweise ersetzt man bei Neupflanzungen die alten, hochstämmigen Sorten immer mehr durch Zwerghybriden, die bereits fruchten, ehe der Stamm zwei Meter Höhe erreicht hat.

In Tenganan fertigt man bis heute Kalender und Ramayana-Epen aus Lontarpalmblättern.

Angesichts der vielfältigen Nutzungsmöglichkeiten der Kokospalme ist es kein Wunder, dass die Balinesen diesem Baum alle 210 Tage (also gemäß balinesischem Kalender einmal im Jahr) Opfergaben darbringen. Nicht nur, dass ihnen solch ein Baum über einen Zeitraum von 50-60 Jahren jährlich 50-100 bis zu fünf Kilogramm schwere Nüsse liefert, deren Fruchtfleisch und Milch u.a. in der Kopra-, Lebensmittel- und

Vielseitig nutzbar

Rot-gelbe Blütenpracht: Heliconia rostrata

Kosmetikherstellung Verwendung finden, und seine Blätter zur Herstellung von Dachbedeckungen und – nach dem Entfernen der holzigen Mittelrippe – von Hüten, Fächern, Körben und Tempeldekorationen sowie zur Aufnahme von Opfergaben dienen; zusätzlich fertigt man aus seiner Rinde und aus seinen Fasern Seile, Matten, Teppiche, Polsterfüllungen, Säcke, Filter und Knöpfe, und selbst die Wurzeln werden in der Heilkunde genutzt. Die relativ harten Stämme eignen sich, wenn man sie eine Weile in den salzhaltigen Küstenboden eingräbt, hervorragend als Bauholz.

Landeinwärts prägen Reis- und Gemüsefelder zusehends das Landschaftsbild, zwischen denen immer wieder diverse Obstbäume und -sträucher für optische Auflockerung sorgen. Wichtigste **Nutzpflanzen** der Insel sind neben Reis vor allem Ananas, Bananen, Kaffee, Kokos- und Betelnüsse sowie eine Vielzahl an Gemüsesorten, eine untergeordnete Rolle spielen hingegen Tabak, Tee und Gewürze, die wegen der geringen Mengen nur für den lokalen Markt bestimmt sind.

Vielerorts sieht man **Bambus** (Tiing), der neben der Kokospalme als wichtiges Baumaterial fungiert. Zum Herstellen von Matten, Seilen, Trennwänden und Taschen benutzt man die harten Stiele des **Gabelfarn Gleichenia**, der im Gebirge wächst und an den wiederholt gegabelten Wedeln leicht zu erkennen ist, deren junge Blätter als Arznei dienen. Darüber hinaus findet man auf der ganzen Insel noch eine ganze Reihe weiterer **Farnarten** (so u.a. im Gebirgsregenwald etliche Baumfarne), wobei an den Vulkanflanken besonders dickblättrige gut gedeihen.

INFO Der Bambus

Mehr als 1.000 Arten dieser zu den Gräsern zählenden Pflanze gibt es weltweit, davon rund 250 im indonesischen Archipel. Misst die kleinste Variante ausgewachsen gerade einmal 20 cm, so erreicht das größte Exemplar, der Riesenbambus, bei einem Durchmesser von 30 cm bis zu 40 m, wohingegen der Wachstumsrekord einer speziellen Art bei weit über einem Meter innerhalb von 24 Stunden liegt. Als ökologisch überaus wertvoll erweist er sich insbesondere an Flüssen und Bächen, wo er die oberen Bodenschichten und somit die ausgewaschenen Rinnen festigt. Erstaunlich aber auch die Art, wie Bambus wächst, denn der verholzende Halm kommt nicht als Schössling aus der Erde, der im Laufe der Zeit durch Anlegen von Jahresringen seinen endgültigen Durchmesser erreicht, sondern durchbricht bereits mit seinem endgültigen Durchmesser die Bodenkrume und schiebt sich anschließend teleskopartig durch Zellstreckung bis zur entsprechenden Höhe auseinander.

Aufgrund der geringen klimatischen Ansprüche gedeiht Bambus bis auf die kühleren Zonen der Nordhalbkugel und die arktischen Regionen nahezu überall, wodurch er in Verbindung mit seiner schier unbegrenzten Anwendungs- und Verwendungsmöglichkeit seit Jahrtausenden für viele asiatische Völker zur wichtigen Lebensgrundlage wurde.

Der Anwendungsbereich reicht von der Benutzung als Essspieß, Blasrohr und Musikinstrument bis hin zur Verwendung als Baumaterial für Flöße, Zäune, Häuser, Brücken oder vergängliche Altäre bei bestimmten Riten. Aus seinem Holz lassen sich Wasserleitungen, Möbel, Behälter und Besteck fertigen, gesplissen dient er zur Herstellung von Körben und Matten. Erwähnt sei noch seine Rolle als Schreibmaterial und natürlich seine kulinarische, denn was wäre die asiatische Küche ohne Bambussprossen.

Für ganz besonderes Aufsehen sorgt Bambus immer dann, wenn er in Asien beim Bau von 50-stöckigen oder noch höheren Wolkenkratzern in Gerüstform eingesetzt wird, was nicht nur daran liegt, dass die elastischen, dabei zugleich aber harten Stäbe billiger als Stahlrohre und schneller als diese montiert sind, sondern auch an deren Widerstandsfähigkeit gegenüber Taifunen und sogar leichten Erdbeben. Einziger Nachteil dieser Universalpflanze ist, dass sie relativ leicht von Termiten und Pilzen befallen wird.

Nach Ansicht von Wissenschaftlern könnte der schnellwüchsige Bambus in der Zukunft – zumindest bei der Papierherstellung – eventuell die Rohstoffquelle Wald ersetzen, denn während ein Baum mindestens 50-60 Jahre braucht – eher länger –, bis er gewinnbringend gefällt werden kann, benötigt Bambus durchschnittlich nur ganze drei Jahre, bis er seine volle Höhe erreicht hat.

Im malaiischen und chinesischen Kulturkreis besitzt Bambus neben den rein materiellen, praktischen Nutzungsmöglichkeiten auch noch eine geistig-moralische Komponente: er ist Symbol für Standhaftigkeit, charakterliche Stärke und moralische Integrität.

Übrigens: Die Tradition verlangt, dass Bambus stets in Wachstumsrichtung verarbeitet wird, um den Lebensfluss nicht umzukehren. Aus grünem Bambus geschnitzte Messer, die scharf wie eine Rasierklinge sein können, werden für Tieropfer, aber auch zur Durchtrennung der Nabelschnur verwendet. Mit pflanzlichen Stöpseln verschlossene Bambusgefäße bewahren die Reinheit heiliger Wasser.

Inselweit, insbesondere in der Nähe von Tempeln fallen die propellerartigen weißen oder karmesinroten Blüten des strauchartigen, bis zu zehn Meter hohen **Frangipani** auf, die in der Regel einzig verbliebener Schmuck an den kahlen, silbergrauen Ästen sind und ebenso wie die Blüten des **Hibiskus** als Schmuck für Haare, Tempelfiguren und Opfergaben benutzt werden. Was bei uns als **Weihnachtsstern** meist nur ein recht kurzlebiges Blumentopfdasein fristet, wuchert hier in Baumgröße, genauso wie diverse **Gummibaumarten**. **Bougainvilleen**, **Magnolien**, **Begonien**, **Jasmin**, **Seerosen** und **Lotus** (Symbol der Reinheit, Schönheit und ewiges Leben) erfreuen vieler-

Betören Nase und Augen

orts das Auge und die Geruchssinne, ganz abgesehen von den tausenden Arten von **Orchideen**, die überall auf der Insel anzutreffen sind, genauso wie der **Javanische Rhododendron** mit seiner roten Blütenkrone. Wer den Gunung Agung besteigt, begegnet der weiß blühenden **Anaphalis** (Java-Edelweiß), die zu den Pionierpflanzen gehört, die frische Vulkanablagerungen als erste besiedeln.

Wirtschaft

Potentielle wirtschaftliche Großmacht

Indonesien, das von seinen Möglichkeiten her zu den reichsten Ländern der Erde, gemessen am Lebensstandard jedoch weltweit zum unteren Drittel der Staatengemeinschaft zählt, wird zu den so genannten Schwellenländern gerechnet und ist Mitglied der ASEAN und der OPEC. Nachdem es in den 80er Jahren des 20. Jahrhunderts unter dem Verfall der Erdölpreise litt, verzeichnete das Land, das einen großen Teil seiner Exportgewinne durch den Verkauf von Erdöl und Erdgas erzielt, zu **Beginn und Mitte der 90er Jahre** vor allem dank der zunehmenden Liberalisierung der Wirtschaft ein kontinuierliches **Wirtschaftswachstum von jährlich 5-8 %**, wobei die größten Zuwachsraten – jeweils rund 40 % – im Industriesektor und Dienstleistungsgewerbe zu verzeichnen waren, wodurch ein deutlicher Handelsbilanzüberschuss erwirtschaftet werden konnte, der allerdings von der hohen Auslandsverschuldung großenteils aufgefressen wurde.

Kunsthandwerk gehört zu Balis wichtigsten Devisenbringern.

Die **Ende der 90er Jahre** Asien heimsuchende **Wirtschaftskrise** hatte in Indonesien besonders verheerende Folgen, denn hier gesellte sich die innenpolitisch unsichere und diffuse Lage verschärfend hinzu, wodurch der Archipel nicht nur politisch, sondern – insbesondere durch den rapiden Verfall der Rupiah – auch ökonomisch ins Taumeln geriet. Und so wird es nicht nur von den politischen, sondern ganz besonders auch von der Umsetzung der wirtschaftlich notwendigen Reformen durch die neue Regierung unter Frau *Megawati Sukarnoputri* abhängen, ob das in stürmische See geratene Schiff wieder in sichere Gewässer manövriert werden kann. Das **Wirtschaftswachstum für das Jahr 2000** wurde offiziell mit **3,8 %** angegeben.

Während Japan und die USA weltweit Indonesiens wichtigste **Handelspartner** sind, rangiert die Bundesrepublik Deutschland innerhalb der EU an erster Stelle und sieht ihrerseits Indonesien als wichtigsten südostasiatischen Handelspartner an.

Notwendige wirtschaftliche Umstrukturierung

Alles in allem weist das indonesische Wirtschaftssystem als Hauptmerkmal nach wie vor die für die meisten Entwicklungs- und Schwellenländer typische Doppelstruktur auf: einerseits Ausfuhr billiger Rohstoffe und Halbfertigwaren und Einfuhr teurer Fertigprodukte andererseits. Diese einseitige Weltmarkt- und Exportorientierung, die ein Relikt der ehemaligen Kolonialherren sind und aus der sich das Land erst ganz allmählich zu lösen beginnt, haben zur gefährlichen Abhängigkeit von den Märkten der Industrieländer geführt und waren und sind mit verantwortlich für Perioden wirtschaftlicher Depression. Dank der vielen Investitionen aus dem Ausland erlebte das Land in der ersten Hälfte der 90er Jahre des letzten Jahrhunderts einen wirtschaftlichen Boom sondergleichen, der infolge der Asienkrise und der inneren Unruhen in der zweiten Hälfte des Jahrzehnts großenteils wieder aufgezehrt wurde, so dass die **Arbeitslosenquote 2000** offiziell rund **19 Prozent** (Unterbeschäftigte gleichzeitig rund 30 %) und das **Pro-Kopf-Bruttosozialprodukt 2000** landesweit auf **US$ 640** betrug, bei einer jährlichen **Inflationsrate von rund 2 % im Jahre 2000** (1998: 73 %).

Da der **Reichtum des Landes sehr ungleich verteilt** ist, zählt nach offiziellen Statistiken rund ein Drittel der Bevölkerung Indonesiens zur Kategorie der extrem Armen, die mit einem durchschnittlichen Tageseinkommen von weniger als einem US-Dollar auskommen müssen. Der **Mindestlohn** für ungelernte Arbeiter beträgt **durchschnittlich 3.000 Rupiah am Tag**, auf **Bali** sind es **5.000 Rupiah**.

Ungleiche Verteilung

Zu einer der bedeutendsten Devisenquellen hatte sich – vor allem auf Bali – in den letzten Jahrzehnten der **Tourismus** entwickelt, der 1994 bei rund 4,6 Millionen Auslandsgästen gut US$ 4 Milliarden ins Land brachte, wohingegen die infolge der wirtschaftlichen und politischen Instabilität auch auf Bali zurückgehenden Besucherzahlen um die Jahrtausendwende (2000: 1.416.984 Touristen) bei einer durchschnittlichen Verweildauer von 4,2 Tagen nur noch für jährliche Einnahmen auf der Insel in Höhe von etwa US$ 1,5 Milliarden sorgten.

Während also Indonesiens Gesamtwirtschaft durch eine überproportional starke Zunahme im Bereich der Industrialisierung gekennzeichnet ist, ist **Bali** eine **von der Landwirtschaft und dem Tourismus geprägte Provinz**, was nicht weiter Wunder nimmt, schließlich sind mittlerweile **knapp über die Hälfte aller Arbeitskräfte in der Tourismusbranche** beschäftigt, der Rest hingegen fast ausnahmslos in der Landwirtschaft. Rund **65 % der Inselfläche werden landwirtschaftlich genutzt**, wovon rund 20 % auf Nassfeldkulturen, 25 % auf den Regenfeldbau und 20 % auf die ausschließlich durch Niederschläge bewässerten Baum- und Strauchkulturen entfallen; gleichzeitig sank jedoch der Anteil der Landwirtschaft am balinesischen Gesamtbruttosozialprodukt von 55 % im Jahre 1979 auf weniger als 30 % in diesen Tagen.

Maschinen kommen in der Landwirtschaft nur selten zum Einsatz.

Landwirtschaft und Tourismus als Lebensgrundlage

Mannigfaltige Agrarprodukte

Bedeutende Anbauprodukte neben Reis, der auf rund einem Viertel der Inselfläche kultiviert wird, sind auf Bali noch Kokosnüsse, Obst, Kautschuk, Zuckerrohr, Tee und Kaffee, von dem immerhin mehr als zehn Prozent der indonesischen Gesamtproduktion geerntet werden, hinzu kommt eine Vielzahl von Gewürzen, u.a. auch Vanille (Indonesien gilt weltweit nach Madagaskar als zweitwichtigster Lieferant). Da die neuen Hochertragssorten des Reises weniger Fläche benötigen, um die gleichen Ernteerträge zu erzielen, werden immer mehr Felder für den Anbau von Gemüse verwendet, das dadurch ständig an Bedeutung gewinnt. Als zusätzliche Einnahmequelle fungiert der Verkauf von Rindern und Schweinen.

INFO Reis

Die zentrale Rolle des Reises in der balinesischen Landwirtschaft ist selbst beim flüchtigen Hinsehen für jedermann unschwer zu erkennen. Dank eines ausgeklügelten Bewässerungssystems, dessen Ursprünge man im 6. Jahrhundert vermutet, kann die für indonesische Verhältnisse winzige Provinz zwei, mitunter sogar drei Ernten pro Jahr einfahren und bringt es dadurch auf rund fünf Prozent der landesweiten Reisproduktion; so gelten Bewässerungs- und Anbautechnik der balinesischen Reisbauern bis heute als unübertroffen. Nachteil der in den letzten Jahrzehnten auf den Markt gekommenen neuen, ertragsreicheren Hybridsorten ist indes ihr im Vergleich zu den herkömmlichen Sorten schlechterer Nährwert und Geschmack.

Dabei handelt es sich fast ausschließlich um Nassreis, dessen Anbau auf den kunstvoll angelegten und sich harmonisch in die Landschaft schmiegenden, völlig waagerechten Terrassen und Feldern (Sawah) sehr arbeitsintensiv ist, wobei außer den von Wasserbüffeln gezogenen Holzpflügen so gut wie keine anderen maschinellen Hilfsmittel zum Einsatz kommen, allenfalls in den flachen, von Erdwällen geometrisch parzellierten Tiefebenen hin und wieder einer der modernen motorbetriebenen Pflüge, die aber weit weniger bodenschonend arbeiten als Tier und Mensch.

Nassreiskultur im Allgemeinen und Reisterrassenfeldbau im Besonderen erfordern eine ausgeklügelte Irrigationstechnik, die im Laufe der Jahrhunderte ständig verbessert wurde und auf Java und Bali auf den Gesetzmäßigkeiten der Schwerkraft basiert. Da in Indonesien bis in eine Höhe von 1.500 m (auf Bali bis zu 700 m) Reisterrassen angelegt werden, zapft man, um deren Bewässerung sicherzustellen, in den gebirgigen Regionen gefällestarke Flüsse und Bäche an und leitet das Wasser anschließend mittels eines verzweigten Systems kleiner Staubecken, Kanäle, Gräben und Bambusrohrleitungen auf das oberste Feld der Terrassenanlage. Nachdem dieses vollgelaufen ist, läuft das Wasser durch Öffnungen in den Stützmauern in die jeweils darunter liegenden. In den Tiefebenen sorgen meist höher gelegene Stauseen für den notwendigen Wassernachschub, mitunter wird das lebensspendende Nass aber auch mit Hilfe von Motorpumpen herangeschafft.

Reisanbau, der sich seit den Zeiten der altmalaiischen Einwanderer im Prinzip kaum geändert hat, ist Knochenarbeit und benötigt etwa zehnmal soviel Arbeit wie der

Anbau anderer Feldfrüchte. Das Saatgut wird an einem entsprechend dem balinesischen Kalender dafür geeigneten Tag unter Darbringung einer kleinen Opfergabe in extra dafür vorbereiteten, mit ca. 10-15 cm Wasser gefluteten Keimbeeten gezogen, ehe man die Schösslinge nach 30-40 Tagen, sobald sie eine Größe von 20-25 cm erreicht haben, Stück für Stück von Hand in die zwischenzeitlich präparierten großen Felder umsetzt, die nach dem Abbrennen der von der letzten Ernte übriggebliebenen Stoppeln und mehrmaligem Pflügen ebenfalls künstlich geflutet worden sind. Dies ist die mühseligste Arbeit des ganzen Reifungs- und Erntezyklus. Tagelang mit gebeugtem Rücken unter stechender Sonne im waden- bis knietiefen Wasser stehen – wahrlich kein Zuckerlecken.

Reiskultivierung ist Knochenarbeit.

Die ersten neun Schösslinge setzt man – aus rituellen Gründen – sternförmig in den schlammigen Untergrund, die übrigen sodann wie bei einer Parade in Reih und Glied ausgerichtet jeweils im Abstand von etwa 20 cm voneinander.

In den folgenden Wochen fließt dank des perfekten Bewässerungssystems beständig frisches Wasser von oben kommend Terrasse für Terrasse hangabwärts, und erst wenn die Ähren ein bestimmtes Reifestadium erreicht haben, was je nach Sorte zwischen drei und sieben Monaten dauert, lässt man das Wasser in den Feldern allmählich ab. Setzt sodann die Gelbfärbung ein, ist dies das Startsignal für die Ernte, die gleichfalls von Hand erledigt wird. Mit Sicheln schneidet man die reifen, körnertragenden Rispen – nicht aber den ganzen Halm –, die man anschließend bündelweise drischt, was meist direkt am Feld geschieht, woraufhin der so gewonnene Reis zum Schälen (Entspelzen) bzw. Schleifen in Mühlen gebracht wird.

Insgesamt vier bis acht Monate dauert ein derartiger Reifungszyklus einschließlich des Präparierens der Felder, wobei es auf Bali den überaus fruchtbaren vulkanischen Böden zu verdanken ist, dass die Ackerkrume trotz der intensiven Nutzung nicht auslaugt, dass praktisch ohne Unterbrechung oder Brache eine Ernte der anderen folgen kann.

Das nach dem Dreschen anfallende Reisstroh benutzt man als Brennmaterial, Dämmstoff, Füllung von Matratzen, zur Abdeckung oder anderweitig.

Bis zur Einführung neuer Agrarmethoden und Erntetechniken praktizierten die indonesischen Völker beim Reisanbau traditionellerweise eine streng geregelte Arbeitsteilung: Männer waren für die gröberen Arbeiten wie das Anlegen und Instandhalten der Terrassen und Felder, das Pflügen und die Bewässerungsvorrichtungen verantwortlich, die Frauen hingegen waren für die arbeitsintensiven Tätigkeiten zuständig, nämlich das Setzen der Schösslinge (auf Bali ein Privileg der Männer), das Jäten von Unkraut und das Schneiden der Ähren bei der Ernte (heutzutage legen alle Hand mit an), wobei sie – gemäß der religiösen Vorschrift – mit dem kleinen Erntemesser Ani-ani jeden Halm einzeln abschneiden mussten, damit die ‚Seele' des Reises keinen Schaden nahm und die Reisgöttin *Dewi Sri* nicht erzürnt wurde, die im Reis selbst waltet. Außerdem kümmerten sich die Frauen um das Enthülsen der Körner, was durch Stampfen mit einem Stößel erledigt wurde.

Doch auch nach Einführung neuer Anbau- und Erntemethoden gilt Reis weiterhin als göttliches Gewächs und Symbol des Lebens und Gedeihens schlechthin, wie eh und je bestimmen seine Wachstumsphasen den Lebensrhythmus der Dorfgemeinschaft. Die Reispflanze wird von den Balinesen als ‚weibliches Wesen' behandelt, dessen Lebensabschnitten – ‚Geburt', Reifeprozess, ‚Schwangerschaft' und endgültige Reife – man besondere Aufmerksamkeit in Form von Festen und Zeremonien zukommen lassen muss.

So sollen zahllose religiöse Riten, Zeremonien und an den auf den Feldern stehenden Tempeln und Schreinen dargebrachte Opfergaben die Götter, Geister und Dämonen beschwichtigen und so u.a. für eine gute Ernte sorgen. Geweiht sind diese Altäre und Tempel *Dewi Sri*, der Göttin des Danau Batur, der Mutter Erde und anderen Fruchtbarkeitsgottheiten, und ihnen werden auch die ersten Früchte der Ernte geopfert. Um *Dewi Sri* ihre Dankbarkeit zu zeigen, lassen Balinesen und Javaner außerdem nach jeder Mahlzeit ein wenig Reis auf dem Teller übrig, denn es wäre ein Zeichen von Habgier und Gefräßigkeit, ihn ganz leer zu essen und würde als Charakterschwäche ausgelegt. Aufgrund seiner göttlichen Durchdrungenheit ist der Reis den Balinesen heilig und daher beim Opfer gut als Götterspeise geeignet.

Vor allem das Anlegen eines neuen Reisfeldes erfordert jedoch viel Sorgfalt, um die Wassergottheiten nicht zu erzürnen. So wird eine aus einem Priester und fünf Subak-Mitgliedern bestehende Delegation mit Opfergaben zu einer heiligen Quelle oder zu den heiligen Wassern des Danau Batur geschickt, um die Gottheiten gnädig zu stimmen. Anschließend nimmt die Abordnung in einem geschmückten Bambusbehälter heiliges Wasser mit in das Dorf zurück und stellt es auf einen Altar im Subak-Tempel. In dem Glauben, die Gottheit der Quelle bzw. des Sees sei in dem Behältnis eingeschlossen, gibt die Gemeinschaft ihr sodann ein Fest, bei dem das mitgebrachte Wasser über die für den Reisanbau vorgesehenen Felder versprengt wird. Im Norden Balis veranstaltet man bei derartigen Festen zusätzlich gerne Stierrennen.

Für Erheiterung sorgen bei Fremden immer wieder die frühmorgens im Watschelgang durch die Dörfer ziehenden Entenscharen, die einem vorangetragenen Wimpel folgen, auf den sie von Geburt an geprägt worden sind und der ihre Ersatzmutter darstellt. Auf dem Reisfeld angekommen, wird das Fähnchen in den Boden gerammt, woraufhin sich die Enten darum herum im Feld verteilen und dieses von Schädlingen befreien, wobei sie gleichzeitig einen hervorragenden Dünger zurücklassen. Vor Sonnenuntergang macht sich die lustig anzuschauende Prozession dann wieder auf den Rückweg, um am nächsten Tag wiederzukehren.

Reis ist in Indonesien übrigens nicht gleich Reis: In der Ähre nennt man ihn *Padi*, gedroschener, aber ungeschälter Reis heißt *Gabah*, enthülster und polierter *Beras*, und gekocht auf dem Teller bezeichnet man ihn schließlich als *Nasi*. Und falls jemand am Fluss seine Notdurft verrichtet, so hat er ‚Buang Nasi' – ‚Reis weggeworfen'. Balis beste Reissorte ist *‚Padi Bali'*, doch leider baut man diese schmackhafte Sorte, die noch auf traditionelle Art und Weise geerntet wird, nur noch auf wenigen Feldern an.

Noch eine Bitte zum Schluss: Vermeiden Sie es möglichst, auf den fragilen Umfassungs- und Trennmäuerchen der Reisterrassen herumzugehen, denn durch die Beschädigung eines solchen Erdwalls kann ungewollt Wasser abfließen und so leichtsinnig die mühsame Arbeit mehrerer Tage zerstört werden.

Angesichts der fischreichen Gewässer rings um die Insel spielt der **Fischfang** – trotz der in den letzten Jahren feststellbaren Intensivierung – noch immer eine untergeordnete Rolle, was an dem Glauben der Balinesen liegt, dem zufolge Dämonen im Meer leben, die man nicht stören darf, andernfalls kann es passieren, dass diese ihren Zorn über einem entladen. Daher überlassen sie dieses Gewerbe auch praktisch ausnahmslos den eingewanderten Buginesen.

Meersalzgewinnung und Seetangkulturen sind weitere mit dem Meer verbundene Erwerbszweige, wobei vor allem letzterer in den vergangenen Jah-

Anlandung des nächtlichen Fangs am Pantai Jimbaran

ren – u.a. vor Nusa Lembongan – erheblich ausgebaut wurde, da sein Rohstoff in immer größeren Mengen von der Kosmetikindustrie benötigt wird.

Einen rasanten wirtschaftlichen Aufschwung hat in den letzten Jahrzehnten die **Textilindustrie** erlebt, die fast ausschließlich für den Export und die Touristen produziert.

Den bemerkenswertesten wirtschaftlichen Aufschwung verzeichnete in dieser Zeit jedoch der **Tourismus**, der sich mit rund einem Drittel des auf der Insel erwirtschafteten BSP zwischenzeitlich zum wichtigsten Wirtschaftsfaktor entwickelt hat und dessen Wachstum – trotz der Flaute zu Zeiten der Asienkrise und der unsicheren politischen Lage im Lande vor dem Amtsantritt von Frau *Megawati Sukarnoputri* – derweilen

Der Wirtschaftsfaktor Nummer eins

noch nicht abzusehen ist, der im Gegenteil von der Regierung bewusst gefördert wird, weshalb sie ja auch Mitte der 80er Jahre des zurückliegenden Jahrhunderts Bali zur ‚Touristeninsel' erklärte und in diesem Zusammenhang die Ansiedlung umweltbelastender Industrien untersagte.

Ruhestätten von spartanisch bis luxuriös

Was in den 20er Jahren des 20. Jahrhunderts mit einer Handvoll abenteuerlustiger Weltenbummler begann, hat sich seit den 70er Jahren kontinuierlich zum mit Abstand wichtigsten Devisenbringer entwickelt. Folgen dieses Booms waren und sind die immer mehr Land beanspruchenden Hotel- und Freizeitanlagen, die sich überwiegend im Süden der Insel, in der Region um Ubud und in zunehmendem Maße auch im Osten bei Candi Dasa und im Norden in der Region um Lovina breitgemacht haben. Aufgrund der von offizieller Seite gesteuerten Konzentration auf einige wenige Zentren konnte eine Zersiedlung wie sie bei vielen anderen Touristenzentren rund um den Globus feststellbar ist, bislang im Großen und Ganzen vermieden werden, trotz der mittlerweile **mehr als 30.000 Hotelzimmer**, wenngleich die Region nördlich von Seminyak derzeit einen Bauboom eines bislang ungekannten Ausmaßes erlebt, der – wird ihm nicht bald Einhalt geboten – nichts Gutes erahnen lässt. Im Jahr 2000 betrug die Belegungsrate in den Hotels inselweit das Jahr über zwischen 69,6 % und 83,8 %, in der Hochsaison lag sie sogar oft weit über 90 %, wobei vor allem die Häuser der oberen Kategorien überdurchschnittlich belegt waren.

Die rasch wachsende Tourismusindustrie hat in den letzten Jahrzehnten viele neue Arbeitsplätze geschaffen, nicht nur in Hotels und Restaurants, sondern ganz besonders auch auf dem Gebiet des **Kunsthandwerks**, mit dem viele Menschen ihr tägliches Brot verdienen, so dass heute bereits mehr als zehn Prozent der Bevölkerung in der Tourismusindustrie beschäftigt sind.

Wayang-golek-Puppen in allen Größen

Darüber hinaus hat vor allem die Baubranche von diesem Boom profitiert, schließlich mussten und müssen laufend neue Unterkünfte, Geschäfte und Straßen errichtet und angelegt werden, um die Menschenmassen unterzubringen und dem immer stärker werdenden Verkehrsaufkommen auch nur einigermaßen gerecht zu werden, was andererseits natürlich auch z.T. ökologisch schlimme Folgen mit sich brachte; man denke nur an die Bereitstellung von ausreichend Wasser und Strom, um nur zwei Dinge zu nennen, die von Touristen als selbstverständlich angesehen werden, von der Versiegelung immer größerer Landflächen ganz zu schweigen.

Bevölkerung und Gesellschaft

Auf **228.500.000 Einwohner** schätzte man die **Einwohnerzahl Indonesiens Ende 2001**, was einer Bevölkerungsdichte von 119 Einwohner pro Quadratkilometer entsprach, bei einer durchschnittlichen **Lebenserwartung** von rund **68 Jahren** (Männer 65,6 Jahre, Frauen 70,4 Jahre), wobei der Anteil derjenigen unter 15 Jahren gut 40 % und derjenige der 65-jährigen und älteren vier Prozent betrug, all dies bei einer **Säuglingssterblichkeit** von **43** von 1.000 Lebendgeburten und einer **Kindersterblichkeit** von **52** von 1.000. Die **Analphabetenrate** lag 2001 bei rund **19 %**.

Bevölkerungsexplosion

INFO — Bevölkerungsentwicklung Indonesiens

Jahr	Einwohnerzahl	Jahr	Einwohnerzahl
1905	38.000.000	1982	153.000.000
1955	80.000.000	1994	192.216.500
1971	119.200.000	2001	228.500.000

Etwa **45 % der Gesamtbevölkerung** Indonesiens (in dem – ohne Irian Jaya – rund 360 religiös, kulturell und sozial unterschiedliche Ethnien leben) sind **Javaner**, 14 % Sundanesen, 7,5 % Maduresen, hinzu kommen Ambonesen, Atjeher, Balinesen, Bataker, Dajaker, Menadonesen, Minahasa, Minangkabau und viele andere, aber auch noch etliche so genannte Papuas, d.h. nichtmalaiische Völker sowie rund fünf Million Chinesen, Araber, Inder, Pakistaner, Amerikaner und Europäer.

Ende 1994 lebten 2.879.500 Menschen **auf Bali**, im Jahre **2001** waren es schon 3,2 Millionen (einschließlich der territorial dazugerechneten Inseln), so dass sich rein statistisch rund **575 Einwohner auf einem Quadratkilometer** drängten, innerhalb des indonesischen Archipels nur noch übertroffen von Java, wo sich zur gleichen Zeit mehr als 1.000 Menschen auf gleichem Raum ballten. Rund 95 % der Inselbewohner können ethnisch als Balinesen gelten.

‚Dua anak cupuk' = ‚Zwei Kinder sind genug'. Dank eines mit diesem Slogan propagierten Geburtenkontrollprogramms ist es der Landesregierung gelungen, das jährliche **Bevölkerungswachstum landesweit** während des letzten Jahrzehnts auf rund **1,6 %**, auf **Bali** sogar auf **1,5 %** zu senken. Einem noch stärkeren Rückgang steht nach wie vor die Tradition entgegen, der zufolge ein männlicher Nachkomme unverzichtbar ist, vor allem da dieser vom Vater die religiösen Verpflichtungen zu übernehmen hat. Um dem Programm zum Erfolg zu verhelfen, werden landesweite Aufklärungskampagnen durchgeführt und u.a. allen Staatsangestellten ab dem dritten Kind sämtliche Kinderbeihilfen gestrichen.

Noch aber können nur wenige mit der alten Tradition brechen, und so wächst Balis Bevölkerung – in jüngerer Zeit

Balis Jugend ist stets zu einem Scherz aufgelegt.

verstärkt vor allem durch den Zustrom von anderen Inseln des Archipels – auch weiterhin, was angesichts der ohnehin schon prekären Situation befürchten lässt, dass die Insel schon in nächster Zukunft überbevölkert sein und die lokale Landwirtschaft nicht mehr imstande sein wird, die hier Lebenden aus eigener Kraft ausreichend zu versorgen.

Die bislang erzielten Erfolge der Familienplanung sind zum Großteil der Disziplin der **Banjar** (s.u.), dem so genannten **Gotong-Royong-System**, dem Prinzip gegenseitiger Hilfe, sowie der Art und Weise, wie alle Neuigkeiten über die monatlichen Versammlungen allgemein verbreitet werden zu verdanken.

Ein weiteres Problem stellt (wie in ganz Indonesien) die als Folge des boomenden Tourismusgewerbes feststellbare Landflucht dar, denn die vermeintlich besseren Verdienstmöglichkeiten in dieser Branche locken immer mehr Menschen in den Süden der Insel, was nicht nur von alters her gewachsene Sozialstrukturen aufzulösen droht, sondern auch ständig wachsende ökologische Probleme mit sich bringt.

Wie auch andere Inseln des Archipels wurde **Bali ursprünglich von nomadisierenden Völkern** bewohnt, die infolge des gegen **2.500 v.Chr. einsetzenden Zustroms** von bis dahin im südlichen China sesshaften Völkern allmählich absorbiert wurden. Bei den Neuankömmlingen handelte es sich um stark mit der Natur verbundene Menschen, die neben Göttern, Geistern und Dämonen auch ihre Ahnen verehrten, also Elemente religiöser Anschauung mitbrachten, die sich im Glauben und der Weltanschauung der Balinesen bis zum heutigen Tag erhalten haben.

Das endgültige ethnologische Gepräge verliehen den Balinesen die ungefähr 300 vor der Zeitenwende das Inselreich in einer zweiten großen Einwanderungswelle erreichenden **Deuteromalaien** (Jungmalaien), die sich mit den zu diesem Zeitpunkt Ansässigen gänzlich vermischten.

Als ‚Urbevölkerung' Balis gelten die **Bali Aga**, die sich der hindu-javanischen Beeinflussung während des 14. und 15. Jahrhunderts widersetzten und seither weitgehend isoliert in den abgelegenen Bergregionen des Gunung Agung, Gunung Batur und Gunung Batukau leben.

Autarke Gemeinwesen

Balis Gesellschaft ist auch heute noch ein auf einer annähernd selbstversorgerischen, dörflich organisierten, landwirtschaftlichen Grundlage beruhendes **Gemeinwesen** mit künstlerisch-ästhetisch anspruchsvoller und traditionsreicher Hochkultur. Daran haben selbst der Tourismus und die damit einhergehende Hinwendung zum Weltmarkt sowie das neue Medienzeitalter kaum etwas zu ändern vermocht, allenfalls in eng begrenzten Zonen touristischer Exzesse.

Kein Platz für Egoisten

‚Leben' bedeutet auf Bali ‚teilhaben', sowohl an Freude als auch an Leid, an Arbeit und an Vergnügen, wozu auch der Dienst im Tempel und die Ängste vor Geistern und Dämonen gehören, die Teil der unendlich geheimnisvollen Natur sind und das Zusammenwirken von Natur, Religion und menschlicher Gemeinschaft entscheidend mitprägen. Und eben in diesem Zusammenwirken liegt die Wurzel der balinesischen Gesellschaftsordnung, die Individualismus, das Streben nach persönlichem Ruhm und öffentlicher Anerkennung nicht – oder nur in sehr begrenztem Maße – kennt, die bestimmt ist von **Gemeinschaftssinn**. Ganz gleich ob es um die Verwaltung des Dorfes, die Bestellung der Felder oder die Ausübung der Künste geht, man macht alles gemeinsam, denn schließlich gehört ein Balinese nicht nur seiner Familie an, sondern gleichzeitig seiner Sippe, seiner Kaste, seine Gemeinde, seinem Berufsstand und letztendlich dem balinesischen Volk, mit dem er seine Kultur und Welt teilt, was nicht nur angesichts eines fehlenden Sozialversicherungssystems westlichen Musters Sinn macht, ja geradezu erforderlich ist. Und so ist es nicht verwunderlich, dass die schlimmste Strafe in den allermeisten Fällen noch heute der Verstoß aus der Dorfgemeinschaft ist.

Abseits der touristisch überfremdeten urbanen Zentren folgen die Einheimischen wie eh und je dem Rhythmus der agrarischen Zyklen und den daraus abgeleiteten Ritualen, reichen ihre Blicke vielfach auch heute noch kaum über die Inselgrenzen hinaus. Ihr Horizont, ihre Welt erstrecken sich auf das eigene Dorf und dessen Beziehungen zu anderen Dorfgemeinschaften, auf die benachbarten Marktflecken und überregional bedeutsame Tempelbezirke.

Alles bestimmendes Fundament ist dabei der Reisanbau, dessen Organisation familienübergreifende Gemeinschaften wie **Banjar**, **Sekaha** und **Subak** erforderlich macht bzw. voraussetzt. Dieses Eingebundensein in Produktions- und Verwaltungsgemeinschaften beinhaltet neben der Verpflichtung zum Dienst für die dörfliche Gemeinschaft auch die Teilnahme an den tradierten Zeremonien, die eine gute Ernte gewährleisten sollen. Eine aus angesehenen männlichen Gemeindemitgliedern (worunter ältere Familienväter zu verstehen sind) bestehende **Ratsversammlung** überwacht alles, was innerhalb der Dorfgemeinschaft geschieht.

Dorfgemeinschaften

Bestimmt wird das Zusammenleben innerhalb eines traditionellen Dorfes (Desa adat) insgesamt durch die uralten Bestimmungen des **Adat**, des Gewohnheitsrechtes, das – wie auch bei den Batak und Toraja – ursprünglich mündlich überliefert und erst nach der Ankunft der Hindus in Buchform auf Lontarpalmblättern niedergeschrieben wurde. Aus den darin enthaltenen Anweisungen holen sich die Mitglieder der Ratsversammlung während ihrer bei Vollmond stattfindenden Versammlungen notfalls Rat. Wer nicht zur Versammlung kommen kann, die durch einen lauten Schlag auf das Kulkul einberufen wird, schickt seinen Kris oder sein Oberkleid, die stellvertretend für den Abwesenden auf dessen Platz in der Ratshalle gelegt werden und dadurch dessen Anwesenheit symbolisieren.

Früher wachte dieses Kontroll- und Aufsichtsorgan z.B.

Tempelfeste stärken auch die soziokulturellen Dorfgemeinschaften.

INFO Adat

Frei übersetzt kann man *Adat* als Tradition, Sitte, Brauchtum oder Gewohnheitsrecht wiedergeben, das zwar unkodifiziert, aber äußerst differenziert ist und nahezu alle Bereiche des alltäglichen und nichtalltäglichen Lebens regelt, ganz gleich ob im privaten oder öffentlichen Sektor. Es regelt – regional modifiziert – das Zusammenleben innerhalb von Gruppen und Gemeinschaften, und zwar bei allen Volksgruppen des Archipels, so groß deren ethnische Unterschiede auch sein mögen.

Die äußerst vielfältigen und fein verästelten Vorschriften, Pflichten und Rechte, wie z.B. Sitten- und Anstandsregeln, wirtschaftliche und religiöse Rechte oder strafrechtliche Angelegenheiten, werden auf Lokalebene ausgeführt und richten sich jeweils nach den örtlichen Gepflogenheiten, die sich über Generationen hinweg herausgebildet haben, wodurch sie noch immer das gesamte menschliche Leben von der Geburt bis zum Tod durchdringen und bestimmen.

Man baut Häuser, Siedlungen und Kultstätten gemäß den Vorschriften des *Adat*, das auch über Feldbestellung, Bewässerung, Ernte und Viehzucht entscheidet und mittels seiner Zeremonien auch alle Lebensabschnitte wie z.B. Geburt, Heirat oder Tod charakterisiert.

Darüber hinaus hat *Adat* sehr viel mit der Ahnenverehrung zu tun, wodurch es nicht nur das Zusammenleben der Lebenden, sondern auch deren Beziehung zu den verstorbenen Vorfahren regelt.

Eine bedeutende Rolle fällt den *Adat*-Vorstehern oder -Räten zu, die über die Einhaltung der regeln wachen und bei Bedarf Ratschläge für deren Anwendung geben. Außerdem schreiten sie bei Streitfällen als anerkannte Richter und Schlichter ein.

Wie fest das *Adat* in der Seele der Indonesier seit alters her verwurzelt ist, erkennt man an der Tatsache, dass keine der im Laufe der Jahrhunderte und -tausende ins Land eingeströmten Religionen an seinen Fundamenten zu rütteln vermochte, diese vielmehr zu allen Zeiten in friedlicher Koexistenz mit dem tradierten Gewohnheitsrecht lebten, wobei gegenseitige Anpassung und wechselseitige Durchdringung hier und da nicht ausblieben. Bis zum heutigen Tage prägt das Werte- und Ordnungsgefüge des *Adat* das Leben der Indonesier, wodurch es mitunter mit der offiziellen Rechtssprechung der modernen staatlichen Gesetze kollidiert, doch würde ohne *Adat* vermutlich das ganze soziale, geistige und religiöse Leben der Archipelbewohner zusammenbrechen.

Natürlich hat jede Münze zwei Seiten, so auch das *Adat*, dessen starres, jahrhundertealtes Wertesystem – mitsamt den verkrusteten Sozialstrukturen – eine Weiterentwicklung der statischen indonesischen Gesellschaft kaum zulässt.

streng darüber, dass niemand in ein anderes Dorf zog, ohne vorher um seine Entlassung aus der alten Dorfgemeinschaft zu ersuchen, wobei Haus und Land in jedem Fall im Besitz der alten Gemeinschaft verblieben und der Umsiedelnde lediglich den Wert seines Anteils vom gemeinsamen Besitz beanspruchen konnte. Heutzutage sind diese Regelungen allerdings so weit gelockert, dass die Landbesitzer persönlich über Grund und Boden verfügen können.

Für die soziale Hierarchie Balis wirkte sich vornehmlich die Flucht der hinduistischen Führungsspitze von Majapahit zu Beginn des 16. Jahrhunderts aus, die eine bis heute gültige Teilung der Gesellschaft in **Kasten** (Wangsa) zur Folge hatte, auch wenn eine komplizierte Einteilung von Arbeit aufgrund der Kastenzugehörigkeit hier – bis auf die Priesterschaft der Brahmanen – nicht vorgenommen wurde: Ein besonderer Titel beinhaltete nicht automatisch das Recht auf eine bestimmte Beschäftigung. Doch obwohl feudale Diskriminierung heutzutage verboten ist, ordnen sich die Balinesen den Spielregeln der Quasi-Feudalgesellschaft bis dato weitestgehend freiwillig unter, was schon allein daran leicht zu erkennen ist, dass sie einen fremden Landsmann stets mit der Frage begrüßen: „Wo sitzt Du?", denn es geziemt sich nicht, sich höher zu setzen als ein kastenmäßig Höherstehender.

Kastengesellschaft

Über der **untersten Kaste** der **Sudra** oder **Jaba**, zu der ungefähr 90 % der Balinesen, und zwar das Gros der Bauern und Handwerker gehören, steht die in einer Dreiheit von Kasten, der so genannten **Tri wangsa** gegliederte gesellschaftliche Oberschicht, der **Adel**, der sich ausschließlich aus der einst von Java gekommenen Oberschicht rekrutiert. Die **ideell höchste dieser drei Kasten** ist diejenige der **Brahmana**, die sich aus Priestern (Pedanda) und Schriftgelehrten zusammensetzt, deren Wissen um die erforderlichen Rituale und die Herstellung geweihten Wassers ihnen ihre gehobene soziale Stellung verschafft. Männliche Angehörige dieser Kaste erkennt man an den im Namen geführten Titel *Ida Bagus*, Frauen tragen hingegen die Bezeichnung *Ida Ayu* bzw. *Ida Dayu*.

Dreigeteilter Adel

Die politisch höchste Kaste, und dadurch in der Vergangenheit den Brahmanen zeitweise sogar faktisch übergeordnet, ist diejenige der **Ksatriya** oder **Satria**, die sich aus den ranghöchsten Angehörigen der Fürstenhäuser von Klungkung, Bangli, Badung, Gianyar und Tabanan zusammensetzt und deren männlichen Angehörigen die Titel *Anak Agung*, *Cokorda*, *Cokorda Gede*, *Dewa*, *Dewa Agung* oder *Ratu* führen, wohingegen die Frauen *Anak Agung Istri* oder *Dewa Ayu* betitelt werden. Die unterste Kaste der Adelsschicht sind die **Wesia**, Nachkommen des aus Java geflohenen niederen Adels, der reiche Kaufleute – und vormals auch hochrangige Krieger – angehören und deren männliche Mitglieder den Namenszusatz *I Gusti* tragen, deren Frauen dagegen am Titel *I Gusti Ayu* zu erkennen sind. Während sich sowohl die Kaste der Ksatriya als auch diejenige der Wesia zusätzlich in eine ganze Reihe von Untergruppen teilt, rühmen sich die Brahmanen, Nachkommen eines Hohepriesters namens *Bahu Rauh* zu sein, der in sagenumwobenen Zeiten durch ganz Bali zog und mit Frauen aller Klassen Kinder gezeugt haben soll.

Einem anderen Schöpfungsmythos zufolge sollen die vier Kasten ihren Ursprung in der Urgottheit *Brahma* haben, die priesterlichen Brahmanen nämlich seien aus seinem Mund, die Ksatriya aus seinen Armen, die Wesia aus seinen Schenkeln und die Sudra aus seinen Füssen hervorgegangen.

Landeskundlicher Überblick

Frei von Fatalismus

Im Gegensatz zum Ursprungsland Indien gibt es **keine Paria** (Unberührbaren) und wurde diese durch Geburt festgelegte gesellschaftliche Einteilung auf Bali nie als absolut unverrückbar angesehen, wodurch ihr die für die Masse der Bevölkerung fatalistische, ja geradezu unmenschliche Spitze genommen wurde. Heutzutage ist sie zudem durch die politischen und ökonomischen Veränderungen – insbesondere in den Städten und Touristenzentren – immer mehr in Auflösung begriffen, ohne dass sie jedoch gänzlich bedeutungslos geworden wäre.

Am deutlichsten hat sich das überaus schwierige Beziehungsgeflecht zwischen den einzelnen Kasten in einer hochkomplizierten Sprache manifestiert, deren nuancierte Ausdrucksweise für Außenstehende meist für alle Zeiten ein Buch mit sieben Siegeln bleibt. (Näheres hierzu siehe Kapitel ,Sprache', S. 83ff)

Die Bändiger des Feuers

Zusätzlich zu dieser Kasten-Einteilung gelangten bestimmte Berufsstände zu einem Sonderstatus, so z.B. die Schmiede, die **Pande**, zu deren vormals geheimnisumwitterten Fähigkeiten die Bändigung des Feuers und glutflüssigen Metalls gehörte, weswegen man ihnen eigene Tempel und Begräbnisstätten zugestand und Angehörige der Adelsschicht mit ihnen – als Zeichen der gesellschaftlichen Anerkennung – in Hochbalinesisch kommunizieren.

Funktionelle Gemeinschaften

Doch nicht nur in Kasten oder Berufsständen sind die Balinesen zusammengeschlossen, sondern darüber hinaus auch noch in verschiedenen **funktionellen Gemeinschaften**, die aus dem **balinesischen Glauben, dass der Mensch gut ist**, und aus dem damit eng verbundenen Gefühl der Hilfsbereitschaft hervorgegangen sind.

Die umfassendste dieser **Solidargemeinschaften** ist der so genannte **Banjar**, bei dem es sich um eine Art Selbstverwaltungsgremium der Dorfgemeinschaft handelt, dem alle mündigen (d.h. verheirateten) Bürger des Dorfes – sogar bis über den Tod hinaus – angehören, unabhängig von ihrem Gewerbe. Zwar ist die Mitgliedschaft im Banjar freiwillig, doch besteht für jeden verheirateten Mann eine große moralische Verpflichtung, dieser Vereinigung beizutreten.

Gamelan werden von den Pande noch immer von Hand gefertigt.

In der Regel umfasst ein Banjar zwischen 50 und 100 Familien (bisweilen aber auch bis zu 200), so dass größere Ortschaften aus mehreren derartigen Zweckverbänden bestehen. Insgesamt gibt es auf Bali rund 3.800 derartige Verbände, wobei jeder Banjar ein eigenes Gamelan-Orchester, eine Tanzgruppe, eine Küche für die Dorffeste, eine Gemeinschaftstrommel, mit der zu Versammlungen gerufen wird, sowie einen kleinen öffentlichen Tempel und eine offene Versammlungshalle besitzt, in der nicht nur einmal im Monat Rat gehalten wird, sondern die Männer in Mußestunden auch ihre Kampfhähne trainieren, der Probe eines Theaterstückes zuschauen, mit dem Orchester üben oder ganz einfach nur plaudern.

Die Teilnahme an den einmal im Monat im Bale banjar (Ortsviertelpavillon) stattfindenden Treffen, bei denen sämtliche die Dorfgemeinschaft betreffende Angelegenheiten besprochen und entschieden werden, ist für alle Männer des Banjar Pflicht. Der Chef des Banjar-Rates (Kelian) wird gewählt und hat mehr Pflichten als eigentliche Macht, da Beschlüsse nur einstimmig (Mufakat) gefasst werden können, so dass diese Versammlungen normalerweise aus einem langwierigen und zähen Ringen um für alle tragbare Kompromisse bestehen, wodurch einschneidende Veränderungen von vornherein nahezu ausgeschlossen sind. Dieser Prozess der Entscheidungsfindung wird geprägt vom Leitmotiv des sozialen Miteinanders – dem Geist des Ausgleiches und der Harmonie (Rukun).

Harmonie als oberstes Prinzip

Die vorrangigen Aufgaben des Banjar sind neben der unteren Gerichtsbarkeit die Instandhaltung und Verbesserung der dörflichen Infrastruktur, Aufgaben, an deren Umsetzung jedes Mitglied – je nach seinen Möglichkeiten – tatkräftig mitarbeiten muss, ganz gleich ob ein neuer Badeplatz angelegt, die Versammlungshalle restauriert oder ein Tempelfest veranstaltet wird, eine Scheidung ansteht, ein Geschäft von Allgemeininteresse getätigt oder der Ort ganz einfach verschönert werden soll. Doch auch besondere Familienfeste, wie z.B. Hochzeit oder Zahnfeilung, Leichenverbrennung oder der erste Geburtstag eines neuen Familienmitgliedes, sind Feiertage für den ganzen Banjar, dessen Gamelan-Orchester das Festgeschehen begleitet. Außerdem holt man zu bestimmten periodisch wiederkehrenden Zeremonien Barong- und Rangda-Masken hervor, um durch die spielerische Darstellung von deren Widerstreit das weltlich-spirituelle Gleichgewicht der konträren Daseinsmächte wiederherzustellen, wodurch der Ort für eine gewisse Zeit seinen inneren Frieden bewahrt bzw. zurückerhält.

Gesellschaftliche Verpflichtungen

Jeder Banjar besitzt eine eigene Kasse, für die ein Schatzmeister verantwortlich ist und in die neben

Der Männer liebste Beschäftigung: ihre Kampfhähne

Strafgeldern Beiträge und Spenden von Unternehmen und Künstlergruppen sowie aus dem Gemeindeeigentum (z.B. Restaurants, Werkstätten u.ä.) fließen. Der Rat entscheidet darüber, wofür diese Gelder benutzt werden und welches Gemeindemitglied davon ein Darlehen bekommt.

Eine balinesische Besonderheit ist der Zusammenschluss der Bauern eines oder mehrerer Dorfbezirke (Banjar) in **Sekaha** genannten genossenschaftlichen Organisationen, die sich wiederum in Untergruppen aufteilen, von denen jeder einzelnen spezielle Zuständigkeitsbereiche zufallen: So ist z.B. die ‚Sekaha menanam' für die Bepflanzung der Felder, die ‚Sekaha panen' für die Ernte und die ‚Sekaha me jukut' für Jätarbeiten zuständig, die ‚Sekaha bajak', die für das Pflügen verantwortlich ist, ähnelt hingegen mehr einer nachbarschaftlichen Hilfsgemeinschaft denn einer wirklichen Organisation. Die durch den Verkauf der gemeinsam angebauten agrarischen Produkte erzielten Gewinne werden zu gleichen Teilen an alle Mitglieder der Sekaha aufgeteilt, wobei ein gewisser Teil von vornherein als Rücklage einbehalten wird.

Die Reisanbaugenossenschaft

Die mit dem Nassreisanbau beschäftigten Genossenschaften nennt man **Subak**. Zu jeder dieser Gemeinschaften zählen jeweils alle im Besitz eines Sawah (Reisfeld) befindlichen Bauern samt Familien – durchschnittlich 200 –, deren Felder einem Bewässerungssystem zugeordnet sind. Während sie in Südbali vermutlich im 16. Jahrhundert auf Anregung der damals herrschenden Fürsten entstanden, gehen sie im Norden der Insel auf Eigeninitiative der Bauern zurück.

Sinn dieser Gemeinschaften war es, dass jeder Bauer Zugang zu Wasser hatte, das er für seine Felder benötigte, denn zu dieser Zeit verfügten nicht alle Mitglieder eines Banjar über Kanäle zur Bewässerung ihrer Felder, so dass es notwendig war, dass sich andere bereit erklärten, von ihrem Wasser abzugeben. Jedes Mitglied war und ist zur Zahlung einer Wassersteuer und zum Erbringen gewisser Dienstleistungen verpflichtet, wozu z.B. Bau und Erhaltung der Dämme, Überwachung und Unterhalt des Bewässerungssystems u.ä. gehören.

Das Wasser gehört allen

An der Spitze eines Subak steht der von der Vollversammlung gewählte ehrenamtliche Vorsitzende, unter dessen Leitung die alle 35 Tage stattfindenden Versammlungen abgehalten werden, deren Beschlüsse ebenfalls nach dem Prinzip der Einstimmigkeit gefasst werden. Dabei geht es um die gerechte Verteilung des Wassers unter allen Mitgliedern, Fragen der Düngung, des Einsatzes von Insektiziden und Pestiziden, des Ernteeinsatzes sowie die Schlichtung von Streitigkeiten und das Beachten tradierter Zeremonien hinsichtlich des Reisanbaus und der Ernte. Zu den wichtigsten und aufwändigsten Maßnahmen des Subak zählen indes der Bau und die ständig notwendige Instandhaltung der Bewässerungskanäle und Dämme. Um zu verhindern, dass der Subak-Vorsitzende aus Eigennutz handelt, sind seine Reisfelder traditionellerweise die untersten, so dass das Wasser erst einmal durch die Felder sämtlicher anderer Subak-Mitglieder hindurchfließen muss, ehe es seine eigenen erreicht.

Die Ausrichtung der religiösen Feste gehört zu den Aufgaben des Subak.

Im Subak spiegelt sich das Prinzip der dörflichen Solidarität deutlich wider, die den Gesetzen des

Gewohnheitsrechts (Adat), nicht denjenigen des indonesischen Staates folgt. Seine Einflusssphäre geht indes weit über die bloße Aufgabenteilung bei der Reiskultivierung hinaus, vielmehr sieht er sich als soziale Gemeinschaft, in der auch die religiösen Vorstellungen der Mitglieder Eingang finden.

Anschaulich wird dies in Form des sich jeweils über dem höchstgelegenen Feld eines Subak befindlichen Tempels namens ‚Pura bedugul', an dem die Reisbaugemeinschaft mindestens einmal im Landwirtschaftsjahr zusammenkommt. Zudem gibt es an allen wichtigen Wasserverteilern kleine Steinaltäre, an denen regelmäßig Opfergaben dargebracht werden.

Aufgabe des Subak ist aber auch die Terminierung religiöser Zeremonien und Feste, deren größtes das ‚Ngusaba' genannte Erntedankfest ist, zu dem jedes Subak-Mitglied Opfergaben beisteuert.

Kleinste soziale Zelle der Balinesen ist die Familie, die noch immer weitestgehend in Form der **Großfamilie** in ihrem durch Mauern gegen böse Geister und Dämonen geschützten Gehöft wohnt. Zu ihr gehören neben der Kernfamilie mit Töchtern und Söhnen sowie deren Frauen (solange die nachgeborenen erwachsenen Söhne noch nicht über einen eigenen Hof verfügen) noch die Großeltern väterlicherseits und häufig auch hilfsbedürftige oder verwitwete Verwandte. Kinder sehen es als ihre Pflicht an, für die Eltern bis zu deren Tod zu sorgen – für Alters- und Pflegeheim gibt es auf Bali praktisch keinen Bedarf.

Familiäres Miteinander

Das soziale Leben auf Bali ist, obwohl die Aufgaben den Geschlechtern ziemlich eindeutig zugeordnet sind, relativ frei und ungezwungen. Während sich die **Männer** weitestgehend um die Feldarbeit und das Hausvieh kümmern sowie nebenher ihre Kampfhähne hegen und pflegen, walten die **Frauen** in Haus und Hof, wo sie schon in Herrgottsfrühe das Essen für den Tag zubereiten, anschließend Wasser vom Dorfbach holen und mehrmals am Tag aus Reiskörnern und/oder Blumen bestehende kleine Opfergaben (die sie, je nach ihren finanziellen Möglichkeiten, entweder selbst anfertigen oder fertig kaufen) an den Hausschreinen und anderen kultisch wichtigen Plätzen auslegen, um so die bösen Geister fernzuhalten. Eine der Hauptverdienstquellen für die Frauen ist der Verkauf von Hühnern und Schweinen, wie überhaupt das Marktgeschäft – zu dem auch der Unterhalt eines kleinen zusammenlegbaren Imbissstandes zählt – mit Ausnahme des Kuh- und Pferdehandels in ihren Händen liegt. Bei all den ihnen zufallenden Aufgaben ist es als überaus positiv zu bewerten, dass anders als in vielen anderen nah- und fernöstlichen Ländern die balinesischen Frauen nicht in den Hintergrund gedrängt werden, ihre für das Gemeinwohl wichtigen Leistungen im Gegenteil allseits hochgeschätzt werden. Und nach und nach üben Frauen auch Tätigkeiten aus, die früher ausschließlich Männern vorbehalten waren.

Arbeitsteilung

Vorrangiger Zweck der Ehe sind **Kinder**, eigentlich viele Kinder, die nicht nur die Existenz der Familie sichern sollen, vielmehr gemäß der Tradition deren ganzer Stolz sind, wodurch es somit zwangsläufig zu Kontroversen mit der staatlich propagierten Politik der Zwei-Kinder-Familie kommt. Vor diesem Hintergrund erklärt sich auch, warum kinderlose Junggesellen auch heute noch bei fast allen Balinesen als Versager gelten, schließlich haben die Götter den Menschen ihre Fruchtbarkeit aus wohlüberlegten Gründen gegeben.

Der Stolz der ganzen Familie

Reinkarnation

Gemäß dem Glauben der Balinesen, dass jeder Verstorbene im Körper eines anderen Menschen wiedergeboren wird, unterliegt der Inkarnationsprozess sowohl kosmischen als auch menschlichen Einflüssen, beginnend mit der Liebe. Die Vereinigung von Mann und Frau entspricht derjenigen von Purusa und Pradana (d.h. dem männlichen und weiblichem Prinzip) beziehungsweise der kosmischen Energie von *Asmara*, dem Gott der Liebe, und *Ratih*, der Göttin des Mondes. In ihrer sexuellen Liebe vereinigen sich die weißen und roten Elemente des Verlangens (Kama bang/Kama petak), Symbole des männlichen Spermas und der weiblichen Eizelle. Die Verschmelzung dieser beiden erzeugt, was oftmals ‚göttlicher Fötus' oder Sanghyang jabang bayi genannt wird, da die Seele der himmlischen Welt entspringt. Um das Wohlergehen eines Menschen zu sichern, unterliegt dessen Leben von Anbeginn an bis zu seinem Tode der Einhaltung einer Vielzahl von Riten (Manusa yadnya).

Kleine Götter

Kinder sind auf Bali bevorzugte Wesen, und je kleiner sie sind, umso näher sind deren Seelen dem Himmel, und ihr Denken ist noch rein. Sie werden – als Reinkarnation eines Ahnen – als heilige Wesen aus einem geistigen Dasein, dem Wunsch und Hoffen der Eltern auf Nachwuchs, in das erwartungsvolle Diesseits hineingeboren und werden während ihres ersten Lebensjahres ‚Dewa' (Gottheit) genannt. Da sie die als unrein geltende Erde des Diesseits zunächst nicht berühren dürfen, werden sie ein halbes balinesisches Kalenderjahr (d.h. 105 Tage) lang ständig getragen (vielfach von Geschwistern), ehe sie nach Ausrichtung des Kerambitan-Festes, bei dem sie der Erde und den Ahnengottheiten vorgestellt werden, erstmals ihre Füße auf den Boden setzen dürfen. Mütter gelten übrigens bis zum 42. Tag nach der Geburt als unrein (Sebel), Väter bis einschließlich des dritten Tages.

Ungleichgeschlechtliche Zwillingsgeburten gelten – außer beim Adel – bis heute als schlechtes Omen, da die beiden Wesen – gemäß tradiertem Glauben – im Mutterleib in irgendeiner Weise Inzest begangen hätten, was Unheil für das ganze Dorf heraufbeschwöre. Daher erfordert eine derartige Geburt intensive Reinigungsrituale, mit Hilfe derer die Kinder, die Eltern, Haus und Hof sowie das ganze Dorf gereinigt werden. Gelegentlich kommt es auch vor, dass die Eltern, um dem drohenden Unheil zu entgehen, das Geburtshaus niederreißen und sich andernorts niederlassen.

Moderne balinesische Kleinfamilie

So umhegt die Neugeborenen während der ersten Lebensmonate aufwachsen, so phantasielos erscheint deren Namensgebung, die zwölf Tage nach der Geburt vorgenommen wird und im Grunde genommen nicht viel mehr als eine bloße Durchnummerierung ist. So heißt der oder die Erstgeborene stets *Wayan*, ab und an auch *Gede* oder *Putu*, das zweite Kind *Made*, seltener *Kadek* oder *Nengah*, das dritte *Nyoman* oder *Komang*, und das vierte *Ketut*, woraufhin das Namenskarussell wieder von vorne beginnt, oder aber man belässt es bei allen weiteren Sprösslingen ganz einfach bei *Ketut*. Als geschlechtsspezifische Unterscheidung stellt man dem jeweiligen Namen bei Jungen *I* und bei Mädchen *Ni* voran. (Bei Mädchen wird nicht ganz so streng auf die Einhaltung dieser Reihenfolge geachtet.) War es früher die Regel, dem Kind am 12. Tag nur einen vorübergehenden Namen zu geben und diesen nach 105 Tagen durch den ständigen zu ersetzen, so gibt man heutzutage dem Nachwuchs oftmals bereits am 12. Tag den endgültigen Namen.

Sobald die Kleinen laufen können, dürfen sie frei im Dorf umhertollen und werden von ihren Eltern überallhin mitgenommen. Um ihre zarten Seelen nicht zu verletzen, werden balinesische Kinder fast nicht geschlagen, Einsicht versucht man stattdessen durch geduldiges Zureden zu erreichen, eine Erziehungsmethode, durch die sie ungewöhnlich früh zu Reife und Verantwortungsbewusstsein gelangen. Und dadurch, dass die Kinder während ihrer ersten Lebensjahre sehr viel von ihren Eltern, Großeltern und/oder Geschwistern getragen werden sowie aus dem daraus resultierenden hautnahen Kontakt mit Personen verschiedener Generationen, entwickelt sich jenes intensive soziale Pflichtbewusstsein, das Balis Gesellschaft – trotz einiger hier und da zu beobachtender Auflösungstendenzen – bis zum heutigen Tage prägt und stark macht.

Umsorgt, aber nicht verwöhnt

Erreicht ein Mädchen aus vornehmer Kaste das Alter der Pubertät, wird es durch eine feierliche Zeremonie zur Frau erklärt, muss sich jedoch drei Tage zuvor in strenge Abgeschiedenheit zurückziehen und dort eine gründliche Reinigung des Körpers vornehmen, ehe sie, in Goldbrokat gekleidet und mit einem Blütenkranz im Haar, den zeremoniellen Reinigungssegen des Priesters empfangen kann. In der Regel schließt sich eine **Zahnfeilung** an, bei der von einem Fachkundigen, meist dem Priester selbst, die oberen Zähne so weit abgefeilt werden, bis sie eine einheitliche Linie ergeben. Dieser Prozedur, die von den Lastern der Faulheit, Liebe zu irdischen Gütern, Verschwendung und Fleischeslust befreien soll, unterziehen sich auch die meisten Knaben. Sie ist ein wichtiger Schritt hin zur Aufnahme in die Gemeinschaft der Erwachsenen, die erst durch die **Eheschließung** endgültig vollzogen wird, wobei nur ein sesshafter, verheirateter Mann Mitglied der Ratsversammlung werden kann. Die Gründung einer Familie gehört zu den höchsten Pflichten eines Balinesen bzw. einer Balinesin, ledig zu bleiben gilt als abnorm und wird im nächsten Leben schwer geahndet, und zwar fällt unverheiratet gebliebenen Männern dann die Aufgabe zu, die Schweine zu füttern, was normalerweise nur Frauen tun, einer kinderlos gebliebenen Frau hingegen obliegt – dem Glauben nach – die Säugung einer großen Raupe.

Vom Kind zum Erwachsenen

Je nach Dorf und Kaste unterscheiden sich die **Heiratsbräuche**, deren konservativster **Mapadik** ist, eine wohlanständige Form der Brautwerbung und Hochzeit, bei der die Brautleute von den Eltern miteinander bekannt gemacht werden und diese, falls sie sich mögen, anschließend die Ehe miteinander eingehen. Derart arrangierte Ehen sind heutigentags jedoch eher die Ausnahme und finden fast nur in Adelskreisen statt, denn mittlerweile sucht man sich seinen Partner selbst aus, allerdings noch immer weitestgehend unter Achtung der Kastenzugehörigkeit.

Heiratsbräuche

Die übliche Form der – meist in jungen Jahren erfolgenden – Eheschließung ist jedoch **Ngrorod**, eine richtig spannende Sache, bei der die Braut heimlich entführt wird. Ziel der beiden sich Liebenden ist meist das Haus eines Freundes in genügender Entfernung vom Dorf der Entführten, wo sie – schon vor der offiziellen Hochzeit – ihre Flitterwochen verbringen. Entdeckt die Familie des Mädchens die Tat, muss der Vater die Nachbarschaft wegen des Verbleibens seiner Tochter befragen, woraufhin gelegentlich gemeinsame Suchaktionen gestartet werden, die ebenso wie das gespielte Erzürnt-Sein mehr symbolischen Charakter haben, da in der Regel ohnehin bekannt ist, wer der Entführer ist – der als Held gilt – und wo er mit seiner Geliebten Unterschlupf gefunden hat.

Diese Art der Heirat, darin sind sich die meisten Balinesen einig, ist wesentlich wirtschaftlicher als eine formelle Werbung, wie sie der Mapadik-Hochzeit vorausgeht, bei der der Bräutigam in spe dem Haus der Braut mehrere Besuche abstatten und dabei kleine Geschenke überreichen muss. Bei Ngrorod genügt es hingegen, um die Vermählung rechtsgültig zu machen, in der ersten Nacht der Entführung eine Zeremonie abzuhalten, bei der der Erdgöttin *Ibu Pertiwi*, die Zeugin der Vereinigung ist, einige Opfergaben darzubringen, ein Ritual, das bei einer Heirat in jedem Falle durchgeführt werden muss und die Reinigung des Sexualaktes symbolisiert. Nach der Rückkehr der Brautleute – oder auch erst später, wenn das dafür notwenige Geld zusammen ist – wird das ganze Dorf zu einer formellen Hochzeitsfeier in das Elternhaus des Bräutigams geladen, bei der ein Priester das Paar – das gemäß den lokalen Gebräuchen verschiedene Handlungen des häuslichen Lebens vorspielt – segnet, indem er es mit heiligem Wasser besprengt, wozu er mit einer Glocke läutet und die Neuvermählten mit Blumen bewirft. Anschließend wird den Ahnen und Gottheiten des Haustempels die neue Verbindung mitgeteilt. Durch die Heirat tritt die Frau der Familie ihres Mannes bei und wird Mitglied seiner Kaste.

Wandel

War es früher gänzlich ausgeschlossen, dass eine Frau einen Angehörigen einer niedrigeren Kaste heiratete, so beginnt sich diese Tradition ganz allmählich zu ändern, die Heirat von geschiedenen oder verwitweten Frauen hingegen war und ist ohne weitere Einschränkung erlaubt.

Feste Partnerschaften

Für die **Scheidung** reicht es aus, wenn der Mann das Ende der Ehe mitteilt oder die Frau ihrerseits ins Elternhaus zurückkehrt, wobei in jedem Fall die Familie des Mannes für eventuell vorhandene Kinder sorgt. Die Scheidung, gewöhnlich eine formlose Angelegenheit, wird anschließend von der Ratsversammlung des Dorfes bestätigt. Falls sich der Mann eine zweite Frau nimmt (früher konnte er so viele Frauen haben, wie es seine ökonomischen Verhältnisse ihm erlaubten), was in unseren Tagen nicht allzu häufig passiert, kann dies nur mit Zustimmung der ersten Frau geschehen, die auch weiterhin Oberhaupt des Haushalts bleibt. Trotz dieser im Grunde genommen sehr einfachen Trennungsmöglichkeit, kommt es nur selten zu Scheidungen.

(Siehe auch Kapitel ‚Riten und Feste', S. 183ff)

Bildungswesen

Bildung für alle

Die Kinder werden im Alter von sechs bis acht Jahren eingeschult. Seit 1984 besteht in ganz Indonesien eine **sechsjährige Schulpflicht**, an die sich bei Eignung eine höhere Schulausbildung anschließt: drei weitere Jahre für den Abschluss der Mittelschule und insgesamt sechs Jahre für das Erreichen des Abiturs.

Obwohl der Besuch der staatlichen Schulen kostenlos ist, ist es aufgrund der geographischen Gegebenheiten und ökonomischer Umstände nicht allen Kindern des riesigen

Inselreiches möglich, die Schule zu besuchen, denn besonders in abgelegenen ländlichen Gebieten sehen manche Eltern keinen Nutzen darin, ihren Kindern eine schulische Ausbildung zukommen zu lassen, denn die für das Leben, Überleben notwenigen Dinge könne ihnen – so die Überzeugung dieser Eltern – die Schule ohnehin nicht beibringen, zudem wer-

Schulkinder in Jagaraga

den die Kinder als kostenlose Arbeitskräfte benötigt. Da die Einhaltung der Schulpflicht während der vergangenen Jahre strenger kontrolliert wurde, konnte die **Analphabetenrate** laut offizieller Angaben **landesweit** auf rund **19 %** gesenkt werden.

Bali schneidet auf dem Bildungssektor **im landesweiten Vergleich relativ gut** ab, was u.a. an der überdurchschnittlichen Infrastruktur und den geringen räumlichen Entfernungen liegt, die praktisch jedem Kind den Schulbesuch ermöglichen. Nicht zuletzt dürfte aber auch die boomende Tourismusindustrie mit ihren verlockenden Arbeitsplatz- und Verdienstmöglichkeiten in den letzten Jahrzehnten eine zusätzliche Motivation dafür gewesen sein, dass immer mehr Balinesen einen qualifizierten Abschluss anstreben.

Überdurchschnittliches Bildungsniveau

Zwar gibt es bei Simpangan auf der Bukit Badung und in Denpasar selbst eine Universität und zwei polytechnische Hochschulen, wer indes wirklich nach Höherem strebt, den zieht es aber auch heute noch an die Universitäten der Hauptstadt Jakarta oder gar an eine ausländische Bildungsanstalt.

Das politische System: Staat und Verwaltung

Indonesien

Am 17. August 1945 erklärte sich Indonesien zum unabhängigen Staat, wurde jedoch erst am 27. Dezember 1949 von der ehemaligen niederländischen Kolonialmacht in die Unabhängigkeit entlassen und trägt seither die **offizielle Bezeichnung ‚Republik Indonesia'**. Die bei der Ausrufung der Unabhängigkeit gewählte querrechteckige **Nationalflagge** (Sang saka merah putih) ist in waagerechter Richtung in zwei gleich große Rechtecke geteilt und im oberen Teil rot sowie im unteren weiß.

Unabhängige Republik

Erst am 11. Februar 1950 wurde hingegen vom Ministerrat das **Staatswappen** festgeschrieben, das *Garuda* (auch: Sang radja walik), den Vogel des Gottes *Vishnu* mit ausge-

Gott, Staat und Gerechtigkeit

breiteten Flügeln ein Schild tragend zeigt, in dem die vom damaligen Präsidenten *Sukarno* formulierten **fünf Staatsprinzipien**, die so genannte **Pancasila**, symbolisiert sind:

- *Ketuhanan* = *Glaube an den allmächtigen und alleinigen Gott* – ganz gleich, welcher Glaubensrichtung man angehört (dargestellt durch den goldenen Stern auf dem herzförmigen schwarzen Schild in der Mitte)
- *Kebangsaan* = *Nationalismus und Einheit Indonesiens* – alle ethnischen Gruppen des Inselreiches müssen einig sein (symbolisiert durch den Wasserbüffelkopf auf rotem Grund links oben)
- *Kerakyatan* = *Demokratie* – im Sinne der indonesischen Demokratie, die auf der Tradition des Dorfes aufbaut, d.h. dem Prinzip der harmonischen, einmütigen Entscheidungsfindung folgt (wiedergegeben durch den Banyanbaum auf weißem Grund rechts oben)
- *Keadilan Sosial* = *soziale Gerechtigkeit* – gemeint ist eine gerechte Gesellschaft, die ihren Mitgliedern genügend Nahrung und Kleidung gibt (dargestellt in Form einer Reisähre und von Blättern der Baumwollpflanze auf weißem Grund links unten)

Pancasila-Denkmäler gemahnen vielerorts an die Einheit der Nation.

- *Kemanusiaan* = *Humanität in Gerechtigkeit und Zivilisation* – steht für die ungebrochene Einheit der Menschheit, wobei Indonesien seinen Platz in der Familie der Nationen einnimmt (symbolisiert durch die Kette auf rotem Grund rechts unten)

Staatswappen

In den Fängen hält der Göttervogel ein Spruchband mit der Aufschrift ‚BHINNEKA TUNGGAL IKA' (‚Einheit in der Verschiedenheit'), das auf einen altjavanischen Spruch aus dem 15. Jahrhundert zurückgehende Staatsmotiv, das alle Bürger des multiethnischen und multikulturellen Staatsgebildes gemahnt, trotz aller bestehender Unterschiede die primäre Zielsetzung, die gesellschaftliche Einheit, nicht aus den Augen zu verlieren. Die 17 Flug- und 8 Schwanzfedern hingegen symbolisieren den Tag der Unabhängigkeitserklärung (17.8.1945).

An der Spitze der **zentralistisch organisierten Präsidialrepublik mit Volkssouveränität** steht der **Staatspräsident**, dem nach der Ausrufung der so genannten ‚gelenkten Demokratie' durch Präsident *Sukarno* am 21. Februar 1957 aufgrund des absoluten Veto- und Notverordnungsrechts praktisch uneingeschränkte Macht zukam, da mehr oder weniger die gesamte Exekutive in seinen Händen lag und das gewählte Parlament nur die Aufgabe hatte, den vom Präsidenten eingebrachten Gesetzesvorlagen zuzustimmen. Diese Machtfülle auf ein vernünftiges Maß zu reduzieren, wird eine der wichtigsten und schwierigsten Reformmaßnahmen sein, mit denen sich der Inhaber des Präsidentenamtes zukünftig auseinandersetzen muss. Ihm zur Seite steht der **Vizepräsident**, der ebenso wie der Präsident, der gleichzeitig auch Regierungschef und Oberbefehlshaber der drei Waffengattungen ist, alle fünf Jahre von der Beratenden Vollversammlung (s.u.) gewählt wird, wobei eine

Wiederwahl beliebig oft möglich ist. Die gegenwärtig **32 Minister** des Kabinetts werden alle vom Staatspräsidenten ernannt, genauso der **Generalstaatsanwalt**.

Staatsoberhaupt ist seit dem 23. Juli 2001 Frau **Megawati Sukarnoputri**, Tochter des Staatsgründers *Sukarno*. Als Tochter einer Balinesin genießt sie gerade auf Bali einen hohen Vertrauensvorschuss. Inwieweit es ihr gelingen wird die infolge der jahrzehntelangen autoritären Herrschaft *Suhartos* verkrusteten Machtstrukturen zu reformieren, bleibt abzuwarten. Das **Abgeordnetenhaus** (Dewan Perwakilan Rakyat = DPR) mit seinen 500 Mitgliedern, von denen 462 alle fünf Jahre aus allgemeinen Wahlen hervorgehen und dessen 38 Angehörige der Streitkräfte vom Präsidenten ernannt werden, fungiert als **Parlament** und muss gemäß Verfassung einmal im Jahr tagen.

Erster weiblicher Staatspräsident

Laut der am **18. August 1945** in Kraft getretenen und 1969 ergänzten **Verfassung** geht die **Regierungsgewalt** eigentlich vom Volkskongress bzw. von der **Beratenden Vollversammlung** (Madjelis Permusyawaratan Rakyat = MPR) aus, in der die 700 Abgeordneten des Repräsentantenhauses sitzen: 462 Abgeordnete, 38 Angehörige der Streitkräfte, 135 Vertreter der Provinzen sowie 65 ernannte Vertreter von Standesorganisationen. Dieses **höchste Staatsorgan** soll laut Verfassung mindestens einmal während der jeweils fünfjährigen Amtsperiode zusammentreten, u.a. um die Wahl des Präsidenten vorzunehmen, der zugleich als Regierungschef fungiert und in dessen Händen bis dato die wahre Macht liegt.

Zahnloser Tiger

Infolge der rigiden Einschüchterungen und Verfolgungen Andersdenkender während der Amtszeit *Suhartos* sind derzeit nur **drei Parteien** zugelassen, kommunistisch orientierte Parteien sind seit 1966 ohnehin verboten. Mit Abstand stärkste dieser Parteien war die längste Zeit die 1964 gegründete **GOLKAR** (Sekber Golongan Karya), die jedoch eher ein Zweckbündnis aus Interessenvertretern von rund 270 so genannten ‚funktionellen Gruppen' (Beamte, Lehrer, Frauenverbände, Gewerkschaften, Studentenorganisationen etc.) verschiedener Bevölkerungsschichten denn eine wirkliche Partei darstellt. Außerdem zugelassen sind noch die **PPP** (Partai Persatuan Pembangunan = Vereinigte Entwicklungspartei), die ein Sammelbecken orthodox islamischer Kräfte darstellt, und die bürgerlich-liberale **PDI** (Partai Demokrasi Indonesia = Demokratische Partei Indonesiens), in der fünf nationalistisch oder christlich orientierte Parteien zusammengeschlossen sind. Bei den letzteren handelt es sich um Sammlungsbewegungen, die 1973 unter staatlichem Druck gebildet wurden und somit bis 1996 eine zahn- und machtlose Opposition von *Suhartos* Gnaden darstellten. Ein Parteisystem nach westlichem Vorbild, d.h. ein echter Pluralismus widerspreche jedoch, so ein Argument führender indonesischer Politiker, dem Prinzip der Harmonie und sei somit für das Land ungeeignet.

Parteien als Sammelbewegungen

Aktives Wahlrecht, von dem allerdings alle Militärangehörigen ausgenommen sind, besteht für alle Bürger ab 17 Jahren, für Verheiratete auch schon eher. Die Altersgrenze für das **passive Wahlrecht** liegt derzeit bei 21 Jahren. Die laut Verfassung garantierte Volkssouveränität und somit freie Wahlen waren angesichts des real praktizierten Wahlstils allerdings bis zum Machtwechsel zu Frau *Megawati Sukarnoputri* eine Farce.

Junges Wahlrecht

Das allgemein gültige indonesische **Recht** ist eine Synthese aus europäischen, vor allem niederländischen Elementen und Bestandteilen des tradierten, bis dato nicht vollständig kodifizierten Gewohnheitsrechts Adat (siehe Kapitel ‚Bevölkerung und Gesell-

schaft', S. 70). An der Spitze der Jurisdiktion steht der aus 15-20 Mitgliedern bestehende **Oberste Gerichtshof**, der laut Verfassung neben den Organen der Legislative und Exekutive als die drittwichtigste Kraft im Staate gilt und über die Souveränität der Gerichte wacht.

Verwaltungsmäßig gliedert sich das Inselreich in **26 Provinzen** (Propinsi) und **drei Sonderregionen** (Daerah) – Jakarta, Yogyakarta und Aceh – mit überwiegend nur geringen Selbstverwaltungsbefugnissen, an deren Spitze jeweils ein direkt dem Innenministerium in Jakarta unterstellter **Gouverneur** (Guvernur) steht.

Bali

1946 erhielt die Insel den Sonderstatus eines autonomen Gebiets und wurde erst nach dem Ende des Unabhängigkeitskampfes Ende **1949** als **Provinz Bali** (Propinsi Bali) der Republik Indonesien angegliedert. Regierungssitz des Gouverneurs ist Denpasar.

1950 wurden die erst 1938 wieder eingeführten historischen Fürstentümer aufgelöst und durch **acht Regierungsbezirke** (Kapubaten) ersetzt,

Regierungsbezirk	Hauptstadt
Denpasar	Denpasar
Badung	Denpasar
Bangli	Bangli
Buleleng	Singaraja
Gianyar	Gianyar
Jembrana	Negara
Karangasem	Amlapura
Klungkung	Semarapura (ehem. Klungkung)
Tabanan	Tabanan

die jeweils von einem gewählten, dem Gouverneur unterstehenden **Landrat oder Regenten** (Bupati) verwaltet werden. 1992 wurde schließlich die Hauptstadt Denpasar als selbstständiger Regierungsbezirk aus dem Kapubaten Badung (Einwohner 2000: 326.771) ausgegliedert, so dass sich die **Insel gegenwärtig verwaltungsmäßig wie folgt unterteilt** (s. Tabelle).

Diese **neun Regierungsbezirke** wiederum sind in **51** jeweils von einem **Kreisrat** (Camat) verwaltete **Unterbezirke** (Kecamatan) unterteilt und zerfallen ihrerseits in rund **570 Dörfer** (Desa) und **Stadtbezirke** mit je einem **Dorfvorsteher** (Perbekel) bzw. **Bürgermeister** (Walikota) an der Spitze. Die **ca. 1.480 Desa adat** (kleine Dörfer) bestehen aus **rund 3.630 Banjar** (Dorfbezirk oder Stadtviertel; siehe Kapitel ‚Bevölkerung und Gesellschaft', S. 72f), den **kleinsten Verwaltungseinheiten**, die jeweils von einem **Kelian** verwaltet werden.

Sprache

Kaum etwas anderes kann Barrieren in gleichem Maße niederreißen helfen wie Kenntnisse der Landessprache, seien sie auch noch so rudimentär, dies gilt ganz besonders in Indonesien, wo man rund 170 zur malayo-polynesischen (austronesischen) Sprachfamilie gerechnete Regionalsprachen sowie zahlreiche so genannte Papua-Sprachen zählt, so dass man alles in allem auf rund 250 verschiedene Sprachen kommt.

Sprache als Brückenschlag

Umso erfreulicher also, dass das in seiner heute benutzten Form erst 1928 entstandene und seit 1945 in den Schulen unterrichtete, in lateinischer Schrift geschriebene **Nationalidiom Bahasa Indonesia** zu den **einfachsten Sprachen der Welt** gehört, da es sich bei ihr um **keine tonale Sprache** handelt (d.h. es gibt keine unterschiedlichen Tonhöhen). Sie ist daher im Vergleich zu vielen anderen asiatischen Sprachen relativ leicht zu erlernen.

Leicht zu erlernen

Dabei muss man auf die sehr **unkomplizierte Grammatik** kaum Rücksicht nehmen, Fehler diesbezüglich werden einem nachgesehen, so dass man sich zunächst fast ausschließlich dem Erlernen von Vokabeln widmen kann, wobei einem das **Mitführen eines kleinen Taschenwörterbuches** überaus nützlich sein kann. Dabei wird einem rasch der **große Lehnwortschatz** auffallen, haben doch sowohl arabische, indische und chinesische Worte Eingang in das Indonesische gefunden wie auch Termini aus dem Portugiesischen, Holländischen und Englischen.

Sprachliche Einflüsse aus aller Welt

Grammatikalisch zählt Bahasa Indonesia zu den leichtesten Sprachen der Welt:
1. Es gibt weder bestimmte noch unbestimmte **Artikel**.
2. Beim **Substantiv** kennt man weder eine Trennung nach Geschlechtern noch eine Deklination.
3. Es gibt nur wenige **Pluralformen**; meist wird der Singular einfach verdoppelt (z.B. bulan = Monat, bulan-bulan oder bulan² = Monate; anak = Kind, anak-anak oder anak² = Kinder), allerdings kann ein verdoppeltes Wort hin und wieder auch eine gänzlich andere Bedeutung haben. Häufig verwendet man jedoch einfach den Singular und macht den Plural im Kontext deutlich, z.B. durch Worte wie ‚viel'.
4. Das **Adjektiv** steht, mit Ausnahme von *semua* (alle), *banyak* (viele) und *sedikit* (ein bisschen) immer hinter dem Substantiv (z.B. rumah besar = ein großes Haus).
5. Die **Steigerung** erfolgt durch Voranstellung von *lebih* für den Komparativ und *paling* bzw. *ter-* für den Superlativ (z.B. murah = billig; lebih murah = billiger; paling murah oder termurah = am billigsten).
6. Es gibt keine Konjugation und Flexion der **Verben** (z.B. saya makan = ich esse; anda makan = du isst; usw.). Die einzelnen Zeitstufen ergeben sich aus dem Satzzusammenhang heraus bzw. anhand zeitanzeigender Ergänzungen (z.B. saya sudah makan = ich habe schon gegessen; besok saya makan = morgen werde ich essen). Die Zukunft kann man auch durch die Voranstellung von *akan* (werden) ausdrücken (z.B. saya akan datang = ich werde kommen).
7. Das **Hilfsverb ‚sein'** existiert im Indonesischen nicht.
8. Das **Passiv** wird durch das Präfix ‚di-' bezeichnet.
9. Das **Possessivpronomen** bildet man dadurch, dass man das Personalpronomen hinter das Substantiv stellt (z.B. rumah saya = mein Haus; kamarku = mein Zimmer, wobei die Endsilbe ‚-ku' ‚mein' bedeutet).
10. Die **Satzkonstruktion** ist wie folgt: Subjekt – Verb – Objekt.

Auch die **Aussprache** des Indonesischen ist **recht einfach**, da es praktisch keine schwierig auszusprechenden Laute gibt und bis auf wenige Ausnahmen alle Buchstaben so ausgesprochen werden wie im Deutschen. Zu beachten sind lediglich folgende Besonderheiten:

c	wird grundsätzlich wie ‚tsch' ausgesprochen
h	wird am Ende eines Wortes als schwacher Hauchlaut ausgesprochen
j	wird als Anfangsbuchstabe wie ‚dsch' ausgesprochen
k	wird außer am Ende eines Wortes wie bei uns gesprochen, wo vor dem Buchstaben eine kurze Pause bei der Aussprache gemacht wird
ny	wird wie das deutsche ‚nj' bzw. ein einziger Laut ausgesprochen, und zwar wie der erste Buchstabe im englischen Wort ‚new'
ngg	wird wie ‚ndj' ausgesprochen
r	wird stets gerollt wie im Spanischen
s	wird immer scharf ausgesprochen
ua	wird am Anfang eines Wortes wie ‚w' ausgesprochen
y	wird wie das deutsche ‚j' ausgesprochen
z	wird immer stimmlos ausgesprochen (ähnlich wie ‚ts')

Des Weiteren ist zu beachten:
- Doppelvokale spricht man immer getrennt aus (z.B. ‚baik' spricht man wie ‚ba-ik')
- ‚e' wird wie das deutsche ‚e' ausgesprochen, zwischen zwei Konsonanten jedoch häufig verschluckt (z.B. berapa = brapa)
- Endkonsonanten werden mitunter gleichfalls verschluckt (z.B. enak = ena, oder tidak = tida).

Die Betonung liegt in der Regel auf der vorletzten Silbe eines Wortes, enthält diese jedoch ein ‚e', so verlagert sie sich auf die letzte Silbe. Im Satz hingegen wird das wichtigste Wort betont.

Eine große Rolle spielen im Indonesischen **Höflichkeitsformeln und bestimmte Anredeformen**, die ein Ausdruck des harmonischen und respektvollen Umgangs der Menschen untereinander sind, wobei **Pronomen zumeist weggelassen werden**, wenn die Bedeutung aus dem Zusammenhang hervorgeht, was vor allem deswegen von Vorteil ist, da mehr als ein Dutzend Wörter für ‚Du' oder ‚Sie' benutzt wird, je nach Alter, Status und Geschlecht der Person, an die man sich wendet. Um diesem sprachlichen Wirrwarr zu entgehen, halte man sich an folgende Regeln:
- Spricht man mit jemandem, der alt genug ist, dass er der Vater sein könnte, oder zu jemandem, der eine

Festzügen wie diesem begegnet man nahezu tagtäglich irgendwo.

hohe Stellung inne hat oder allgemein eine zu respektierende männliche Person ist, redet man ihn unverfänglich mit ‚bapak' oder ‚pak' (‚Vater') an.
- Eine ältere Frau oder allgemein zu respektierende weibliche Person redet man am besten mit ‚ibu' oder ‚bu' (‚Mutter') an.
- Eine Person, die nur wenig älter oder gleichaltrig ist, kann man als ‚abangg' (‚älterer Bruder') bzw. ‚kaka' (‚ältere Schwester') bezeichnen.
- ‚Nyonya' ist die höfliche Anrede für verheiratete Frauen, ‚nona' für unverheiratete.
- ‚Saudara' ist eine formellere, seltener gebrauchte Anrede für männliche Personen, die ungefähr gleichaltrig sind oder deren soziale Stellung nicht genau bekannt ist; die weibliche Form lautet ‚saudari'.
- ‚Tuan' ist die Anrede für hochgestellte Persönlichkeiten und sehr häufig auch (ältere) männliche Besucher aus dem Ausland.
- ‚Anda' schließlich ist eine Sammelbezeichnung, um die Fülle der Formen für die zweite Person zu umgehen. Vormals meistens nur in der Schriftsprache verwendet, wird sie zunehmend auch in der gesprochenen Alltagssprache benutzt, so dass sie fast die unverfänglichste Art ist, sein Gegenüber anzusprechen.

Als Ausländer werden Ihnen Ihre Bemühungen Bahasa Indonesia zu sprechen hoch angerechnet, denn kein Balinese wird erwarten, dass Sie sich mit den weitaus schwierigeren, selbst für manchen Einheimischen kaum zu durchschauenden Sprachstrukturen des **Balinesischen** (Bahasa Bali) beschäftigen, dessen **verschiedene Sprachebenen** für den Außenstehenden ein Buch mit sieben Siegeln sind, hinzu kommt, dass Balinesisch, das auch im Westteil der Nachbarinsel Lombok gesprochen wird, an und für sich keine geschriebene Sprache ist und auch nicht an Schulen gelehrt wird, so dass es von den wenigen vorhandenen Lehr- und Wörterbüchern nur sehr unzureichend widergegeben wird.

Verbale Stolpersteine

Der ausschließlich auf der Insel gesprochene, von der gesellschaftlichen Struktur des Kastenwesens her beeinflusste Dialekt, der ebenfalls zu den malayo-polynesischen Sprachen zählt und eng mit der javanischen und sundanesischen Sprache verwandt ist, wird von der Amtssprache Bahasa Indonesia immer mehr aus dem Alltag verdrängt. Da Bahasa Bali für den Touristen praktisch nicht von Belang und zu kompliziert ist, soll auch nicht näher darauf eingegangen werden.

Bahasa Bali

Strikt von der Alltagssprache ist die so genannte **Literatursprache** zu unterscheiden, die bei Riten, im Theater und in der Literatur Anwendung findet. So bedienen sich die Priester bei den heiligen Gesängen einer Form des Sanskrit, der Sprache der Götter, denn nur diese ist angemessen, um sich an sie zu wenden. Die den indischen Epen entnommenen **Theaterstücke** dagegen nehmen die Sprache der Poesie (Kawi) zur Hilfe, die auch Alt-Javanisch genannt wird, da sie einst die Literatursprache Javas war, in Wirklichkeit umfasst das Kawi jedoch eine Anzahl verwandter Sprachen, die Formen des Javanischen oder des Javano-Balinesischen darstellen. Zusätzlich können verschiedene Sprachen zugleich verwendet werden. So sprechen z.B. im **Schattentheater** Götter und Helden Alt-Javanisch, das für das Publikum von Clowns und Dienern ins Balinesische übersetzt wird.

Einen kleinen Sprachführer finden Sie im Kapitel 5 (S. 697ff).

Was die Menschen bedrückt

‚Das Paradies auf Erden' wurde und wird Bali von vielen stressgeplagten und vermeintlich zum ökonomischen Erfolg Verdammten oft genannt, angesichts der phantastischen Natur und der in den meisten Fällen überaus freundlichen und hilfsbereiten Inselbewohner sicherlich auch nicht ganz zu unrecht; wer näher hinsieht, wird jedoch rasch erkennen, dass selbst im Paradies nicht nur eitel Sonnenschein herrscht, sich mancherorts düstere Schatten breit machen, die sich allerdings dank der noch immer einigermaßen stabilen Sozialstrukturen zumindest bis heute noch immer wieder aufgelöst haben.

Bei der großen Konkurrenz muss ein jeder schauen, wie er über die Runden kommt.

Ob dies auch in Zukunft so sein wird, hängt nicht unwesentlich von uns ab, die wir als Gäste auf diese Insel kommen, ob wir bereit sind, von unseren Ansprüchen hier und da Abstriche zu machen, uns ernsthaft bemühen, uns in Land und Leute einzufühlen, uns dem Lebensrhythmus der Einheimischen, deren Sitten und Gebräuchen anzupassen vermögen. Gerade von einer Gesellschaft wie der balinesischen, in der das Wir-, das Gemeinschaftsgefühl noch immer eine der tragenden sozialen Säulen darstellt, könnten wir lernen, von der in unseren Breiten vielfach praktizierten Überbetonung des Ichs wieder ein wenig mehr abzurücken. Balinesen drücken viele Augen zu, wenn es darum geht, den Gast zufrieden zu stellen, eines erwarten sie jedoch – und dies völlig zu Recht: Respekt. Und zwar nicht nur gegenüber der eigenen Person, sondern ganz besonders auch gegenüber ihrer Gesellschaft als Ganzes. Den anderen zu respektieren wie er ist, mit all seinen Eigenarten und Absonderlichkeiten, dies ist eine der bewundernswertesten Fähigkeiten der auf dieser Insel Lebenden, und es wohl nicht zuviel verlangt, wenn sie dies auch von ihren Gästen erwarten. Nur wer keinerlei Respekt mitbringt, darf sich nicht wundern, wenn ihm solcher irgendwann versagt wird, er nur noch als Melkkuh betrachtet wird.

Respekt als oberstes Gebot

Angesichts des vielfach und vielerorts praktizierten beschämenden Verhaltens von Ausländern ist es umso erstaunlicher, dass die Balinesen die z.T. fast schon brutal zu nennenden Einbrüche in ihre Welt bislang so gut verkraftet haben, doch bleibt abzuwarten, ob dies auch zukünftig so sein wird. Insbesondere von der jüngeren Generation, die im Rausch und Taumel der mit den Touristen hereingebrochenen Konsumwelt groß geworden ist und damit oftmals gute Geschäfte gemacht hat oder in der Hoffnung auf einen gut bezahlten Job das Elternhaus verlässt und dadurch die von alters her gewachsenen familiären Strukturen der Großfamilie aufzubrechen angefangen hat, wird es abhängen, wohin sich die balinesische Gesellschaft entwickelt.

Bedrohung auch von innen

Bleibt zu hoffen, dass diese latente Gefahr noch rechtzeitig abgewendet werden kann, ansonsten droht der soziale Zer- und Verfall, die Auflösung jener großfamiliären Sozialstrukturen, die das Rückgrat der balinesischen Gesellschaft bilden, die ihnen bis dato

Schutz boten und letztendlich alle geschichtlichen Wirrungen und Schicksalsschläge haben überwinden lassen.

Es sind aber nicht nur von außen hereingetragene Probleme, die die Menschen Balis nachdenklich stimmen, ein Großteil der Alltagssorgen ist hausgemacht, wenn auch manche davon in mehr oder weniger enger Beziehung mit dem Tourismus stehen.

Da wären z.B. Fragen des Umweltschutzes, dem erst in jüngster Zeit Aufmerksamkeit geschenkt wird. Die rasant wachsenden Müllberge führen vielerorts in Ermangelung einer wirklich organisierten Müllabfuhr zur Anlage immer neuer wilder Deponien, die man beim Überquellen einfach anzündet, in der Hoffnung, das Problem so irgendwie aus der Welt schaffen zu können – ein frappierender Widerspruch zu der im privaten Bereich anzutreffenden Sauberkeit und Hygiene, genauso wie all der Unrat, der sich entlang vieler Straßen – ja sogar inmitten vieler Dörfer – findet und einen überaus negativen Eindruck hinterlässt.

Umweltbewusstsein ist noch Mangelerscheinung

Eines der größten Probleme, mit dem Bali zu kämpfen hat, stellt das ständig wachsende motorisierte Verkehrsaufkommen dar, das im Süden der Insel – aufgrund sich jahrelang hinschleppender Straßenbaumaßnahmen und offensichtlich fehlender Planungskonzepte – zum alltäglichen Verkehrschaos geführt hat, dessen Abgaswolken einem mancherorts den Atem rauben, von der damit einhergehenden Lärmkulisse ganz zu schweigen.

Es droht der Verkehrskollaps

Infolge der – vor allem durch die Zuwanderung von anderen Inseln des Archipels – ständig wachsenden Bevölkerung wird auch die Situation bezüglich des zum Wohnen und für die Landwirtschaft benötigten Grund und Bodens immer prekärer. So muss, um die Menschen mit ausreichend Nahrungsmitteln versorgen zu können, immer mehr urwüchsiger Wald gerodet und zu landwirtschaftlichen Flächen umfunktioniert werden, was zu fortschreitender Bodenerosion führt, ganz abgesehen von dem wichtigen Faktor, den der Wald beim Klimaausgleich spielt. Dass es trotz der anhaltenden Zerstörung der Wälder bislang noch zu keinen schweren Überschwemmungen oder – abgesehen von den Vulkanausbrüchen – anderen Naturkatastrophen gekommen ist, mag mit ein Grund für den Leichtsinn sein, mit dem sich die Einheimischen bislang vielfach ihrer Umwelt gegenüber verhalten haben.

Landfraß durch Bevölkerungsdruck

Als einzigen wirklich bedrohlichen Faktor der Natur sahen die Balinesen in der Vergangenheit ihre Vulkane und die in ihnen schlummernden Urgewalten an, denen sie im Laufe der Geschichte immer wieder schutzlos ausgeliefert waren. Daran wird sich auch in Zukunft nichts ändern, die Situation dürfte sich aufgrund der ständig dichter werdenden Besiedlung im Gegenteil eher noch verschärfen, es sei denn, die Götter hätten wieder einmal ein Einsehen.

Ehrfurcht gebietende Naturgewalten

Glaubt man entsprechenden Berichten, findet gegenwärtig innerhalb der Regierung ein Umdenkungsprozess in punkto Umwelt und deren Ressourcen statt. Inwieweit diese damit Erfolg haben wird, bleibt abzuwarten, denn allzu viel Vertrauen zu staatlichen Organen besitzen die Indonesier – und somit auch die Balinesen – nicht. Der rigide Führungsstil der vom Militär beherrschten Herrscherclique zu Zeiten *Suhartos*, der jegliche wirkliche Opposition verteufelte, verbot und verfolgte, ließ wenig Spielraum für innovative Entscheidungen, zu sehr waren die Herren der Führungsriege – allen voran der Präsident selbst – damit beschäftigt, das Gespenst aus Korruption, Nepotis-

Vetternwirtschaft als Bremsklotz

mus, Machtgier und Bereicherung auf Staatskosten zu spinnen. Aufgrund der Vielzahl anstehender Probleme, der sozialen und wirtschaftlichen Misere, des Scherbenhaufens, den ihre Amtsvorgänger ihr hinterlassen haben, ist wohl – bedauerlicherweise – kaum davon auszugehen, dass sich die umweltpolitische Situation unter Frau *Megawati Sukarnoputri* so schnell ändern wird.

Machtfaktor Militär

Die Rolle der Armee wird auch nach dem im Juli 2001 erfolgten Machtwechsel mit Argusaugen beobachtet, ist sie doch nach wie vor eines der entscheidendsten Rädchen im politischen Räderwerk. Deren Verhalten und Vorgehensweise in der Vergangenheit, man denke nur an den dubiosen Putschversuch 1965 und an Osttimor, gemahnen zur Wachsamkeit, und da das Militär nach wie vor die Meinung vertritt, dass es eine zentrale Rolle bei der Einigung der Nation spielen und diese bei der weiteren Entwicklung mit führen solle, ist bezüglich des Verhältnisses zwischen dem Volk und dem Militär gegenwärtig kaum eine wesentliche Besserung in Sicht. Verschärft wird die Situation dadurch, dass sich die Trennlinie zwischen Regierung, Streitkräften und Wirtschaft unter *Suharto* immer mehr verwischt haben und Militärangehörige sowie -pensionäre auf vielen Verwaltungsposten sitzen, bis hinunter zum Dorfvorsteher.

Furcht vor Überfremdung

Hinzu kommt zu alledem noch die starke Zentralisierung von Wirtschaft und Politik auf Java, durch die sich die anderen Völker des Vielvölkerstaates benachteiligt fühlen und z.T. sogar ihre kulturellen und technischen Grundfesten bedroht sehen, weswegen es in den letzten Jahren auf vielen Inseln zu mehr oder weniger gewaltsamen Protestaktion gekommen ist. Mag dieses ‚Anti-Java-Syndrom' auf Bali auch bei weitem nicht so ausgeprägt sein wie auf den Außeninseln, so versucht man jedoch auch auf Bali alles zu unternehmen, um eine weitergehende javanische Einflussnahme zu verhindern.

Religiöse Unterwanderung?

Sorge bereitet immer mehr Balinesen der ständige Einwandererzustrom von anderen Inseln, in dessen Gefolge sich der Islam immer mehr breit macht, vor allem im Westen und Nordwesten der Insel, wie an der Vielzahl neu errichteter Moscheen auf der ganzen Insel (vor allem im Westen) unschwer zu erkennen ist, die mitunter in unmittelbarer Nachbarschaft bedeutsamer Tempel erbaut werden, was immer mehr Balinesen verärgert, die darin eine Provokation sehen. Bleibt zu hoffen, dass die religiöse Toleranz der Balinesen von einigen wenigen andersgläubigen Hitzköpfen nicht als Schwäche missgedeutet und als Freibrief für die hemmungslose Propagierung ihrer eigenen Glaubensüberzeugung missbraucht wird.

Sichtbare Zeichen des immer stärker werdenden muslimischen Zustroms sind die zahlreichen neuen Moscheen, wie diese am Danau Bratan.

Doch kann man in den letzten Jahren vermehrt Schilder mit der Aufschrift ‚No Scavengers Allowed' (‚Keine Straßenkehrer erlaubt') sehen, die vielfach als Diebe gelten und meist Javaner sind und überhaupt für die wachsende Zahl von Slums, die steigende Kriminalitätsrate, zunehmende Prostitution und andere soziale Konflikte verantwortlich gemacht werden. Kein Wunder also, dass man ihnen auf Bali zumeist mit Vorurteilen begegnet, sie als unsauber und intolerant, ja roh gelten. Wie sonst könnten sie ihre Wäsche zum Trocknen auf die Dächer legen, höher als die balinesischen Schreine, was die Balinesen als Entweihung dieser heiligen Stätten ansehen.

Aufgrund dieser Unkenntnisse und kulturellen Missverständnisse wächst die Angst unter den Balinesen vor Überbevölkerung und Überfremdung. Ob es, wie oft behauptet, tatsächlich das Bestreben der muslimischen Gemeinde ist, ihren derzeitigen Bevölkerungsanteil von rund zehn Prozent auf 30 % zu steigern, muss dahingestellt bleiben.

Vor diesem Hintergrund erstaunt es dann jedoch nicht mehr, dass sich die hinduistischen Balinesen immer häufiger zu nächtlichen Säuberungsaktionen zusammenfinden, im Rahmen derer sie alle Nicht-Balinesen, die keinen festen Job oder keine Aufenthaltserlaubnis haben, zurück auf ihre Heimatinsel schicken, nach Java, Sulawesi oder sonst wohin. Und selbst jene, die eine dauerhafte Arbeit nachweisen beziehungsweise eine Aufenthaltsgenehmigung vorweisen können, müssen bei der jeweiligen Dorfgemeinschaft (Desa adat) eine gewisse Geldsumme hinterlegen, die im Falle des Verlustes des Arbeitsplatzes bzw. der Aufenthaltsgenehmigung dazu verwendet wird, sie in ihre Heimat zurückzuschicken.

Nächtliche Säuberungsaktionen

Sind ernsthafte Auseinandersetzungen zwischen den einzelnen Bevölkerungsgruppierungen bis dato zum Glück weitestgehend ausgeblieben, handelt es sich hierbei noch um ein mögliches Konfliktfeld der Zukunft, so ist anderen negativen Erscheinungen, die den Gesamteindruck mitunter erheblich in Mitleidenschaft ziehen, zumindest in den Touristenzentren kaum noch aus dem Weg zu gehen: Drogen und Prostitution. Beides wird einem z.T. unverhohlen angeboten, wobei es sich bei den Damen und Mädchen, die einem vor allem entlang der Jalan Legian und am Strand von Kuta und Legian von schleimigen Burschen angeboten werden, praktisch ausnahmslos um Frauen von anderen Inseln handelt, deren Hoffnungen, mit denen sie nach Bali kamen, jäh zerstoben sind, was sie in die Hände skrupelloser Zuhälter treibt. Die unerfüllt gebliebenen Träume vieler Neuankömmlinge lassen so manch einen von ihnen ins kriminelle Milieu abdriften, wodurch die Kriminalitätsrate Balis dramatisch gestiegen ist. Die Zeiten, als man jedem auf der Insel nahezu bedenkenlos sein ganzes Hab und Gut anvertrauen konnte, gehören leider der Vergangenheit an. Noch mag kaum einer der Einheimischen das Wort ‚Überfremdung' offen in den Mund nehmen, in diese Richtung weisende Ängste sind indes vielfach latent vorhanden und spürbar.

Prostitution und Kriminalität

Lösungen für einige Probleme erhoffen sich viele balinesische Politiker von der Umsetzung des ‚Gesetzes für regionale Autonomie', vor allem im Bereich des Tourismus, da diesbezüglich bis vor kurzem alle Entscheidungen noch immer in Jakarta gefällt wurden, was das Gros der Politiker und Menschen für nicht mehr zeitgemäß erachtete. Diese Autonomie sei nötig, um die Entwicklung im Bereich des Fremdenverkehrs anzukurbeln, wüssten die Einheimischen doch weitaus besser, wo der Schuh drücke, was zu tun sei, um Missstände abzustellen.

Mehr Autonomie für die Regionen

Doch müsse diese Autonomie auf kulturelle, ökonomische und umweltpolitische Belange beschränkt bleiben, so kritische Stimmen, da Bali nur über wenige Ressourcen verfüge, zudem drohe bei zu weitreichender Autonomie die Gefahr, dass jeder Regierungsbezirk zukünftig nur noch darauf bedacht sein könnte, sich selbst als Touristendestination darzustellen und dafür herauszuputzen, in Form von Hotelneubauten und anderen Touristenattraktionen, ohne dabei auf die soziokulturellen und umweltbedingten Aspekte zu achten. Eine Folge davon könnte auch sein, dass jeder Bezirk selbstständig diverse Touristensteuern oder -abgaben für den Besuch von Sehenswürdigkeiten oder landschaftlich reizvollen Gegenden erhebe, so wie dies derzeit beispielsweise bereits am Danau Batur der Fall sei.

Gefahren der Regionalisierung

Und rasch könnte es dann zwischen den Regierungsbezirken zu Konflikten wegen solcher Ressourcen wie Wasser und Wald kommen, auch dürfte sich die Kluft zwischen den reicheren und ärmeren Regionen der Insel weiter vertiefen, wodurch sich die ärmeren wiederum gezwungen sehen könnten, ihre Grenzen nur gegen erhöhte Mautgebühren passieren zu lassen. Ein mögliches Ende dieses Prozesses wäre die Transformation der Regierungsbezirke in eigenständige kleine ‚Königreiche' nach altem Muster mit eigenen Steuergesetzen und -erhebungen, eigenen Entwicklungsplänen und derlei mehr.

Um bei diesem Rennen um mehr Investitionen nicht von vornherein ins Hintertreffen zu geraten, werden schon heute ausländische Investoren eingeladen, das Terrain zu sondieren, bedauerlicherweise fast ausnahmslos ohne Berücksichtigung der natürlichen Ressourcen sowie der soziokulturellen und umweltbedingten Aspekte, wodurch Konflikte in naher Zukunft praktisch vorprogrammiert sind.

Kann Bali seine landschaftlichen Reize bewahren?

So kann die Ausschreibung von immer mehr Bauland schon in absehbarer Zeit dazu führen, dass die Bauern, die derzeit noch den überwiegenden Teil der balinesischen Gesellschaft stellen, immer mehr an den Rand der Gesellschaft gedrängt werden. Dies wiederum hätte unweigerlich Auswirkungen auf das Subak-System und somit letztendlich auf das ganze, die balinesische Gesellschaft tragende Gemeinwesen sowie dessen Religion und Kultur. Landgebrauch geht im balinesischen Kontext immer mit physischen und nichtphysischen Elementen einher, verkörpert er doch die Beziehungen zwischen Mensch und Natur. Zudem ist er auf Bali auf das engste mit dem Subak, Desa adat und Pemaksan (Organisation oder Einzelperson, die für die Erhaltung der religiösen Einrichtungen verantwortlich ist) verbunden. Da jedes Reisfeld zu einem Subak gehört und jeder Subak seinen eigenen Tempel besitzt, der von seinen Mitgliedern erhalten wird, stellt sich die Frage, was mit dem Tempel passiert, wer sich um diesen kümmert, wenn die Reisfelder in Touristeneinrichtungen umgewandelt werden.

Tourismus als zweischneidiges Schwert

Es ist zu befürchten, dass Eigentumswechsel und Landumwandlung die Beziehung der Bevölkerung zum Übernatürlichen sowie deren religiöse Glaubensvorstellungen und Werte verändern werden. Die Balinesen glauben fest an drei Elemente, die ihnen wirkliches Glück bescheren (bekannt als Tri hita karana): die Beziehung der Menschen untereinander, die Beziehung zwischen Mensch und Natur sowie die Beziehung zwischen Mensch und seinem Schöpfer.

Schlecht gemanagte Entwicklungsprojekte dürften das soziale und kulturelle Leben der Balinesen empfindlich stören, daher müsse jedes derartige Projekt zwar einerseits den Tourismus fördern, gleichzeitig aber auch die örtliche Kultur bewahren, denn da Balis Tourismusindustrie fast gänzlich von ihrem kulturellen Kapital abhängig ist, muss jede Störung der gegenwärtigen Kultur zwangsläufig auch diese Industrie beeinflussen.

Spagat

Bei zu weitreichender Autonomie könnte es daher rasch geschehen, dass Balis Image als Inselparadies schon bald ad acta gelegt werden könnte, die Insel als zu teuer, zu unbehaglich und in Bezug auf die Umwelt als zu unfreundlich erachtet werde. Und es mehren sich die mahnenden Stimmen, die vor zuviel regionaler Autonomie warnen und darauf hinweisen, dass sich die Tourismusindustrie, wenn sich der derzeit eingeschlagene Trend fortsetze, schon bald am Scheidepunkt angelangt finden werde.

Daher sei es höchste Zeit, das Ruder herumzureißen, neue Wege zu beschreiten, weg vom Massentourismus, der die Kluft zwischen Arm und Reich nur verschärft hat, von dem nur die Elite wirklich profitiert hat, da sie darüber entscheidet, was gemacht wird. Trafen bislang nur die Regierung und die Investoren die Entscheidungen, so ist es an der Zeit, der Masse der Betroffenen mehr Mitspracherecht einzuräumen, sie von passiven Objekten in aktiv Handelnde zu verwandeln. Denn solange das Gros der Bevölkerung nur rechtlose Handlanger bleibt, werden die Ausgenutzten nach immer mehr Stellen im Tourismusgewerbe schreien, was wiederum zur weiteren Zerstörung der natürlichen Ressourcen und der Umwelt führt.

Mehr Mitspracherecht

Änderungen sind jedoch nur von den gut Ausgebildeten und Finanzkräftigen zu erwarten, also der Elite, denn die Masse der Balinesen, der beides abgeht, ist dazu nicht imstande. Allerdings wären dafür auch politische Reformen dringend erforderlich; da es an diesen bislang jedoch fehlt, nach wie vor dieselben die Profite einstreichen, sieht es diesbezüglich nicht gerade rosig aus.

Ohne politische Reformen geht nichts

Doch sollten die Balinesen nicht einzig und allein auf den Tourismus setzen, sondern auch an die Wiederbelebung seiner Landwirtschaft mit Hilfe technischer Verbesserungen denken, oder das Eiland zum Technologie- und Informationszentrum Indonesiens machen, wodurch letztendlich mehr Menschen geholfen werden könnte, mit geringen Belastungen für Kultur und Umwelt. Daher wird die Zukunft der Insel und ihrer Menschen ganz entschieden davon abhängen, welchem Tourismuskonzept sie folgen werden.

Neue Wege

Aber natürlich hängt das Schicksal der Insel auch von den politischen Geschehnissen in Jakarta ab, wobei trotz des Vertrauensvorschusses, den Frau *Megawati Sukarnoputri* aufgrund ihrer Herkunft genießt, angesichts der politischen und wirtschaftlichen Realität sowie eines fehlenden schlüssigen Konzepts auf Seiten der Regierung wenige Balinesen so recht an deren Versprechungen zur Schaffung einer ausreichend großen Zahl neuer Arbeitsplätze für den qualifizierten Nachwuchs glauben.

Am Scheideweg

Noch aber funktioniert das **Gotong royong**, das althergebrachte System der gegenseitigen Hilfeleistung, das im dörflichen Rahmen einen gewissen materiellen Ausgleich zwischen Arm und Reich schafft und damit teilweise die Mängel der indonesischen Sozialpolitik kompensiert. Damit dies aber auch so bleibt, wird es von Bedeutung sein, dass *Malu* als wichtiger sozialer Wert, der individuelles Verhalten kontrolliert und motiviert, nicht verloren geht. Dieses Empfinden für Scham und Schande erzeugt bei dem Betroffenen das Gefühl des Versagers, wenn er den Anforderungen und Erwartungen der Gesellschaft nicht entsprochen hat, wenn er in offenen Konflikt mit seinen Mitmenschen geraten ist, wodurch die Harmonie der Gemeinschaft beeinträchtigt wird. Solange dieses Gefühl noch existiert, gibt es noch gesundes Gemeinschaftsbewusstsein und Harmonie, zwei der wesentlichsten Voraussetzungen für eine intakte Gesellschaft.

Kunst und Kultur

An kaum einem anderen Flecken unserer Erde durchdringen Kunst und Kultur das tägliche Leben der Menschen in derart allumfassender Art und Weise wie dies auf Bali der Fall ist. Das von der Religion und den damit verbundenen Riten und Gebräuchen bestimmte Leben der Einwohner hat jeden einzelnen von ihnen zu Künstlern werden lassen, in deren Werken überwiegend der geistig-religiöse Kosmos ihrer Vorstellungen zum Ausdruck gebracht wird.

Die mythologische Entstehungsgeschichte der balinesischen Künste finden wir auf den ältesten Lontar-Schriften Balis wiedergegeben: Anfangs wanderten Männer und Frauen nackt umher, ohne dauerhafte Bleibe, ohne Sitten – sie waren kaum mehr als Tiere. Darüber erzürnt, beschlossen die Götter, die Menschen in den Künsten zu unterrichten, und zwar jeder Gott nach seinen Fähigkeiten. So lehrte *Brahma* sie die Bearbeitung des Metalls, damit sie Werkzeuge und Waffen anfertigen konnten, *Mahadewa* wies sie in die Gold- und Silberschmiedekunst ein, wohingegen *Citra Kara* denjenigen, die mit Farbe und Linie umzugehen wussten, Malen und Zeichnen beibrachte. Diese Maler, die im Dorf Kamasan lebten, nannte man *Sangging*, und sie waren es auch, die von den Königen in Gelgel und Klungkung mit der Ausmalung von Begräbnistürmen und den Wohnräumen der Hofdamen beauftragt wurden (siehe auch Kapitel „*Malerei*", S. 117ff).

Götter als Lehrmeister

Soweit die Legende. Die besondere Rolle der Balinesen hinsichtlich ihrer einzigartigen Kunstfertigkeit und -auffassung ist zweifelsohne darauf zurückzuführen, dass es ihnen trotz immer wiederkehrender externer Anfechtungen gelungen ist, ihre religiösen Traditionen und damit ihre kulturelle Eigenständigkeit weitestgehend zu bewahren. Bestimmendes Element künstlerisch-kulturellen Schaffens blieb während all der Jahrhunderte stets der Hinduismus, auch wenn er in seiner heute auf der Insel praktizierten Form eher einer monotheistischen Religion gleicht, wodurch gewisse Veränderungen im kulturellen Leben, die sich auch im künstlerischen Schaffen niedergeschlagen haben, selbstverständlich nicht ausbleiben konnten.

In Tenganan beschriftet man Lontarblätter nach althergebrachter Methode.

Alle Aspekte des Lebens, von der Architektur bis zur Fertigung von Wayang-Puppen, sind auf Bali geprägt von der kosmologischen Ordnung des dreigeteilten Universums, dessen drei Ebenen sich in den Mikrokosmen jeder Stufe wiederfinden: das Reich der uranischen Kräfte, das der chthonischen Kräfte und – in der Mitte – das der Menschen sowie der gleichgewichtserhaltenden Riten. Ihnen entsprechen Himmel und Berge, Meer und das Unterirdische sowie das kultivierte Land, doch auch der Aufbau der Dörfer und Häuser, ja sogar derjenige des menschlichen Körpers folgt dieser Dreigliederung.

Dreigeteiltes Universum

Seit alters her bemühte man sich an den Fürstenhöfen um eine talentfördernde künstlerische Erziehung und Ausbildung, mussten die Prinzen doch mindestens ein Instru-

Kunstvoll verzierte Tempeltür in Guwang

ment spielen, malen und schnitzen können sowie mit der Dichtkunst in Kawi vertraut sein, und entsprachen sie diesem Idealbild nicht, betätigten sie sich wenigstens als großzügige Kunstmäzene, so dass das Volk, für das die Fürsten Vorbilder waren, sich bald gleichfalls für die vielfältigen Kunstrichtungen zu begeistern begann.

Um die ständig durch Termiten, Erdbeben, Vulkanausbrüche oder die feuchte Witterung vom Verfall bedrohten Tempel zu retten und zu erneuern sowie neue Kultstätten zu errichten, stellten sich Generationen von Bildhauern, Schnitzern und anderen Künstlern freiwillig und meist unentgeltlich in den Dienst des religiösen Gemeinwohls, wodurch die Religion neben den Fürsten zum bedeutendsten Träger kulturellen Schaffens wurde.

Ob Mann, Frau oder Kind, ob Bauer, Schreiner, Goldschmied oder Prinz, ein jeder vermochte sich künstlerisch auszudrücken, entweder durch das Spielen eines Instruments, durch Tanzen, Malen, Bildhauern oder sonst eine Fähigkeit. Dabei gab es im Balinesischen ursprünglich gar kein Wort für ‚Kunst' oder ‚Künstler' in unserem Sinn, und das, was der Balinese außer seinem eigentlichen Beruf konnte, machte er zunächst zu seiner Freude und für seine Gemeinde, ohne Wert darauf zu legen, dass sein Name der Nachwelt erhalten blieb. Nie versah er das Werk mit seinem Namen oder verlangte Geld für seine Arbeit, es genügte ihm, der Gemeinschaft zu dienen. Die Kunst wurde also niemals um ihrer selbst willen ausgeübt, sondern ergab sich aus den Forderungen der Religion an den Menschen, alle zu verrichtenden Tätigkeiten auf das Beste und Schönste zu vollbringen, in ihrem und im Dienste der Gesellschaft.

Ein jeder Balinese ist ein Künstler

Ein Wandel im Kunstschaffen setzte mit der Kolonisierung durch die Niederländer ein, wodurch sich neue Perspektiven eröffneten, die sich letztendlich auch in der Kunst und im Kunstverständnis widerspiegelten, denn zum ersten Mal betrachteten die Schaffenden ihre Werke bewusst als Kunst um ihrer selbst willen, woraufhin sie mit neuen Stilen, Themen und Werkstoffen eigene Wege zu finden versuchten, ohne dass sie ihre Tradition völlig hinter sich gelassen hätten.

Künstlerische Wandlung

Das Charakteristische der balinesischen Kunst von heute ist die Verschmelzung von ornamentaler, zweckgebundener Volkskunst mit der reinen bewussten Kunst, wobei nach wie vor das hervorragende handwerkliche Können überwiegt, die Liebe zum Detail und die Sicherheit in der technischen Ausführung.

Architektur

Balis Architektur ist die Frucht einer gut tausendjährigen Entwicklung aus eigenen Entwürfen und Kopien durch ein künstlerisch hochbegabtes Volk, das die verstärkt ab dem 15. Jahrhundert von Java herüberkommenden hinduistisch-buddhistischen Ausdrucksformen bis zum 18. und 19. Jahrhundert zur Blüte weiterentwickelte, ehe im 20. Jahrhundert die Moderne auch in der Baukunst ihre Spuren hinterließ. Trotz der rücksichtslosen Umgestaltungsversuche jener Zeit überstand die Insel dank der Hartnäckigkeit und Anpassungsfähigkeit der Traditionalisten aber auch diese Phase weitgehend unbeschadet, getragen von der tief verwurzelten Religiosität der Menschen, in der das Geheimnis der schier unzerstörbaren Elastizität balinesischer Kultur liegt. Und so folgt die balinesische Architektur bis heute der hinduistischen Theorie von der Balance zwischen Göttern, Menschen und Natur.

Langer Entwicklungsprozess

Kosmologische Ordnung – gebauter Glaube

Drei Grundprinzipien der Kosmologie und Geomantik bestimmen heute die Grundregeln der balinesischen Architektur.

So folgt die Ausrichtung der Dörfer und Gebäude, die Anordnung der Tempel, Schreine usw. ursprünglich einer von den Bergen zum Meer ausgerichteten Radialachse, bei der dem bergwärts, oben gelegenen **Kaja**, dem Positiven, Höheren und Göttlichen, das seewärts, unten gelegene **Kelod**, das Negative, Niedere und Unreine, gegenübersteht.

Strenge Ausrichtungsrichtlinien

Dieses uralte Orientierungssystem geht bis ins Neolithikum zurück, in dem die nomadisierenden Jäger und Sammler auf Bali zu sesshaften Bauern wurden und geographisch markante Punkte zu verehren begannen, wie man u.a. an den gefundenen megalithischen Steinsitzen, die als Vorläufer der hindu-balinesischen Schreine gelten, erkennen kann, die alle einem der drei Vulkane Gunung Agung, Gunung Batur oder Gunung Batukau zugewandt sind.

Der bis heute erhaltene Baustil balinesischer Tempel bildete sich vermutlich im ersten Jahrtausend nach Christus heraus, doch nahm zur Jahrtausendwende der Streit über Religion und Architekturphilosophie infolge

Steinmetzarbeiten in Batubulan

neu zugewanderter Stämme und religiöser Sekten unter den Nachkommen der frühen Bergvölker zu und führte letztendlich zur Zersplitterung in eine Vielzahl miteinander verfeindeter Gruppierungen, was eine Verschmelzung des **Kaja-Kelod-Prinzips** mit einer differenzierteren sozio-religiösen Ordnung nötig machte.

Diese notwendig gewordenen Richtlinien für ein einheitliches sozio-religiöses Architektursystem wurden im 11. Jahrhundert von *Empu Kuturan* auf einer großen Ratsversammlung im Reichstempel des Königs von Udayana erlassen. Dieser geistliche Führer

Empu Kuturan entwirft die Balinesische Windrose

aus Java, der jahrelang die Baustile und religiösen Riten Balis erforscht hatte, führte den hinduistischen Begriff **Tri loka** ein, dem zufolge der menschliche Körper, die Haustempel, die einzelnen Grundstücke, Tempel, Dörfer, ja die ganze Insel in Bereiche für Menschen, Götter und böse Einflüsse unterteilt sind. Außerdem definierte er eine neue Ost-West-Achse, versinnbildlicht als ‚Geburt' (Osten = *Kangin*) und ‚Tod' (Westen = *Kauh*) der Sonne, wodurch sich folgendes Diagramm, die so genannte ‚**Balinesische Windrose**', *Nawa-sanga*, ergab, deren Radialachse nach wie vor nicht von Nord nach Süd, sondern von den Bergen zum Meer ausgerichtet war und deren Orientierungsregeln fortan als architektonische Leitlinie dienten:

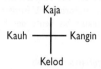

Architektur und Religion verschmelzen

Dieses Schaubild tauchte auch in der ersten, von *Empu Kuturan* verfassten Enzyklopädie hindu-balinesischer Baugesetze – ‚*Asta Bumi, Asta Kosala Kosali*' – auf, die erstmals wichtige priesterliche Rituale mit dem Bauwesen in Verbindung brachte und die Errichtung der drei Tempel des **Kahyangan tiga** anordnete (s.u.).

Rasch etablierte sich die neu eingeführte bauliche Raumordnung, die sich nach Osten orientierte, wo die hochverehrten Götter *Shiva* und *Surya* (der Sonnengott) residieren, so dass die Ahnenschreine fortan im östlichen Bereich der bergwärts ausgerichteten Höfe sowie die Zeremonientempel im Osten standen, wobei die im Ostteil der Insel gelegenen Tempel als besonders heilig galten. Zudem blieb das am weitesten östlich gelegene Grundstück eines Dorfes den Palästen der Brahmanen vorbehalten.

So bestanden auf Bali nun zwei Raumordnungssysteme nebeneinander.

Danghyang Nirarthas neue Ordnung

Das dritte bedeutende architektonische Ordnungssystem Balis entstand Ende des 16. Jahrhunderts: das so genannte ‚**Tempel-Palast-Edikt**' (‚*Pura-Puri*'), das auf den hindu-javanischen Heiligen *Danghyang Nirartha* zurückgeht, den der siebte Dewa Agung *Dalem Batu Renggong* zum Zweck des Neubaus eines Palastes in Gelgel auf die Insel holte, da

Tempel	Ort	Himmelsrichtung
Pura Besakih	Besakih	Zentrum
Pura Ulun Danu Batur	Danau Batur	Norden
Pura Sambu	Gunung Agung	Nordosten
Pura Lempuyang Luhur	nahe Tirtagangga	Osten
Pura Goa Lawah	nahe Padangbai	Südosten
Pura Masceti	nahe Gianyar	Süden
Pura Luhur Uluwatu	Uluwatu	Südwesten
Pura Luhur Batu Karu	Gunung Batukau	Westen
Pura Ulun Danu Bratan	Danau Bratan	Nordwesten

ihm jener bei der Durchführung seines sozio-religiösen Gesamtplanes behilflich sein sollte. Im Zentrum von *Nirarthas* ‚neuer Ordnung' stand die Lotusblüte des hinduistischen Universums, die er symbolisch über die ganze Insel legte, wobei er die großen Tempel Balis, die **neun Richtungstempel**, *Kahyangan jagat*, als Sitz der Götter auf die acht Blütenblätter sowie den Muttertempel Pura Besakih vorzugsweise im Inneren der Blüte platzierte (s. Tabelle S. 96).

Das Grundkonzept der klassischen balinesischen Architektur war nunmehr komplett und wurde in den folgenden Jahrhunderten mit Eifer und Wetteifer von den Fürsten in die Tat umgesetzt, stets unter Beibehaltung der Hierarchie der Reinheit, die drei Raumkategorien unterscheidet: die Tempel und Paläste, die Gehöfte und den Friedhof.

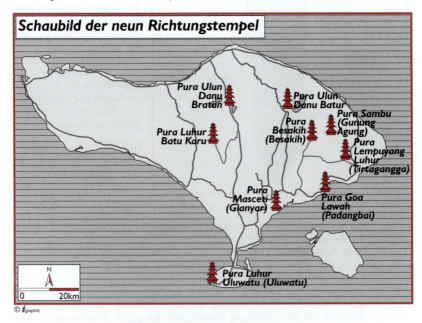

Doch nicht nur im Großen, auch im Kleinen und Kleinsten folgt man dieser – auf dem Tri-angga-Konzept (siehe Kapitel ‚Der balinesische Hinduismus', S. 173) basierenden – Dreiteilung, unterteilt jedes einzelne Anwesen in einen oberen (Kopf-), einen mittleren (Oberkörper-) und einen unteren (Unterkörper-)Bereich, entsprechend der Trinität von Göttern, Menschen und Dämonen.

Eine alles beherrschende Trinität

Bezüglich der lokalen Architektur kann man von einer ‚magischen Architektur' sprechen, deren heilige Bedeutung der Dreigliederung durch die javanische Priesterarchitekten verstärkt wurde. Größter Wert wird dabei auf die Harmonie zwischen dem Bewohner und seinem Wohnhaus bzw. Tempel gelegt. Um diese zu gewährleisten, baut man nach einem System magischer Maße, wofür zunächst die Körpermaße des Besitzers bzw. Priesters abgenommen werden (siehe Schaubild unten), die anschließend in die Grundrissplanung des Gehöftes eingehen, wobei eine

Magische Architektur

Schaubild der Körpermaße

kleine Maßeinheit, die ‚lebensnotwendige' genannt, überall hinzugefügt wird, um die Struktur ‚atmen' zu lassen.

Die exakten Maße werden vor Arbeitsbeginn in ‚Sikut' genannten Richtlinien schriftlich niedergelegt und dienen im Weiteren als verbindliche Grundlagen für die elementaren Proportionen des Gesamtbauwerks und seiner Einzelteile. So ist z.B. die Länge der Gehöftummauerung stets ein Vielfaches der Summe der Länge einer Armspanne (gemessen von Mittelfinger zu Mittelfinger bei seitlich ausgestreckten Armen) plus einer Elle plus einer Faustbreite bei seitlich abgespreiztem Daumen.

Über die korrekten Körpermaße und die Platzierung der einzelnen Gebäude entscheidet ein *Undagi*, ein ‚traditioneller Baumeister', der Priester, Zeremonien- und Baumeister in einer Person ist und dessen Körpermaße beim Bau eines Tempels häufig selbst als Maßstab für die Standardverhältnisse von Länge, Breite und Tiefe dienen, falls nicht diejenigen eines Pedanda-Priesters genommen werden. Die Kenntnisse des *Undagi* sind auch bei der Auswahl der Baumaterialien von entscheidender Bedeutung.

Ziel dieser äußerst intimen Wissenschaft ist eine zutiefst personalisierte Baukunst, die eine harmonische Wechselbeziehung schaffen soll zwischen dem Mikrokosmos des Menschen und seiner Behausung einerseits und dem großen hindu-balinesischen Universum andererseits.

Pavillons und Speicher

a) Bale

Allgegenwärtiger Baukörper

Hierbei handelt es sich um an den Seiten offene Pavillons in verschiedener Ausführung, in denen u.a. die Opfergaben für ein Tempelfest vorbereitet werden oder die als **Bale pesimpanan** Göttern, die keinen speziellen Ehrensitz im jeweiligen Tempel haben, als gemeinschaftlicher Empfangspavillon dienen.

Wie alles von Menschenhand Gefertigte, gelten auch die Bale als beseelt, durch ihre Fugen kreist der Odem des Lebens. Die religiösen Malereien (*Piasan*), die das Innere schmücken, machen aus ihnen heilige Orte, und obwohl es sich nicht um eine Kultstätte im engeren Sinn handelt, beherbergt es religiöse Gegenstände. Das verwendete Holz kann gezapft oder gebunden sein, jedoch niemals genagelt. Größere Tempel können über mehrere derartige Pavillons verfügen.

Steht das Bale in einem Pura desa (d.h. im zentralen Dorftempel), wird es **Bale agung** genannt und dient den Dorfältesten als Versammlungsort.

Bale gede nennt man Bale mit zwei Plattformen und zwölf Pfeilern, die sich nur Angehörige der Tri wangsa in privaten Anwesen errichten dürfen. Es ist – außer den Schreinen – das einzige spitzdachige Gebäude eines Anwesens und dient diversen Zwecken, so können z.B. die Frauen in seinem Schatten ihren Webarbeiten und Künstler ihrem Handwerk nachgehen, aber auch für Familienfeiern und Übergangsriten, bei denen sich die teilnehmenden Gäste in hierarchischer Ordnung auf den Stufen aufstellen, wird er genutzt. Zudem bahrt man hier den Leichnam eines verstorbenen Familienmitgliedes vorübergehend auf. In manchen Tempeln dienen derartige Pavillons hingegen dem Empfang von Göttersymbolen und Opfergaben.

Bale dienen auch der Vorbereitung von Opfergaben.

Multifunktionalität

Besitzt ein Bale drei Terrassen, trägt er die Bezeichnung **Bale pengaruman**.

Die in einen Steinblock eingelassenen Pfeiler der Hallen und Pavillons werden immer in der Wachstumsrichtung des Baumes aufgestellt, wobei die ‚Augen' genannten Astknoten auch in Augenhöhe erscheinen.

Die **Bale banjar** weisen dagegen oft einen abgeschlossenen Raum auf, der als Lagerplatz für das Gamelan oder als Büro benutzt wird.

b) Wantilan

Der für gewöhnlich in der Ortsmitte (aber auch in Tempeln) zu findende, auf einem meist dreistufigen Sockel sich erhebende Gemeindepavillon wird sowohl für Versammlungen und Vorführungen als auch für Hahnenkämpfe benutzt. Die größeren und schönsten dieser luftigen Pavillons besitzen zwei oder drei pagodenförmige Dächer und Pfeiler aus Kokospalmenholz, die den Innenraum frei lassen, in dem heutzutage häufig eine erhöhte Bühne hinzugefügt wird.

Gesellschaftlicher Versammlungsort

c) Bale kambang (Schwimmender Pavillon)

Die Inspiration für die Wasserbecken in den Palästen und Gärten der balinesischen hindu-buddhistischen Fürsten, die zugleich den Bergen (*Shiva*) und dem Wasser (*Vishnu*) verbunden waren, kam aus Java, Thailand und Sri Lanka. Der inmitten des Wasserbeckens liegende Pavillon selbst symbolisiert den mythischen Götterberg Meru im Meer

Symbolisch dargestellter Götterberg

Schönster Bale kambang Balis ist derjenige im Taman Gili in Semarapura.

von Tirta amerta, dem Elixier der Unsterblichkeit.

d) Meten oder **Umah Meten**

Dies ist der einzige geschlossene Pavillon, getragen von acht Pfeilern und mit Mauern aus Bambus (in den Bergen), Flechtmatten oder Ziegeln. Er dient als Schlafraum und Lager für wertvolle Gegenstände, außerdem finden hier in der Regel auch die Geburten statt. Angehörige der höheren Kasten, und nur diese, können noch eine von vier Säulen getragene Veranda vorbauen. Es ist dies der einzige Ort im familiären Anwesen, an dem so etwas wie Privatsphäre gewährleistet ist.

e) Lumbung oder **Jineng** (Reisspeicher)

Balinesische Speisekammer

Die bei allen Gehöften und Tempeln anzutreffenden Reisspeicher besitzen vier oder sechs Pfeiler sowie einen freitragenden Zwischenboden knapp einen halben Meter über dem Fußbodensockel, der früher meist nur aus gestampftem Lehm bestand, in neueren Zeiten allerdings immer öfter zementiert oder gefliest wird. In ihm wurde früher der Reis, der heute direkt in die industrielle Mühle gebracht wird, in Garben aufbewahrt und jeden Tag geschält.

f) Paon (Küche)

Kochstelle

Der Küchenpavillon, der bei den Adligen *Perantenan* genannt wird, ist nach einer Seite hin offen. Der Herd besteht aus Lehmziegeln, der Boden zumeist aus gestampftem Lehm, kann jedoch auch zementiert oder gefliest sein.

Portale

a) Candi bentar (Gespaltenes Tor)

Tempeleingang

Diese in der Regel reich ornamentierten Tore mit ihren engen Durchlässen geleiten in Tempelanlagen bzw. deren einzelne Höfe und verdanken ihre Form folgen-

Kleiner Reisspeicher

der Legende: Als der hinduistische Götterberg Mahameru (kurz: Meru) auf die Insel Bali transportiert wurde, fiel er in zwei Teile auseinander, aus denen der Gunung Agung und der Gunung Batur entstanden. Seither symbolisiert das Gespaltene Tor die beiden Hälften des zerfallenen Berges, aber auch zwei zusammengehörige und doch voneinander getrennte Grundelemente wie z.B. männlich (rechts) und weiblich (links), gut und böse, Licht und Dunkel, wodurch einem bereits beim Betreten der Tempelanlage vor Augen geführt wird, dass nichts auf dieser Welt vollkommen ist, alle Erscheinungen des Lebens auf Gegensätzen beruhen.

b) Candi korung, Kori agung bzw. Padú raksa (Gedecktes Tor)

Diese die beiden Seitenelemente des Candi bentar miteinander verbindenden, mit reichhaltigem Skulpturenschmuck versehenen Tore sind die prachtvollsten Monumente der gesamten Tempelanlage und stellen die Übergänge zwischen den Tempelhöfen dar.

Candi bentar des Pura Besakih

Als Beschützer gegen böse Geister und Dämonen fungiert die oft über dem zweiflügeligen Durchgang angebrachte *Kala-Boma*-Fratze mit großem Maul und gespreizten Klauen, die in der Regel aus weißem Korallenkalkstein der Region gefertigt ist. Flankiert werden diese Tore oftmals von kleinen Altären für die unsichtbaren Wächter oder von steinernen *Raksasa*- oder *Dwarapala*-Figuren, bei Unterweltstempeln stattdessen mitunter auch von zwei Wächterhexen (*Rangda*).

Prächtige Dekoration

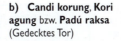
Candi korung des Pura Desa Gede in Peliatan

Das Kori agung zum Jeroan (s.u.) ist bedeutenden Anlässen, wie z.B. dem Durchzug heiliger Symbole, vorbehalten, in allen anderen Fällen benutzt man die – ein oder zwei – türlosen Maueröffnungen seitlich des Portals, die bisweilen gleichfalls überdacht sind.

Schreine

Noch zahlreicher als die Tempel selbst sind die Schreine (Oberbegriff: **Pelinggih** = Sitz), auf die man an allen möglichen und unmöglichen Plätzen stößt, ganz gleich ob es sich um einen einfachen Bambussockel zwischen zwei Zweigen oder die großen Meru mit ihren Pagodendächern handelt. Zumeist bestehen sie aus einem gemauerten Steinsockel, auf dem auf vier Pfählen eine Art ‚Schrank' mit aufgesetztem Dach installiert ist.

Heimstätten für Götter und Dämonen

Die Dächer zahlreicher Schreine, insbesondere der Meru, sind mit schwarzem Stroh (*Duk*) oder *Ambengan*-Stroh gedeckt, doch sind diese teuren Strohdächer zu einem

Mit Schreinen gedenkt man der Götter, Dämonen und Ahnen.

Luxus geworden, den sich fast nur noch Hotels leisten können. In den Bergen haben noch einige Dächer aus Bambusschindeln überdauert.

a) Meru (Stufenpagode)

Die markantesten Bauwerke eines Tempels sind vermutlich die spitz zulaufenden, mitunter überaus zerbrechlich wirkenden Stufenpagoden, Symbole des hinduistischen Götterberges *Meru*, die – zumeist mit Fibern der schwarzen Zuckerpalme (Ijuk), Reisstroh oder Wellblech gedeckt – im innersten Tempelbezirk anzutreffen sind und bis zu elf Dächer (Tumpang) besitzen, abhängig vom Ansehen der Gottheit, der der jeweilige Schrein geweiht ist. Die Anzahl der Dächer ist – abgesehen von einigen wenigen Ausnahmen – immer ungerade, wobei elf Dächer allein *Shiva* zustehen, der höchsten Gottheit, neun Dächer hingegen sind *Vishnu* und *Brahma* vorbehalten, wobei letzterem auch Meru mit sieben Dächern zugedacht sind. Ein Meru mit fünf Dächern weist schließlich auf *Isawa*, eine Reinkarnation *Shivas* hin, und einer mit drei Dächern auf die Reisgöttin *Dewi Sri*.

Schlichte Eleganz

Meru im Pura Besakih

Der in einem dieser Tempelschreine ständig wohnende Schutzgott des Tempels verlässt nur einmal im Jahr, nämlich während des Odalan-Festes (s.u.), vorübergehend seine Behausung.

Da diese Schreine die uranischen Gottheiten, vergöttlichten Vorfahren oder Götter der Natur empfangen, findet man sie niemals in einem Pura dalem, der den todesbringenden Kräften gewidmet ist.

b) Gedong

‚Schatztruhe'

Es gibt zwei größenmäßig unterschiedliche Varianten der geschlossenen Form: Der kleine **Gedong penimpanan** dient zur Aufbewahrung der Tempelreliquien, ganz gleich ob dies eine Statue, eine kunstvoll geschnitzte Maske oder ein Kris ist. Er ist der lokalen Gottheit geweiht.

Im größeren **Gedong agung** werden hingegen die Ahnen verehrt; diese Variante besitzt zwei oder drei Türen, die geschlossen bleiben, wenn keine Riten stattfinden.

Eine offene Variante ist der Schrein für *Taksu*, die göttliche Eingebung bzw. den Interpreten der Götter.

c) Tugu

In diesen einfachen, meist aus Stein gefertigten kleinen Schreinen auf einem Pfeiler, die man an Tempel- und Hauseingängen sowie im bergwärts gelegenen westlichen Eck des Gehöfts oder hintersten Tempelhofes findet, werden die Opfergaben für den Schutzgeist des Ortes dargebracht.

Prachtvoller Gedong im Pura Ulun Danu Batur in Kintamani

d) Padmasana (Götterthron oder Lotusthron)

Diese steinernen Sitzgelegenheiten für Götter, auf denen diese während religiöser Zeremonien Platz nehmen, sind keineswegs nur Symbole für jene, sondern deren Besitz. Eingeführt wurden sie im 16. Jahrhundert vom javanischen Priester *Danghyang Nirartha*, auf den sich Balis Priester heute zumeist abstammungsmäßig berufen. Wie die Tempelanlage als Ganzes, so ist auch der stufenförmig angeordnete Götterthron – gleichsam als Abbild des Kosmos – dreigeteilt: Die unterste Ebene (Buhr) symbolisiert die Unterwelt der Dämonen, die mittlere (Buwah) die Mittelwelt der Menschen und die oberste (Swah) den Götterberg Meru. Diese Basis wird von dem steinernen Sessel mit hoher Rückenlehne bekrönt, der oftmals mit einem Schwan oder einem Adler verziert ist, den Reittieren *Brahmas* und *Vishnus*. Die aufwändigsten zeigen zudem das kosmogonische Symbol der weltentragenden Schildkröte (*Bedawang Nala*), umschlungen von Naga-Schlangen.

Göttersitz

Es gibt drei Typen: 1) den einsitzigen, der *Shiva* oder *Surya* zugedacht ist; 2) den zweisitzigen, der den vergöttlichten Ahnen geweiht ist, und zwar einem Mann und einer Frau; 3) den dreisitzigen, der entweder gleichfalls den Ahnen oder alternativ der Hindutrinität zugedacht ist.

Man findet sie in jedem Tempel, mit den Rückenlehnen stets in Richtung des heiligen Berges Gunung Agung ausgerichtet. Der höchste Thron im hintersten Hof ist jeweils im heiligsten Bereich des Tempels

Der Padmasana im Pura Kehen in Bangli

(Kaja-kangin) untergebracht und *Shiva* (auf Bali verkörpert in *Sanghyang Widhi Wasa*) vorbehalten, auf den anderen nehmen verschiedene Gottheiten unterschiedlichen Ranges Platz, so z.B. der Sonnengott *Surya*, dessen Thron stets in der äußersten rechten Ecke untergebracht ist.

e) Peppelik oder **Panuman**

Göttlicher Versammlungsort

Dieser Schrein liegt im Zentrum des heiligsten Bezirks und dient als Versammlungsort für die Götter, wenn sie anlässlich eines Tempelfestes vom Himmel herabsteigen. Danebenstehend findet man die Miniaturhäuschen für *Ngrurah Alit* und *Ngrurah Gede*, die Sekretäre der Götter, die darüber wachen, dass den Göttern die entsprechenden Opfer dargebracht werden, und schließlich findet man anbei noch die Steinnische für *Taksu*, den Interpreten der Götter.

Glockenturm

Seinen Namen, **Bale Kulkul** – oder kurz: **Kulkul** –, verdankt dieser Bauwerkstyp dem bzw. den aus gespaltenem Holz gefertigten Tambour(en), die die Bezeichnung ‚Kulkul' tragen. Der vielfach reich ornamentierte Glockenturm befindet sich in der Regel im ersten Tempelhof, und zwar häufig in der rechten Ecke der Umfassungsmauer, doch findet man ihn auch in Palastanlagen und auf öffentlichen Plätzen, dann meist unmittelbar neben der gemeindlichen Versammlungshalle, dem Bale Banjar. Da diese Türme über keinen Treppenaufgang oder anderweitige Steighilfen verfügen, erfordert das Erklimmen einige Geschicklichkeit. Gelegentlich dient auch ein altehrwürdiger Waringinbaum als Plattform für die Kulkul-Trommel.

Kulkul des Pura Puseh Batuan

Stufenloser Signalgeber

Von ihm aus werden die Gläubigen zu Versammlungen und Festen gerufen und warnt man die Einwohner vor Katastrophen; bei Unfällen oder Todesfällen ruft man die Mitbürger zur Hilfe auf, indem zwei Männer oder Knaben mit Klöppeln die darin aufbewahrten hölzernen oder – seltener – metallenen Klangkörper schlagen, wobei die rhythmischen Signale je nach Nachricht und örtlicher Sitte variieren.

Dörfliche Anwesen

Wohngemeinschaft

In einem balinesischen Gehöft (*Pekarangan*), das meist über einen zentral gelegenen Hof verfügt, stößt man im Durchschnitt auf vier oder fünf Pavillons, eine ganze Reihe von Kampfhähnen, ein paar Hunde, Schweine und Hühner, in Käfigen entlang der Dachkante aufgehängte Singvögel – und eine zwölf bis fünfzehn Häupter zählende Großfamilie.

Die Anordnung der einzelnen Gebäude innerhalb eines Gehöfts, das die kleinste Einheit eines Banjar darstellt, nach außen hin durch eine Mauer abgeschirmt ist und in dem meist mehrere Generationen zusammenleben, folgt im Kleinen jenem von Kaja und Kelod und dem Tri-angga-Prinzip (siehe Kapitel ‚Der balinesische Hinduismus', S. 173) festgelegten Ordnungsschema, die auch die Anlage der Dörfer bestimmen. Dabei entspricht der Familienschrein dem Kopf, die Schlafräume und der Gästepavillon symbolisieren die Arme, der Hof wiederum ist mit dem Nabel und der Herd mit den Geschlechtsorganen gleichzusetzen, Küche und Reisspeicher stehen für Beine und Füße, und die Toilette schließlich ist gleichzusetzen mit dem Anus. Um ihre genauen Positionen festzulegen, schreitet der Besitzer – nach der oben geschilderten Abnahme der Körpermaße – die acht heiligen Attribute (Asta wara) ab, bis die kosmologischen Sinnbilder, die den Gebäuden entsprechen, erreicht sind.

Genau festgelegte Raumordnung

Des Weiteren folgt man bei der Errichtung eines Anwesens auch dem auf der Grundlage der *Nawasanga* fußenden folgenden Grundschema (s. Graphik). Diesem Grundschema wiederum entsprechen die folgenden Maßeinheiten und Gottheiten (s. Tabelle).

So liegt der **Haustempel (A)**, für den mindestens ein Achtel des Grundstücks reserviert ist, grundsätzlich in der bergwärts gelegenen östlichen Ecke, dem reinsten Platz innerhalb des ganzen Anwesens, in dem sich das Prinzip des Göttlichen, des Lebenden manifestiert. Für den Adel *Merajan*, für das Volk *Sanggah* genannt, birgt der Haustempel meist vier Schreine, und zwar als wichtigste unter ihnen *Sanggah Kemulan*, die Stätte der Ahnenverehrung, darüber hinaus ein Tugu für *Taksu*, die göttliche Eingebung bzw. den Interpreten der Gottheiten, der wesentlich für den Erfolg menschlicher Vorhaben ist, sowie einen Schrein für die Sonne, letzterer in Form eines Padmasana.

Grundschema für die Errichtung familiärer Anwesen		
Kaja Kauh	Kaja	Kaja Kangin
Kauh	Puseh	Kangin
Kelod Kauh	Kelod	Kelod Kangin

Im **Innenhof** (*Natar*) **(B)** spielt sich das gesellige Leben ab und werden u.a. die Übergangsriten (siehe Kapitel ‚Riten und Feste', S. 184ff) vollzogen. Meist wird er berg-

Maßeinheit	Gottheit	Eigenschaft	Kompassrichtung
eine	Dewi Sri	Reisgöttin	Kaja-kangin
zwei	Indra	Himmelsgott	Kangin
drei	Guru	Oberster Lehrer	Kelod-kangin
vier	Yama	Herr der Hölle	Kelod
fünf	Rudra	Lebensvernichter	Kelod-kauh
sechs	Brahma	Gott des Feuers	Kauh
sieben	Kala	Herr der Finsternis	Kaja-kauh
acht	Uma	Mutter der Natur	Kaja

wärts durch das auf einem gemauerten Steinsockel stehende **Schlafhaus des Familienoberhauptes und seiner Frau (C)** begrenzt, das beim normalen Volk aus einem Meten mit acht Pfeilern, bei Adligen aus einem *Bale daja* mit Außenterrasse(n) besteht – je höher der Rang des Bewohners, desto mehr Terrassen besitzt es. Dabei ist die Bettstatt so ausgerichtet, dass der Kopf in Richtung Göttersitz oder – als nächstgünstigste Orientierung – Sonnenaufgang zu liegen kommt.

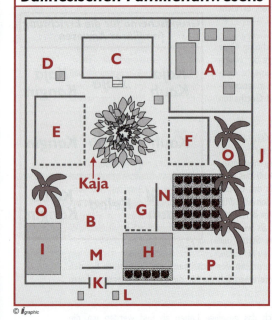

Schematischer Grundriss eines balinesischen Familienanwesens

An einem kleinen bergwärts gelegenen **Altar (D)** in der westlichen Ecke des Anwesens bringt man dem Schutzgeist regelmäßig Opfergaben dar.

Der **Westpavillon (E)**, *Bale dauh*, mit Zimmer(n) und Terrasse kann jedem Zweck dienen, wird jedoch meist von einem jüngeren Bruder des Familienoberhauptes oder einem seiner Söhne bewohnt.

Auf der gegenüberliegenden Hofseite steht entweder ein *Bale sikepat* für zusätzliche Familienmitglieder oder ein **halboffener Pavillon (F)**, *Bale dangin*, der eine Plattform zum Ruhen besitzt und als Lager für Opfergaben dient, außerdem halten sich hier zwischen Einäscherung und Abschlussritus die Seelen der Verstorbenen auf. Die Zahl der Pfeiler wächst mit dem sozialen Status, wobei Fürsten das Recht auf einen majestätischen *Bale gede* mit zwei Plattformen haben.

Falls noch Wohnraum für zusätzliche Familienmitglieder benötigt wird, kann man eine oder mehrere **weitere Wohneinheiten (G)** in Richtung Meer bauen.

Architektonisches Vorbild

Als Vorbild für zahlreiche Touristenbungalows stand der **Reisspeicher** (*Lumbung*) **(H)** Pate, der als heilige Wohnstatt der Reisgöttin *Dewi Sri* gilt und sich im östlichen Teil der meerzugewandten Seite der Gesamtanlage befindet.

Neben ihm findet man die **Küche** (*Paon*) **(I)**, die wegen des hier vergossenen Tierblutes als unrein gilt und daher im ‚niedrigen', negativen Teil errichtet wird. Auch die Hühnerställe und Schweinekoben sind in diesem Teil des Gehöfts untergebracht.

Die das gesamte Anwesen einfriedende **Umfassungsmauer (J)** ist mehr magischer als physischer Schutz und wird an den Ecken von Pfosten gestützt, die Knoten fundamentaler Energie sind. Vielfach besitzt das über einige Stufen zu erreichende **Eingangstor** (*Lawang*) **(K)** nicht einmal eine Tür, und wenn ja, werden die beiden Flügel nachts nur mit einem Querbalken verschlossen, Schlüssel hingegen gibt es zumeist nicht. Der Eingang befindet sich meist in der Nähe der Küche, so dass ihn die dort arbeitenden Frauen leicht überblicken können. Auch kann man so bei seiner Rückkehr sofort den von draußen mitgebrachten Schmutz im Feuer *Brahmas* verbrennen. Vor dem Eingang hingegen bringt man an den **Torschreinen** (*Apit lawang*) **(L)** die Opfergaben für die Schutzgeister dar.

Unmittelbar hinter dem Eingangstor erhebt sich die *Aling-aling* genannte **Schutzmauer (M)**, die den bösen Geistern und Dämonen, die nur geradeaus gehen können, den Eintritt verwehren soll.

Schutzmaßnahme

Falls noch etwas Platz im Hof ist, legt man einen kleinen **Gemüsegarten (N)** an und pflanzt ein paar **Obstbäume oder Kokospalmen (O)**, in deren Nähe sich meist auch der **Platz zum Dreschen des Reises (P)** befindet.

Einer anderen Tradition folgen so manche **Bergdörfer**, die stärker gemeinschaftlich ausgerichtet sind als die näher zum Meer gelegenen Dörfer. In ihnen teilen sich zehn oder mehr Familien einen Hof oder eine Straße und auch die Hausschreine findet man hier an den Enden von Sackgassen oder zusammengefasst in größeren Tempeln, die der Ahnenverehrung dienen. So wie sich heute z.B. Tenganan oder Trunyan präsentieren, mögen vor dem Einfluss der javanisch-indischen Hofarchitektur alle balinesischen Dörfer ausgesehen haben: lange Reihen dicht gedrängter Wohnhäuser mit dazwischenliegenden Freiflächen für gemeinsame Arbeiten und Zeremonien, um deren individuelle Gestaltung sich allerdings kaum jemand bemüht.

Reminiszenzen an vorhinduistische Zeiten

Das balinesische Dorf (Desa)

Die Struktur der balinesischen Dörfer hat sich im Laufe der Zeit gemäß der an Komplexität zunehmenden sozio-kosmischen Ordnung geändert. Zwar zogen sich bereits die Dörfer der Bali Aga, die bis heute frei geblieben sind von Einflüssen der Nachfahren des Majapahit-Reiches und deren indo-javanischer Kultur, auf radial von den Bergzentren ausgehenden Achsen von der Berg- zur Meerseite hin, doch integrierte erst *Empu Kuturan* im 11. Jahrhundert per Edikt die drei Tempel des **Kahyangan tiga** in die Dorfstruktur ein:

Balis Dörfer liegen eingebettet in die sie umgebende Natur.

den bergwärts gelegenen **Pura puseh**, in der Dorfmitte den **Pura desa** (auch *Pura bale agung*; in seiner unmittelbaren Nähe werden die Dorfversammlungen abgehalten und die Fruchtbarkeitsriten durchgeführt) und meerwärts den **Pura dalem** (s.u.).

So führt die Hauptstraße von der Meerseite bergwärts und wird von – meist kleineren – Querstraßen gekreuzt. Die Mauern der sich entlang der Straßen aneinanderreihenden rechteckigen Gehöfte markieren die Trennlinie zwischen dem Bereich der Familie und dem der Dorfgemeinschaft.

Ein Ort – drei Zonen

Entsprechend dem balinesischen Kosmos sind die Dörfer (mit Ausnahme derjenigen der Bali Aga) in drei Zonen geteilt, die – vom Berg zum Meer hin – die drei abstraktesten Aggregatzustände menschlichen Seins symbolisieren: Geburt, Leben und Tod. Jede dieser Zonen ist mit dem angemessenen Tempel des Kahyangan tiga ausgestattet. So findet man im bergwärts gelegenen Teil des Dorfes den **Pura puseh**, im Zentrum des Ortes, in dem sich die Lebenswelt der Menschen konzentriert, befindet sich außer dem **Pura desa** eine große **Versammlungshalle**, das *Bale agung* oder *Bale banjar*, und meist auch ein **Wantilan** für Hahnenkämpfe sowie ein **Musikpavillon** mit den Gamelan-Instrumenten (*Bale gong*) und gelegentlich der **Palast** (*Puri*) des lokalen Fürsten. Ergänzt wird dieses Bauensemble durch einen **Kulkul-Turm**, doch kann die Kulkul-Trommel auch im ausladenden Geäst des heiligen Waringinbaumes hängen, der das Dorfzentrum überragt. In seinem Bannkreis findet auch der für gewöhnlich alle drei Tage abgehaltene Markt statt.

Am meerwärts gelegenen Ende des Dorfes liegt schließlich etwas außerhalb der **Totentempel Pura dalem** mit der in der Regel nicht umgrenzten Verbrennungs- und Begräbnisstätte.

Tempel (Pura)

Oft wird Bali – gar nicht einmal zu unrecht – als ein einziger riesiger ‚schwimmender Tempel' bezeichnet, dessen Eingangstor die westliche Inselspitze mit der Hafenstadt Gilimanuk darstellt und die beiden im östlichen Inselteil gelegenen Vulkane Gunung Agung und Gunung Batur Symbole für den Götterberg Meru sind, weswegen das Gros der balinesischen Tempel auch auf diese beiden Berge ausgerichtet ist, mit den Eingängen in Richtung Meer weisend.

Der ‚Tempel aller Tempel': Pura Besakih

Die balinesische Bezeichnung ‚Pura' leitet sich übrigens vom Sanskrit ab und bezeichnet wörtlich einen durch eine Mauer umgrenzten Raum, so dass die in den Reisfeldern, in der Nähe von heiligen Bäumen oder sonst wo stehenden Schreine keine echten Tempel sind.

Den höchsten Rang nehmen die ,**sechs großen Heiligtümer'** (*Sad kahyangan*) ein, deren wichtigster wiederum der **Pura Besakih** ist, der ,Tempel aller Tempel', auch ,Muttertempel' genannt. Zu diesem Sextett, für dessen Unterhalt der Staat bzw. die nach wie vor einflussreichen Fürstenfamilien sorgen, gehören des weiteren **Pura Luhur Batu Karu**, **Pura Luhur Uluwatu**, **Pura Goa Lawah**, **Pura Pusering Jagat** und **Pura Lempuyang Luhur**. (Da es heftigen Streit darüber gibt, welche Tempel unter diese Kategorie fallen, können andernorts auch andere Namen auftauchen, z.B. **Pura Gunung Kawi**, **Pura Tanah Lot** oder **Pura Kehen**.)

Zentrale Kultstätten

Pura Tirta Empul in Tampaksiring

Hoch verehrt werden zusätzlich die Reichstempel oder königlichen Tempel, wie z.B. der **Pura Taman Ayun** in Mengwi oder **Pura Agung Jagatnatha** in Denpasar, einige den Göttern der Berge, Meere, Flüsse und Quellen gewidmete Naturheiligtümer sowie Tempel, die mit Badeplätzen sowohl für die Götter als auch die Menschen ausgestattet sind, wie z.B. der **Pura Tirta Empul**, wobei letztere eine Sonderrolle einnehmen, und auch der Reisgöttin *Dewi Sri* geweihte Subak- oder Ulun-Suwi-Tempel findet man allenthalben.

Bei vielen Besuchern macht sich bei der Visite balinesischer Tempel angesichts der nüchternen Erscheinungsform Enttäuschung breit, lassen sie doch all jene farbenfrohe und verschwenderische Pracht vermissen, wie man sie z.B. aus Thailand kennt. Ihre klare Durchstrukturierung macht unmissverständlich klar, dass es sich bei ihnen um Zweckbauten handelt, die für gewöhnlich still und verlassen daliegen, sich bei Festen jedoch von einer ganz anderen Seite präsentieren, auf das Prächtigste geschmückt mit bunten Bändern, Tüchern, Schirmen und einem Meer von Blumen.

Schlichte Erscheinungsform

Bis auf die oben erwähnten ,Weltheiligtümer' und Reichstempel, die von allen Inselbewohnern gemeinsam genutzt werden, befinden sich die Tempelanlagen entweder im Besitz einer Dorfgemeinschaft (z.B. die *Ulun carik* genannten Subak-Tempel der Reisbaugemeinschaft, die inmitten der Reisfelder liegen und bei denen die wichtigsten Zeremonien anlässlich des Reiszyklus stattfinden), einer Kaste, einer Berufsgruppe (z.B. die Segara-Tempel der Fischer) oder einer Familie und werden auch nur von den jeweiligen Mitgliedern aufgesucht.

Eine Dorfgemeinschaft besitzt gewöhnlich aber nicht nur einen, sondern die **drei Tempel des Kahyangan tiga**:
• **Pura puseh**: Der Haupt- oder Ursprungstempel ist *Brahma*, dem Gott der Schöpfung und des Ursprungs, und den Gründern des Dorfes geweiht und befindet sich stets an der dem heiligen Berg Gunung Agung zugewandten Seite des Dorfes.

Die drei Dorftempel

- **Pura desa** oder **Pura bale agung**: In diesem in der Dorfmitte gelegenen Tempel, der *Vishnu*, dem Erhalter der Weltordnung und Gott des Wohlstandes sowie den die Dorfgemeinschaft und ihr alltägliches Leben schützenden Geistern geweiht ist, versammelt sich die Dorfgemeinschaft zur Abhaltung der allgemeinen religiösen Zeremonien, wodurch er zum Treffpunkt von Himmlischem und Irdischem wird.
- **Pura dalem**: Dieser Tempel ist der Todesgöttin *Durga* geweiht, einer Inkarnation *Shivas*, der für Tod und Zerstörung steht. Seine Anlage ist stets zum Meer hin ausgerichtet, liegt meist außerhalb der Ortschaft in der Nähe des Verbrennungsplatzes und Friedhofes und wird für die anlässlich einer Kremation durchgeführten Zeremonien benutzt.

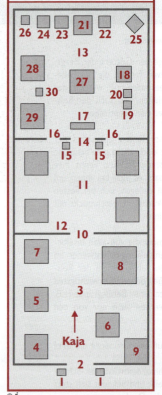

Die kosmologische Grundordnung, nach der die Balinesen all ihre Bauwerke und Anlagen auszurichten bemüht sind, spiegelt sich in ihren ummauerten Tempelanlagen beispielhaft wider, deren Höfe entweder auf gleicher Höhe oder – in Bergregionen – terrassenförmig übereinander liegen.

Stets zu einem Berg hin ausgerichtet (meist in Richtung Gunung Agung), besteht sie im Regelfall aus drei ummauerten Höfen (manchmal auch nur aus einem oder zwei), die nicht nur als Symbol für die drei Welten (Ober-, Mittel- und Unterwelt), sondern auch exemplarisch für den fortwährenden Weltenzyklus aus Geburt, Tod und Wiedergeburt gelten. Dennoch fehlt eine einheitliche Linie, was vornehmlich an der Fülle von Ornamenten und Verzierungen liegt, die frei wählbar sind und sich zudem regional unterscheiden. Geschlossene Räume, wie z.B. in hinduistischen Heiligtümern Indiens, oder eine Gebetshalle, in der die Gläubigen ihre Götterbilder verehren, sucht man vergebens; der balinesische Tempel ist ein Andachtsplatz in freier Natur, in dem es keine Idole oder Bildnisse irgendeiner anzubetenden Gottheit gibt, denn die Götter selbst sind unsichtbar und unfassbar. Doch soll auch im innersten Tempelbezirk der Blick auf die Berge, die man für Götterthrone hält, unverstellt bleiben, wodurch auch den Göttern, deren Anwesenheit bei den Tempelfesten erwünscht ist, der Weg herab von den Bergen erleichtert wird. Die in manchen Tempeln zu sehenden Statuen aus alten Zeiten sind lediglich ein Geschenk für die Götter oder Erbstücke der Ahnen, nicht aber Darstellungen der Götter selbst.

Architektonischer Tempelgrundriss

Auch wenn kein Tempel einem anderen gleicht, so lässt sich doch folgender Grundplan feststellen (s. Graphik auf der linken Seite).

Vor dem Tempeleingang ist eine Anzahl schrecklich aussehender **Dämonengestalten (1)** (*Raksasa*) aufgestellt, deren Aufgabe es ist, ihre Artgenossen derart zu erschrecken, dass diese es nicht wagen, den Tempelbezirk zu betreten.

Für gewöhnlich betritt man die Anlage durch ein so genanntes **Gespaltenes Tor**, das *Candi bentar* **(2)**, dessen Durchgang relativ schmal ist. Das Candi bentar bildet zusammen mit den Candi korung zwischen den Höfen und den Meru im hintersten Hof eine Art Triade und symbolisieren Fuß, Flanken und Gipfel des Gunung Agung.

Im **ersten Hof**, dem **Jaba sisi** oder **Jaba pura (3)**, der die irdische Welt symbolisiert und lediglich zur Vorbereitung für den Ritus und die Tempelfeste dient, befinden sich meist nur einige Pavillons, darunter die **Küche (4)**, ein **Reisspeicher (5)**, in dem der Reis der tempeleigenen Felder aufbewahrt wird, **Pavillons zur Aufbewahrung des Gamelans** (*Bale gong*) **(6)** und anderer Gegenstände sowie einer zur **Herrichtung der Opfergaben (7)**. Bei bestimmten Gelegenheiten (z.B. Tempelfesten) finden im Tempel auch Hahnenkämpfe statt, wofür man den **Wantilan (8)** genannten Pavillon benutzt. Für gewöhnlich ist in der Kelod-Kangin-Ecke ein **Glockenturm** (*Bale kulkul*) **(9)** in die Umfassungsmauer integriert, doch kann sich dieser unter Umständen auch erst im zweiten Hof befinden. Gelegentlich findet man im ersten Hof auch noch einen Waringin- oder einen Jasminbaum.

Durch ein so genanntes **Gedecktes Tor** (*Candi korung*) **(10)** gelangt man in den **zweiten oder mittleren Hof**, den **Jaba tengah (11)**, der mittels **Mauern (12)** zu den beiden anderen Höfen hin abgegrenzt ist. In ihm versammeln sich während eines Tempelfestes die Gläubigen, um sich auf die Ankunft der Götter vorzubereiten, er dient somit quasi als Schleuse zum Allerheiligsten.

Dämonengestalten bewachen die Tempelanlagen.

Den Übergang zum **hintersten Hof**, dem **Jeroan (13)**, symbolisiert in der Regel ein weiteres **Candi korung (14)** samt **Schutzdämonen (15)** und **Seitentor(en) (16)**. Über dem Eingang findet man stets das monströse Gesicht *Kalas* und oftmals die einem umgedrehten Hakenkreuz gleichende Swastika, ein magisches Symbol für Glück, Fruchtbarkeit und Reichtum. Unmittelbar hinter dem Zugang zum dritten Hof ist vielfach eine *Aling-aling* genannte **Schutzmauer (17)** errichtet, die all jene bösen Geister und Dämonen – die ja nur geradeaus gehen können – fernhalten soll, denen es gelungen ist, sich an den schreckeinflößenden Gestalten am Tempeleingang vorbeizuschmuggeln. Auf ihr sind vielfach im Relief jene Dämonen dargestellt, die man hier gewissermaßen gebannt hat.

Das Allerheiligste

Der dritte Hof, der heiligste Bezirk des Tempels, ist ausschließlich den in dem jeweiligen Tempel verehrten Göttern und ihren irdischen Stellvertretern, den Priestern, vorbehalten, gewöhnliche Menschen dürfen ihn nur zur Darbringung der Opfergaben betreten, schließlich symbolisiert er den Götterberg Meru und damit – gemäß hinduistischer Vorstellung – die höchste aller Welten. Die Anordnung der hier zu findenden Schreine, die den Göttern während ihres Aufenthaltes auf Erden als Ehrensitze dienen, hält sich genau an die Orientierungsregeln der ‚balinesischen Windrose' (Nawa-sanga), wobei die Hauptaltäre und -schreine in zwei Reihen angeordnet sind, die eine an der Kaja-Seite, die andere an der Kangin-Seite, in deren Mitte stets der wichtigste Schrein, der steinerne **Gedong pesimpanan (18)**, steht, in dem die Tempelreliquien aufbewahrt werden und der Tempelgründer verehrt wird. Seitlich davon findet man die **Schreine für die ‚Sekretäre' der Götter**, Ngrurah alit **(19)** und Ngrurah gede **(20)**, die darüber wachen, dass die richtigen Opferungen gemacht werden.

Die Tore sind zumeist die am reichsten verzierten Bauelemente eines Tempels.

An der bergwärts ausgerichteten Hofseite stehen meist **mehrere Meru**, die entweder den **Göttermanifestationen der Tri sakti** oder von denen einer dem **Götterberg Mahameru (21)** und die beiden ihn flankierenden den Vulkanen **Gunung Agung (22)** und **Gunung Batur (23)** geweiht sind. Daneben findet man noch den **Maospahit (24)** genannten Schrein, der den Einwanderern von Majapahit geweiht ist, die dereinst den Hinduismus nach Bali brachten.

Von besonderer Bedeutung ist der mit Lotusblüten ornamentierte **Padmasana (25)**, der steinerne Thron, auf dem bei Tempelzeremonien das allerhöchste Wesen, Sanghyang Widhi Wasa, in seiner Erscheinungsform als Shiva oder als Sonnengott Surya Platz nimmt und der sich grundsätzlich in der Kaja-Kangin-Ecke des Hofes befindet, mit seiner Rückwand Richtung Gunung Agung weisend. Gibt es an dieser Stelle anstatt einem drei solcher Sitze, so sind diese für die göttliche Trinität Shiva, Vishnu und Brahma gedacht.

Auf der gegenüberliegenden Seite steht in der Regel die steinerne **Nische für Taksu (26)**, den Interpreten der Gottheiten.

Der in der Mitte des Hofes stehende Pavillon, **Pepelik** oder **Parungan (27)** genannt, ist ein gemeinschaftlicher Aufenthaltsort der Götter, die seitlich untergebrachten **Bale piasan (28 + 29)** dienen hingegen der Unterbringung der Opfergaben. Schließlich findet man hier noch den **Bale pawedaan (30)**, einen erhöhten Bambussitz für den Pedanda.

Paläste (Puri)

Die große Epoche der balinesischen Palastbaukunst, die im 16. Jahrhundert begann, endete in den 20er Jahren des 20. Jahrhunderts während der niederländischen Kolonialzeit.

Da die balinesischen Herrscherfamilien die Hüter der wichtigsten Tempel auf der Insel sind, worauf die enge Verbindung von Sakralem und Säkularem beruht, genießen sie bei der Bevölkerung tiefe Verehrung, wodurch die Puri wiederum zu architektonischen Wegweisern wurden, ganz gleich, ob gerade javanische, indische oder holländische Einflüsse en vogue waren.

Wegweiser

Stets bestrebt, mit den javanischen Herrscherhäusern Schritt zu halten, entwickelte die nach Reichtum und aristokratischem Lebensstil trachtende höfische Gesellschaft eine Vorliebe für das Üppige und Glanzvolle, nach weiten Gemächern, schweren Schnitzereien und Statuen, Blattgold und ausladenden Kronleuchtern.

Viele der Palastanlagen wurden in der Vergangenheit, insbesondere im Zuge der Unterwerfung der Insel zu Beginn des 20. Jahrhunderts und während des Unabhängigkeitskampfes in den 40er Jahren des vergangenen Jahrhunderts sowie durch Naturkatastrophen mehr oder weniger schwer in Mitleidenschaft gezogen. Fast unverändert erhalten geblieben ist jedoch der *Puri Agung Gianyar*, der vermutlich schönste der großen balinesischen Paläste (siehe Kapitel ‚Östlich von Ubud', S. 564f).

Verlorengegangene Pracht

Palastanlagen besitzen nie mehr als nur das Erdgeschoss, da sich ein balinesischer Adliger angesichts seiner Stellung unmöglich in einem Raum aufhalten kann, über dem ein Normalsterblicher gehen könnte. Innerhalb der Komplexe fanden bzw. finden sich alle Elemente balinesischer Architektur und ornamentaler Handwerkskunst wieder, zuzüglich einiger weiterer, wie z.B. ein Garten (*Abian*), der zur Durchführung verschiedener Aktivitäten genutzt werden konnte bzw. kann.

Flachbauweise

Steinmetzarbeiten

Neben der Architektur dürfte es wohl die Bildhauerei sein, die von allen Kunstrichtungen auf Bali am wenigsten vom Touristenboom beeinflusst ist, denn kaum einer nimmt eine der schweren und unhandlichen Statuen und Plastiken mit nach Hause.

Bislang ist ungewiss, ob es in vorhinduistischer Zeit (d.h. bis etwa 1000 n.Chr.) auf Bali eine ausgeprägte Form plastischer Kunst gegeben hat. Wahrscheinlich brachte erst der aus Java kommende Hinduismus mit seiner Vielfalt gestalterischer Mittel jene Bewegung in die balinesische Kunst, die es ermöglichte, verehrungswürdige Personen der buddhistischen und – später – hinduistischen Religion in plastischer Form, vorwiegend als Relief, darzustellen.

Belebung durch den Hinduismus

Durch die in der Folgezeit in den Vordergrund rückende Darstellung der verschiedenen Göttergestalten erfährt die balinesische Bildhauerei eine bedeutende Ergänzung: Zum Flach- und Hochrelief gesellt sich nunmehr die Vollplastik nach indischem Vorbild. Die gleichzeitig über die Bühne gehende Weiterentwicklung des Reliefs macht in der

Folgezeit die Liebe der Balinesen zur wuchernden Ornamentik deutlich, wobei es ihnen gelingt, durch die Wiederholung der Details das javanisch-hinduistische zum eindeutig klassifizierbaren balinesischen Relief weiterzuentwickeln.

Untrennbar miteinander verbunden

Architektur und Bildhauerei besitzen einen unverrückbaren Platz im religiösen Leben der Balinesen und sind hier untrennbar miteinander verbunden, wie an jedem Tempel leicht festzustellen ist, deren wohl auffälligstes Merkmal der überaus reiche ornamentale Schmuck ist, der zum allergrößten Teil aus Stein gefertigt ist. Doch nicht nur bei den Stätten religiöser Einkehr stößt man auf die von hohem künstlerischem Können geprägte Steinmetzkunst, kaum ein Gebäude oder ein Platz, an denen nicht gleichfalls mittels steinerner Zeugnisse Dämonen gebannt werden oder man der Götter gedenkt oder mitunter auch ganz einfach für optische Verschönerung gesorgt werden soll.

Typisch für die balinesische Steinmetzkunst ist die Verschmelzung von Relief und Vollplastik, wobei sich in der feststellbaren ornamentalen Üppigkeit ein wesentlicher Aspekt balinesischer Weltanschauung widerspiegelt: So wie sich der Einzelmensch harmonisch in die Gemeinschaft einfügen muss, so soll auch das einzelne Schmuckelement zum überwältigenden Gesamteindruck beitragen.

Für die Herstellung der Skulpturen und Reliefs verwendet man fast ausnahmslos aus einem Konglomerat vulkanischer Asche entstandenen weichen aschgrauen Sand- oder Tuffstein (*Paras*), der hauptsächlich an den Flussufern gefunden wird und leicht zu bearbeiten ist. Seine Porosität ist andererseits aber auch der Grund für seinen raschen Zerfall, denn bereits nach

Hochburgen der Steinmetzkunst sind Batubulan und Singapadu.

wenigen Jahren beginnt er zu bröckeln und muss ständig ersetzt werden. Daher ist kein Monument, auch kein Tempel auf Bali für die Ewigkeit geschaffen, und so erklärt sich, warum auf der Insel von den wirklich alten Bauwerken so gut wie nichts erhalten geblieben ist.

Unterschiede zwischen Norden und Süden

Deutlich lässt sich ein Stilunterschied zwischen nord- und südbalinesischer Architektur feststellen. So besteht bei den Tempelanlagen der südbalinesischen Königsfamilien das Baumaterial oft aus roten Ziegeln, und zwar vor allem bei den Toren, wohingegen man für die Hofmauern Naturstein verwendet, wie man ihn im Norden in der Regel für den Bau der ganzen Anlage benutzt. Unterschiede machen sich aber auch beim Dekorationsstil bemerkbar, denn während derjenige südlicher Tempel relativ geschlossen und zurückhaltend erscheint, schäumt er im Norden geradezu über, zudem sind die Tore meist schlanker.

Lebensnahe Motive

Darüber hinaus ist man im Norden auch bei der Thematik der Dekorationen freier als im Süden und flicht auch Szenen aus dem täglichen Leben mit ein, Dinge, die die Moderne den Balinesen gebracht hat, mögen es Fahrräder, Autopannen oder Flugzeuge sein, und auch erotische Szenen tauchen hier und da auf. Im Süden dagegen dominieren bei den Flachreliefs klassische Szenen aus den Hindu-Epen *Ramayana* und *Mahabharata*.

Steinerne Götterbilder sucht man in balinesischen Tempeln vergebens, einzig und allein Darstellungen von Dämonen (*Togog-batu*) und Hexen kann man sehen, die für den Schutz der Tempel, Wegkreuzungen und Gehöfte zuständig sind. Götterbilder fertigt der Balinese – wenn überhaupt – nur aus Holz, doch sind sie auch dann nicht für den Tempel bestimmt.

Die wenigen diesbezüglichen Ausnahmen – wie z.B. die Felsen-Candis von Tampaksiring oder das *Ganesha*-Standbild in Goa Gajah – stammen aus den Jahrhunderten zwischen 1100 und 1500 n.Chr., als die Insel unter dem starken Einfluss Javas stand, wo steinerne Götterbilder vorhanden waren.

Vishnu-Garuda-Plastik

Holzschnitzkunst

Die Holzschnitzkunst hat sich, ganz im Gegenteil zur Steinmetzkunst, während der letzten vierzig bis fünfzig Jahre infolge des Tourismus merklich gewandelt, ist aber – durch die nach wie vor meist überaus lebendig zum Ausdruck gebrachte Furcht der Balinesen vor dem Übernatürlichen – trotzdem noch typisch balinesisch geblieben, auch wenn es nur wenige elementar schöpferische Künstler gibt.

Dieser Wandel war aber nicht nur ein stilistischer, sondern vor allem ein arbeitsbereichsspezifischer: War es in früheren Zeiten vorwiegend Aufgabe der balinesischen Holzschnitzer, neben Gefäßen und Schlitztrommeln für den kultischen Gebrauch vornehmlich dekorative, tableauhafte Elemente und religiöse Figuren für die Ausschmückung von Palästen und Tempeln zu schaffen, so lösten sie zu jenem Zeitpunkt die Holzschnitzerei von der Architektur und entwickelten sie zu einer selbstständigen Kunstgattung weiter.

Künstlerischer Wandel

Gelitten hat dabei nicht das Typenrepertoire, das im Gegenteil noch erheblich erweitert wurde, sondern die Qualität der einzelnen Stücke, muss doch, um die gestiegene Nachfrage decken zu können, schnell gearbeitet werden, wodurch häufig ein stereotyper Stil entstanden ist, dessen Resultat mittelmäßige Figuren sind, denen die ‚Seele' der schönen früheren Arbeiten fehlt. Die Experimentierfreude der Anfangsjahre ist mittlerweile von den Zugeständnissen an den Touristengeschmack nahezu gänzlich ins Abseits gedrängt worden.

Unüberschaubares Formenrepertoire

Mit der deutlichste Wandel ist bezüglich der Farbgebung erfolgt, denn während man bis 1930 nahezu alle holzgeschnitzten Figuren bemalte und lackierte oder mit Blattgold belegte, sieht man gegenwärtig viele unbemalte, dafür aber blankpolierte Stücke, die bei Fremden hoch im Kurs stehen. Anstelle bemalter, stark stilisierter Statuen von Ungeheuern und Heroen sowie animistischer Motive entstanden in den letzten Jahrzehnten in zunehmendem Maße – unter Beibehaltung der natürlichen Maserung, die

die geschwungenen und fließenden Formen betonen sollen – Gestalten des Alltagslebens. Seit diesem Zeitpunkt sind zudem jene überschlanken, verzerrten, komprimierten oder impressionistischen Formen der Figurengestaltung populär geworden, wie man sie noch heute sieht und als deren Meister *Ida Bagus Nyana* gilt.

Balinesen sind begnadete Holzschnitzer.

Der im Zuge dieser Neuerungen oftmals feststellbare Verlust an Ausstrahlung ist bei Statuen genauso zu spüren wie bei Masken. Damit will nicht gesagt sein, dass man heutzutage nur minderwertige Holzschnitzereien findet; wer sich auf die Suche macht und genau hinsieht, kann durchaus noch fündig werden und wirklich echte Meisterwerke finden.

Auf das Holz kommt es an

Ein wesentliches Qualitätskriterium neben der rein künstlerischen Leistung ist das verwendete Material, das aus gut abgelagertem und durchgetrocknetem Hartholz bestehen sollte, da junges, nicht ausreichend ausgetrocknetes Holz nachträglich springen und dadurch das Kunstwerk zerstören kann. Harthölzer müssen jedoch fast ausnahmslos von anderen indonesischen Inseln importiert werden, da sie aufgrund der klimatischen Gegebenheiten auf Bali nicht wachsen. Daraus gefertigte Produkte sind somit in jedem Fall teurer als solche aus einheimischen Weichhölzern, die zudem viel leichter Schaden nehmen.

Verwendet werden zumeist rotbraunes Mahagoni, Teakholz (*Jati*), Hibiskus, Frangipani, das Holz des Jackfruchtbaumes (*Nangka*), ein schönes dunkelrotes, *Sawo* genanntes Holz sowie helles *Satin*- und Ebenholz, das seine glänzend schwarze Patina für gewöhnlich simpler Schuhcreme verdankt.

Masken gibt es in allen Formen und Farben.

Übrigens: Um sicher zu gehen, dass es sich wirklich um Ebenholz handelt, sollten Sie das Objekt Ihrer Kaufwünsche in Wasser legen – Ebenholz schwimmt nicht.

Bei aller Kommerzialisierung und angesichts der Tatsache, dass viele Gegenstände (Gefäße, Schalen etc.) in erster Linie einen gewissen Gebrauchswert im Alltag haben, sollte man jedoch nicht vergessen, dass auch die Holzschnitzkunst auf der Insel vornehmlich einen religiös-kulturellen Hintergrund hat, was besonders bei der Herstellung geschnitzter Holzmasken spürbar wird. So ist z.B. die Herstellung einer bei Tänzen anlässlich religiöser Feste getragenen *Rangda*-Maske an eine Vielzahl von Bedingungen geknüpft. So darf sie beispielsweise nur aus dem Holz des *Pohon-pule*-Baumes gefertigt werden, wobei ein Priester mit Hilfe komplizierter Berechnungen bestimmt, wann der Stamm aus dem Wald geholt werden darf. Die fertig geschnitzte Maske wird abschließend mit organischen Farben bemalt. Hat man alle Vorschriften bei der Fertigung der Maske eingehalten, fließt – so sagt man ihr nach – fortan alle 32 Tage heiliges Wasser (*Tirta*) aus ihr.

Heilige Masken

Überaus fein gearbeitet – und somit entsprechend teuer – sind häufig die filigranen Elfenbein- und Knochenschnitzereien aus Tampaksiring, doch sollten sie bei Kaufabsichten daran denken bzw. darauf achten, dass die Einfuhr von Elfenbein in die EU strengstens untersagt ist bzw. dass es sich bei den angebotenen Stücken nicht um billige Kunststoffimitationen handelt.

Malerei

Kein anderer Kunstzweig unterlag seit dem Hereinbrechen des Tourismus derart starken Veränderungen wie die Malerei, deren Stil und konzeptionelle Auffassung sich seit den 30er Jahren des 20. Jahrhunderts z.T. radikal geändert haben. Dabei spielte die Malerei, die heutzutage die dominierende der balinesischen Kunstformen ist, bis zu Beginn des 20. Jahrhunderts im täglichen Leben der Balinesen bei weitem keine so wichtige Rolle wie Architektur, Plastik, Theater, Tanz und Musik.

Radikale Veränderungen

Stark vom ostjavanischen Königreich Majapahit beeinflusst, verdankt die balinesische Malerei ihre Entstehung den während des 16. Jahrhunderts neu gegründeten Adelshöfen in Gelgel, doch haben sich aus der Frühphase bedauerlicherweise nur wenige Anschauungsbeispiele erhalten, da vorwiegend wenig haltbares, textiles Material (z.B. handgewebtes Baumwolltuch) verwendet wurde, für dessen Bemalung zumeist Szenen als Vorlage dienten, die auch beim Wayang Kulit, dem balinesischen Schattenfigurenspiel Verwendung fanden. Das Charakteristische dieser Malerei (, *Wayang-Stil*' genannt, die ausschließlich rein organische Farben und deren Mischungen, wie z.B. Schwarz, Rot, Orange, Ocker, Gelb, Grün, Indigoblau und ein lichtes Weiß, verwendete, war somit das schattenlose ,Einfrieren' flüchtiger Bewegungen, das Einfangen des Augenblicks im zweidimensionalen Raum, in dem Vorder- und Hintergrund kaum voneinander zu unterscheiden sind. Aufgrund der strengen Regelhaftigkeit und des Fehlens individueller Ausdrucksformen hatte die traditionelle Malerei somit den Charakter einer rein dekorativen Kunst. Als ,*Wayang*' oder ,*Kamasan*' existiert diese Malerei noch heute in der Ortschaft Kamasan, wo die ansässigen Künstler vom Hof des Dewa Agung gefördert werden. Die Kamasan-Kunst war und ist vor allem an der Linie orientiert, denn die Fähigkeiten eines Malers wurden bzw. werden nach seinem zeichnerischen Können und der Sensibilität der Linienführung beurteilt, die Farbgebung hatte dagegen immer nur zweitrangige Bedeutung und blieb den Schülern vorbehalten.

Zweidimensionale Frühphase

Auch formatmäßig waren die Künstler zu jener Zeit allerdings ziemlich eingeschränkt, da sie lediglich in drei vorgegebenen Formaten malen durften:

Beispiele des klassischen Wayang-Stils findet man im Taman Gili in Semarapura.

1) *Ider-ider* = 30-40 cm breite und 5-6 m (bisweilen bis zu 15 m) lange Bandmalereien mit vielen Schnörkeln, die bei Zeremonien entlang der Dachvorsprünge in den Tempelhöfen aufgehängt wurden;
2) *Tabing* = quadratische Malereien (z.B. der 210 Tage umfassende Wuku-Kalender);
3) *Langse* = große rechteckige Malereien, die als Wandbehang oder Vorhang dienten. Wie auch Steinmetzarbeiten oder Holzschnitzereien waren solche Gemälde bis zum 20. Jahrhundert überwiegend Auftragsarbeiten zum Schmuck von Palästen und Tempeln und blieben – gemäß ihrer Bestimmung und ihrem religiösen Inhalt – unsigniert, da der balinesische Maler traditionell als Handwerker im Dienste der Götter bzw. deren Stellvertretern, den Rajas und Fürsten, arbeitete und nicht für seinen eigenen Nachruhm. Bemalte selbstgewebte Baumwollstreifen, die mit Reismehlpaste eingerieben und anschließend mit einer Meeresmuschel glattpoliert wurden, hängte man aber anlässlich von Tempelfesten auch in den Privathäusern auf, ebenso wie balinesische horoskopähnliche Kalenderbilder (*Palalintangan*) mit symbolischen Zeichen oder Tabellen (*Palalindon*), die die Auswirkungen von Erdbeben voraussagten; doch blieb die Malerei eine rein traditionelle Kunst, die sich auf die Darstellung von mythologischen Episoden, Göttern, Dämonen, Königen, Prinzen und Prinzessinnen in Kostümen der hindujavanischen Zeit beschränkte.

Dolchangriff auf Rangda (I Gusti Nyoman Lempad, 1939)

Strikte Kompositionsvorschriften Bei den Darstellungen epischer Geschehnisse zeigte man dieselbe Person nebeneinander in verschiedenen Situationen, wobei jede Tafel eine Szene darstellte und im Allgemeinen von Bergen, Flammen oder ornamentalen Mauern umrandet war. Während die Körper dabei in frontaler Stellung mit verbreiterten Schultern und gelängten Armen sowie Beine und Füße im Profil gezeigt wurden, zeichnete man die Gesichter meist im Dreiviertelprofil, niemals hingegen im Profil und nur selten en face, wie überhaupt die Komposition und die Anwendung der Farben strikten Vorschriften unterlag. Die Unterschiede zwischen Mann und Frau sowie den einzelnen Charakteren brachte man durch die Farben, Kleidung und insbesondere durch die Augen zum

Ausdruck: So sind die Augen der edlen, ‚feinen' Typen (*Alas*), zu denen Götter, Helden, Prinzen und Prinzessinnen zählen und die man an ihrer anmutigen Haltung, Gestik, ihrer reichen Kleidung, ihrem Schmuck und ihrer Haartracht erkennt, mandelförmig, wohingegen die der ‚groben' Typen (*Kasar*), zu denen Riesen und Dämonen gehören und die man an ihren Hasenzähnen, Knollennasen und massigen Körpern identifizieren kann, rund und glotzend sind.

Traditionell unter dem Patronat der jeweiligen Herrscher stehend, nahm die Malerei die wichtige Aufgabe wahr, die ethischen Werte und Sitten (*Adat*) dem einfachen Volk nahe zu bringen, wie dies auch der traditionelle Tanz und das Wayang-Spiel taten. Kein Wunder also, dass eines der schönsten erhaltenen Beispiele altbalinesischer Malerei die Gerichtshalle Kerta Gosa im Taman Gili in Semarapura schmückt.

Herrschaftliches Patronat

Zwar hatte sich die balinesische Malerei auch während der vorangegangenen Jahrhunderte konsequent weiterentwickelt, nie zuvor allerdings auch nur ansatzweise eine vergleichbare Transformation erlebt, wie sie um 1930 infolge der neuen Besucherwelle erfolgte, mit der dringend benötigtes Bargeld ins Land kam, wodurch wiederum die traditionellen Strukturen der Künstlerförderung verändert wurden. Das von Erwerbsabsichten geprägte Interesse der Fremden an der einheimischen Kunst und der gleichzeitig stattfindende Einzug zahlreicher westlicher Künstler veränderten schließlich auch die Malweise der balinesischen Künstler von Grund auf. Statt auf die Erzählung ganzer Geschichten konzentrierten sich die Künstler nunmehr auf die Darstellung einzelner Szenen.

Westliche Kunstvorstellungen halten Einzug

Künstler wie *Walter Spies, Le Mayeur, Rudolf Bonnet, Miguel Covarrubias* oder *Wijnand Otto Jan Nieuwenkamp* (siehe Kapitel ‚Bedeutende Persönlichkeiten', S. 37ff) waren es, die mit ihren klassisch und avantgardistisch geprägten

Gemäldegalerie in Seminyak

Stilen neue Impulse in die Malerei Balis einfließen ließen, dieser z.B. zu einer dritten Dimension und neuen Bildinhalten verhalfen, so dass statt der immergleichen Motive aus den großen hindu-balinesischen Epen fortan Naturdarstellungen einen ebenso breiten Raum einnahmen und handelnde Personen oder Gestalten des Alltags in den Mittelpunkt der nunmehr klar definierten Handlungsebenen traten, wobei die bis ins kleinste Detail dargestellten Menschen, Tiere, Pflanzen mit einem Mal zu leben anfingen. Infolge dieses thematischen Wandels vom Sakralen zum Profanen entwickelte sich ein ganz neuer Stil, eine Mischung von Formalismus und Realismus, bei dem der Symbolismus aber nach wie vor eine große Rolle spielte. Bei allen Veränderungen blieb der Malstil in einer Hinsicht jedoch unverändert: jeder Millimeter des Bildes ist vollgepackt, leeren, weiten Raum kennt die balinesische Malerei bis in die Moderne nicht.

Bei der Beurteilung der balinesischen Kunst, und hierbei wiederum besonders der Malerei, wird jedoch oftmals übersehen, dass es bereits vor der Ankunft der westlichen Künstler einige einheimische gab, die mit eigenständigen Schöpfungen hervorgetreten

Kunst und Kultur

Porträt von I Gusti Lanang Oka (W.O.J. Nieuwenkamp, 1937)

waren. Als Vertreter dieser Übergangsphase seien an dieser Stelle nur *Ida Bagus Gelgel* (1900-1937) aus Kamasan, *Ida Bagus Kembang* (1897-1952) aus Ubud und *I Gusti Nyoman Lempad* (1862-1978) (siehe Kapitel ‚Bedeutende Persönlichkeiten', S. 39f) genannt.

Einen Wendepunkt in der Geschichte der modernen balinesischen Kunstszene stellte 1936 die Gründung der Künstlervereinigung ‚Pita Maha' durch *Cokorda Gede Agung Sukawati*, den Prinzen von Ubud, und *I Gusti Nyoman Lempad* in Sukawati dar, der als führende Mitglieder u.a. *Walter Spies* und *Rudolf Bonnet* angehörten. Die Vereinigung zählte schon bald mehr als 125 Mitglieder, die sich durch diese neue Gruppenzugehörigkeit aus ihrer Verhaftung im alltäglichen Dorfleben herausheben konnten und angesichts des teilweise krassen Aufeinanderprallens westlicher Werte und Ideologien mit ihrem eigenen isolierten Inseldasein eine neue geistige Heimstätte fanden, die ihnen den nötigen Freiraum für ihr künstlerisches Schaffen zur Verfügung stellte.

Nebeneinander von Tradition und Moderne

Eine grobe Unterteilung ordnet die Künstler der 30er Jahre des vergangenen Jahrhunderts drei Richtungen zu, wobei allen die Verwendung von Tusche und Wasserfarben auf Papier gemeinsam war: 1) die Vertreter des traditionellen Wayang-Stils; 2) die so genannte ‚Ubud-Schule' ist vorwiegend gekennzeichnet durch idyllische Naturdarstellungen; 3) die ‚Batuan-Schule' ist überwiegend durch die mosaikartige Zufallsperspektive charakterisiert, die den Eindruck erweckt, als sei jeder Bildteil aus einem anderen Blickwinkel heraus gemalt.

Miss Kenyung (Willem Gerard Hofker, 1942)

Künstlerische Krise

1942 wurde ‚Pita Maha' infolge der japanischen Besatzung aufgelöst, woraufhin Balis Malerei und Bildhauerei erheblich an Vitalität einbüßten und in konzeptioneller Ratlosigkeit zu versinken drohten, wie sie auch nach der Unabhängigkeit Indonesiens spürbar wurde. Die neuen Stilrichtungen degenerierten zu abgestandenen Kopien, wenngleich die älteren Künstler weiterhin breite Anerkennung und auch materiellen Erfolg ernteten.

Die in den 50er Jahren von *Anak Agung Gede Sobrat* gegründete ‚Malervereinigung Ubud' ging im Zustrom junger Künstler rasch unter und wurde 1960 von der ‚Schule der jungen Künstler' (‚*Seniman Muda*' = ‚Young Artists') in Penestanan abgelöst, die auf eine Initiative des holländischen Malers *Arie Smit* zurückging und in der junge Maler (z.T. Kinder) den Umgang mit Acrylfarben lernten, woraus sich der ‚Junge-Künstler-Stil' entwickelte, der den Faden dort wieder aufgriff, wo man ihn während des Krieges verloren hatte.

Auf den alten Grundlagen dörflichen Gemeineigentums baut die von den Brüdern *I Dewa Nyoman Batuan* und *I Dewa Putuh Moka* gegründete ‚Pengosekan Community of Artists' auf, die sich als direkte Nachfolgerin von ‚Pita Maha' sieht und Szenen aus der Natur malt, in denen sich Blattmotive zu halbabstrakten Mustern zusammensetzen und sich die vergrößerte Miniaturwelt von Vögeln, Insekten, Fröschen u.ä. Getier in hochkomplizierte Musterbilder der Natur verwandelt.

Einheimische Kunsthistoriker unterteilen Balis Malerei gegenwärtig in sieben Gruppierungen:

Dorfleute
(I Nyoman Tulus, 1994)

1. Die Traditionalisten von Kamasan: Sie malen nach wie vor im althergebrachten Wayang-Stil.
2. Die traditionellen Experimentierer von Kerambitan: Sie fertigen Gemälde im Wayang-Stil, benutzen aber zusätzliche Farben (z.B. Blau und Grün) und haben einen kühneren, kräftigeren Stil.
3. Die ‚Pita-Maha'-Maler von Ubud: Diese konzentrieren sich auf die realistischen Reproduktionen der Natur in frischen und vibrierenden Farben, wie z.B. Vögel, Fische, Frösche und tropische Flora.
4. Die ‚Pita-Maha'-Maler von Batuan: Sie stellen eklektische Gemälde her, detaillierte Szenen der buddhistischen Mythologie, lebendige und innovative Bilder im Wayang-Stil sowie Werke im naiven Stil, die fast schon Karikaturen gleichen und das moderne Leben auf humoreske Art und Weise darzustellen versuchen.
5. Die ‚Jungen Künstler von Penestanan' (‚Young Artists'): Die von dem Niederländer *Arie Smit* inspirierten jungen Künstler, deren Werke kühn und klar sind und in ihrem naiven, farbenfrohen Stil Alltagsszenen aufgreifen.
6. Die Akademiker: Darunter sind Künstler zu verstehen, die auf Java an Kunsthochschulen westlichen Stils ausgebildet wurden und in deren westlich inspirierte, mitunter abstrakte Werke balinesische und javanische Stilelemente Eingang gefunden haben.
7. Die Abenteurer: Unter diesem Sammelbegriff werden balinesische Künstler ohne künstlerische Ausbildung zusammengefasst, die mit neuen Stilen und Techniken experimentieren und deren Werk keiner der anderen Gruppierungen zuzuordnen ist.

Gamelan

Neben dem Tanz ist die Musik in Indonesien die feinste und komplizierteste Kunstübung, doch anders als bei den anderen bildenden Künsten, die auf malaiischer Grundlage erwuchsen, ist der Ursprung der Musik Indonesiens auf wiederholte Einströmungen aus Ostasien zurückzuführen, auch wenn die javanische Tradition die Erfindung des Gamelan einem Gott zuschreibt, der es benutzt haben soll, um die anderen Götter zu seinem Palast an der Spitze des zwischen Solo und Madiun gelegenen Berges Lawu zu rufen. Die der Dong-Son-Kultur entstammenden Bronzegongs gelangten bereits im

Göttlicher Ursprung

dritten vorchristlichen Jahrhundert in den Archipel und bildeten die Grundelemente des Gamelan, das spätestens im 9. Jahrhundert n.Chr. voll entwickelt war.

Zweckgebundene Musik

Trotz der im Laufe der Jahrhunderte unterschiedlichsten kulturellen Einflüsse haben die Instrumente, die musikalischen Skalen und Systeme ihre Formen bis zum heutigen Tag unverändert beibehalten. Grund für diese Kontinuität war die Furcht vor magischen Konsequenzen, schließlich war und ist Musik ursprünglich in Gestalt einer Melodie verpackte reine Magie, die genau das Gegenteil von dem bewirken wird, wozu sie angewendet wird, wenn sie nicht exakt in der vorgeschriebenen Weise und nur zu ganz bestimmten Gelegenheiten gesungen wird. Um den Stellenwert der balinesischen und javanischen Musik richtig einschätzen zu können, muss man sich zunächst auch darüber im Klaren sein, dass sie nicht den Charakter einer eigenständigen Kunst besitzt, sondern in erster Linie zur Begleitung von Tänzen und Tanzdramen sowie des Schattenspiels oder festlicher und familiärer Ereignisse dient.

Zu den meisten Tanzaufführungen gehört auch ein Gamelan.

‚Gamelan', auf Bali auch ‚Gong' genannt, lässt sich am besten mit der westlichen Bezeichnung ‚Orchester' übersetzen und besteht wie dieses aus einem Ensemble von bis zu 80 Instrumenten (hauptsächlich Schlaginstrumenten), das – je nach Zusammenstellung – von drei bis vierzig Musikern gespielt wird, wobei jeder der Musiker mehrere Instrumente spielt. Das größte Ensemble ist auf Bali zu finden, das *Pelegongon*. Der Name geht übrigens auf das altjavanische Wort ‚Gamel' zurück, das soviel wie ‚Hammer' bedeutet.

Geschmacklicher Umbruch

Zur Zeit des Majapahit-Reiches orientierte sich Bali ganz an der höfischen Kunst des javanischen Gamelan, dessen Musik langsam, zurückhaltend und melancholisch war. Erst während der Kolonialzeit und infolge des Untergangs der Fürstenhäuser änderte sich die Hofkunst, die großen Gamelan wurden eingemottet oder an Dorfgemeinschaften verkauft. Neue Instrumente wurden gegossen, die dem Geschmack der Massen mehr entsprachen: Der Stil wurde lauter, schneller, geselliger, und es wurde leidenschaftlicher gespielt. Einige der alten, erhalten gebliebenen Instrumente gelten aufgrund der von der Tradition vorgegebenen Herstellungsregeln sogar als geheiligt und werden daher nur von auserwählten Musikern an hohen Feiertagen und Festen gespielt.

Im Unterschied zu Java, wo es sich früher auf die Fürstenhöfe von Surakarta und Yogyakarta konzentrierte, basierte das Gamelan-Musizieren auf Bali jedoch von Anbeginn an auf dem Interesse und der Musikalität des gesamten Volkes, so dass auch heute noch praktisch jeder Balinese irgendein Instrument spielen kann, schließlich wird jede Art darstellender, religiöser oder gesellschaftlicher Funktion von Musik begleitet.

Auf Bali besitzen fast alle Banjar einen ‚Sekaa' genannten Musikverein, in dem nur männliche Personen von acht bis über sechzig Jahre Mitglied sind und der ebenso Gemeinschaftsunternehmen ist wie z.b. Reisanbau oder Tempelunterhalt, weswegen sich auch jeder daran beteiligt.

Die Ensembles, die traditionellerweise nur aus Männern bestehen (nur in Ubud gibt es ein Frauenensemble), treffen sich unterschiedlich oft, je nachdem, wofür geprobt wird. Doch ganz gleich wie komplex die Kompositionen auch sein mögen, gespielt wird so gut wie immer ohne Noten, bei Tänzen und Tanzaufführungen genauso wie bei rituellen oder festlichen Zeremonien, beim Schattenspiel oder zur reinen Unterhaltung.

Gamelan ist Männersache

Mögen sich die Instrumente der einzelnen Gamelan auch ähneln, so besitzt praktisch jedes seinen eigenen Klang und auch im Spiel unterscheiden sie sich oft wesentlich voneinander. Dem aufmerksamen Beobachter wird beim Vergleich mit dem javanischen Gamelan das auf Bali reichhaltigere Instrumentarium auffallen, da hier noch Instrumente in Gebrauch sind, die auf Java längst ausgestorben sind, und auch die musikalischen Formen, Melodien und Rhythmen sind auf Bali mannigfaltiger. Zu einem Gamelan-Ensemble gehören auch ein Chor (*Gerongan*) sowie Solo-Sänger bzw. -Sängerinnen (*Pasinden*), deren Gesang sich durch einen nasalen Klang auszeichnet und deren Funktion der eines Instrumentes gleicht.

Gamelan ist nicht gleich Gamelan

Jedes Ensemble, dessen handgearbeiteten, vom Schmiedeclan der *Pande* gefertigten Instrumente nicht Eigentum Einzelner sind, sondern der Dorfgemeinschaft gehören, hat sein bestimmtes Repertoire, das immer wieder durch neue Kompositionen erweitert wird. Wird ein neues Instrumentarium bestellt, liegt zwar die Tonfolge je nach der Bestellung fest, nicht dagegen die absolute Tonhöhe des Gamelan. Hierfür muss zunächst einmal die genaue Tonhöhe des Anfangstons der Tonskala gefunden werden, auf die das gesamte Gamelan (außer der *Rebab* – s.u.) eingestimmt werden soll, und zwar ist dies der höchste Ton, den der Hersteller des Gamelan mit seiner eigenen Stimme – ohne zu forcieren – erreichen kann.

Herstellungsrichtlinien

Nach der Fertigstellung des Gamelan wird es von einem Priester rituell gereinigt, woraufhin man durch das Darbringen von Opfergaben einen Geist einlädt, sich darin niederzulassen und das Instrumentarium dadurch zum Leben zu erwecken. Später bringt man vor jedem Gebrauch dem großen Gong ebenfalls Opfer dar, um so das Einverständnis des darin hausenden Geistes für die Benutzung der Instrumente zu erhalten.

Lebendigwerdung

Zwar wurden auch in früherer Zeit einige Kernmelodien auf Palmblättern festgehalten und im 19. Jahrhundert auf Java das *Kepatihan*-System entwickelt, bei dem für die einzelnen Noten Zahlen gesetzt wurden, doch ist es dem Deutschen *Walter Spies* und dem Amerikaner *Colin McPhee*, die sich in den 20er und 30er Jahren des 20. Jahrhunderts intensiv mit der balinesischen Musik beschäftigten, zu verdanken, dass etliche Musikstücke für Gamelan-Orchester in einer eigens für diesen Zweck entwickelten Notenschrift niedergeschrieben und so einem interessierten westlichen Publikum zugänglich gemacht wurden.

Eine Notenschrift wird entwickelt

Kaum einer wird auf Anhieb Gefallen an dieser Musik finden, dafür klingt sie für uns zu fremdartig, was an den beiden – aus China kommenden – auf Java und Bali vorkommenden Tonleitern liegt, die auf fremdartigen Intervallen basieren, wobei Modulationen praktisch nicht existieren und Melodien nicht auf einem festen Grundton aufbauen:

Westliches und javanisch-balinesisches Tonsystem:

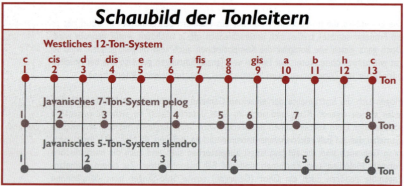

1. **Slendro**: Hierbei hat man die chinesische halbtonlose Fünfstufenleiter temperiert, d.h. man hat die Ganzton- und Kleinterzintervalle gegeneinander ausgeglichen, so dass alle Intervalle gleich sind. Diese Tonleiter wurde um das 8. Jahrhundert n.Chr. auf Mitteljava bekannt.
2. **Pelog**: Ein siebenstufiges Tonsystem (jedoch keine heptatonische Tonart) mit sieben Grund- und einigen Zwischentönen, bei dem die Oktave in ungleiche Intervalle geteilt ist, wobei der Unterschied zwischen den großen und kleinen erheblich ist. In Wirklichkeit handelt es sich dabei auf Bali meist um eine Zusammenfassung einer Anzahl von fünftonigen Tonarten mit unterschiedlichen Intervallen, zu denen sich manchmal noch ein sechster und siebter Ton gesellt. Die vollständige siebentonige Tonart ist auf Bali sehr selten anzutreffen. Dies ist die ältere der beiden Tonleitern; entstanden ist sie vermutlich bereits in vorhinduistischer Zeit.

Ungewohnter Hörgenuss

Das Gamelan-Spiel kennt keine Harmonie, vielmehr wird die Melodie von den interpunktierenden Instrumenten (s.u.) in größere und kleinere Teile zergliedert, wobei die größte Einheit (Gongan) von einem Gongschlag zum anderen reicht. Ein Grundsatz der Gamelan-Musik ist es, dass Instrumente im Bereich der höherliegenden Töne öfter angeschlagen werden als diejenigen im Bereich der niedrigen Töne, Gongs somit das Grundthema der Musik markieren und die anderen Instrumente zur komplizierten Ausschmückung beitragen. Charakterisiert ist die balinesische Gamelan-Musik im Wesentlichen durch plötzliche Tempowechsel, Synkopen, die Zu- und Abnahme der Lautstärke und einen hochentwickelten Kontrapunkt auf der Grundlage einfacher Melodien. Der gewöhnlich verwendete 4/4-Takt kann leicht in ein Vielfaches des Rhythmus aufgeteilt werden, dabei folgt die Spielweise dem Prinzip des *Kotekan*, zweier komplementär ineinander greifender Teile, nämlich *Sangsih* und *Polos*, die von zwei Musikern zusammen so schnell wie möglich gespielt werden, wodurch die melodische Konfiguration und doppelte Geschwindigkeit dessen erreicht wird, wozu jeder einzelne der Spieler fähig wäre.

Ein vollständiges balinesisches Gamelan-Instrumentarium besteht aus 30-80 Instrumenten, die fast immer paarweise in einem Orchester vorkommen, wobei die beiden miteinander korrespondierenden Instrumente leicht verschoben gestimmt werden, wodurch der charakteristische flimmernde Klang der Gamelan entsteht. Ihrer Funktion nach kann man die Instrumente in folgende fünf Gruppen einteilen:

Auch bei Festumzügen wird ein Gamelan mitgetragen.

1. **Freimelodische Instrumente**: Hierzu gehören *Suling* (Spalt- oder Bambusflöte) und *Rebab* (zweiseitige Geige), die weder rhythmisch noch tonal gebunden sind und klanglich über der schweren Hauptmasse des Ensembles schweben, genauso wie die kleine Handzimbel *Cengceng*, die die immer schneller werdende Musik betont, oder die *Celempung*, ein zweisaitiges Zupfinstrument mit ziemlich großem Klangkörper, der auf vier Beinen steht.

2. **Melodieführende Instrumente**: Sie bringen die Kernmelodie (*Pokok*) in ihrer einfachen, streng rhythmischen Gestalt. Zu dieser Kategorie zählen *Gender* oder *Gangsa*, Metallophone mit Bambus-Resonatoren, über die die Metallstäbe an zwei Fäden schwebend aufgehängt sind, das *Slentem*, das ähnlich wie der *Gender* aufgebaut ist und nur über weniger Bronzestäbe wie dieser verfügt, und *Bonang* oder *Reyong*, ein lang ausklingendes Kesselgongspiel, das aus ein oder zwei Reihen kleiner liegender Gongs in einem langen Holzrahmen besteht. Das *Reyong* wird von vier Musikern gespielt, die auf die knaufartigen Knubbel der Gongs schlagen, wobei durch Berühren des Randes noch andere Effekte erzielt werden können. Die *Trompong* gleicht dem *Reyong*, wird jedoch nur von einem Mann gespielt und ist das einzige Instrument, das manchmal ein solo improvisiert. Je kleiner die *Gangsa* sind, desto schneller werden sie gespielt, wobei mit der rechten Hand der Hammer betätigt und mit der linken zeitversetzt der Ton abgedämpft wird, so dass die rechte Hand schon den nächsten Ton anschlägt.

3. **Umspielende Instrumente**: *Saron*, ein kurztönendes Metallophon mit sechs bis sieben gewölbten Klangstäben ohne Resonatoren, und das xylophonartige *Gambang* lösen die Kernmelodie in ein Rankenwerk zeitlich kurzer Klangsequenzen auf. Das *Gambang* ist das einzige Gamelan-Instrument, dessen Stäbe nicht aus Bronze, sondern aus Hartholz bestehen und über einem hölzernen Rahmen liegen.

4. **Interpunktierende Instrumente**: Mittels kräftiger Schläge auf die Schlusstöne der einzelnen Abschnitte unterstreichen *Kempul* oder *Kempli*, ein einzelner kleiner, hängender Gong, und der *Gong ageng*, dessen Durchmesser ca. 90 cm beträgt und der in einem Holzrahmen hängt, die Gliederung der Melodie und helfen das Orchester zusammenzuhalten. Hängen zwei derartige Gongs an einer Stange, spricht man von

Kunst und Kultur

Schaubild der wichtigsten Gamelan - Instrumente

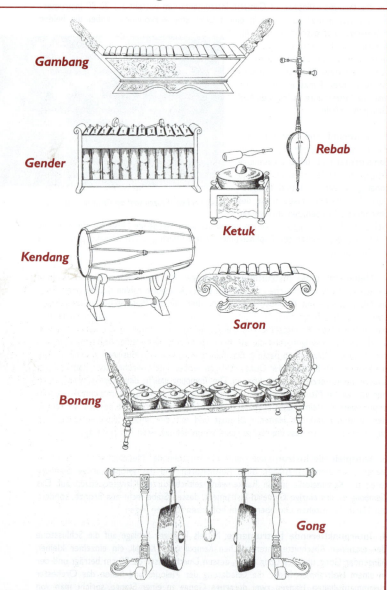

einem *Rejog*. Zu dieser Instrumentensparte gehören auch noch der *Kenong*, ein kleiner waagerecht liegender Gong auf gekreuzten Kordeln in einem hölzernen Rahmen, und der *Ketuk*, der einem kleinen, schrägliegenden *Kenong* gleicht und die Unterteilung der Phrasen kennzeichnet.

5. **Rhythmisierende Instrumente**: Dazu zählen *Kendang*, rhythmisch kontrapunktierende, mit den Fingern gespielte, zweifellige Trommeln, zum einen die Haupttrommel *Kendang gending* oder *Kendang batangan* (sie gilt als ‚männlich'), zum anderen *Kendang ciblon* (sie gilt als ‚weiblich'), eine etwas kleinere Trommel. Darüber hinaus gibt es noch die *Bedug*, riesige Trommeln, die mit einem Stock geschlagen werden. Sie stehen im Mittelpunkt des Orchesters, wobei der 1. *Kendang*-Spieler gleichzeitig Leiter des Gamelan ist. An die Trommel kommt ein Spieler erst, wenn er alle anderen Instrumente beherrscht, denn er gibt die Tempowechsel oder Pausen an und hält die ganze Darbietung zusammen.

Insgesamt zählt man auf Bali gemäß der von *Walter Spies* vorgenommenen Aufstellung 24, sich in der Tonlage, Instrumentierung und ihrer Einsatzbereiche unterscheidende Orchesterkategorien, wobei fünftonige Orchester in der Regel heitere, festliche Szenen, siebentonige hingegen melancholische und ernste begleiten.

Tänze, Tanzdramen & Theaterspiele

Musik, Tanz und Theater sind auf Bali eng miteinander verbunden, Tanz und Theater sind sogar echte Synonyme, wobei einige Tänze eher Theater als Tanz, andere wiederum mehr Tanz als Theater sind. Wegen ihrer starken religiösen und sozialen Bezüge war die Entwicklung der balinesischen Tanzkunst im Gegensatz zu den klassisch gemessenen und beschaulichen Zeremonialtänzen Javas, bei denen es sich um eine Art aristokratisches Hofzeremoniell handelte, nie auf die Fürstenhöfe beschränkt, was zur Ausbildung jenes volkstümlich lebhaften, dynamischen und leidenschaftlichen Tanzstils führte, wie er noch heute praktiziert wird.

Balis höchste Kunstform

Tänze sind ein fester Bestandteil jedes Tempelfestes.

Das seit jeher lebhafte Interesse der Inselbewohner an aeusserer Kunst spiegelt die Tatsache wider, dass noch immer fast jedes Dorf sein eigenes Tanzensemble samt dazugehörendem Gamelan besitzt, deren Mitglieder, wie das Gros der Maler und Bildhauer, tagsüber ihrem Beruf als Bauer und Handwerker nachgehen, ihrer

Hartes Training von klein auf — tänzerischen Kunst sich dagegen in ihrer Freizeit widmen und dadurch einen Beitrag für die Dorfgemeinschaft leisten. Es handelt sich bei den Tänzern und Tänzerinnen also fast ausschließlich um Amateure, die sich nichtsdestotrotz einer langen und intensiven Ausbildung unterziehen müssen, ihre Kunst vorwiegend durch Zuschauen und Nachahmen erlernend, durch stundenlanges Üben, bei dem sie unermüdlich den Bewegungen eines guten Tänzers bzw. einer guten Tänzerin folgen. Ist der Schüler mit den Bewegungsfolgen vertraut, tritt der Lehrer hinter ihn und bringt Arme und Finger in die richtige Stellung, hilft dem Kopf, genau dem Takt des Trommelrhythmus zu folgen, und korrigiert die Körperhaltung so lange, bis im Eleven das Gefühl für den Tanz erwacht, der Tanz quasi in ihn eindringt, von ihm Besitz ergreift.

Hierbei lernen sie nicht das Tanzen allgemein, sondern jeweils einen bestimmten Tanz, für den sie zuvor von einer fachkundigen Kommission ausgewählt wurden, die sowohl auf die Gesundheit, die Ebenmäßigkeit der Gesichtszüge wie auch ein potentielles Talent für einen bestimmten Tanz achtet.

Gelebte Religion — Balinesische Tänze sind, mit Ausnahme der für Touristen arrangierten, stets an festliche Ereignisse wie Tempelfeste, Totenverbrennungen, Geburtstage oder Hochzeiten gekoppelt und stellen immer eine Mischung aus religiösem Kult und Volksbelustigung dar, sind Tanz, Gesang und Pantomime zugleich. Sie sind also ein wichtiger Bestandteil des religiösen wie des profanen Lebens und könnten in ihrer Form als religiöse Ausdruckstänze als ‚gelebte Religion', als Opfergabe an die Götter und als Andachtsübung bezeichnet werden. Andererseits wäre auf Bali ohne irgendeine Aufführung auch kein Fest ein wirkliches Fest.

Im Einklang mit dem Gamelan — Dabei unterscheiden sie sich von westlichen ganz wesentlich, denn wie die meisten asiatischen Tänze sind auch die balinesischen sehr erdverbunden, d.h. die Beinarbeit spielt gegenüber Gestik und Mimik eine untergeordnete Rolle, so dass hohe Sprünge und weich, fließende Bewegungen nahezu gänzlich fehlen, stattdessen sind sie exakt und abgehackt, bewegt und ruckartig, wodurch sie den Rhythmen des Gamelan entsprechen, das sie zumeist begleitet und dessen abrupte Wechsel des Tempos sowie zwischen Phasen der Ruhe und des Kraches den mitunter dramatischen Bewegungswechsel innerhalb der einzelnen Tänze entsprechen bzw. diese veranlassen.

Genau festgelegte Choreographie — Ein weiterer Unterschied besteht darin, dass balinesische Tänzer/-innen keinen körperlichen Kontakt miteinander haben, sich jeder Darsteller vollkommen unabhängig von den anderen bewegt, doch hat jede Bewegung der Augen, Hände, Handgelenke, Finger, Füße oder Beine eine ganz genau definierte Bedeutung, genauso wie die diversen Gesichtsausdrücke, die gleichfalls in die Choreographie miteinbezogen sind, um den Charakter des Tanzes darzustellen, was auch durch das Aufsetzen der Maske und die Bemalung des Gesichts erfolgt, wodurch er Tänzer zu der darzustellenden Gestalt wird. Frauenrollen bzw. -tänze, allen voran der berühmte *Legong*, folgen stets dieser festgelegten Choreographie, wohingegen bei Männertänzen – z.B. dem *Barong* – bisweilen eine gewisse Improvisationsfreiheit besteht, die auch Hexen, Tiere, Dämonen und die Spaßmacher genießen, die oftmals in die Rollen von Dienern und Höflingen schlüpfen.

Recht deutlich kommt in den Tänzen, bei denen es sich fast ausnahmslos um fortlaufende Geschichten handelt, die bei den Balinesen gehegte Vorliebe für eine Mischung aus Ernsthaftigkeit und Komik zum Ausdruck, insbesondere in den Tänzen, in denen

Die Kunst des Tanzes muss mühsam erlernt werden.

Clowns als Gegenpart der seriösen, noblen Charaktere auftreten, doch fungieren diese Spaßmacher, bei denen es sich meistens um die Diener des obersten Ministers handelt, häufig auch als Übermittler der Handlung, da die vornehmen Charaktere sprachlich das klassische javanische Kawi benutzen, wohingegen die Clowns sich der balinesischen Alltagssprache bedienen.

Die Balinesen kennen die Stoffe der in den Tanzdramen behandelten Geschichten alle, doch kommen immer wieder neue Variationen zur Aufführung, werden immer neue Episoden dazuerfunden, wodurch nicht nur das Interesse und die Begeisterung der Darsteller wachgehalten wird, sondern auch die Tradition sich nicht im Sterilen verliert, weder in der Musik noch bei Tanz und Drama.

Die Aufführungen finden für gewöhnlich vor einem Tempel oder im ersten Tempelhof vor dem geschlossenen Tempeltor, dem *Padu raksa*, statt, das gleichzeitig als dauerhaftes Bühnenbild dient. Die auftretenden Künstler stellen die ‚andere Welt', in der sie auftreten und die jeweils durch die Kraft ihrer Verzauberung in Geist und Gebärde aufleuchtet, mit den Mitteln ihrer Körper dar. Weitere Kulissen und Requisiten sind – bis auf zwei *Pajong* – (Hoheitsschirme), die die magische Fläche für das kommende Geschehen begrenzen – dafür nicht erforderlich, schließlich sind alle traditionellen Geschichten und Tänze allgemein bekannt, so dass aus dem Dialog und den Kostümen schnell der Ort der Handlung und somit das Stück zu erkennen ist.

Spärliche Requisiten

Da Tänze fester Bestandteil der Tempelfeste sind, ist die Chance groß, den einen oder anderen Tanz mit dem entsprechenden Lokalkolorit im Original mitzuerleben, auch wenn authentische Aufführungen stets nachts, und zwar vor allem in den Vollmondnächten, stattfinden und mitunter bis zum Morgengrauen dauern. Infolge zahlreicher in der Vergangenheit begangener Fauxpas hat die Toleranz der Einheimischen gegenüber fremden Zuschauern gelitten, sodass man nur dann als Gast willkommen geheißen wird, wenn man die nötige Sensibilität und Geduld mitbringt.

Auskünfte über Veranstaltungsorte und -zeiten erhalten Sie bei den Fremdenverkehrsämtern oder an der Hotelrezeption, oder Sie schauen bei dem einen oder anderen Fest vorbei und fragen selbst nach, wo und wann genau Tanzvorführungen stattfinden. Die Orte und Daten der wichtigsten touristischen Aufführungen finden Sie zudem in den gelben Seiten, Kapitel ‚*Regionale Reisetipps von A-Z*' (Änderungen vorbehalten).

Rangda, Herrin der schwarzen Magie

Rund 200 verschiedene Arten an Tänzen sind auf der Insel bekannt, die sich – nach dem Grad ihrer Profanierung – grob drei Kategorien zuordnen lassen:

1. **Heilige Kulttänze** (*Tari wali*): Hierzu zählen u.a. der heilige Kriegstanz *Baris*, der *Barong* sowie verschiedene *Sanghyang*-Trancetänze, also Tänze mit oftmals exorzistischem Charakter, bei denen in Trance gefallene Medien eine wichtige Rolle spielen. Diese noch aus animistischer, vorhinduistischer Zeit stammenden Tänze dienen der Kommunikation mit der Sphäre der Götter und Geister und werden vorwiegend nachts im Rahmen von Tempelzeremonien unter Leitung des *Pemangku*, des einfachen Tempelpriesters, aufgeführt.

2. **Opfertänze** (*Tari bebali*): Zu dieser Sparte zählt man u.a. den Begrüßungstanz *Pendet*, den Maskentanz *Topeng*, die Maskenpantomime *Jauk*, den *Gambuh* sowie den *Legong*. Diese Tänze, die meist Geschichten aus den Hindu-Epen erzählen, sind in ihren Grundzügen hindu-javanischen Ursprungs und werden – wie die sie begleitende Gamelan-Musik – zu Ehren der Götter und vergöttlichten Ahnen sowohl in Tempeln als auch in den Fürstenpalästen dargebracht.

3. **Schautänze** (*Tari balih-balihan*): In diese Kategorie fallen u.a. die Volksoper *Arja*, der *Jogéd*, der so genannte ‚Affentanz' *Kecak*, der Solotanz *Kebyar* und das Tanzspiel *Janger*. Diese Tänze haben sich aus z.T. jahrhundertealten Tänzen zu immer neuen Varianten weiterentwickelt und besitzen eher profanen Charakter, ihren ursprünglich sakralen Hintergrund haben sie weitestgehend eingebüßt. Aufgeführt werden sie meist nur vor zahlendem Publikum, mitunter aber auch im Rahmen von Tempelfesten, dann allerdings nur im äußeren Tempelbezirk.

Nachstehend die **wichtigsten Tänze, Tanzdramen und Theaterspiele** im Einzelnen:

Arja

Bei dieser komischen Volksoper, die dem Hoftheater *Gambuh* nahe steht und in der sowohl gesprochen als auch gesungen wird, übersetzen Clowns die Aktionen der weiblichen Akteure. Begleitet wird das *Arja* von einem kleinen Ensemble mit Flöten und Rhythmusinstrumenten.

Literarische Vorbilder

Die Handlung des Stückes beruht auf chinesischen Liebesgeschichten, dem Mahabharata (siehe Kapitel ‚Literatur und Dichtung', S. 154ff) und dem *Panji*-Zyklus, bei dem es sich um die Abenteuergeschichten des *Panji Raden* von Koriban handelt, einer umfangreichen Erzählsammlung aus der Blütezeit des Majapahit-Reiches, in der *Panji* zunächst die Hand der schönen *Rangkesari* zurückweist, sich jedoch später – nachdem er sie kennen gelernt hat – unsterblich in sie verliebt. Doch der Wind trägt sie fort in ein fernes Königreich, woraufhin er bei der Suche nach ihr zahlreiche Abenteuer bestehen muss, ehe sie zueinander finden.

Baris

Dieser Kriegstanz, der das männliche Gegenstück zum weiblichen *Legong* darstellt und früher bei keinem Ritualfest fehlen durfte, ist einer der kompliziertesten balinesischen Tänze, der vom Tänzer große Energie, Können und Fähigkeiten erfordert. Dominieren Weiblichkeit und Anmut den *Legong*, so lebt der *Baris*, der aus der Zeit stammt, als Balis Herrscher in ständiger Fehde miteinander lagen, vom energischen, kriegerischen männlichen Geist, wobei es die Aufgabe des Solisten ist, all jene hin- und herschwankenden

Kompliziert und männlich

Gedanken und Gefühle eines sich auf eine Schlacht vorbereitenden und anschließend auf seinen Feind treffenden Kriegers zum Ausdruck zu bringen.

Ursprünglich ein Opfertanz, dessen Ziel es war, die Götter vor einem Kampf um Beistand und Segen zu bitten, wird der *Baris* (wörtlich ‚Linie', ‚Reihe'; gemeint ist die Schlachtreihe der Krieger) heutzutage ausschließlich innerhalb der Tempelmauern getanzt, und zwar überwiegend bei Totenzeremonien. Vorgetragen wird er normalerweise von mehreren (bis zu sechzig) in weiße oder schwarz-weiß karierte Gewänder gekleideten Männern, die eine charakteristische weiße, nach hinten herabhängende, wie zu einer spitzen Tüte geformte Kopfbedeckung, ein Diadem von frischen Jempakablumen und unterschiedliche Waffen tragen, doch kann er auch als Solotanz vorgeführt werden.

Gewandelter Anlass

Der *Baris* ist die Grundlage für jeden anderen männlichen Tanz und sollte von jedem Prinzen getanzt werden können. Von den zwanzig verschiedenen Versionen dieses Tanzes wird nur der *Baris kekupa* (Schmetterlings-Baris) von kleinen Mädchen getanzt.

Barong

Auch als ‚Kris-Tanz' bekannt, symbolisiert dieses altbalinesische und hinduistische Elemente verbindende Drama – gleich dem *Kecak* – vereinfacht gesprochen eine Schlacht zwischen Gut und Böse, wobei das mythische Fabelwesen *Barong* als Beschützer der Menschheit und Vertreter der weißen Magie das positive Prinzip personifiziert und meist in Tierform (am häufigsten als löwenähnliches Wesen, aber auch als Tiger, Elefant, Drachen, Kuh u.v.m.) auftritt, während die Hexe und Zauberin *Rangda* als Herrin der schwarzen Magie und Herrscherin über die Mächte der Dunkelheit das negative, zerstörerische Prinzip symbolisiert und als furchterregende Manifestation der Todesgöttin *Durga* gilt, die als bösartigste aller balinesischen Hexen Tod und Vernichtung über die Menschen bringt. *Rangda* ist im Balinesischen schlechtweg das Wort für Witwe, wobei im konkreten Fall die Witwe eines Mannes gemeint ist, dessen Geist nicht zur Ruhe kommt, da ihm seine Frau nicht freiwillig in den Tod folgte, wie sie dies gemäß altbalinesischem Glauben hätte tun müssen, woraufhin sie zur Hexe wurde.

Kampf der Giganten

Der *Barong* ist ein Zauberstück, und derartige Stücke finden auf dem Friedhof statt, denn die Masken der beiden Hauptfiguren müssen *tenget*, d.h. mit magischen Kräften aufgeladen sein, und diese erhalten sie wiederum nur auf dem Friedhof, wohin man

Barong, Vertreter der weißen Magie und Beschützer der Menschheit

sie am Abend vor der Aufführung bringt. Zwischen den Aufführungen werden die von Geistern (*Sakti*) besetzten Masken des *Barong* und der *Rangda* in Tempeln, wo sie ‚leben', auf besonderen Gestellen aufbewahrt, und zwar diejenige der *Rangda* stets in einem speziellen Schrein im Totentempel, zugedeckt mit einem weißen Tuch, um ihre Zauberkraft in Schach zu halten. Vor jeder Vorstellung müssen sie immer wieder neu ‚aufgeladen' werden. (Nur ganz bestimmte Holzschnitzer sind dazu berufen, diese Masken zu fertigen, außerdem findet zur Weihe einer derartigen Maske eine Reinigungszeremonie statt, bei der auch Opfergaben dargebracht werden.)

Es gibt verschiedene, jedoch nur in Nuancen voneinander abweichende Formen dieses Tanzes, aber auch des *Barong* selbst, der in ihnen als *Barong Keket* auftritt, als heiligste Form des *Barong*, der eine seltsame Kreatur, halb Löwe, halb zottiger Hund ist und von zwei Männern gespielt wird, die dabei eine reich geschnitzte Holzmaske und einen roten Bart tragen, in dem sich die Stärke dieses Fabelwesens konzentriert.

Zu Beginn der Aufführung wird ein *Legong*-Tanz in Form eines Solos gezeigt. Sodann tritt *Barong* auf und schwatzt auf dem Tempelhof umherstolzierend mit dem Gamelan, tanzt clownesk umher und genießt so den Beifall seiner Gehilfen, einer Gruppe von Männern, von denen jeder einen Kris trägt. Die amüsante, leicht beschwingte Atmosphäre ändert sich schlagartig, als *Rangda* auf die Bühne tritt, mit ihrer langen, aus dem Maul hängenden Flammenzunge, ihren aus dem Mund hervorstehenden Vampirzähnen, ihren hängenden, wackelnden Brüsten, den sich um ihren Nacken windenden menschlichen Eingeweiden und ihren säbelartigen Fingernägeln.

Rangdas großer Auftritt

Jetzt ist *Barong* nicht länger ein Clown, nunmehr wird er zum Beschützer. Während die beiden Gegner sich mit ihren magischen Kräften bekämpfen, ziehen die Gefährten des *Barong* ihren Kris und versuchen die Hexe damit anzugreifen, allerdings vergebens, da sie *Rangda* mit Hilfe eines weißen Tuches in Trance versetzt, woraufhin die nunmehr zu Dämonen (*Butas*) besessenen Männer versuchen, sich selbst zu erstechen. Doch verfügt *Barong* gleichfalls über eine Zauberformel, die verhindert, dass sich die Männer mit ihrem Kris verletzen. Diese Szene, in der sich die nach wie vor in Trance befindenden Gehilfen verzweifelt zu erdolchen versuchen, ist der dramatischste Teil des Tanzes, während dessen sich die Männer – den Kris schwingend und zeitweise mit Schaum vor dem Mund – vor und zurück bewegen und sich auf dem Boden wälzen. Nach zähem Ringen ziehen sich alle vom Schauplatz zurück. Der Kampf bleibt unentschieden, denn *Barong* existiert ewig, doch wäre es auch nicht gut, nicht einmal im Spiel, würde *Rangda* besiegt, was wiederum die Kohärenz der beiden das Leben und den Kosmos bestimmenden Polaritäten klar zum Ausdruck bringt.

Ein Teil der Anhänger von *Barong* bleibt am Ende des Tanzes jedoch in Trance zurück und muss durch Besprengen mit Wasser, das nach dem Glauben der Balinesen in dem Augenblick heilig wurde, als *Barong* seinen aus Menschenhaar bestehenden Bart hineintauchte, in die reale Welt zurückgeholt werden. Schließlich wird *Barong* triumphierend zum Tempel geführt, ebenso die Maske *Rangdas*, deren Körper jedoch in einem zugedeckten Korb vom Schauplatz getragen wird und damit wiederum auf ihren Platz auf dem Friedhof verwiesen ist.

Ein derartiger Tanz mit all der kraftvollen Magie darf nicht leicht genommen werden, daher sind zu Beginn ausgedehnte Zeremonien erforderlich, zudem bedarf es eines Tempelpriesters, um den Trancezustand der Tänzer zu beenden. Zum Abschluss wird noch ein Hähnchenopfer dargebracht, um dadurch die bösen Geister zu versöhnen.

Magie und Trance

Dieser Tanz, der das verschobene Kräftegleichgewicht wiederherstellen soll, wird immer dann aufgeführt, wenn das Böse durch irgendwelche Ereignisse die Oberhand gewinnt und der Dorfgemeinschaft dadurch Schaden droht.

Barong landung

Eine Art komischer Oper hingegen ist der *Barong landung*, dessen Entstehung die Volkserzählung folgendermaßen beschreibt: Einst lebte auf Nusa Penida der Riese *Jero Gede Macaling*, der schon viel Unheil angerichtet hatte und eines Tages mit einer Horde von Dämonen in Kuta landete, wo er – als *Barong* verkleidet – wartete, bis die Dämonen von ihrem Zerstörungszug ins Inselinnere zurückkämen. Ratsuchend wandten sich die Menschen an einen Priester, der ihnen befahl, einen *Barong* zu schaffen, der genauso groß und stark wäre wie jener – nur so könnten sie den Unhold vertreiben. Und tatsächlich gelang es den Inselbewohnern auf diese Weise, den Riesen samt seinem Gefolge nach Nusa Penida zurückzujagen.

Vom Riesen bedroht

Beim *Barong landung* treten stets zwei übermannsgroße Figuren auf, eine weibliche und eine männliche, die als heilig gelten, da man ihnen die Kraft zuschreibt, in schlechten Zeiten die bösen Mächte bannen zu können. Daher werden sie gleichfalls in einem besonderen Schrein auf dem Tempelgelände aufbewahrt. *Jero Gede*, die männliche Puppe, die dem legendären Ungeheuer ähnlich sehen soll, ist ein dicker, pausbäckiger Riese mit leuchtendroten Lippen, seine ganz in Weiß gekleidete Gemahlin *Jero Luh* hingegen, bei der Stirn und Kinn auffällig hervortreten, besitzt die laute und raue Stimme eines Mannes.

Heilige Monster

Aufgeführt wird ein solches Stück bei bedeutenden Ereignissen, z.B. am Vorabend einer Verbrennung, und nur an wenigen Orten im Süden Balis und auf Pulau Serangan.

Calonarang

Dieses Exorzismusdrama, das gern in der ersten Vollmondnacht nahe beim Totentempel bzw. bei der Einweihung eines neuen Tempels aufgeführt wird, ist eine der vielen Variationen des *Barong*, und wie bei diesem geht es um die Auseinandersetzung zwischen Gut und Böse, bei der letztendlich keine Seite den Sieg davonträgt.

Der ewige Zweikampf

Im Mittelpunkt des Geschehens steht die Hexenwitwe *Calonarang*, die ihre wunderschöne Tochter *Ratna Menggali* mit einem Prinzen aus dem Palast des balinesischen Königs *Airlangga* zu vermählen beabsichtigt, von diesem jedoch eine Abfuhr erhält, woraufhin sie in ihrer maßlosen Wut eine Seuche über die Insel bringt, deren Ursache

Schwarze Magie

vom königlichen Magier *Empu Bharadah* erkannt wird, woraufhin dieser für seinen eigenen Sohn um die Hand der *Ratna Menggali* bittet. Als die Epidemie nach der Hochzeit der beiden zu Ende geht, findet der neu vermählte Ehemann bei seiner Frau ein Lontarblatt mit einer Formel der schwarzen Magie, das er seinem Vater gibt, der es entziffert und dadurch die finsteren Absichten der *Calonarang* erkennt. Als die Zauberinwitwe davon erfährt, sagt sie dem Priester den Kampf an, der mit dem Tod *Calonarangs* endet, die ihren Widersacher kurz vor dem Ableben jedoch um Verzeihung bittet, die ihr auch gewährt wird.

Gambuh

Selten gespielt

Obwohl das vermutlich im 14. oder 15. Jahrhundert entstandene alte höfische Theater als ‚Mutter aller klassischen balinesischen Theater- und Ballettformen' gilt, die von der indo-javanischen Literatur inspiriert sind und von ihm die Art der Inszenierungen, die archetypischen Charaktere, die Kostüme und musikalischen Themen übernommen haben, gibt es außer in Batuan nur noch in Pedungan, Padangaji und Tumbakbayuh *Gambuh*-Gruppen. In jüngerer Zeit bemüht man sich jedoch, das *Gambuh*, das mit dem Niedergang der Fürstenhöfe im 20. Jahrhundert außer Mode kam, wiederzubeleben.

Der von den Tänzern in Kawi oder mittelalterlichem Javanisch vorgetragene Gesang ummalt die langsamen und stilisierten Bewegungen dieses Tanzes, bei dem – anders als bei anderen Aufführungen – die Clowns kaum als Übersetzer auftreten, so dass man gezwungen ist, ganz genau auf die Choreographie zu achten.

Vorhinduistische Wurzeln

Das aus vorhinduistischer Zeit stammende Stück stützt sich auf den Zyklus der Abenteuer des Prinzen *Panji*, der das Modell aller indo-javanischen Helden ist, und erzählt von den Streitigkeiten unter den Vasallen zur Zeit des Majapahit-Reiches. *Galuh*, die Geliebte des Prinzen, stellt wiederum den Urtyp der tugendhaften und unglücklichen Prinzessin dar, die der Geliebte in jeder Episode verliert und aufs neue findet. Ihr zur Seite steht ihre vertraute Dienerin *Condong*. In alten Zeiten konnten die Schlachtszenen, die jede Aufführung beendeten, ganze Horden mit Kris bewaffneter Kämpfer auf dem Dorfplatz zusammenführen.

Janger

Zwölf Pärchen

Dieser etwas fremdartige, zunächst so gar nicht balinesisch anmutende Tanz, dessen Ursprung in Tranceremonien zu suchen ist, entstand in den 20er Jahren des letzten Jahrhunderts in Nordbali und gehört heute zum Standardrepertoire. Mittlerweile keineswegs mehr als unüblich angesehen, weist der von einem Leittänzer getragene Tanz, dessen dargestellten Themen Episoden aus dem Mahabharata-Epos (siehe Kapitel ‚Literatur und Dichtung', S. 154ff) zugrunde liegen, Parallelen zu anderen Tänzen, z.B. dem *Sanghyang* auf, wobei ähnlich wie bei diesem die harten Kontraste zwischen den weiblichen und den männlichen Akteuren auffallen, denn während das Schaukeln und der Gesang der zwölf sitzenden Mädchen, die einen markanten, fächerförmigen Kopfschmuck tragen, sanft und harmonisch ausfallen, sind die von lauten Rufen begleiteten Bewegungen der zwölf sitzenden Männer eckig und heftig.

Jauk

Hierbei handelt es sich um einen pantomimischen Maskentanz, dessen Thema das Aufeinandertreffen von guten und bösen Dämonen ist, wobei die guten *Jauks* weiße Masken tragen und die bösen braune, alle jedoch lange Zottelhaare und Glotzaugen haben. Aus der vormaligen Konfrontation zweier Dämonengruppen, die Episoden aus der Kawi-Version des Ramayana und Mahabharata tanzten, hat sich ein Solotanz entwickelt, der dem *Baris*-Solo sehr ähnelt und bei dem der Solotänzer in der Rolle eines bösen Dämons auftritt, dessen unheimliches Gesicht mit hervorquellenden Kulleraugen und unbeweglichem Lächeln ebenso furchteinflößend wirkt wie die langen, zitternden Fingernägel, die das dämonische Aussehen komplettieren. Da der Tänzer den Charakter und die Handlung aufgrund seiner starren Maske nicht mit Hilfe seiner Mimik zu vermitteln vermag, sondern ihm für die Darstellung des unangenehmen Wesens, seines Rasens und seiner schnellen Bewegungen einzig und allein das Medium des Tanzes zur Verfügung steht, muss der Akteur große tänzerische Erfahrung besitzen. Dabei ist der Tänzer an keinen festgelegten Handlungsablauf gebunden, hat also viel Spielraum für Improvisationen, denen die ihn begleitenden Musiker folgen müssen.

Pantomimische Improvisationskunst

Jogéd bumbung

Dieser Tanz stellt eine große Ausnahme unter Balis Tänzen dar, denn bei ihm werden auch Zuschauer mit einbezogen. Zunächst tanzt eine Solotänzerin (es können aber auch mehrere Tänzerinnen sein) einige Motive des *Legong*, ehe sie durch das Antippen mit ihrem Fächer einen der männlichen Zuschauer zum Mittanzen auffordert.

Kebyar

1914 entstand der von zwei Mädchen getanzte *Kebyar legong*, der in sich die zarten und anmutigen Bewegungen des *Legong* und die heldenhaften Posen des *Baris* vereint und bei dem es mehr um die Betonung der Musik als um ihre Interpretation geht.

Um 1920 kreierte der berühmte Tänzer I Ketut Mario aus Tabanan den *Kebyar duduk*, einen Solotanz, der die Stimmungen und Launen eines heranwachsenden Jünglings zum Ausdruck bringt und als einer der kompliziertesten und sublimsten Tänze Balis gilt, da er von einem erwachsenen Mann vorgetragen wird, der mit übereinander geschlagenen Beinen – einen Fächer in der Hand haltend – auf dem Boden sitzt und nur mit Oberkörper, Armen und Händen ‚tanzt', wodurch der Gestik und Mimik des Akteurs überragende Bedeutung zukommt, müssen seine Bewegungen doch u.a. exakt den komplizierten Klangbildern des Gamelan entsprechen. Um in diesem Tanz Perfektion zu erreichen, lernt der Tänzer zunächst alle Instrumente des Gamelan, denn nur so vermag er deren jeweilige Klangcharakteristik in sich aufzunehmen und dadurch jede Stimmung mit der Geschmeidigkeit seines Körpers und der Expressivität seines Augen- und Gesichtsspiels auszudrücken.

Die ‚Königsklasse'

Zu Beginn der Aufführung sitzt der Tänzer in der Mitte des Quadrats, das von den Instrumenten des Gamelan gebildet wird. Dabei wird besondere Sorgfalt auf seine Kleidung gelegt, da im Verlauf des Tanzes die Manipulation mit ihr eine wichtige Rolle spielt. Sie besteht aus einer langen, golddurchwirkten Stoffbahn, die fest um die Taille geschlungen ist und in einer langen Schleppe endet.

Kecak (auch *Kejak* oder *Kejek*)

Ursprünglich war dieser spektakuläre und oft mit fanatischer Hingabe dargebotene Tanz, dessen Ursprung im *Sanghyang-dedari*-Trancetanz liegt, ein wichtiger Bestandteil magischer Beschwörungs- und Reinigungszeremonien, den man nur in Zeiten drohender oder herrschender Epidemien zur Vertreibung der Krankheitsdämonen tanzte.

Balis spektakulärster Tanz

Erst in den 30er Jahren des vergangenen Jahrhunderts entwickelte sich daraus in Bona (in der Nähe von Gianyar) der moderne *Kecak*-Tanz, der seither regelmäßig aufgeführt wird und eine Schlacht zwischen Gut und Böse symbolisiert. An seiner Transformation war maßgeblich der deutsche Maler *Walter Spies* beteiligt, der im Zusammenwirken mit balinesischen Tänzern die Choreographie für den Film ‚Die Insel der Dämonen' übernahm und dabei solch eine Handlung um den *Kecak* aufbaute, die mit dem einstigen Beschwörungsritual kaum mehr etwas zu tun hat.

Sehenswert: die nächtliche Kecak-Vorstellung im ARMA bei Ubud

Er ist vielleicht der bekannteste balinesische Tanz und zugleich der ungewöhnlichste, da er nicht von einem Gamelan begleitet wird, an dessen Stelle vielmehr ein aus 80-150 Personen (bisweilen auch mehr) bestehender Männerchor mit ‚Tschak-a-tschak-a-tschak'-Geräuschen bis zu sieben Rhythmen ineinander webt, die das Geschehen untermalen und das Charakteristische dieses Tanzes sind, der davon auch seinen Namen hat.

Das Ramayana als literarische Vorlage

Der Tanz, der nur von Männern vorgetragen wird, erzählt einige Episoden des Ramayana (siehe Kapitel ‚Literatur und Dichtung', S. 151ff), die Suche des Prinzen *Rama* nach seiner von *Rawana*, dem König von Lanka, entführten Gattin *Sita*. Dabei wird der Prinz vom Affengeneral *Hanuman* und dessen Affenarmee nach Lanka begleitet.

Dargestellt wird dieses Heer von der Hälfte der Chormitglieder, Männern mit entblößten Oberkörpern und schwarz-weiß karierten Tüchern (*Poleng*) um die Taillen, die im Kreis um eine von Fackeln oder Öllampen erleuchtete Tanzfläche hocken und jedes Mal ein Crescendo anstimmen, wenn sich die Armee im Kampf mit *Rawana* und seinen Genossen befindet. Die andere Hälfte des Chores repräsentiert die Armee *Rawanas*, oder aber die Schlange, in die sich ein auf *Rama* abgeschossener Pfeil verwandelt, außerdem untermalt der Gesamtchor mit einem scharfen Zischen den Flug *Rawanas*, als er *Sita* nach Lanka entführt, sowie einzelne Gesangspartien. Charakterisiert wird dieses Rhythmusspiel außerdem durch das Hin- und Herwogen der Körpermasse der sitzenden Chormitglieder, die sich in beinahe schon unheimlich anmutender Koordination ekstatisch vor- und zurückwiegen, im Gleichklang ihre Hände heben, ihre Finger bewegen und sich abwechselnd nach rechts und links neigen, was dem *Kecak* auch den Beinamen ‚Affentanz' eingebracht hat.

Legong

Zweifelsohne der anmutigste, femininste und für viele auch der interessanteste balinesische Tanz, dessen Tänzerinnen, die *Legong*, junge Mädchen sind, die oftmals nicht älter als acht oder neun und selten älter als elf Jahre sind. Für diesen Tanz werden nur sehr begabte, hübsche und zart gebaute Mädchen ohne jeglichen Makel ausgewählt. Das körperlich außerordentlich harte Training beginnt in der Regel im Alter von fünf Jahren, und bereits mit der ersten Monatsblutung endet die kurze Karriere, da das Mädchen dadurch die erforderliche rituelle Reinheit verliert (bei Touristentänzen nimmt man diese Regelung nicht immer ganz so genau). Die Bedeutung des *Legong* lässt sich daran erkennen, dass eine klassische Tänzerin ihr Leben lang als ‚große Legong' gelten wird, selbst wenn die kurze Zeit ihrer Berühmtheit bereits fünfzig Jahre und mehr zurückliegt.

Anmut pur

Zwar gibt es etwa 15 stilistisch ähnliche Formen des *Legong* (bedeutet in der Legende ‚Himmlischer Tanz göttlicher Nymphen'), doch wird in den allermeisten Fällen der Anfang des 19. Jahrhunderts entstandene *Legong kraton* (‚Legong des Palastes') getanzt, der ursprünglich nur von königlichen Prinzessinnen im Puri aufgeführt werden durfte und zur Unterhaltung der Fürstenfamilien diente.

Zu einer Aufführung gehören drei Figuren: zwei *Legong*, die die Angehörigen des Königshauses darstellen, sowie ihre ‚Begleiterin' bzw. Dienerin, die *Condong*. Die beiden *Legong* tragen dabei die gleichen Kostüme aus feinem Goldbrokat, der so straff gebunden ist, dass man sich manchmal wundert, wie schnell und anmutig sich die Tänzerinnen, deren Gesichter kunstvoll, fast puppenhaft geschminkt und deren Haare mit Jasmin geschmückt sind, darin bewegen können. Als Kopfschmuck tragen sie eine Krone aus Goldziselierungen und Frangipaniblüten, wobei die Handlung selbst viel weniger wichtig ist als perfekte Körperbeherrschung, Geschmeidigkeit und Ausdruckskraft der Darstellerinnen, denn die unglaublich differenzierten Bewegungen folgen einer strengen Choreographie, die keinerlei Improvisationen zulässt.

Legong-Tänzerin

Wer die Geschichte nicht kennt, kann der pantomimisch vorgetragenen Handlung nicht folgen, zu stilisiert und symbolhaft ist der Tanz, zudem wechseln die agierenden Mädchen während des Tanzes die Rollen, nicht aber die Kostüme: Tanzen sie absolut synchron, treten sie als Doppelbild einer einzigen Person auf, stehen sie sich dagegen in spiegelgleicher Haltung gegenüber, stellt jede von den beiden ihre eigene Rolle dar.

Folgende Legende aus dem 12. und 13. Jahrhundert liegt ihm zugrunde: Nach der Entführung eines Mädchens namens *Rangkesari* durch König *Lasem*, dessen Avancen die

Entführte durch das Schlagen mit dem Fächer zurückweist, zieht deren Bruder, der Prinz von Daha, aus, um sie zu befreien. Um einen kriegerischen Konflikt zu vermeiden, bittet das Mädchen daraufhin den König, sie freizugeben, was dieser jedoch ablehnt, stattdessen macht er sich auf den Weg in die Schlacht. Auch ignoriert er das schlechte Omen, das ihm unterwegs von einer Krähe übermittelt wird, zieht vielmehr weiter und wird schließlich von *Rangkesaris* Bruder getötet.

Verschlüsselte Liebkosungen

Zu Beginn des *Legong* tanzt *Condong* eine etwa zehnminütige Einführung und richtet am Ende ihres Solos ihre Augen auf zwei Fächer, die sie aufnimmt und den beiden mittlerweile auf der Bildfläche erschienenen *Legong* überreicht, woraufhin die beiden Tänzerinnen in Aktion treten, jede für sich allein, jedoch in völliger Übereinstimmung, wobei sie u.a. Liebesszenen spiegelbildlich Nase an Nase darstellen sowie die Bitte *Rangkesaris*, den Abschied des Königs von der Königin und dessen Auszug in die Schlacht. Der Tanz selbst endet mit dem Auftritt der *Condong*, die mit winzigen, goldfarbenen Federn geschmückt, den Vogel darstellt, der das Unglück ankündigt, woraufhin der König die Bühne verlässt und in die für ihn tödlich endende Schlacht zieht.

Oleg tambulilingan

Dieser Tanz, den ursprünglich nur ein ‚Oleg' (‚schwingende Bewegung') genanntes Mädchen tanzte, wurde 1952 von I Ketut Mario kreiert und ist heute fester Bestandteil jeder *Legong*-Aufführung. Erst später kam ein männlicher Partner hinzu, woraufhin der Tanz den jetzigen Namen erhielt, den man mit ‚Spielendes Hummelpärchen' (Tambulilingan = Hummel) übersetzen kann.

Zaghafte Annäherung

Zunächst flirrt das Mädchen mit leichten und flinken Schritten über die Bühne, wobei sie alle Nuancen weiblicher Koketterie entfaltet. Dieser Solopart ist äußerst anstrengend, da er der Tänzerin ständig ineinander fließende Bewegungen abverlangt, vom Weichen und Anmutigen zum Schroffen und Überspannten. Am Ende ‚tanzt' sie in sitzender Stellung, mit gefühlvoll schleifenden Händen, vibrierenden Fingern und fortwährendem Wechsel der Stimmungen. Da tritt plötzlich der Jüngling auf und erblickt sie in freudiger Überraschung, woraufhin er unverzüglich mit seinem Werben beginnt. Beide meiden einander anfangs, scheu zurückweichend so tuend, als sähen sie einander nicht, dabei aber alle zur Verfügung stehende Grazie entfaltend.

Sieg der Liebe

So wird die Werbung allmählich immer leidenschaftlicher, der sie trennende Raum ständig kleiner: sie neckt ihn, er folgt ihr, sie nähern sich einander, um im nächsten Augenblick wieder voreinander zurückzuweichen. Doch am Ende siegt die Liebe – gemeinsam verlassen sie die Bühne.

Pendet

Ein von Frauen dargebotener, ohne allzu großes Training praktizierbarer Ritualtanz, der ursprünglich auf den heiligen Tempelbezirk beschränkt war und dort der Begrüßung der Opfergaben voranging. Heutzutage wird dieser Tanz u.a. auch von ganz jungen, gerade fünf oder sechs Jahre alten Mädchen zur Eröffnung von *Legong*-Aufführungen dargeboten. Am Ende werfen die kleinen Mädchen zum Segen und zur Begrüßung Frangipaniblüten ins Publikum.

Ramayana

Die Erzählung gehört zu den großen Epen Balis (siehe Kapitel ‚Literatur und Dichtung', S. 151ff), als Tanz hingegen wurde sie lange Zeit durch das *Wayang wong* dargestellt und erst vor relativ kurzer Zeit in das Tanzrepertoire der Inselbewohner aufgenommen, wobei sie mit großen Parallelen dieselbe Geschichte wie der *Kecak* erzählt. Markantester Unterschied zu diesem ist das Fehlen des Affenensembles, an dessen Stelle das übliche Gamelan-gong-Orchester getreten ist, außerdem wurde die Geschichte mit zahlreichen Improvisationen und komischen Elementen ausgeschmückt, so dass der Affengeneral *Hanuman* als komischer Clown fungieren kann und König *Rawana* in die Rolle des klassischen Bösewichts schlüpft.

Die Handlung setzt ein, nachdem sich *Rama* mit *Sita* und seinem Bruder *Laksmana* im Wald von Dandaka niedergelassen haben, wobei die beiden königlichen Brüder wegen ihrer Schönheit meist von Mädchen getanzt werden, und zwar *Rama* eine goldene Krone und sein Bruder schwarzen Kopfputz tragend. Im Kontrast zu ihren ausgewogenen Bewegungen steht das angeberische, ungelenke Auftreten des riesenhaften *Rawana*, dessen Eindruck beim Auftritt verschiedener Tiergestalten jedoch rasch verblasst. Dabei tanzt u.a. der goldene Hirsch so geschickt und flink um *Rama* herum, dass *Rawana* kaum einen seiner Zauberpfeile abschießen kann, und der tapfere Vogel *Jatayu* stürzt sich in immer neuen tollkühnen Anläufen auf den dämonischen Bösewicht, um so *Sita* aus dessen Fängen zu befreien.

Rama befreit Sita aus den Händen Rawanas.

Der ewige Kampf zwischen Gut und Böse

Rejang

Diesen Tanz, bei dem sich eine Prozession von Frauen und Mädchen – die im Tempeldress gekleidet sind und heiligenscheinartigen, goldenen, mit Blumen geschmückten Kopfputz tragen – bedächtig durch den inneren Tempelbezirk bewegt, kann man während des Odalan sehen.

Sanghyang

In ihrer Bedeutung gehen diese Trancetänze, bei denen der *Sanghyang* – ein göttlicher Geist bzw. eine göttlich gewordene Seele – vorübergehend in einen sich im Trancezustand befindenden Tänzer schlüpft, auf die Vertreibung böser Geister und Dämonen aus einem Dorf zurück.

Exorzistische Wurzeln

Trance hat auf Bali verschiedene Funktionen, zum einen handelt es sich um tiefreligiöse Erlebnisse, durch die die Menschen in direkten Kontakt mit Ahnen und Göttern treten, zum anderen dient sie als Beschwörungs- und Austreibungsritual, das die Gemeinschaft von bösen Dämonen befreien soll, wie dies bei den Trancetänzen der Fall ist. Darüber hinaus lässt sich die dabei mitunter auftretende blinde Raserei als soziales Überdruckventil verstehen, durch das Menschen in psychischen Stresssituationen ‚Dampf ablassen' können, so dass es in Extremfällen durchaus passieren kann, dass Leute regelrecht ‚ausrasten' und blindwütig um sich zu schlagen beginnen bzw. alles attackieren, was sich ihnen in den Weg stellt; im Malaiischen nennt man diesen Zustand ‚Amok'.

Wenn der Mensch zum Tier wird

Je nachdem welcher Geist in den Tänzer fährt, kann es bei diesen Tänzen mitunter recht erschreckend zugehen. So springen z.B. ‚Affenmenschen' in Trance mit affenähnlichem Gehabe umher, erklettern hohe Bäume und turnen in den Wipfeln mit affenartiger Behändigkeit herum, oder es wälzen sich ‚Schweinemenschen' voller Genuss im Schlamm und verzehren dabei allerlei Abfälle, oder die Beteiligten bringen während des Trancezustandes Blutopfer dar, indem sie lebenden Hühnern den Kopf abbeißen oder mit bloßen Händen Tiere zerreißen und sie anschließend samt Knochen und Eingeweiden verschlingen.

Graziöse Himmelsnymphen

Im Gegensatz zu diesen recht derben Formen ist der *Sangyhang dedari* (‚Tanz der verehrungswürdigen Engel'), der von zwei jungfräulichen Mädchen getanzt wird, die eine traumartige Version des *Legong* aufführen und dabei auch die klassischen *Legong*-Kostüme tragen, von ausgesprochener Grazie. In ihm ergreifen von den beschwörenden Gesang eines Frauenchores angelockte Himmelsnymphen (*Widadaris*) Besitz von den Körpern der beiden Tänzerinnen, die daraufhin in Trance fallen, woraufhin sie fähig sind, die kompliziertesten *Legong*-Figuren, die sie nie geübt haben, mit geschlossenen Augen auf den Schultern von Männern oder am Boden in perfekter Harmonie auszuführen, begleitet von einem im Hintergrund agierenden gemischten Chor, bei dem der ruhige Gesang der Frauen im scharfen Kontrast zu dem harten ‚Tschak-a-tschak-a-tschak' der Männer steht. Beim Ausklingen dieses Gesanges sinken die beiden Mädchen ohnmächtig zu Boden und werden anschließend – von zwei Frauen getragen – von einem Priester mit heiligem Wasser besprengt, um sie aus der Trance zu erwecken.

Wie allen, die nahen Kontakt zu den Göttern haben, wird auch den *Sanghyang*-Tänzerinnen größte Hochachtung entgegengebracht.

Tanz als Arzneimittel

Dieser Tanz wird für gewöhnlich aufgeführt, um Krankheiten auszutreiben, unter denen das Dorf schwer zu leiden hat, wobei die Götter durch den Mund der Tänzerinnen dem ständig gegenwärtigen Priester diese oder jene heilende Maßnahme zur Sühne und Rettung des vom Unglück betroffenen Dorfes empfehlen.

Tanz auf dem Feuer

Beim *Sanghyang jaran*, der den Touristen zuliebe auch als ‚Feuertanz' bezeichnet wird, tanzt ein Junge oder ein Priester, der auf einem aus Stroh und Lianen gefertigten Steckenpferd reitet, barfuß um und über ein Feuer aus Kokosnussschalen, strauchelt schließlich und fällt ins Feuer, woraufhin er von bereitstehenden Wächtern hochgezerrt wird, die den Rasenden nach heftigem Kampf letztendlich überwältigen. An Armen und Beinen festgehalten, wird der schweißüberströmte Feuerreiter gestreichelt und beruhigt und am Ende von einem Tempelpriester durch Besprengen mit heiligem Wasser aus der Trance in die Wirklichkeit zurückgeholt, wobei seine Füße zwar rußgeschwärzt, doch ohne Spuren von Brandwunden sind. Zum Abschluss trinkt der Tänzer drei Schlucke vom heiligen Wasser und opfert dreimal Blüten in Richtung des Tempels.

Topeng

Dieser Tanztypus, der sich auf Bali großer Beliebtheit erfreut, umfasst genaugenommen eine ganze Reihe verschiedener pantomimischer Tänze, die unter diesem Oberbegriff zusammengefasst werden, der frei übersetzt ‚gegen das Gesicht gedrückt' bedeutet und damit Tänze meint, bei denen die Tänzer die Figuren der von ihnen getragenen Masken (Topeng) darstellen. Hierbei lassen Diener und Clowns stets die untere Gesichtshälfte frei, so dass sie die Möglichkeit haben, zu sprechen, denn sie sind gleichzeitig Erzähler, Regisseure und Übermittler von Botschaften, die von hierarchisch Höherstehenden kommen. Da die Aufführungen stets improvisiert sind, regeln die Diener Auftritt und Abgang der einzelnen Charaktere, indem sie sie – ständig bereit, ein Zwischenspiel zu erfinden – auf die Bühne rufen. Topeng-Tänze, in der Regel von fünf Männern in wechselnden Masken aufgeführt, kann man u.a. beim Odalan und einer Vielzahl ritueller Zeremonien (Zahnfeilung, Hochzeit etc.) sehen.

Topeng

Inspiriert ist der *Topeng*, der je nach rituellem Kontext oder festlichem Anlass anders ausfällt, von den *Badad*, den legendenhaften Chroniken der Clans und Königreiche von Bali. Mit Hilfe der verwendeten archetypischen Masken wird das Vorbild der Ahnen herbeigeholt, wodurch eine Zeremonie legitimiert oder eine moralische Botschaft vermittelt, andererseits aber auch die wahre und ideale Genealogie einer Gruppe in Erinnerung gerufen wird, um so das Identitätsgefühl zu verstärken.

Da die Grenzen zwischen Realität, Legende und Übernatürlichem beim *Topeng*, wo auch göttliche Mächte in die Handlung eingreifen oder die Kunst der Magie angewandt wird, nicht scharf gezogen sind, dürfen die historischen Gegebenheiten auch abgewandelt werden, denn schließlich hat eine derartige Aufführung nicht das Ziel, geschichtliche Persönlichkeiten wahrheitsgetreu widerzugeben, sondern lediglich das Charakterbild eines Menschen nachzuzeichnen.

Charakterbilder

Die Masken, die – jede für sich in ein Tuch eingewickelt – in einem Korb vor dem Gamelan liegen, gelten dem Tänzer als heilig und sind mit magischen Kräften ‚aufgeladen', weswegen er ihnen, nachdem er am Altar für *Taksu* um Charisma und Erfolg gebetet hat, vor der Aufführung und ehe er sie dem Korb entnimmt auf der Bühne Opfergaben darbringt.

Magische Masken

Eine vollständige Sammlung umfasst bis zu vierzig verschiedene *Topeng*-Masken. Sie alle können beim *Topeng pajegan* zum Einsatz kommen, der nur im Rahmen religiöser Zeremonien aufgeführt wird und bei dem ein Solotänzer mit Hilfe der verschiedenen Masken, die ihm alle persönlich gehören, die unterschiedlichsten Charaktere darstellt. Eine derartige Veranstaltung, bei der es keinen Vorhang gibt, trägt mehr den Charakter eines Ritus, bei dem der Mime gewissermaßen als Priester auftritt. Jedes Mal, wenn sich der Akteur halb in Trance eine neue Maske aufsetzt, beschwört er die Geister der Ahnen herauf, deren Verkörperung er in seinem jeweiligen Tanz darstellt.

Variationen — Beim mehr profanierten *Topeng panca* treten drei bis fünf Halbmasken tragende Clowns auf, die erklärende, meist witzige Kommentare abgeben, wobei den dargestellten Themen Begebenheiten aus der Geschichte der Insel zugrunde liegen. Im *Topeng dalem* tritt der Dalem (König) elegant und stumm tanzend ein und mimt anschließend eine Rede, die seine Diener übersetzen. Im Gegensatz dazu trägt der König im *Topeng prembon*, einer modernen Mischung aus *Topeng* und *Arja*, keine Maske und drückt sich durch Gesang aus. Der *Topeng sida karya* wiederum findet während der Kulthandlungen der Hohepriester statt, wobei der Tänzer am Schluss Opfergaben darbringt und Geldstücke an die Kinder verteilt.

Neben den genannten Tänzen gibt es noch eine ganze Reihe weiterer Solo- und Gruppentänze, in denen mit Hilfe verschiedener Masken jeweils unterschiedliche Typen und Figuren dargestellt werden.

Wayang wong oder Wayang orang

Vom Schattenspiel zum Maskentanz — Dieses selten, ausschließlich im Zusammenhang mit rituellen Zeremonien (insbesondere anlässlich des Odalan eines Tempels, der Masken besitzt) aufgeführte Maskenspiel mit Motiven aus Ramayana und Mahabharata entstand in der heutigen Form in der zweiten Hälfte des 19. Jahrhunderts und ist eine szenische Umsetzung des *Wayang kulit*, weswegen auch Musik und Gestik denen des Schattenspiels entsprechen. Traditionsgemäß spielt man pro Aufführung nur eine Episode aus dem Epos, doch können es ab und an auch mehrere sein, so dass eine Vorstellung zwischen sechs Stunden und mehreren Tagen dauern kann. Die Anfänge dieser Kunstform, die möglicherweise einst eine Bestattungszeremonie, ein männlicher Initiationsritus, ein Kriegstanz oder ein Erzählgesang war, reichen jedoch bis in vorislamische Zeit zurück.

Held des Stücks ist natürlich Fürst *Rama*, eine Inkarnation *Vishnus*, sein größter Widersacher ist der gewalttätige *Rawana*, der König der *Raksasa*-Riesen. Neben *Sita*, der Gemahlin *Ramas*, um deren Befreiung es in dem Stück geht, tritt noch das vom Affengeneral *Hanuman* angeführte Affenheer auf, das *Rama* zu Hilfe kommt und dessen einzelne Mitglieder jeweils einen Namen, eine Haube und einen eigenen Tanzstil haben. Außerdem gibt es noch die vier Diener, die denen des *Wayang kulit* entsprechen, wobei *Tualen* und *Merdah* Fürst *Rama* unterstützen, *Delem* und *Sangut* hingegen *Rawana* gehorchen.

Das Wayang-Spiel

Javanische Ursprünge — Schon seit vielen Jahrhunderten ist das *Wayang*, das der ethischen und spirituellen Erbauung dient, ein wesentlicher Bestandteil der javanischen Kultur sowie verschiedener von Java beeinflusster indonesischer Regionalkulturen, darunter auch derjenigen Balis. Zwar bedeutet das Wort ‚Wayang' ‚Schatten', doch werden unter diesem Begriff verschiedene Formen des klassischen javanischen und balinesischen Bühnenspiels zusammengefasst, von denen in der Literatur etwa hundert Variationen erwähnt werden.

Als älteste Form des *Wayang* gilt das **Wayang Kulit**, das eigentliche Schattenspiel mit flachen Puppen aus Leder (Kulit), dessen genaue Entstehungszeit und Herkunft allerdings bis heute im dunkeln liegen. Altjavanische Schriften belegen dessen Existenz auf

Zentraljava bereits für das 10. nachchristliche Jahrhundert, einiges spricht jedoch dafür, dass die Wurzeln des indonesischen Schattentheaters möglicherweise bis weit in die Zeit vor Beginn des indischen Kultureinflusses zurückreichen und es sich dereinst als ritueller Teil des Ahnenkultes aus animistischen Glaubensvorstellungen heraus entwickelt hat. Vermutlich diente es einerseits der Abwehr böser Geister, andererseits der mystischen Kontaktaufnahme mit den Ahnen, die in Gestalt der Schatten symbolisch auf der Leinwand erscheinen. So gilt es bis heute als magische Handlung, mit der die Verbindung zwischen den drei kosmischen Sphären (die Welt der Geister und Dämonen, die Welt der Menschen und die Welt der Götter) hergestellt sowie die Ordnung des Universums erneuert und gestärkt wird.

Wayang kulit-Puppe Dewi Sinta

Eine wirklich fundamentale Rolle spielte es während jener Zeiten, als der indonesische Archipel unter indischen Kultureinfluss geriet und es dabei zum wichtigsten Verbreitungsmedium für indische Ideen und Vorstellungen und somit Ausdrucksmittel zur Inszenierung der beiden alten Hindu-Epen Ramayana und Mahabharata (siehe Kapitel ‚Literatur und Dichtung', S. 151ff) wurde, da das Puppenspiel so fest in der Vorstellungswelt und Tradition der Javaner verwurzelt war, dass sich durch diesen ‚Kulturträger' auch neues Gedankengut leicht vermitteln und assimilieren ließ, das sich in Worten allein niemals vollständig hätte ausdrücken lassen.

Eine Wayang-kulit-Aufführung dauert die ganze Nacht.

Aufgrund dieser gewichtigen Rolle des Wayang, das als sozio-kultureller Eckpfeiler fungierte und daher innerhalb der Gesellschaft fest verankert war (und ist), lässt sich auch verstehen, warum es selbst dem ansonsten so bilderfeindlichen Islam während der Epoche der Islamisierung der indonesischen Inselwelt nicht gelang, das Schattenspiel auszumerzen, das es vielmehr seinerseits verstand, sich der neuen Lehre anzupassen und sich sogar noch weiterzuentwickeln, um so als Mittel zur Verbreitung der neuen religiösen Lehre zu dienen, wobei es sich im Archipel weiter verbreitete.

Unkonventionelles Propagandamittel

Diese Mittler- bzw. Vermittlerfunktion hat das Wayang selbst heutigentags noch nicht verloren, nach wie vor verwendet man es hier und da, um aktuelle Thematiken anschaulich zu machen und so den Leuten nahe zu bringen.

Doch welchem Zweck auch immer die Vorführungen dienen, noch heute ist eine Wayang-Aufführung – unabhängig von Inhalt und Spielort – weit mehr als eine bloße

Magisch-kultische Handlung mit Unterhaltungswert

Theateraufführung, es ist eine magische und kulthafte Handlung, in der Sage und Mythos der Vergangenheit lebendig in die Gegenwart hineinreichen, weswegen sie auch (abgesehen von den Touristenveranstaltungen) nicht einfach der Volksbelustigung dienen und zu x-beliebigen Zeiten aufgeführt werden, sondern ausnahmslos im Zusammenhang mit bestimmten kultischen oder religiösen Ereignissen, Zeremonien oder Familienfesten, oder auch um damit den Wohlstand eines Dorfes oder einer Einzelperson zu sichern oder drohendes Unheil, z.B. einen Vulkanausbruch, abzuwehren. Denn unverändert besteht die Wirksamkeit des *Wayang* in der Wiederherstellung des kosmischen Gleichgewichts zwischen negativen und positiven Kräften, wobei sich Vorführungen mit ritueller Funktion stets einzig und allein auf Episoden aus dem Mahabharata stützen.

Auch heute noch ein Renner

Trotz der zunehmenden Konkurrenz durch die modernen Medien Kino, Fernsehen und Video sowie elektronische Massenunterhaltung, erfreut sich das *Wayang* noch immer großer Beliebtheit. Auch wenn im Grunde genommen nur die Einheimischen alle Schattierungen dieser Dramen verstehen und somit würdigen können, sollte man dennoch einmal eine originale *Wayang*-Vorstellung besuchen, die einem sicherlich beim Verständnis der balinesischen Mentalität behilflich sein kann, auch wenn man sich nicht das ganze Stück anschaut, denn unter zehn Stunden dauert eine derartige Aufführung kaum. Gespielt wird normalerweise zwischen Sonnenuntergang und Sonnenaufgang. Bei traditionellen Vorführungen nehmen die Zuschauer, je nach Geschlecht, verschiedne Plätze ein, die Frauen vor der Leinwand, so dass sie die Schatten sehen können, die Männer auf der anderen Seite, wo sie neben den Puppen den Dalang (Puppenspieler) und das in der Regel aus zwei kleinen und zwei großen Gender sowie Zimbeln, Trommeln und kleinen Gongs bestehende Gamelan beobachten können.

Das Equipment

Der technische Apparat einer *Wayang kulit*-Aufführung ist an und für sich sehr einfach und besteht aus einem mannshohen, senkrecht stehenden, ca. 5-6 m langen und mit einer weißen Leinwand (Klir) bespannten Holzrahmen, hinter dem der Puppenspieler (Dalang) sitzt, über dessen Kopf eine Lampe, eine Kokosnussöllampe (Damar) oder eine Öllampe (Belencong; oft in Gestalt des *Garuda*-Vogels) brennt, deren Licht die Schatten der Figuren auf die Leinwand wirft. Direkt zu Füßen des Projektionsschirmes liegen die Stämme zweier frisch geschlagener Bananenbäume (Gedebong), die die Bühne bilden und in die der Dalang einen Teil der für die Vorführung benötigten Puppen mit ihren spitzen Haltestielen aus Horn hineinsteckt, und zwar rechts von sich die Guten, Feinfühligen und Beherrschten (Halus), links hingegen die Bösen, Vulgären und Jähzornigen (Kasar). Weitere Figuren und sonstiges für die Aufführung benötigtes Zubehör birgt die zu seiner Linken aufgestellte Holzkiste (Kropak), deren Deckel zur Rechten des Spielers liegt und auf den dieser die Puppen legt, die er während der Vorstellung nicht mehr braucht.

Gelegentlich sitzen links und rechts des Dalang auch seine beiden Gehilfen. Unmittelbar hinter dem Puppenspieler sitzt das Gamelan, das die Handlung begleitet.

Er lässt die Puppen tanzen

Die unbestreitbar wichtigste Person des *Wayang kulit* ist der formell gekleidete **Dalang**, der Regisseur, Schauspieler, Poet, Komödiant, Kenner geschichtlicher Ereignisse und Dirigent in Personalunion ist und als hochangesehene Persönlichkeit, als Medium mit spirituellen Kräften gilt – wobei er früher sogar die Bedeutung eines Priesters hatte –, der die Verbindung zwischen den Lebenden und Verstorbenen herstellt.

Eine jahrelange, meist siebenjährige harte Ausbildung ist nötig, bis er alle Aufgaben virtuos beherrscht, schließlich muss er gleichzeitig mit manuellem Geschick sämtliche Figuren führen, alle Rollen sprechen und gelegentlich singen sowie das Gamelan-Orchester dirigieren, und zwar mit Hilfe eines zwischen die Zehen geklemmten Hämmerchens (Cempala) aus Horn oder Hartholz, mit dem er an die neben ihm stehende Kiste klopft. Zusätzlich leitet er das Orchester durch ein System von Stichwörtern, wobei der Spieler der Kendang (Trommel) als Vermittler zwischen Dalang und den restlichen Musikern auftritt, indem er bei jedem Stück das Tempo sowie Tempowechsel und die wichtigen Zeichen für die Beendigung eines Stückes vorgibt. Dem Dalang gehen während der Vorführungen zwei Assistenten zur Hand, wobei derjenige zu seiner Rechten *Brahma* und derjenige zu seiner Linken *Vishnu* verkörpert. Sie sind dafür zuständig, die Glieder der zur Seite gestellten Puppen zu entwirren, die Öllampe nachzufüllen, eben ganz einfach dafür, dass die Vorführung reibungslos über die Bühne geht.

Schematische Darstellung einer balinesischen Wayang-Bühne

1 Bananenstamm 2 Schirm 3 Musikinstrumente

Bei den Aufführungen, deren Ereignisse sich über Jahrhunderte und ganze Kontinente erstrecken und bei denen ein kompliziertes Netzwerk von Hofintrigen, Kriegen, großen Lieben, Magie, Mystik und Philosophie gesponnen wird, werden unterschiedliche Sprachen benutzt: die verschiedenen Ebenen der altjavanischen Sprache (Kawi), Sundanesisch oder Balinesisch, wenn die klassischen Figuren (Götter, Priester, Könige, Dämonen, Höflinge) agieren, das moderne Bahasa Indonesia, wenn volkstümliche Gestalten über Gegenwartsthemen parlieren bzw. Diener (Panasar) die Reden ihrer Herren übersetzen. Das *Dharma rawayanga*, ein grundlegender Text über die legendären und geistigen Hintergründe der Schattenspielkunst, bestimmt den Dalang zum ‚Meister der Sprache', der mit seiner Stimme alles zum Ausdruck zu bringen vermöge.

Sprachgenie

Am beeindruckendsten ist dabei die enorme Gedächtnisleistung des Spielers, der sämtliche Texte auswendig kennen muss, doch muss er, um sein Publikum, das die Stücke in der Regel bestens kennt, wirklich in den Bann ziehen zu können, darüber hinaus ein ausgezeichnetes Improvisationstalent besitzen, denn die Handlungen der einzelnen Personen sind zwar in schriftlich und mündlich überlieferten Texten (Lakon) festgehalten, doch werden die Gründe für deren Handeln durch den Puppenspieler stets neu interpretiert, wobei es ein guter Spieler versteht, auch aktuelle Bezüge herzustellen und so beispielsweise die politischen Verhältnisse kritisch unter die Lupe zu nehmen.

Musikalische Unterstützung

Die Atmosphäre einer Aufführung, vor der der Dalang die Opfergaben weiht und heiliges Wasser versprengt, um die Puppen zum Leben zu erwecken, stille rituelle Anrufungen (Mantra) absolviert, die den Darsteller geistig reinigen und schützen, ihn eng mit den unsichtbaren Mächten verbinden sollen, und während derer er zwecks innerer Sammlung meist Betel kaut, wird aber auch wesentlich vom Gamelan-Orchester mitbestimmt, das den Auftritt einer Figur unterstreicht, dramatische Szenen klangvoll steigert, das gesamte Geschehen in feinsten Nuancen begleitet, gelegentlich unterstützt von zwei oder drei Sängerinnen, die zum Stück gehörende, erklärende Texte, aber auch davon unabhängig Lieder und Balladen singen.

Feine Lederarbeiten

Die Figuren des *Wayang kulit* werden von Kunsthandwerkern (Penatah) aus hartgetrocknetem, gegerbtem Büffelleder hergestellt, wobei zunächst die äußere Form ausgeschnitten wird und anschließend mit kleinen Meißeln die Details herausgeschlagen werden, mit dem Ohr beginnend und ganz zuletzt mit besonderer Sorgfalt das Gesicht gestaltend. Erst wenn die Figur die Augen bekommen hat, kann sie in den Händen des Dalang zum Leben erweckt werden.

Wayang kulit-Puppe Rama

Der so entstandene ‚Rohling' wird sodann beidseitig poliert und mit weißer Leimfarbe grundiert, auf die dann alle weiteren Farben aufgetragen werden, die durchweg symbolische Bedeutung besitzen, und zwar als Hauptfarben Blau, Schwarz, Gelb und Rot, aus denen man durch Mischungen verschiedene Abwandlungen erzielen kann. Zusätzlich wird bei manchen Figuren noch sehr feines Blattgold aufgetragen. Anschließend setzt man die beweglichen Arme und den Cempurit, einen Stock aus Horn oder Hartholz, an, um die Puppe aufrecht zu halten.

Schaut man sich die fertigen Puppen an, so fällt auf, dass sie allesamt streng stilisiert sind und kaum noch menschliche Züge aufweisen und dass ihre Körper ausnahmslos in Frontalstellung, ihre Köpfe und Beine hingegen im Profil gezeigt werden.

Die dargestellten, 23 bis 90 cm großen Gestalten – die jeweils bestimmte Grundwerte symbolisieren – und deren Charakter erkennt der Zuschauer in erster Linie an der Gesichtsform und -farbe. So bilden z.B. bei Göttern, Helden und anderen edlen Gestalten Nase und Stirn eine gerade Linie, wobei die Nase fein gezeichnet ist und die Augen mandelförmig geschlitzt sind, mit nach unten gerichtetem Blick, wie dies meist bei Frauen der Fall ist; die Blicke von Königen, deren Würde zum Ausdruck gebracht werden soll, sind dagegen nach vorne gerichtet. Dämonen und Riesen (Raksasa) dagegen erkennt man an ihren runden Glotzaugen und großen, knolligen Nasen, die mit der Stirnlinie einen Winkel bilden, Riesen und Affen wiederum an ihren Hauerzähnen. Männliche Gestalten sind zumeist weitausschreitend dargestellt, weibliche hingegen immer mit eng geschlossenen Beinen. Zwei Abwandlungen von den javanischen Puppen sind auf Bali feststellbar: Zum einen wird *Hanumans* Gesicht im Halbprofil mit zwei Augen dargestellt, zum anderen weist *Semar* (s.u.) einen beweglichen Unterkiefer auf.

Außerdem gibt es noch die Höflinge (Panasar), zwei loyale Diener und zwei Taugenichtse, die dicke Bäuche und einen beweglichen Kiefer haben, so dass man wirklich sieht, wie sie sprechen.

Charakterisiert rote Farbe einen aggressiven und leidenschaftlichen Typ, so steht die schwarze Gesichtsfarbe normalerweise für Tugend, Reife und Besinnlichkeit, weiße dagegen für edle Abstammung, Jugend und Schönheit, blaue und grüne für Feigheit und goldene als Betonung der Würde, Schönheit und des Ruhmes der dargestellten Person. So ist z.B. *Vishnus* Gesicht schwarz, dasjenige *Shivas* golden und *Baladewas* rot.

Farbsymbolik

Die größten Puppen sind die Dämonen, gefolgt von Königen und Adligen, die kleinsten wiederum stellen Vertreter des gewöhnlichen Volkes dar, wobei Figuren aus dem Lager der Guten jeweils größer sind als ihre Opponenten aus dem Lager der Schlechten.

Ein kompletter Figurensatz besteht aus rund 300-400 Puppen, die vom Dalang mittels feiner Haltestäbe aus Holz oder Büffelhorn zum Leben erweckt werden, der die Stäbchenenden in der Hand hält und so die Arme bewegen kann, wohingegen Kopf, Beine und Körper unbeweglich sind.

Ein wichtiges Requisit, das bei keiner Aufführung fehlen darf, ist der bis zu über einem Meter hohe, aus gestanztem und bemaltem Leder bestehende, in der Mitte von einem gespaltenen Stab aus Büffelhorn oder Holz gehaltene **Kekayon** (Baum des Lebens; javanisch *Gunungan* = Berg), das Symbol für die Weltachse, den Weltenberg und das magische Kraftzentrum des Spielens und somit Hinweis dafür, dass mit dem Schattenspiel eine magische Verbindung zwischen jenseitiger und diesseitiger Welt hergestellt wird. Der Puppenspieler stellt dieses Requisit vor und nach der Vorstellung sowie während der Pausen vor die Leinwandmitte, wobei die den Werdegang des Menschen andeutende Spitze vom Spieler aus gesehen vor Mitternacht nach links, um Mitternacht gerade nach oben und nach Mitternacht nach rechts weisen muss. Während der Aufführung selbst deutet dieses Requisit, von dem zwei Exemplare seitlich den Bühnenabschluss bilden, Feuer, Wind, Wasser, Berge, Wolken oder Hindernisse an. Dabei wird er unruhig hin- und hergefächelt, näher an das Tuch herangebracht oder von diesem entfernt, so dass sich gestochen scharfe Konturen mit verschwommenen Schatten abwechseln. Auf ihm findet man verschiedene symbolische Dekorationen, darunter auch ein Gesicht in der Mitte, das die Gefahr und die Risiken personifiziert, denen jeder Mensch in seinem Leben begegnet. Die Mittelachse des Kekayon bildet der stilisierte ‚Lebensbaum' oder ‚Himmelsbaum', der mit Blumen und Vögeln geschmückt ist.

Verbindung zwischen Diesseits und Jenseits

Da nicht alle Texte des *Wayang* vollständig schriftlich festgelegt sind, besitzt der Dalang zwar einen gewissen Improvisationsspielraum, muss sich aber dennoch an ein festes

Kekayon

Schema halten. So macht er, nachdem das Gamelan die Aufführung eröffnet hat (meist gegen 20 Uhr), das Publikum zunächst in einer langen Einleitung mit dem Ort des Geschehens und den auftretenden Personen bekannt, ehe gegen 21 Uhr die eigentliche Vorstellung beginnt, die in drei Phasen gegliedert ist:

1. Phase: Sie dient zur Einführung in den Konflikt, Probleme tauchen auf, Meinungen und Argumente prallen aufeinander, so dass es schließlich zum ersten, ergebnislos verlaufenden Kampf kommt. Dieser erste Teil dauert für gewöhnlich bis Mitternacht.
2. Phase: Im zweiten Abschnitt, der gegen 3 Uhr morgens endet, tritt der Hauptheld auf, der in Kämpfe verwickelt wird, die aber immer noch keine Lösung der Konfliktes erkennen lassen.
3. Phase: Im letzten, gegen 6 Uhr morgens endenden Teil, kulminiert die Entwicklung meist in einer gewaltigen Schlacht, die endlich den Sieg des Guten über das Böse bringt.

Die älteste, beliebteste und am häufigsten gespielte Form des Schattentheaters ist das **Wayang purwa**, das auf den indischen Epen Ramayana und Mahabharata basiert, deren Legenden es indonesisch abgewandelt hat, und in dem neben Menschen u.a. auch Götter, Dämonen und Riesen mitspielen.

Das *Wayang* gliedert sich – abgesehen vom oben erwähnten *Wayang purwa* – in verschiedene weitere Untergruppen, die sich zum einen nach der Machart der Puppen, vor allem aber durch die dargestellten Themen unterscheiden.

Dreidimensionalität

Aus einer dieser Untergruppen entwickelten sich schließlich die dreidimensionalen, bemalten, teilweise in prächtige Batiken gekleideten ca. 70 cm großen Holzpuppen des **Wayang golek** (Golek = rund), deren Köpfe mittels einer drehbaren Spindel und deren Arme mit an den Händen der Puppen befestigten Holzstäbchen bewegt werden können. Die Verbreitung dieser vor allem auf Westjava sehr beliebten *Wayang*-Form, deren Repertoire hauptsächlich aus den Erlebnissen des arabischen Prinzen *Amir Hamza*, eines Oheims des Propheten *Mohammed*, den Eroberungen des Fürsten *Menak* und die Bekehrung der Einwohner zum Islam sowie Stücken des *Wayang-purwa*-Themenkreises besteht, vollzog sich mit der Islamisierung des Archipels. *Wayang-golek*-Aufführungen finden oftmals tagsüber statt und besitzen eine weniger zeremonielle, weniger magische, mehr weltliche Atmosphäre als das *Wayang kulit*. *Wayang-golek*-Puppen, die mit Batiken bekleidet und von erstaunlich menschlicher Gestalt sein können, werden nach strengen Vorgaben aus dem dauerhaften, aber leichten Arbasia-Holz gefertigt, bei ihrer Herstellung besteht jedoch praktisch keinerlei innovativer Spielraum; in der Farbgebung der Gesichter etc. folgt man den gleichen Richtlinien wie beim *Wayang kulit*.

In besonderen Fällen wird auf Bali das **Wayang calonarang** gespielt, dessen Grundthemen Hexerei, schwarze Magie und Besessenheit sind und bei dem es um den Versuch einer bösen Hexe geht, ein uraltes ostjavanisches Königreich zu zerstören. Bei dieser Aufführung kann der Dalang, wenn er in Trance gerät, ein bestimmtes Haus oder bestimmte Personen

Wayang-golek-Puppen

als verhext bezeichnen, weswegen das Volk große Furcht vor diesem Spiel hat, sich aus Neugier aber trotzdem regelmäßig in großer Zahl einfindet, wobei gelegentlich der ein oder andere selbst in Trance fällt und dabei Amok läuft. Ein guter Dalang könne, so heißt es, während einer derartigen Vorstellung alle *Leaks* des Dorfes entfesseln, d.h. alle Menschen, die sich durch schwarze Magie in seltsame und bösartige Geschöpfe verwandeln.

Andere Formen des Schattentheaters sind mit bestimmten Ritualen verknüpft, z.B. das **Wayang lemah** (,Wayang bei Tag'), das tagsüber im Rahmen von Tempelzeremonien aufgeführt wird, während der Oberpriester das heilige Wasser bereitet. Als einzige Schattenspielvariante kommt es ohne Leinwand und Beleuchtung aus; die Puppen sind einfach gegen ein Gewirr aus Fäden gelehnt, das zwischen zwei Ästen des heiligen Dapdap-Baumes gespannt wird. Da sich dieses Spiel mit seinem zeremoniellen Charakter mehr an ein göttliches als an ein menschliches Publikum richtet, zollt ihm letzteres meist auch wenig Aufmerksamkeit.

Spiel für die Götter

Literatur und Dichtung

Ihren Ursprung findet die indonesische Literatur in der indischen Dichtung, die – wie in vielen anderen Ländern Asiens – von Missionaren in Form von Erzählungen, Geschichten, Märchen und Legenden ins Land gebracht wurde, nicht selten allerdings nur in fragmentarischer Form, und die anschließend von den Einheimischen nach ihrem Verständnis abgeändert wurden, wie dies auch auf Bali geschah, wobei die Vorlage des jeweiligen Werkes aber in der Regel noch immer erkennbar ist.

Indische Ursprünge

Demgegenüber tritt die einheimische Literatur und Poesie weitgehend in den Hintergrund und erlangte erst seit den 20er und 30er Jahren des vergangenen Jahrhunderts etwas mehr an Bedeutung, vielfach angeregt und inspiriert von Ausländern, die sich periodisch oder dauerhaft auf der Insel aufhielten und dem literarischen Schaffen vor Ort neue Impulse gaben.

Ausländer als Impulsgeber

INFO Lontar-Blätter

Bei diesen aus den Blättern der Lontarpalme gefertigten Manuskripttäfelchen handelt es sich um eine spezielle Form der Malerei bzw. Graphik, die man ebenso gut in die Sparte Holzschnitzkunst einreihen könnte.

Diese Kunst entwickelte sich während der Majapahit-Ära beim Kopieren alter Manuskripte parallel zur Malerei. Die getrockneten Palmblätter dienen als Träger vieler alter javanischer und balinesischer Schriften, die die Künstler mit spitzen Eisenfedern und -griffeln in der Ritualsprache Kawi zusammen mit Miniaturillustrationen in die vorbereiteten, ca. drei Zentimeter breiten und bis zu 40-60 cm langen, gleichgroßen Blätter einritzen und anschließend mit einem Gemisch aus Öl und Ruß schwärzen, das man auf den glatten Blättern leicht abwischen kann, so dass – ähnlich wie bei einem Kupferstich – nur die Einritzungen geschwärzt bleiben.

Die einzelnen, länglichen Blätter eines Lontar-Buches werden an einem Rand jeweils mittig mit einem Loch versehen und mittels eines hindurchgezogenen Fadens zusammengehalten. Als ‚Einband' fungieren dabei hinten und vorne dünne Bambus- oder Sandelholzdeckel, die man oftmals zuvor auf gleiche Art und Weise kunstvoll beschriftet und bemalt hat.

In diesen Büchlein – eines der ältesten stammt aus der Majapahit-Periode – werden vorwiegend die alten hindu-balinesischen Epen in Bild (und Text) erzählt, doch zeichnete bzw. zeichnet man auf ihnen u.a. auch historische und archäologische Berichte, Legenden und Erzählungen sowie die balinesischen Kalender und Richtlinien auf, die z.B. beim Bau eines Gehöfts für die richtigen Proportionen und die korrekte Anordnung der einzelnen Gebäude sorgen sollen (siehe Kapitel ‚Architektur', S. 95ff), darüber hinaus kommen derartige Blätter beim Totenritus zur Anwendung. Um nämlich die Seele eines Verstorbenen von alter irdischer Identität zu befreien, verbrennt man ein Lontar-Blatt, auf dem der Name des Dahingegangenen geschrieben steht, und streut dessen Asche anschließend ins Meer, woraufhin die Seele mit der anonymen Ahnengottheit im Familientempel verschmelzen kann.

Da die Lontar-Blätter aufgrund des tropischen Klimas nicht ewig halten, müssen die Schriften von Zeit zu Zeit erneuert, d.h. kopiert werden.

Derartige Büchlein werden heutzutage massenhaft zum Verkauf angeboten, doch gilt auch für sie das Gebot der Selektion, denn nur wenige sind ihren Preis wert. Eine relativ große Auswahl in ordentlicher Qualität und zu vernünftigen Preisen (ab ca. 1.000.000 Rp. pro Buch bester Qualität, einfachere Werke schon ab ca. 10.000 Rp.) findet man im Bali-Aga-Dorf Tenganan, wo man den Künstlern sogar über die Schultern schauen kann.

Eine sehr schöne Sammlung alter Lontar-Manuskripte birgt das Gedong Kirtya Lontar Museum in Singaraja.

Aus der vorislamischen Periode sind im gesamten indonesischen Archipel kaum literarische Zeugnisse erhalten geblieben, abgesehen von einigen Lontar-Büchern und Grabinschriften.

Zu den mündlichen Quellen gehören zahllose Märchen von Dämonen und Königen, legendären Helden und Sagengestalten, wobei jedes Volk, so auch die Balinesen, seine eigene Geschichte von den ersten Menschen, ihren Göttern und dem ewigen Kampf zwischen dem Guten und dem Bösen hat. Dabei haben sich vor allem hinduistische und buddhistische Einflüsse bis heute in vielen Märchen und Fabeln erhalten.

Märchen und Fabeln

Als größtes Werk der klassischen malaiischen Literatur sind das ‚Sejarah Melayu', die ‚Malaiischen Annalen', zu nennen, die den Aufstieg und Fall Malakkas, d.h. die Abkunft und das Leben der malaiischen Fürsten schildern. Verfasst wurden sie vermutlich vom Schatzmeister *Tun Muhammad Johore Lama*, wobei die erste Fassung im Jahr 1511 endet, die lange Version hingegen um die Jahre bis 1673 erweitert wurde.

Einen guten Einblick in die Sitten und Gebräuche des 16. und 17. Jahrhunderts vermittelt die Geschichte vom edlen Krieger *Hang Tuah*, mit dem Titel ‚Hikayat Hang Tuah', die im 16. Jahrhundert entstand und im Jahrhundert darauf ergänzt wurde. In ihr werden die Abenteuer dieses Mannes geschildert, der zunächst dem Sultan von Malakka als Page diente und später als dessen Ratgeber und Oberbefehlshaber der Flotte fungierte, wobei die Romanfigur das malaiische Volk an sich verkörpert.

Den Beginn der modernen malaiischen Literatur setzt man bei *Munshi Abdullah* (1796-1854) an, der als Schriftsteller und Sekretär des Gouverneurs *Sir Stamford Raffles* arbeitete und dessen Autobiographie mit der klassischen Literatur bricht, die sich kaum mit dem Alltagsleben der Malaien beschäftigt.

Eine Autobiographie als Zäsur

Die für die javanische und balinesische Kultur und Kunst und deren Entwicklung wichtigsten literarischen Importe sind die beiden, ursprünglich in Sanskrit verfassten Hindu-Epen *Ramayana* und *Mahabharata*, die praktisch jeden Zweig künstlerischen Schaffens – ob Tanz, Tanzdrama, Schattenspiel, Malerei, Holzschnitz- oder Steinmetzkunst – beeinflussten und darin ihre Spuren hinterließen, wobei die Javaner gleichzeitig die Orte des Geschehens nach Java verlagerten, so dass die Könige von Java nach und nach Nachkommen der epischen Helden wurden. In ihrem Wesen sind die beiden Epen Moralgeschichten, die über Jahrhunderte hinweg eine große Rolle bei der Etablierung der traditionellen javanischen und balinesischen Werte gespielt haben, wobei die Unterteilung in gut und böse nie absolut ist. Gerade in diesem moralischen Anliegen, immer wieder den Sieg des Guten und die Unterwerfung des Bösen aufzuzeigen, liegt die Zeitlosigkeit dieser beiden Epen, die sich bis zum heutigen Tage bei der Bevölkerung größter Beliebtheit erfreuen, lässt sich doch jede Begebenheit in ihnen zur Gegenwart in Beziehung setzen.

Die literarischen Hauptwerke

Ramayana

Insgesamt gesehen ist das *Ramayana* – eine Art ritterlicher Dichtung, deren zentrales Thema der immerwährende Kampf zwischen Göttern und Dämonen ist – die bedeutendste Erzählung indischer Herkunft und wird in enge Verbindung mit dem legendären Dichter *Valmiki* gebracht. Gleich den Homerischen Epen hat sich das *Ramayana* wohl als

Das klassische Literaturthema

Zusammenfassung noch älterer Mythen zu einem Leitbild des Hinduismus entwickelt und erfreut sich aufgrund seiner Dramatik und seiner hohen moralischen Werte im indonesischen Volk allgemeiner Beliebtheit.

Erste Teile dieses Epos, das die Kultur vieler asiatischer Länder nachhaltig mitgeprägt hat und die Ethik menschlicher Beziehungen thematisiert, kamen möglicherweise bereits im dritten vorchristlichen Jahrhundert zur Aufführung und umfassten 500 Gesänge mit rund 24.000 Versen. Unbekannte Chronisten fügten zu einem späteren Zeitpunkt (vermutlich bis zum zweiten nachchristlichen Jahrhundert) zwei weitere Bücher hinzu, in denen *Rama*, der mythische Held der Erzählung und Vertreter aller männlichen Tugenden (Stärke, Ausdauer, Liebe und Wahrhaftigkeit), zu einer Inkarnation des Gottes *Vishnu* wird. Schon im Urtext, vielmehr jedoch noch infolge der vielfältigen regionalen Transformationen gestattet das Epos nicht nur eine Deutung, sondern – je nach religiöser Auffassung – eine ganze Reihe unterschiedlicher Interpretationen, die oftmals nur noch einen Teil des ursprünglichen Handlungskerns erkennen lassen. Aufgabe des in sieben Kanda-Bücher untergliederten *Ramayana* (wie auch anderer alter Hindu-Epen) war es einst, die Konzeption des Hinduismus vom Herrscher als göttliche Inkarnation zu popularisieren und damit zu legitimieren.

Vielfältige Deutungsmöglichkeiten

Nachstehend wird die auf Bali gebräuchliche Version erzählt:

In der Person von Prinz *Rama* (oder *Ramachandra* = der ‚Mondgleiche'), einem der Söhne von *Raja Dasarata*, dem Herrscher über das nordindische Königreich Kosala mit der Hauptstadt Ayodhaya (eine Stadt am Fluss Sarayu), kommt der Gott *Vishnu* zum siebten Mal auf die Erde. Wie seine Brüder *Barata*, *Laksmana* (dieser versinnbildlicht brüderliche Treue und Tapferkeit) und *Saturgna*, die allesamt verschiedene Mütter haben, rühmt man auch ihn für seine tadellosen Charaktereigenschaften. Er verliebt sich in *Sita* (auch *Sinta* genannt), die Tochter des Königs von Videha und Idealbild ehelicher Treue und Liebe, die er, einem altarischen Brauch zufolge, bei einem Bogenwettbewerb als Frau erringt, da er als einziger imstande ist, den Bogen ihres Vaters zu spannen.

Tanzszene aus dem Ramayana

Da *Raja Dasarata* vor Jahren seiner zweiten Frau *Kekayi* jedoch versprochen hat, ihr zwei Wünsche zu erfüllen, tauchen nunmehr folgende Probleme auf: Zum einen muss der Herrscher, obwohl er seinen Erstgeborenen und Lieblingssohn *Rama* gern zum Nachfolger ernannt hätte, sich dem Willen seiner früheren Frau beugen und stattdessen seinen Zweitgeborenen *Barata* zum Thronfolger ernennen, zum anderen sieht er sich aufgrund der zweiten Forderung gezwungen, *Rama* für 14 Jahre zu verbannen. Aufgrund dieser Sachlage verlassen *Rama* und *Sita* zusammen mit *Laksmana* die Stadt und ziehen in die Einsamkeit des mystischen Waldes Dandaka.

Exil

Kurz darauf verstirbt der König, woraufhin *Kekayi* zu ihrem Sohn eilt und ihn auffordert, er solle das Erbe antreten, dieser lehnt jedoch ab und erklärt sich nur bereit, bis zur Rückkehr seines Bruders *Rama* als Stellvertreter zu regieren.

Rama, *Sita* und *Laksmana* finden vorübergehend bei Einsiedlern Obdach, von denen einer *Rama* einen Zauberbogen gibt. Dreizehn friedliche Jahre verbringen die drei anschließend in einer von ihnen errichteten Hütte. Aus Sicherheitsgründen geht immer nur einer der beiden Brüder auf die Jagd, zu groß ist ihre Furcht, *Sita* könnte etwas zustoßen.

Vom Liebreiz *Sitas* betört und angestachelt von seiner Schwester *Shurphanaka*, deren Liebe *Rama* und *Laksmana* zurückgewiesen haben, beschließt der Dämonenkönig *Rawana*, der wie Proteus ständig die Gestalt wechselt, *Sita* zu entführen. Indem sich sein Minister *Marica* in einen wunderschönen, goldenen Hirsch verwandelt, lockt der Dämon *Rama* immer tiefer in den Wald, bis dieser schließlich einen Pfeil auf ihn abschießt. Getroffen bricht der Hirsch zusammen, vor *Rama* liegt der Riese *Marica*. Bevor er stirbt, ruft er – die Stimme *Ramas* nachahmend – gellend um Hilfe, woraufhin *Sita*, die die Rufe gehört hat, *Laksmana* bittet, ihrem Mann zu Hilfe zu eilen, woraufhin dieser unverzüglich aufbricht, nicht ohne *Sita* noch zu ermahnen, unter keinen Umständen die Hütte zu verlassen.

Folgenschwere Verführung

Doch kaum ist sie allein, durchrüttelt ein gewaltiger Windstoß die Hütte und ein Bettelmönch klopft an die Tür, der so salbungsvoll spricht, dass *Sita* ihm öffnet. Zwar erkennt sie ihren Fehler sofort, dennoch ist es schon zu spät! Hoch durch die Lüfte entführt *Rawana* die mondäugige *Sita* in sein Reich auf dem ozeanischen Eiland Lanka (= Sri Lanka), wo er sein Opfer zwingen will, bei ihm zu leben. Von *Jatayu*, dem tödlich verwundeten König der Vögel, der die Entführung noch verhindern wollte, erfahren die beiden Brüder vom Schicksal *Sitas* und beschließen, sie zu retten.

Da erinnert sich *Rama* an die ihm vom Gott *Brahma* gestellte Lebensaufgabe, den Dämonenkönig zu vernichten, dem *Brahma* einst selbst zugesichert hat, dass kein Gott ihn besiegen könne, weswegen er sich als Ausweg auf die List besann, *Vishnu* in Gestalt *Ramas* als wiedergeborenen Menschen auf die Erde kommen zu lassen.

Ramas Bestimmung

Während *Rama* und sein Bruder den Dämonenkönig verfolgen, begegnen sie dem weisen Affen *Hanuman*, dem Berater und General des entmachteten Affenkönigs *Sugriva*. Da *Rama* dem Affenkönig einst geholfen hat, sein Königtum von seinem missratenen Bruder *Subaldi* zurückzuerobern, versichert dieser dem Suchenden seine Unterstützung bei der Befreiung *Sitas*, woraufhin *Hanuman* als Kundschafter in die Hauptstadt des Dämonenreiches vorausgeschickt wird.

Der Retter in der Not

Mit gewaltigen Kräften schwingt sich dieser über das Meer und es gelingt ihm, sich in das Gefängnis *Sitas* einzuschleichen und ihr mitzuteilen, dass *Rama* unterwegs sei, um sie zu befreien, doch wird *Rawana* unmittelbar danach seiner habhaft, und nur mit Mühe gelingt es dem festgesetzten *Hanuman*, sich zu befreien, woraufhin er den Palast des Dämonenkönigs mit seinem brennenden Schwanz anzündet.

Dem Affenheer ist es mittlerweile gelungen, mit Unterstützung des Meeresgottes *Waruna* einen Damm nach Lanka zu bauen und auf die Insel überzusetzen, so dass zwischen den gegnerischen Truppen eine grausame Schlacht entbrennt. Am Ende des sechs Tage und sechs Nächte dauernden Gemetzels gelingt es *Rama* schließlich, *Rawana* mit Hilfe von *Indras* magischem Pfeil zu töten, nachdem dem Dämon zuvor seine abgeschlagenen Köpfe stets hydraartig nachgewachsen sind.

Schlachtengetümmel

Vor der glücklichen Rückkehr nach Ayodhaya muss sich *Sita*, da sie längere Zeit im Palast *Rawanas* weilte, allerdings noch einer Feuerprobe unterziehen, die ihre körperliche und geistige Unberührtheit unter Beweis stellen soll. Sie besteht die ihr auferlegte Prüfung mit Bravour und entsteigt – zum Zeichen ihrer Unschuld – unverletzt einem brennenden Scheiterhaufen. Trotzdem ziehen böse Zungen auch weiterhin ihre Unschuld und Treue in Zweifel, woraufhin *Rama* seine schwangere Frau verbannt, die kurz darauf in einer Einsiedelei Zwillingssöhnen das Leben schenkt.

Unschuldig verbannt

Als *Rama Sita* und deren Söhne nach 15 Jahren zurück in die Königsstadt ruft, weigert sich diese und wird auf ihr Gebet hin von der Mutter Erde in ihren Schoß aufgenommen. Ob dieser traurigen Botschaft wird *Rama* zum Asket und kehrt letztendlich als *Vishnu* in den Götterhimmel zurück.

Das Happy End bleibt aus

Eine andere Schlussvariante berichtet von der glücklichen Heimkehr *Sitas* und *Ramas*, der den Thron von seinem Bruder übernimmt.

Mahabharata

Noch wesentlich umfangreicher als das Ramayana ist das Mahabharata, das als längste zusammenhängende Dichtung der Welt gilt und ebenfalls Balis Kultur nachdrücklich beeinflusste, wobei dessen 110.000 Doppelverse vermutlich einen historischen Kern haben, nämlich den Machtkampf zwischen zwei Zweigen der königlichen *Bharata*-Dynastie: den *Kaurawa*, den 100 Söhnen des blinden *Raja Dasarata*, und den *Pandawa*, den fünf halbgöttlichen Söhnen des edlen *Pandu*, der das Königreich stellvertretend für seinen blinden Bruder regierte. Der Zwist geht um die Herrschaft über das Gebiet rings um das heutige Delhi, wobei die beiden Familien wiederum das Gute bzw. das Böse versinnbildlichen.

Mammutwerk der Weltliteratur

Kunstwerke sind auch die prächtigen Opfergaben.

Der zentrale Teil des Epos, dessen Kern wiederum dem Dichter *Vyasa* zugeschrieben wird, dem gemeinsamen Stammvater beider sich bekämpfender Familien, soll im vierten vorchristlichen Jahrhundert entstanden sein und bis zum vierten nachchristlichen zahlreiche Ergänzungen erfahren haben. Es kulminiert – nach zahlreichen Intrigen und kriegerischen Auseinandersetzungen – in der Entscheidungsschlacht auf dem heiligen Schlachtfeld von Kurukshetra, die ungefähr im 13. oder 14. Jahrhundert vor Christus in Nordindien stattgefunden haben soll und mit dem Sieg der edlen *Pandawa* endet, die jedoch auf den Thron verzichten und sich einem asketischen Leben zuwenden

Familienfehde

Die wichtigsten Figuren dieses Heldenepos sind – als Verkörperung des Guten – *Yudistira*, der älteste der *Pandawa*, ein wahrhafter, frommer Mann, der von *Dharma*, dem

Gott der Tugend abstammt, der unerschrockene Kämpfer *Bima*, der Zweitälteste, der von *Bayu*, dem Gott des Windes abstammt, der unvergleichliche Bogenschütze *Arjuna*, der drittälteste der fünf Brüder, der von *Indra*, dem Gott des Regens abstammt, und die Zwillinge *Nakula* und *Sahadewa*. Der sechste von *Pandus* Gemahlin geborene Sohn, *Karna*, der Sprössling des Sonnengottes *Surya*, schloß sich, da ihm seine Abstammung verborgen blieb, den *Kaurawa* an, deren Anführer *Duryodhana* als Symbol des Bösen und Inbegriff von Habsucht und Missgunst gilt.

Die Vettern beider Sippen wachsen gemeinsam auf, doch erweisen sich die *Pandawa* bei allen Unternehmungen als überlegen, weswegen die *Kaurawa* auf diese erbost und neidisch sind. Als *Pandu* stirbt und *Dasarata* seinen ältesten Neffen *Yudistira* zum Thronfolger bestimmt, planen die *Kaurawa* ihre Vettern zu vernichten. Zu diesem Zweck laden sie die *Pandawa* und ihre Mutter in ein besonderes Rasthaus ein, das bei deren Ankunft plötzlich in Flammen aufgeht, doch können sich Brüder und Mutter rechtzeitig durch einen unterirdischen Gang retten und in die Wälder fliehen. *Neid erzeugt Mordgelüste*

Unmittelbar darauf erreicht sie die Nachricht, dass in einem fernen Reich ein König namens *Drupada* zu einem Wettstreit um die Gunst seiner Tochter aufgerufen hat. Unverzüglich machen sich die Brüder auf den Weg, und schon bald hat *Arjuna* alle Rivalen besiegt und erhält Prinzessin *Drupadi* zur Frau. Zurückgekehrt zur Mutter, berichten sie ihr von dem wunderbaren Geschenk, woraufhin ihnen diese ahnungslos gebietet, sich gemeinsam daran zu erfreuen, so dass *Drupadi* Gemahlin aller fünf Brüder wird, die später noch andere Gemahlinnen nehmen, darunter auch die Schwester von König *Krishna* – einer Inkarnation des Gottes *Vishnu* –, die *Arjunas* Frau wird. *Königlicher Wettstreit*

Als *Duryodhana* erfährt, dass die *Pandawa* in den Königen *Krishna* und *Drupada* zwischenzeitlich mächtige Verbündete gewonnen haben, sieht er ein, dass er jenen ihr Erbe nicht länger vorenthalten kann und willigt in die Teilung des Reiches ein, wobei er seinen Neffen die öde Westprovinz zuteilt, für sich selbst jedoch die blühende Ostprovinz behält. Unverzüglich machen sich die *Pandawa* daran, die Wälder zu roden und eine neue Hauptstadt zu erbauen, die sie Ngamatra nennen. *Ungerechte Reichsteilung*

Daraufhin ruft *Yudistira* zu einem großen Opferfest auf, bei dem er gleichzeitig seine Oberherrschaft über alle Herrscher Indiens proklamieren will. Unter den zahlreich herbeigeströmten Würdenträgern befinden sich auch die tief gedemütigten und neidischen *Kaurawa* samt ihrem greisen Vater.

Kaum nach Hause zurückgekehrt, schmiedet *Duryodhana* böse Pläne, um die *Pandawa* endgültig zugrunde zu richten. Dabei gewinnt er die Hilfe von Prinz *Sukani*, einem geschickten Falschspieler, der seinen Hass teilt und der *Yudistira*, dessen Leidenschaft für Glücksspiele bekannt ist, zum Spiel herausfordert. Als *Yudistira* Spiel um Spiel verliert, wird er immer unbesonnener, verspielt zunächst Geld, Pferde, Elefanten, Sklaven, Ländereien, sein ganzes Königreich, ehe er sich selbst, seine Brüder und Prinzessin *Drupadi* einsetzt – und verliert. *Verhängnisvolle Spielleidenschaft*

Duryodhanas Vater ist es zu verdanken, dass die *Pandawa* nicht zu Sklaven werden, sondern lediglich für zwölf Jahre in die Wildnis verbannt werden und ein dreizehntes unerkannt unter dem Volk leben müssen – würden sie entdeckt, müssten sie weitere zwölf Jahre Verbannung auf sich nehmen. *Verbannung*

Doch noch immer ist *Duryodhanas* Rachegelüst nicht gestillt, so dass er beschließt, die Verbannten aufzusuchen. Unglücklicherweise gerät er während dieser Reise jedoch in einen Hinterhalt und wird gefangen genommen, woraufhin die *Pandawa*, nachdem sie davon gehört haben, ihm zu Hilfe eilen und befreien. Aber selbst nach seiner sicheren Rückkehr sind *Duryodhanas* Hass und Neid noch immer nicht besänftigt.

Gebrochenes Versprechen

Nach Ablauf der zwölf Jahre mischen sich die *Pandawa* schließlich unters einfache Volk und dienen einem fremden König ein weiteres Jahr, dann erst kehren sie in die Heimat zurück und verlangen die Rückgabe ihres Reiches, das ihnen *Duryodhana* allerdings vorenthält. Nach Beratung mit *Krishna* erkennen die *Pandawa* schließlich, dass es keine Alternative zum Krieg gibt, wobei *Arjuna* bewusst wird, dass er sein eigen Fleisch und Blut bekämpfen soll. Daraufhin erklärt ihm sein Berater und Wagenlenker *Krishna* in dem Lied ‚Bhagavad Gita' die Aufgaben und Pflichten eines Kriegers, wobei er auch erläutert, dass die Seele unzerstörbar sei und dass jedermann nach seinem Tode wiedergeboren werde, weswegen kein Grund bestehe, traurig zu sein. Aufgabe des Soldaten sei es zu kämpfen, und er werde der Feigheit bezichtigt, sollte er fortlaufen.

So kommt es zum großen Krieg der *Bharata*, der achtzehn Tage dauert und in dessen Verlauf viele große Helden auf beiden Seiten ihr Leben verlieren, darunter auch die jungen, heldenhaften Söhne *Arjunas* und *Bimas*, aber auch *Arjunas* Erzfeind *Karna* sowie *Duryodhana*, der von *Bima* niedergestreckt wird. Am Ende tragen die *Pandawa* den Sieg davon – das Gute hat wieder einmal über das Böse gesiegt. Das Epos endet mit der Beweinung der Toten durch die Frauen von Kuru.

Balis Feste und Umzüge sind ein Rausch für die Sinne.

Die eigentliche Handlung wird – noch mehr als im Ramayana – von einer Vielzahl anderer Dichtungen, Götter- und Heldensagen, Liebesgeschichten, religiösen und philosophischen Abhandlungen und Gesprächen umrankt, die mit der Kernhandlung nur noch lose in Zusammenhang stehen und in denen die Grundlagen der hinduistischen Religion verdeutlicht werden. Einer dieser Dialoge ist die erwähnte berühmte ‚Bhagavad Gita', das Zwiegespräch zwischen *Arjuna* und *Krihna* vor der entscheidenden Schlacht.

Die älteste javanische Version dieses Gedichtwerkes datiert auf das Jahr 996 und inspirierte über Jahrhunderte hinweg zahllose fürstliche Hofpoeten zu Bearbeitungen und Nachdichtungen, doch vermochte das Mahabharata in Indonesien niemals die Popularität des Ramayana zu erreichen, trotz der daraus bis heute im *Wayang*-Spiel lebendig gebliebenen Themen.

Die balinesischen Kalender

Insgesamt kennt man auf Bali **vier verschiedene Kalender**: den **gregorianischen**, den **islamischen**, den **Pawukon**- und den **Saka-Kalender**. Letztere beiden spielen eine wichtige Rolle bei der Terminierung von religiösen Festen, ihr Aufbau und ihre Handhabung sind allerdings so kompliziert, dass nur Brahmanen und spezielle Astrologen in der Lage sind, diese mit westlicher Systematik und Logik kaum vergleichbaren Kalender zu interpretieren. Seit 1950 ist auf Bali der offizielle, von *Bambang Gede* entworfene Kalender in Kraft, der zusätzlich zu den hinduistisch-balinesischen noch christliche, islamische, chinesische und japanische Elemente integriert.

Kalenderwirrwarr

Islamischer Kalender

Im Vergleich zum Rest des riesigen Inselreiches spielt der islamische Kalender auf Bali eine untergeordnete Rolle. Wie der arabische Kalender, auf dem er basiert, richtet er sich nach dem Lauf des Mondes und teilt das Jahr in zwölf Monate zu je 29 Tagen, so dass das islamische Jahr nur 354 Tage zählt. Demzufolge wandert das islamische Jahr im Laufe von 33 Jahren einmal durch das Sonnenjahr, d.h. der Jahresbeginn verschiebt sich Jahr für Jahr um durchschnittlich elf Tage nach vorne. Die islamische Zeitrechnung selbst beginnt mit dem Jahr der Flucht des Propheten Mohammed aus Mekka – der so genannten Hedschra – im Jahre 622 n.Chr., so dass wir im Jahre 2002 (nach dem gregorianischen Kalender) im islamischen Kalender das Jahr 1422/23 schreiben.

Kaum von Bedeutung

Pawukon

Überhaupt nicht mehr mit der im Westen gebräuchlichen Zeitrechnung vergleichbar ist der javanisch-balinesische Kalender *Pawukon*, der keine Jahre zählt, sondern eine endlose Folge von Zyklen mit jeweils 210 Tagen darstellt. Diese Zyklen bestehen aus zehn unterschiedlich langen Zeitabschnitten, beginnend mit dem Ein-Tag-Abschnitt bis hin zum Zehn-Tage-Abschnitt, die allesamt gleichzeitig nebeneinander ablaufen. Von allgemeiner Bedeutung sind allerdings nur drei dieser Zyklen, nämlich der dreitägige, der fünftägige und – als wichtigster – der siebentägige. Jeder Tag erhält je nach seiner Stellung in jedem der Zyklen verschiedene Namen, der 210-Tage-Zyklus wiederum wird als Jahr genommen und besitzt 30 Wochen (*Wuku*) zu je sieben Tagen.

Ein Buch mit sieben Siegeln

Die Konjunktion der Zyklen bestimmt – entsprechend den übernatürlichen Kräften, die auf ihn einwirken – schließlich die Vorzeichen eines jeden Tages. Mittels eines *Tika*-Diagramms ist es möglich, diese Konjunktionen zu lesen und zu deuten.

Dieser auch für die allermeisten Balinesen überaus komplizierte Kalender, bei dem weder Daten noch Jahre im westlichen Sinne benannt werden und nach dem fast alles, was im Jahreslauf der Balinesen von Bedeutung ist, berechnet wird, gibt darüber Auskunft, welche Tage als magisch günstig und welche als eher gefährlich anzusehen sind, wann bestimmten Göttern und Geistern Opfergaben dargebracht werden müssen, wann ein Haus gebaut oder geheiratet wird. Besonderen Wert legt man dabei auf die korrekte Datierung der ‚Geburtstage', die außer den Menschen auch Autos, Maschinen, landwirtschaftliche Geräte, ja sogar Waffen ‚feiern', darüber hinaus aber auch die einzelnen Berufsgruppen, ganz gleich ob es sich um Künstler, Handwerker, Intellektuelle oder Reisbauern handelt.

Nach ihm richtet sich alles

Aber auch solche Ereignisse werden auf ein segenversprechendes Datum gelegt, die für die nach wie vor traditionell landwirtschaftlich tätige Bevölkerung der Insel von elementarer Bedeutung sind, so z.B. der Tag, an dem man mit der Reisernte beginnen darf, und auch jener, an dem sie beendet sein muss, oder auch wann man mit einer Lehre oder dem Flechten eines Netzes beginnt. Von essentieller Wichtigkeit ist zudem die Bestimmung der günstigen Termine für die zahlreichen Tempelfeste, wobei diejenigen der Reichstempel an erster Stelle stehen. Der Tag der Tempelweihe wird allerdings je nach Tempel nach dem einen oder anderen Zyklussystem festgelegt.

Vor allem aus Überschneidungen und besonderen Übereinstimmungen in den Zyklen der Drei-, Fünf- und Sieben-Tage-Zyklen ergeben sich glückverheißende Termine, wobei die *Tumpek*-Tage als besonders günstig gelten, also jene Tage, an denen der letzte Tag des Fünf-Tage-Abschnitts mit dem letzten Tag des Sieben-Tage-Abschnitts zusammenfällt, was alle 35 Tage der Fall ist. Nicht weniger günstig ist es, wenn der letzte Tag des Drei-Tage-Abschnitts mit dem letzten Tag des Fünf-Tage-Abschnitts zusammenfällt.

Saka

Der hindu-balinesische *Saka*-Kalender, der auf dem indischen System basiert, richtet sich – wie der islamische – nach dem Lauf des Mondes und umfasst zwölf Monate (Sasih) zu je 29 oder 30 Tagen (die jeweils nach dem Neumond – Tilem – beginnen), so dass das Jahr insgesamt 355 Tage umfasst. Da sich aus dieser Jahresrechnung eine Differenz zum astronomischen Sonnenjahr ergibt, fügt man alle dreißig Monate einen zusätzlichen Schaltmonat ein. Dieses Kalendersystem wird vorwiegend für die Berechnungen des landwirtschaftlichen Zyklus benutzt, doch auch zur Festlegung von Tempelfesten, als deren günstigster Termin die Monatsmitte gilt, die Zeit des Vollmondes (Purnama).

Wichtig für Tempelfeste und die Landwirtschaft

Im Grunde genommen kennt die hinduistische Glaubensüberzeugung keine Jahreszählung, denn für die Hindus ist alles Geschehen unaufhörlich und in einen immerwährenden Kreislauf eingebunden, so dass es ein Jahr null gar nicht gibt. Dennoch kennt auch dieser Kalender, der nach der indischen Saka-Dynastie benannt ist, eine Jahreszählung, die im Jahre 78 n.Chr. einsetzt, so dass das christliche Jahr 2002 im Saka-Kalender dem Jahr 1924 gleichzusetzen ist.

Kunsthandwerk

Batik

Neben der Dolchschmiedekunst ist das Batiken (ein altes javanisches Wort, das übersetzt ‚Punkte setzen' heißt) das zweite bedeutende Kunsthandwerk der javanischen Hochkulturen und wurde an den zentraljavanischen Höfen neben Dichtung, mythologischem Drama, Schattenspiel, höfischem Tanz und Gamelan eine der sechs hohen Künste.

Von alters her hoch geschätzt

Die Ursprünge der Batikherstellung sind vermutlich im 11. oder 12. Jahrhundert auf Java zu suchen, wo sie nach 1500 ihre Blütezeit erlebte und noch heute die künstlerisch hochwertigsten Batiken überhaupt gefertigt werden, insbesondere in Zentraljava, auf Bali selbst hingegen produziert man erst seit neuerer Zeit Batikstoffe und Batikbilder.

Traditionellerweise benutzte man zum Batiken pflanzliche Farben; um die in den letzten Jahrzehnten sprunghaft angestiegene Nachfrage decken zu können, kommen heute aber immer öfters Kunstfarben zur Anwendung. Um eine Musterung zu erzielen, werden bei den handgemalten Batiken (*Batik tulis* = geschriebene Batik) die Motive vor dem Färben freihändig auf dem präparierten (meist weißen) Stoff aufgezeichnet und anschließend auf Vorder- und Rückseite mit Hilfe flüssigen Bienenwachses (man kann auch Paraffin, Harz oder Fette in verschiedenen Mischungen verwenden) nachgefahren bzw. ausgemalt. Als Arbeitsgerät dient hierzu ein *Canting* genannter kleiner kupferner Tiegel, der an einem Stück Bambus befestigt ist, das als Griff fungiert. Sobald das Wachs aufgebraucht ist, füllt man das Tiegelchen wieder mit auf einer Campingflasche flüssig gehaltenem Wachs auf. Neben dieser traditionellen Methode gibt es mittlerweile auch elektrisch betriebene, zeichenstiftartige Griffel, zu denen das Wachs mittels eines dünnen Schlauchs gepumpt wird. Eine weitere Variante ist das Auftragen des Wachses mit Hilfe von Kupferstempeln (*Batik cap*), ein Verfahren, das erst 1850 aufkam und in der Massenproduktion zum Einsatz kommt.

Arbeitsintensiv

Auf diese Weise kann man Linien und Figuren in beliebiger Breite und Gestalt auftragen. Ist das Wachs erkaltet, taucht man den Stoff in einen Farbbottich, wobei meist mit Indigo begonnen wird. Nach dem anschließenden Trocknen des Stoffes kratzt man das Wachs mit einer Art Messer (*Cawuk*) dort wieder ab, wo man beim nächsten Färbevorgang eine andere Farbe haben möchte, gleichzeitig werden außerdem die Stellen mit Wachs bedeckt, die Indigo als Farbe beibehalten sollen. Diesen Prozess wiederholt man für jede der gewünschten Farben aufs Neue, wobei die Prozedur stets von hell nach dunkel durchgeführt wird. Durch Eintauchen in siedendes Wasser kann man das Wachs aber auch auf einen Schlag vollständig ablösen, wie es auch am Ende des gesamten Färbevorgangs geschieht. Das Auftragen des Wachses ist – mit Ausnahme der Stempeltechnik – Frauensache, das Färben hingegen übernehmen die Männer.

Von hell nach dunkel

Jede Region, jede Stadt kennt eigene Muster, Motive und Farbzuordnungen ganz bestimmter Bedeutung. So war das heute im Handel sehr beliebte *Parang-rusak*-Motiv, eine diagonal angeordnete verschlungene S-Form, einst nur den Gewändern der Prinzen an den Fürstenhöfen in Zentraljava vorbehalten. Ein weiteres sehr altes, diagonal in verschiedenen Kombinationen angeordnetes Motiv ist die Swastika (*Banji*). Sieht man

Lokalspezifische Designs

genau hin, so lassen sich die geometrischen Motive im Wesentlichen in zwei Gruppen einteilen: 1) Muster, deren Einteilung horizontal-vertikal verläuft, wie z.B. das rosettenartige *Ceplokkan*, das stern- und rautenförmige *Ganggong*, das durch sich schneidende Kreise bestimmte *Kawung* sowie das schwarz-weiße, schachbrettartige, die universellen Polaritäten (z.B. die hohen und niederen Geister) symbolisierende *Poleng*, das nur bei bestimmten *Wayang*-Figuren auftritt und bei bestimmten Tänzen getragen wird sowie als ‚Bekleidung' von Tempelfiguren dient; 2) Muster mit diagonal verlaufender Einteilung, die man unter dem Sammelbegriff *Garis-miring* zusammenfasst. Zu diesen streng geometrischen Motiven gesellen sich noch Muster nach freier Auffassung, darunter die *Semen*, die aus rhythmisch gegliederten Blattranken und Blütenmotiven bestehen und in die gelegentlich Tierdarstellungen eingefügt werden. Wie so vieles hier, sind auch die verschiedenen Ornamente und Farben von vielfältiger, auch kultischer Aussagekraft.

Für jeden Zweck

Fertigte man früher Batiken für festliche, bei zeremoniellen Anlässen getragene Kleidungsstücke und als Opfergaben beim Begräbniskult hoher Persönlichkeiten, so verarbeitet man diese Stoffe heutzutage auch zu Alltagskleidern. Außer als Hemden tragen balinesische Männer und Frauen Batiken besonders gerne in Form der traditionellen Hüfttücher und Wickelröcke (*Kamben sarung* oder *Sarong* für Männer, *Kamben lembaran* oder kurz *Kamben* für Frauen), für die man zweieinhalb bis drei Meter des zirka einen Meter breiten Stoffes benötigt. Weitere beliebte und weitverbreitete Produkte sind Brust- und Schultertücher (*Slendang*) sowie Kopftücher (*Kain kepala*).

Infolge des Tourismus spezialisieren sich immer mehr Batikkünstler auf die Herstellung von Batikbildern, auf denen neben modernen Motiven vor allem solche des Ramayana-Epos gezeigt werden.

Webarbeiten

Unreine Gefahrenmomente

Wenn man beobachtet, wie viel Zeit und Phantasie Balinesen für die Herstellung ihrer Kleider aufbringen, würde man nie vermuten, dass sie Kleider und Stoffe – mit wenigen Ausnahmen – als ‚unrein' empfinden. Da sie dies jedoch so sehen, vermeiden sie es sogar, unter der zum Trocknen aufgehängten Wäsche durchzugehen, manch sehr traditionsbewusster Balinese betritt aus diesem Grund nicht einmal ein zweistöckiges Haus, da man ja nie wissen kann, was sich über einem befindet.

Nichtsdestotrotz werden auf der Insel die drei folgenden Stoffarten hergestellt.

Ikat oder Endek

Ein wesentlich älteres und komplizierteres Verfahren der Textilmusterung als das Batiken ist die Ikat-Technik (Ikat: malaiisch für ‚binden'), die bereits vor der Zeitenwende mit der Dong-Son-Kultur nach Indonesien kam.

Diffizile Webwaren

Die Muster werden mit jener uralten Ikat-Methode in den Stoff eingebracht, bei der die Kett- und Schussfäden, die man in genau gezählten Strängen horizontal auf einen Rahmen gespannt hat, vor dem Weben an bestimmten, zuvor festgelegten Stellen mit farbresistentem Bast und den glatten, farbabweisenden Blättern der Gebang-Palme (neuerdings überwiegend mit Plastikband) umwickelt werden, ehe man sie färbt, wobei die abgebundenen Teile keine Farbe annehmen. Dieser Prozess lässt sich im Prinzip beliebig oft wiederholen; je mehr Phasen des Abbindens und Färbens (in der Regel nicht mehr als sechs) nötig sind, desto wertvoller ist schließlich das Endprodukt. Um den Färbeprozess zu beschleunigen, verwendet man heutzutage vielfach verschiedenfarbige Plastikstreifen, die nach und nach zwischen den einzelnen Färbevorgängen herausgeschnitten werden.

Schließlich werden die so gemusterten Fäden gemäß den angestrebten Mustern sortiert, für einige Tage gespannt und gestärkt, damit sich die Muster nicht verziehen, und anschließend auf einen einfachen Webrahmen übertragen. Beim Weben ergeben sich sodann vielfältige geometrische, abstrakte oder streng stilisierte, meist spiegelbildlich angeordnete Muster, deren Konturen ein wenig unregelmäßig und verschwommen erscheinen und deren Hintergrund je nach Betrachtungswinkel zu changieren scheint.

Der Abbindetechnik verdankt das Verfahren auch seinen Namen, denn ‚Ikat' bedeutet übersetzt soviel wie ‚abbinden' oder ‚knüpfen'. Derart hergestellte Stoffe werden nicht zu alltäglichen Kleidungsstücken oder Gebrauchsartikeln verarbeitet, sondern spielen bei zahlreichen Zeremonien und bedeutenden Ereignissen wie Geburt, Beschneidung, Heirat oder Tod eine überaus wichtige Rolle.

Beim Tempelfest kleidet man auch die Schutzdämonen festlich ein.

Beim Ikat unterscheidet man zwischen:
1. **Kett-Ikat**: Bei diesem Verfahren wird nur das Kettfädengarn (das beim Weben fest auf den Webstuhl bzw. -rahmen gespannt ist) eingefärbt. Durch das erste Farbbad der auf einen Rahmen gespannten, gebündelten und abgebundenen Fäden erhält man ein farbloses, quasi negatives Muster auf einfarbigem Grund. Nach dem Trocknen deckt man, den gewünschten Motiven entsprechend, die vorher nicht abgebundenen Partien ab und färbt mittels weiterer Bäder die bislang farblosen Muster ein.
2. **Schuss-Ikat** oder **Einschlag-Ikat**: Bei diesem Verfahren werden vor dem Weben nur die Schussfäden abgebunden, die man anschließend mit dem Schiffchen durch die Kettfäden schießt. Auf Bali wird hauptsächlich diese Ikat-Sorte hergestellt.

Gelegentlich wendet man auf Bali auch die so genannte *Nyantri*- oder *Coletan*-Technik an, die als Krönung der Ikat-Technik gilt, da bei ihr mit pinselähnlichen Instrumenten per Hand eine zusätzliche Farbe auf die zuvor im Tauchbad gefärbten Fäden aufgetragen wird, wodurch leicht verschwommene Muster entstehen. Diese Fäden werden nach dem Trocknen als Schussfäden auf speziell gekennzeichnete Spulen gewickelt und erzeugen beim Weben wiederum ein leicht verschwommenes Muster.

Unscharfe Meisterwerke

Derart hergestellte Stoffe, auf Bali auch als *Endek* bekannt, sind als Meterware von der Rolle oder bereits zu fertigen Kleidungsstücken verarbeitet erhältlich und entstehen aus Baumwolle oder Rayon (bzw. aus einem Gemisch aus beiden) auf hölzernen Webstühlen in Handarbeit, besonders im Gebiet von Denpasar und Gianyar. *Endek* von guter Qualität ist sehr farbbeständig und langlebig.

Doppel-Ikat oder **Geringsing**

Die hohe Kunst des Webens

Bei dieser Webtechnik, bei der nur Naturfarben verwendet werden dürfen und die einzig in dem balinesischen Dorf Tenganan praktiziert wird (ansonsten nur noch in Gujarat in Indien und auf Ryuku Island in Japan), handelt es sich um eine noch komplizierte als diejenige des einfachen Ikat-Verfahrens, denn bei ihr werden vor dem Webvorgang sowohl Kett- als auch Schussfäden abgebunden, so dass die Herstellung eines einzigen Doppel-Ikat-Webstückes Monate, ja sogar Jahre dauern kann.

Auf die Kostüme der Tempeltänzerinnen wird besonderes Augenmerk gelegt.

Den so hergestellten Stoffen, für die dementsprechende Preise zu zahlen sind, schreiben die Balinesen magische Kräfte zu, wie man schon am Namen erkennen kann, denn *Geringsing* („das Flammentuch" genannt) bedeutet übersetzt soviel wie ,Krankheit abwehrend'. Die von der jeweiligen Adat-Tradition genau vorgeschriebenen Muster der als heilig geltenden Gewebe hängen eng mit deren magischer und zeremonieller Funktion zusammen und werden von Generation zu Generation weitergegeben.

Es gibt insgesamt nur wenige Dutzend Grundmotive, durch deren Kombination entsteht jedoch eine schier unüberschaubare Fülle an Variationen.

Zum ersten Mal trägt ein Kind aus Tenganan den *Geringsing* im Alter von vier bis sechs Jahren anlässlich einer Reinigungszeremonie, bei der das Haupt geschoren wird, und auch wenn das heranwachsende Gemeindemitglied in eine der Jugendorganisationen aufgenommen wird, trägt es ihn. Ansonsten wird er vor allem zu Festtagen angelegt, sowohl gemeindlichen als auch familiären, aber auch die Genitalien der Verstorbenen werden mit ihm verhüllt. Balinesen außerhalb von Tenganan benutzen *Geringsing* auch als Schutz bei der Zahnfeilzeremonie, indem sie ihn unter den Kopf desjenigen legen, der sich dieser schmerzhaften Prozedur unterziehen muss.

Wiederbelebt

In den 70er Jahren des vergangenen Jahrhunderts drohte diese Webkunst auszusterben, so dass es dem Engagement des Schweizer Anthropologen *Urs Ramseyer* zu verdanken ist, der sich für die Wiederbelebung dieser alten Kunst einsetzte, so dass heutzutage immer mehr junge Frauen dieses Handwerk, diese einzigartige Kunst, erlernen.

Prada

Bei diesem Baumwollstoff, der fast ausschließlich in Form eines *Kain* (langes schmales Tuch) bei Zeremonien wie der Zahnfeilung oder bei der Hochzeit sowie bei Tanzvorführungen getragen wird, trägt man die Muster mit Goldblatt oder Goldfarbe erst nachträglich auf. Als Motive verwendet man oft florale Elemente oder Vögel und Schmetterlinge.

Nicht für den Alltagsgebrauch bestimmt

Songket

Kleidungsstücke aus diesem neu sehr schön aussehenden, maximal 75 cm breiten Brokatstoff mit eingewebten Gold- und Silberfäden tragen die Balinesen heutzutage bevorzugt anlässlich religiöser Feste und anderer besonderer Zeremonien, früher hingegen trugen ihn nur Adlige und Brahmanen. Als Motive dienen oftmals Vögel, Schmetterlinge, Blumen oder Blätter.

Sein Nachteil ist, dass man ihn nicht waschen kann, da die Farben nicht lange halten und die zarten Gold- und Silberfäden rasch ausfransen, so dass selbst teure Stücke schon bald abgetragen und verwaschen aussehen. Falls Sie Kaufabsichten haben, sollten Sie daran denken, dass beste Qualität leicht drei Millionen Rupiah und mehr kosten kann.

Bei Tempelfesten bekleiden sich die Frauen gerne mit aus Songket gefertigten Blusen.

Silber- und Goldarbeiten

Dieser Zweig des Kunsthandwerks verdankt vor allem den zahllosen religiösen Zeremonien seine Existenz, für deren Durchführung seit Jahrhunderten ständig neue rituelle Gegenstände wie Opferschalen, Betelnussbehälter, Statuetten und anderes benötigt werden. Zentrum dieser traditionellen Gold- und Silberschmiedekunst ist seit alters her die Ortschaft Kamasan südlich von Semarapura (vormals Klungkung), der besonders bei den Touristen beliebte Silberschmuck wird dagegen vorwiegend in der Gegend um Celuk gefertigt, wo auch der von den Balinesen bevorzugte Goldschmuck hergestellt wird.

Zu Ehren der Götter und Dämonen

Moderne balinesische Silberarbeiten sind im Gegensatz zu den großflächigen, schlichten Arbeiten früherer, vorkolonialer Zeiten heute meist reich verziert, filigran und

Wohltemperiert

verschnörkelt. Um ihren Schmuck und sonstige Goldschmiedearbeiten zu verzieren (oft mit den Schmuckornamenten der Tempel), wenden balinesische Schmiede in der Regel die traditionelle Technik des Punzens an, bei der das geschmiedete Metall so lange abwechselnd getrieben und erhitzt wird, bis es die gewünschte Form hat. Ein anderes Herstellungsverfahren bei feinen Schmuckobjekten ist die von manchen alten Kulturen angewandte so genannte ‚Körnung', bei der Metallkörner mit Bohnenmehlklebstoff auf dem Rohling befestigt werden. Das Geheimnis dieser Technik liegt in der Einhaltung der exakten Hitze, denn zu große würde das Motiv zum Schmelzen bringen und somit zerstören, bei zu geringer wiederum würden die einzelnen Körner nicht halten.

Opfergaben als Erfolgsgaranten

Wie so viele Tätigkeiten auf Bali ist auch die Kunst des Schmiedens mit vielfältigem Volks- und Aberglauben verbunden, so muss beispielsweise der Pande bei der Fertigung eines Stückes sicherstellen, dass die verwendeten Materialien die für die Verwendung des künftigen Gegenstandes richtigen sind, zudem obliegt es ihm, zu Beginn seiner Arbeit die korrekten Opfergaben dazubringen und das richtige Mantra dazu zu sprechen. Da jede Himmelsrichtung mit einem er Hauptgötter des hinduistischen Pantheon, einer Farbe und einem Wochentag korrespondiert, weiß ein Pande z.B. genau, welche Steinfarbe sein Kunde aufgrund seines Geburtstages tragen muss.

Flechtarbeiten

Plastik, Glas und Metall vermochten bislang nicht, viele seit alters her aus diversen Fasern geflochtene Dinge aus dem Leben der Balinesen zu verdrängen, zumal sich die für die Flechtarbeiten verwendeten natürlichen, nachwachsenden Materialien für die verschiedensten Zwecke eignen, ganz gleich ob es sich um aus groben Matten hergestellte Zwischenwände aus Palmblättern oder feinste Korbwaren handelt. Für die Herstellung derartiger Waren benutzt man vorzugsweise einheimische Materialien, wie z.B. Bambus, Pandanus, Rattan und die Blätter verschiedener Palmbäume. Bambus legt man vor dem Schneiden zunächst ins Wasser, das Rattanrohr, das sich besonders für die Möbelproduktion eignet, wird hingegen bei der Bearbeitung zunächst erhitzt, sodann gebogen und abschließend mit Bast fixiert. Vor allem für feinere arbeiten verwendet man die harten Blätter der Schraubenpalme, die man über einen Bambusstab zieht und wässert, um sie geschmeidig zu machen. Nachteil dieser Rohstoffe ist allerdings die relativ rasche Vergänglichkeit, bedingt durch die klimatischen Verhältnisse, was wiederum zur Folge hat, dass bis dato kaum irgendwelche archäologischen Funde derartiger kunsthandwerklicher Produkte gemacht wurden.

Flechtarbeiten dienen auch als umweltfreundliche Dekoration.

Zu den wichtigsten Flechtwaren gehört beispielsweise das locker geflochtene Reistablett aus Bambus, das **Miyu-Sieb**, auf dem man Reis sortiert und Opfergaben ablegt. In mit Deckeln verschlossenen henkellosen Körben aus geflochtenem Bambus, **Sok**, die winzigklein oder riesengroß sein kön-

Kunsthandwerk

nen, bewahrt man vom Gemüse bis hin zu Opfergaben so ziemlich allen Hausrat auf, dienen sie doch oftmals als Schrank- oder sonstiger Möbelersatz. In **Sok asi** z.B. bewahrt man gekochten Reis auf oder transportiert Opfergaben über längere Strecken. Fast einem umgekehrten vietnamesischen Strohhut gleicht der konische **Kukusan**, in dem Reis gedämpft wird und den die Balinesen nach der Rückkehr von einer Totenverbrennung dazu benutzen, um geheiligtes Wasser auf das Küchendach zu spritzen. Im **Penarak** wiederum, der aus Bambus oder Pandanus hergestellt wird, tragen die Frauen vielfach ihre Waren auf dem Kopf durch die Menschenmenge zum Markt.

Vergängliche Kleinkunst

Als Baumaterial für leichte Zwischenwände in den Häusern, provisorische Bauten für Rituale oder die Hütten auf den Reisfeldern verwendet man den **Kelabang**, der aus geflochtenen Kokospalmblättern gefertigt wird.

Jedem Besucher der Insel fallen die glockenförmigen **Guungan** auf, in denen die Kampfhähne gehalten werden. In diesen Bambuskäfigen setzt man die Tiere zunächst in die Morgensonne, sodann in den kühlen Schatten, wobei man sie mehrere Stunden am Tag zwecks Auslauf und Nahrungssuche aus ihrem engen Käfig lässt. Am Kampftag bringt man die Hähne jedoch vielfach in den engen **Kisa** zum Wettkampfort.

Käfige für den Männerstolz

Ein kleines Viereck aus Flechtwerk spielt sogar bei manchen Hochzeitsbräuchen eine Rolle: Während die Braut es mit ihrer linken, der unreinen Hand festhält, durchsticht es der Bräutigam dreimal mit seinem Kris, zunächst nur leicht, mit der Spitze, schließlich mit der ganzen Klinge, wodurch die Defloration der jungen Frau symbolisch dargestellt wird.

Und allüberall fallen die großen und kleinen Flechtarbeiten auf, die im Zusammenhang mit Tempelzeremonien und dem Darbringen der Opfergaben für Götter und Dämonen stehen, man denke nur an die kleinen geflochtenen Schälchen mit Blumen und Reis, die von den Frauen morgens, mittags und abends am Hausaltar und allen Eingängen des Anwesens, aber auch an Kreuzungen und anderen gefahrvollen Stellen sowie Schreinen und

Mit Hilfe solcher kleiner Flechtarbeiten bringt man Göttern und Dämonen regelmäßig Opfer dar.

Tempeln ausgelegt werden, jeweils mindestens neun Stücke, so dass schon allein die Herstellung dieser mindestens 27 Opfergaben tagtäglich eine Menge Zeit in Anspruch nimmt, es sei denn man kauft sie fertig, was sich aber nur wenige leisten können.

Keramik

Keramikwaren spielen in der balinesischen Kultur keine bedeutende Rolle, zudem sind die auf der Insel hergestellten Gebrauchsgegenstände aus Terrakotta – denn um solche handelt es sich fast ausnahmslos – aufgrund der niedrigen Brenntemperaturen nicht sonderlich haltbar. Produziert werden traditionellerweise Töpfe, Schüsseln, Deckel,

Vergleichsweise unbedeutend

Aschenbecher, Wasserbehälter sowie glasierte und unglasierte Dach- und Mauerziegel, und zwar überwiegend in der Umgebung von Ubung und Kapal nördlich von Denpasar sowie rund um Pejaten unweit von Tanah Lot. Erst in neuerer Zeit haben die Töpfer ihren Themenbereich erweitert, wodurch nunmehr auch einige kunstvollere, zerbrechlicher wirkende Keramikobjekt e im Angebot sind, wie z.B. Lampen, Statuen und mitunter recht dekorative Gefäße. Mittlerweile gibt es sogar nahe Kuta ein Forschungszentrum für Keramikkunst, trotzdem dürften wohl auch in Zukunft nur wenige qualitativ hochwertige Töpfereiprodukte für die Touristen auf den Markt kommen, da mit den örtlichen Brennmaterialien (z.B. Kokosnussschalen) noch immer nur ungenügend hohe Brenntemperaturen erzielt werden können.

Der Kris

Bei der Herstellung des Kris, der mehr als nur eine Waffe darstellt, quasi das Abzeichen des Mannes und Beweis für dessen vollwertige Mitgliedschaft in der Dorfgemeinschaft ist, feiert die Schmiedekunst des Archipels ihre höchsten Triumphe. Bis heute ist nicht geklärt, wann diese Kunst entstanden ist. Während der Legende nach der ostjavanische Prinz *Panji* den ersten Kris geschmiedet haben soll, der ihn unverwundbar machte und ihm übernatürliche Kräfte verlieh, gehen manche Wissenschaftler davon aus, dass seine Entstehung auf die Dong-Son-Kultur zurückgeht, andere wiederum vermuten einen indischen Kultureinfluss. Wann er erstmalig in Indonesien auftauchte, ist ebenso ungewiss; vage Anhaltspunkte für eine Datierung liefern jedoch die Reliefs der architektonischen Monumente von Borobudur (Zentraljava) und Panataran (Ostjava): Während man bei ersterem, im 8./9. Jahrhundert entstandenem Baudenkmal noch keine Darstellungen derartiger Dolche findet, lassen sich bei letzterem, ab dem 12. Jahrhundert entstandenen Tempelkomplex ebensolche ausmachen. Als weitere historische Orientierungshilfen dienen chinesische Quellen aus jener Zeit, die von der auf Java gebräuchlichen Sitte berichten, einen Kris zu tragen. Der älteste bis dato gefundene Dolch selbst, der bereits sehr den heutigen Typen ähnelt, datiert aus dem Jahr 1342 und ist so kunstvoll gearbeitet, dass davon auszugehen ist, dass dieses Handwerk schon zu diesem Zeitpunkt lange bekannt und hochentwickelt gewesen sein muss.

Mehr als nur ein Dolch

Man unterscheidet zwei Arten dieses Dolches mit der geflammten oder geraden, zweischneidigen Klinge, deren Oberfläche in den meisten Fällen eine einzigartige, nur im indonesischen Raum bekannte Damaszierung (Pamor) aufweist: 1) **Pamor-Kris**: Bei ihm ist die Klinge aus Eisenstäben verschiedener Qualität zusammengesetzt, z.B. bei kostbaren Stücken aus nickelhaltigem Meteoreisen, der Knauf ist zudem aufgesetzt;
2) **Majapahit-Kris**: Bei ihm sind Klinge und Griff aus einem Stück glatten Metalls (Stahl oder Eisen) geschmiedet, wobei der Knauf stets die Form einer hockenden menschlichen Gestalt hat, deren Arme entweder vor der Brust gekreuzt sind oder auf den Oberschenkeln ruhen – vermutlich handelt es sich dabei um Ahnenbildnisse.

Das Schmieden eines derartigen Dolches, das ausschließlich den Mitgliedern der Pande-Sippe vorbehalten ist, stellt eine weihevolle, von aufwändigem Zeremoniell begleitete Handlung dar, weswegen die Waffenschmiede (Pande wesi), die nicht in das Kastenwesen eingebunden sind und ihre Stellung fast der eines Priesters gleichkommt, hohes Ansehen genießen, schließlich sieht man ihr Handwerk als eine Gabe der Götter an. Da sie ihrer javanischen Herkunft wegen noch über der adligen Tri-wangsa-Kaste

Gabe der Götter

stehen, lehnen sie die Treue gegenüber den Pedanda ab, vielmehr haben viele von ihnen eigene Priester (Empu). Der Legende zufolge haben sie die Götter empfangen oder ihnen das Geheimnis der Verbindung von Metall und Feuer geraubt, so dass nur sie die heiligen Objekte der Priester herstellen können. Der Tag des *Tumpek landep*, an dem den Kris und den Metallgegenständen Opfer gebracht werden, ist in ihren Tempeln ein Feiertag.

Die Geheimnisse des Herstellungsprozesses, die eine Reihe komplizierter Schmiedevorgänge umfassen, werden demzufolge in der Regel auch nur vom Vater auf den Sohn weitergegeben. Doch kann selbst der angesehenste Schmied nicht tätig werden, ohne einen Brahmanen nach dem günstigsten Zeitpunkt für das Schmieden des Rohlings gefragt zu haben.

Familientradition

So werden beim Pamor-Kris viele Lagen von Nickeleisen (ursprünglich aus Meteoriten gewonnen) und gewöhnlichem Eisen auf verschiedenste Weise zusammengeschmiedet, wobei der Schmied die gewünschten Ornamente vorher in das Nickeleisen schlagen

Eine rituelle Bedeutung kommt dem Kris im Barong-Tanz zu.

muss, die aber erst nach der abschließenden Ätzung mit Arsen oder Essigsäure sichtbar werden. Ursprünglich waren die Schmuckelemente auf den Klingen auf fünf so genannte ‚Pamor-Motive' beschränkt: Buchreiskörner, Kokosblätter, Muskatnussblätter, stehende Blume und Ingwerblüte. Auf das Eingravieren weiterer Rillen, die man Blutrillen nannte, folgte als abschließender Arbeitsschritt die Tauschierung der Klinge mit Silber oder Gold. Der tassen- oder kegelförmige Heftring wurde entsprechend der sozialen Stellung des jeweiligen Kris-Besitzers aus Kupfer oder wertvolleren Materialien angefertigt und vor allem bei Adligen mit Edelsteinen verziert.

Doch damit nicht genug: Um die magisch-zeremonielle und soziale Bedeutung der auf dem Kris angebrachten Zeichnungen und Figuren korrekt widerzugeben, muss der Schmied zusätzlich ein weit überdurchschnittliches Wissen von mythologischen und kosmogonischen Zusammenhängen haben, denn letztlich ist der Dolch in Form und Pamor-Design so zu gestalten, dass er dem sozialen Status und Charakter des zukünftigen Besitzers entspricht. Daher ist es notwendig, dass er eine kompositorische Einheit von Klinge, Griff und Scheide darstellt, bei der alle Einzelheiten mit ihren spezifischen magischen Aspekten aufeinander Bezug nehmen und gleichzeitig die astrologische Gesamtkonstellation des Trägers berücksichtigen. Hierdurch wird klar, dass der Kris Waffe und Zierrat ist, gleichzeitig aber auch kultische Bedeutung besitzt, da er u.a. den Besitzer mit der unendlichen Reihe der Ahnen verbindet, wozu es allerdings erforder-

Alter Ego des Besitzers

lich ist, dass die festgelegte Form, das Opfer anlässlich der Anfertigung und die Vorschriften während der Arbeit beachtet werden, denn nur dies sichert dem Kris die dafür erforderliche ‚Seele'.

Die Dolchklinge, die meist mit Schlangen, daneben aber auch mit *Garuda-* oder Blattmotiven und *Kala*-Figuren verziert ist, symbolisiert stets die mythische *Naga*-Schlange, wobei sie die gerade Form im Zustand der Ruhe und des Nachdenkens und die gewellte in Bewegung zeigt. Die Zahl der Wellen (Lok) ist immer eine ungerade, glückbringende zwischen 3 und 31.

Kostbare Materialien

Der aus Gold, Silber, Elfenbein, Horn, Holz oder Stein gefertigte und mit Edelsteinen und Halbedelsteinen besetzte Griff wird – zur Abwehr böser Kräfte – in Form von Götter-, Dämonen-, Tier-, Vogel- und Menschengestalten mit Tierköpfen ausgeführt, die bisweilen bis zur Unkenntlichkeit stilisiert sind. Weitaus einfacher präsentiert sich für gewöhnlich die dazugehörende Scheide, die meist aus poliertem Edelholz besteht, hin und wieder aber auch mit prunkvollem Goldschmuck verziert sein kann.

Magischer Stellvertreter

Viele Balinesen tauchen ihren Kris in die Wasser von Mengening, die vom Pakerisan (‚Fluß des Kris') gespeist werden, um ihm die magischen Kräfte der himmlischen Armee von *Indra* zu verleihen, wodurch der Kris gleichsam ‚heilig' wird. Ein besonders magisch ‚geladener' Dolch führt ein regelrechtes ‚Eigenleben' und besitzt zudem meist sogar einen eigenen Namen. Mittels der ihm innewohnenden Kräfte sichert er z.B. die Macht eines Fürsten und fungiert zudem als dessen ‚Stellvertreter': Begibt sich der Regent z.B. auf Reisen, so genügt es, den Kris als Symbol seiner Herrschaft über sein Land zurückzulassen, woran niemand zu zweifeln wagen würde.

Kostbare Erbstücke

Solch mächtige Dolche wurden und werden als sakrale Erbstücke (Pusaka) betrachtet, denen man besondere Verehrung und – mindestens einmal im Jahr – Opfergaben darzubringen hat, denn sie gelten als ‚beseeltes' Objekt, als Alter Ego des Besitzers, zusätzlich aber auch als Beschützer vor Feuer, Unwetter, Krankheit und anderem Unheil sowie als magische Waffen – für fremde Hände sind sie dagegen tabu. Andererseits gibt es aber auch Kris, auf denen ein böser Fluch lastet und die ihren Besitzern Unglück bringen. Nachts unter das Kopfkissen gelegt, vermögen derartige Waffen – je nach Art ihrer Magie – gute oder böse Träume zu bescheren. Getragen werden diese herrlich gearbeiteten Dolche, die eines der besten Beispiele der Kunstfertigkeit der Pande sind und ohne den die einheimische Kleidung eines Balinesen oder Javaners unvollständig ist, indes nur bei bestimmten Ritualen oder sonstigen festlichen Anlässen. Dabei begnügt man sich oft nicht nur mit einem Kris, sondern trägt zusätzlich zu seinem eigenen noch den vom Vater ererbten mit im Gürtel. (Nach dem Adat muss jeder Vater seinen Söhnen einen Kris geben, wenn diese das Mannesalter erreichen.) Ein Verheirateter trägt darüber hinaus noch links hinten den Dolch, den er von seinem Schwiegervater zur Hochzeit bekommen hat. Knaben tragen den Kris beim Beschneidungsritual, der Dalang bei den Schattenspielaufführungen, und auch beim *Barong*-Tanz wird er als Symbol der Männlichkeit getragen. Und zwar trägt man ihn hinten im Gürtel, mit der Scheide nach links und dem Griff nach rechts zeigend.

Traditionelle Kris kommen kaum auf den Markt, da sie als geheiligte Familienerbstücke in Ehren gehalten werden und praktisch unverkäuflich sind; nur selten findet man einen echten alten Dolch in den Läden.

Religion

Innerhalb des riesigen Inselreiches, dessen Bevölkerung sich zu rund 87 % zum Islam bekennt, spielt der Hinduismus, genauso wie die andere der beiden ältesten Weltreligionen, der Buddhismus, heutzutage nur noch eine untergeordnete Rolle. Auf rund 1,9 % beläuft sich gegenwärtig landesweit der Anteil der Hindus, die fast ausnahmslos auf Bali zu Hause sind und hier rund 95 % der Gesamtbevölkerung ausmachen, so dass andere Religionen mehr oder weniger ein Schattendasein führen, vielleicht mit Ausnahme des Islam, dessen Anhängerzahl in den letzten Jahren aufgrund starker Zuwanderung von anderen Inseln des Archipels überdurchschnittlich angewachsen ist.

Religiöses Refugium

Beim Odalan zieht die ganze Dorfgemeinschaft zum Tempel.

Im Zuge der kurz vor der Zeitenwende einsetzenden hinduistisch-buddhistischen Einflussnahme gelangten auch die beiden Weltreligionen Buddhismus und Hinduismus in die indonesische Inselwelt, wobei der Hinduismus stärker rezipiert wurde, da er – wegen seines Kastensystems und der von ihm propagierten Apotheose (Vergöttlichung der Fürsten) – von den damaligen indonesischen Herrschern als politisches Machtinstrument genutzt werden konnte.

Der Hinduismus, zu dem sich gegenwärtig weltweit rund 900 Millionen Menschen bekennen, zählt neben Christentum, Islam und Buddhismus zu den vier großen Weltreligionen. Der Ausdruck ‚Hinduismus' ist eine Wortschöpfung der westlichen Welt und geht auf die Übersetzung des Sanskrit-Wortes ‚Indu' in die iranische Sprache zurück, in der es zu ‚Hindu' wurde und ursprünglich nur für jene Menschen galt, die am indischen Strom Indus lebten.

Im Grunde genommen besteht der Hinduismus aus einer Vielzahl gesellschaftlicher und religiöser Richtungen, die sich zum Teil erheblich voneinander unterscheiden, da es kein gemeinsames Glaubensbekenntnis, keine gemeinsame, in sich geschlossene Lehre und keine allgemein anerkannte ‚Kirchenorganisation' gibt. Lediglich ein gemeinsames, seit frühesten Zeiten bestehendes Leitbild eint die verschiedenen Richtungen dieser Religion, eine oberste Gottheit, die sich als **Tri sakti** oder **Tri murti** auf Erden dreifach verkörpert: als **Brahma**, **Vishnu** und **Shiva**. Im Gegensatz zu Indien ist diese Dreieinigkeit auf Bali allerdings nie zu sehen, sondern es wird lediglich auf sie angespielt – ein leerer Thron oder Schrein sagt diesbezüglich bereits alles.

Weltanschauliches Sammelbecken

Lokale Sonderstellung

Da der auf Bali praktizierte Hinduismus stark überformt ist und bis heute als hinduistisch-buddhistische Mischreligion altjavanischer Prägung erhalten geblieben ist, spricht man häufig auch von einer eigenständigen Religion, dem so genannten **Bali-Hinduismus**.

Religion ist auf Bali die Quelle der Existenz, sie ist die Grundlage des Zusammenhalts von Familie und Dorfgemeinschaft, sie ist die ethische Leitlinie allen Handelns, ihr verdanken die Balinesen ihre ungebrochene kulturelle Identität.

Toleranz statt Doktrin

Wer sich etwas näher mit den auf dieser Insel praktizierten Glaubensvorstellungen beschäftigt, wird relativ rasch feststellen, dass es nicht das Anliegen dieser Religion ist, sich intellektuell über einen einzigen, allgemein verbindlichen Weg auseinander zu setzen, offenbar geht es vielmehr darum, verschiedene Vorstellungen aufzunehmen und einen gemeinsamen, eher abstrakt vorgestellten Heilsweg zu integrieren, also Harmonie in der Vielfältigkeit zu finden. Doch trotz der angedeuteten Vielfältigkeit der religiösen Manifestationen lassen sich unverkennbar bestimmte allgemeingültige Grundsätze festhalten.

Der balinesische Hinduismus

Monotheistische Tendenzen

Im Gegensatz zum monotheistischen Glauben, der nur eine einzige göttliche Person kennt, handelt es sich beim indischen Hinduismus um eine **monistische Religion**, die sich – ähnlich wie Buddhismus, Taoismus oder Konfuzianismus – an einem entpersonifiziertem Prinzip orientiert, wobei auf Bali seit einigen Jahrzehnten eine allmähliche Entwicklung hin zum Monotheismus bemerkbar ist, in deren Mittelpunkt *Sanghyang Widhi Wasa* (‚Göttlicher Herrscher über das Schicksal') steht, der alles umfassende Gott, mit dem alles begann.

Ein derartiger Wandel innerhalb des Hinduismus ist deshalb möglich, da seine Grundlagen zwar während Jahrtausenden gewachsen sind, er jedoch kein festgefügtes, unverrückbares religiöses Prinzip darstellt, das Neuerungen oder Transformationen von vornherein kategorisch ausschließt.

Im Mittelpunkt der hinduistischen Lehre steht die **Theorie des unaufhörlichen Kreislaufes von Geburt, Tod und Wiedergeburt der Seele** (*Samsara*), dem kein Lebewesen zu entrinnen vermag, es sei denn, dass es ihm nach vielen, nicht quantifizierbaren Leben gelingt, diesen Kreislauf für immer und ewig zu durchbrechen und so den Eintritt ins **Nirwana** zu erlangen. Darüber, in welcher Hülle die Seele des Hindus wiedergeboren wird, entscheidet das **Karma**, die Summe all seiner guten und schlechten Taten; überwiegen die guten, so wird er in seinem nächsten Leben mit einer besseren Existenz belohnt, hat er dagegen mehr schlechte Taten angehäuft, wird er mit einer schlechteren bestraft. Es hängt also von jedem einzelnen ab, ob er im nächsten Leben weiter als Mensch oder gar himmlisches Wesen existiert, oder ob er als Tier, Pflanze oder höllisches Wesen wiederge-

Opfergaben haben auf Bali viele Gesichter.

boren wird. Letztere versammeln sich in der **Neraka**, der balinesischen Hölle, wo sie – je nach irdischem Vergehen – eine Vielzahl von z.T. furchterregenden Strafen über sich ergehen lassen müssen, die man in etlichen Pura dalem Balis mit Hilfe von Reliefs plastisch vor Augen geführt bekommt.

Der Hindu empfindet prinzipiell nicht den Tod als das Schlimme, sondern den ewigen Kreislauf der Wiedergeburten, so dass es das Ziel aller Hindus ist, diesen hinter sich zu lassen und ins Nirwana einzugehen. Um dies zu erreichen, ist die Einhaltung der ‚**Drei Wege des Heils'** (*Tiga marga*) unumgänglich: Der erste Weg, den die große Mehrzahl der Balinesen beschreitet, schreibt die Einhaltung der vorgeschriebenen Rituale und Opfer für Götter und Dämonen sowie ihre vielgestaltigen Erscheinungsformen vor; der zweite besteht aus dem Streben nach Wissen, Erkenntnis und ethischem Verhalten sowie Ehrfurcht gegenüber anderen Menschen, insbesondere Priestern und Alten; der dritte schließlich, der schwierigste und bewunderungswürdigste Weg, sieht über den Weg der inneren Einkehr (Meditation) und der absoluten Entsagung die Loslösung von der Umklammerung durch die fünf Elemente vor, wodurch erst die Befreiung von den irdischen Fesseln und somit die Vereinigung des eigenen *Atman* (= Seele, Geist, Ich) mit dem göttlichen Prinzip, dem höchsten Gott möglich wird. Diese Erlösung aus dem *Samsara* nennt man **Moksa**. Im Gegensatz zu anderen Hindus finden sich die Balinesen mit dem Wiedergeborenwerden ab, da sie an eine **Wiedergeburt innerhalb der eigenen Familie** glauben.

Wege zum Heil

Gemäß dem auf mythologischen und philosophischen Vorstellungen sowie einfachen Beobachtungen natürlicher Vorgänge basierenden Bild des Kosmos, befindet sich die aus der Urmaterie (*Prakriti*) zusammengefügte Welt für den Hindu in einem **stetigen Zyklus von Entfaltung und Vernichtung**, die durch eine Phase des Verharrens in einem Ruhezustand voneinander getrennt sind. Der Mensch selbst sieht sich dabei als kleine Welt (*Buwana alit*) in einer großen Welt (*Buwana agung*) und somit als Teil des Makrokosmos.

Ewiger Kreislauf

Als Abbild der Welt und Symbol für die religiösen Vorstellungen des balinesischen Hinduismus gilt die Lotusblüte, wobei auf Bali anstelle des vierblättrigen (*Panca dewata*) häufiger der achtblättrige Lotus (*Padma*) dargestellt wird, in dessen Zentrum Gott *Shiva* (seine Symbolfarbe ist Weiß) zu finden ist, um den herum – oben beginnend – im Uhrzeigersinn die acht Richtungsgottheiten angeordnet sind, denen – neben vielen anderen Eigenschaften und Bedeutungen – Farben, Charaktere und Körperorgane zugeschrieben werden (s. Graphik und Tabelle auf der nächsten Seite).

Eines der charakteristischsten Merkmale des Hinduismus ist das **Kastensystem**, in das jedes Individuum von Geburt an eingebunden ist, das auf Bali allerdings bei weitem nicht so streng ist wie in Indien. Jede einzelne Person wird in eine Kaste hineingeboren, der Übergang in eine andere ist grundsätzlich nur durch die Wiedergeburt, also im nächsten Leben möglich.

Religion

Gottheit	Himmelsrichtung	Farbe
Vishnu	Norden	schwarz
Sambu	Nordosten	blau
Ishvara	Osten	hellblau
Maheshvara	Südosten	rosa
Brahma	Süden	rot
Rudra	Südwesten	orange
Mahadewa	Westen	gelb
Sangkara	Nordwesen	grün

Entstehung und Sinn des Kastensystems liegen bis dato im Dunkeln, doch vermutet man, dass es den Angehörigen der ersten Kasten darum ging, ihre ethnischen, sozialen und kulturellen Traditionen innerhalb einer festgefügten Einheit, wie z.B. Stamm oder Dorf, ungestört durch Einflüsse von außerhalb bewahren zu können.

Ursprünglich gab es nur **vier Kasten**: **Brahmanen** (Priester), **Ksatria** (Krieger), **Wesia** (Bauern und Handwerker) und **Sudra** (Knechte). All jene, die nicht zu einer dieser Kasten gehören, werden von der indischen Gesellschaft weitgehend geächtet und gelten in Indien als **Parias**, als Unberührbare. Heute soll es in Indien etwa 3.000 Kasten geben, und selbst dem der Wesia-Kaste angehörenden Staatsgründer *Mahatma Gandhi* gelang es nicht, die Neugründung einer Vielzahl von Kasten zu verhindern.

Gesellschaftsstrukturierendes Quartett

Auf Bali sind jedoch nur die vier zuerst genannten Kasten bekannt, wobei man die drei ersten unter dem Begriff **Tri wangsa** zusammenfasst. Parias gibt es hier nicht, außerdem kann man auf der Insel, wenn auch mit Problemen, grundsätzlich auch in eine andere Kaste einheiraten. Geblieben ist indes das hohe Ansehen der Brahmanen-Kaste, was in erster Linie daran liegt, dass sich Fürsten, Beamte und Intellektuelle dazu zählen. Gut 90 % der Inselbevölkerung gehören indes zur Kaste der Sudra, die hier **Jaba** heißen. Zudem gibt es auf Bali auch keine ‚heiligen' Tiere wie in Indien, darüber hinaus ist gläubigen Hindus (außer den Brahmanen) sogar der Verzehr von Rindfleisch gestattet.

Heiliges Wasser

Wie schon erwähnt, bekennen sich rund 95 % der Bevölkerung Balis zum Hinduismus, der etwa ab dem 10. Jahrhundert auf die Insel gelangte, wo zu dieser Zeit bereits eine hochentwickelte Kultur bestand, deren Träger die neuen Impulse allenfalls als eine interessante Bereicherung ansahen, nicht aber als etwas revolutionierend Neues, so dass sich der Hinduismus in seiner auf dieser Insel praktizierten Form insgesamt gesehen in einigen wesentlichen Punkten von seinem orthodoxen indischen Vorbild unterscheidet, wobei das weniger strenge Kastensystem einer der gravierendsten Unterschiede ist. Weil in kultischen Handlungen heiliges Wasser eine große Rolle spielt, nannte man die Religion hier früher u.a. *Agama tirta* (‚Religion des geweihten Wassers'), im Laufe der Zeit fanden sodann u.a. einige hinduistische Elemente Eingang in sie, so dass man die hindu-balinesische Religion heute meist als **Agama hindu dharma** (‚Hindu-Dharma-Religion') bezeichnet, deren Ursprünge in Indien liegen und deren grundlegenden Lehren ohne große Umwege via Java im ersten nachchristlichen Jahrtausend nach Bali gelangten.

Die weltweit einzigartige *Agama hindu dharma* ist somit das Produkt einer ganzen Reihe von importierten wie von alters her auf der Insel praktizierten Kulten, Glaubens- und Kulturströmungen. So wurden der Mahayana-Buddhismus und der Hinduismus shivaistischer Ausrichtung mit jenen religiösen Fundamenten zu einem komplexen, aber harmonischen Gebilde verschmolzen, die seit eh und je die Glaubensvorstellung der Balinesen prägen und die sie nie aufgegeben haben: zum einen der ausgeprägte Ahnenkult, zum anderen die altmalaiische Naturverehrung, der zufolge die Einheimischen an die allmächtigen Kräfte der Natur und an die Beseeltheit der Natur glauben. Den Naturkräften wird eine Allmacht unterstellt, auf die der Mensch nur bedingt Einfluss nehmen kann. Daraus rührt wohl auch das bemühen der Gläubigen, die Verbindung zu den Ahnen nicht abreißen zu lassen, denn er ist nach diesen Vorstellungen auf ihr Wirken angewiesen, um selbst von den Naturgewalten verschont zu bleiben. Schließlich mischten sich noch tantrische Blutopfer, schwarze Magie und Totenverbrennungen unter die balinesischen Glaubensvorstellungen, und da die Balinesen in religiösen Dingen äußerst liberal sind, griffen sie jede neue Idee auf, die ihnen begegnete.

Allmächtige Naturkräfte

Alles in allem basiert die *Agama hindu dharma* auf **fünf offiziellen Glaubensgrundsätzen**:
1. Der Glaube an *Sanghyang Widhi Wasa*, den einzigen und höchsten Gott.
2. Der Glaube an die vom Allerhöchsten Wesen ausgehende, unsterbliche Lebens- und Seelenkraft, das *Atman*.
3. Der Glaube an das fundamentale Gesetz, dem zufolge die Gesamtheit aller guten und bösen Taten (*Karma pala*) über das Schicksal eines jeden einzelnen Menschen bezüglich seiner Reinkarnation entscheidet.
4. Der Glaube an die Wiedergeburt nach dem Tode, an den ewigen Kreislauf von Geburt, Tod und Wiedergeburt (*Samsara*).
5. Der Glaube daran, sich durch ein fehlerfreies religiöses Leben aus dem *Samsara* befreien zu können und so ein Teil des Göttlichen (*Moksa*) zu werden.

Ein fehlerfreies religiöses Leben führt, wer sich an folgende drei moralische Grundsätze hält:
1. Denke nur Gutes!
2. Sprich aufrichtig!
3. Tue Gutes!

Nach balinesischer Vorstellung ist das **Universum gemäß dem Tri-angga-Konzept dreigeteilt**, und dies trifft auch auf alles in der natürlichen Welt Existierende zu, z.B. den Menschen, Gebäude und anderes. Diese drei Teile sind:
1. *Utama* = Dinge, die hoch und erhaben sind (Götter, Himmel, Vorfahren, Berge etc.).
2. *Madya* = die mittlere, menschliche Welt.
3. *Nista* = niedere, unreine, profane Dinge (böse Geister, Hölle, Tod, Meer etc.).

Aufgabe des Menschen ist es, das Zusammenwirken von Gegensatzpaaren wie Himmel und Erde, Sonne und Mond, Tag und Nacht, Götter und Dämonen, Leben und Tod, Gut und Böse, möglich zu machen, und zwar durch Darbringung der entsprechenden Opfergaben und Durchführung der dafür notwendigen Riten, denn nur so kann das Gleichgewicht im Kosmos, der auf einem unabdingbar zusammengehörenden Antagonismus basiert, gewährleistet werden. Verantwortlich für das ständige Werden, das Sein und

Der Mensch als Mittler

Vergehen ist die Wechselwirkung zwischen dem *Dharma*, d.h. der Kraft, die das Universum zusammenhält, und dem destabilisierend wirkenden *Adharma*. Daher muss den entgegengesetzten Kräften gleichermaßen Beachtung geschenkt werden, so dass das ganze Bestreben der Balinesen letztendlich darauf abzielt, Harmonie und Ausgleich zwischen den einzelnen Gegenpolen herzustellen. Daher bemühen sich fromme Balinesen, alles, was die Weltharmonie stören könnte, nicht etwa zu beseitigen, sondern in Bahnen zu lenken, die dem Wohl der Familie und der Gesellschaft förderlich sind.

Universale Ordnung

Gemäß dem dreigeteilten balinesischen Weltbild unterliegt alles einer kosmischen Ordnung, ist jedes Wesen und jedes Ding innerhalb des Universums an einem festen Platz verankert, wobei der heilige Gunung Agung als Sitz *Shivas* das universale Zentrum und den Mittelpunkt dieses Ordnungssystems darstellt.

Eine ausschlaggebende Rolle im System der Weltharmonie spielt für die Balinesen (deren Leben – obwohl sie Inselbewohner sind – landeinwärts zu den Bergeshöhen ausgerichtet ist) der Gegensatz zwischen Berg und Meer, zwischen **Kaja** und **Kelod**. Wird mit dem ersten Terminus das Göttliche und Heilige, das Glück- und Fruchtbarkeitsbringende assoziiert, so repräsentiert der zweite Begriff die chthonische Sphäre, die Welt der Leid und Unheil verursachenden Dämonen. Wohnen die Götter, vergöttlichten Naturkräfte und die Geister der Ahnen auf den Bergeshöhen, die menschenfeindlichen Dämonen und bösen Geister dagegen beim und im entgegensetzt gelegenen, quasi als Unterwelt verstandenen Meer, so leben die Menschen in der dazwischenliegenden mittleren Welt, die sie von den Göttern aber nur zu Lehen bekommen haben.

Odalan im Pura Kehen in Bangli

Der Mensch ein Spiegelbild des Universums

Dem balinesischen Weltbild zufolge besitzt der Mensch als Individuum die gleiche Ordnungsstruktur wie das Universum, d.h. die von Göttern und Ahnen bewohnte Oberwelt findet ihre Entsprechung im Kopf, die von den Menschen besiedelte Mittelwelt im Rumpf und die von bösen Geistern und Dämonen beherrschte Unterwelt in den Füßen.

Aufgrund der eben geschilderten Lage zwischen den beiden gegensätzlichen Polen ist auf Bali jedes Dorf, jedes einzelne Gehöft und jeder Tempel – strikte architektonische Vorschriften befolgend – entlang einer imaginären Achse zwischen Meer und Bergen angelegt (siehe Kapitel ‚Architektur', S. 95ff), wobei das Leben der Inselbewohner, deren

Wohl und Wehe sowohl von der oberen Welt der Götter als auch von der unteren der Dämonen beeinflusst wird, als eine ständige Huldigung der Überirdischen und immerwährende Besänftigung der Unterirdischen zu verstehen ist.

Diese antagonistischen Kräfte müssen ständig dadurch in Einklang gebracht werden, dass man ihnen in gleichem Maße Opfergaben darbringt. Wer auch nur einmal an einem der nahezu täglich irgendwo auf der Insel stattfindenden Feste teilgenommen hat, wird sich über die kunstvoll arrangierten, farbenprächtigen Speiseopfer gewundert haben, die von den Frauen in den Tempel getragen wurden. So zeitaufwändig deren Anfertigung ist, so schlicht und einfach sind dagegen die kleinen, aus einem Bananenblatt mit Blumenblüten, Reiskörnern und mitunter einem Räucherstäbchen bestehenden Opferschalen gehalten, die dreimal am Tage an bestimmten Stellen des Gehöftes (und andernorts) dargebracht werden müssen, um die Götter sowie böse Geister und Dämonen zu beschwichtigen. Da jedem Balinesen das Land, das er besitzt, auf dem er arbeitet und wohnt, nur von den Göttern, den wahren Eigentümern der Insel, geliehen worden ist, hat er ihnen gegenüber regelmäßig Rechenschaft abzulegen, ihrer tagtäglich in Form eben dieser kleinen Opfergaben zu gedenken, wobei er die Opfergaben an die guten Geister äußerst sorgfältig zubereitet und darbringt, diejenigen für die bösen hingegen recht nachlässig auf den Boden legt.

Opfergaben sorgen für Ausgleich

Erfolg ist diesen Opferritualen aber nur dann beschieden, wenn die geistige und körperliche Reinheit des Darbringenden gewährleistet ist, die man durch vorbereitete Purifikationsrituale herbeiführt; zu diesem Zwecke sind zudem befleckende Handlungen, z.B. die Berührung von Blut, unbedingt zu unterlassen.

Alles in allem lässt sich jede balinesische Zeremonie einem **Schema von ‚fünf Riten'** (*Panca yadnya*) zuordnen: Übergangsriten, Götterverehrungen, Begräbniszeremonien, Priesterweihen sowie Rituale zu Ehren von Dämonen und anderen unterirdischen Mächten.

Riten für alle Anlässe

Wichtig dabei ist auch das Gebet, für das der Betende Blumen, Räucherstäbchen und Weihwasser benötigt. Dabei sitzt man mit gekreuzten Beinen auf dem Boden, die Hände aneinandergelegt, und zwar in Höhe der Stirn, wenn man sich an den Allerhöchsten wendet, in Höhe der Lippen, wenn man zu *Sanghyang Kala* betet, oder aber gegen die Brust gedrückt, wenn man sein Gebet an ein verstorbenes Familienmitglied richtet. Im Balinesischen kennt man zwei Arten des Gebetes, *Muspa* und *Mbakti*, wobei erstere die Respektbezeugung mit Hilfe von Blumen meint, die zweite dagegen die Verehrung mittels Andacht bedeutet.

Beten gehört dazu

Obwohl der balinesische Glaube ein großes Maß an Anpassung, die Einhaltung gewisser Spielregeln fordert, ist er doch keine fatalistische Religion, können die bösen Geister doch besänftigt und vertrieben und die guten Geister wohlgesonnen gewogen werden.

Keine Spur von Fatalismus

INFO Opfergaben

Die Darbringung von Opfergaben bildet ein wesentliches Element des hindu-balinesischen Glaubens, wobei alle übernatürlichen Wesen und Kräfte den ihnen zustehenden Anteil davon erhalten müssen, denn Ziel ist die gleichmäßige Verteilung der Energie zwischen allen das Universum belebenden Kräften. Die Zusammensetzung dieser Gaben hängt von den jeweiligen Sitten und Gebräuchen des Dorfes ab. Als Allgemeinregel gilt jedoch, dass den himmlischen Kräften das Gute und Schöne, den chthonischen hingegen Rohes, Verdorbenes, Welkes und Alkohol dargebracht werden.

Der Gebogan: sichtbares Zeichen tiefer Religiosität

Zwar weiß jede Balinesin wie man die kleinen alltäglichen Opfergaben herstellt, da es jedoch – je nach Anlass – Hunderte von verschiedenen Opfergaben gibt, wenden sich viele Balinesen zwecks Fertigung derartiger Kunstwerke anlässlich wichtiger Tage und Ereignisse, die mitunter einiges Fachwissen voraussetzen, an einen Fachmann bzw. eine Fachfrau, den *Tukang banten*, den/die ‚Opfergabenhersteller/in'.

Die prächtigste dieser Opfergaben ist sicherlich der **Gebogan** genannte Opferturm, den die Frauen beim Odalan auf ihren Köpfen zum Tempel tragen. Das Opfer, dessen Bestandteile am Stamm einer Bananenstaude fixiert werden, besteht u.a. aus Früchten und Reiskuchen (*Jaja*) sowie mitunter aus hartgekochten Eiern und gebratenen Hühnchen oder Enten. Alles wird von einem *Sampian* überragt, dessen Herstellung unglaublich künstlerische Fingerfertigkeit erfordert und der vom Schiff bis zur Windmühle so ziemlich alles darstellen kann, sehr oft jedoch in der Form des *Cili* gefertigt ist, was ‚klein' und ‚hübsch' bedeutet und für die Balinesen als abstraktes feminines Motiv das Symbol des Glücks, der Erde und der Fruchtbarkeit in Gestalt der ‚Reis-Mutter' (*Nini Panturn*) ist, die wiederum mit *Dewi Sri* oder *Melanting* identisch ist. Das mitunter bis zu 20 kg wiegende und mehr als zwei Meter hohe Gebilde muss gut in sich ausbalanciert sein, aber natürlich auch den kulinarischen Ansprüchen derer genügen, die es schaffen und nach dem Fest verzehren.

Äußerst kunstvoll gefertigte Opfergaben sind auch die aus Reismasse hergestellten **Sarad** oder **Pulagembal**, denen ein mit Stoff bespannter Bambusrahmen als Untergrund dient. Diese Reisskulpturen, deren einzelne Figuren man *Cacalan* nennt, zeigen verschiedene Aspekte der balinesischen Kosmologie und sind Symbole des menschlichen Lebens. So erscheinen in ihnen u.a. die Schildkröte *Bedawang Nala* und die Schlange *Basuki*, die gemeinsam die Welt tragen, oder auch die beschützende Fratze des *Boma*, des Sohnes der Erdgöttin.

Sarad

Derartige Opfergaben bekommt man nur bei bestimmten Tempelfesten und familiären Feiern, wie z.B. Hochzeiten, zu sehen. Die mit Lebensmittelfarben eingefärbten Bestandteile werden, ehe man sie zu den großen Gesamtbildnissen, die die drei balinesischen Welten symbolisieren, zusammensetzt, in Öl gebacken, um sie haltbar zu machen. Auch mit diesen Opfergaben erhofft man das Wohlwollen der Götter zu gewinnen, die ihnen ihre Essenz entziehen, wodurch sie für jedweden weiteren Gebrauch nutzlos werden und somit nach der Feier weggeworfen werden müssen.

Während die meisten Opfergaben von Frauen präpariert werden, sind Männer für die Herstellung des **Sate gede** (,großer Spieß') verantwortlich, in dem sich eine Vielzahl von Symbolen verbirgt, darunter die Waffen der Götter. Gefertigt werden diese einen Schweinekopf überragenden Plastiken aus skulptierter Schweineschwarte, zu geöffneten Schirmen oder kleinen Fahnen gespannten Eingeweiden, roten Chilischoten und sogar Eierschalen. Da diese Gebilde nicht verzehrt werden, riechen sie nach einigen Tagen etwas streng.

Zu den häufig dargebrachten Opfergaben zählt der **Canang sari**, bei dem es sich um eine kleine kreisförmige oder quadratische Flechtarbeit handelt, in deren Mitte ein Betelpriem für den Priester, Blumen, Duftöl, Geld und andere Dinge liegen, eben die Essenz des menschlichen Reichtums. Mit einem *Canang sari*, der Geldscheine birgt, dankt man den Priestern.

Ebenfalls eine kleine Flechtarbeit, allerdings eine dreieckige, ist das **Kewangen**, in das Blütenblätter, ein Betelpriem sowie zwei kleine Münzen gesteckt werden. Je nachdem an welche Gottheit man sich wendet, hebt man beim Gebet entweder die leeren Hände, Blüten oder ein *Kewangen* hoch.

Aus gelben und grünen Blättern werden die **Lamak** hergestellt, Flechtarbeiten von zum Teil beträchtlicher Länge. Diese bis zu zehn Meter langen Palmblattschleppen, die u.a. zur Ausschmückung der Opfernischen und kleinen Bambusaltäre (*Sanggah cucuk*) benutzt werden und deren Motive die kosmische Welt symbolisieren, werden entweder aus Blättern der Lontarpalme gefertigt, was sie recht haltbar macht, oder aus den weniger beständigen Blättern der Kokospalme.

An den Kardinalpunkten im Hof eines jeden Anwesens sowie vor dessen Eingang werden vor den einzelnen Mahlzeiten, also dreimal täglich, die (jeweils insgesamt mindestens neun) **Ngedjot** oder **Canang** ausgelegt, aus Bananenblättern geflochtene kleine Quadrate, auf denen einige Reiskörner, eine Blüte, etwas Salz und Chilipfeffer arrangiert sind, die allesamt mit etwas Weihwasser besprizt werden. *Sesajen* nennt man diesen kleinen Opferritus. Ehe diese kleinen Opfergaben nicht platziert sind, wagt es kein Familienmitglied, mit dem Essen zu beginnen. Die *Ngedjot* selbst werden – wie das Gros der anderen an öffentlichen Plätzen dargebrachten Opfergaben – in der Regel von den umherstreunenden Hunden gefressen, ihre geistige Essenz haben jedoch zuvor die Geister konsumiert.

Welche Form des Opfers auch dargebracht wird, der **Betelpriem** (*Porosan*) ist Bestandteil eines jeden, wobei die Farben der Nuss, des Betelblattes und der zum Opfer gehörenden Kalkhäuflein mit der hinduistischen Trinität verbunden werden.

Eine besondere Form der Opfergabe ist der **Penjor**, der mit dem heiligen Gunung Agung in Zusammenhang steht und bei dem es sich um hohe Bambusstangen handelt, von denen aus Palmblättern geflochtene Girlanden oder winzig kleine Flöten herabhängen, die durch den Luftzug leisen summen und dadurch eine Art Musik erzeugen, wie sie *Vishnu* angeblich gefällt. Das gebogene Ende, an dem eine kleine Flechtarbeit, der *Sampian*, hängt, erinnert an den Schwanz

Penjor

des *Barong*. Der *Penjor* ist ein Symbol für *Dewi Sri*, aber auch für *Shivas* Sohn *Ganesha*, der bei den Festen alle Hindernisse aus dem Weg räumt. Während des *Galungan*-Festes steht vor jedem Gehöft ein *Penjor*, den man auch für bestimmte Durchgangsriten und Tempelfeste gestaltet.

Das balinesische Pantheon

Hierarchien

Gemäß der hinduistischen Vorstellung nehmen alle Lebewesen, Menschen, Tiere und Pflanzen, einen bestimmten Platz auf einer Stufenleiter ein, wobei die höchste Stufe allein den Göttern und Gottheiten gehört, unter denen sich Heilige, Könige, Geister und Dämonen befinden.

Alles in sich einender Gott

Der – bereits erwähnte – grundlegende Unterschied zum traditionellen Hinduismus indischer Prägung manifestiert sich für die Balinesen in dem Glauben an **Sanghyang Widhi Wasa**, die höchste Gottheit im balinesischen Hinduismus, der alle göttlichen Manifestationen in sich birgt, so auch die Inkarnationen der drei wichtigsten Götter (das sind *Brahma*, *Vishnu* und *Shiva*). In ihm verschmelzen aber neben sämtlichen Gottheiten auch die vergöttlichten Ahnen und Naturkräfte zu einer allumfassenden Einheit, wodurch er das allumfassende göttliche Prinzip symbolisiert, also stark monotheistische Züge trägt. Dadurch ist er aus dem göttlichen Kosmos herausgehoben, der von miteinander ringenden Gegensätzlichkeiten bestimmt ist. Auf Bali ist Gott somit in allem und alles ist Gott, allerdings nicht im Sinne eines europäischen Pantheismus, vielmehr in Form eines großen Ordnungsstifters, der über dem Kosmos waltet. An *Sanghyang Widhi Wasa* wenden sich die Balinesen nur selten, allenfalls bei der Besiedlung neuen Landes oder einer Dorfneugründung, sein Bild hingegen kann man an der Spitze vieler Tempelschreine und auf magischen Amuletten finden.

Doch auch wenn die balinesische *Agama hindu dharma*, ganz in Übereinstimmung mit den Pancasila-Prinzipien des indonesischen Staates, ihrem Grundcharakter nach eine monotheistische Religion ist, werden Tempelzeremonien und Gebete praktisch nie an den einen allmächtigen Gott gerichtet, sondern immer an eine oder mehrere Gottheiten, in der bzw. denen er sich offenbart. Aus diesem Grund hat man ihm, außer im Pura Agung Jagatnatha in Denpasar, auch keinen Schrein oder Tempel unmittelbar geweiht, doch werden immer häufiger so genannte Lotusthrone (Padmasana) für *Sanghyang Widhi Wasa* errichtet, an denen alle Balinesen, ob von Kaste oder nicht, beten können, auch wenn sie in ihren Lokalkulten hierarchisch differenziert sind. Diese Nivellierung wird von der Staatsregierung sehr begrüßt. Der Allerhöchste offenbart sich nach balinesischem Religionsverständnis dem einzelnen in so vielen Erscheinungsformen wie dieser benötigt, um zur Gotteserkenntnis zu gelangen.

Einer und doch viele

Die Zahl der Götter und Gottheiten ist schier unüberschaubar, als wichtigste Erscheinungsformen des Allerhöchsten gelten jedoch die in der **göttlichen Trinität** vereinten (*Tri sakti*) **Brahma**, **Vishnu** und **Shiva**, die ihrerseits – gemäß heiliger Schriften – verschiedene Inkarnationen durchlebt haben und jede beliebige Gestalt annehmen können bzw. während eines Besuches auf der Insel in den Körper irgendeines Lebewesens oder Gegenstandes schlüpfen und von ihm eine gewisse Zeit Besitz ergreifen.

Schier unüberschaubares Pantheon

Einst war *Brahma*, der Schöpfer der Welt, der höchste Gott im Hinduismus, heute nimmt er jedoch mit *Shiva* und *Vishnu* in etwa den gleichen Rang ein. Während *Vishnu* der Lebensspender und Bewahrer der Welt ist und in *Krishna* menschliche Gestalt annimmt, gilt *Shiva* als Todbringer und Zerstörer der Welt und des materiellen Universums und wird oft als Lingam (Phallussymbol) dargestellt (auf Bali heißt eine seiner zahlreichen Erscheinungsformen (*Sanghyang Guru*). Die von ihm ausgehende Vernichtung schafft jedoch erst die Voraussetzung für die Neuentstehung, durch die sich der immerwährende Zyklus des Entstehens und Vergehens wieder schließt. Den Balinesen gilt *Shiva* häufig nur als ein anderer Name für den althergebrachten Sonnengott *Surya* oder für *Mahadewa*, den mächtigen Gott des Gunung Agung. (Als jüngerer Bruder *Shivas* hat im balinesischen Götterpantheon sogar *Buddha* Platz.)

Die oberste Trinität

Wie bereits oben erwähnt (siehe Kapitel ‚Architektur', S. 109f), sind die Götter der hinduistischen Trinität zudem jeweils mit einem Tempel eines jeden Dorfes verbunden: *Brahma* mit dem Pura puseh, *Vishnu* mit dem Pura desa und *Shiva* mit dem Pura dalem. In vielen größeren Tempeln Balis stehen zudem hohe, dreisitzige Steinthrone, die die *Tri sakti* symbolisieren und von den Tempelpriestern bei Tempelfesten mit roten, weißen und schwarzen Tüchern geschmückt werden, entsprechend den Symbolfarben der drei Götter.

Von großer Bedeutung sind auch die Frauen dieser drei Götter, die ihre *Sakti*, ihre göttliche Energie und Schöpferkraft, verkörpern, so dass durch sie sowohl Dynamik als auch Kreativität im Götterkosmos erhalten bleiben: **Dewi Saraswati**, die Göttin der Weisheit, die in ihren vier Händen je ein heiliges Objekt hält, ist *Brahmas* Begleiterin.

Diese vier symbolischen Gegenstände sind: 1. Rebab, ein violinartiges Musikinstrument als Symbol der universellen Struktur und Stimmungslage ihres männlichen Pendants; 2. eine Perlenkette, Symbol des Gebetes und der gedanklichen Konzentration; 3. ein aufgerolltes Lontarblatt-Manuskript als Symbol des Wissens; 4. eine Lotusblüte als Symbol der Heiligkeit. Alle vier Symbole sollen zum Ausdruck bringen, dass Wissen auf einem reinen Geist basieren muss, um dessen Missbrauch bzw. missbräuchliche Anwendung zu vermeiden.

Vishnu dagegen besitzt zwei Gefährtinnen, **Dewi Lakshmi**, die Göttin des Glücks und Wohlstandes, sowie **Dewi Sri**, die Göttin der Fruchtbarkeit. *Shivas* ambivalenter Charakter spiegelt sich schließlich in seiner Gemahlin **Parvati** wider, die u.a. in Gestalt der Todesgöttin **Dewi Durga** (im Pura dalem wird sie unter dem Namen *Betara Dalem* oder *Rangda* verehrt), aber auch als **Dewi Uma**, als Göttin der Liebe und der Schönheit, und als **Kali**, d.h. als blutrünstige Zerstörerin auftreten kann.

Darstellung der Dewi Saraswati im Puri Saren Agung in Ubud

Eine der wichtigsten Göttinnen im balinesischen Hinduismus ist die schon erwähnte **Dewi Sri**, die Göttin der Fruchtbarkeit und des Reises, deren Namen dem Sanskrit entstammt und soviel wie ‚Göttin des Glanzes' bedeutet. Zum Zeitpunkt der ersten Reisernte eines Jahres nimmt sie die Gestalt von Reiskörnern (Nini) an, die wiederum als Verkörperung *Shivas* verehrt werden.

Zu den mächtigsten Göttern zählen diejenigen der Vulkane, die in den Meru der Tempel verehrt werden und die Berge symbolisieren, wohingegen Göttinnen über die Gewässer herrschen, so z.B. **Dewi Danu**, eine wichtige Göttin im hindu-balinesischen Pantheon, zu deren Einflussbereich in erster Linie der Danau Batur zählt, doch wird sie auch als Beherrscherin der anderen Seen auf der Insel verehrt. Als **Dewa Baruna** repräsentiert der Allmächtige den Gott des Meeres, als **Dewa Bayu** hingegen den Schöpfer des Windes. Kultstätten für diese Gottheiten findet man überall.

Götter sind überall zuhause

Dewa Sedana und seine Gemahlin **Dewi Sedana**, zwei der zahlreichen Erscheinungsformen *Vishnus*, gelten als Gott bzw. Göttin des Wohlstandes und des Reichtums und werden aus diesem Grunde bei Tempelfesten besonders gerne angerufen.

In der Hierarchie weiter unten folgen sodann Gottheiten, die u.a. für Naturereignisse und Naturgewalten verantwortlich sind, z.B. **Agni**, der das Feuer bändigt, **Ganesha**, der elefantenköpfige Sohn *Shivas*, der Hindernisse vielerlei Art aus dem Weg räumt, **Indra**, der für den Regen zuständig ist, **Kama**, der sich um die Liebe kümmert, **Kubera**, der für Reichtum sorgt, **Skanda**, dessen Metier der Krieg ist, **Soma**, der über den Mond wacht, **Surya**, dem die Sonne untersteht, **Varuan**, der die Gewässer überwacht, **Vayu**, der den Wind kontrolliert, und **Yama**, in dessen Verantwortungsbereich der Tod fällt. Neben den genannten Gottheiten gibt es jedoch noch Tausende, die nur in einem Dorf oder in einer Landschaft verehrt werden.

Unter all den Gottheiten niederer Rangordnung gibt es etliche, die mehr oder weniger stark in den Lauf der Welt eingreifen und dabei eine gute oder böse Rolle spielen. Den untersten Rang innerhalb der balinesischen Glaubensvorstellung nimmt – als Gegenpart zu den Göttern – indes eine schier unüberschaubare Fülle von **bösen Geistern**, **Riesen**, **Dämonen**, **Hexen** und **Ungeheuern** ein, die sich in aller Regel weit unterhalb der Ebene der Götter und Gottheiten am Meer und im Wald bewegen und allesamt ungeliebte Erscheinungen sind, doch fällt einigen von ihnen beispielsweise die äußerst wichtige Aufgabe zu, noch bösere Geister fernzuhalten, etwa von Tempelanlagen und Ähnlichem. Eine nicht unwichtige Erscheinung im balinesischen Pantheon ist **Kala**, der Dämon der Zeit, der aus dem versehentlich auf den Boden getropften Sperma *Shivas* gezeugt wurde.

Der elefantenköpfige Ganesha

Als äußerst unliebsame Erscheinungen gelten die **Buta** und **Kula**, unsichtbare Geister, die einsame Küstenstriche und dunkle Wälder heimsuchen sowie ganze Dörfer ‚unrein' machen und mit Krankheiten plagen können. Sollten diese bösen Geister auch nur in einem Haushalt überwiegen, ist das ganze Dorf gefährdet, so dass sorgfältige Reinigungszeremonien durchgeführt werden müssen, um die ursprüngliche Reinheit wiederherzustellen.

Trotz ihrer unliebsamen, mitunter furchteinflößenden Erscheinungen werden sie von Balinesen allesamt als wichtiger Bestandteil der kosmischen Ordnung akzeptiert, tragen sie doch dazu bei, dass das Universum nicht aus dem Gleichgewicht gerät. Ein wenig anders verhält es sich hingegen mit den **Leyak**, den Gehilfinnen der Hexenfürstin *Rangda*, bei denen es sich um Menschen handelt, die sich – vor allem nachts – in Tiere (z.B. schwarze Katzen oder Krähen) verwandeln, als Geister der Nacht das ewig Böse verkörpern und nächtens Tod und Verderben über die Menschen bringen können. Da sie sehr wohl in der Lage sind, die kosmische Balance empfindlich zu stören, dienen besondere Rituale und Zeremonien ihrer Abwehr und Besänftigung. Betroffen werden von den dunklen Kräften der *Leyak* nur schwache und kranke Menschen, die jedoch durch den Medizinmann, den *Balian*, geschützt werden können, der im Trancezustand das Übel erkennt und ein Heilmittel dagegen findet. Besonders gefährdet sind Frauen im Augenblick der Geburt, wenn sie eine besonders große Menge an Lebenskraft erzeugen müssen.

Menschliche Gehilfen Rangdas

Die Priester

Die balinesische Priesterschaft, die sich ebenso wie der Rest der Bevölkerung um die Erhaltung der Harmonie im Weltall, auf der Insel, im Dorf und innerhalb der Familie bemüht, ist vielfältig gegliedert. Ihr Wissen beziehen die Priester aus den ältesten Schriften des Hinduismus, den altindischen Veden und den Upanishaden.

Mittler und Leiter

Als Mittler zwischen dem Allerhöchsten und den Menschen sowie als geistig-religiöse Führer der Glaubensgemeinschaft genießen die der Brahmanen-Kaste angehörenden **Pedanda** (Hohepriester) noch immer größte Hochachtung. Auf Bali amtieren bis zum heutigen Tage sowohl hinduistisch-shivaistische Hohepriester, **Pedanda Shiva** (Erkennungszeichen ist der Haarknoten), als auch buddhistische, **Pedanda Buddha** (Erkennungszeichen ist das schulterlange Haar) nebeneinander, wobei es von ersteren wesentlich mehr gibt. Größere Zeremonien erfordern meist die Anwesenheit je eines Vertreters aus beiden Lagern. Die Hohepriester der Ksatria- bzw. Wesia-Kaste tragen auch die Bezeichnungen **Begawan** bzw. **Resi** oder **Empu**.

Pedanda Shiva

Pedanda widmen sich in erster Linie täglich der Meditation in ihren Haustempeln, bei der sie die Vereinigung mit *Surya* suchen, sowie theologischen Studien; profane Tätigkeiten enthalten sie sich. Zu ihren wichtigsten Aufgaben zählt die Konsekration von Wasser, das bei zahlreichen rituellen Handlungen benötigt wird, insbesondere bei diversen Reinigungszeremonien. Bei der Vorbereitung des Weihwassers verwendet der Pedanda einen Stab zum Bespritzen, eine Öllampe, ein Glöckchen und ein Behältnis zur Aufnahme des Wassers. Der Verkauf solchen Weihwassers (**Tirta**) ist gleichzeitig eine Quelle ihres Einkommens. Pedanda sind nur bei bedeutenden überregionalen Tempelfesten oder Zeremonien zugegen.

Um die Betreuung der Tempel und ihrer Schreine kümmern sich die hierarchisch niedriger stehenden, weiß gekleideten **Pemangku**, die einfachen Volks- und Tempelpriester, von denen jeder Tempel seinen eigenen besitzt. Diese können jeder Kaste angehören und verrichten alle im Tempel anfallenden Arbeiten, wozu der Empfang von Opfergaben genauso gehört wie die Organisation von Prozessionen oder die Aufsicht bei Tempelfesten. Während der Pedanda also als Hohepriester für die spirituellen Voraussetzungen einer Zeremonie zuständig ist, sorgt der Pemangku aktiv für ihren tatsächlichen Vollzug, sei es, dass er von ersterem das geweihte Wasser entgegennimmt und die Gläubigen damit benetzt, sei es, dass er die Einsätze für die nächste Phase des Rituals gibt. Darüber hinaus führt der Pemangku auch Durchgangsriten untergeordneter Bedeutung durch, wobei ihm, falls er verheiratet ist – was meistens der Fall ist – seine Ehefrau assistiert, die ihn nach seinem Tode auch ablöst (dies trifft auch für die Pedanda zu, die gleichfalls heiraten dürfen).

Arbeitsteilung

Den Medien oder Heilern, den **Balian**, deren Tätigkeiten noch stark im Schamanentum wurzeln, fällt als Lehrmeister der weißen Magie die Aufgabe zu, mittels Beschwörungsformeln und Riten böse Einflüsse von Haus und Hof fernzuhalten. Im Trancezustand lassen sie Gottheiten, Verstorbene oder Geister sprechen. Man kann sie aufsuchen, um beispielsweise zu erfahren, wer in einem Neugeborenen wiedergeboren wird, wo sich die Seele eines Verstorbenen aufhält oder was die Ursache einer Krankheit ist.

Vorwiegendes Betätigungsfeld der **Sengguhu** sind hingegen exorzistische Handlungen.

Priester besprengen die Gläubigen mit heiligem Wasser.

Riten und Feste

Der offizielle balinesische Kalender verzeichnet pro Jahr durchschnittlich 200 feierliche Anlässe und heilige Tage (*Tanggal merah*), von denen etliche an vielen Orten der Insel gleichzeitig begangen werden, woraus sich leicht eine Gesamtsumme von alljährlich weit über 1.000 Veranstaltungen ergibt, was nachdrücklich belegt, dass die Balinesen zu den festfreudigsten Völkern der Welt gehören. Ob Familien- oder Sippenfest, dörfliche Zeremonie wie Tempelweihe oder -reinigung sowie allgemeine Jahresfeiern, die alle Anhänger der hindu-balinesischen Religion begehen, die allermeisten dieser Feierlichkeiten werden durch die *Agama hindu dharma* oder das *Adat* bestimmt und besitzen somit religiösen Charakter.

Feiern rund ums Jahr

Der erste der geschichtlich verbürgten heiligen Männer, die hindu-javanisches Gedankengut nach Bali brachten, war *Sanghyang Markandeya*, der sich im 8. Jahrhundert an einer alten Weihestätte an den Hängen des Gunung Agung niederließ, und zwar an jener Stelle, an der heute der Muttertempel Pura Besakih steht. Auf seinen Sohn, *Empu Sang Kulputih*, gehen die farbenprächtigen Opferzeremonien und regelmäßigen Tempelfeste zurück, darunter auch das *Odalan*. Nachdem dann im 11. Jahrhundert *Empu Kuturan* den balinesischen Kosmos mit seinen Richtungsbedeutungen (siehe Kapitel ‚Architektur', S. 95f) entworfen hatte, war im Prinzip der Rahmen balinesischer Zeremonien abgesteckt. Was in der Folgezeit hinzukam, waren mehr oder weniger nur Verfeinerungen, die meist an den Fürstenhöfen ihren Ausgangspunkt hatten.

Da die balinesischen Feste unter Berücksichtigung mannigfaltiger Regeln von Brahmanen und spezialisierten Astrologen nach dem 210 Tage umfassenden Pawukon-Kalender (siehe Kapitel ‚Die balinesischen Kalender', S. 157) festgelegt werden, handelt es sich bei ihnen um bewegliche Feste, wobei sich Jahresfeste demzufolge alle 210 Tage wiederholen. Besondere Ereignisse wie Naturkatastrophen, Unglücksfälle oder Krankheiten können außerhalb der Reihe zusätzlich bestimmte Reinigungs- und Austreibungsrituale erforderlich machen.

Wiederholung alle 210 Tage

Nachstehend einige Erläuterungen zu den wichtigsten Riten und Festtagen des balinesischen Kalenders.

Riten

Riten für Lebende und Tote

Die religiösen Riten (*Upacara*) der Balinesen teilen sich in **fünf Bereiche**, und zwar in jene für die menschliche Existenz (*Manusa yadnya*), jene für die Toten und höheren Geister (*Pitra yadnya*), jene für die Götter und Tempel (*Dewa yadnya*), jene für die heiligen Hindupropheten (*Rsi yadnya*) sowie jene zur Neutralisierung der negativen Einflüsse der natürlichen und übernatürlichen Welten (*Bhuta yadnya*).

Wendepunkte

Da die Balinesen das Leben als Durchgangsstadium ihrer Seele auf dem Weg zu Moksa, der Erlösung, betrachten, sind für sie die **Übergangsriten** von besonderer Wichtigkeit, also jene Rituale, die vor oder nach dem Übergang zu einem neuen Lebensabschnitt abgehalten werden und zumeist hinduistischen Ursprungs sind. Das Ende und der Übergang von einer Lebensphase in die nächste entspricht nach Ansicht der hinduistischen Inselbewohner strenggenommen einem ‚kleinen Tod', der Beginn des neuen Lebensabschnittes hingegen einer ‚kleinen Wiedergeburt'. Diese magisch gefährdeten Wendepunkte nennen die Einheimischen **Manusa yadnya**.

Ausgangs- und Endpunkt

Dabei beginnt alles im tiefsten Inneren des höchsten Berges, des Gunung Agung, woher die Seelen schon seit alten Zeiten kommen und wo die Seelen der Ahnen wohnen. Solange die Seele eines Vorfahren noch der Begierde unterworfen ist, wird sie auf die Erde zurückkehren.

Schwangerschaft

Übergangsriten begleiten das Menschenwesen zeit seines Lebens, beginnend mit der Schwangerschaft, wobei gerade in diesem Existenzstadium der ordnungsgemäßen Einhaltung der entsprechenden Riten außerordentliche Bedeutung zukommt. Um böse Einflüsse und Hexen (die sich an den Eingeweiden des Ungeborenen gütlich tun) von dem werdenden Kind fernzuhalten, müssen sich Balinesinnen im dritten Schwangerschaftsmonat einer rituellen Zeremonie unterziehen, und damit ja nichts passiert, tragen sie außerdem meist mehrere Amulette. Im siebten Schwangerschaftsmonat führt man die *Megedong-Gedongan*-Zeremonie durch, bei der sich die Seele im Mutterleib niederlässt. Die Geburt selbst wird mittels der *Penyambutan*-Zeremonie gefeiert. Natürlich dürfen auch diverse Opfer in den Tempeln nicht fehlen, da die Mutter aufgrund ihrer Schwangerschaft jedoch als unrein gilt und daher weder Tempel noch Reisfelder betreten darf, können diese allerdings nur von Verwandten und nahen Angehörigen dargebracht werden. Außerdem sollen sich von diesem Zeitpunkt an die Eltern des Fluchens enthalten.

Pränatale Vorkehrungen

Geburt

Persönliche Schutzgeister

Nach der Geburt des Kindes, in dem die Seele eines Vorfahren wiedergeboren wird, schreibt der Ritus vor, am fünften oder siebten Tag die Nachgeburt (*Catur sanak*) oder ‚vier mythischen Geschwister' (*Kanda empat*) des Neugeborenen – gemeint sind Fruchtwasser, Mutterkuchen, Nabelschnur und Blut –, die als persönliche ‚Schutzgeister' gelten, an vier verschiedenen Orten innerhalb des familiären Anwesens zu bestatten. Diese Stellen sieht jeder Balinese als seine unmittelbare spirituelle Heimat an, weswegen er hier auch später immer wieder an besonderen Tagen ein Opfer niederlegt. Am zwölften Tag nach der Geburt gibt man dem Säugling seinen vorläufigen Namen (heutzutage auch immer öfters bereits seinen endgültigen) und legt ihm um die Hand- und Fußgelenke Bänder und Kettchen, die böse Geister fernhalten sollen, wofür auch der geflügelte Wächtergott *Dewa Kumara* sorgen soll, für den über dem Bett des Kindes ein eigener Opferplatz mit Blumen und Bananen eingerichtet wird. Dieser wird das Neugeborene bis zum Erscheinen des ersten Zahns beschützen.

Drei-Monate-Feier

Erst an diesem Tag, d.h. nach 105 Tagen, der Hälfte der Wuku-Periode, anlässlich dessen ein großes Fest veranstaltet wird und von einem Priester Opfergaben dargebracht werden, wird das Kind, das als Kind Inkarnation verstorbener Ahnen noch ganz rein und heilig ist und sich daher nicht beschmutzen darf, weswegen es während des ersten Lebensjahres auch ‚Dewa' genannt wird, symbolisch auf die Erde gesetzt, womit es offiziell die Grenze zwischen göttlicher Transzendenz und irdischem Dasein durchschreitet. Um die überall lauernden Geister zu verwirren, erhalten das Kind und seine ‚vier Geschwister' vom Vater bisweilen gleichzeitig neue Namen (so das Kind ihn nicht bereits am zwölften Tag erhalten hat). Meist fertigt man dabei auch eine Puppe seiner Größe an, die man außerhalb des Gehöftes wegwirft, um die lauernden bösen Geister vom Kind abzulenken.

Endgültige ‚Menschwerdung'

Erster Geburtstag

Dem balinesischen Glauben zufolge unterscheidet der aufrechte Gang den Menschen vom Tier, so dass man es zu vermeiden versucht, dass das Kleinkind auf allen Vieren herumkrabbelt, weswegen

Schon in jungen Jahren lernt man Mitglied einer religiösen Gemeinschaft zu sein.

man es stattdessen lieber trägt. Bis auf eine Stirnlocke werden dem Kind an diesem Tag die Haare abgeschnitten, *Dewa Kumara* wird zum letzten Mal ein Opfer dargebracht.

Pubertätszeremonie

Vor allem Balinesen höherer Kasten richten für Mädchen anlässlich der ersten Monatsblutung eine Pubertätszeremonie aus, mit der ihr Eintritt in die Welt der erwachsenen Frauen gefeiert wird.

Zahnfeilung

Ein weiterer überaus bedeutsamer Ritus findet für gewöhnlich zwischen dem Eintritt in die Pubertät und der Heirat statt, die Zahnfeilung, der sich alle Knaben und Mäd-

Schmerzen für die Läuterung

chen unterziehen müssen, denn erst dann gelten sie als heiratsfähig. Bei dieser sehr schmerzhaften Prozedur, die gleichwohl als Initiationsritus und äußerst wichtiger Schritt im Leben eines hinduistischen Balinesen gilt, werden von einem brahmanischen Priester die den Göttern gehörenden oberen vier Schneide- sowie die beiden Eckzähne abgefeilt und auf eine Linie begradigt, die unteren dagegen bleiben ungeschliffen, da sie im Besitz der Dämonen sind. Durch das Feilen der Zähne werden symbolisch jene sechs Übel beseitigt, die man zwar einem Kind, nicht aber einem erwachsenen Menschen zugesteht: Dummheit, Habgier, Eifersucht, Jähzorn, Faulheit und Wollust. Zudem besitzen nur böse Geister und Tiere spitze Zähne.

Heirat

Der große Tag

Den möglicherweise bedeutendsten Einschnitt zu Lebzeiten stellt für die Balinesen die Heirat dar, denn mit ihr erwirbt der balinesische Mann das Recht und die Pflicht, alle bis zu diesem Zeitpunkt von seinen Eltern durchgeführten Riten zukünftig selbst abhalten und organisieren zu müssen, wohingegen die neuvermählte Frau in der Regel zu ihrem Mann auf dessen elterliches Gehöft zieht. (Siehe hierzu auch Kapitel ‚Bevölkerung und Gesellschaft', S. 77f.)

Fortan als vollwertiges Mitglied der Gemeinschaft anzusehen, übernimmt der Neuvermählte von seinem Vater die Verantwortung für das Wohlergehen der Götter, denen im Haustempel der Familie regelmäßig gehuldigt wird. Zu diesem Zweck, d.h. um den exakt vorgeschriebenen religiösen Pflichten nachzukommen, versammeln sich alle auf der Insel lebenden Familienmitglieder in genau festgelegten Abständen mehrmals im Jahr in ihrem Heimatdorf.

Totenverbrennung

Mit dem Ende ist nicht alles aus

Der mit Abstand **wichtigste Übergangsritus** der Hindus ist jedoch die Totenverbrennung (*Ngaben* oder *Pelebon*), denn durch sie verlassen sie die Welt des Körperlichen und Sinnlichen. Daher ist der Tod für die Balinesen nicht nur etwas Natürliches, sondern sogar etwas Positives, ja mehr noch, ein fröhliches Ereignis (insbesondere die Verbrennung), denn der Körper, den *Brahma* ursprünglich mit dem göttlichen Odem versah und nur als Hülle der Seele zu verstehen ist, löst sich dabei in die fünf Bestandteile, die Elemente – Feuer, Wasser, Luft, Erde und Äther – auf, die wieder in die Welt der Götter und Dämonen eintreten. Für den Balinesen ist die Gewissheit, dass für die Befreiung seiner Seele alles getan wird, wichtiger als die Fürsorge für sein irdisches Wohlergehen. Die Balinesen sehen im Körper nur das Gefäß ihrer Seele, die in jedem Teil davon wohnt, ihren Hauptsitz jedoch im Kopf hat, dem höchsten und heiligsten Part des Körpers. Während des Schlafes entweicht die Seele durch den Mund und beginnt zu wandern, wobei die Träume des Schlafenden ihre Erlebnisse sind. Kehrt sie nicht zurück, stirbt der Mensch.

Glaube an die Wiederkehr

Entstanden sind die Verbrennungsriten in Bali erst unter hinduistischem Einfluss, wahrscheinlich im 13. Jahrhundert, doch glaubten die Balinesen – nach animistischer Vorstellung – schon vorher, dass der ‚Seelenstoff' unsterblich sei und nach dem Tode in anderen Lebewesen wiederkehre. Dies glauben nämlich auch die Bali Aga, die ihren Glauben aus mythisch-vorchristlicher Zeit bis heute beibehalten haben und ihre Toten nicht verbrennen, sondern sie auf Felsen oder in Bäumen den wilden Tieren zum Fraß überlassen, denn erst wenn die Knochen restlos vom Fleisch befreit sind, wird – ihrem Glauben nach – auch die Seele frei und kann in einem anderen Körper ein neues Leben beginnen.

Bei den übrigen Balinesen wird der Leichnam eines Verstorbenen – je nach Finanzlage der Hinterbliebenen – entweder zunächst für die Dauer von mindestens 42 Tagen im Bale gede bzw. Bale bandung in der Mitte des Hofes des Verstorbenen aufbewahrt

Der Verbrennungssarg auf dem Wege zum Einäscherungsplatz

oder aber solange provisorisch auf dem Friedhof begraben, bis genügend Geld für die feierliche Einäscherung vorhanden ist, so dass es durchaus passieren kann, dass man seine sterblichen Überreste erst nach Jahren wieder ausgräbt und für die Verbrennung vorbereitet, wobei man, falls vom Verstorbenen wenig übriggeblieben ist, anstelle des Leichnams notfalls eine symbolische Sandelholzpuppe verwendet. Da die Seele die körperliche Hülle erst bei der Verbrennung endgültig verlässt, hängt es eben von den Vermögensverhältnissen der Hinterbliebenen ab, wie lang die Zeit ist, die die Seele noch im Leichnam verbringen muss, wobei auch zu berücksichtigen ist, ob der Zeitpunkt für die Verbrennung günstig ist oder nicht. Um dem Leichnam zwischenzeitlich das ‚Atmen' etwas zu erleichtern, steckt man über seinen Mund ein oben offenes Bambusrohr in das Grab, außerdem werden auf einem Bambusaltar mit einem Dach darüber noch 42 Tage lang Opfergaben niedergelegt, bisweilen lässt man Speisen aber auch durch eine offen gelassene Spalte in das Grab hinab.

Kostspielige Beisetzung

Für brahmanische Priester gelten andere Bestimmungen; sie werden nach strengen Vorschriften einbalsamiert und bis zu ihrer Verbrennung an einem von Astrologen kompliziert berechneten Tag in einem bestimmten Pavillon, dem Bale lagon, aufgebahrt.

Da nahezu alle Balinesen verbrannt werden, wird man Friedhöfe nach westlichem Vorbild auf der Insel vergebens suchen, lediglich solche der Muslime und Christen sind hier und da zu finden.

Der ochsenförmige Verbrennungssarg

Die mit der Totenverbrennung verbundenen Feierlichkeiten sind die aufwändigsten Balis, ihre Vorbereitungen können Wochen oder sogar Monate in Anspruch nehmen, gilt es doch, der Seele des Verstorbenen den reibungslosen Übergang in eine andere, bessere Welt zu ermöglichen. Um dies zu gewährleisten, wird die aufwändige Tradition der Kremation bis zum heutigen Tage bewahrt, trotz des oftmals drohenden Fiaskos, denn nicht selten kostet ein derartiges Zeremoniell weit mehr als sämtliche hinterbliebenen Familienmitglieder in einem ganzen Jahr

Langwierige Vorbereitungen

verdienen. Ärmere Leute, die sich den Pomp einer Einzelbestattung nicht leisten können, warten oftmals ab, bis ein Angehöriger der Tri wangsa (d.h. der oberen drei Kasten) stirbt und eine allgemeine Verbrennungsfeier angesetzt wird.

Die eigentliche Verbrennungszeremonie vollzieht sich in drei Abschnitten.

Wochen oder Monate vor dem festgelegten Verbrennungstermin beginnt man mit der Fertigung von jeweils einem Transport- und einem Verbrennungssarg. Falls der Tote nicht im Bale lagon aufgebahrt wurde, wird der provisorisch bestattete Leichnam drei Tage vor der Verbrennung wieder ausgegraben, gereinigt, in neue weiße Tücher gehüllt und – wie auch der im Anwesen Aufgebahrte – anschließend im Familienanwesen im Bale gede bzw. Bale bandung aufgebahrt, woraufhin man Dinge um die sterblichen Überreste herum aufbaut, die dem Toten zu Lebzeiten besonders lieb waren, aber auch Dinge, die ihn vor bösen Geistern schützen sollen, z.B. Lotusblumen und ein Bambusschössling als magisches Symbol zur Förderung der Wiedergeburt. Darüber hinaus werden Symbolfiguren fertiggestellt, die Eigenschaften des Verstorbenen darstellen und diesen auf seinem Weg ins Jenseits begleiten sollen. Über dem aufgebahrten Toten wird eine Figur (Ukur) aus Garn und Kepeng (alten chinesischen Münzen) gelegt, die man später mit in den Sarg gibt. Priester kümmern sich schließlich um das Herbeiholen des Weihwassers aus einer heiligen Quelle, das u.a. für die rituelle Reinigung des Toten benötigt wird.

Souvenirs für den Toten

Am Tag der Einäscherung wird der Leichnam in den reich geschmückten, mit etlichen mythischen Zugaben versehenen Transportsarg gelegt und in einer farbenprächtigen und lautstarken Prozession, an der zumindest das ganze Dorf teilzunehmen versucht, vom Gehöft des Verstorbenen zum Verbrennungsplatz gebracht, der sich stets meerwärts, außerhalb des Ortes befindet. Als Transportschrein dient dabei ein auf einer vielfach verstrebten Bambusplattform stehender **Verbrennungsturm** (Bade).

Das ganze Dorf nimmt teil

Während des Zuges sorgt ein Gamelan angklung für die nötige Trauermusik, deren Klänge die Menge geradezu in Ekstase versetzt. Fahnenträger fehlen ebenso wenig wie

INFO Der Verbrennungsturm

Ein Verbrennungsturm sollte nur von einem **Undagi** angefertigt werden, einem Baumeister, der sich neben dem Errichten von Wohnhäusern auch auf das Erbauen von religiösen Gebäuden und eben Verbrennungstürmen (Bade) versteht.

Diese Fähigkeit ist ihm bereits von klein auf gegeben, er ist sozusagen von Gott aus dafür bestimmt, dem er auch einen eigenen Schrein in seinem Anwesen weiht und den er um Hilfe bei der Erbauung eines solchen Turmes bittet.

Der Undagi wird während der *Mewinten* genannten religiösen Zeremonie zum Bau derartiger Begräbnistürme autorisiert, wobei bei deren Bau darauf zu achten ist, dass nicht irgendwelche einfachen Materialien verwendet werden. Gemäß alten Palmblattinschriften dürfen dafür nur leichte Holzsorten verwendet werden, wie z.B. das

Holz des Sandat, Cempaka, Majegau, Pinang (Betelnuss), Kapokbaum oder Bentenu sowie Bambus. Besonders begehrt sind dabei die Hölzer von Majegau und Cempaka, die als ‚Bäume der Brahmanen' gelten, da sie – gemäß einer alten Mythologie – von *Shiva* mit heiligem Wasser gereinigt worden sein sollen.

Insgesamt setzt sich der Verbrennungsturm aus drei Teilen zusammen, wobei man für das Tragegestell, auf das der eigentliche Turm aufgesetzt wird, Bambus verwendet. Den untersten Teil nennt man **Bebaturan** oder **Gegunangan**, den mittleren **Bale balean** und den obersten **Tumpang**.

Verbrennungsturm

Bei Angehörigen der Jaba-Kaste ist der Verbrennungsturm ein einfacher, einstöckiger Trageschrein, bei einem verstorbenen Fürsten kann er dagegen ein gewaltiges Bauwerk mit einer Höhe von 30 m und mehr sein. Dieser pagodenartige, bis zu elfstöckige, aus Bambus und Papier gefertigte Turm, der über und über mit buntem Glanzpapier, Lametta, Spiegeln, Blumensträußen und kunstvoll geschnitzten Dämonenfiguren zur Abwehr böser Geister geschmückt ist (wobei der Himmelsadler *Garuda* die geläuterte Seele nach dem Verbrennungsakt zu den himmlischen Gefilden tragen soll), symbolisiert den Kosmos: der breite Sockel – oft in Form der von zwei Naga umwundenen Schildkröte *Bedawang Nala* – fungiert quasi als Träger der Welt bzw. als deren Gründung, die würfelförmige Mitteletage wiederum als Sinnbild der irdischen Welt, darüber dann – also zwischen Himmel und Erde – befindet sich eine Nische für den Leichnam, über der sich schließlich noch das mehrfach gestaffelte Pagodendach erhebt, das einem Meru ähnelt und die überirdische Welt symbolisiert. So befindet sich der Tote also, wenn er zwischen dem Weltenberg (dem Würfel) und dem Himmelsberg (Pagodendach) thront, symbolisch zwischen Himmel und Erde, ehe er verbrannt wird.

Priesterliche Brahmanen werden jedoch in einer Trage in Form des Padmasana (Lotusthrones; d.i. der dem Sonnengott *Surya* geweihte Thron) zum Verbrennungsplatz gebracht. Ärmere Leute, die die Kosten für eine prunkvolle Verbrennung nicht aufbringen können, tragen die sterblichen Überreste ihrer Verwandten in einer Art Thronsessel, der ebenfalls geschmückt und mit magischen und symbolischen Zeichen verziert ist; zur Einäscherung halten sie dann einfache Holzsärge bereit.

prunkvoll gekleidete Mädchen und Frauen, die Gefäße mit Weihwasser, Blumen und Früchten auf den Häuptern tragen, die als Opfergaben gedacht sind. Gleich zu Beginn des Zuges erklimmen einige Jungen den *Bade*, von denen einer einen lebenden Vogel in der Hand hält, um ‚der Seele das Fliegen zu lehren'.

Schüttelt die Geister ab!

Um die Geister zu irritieren und abzuschütteln bzw. der Seele des Toten es möglich zu machen, den Weg nach Hause zu finden und so das Familienhaus unsicher zu machen, drehen sich die Sargträger auf dem Weg zum Verbrennungsplatz mitsamt der Pagode an jeder Straßenkreuzung und Weggabelung einige Male wild im Kreis herum – oder schlagen gar einen Umweg ein. Die Bewegungsrichtung wird dabei von dem Priester angegeben, der das eine Ende eines langen weißen Tuches in der Hand hält, dessen anderes Ende oben am *Bade* befestigt ist oder in halber Höhe des Turmaufbaus von einem zweiten Priester gehalten wird, der die Zuschauer ständig mit Weihwasser besprützt. Bei fürstlichen Kremationen ist dieses Tuch oder Tau, das die Naga versinnbildlicht, reich verziert und kann bis zu 50 m lang sein. Ist der Turm endgültig zum Stehen gekommen, ‚tötet' der Priester die Schlange, indem er vier Jampaka-Blumenpfeile aus allen vier Himmelsrichtungen auf ihren Kopf abschießt, woraufhin das Tuch um den Sarg gewickelt und mit ihm zusammen verbrannt wird.

Schwankende Schwergewichte

Für den Transport der tonnenschweren Begräbnistürme für fürstliche Kremationen werden bis zu 200 Mann benötigt. Fällt einer dieser Türme besonders hoch aus, montiert man vorsichtshalber sämtliche elektrische Leitungen entlang des Weges ab. Bei manch einem dieser farbenprächtigen und spektakulären Züge sitzt der Erstgeborene des Verstorbenen in einer der unteren Etagen der Pagode, was angesichts der heftig schwankenden und wenig stabilen Konstruktion nicht ganz ungefährlich ist.

Von Trauer keine Spur

Diese Prozession ähnelt jedoch in keinerlei Weise einem stillen und andächtigen Trauermarsch, vielmehr einer fröhlichen Veranstaltung, an der sich Jung und Alt geradezu zu erfreuen scheinen, selbst die unmittelbar Betroffenen lassen sich vom Tod ihres Angehörigen nicht unterkriegen, denn auch sie leben, trotz der Trauer und des Schmerzes ob des Verlustes, in der Hoffnung, dass der/die Dahingegangene im nächsten Leben in eine bessere Existenz hineingeboren wird, auch wenn dies gemäß balinesischer Vorstellung nur innerhalb der eigenen Familie möglich ist.

Die Form signalisiert die Kaste

Dem Transportschrein (d.h. dem Verbrennungsturm) wird der **Verbrennungssarg** leer hinterhergetragen, in den man den Leichnam am Verbrennungsplatz (*Sema*) umbettet, und an dessen Form man leicht erkennen kann, welcher Kaste der/die Verstorbene angehörte: einfache Leute müssen sich mit schlichten, aber reich geschmückten Holzkisten begnügen, hochrangige Persönlichkeiten hingegen werden in prächtigen Sarkophagen eingeäschert.

Tiergestalten

So ist er bei Brahmanenpriestern in Gestalt eines schwarzweiß oder weiß gefleckten Stiers und bei Brahmaninnen in Gestalt einer ebenso gefärbten Kuh gefertigt. Bei Angehörigen der Ksatria-Kaste in Form eines schwarzen Stiers (bzw. einer ebensolchen Kuh), wobei ihm oftmals eine prachtvolle Schlangen- oder Drachenfigur vorangetragen wird, wohingegen er bei Verblichenen der Wesia-Kaste oder Jaba-Kaste wie ein Hirsch oder geflügelter Löwe aussieht. Eine Ausnahme bilden die Kremationen der Pasek-Kaste, denn während die Särge der zuvor genannten Kasten sich in die Lüfte erheben könnten (der Stier gilt als Reittier *Shivas*, und der Löwe besitzt in der hinduistischen Vorstellung Flügel), werden die Angehörigen der zuletzt erwähnten Kaste in Särgen verbrannt, die dem Aussehen des Fabeltieres *Gajah Minea* nachempfunden sind, das einer Mischung aus Elefant und Fisch gleicht.

Anschließend besprengt ein Hohepriester die sterblichen Überreste mit Weihwasser, das das Wirken der drei Elemente einleitet, die mit der hinduistischen Trinität verbunden sind: Wasser als letzte Segnung, Feuer als Zerstörer der irdischen Hülle, und Wind, der den Rauch – die Seele – zum Himmel emporträgt. Sodann wird vom Priester das *Adegan* auf den Toten gelegt, ein aus Sandelholz und Palmblättern gefertigtes Bildnis, das die Seele des Verstorbenen symbolisiert und tags zuvor von den Angehörigen des Verstorbenen zwecks Segnung in einer feierlichen Prozession zum Hohepriester gebracht wurde. Des Weiteren werden alte chinesische Münzen über den Leichnam gestreut und diverse Mantras rezitiert, woraufhin man den Sarg schließt und ihn mit der *Naga banda* umwickelt, dem langen weißen oder bunt geschmückten Tuch. Schließlich setzt man den Verbrennungssarg in Brand, so dass sich die Seele durch das reinigende Feuer endgültig von der leiblichen Hülle befreien und in die Lüfte erheben kann, was die umstehende Menge gleichsam in Verzückung versetzt. Früher stürzte sich noch die Witwe des Verstorbenen in die Flammen und folgte freiwillig ihrem Gatten in den Tod.

Reinigung durch Feuer

Gleichzeitig wird nebenan auch der Verbrennungsturm angezündet. Während die

Der Leichnam wird in den Verbrennungssarg gelegt.

Zuschauer warten, bis alles dem Feuer anheim gefallen ist, kommt der älteste Sohn des Toten seiner Pflicht nach, die Asche zu schüren, um sicherzustellen, dass nichts vom Körper unverbrannt bleibt, wobei er von einigen Spezialisten tatkräftig unterstützt wird.

Am nächsten Tag sammeln die Angehörigen des Toten die Asche – und eventuell noch unverbrannt gebliebene Knochenteile – in Kokosnussschalen und legen diese in eine kleine Sänfte, die wiederum in einer Prozession zum Meer oder zu einem nahen Fluss getragen wird, wo man sie dem Wasser übergibt.

Nun erst ist die Seele des Dahingegangenen frei, zurückgeführt in die fünf Elemente, und kann sich erneut auf ihre vorübergehende Reise machen, von der sie in absehbarer Zeit zurückkehren wird, und zwar in ihre familiäre Umgebung. Und keinen größeren Wunsch kennt der Balinese, als so schnell wie möglich im Tau des Morgens wieder auf seine herrliche Insel herabzusteigen und ein neues Leben zu beginnen.

Rückkehr in die Familie

192 Religion

Nachfeiern

Mit der Einäscherung ist der aufwändige Totenritus jedoch noch lange nicht vorbei, vielmehr folgen an genau vorgeschriebenen Tagen nach der Verbrennung weitere aufwändige Zeremonien, welche dafür sorgen sollen, die Seele des Verstorbenen von allem Schlechten und Bösen zu reinigen bzw. sie davor zu bewahren. So findet am 12. und 42. Tag nach der Einäscherung die Seelenweihe statt, die **Mukur-Feier**, in der die Seele aus den Banden des Gedankenkörpers, dem sie noch anhängt, befreit wird. Die Seele des Toten, die bis zur Einäscherung auf dem Friedhof oder um seinen Aufbahrungsort herum umherirrte, wird nunmehr im Ostpavillon des Hauses empfangen. Oft kann sich die Seele jedoch erst Jahre nach der Verbrennung des Körpers von aller irdischen Identität befreien. Um dies zu bewerkstelligen, wird der Name des Dahingegangenen auf ein Lontarblatt geschrieben, das anschließend verbrannt und dessen Asche sodann ins Meer gestreut wird, wodurch sich die Seele mit der anonymen Ahnengottheit im Familientempel verschmelzen kann.

Der Priester legt Feuer an den Verbrennungssarg.

Feste

Odalan (Fest der Tempelweihe)

Höchstes Tempelfest

Jeder balinesische Tempel feiert einmal im balinesischen Jahr (das 210 Tage umfasst) seinen Geburtstag, d.h. die Wiederkehr des Tages der ersten Weihe, das so genannte *Odalan*-Fest, das alljährlich einen Höhepunkt des dörflichen Festkalenders darstellt und an dem das ganze Dorf teilnimmt. Adat-bedingt bestehen zwar gewisse lokale und regionale Unterschiede, im Großen und Ganzen läuft dieses Fest jedoch nach einem allgemein gültigen Grundschema ab.

Alle helfen mit

Die Vorbereitungen für dieses Fest, an denen sich die ganze Gemeinde beteiligt, dauern Wochen, oder gar Monate; wann jedoch genau mit der Zubereitung der Opfergaben begonnen werden darf, ist Gegenstand höchst komplizierter Berechnungen, die ein brahmanischer Priester nach dem balinesischen Kalender vornimmt. So stellen Frauen in mühsamer Arbeit kunstvolle Flecht- und Steckwerke aus Palmblättern her, zu denen u.a. die *Penjor* und die *Lamak* gehören (siehe Kapitel ‚Der balinesische Hinduismus', S. 177f).

Neben den vielfältigen Reisopfern (Sarad) bereiten die Frauen die bis zu 20 kg schweren, prächtigen, spektakulären Opfertürme aus Früchten, Reiskuchen (Jaja), Blumen und mitunter sogar gebratenen Hühnchen oder Enten vor. Da alles nur einmal gebraucht bzw. geopfert werden darf, handelt es sich bei alledem um schnell vergängliche Kunstwerke. Die Zubereitung der am Abend von der ganzen Dorfgemeinschaft verzehrten Ritualmahle ist dagegen Aufgabe der Männer, die dabei kräftig dem Palmwein zusprechen.

Das Fest selbst dauert für gewöhnlich drei Tage (es kann aber auch nur einen oder sogar zehn Tage dauern), von denen ein jeder der Erfüllung einer bestimmten Aufgabe dient, sollen dadurch doch drei Hauptanliegen der Glaubensgemeinschaft realisiert werden: der Empfang der Gottheiten und gottgewordenen Ahnen (Bhatara), die rituelle Reinigung des Tempels und des Dorfes sowie die Beschwichtigung bzw. Vertreibung böser Geister und Dämonen.

Drei Anliegen

Am ersten und wichtigsten Tag muss der längere Zeit verwaiste Tempel zunächst mit Weihwasser (Tirta) rituell gereinigt werden, woraufhin im vorderen Tempelhof ein ritueller Hahnenkampf stattfindet. Anschließend wird der Tempel unter der Anleitung der Tempelpriester von Männern und Frauen mit bunten Fahnen, Tüchern und den Hoheitsschirmen des Tempels geschmückt, die Opfernischen werden mit daraus heraushängenden Tuch- oder Palmblätterfriesen (Lamak) dekoriert, deren Motive allesamt symbolischer Bedeutung sind, wobei als Zentralfigur oftmals ein *Cili* dargestellt ist. Gleichzeitig bekleidet man die Wächterdämonen und -hexen mit schwarz-weiß karierten Tüchern, also in den Farben *Vishnus* und *Shivas*, und steckt ihnen Hibiskusblüten ans Ohr. Die magische Kraft der Tücher versetzt die Figuren angeblich in die Lage, übelwollende Geister und auch rüpelhafte Touristen vom Heiligtum fernzuhalten.

Sobald der heilige Bezirk für die Ankunft der Götter hergerichtet ist, nimmt der Brahmanenpriester die *Arja*-Statuetten, zwei kleine Figuren aus Sandelholz oder Kepeng-Münzen, aus dem *Gedong penimpanan*, einem klein geschlossenem Gebäude im Innenhof des Tempels, und bringt sie zu einem kleinen Pavillon, wo sie mit Weihwasser gereinigt, bekleidet und sodann aufgestellt werden. Diese oft menschenähnlichen Figuren, eine weibliche und eine männliche, stellen jedoch keineswegs die eingeladenen Tempelgottheiten selbst dar, sondern werden von ihnen lediglich vorübergehend beseelt und dienen ihnen für die Dauer des Festes als Wohnstätte. Dem gleichen Zweck dienen die gelegentlich auf den Steinthronen aufgestellten kleinen Bilder, die so genannten *Pratima*.

Beim Odalan werden die prächtigsten Opfergaben dargebracht.

Bei einigen Festen werden diese Figuren, Bilder und/oder Götterthrone aus dem Tempel geholt und zu einem feierlichen Bad am Meer getragen (bzw. zu einer heiligen Quelle oder einem anderen Gewässer in angemessener Entfernung). Bei einer derarti-

Das Odalan ist der religiöse und optische Höhepunkt des Festjahres.

gen Prozession gehen Fahnenträger an der Spitze des Zuges, gefolgt von Mädchen und Frauen mit den Opfergaben sowie den kleinen, schön geschmückten Figuren, die von zwei Mädchen auf Kissen auf dem Kopf getragen und von zwei großen Sonnenschirmen beschattet werden. Diesen wiederum schließt sich eine Reihe von Frauen und eine Gruppe von Männern mit dem Gamelan angklung an, dessen größere Instrumente an Bambusstangen getragen werden. Am Wasser angekommen betet der Priester zu den *Arjas*, denen die mitgeführten Opfer dargebracht werden, während die Prozessionsteilnehmer tanzen und singen, um die Figuren zu erfreuen. Anschließend geht es zum Tempel zurück.

Einladung an die Götter und Ahnen

Um die symbolisch zum Fest eingeladenen Götter und gottgewordenen Ahnen (Bhatara: diese Auszeichnung erhält, wer sich im Diesseits besondere Verdienste erworben hat) zu empfangen und mit Opfergaben bedenken zu können, beginnt der Pedanda – auf seinem erhöhten Bambusthron sitzend – dann eine Glocke zu läuten und die heiligen Mantras zu singen, wobei er seinen Gesang mit den heiligen Gesten (Mudra) begleitet, einer eindrucksvollen Zeichensprache der Hände.

Die ‚Gäste' treffen ein

Sobald der Zeitpunkt naht, zu dem die Götter eintreffen, entzündet der Priester einen Weihrauchkessel, wobei der aufsteigende Rauch den Göttern als symbolische Himmelsleiter dient. Diese lassen sich im Allgemeinen auch nicht lange bitten, aus ihren höheren Sphären herabzusteigen, begleitet vom Dröhnen der immer lauter tönenden Glocke beginnen sie ihren Abstieg, der den Höhepunkt des Festes darstellt und an dem die im Tempelbezirk versammelte Besuchermenge, die zuvor mit ihren kunstvoll aufgeschichteten Opfergaben eingetroffen ist, voller Ehrfurcht schweigend teilnimmt, wobei einige Frauen oder Mädchen den *Pendet* (siehe Kapitel ‚Tänze, Tanzdramen & Theaterspiele', S. 138) tanzen. Werden Tänze mit dem Altar zugewandtem Gesicht ausgeführt, so empfängt man die Gottheiten, weist hingegen der Rücken der Tänzer/innen zum Altar, so symbolisiert der Tanz die Ankunft unsichtbarer Wesen, die im Dienst der Götter stehen, wohingegen sich Tänze, bei denen Alkohol auf den Boden verspritzt wird, an die Geister der Unterwelt richten.

Die Dorfgemeinschaft versammelt sich

Während die Götter im heiligen Tempelbezirk (Bale paruman) jeweils den für sie vorbereiteten und mit Weihwasser besonders gereinigten Sitz einnehmen, von dem aus sie die genaue Einhaltung der vorgeschriebenen Riten überwachen können, oder sie zum gleichen Zweck in eine der aufgestellten Sandelholzfiguren schlüpfen, strömen – herbeigerufen vom Dröhnen der Kulkul-Trommel – immer mehr Bewohner in ihrer festlichen Adat-Kleidung zu ihrem Dorfheiligtum.

Damit die Götter nicht von eventuell herumgeisternden Dämonen belästigt werden, schlachten die Dorfbewohner am ersten Festtag ein Schwein, dessen Fleisch an einer passenden Stelle für die vermeintlichen Störenfriede bereitgelegt wird.

Wichtigster Bestandteil des *Odalan* ist indes die Darbringung von Opfergaben, mit *Prächtige*
denen *Sanghyang Widhi Wasa* in all seinen Manifestationen verehrt wird. Die mit viel *Opfergaben*
Akribie aufgeschichteten, mitunter mehr als einen Meter hohen Opfertürme, die die
Frauen mit geradezu akrobatischem Geschick auf ihren Häuptern zum Tempel balan-
cieren, werden von den Pemangku entgegengenommen, vom Pedanda anschließend mit
heiligem Wasser gesegnet und symbolisch den Göttern überreicht, die ihnen nur die –
zusammen mit dem zugefächelten Weihrauch – spirituelle Essenz entnehmen, so dass
die Frauen die ‚weltlichen Hüllen' ihrer Opfergaben am Ende des Festes wieder mit
nach Hause nehmen, wo sie dann im Familienkreis als geweihtes Mahl verzehrt werden.

Nach der Darbringung der Opfergaben versammeln sich die Dorfbewohner um den Hohenpriester zum Gebet und zur Reverenzbezeugung an die Götter, wobei der Geistliche die Köpfe der Betenden mit heiligem Wasser besprengt und gesegneten Reis verteilt.

Die Zubereitung des gemeinschaftlichen Festessens ist vor allem Männersache.

Außerdem umkreist eine Gruppe von Frauen den zentralen Altar, und zwar stets rechts herum, dadurch wird der Aufstieg auf den heiligen Berg Meru symbolisiert. Das gleiche Ritual wird außerdem an einem provisorischen Altar vor dem Tempel für die Geister im Gefolge der Götter vollzogen, die man im Inneren des Tempels nicht mehr empfangen kann.

Der Rest dieses ersten Festtages wird mit großer Ausgelassenheit begangen, schließlich soll ein Tempelfest, das aufgrund seines ambivalenten Charakters sakrales und profanes Ereignis zugleich ist, Götter und Menschen gleichermaßen erfreuen. Daher verwandelt *Volksfest-*
sich die nähere Umgebung des Tempels während des *Odalan* in einen kleinen Jahrmarkt, *stimmung*
über dem der geheimnisvolle Klangteppich des Gamelan schwebt, wobei die im äußeren Tempelbezirk abgehaltenen Hahnenkämpfe ebenso für Unterhaltung sorgen wie die meist nachts über die Bühne gehenden Wayang- und Tanzdramenaufführungen.

Am zweiten Tag wird das Dorf von allem Übel und Schlechten des vergangenen Jahres gereinigt und lassen sich die Menschen von den dargebotenen Aufführungen unterhalten.

Der dritte Tag dient sodann der Vertreibung der bösen Geister, die man mit Hilfe der *Der letzte*
Götter aus Tempel und Dorf jagt, wodurch man sich auf das neue Jahr vorbereitet. Zu *Tag*
diesem Zweck finden im innersten Tempelbezirk tagsüber weitere Purifikationsriten und Opferhandlungen statt, am späten Abend schließlich verabschiedet man die Götter an gleicher Stelle und entkleidet die Sandelholzfiguren, die man zu ihrem Aufbewah-

> **INFO** **Hahnenkampf und andere Glücksspiele**

Wer durch die Straßen balinesischer Dörfer spaziert, wird entlang des Straßenrandes der zahllosen Bambuskäfige gewahr, aus denen mitunter das markerschütternde Gekreische der Kampfhähne ertönt, das auch allmorgendlich beim ersten Morgengrauen den Wecker ersetzt. Nachts im Hof untergebracht, werden die Käfige tagsüber in den meisten Fällen an die Straße oder auf einem öffentlichen Platz aufgestellt, damit es den Tieren nicht zu langweilig ist.

Aufgabe dieser Hähne ist der Kampf, zu diesem Zweck werden sie von ihren Besitzern an sexueller Aktivität gehindert, täglich gebadet, stundenlang gehätschelt, massiert und trainiert sowie mit eigens präparierten Spezialdiäten genährt. Wo immer die Männer eines Dorfes zusammensitzen, tauschen sie ihre Erfahrungen aus, geben Zukunftsprognosen und lassen die Träger ihres Stolzes schon mal probeweise aufeinander losgehen. Mit etwa anderthalb Jahren wird es für die Tiere dann ernst.

Der aus vorhinduistischer Zeit stammende **Hahnenkampf** (Tajen), dessen eigentlicher Sinn es ist, Harmonie zwischen Menschen (Mikrokosmos) und Universum (Makrokosmos) herzustellen, d.h. die Dämonen mit einem Blutopfer zu besänftigen, damit sie die nachfolgenden religiösen Zeremonien nicht mehr stören, bildet den rituellen Auftakt eines jeden Tempelfestes. Als fester Bestandteil des *Odalan* stellt er heutzutage jedoch nicht nur ein religiöses Ritual, sondern auch ein gesellschaftliches Ereignis dar, bei dem jedermann seiner Wettleidenschaft frönen kann, die zwar anderweitig verboten ist, bei Hahnenkämpfen auf Bali jedoch stillschweigend toleriert wird, da diese vom Hinduismus sanktioniert sind. Zwar versuchte die *Suharto*-Regierung in den 80er und 90er Jahren des letzten Jahrhunderts den Hahnenkampf gänzlich zu verbieten, musste sich jedoch dem starken Druck der Balinesen beugen, die diesen als unverzichtbaren Bestandteil jedes Tempelfestes ansehen.

Zwar verboten die holländischen Kolonialherren – wie auch die berüchtigte Witwenverbrennung – den Hahnenkampf, den sie als zu barbarisch ansahen; im Verborgenen blühte er aber weiter und wurde nach der indonesischen Unabhängigkeit wieder legalisiert. Für den Anfang der 80er Jahre des zurückliegenden Jahrhunderts von der Regierung in Jakarta gefassten – auf Bali allerdings von Anbeginn an nur bedingt von Erfolg gekrönten – Beschluss, Hahnenkämpfe landesweit zu verbieten, mit Ausnahme der religiös motivierten Form, waren hauptsächlich gesellschaftliche Gründe maßgebend, die allerdings weniger dem blutigen Kampfgeschehen als vielmehr den ökonomischen Auswirkungen der sich an ihm entzündenden Wettleidenschaft galten.

So mag es der indonesischen Regierung in den übrigen Teilen des Archipels zwischenzeitlich gelungen sein, Hahnenkämpfe zu verbieten, auf Bali hatte sie mit ihren Appellen zur Einstellung dieses ‚Nationalsports' bislang keinen Erfolg, denn selbst heute noch gehen die Balinesen ihrem liebsten Zeitvertreib auch außerhalb der Tempelhöfe mehr oder weniger regelmäßig und ungehindert nach, so dass es nicht allzu schwer ist, die Austragungsorte dieses blutigen Geschehens ausfindig zu machen.

Doch warum ausgerechnet Hähne? Hinter dem blutigen Spiel steckt der Glaube an die hinduistische Trinität, die die drei menschlichen Charaktere *Satwam*, *Rajas* und *Tamas* symbolisiert, wobei *Satwam* mit Ruhe, Weisheit und Freundlichkeit verbunden ist, *Rajas* mit Selbstüberschätzung, Selbstsucht, Arroganz und hitzigem Temperament, und *Tamas* schließlich mit Faulheit, Ignoranz und Gier. Für diese drei Charaktere wiederum stehen drei Tiere: Schwan (weise, ruhig, tapfer), Hahn (arrogant, überheblich, selbstsüchtig, stolz) und Schwein (faul, dumm, unmäßig, gierig). Unglücklichweise repräsentieren Hähne genau jene menschlichen Eigenschaften, die es im Interesse des Gemeinwesens zu eliminieren gilt. Die besten Hähne – bekannt als Philippinische Hähne – kommen, wie jedermann auf Bali weiß, aus Sangir, einer kleinen Insel vor Nordsulawesi.

Hahnenkämpfe sind im balinesischen Glauben fest verankert.

Ehe ein solcher Kampf beginnt, versuchen die Besitzer der Hähne herauszufinden, welche Tiere zusammenpassen. Zu diesem Zweck halten sie die Tiere einander bis auf wenige Zentimeter entgegen. Je nachdem, ob und wie die so Gereizten auf den vorgehaltenen Kontrahenten reagieren oder nicht, entscheiden sich die Besitzer unter Aufsicht der am Rand des Kampfplatzes sitzenden Schiedsrichter, ob sie die beiden Tiere gegeneinander antreten lassen oder nicht, wobei jeder sein Tier gegenüber der Zuschauermenge als kommenden Sieger apostrophiert.

Als Erstes setzen die beiden Besitzer der zum Kampf auserwählten Tiere jeweils eine gleich große Summe für ihren Hahn. Diese Summe ist nach unten limitiert und wird als Anhaltspunkt für die nachfolgenden Wetten publik gemacht. Die Veranstalter der Kämpfe bekommen aus diesem Pott einen 10- bis 25-prozentigen Anteil – für sie lohnt sich der Kampf also immer.

In der zweiten Runde des Wettens greifen die Zuschauer ein, bei denen es sich ausnahmslos um Experten handelt: zunächst die berufsmäßigen Wetter und Fachleute, nach deren Urteil sich einer der Gockel als Favorit herauskristallisiert, anschließend die Übrigen, die nun durch Zurufe und Gesten mit Wettpartnern um günstige Quotierungen feilschen. Haben sich zwei Wetter auf eine Quote geeinigt, dann tippen sie kurz an ihre Köpfe und wenden sich neuen Wettpartnern zu.

Häufig sind die Eigner der beiden Hähne durch Strohmänner im Publikum vertreten, weil von den dort getätigten Wetten keine Abgaben an die Veranstalter zu bezahlen sind. Auf diese Weise schaukeln sich die Wetten ganz allmählich hoch; schließlich wollen die Profis davon ihren Lebensunterhalt bestreiten. Ein besonders hohes Risiko tragen dabei die einfachen Bauern, von denen schon manch einer mehr als ein ganzes Familienjahresgehalt an einem einzigen Nachmittag verspielt hat. Auch ist es schon passiert, dass ein ganzes Dorf verarmte, weil es in der Stunde der Wahrheit von seinem Lieblingshahn im Stich gelassen wurde, doch auch Rajas sollen durch ihre Wettleidenschaft bettelarm geworden sein.

Ein Hahnenkampf, der ausschließlich Männersache ist und bei dem die sonst so sanften und beherrschten Balinesen völlig aus dem Häuschen geraten, endet meist schon nach wenigen Minuten mit dem Tode eines der beiden daran beteiligten Kontrahenten, die rasiermesserscharfe, Minidolchen gleichende Stahlklingen an den Spornen tragen, mit denen sie auf ihr Gegenüber einstechen. Dieser bis zu 15 cm lange Metallsporn, dessen fester Sitz von einem Schiedsrichter überprüft wird, heißt *Taji*, der Kampf selbst *Tajen*.

Ein Kampf dauert maximal fünf Runden, doch genügen im Regelfall schon zwei oder drei Treffer mit den künstlichen Spornen, um den verletzten Hahn in den Staub der *Wantilan* genannten Arena (bestehend aus einer an den Seiten offenen, überdachten Holzkonstruktion mit amphitheaterartig aufsteigenden Sitz- und Stehplätzen) sinken zu lassen. Da nur einer der beiden Gockel überleben darf, werden die beiden Kontrahenten, falls sie nach vier Runden (d.h. nach einer Kampfzeit von 5-6 Minuten) beide noch stehen, zur erneuten Stimulans oder zum tödlichen Finale unter einen Korb gesetzt.

Der getötete Verlierer wird anschließend vom Besitzer des Siegers stolz nach Hause getragen und wandert meist in den Kochtopf.

Gelegentlich gibt man den Hähnen aber eine Chance zum Überleben, indem man sie alle fünf Runden lang in offenem Terrain gegeneinander antreten lässt, woraufhin man, falls beide sich noch auf den Beinen halten können, den Kampf für unentschieden erklärt. Zum Kampfabbruch kann es kommen, wenn einer der Hähne das Duell verweigert. Bei Tempelfesten dürfen übrigens normalerweise nur Kämpfe über drei Runden stattfinden.

Ein Hahn, der viermal siegreich bleibt, hat sich das Recht auf ein geehrtes Veteranendasein erworben und darf frei im Dorf umherstolzieren.

Mag auch jede Art des Wettens auf Bali offiziell verboten sein, so frönen die männlichen Inselbewohner neben dem Hahnenkampf noch einer ganzen Reihe weiterer Glücksspiele, im Privaten ebenso wie bei diversen Zeremonien und Feierlichkeiten.

Genau hinsehen muss man beim **Adu jangkri**, dem Heuschreckenkampf, bei dem sich trainierte Heuschrecken in mit Schlitzen versehenen Bambusröhren Kleingefechte liefern.

Ein Heidenspektakel stellen die alljährlich nach der Reisernte in den Monaten Juli bis November (je nach Region) in manchen Ortschaften Nord- und Westbalis stattfindenden **Wasserbüffelrennen** dar (siehe Kapitel '*Der Westen*', S. 664ff).

Die herausgeputzten Schwergewichte kurz vor dem Start

Ein beliebtes Glücksspiel ist z.B. **Toplek**, bei dem jeweils einer der Spieler bis zu 16 Kepeng (alte chinesische Münzen) auf einen Tisch wirft und diese sofort mit der Hand bedeckt. Gewettet wird dabei auf die Zahl der geworfenen Münzen.

Für **Kocokan** benötigt man eine Unterlage mit verschiedenen Figuren (Schlange, Schildkröte, Dämonen u.ä.) in rechteckigen Feldern, auf die die Spieler Geld werfen, woraufhin der Sieger ausgewürfelt wird. Bei einem ähnlichen Spiel, **Bola adil**, rollt eine Kugel auf einem derartigen Spielbrett, wobei das Tier gewinnt, auf dem sie liegen bleibt.

Blok kiu wird, wie viele andere Spiele, mit chinesischen Karten gespielt und ähnelt unserem ‚17 und 4'.

Beim Kocokan frönt überwiegend die Jugend ihrer Spielleidenschaft.

rungsort zurückbringt. Um die Götter würdig zu verabschieden, wiederholt man die Kreisprozessionen und führt im innersten Tempelbereich die feierlichsten Tänze des ganzen Festes auf, das mit dem Verschließen des inneren Tempeltores endet, das erst beim nächsten Tempelgeburtstag wieder geöffnet wird.

Eka dasa rudra

Bei diesem nur alle 100 Jahre einmal im Muttertempel von Besakih stattfindenden mehrwöchigen Fest handelt es sich um das Fest aller Feste, bei dessen Höhepunkt von jeder der in der balinesischen Fauna vorkommenden Arten ein Exemplar geopfert wird. Sinn dieser Opferungen ist die Absicht der rituellen Reinigung des gesamten Universums. Das nächste *Eka dasa rudra*, an dem jeder Balinese – der dazu imstande ist – mit Opfergaben zum Pura Besakih kommt, steht planmäßig im Jahre 2079 an. So

Das Jahrhundertfest

genannte ‚**Landreinigungsfeiern**' (*Panca wali krama*) finden indes, wie in den anderen acht Reichstempeln, im Zehnjahresrhythmus statt, und zwar die nächste im Jahre 2009 (dann 2019, 2029 usw.).

Nyepi (Neujahrsfest)

Ihr dreitägiges Neujahrsfest, *Nyepi*, das als einziges der balinesischen Feste nach dem Saka-Kalender festgelegt ist, begehen die Balinesen im Frühjahr, zum Zeitpunkt der Tagundnachtgleiche im März; mit den Vorbereitungen beginnen sie indes schon eine Woche zuvor.

Mit Ungetümen gegen die Geister

Um das neue Jahr frisch und rein beginnen zu können, versuchen die Balinesen während dieses Festes alle Geister und Dämonen von der Insel zu vertreiben. Dabei mutet es oftmals wie ein Wetteifern der männlichen Inseljugend untereinander an, bei dem es darum geht, auf einem Bambusrahmen mit Holz, Pappmaché, Farbe und Kleister ein noch furchterregenderes, überdimensionales Monster zu erbauen als die Burschen vom Nachbardorf. Funktion dieser *Ogoh-ogoh* genannten Ungetüme ist es, die Geister in die Flucht zu schlagen, und da diese nun einmal schreckgewohnte Elemente sind, müssen die von Menschenhand geschaffenen Gestalten eben noch furchteinflößender sein.

Festessen stellen auch rein optisch einen Genuss dar.

Zu Beginn der Festvorbereitungen stellen die Einwohner entlang der Straßenränder lange, mit gelben und weißen Bändern geschmückte Bambusstangen auf, die den Göttern signalisieren sollen, dass sie willkommen sind.

Am *Saka*-Tag, also drei Tage vor dem Neujahrsfest, ziehen viele festlich gekleidete Balinesen an die Küsten der Insel, um dort Opfer niederzulegen, die die im Meer hausenden Geister und Dämonen für das kommende Jahr günstig stimmen sollen. Zudem bringt man die Götterbildnisse aus den Dorftempeln zu den nächstgelegenen Gewässern, um sie einem reinigenden Bade zu unterziehen, woraufhin man sie in die Tempel zurückbringt.

Blitzsauber ins neue Jahr

Am letzten Tag des Jahres, am *Pengerupuk*-Tag, bringen die Insulaner in ihren Tempeln Reinigungsopfer dar, auf dass Bali zu Beginn des neuen Jahres blitzsauber sei. Außerdem bringt man den Mächten der Unterwelt reiche Wein- und Fleischopfer (Caru) dar, und zwar an Stellen, an denen sie sich gerne aufhalten, wie z.B. Straßenkreuzungen, Begräbnisplätzen etc., während gleichzeitig Priester auf erhöhten Podesten Zauberformeln sprechen, um die chthonischen Wesen zu verbannen. Darüber hinaus finden überall auf der Insel Hahnenkämpfe statt, bei denen es sich ja um Blutopfer an die Dämonen handelt, die damit beschwichtigt werden sollen.

Seinen absoluten Höhepunkt erreicht das Fest jedoch in der Neujahrsnacht, in der nach Einbruch der Dunkelheit jene – unserem Fastnachtstreiben nicht unähnlichen – Umzüge stattfinden, auf die die Erbauer der riesigen Dämonenfiguren sehnsüchtig gewartet haben. Dabei werden die mitunter recht wackligen *Ogoh-ogoh* von ihren Konstrukteuren selbst herumgetragen, begleitet vom Krachen der überall abgebrannten Feuerwerkskörper und von Musikanten, die ihren Instrumenten bezüglich der Lautstärke das Letzte abverlangen. Der Geist oder Dämon, der bei diesem Heidenspektakel nicht aufwacht, erschrickt und schleunigst das Weite sucht, muss schon ganz besonders hartgesotten sein. Zum Abschluss der Umzüge werden die Monstergestalten dann verbrannt.

Lärmende Umzüge

Und sollte doch der ein oder andere besonders hartnäckige Geist diese Austreibung ignoriert haben bzw. wieder zurückkehren, täuschen die – diesbezüglich äußerst misstrauischen – Inselbewohner am nächsten Tag vor, dass Bali eigentlich gänzlich unbewohnt und daher für Geister und Dämonen völlig uninteressant ist, weswegen an diesem Tag kein Feuer entzündet oder Licht gemacht werden darf, zudem hat jegliche Arbeit zu ruhen und jedwede menschliche Bewegung zu unterbleiben.

Der große Bluff

Dies gilt auch für Touristen, die das Hotel an diesem Tag nicht verlassen dürfen! Die Inselbewohner widmen sich an diesem Tag dem Gebet und der Meditation, denen ursprünglich auch der folgende Tag reserviert war, an dem heutigentags aber vielfach Verwandtenbesuche gemacht werden.

Purnama

Jeden Monat wird in der Vollmondnacht in Tempeln gefeiert, die für diesen Anlass mit bunten Bändern und Schirmen geschmückt werden. *Purnama kedasa* ist der erste Vollmond nach dem Neujahrsfest (Nyepi); beim Pura Ulun Danu Batur und beim Pura Besakih dauern die hierbei über die Bühne gehenden Feierlichkeiten zwölf Tage.

Hari Raya Galungan & Hari Raya Kuningan

Am *Galungan*-Tag steigt der Überlieferung nach *Sanghyang Widhi Wasa* zusammen mit anderen Gottheiten und den Seelen der Vorfahren vom Himmel zu den Tempeln herab, wo sie die Lebenden erfreuen, ehe sie am *Kuningan*-Tag wieder in ihre himmlischen Gefilde zurückkehren. Gerade die Tage vor *Galungan* gelten aber als gefährlich, da vor der Ankunft der Götter auch unheilbringende Wesen aus der Unterwelt heraufsteigen, denen während der Festperiode ebenso Opfergaben dargebracht werden müssen wie den Göttern selbst.

Prekäre Situation

Bei diesem Fest gedenken die Balinesen der siegreichen Rebellion gegen den legendären Dämonenkönig *Sang Mayadenawa*, der den Inselbewohnern die Religionsausübung und Ahnenverehrung untersagte und den sie mit Hilfe *Indras* und seiner göttlichen Verbündeten in einer großen Schlacht besiegten, woraufhin das balinesische Volk seinen Glauben wieder frei praktizieren konnte.

Erinnerung

Der *Galungan*-Tag ist der wichtigste inselweite hindu-balinesische Feiertag und symbolisiert den Sieg der Tugend (Dharma) über das Übel (Adharma), daher legen die Balinesen an diesem Tag auch ihre besten Kleider und ihren feinsten Schmuck an.

Farbenprächtige Dekorationen

Während der zehntägigen Festperiode, die als heiligste Zeit innerhalb des balinesischen Kalenderjahres gilt, sind rechts von jedem Hauseingang Penjor-Bambusstangen aufgestellt, an denen als Zeichen der Dankbarkeit für den vom allerhöchsten Wesen gewährten Wohlstand neben Palmblattgeflechten, Kuchen, Blumen und Früchten kunstvoll geflochtene, meist die Reisgöttin *Dewi Sri* symbolisierende Figuren hängen. Vor jedem Gehöft werden zusätzlich kleine Hausaltare errichtet, der ganze Ort wird ausgefegt und alle öffentlichen Gebäude werden geschmückt. Außerdem werden alle Schreine mit weißen oder gelben Tüchern ‚bekleidet', um anzuzeigen, dass die Götter zum Besuch ihrer Nachkommen aus den himmlischen Gefilden herabgestiegen sind. Doch kommen sie nur, wenn man sie am *Sugihan-Jawa*-Tag, an dem man Opfer für das Wohlergehen der Welt darbringt, förmlich einlädt.

Während Galungan und Kuningan durchstreifen Barong die Dörfer.

Barong-Gestalten durchstreifen während dieser Festperiode tanzend Dörfer und Städte, Prozessionen finden statt, Schweine, Enten und Hühner werden geschlachtet, sowohl zu Opferzwecken als auch für das Festmahl im Kreis der Familie. Die Menschen bringen farbenprächtige Opfergaben in die Tempel, und vor den Altären und Hausschreinen werden Gebete, besonders für die Seelen der Vorfahren, gesprochen. So feiert man die Erschaffung der Welt und den zeitweiligen Sieg des Guten über das Böse, und nach den Tempelzeremonien treffen sich alle zu großen Familienfesten.

Neun Tage später, am *Kuningan*-Tag, dem zweitwichtigsten Tag des hindu-balinesischen Festkalenders, geht die Festperiode zu Ende, Götter und Ahnengeister empfangen ihre letzten Opfergaben in Form von gelb gefärbtem Reis und steigen wieder in ihre Oberwelt auf, woraufhin man die Schreine wieder ‚entkleidet'. Zudem ziehen die Menschen in fröhlichen Pilgerscharen zu den überregionalen Tempeln, an denen die Heiligen gewirkt haben, und baden bei den heiligen Quellen des Pura Tirta Empul, um sich von den weltlichen Übeln zu reinigen. Mit Sport und Spiel klingt *Kuningan* am darauffolgenden Tag als Dorf- und Familienfest aus.

Hari Raya Saraswati & Hari Raya Pagerwesi

Dank der schönen Göttin

Der *Saraswati*-Tag ist *Dewi Saraswati* geweiht, der schönen Göttin der Weisheit sowie der Wissenschaft, der Kunst und der Literatur. Er ist der Besinnung und der Meditation vorbehalten, an ihm darf weder gelesen noch geschrieben werden. Priester segnen an diesem Tag bedeutende Bücher und Schriften, insbesondere die alten, heiligen Lontar-Manuskripte, Schüler und Studenten bezeugen ihre Dankbarkeit für die von der Göttin gewährte Möglichkeit, lernen und studieren zu dürfen. Das Fest fällt stets auf den letzten Tag eines *Pawukon*-Zyklus und leitet eine weitere wichtige Abfolge heiliger Tage ein.

So ziehen am Tag nach dem *Saraswati*-Fest, am *Banyuh pinaruh*, gläubige Balinesen zu den Stränden, Flüssen und Quellen, um sich mit rituellen Bädern körperlich sowie mit Gebet und innerer Einkehr spirituell zu reinigen. Der darauffolgende Tag, *Comaribek*, dient der Verehrung der Reisgöttin *Dewi Sri*, weswegen an diesem Tag keinerlei Arbeit in den Reisfeldern verrichtet werden darf. Am dritten Tag, *Sabuh emas*, finden sodann spezielle Opferrituale für Gold und Schmuck statt.

Körperliche und spirituelle Reinigung

Ihren Höhepunkt und gleichzeitig ihr Ende findet diese Festperiode am vierten Tag, dem *Pagerwesi*-Tag, der vor allem in Nordbali mit großer Hingabe gefeiert wird. *Pagerwesi* bedeutet wörtlich soviel wie ‚eiserner Zaun'; der Tag soll an die Stärke jenes imaginären Zaunes erinnern, der Bali jahrhundertelang vor Invasoren und dem Überhandnehmen der Mächte des Bösen bewahrt hat.

Siehe auch Kapitel ‚Bevölkerung und Gesellschaft', S. 76ff, und ‚Allgemeine Reisetipps von A-Z – Feiertage und Feste', S. 266ff.

Archipel der Gaumenfreuden: die Küche Indonesiens

Aufgrund ihrer schier unüberschaubaren Fülle an Gemüsesorten, Fleischarten, Gewürzen, Früchten und anderen Zutaten bietet die Küche Indonesiens an und für sich für jeden etwas, ganz gleich ob er es feurig scharf oder mild und süßlich, würzig pikant oder mit natürlich belassenem Eigengeschmack mag – die Palette ist so abwechslungsreich und farbenprächtig wie Land und Leute selbst. Über 1.600 archipelspezifische Gerichte sollen es sein, die dem Gourmand in Indonesien zur Auswahl stehen, wovon man auf Bali zwar nicht alle, aber doch sehr viele erhält.

Für jeden Geschmack etwas

Zwar gibt es auch eine ganze Reihe typisch balinesischer Speisen und Spezialitäten, doch werden diese in der Regel nur für große Feste oder sonstige besondere Ereignisse zubereitet, mancherorts aber auch auf vorherige Bestellung hin. Im Normalfall und somit in fast allen Lokalen mit einheimischer Küche wird gesamtindonesische Kost serviert, wobei in manchen noch die eine oder andere regionale Spezialität auf der Speisekarte auftaucht.

Die Mahlzeiten sind für die Balinesen im Familienkreis eine rein informelle Angelegenheit. Frühmorgens kochen die Frauen einen großen Topf Reis, der den ganzen Tag über reichen muss, und bereiten die anderen Gerichte vor. Man isst nicht gemeinsam, vielmehr bedient sich ein jeder – wenn er Hunger hat – von den vorbereiteten Speisen und zieht sich damit zurück, um seinen Teller unter Zuhilfenahme der rechten Hand rasch zu leeren. Für die Zubereitung des rituellen Essens bei Zeremonien dagegen sind die Männer der Dorfgemeinschaft zuständig, die dieses dann auch während eines kurzen, aber feierlichen Banketts verzehrt, wobei die Frauen separat essen.

Jeder isst für sich allein

Hauptnahrungsmittel für die Indonesier, und somit auch die Balinesen, ist – wie in fast ganz Asien – der **Reis**, für den es in jedem Stadium des Wachstums und in jeder Form einen anderen Namen gibt, wobei sich die balinesische Bezeichnung oftmals von der indonesischen unterscheidet. Solange er sich noch am Halm befindet, heißt er grundsätzlich *Padi*, nach dem Dreschen hingegen *Beras*, und zwar im Indonesischen genauso wie im Hochbalinesischen, wohingegen man im Alltagsbalinesischen *Baas* dazu sagt. In gekochtem Zustand schließlich spricht man allseits von *Nasi*. Ehe er verzehrt wird, bringt man ihn symbolisch den Hausgöttern dar oder stellt kleine Schüsselchen davon auf deren Altäre.

Reis hat viele Namen

Reis hat nach Ansicht der Balinesen eine Seele, deren Vorhandensein oder Fehlen über den Ernteerfolg entscheidet. Das Wachstum des Reises wiederum wird symbolisch mit der Fruchtbarkeit der Frau gleichgesetzt, so dass man bei den heranreifenden Pflanzen davon spricht, dass sie ‚schwanger' (*beling*) seien, und auch die Reisgöttin *Dewi Sri* ist die perfekte Realisierung weiblichen Charmes und femininer Würde.

Mehr als nur ein Nahrungsmittel

Man hüte sich davor, Reis mit Reis gleichzusetzen, die qualitativen und somit geschmacklichen Unterschiede zwischen den einzelnen Sorten sind beträchtlich. Bedauerlicherweise erhält man heute nur noch weißen Reis (*Nasi putih*) minderwertiger Qualität, dessen einzige Vorteile schnelles Wachstum und hohe Erträge sind, was nahezu zwangsläufig auf Kosten des Geschmacks gehen muss. So können pro Jahr zwar

Reis ist nicht gleich Reis

Archipel der Gaumenfreuden: die Küche Indonesiens

zwei Ernten eingefahren und dadurch die immer zahlreicher werdenden Münder des Inselreiches einigermaßen gefüllt werden, der qualitative Verlust dieser relativ geschmacklosen Massen- und Billigware schmerzt die Balinesen jedoch sehr. Vor allem der in immer geringeren Mengen angebaute wohlschmeckende, weiße *Beras Bali* (Balireis) ist kaum noch auf den Speisekarten und bei Büffets zu finden, was natürlich auch eine Frage des Preises ist. Daneben existieren noch *Ketan*, ein weißer, klebriger Reis, *Ketan injin*, schwarzer Reis, der gerne als Nachspeise gegessen wird, und *Beras barak*, roter Reis. Der oftmals angebotene gelbe Reis ist mit Hilfe von Kurkuma gelb gefärbter weißer Reis.

Gegessen wird Reis in verschiedenen Formen: als *Nasi jakau* (gekochter Reis), lieber allerdings als *Nasi kukus* (gedämpfter Reis) oder als *Nasi goreng* (gebratener Reis). Da er jeden Morgen frisch zubereitet und in einem speziellen Reistopf den ganzen Tag über aufbewahrt wird, kühlt er tagsüber aus und wird daher zum überwiegenden Teil kalt gegessen. Hat man Hunger, holt man sich einfach eine Schüssel voll davon in der Küche, oder man verzehrt eines jener Bananenblätterpäckchen, in denen der Reis gegart (*Nasi ketipat*) wird; diese Päckchen eignen sich auch gut als Wegzehrung für die Schulkinder und Feldarbeiter.

Für den kleinen Hunger zwischendurch

Zum Reis, der auch durch Nudeln ersetzt sein kann, wird stets diverses gebratenes Fleisch (vor allem Geflügel, Schwein, Rind), Fisch, Meeresfrüchte und stets frisches, auf mannigfaltige Art und Weise zubereitetes Gemüse gereicht. Kartoffeln indes kennt die indonesische Küche an und für sich nicht, sie sind lediglich Bestandteil der so genannten internationalen Küche und somit ein Zugeständnis an die Fremden.

Vielfältige Zutaten

Das Klima beschert der indonesischen Küche eine Fülle in unseren Breiten bekannter und unbekannter **Gemüsearten**, von Kohlsorten, Auberginen, Tomaten und Gurken über Kochbananen, Süßkartoffeln, Wasserspinat und Brotfrucht bis hin zur Jackfrucht und Papaya, die ungekocht auch als Obst gegessen werden. Vorsicht: Papaya in größeren Mengen genossen wirkt als sicheres Abführmittel.

Neben diesen beiden letzteren türmen sich auf Balis **Obst**ständen u.a. Berge von Ananas (frisch von April bis Juli), Limonen, Orangen, Mandarinen, Grapefruits, Trauben, Mangos (März-Juni), Mangopflaumen, Guaven, Granatäpfeln, Wassermelonen, Baumstachelbeeren, Litchis (Mai-August), Mangostanen (Januar-März; isst man ihres säuerlichen Geschmacks wegen gerne mit einer Prise Zucker oder Salz).

Obst in Hülle und Fülle

Probieren sollte man aber auch einmal die Belimbing (Sternfrucht), eine köstliche kleine Frucht, die von nahezu jeder Familie angebaut wird, oder die Rambutan, ein rotes Kügelchen mit langen dicken Haaren, den Sapotillapfel (*Sawo*), der wie eine kleine Kartoffel aussieht und wie eine reife Birne schmeckt, die Stachelanone (*Zuurzak*), die gerne für Zitronenlimonade benutzt wird, die Salak, die wegen ihrer braunen, schuppenartigen Haut auch ‚Schlangenfrucht' genannt wird und deren festes Fruchtfleisch ein bisschen wie ein Gemisch aus Birne und Stachelbeere schmeckt, oder wie wäre es mit der Jackfrucht (*Nangka*; August/September), eine viele Kilogramm schwere, stachelige Frucht, die aus vielen kleinen Segmenten besteht, die in der Regel einzeln verkauft werden; gekühlt schmeckt diese Frucht am besten. Säuerlich-süß schmeckt das saftige, geleeartige Fruchtfleisch der bis zu 20 cm langen, gelbgrünen bis dunkelblauen, ovalen Passionsfrucht.

Fruchtige Exoten

Archipel der Gaumenfreuden: die Küche Indonesiens

Unter Balis Obstangebot findet sich so mancher Exote.

*Übelrie-
chender
Gaumen-
schmaus*

Am umstrittensten ist indes die **Durian** (April-Juni), die ein wenig der Jackfrucht ähnelt, jedoch spitzere Stacheln besitzt und auch nicht so groß wird wie jene. Die Geister scheiden sich bezüglich ihres Geschmacks, der manch einen gleichsam in himmlische Verzückung versetzt, andere verächtlich die Nase rümpfen lässt, was allerdings mehr an ihrem Geruch liegt, der – abhängig von der Sorte und vor allem wenn sie schon etwas älteren Datums ist – penetrant bis bestialisch sein kann. Die Durian ist in mehrere Segmente unterteilt und enthält zwölf Kerne, die etwa so groß wie Kastanien sind und wie Maronen geröstet essbar sind, das Fruchtfleisch dagegen ist cremig und schmeckt wie eine Mischung aus Erdbeeren, Birne, Stachelbeere, Vanilleeis und Camembertkäse. Gekühlt schmeckt sie besonders gut, Vorsicht ist hingegen in Kombination mit Alkohol geboten, da dies zu ernsthaften Erkrankungen führen kann, auch sollten Sie beim Verzehr darauf achten, dass ihr Saft keine Flecken auf Ihrer Kleidung hinterlässt, denn diese sind nicht wieder herauszubekommen. Übrigens: Sie ist die einzige Frucht, die auch von Tigern gefressen wird.

Nicht zu vergessen die **Banane**, die sich in diesem Teil der Erde in ungeahnt vielfältiger Form und Größe präsentiert, wobei jede der 42 in Indonesien beheimateten Arten wiederum ihren eigenen Namen hat. So überrascht die *Pisang batu* (Stein-Banane) mit vielen Kernen, die *Pisang udang* (Shrimp-Banane) mit ihrer rötlichen Farbe, die *Pisang gadang* dadurch, dass sie selbst dann grün bleibt, wenn sie reif ist, oder die *Pisang susu* (Milch-Banane) einerseits durch ihre nur etwa fingerlange Größe, andererseits durch ihren hervorragenden Geschmack. Von normaler Größe ist hingegen die *Pisang kate*, die dafür an einer Zwergpflanze wächst, wohingegen die bis zu 50 cm lange *Pisang raja* in allen Belangen am ehesten der bei uns verkauften Normbanane entspricht. Als Grundregel gilt: Je kleiner die Banane, desto süßer schmeckt sie, so z.B. die *Pisang mas* (goldene Banane), eine der schmackhaftesten Arten. Sehr beliebt sind gebratene Bananen oder getrocknete Bananenchips. Doch nicht nur die Frucht der Bananenstaude findet Verwertung, vielmehr isst man auch den Strunk, und die Blätter dienen als Teller oder werden zum Einwickeln und Fertigen von Opfergaben benutzt.

*Je kleiner,
desto
schmack-
hafter*

Und dann wäre da natürlich noch die **Kokosnuss**, die dem Reis gleich in jedem Reifestadium einen anderen Namen trägt. Von den weltweit rund 300 benannten Arten findet man auf Bali zwölf, die sich je nach Farbe der Nuss und der Größe des Baumes voneinander unterscheiden. Im frühesten Stadium nennt man die Nuss *Bungsil*, wenn sie etwas älter, aber noch nicht essbar ist, trägt sie die Bezeichnung *Bungkak*, und

*Ein
Geschenk
für die
Menschen*

Kuwud heißt sie, sobald sie reif ist – der beste Zeitpunkt, um das köstlich erfrischende und durstlöschende Kokoswasser (*Yeh kuwud*) zu trinken, das süßer und reichlicher als dasjenige ausgereifter Früchte ist. Voll ausgereift schließlich (d.h. wie sie bei uns in die Läden kommt) wird sie *Nyuh* genannt; jetzt kann man das – im Vergleich zur *Kuwud* minderwertigere – Fruchtfleisch raspeln und Kokosmilch, Kokosöl oder Kopra daraus herstellen. Der geeignetste Zeitpunkt zum Verzehr einer Kokosnuss ist jene Phase, ehe die Schale sich von grün nach gelb bzw. gelbbraun verfärbt, dann ist sie in den Augen der Balinesen nämlich bereits zu alt. Damit die Nüsse nicht einfach herunterfallen und schaden anrichten, werden die Kokospalmen regelmäßig beschnitten, trotzdem sollten auch Sie Ihr Fahrzeug nicht unter einer solchen abstellen. Doch nicht nur ihre Früchte machen die Kokospalmen für den Menschen so wertvoll, vielmehr können auch ihr Holz zum Möbel- und Hausbau oder ihre Blätter u.a. für Opfergaben verwendet werden, ganz abgesehen vom Palmöl, das zum Kochen und für die Beleuchtung benutzt wird. Nicht von ungefähr ist Kopra, das getrocknete Kokosnussfleisch, aus dem das Öl leicht extrahiert werden kann, seit mehr als einem Jahrhundert ein wichtiger Exportartikel der tropischen Region.

Darüber hinaus liefert die Nuss neben der Kokosmilch noch zwei weitere, alkoholische Getränke: *Tuak*, ein Palmbier, das aus dem Saft der Palmblüte gewonnen wird und beim Abzapfen schaumig ist und relativ mild schmeckt, sowie *Arak*, destilliertes *Tuak* mit einem kräftigen, stechenden Geschmack, weswegen die Balinesen diesen Schnaps entweder ganz meiden oder aber zumindest stark würzen.

Hochprozentiges

Womit wir bei den Gewürzen wären, die man in ungeahnter Vielzahl antrifft und deren Gerüche noch jedes nach kulinarischen Leckereien fieberndes Herz haben höher schlagen lassen. Die hohe Kunst des Würzens, in Indonesien kann man sie lernen, hier wird nichts mit Würze überschüttet, findet kein Overkill der Geschmacksnerven statt, der Sie Flammen aus dem Rachen schlagen und nach wiederbelebendem Labsal hecheln lässt. Schärfe ja, wozu sonst sind all die köstlichen Geschmacksverfeinerer denn da, doch wohldosiert und den Grundbestandteilen der Speisen stets zumindest einen Teil des Eigengeschmacks belassend.

Geschmacksverfeinerer

Am meisten finden in der indonesischen Küche neben den Allerweltsgewürzen Salz und Pfeffer Tamarinde, Koriander, Kreuzkümmel, Kardamom, Nelke, Muskat, Palmzucker, Limone, Zimt, Zitronengras, Ingwer, Curry, Knoblauch, Galgantwurzel, Kurkuma und Chili Anwendung, dessen Schärfe bei vielen Gerichten durch Zugabe von Zucker gemildert wird. Darüber hinaus wird zu fast allen Speisen *Sambal* gereicht, eine scharfe Würzsauce, deren Grundmischung sich aus Ingwer, Knoblauch, Kardamom, Chili, Galgantwurzel, Kurkuma, Schalloten, getrockneten und dann zerriebenen roten Pfefferschoten, Tomaten, Schrimppaste und Speiseöl als Bindemittel zusammensetzt.

Alles in allem lässt sich Indonesiens Küche als bekömmlich und ansprechend gewürzt bezeichnen, an deren gelegentliche Schärfe man sich rasch gewöhnt. Zudem dienen die scharfen Gewürze auch der besseren Haltbarkeit der Speisen in der Hitze.

Das indonesische Nationalgetränk ist **Tee**, der zum Essen warm (*Teh panas*) und als Erfrischung kalt (*Teh es*) getrunken wird. Der typische einheimische Kaffee wird als Mokka samt Kaffeesatz serviert und ist gewöhnungsbedürftig, allerdings erhält man fast überall auch Kaffee unserer Machart bzw. Nescafé. Besonders erfrischend sind die

Flüssige Gaumenfreuden

diversen frisch gepressten bzw. zubereiteten Fruchtsäfte und Shakes, von denen man nie genug bekommen kann und die geradezu überirdisch gut schmecken, aber auch *Lassi*, ein auf Joghurtbasis beruhendes Getränk wirkt äußerst erfrischend. *Bajigur* ist mit Reis eingedickte und Palmzucker gesüßte Kokosnussmilch.

Zu den ‚Exoten' zählt *Cendol* (auch *Es buah*), ein Erfrischungsgetränk aus fein geraspeltem Stangeneis und grellbunt gefärbten Gelatinestückchen. Relativ teuer sind Alkoholika, denen man angesichts des Klimas ohnehin nur in geringen Mengen zusprechen sollte, dies gilt auch für Bier, von dem man im Lokal ein großes (*Bir besar*) oder ein kleines (*Bir kecil*) bestellen kann.

*Die von Herzen kommende **Gastfreundschaft** der Balinesen nimmt den Reisenden vom ersten Tag an gefangen.*

*Zu den wichtigsten Tempeln Balis zählt der **Pura Ulun Danu Bratan**, den man in der großartigen Berg- und Seenlandschaft Zentralbalis findet.*

*Tagtäglich zollt man den **Schutz gewährenden Wächterfiguren und Dämonen** mit frischen Blüten Respekt.*

*Das Kalenderjahr der tiefreligiösen Balinesen ist angefüllt mit einer **Vielzahl von Festen**, an denen jeweils die ganze Dorfgemeinschaft teilnimmt.*

*Das **Bali Hilton International** ist nur ein Beispiel für das Bemühen, sich auch beim Hotelbau an die lokalen architektonischen Normen zu halten.*

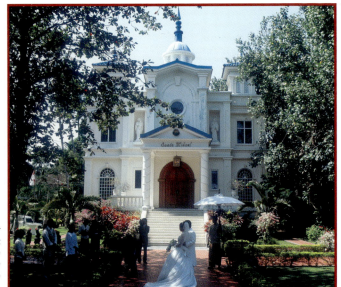

*Ein Relikt kolonialer Vergangenheit ist **Santo Mihael** in Seminyak, die zu den schönsten Kirchen Balis zählt.*

*Hochwertiges **Kunsthandwerk** findet man auf Bali ebenso wie billige Massenware, wie zum Beispiel Ketten und Armbänder in allen Farben und Formen.*

Der **Legong** ist Balis anmutigster Tanz, präsentiert von jungen Mädchen, deren Karriere bereits mit der ersten Monatsblutung endet.

*Die optisch so beeindruckenden **Reisterrassen** werden von einem ausgeklügelten Bewässerungssystem versorgt, das zusammen mit den fruchtbaren Böden für zwei Ernten im Jahr sorgt.*

*Bali wartet rund ums Jahr mit einer überwältigenden **Blütenpracht und -fülle** auf.*

Reiseimpressionen **215**

Mit hochaufgetürmten Opfergaben steigen die Frauen beim **Odalan** die Stufen des Pura Kehen in Bangli empor.

Auch bei Golfspielern genießt Bali dank seiner hervorragenden Parcours hohes Ansehen, wie zum Beispiel der **Bali Golf and Country Club** in Nusa Dua.

Jahrelanges Training von klein auf sind erforderlich, um eine gute **Legong-Tänzerin** zu werden.

Ein jahrmarktähnliches Spektakel stellen die **Büffelrennen** in der Region Jembrana dar, bei denen zwei Teams mit ihren farbenfroh geschmückten Gespannen gegeneinander antreten.

Reiseimpressionen

Im **Einäscherungsturm** wird der Leichnam des Verstorbenen zum Verbrennungsplatz gebracht.

*Zentren der **Steinskulpturenherstellung** sind Batubulan und Singapadu.*

*Sanft brechen die ersten Sonnenstrahlen durch die morgendlichen Dunstschleier am **Danau Batur**.*

Reiseimpressionen **219**

Als Sinnbild für ganz Bali kann der **Pura Tanah Lot** *verstanden werden, der einem Wellenbrecher gleich den Wogen der anbrandenden See trotzt.*

Eine besonders dramatische Darstellungsvariante des **Kecak** *kann man im ARMA bei Ubud verfolgen.*

*Ein von jungen Mädchen aufgeführter **Willkommenstanz** soll die zum Tempelfest herbeigeeilten Götter erfreuen und unterhalten.*

*Die zum Kauf angebotenen **Masken** haben ihren Ursprung zumeist im Topeng.*

Reiseimpressionen **221**

Priester segnen die während eines **Tempelfestes** versammelten Gläubigen mit heiligem Wasser, um sie von Sünden und Vergehen zu reinigen.

*Nachdem die Götter sich an der Essenz der **Opfergaben** gelabt haben, werden diese von den Frauen zum Verzehren im Familienkreis wieder nach Hause gebracht.*

*Die Vielzahl der auf Bali wachsenden **Früchte** ist schier unüberschaubar.*

Reiseimpressionen **223**

Zu den schönsten **Reisterrassenlandschaften** Balis gehört diejenige bei Tirtagangga im Osten der Insel.

Zu den besten Hotels Balis zählt nach wie vor das **Amanusa**, von dem aus man einen phantastischen Blick über Nusa Dua hat.

*Die **hohe kunsthandwerkliche Fertigkeit** der Balinesen kommt nicht zuletzt in dem reichen Tempelschmuck zum Ausdruck.*

3. BALI ALS REISEZIEL

Allgemeine Reisetipps von A-Z

> **Benutzerhinweise**
>
> Die Gelben Seiten werden regelmäßig aktualisiert, so dass sie stets auf dem neuesten Stand sind. In den **Allgemeinen Reisetipps** (S. 225ff) finden Sie – alphabetisch geordnet – reisepraktische Hinweise für die Vorbereitung Ihrer Reise und Ihren Aufenthalt auf Bali. Die **Regionalen Reisetipps** (S. 359ff) geben Auskunft über Infostellen, Sehenswürdigkeiten, Unterkünfte, Restaurants etc. in den – ebenfalls alphabetisch aufgelisteten – wichtigsten Städten und Ortschaften der Insel.
>
> Abkürzungen:
> **Jl.**: Jalan (Straße), **PLZ**: Postleitzahl, **Rp.**: Rupiah (indonesische Währungseinheit)

Anreise 226	Fremdenführer 273	**R**auchen 305
Anschriften/Adressen 232	Fremdenverkehrsämter 274	Reisebüros/Reiseveranstalter 305
Apotheke 232	Fundsachen/Verlust 274	Reisedokumente 305
Arzt/Zahnarzt 233	**G**alerien/Ateliers 275	Reisezeit 306
Ausreise/Weiterreise 234	Gastfreundschaft 275	Rettungsdienst 306
Ausrüstung 237	Geldangelegenheiten 276	Rundflüge 307
Auto fahren 239	Gesundheit/	Rundfunk 308
Babysitter 244	Gesundheitsvorsorge 280	**S**chwarzes Brett 309
Behinderte 245	Gottesdienst 285	Sex(abenteuer) 309
Benzin 245	**H**austiere 286	Sicherheit 310
Beschwerden 246	Informationen 286	Spas 312
Bettler 246	Internetcafés 288	Sport 313
Botschaften/Konsulate 247	Internetlinks 288	Sprache 322
Bücher 248	**K**artenmaterial 289	Strände 323
Business-Tipps 249	Kartenvorverkauf 290	Strom 325
Camping 249	Kinder 291	**T**elefon 326
Drogen 250	Kleidung/	Telefax 330
Einkaufen 250	Kleiderordnung 292	Toiletten 330
Eintrittspreise 254	Krankenhäuser 295	Trampen 331
Einwanderungsbehörde 254	Kulturelle Veranstaltungen 295	Trinkgeld 331
Entfernungen 255	Maßeinheiten 296	Trinkwasser 332
Ermäßigungen 255	Mietwagen 296	**Ü**bernachten 333
Essen und Trinken 256	Motorrad fahren/	**V**erhalten(sregeln) 338
Fahrrad fahren 262	Motorrad mieten 298	Verkehrsmittel 343
Fahrradverleih/-kauf 263	Museen 299	Versicherungen 353
Feiertage und Feste 264	**N**achtleben 299	Visum 353
Fernsehen 266	Nationalpark 300	**W**äsche waschen 354
Filmmaterial 267	Notruf 301	Workshops/Kurse 355
Flüge 268	**Ö**ffnungszeiten 302	**Y**achten & Boote 355
Fluggesellschaften 269	**P**ass 302	**Z**eit 356
Fotografieren/Filmen 271	Passfotos 303	Zeitungen und Zeitschriften 357
Frauen alleine unterwegs 273	Post 303	Zoll 357

A

⇨ **Anreise**

Zwar verlaufen Pass- und Zollkontrolle bei der Einreise nach Bali zwang- und reibungslos, für die zügige Abfertigung sollte man indes folgende Einreisebestimmungen beachten:
- **Bürger der Bundesrepublik Deutschland und der Schweiz** erhalten bei einer **Touristenreise von maximal 30 Tagen** bei der Einreise nach Indonesien ein **Visa-on-Arrival** (Visum bei Ankunft), wobei der Pass noch mindestens sechs Monate gültig sein muss. In Ausnahmefällen wird darüber hinaus der Nachweis über eine bezahlte Flug- oder Schiffspassage für die Rück- bzw. Weiterreise verlangt (Open-Date-Tickets werden akzeptiert). Sollte man bei der Kontrolle nicht im Besitz eines entsprechenden Ausreisetickets sein, wird im Normalfall die Lösung eines solchen am Flug- bzw. Seehafen verlangt. Die Aufenthaltsgenehmigung wird bei der Einreise gegen eine Gebühr von **25 US$** in den Pass eingetragen. (Wer nur maximal drei Tage bleibt, für den beträgt die Visagebühr 10 US$.) Um das Prozedere zu beschleunigen, wird empfohlen, den entsprechenden Betrag passend bereit zu halten. Die Verlängerung bzw. Umwandlung in eine Aufenthaltsbefugnis anderer Formen sind ausgeschlossen. (Im Falle von Naturkatastrophen, Unfall oder Krankheit kann das Visa-on-Arrival jedoch im Einvernehmen mit dem Minister für Justiz und Menschenrechte verlängert werden). Für die **Bürger Österreichs** und Geschäftsreisende besteht **Visumspflicht**.
- Einhaltung der **Zollbestimmungen** (siehe ‚Zoll').
- Wer sein Haustier mitbringen möchte, benötigt amtsärztliche Zeugnisse, zudem muss das Tier gleichfalls der Quarantänebehörde vorgeführt werden (siehe ‚Haustiere').
- Wer aus einem Seuchen- bzw. Infektionsgebiet kommt oder zuvor durch ein solches gereist ist, muss ein Gesundheitszeugnis vorlegen.

Weitere, detailliertere Informationen finden Sie unter den Stichwörtern ‚Haustiere', ‚Impfungen', ‚Visum' und ‚Zoll'.

MIT DEM FLUGZEUG
Das Gros der ausländischen Touristen schwebt auf dem Luftweg ein und betritt auf dem zwölf Kilometer südlich von Denpasar und drei Kilometer südlich von Kuta gelegenen, nach einem indonesischen Freiheitskämpfer benannten *Ngurah Rai International Airport* erstmals balinesischen Boden.

- **Anreise aus dem Ausland**: Wer nach rund 13-14 Stunden reiner Flugzeit die gut 12.000 km von Deutschland aus hinter sich gebracht hat, wird sich – schweißgebadet von der Schwüle des tropischen Klimas – als erstes mit den prüfenden Blicken und Fragen des Passbeamten auseinander setzen müssen. Ihm ist die in der Regel bereits im Flugzeug verteilte weiße **Arrival/Departure Card** vorzulegen, die man zuvor sorgfältig ausfüllen muss. (Haben Sie diese nicht vor der Landung erhalten, so können Sie sich eine solche auch noch an den Schaltern der Passkontrolle geben lassen bzw. einen der Flughafenbeamten in der Ankunftshalle danach fragen.) Wer die oben genannten Bestimmungen beachtet und eventuelle Fragen höflich und mit einem Lächeln beantwortet, erhält nach Zahlung von 25 US$ ohne Umschweife das Visum in den Pass gestempelt, wobei die *Departure Card*, die man nicht verlieren sollte, da sie für die Ausreise benötigt wird, in den Pass gelegt wird.

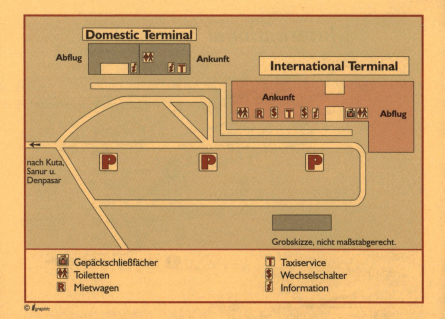

Ebenso wie bereits vor den Passkontrollschaltern finden Sie auch unmittelbar hinter diesen in Ständern diverses kostenloses **Informationsmaterial**. Sodann begeben Sie sich zur dahinter zu findenden **Baggage Claim Area**, wo Sie Ihr eingechecktes Gepäck in Empfang nehmen. **Überprüfen Sie Ihr Gepäck umgehend auf etwaige Beschädigungen, denn diese müssen Sie gegebenenfalls noch vor dem Verlassen des Zollbereichs melden**, andernfalls verlieren Sie Ihren Rechtsanspruch! Sollte das eine oder andere Gepäckstück nicht mitgekommen sein, so melden Sie dies am **Lost-and-Found-Schalter** von Garuda Indonesia, der sich hinter den Gepäckbändern befindet und rein theoretisch rund um die Uhr besetzt ist, praktisch aber meist nur dann, wenn Maschinen erwartet und abgefertigt werden. Telefonisch erreichen Sie ihn unter ☏ (0361) 751171. Stehen **Gepäckkarren** bei den Gepäckbändern kostenlos zur Verfügung, so verlangen **Gepäckträger** pro Gepäckstück Rp. 2.000, wobei sie oftmals nicht erst fragen, ob sie Ihnen den Koffer tragen sollen, sondern ihn sich ganz einfach schnappen und sogleich damit losmarschieren. Falls Sie deren Dienste nicht in Anspruch nehmen möchten, sollten Sie ihnen dies unmissverständlich klar machen. Falls Sie auf das Gepäck warten müssen, können Sie sich in den Auslagen rings um die Hallensäulen mit weiterem Informationsmaterial eindecken.

Mit dem Gepäck passieren Sie sodann die **Zollkontrolle** (Customs), die im Regelfall zügig verläuft und sich auf das Fragen nach einzelnen Artikeln beschränkt, die von der Einfuhr ausgeschlossen sind. Wer nichts anzumelden hat, passiere den so genannten *‚Green Channel'* (‚Nothing to declare'), wer zollpflichtige Waren dabei hat, der ist beim *‚Red Channel'* (‚Goods to declare') richtig.

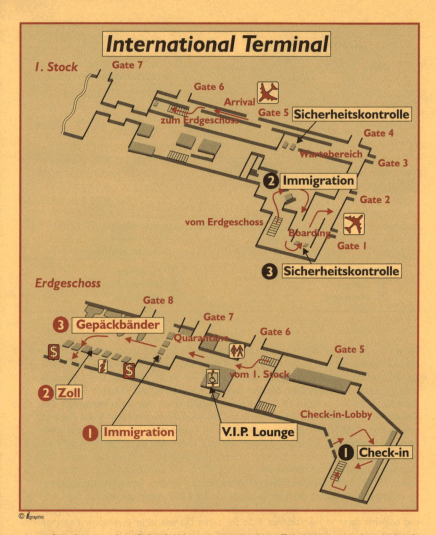

- **Anreise aus dem Inland**: Wer aus einem anderen Teil des indonesischen Archipels anreist, für den entfallen selbstverständlich Pass- und Zollkontrolle.

Hinweis

Sollten Sie beabsichtigen, Ihre Golfausrüstung mit nach Bali zu nehmen, so erkundigen Sie sich vor der Buchung Ihres Fluges, welche Richtlinien bei der von Ihnen ins Auge gefassten Airlines bezüglich des Transportes der Ausrüstung bestehen. Die von vielen Luftfahrtgesellschaften erhobenen Transportzuschläge können mitunter sogar die Preisvorteile eines Sondertarifs aufzehren.

Wer noch kein Quartier von zu Hause aus vorgebucht hat, kann sich beim **Airport Information Desk** in der International Arrival Hall (unmittelbar hinter der Zollkontrolle) nach einem solchen erkundigen bzw. ein solches – gegen Hinterlegung einer geringen Kaution, die später im Hotel verrechnet wird – buchen. Dort liegen auch Prospekte und Preislisten aus, die Ihnen bei der Suche nach der passenden Unterkunft weiterhelfen können, zudem kann man Ihnen auch mit einer Reihe zusätzlicher nützlicher Informationsbroschüren und Auskünfte weiterhelfen. Gleich nebenan findet man mehrere **Autovermieter**. Sollten Sie noch nicht im Besitz von indonesischen Rupiah sein, so haben Sie die Möglichkeit, sich in der Halle an den **Wechselschaltern** gegen Bargeld oder Traveller Cheques solche zu besorgen (Barauszahlung gegen Kreditkarte ist nicht möglich), doch sollten Sie nicht zu viel umtauschen, da die Wechselkurse hier etwas schlechter sind als in den Touristenzentren. Die Schalter sind bis nach der Landung der letzten Maschine geöffnet. Beim Verlassen der Ankunftshalle für internationale Flüge finden Sie unmittelbar links vom Ausgang eine **ATM**, an der Sie sich, falls Sie im Besitz einer Kreditkarte sind, nach Eingabe der Pin-Nummer Rupiah auszahlen lassen können. An den **Kiosken** links können Sie sich mit weiterem Informationsmaterial eindecken bzw. auch gleich die ein oder andere Tour buchen. In diesem Bereich finden Sie auch **Telefonapparate** und ein kleines **Internetcafé**.

Wer nicht sein ganzes Gepäck mit sich herumschleppen möchte, kann nicht benötigtes bei der **Gepäckaufbewahrung** (Baggage lockers) abgeben, wo pro Tag und Gepäckstück Rp. 3.200 zu bezahlen sind. Den entsprechenden Schalter finden Sie nach Verlassen der International Arrival Hall links auf halbem Wege zum Eingang der International Departure Hall. In der International Arrival Hall findet man auch einen Schalter von Garuda Indonesia, an dem man – so man mit dieser Airline fliegt – seinen **Weiter- bzw. Rückflug rückbestätigen** kann. Der Schalter ist Mo-Fr 8-21 h und Sa und So 9-21 h geöffnet. Falls Sie **ärztliche Hilfe** benötigen, so wenden Sie sich an das Flughafenpersonal, das Ihnen weiterhilft.

Den *Ngurah Rai International Airport* erreicht man rund um die Uhr unter ☎ (0361) 751011, 🖷 (0361) 751032.

Tipp

Der Neuankömmling sollte sich möglichst rasch mit ausreichend kleineren Rupiah-Scheinen und -Münzen eindecken, da für Telefonate und kleine Dienstleistungen (Gepäckträger) mitunter eine ganze Menge Kleingeld benötigt wird.

Hinweis

Vor den Terminals lungern – auf Provisionsbasis arbeitende – Schlepper, die Übernachtungsmöglichkeiten der verschiedensten Kategorien anbieten. Falls Sie noch über keine Unterkunft verfügen, sollten Sie sich – ehe Sie sich auf das Angebot einlassen – entsprechende Fotos und Broschüren zeigen lassen und nach Lage, Serviceleistungen und Preisen fragen. Abends versucht man oftmals unter Hinweis auf die fortgeschrittene Stunde und die Schwierigkeit, zu dieser Zeit noch eine günstige Bleibe zu finden, teure Zimmer zu vermitteln. Lassen Sie sich nicht darauf ein, Bali verfügt ganzjährig und zu jeder Tageszeit über genügend Zimmer in allen Preisklassen. Sagt Ihnen indes eine der Offerten zu, so lassen Sie sie sich zunächst einmal unverbindlich zeigen, notfalls können Sie immer noch höflich ablehnen.

Für den **Transport in die Stadt und ins Hinterland** stehen Ihnen anschließend diverse Verkehrsmittel zur Verfügung. Am einfachsten hat es natürlich derjenige, der in der Gruppe reist oder ein Pauschalarrangement einschließlich Flughafentransfer gebucht hat, da er sich darüber nicht den Kopf zu zerbrechen braucht, sondern man ihn direkt vor der Ankunftshalle empfängt und zum Tourbus oder Hotelshuttle bringt. Wer sich allein um sein Fortkommen bemühen muss, dem stehen folgende Möglichkeiten zur Auswahl:

• **Taxi**: Wollen Sie nach Kuta, Sanur, Denpasar oder eines der anderen Ferienzentren im Inselsüden, so empfiehlt es sich, auf die Flughafentaxen zurückzugreifen, die feste Tarife haben, die am Schalter des *Koperasi Taxi Service* [☏ (361)751011 ext. 1155], den man gleich rechts außerhalb der International Arrival Hall findet, angeschlagen sind. Am Schalter ersteht man den entsprechenden Coupon, woraufhin einem ein Taxi zugeteilt wird. Wer seinen Bestimmungsort nicht auf der aushängenden Liste findet, dem kann diese als Richtlinie für die Preisverhandlungen mit den Taxifahrern dienen, da diese außerhalb des touristischen Südens nur ungern ihre Taxameter anschalten. Es hängt also von Ihrem Verhandlungsgeschick ab, wie viel Sie für die Fahrt zu Ihrem Quartier bezahlen müssen. Pro Taxi werden maximal vier Personen mitgenommen; für das mitgeführte Gepäck werden keine zusätzlichen Gebühren erhoben.

Die wichtigsten Tarife (pro Taxi) ab Flughafen:

Zielort	Fahrpreis in Rp.	Zielort	Fahrpreis in Rp.	Zielort	Fahrpreis in Rp.
Tuban	15.000	Ubung Station	35.000	Bali Clip / Nikko Bali	45.000
Kuta Center	20.000	Sanur	35.000		
Legian	22.500	Nusa Dua	35.000	Pecatu	45.000
Seminyak	25.000	Jimbaran I	20.000	Uluwatu	50.000
Kerobokan	27.500	Jimbaran II	27.500	Batubulan	40.000
Denpasar I	27.500	Jimbaran III	35.000	Canggu	55.000
Denpasar II	30.000	Amanusa	40.000	Ubud	80.000
Denpasar III	37.500	Tanjung Benoa	40.000	Candi Dasa	150.000

• **Bemo/Colt**: Wer nur bis Kuta/Legian, Sanur oder Denpasar möchte und nicht allzu viel Gepäck dabei hat, kann – wenn er seine Reisekasse schonen möchte – tagsüber in östlicher Richtung (d. h. sich nach dem Verlassen des Terminalgebäudes rechts halten) zur Straße vor dem Flughafengelände marschieren, an der er sich von den vorbeikommenden Minibussen mitnehmen lassen kann. Bis Kuta/Legian zahlt man etwa Rp. 2.000, bis Denpasar (Tegal Terminal) rund Rp. 4.500.

• **Hotel-Shuttle**: Viele Hotels offerieren ihren Gästen den Service eines –

Mit dem Bemo kommt man fast überall hin.

vielfach kostenlosen – Shuttle Busses, der vor dem Terminalgebäude auf die Ankommenden wartet. Achten Sie auf die entsprechenden Hotel- oder Namensschilder, die von den Abholern hochgehalten werden.
- **Limousinen-Service**: Sollten Sie in einem der Top-Hotels absteigen, lässt man Sie wahrscheinlich – zumeist kostenlos – per Limousine abholen. Der/die Abholer machen vor der Ankunftshalle durch entsprechende Namensschilder auf sich aufmerksam.
- **Mietwagen**: Am beweglichsten sind Sie natürlich mit dem eigenen Wagen (siehe hierzu unter ‚Autofahren' und ‚Mietwagen'). Am Flughafen finden Sie Büros folgender zuverlässiger Firmen:

Golden Bird Bali, International Arrival Hall, ☏ (0361) 701111, (0361) 701621 und (0361) 701791, ☏ (0361) 701628, 💻 www.bluebirdgroup.com. Vermietet auch Fahrzeuge mit Chauffeur.

Indotrans Astri, International Arrival Hall, ☏ (0361)757650, E-mail: indotransastri@denpasar.wasantara.net.id.

Trac – Astra Rent A Car, International Arrival Hall, ☏ (0361)753744, Domestic Arrival Hall (0361) 755003, E-mail: bali@trac.astra.co.id, 💻 www.trac.astra.co.id.

MIT DEM SCHIFF

- **Von Java aus**: Ab Ketapang, dem Hafen von Banyuwangi auf Java, besteht rund um die Uhr, und zwar alle 15 Minuten, eine Fährverbindung nach Gilimanuk, dem westlichsten Zipfel Balis. Ab Banyuwangi verkehren in regelmäßigen Abständen Busse nach Ketapang, ebenso auf balinesischer Seite von Gilimanuk nach Denpasar im Süden oder Lovina und Singaraja im Norden. Die Überfahrt über die Bali Strait selbst dauert rund eine Stunde und kostet für Erwachsene Rp. 2.000 pro Person, für Kinder Rp. 1.300. Wer sein Fahrrad dabeihat, zahlt Rp. 3.000 zusätzlich, für das Motorrad sind Rp. 5.000 extra zu entrichten und für das eigene Auto Rp. 25.000. In Ketapang enden auch die von Jakarta und Yogyakarta kommenden Eisenbahnlinien, so dass derjenige, der mit der Bahn angereist ist, hier auf die Fähre umsteigen und auf Bali seine Reise mit dem Bus oder Bemo fortsetzen muss. Bereits auf Java kann man kombinierte Fahrscheine kaufen, in denen die Bahnfahrt, die Fähre und der Bus auf Bali inbegriffen sind; ab Jakarta kostet das ca. 24-stündige Unternehmen – abhängig von der Bahnklasse – ab Rp. 70.000. Rechtzeitige Reservierung wird empfohlen.
- **Von Lombok aus**: Sie haben die Wahl zwischen den rund um die Uhr verkehrenden **regulären Fährschiffen** und dem wesentlich schnelleren **Mabua Express** (siehe ‚Verkehrsmittel – Fähren und Boote').
- **Von anderen Inseln des Archipels**: Die Verbindungen zu anderen Inseln des Archipels halten Schiffe der nationalen Schifffahrtsgesellschaft **PELNI** (siehe ‚Verkehrsmittel – Fähren und Boote') aufrecht.

Kreuzfahrtschiffe mit einer Gesamtlänge von über 170 m legen in Padangbai, kleinere hingegen in Benoa Harbour an, wobei sämtliche Einreiseformalitäten bereits an Bord des Schiffes erledigt werden, so dass Sie sich nach dem Betreten der Insel unverzüglich an deren Entdeckung machen können.

MIT DEM BUS
Eine überaus beliebte Anreisevariante von Java aus ist diejenige mit dem Bus, wobei die meisten der so Ankommenden in Surabaya gestartet sind, es bestehen aber auch Verbindungen ab Yogyakarta und sogar Jakarta. Endstation dieser Trips, deren Fahrpreise die Fähr-

gebühr über die Bali Strait (und oftmals auch eine oder mehrere Mahlzeiten) enthalten, ist gewöhnlich Denpasars Ubung Terminal. Aber auch Singaraja und Lovina im Norden Balis werden von Java aus angefahren, allerdings muss auf dieser Strecke mitunter in Gilimanuk der Bus gewechselt werden. Am günstigsten bekommt man sein Ticket an den Busbahnhöfen selbst, denn natürlich berechnen Agenturen und Reisebüros eine Vermittlungsgebühr. Busse mit Air Condition liegen preislich ungefähr 25-30 Prozent über denjenigen ohne. Für die Strecke Surabaya-Denpasar (10-12 Stunden) zahlt man gegenwärtig Rp. 70.000, wer von Yogyakarta (16 Stunden) aus anreist, muss mit Rp. 110.000 rechnen, und wer sich von Jakarta aus auf die rund 24-stündige Marathonstrecke begibt, ist mit etwa Rp. 160.000 dabei.

> !!! **Vorsicht**
>
> *In den meist übervollen Bussen heißt es doppelt vorsichtig zu sein, denn auch abgeschlossenes Gepäck ist nicht vor Taschendieben sicher, dies gilt aber auch für die Fähren in den preiswerteren Klassen. Weitere Informationen finden Sie unter ‚Flüge' und ‚Verkehrsmittel'.*

⇨ **Anschriften/Adressen**

Straßennamen und Adressen bringen nicht wenige Besucher Balis zum Verzweifeln, haben doch viele Straßen mehrere offizielle und eventuell noch einen zusätzlich von den Einwohnern verliehenen inoffiziellen Namen, wobei letzterer jedoch nirgendwo verzeichnet ist. Dies rührt daher, dass man erst vor wenigen Jahren die Notwendigkeit einer Adresse erkannt hat, wobei es bei der Zuweisung nicht immer mit rechten Dingen zugegangen zu sein scheint, ein jeder sich nach Gutdünken seine Anschrift herausgesucht zu haben scheint, wie sonst erkläre man sich die Tatsache, dass Hausnummern teilweise mehrfach auftauchen, andere wiederum gar nicht, von einer chronologischen Reihenfolge ganz zu schweigen, und viele Anwesen besitzen bis heute gar keine Hausnummer.

Bei der Neubenennung von Straßen sind häufig alte Gebietsnamen auf Straßen übergegangen, die die entsprechende Region heute durchqueren, wobei man sich mitunter mit einem doppelten Nummernsystem behilft: Gebäude werden mit arabischen und Straßen mit lateinischen Ziffern nummeriert. In der Stadt gibt eine Adresse die Straße, nicht aber das Viertel an, auf dem Lande ist es genau umgekehrt. Ist nur der Stadtname angegeben, ist das Stadtzentrum gemeint. Daher ist es bei der Suche nach einer bestimmten Adresse besser, nach dem Viertel und der konkreten Person bzw. dem Behördennamen, Hotel etc. als nach der genauen Adresse zu fragen.

⇨ **Apotheke**

Apotheken tragen die Bezeichnung *Apotik*, *Drug Store*, *Farmasi* oder *Toko Obat* (Drogerie) und sind in allen Touristenzentren und Städten, größeren Orten und häufig sogar den Einkaufspassagen etlicher besserer Hotels zu finden, wobei letztere allerdings keine Rezepte annehmen dürfen. Die meisten von ihnen führen auch westliche Arzneimittel, manche jedoch unter Bezeichnungen, die nur in Asien gebräuchlich sind. Viele von ihnen gibt es oftmals rezeptfrei und billiger als bei uns, doch sollte man stets auf das Verfallsdatum achten und – falls möglich – den Beipackzettel des benötigten Medikaments dabei haben, um notfalls ein Ersatzpräparat ausfindig machen zu können. In jeder Apotheke findet man eine dreimal im Jahr aktualisierte Übersicht über die indonesischen Medikamente auf Englisch (‚Indonesian Index of Medical Specialities'), die die Arzneimittel mit ihren Markennamen und ihren jeweiligen therapeutischen Wirkungen enthält. Wer auf bestimmte Medikamente angewiesen ist, sollte diese in ausreichender Menge von zu Hause mitnehmen und im Handgepäck bei sich führen, damit kein Engpass entsteht, falls das eingecheckte Gepäck versehentlich fehlgeleitet wird.

Apotheken haben für gewöhnlich täglich von 9-19 h geöffnet, manche auch länger oder gar rund um die Uhr.

⇨ **Arzt/Zahnarzt**

In den Touristenzentren ist die ärztliche Versorgung weitestgehend gewährleistet. Ist es dort nicht allzu schwierig, einen Arzt mit Fremdsprachenkenntnissen aufzutreiben, gestaltet sich die Suche nach einem solchen in den abgelegeneren Regionen indes mitunter ziemlich schwierig. Insbesondere in den größeren Hotels stehen Ärzte mit englischen Sprachkenntnissen zur Verfügung, so dass die erste Anlaufstelle bei der Suche nach medizinischer Hilfe in jedem Fall die Rezeption Ihrer Unterkunft sein sollte, die Ihnen, falls das Hotel nicht ohnehin über einen Hausarzt verfügt, entsprechende Adressen nennen kann oder – so ein Hausbesuch nötig sein sollte – auch ärztliche Hilfe herbeiruft. Und selbst wenn Sie in keinem der größeren Hotels abgestiegen sind, ist das Personal dort in der Regel gerne bereit, Ihnen zu helfen. Helfend zur Seite stehen notfalls auch die Fremdenverkehrsämter. Sollten Sie gar nicht mehr weiter wissen, so können Sie sich zwecks Hilfe auch an das Konsulat/die Botschaft Ihres Landes (siehe ‚Botschaften') wenden.

Arztrechnungen sind vergleichsweise niedrig, müssen allerdings in der Regel sofort bar bezahlt werden. Für die Rückerstattung der Kosten nach Ihrer Rückkehr ist es daher unerlässlich, dass Sie sich eine detaillierte Rechnung ausstellen lassen, die neben Ihrem Namen, dem Behandlungsort und -datum, der Diagnose und Beschreibung der erbrachten Leistungen die Unterschrift des Arztes aufweist. Wichtig ist zudem die genaue Dosierungsangabe eventuell verschriebener Medikamente, da man in Asien oftmals zur Überdosierung neigt.

Auf jeden Fall empfehlenswert ist es, sich vor Reiseantritt bei seiner Krankenkasse wegen der Kostenerstattung zu erkundigen. Da zwischen Deutschland und Indonesien kein Sozialversicherungsabkommen besteht (ebenso wenig mit Österreich und der Schweiz), müssen gesetzlich Krankenversicherte ihre Kosten selbst tragen, lediglich bei beruflich bedingten Reisen erfolgt die Erstattung von Seiten des Arbeitgebers. Privat Versicherten werden die Kosten in der Regel im Nachhinein erstattet, doch sollten auch sie sich diesbezüglich rechtzeitig erkundigen. Besonders wichtig kann dies im Falle eines vorzeitigen Rettungsfluges werden. **Eine Reise- bzw. Auslandskrankenversicherung ist daher unbedingt ratsam!**

Eine umfangreiche, stets aktuelle Liste empfehlenswerter Ärzte erhalten Sie beim deutschen Konsulat in Sanur.

> **Hinweise**
>
> - Da die öffentlichen Krankenhäuser (Rumah Sakit Umum) in Denpasar einen besonders schlechten Ruf haben, sollte man lieber einen frei praktizierenden Arzt oder eine Privatklinik aufsuchen, die zwar erheblich teurer sind, dafür aber auch wesentlich mehr Sicherheit gewähren.
> - Falls Sie eine Kreditkarte besitzen (was empfehlenswert ist), so erkundigen Sie sich, welche Leistungen Ihre Karte für den Krankheitsfall im Ausland einschließt.
> - In dringenden Fällen gewährt Ihnen das Konsulat bzw. die Botschaft Ihres Landes Darlehen zur Begleichung von Arzt- und Krankenhauskosten.
> Siehe auch ‚Krankenhäuser' und ‚Versicherungen'.

⇨ **Ausreise/Weiterreise**

Achten Sie darauf, dass Sie Ihre Aufenthaltserlaubnis nicht überzogen haben, ansonsten stehen Ihnen schweißtreibende Stunden und zahllose Fragen bevor, und Ihr Geldbeutel wird es ebenso schmerzhaft zu spüren bekommen, dass Sie das Ausreisedatum leichtsinnigerweise missachtet haben! (Siehe ‚Visum'.)

MIT DEM FLUGZEUG
Das Gros der ausländischen Touristen verlässt die Insel auf dem gleichen Weg, auf dem es angereist ist, d. h. per Flugzeug. Wer noch nicht im Besitz eines Flugtickets für die Weiterreise im Inland ist, kann solche in vielen Reisebüros oder bei den Airlines (siehe ‚Fluggesellschaften') direkt erstehen. Die verschiedenen indonesischen Airlines weben zusammen ein dichtes Streckennetz über das Inselreich, so dass man auf dem Luftweg nahezu überallhin gelangt, wobei Studenten gegen Vorlage des internationalen Studentenausweises bei den meisten indonesischen Airlines eine Ermäßigung erhalten. Wenn Sie am Flughafen die Abflughalle betreten, müssen Sie bei der **Sicherheitskontrolle** als erstes Ihr ganzes Gepäck durchleuchten lassen, wobei Sie Ihre Filme ruhig durch die Geräte laufen lassen können, entsprechen diese doch internationalem Standard und sind bis ASA 1000 ‚**filmsafe**'. Höher empfindliche Filme sollten Sie indes besser von Hand kontrollieren lassen. Sollten Sie Bedenken haben, können Sie selbstverständlich auch auf einem Handcheck für Ihr ganzes Filmmaterial bestehen. Vergessen Sie die vielfach angebotenen Beutel oder Boxen, die Ihre Filme beim Röntgen schützen sollen, sie bewirken eher den gegenteiligen Effekt, denn der Sicherheitsbeamte wird gegebenenfalls so lange an seinem Dosierknopf drehen, bis er diesen für ihn verdächtig aussehenden Gegenstand mit Hilfe seines Gerätes definieren kann, wobei die Strahlung dann vermutlich so hoch sein dürfte, dass Ihre Filme nun höchstwahrscheinlich wirklich Schaden davontragen.

Auch wenn man es mit der **gewichtsmäßigen Freigrenze** des einzucheckenden Gepäcks nicht allzu streng nimmt, sollte man das Personal am Check-in-Schalter nicht zu sehr provozieren. Laut IATA-Abkommen darf jeder zahlende Fluggast in der Economy Class 20 kg Freigepäck aufgeben (bei kleineren Propellermaschinen sind manchmal sogar nur 10 kg erlaubt), in der Business Class sind es 30 kg und in der First Class sogar 40 kg, wobei bei maßvollen Gewichtsüberschreitungen (etwa fünf Kilogramm) kaum eine Airline Gebühren für Übergepäck verlangt, nur überproportional schwer darf das Gepäck nicht sein und die

Gesamtmaße (Höhe + Breite + Tiefe) von 158 cm nicht überschreiten. Wer seine Freigrenze jedoch erheblich überzieht, muss gewahr sein, dass er zur Kasse gebeten wird, und zwar normalerweise pro Kilo mit einem Prozent des regulären First Class-Tarifs, was bei einem Flug nach Europa zwischen € 30 und 40 pro Kilo ausmachen kann. (Im innerindonesischen Flugverkehr liegen die Preise allerdings wesentlich darunter.) Lassen Sie sich notfalls den Supervisor kommen, mit dem Sie eventuell noch ein paar Kilo herunterhandeln können, doch hängt dies u. a. davon ab, ob die Maschine ausgebucht ist oder nicht. Bemerken Sie, dass Sie mit der Gewichtsfreigrenze für Ihr Gepäck in Schwierigkeiten geraten könnten, sollten Sie sich – schon Ihrem Geldbeutel und Ihren Nerven zuliebe – rechtzeitig mit der Airline in Verbindung setzen, die Sie über Alternativen und Tarife aufklären kann, denn nichts ist ärgerlicher, als am Flughafen zu stehen und gezwungen zu sein umzupacken, nicht wissend, wohin mit all dem Zeug, das man zuvor unter größten Anstrengungen mühsam verstaut hat.

Wesentlich kostengünstiger kommen Sie im Notfall davon, wenn Sie Ihr Übergepäck als ‚unaccompanied luggage' aufgeben. Dies bedeutet, dass Ihnen Ihr Übergepäck von der Fluggesellschaft, mit der Sie fliegen, mit der nächsten nicht ausgebuchten Maschine zu einem günstigeren Tarif nachgeschickt wird, entweder bis zu Ihrem Endflughafen oder aber sogar – gegen eine Zusatzgebühr – bis an Ihre Haustür. Größere bzw. schwergewichtige Erwerbungen sollte man in jedem Fall per Schiffsfracht nach Hause schicken lassen; Läden und Speditionen sind darauf eingestellt und kümmern sich um sachgerechte Verpackung und den anfallenden Papierkram. Bezüglich des Handgepäcks gilt international die Regelung, dass – neben der Fototasche – in der Economy Class pro Person **nur ein größeres Handgepäckstück** (etwa ab Boardcase-Größe) mit den vorgeschriebenen **Maximalmaßen 56 cm x 36 cm x 23 cm** mit an Bord des Flugzeugs genommen werden darf. In der Business und First Class sind für gewöhnlich zwei Handgepäckstücke pro Passagier zugelassen.

Folgen Sie nach dem Check-in den Hinweisschildern in Richtung Abflugsteige, so gelangen Sie ein Stockwerk höher zunächst zu den Schaltern, an denen Sie die **Flughafengebühr** bezahlen müssen, und zwar **in Rupiah** (geben Sie also nicht zuvor alle Rupiah aus bzw. tauschen diese alle zurück). Diese beträgt gegenwärtig bei **internationalen Flügen Rp. 100.000** pro Person. Davon ausgenommen sind lediglich Kinder unter zwei Jahren, dies gilt auch für **Inlandsflüge,** für die ansonsten pro Person eine Airport Tax von **Rp. 11.000** fällig wird.

Fluggäste, die Indonesien verlassen, gelangen sodann zur **Passkontrolle**, bei der sie Pass und Visum sowie die weiße, unterschriebene Departure Card vorzeigen müssen, die einbehalten wird. Sollten Sie das Land verlassen und noch indonesische **Rupiah** übrig haben, so können Sie diese im Anschluss in diversen Geschäften und Restaurants im Abflugbereich noch ausgeben, sie für wohltätige Zwecke spenden oder sie an einem der Wechselschalter **zurücktauschen**. In den Geschäften finden Sie neben den üblichen Duty-Free-Angeboten wie Parfüm, Schokolade, Zigaretten und Spirituosen vor allem eine große Auswahl kunsthandwerklicher Produkte. Lohnend ist auf jeden Fall ein Blick in den *Airport Bookstore*, Departure Hall, Level 2, geöffnet so lange Flugbetrieb ist, in dem man u. a. viele gute Bildbände findet.

Den *Ngurah Rai International Airport* erreicht man rund um die Uhr unter ☏ (0361) 751011, 📠 (0361)751032.

> **Hinweis**
>
> Denken Sie beim Packen Ihres Gepäcks daran, dass alle scharfen und spitzen Gegenstände, d. h. auch Rasierklingen, Nagelscheren und Taschenmesser, seit den Terroranschlägen auf das World Trade Center in New York und das Pentagon in Washington nichts mehr im Handgepäck oder Ihren Hosen- bzw. Jackentaschen verloren haben.

MIT DEM SCHIFF

Wer auf einem der schneeweißen Kreuzfahrtschiffe bzw. einem der zwischen den indonesischen Inseln pendelnden Linienschiffe das Inselparadies verlässt, dessen Ausreiseformalitäten werden von der Hafenbehörde bzw. an Bord des Schiffes erledigt. Liegt der nächste Zielhafen außerhalb Indonesiens, muss neben dem Pass und Visum die Departure Card vorgelegt werden, zudem sind die bestehenden Gepäck- und Zollvorschriften zu beachten. Buchungen für die einzelnen Fähren oder Schiffe zu Zielhäfen innerhalb des Archipels sind in vielen Reisebüros bzw. in den Häfen oder bei den Reedereien direkt möglich.

- **Fähren zwischen Bali und Java**: Die Fähren in Richtung Java verkehren rund um die Uhr viertelstündlich ab Gilimanuk, Balis westlichster Inselspitze; Zielort ist Ketapang. Ab Denpasar und Kuta verkehren regelmäßig Busse nach Gilimanuk, ebenso ab Lovina und Singaraja im Norden. Die Überfahrt über die Bali Strait selbst dauert etwa eine Stunde und kostet für Erwachsene Rp. 2.000 pro Person, für Kinder Rp. 1.300. Wer sein Fahrrad dabei hat, zahlt Rp. 3.000 zusätzlich, für das Motorrad sind Rp. 5.000 extra zu entrichten und für das eigene Auto Rp. 25.000.
- **Fähren zwischen Bali und Lombok/Von Lombok aus**: Sie haben die Wahl zwischen den rund um die Uhr verkehrenden **regulären Fährschiffen** und dem wesentlich schnelleren **Mabua Express** (siehe ‚Verkehrsmittel – Fähren und Boote').
- **Zu anderen Inseln des Archipels**: Die Verbindungen zu anderen Inseln des Archipels halten Schiffe der nationalen Schifffahrtsgesellschaft **PELNI** (siehe ‚Verkehrsmittel – Fähren und Boote') aufrecht. Wer auf einem der schneeweißen **Kreuzfahrtschiffe** das Inselparadies verlässt, dessen Formalitäten werden von der Hafenbehörde bzw. an Bord des Schiffes erledigt. Das Gleiche gilt für diejenigen, die mit der **eigenen Yacht** einen Törn im indonesischen Archipel unternehmen oder auch für diejenigen, die versuchen auf einer der vor Anker liegenden Yachten anzuheuern.

MIT DEM BUS

Eine überaus beliebte Weiterreisevariante nach Java ist diejenige mit dem Bus, wobei die meisten der so Abreisenden zunächst Surabaya als nächstes Etappenziel im Visier haben, es bestehen aber auch etliche andere Direktverbindungen, u. a. nach Yogyakarta und sogar Jakarta. Startpunkt dieser Trips, deren Fahrpreise die Fährgebühr über die Bali Strait (und oft auch ein oder mehrere Mahlzeiten) beinhalten, ist für gewöhnlich Denpasars *Ubung Terminal*, aber auch von Singaraja und Lovina im Norden Balis gibt es Direktverbindungen nach Java, allerdings muss auf dieser Route mitunter in Gilimanuk der Bus gewechselt werden. Am günstigsten bekommt man sein Ticket, das man am besten einen Tag im Voraus bucht, an den Busbahnhöfen selbst, denn selbstverständlich berechnen Agenturen, Reisebüros oder Schlepper eine Vermittlungsgebühr. Busse mit Aircondition liegen preislich ungefähr 25-30 Prozent über denjenigen ohne. Die Hauptbüros der meisten großen Busunternehmen befinden sich in Denpasar in der Jl. Hasanuddin und in der Jl. Diponegoro sowie entlang des Jl. By Pass Ngurah Rai. Als sehr zuverlässiges Unternehmen, das in etlichen Orten Balis Büros unterhält, hat sich **Perama** (siehe ‚Öffentliche Verkehrsmittel – Tourist Shuttle Bus') herausgestellt.

Wer **auf Java mit dem Zug** weiterfahren möchte, kann ein entsprechendes Kombiticket am besten in einem Reisebüro erstehen. Dieses umfasst die Busfahrt nach Gilimanuk, die Überfahrt mit der Fähre nach Java, die Busfahrt von Ketapang zum Bahnhof und die Bahnfahrt zum gewünschten Zielort.

Tipp
Meiden Sie in den Bussen nach Möglichkeit die beiden vordersten Reihen und Plätze auf den Achsen.

Vorsicht
In den meist übervollen Bussen heißt es doppelt vorsichtig zu sein, denn auch abgeschlossenes und angekettetes Gepäck ist nicht vor Dieben sicher, dies gilt auch für die Fähren, besonders in den preiswerteren Klassen.

MIT DEM AUTO ODER MOTORRAD
Wer mit dem Mietwagen bzw. -motorrad die Insel verlassen möchte, muss dies der Verleihfirma bei der Anmietung ausdrücklich mitteilen, da so gut wie alle Mietfahrzeuge nur eine Fahrberechtigung für Bali haben und nicht anderswohin mitgenommen werden dürfen. (Näheres siehe unter ‚Mietwagen' und ‚Motorradfahren/Motorrad mieten'.)

Weitere Informationen finden Sie unter ‚Flüge', ‚Verkehrsmittel' und ‚Zoll'.

⇨ Ausrüstung

Auch für Bali gilt die Regel, nur so viel mitzunehmen, wie man wirklich benötigt. Da es – bis auf Bekleidung und Schuhe in Übergrößen, die man sich notfalls aber auch kostengünstig vor Ort nach Maß anfertigen lassen kann – mehr oder weniger alles auf der Insel zu kaufen gibt, sollte man sich auf das Nötigste beschränken, schließlich ist es wesentlich besser und bequemer etwas nachzukaufen als etwas wegzuwerfen, nur weil man es nicht mehr mit sich herumschleppen möchte. Zudem kann man am Ende der Reise das eine oder andere Mitbringsel mehr einpacken und muss sich nicht so schnell mit den quälenden Gedanken an das Übergepäck herumschlagen.

Wer im Hotel unterkommt bzw. keine häufigen Quartierwechsel vornimmt, ist mit einem stabilen **Hartschalenkoffer** oder **reißfestem Lederkoffer** sowie **Koffern und Taschen aus strapazierbarem Kunststoffgewebe** bestens bedient, wobei letztere vor allem Leuten mit wenig Gepäck zu empfehlen sind, da sie so das negative Image des Rucksacktouristen vermeiden.

Derjenige, der viel unterwegs ist, sollte dennoch auf den bewährten **Rucksack** zurückgreifen, gewährt er doch die größte Mobilität, wobei dessen Ausstattung und Größe ganz davon abhängen, ob man größere Wanderungen mit der gesamten Habe plant oder einfach nur die Hände frei haben will. In den meisten Fällen sind Rucksäcke ohne festes Gestell besser geeignet, von allergrößter Bedeutung für den Tragekomfort sind jedoch breite Tragegurte, wobei ein gut gepolsterter Hüftgurt für zusätzliche Stabilität und Entlastung der Schultern sorgt. Wählen Sie – wenn möglich – ein verkleiner- bzw. vergrößerbares Modell, das Sie den Gegebenheiten anpassen können. Wichtig auf jeden Fall ist es, Gepäckstücke bei der Benutzung öffentlicher Verkehrsmittel so klein wie möglich zu halten, da in diesen für größeres Gepäck selten ausreichend Platz vorhanden ist und man, sollte das mitgeführte Gepäck zu groß ausfallen, andernfalls unter Umständen für die Inanspruchnahme eines zweiten Sitzplatzes bezahlen muss. Wer von einem festen Standort aus kleinere Wanderungen unternimmt, sollte einen kleinen **Tagesrucksack** dabei haben.

Hinweis

Achten Sie darauf, dass Ihr Gepäck abschließbar oder durch Vorhängeschlösser (am besten Zahlenschlösser) zu sichern ist (siehe 'Sicherheit').

Die nachstehende **Checkliste** kann nur Anhaltspunkte geben, doch sollten Sie folgendes dabei haben, da manche Artikel – zumindest in abgelegeneren Regionen – mitunter nur schwer erhältlich sind (Gegenstände, die man vor Ort überall bekommt, sind nicht aufgeführt):

- Adapter (für die elektrischen Geräte)
- Bettlaken (für all diejenigen, die in einfachen Unterkünften nächtigen)
- Brille und Ersatzbrille bzw. Kontaktlinsen
- Bücher/Reiselektüre (siehe 'Bücher')
- Essbesteck (für das Picknick unterwegs)
- Filmmaterial (siehe 'Filme')
- Föhn
- Fotokopien aller wichtigen Originaldokumente (siehe 'Sicherheit')
- Foto- bzw. Kameraausrüstung (siehe 'Fotografieren')
- Geld/Reiseschecks (siehe 'Geldangelegenheiten')
- Gürteltasche, Geldgürtel, Geldhüftgürtel oder Brustbeutel
- Handtücher (falls Sie sich abseits der normalen Touristenrouten bewegen)
- Handy (falls vorhanden; siehe 'Telefon')
- Impfpass
- Internationaler Führerschein (falls Sie einen Wagen oder ein Motorrad mieten möchten)
- Internationaler Jugendherbergsausweis (falls Sie in einer solchen unterkommen wollen)
- Internationaler Studentenausweis (bringt mitunter Vergünstigungen)
- Internationale Telefonkarte (siehe 'Telefon')
- Isomatte (wenn Sie sich in einfachen Unterkünften einquartieren)
- Karten (siehe 'Kartenmaterial')
- Klebeband (am besten textilverstärktes)
- Kreditkarten (siehe 'Geldangelegenheiten')
- Leinenschlafsack bzw. Jugendherbergsschlafsack (für alle diejenigen, die nicht im Hotel wohnen)
- Nähzeug
- Medikamente (siehe 'Gesundheit/Gesundheitsvorsorge')
- Mikropur (zur Trinkwasserreinigung in entlegeneren Gegenden)
- Mitgliederausweis(e) = Membership Card(s) (z. B. von Airlines oder Hotelketten)
- Moskitonetz ('Moskito Coils', d. h. Räucherspiralen gegen die Plagegeister gibt es überall auf Bali zu kaufen)
- Pass und eventuell Zweitpass
- Passbilder (siehe 'Passbilder')
- Rasierapparat

• Reiseunterlagen (wenn Sie bei einem Reiseveranstalter oder anderweitig im Voraus gebucht haben) • Sonnenbrille • Taschenlampe • Taschenmesser • Toilettenartikel: Feuchtigkeitstücher, Interdents, Nagelzeug, Tampons und/oder Slipeinlagen, Zahnseide • Verbandszeug (siehe ‚Gesundheit/ Gesundheitsvorsorge')	• Verhütungsmittel (Pille, Kondome etc.) • Versicherungsunterlagen (siehe ‚Versicherungen') • Vorhängeschlösser (fürs Gepäck oder falls man in einer einfachen Unterkunft absteigt) • Wasserflasche (für Wanderungen) • Wecker • Weltempfänger (für Nachrichten aus der Heimat)

⇨ **Auto fahren**

Um ohne allzu großen Zeitverlust zu entlegeneren Orten zu gelangen oder z. B. auf eigene Faust eine abendliche Aufführung außerhalb der Touristenzentren besuchen zu können, wird man um einen eigenen fahrbaren Untersatz nicht herumkommen.

Ehe Sie ein Fahrzeug anmieten, sollten Sie sich selbstkritisch prüfen, ob Sie es sich zutrauen, sich ins balinesische Verkehrsgetümmel zu stürzen. Stellen Sie sich dazu folgende Situation vor: Sie fahren gerade auf einer der ohnehin nicht gerade allzu breiten Dorfstraßen, als Ihnen ein völlig überladener Lastkraftwagen mit unangemessen hoher Geschwindigkeit entgegenkommt. Die einzige Möglichkeit, den Crash zu vermeiden, sehen Sie im Ausweichen auf den unasphaltierten Randstreifen, der jedoch bereits nahezu lückenlos von Pkws, Hühnern, mobilen Garküchen und Hunden belegt ist, von den dazwischen umhertollenden Kindern ganz zu schweigen. Doch damit nicht genug, plötzlich schießt hinter dem Lkw einer jener Minibusfahrer hervor, von denen man oftmals den Eindruck hat, sie trügen sich mit Selbstmordabsichten. Und spekulieren Sie ja nicht darauf, jener werde sein Überholmanöver Ihnen zuliebe abbrechen! Ganz und gar auf das Geschehen auf der Straße konzentriert, sind Ihnen die sich unvermittelt vor Ihnen auftuenden fallgrubenartigen Schlaglöcher entgangen, ganz zu schweigen von dem riesigen Sandhaufen, der Ihnen an der Stelle, an der aller Voraussicht nach die bedenkliche Schieflage aufweisende Lastwagen und der Minibus an Ihnen vorbeidonnern werden, die Straße versperren wird. Und irgendwann in jenen Bruchteilen von Sekunden, in denen Sie auf die Bremse treten und irgendwo zwischen all den Hindernissen jene winzige Lücke zu finden hoffen, die Ihnen ein Ausweichen ermöglicht, taucht zu allem Ungemach auch noch ein Wasserbüffel von links aus einem bis dato nicht registrierten Seitenweg auf – und die Ihnen genau entgegenscheinende Sonne lässt alles wie durch einen Weichzeichner gesehen flirren. Wenn Sie sich dieser Situation gewachsen fühlen, können Sie über die Anmietung eines Autos oder Motorrades nachdenken, ansonsten sollten Sie es sich lieber zweimal überlegen.

Halten Sie also, wenn Sie ein Fahrzeug mieten, beim Fahren stets die Augen und Ohren offen, auch tagsüber, lassen Sie sich nicht ablenken. Und beharren Sie niemals auf Ihrem Vorfahrtsrecht, denn ‚Kavaliere des Straßenverkehrs' gibt es in Indonesien nicht! Natürlich kennt man auch in Indonesien Verkehrsregeln, die Sie gleichfalls kennen sollten, auch wenn sich kaum jemand daran hält, denn sobald die Balinesen am Steuer sitzen, werden aus den ansonsten so friedlichen und rücksichtsvollen Menschen lauter kleine, von einem unersättlichen Geschwindigkeitsrausch und einer manischen Überhol- und Drängelsucht befallene Anarchisten. Um also nicht ganz im Gewühl und Gehupe unterzugehen oder vielmehr um manchmal überhaupt vorwärts zu kommen, wird man des öfteren selbst nicht umhin kommen, die Vorschriften zu ignorieren und sich dem Verkehrsverhalten der Einheimischen anzupassen. Trotzdem sollte man es sich selbstverständlich zur Grundregel machen, die Vorschriften nach Möglichkeit einzuhalten, will man das Abenteuer heil überstehen und nicht allzu schnell und oft mit den Ordnungshütern (?) in Konflikt zu geraten. Sollten Sie jenen dennoch einmal unangenehm auffallen, so vermeiden Sie alles, was Ihr Gegenüber provozieren könnte, denn jedwede Auflehnung hat lediglich die Erhöhung der zu zahlenden Strafe zur Folge. Im Normalfall zahlt man für geringe Vergehen – bei denen es sich mitunter aber auch um reine Willkürakte von Seiten der Ordnungshüter handelt – zwischen Rp. 10.000 und Rp. 20.000, doch hängt dies alles von der Ehrlichkeit der Beamten ab, sehen doch einige von ihnen noch immer **Bußgelder** als stillschweigend geduldete Gehaltsaufbesserung an. Ein kurzer Plausch mit dem Beamten wird Ihnen über dessen Aufrichtigkeit Klarheit verschaffen. Anschließend überreichen Sie ihm mit einem Lächeln die geforderte Summe, von der man als ‚Geschenk' (Hadiah) spricht, und als genau solches sollte man es – wenn auch mit leisem Zähneknirschen – ansehen, um weiteren Schwierigkeiten aus dem Weg zu gehen. Doch geben Sie bei derart geringen Anlässen niemals Ihren Führerschein, ihre Zulassung oder Wagenpapiere aus der Hand, sonst kann es leicht passieren, dass Sie für deren Wiedererhalt Rp. 50.000 und mehr bezahlen müssen. (Diese vormals berüchtigten Willkürakte sind in den letzten Jahren erfreulicherweise stark zurückgegangen.)

Fahrberechtigt ist jeder, der mindestens **21 Jahre** alt und im Beasitz eines **internationalen Führerscheins** ist, den man bei der Kraftfahrzeugstelle seines Landratsamtes bzw. Rathauses bekommt. Selbst wenn manche Autovermieter sich gelegentlich mit dem nationalen (d. h. deutschen, österreichischen oder schweizerischen) zufrieden geben, sollte man sich auf derartige Geschäfte besser nicht einlassen, da im Falle einer Polizeikontrolle dieser nicht ausreicht und einem im Versicherungsfall daraus erhebliche Probleme erwachsen können. Wer seinen Führerschein vergessen hat, kann sich für Rp. 200.000 eine für die Dauer seines Aufenthaltes gültige Fahrerlaubnis beim **Traffic Police Department** in Denpasar (siehe Kapitel ‚Regionale Reisetipps von A-Z') besorgen. Für den Antrag, der normalerweise binnen 24 Stunden bearbeitet wird, benötigen Sie neben dem Pass drei Passbilder. Sie können aber auch Ihren Autovermieter mit der Erledigung der entsprechenden Formalitäten beauftragen. **Es besteht für Fahrer und Beifahrer Anschnallpflicht!**

Für die meisten gewöhnungsbedürftig ist der in ganz Indonesien und somit auch auf Bali anzutreffende **Linksverkehr**, an den man sich aber relativ rasch gewöhnt. Um am Anfang nicht zu sehr ins Schleudern zu geraten, empfiehlt es sich, zunächst einmal mit einem rechtsgelenkten Fahrzeug etwas abseits der vielbefahrenen Straßen ein paar Runden zu drehen, um sich so an das neue Fahrgefühl zu gewöhnen, so z. B. auch an die Regel ‚**links vor rechts**', die eine der wesentlichsten Abweichungen von den ansonsten auch bei uns üblichen Verkehrsregeln ist. Beachten sollten Sie auch, dass **Linksabbiegen grundsätzlich auch bei roter Ampel erlaubt** ist, wenn es der Verkehr zulässt. Zwar folgt die – vergleichsweise spärliche – **Straßenbeschilderung** weitestgehend internationalen Regelungen, einige Zeichen weichen jedoch davon ab, doch handelt es sich bei diesen um sekundäre Zeichen, über deren Bedeutung Sie sich im Normalfall rasch im klaren sein werden. **Ortsschilder** sind zwar in der einen oder anderen Form vorhanden, doch nicht immer leicht auszumachen, insbesondere in kleineren Ortschaften. Wo man sich gerade befindet, kann man aber notfalls auch anhand von Schildern ausmachen, die vor öffentlichen Einrichtungen angebracht sind, z. B. Schulen, Verwaltungsgebäuden und ähnlichem.

Kilometerangaben finden Sie auf den Kilometersteinen entlang der Straße, wobei auf der rechten Seite oftmals die Entfernung bis zur Bezirkshauptstadt und auf der linken diejenige bis zur nächsten Stadt oder Ortschaft zu finden ist. **Richtungsweisende Ortsschilder** hingegen sind Mangelware, daher empfiehlt es sich, stets eine gute Straßenkarte (siehe ‚Kartenmaterial') bei sich zu haben, und selbst dann wird Ihnen gelegentlich nur ein guter Orientierungssinn weiterhelfen. Werden Verkehrsschilder in der Mehrheit der Fälle noch beachtet, so scheinen die Einheimischen von **Geschwindigkeitsbegrenzungen** noch nie etwas gehört zu haben, ein jeder tritt – wo es der mit-

Ortsschilder fallen sehr unterschiedlich aus.

unter chaotische Verkehr zulässt – das Gaspedal bis zum Anschlag durch, die Motoren oftmals zu ohrenbetäubenden Heulkaskaden hochtreibend, so dass man ständig die Befürchtung hegt, gleich würden einem sämtliche Teile des so geschundenen Antriebsaggregates um die Ohren fliegen. Doch wer rast, sieht weniger – oder nichts –, daher halten Sie sich – auch im Interesse Ihres Geldbeutels – besser an die gesetzlichen Begrenzungen, die für Pkws und Motorräder **innerhalb geschlossener Ortschaften bei 40 km/h und außerhalb bei 80 km/h** liegen. Unbedingt beachten sollte man Schilder mit den Aufschriften ‚*Hati-Hati*' und ‚*Awas*' (,Achtung!') sowie ‚*Pelan-Pelan*' (,Langsam fahren') und ‚*Bahaya*' (,Gefahr'), signalisieren sie doch – oftmals unvermutet auftauchende – Gefahrenherde, die es gelegentlich wirklich in sich haben, so z. B. kaum oder gar nicht gesicherte Baustellen.

So nervtötend einem das ständige Hupen der Einheimischen aus jedem noch so geringen Anlass (manchmal auch aus bloßem Spaß an der Freude) heraus anfangs erscheint, sitzt man erst einmal selbst hinter dem Lenkrad und versucht sich seinen Weg durch die Blechlawinen und das Getümmel all der sorg- und achtlos auf den Straßen spielenden Kinder und der sich dahinschleppenden Tiere und Lastenträger zu bahnen, so wird man sich vermutlich schon sehr bald dabei ertappen, dass man geneigt ist, sein Signalhorn in gleichem Umfang einzusetzen und es – wenn auch insgeheim – quasi zum wichtigsten Bestandteil seines fahrbaren Untersatzes zu erklären. Zwar erwarten die Balinesen, dass Sie, ebenso wie sie selbst, jeden **Überholvorgang durch ein wildes Hupkonzert ankündigen**, doch kommt man – bei rücksichtsvollem Fahrverhalten – auch ganz gut ohne dies aus. Und ist erst einmal die Dämmerung hereingebrochen, unterstützen die Einheimischen ihr akustisches Trommelfeuer mit dem einer Lichtorgel gleichenden Auf- und Abblenden ihrer Lichthupen. Auch wenn das **Straßennetz**, was den Umfang anbelangt, auf Bali gut ausgebaut ist, so sollte an dessen

Zustand nicht allzu hohe Erwartungen gestellt werden. Derzeit besitzt die Insel nur eine Autobahn bzw. Schnellstraße zwischen Denpasar und Nusa Dua (Jalan By Pass Ngurah Rai), die sich in alles in allem in gutem Zustand befindet. Viele andere wichtige Überlandstraßen, mit Ausnahme einiger zu den wichtigsten Sehenswürdigkeiten der Insel führender, hingegen fallen vom Standard her doch ganz erheblich ab, wobei den unerfahrenen Fahrer auf den schmalen Straßen oftmals die stark abfallenden, unbefestigten Banketten in Schwierigkeiten bringen, insbesondere bei riskanten Überholmanövern des Gegenverkehrs, die ihn auf den Randstreifen drängen. Weitere, mitunter fast hals- oder besser achsenbrecherische Hindernisse auf Balis Straßen stellen die zahlreichen Schlaglöcher dar, die man – vor allem in der Dunkelheit – meist zu spät erkennt. Und manch eine der auf den Karten so harmlos aussehenden Straßen entpuppt sich als undeklarierte steinige Teststrecke mit einigen wenigen Restbeständen an Asphalt. Sollten Sie sich einmal verfahren haben und sich nicht mehr zurechtfinden, wenden Sie sich – so auffindbar – am besten an einen Polizisten, denn dieser kann Ihnen am ehesten weiterhelfen. Ansonsten fragen Sie einen der jüngeren Menschen, die zumeist wenigstens ein paar Brocken Englisch sprechen. Große geographische Kenntnisse und solche im Kartenlesen dürfen Sie allerdings nicht erwarten, da sich die allermeisten Balinesen nur in ihrer unmittelbaren Umgebung einigermaßen gut auskennen. In der Regel beschreibt man Ihnen den Weg anhand der Himmelsrichtungen oder mit ‚links' und ‚rechts', was Ihnen zumindest als grober Richtungshinweis behilflich sein kann, wobei Sie sich die Richtungsangabe jedoch sicherheitshalber mit der Hand zeigen lassen sollten, da man zwar oft ‚rechts' sagt, aber ‚links' meint, und umgekehrt. Auch mit dem Schätzen der Entfernungen haben die Einheimischen so ihre liebe Mühe, mitunter wird ein kurzes Wegstück beinahe als Halbtagesreise dargestellt, wohingegen man größere Distanzen oft erstaunlich zusammenschrumpfen lässt. Daher noch einmal: **Immer gutes Kartenmaterial mit sich führen!**

Vermeiden Sie es tunlichst, in einen **Unfall** verwickelt zu werden, denn als Ausländer werden Sie stets die Schuld in die Schuhe bekommen! Die Schuldzuweisung gemäß asiatischer Logik geht nämlich folgendermaßen: ‚Ich hatte einen Unfall mit dir. Ich lebe hier, du nicht. Wärst du nicht hier, hätte es keinen Unfall gegeben, also ist es deine Schuld.' Logisch – oder etwa nicht? Und glauben Sie ja nicht, dass Sie ein stichhaltiges Gegenargument finden! Sollte es dennoch passiert sein, so sollten Sie – falls es sich lediglich um einen **Sachschaden** handelt – versuchen, die Angelegenheit durch Verhandlungen zu regeln und nicht darauf bestehen, die Polizei hinzuzuziehen, denn in der Regel verlieren Sie nur einige Tage durch sinnloses Hin und Her zwischen Polizei, Rechtsanwalt, Versicherung und so weiter. Erholen Sie sich zunächst einmal von dem Schock und versuchen Sie dann jemanden zu finden, der Ihnen vertrauenswürdig genug erscheint, Sie bei Ihren Verhandlungen mit dem/der/den Geschädigten zu unterstützen. Notfalls ziehen Sie Ihr Konsulat oder Ihre Botschaft zu Rate. Bei **Personenschäden** hingegen müssen Sie die Polizei hinzuziehen und umgehend Ihre diplomatische Vertretung benachrichtigen (lassen). Droht eine gewalttätige Auseinandersetzung mit den zur Unfallstelle Hinzugekommenen, ist es (und nur in diesem Falle) ratsam, dass Sie, wenn Ihr Fahrzeug noch fahrtüchtig ist, zur nächsten Polizeistation fahren, um die Sachlage dort darzulegen. Auch wenn die Beamten sich kaum auf Ihre Seite schlagen werden, so sind Sie wenigstens vor Übergriffen sicher und können die notwendigen Formalitäten in Ruhe erledigen. Seien Sie aber darauf gefasst, dass man Ihr Fahrzeug beschlagnahmt und Sie eventuell sogar so lange in Haft nimmt, bis der Vorfall geklärt ist. Auf jeden Fall aber ist bei einem Unfall der Vermieter zu verständigen. **Automobilklubs** wie in den meisten westlichen Ländern **gibt es auf Bali nicht**, und somit ist auch ein entsprechend organisierter Pannendienst nicht vorhanden. Das **Fehlen von Notrufsäulen** stellt ein weiteres Manko dar, das man bei seinen Überlandfahrten, vor allem nachts, mit einkalkulieren muss, zumal außer auf der Küstenstraße in Richtung Java in der Dunkelheit auf der gesamten Insel nur noch wenige Fahrzeuge unterwegs sind, so dass man von nächtlichen Fahrten außerhalb des touristischen Südens zu dieser Tageszeit möglichst Abstand nehmen sollte. Aufgrund der genannten Mängel ist man im Ernstfall auf die Hilfe anderer Verkehrsteilnehmer angewiesen. So der Defekt nicht an Ort und Stelle zu beheben ist bzw. das Fahrzeug nicht mehr fährt, kann man sich zwecks Beschaffung der erforderlichen Ersatzteile entweder zur nächsten Reparaturwerkstatt fahren lassen, wobei man, so keine vertrauenswürdige Person beim Wagen zurückbleibt, unbedingt das Fahrzeug abschließen und alle Wertgegenstände mitnehmen muss, oder aber man lässt den Havaristen zur nächsten Werkstatt abschleppen. Wenn möglich lasse man sich von seinem Autovermieter ein Verzeichnis der verlässlichen Autowerkstätten geben. Bevor man selbst irgendetwas zur Reparatur in Auftrag gibt, sollte man jedoch in jedem Fall den Vermieter verständigen, da diese meist ihre eigenen Werkstätten zur Hand haben und einem notfalls auch einen Ersatzwagen stellen. Daher lassen Sie sich in jedem Fall eine Telefonnummer des Vermieters geben, unter der Sie ihn rund um die Uhr erreichen können.

!!! Vorsicht

- *Besondere Vorsicht ist bei Nachtfahrten geboten, da die wenigsten Straßen ausreichend beleuchtet sind und nur in den allerwenigsten Fällen über gut erkennbare Seitenmarkierungen bzw. -begrenzungen verfügen. Verschärft wird die Situation zusätzlich durch die oft falsch justierten Scheinwerfer und das unvermittelte Aufblenden bzw. Nicht-Abblenden vieler Fahrer, was zu augenschmerzenden Blendungen durch den Gegenverkehr führen und die Fahrt rasch zum Blindflug machen kann. Und seien Sie nicht überrascht, wenn Sie nächtens dem einen oder anderen Fahrzeug begegnen, das ganz ohne Licht fährt, von all den anderen starren oder sich bewegenden Hindernissen auf der Fahrbahn und den Schlaglochensembles ganz zu schweigen. Und noch eines zum Schluss: Fahrer von Lastkraftwagen, Bussen und anderen größeren Fahrzeugen gehen immer davon aus, dass sie Vorfahrt haben.*
- *An dieser Stelle sei vor einem üblen Trick gewarnt, dem schon mancher gutgläubige Tourist zum Opfer gefallen ist, und zwar vor allem solche, die einen Suzuki Jimny angemietet hatten. Sie werden von einem einheimischen, hinter einem fahrenden Verkehrsteilnehmer durch Lichthupe zum Halten veranlasst, woraufhin Ihnen dieser zu verstehen gibt, dass an Ihrem Wagen etwas defekt sei. Noch während Sie sich mit Ihrem vermeintlichen Helfer unterhalten, demontieren dessen Gehilfen – die entweder am Straßenrand gelauert haben oder mit diesem gemeinsam ausgestiegen sind und nunmehr angeblich Ihr Fahrzeug überprüfen – eine Kleinigkeit, was zunächst nicht auffällt, woraufhin Sie Ihre Fahrt – im Glauben, es habe sich um einen Fehlalarm gehandelt – zunächst fortsetzen, bis der Wagen nach wenigen Kilometern schließlich stehen bleibt. Wie durch einen „Zufall" treffen Sie dort am Wegesrand ein paar Burschen, die Sie zur nächsten Werkstatt abschleppen, wo man das angeblich defekte Teil zu einem Wucherpreis austauscht (in der Regel verlangt man für ein wenige Dollar teures Ersatzteil hundert Dollar und mehr). Um dieser Falle zu entgehen, sollten Sie in keinem Fall stehen bleiben, wenn sie von Einheimischen angeblinkt werden und, wenn Sie sich nicht sicher sind, Ihr Fahrzeug nur an einer Tankstelle oder anderen sicheren Stelle auf eventuelle Schäden überprüfen. Und sollte tatsächlich einmal etwas sein, so verständigen Sie in jedem Fall zunächst Ihren Vermieter, ehe Sie irgendetwas unternehmen oder gar reparieren lassen.*

> **Hinweis**
>
> Denken Sie daran, dass außerhalb der größeren Städte das Tankstellennetz sehr weitmaschig ist, tanken Sie also rechtzeitig nach.
> Zusätzliche Informationen finden Sie unter den Stichwörtern ‚Benzin', ‚Mietwagen' und ‚Motorradfahren/Motorrad mieten'.

B

⇨ **Babysitter**

Die Mehrzahl der Hotels der oberen Preiskategorien bieten einen Babysitter-Service an. Wollen Sie sich nur einmal einen schönen Abend ohne Ihre Kinder gönnen, so können Sie bedenkenlos auf diese Offerten zurückgreifen, möchten Sie indes Ihre Sprösslinge den ganzen oder gar mehrere Tage in fremde Obhut geben, so eignen sich diese Angebote nur begrenzt, da das mit der Aufsicht betraute Personal nicht immer imstande ist, Kinder wirklich zu unterhalten, schon gar nicht einen ganzen Nachmittag oder Tag lang. Außerdem ist dieser Service vergleichsweise teuer, d. h. man sollte mit mindestens Rp. 20.000 pro Stunde rechnen. Doch gibt es mittlerweile eine Reihe von Hotels, die den Nachwuchs tagsüber in kindergartenähnlichen Einrichtungen betreuen und unterhalten, so z. B. das *Segara Village Hotel* in Sanur oder das *Sheraton Lagoon Nusa Dua Beach Resort*. Der *Club Mediterranée* in Nusa Dua kümmert sich sogar rund um die Uhr um die Kleinen. Derartige Betreuung hat natürlich seinen Preis. Falls Sie auf ein solches Angebot Wert legen, sollten Sie bei der Hotelbuchung – oder spätestens beim Einchecken – danach fragen.

Wer hingegen in einem kleinen Losmen oder Homestay mit Familienanschluss wohnt, dessen Kinder sind in der Regel bestens aufgehoben, denn hier findet sich fast immer jemand, der sich um die Kleinen kümmert, entweder die Tochter/Töchter des Besitzers, dessen Schwester(n) oder anderweitige weibliche Verwandtschaft. Zudem profitieren – vom Finanziellen einmal abgesehen – beide Seiten davon, denn wer baut leichter Brücken zwischen den Generationen und Völkern als Kinder. Und brüskieren Sie den Hausbesitzer nicht, indem Sie ihn gleich nach dem Preis fragen, geben Sie ihm Zeit, das Thema selbst anzusprechen, und wenn er dies nicht tut, können Sie diesen heiklen Punkt auch bis nach Ihrer Rückkehr verschieben. Doch auch wenn er jegliche Bezahlung ablehnen sollte, so sollten Sie davon ausgehen, dass er dies lediglich aus Höflichkeit tut, insgeheim aber selbstverständlich mit Ihrem Großmut und einer – wenn auch geringen – Entlohnung rechnet. Rp. 20.000 für den halben Tag sind sicherlich nicht zu viel, für den ganzen Tag sollten Sie in etwa das Doppelte einplanen, wobei es jeweils keine Rolle spielt, ob sie nur ein oder mehrere Kinder zur Aufsicht geben.

Dieselben Richtsätze gelten auch für die *Pembantu*, bei denen es sich um richtige Kindermädchen handelt, nach denen man sich beim Hotelpersonal oder bei den Fremdenverkehrsämtern erkundigen kann und die hier und da mit kleinen Hinweisschildern für sich werben. In der Regel betreuen diese Frauen die Kinder bei sich zu Hause, nur in Ausnahmefällen werden sie zu Ihnen ins Hotel bzw. zu Ihrer Unterkunft kommen.

Behinderte

Da Balinesen gemäß ihres Glaubens an die Reinkarnation der Überzeugung sind, dass jede geistige und physische Behinderung auf ein Fehlverhalten in einem früheren Leben zurückgeht, sind derartige Makel für sie Ausdruck einer Strafe für vorangegangene Verfehlungen, weswegen Behinderte oft ausgelacht werden, wenn auch mit einem gewissen Maß an Mitleid. Daher kennt man die wirklichen Bedürfnisse von Behinderten kaum, weswegen sie es, so sie nicht mit Freunden oder sachkundigem Begeleitpersonal unterwegs sind, nicht immer ganz einfach haben, denn die öffentlichen Verkehrsmittel sind ebenso wenig behindertengerecht wie fast alle sonstigen touristischen Einrichtungen, von Hotels der oberen Klassen einmal abgesehen. Doch zum Glück gibt es die überaus große Hilfsbereitschaft der Einheimischen, die gerne mit anpacken, wenn Not am Mann ist.

Viele Sehenswürdigkeiten können von Rollstuhlfahrern trotz fehlender spezieller Zugangswege und -rampen besichtigt werden, doch werden gerade diese es nicht immer ganz leicht haben, sich in der Öffentlichkeit, d. h. im Straßenverkehr zu bewegen, was unter anderem an den zahlreichen Stufen und Treppen sowie den überdurchschnittlich hohen Gehwegen liegt, die sich zudem oftmals in schlechtem Zustand befinden.

Bei speziellen Fragen zu diesem Thema wenden Sie sich vor der Reise am besten an das Indonesische Fremdenverkehrsamt (siehe ‚Fremdenverkehrsämter'), größere Reiseveranstalter, den einen oder anderen auf Reisen mit Behinderten spezialisierten Veranstalter oder den *Bundesverband Selbsthilfe für Körperbehinderte* (BSK), der Reisehelfer vermittelt und gleichfalls Gruppenreisen für Behinderte organisiert. Aber auch ortsansässige Reiseveranstalter sind meist in der Lage, entsprechende Programme auszuarbeiten und durchzuführen. Weitere Informationen:

IN DEUTSCHLAND
- **BSK Selbsthilfe Körperbehinderter Bröltal Sieg e.V.**, Stenzelbergstraße 5, 53721 Siegburg, ☏ (0171) 2877908 und (0171) 2877923.
- **Bundesarbeitsgemeinschaft der Clubs Behinderter und ihrer Freunde e.V.**, Eupener Straße 5, 55131 Mainz, ☏ (06131) 225514 und (06131) 225778, 📠 (06131) 238834, E-Mail: bagcbfmainz@aol.com, 🖥 www.bagcbf.de.

IN ÖSTERREICH
- **Verband aller Körperbehinderten Österreichs**, Lützowgasse 28/3, 1140 Wien, ☏ (01) 9113225 und (01) 9145562.

IN DER SCHWEIZ
- **Mobility International Schweiz**, Froburgstraße 4, 4600 Olten, ☏ (062) 2068835, 📠 (062) 2068839, E-Mail: info@mis-ch.ch, 🖥 www.mis-ch.ch, Mo-Fr 8.30-12 h und 13.15-17.30 h.

Benzin

Im Laufe der letzten Jahre ist Balis Tankstellennetz ausgebaut worden, so dass man heutzutage in allen größeren Städten mindestens eine Tankstelle findet, in den ländlichen Regionen hingegen, insbesondere im Osten, Norden und Westen, kann es, wenn man nicht rechtzeitig ans Auftanken denkt, in dieser Form mitunter zu Engpässen kommen.

Selbstbedienung an den – zumeist auch englisch beschrifteten Zapfsäulen – ist unbekannt. Klären Sie vor dem Tanken ab, welchen Kraftstoff Ihr Fahrzeug benötigt, am besten schon mit Ihrem Vermieter. Im Zweifelsfall wissen auch die Tankstellenwärter diesbezüglich bestens Bescheid. Auch wenn es am teuersten ist, sollten Sie ‚Premium' (auch als ‚Premix' oder ‚Bensin' ausgeschildert) tanken, was in etwa unserem Super entspricht und die sauberste Alternative darstellt. Diesel trägt die Bezeichnung ‚Solar'. Benzin erhält man außer an den normalen Tankstellen (Pompa bensin) notfalls auch nahezu überall an Kiosken, die auf Schildern ‚Premium' oder ‚Bensin' Kraftstoff anbieten, da der Treibstoff dort aber teurer und zumeist qualitativ nicht so gut ist wie an den regulären Zapfsäulen, sollte man auf diese Offerte nur im Notfall zurückgreifen.

Derzeit bezahlt man an der Tankstelle für einen Liter ‚Premium' Rp. 1.800.

> **Hinweis**
>
> *Achten Sie darauf, dass die Zapfanzeige funktioniert und vor dem Tanken auf null gestellt ist, und merken Sie sich, wie viel Sie getankt haben, bevor die Anzeige für den nächsten Kunden wieder auf null zurückgestellt wird. Vergleichen Sie sodann, ob der genannte zu zahlende Betrag korrekt ist und man Ihnen das richtige Wechselgeld zurückgibt, denn bedauerlicherweise kommt es immer wieder vor, dass man Ausländer übers Ohr zu hauen versucht.*

⇨ Beschwerden

Bevor Sie sich beschweren, sollten Sie grundsätzlich daran denken, dass man in Indonesien vieles mit anderen Augen sieht, manches für absolut nebensächlich erachtet, was Ihnen möglicherweise als überaus notwendig erscheint. Und wenn Sie tatsächlich eine berechtigte Kritik oder Beschwerde vorzubringen haben, sollten Sie diese in angemessenem Ton vortragen, dem Gegenüber nicht das Gesicht rauben oder ihn bloßstellen. Und geben Sie ihm ein wenig Zeit, die Dinge ins Lot zu bringen, auch wenn Sie eventuell ein- oder zweimal nachhaken müssen. Mit Freundlichkeit und Verständnisbereitschaft erreichen Sie viel mehr als mit unwirscher Hochnäsigkeit. Beschwerden bezüglich touristischer Einrichtungen nimmt die Rufnummer **117** entgegen, oder Sie wenden sich an den Touristennotdienst: **Bali Turis Internasional Assistama PT**, Jl. Hayam Wuruk 40, (0361) 227271. Des Weiteren kann man sein Anliegen bei den Fremdenverkehrsämtern vortragen, bei Fragen der persönlichen Sicherheit können Sie aber auch die nächste Polizeidienststelle bzw. Polizeistreife kontaktieren. Sollten Sie hingegen Schwierigkeiten im Hotel haben, so sprechen Sie am besten mit dem Assistant Manager oder dem Guest Service Manager.

⇨ Bettler

Auch Bali ist von der unschönen touristischen Nebenerscheinung des Bettelns nicht verschont geblieben, auch wenn dies bei den Einheimischen als verpönt gilt. Hin und wieder begegnet einem auch ein älterer, zumeist behinderter oder kranker Mensch, der einem bettelnd die Hand entgegenstreckt. In den allermeisten Fällen sind es jedoch Kinder, die oft lärmend und in zunehmendem Maße an der Kleidung zupfend und zerrend aufdringlich fordernd an einen herantreten, wobei letztere in vielen Fällen von Erwachsenen vorgeschoben werden, da diese meist die besseren Karten in diesem nach Mitleid heischendem Spiel haben. So hartherzig es zunächst klingen mag, so wohlbegründet ist die Empfehlung, **nichts zu geben**. Der vielfach zu lesende Rat, kein Geld, aber eventuell einen Kugelschreiber, ein Stück Seife oder Ähnliches zu geben, geht am Kern des Problems vorbei und dient letztendlich doch nur der Beruhigung des eigenen schlechten Gewissens. Betteln fing überall einmal mit einem arg- und bedenkenlos gegebenen Bonbon an! Die im Einzelfall möglicherweise tatsächlich existierenden materiellen Schwierigkeiten werden auf diese Weise nicht gelöst, stattdessen die sozialen Grundstrukturen gefährdet, und wie will man z. B. einem Kind klarmachen, dass es in die Schule gehen und lernen soll, wenn es durch Betteln materiellen Erfolg hat. Wenn Sie helfen wollen, so können Sie dies beispielsweise im Rahmen organisierter lokaler Spendenaktionen tun, die die Gelder oder materiellen Zuwendungen an die wirklich Bedürftigen verteilen bzw. mit den Spendengeldern sinnvolle Anschaffungen für die Gemeinschaft tätigen.

⇨ **Botschaften/Konsulate**

Visaanträge und Auskünfte bezüglich der Einreise bzw. Aufenthalts- und Arbeitsbedingungen erhält man bei den diplomatischen und konsularischen Vertretungen der Republik Indonesien.

IN DEUTSCHLAND
- **Botschaft der Republik Indonesien**, Lehrter Straße 16-17, 10557 Berlin-Tiergarten, ☏ (030) 478070, Konsularabteilung: ☏ (030) 47807273, 📠 (030) 44737142, E-mail: info.kbre@berlin.de, 🖥 www.indonesia-berlin.de/index.htm, Mo-Do 9-12.30 h und 14.30-15.30 h, Fr 9-12 h.
- **Generalkonsulat der Republik Indonesien**, Zeppelinallee 23, 60325 Frankfurt am Main, ☏ (069) 2470980, 📠 (069) 24709840, E-Mail: kjriffm@kjriffm.de und perwakinffm@cs.com, 🖥 www.kjriffm.de, Mo-Do 9.30-12.30 h und Fr. 9.30-12 h.
- **Generalkonsulat der Republik Indonesien**, Bebelallee 15, 22299 Hamburg, ☏ (040) 512071-3, 📠 (040)5117531, Mo-Fr 9-13 h und 14-17 h.
- **Honorarkonsulat der Republik Indonesien**, Brauner Berg 15, 24159 Kiel, ☏ (0431) 394020, 📠 (0431)394025, Mo-Fr 10-12 h und 14-16 h.
- **Honorarkonsulat der Republik Indonesien**, Friedrich-Kippert-Straße 1, 28759 Bremen, ☏ (0421) 66040, 📠 (0421) 6604300 und (0421) 6604400, Mo-Fr 10-12 h.
- **Honorarkonsulat der Republik Indonesien**, Georgplatz 1, 30159 Hannover, ☏ (0511)3612150, 📠 (0511) 3618668, Mo, Mi und Fr 10-12 h.
- **Honorarkonsulat der Republik Indonesien**, Mörsenbroicher Weg 200/VII, 40470 Düsseldorf, ☏ (0211) 626151, 📠 (0211) 6189411, Mo, Di, Do und Fr 10-13 h.
- **Honorarkonsulat der Republik Indonesien**, Bierstadter Straße 9, 65189 Wiesbaden, ☏ (0611)304339, 📠 (0611)307883, Mo-Fr 9-16 h.
- **Honorargeneralkonsulat der Republik Indonesien**, Medien Centrum, Augusta Platz 8, 76530 Baden-Baden, ☏ (07221) 366511, 📠 (07221) 366519, Mo-Fr 10-12 h und 14-18 h.
- **Honorarkonsulat der Republik Indonesien**, Widenmayerstraße 24, 80538 München, ☏/📠 (089)292126, Di-Do 9-11.30 h.

IN ÖSTERREICH
- **Botschaft der Republik Indonesien**, Gustav-Tschermak-Gasse 5-7, 1180 Wien, ☏ (01) 476230, Konsularabteilung: ☏ (01)476230, 📠 (01)4790557, E-Mail: m.fennesz@kbriwina.at, 🖥 www.kbriwina.at, Mo-Fr 8.30-16.30 h, Konsularabteilung: Mo-Fr 9-12 h.

IN DER SCHWEIZ
- **Botschaft der Republik Indonesien**, Elfenauweg 51, 3006 Bern, ☎ (031) 3520983, 📠 (031) 3516765, E-mail: kasbidkons@indonesia-bern.org, 🖳 www.indonesia-bern.org, Mo-Fr 9-12 h.

Wer seinen Pass, Führerschein oder sonstige wichtige Dokumente verliert oder anderweitig in Schwierigkeiten gerät bzw. Hilfe benötigt, der kann sich auf Bali bzw. in Jakarta an die diplomatischen Vertretungen seines Landes wenden:

DEUTSCHLAND
- **Botschaft der Bundesrepublik Deutschland** (Kedutaan Besar Jerman), Jl. M.H. Thamrin 1, Jakarta 10310, Republik Indonesia, ☎ (021)3901750, 📠 (021)3901757, E-mail: germany@rad.net.id und germembcons@cbn.net.id (Visaabteilung), 🖳 www.deutschebotschaft-jakarta.or.id/de/home/index.asp, Mo-Do 7.30-15.30, Fr 7.30-13.30 h (Pass- und Visastelle: Mo-Fr 8.30-11.30 h). Telefonischer Bereitschaftsdienst: 0816-979547.
- **Honorarkonsulat der Bundesrepublik Deutschland**, Jl. Pantai Karang 17, Batujimbar-Sanur, Bali, Postanschrift: P.O.Box 3100, Denpasar 80228; ☎ (0361) 288535, 📠 (0361) 288826, E-mail: germanconsul@bali-ntb.com, Mo-Fr 8-12 h (Sprechstunde), 13-16 h (telefonisch); Notfalldienst (☎ 0812-3913938) auch außerhalb der Öffnungszeiten.

ÖSTERREICH
Österreich unterhält keine eigene diplomatische oder konsularische Vertretung auf Bali, wird stattdessen von derjenigen der Schweiz mit vertreten.
- **Botschaft der Republik Österreich**, Jl. Diponegoro 44, Jakarta 10001, Republik Indonesia, ☎ (021)338090, 📠 (021)3904927, E-mail: jakarta-ob@bmaa.gv.at, 🖳 www.austrian-embassy.or.id, Mo-Fr 9-12 h.

SCHWEIZ
- **Botschaft der Schweizerischen Eidgenossenschaft**, Jl. H.R. Rasuna Said, Blok X 3/2, Kuningan, Jakarta-Selatan 12950, Republik Indonesia, ☎ (021)5256061, 📠 (021) 5202289, E-mail: vertretung@jak.rep.admin.ch, 🖳 www.eda.admin.ch/jakarta_emb/e/home/infch.html, Mo-Fr 9-12 h.
- **Schweizer Honorarkonsulat**, Kompleks Istana Kuta Galleria. Blok Valet 2 No. 12, Jl. Patih Jelantik, Kuta 80361, Bali, Republik Indonesia, ☎ Mo-Fr 9-13 h und 19-24 h (0361) 751735 und 761511, 13-19 h und 24-8.30 h (0361) 754719 und (0812) 3948861, 📠 (0361) 754457, E-mail: swisscon@denpasar.wasantara.net.id und swisscon@ telkom.net, Mo-Fr 9-13 h (außer an Feiertagen).

Die Adressen anderer diplomatischer Vertretungen finden Sie vor Ort u. a. im ‚*Visitor's Guide to Bali*' und in der Broschüre ‚*Bali Plus*'.

⇨ **Bücher**

Bücherwände voll sind über Bali geschrieben worden, davon allerdings nur relativ wenig von Balinesen selbst – ein beredtes Zeugnis für die Faszination, die von dieser Insel für die westliche Welt ausgeht. Während sich die vergleichsweise wenigen lokalen Beiträge überwiegend auf mehr oder weniger akademische Abhandlungen über Spezialthemen beschränken, durchleuchtet die in unseren Breiten in den Regalen stehende bzw. im Ausland erschienene Literatur über das Inselparadies jeden nur denkbaren Aspekt dieses Eilandes.

Auf Bali findet man wenige einigermaßen gut sortierte Buchläden, auch wenn sich die Situation durch einige Neueröffnungen diesbezüglich nach und nach zu bessern beginnt. Mitunter wird man auch in den Geschäften des einen oder anderen Hotels fündig, wobei allerdings meist nur Häuser der Spitzenklasse über eine einigermaßen ansprechende Auswahl verfügen.

Wer lediglich leichte Schmökerkost für den Strand oder lange Abendstunden sucht, sollte in den zahlreichen **Second-Hand-Buchläden** vorbeischauen bzw. in den auch in vielen Hotels und etlichen Läden anzutreffenden Auslagen gebrauchter Bücher stöbern, deren Angebot sich jedoch fast ausnahmslos auf Romane in Taschenbuchformat beschränkt, deren Themen meist nichts mit der Insel selbst zu tun haben. Eine kleine Auswahl weiterführender Literatur finden Sie in Kapitel 7.

▷ **Business-Tipps**

Alle Hotels der gehobenen Kategorien verfügen über ein eigenes Business Center, in dem neben Fax, Telex, Schreibmaschinen, Computern und Kopierern mitunter auch Diktier-, Schreib- und Übersetzungsdienste zur Verfügung stehen. Fragen Sie Ihr Hotel nach den angebotenen Leistungen und Preisen. Falls Sie einen Computer leasen möchten, so fragen Sie am besten an Ihrer Hotelrezeption oder einem der zahlreichen Computerfachgeschäfte nach.

Günstiger kommen Sie jedoch vermutlich weg, wenn Sie in einem der vielen **Internet Cafés** online gehen oder Ihre Schreibarbeiten dort erledigen. Das Surfen im World Wide Web kostet Sie in diesen ab Rp. 250 pro Minute. Wer sich mit dem Gedanken trägt, geschäftlich auf Bali oder in Indonesien tätig zu werden, wendet sich am besten an das Fremdenverkehrsamt (siehe dort), das bei der Suche nach dem entsprechenden Geschäftspartner beratend zu Seite steht. Oder Sie wenden sich an die: **Deutsch-indonesische Handelskammer**, EKONID Building, Jl. H. Agus Salim 15, Jakarta 10310, ☏ (021) 315 7086, 🖷 (021) 3926485, 🖳 www.io.com/ekonid.

C

▷ **Camping**

Einen offiziellen Campingplatz gibt es auf Bali bislang nur in Blahkiuh (zwischen Mengwi und Sangeh). Wer sein Zelt nicht dabei hat, kann hier auch eines leihen. ‚Wildes Campen' hingegen ist verpönt, wenn auch nicht verboten. Rucksacktouristen, die aufgrund ihres von den Einheimischen oftmals mit einem fragenden Kopfschütteln bedachten Verhaltens heutzutage an den meisten Orten nicht mehr sonderlich gern gesehen sind, sollten also vom Biwakieren in freier Wildbahn Abstand nehmen und sich in einem der billigen *Losmen*, *Homestay* oder *Penginapan* einquartieren, denn soviel Respekt sollte man den auf der Insel Lebenden – auch bei angespanntester Finanzlage – als Gast zumindest entgegenbringen. Zum Glück gibt es ja nahezu überall auf Bali, selbst im abgelegensten Ort, preiswerte Unterkünfte, ansonsten könnte es nämlich mit der – bis auf den Süden noch immer fast überall – traumhaften Schönheit des Eilands wirklich bald vorbei sein.

D

⇨ Drogen

Auch Indonesien sah sich, um dem um sich greifenden Drogenproblem Einhalt zu gebieten, seit Anfang der 80er Jahre dazu genötigt, auf den harten Kurs seiner südostasiatischen Nachbarn einzuschwenken und die Strafen für Konsum und Handel von Drogen drastisch zu verschärfen. **So sind Ein- und Ausfuhr jedweder Rauschmittel ebenso strengstens verboten wie deren Herstellung, Konsum, Besitz oder Handel, und auch der Verzehr der noch immer wohlfeilen** *Magic Mushrooms* (*Oong* = halluzinogene Pilze) **ist streng verboten!** Die hohen Strafen erstrecken sich sogar auf den Tatbestand des Nicht-Anzeigens von bekannten Drogenkonsumenten und -dealern bei der Polizei. Die Zeiten, als Ausländer bei Vergehen mit Milde rechnen durften, sind lange vorbei, an sie wird die gleiche Meßlatte angelegt wie an Einheimische, d. h. in besonders schweren Fällen droht sogar die Todesstrafe. Und von den Botschaften bzw. Konsulaten der Heimatländer ist keine Hilfe zu erwarten. Widerstehen Sie den – eventuellen – Versuchungen, denn vieles wird zwar angeboten (hauptsächlich in Kuta/Legian), doch entpuppte sich manch angeblicher Dealer als Polizist. Und ist man erst einmal in die Hände der Justiz geraten, gibt es – wenn überhaupt – kein schnelles Entkommen, denn die ansonsten Schmiergeldern gegenüber häufig nicht abgeneigte indonesische Polizei und Justiz kennen bei Rauschgiftdelikten kein Pardon. Die Einhaltung der gesetzlichen Bestimmungen ist daher im eigenen Interesse dringend zu empfehlen.

> !!! **Vorsicht**
>
> *Lassen Sie sich von niemandem zur Aufbewahrung oder zur Mitnahme irgendwelcher Gegenstände oder Gepäckstücke überreden, zu oft wurden in der Vergangenheit unverdächtig erscheinende Personen als Drogenkuriere missbraucht.*

E

⇨ Einkaufen

Mag Bali auch kein klassisches Einkaufsparadies sein wie z. B. Bangkok, Singapur oder Hong Kong, so wartet die Insel dennoch mit einem umfangreichen und interessanten Warenangebot auf, insbesondere in den Bereichen Kunsthandwerk und Textilien. Ganz gleich ob Sie nach Silberschmuck, Batiken, Holzschnitzereien, Gemälden oder Töpferwaren Ausschau halten, das Angebot ist schier unüberschaubar, auch was Preise und Qualität anbelangt. Schließlich sind die Inselbewohner für ihre Kunstfertigkeit berühmt. Sorgfältiges Prüfen vor dem Kauf ist daher dringend angeraten, vor allem bei fliegenden Händlern und den bei vielen Sehenswürdigkeiten anzutreffenden Souvenirständen und -märkten, bei denen man Gefahr läuft, minderwertige Ware untergeschoben zu bekommen. Wer sichergehen möchte, nicht übers Ohr gehauen zu werden, sollte notfalls auf die etablierten Fachgeschäfte bzw. die Hotelläden zurückgreifen, in denen man jedoch – bei gleicher Qualität – in der Regel einen weitaus höheren Preis bezahlt als abseits der typischen touristischen Zentren. Als Faustregel mag gelten: Je weiter man ins Inselinnere gelangt, die ausgetretenen Pfade verlässt, desto eher kann man auf wirklich preisgünstige Angebote bzw. Raritäten stoßen, die noch nicht geprägt sind vom Charakter billiger Massenproduktion und/oder kitschigen Touristentrödels. Hochburgen des Kommerzes

Touristischen Schnickschnack gibt es in Hülle und Fülle.

sind, wie könnte es anders sein, die Region zwischen Tuban und Seminyak, Sanur, Ubud, Nusa Dua und – allerdings schon in geringerem Maße – Denpasar.

> **Tipps**
>
> • Kaufen Sie nach Möglichkeit in den Herstellungsorten selbst, denn dort sind die Preise normalerweise erheblich billiger als in den Souvenirläden der Touristenzentren.
> • Beim Kauf von mehreren Artikeln kann man am ehesten einen kräftigen Preisnachlass erzielen oder aber einen weiteren, nicht zu kostbaren Artikel als kostenlose Zugabe heraushandeln.

Handeln ist nahezu ein Muss, selbst in Hotelläden oder ähnlichen Geschäften, auch wenn diese keine so hohen Nachlässe gewähren wie man sie bei den Straßenhändlern aushandeln oder beim Kauf direkt ab Werkstatt erzielen kann. Denken Sie beim Handeln daran, dass dies für Asiaten geradezu ein Volkssport ist und dass derjenige, der nicht mitspielt, d. h. nicht handelt, insgeheim als Spielverderber und somit als der Dumme angesehen wird, den es kräftig übers Ohr zu hauen gilt. In der Regel wird erwartet, dass Sie das erste Angebot machen, doch sollten Sie geschickt genug sein, dies dem Verkäufer zu überlassen, es sei denn, die Ware ist ausgeschildert.

Eigentlich ist es unmöglich eine allgemeingültige Richtlinie dafür zu geben, um wie viel Sie Waren herunterhandeln müssen bzw. sollten, doch werden Sie in der Mehrheit der Fälle richtig liegen, wenn Sie auf der Straße und den Märkten **den vom Verkäufer zuerst genannten Preis um 50-70 Prozent drücken** können (in Läden durchschnittlich 10-30 Prozent), wobei Sie natürlich bei Ihrem ersten Gegenangebot nicht gleich mit dem Preis anfangen dürfen, den sie letztendlich zu bezahlen bereit sind, sondern allenfalls mit der Hälfte davon, auch auf die Gefahr hin, dass Sie die Gegenseite für verrückt hält bzw. Ihnen – scherzhaft – unterstellt, Sie wollten sie in den Ruin treiben. Dies gehört zum Spiel, und auch Sie sollten der Gegenseite versuchen klarzumachen, dass Sie nicht gewillt sind, sich bis aufs Hemd ausziehen zu lassen. Ziel des Ganzen ist es, dass beide Seiten möglichst gleich viel nachgeben, denn nur so können beide ihr Gesicht wahren, bleibt jene Harmonie erhalten, die das Miteinander der Parteien untereinander reguliert. Geben Sie dabei aber nie zu erkennen, dass Sie ein Stück unbedingt haben wollen, sonst werden Sie nie einen guten Preis aushandeln. Gehen Sie ruhig einmal weg, Sie werden mit Sicherheit zurückgerufen; dieses Spielchen lässt sich fast beliebig oft wiederholen. Doch handeln Sie nur dann, wenn Sie wirklich die Absicht haben zu kaufen, und nicht nur aus bloßem Zeitvertreib!

Tipps

- Wenn Sie sich nicht gerade unsterblich in ein Objekt ihrer Wünsche verlieben und Zeit genug haben sich weiter umzuschauen, sollten Sie niemals bei der erstbesten Gelegenheit zuschlagen, sondern sich um möglichst viele Preis- und Qualitätsvergleiche bemühen.
- Ein guter Zeitpunkt zum Feilschen ist der frühe Morgen, kurz nach Öffnung des Geschäftes – gilt vielen Händlern ein Geschäftsabschluss zu diesem Zeitpunkt doch als Voraussetzung bzw. gutes Omen für einen erfolgreichen Tag.
- Aufdringliche Händler/-innen werden Sie am einfachsten los, indem Sie keinerlei Interesse an der angebotenen Ware zeigen und dies durch ein kurzes, verneinendes Nicken mit dem Kopf und ein freundliches Lächeln kundtun. Schon ein einfaches "No thank You" kann dazu führen, dass Sie für mehr oder weniger lange Zeit eine Sie mit ‚Special-Price-Angeboten' löchernde Begleitperson nervt.
- Machen Sie es sich zur Regel, immer dann zuzugreifen, wenn Ihnen ein ganz besonders erlesenes und/oder ausgefallenes Stück auffällt, höchstwahrscheinlich bekommen Sie es in dieser Form später nirgendwo mehr zu sehen.
- Meiden Sie – wenn Sie günstig einkaufen möchten – Geschäfte, die über große, auch für Tourbusse ausreichende Parkplätze verfügen bzw. Orte, an denen Sie solche bereits stehen sehen.

!!! Vorsicht

- Achten Sie beim Einpacken der gekauften Gegenstände stets darauf, dass man Ihnen keine minderwertigeren unterjubelt.
- Achtung vor den vor allem in den Touristenzentren vielerorts lauernden Schleppern, die Sie in überteuerte Läden und Produktionsstätten locken wollen. Gleiches gilt auch für viele Taxifahrer und praktisch alle Tourguides. Deren Kommission von 10-20 Prozent (oder mehr) zahlen schließlich Sie!

Lassen Sie sich bei Ihrer Kaufentscheidung nicht durch die Größe des ins Auge gefassten Objektes beeinflussen, denn alle größeren Geschäfte **schicken einem das Erworbene auf Wunsch auch nach Hause**, meist einschließlich Versicherung, deren Abschluss aber in jedem Fall empfehlenswert ist. Erkundigen Sie sich in jedem einzelnen Fall, welche Leistungen beinhaltet sind; ganz billig ist der Spaß allerdings nicht. Wer größere oder auch mehr Stücke einkauft als er kostenfrei im Flugzeug mitnehmen darf, kann sich diese aber auch von den großen internationalen Paketfirmen bis vor die Haustür liefern lassen, wobei man, falls man zerbrechliche Waren zu versenden hat, das Einpacken am besten selbst übernimmt oder zumindest persönlich beaufsichtigt. Am schnellsten und sichersten ist der Transport per Luftfracht, wohingegen es mit dem Schiff rund zwei Monate bis nach Europa dauert.

Wird Ihnen per Post Verschicktes bis nach Hause geliefert, müssen Sie See- und Luftfracht in Ihrer Heimat am nächsten Hafen bzw. Flughafen selbst abholen bzw. abholen lassen, was zusätzliche Kosten verursacht. Sie können aber auch eines der auf der Insel ansässigen Transportunternehmen mit dem Versand beauftragen, die in der Regel die Ware auf Bali vom Geschäft oder Hotel abholen und in Ihrer Heimat auch bis an die Haustür liefern, wobei es ratsam ist, eine Preisliste, Kopien der Rechnungen und eventueller Garantieerklärungen beizulegen.

> **Hinweis**
>
> *Denken Sie daran: Postpakete dürfen nicht mehr als zehn Kilogramm wiegen!*

Noch eine Bitte zum Schluss: **Kaufen Sie keine Produkte von geschützten Tier- und Pflanzenarten**, wie z. B. Schildpatt, Elfenbein, Reptilienleder und Korallen. Und lassen Sie bitte auch die Hände von Schmetterlingspräparaten und Ähnlichem – die Natur sowie unsere Kinder und Enkel werden es Ihnen danken.

WAS SIE BEIM KAUF BEACHTEN SOLLTEN:
- **Antiquitäten**: Der stetig wachsende Touristenstrom hat natürlich seinen Tribut gefordert, so dass man heutzutage kaum noch echte Antiquitäten findet, die ihren Preis auch wert sind. Bei dem Gros der angebotenen Stücke handelt es sich um Reproduktionen, auf die sich die Balinesen bestens verstehen. Die Ausfuhr von Antiquitäten (in Indonesien Kunstgegenstände, die älter als 50 Jahre sind) ist genehmigungspflichtig, außerdem ist eine Ausfuhrsteuer zu zahlen. Auskunft darüber erteilen die Fremdenverkehrsämter.
- **Batik**: Batikarbeiten werden überall auf der Insel angeboten, doch handelt es sich oftmals um minderwertige, im Stempeldruckverfahren (Batik cap) hergestellte Produkte, handgemalte Batiken (Batik tulis) hingegen haben auch auf Bali ihren Preis. Infolge der aufwändigen Handarbeit sind für echte Ikat-Stoffe (siehe Kapitel ‚Webarbeiten', S. 160ff) hohe Preise zu bezahlen.
- **Goldschmuck**: Auf Bali wird fast ausschließlich 585er Gold (14 Karat) verarbeitet, das einen stark gelblichen Farbton aufweist. Sie können Schmuck auch nach eigenem Design anfertigen lassen und sogar das dafür benötigte Rohmaterial mitbringen; einige Tage Zeit für die Anfertigung sollten Sie allerdings schon haben.
- **Holzschnitzereien**: Das Holz darf nicht zu frisch sein, da sonst beim weiteren Austrocknen sehr leicht Sprünge auftreten, die die Plastik zerstören oder zumindest verunstalten können, zudem enthalten junge Hölzer oftmals Schädlinge.
- **Malerei**: Die Qualität der angebotenen Bilder schwankt enorm. Vermeintliche Werke bekannter Künstler sollten Sie auf jeden Fall auf ihre Echtheit prüfen lassen.

Jayaprana trifft Layonsari (Ida Bagus Rai, 1985)

- **Maßgeschneidertes**: Wer sich etwas auf Maß schneidern lassen möchte, sollte dies möglichst am Anfang seines Aufenthaltes in Auftrag geben, damit auf jeden Fall genug Zeit für die notwendigen zwei bis drei Anproben bleibt. Rechnen Sie mit rund einer Woche, dann dürfte das Sakko oder Kleid aber auch wirklich richtig sitzen und sauber verarbeitet sein. Am besten bringen Sie das Schnittmuster oder das nachzuschneidernde Kleidungsstück mit. Zentren der flinken Nadel sind Kuta/Legian und Sanur, die durchaus auch als Kreativzentren für Designermode in Asien gelten.
- **Möbel**: Rattan- und Bambusmöbel sollten imprägniert und gegen Insektenbefall behandelt sein. Manche Produzenten fertigen auch nach Sonderwünschen, üblich ist jedoch die Bestellung aus dem Katalog.
- **Schattenspielfiguren**: Viele der aus Büffelleder gefertigten Wayang-Kulit-Figuren wurden einem künstlichen Alterungsprozess unterzogen, um sie zu überhöhten Preisen anbieten zu können – sorgfältige Prüfung ist also angebracht.
- **Silberschmuck**: Hochwertigen balinesischen Silberschmuck kaufen Sie am besten im Fachgeschäft bzw. vom Silberschmied direkt, bei dem Sie auch Schmuckstücke nach eigenem Entwurf anfertigen lassen können, was jedoch einige Tage Zeit in Anspruch nimmt.
- **Steinskulpturen**: Der für die Herstellung der meisten Skulpturen verwendete Vulkanstein *Paras* ähnelt in seiner Grundbeschaffenheit Gips. Legt man ihn eine Zeit lang in den Regen, wird er porös und sieht aus wie eine Antiquität. Daher gilt beim Kauf allerhöchste Vorsicht.

⇨ Eintrittspreise

Die Eintrittspreise für Museen, Tempelanlagen und ähnliche Sehenswürdigkeiten (ein weißes Schild mit der schwarzen Aufschrift ‚Cagar Budaya Nasional' weist darauf hin, dass es sich dabei um ein nationales Kulturdenkmal handelt) sind auf Bali noch immer erstaunlich niedrig, wobei das Gros sogar kostenlos besichtigt werden kann – um eine kleine Spende wird allerdings gebeten. Dafür stehen entweder Spendenbüchsen aus oder aber man trägt sich in das ausgehändigte Gästebuch ein und übergibt der Aufsicht führenden Person den ins Auge gefassten Betrag, der – je nach Gelegenheit – Rp. 3.000-5.000 betragen sollte (bei Tempelfesten auch bis zu Rp. 10.000). Bei dem Kiosk am Eingang können Sie notfalls auch einen Sarong und den dazugehörigen Hüftgürtel entleihen. Seit den 90er Jahren des vergangenen Jahrhunderts stehen nicht mehr alle Tempel den Besuchern offen, außer bei den entsprechenden Tempelfesten, doch meist kann man sie über die Tempelmauern hinweg recht gut einsehen oder aber man bittet jemanden, ob er einem nicht dabei behilflich sein kann, den Tempel auch von innen besichtigen zu können, d. h. den entsprechenden Schlüssel aufzutreiben. Steigen Sie auf gar keinen Fall einfach über die Mauer!

⇨ Einwanderungsbehörde

Außer bei der Ein- und Ausreise selbst wird man – hoffentlich – kaum mit der Grenzpolizei bzw. Einwanderungsbehörde (Büros in Denpasar und Tuban) zu tun haben, da Touristenvisa nicht verlängert werden und sich der sonst vielerorts zwecks Verlängerung der Aufenthaltsgenehmigung übliche Gang zu dieser somit im Normalfall erübrigt. Wer dennoch aus irgend einem Grund zu ihr muss, sollte auf jeden Fall korrekt gekleidet erscheinen, denn indonesische Behörden legen großen Wert auf Formen: Minirock, Shorts, T-Shirts oder ärmellose Blusen sind ebenso fehl am Platz wie Turnschuhe oder Sandalen. Und noch eines:

Allgemeine Reisetipps von A-Z

Mag Indonesien laut neuester internationaler Statistik bezüglich Korruption weltweit noch immer an erster Stelle liegen, Ihnen werden derartige Versuche mit Sicherheit nicht weiter helfen!

⇨ **Entfernungen**

Diese Tabelle zeigt Ihnen die Entfernungen (in Straßenkilometern) zwischen den wichtigsten Orten auf Bali.

	Airport	Amlapura	Bangli	Bedugul	Besakih	Candi Dasa	Denpasar	Gianyar	Gilimanuk	Kintamani	Klungkung	Kuta	Lovina	Mengwi	Negara	Nusa Dua	Sanur	Singaraja	Tampaksiring	Tanah Lot	Ubud	Uluwatu
Airport																						
Amlapura	100																					
Bangli	60	56																				
Bedugul	65	126	88																			
Besakih	83	40	20	120																		
Candi Dasa	85	20	52	106	50																	
Denpasar	13	78	47	49	70	72																
Gianyar	44	51	13	75	39	41	31															
Gilimanuk	147	206	181	110	201	206	134	165														
Kintamani	85	86	28	116	43	66	68	41	196													
Klungkung	60	38	26	88	23	27	47	16	181	48												
Kuta	3	87	57	57	80	82	10	41	144	70	57											
Lovina	102	120	86	40	106	39	89	102	79	61	112	99										
Mengwi	32	94	56	32	91	74	16	43	144	84	56	25	72									
Negara	114	173	135	151	70	153	95	122	33	163	135	104	104	83								
Nusa Dua	11	105	71	79	94	96	24	55	158	93	71	14	113	38								
Sanur	14	81	40	55	67	65	7	29	141	72	40	15	96	23	102	25						
Singaraja	91	137	79	30	97	110	78	99	90	52	105	88	11	62	112	110	85					
Tampaksiring	48	65	36	85	59	63	35	20	169	30	36	45	88	53	132	59	42	79				
Tanah Lot	46	120	80	50	103	105	33	64	124	105	80	43	89	18	90	57	40	78	68			
Ubud	36	61	29	73	52	54	23	13	157	48	29	33	106	41	120	47	30	95	15	56		
Uluwatu	18	118	78	80	101	103	31	62	165	103	78	21	120	47	131	21	46	109	66	64	52	

⇨ **Ermäßigungen**

In den Genuss vieler Ermäßigungen kommen Ausländer – außer bei Preisnachlässen bei den Übernachtungspreisen (siehe ‚Übernachten') – nicht, doch sind die Eintrittspreise für die Sehenswürdigkeiten und die Fahrpreise für die öffentlichen Verkehrsmittel in den allermeisten Fällen ohnehin so gering, dass es vielfach schon an Unverschämtheit grenzen würde, nach einer solchen zu fragen. Am ehesten haben noch Studenten eine Chance, so sie im Besitz eines gültigen internationalen Studentenausweises sind, so z. B. beim Kauf eines Flugtickets oder einer Schiffspassage. Auch Kinder haben bei etlichen Einrichtungen bis zu einem bestimmten Alter ermäßigten (meist bis 12 Jahre) oder gar kostenlosen (meist bis 2 Jahre) Eintritt – fragen Sie im Einzelfall danach. Senioren hingegen haben keine Chance, in den Genuss von Ermäßigungen zu kommen.

⇨ **Essen und Trinken**

Außer in ganz abgelegenen Ortschaften gibt es mittlerweile überall auf Bali ein breites Angebot an Lokalen aller Preisklassen, wobei sich in den Touristenzentren das Gros – bedauerlicherweise – weitgehend dem Geschmack der ausländischen Touristen angepasst hat.

Restaurants heißen hier *Rumah makan* oder *Restoran*, wobei letztere Bezeichnung meist auf ein gehobeneres Niveau (und auch Preise) hinweist, die

Die fahrbaren Garküchen gehören zu Balis Straßenbild.

für viele Länder Asiens typischen **Garküchen** (auch die mobilen) tragen hingegen die Bezeichnung *Warung*, wobei *Warung makan* einfache, zur Straße hin offene Gaststätten sind, in denen man in aller Regel bedenkenlos essen kann. Da die Übergänge zwischen den einzelnen Kategorien fließend und nicht genau festgelegt sind, kann es durchaus passieren, dass z. B. ein *Restoran* qualitativ unter einem *Rumah makan* liegt; die Bezeichnung allein sagt also noch nichts über Qualität und Ambiente aus. Als preiswerteste Variante stehen sodann noch die fahrbaren Straßenkarren zur Auswahl, an denen man Snacks und einfache Gerichte sowie diverse Getränke ordern kann.

INFO Der Warung

Der **Warung** ist nicht nur Essstätte, sondern darüber hinaus in vielen Fällen auch Lebensmittelladen und Drogerie, ein Treffpunkt für Klatsch und hitzige Debatten, ein Ort, an dem die Kinder ihre Leckereien kaufen und die älteren bei einer Tasse Tee oder Kaffee oder einem kleinen Imbiss Geselligkeit suchen. Wer Wert auf authentische und schmackhafte Lokalküche legt, liegt hier goldrichtig, wobei manche Warung hausgemachte alkoholische Getränke wie Arak, Brem oder Tuak verkaufen, die meist besser schmecken als die Fabrikprodukte. Um Kundschaft anzulocken, insbesondere in Dörfern ohne Elektrizität, haben manche Warung einen mit Hilfe eines Generators betriebenen Fernsehapparat aufgestellt, was ebenso unterhaltsam wie nervtötend sein kann, abhängig von Lautstärke und Publikum.

Ganz gleich wo ein Tempelfest, ein Hahnenkampf oder sonst irgendeine Veranstaltung statt findet, die ‚fliegenden Warung' sind stets zur Stelle und bieten auf ihren transportablen Ständen, die zumeist lediglich aus einem Tisch bestehen, neben einfachen Speisen und Getränken vornehmlich Zigaretten, Süßigkeiten und Betel an. Überhaupt kaufen die Bauern überwiegend im Warung die Zutaten für ihren Betelpriem (Canang), der aus einem Stückchen Betelnuss, Katechu (ein Gerbstoff) und einem Hauch Kalk besteht. All dies wird in ein Betelblatt gewickelt und anschließend lange in der Backe gekaut, wobei der reichlich fließende, blutrote Speichel ausgespuckt werden muss, was jene unschönen, rotbraunen Flecken hinterlässt, die Wege und Straßen zieren. Jahrelanges Kauen fordert allerdings seinen Tribut, und zwar in Form von Zähnen, so dass man viele derjenigen, die der Nuss verfallen sind, an ihren klaffenden Zahnlücken und rotbraunem Zahnfleisch erkennt. Das Kauen von Betel zeigt nicht nur leicht stimulierende Wirkung, sondern auch antiseptische und hilft bei der Verdauung. Welch wichtigen Stellenwert es bei den Balinesen hat, mag man daran erkennen, dass es die Inselbewohner zum Symbol für die göttliche Trinität des Hinduismus (Brahma, Vishnu und Shiva) gemacht haben, wodurch der Betelpriem andererseits aber auch unverzichtbarer Bestandteil der Opfergaben wurde.

An diesen kleinen Multifunktionsständen lässt sich zudem geradezu exemplarisch das gesellschaftliche Vertrauensverhältnis der Balinesen untereinander verfolgen, denn die Bezahlung erfolgt auf Vertrauensbasis, d. h. man bedient sich selbst und zahlt beim Gehen für das, was man verzehrt bzw. erstanden hat. Das Geld legt man, falls der Besitzer abwesend ist, in das dafür bereitstehende Behältnis (z. B. ein Glas oder eine Schüssel), doch sollte man keinesfalls glauben, dass ein Betrug unbemerkt bliebe.

Das Gros der Spitzenrestaurants findet man in Hotels, vor allem der gehobenen Kategorien, was selbstverständlich auch seinen Preis hat. Doch stimmt hier das Ambiente mit den gebotenen kulinarischen Meisterleistungen überein, und auch die hygienischen Verhältnisse lassen nichts zu wünschen übrig. Wer nur im Hotel isst, dem geht jedoch ein Gutstück balinesischen Alltagslebens ab, darum also möglichst oft draußen speisen, wo man in unmittelbaren Kontakt mit den Einheimischen gerät. Und wenn man dann vom Nachbartisch zum Anstoßen eingeladen wird, so ist das Eis endgültig geschmolzen, die Barriere niedergerissen. Oft isst man an diesen Plätzen zu einem Bruchteil des Preises nicht viel schlechter – mitunter sogar besser – als in den Edelrestaurants. Einziger wirklicher Schwachpunkt manch eines kleinen Lokals sind die Toiletten, was besonders für die Damen zum Problem werden kann. **Bringen Sie** – falls Sie die Technik der Einheimischen (siehe ‚Toiletten') nicht beherrschen – **daher sicherheitshalber Toilettenpapier oder Feuchtigkeitstücher mit.** In fast allen Restaurants gibt es zumindest eine Person, die des Englischen mächtig ist, und englischsprachige Speisekarten findet man ebenfalls an den allermeisten Orten. Bestellen Sie ruhig einmal etwas Unbekanntes, ein Fehlgriff wird selten dabei sein, dafür ist die indonesische Küche zu schmackhaft.

In **typisch indonesischen Lokalen** müssen Sie Ihre Bestellung selbst auf das Ihnen gereichte Stück Papier bzw. den Block schreiben, wobei Sie darauf achten sollten, dass diese klar und unmissverständlich ist, auch bezüglich der Speisenfolge, sonst müssen Sie sich nicht wundern, wenn man Ihnen etwas Falsches oder den Nachtisch vor dem Hauptgang serviert. Messer sind in derartigen Speisestätten praktisch unbekannt, stattdessen ist es üblich, auch

Fleisch mit Gabel und Löffel zu zerteilen. Benutzt man in einfacheren Gaststätten mitunter auch die Finger zum Essen, und zwar ausschließlich diejenigen der rechten Hand (mit der man auch Speisen entgegennimmt und weiterreicht), so erhält man in chinesischen Restaurants selbstverständlich auch Essstäbchen. Nach dem Essen werden oftmals zum Reinigen der Hände Schüsselchen mit Wasser auf den Tisch gestellt, was aber auch bereits vor oder während des Essens geschehen kann. Zumindest in solchen Lokalen bestellt man das Essen für gewöhnlich nicht pro Person (es sei denn, man ist allein), sondern mehrere Gerichte, die man gemeinsam verzehrt, wobei die Suppe nicht als Vorspeise zu verstehen ist, sondern zu den so genannten Hauptgängen gegessen wird. Ungesüßter Tee wird hierbei in unbegrenzter Menge kostenlos serviert.

In **Lokalen der gehobenen Klasse** ist es mitunter empfehlenswert, einen Tisch im Voraus zu reservieren. Nach dem Betreten eines Restaurants wird einem für gewöhnlich der Tisch vom Empfangspersonal zugewiesen; ein Schild ‚*Wait to be seated*' macht mancherorts am Eingang darauf aufmerksam. Falls man warten muss, bis ein Tisch frei wird, kann man – nachdem man sich auf die Warteliste hat setzen lassen – die Zeit entweder an der Bar überbrücken oder noch einen kurzen Spaziergang machen. Auf die Rechnung wird noch **Steuer** aufgeschlagen (meist zehn Prozent). Da das Personal nur einen geringen Grundlohn erhält, ist es heutzutage geradezu auf **Trinkgelder** angewiesen; erwartet werden rund zehn Prozent der Rechnungsendsumme. Dies gilt jedoch selbst dann, wenn das Trinkgeld bereits auf die Rechnung aufgeschlagen wurde (‚Tips included' oder ‚Service charge included'). Das Trinkgeld lässt man beim Gehen einfach auf dem Tisch liegen oder legt es der Bedienung in die gereichte Rechnungsmappe. In Selbstbedienungslokalen gibt man kein Trinkgeld.

Alkoholische Getränke sind in allen touristischen Zentren und Supermärkten sowie vielen kleineren Geschäften erhältlich. Während einheimische Erzeugnisse meist nicht allzu teuer sind, haben Importwaren ihren Preis. Obwohl vergleichsweise teuer, erfreut sich **Bier** (*Bir*) auch auf Bali infolge des Touristenbooms größter Beliebtheit, wobei die vier populärsten Marken *Anker*, *Bali Hai*, *Bir Bintang* und *San Miguel* sind. Den durchschnittlichen Tageslohn eines einfachen einheimischen Arbeiters kostet das *Bir Hitam*, die indonesische Version des irischen *Guinness Stout*. Weitere mehr oder weniger hochprozentige Getränke, die schnell in den Kopf gehen, sind:
- **Arak** – Vergorener, starker Branntwein, der im Allgemeinen privat aus *Brem* oder *Tuak* destilliert wird, jedoch auch als Fabrikware in den Regalen steht. Mit *Brem* und Honig oder Limonensaft gemischt, ergibt er einen recht schmackhaften Longdrink; bei Touristen besonders beliebt ist indes die Mischung mit Sprite oder 7Up.
- **Brem** – Schwerer, süßer Reiswein, der ebenfalls sowohl in Heimproduktion als auch großtechnisch kommerziell hergestellt wird und in letzterem Fall dann als ‚*Bali Brem*' zum Verkauf angeboten wird, wobei die als ‚*Muda*' klassifizierte Sorte weniger stark ist als die mit ‚*Tuah*' ausgeschilderte.
- **Tuak** – Milchiger, leicht säuerlicher Palmwein aus dem vergorenen Saft der Zuckerpalme.

Viele Bars, aber auch andere Etablissements, versuchen mit der meist von 17-19 h (mitunter aber auch noch länger) dauernden **Happy Hour** Kundschaft anzulocken, während der man Getränke günstiger bzw. zwei Getränke zum Preis von einem erhält.

Essensmäßig belastet Bali die Reisekasse an und für sich nur wenig, da man vielfach bereits für rund fünf Euro eine komplette Mahlzeit (ohne Getränke) haben kann und nur in wenigen Edelrestaurants mehr als € 20 bezahlen muss. Restaurants, die in den Regionalen Reisetipps mit einem ‚$'-Zeichen versehen sind, gelten als überdurchschnittlich teuer, d. h. in diesen müssen Sie pro Person mit mehr als Rp. 120.000 für ein Drei-Gänge-Menü, bestehend aus Vorspeise, Hauptgericht und Dessert, rechnen (Getränke nicht eingeschlossen).

Warme Mahlzeiten werden meist durchgehend von 7-22 h, oft auch noch länger (oder gar rund um die Uhr) angeboten, wobei vor allem die einfacheren Restaurants keine festen Essenszeiten kennen. Trotzdem sollte man sich – zumindest für die besseren Etablissements, die meist deutlich zwischen den einzelnen Mahlzeiten unterschieden – die folgenden groben Richtzeiten merken:
Frühstück (Breakfast) 7-11 h
Mittagessen (Lunch) 12-15 h
Abendessen (Dinner) 18-22 h

Für manche Restaurants der gehobenen Kategorien besteht eine Kleiderordnung (Dress code), derzufolge bei Männern Sakko und Krawatte erwartet werden, Damen hingegen zumindest auf das Tragen von Jeans verzichten sollten. Insgesamt indes gibt man sich leger, im Strand-Outfit sollte man jedoch aus Respekt gegenüber den Einheimischen nicht versuchen, irgendwo einen Platz zu finden, auch wenn dies in den Touristenzentren des Südens oder auch in Candi Dasa und Lovina mittlerweile gang und gäbe geworden ist.

 Hinweis

- In Sanur und Nusa Dua holen die meisten Restaurants ihre Gäste auf Bestellung kostenlos vom Hotel ab, ebenso z. T. auch im Großraum Kuta/Legian und in Ubud und Umgebung.
- Sicherheitshalber sollten Sie Ihre Rechnung grundsätzlich auf ihre Richtigkeit überprüfen, da nicht selten falsche Endsummen herauskommen, nicht aus betrügerischen Absichten heraus, sondern aufgrund rein mathematischer Probleme.
- Speisekarten umfassen nicht selten 12 Seiten und mehr, was – vor allem in kleineren Lokalen – allerdings nicht bedeutet, dass auch wirklich alle aufgeführten Gerichte zur Auswahl stehen, sondern lediglich andeutet, welche die Küche zuzubereiten imstande ist, wenn die entsprechenden Zutaten zur Verfügung stehen, was nicht immer der Fall ist.
- Nichtraucherzonen findet man nur in ganz, ganz wenigen Restaurants.

Wenn nicht anders vermerkt, kommt in den im Kapitel ‚Regionale Reisetipps von A-Z' empfohlenen Lokalen eine Mischung aus Seafood, indonesisch/balinesischer und so genannter internationaler Küche auf den Tisch, letztere bestehend aus europäischen, amerikanischen und australischen Gerichten. Die Restaurants haben, wenn nicht anders vermerkt, täglich zu den angegebenen Zeiten geöffnet.

Siehe auch ‚Gesundheit/Gesundheitsvorsorge', ‚Trinkgeld' und ‚Verhalten(sregeln)' sowie Kapitel ‚Archipel der Gaumenfreuden'.

EINIGE TYPISCHE GERICHTE

• Beilagen und Imbisse
Dragonflies Beliebter Imbiss, der mit klebrigen Stäbchen gegriffen und dann geröstet wird
Emping oder Krupuk Melinjo Gebratene, gemahlene oder getrocknete Melinjonüsse
Jaja Bunt gefärbter Reiskuchen (das bevorzugte Frühstück der Balinesen)
Ketupat In Kokosnuss gekochter Reis
Kroepoek oder Krupuk In Öl kross gebackene Fladen aus Tapiokamehl, Fisch oder Krabbenfleisch
Lemper In ein Bananenblatt eingewickelter klebriger Reis mit etwas Fleisch darin
Nasi putih Weißer Reis, meist gedünstet
Nasi uduk Reis in Kokosnussmilch oder Sahne gekocht
Pete Riesige dicke Bohnen, oft in der Schote serviert
Tahu Sojabohnenquark (Tofu)
Tahu goreng In Fett goldbraun gebratene Tahu-Stückchen
Tempe Riegel aus ganzen Sojabohnen, die gegoren und gepresst werden; wird in Plastik oder Bananenblätter eingepackt verkauft
Tempe goreng Gebratenes Tempe mit Palmzucker und Chili
Urab Stark gewürztes, ohne Kochen zubereitetes Gericht aus kleingehacktem Gemüse (grüne Bohnen, wilder Spinat oder Kohl) und Kokosfleisch (als eine Art Salat gerne als Beilage genommen)

• Suppen
Bakmi kuah Eine einfache, meist scharfe Brühe mit Nudeln und Gemüse
Bakso oder Baso Aus einer scharfen Brühe bestehende Suppe mit Reisnudeln, Gemüse und Fleischstückchen
Bakso ayam Hühnchensuppe mit Nudeln und Fleischklößchen
Bubur ayam Gebundene Reissuppe mit Hühnerfleisch
Capcay kuah Kohlsuppe
Gule kambing Lammfleischsuppe
Mie kuah Nudelsuppe
Sayur-sayuran Gemüsesuppe mit Kokosnussmilch
Sop Klare Brühe mit diversem Gemüse und Fleisch (z. B. Huhn)
Soto Kräftige Suppe mit eingedickter Kokosnussmilch
Soto ayam Hühnersuppe
Soto babad Suppe mit Rindfleisch und Gemüse
Soto madura Eine mit Kokossahne eingedickte Kuttelsuppe

• Hauptgerichte
Abon Gewürztes und zerkleinertes Trockenfleisch mit Reis überstreut
Apam Mit Nüssen gefüllter und mit Zucker überstreuter Pfannkuchen
Ayam goreng Gebratenes Huhn
Babi oder Be guling Gegrilltes Spanferkel
Babi kecap Spanferkel in süßsaurer Sojasauce gekocht
Bakmi oder Bami goreng Gebratene Nudeln mit Fleisch, Krabben, Eiern und Sojasauce
Bebek Ente
Bebek betutu In Bananenblättern oder Palmrinde geschmortes Entenfleisch
Bebek panggang Gegrilltes Entenfleisch
Betutu bebek Gestopfte Ente, die über mehrere Stunden in Bananenblättern gegart wird
Bubur ayam Aus schwarzem, klebrigem Reis oder Mung-Bohnen bestehender Brei, der mit Huhn gegessen wird und meist gesüßt ist
Bubur kacang In Kokosnussmilch gekochter Brei aus Mung-Bohnen

Cap cai Kleingeschnittenes, kurz in der Pfanne angebratenes Fleisch und Gemüse mit Reis
Ebat Gewürzte Spieße mit feingeschnittenem Fleisch (meist Schwein oder Schildkröte) und Früchten
Fu yung hai Süßsaures Omelett
Gado gado Gemüsesalat mit Erdnusssauce
Gulai oder Gule Großer Curry-Fleischspieß mit Kokosnussmilch
Ikan asam manis Süßsaurer Fisch
Ikan bakar Gegrillter Fisch
Kare udang Garnelen in Currysauce
Kolo bak Schweinefleisch
Lawar Gewürzte Spieße mit feingeschnittenem Fleisch und Früchten
Lumpia Frühlingsrolle
Martabak Kurz angebratene, mit geschnetzeltem Allerlei (meist Lammfleisch, Zwiebeln und Gewürzen) gefüllte Pfannkuchen
Mie goreng Gebratene Nudeln, die mit Ei, Fleisch oder Meeresfrüchten sowie Gurken, Tomaten, Chili, kleingeschnittenen Pfefferschoten und Gewürzen zubereitet werden
Nasi campur Gedämpfter Reis mit Gemüse, Fleisch, Fisch, Erdnüssen, Eingelegtem und Krupuk
Nasi goreng Gebratener Reis, der mit Ei, Fleisch oder Meeresfrüchten sowie Gurken, Tomaten, Chili, kleingeschnittenen Pfefferschoten und Gewürzen zubereitet werden kann
Nasi goreng istimewa Nasi goreng mit Spiegelei
Nasi gudeg Unreife Jackfrucht, die in Satan gekocht und mit Reis, Hühnerfleisch und Gewürzen gereicht wird
Nasi padang In der Regel sehr scharfes Essen, dessen einzelne Gerichte – Reis, Fleisch, Fisch, gebratenes Hühnchen, Hühnchencurry, gekochter Kohl, Garnelen u. a. – meist kalt serviert und ohne vorherige Bestellung dem Gast vorgesetzt werden. Berechnet werden am Ende jedoch nur die wirklich verzehrten Speisen
Nasi pecel Eine Art Gemüsesalat, ähnlich dem Gado gado
Nasi rames Reis mit Gemüse, Eiern und Fleisch oder Fisch
Nasi rawon Reis mit scharf gewürzter Fleischbrühe, gebratenen Zwiebeln und einer würzigen Sauce
Opor ayam Huhn in Kokosnussmilch gekocht
Rendang Eine Art scharfes Rindsgulasch
Sate oder Satay Fleischspieße aus Huhn, Rind, Lamm, Schwein (nur in nicht-muslimischen Gebieten) oder Fisch, die man nach dem Grillen in Erdnusssauce taucht
Sop Ein Fleisch- und Gemüseeintopf

- **Desserts**

Acar Aus Cornichons, kleinen Zwiebeln, süßsauer eingelegtem Ingwer und gerösteten Erdnüssen zubereiteter saurer Nachtisch
Bubur santen Eine in Palmzucker und Kokosmilch gekochte Art Reisporridge
Es buah Eine Kombination aus zerstoßenem Eis, Kondensmilch, gehobelter Kokosnuss, Sirup, Gelee und Früchten
Es campur Fruchtsalat mit Eis
Ketan In Kokosmilch und Zuckersirup gekochter Reispudding
Kroket Kuchen aus pürierten Kartoffeln mit Hackfleischfüllung
Kue dadar Mit Kokosnussstückchen gefüllter und braunem Zucker gesüßter Pfannkuchen
Lemper Süßer, klebriger Fruchtpudding
Lontong In Pandanus- und Bananenblättern gedünsteter, klebriger Reis, der ein bisschen wie Grießbrei schmeckt
Pisang goreng Gebratene Bananen
Pisang molem Stark gebratene Bananen
Rujak Frischer Fruchtsalat mit einer pikanten Sauce aus Palmzucker, Chili und Sera

> **INFO** **Rijstaffel: die indonesische Reistafel**
>
> In familiären Kreisen wird sie nur an hohen Feiertagen aufgetragen, doch bekommt man dieses berühmte Festmahl auch andernorts und sollte es während seines Bali-Aufenthaltes einmal probieren. Dabei handelt es sich um eine Zusammenstellung mehrerer Gerichte, stets beginnend mit einer Gemüsesuppe. Hauptbestandteil, oder besser die Basis der Tafel ist Reis, zu dem Fisch, Meeresfrüchte, verschieden zubereitetes Fleisch, diverses Gemüse, Eier mit scharfen bis süßsauren Saucen sowie Kokosmark, Nüsse, Kroepoek, Obst und so manch anderes gereicht werden.
>
> Die beliebtesten Gerichte einer Reistafel, die bei besonders festlichen Anlässen aus bis zu 350 verschiedenen Gerichten bestehen kann, von denen aber in der Regel – abhängig von der Anzahl der Teilnehmer – nur zwischen zehn bis fünfzehn aufgetischt werden, sind: 1) **Nasi goreng** – gerösteter Reis mit Fleisch, Garnelen und Gewürzen; 2) **Bakmi goreng** – gebratene Nudeln; 3) **Babi guling** – Spanferkel; 4) **Bebek betutu** – in Bananenblättern geschmorte Ente; 5) **Ikan asem manis** – süßsaurer Fisch; 6) **Kare udang** – Garnelen in Currysauce; 7) **Babi kecap** – Schweinefleisch in süßer Sojasauce gekocht; 8) **Opor ayam** – Huhn in Kokosmilch gekocht; 9) **Semur sapi** – Rindfleischeintopf mit Tomaten; 10) **Sate** – Fleischspieße mit Erdnusssauce; 11) **Lontong** – im Bananenblatt gedämpfter Reis; 12) **Ketupat** – in Kokosnuss gekochter Reis; 13) **Ketan** – mit Palmzucker und Kokosmilch gekochter Reispudding.

F

⇨ **Fahrrad fahren**

Aufgrund seiner überschaubaren Größe und Topografie ist Bali geradezu prädestiniert dazu, mit dem Drahtesel erkundet zu werden, und daher nimmt es nicht Wunder, dass sich in den letzten Jahren immer mehr Touristen in den Sattel schwingen und sich das Eiland mit eigener Muskelkraft erschließen. Bedenken Sie dabei jedoch, dass es in Richtung Berge zum Teil ganz schön bergauf geht, wodurch einem schon einiges abverlangt wird, wesentlich einfacher kommt man dagegen in den küstennahen Regionen vorwärts. Achten Sie auch als Radfahrer stets auf die Einhaltung der Verkehrsregeln und denken Sie daran, dass Sie zu den schwächsten Verkehrsteilnehmern zählen und Rücksicht von Ihren motorisierten Mitkonkurrenten beim Kampf ums Vorwärtskommen auf den teilweise hoffnungslos verstopften Straßen nicht erwarten dürfen. Und so etwas wie gesonderte Fahrradfahrerspuren kennt man auf der Insel nicht.

Wo das Auto passen muss: Mit dem Rad durch die Reisterrassen.

Falls Sie Ausflüge ins gebirgigere Landesinnere planen, sollten Sie beim Ausleihen bzw. Kauf eines Drahtesels am besten mindestens auf ein **Zehn-Gang-Rad** oder ein **Mountainbike** zurückgreifen, damit Ihnen das Bergauf-Bergab nicht zu sehr in den Waden stecken bleibt, was es – es sei denn, Sie sind gut durchtrainiert – vermutlich aber trotzdem tun wird. Um nicht schon nach der ersten Tagesetappe die Segel streichen zu müssen, sollten Sie sich daher schon daheim entsprechend in Form bringen, denn allein schon die tropische Hitze fordert ihren Tribut. Achten Sie bei der Ausstattung des Rades insbesondere auf einen **guten gepolsterten Sattel**, ansonsten können die unebenen Straßen den Spaß schnell zur Tortur werden lassen.

Damit man seinen zweirädrigen Untersatz im Normalfall auch wiederfindet, ist es geboten, ihn stets mit einer Kette oder einem stabilen Schloss zu sichern, auf keinen Fall sollte man sein Rad aber irgendwo im freien Gelände unbeaufsichtigt abstellen. Vorteil dieser Fortbewegungsart ist die Möglichkeit, Bali auch abseits der Hauptrouten und -straßen relativ einfach und bequem erkunden zu können, wobei man – um sich die schweißtreibende Plagerei zu ersparen – längere bergaufwärts führende Teilstrecken mitsamt seinem Rad ja auch im halbleeren Bemo zurücklegen kann. Für das Rad verlangen die Bemofahrer im Normalfall eine Gebühr in Höhe eines zusätzlichen Fahrgastes. Wer sich auf längere Touren begibt, sollte nur so viel an Gepäck dabei haben wie irgend nötig, schließlich muss man jenes ständig bei sich haben, ob auf dem Rad oder – bei einem Abstecher per pedes querfeldein – auf dem Rücken, denn nicht immer findet sich ein geeigneter Platz zur Aufbewahrung.

Hinweise

- Wer sein eigenes Rad von zu Hause mitbringen möchte, sollte die gebuchte Fluggesellschaft fragen, ob dieses als Zusatzgepäck oder kostenlos transportiert wird (letzteres vor allem bei einigen Charterfliegern).
- Schützen Sie sich vor der Sonne, am besten mit Kopfbedeckung, entsprechend luftiger, nicht zu kurz und eng geschnittener Kleidung sowie Sonnencreme oder -lotion. Siehe auch ‚Fahrradverleih/-kauf'.

Fahrradverleih/-kauf

Der in den vergangenen Jahren immer stärker werdenden Nachfrage nach Leihfahrrädern wurde Rechnung getragen, und so finden sich mittlerweile in allen touristischen Zentren – aber auch andernorts – etliche Verleihstellen (*Toko sepeda*), bei denen man von einfachen, teils reichlich antiquiert aussehenden Drahteseln bis hin zu ultramodernen Mountainbikes und Rädern mit 20 Gängen und mehr alles nur erdenkliche an zweirädrigen, pedalbetriebenen Fortbewegungsmitteln erhält. Und abseits der normalen Routen hilft man Ihnen notfalls vielleicht auch privat weiter. Ob in Kuta, Legian, Sanur, Ubud, Lovina oder Candi Dasa, Leihfahrräder gibt es zuhauf, um deren Fahrtüchtigkeit ist es indes nicht immer zum allerbesten bestellt. Prüfen und vergleichen lohnt sich also und macht sich letztendlich auch bezahlt, so dass man nicht unbedingt auf die günstigste Offerte zurückgreifen, sondern – die Straßenverhältnisse im Hinterkopf – wirklich Qualität den finanziellen Überlegungen voranstellen sollte. Im Großen und Ganzen nicht schlecht fährt man mit den Angeboten der

Hotels, denn auch diese haben auf die Wünsche ihrer Gäste reagiert, so dass immer mehr von ihnen eigene Fahrräder verleihen, für die man zwar etwas mehr bezahlt als bei den reinen Fahrradverleihgeschäften, doch bekommt man dafür aber auch in der Regel einen entsprechenden Gegenwert.

Doch ganz gleich, wo man sich ein Fahrrad besorgt, geliehen oder gekauft, folgendes sollte man kontrollieren:
- Funktionieren die Bremsen einwandfrei, sind die Bremsbelege und die Bremskabel noch in Ordnung?
- Sind die Räder nicht verbogen und alle Speichen noch intakt?
- Sind die Reifen noch in Ordnung oder sind sie abgefahren und brüchig?
- Sind Vorder- und Rücklicht vorhanden?
- Ist eine Klingel vorhanden?
- Ein weicher, gepolsterter Sitz ist unabdingbar (notfalls einen kaufen).
- Ein Gepäckträger sollte ebenfalls vorhanden sein.
- Sind alle Schrauben fest angezogen und alle Teile gut geölt?
- Ist das Rad abschließbar, wobei ein stabiles Stahlseilschloss besser ist als ein einfaches Sperrschloss.
- Ist eine Luftpumpe vorhanden?

Sollte einmal eine **Reparatur** anfallen, so findet man nahezu in allen Orten eine Fahrradreparaturstelle. Da die Arbeitslöhne gering sind, lohnt es sich kaum, selbst Hand anzulegen. **Reifenflickzeug** sollte man indes stets dabei haben, denn Balis Straßen und deren Zustand fordern ihren Tribut. Bei größeren Reparaturen wendet man sich am besten an eines der Fahrradgeschäfte in Denpasar.

Wer länger auf der Insel bleibt und diese per Rad erkunden möchte, sollte den Kauf eines solchen in Erwägung ziehen. Einige Verleihstellen halten zu diesem Zweck gebrauchte Fahrräder parat, deren Rückkauf sie garantieren. Mit weniger als Rp. 200.000 sollten Sie in diesem Fall keinesfalls rechnen, wobei oftmals noch einiges an Reparaturkosten hinzukommt. Selbst wenn man beim Rückkauf rund 20-25 Prozent verliert, lohnt sich das Geschäft normalerweise für jeden, der den Drahtesel mehrere Wochen benötigt. Kalkulieren Sie die einzelnen Angebote einfach durch, dann wissen Sie am ehesten, was für Sie in Frage kommt. Die **Leihgebühr** für ein Fahrrad liegt in den Hotels **pro Stunde** bei etwa einem US-Dollar, im Fahrradgeschäft verlangt man etwa die Hälfte, die **Tagesmiete** hingegen beginnt gegenwärtig bei rund **US$ 2**, kann aber auch nur die Hälfte betragen, abhängig von der Ausstattung; Wochen- und Monatsmieten sind natürlich im Verhältnis weitaus günstiger. Wenn Ihr Hotel kein passendes Rad für Sie hat, können Sie Ihr Glück beim nächstgelegenen Fahrradgeschäft versuchen. Entsprechende Adressen kann Ihnen Ihr Hotel nennen, oder Sie schlagen in den Yellow Pages unter ‚Bicycles' nach.

⇨ **Feiertage und Feste**

An kaum einem andren Flecken unserer Erde finden rund ums Jahr derart viele Feste statt wie auf Bali, so dass – selbst bei einem kurzen Aufenthalt – nahezu jeder zumindest eine dieser zumeist farbenprächtigen Feierlichkeiten miterleben kann, ganz gleich ob es sich um eine Tempelgeburtstagsfeier (Odalan), eine Kremation oder sonst irgendeines der weit über tausend alljährlich abgehaltenen Feste handelt, die man in der Regel unschwer an den bunt geschmückten Tempeln und den ringsum stattfindenden Jahrmärkten erkennt. Solange man den sich **geziemenden Anstand** (Kleidung etc.) **und Respekt** mitbringt, ist man gern gesehener Gast und hat dabei – mit dem nötigen Einfühlungsvermögen – die Chance, einen tiefen Einblick in die Seele des balinesischen Lebens zu gewinnen, kennen die Gläubigen der verschiedenen auf der Insel vertretenen Religionen (Hinduismus, Islam, Christentum, Buddhismus und chinesischer Volksglaube) doch keinerlei Berührungsängste, schließlich geben die Feste der Andersgläubigen meist Gelegenheit zu ausgelassenem Feiern.

Sollten Sie zu einem **Familienfest** eingeladen werden, z. B. zu einer Hochzeit oder einer Zahnfeilung, so achten Sie unbedingt auf korrekte Kleidung, d. h. als Mann sollte man zumindest ein weißes Hemd und lange Hosen und als Frau einen mindestens knielangen Rock und eine Bluse mit Ärmeln tragen (siehe ‚Verhalten(sregeln)'). Auch ist es Brauch, ein kleines Geschenk mitzubringen. Spätestens nachdem der Gastgeber Ihnen den Platz angewiesen und Sie bewirtet hat, wird er – so Sie eine Kamera dabei haben – höchstwahrscheinlich mit der Bitte an Sie herantreten, ein paar Fotos zu machen, ein Wunsch, dem Sie Folge leisten sollten. Es wird nicht erwartet, dass Sie mit der Familie mitbeten, Ihre eventuelle Anteilnahme hingegen wird sehr geschätzt. Zum Abschluss der Feierlichkeit verabschiedet man sich ungezwungen aber höflich von seinen Gastgebern.

Feste sind auf Bali immer auch ein optischer Genuss.

Während der **Sonntag arbeitsfrei** ist und die meisten Geschäfte an diesem Tag geschlossen haben, sind am **Freitag** – gemäß muslimischer Tradition – ab 12 h mittags auch auf Bali so gut wie alle Behörden und Büros geschlossen. Ausführliches zu Bedeutung und Verlauf der wichtigsten Feste und Feierlichkeiten finden Sie im Kapitel ‚Riten und Feste', S. 183ff.

Da die Auflistung aller Festdaten den Rahmen dieses Buches sprengen würde und alle religiösen Feste und Feiertage Balis unterschiedlichen Kalendersystemen folgen (siehe Kapitel ‚Die balinesischen Kalender'), wodurch sich deren genaue Termine zum größten Teil von Jahr zu Jahr verschieben, sollen nachstehend nur die wichtigsten Jahresfeste aufgelistet werden, die sich terminlich einigermaßen festmachen lassen. Wer sich indes einen genauen Überblick verschaffen möchte, kann beim indonesischen Fremdenverkehrsamt den ‚Calendar of Festival and Events' anfordern, der alle Festkalenderdaten eines Jahres auflistet, was für die exaktere Urlaubsplanung möglicherweise von Hilfe sein kann. Vor Ort kann man sich außerdem bei den Touristenbüros eine vollständige Liste aller aktuellen Feste und Feiertage holen, die auch der auf Bali monatlich erscheinenden Broschüre ‚Bali Plus' zu entnehmen sind, notfalls kann man sich aber auch im Hotel danach erkundigen.

Feiertage, an denen sämtliche öffentliche Gebäude (Banken, Post, Schulen, Museen etc.) geschlossen sind, werden im Folgenden mit einem (**G**) gekennzeichnet.

Feiertage mit **feststehendem Datum** (nach gregorianischem Kalender):

1. Januar **Neujahrstag** (nach westlichem Vorbild) (**G**)
21. April **Kartini-Tag** (vergleichbar dem westlichen Muttertag)
17. August **Indonesischer Nationalfeiertag** (Hari Proklamasi Kemerdekaan) (**G**); farbenprächtige Umzüge, Paraden, Sportveranstaltungen u. a.
1. Oktober **Pancasila-Tag**
5. Oktober **Tag der indonesischen Streitkräfte**; Militärparaden
28. Oktober **Hari Raya Sumpah Pemuda** (Gedenktag für die Unabhängigkeitsbewegung)
1. November **Heldengedenktag**
25. Dezember **Weihnachtsfeiertag** (**G**); (nach westlichem Vorbild)

Einige interessante Feiertage und Feste mit **beweglichem Datum** (nach gregorianischem Kalender):

Mitte Jan.-Mitte Feb. **Chinesisches Neujahrsfest**
März/April **Karfreitag**
Ostersonntag
Christi Himmelfahrt
April/Mai **Waisak-Fest**; am höchsten buddhistischen Feiertag gedenken die Chinesen der Geburt und Erleuchtung Buddhas sowie dessen Eingang ins Nirwana
Mitte Juni bis Mitte Juli **Bali Art Festival**; neben zahlreichen balinesischen Tanz- und Musikensembles nehmen auch immer mehr solche aus dem Ausland teil. (Taman Budaya Art Centre, Denpasar)
Juli **Kite Festival**; Drachenflugwettbewerb in Padang Galak nördlich von Sanur.

Auf Bali zwar kaum von Bedeutung, mögen hier noch ein paar, in den anderen Landesteilen wichtige **islamische Feiertage** genannt sein, deren jeweiliges Datum gemäß islamischer Zeitrechnung im Laufe von 33 Jahren einmal durch den gregorianischen Kalender wandert, d. h. sich jedes Jahr um elf Tage gegenüber diesem nach vorne verschiebt:

Muharam	Islamischer Neujahrstag
Idul Fitri	(Lebaran) Das Ende des Fastenmonats Ramadan
Idul Adha	Erinnert an die Bereitschaft Abrahams, seinen Sohn Isaak zu opfern
Maulid Nabi Muhammad	Geburtstag des Propheten Mohammed
Mi'raj Nabi Muhammad	Erinnert an die Himmelfahrt Mohammeds

 Tipp

Guter Kontakt zum einheimischen Hotel- und/oder Restaurantpersonal eröffnet mitunter die Möglichkeit, von Festlichkeiten auf lokaler Ebene zu erfahren, die nirgends verzeichnet sind und den Besuch lohnen.

⇨ **Fernsehen**

Indonesiens Fernsehen (Televisi Republik Indonesia = TVRI) reißt sicherlich niemanden vom Hocker, auch die Einheimischen nicht, die in ihm nach wie vor überwiegend ein Propagandamittel der Regierung sehen, trotz des heutzutage ‚offenen Himmels', über den so manches Unliebsame für die in Jakarta und auf Regionalebene Herrschenden per Satellitenschüssel in die Haushalte der Indonesier hereinschwebt. Und da jenes auch noch fast ausschließlich in der Landessprache ausgestrahlt wird, wählen die meisten Ausländer nur dann dessen Kanäle, wenn **TVRI** zwischen 18 und 19 h sein englischsprachiges Programm mit Nachrichten sendet.

Da immer mehr Beherbergungsbetriebe über Satellitenempfang verfügen, muss der ausländische Gast jedoch zumeist nicht uninformiert bleiben, denn der amerikanische Nachrichtensender **CNN** ist beinahe immer zu empfangen. Doch nicht nur in vielen Hotels, auch in einer ganzen Reihe von Bars und Restaurants stehen den Besuchern noch weit mehr internationale Sender zur Verfügung, u. a. **BBC**, **CNBC**, **ABN**, **MTV**, **TV Australia**, **Star TV**, **ESPN**, **TV 5**, die Spielfilmsender **HBO** und **TNT** sowie diverse andere, hier und da auch die **Deutsche Welle**. Zusätzlich bieten Hotels der oberen Kategorien vielfach **In-House-Movies** an, Spielfilme, die kostenlos zu festgesetzten Zeiten über den Bildschirm flimmern.

⇨ **Filmmaterial**

Decken Sie sich vor der Reise mit ausreichend Filmmaterial ein, denn fotogene Motive gibt es auf Bali in Hülle und Fülle. Sollte der Vorrat dennoch nicht reichen, so bekommen Sie vor Ort zwar alle Markenfabrikate wie Kodak, Fuji und Agfa, allerdings **teurer als bei uns**.

Packen Sie ruhig auch ein paar **höherempfindliche Filme** (ASA 400 und mehr) ein, denn sicherlich werden Sie die eine oder andere Aufnahme während der Dämmerung oder bei einer Tanzvorführung machen, so dass es, falls Sie kein Stativ benutzen und Verwacklungsunschärfe vermeiden möchten, ratsam ist, 200er, 400er oder noch höher empfindliches Filmmaterial einzusetzen.

Falls Sie gezwungen sind auf Bali Filme zu kaufen, so achten Sie unbedingt auf deren **Verfallsdatum und sachgerechte Lagerung**, d. h. von Filmmaterial, das in der Sonne schmort, sollten Sie tunlichst die Finger lassen. Am weitesten verbreitet sind Fuji-Filme, aber auch Kodak- und Konica-Material ist in allen touristischen Zentren in der Regel problemlos zu erhalten, lediglich bei Spezialfilmen (hohe Empfindlichkeit, Infrarotfilm u. Ä.) wird man sich schwer tun, ebenso bei Agfa-Filmen, die weitaus seltener anzutreffen sind als die Konkurrenzprodukte.

Besitzer von **Digitalkameras** sollten gleichfalls daran denken, die benötigten Speichermedien einschließlich Reserve bzw. Ersatz von daheim mitzubringen, da diese auf Bali ebenfalls teurer sind als bei uns.

Videofilmer finden erforderliches Bandmaterial in allen Touristenzentren, doch auch sie müssen vor Ort tiefer in die Tasche greifen als in der Heimat.

Wer seine **Filme** noch vor Ort **entwickeln und Abzüge** von seinen Negativen anfertigen lassen möchte, kann dies an und für sich ohne Bedenken tun, da die Qualität normalerweise durchaus in Ordnung ist und die Preise gleichfalls stimmen. Negativfilme kann man in vielen Fotogeschäften meist noch am selben Tag wieder abholen, einschließlich der Abzüge, mitunter schon in weniger als einer halben Stunde. Während die meisten Labors für die Entwicklung von Farbdiafilmen ein bis drei Tage benötigen, müssen Sie Diafilme, in deren

Verkaufspreis die Entwicklung mitbeinhaltet ist, wieder mit nach Hause nehmen oder aber zusammen mit dem/den Entwicklungsgutschein(en) zum Entwickeln ins Ausland geschickt werden. (Die entsprechenden Adressen stehen auf der Filmpackung bzw. auf der Packungsbeilage). Es sei denn, Sie sind bereit, die Entwicklung vor Ort zu bezahlen. Wer jedoch Wert auf absolute Profiqualität legt, sollte sein Filmmaterial sicherheitshalber unentwickelt mit nach Hause nehmen.

Hinweise

- *Wenn Sie nicht gerade unter Profibedingungen arbeiten, sollten Sie Ihr Filmmaterial nicht dem ständigen Wechselbad zwischen Kühlschrank und Sonnenbad aussetzen. Das Gros der Filme ist heutzutage so ‚gutmütig', dass es auch über einen längeren Zeitraum durchaus erhöhte Temperaturen verträgt ohne Schaden zu nehmen, lediglich stundenlanges ‚Sonnenbaden' in praller Sonne sollten Sie ihm ersparen. Das sich beim krassen Wechsel von Kühlschrank- und Außentemperaturen bildende Kondenswasser schadet den Filmen unter Umständen weitaus mehr, dies gilt auch in Bezug auf Ihr fotografisches Gerät, das dadurch erhebliche Schäden davontragen kann.*
- *Um Feuchtigkeit am Film- und Kameramaterial zu vermeiden, sollte man in der Kameratasche oder am sonstigen Aufbewahrungsort stets ein paar Beutelchen mit Silicagel dazulegen.*
- *Beim Passieren der Sicherheitskontrolle am Flughafen sollte sich nach Möglichkeit kein Film im Fotoapparat befinden, da gelegentlich verlangt wird, das Filmeinlegefach zu öffnen.*
- *Wer Filmmaterial per Post nach Hause oder ins Ausland schicken möchte, sollte sich erkundigen, ob im Empfängerland Röntgenkontrollen vorgenommen werden.*

Zusätzliche Informationen finden Sie unter ‚Fotografieren'.

Flüge

Immer mehr internationale Airlines fliegen Bali aus allen Himmelsrichtungen direkt an (siehe ‚Fluggesellschaften'), so dass sich ein Preisvergleich zwischen den einzelnen Fluggesellschaften durchaus lohnt, zumal manche von ihnen überaus attraktive **Stop-over-Programme** anbieten, z. B. in Bangkok, Singapur, Hong Kong, Kuala Lumpur oder an sonstigen asiatischen Destinationen. Außer bei Sonder- und Last-Minute-Angeboten sind für einen Linienflug Frankfurt/Main – Bali und zurück in der **Economy Class** im günstigsten Fall rund € **620** zu bezahlen, in der **Business Class sind mindestens 150 Prozent (eher jedoch 200-250 Prozent) draufzulegen**, in der **First Class dann noch einmal wenigstens 50 Prozent**, wobei Business und First Class-Tickets selten zu Sondertarifen verkauft werden, in der Regel nur als Last-Minute-Angebote oder direkt am Check-in-Schalter, so noch Plätze frei sind. Für Flüge zwischen Österreich bzw. der Schweiz und Bali gelten in etwa die gleichen Preise wie die genannten. (Bezüglich der Gepäckrichtlinien siehe ‚Ausreise'.) Günstiger fährt man oftmals, wenn man ein **Minipackage** bucht, d. h. Flug einschließlich Übernachtung. Dieses liegt in vielen Fällen unter dem reinen Flugpreis der einen oder anderen Airline. So bekommt man z. B. eine Sechs-Tage-Reise (Flug plus vier Übernachtungen im First Class-Hotel) bereits für unter € 1.000, als Last-Minute-Angebot eventuell sogar schon für € 700. Interessant, auch preislich, sind so genannte **Gabelflüge**, das sind Linienflüge, die zum Sondertarif nicht identische Ziel- und Abflugorte beinhalten

(z. B. von Europa aus nach Jakarta und zurück von Bali aus). Studenten erhalten bei Studentenreisebüros bis zum 26. Lebensjahr meist vergünstigte Flugtickets, ebenso Kinder bis zum 12. Lebensjahr bei praktisch allen Airlines.

Tipp

Wer schon vor Reiseantritt weiß, dass er auch andere Ziele innerhalb Indonesiens anfliegt, sollte, so er mit Garuda Indonesia anreist, zusammen mit dem Ticket für den internationalen Flug auch die Tickets für die inländischen Anschlussflüge (Add-on flights) erstehen, da die Airline in diesem Fall Rabatte von 25-50 Prozent gewährt (bei Buchungen vor Ort nicht möglich).

Hinweise

- Bestätigen Sie Ihren Flug bzw. Ihre Flüge rechtzeitig bei Ihrer Fluggesellschaft bzw. bei Ihrem Reiseveranstalter rück (am besten Computerausdruck der Rückbestätigung geben lassen), und zwar spätestens 72 Stunden vor Ihrem Rück- bzw. Weiterflug, da sonst unter Umständen Ihre Flugreservierung erlischt, bei Charterfliegern sogar die Flugberechtigung. Daher ist dies bei letzteren besonders wichtig, da diese – aber nicht nur diese – ihre Maschinen gerne überbuchen. Da es trotz erfolgter Rückbestätigung schon passiert ist, dass Fluggäste aufgrund von Überbuchungen nicht mitgenommen werden konnten, ist es – vor allem während der Saisonzeiten – ratsam, sich rechtzeitig am Flughafen einzufinden, d. h. bei internationalen Flügen 2-3 Stunden, bei nationalen bis spätestens eine Stunde vor dem Abflug. Ihr Anrecht auf den von Ihnen reservierten Platz in der Maschine erlischt – so Sie ihn rückbestätigt haben – allerdings erst 20 Minuten vor dem planmäßigen Abflug, doch sollte man es nicht unbedingt darauf ankommen lassen, da die Check-in-Schalter ab und an schon vorzeitig geschlossen werden.
- Wenn Sie nicht persönlich zum Büro der Airline gehen wollen, können Sie vor Ort auch nahezu jedes Reisebüro oder unter Umständen sogar Ihr Hotel mit der Rückbestätigung beauftragen. Falls Sie diese jedoch telefonisch erledigen möchten, benötigen Sie dafür neben dem Namen, auf den das Ticket ausgestellt ist, zusätzlich Flugnummer, Flugdatum und Flugticketnummer (diese steht unten links auf dem Ticket). Im Falle einer Flugumbuchung werden Sie indes kaum umhin kommen, persönlich im Büro der gebuchten Fluggesellschaft vorbeizuschauen.
- Berücksichtigen Sie, dass Inlandsflüge während der indonesischen Sommerferien (Juni/Juli) sowie zu Beginn und gegen Ende des Fastenmonats Ramadan meist schon Wochen im Voraus ausgebucht sind.

⇨ Fluggesellschaften

Nachstehend die Büroanschriften der wichtigsten Fluggesellschaften, die Bali anfliegen bzw. dort ein Büro unterhalten. Die Stadtbüros sind in der Regel Mo-Fr. 8-17 und Sa 8-13 h (oder länger) geöffnet, manche öffnen zusätzlich am Sonntag und an Feiertagen 8-13 h (oder länger), Flughafenbüros hingegen für gewöhnlich täglich mindestens 8-17 h.

Air France: Wisti Sabha Building, Room 21, Ngurah Rai Airport, ☏ (0361)768310, 🖥 www.airfrance.de oder www.airfrance.com/id.
Air New Zealand: Wisti Sabha Building, 2/F, Ngurah Rai Airport, ☏ (0361)756170, 🖨 (0361) 754594, 🖥 www.airnewzealand.com oder www.airnewzealand.co.nz.

All Nippon Airways: Wisti Sabha Building, Room 10, Ngurah Rai Airport, ☏ (0361)7 61102, 💻 www.allnipponairways.de oder www.svc.ana.co.jp/eng.

Air Paradise: Jl. By Pass Ngurah Rai, Pertokoan Kuta Megah, Blok I – J, Kuta 80361, ☏ (0361) 756666, 📠 (0361) 766100, 💻 www.airparadise.com.au.

Ansett Australia: Grand Bali Beach Hotel, Jl. Hang Tuah, Sanur, ☏ (0361)289636, 📠 (0361) 289637; Ngurah Rai Airport, International Departure Terminal, ☏ (0361)755740, 📠 (0361) 758695, 💻 www.ansett.com.au.

Bouraq Airlines: Jl. Panglima Besar Sudirman, Kompleks Ruko Sudirman Agung, Blok A 47-48, Denpasar, ☏ (0361) 241397, 📠 (0361) 241390; Ngurah Rai Airport, ☏ (0361) 756720 und (0361)751011, 📠 (0361)755696; 💻 www.bouraq.com.

British Airways: Grand Bali Beach Hotel, Jl. Hang Tuah, Sanur, ☏ (0361)288511, 💻 www.britishairways.de.

Cathay Pacific: Wisti Sabha Building, 2/F, Ngurah Rai Airport, ☏ (0361)766931, 📠 (0361) 766935; International Departure Terminal, ☏ (0361)753942, 📠 (0361)755801, 💻 www.cathaypacific.com.

China Airlines: Wisti Sabha Building, 2/F, Room 19, Ngurah Rai Airport, ☏ (0361) 754856 und (0361)757298, 📠 (0361)757275; 💻 www.china-airlines.com.

Continental Micronesia: Wisti Sabha Building, 2/F, Ngurah Rai Airport, ☏ (0361) 768358, 📠 (0361) 768369, 💻 www.destmic.com/about.html und www.continental.com.

Eva Air: Wisti Sabha Building, 2/F, Room 4, Ngurah Rai Airport, ☏ (0361)751011 ext. 1638, 📠 (0361) 756488, 💻 www.evaair.com und www.evaair.com/html/b2c/german/ gr_index.

Garuda Indonesia: Hauptbüro: Jl. Melati 61, Denpasar, ☏ (0361) 241688 und (0361) 287915, 📠 (0361) 226298; Filialen: Hotel Sanur Beach, Jl. Danau Tamblingan, Sanur, ☏ (0361) 287915; Gedung Satriavi, Jl. Danau Tamblingan 27, Sanur, ☏ (0361) 270535, 📠 (0361) 286191; Ngurah Rai Airport, ☏ (0361) 751011 ext. 5204, 📠 (0361) 751177, 💻 www.garuda-indonesia.com.

Japan Airlines: Jl. By Pass Ngurah Rai 100X, Tuban 80030, ☏ (0361)757077, 📠 (0361)757082, 💻 www.id.jal.com/en oder www.jal-europe.com/langs/german/main.html.

KLM Royal Dutch Airlines: Wisti Sabha Building, 2/F, Ngurah Rai Airport, ☏ (0361)756124, 📠 (0361)753950, 💻 www.klm.com/de_ge oder www.klm.com/id_en/ index.jsp.

Lauda Air: Jl. By Pass Ngurah Rai 12, Denpasar, ☏ (0361)758686, 📠 (0361)752518, 💻 www.aua.com/at/deu.

Lion Air: Jl. Teuku Umar 15A, Denpasar, ☏ (0361)236666, 📠 (0361)234493, E-mail: contact.us@lionair.co.id, 💻 www.lionair.co.id.

Malaysia Airlines: Ngurah Rai Airport, International Departure Terminal, ☏ (0361)764995, 📠 (0361)764996, 💻 www.malaysiaairlines.com.

Mandala Airlines: Jl. Diponegoro 98, Blok D 23, Komplek Pertokoan Kerta, Wijaya Plaza, Denpasar, ☏ (0361)222571; Ngurah Rai Airport, Domestic Departure Terminal, ☏ (0361) 751011 ext. 2293 oder 3131, 📠 (0361)231659, 💻 www.mandalaair.com/mandala/ecms/index.cfm.

Merpati Nusantara Airlines: Jl. Melati 51, Denpasar, ☏ (0361)235258 und (0361) 263918, 📠 (0361) 231962; Ngurah Rai Airport, Domestic Departure Hall, ☏ (0361) 751374, 💻 www.merpati.co.id.

Pelita Air: Ngurah Rai Airport, ☏ (0361) 762123 und (0361) 762248, 📠 (0361) 753096, 💻 www.pelita-aircharter.com/index1.asp.

Qantas Airways: Inna Grand Bali Beach Hotel, Resort & Spa, Ground Floor, Jl. Hang Tuah, Sanur, ☏ (0361)288331, 📠 (0361)287331; Wisti Sabha Building, Ngurah Rai Airport, ☏ (0361)751472, 📠 (0361)752332, 💻 www.qantas.com.

Royal Brunei Airlines: Wisti Sabha Building, Ground Floor, Room 5, Ngurah Rai Airport, ☎ (0361) 757292 und (0361) 757293, 📠 (0361) 755748, 💻 www.royal-brunei.de oder www.bruneiair.com.
Scandinavian Airlines System: Grand Bali Beach Hotel, Jl. Hang Tuah, Sanur, ☎ (0361)288141, 💻 www.scandinavian.net.
Sempati Air: Diponegoro Megah Building, Blok B/27, Jl. Diponegoro 100, Denpasar, ☎ (0361) 226935; Ngurah Rai Airport, Domestic Departure Terminal, ☎ (0361)756828, 💻 www.web.singnet.com.sg/~images.
Singapore Airlines: Ngurah Rai Airport, International Departure Terminal, Ground Floor, ☎ (0361) 768388, 📠 (0361) 768383, 💻 www.singaporeair.de oder www.singaporeair.com.
Thai Airways International: Inna Grand Bali Beach Hotel, Resort & Spa, Jl. Hang Tuah, Sanur, ☎ (0361)288141, 📠 (0361) 288063, E-mail: thaidps@indosat.net.id; Ngurah Rai Airport, International Departure Terminal, ☎ (0361) 755063, 💻 www.thaiairways.com.

Weitere Anschriften finden Sie in den Yellow Pages unter ‚Airlines'.

⇨ **Fotografieren/Filmen**

Damit man nicht gerade beim attraktivsten Motiv keinen Film mehr zur Hand hat, sollte man es sich zur Regel machen, **immer ein paar Filme mehr mitzunehmen**. Für die Grobkalkulation sollte der absolute Fotoamateur, der nur gelegentlich zur Kamera greift, bei seinen Ausflügen mit mindestens einem, besser mit zwei Filmen am Tag rechnen, der ambitionierte Amateur mit zwei bis vier Filmen, und wer sich ernsthafter mit der Materie auseinandersetzt mit fünf Filmen und mehr, wobei auch zehn und mehr bei gewissen Anlässen durchaus im Bereich des Möglichen liegen. Zusätzlich sollte man noch jeweils **ein Drittel davon als Reserve** dabei haben.

Videofilmer sollten gleichfalls lieber eine oder zwei Zusatzkassetten mitnehmen und vor allem daran denken, ihre **Akkus stets zu laden**. Auch diesbezüglich empfiehlt es sich, lieber einen Ersatzakku mehr bei sich zu haben, denn nichts ist ärgerlicher als ein Stromausfall während der interessantesten Szene.

Für **Tageslichtaufnahmen** empfiehlt sich niedrig- bis mittelempfindliches Filmmaterial (ASA 25-200), für Aufnahmen während der **Dämmerung und der Nacht** mittel- bis hochempfindliches Material (ASA 200-400). Wer auch in der Dunkelheit aus der Hand fotografieren möchte, kommt – u. a. abhängig von der Lichtstärke des Objektives – eventuell um höchstempfindliches Material mit ASA 800 und mehr nicht herum. Die handlichen Zoom-Pocketkameras und All-in-one-Kameras decken zwar heutzutage schon einen beachtlichen Brennweitenbereich ab, allerdings auf Kosten der Lichtstärke und auch der Auflösung, so dass der wahre Fotoenthusiast dennoch nicht umhinkommen wird, seine Spiegelreflexausrüstung mitzuschleppen. Hierbei empfiehlt es sich der – gerade bei Nachtaufnahmen notwendigen – Lichtstärke wegen, die lichtstärksten Linsen mitzunehmnen. Nach Möglichkeit sollte der **Brennweitenbereich mindestens 28 mm bis 200 mm** abdecken, wer indes über noch kürzere oder längere Brennweiten verfügt, sollte nicht zögern, diese mit einzupacken, auch wenn dies auf die Schultern drückt. Außerdem in die Fototasche gehören als Grundausstattung ein starkes **Blitzgerät** (mindestens Leitzahl 30), **Ersatzbatterien** bzw. **-akkus**, ein – zumindest kleines – **Stativ, PolCircular-Filter, Rei-**

nigungstücher bzw. **-pinsel** und die **Bedienungsanleitungen**. Wer seine **Digitalkamera** dabei hat, sollte nicht vergessen zusätzliche **Speichermedien** mitzunehmen, und die für die Abspeicherung auf dem PC eventuell notwendigen Übertragungskabel.

Alles in allem gibt es **wenige Fotografier- und Filmbeschränkungen**, wobei man im Regelfall darauf hingewiesen wird, z. B. in Tempelanlagen und anderen religiösen Stätten bzw. während ritueller Tänze oder Feste, wobei

An fotogenen Motiven mangelt es auf Bali wahrlich nicht.

man bei letzteren Gelegenheiten meist nur gebeten wird, das Blitzen zu unterlassen. Um nicht in Verlegenheit zu geraten, sollte man seine fotografischen Absichten stets offen kundtun und notfalls um Erlaubnis fragen, was ganz besonders beim Anfertigen menschlicher Porträts gilt. Zwar lassen sich die meisten Balinesen sehr gerne fotografieren, fordern einen geradezu dazu auf, eine **Ablehnung bzw. ein Verbot sollte man** – schon aus Anstand – **aber in jedem Fall akzeptieren und befolgen**. Doch sollte man dem Fotografierten niemals zu nahe auf die Pelle rücken; ein mittleres Tele sorgt für die nötige Distanz. Eine dankende Geste, ein Lächeln oder freundliches Nicken sind oft alles, was man für eine gute Aufnahme braucht. Fingerspitzengefühl ist auch an Balis Stränden geboten, die Balinesen genauso als ihre Privatsphäre ansehen wie Flüsse, Seen oder sonstige öffentliche Plätze, an denen sie baden. Und fordert Sie jemand auf, ein Bild von ihm/ihr zu machen, so sollten Sie dies tun und ihm, wenn er/sie es wünscht, später einen Abzug davon zukommen lassen, was Sie allerdings auch wirklich tun sollten, ansonsten verlieren Sie nämlich Ihr Gesicht – so ziemlich das Schlimmste, was einem in Asien passieren kann. In solchen Fällen wirkt eine **Sofortbildkamera** oftmals wahre Wunder; sollten Sie also eine solche besitzen und dafür noch Platz in Ihrem Gepäck haben, so packen Sie diese unbedingt mit ein. Absolut keinen Spaß verstehen die Einheimischen, wenn man sakrale Gegenstände als Staffage benutzt. So ist z. B. das Besteigen der Tempelmauern und -figuren aufs strengste untersagt und wird mit empfindlichen Geldstrafen geahndet, schließlich ist dies gleichbedeutend mit der Entweihung der Anlage, deren ursprünglicher, geheiligter Zustand nur mit aufwändigen Riten wieder hergestellt werden kann. Mitunter wird eine geringe **Gebühr für die Fotografiererlaubnis** erhoben.

Tipps

- Wer mit Diafilm arbeitet, sollte, um etwas mehr Zeichnung ins Bild zu bekommen, bei grautrübem Wetter etwa eine halbe Blende unterbelichten, bei Nachtaufnahmen hingegen mindestens eine halbe, besser eine ganze Blende überbelichten.
- Bei Nachtaufnahmen sollte man, wenn irgend möglich, mit Stativ arbeiten, nur so lässt sich durch Verwacklung verursachte Unschärfe wirklich vermeiden, es sei denn, man kann seine Kamera irgendwo verwacklungssicher auflegen bzw. abstützen.
- Schützen Sie Ihre Foto- bzw. Filmausrüstung vor Sand, Salzwasser und der salzhaltigen Luft und reinigen Sie Ihre Geräte nach jedem Gebrauch in Strandnähe sorgfältig.

⇨ Frauen alleine unterwegs

Natürlich passiert es mittlerweile, dass allein reisende Frauen auch von einheimischen Papagallos dumm angequatscht werden, doch hält sich diese primitive Art des Anmachens noch in Grenzen und konzentriert sich im Wesentlichen auf die Region um Kuta und Legian, wobei es ganz entscheidend vom Auftreten und äußeren Erscheinungsbild abhängt, ob man als Frau belästigt, zum vermeintlichen Freiwild aller Schürzenjäger wird oder nicht. Wer im aufreizenden, gar zu freizügigen Outfit daherkommt oder meint, sich über das Tabu des Nackt- bzw. Oben-ohne-Badens hinwegsetzen zu müssen, der braucht sich über eventuelle Belästigungen allerdings nicht zu wundern. Derartige Respektlosigkeiten gegenüber der Kultur der Einheimischen sind in jedem Falle zu unterlassen! Die Belästigungen von Seiten der Einheimischen beschränken sich in der Regel auf verbale Attacken, die man am besten ignoriert. Ab und an passiert es, dass junge Burschen Ausländerinnen willkürlich anfassen, wogegen man sich allerdings mit entschiedenem Auftreten in den meisten Fällen ganz gut zur Wehr setzen kann. Eine männliche Begleitperson sorgt normalerweise für den nötigen Respekt und Abstand, und manchmal wirkt auch schon allein die Drohung vor dem in Kürze kommenden Partner Wunder. Für den Fall, dass man Sie auf obszöne Art und Weise belästigt und/oder angefasst hat, spucken Sie vor dem Übeltäter aus und schreien Sie laut: "Kau babi!" ("Du Schwein!"), wodurch Sie die Aufmerksamkeit der Umstehenden auf die Szene lenken und den Täter normalerweise vom Weitermachen abhalten. Als Frau sollte man in der Dunkelheit allein keine einsamen Spaziergänge unternehmen und sich in unübersichtliches Gelände begeben, dies gilt auch für abgelegene, leere Strände. Andererseits sollte man als Frau, so keine Absichten für eine intime Beziehung vorhanden sind, einem Einheimischen nie zuviel Vertrauen und Leutseligkeit entgegenbringen, d. h. ihn nicht umarmen, ihn für längere Zeit als Fahrer anheuern oder gar zu sich ins Hotel einladen. Dadurch werden nur falsche Gedanken wachgerufen, die gerade zu rücken man sich anschließend schwer tun wird.

Alles in allem bleibt jedoch festzuhalten, dass Bali – wenn Sie die entsprechenden Vorsichtsmaßnahmen treffen und sich geziemend, d. h. respektvoll verhalten – für Frauen noch immer mit zu den sichersten Plätzen auf unserem Planeten zählt.

⇨ Fremdenführer

Wer Teilnehmer einer organisierten Rundreise ist, braucht sich um einen Guide keine Gedanken machen, wer indes allein unterwegs ist und auf fachkundige Führung nicht verzichten möchte, kann sich vor Ort bei fast jedem Reisebüro nach einem solchen erkundigen bzw. ihn sich von diesem vermitteln lassen.

Man sollte bei seiner Reservierung seine Erwartungen klar zum Ausdruck bringen, ansonsten kann es leicht geschehen, dass man einen zwar netten und hilfsbereiten, leider aber wenig sach- und fachkundigen Führer zugeteilt bekommt. Scheuen Sie sich in einem solchen Fall nicht, dessen Dienste höflich abzulehnen und Ersatz zu fordern, und auch über den Preis lässt sich in vielen Fällen sprechen, wobei bei guten Führern natürlich weitaus weniger Verhandlungsspielraum besteht als bei Anfängern. Weitaus günstiger als z. B. mit einem für einen ganzen Tag angeheuerten Guide kommt man weg, wenn man auf die bei vielen Sehenswürdigkeiten zur Verfügung stehenden **Ortsfremdenführer** zurückgreift, deren Bezahlung im Regelfall ebenfalls ausgehandelt werden kann.

Von den in den Touristenghettos sich vielerorts anbietenden Führern und Fahrern sollte man indes Abstand nehmen, da es sich in den allermeisten Fällen um **Schlepper** handelt, die einem zwar auch die eine oder andere Sehenswürdigkeit zeigen, deren Hauptinteresse indes darin besteht, die Kunden zum Zweck des Einkaufens in diverse (Kunsthandwerks-) Geschäfte zu führen.

Hinweis

Bislang ist es an keinem Ort obligatorisch, einen Führer zu nehmen, auch wenn dies mitunter von lokalen Führern behauptet wird, besonders beim Pura Besakih.

⇨ Fremdenverkehrsämter

In der Bundesrepublik Deutschland gibt es derzeit ebenso wenig ein Fremdenverkehrsbüro der Republik Indonesien wie in Österreich und der Schweiz. Interessenten können sich deswegen zwecks Informationen vor der Reise nur an die Botschaft und die konsularischen Vertretungen des Inselreiches in ihrem jeweiligen Heimatland wenden, oder sie kontaktieren gleich die entsprechenden Stellen in Indonesien selbst, doch sollte man dabei bedenken, dass die Zusendung des erbetenen Informationsmaterials durchaus mehrere Wochen dauern kann. Im Internet findet man die balinesische Tourismusbehörde unter: **Bali Government Tourism Office**, E-mail: webmaster@balitourismauthority.net, 🖥 www.balitourismauthority.net.

Wer sich **auf Bali** noch entsprechendes Infomaterial besorgen möchte, z. B. über die aktuellen Feste und Feierlichkeiten, die man u. a. im *'Calendar of Festival and Events'* findet, oder auch Kartenmaterial, kann – außer am Flughafen – bei etlichen staatlichen und zahlreichen privaten Stellen sein Glück versuchen. Die staatlichen Touristenbüros erkennt man an ihrer Bezeichnung *Kantor Pariwisata*, wobei in vielen Fällen die privaten Auskunftstellen erheblich besser sind, z. B. der in etlichen Orten vertretene *Perama Tourist Service*. Fluggäste können sich bereits am Flughafen beim **Airport Information Desk**, ☏ (0361) 225081 und (0361) 225083, in der Ankunftshalle des International Terminal, und zwar unmittelbar nach der Zollkontrolle, diverses Infomaterial besorgen und Einkünfte einholen, außerdem liegen dort Prospekte und Preislisten aus, die Ihnen, falls Sie noch kein Quartier vorgebucht haben, bei der Suche nach einem passenden weiterhelfen.

Tipp

Falls gewisses Informationsmaterial knapp ist oder nur zur Einsicht in den Büros ausliegt, fragen sie, ob Sie es sich fotokopieren können. Siehe auch ,Informationen'.

⇨ Fundsachen/Verlust

Offizielle Fundbüros gibt es in Indonesien nicht, auch nicht bei Autobusunternehmen, der Eisenbahn, PELNI oder sonstigen öffentlichen Verkehrsbetrieben, einzig und allein die Fluggesellschaft *Garuda Indonesia* unterhält ein solches am Flughafen: Garuda Indonesia, Lost and Found Office, Ngurah Rai Airport, Arrival Hall, International Terminal, ☏ (0361) 751171. Fluggäste, denen bei der Ankunft Gepäck abgeht, wenden sich zunächst an den direkt beim Gepäckband zu findenden Vertreter der Airline, sollte keiner anwesend sein, melde man seinen Verlust direkt am Lost-and-Found-Schalter, den man in der hinteren Ecke der Gepäckabfertigungshalle findet. Ansonsten werden Fundsachen auf Bali normalerweise in der **nächstgelegenen Polizeidienststelle** abgegeben, bei der Sie, nachdem Sie sich darüber klar geworden sind, wo Sie den vermissten Gegenstand vermutlich verloren haben, nachfragen sollten. Ansonsten wenden Sie sich an die Rezeption Ihres Hotels oder, falls Sie sich gar keinen Rat wissen, an das nächste Fremdenverkehrsamt, das Ihnen unter Umständen mit Rat und Tat weiterhelfen kann.

Auf jeden Fall sollten Sie, wenn es sich um den **Verlust Ihrer Kreditkarte(n)** handelt, unverzüglich das Geldinstitut verständigen, das die Karte(n) ausgestellt hat bzw. die Zentrale(n) der Kreditkartengesellschaft(en) (die Adressen letzterer finden Sie unter ‚Geld/Währung/Umtausch'). Dies gilt selbstverständlich auch beim Abhandenkommen von Reiseschecks. Und sollten Sie Ihren **Pass** nicht wieder finden, so setzen Sie umgehend die diplomatische Vertretung Ihres Landes vor Ort davon in Kenntnis (deren Adressen finden Sie unter ‚Botschaften'). Überhaupt sollte man beim Abhandenkommen größerer Summen oder Wertgegenstände möglichst rasch seine Versicherung verständigen und damit in keinem Fall bis nach der Rückkehr von seiner Reise warten. *Siehe auch ‚Sicherheit'.*

G

⇨ **Galerien/Ateliers**

Bali wartet mit einer schier unüberschaubaren Vielzahl an Kunstgalerien aller Art auf, was einem die Wahl nicht gerade einfacher macht, vor allem dann nicht, wenn man Wert auf Gediegenes, qualitativ wirklich Gutes legt und nicht nur billige Touristenmassenware angedreht bekommen möchte. Auch wenn nahezu jeder Inselbewohner, ganz gleich ob Mann oder Frau, eine(e) begnadete(r) Künstler/-in oder Kunsthandwerker/-in zu sein scheint, lohnt sich die sorgfältige Prüfung des jeweils ins Auge gefassten Kunstgegenstandes, wobei es – will man nachträglichem Ärger aus dem Wege gehen – ratsam ist, bei der in Erwägung gezogenen Anschaffung kostspieligerer Objekte auf das Angebot der renommierten Galerien zurückzugreifen.

⇨ **Gastfreundschaft**

So vielfältig die Landschaft, so farbenfroh das kulturelle Leben sein mögen, am meisten beeindruckt den Fremden zumeist die tief in den Herzen der Balinesen verwurzelte Gastfreundschaft, die einem jeden zuteil wird, der den Einheimischen mit Respekt und Achtung entgegentritt. Dass die nicht gerade wenigen anstandsmäßigen und moralischen Fehltritte wenig einfühlsamer Konsumtouristen daran bislang kaum etwas geändert haben (mit Ausnahmen in den südlichen Inselteilen), spricht für die Toleranz und die soziale Stärke der Balinesen, die rüpelhaftes, arrogantes, respektloses Auftreten im Normalfall mit stiller Missachtung strafen. Wer ist schon gerne Objekt billigen Konsums? Wer Zurückhaltung übt und sich bemüht, sich in das Wesen und die Kultur der Inselbewohner hineinzudenken bzw. hineinzuversetzen, dem werden sich nahezu alle Tore öffnen, und erst durch sie wird er dem wahren Wesen der Balinesen ein gutes Stück näher kommen. Tür und Herzen der hier Lebenden sind von Haus aus weit geöffnet, auch für den Fremden, es liegt einzig und allein an ihm, ob er sie – durch sein ungeziemendes Verhalten – zuschlägt. Wer sich wie ein Gast verhält, wird auch stets so behandelt werden. Selbstverständlich gibt es hier und da Ausnahmen, fühlen Sie sich übervorteilt oder ausgegrenzt, doch ist dies meist das Resultat vorausgegangener schlechter Erfahrungen mit Fremden, für deren Fehlverhalten die Nachkommenden büßen müssen. Wer sich jedoch wie ein Gast benimmt, dem wird die überaus warmherzige Gastfreundschaft der Balinesen den Abschied schwer machen. Siehe hierzu auch unter ‚Verhalten(sregeln)'.

⇨ **Geldangelegenheiten**

Währung: Die indonesische Währungseinheit ist die **Rupiah** (Rp.).

Folgende **Nennwerte** werden derzeit ausgegeben:
- als **Münzen**:   50, 100, 500 und 1.000 Rupiah
- als **Scheine**:   100, 500, 1.000, 5.000, 10.000, 20.000, 50.000 und 100.000 Rupiah

- **Wechselkurse**: Die Wechselkurse der indonesischen Rupiah vollführten – infolge der Asienkrise und der innenpolitischen Instabilität - in den letzten paar Jahren eine Berg-und-Tal-Fahrt, die zu dramatischen Kursschwankungen führte. Mitte August 2004 bekam man für einen Euro Rp. 7.752, für einen Schweizer Franken Rp. 5.03 und für einen US-Dollar Rp. 6.302, d. h. Rp. 10.000 kosteten € 1,29 sowie Schweizer Franken 1,99 und US$ 1,59.
- **Einfuhrbestimmungen**: Ausländische Zahlungsmittel dürfen in unbegrenzter Höhe ein- und ausgeführt werden, müssen allerdings bei einem Betrag von US$ 10.000 und mehr deklariert werden. Die Ein- und Ausfuhr der Landeswährung hingegen ist ohne Genehmigung (*Letter of Permission* – erhältlich bei der Bank Indonesia) pro Person nur bis zu einer Höhe von Rp. 10.000.000 gestattet.
- **Umtausch**: Aufgrund der Ein- und Ausfuhrbestimmungen sowie des deutlich schlechteren Wechselkurses im Ausland, ist es ratsam, sich seine Rupiah erst vor Ort zu besorgen bzw. diese wieder zurückzutauschen. Ist der Wechselkurs der **Banken** amtlich festgelegt und bei allen der gleiche, so ist es vielfach möglich, dass man bei den **Money Changers** (Wechselstuben) einen geringfügig günstigeren Kurs erhält, zudem geht es bei letzteren zügiger und unbürokratischer zu. Doch achten Sie darauf, ob eine Commission (Wechselgebühr) erhoben wird oder nicht, sonst kommen Sie unter Umständen sogar schlechter weg als in der Bank. (Manche Wechselstuben verrechnen trotz anderslautender Ausschreibung solch eine Gebühr – fragen Sie also vor dem Umtausch unbedingt noch einmal nach.) In **Hotels** sollte man hingegen nur im Notfall tauschen, da der Wechselkurs dort grundsätzlich schlechter ist als in den Banken. Eine weitere Alternative sind die in allen touristischen Zentren zu findenden **ATMs** (Geldwechselautomaten), an denen man mit Hilfe seiner Kreditkarte und der dazugehörenden PIN-Nummer Bargeld abheben kann, wobei man vom Kurs her in etwa auf dem gleichen Niveau wie in den Banken liegt. **Banken** haben gewöhnlich Mo-Fr 8-12 h (gelegentlich auch bis 14 h, in den Touristenzentren mitunter

sogar noch länger) und Sa 8-11 h geöffnet, **Wechselstuben** (Money Changers) hingegen in der Regel täglich 8-20 h, mitunter aber auch länger. Bank- und Wechselschalter in den Hotels haben meist auch nachmittags, in den größeren Häusern sogar rund um die Uhr geöffnet. Als bester **Money Changer** hat sich PT. Central Kuta bewährt, dessen Filialen Sie in allen touristisch wichtigen Orten des Südens finden. Seine Wechselkurse sind erfahrungsgemäß die besten, denn im Gegensatz zu vielen anderen Wechselstuben, die gleichfalls mit dem Slogan ‚No Commission' werben, berechnet man Ihnen hier tatsächlich keine, d. h. die auf den Tafeln ausgeschriebenen Wechselkurse sind wirklich diejenigen, die Ihnen auch ausbezahlt werden.

Hinweise

- In den kleineren Ortschaften gibt es oftmals keine Banken oder Wechselstuben, also jeweils rechtzeitig Geld tauschen.
- Achten Sie grundsätzlich darauf, einwandfreie Banknoten zu erhalten, da stark verschmutzte oder beschädigte Geldscheine oftmals nicht akzeptiert werden, dies gilt nicht nur für die Landeswährung, sondern auch für ausländische Währungen. Sollten Sie dennoch einmal einen recht unansehnlichen, zerrissenen oder gar zusammengeklebten Schein erhalten haben und ihn nicht mehr los werden, so können sie diesen bei einer Bank eintauschen.

Da Sie beim **Rücktausch** von Rupiah, der nur bei Banken (z. B. am Flughafen, vor oder nach der Passkontrolle) möglich ist, nicht unerheblich verlieren, sollten Sie immer genau überlegen, wie viel Sie in Rupiah eintauschen möchten. Geld sollte man nach Möglichkeit in den Touristenzentren wechseln, da es dort die besten Kurse gibt und außerhalb dieser unter Umständen gar keine Wechselmöglichkeit aufzutreiben ist. Allgemein lässt sich sagen, dass die Kurse in Kuta/Legian am günstigsten sind, schon in Ubud oder Sanur bekommt man in der Regel einige Prozent weniger ausbezahlt.

Tipp

Kommen Sie direkt aus dem Ausland und können oder wollen Sie bei der Anreise nicht sofort Geld tauschen (wobei die Kurse am Flughafen nicht schlecht sind), so empfiehlt sich die Mitnahme einiger US-Dollar-Noten in kleiner Stückelung, damit Sie notfalls den Gepäckträger und Taxifahrer entlohnen können.

- **Bargeld**: Eine gewisse Summe an Bargeld sollte man immer mit sich führen, denn bei weitem noch nicht überall werden Kreditkarten akzeptiert, und Reiseschecks noch viel weniger. Dabei sind gerade **kleinere Nennwerte** in größerer Menge von Nutzen, auch wenn sie das Portemonnaie ein wenig unförmig aussehen lassen. Wer viel mit öffentlichen Verkehrsmitteln unterwegs ist, viele Tempel und andere Sehenswürdigkeiten besucht oder sich des öfteren Getränke oder Imbisse in Verkaufsständen am Wegesrand besorgt, wird der oftmals begrenzten Wechselmöglichkeiten der Fahrer bzw. Verkäufer nämlich nur allzu schnell gewahr. (Kein Wechselgeld zu haben ist zudem eine überaus beliebte Ausrede, um sich dieses zu sparen.)

- **Reiseschecks** (Traveller Cheques): Aus Gründen der Sicherheit sollte man nie zuviel Bargeld mit sich herumtragen, weitaus sicherer sind Reiseschecks (*Trapel cek* oder *Cek jalanan turis*), doch sollten diese am besten in US-Dollar ausgestellt sein, denn nur diese werden überall problemlos akzeptiert. Bei Schecks in Euro oder sFr kann es außerhalb der Touristenzentren zu Problemen beim Einlösen kommen. Reiseschecks, deren Umtauschkurs für gewöhnlich etwas schlechter als derjenige für Bargeld ist, werden von vielen Banken, Wechselstuben und Hotels sowie einigen größeren Geschäften eingetauscht.

Reiseschecks von *American Express*, *Thomas Cook* oder *Visa* sind bei allen Sparkassen und Banken erhältlich und werden fast überall angenommen. Lassen Sie sich Ihre Schecks am besten in kleiner Stückelung (10-, 20- oder 50-Dollar-Schecks) ausstellen und achten Sie aus Sicherheitsgründen auf die getrennte Aufbewahrung von Schecks und Kaufbestätigung. Wenn Sie einen oder mehrere Schecks einlösen möchten, sollten Sie Ihren Pass parat haben, denn meist wird man Sie zum Zwecke des Unterschriftenvergleichs auffordern, diesen vorzulegen. Meist müssen Sie beim Einwechseln – zusätzlich zur Eintragung des Datums und der Unterschrift auf der Vorderseite – auf die Rückseite des Schecks Ihre Passnummer und noch einmal Ihre Unterschrift schreiben. Privatleute dürfen Reiseschecks nicht annehmen! Im Falle des **Abhandenkommens** meldet man, unter Mitteilung der entsprechenden Schecknummern, den Verlust umgehend der Ausstellerzentrale oder der Bank, bei der man die Reiseschecks erworben hat. Nach der Sperrung der verloren gegangenen Schecks erhalten Sie so rasch wie möglich Ersatz. Ihren Verlust können Sie aber auch vor Ort melden bei:

- **American Express** (Adresse siehe unten)
- **Thomas Cook**, Jl. By Pass Ngurah Rai 77, Sanur 80001, ☎ (0361) 289032, 📠 (0361) 287 727
- **Visa** (Adresse siehe unten)

> ☞ **Hinweis**
>
> *Recht praktisch sind die ‚Traveller Cheques für Zwei' (z. B. von American Express), auf denen zwar beim Kauf zwei unterschreiben müssen (z. B. Ehepartner), zu deren Einlösung aber nur eine der beiden Unterschriften benötigt wird, was ein Höchstmaß an Flexibilität und Unabhängigkeit bedeutet.*

- **Kreditkarten**: In den Touristenzentren kann man mittlerweile vielerorts, d. h. in fast allen Hotels, vielen Restaurants und Geschäften (vor allem Souvenirläden), mit Kreditkarte bezahlen, im Hinterland dagegen hilft einem die Plastikkarte nur selten weiter. Nahezu überall akzeptiert werden Karten von American Express, BankAmericard/Visa, Mastercard/Eurocard und Diner's Club, wobei allerdings durchschnittlich zwei bis fünf Prozent Kommission verrechnet werden. Rechnungen werden grundsätzlich in Rupiah ausgestellt. Bei etlichen Money Changers und großen Banken kann man mit ihnen – gegen Vorlage des Reisepasses – auch Bargeld abheben, doch geht dies mittels der ATMs meist wesentlich schneller, doch benötigen Sie für diesen Fall die PIN-Nummer Ihrer Karte. Die erhobenen Verrechnungsgebühren sind ziemlich die gleichen und betragen zwischen drei und sechs Prozent. Den Verlust Ihrer Karte können Sie vor Ort bei den einzelnen Instituten melden:

- **American Express**, Travel Related Services, Galeria Nusa Dua, Shop A5, Unit 1-3-5, Nusa Dua, ☏ (0361) 771035, 📠 (0361)752815, Mo-Fr 8-16 h und Sa 8-12 h; Jl. Legian 80X, Kuta, ☏ (0361) 751058; Grand Bali Beach Hotel, Sanur, ☏ (0361)288449
- **BankAmericard/Visa**, c/o Bank Duta, Jl. Hayam Wuruk 165, ☏ (0361)226578
- **Diner's Club**, Diner's Jaya Indonesia International PT, Jl. Diponegoro 45, Denpasar, ☏ (0361) 235559
- **Mastercard/Eurocard**, c/o Bank Central Asia, Jl. Hasanudin 58, ☏ (0361)431012 und (0361) 431015

Den Verlust Ihrer Kreditkarte können Sie aber auch unter folgenden Rufnummern bei der jeweiligen Zentrale in Deutschland melden:
- **American Express** (069) 97971000
- **Eurocard/Mastercard** (069) 79331910
- **Diner's Club** (069) 260350
- **Visa** (069) 66305333

!!! Achtung

Wegen des zunehmenden Kreditkartenmissbrauchs sollte man seine Karte niemals aus den Augen lassen und auch darauf achten, dass kein zweiter Abzug unter der Ladentheke gemacht oder die Karte gescannt wird. Achten Sie auch darauf, dass die Rechnung in Rupiah ausgestellt ist (heben Sie alle Belege sicherheitshalber auf, bis Sie die entsprechenden Kontoauszüge zu Hause kontrolliert haben).

☞ Hinweis

Bei Bezahlung mit Kreditkarte sollte man in Restaurants – so vorhanden – niemals vergessen die Spalte ‚Tips' (Trinkgeld) auszufüllen und die Gesamtsumme (Rechnungsbetrag plus Trinkgeld) auf der Rechnung einzutragen, sonst kann es passieren, dass der Geschäftsinhaber diese Spalte nach eigenem Gutdünken ausfüllt.

- **Geldüberweisung**: Da es noch keine ausländischen Banken auf Bali gibt, können telegraphische Geldüberweisungen **nur über Großbanken** vorgenommen werden, die Verbindungen zu europäischen Banken unterhalten, nicht aber über die Post. Die absendende Bank sollte neben Namen, Adresse und Passnummer des Empfängers die Bestätigung der Geldüberweisung auf dem Telex vermerken, sonst kann es passieren, dass man monatelang auf die

An Möglichkeiten Geld auszugeben mangelt es auf Bali nicht.

Aushändigung des Geldes wartet. Um sicherzugehen, sollte man sich eine Kopie der Telexanweisung persönlich (z. B. an sein Hotel) zuschicken lassen. Im günstigsten Fall müssen Sie mit zwei Tagen rechnen, eher jedoch länger, wobei es vor allem dann kompliziert wird, wenn die Hausbank keine direkte Beziehung zur Empfängerbank auf Bali besitzt. Bei der Abholung des Geldes muss man sich mit dem Pass ausweisen.

Auf folgende Banken in Denpasar können Sie Geld telegrafisch überweisen lassen:
- **Bank Negara Indonesia**, Jl. Gajah Mada 30, ☏ (0361) 227321, Telex: 35114 BNI DPR IA.
- **Bank Dagang Bali**, Jl. Gajah Mada 2, ☏ (0361) 263736, Telex: 35126 BDN DPR IA.

American Express (Anschrift siehe oben) verfügt ebenfalls über einen Geldüberweisungsservice namens *MoneyGram*, der zwar teuer, dafür aber auch schnell und zuverlässig ist.

⇨   Gesundheit/Gesundheitsvorsorge

Wer sich bei seinem Aufenthalt in Indonesien einzig und allein auf Bali konzentriert, braucht keine allzu großen gesundheitlichen Vorkehrungen zu treffen, weder vor noch während der Reise selbst. Wer indes von einer der Nachbarinseln oder einem anderen Teil des südostasiatischen Kontinents (oder auch von Afrika oder Südamerika) anreist, der kommt in der Regel kaum um die eine oder andere zusätzliche Impfung und Schutzmaßnahme vor Antritt der Reise umhin. Welche dies im Einzelfall sind, darüber geben Gesundheitsämter und Tropeninstitute gerne Auskunft. Die Adresse des nächstgelegenen Gesundheitsamtes finden Sie in Ihrem Telefonbuch. Eine Liste mit Adressen und Telefonnummern von tropenmedizinischen Instituten oder entsprechenden Abteilungen in Unikliniken und Krankenhäusern findet man auf der Webseite der *Deutschen Gesellschaft für Tropenmedizin und internationale Gesundheit e.V.* (www.dtg.mwn.de). Die entsprechenden Auskünfte erhalten Sie darüber hinaus auch bei der Telefonauskunft.

Erste telefonische Hilfe leisten die Tropenmediziner von *Medical Helpline* [Infos unter ☏ (089)74550737]. Das *Centrum für Reisemedizin* in Düsseldorf (www.crm.de) vermittelt unter ☏ (0211)904290 auch niedergelassene Ärzte mit einer zertifizierten reisemedizinischen Fortbildung. Auf der Internetseite (www.gesundes-reisen.de) des *Bernhard Nocht-Instituts für Tropenmedizin* (s. u.) finden Sie ein ausführliches Register von Reisekrankheiten mit ihren Verbreitungsgebieten, Symptomen und Infektionsrisiken.

Tropen- bzw. tropenmedizinische Institute gibt es u. a. in:
- **Städtisches Klinikum Dresden-Friedrichstadt**, Institut für Tropenmedizin, Friedrichstraße 39, 01067 Dresden, ☏ (0351)4803805.
- **Universitätsklinikum Charité**, Medizinische Klinik m. S. Infektiologie, Campus Virchow-Klinikum, Augustenburger Platz 1, 13353 Berlin, ☏ (030) 45050, 🖳 www.charite.de/infektiologie.
- **Klinik und Poliklinik für Innere Medizin der Universität Rostock**, Abteilung für Tropenmedizin und Infektionskrankheiten, Ernst-Heydemann-Straße 6, 18057 Rostock, ☏ (0381) 4947510, 📠 (0381) 4947509, E-mail: reisinger@medizin.uni-rostock.de, 🖳 www.kim.med.uni-rostock.de/tropenmed.htm.
- **Bernhard-Nocht-Institut für Tropenmedizin**, Bernhard-Nocht-Straße 74, 20359 Hamburg, ☏ (040) 428180, E-mail: bni@bni-hamburg.de, 🖳 www.bni.uni-hamburg.de.

Allgemeine Reisetipps von A-Z

- **Universität Heidelberg**, Institut für Tropenhygiene und Öffentliches Gesundheitswesen, Im Neuenheimer Feld 324, 69120 Heidelberg, ☏ (06221)562905, 🖷 (06221) 565948, 🖵 www.hyg.uni-heidelberg.de/ITHOEG/INDEX.HTM.
- **Universitätsklinikum Tübingen**, Institut für Tropenmedizin, Keplerstraße 15, 72074 Tübingen, ☏ (07071) 2982365, 🖷 (07071) 295267, E-mail: reisemedizin@med.uni-tuebingen.de, 🖵 www.medizin.uni-tuebingen.de/~webitm.
- **Ludwig-Maximilians-Universität München**, Abteilung für Infektions- und Tropenmedizin, Leopoldstraße 5, 80802 München, ☏ (089)218013500, 🖷 (089) 336038 oder (089) 36112, E-mail: tropinst@lrz.uni-muenchen.de, 🖵 www.tropinst.med.uni-muenchen.de.
- **Zentrum für Reisemedizin**, Zimmermanngasse 1a, 1090 Wien, ☏ (01)4038343, E-mail: anfragen@reisemed.at, 🖵 www.reisemed.at.
- **Institut für Reise- und Tropenmedizin**, Lenaugasse 19, 1080 Wien, ☏ (01) 402 68610 und (01) 402 68630, 🖷 (01) 402 686130, E-mail: tropenmedizin@utanet.at, 🖵 www.tropeninstitut.at.
- **Universität Graz**, Hygiene-Institut, Universitätsplatz 4, 8010 Graz, ☏ (0316) 380 4360, 🖷 (0316) 3809648, 🖵 www.kfunigraz.ac.at/hygwww.
- **Schweizerisches Tropeninstitut**, Socinstraße 57, Postfach, 4002 Basel, ☏ (061) 2848111, 🖷 (061) 2718654, 🖵 www.sti.ch/deutsch.

In den meisten Fällen sind es nicht die gefürchteten Tropenkrankheiten wie z. B. Malaria, die dem Reisenden den Aufenthalt fern der Heimat vermiesen. In der überwiegenden Mehrzahl der Fälle sind es Durchfall, Erkältung, Schnupfen, Sonnenbrand oder aber auch Fußpilz, die den Feriengenuss trüben. Gehen Sie rechtzeitig vor Reiseantritt zu Ihrem Hausarzt und lassen Sie sich über die Risiken einer Reise in die Tropen informieren und von diesem notfalls gründlich untersuchen, um gesundheitliche Risiken zu minimieren. Derzeit verlangen die indonesischen Behörden von europäischen Reisenden, sofern sie nicht aus Infektionsgebieten einreisen, **keine Schutzimpfungen**. Eine Gelbfieberimpfung ist erforderlich, wenn Sie innerhalb von sechs Tagen nach einem Aufenthalt – auch Transitaufenthalt – in einem Gebiet, in dem diese Krankheit herrscht, nach Indonesien einreisen. In Ihrem eigenen Interesse sollten Sie folgende Impfungen aber auf jeden Fall vornehmen bzw. auffrischen:
- **Tetanus** (Wundstarrkrampf)
- **Poliomyelitis** (Kinderlähmung)

Empfehlenswert ist darüber hinaus eine Schutzimpfung gegen **Hepatitis** (Gelbsucht), wobei die Erreger von **Hepatitis A** durch die unhygienische Zubereitung von Speisen und Getränken sowie verseuchtes Kochgeschirr oder unsaubere Bestecke übertragen werden; diejenigen von **Hepatitis B** hingegen durch sexuellen Kontakt oder durch die Haut hindurch, z. B. mittels einer verunreinigten Injektionsnadel. Die Symptome – Fieber, Appetitlosigkeit, Übelkeit, Depression, Schmerzen im unteren Bereich des Brustkorbes, völliger Verlust an Aktivität sowie Gelbfärbung der Haut und des Augenweiß, das sich schließlich orange färbt – sind bei beiden Varianten annähernd dieselben und treten zwischen dem 15. und 50. Tag nach der Infektion auf, meist jedoch um den 25. Tag herum. Der beste Weg zur Feststellung einer Infektion ist die Kontrolle der Urinfarbe: sollte diese, obwohl Sie genügend Flüssigkeit zu sich genommen haben, tieforange sein, ist ein Arztbesuch empfehlenswert. Wer auf Hygiene achtet, für den erübrigt sich eine **Cholera-Impfung**, das gleiche gilt auch für **Typhus**. Wer Bedenken hat, sollte am besten gleich auf den Impfstoff **TABT** zurückgreifen, der gleichzeitig Schutz gegen Typhus, Paratyphus A, Paratyphus B und Tetanus bietet.

> **Hinweise**
>
> - Denken Sie daran: In warmen Gegenden wie Bali verheilen Wunden wesentlich langsamer als in unseren Breitengraden, was es noch notwendiger macht, diese sorgfältig zu säubern (mit sterilisiertem Wasser oder einem Antiseptikum) und vor Verschmutzung zu schützen.
> - Lassen Sie grundsätzlich alle Impfungen im gelben Internationalen Impfpass eintragen und tragen Sie diesen stets bei sich.
> - Vermerken Sie auf einem Extrazettel, den Sie gleichfalls bei sich tragen sollten, eventuelle Allergien und regelmäßig einzunehmende Medikamente.

An und für sich ist **Bali kein ausgesprochenes Malariagebiet**, da diese heimtückische Tropenkrankheit jedoch seit Jahren auch im südostasiatischen Raum und somit auch im indonesischen Archipel wieder auf dem Vormarsch ist, sollte man entsprechende Medikamente vorsorglich bei sich haben, um notfalls mittels Schocktherapie (d. h. durch die Einnahme von zwei oder drei Mitteln in der doppelten Menge der normalerweise verordneten) die Symptome (hohes Fieber mit sich abwechselndem Frieren und Schwitzen, starke Kopfschmerzen, Übelkeit oder Erbrechen) unterdrücken zu können, damit man genügend Zeit gewinnt und ein ordentliches Krankenhaus zur weiteren Behandlung aufsuchen kann. Infizierte mit Kreislaufproblemen dürfen sich dieser Brachialtherapie allerdings nicht unterziehen!

Wer **ein paar Vorsichtsmaßnahmen** beachtet, kann die Gefahr einer eventuellen Infizierung ohnehin fast gegen null senken:
- Meiden Sie stehende Gewässer, insbesondere in der Dämmerung und nachts, da die Mücken (und zwar nur die Weibchen), die den Erreger übertragen, vor allem erst nach Einbruch der Dämmerung aktiv werden.
- Tragen Sie in den Abendstunden möglichst lange Hosen, langärmelige Hemden oder Blusen sowie Strümpfe oder Socken, und zwar möglichst in dunklen Farben.
- Halten Sie Türen und Fenster Ihrer Unterkunft geschlossen, ganz besonders, wenn diese keine Fliegengitter haben, die jedoch nur dann etwas nützen, wenn sie keine Beschädigungen aufweisen.
- Verfügen Sie oder Ihre Unterkunft über ein Moskitonetz, so benutzen Sie dies, doch kontrollieren Sie dieses zuvor auf mögliche Löcher und flicken Sie diese notfalls mit Klebeband. Die Mitnahme eines Moskitonetzes oder dessen Kauf vor Ort ist ohnehin empfehlenswert, da es auch vor anderen Plagegeistern schützt.
- Zünden Sie nachts Räucherspiralen (Coils; in fast jedem Geschäft erhältlich) in Ihrem Schlafzimmer an, und zwar etwa eine Stunde, bevor Sie zu Bett gehen. Diese helfen ziemlich zuverlässig gegen die summenden nächtlichen Plagegeister, auch wenn sie ein wenig riechen, woran man sich aber gewöhnt.
- Reiben Sie sich eventuell zusätzlich mit *Tiger Balm* ein, die stechenden Störenfriede scheinen dessen Geruch nicht besonders zu mögen. Ein hautfreundliches Insektenabwehrmittel zum Auftragen bzw. Einsprühen ist ebenfalls in Erwägung zu ziehen.

Zum Glück sind es aber solche Allerweltserkrankungen wie Magen-Darm-Probleme oder fiebrige Erkältungen, die dem Reisenden in den meisten Fällen zu schaffen machen. Wer ein wenig auf seinen Biorhythmus und Körper hört und die folgenden Vorsichtsmaßnahmen beachtet, kann diesen jedoch in den meisten Fällen ein Schnippchen schlagen:

Allgemeine Reisetipps von A-Z   283

- Reisen Sie direkt aus dem fernen Europa an, so sollten Sie Ihrem Körper **zunächst ein wenig Ruhe gönnen**, damit er sich an das Klima gewöhnen und den Zeitunterschied verarbeiten kann. Um dennoch möglichst schnell in den lokalen Zeittakt zu kommen, sollten Sie Ihre innere Uhr gedanklich ausschalten und Ihre Wach- und Ruhephasen von Anfang an zu den gleichen lokalen Zeiten einlegen wie zu Hause.
- **Gestalten Sie Ihr Tagesprogramm in den ersten Tagen nicht zu straff.** Pro Tag, so rechnet man, kompensiert der Körper zwei Stunden Zeitunterschied, er benötigt somit rund vier Tage für den Zeitausgleich. Da der Körper in diesen Tagen ohnehin vollauf mit sich selbst zu tun hat, sollten Sie ihn nicht zusätzlich mehr als nötig belasten. Helfen Sie ihm mit viel Flüssigkeit (am besten kein Alkohol!) und leichtverdaulichen Speisen über diese Anpassungsphase hinweg, über ein kräftiges Steak freut er sich zu einem späteren Zeitpunkt weitaus mehr.
- **Meiden Sie zwischen 10 und 15 Uhr nach Möglichkeit zu viel direkte Sonneneinstrahlung**, denn Balis Sonne kann angesichts der Nähe zum Äquator während der Mittagsstunden überaus rasch zu schlimmen Verbrennungen führen. Sonnenschutzcreme mit hohem Lichtschutzfaktor (15+ und mehr) sollte daher immer griffbereit sein. Sonnenempfindliche sollten ihre Sonnencreme von zu Hause mitbringen, denn nicht alle Marken sind vor Ort erhältlich. Genießen Sie die Sonne in kleinen Portionen, vor allem während der ersten Tage. Wessen Körper sich mit wässrigen Hitzebläschen bedeckt, weiß, dass er zuviel Sonne abbekommen hat. Mit einer kühlenden Hautschutzcreme können Sie die schlimmsten Folgen zwar mildern, wessen Körper jedoch über und über voll davon ist, sollte einen Arzt konsultieren.
- Um der gleißenden Sonne zu begegnen, sollte man zumindest tagsüber **Kopfbedeckung und Sonnenbrille** tragen.
- **Hüten Sie sich vor den Klimaanlagen**, die die Hauptverursacher von Erkältungskrankheiten sind. Können Sie diesen in Supermärkten, Restaurants, Hotellobbys, Büros u. Ä. nur schwer aus dem Weg gehen, so sollten Sie diese in Ihrem Zimmer – wenn dieses über eine solche verfügt –, zumindest während Sie sich darin aufhalten, stark drosseln. Unbedingt vermeiden sollten Sie, dass Sie – womöglich verschwitzt – im Gebläsezug stehen oder schlafen!
- Nehmen Sie stets **ausreichend Flüssigkeit** zu sich, denn hoher Flüssigkeitsverlust kann rasch zu Kopfschmerzen, Überhitzung des Körpers und letztendlich zum Kreislaufkollaps führen. Als Warnsignale gelten unregelmäßiges Urinieren sowie dunkelorangener Urin. Lassen Sie es gar nicht erst soweit kommen, drei Liter Flüssigkeit am Tag (außer Alkohol) sind das Minimum. Falls Sie die Insel zu Fuß erkunden wollen, gehört eine Wasserflasche immer mit ins Gepäck. Mineralwasser gibt es überall zu kaufen.
- **Eiskalte Getränke** mögen vielleicht erfrischend sein, der erhitzte Körper reagiert jedoch nicht selten mit Abneigung, sprich Durchfall, ganz besonders, wenn es sich dabei um alkoholische Getränke (z. B. Bier) handelt, von denen man sowieso möglichst wenig trinken sollte, allenfalls abends ein Glas, auf gar keinen Fall aber in der prallen Mittagssonne.
- Wer viel schwitzt, verliert auch viel **Salz und andere Mineralien**. Gleichen Sie diesen Verlust notfalls durch zusätzliches Salzen des Essens sowie den Verzehr von möglichst viel Gemüse und Salat aus, auf jeden Fall aber erst, nachdem Sie den Flüssigkeitsverlust ausgeglichen haben.
- **Um sich vor Magen-Darm-Verstimmungen** ('Bali Belly') **zu schützen**, sollte man kein blankes Leitungswasser trinken (stets mindestens zehn Minuten aufkochen lassen oder mittels Keramikfilter oder Micropur enkeimen), Obst immer schälen (waschen allein

reicht oft nicht), Salate und Gemüse stets gründlich waschen, rohe Speisen meiden, ebenso offenes Speiseeis und Eiswürfel unbekannter Herkunft. (Zwar muss Trinkwasser gemäß indonesischem Gesetz in Restaurants stets abgekocht sein, ebenso darf Eis nur aus zuvor abgekochtem Wasser serviert werden, doch wer weiß und kontrolliert das schon. In Lokalen, die dies auf ihren Speisekarten vermerken, können Sie davon ausgehen, dass diese Vorschriften auch tatsächlich eingehalten werden.) Hat es Sie erwischt, sollten Sie nicht sofort mit schwerstem Geschütz gegen Ihren Durchfall vorgehen. Meiden Sie stattdessen kalte Getränke, Kaffee, Alkohol und Fruchtsäfte, am besten trinken Sie schwarzen Tee und handwarme Cola, wozu Sie trockenes Brot, Salzletten, gesalzene Kekse (um den Salzverlust auszugleichen) oder einfach mit Wasser gekochten Reis in kleinen Portionen essen sollten. Normalisiert sich die Verdauung nach zwei bis drei Tagen nicht wieder, können Sie immer noch zu medikamentösen Mitteln (Kohletabletten) greifen, das Brachialmittel Imodium sollten Sie allerdings wirklich nur im äußersten Notfall einsetzen, da es etliche Nebenwirkungen mit sich bringen kann. Auf gar keinen Fall darf man dieses Medikament länger als 48 Stunden, bei hohem Fieber, starker Dehydrierung und Blut oder Eiter im Stuhl nehmen.

- Lästig und unangenehm kann ein zu spät entdeckter **Fußpilz** sein, den man sich vielerorts holen kann, im Badezimmer genauso wie im Straßenschmutz. Wollen Sie diesbezüglich kein Risiko eingehen, sollten Sie niemals barfuss herumlaufen, stattdessen unterwegs immer Strümpfe oder Socken und auch in Ihrer Unterkunft zumindest Badesandalen tragen.
- Auch an Stränden ist Vorsicht geboten, denn dort lauern mitunter **Hakenwürmer**, die allerdings auch durch das Trinken von infiziertem Wasser oder durch rohes, ungewaschenes Gemüse übertragen werden können. **Spul- und Fadenwürmer** hingegen werden meist durch infiziertes Fleisch oder infizierten Fisch aufgenommen.
- Reinigen und desinfizieren Sie Ritze, Schürfungen, Schnitte oder andere **Wunden** sorgfältig und verbinden Sie sie notfalls. Solange man offene Wunden hat, sollte man auf das Schwimmen verzichten.
- Den besten Schutz vor möglichen Infektionen bietet noch immer die Einhaltung der notwendigen **Hygiene**, daher sollte man mindestens einmal täglich duschen oder baden und so häufig wie möglich die Wäsche wechseln. Achten Sie aber auch auf die Einhaltung der entsprechenden Sauberkeitsmaßnahmen an den Orten, wo Sie wohnen, baden oder essen. Werfen Sie ein waches Auge darauf, ob Ihre Speisen sauber zubereitet und gut gekocht bzw. durchgebraten werden, dann können Sie selbst in den einfachsten Garküchen reuelos dinieren. Doch sollten Sie es bei aller Vorsicht auch nicht übertreiben und womöglich ständig mit einem ganzen Arsenal an Reinigungs- und Desinfektionsmitteln herumlaufen.

Eine häufig auftretende fiebrige Erkrankung ist das so genannte ,**Bali-Fieber**', bei dem die Körpertemperatur unvermittelt auf 39 °C ansteigt, während weitere Beschwerden normalerweise ausbleiben. Sollte dieses Fieber nach Einnahme eines fiebersenkenden Mittels und zwei Tagen Bettruhe nicht abgeklungen sein, ist es ratsam einen Arzt zu konsultieren.

Geschlechtskrankheiten sind in Asien weit verbreitet, vor allem unter Prostituierten, aber auch viele weibliche Reisende leiden häufiger als sonst unter Pilzinfektionen. Am besten spricht man vor der Reise mit seinem Frauenarzt darüber, der entsprechende Medikamente verschreiben kann, wobei eine Creme besser ist als Zäpfchen. Ein Wort zu **Aids**: Die Immunschwächekrankheit hat selbstverständlich auch um diese Insel keinen Bogen gemacht, im Gegenteil, der überbordende, nach billigem Vergnügen lechzende Massenkonsumtourismus in den Zentren des Inselsüdens hat die Zahl der HIV-Infizierten in den letzten Jahren sprunghaft anwachsen lassen. So sind nach neuesten Schätzungen neun von zehn Prostituierten mit dem tödlichen Virus bzw. anderen Geschlechtskrankheiten infiziert – an und für sich sollte dies Abschreckung genug sein. Da der Virus jedoch nicht nur beim Geschlechtsverkehr übertragen werden kann, sollte man peinlichst darauf achten, dass im Falle einer Injektion nur originalverpackte Einwegspritzen verwendet werden, aber auch bei Bluttransfusionen, chirurgischen und zahnärztlichen Eingriffen ist höchste Aufmerksamkeit und Vorsicht geboten.

Unbedingt mit ins Reisegepäck gehört eine kleine **Reiseapotheke**, in die zunächst alle regelmäßig einzunehmenden Medikamente in ausreichender Menge gehören, da viele Arzneimittel in Indonesien entweder unter einem anderen Namen oder aber gar nicht erhältlich sind. Des Weiteren sollte sie enthalten: je ein Mittel gegen Durchfall (Kohletabletten), Verstopfung, Erkältung, Fieber oder Kopfschmerzen, ein Antiseptikum, antibiotische Creme oder Salbe, Brandsalbe (z. B. gegen Sonnenbrand), ein Päckchen Verbandsstoff, ein oder zwei elastische Binden, Watte, Pflaster und ein Thermometer, eine Pinzette, eine Schere und eventuell noch Vitamin-Tabletten o. ä. sowie die verordneten Malariamittel. Bei leichteren Beschwerden wirkt *Tiger Balm* mitunter wahre Wunder, ganz gleich ob es sich um Schnupfen, Kopfschmerzen oder Insektenstiche handelt. Ihn gibt es vor Ort überall zu kaufen.

Kaum etwas ist lästiger und nervtötender als ein bohrender Zahn während der Reise. Um das Risiko dieses unangenehmen Erlebnisses zu minimieren, sollten Sie Ihre Zähne daher vor Reiseantritt von Ihrem Zahnarzt kontrollieren und notfalls behandeln lassen.

Vorsicht

Sollten Sie von einem Tier gebissen oder an einer wunden Stelle geleckt worden sein, so säubern Sie die Wunde zunächst sorgfältig (ohne zu reiben) und suchen Sie anschließend einen Arzt auf, um sich von diesem vorsorglich gegen Tollwut impfen zu lassen.

Hinweise

- *Sollte es Sie wirklich ernsthaft erwischt haben, sollten Sie – so Sie flugtauglich sind – zum Zwecke der Behandlung versuchen, nach Singapur oder Australien zu fliegen, da die einheimischen Kliniken und Krankenhäuser nicht unbedingt auf das modernste eingerichtet sind.*
- *Recht nützlich ist die von der Lufthansa kostenlos herausgegebene Broschüre ‚Gesundheitsratgeber für Auslandsreisen. Verständigungshilfen für Apotheken- und Arztbesuche im Ausland', die man in allen Lufthansa-Büros erhält.*
- *Medikamente, die Sie regelmäßig einnehmen müssen, gehören unbedingt ins Handgepäck, sonst kann es passieren, dass Sie, wenn Ihr eingechecktes Gepäck nicht mitgekommen ist, ohne dastehen.*

⇨ **Gottesdienst**

Nachstehend die wichtigsten nicht-hinduistischen Gebetsstätten einschließlich der englischsprachigen Gottesdienstzeiten.

KATHOLIKEN
- **Bali Hyatt Hotel**, Jl. Danau Tamblingan 89, Sanur, Hibiscus Room, Sa 19 h
- **Church of St. Francis Xavier**, Jl. Dewi Sartika, Kuta, Sa 19.30 h
- **Gereja Katolik Paroki St. Joseph**, Jl. Kepundung, Denpasar, ☏ (0361)222729, So 7, 9 und 17.30 h
- **Grand Bali Beach Hotel**, Jl. Hang Tuah, Sanur, Legong Room, Sa 17.30 h
- **Mary Mother of All Nations Church**, Jimbaran, So 18 h
- **Melia Bali Sol Hotel**, Nusa Dua, Conference Hall 1, So 18 h
- **Nusa Dua Beach Hotel**, Nusa Dua, Garuda Room, So 18 h

PROTESTANTEN
- **Gereja Kristen Protestan Di Bali**, Jl. Nusa Indah, Blimbingsari 82252, ☏ (0365) 421 92, täglich 7 und 19 h
- **Gereja Kristen Protestan Di Bali**, Jl. Debes 6, Denpasar, ☏ (0361) 223758, täglich 7, 9 und 18 h
- **Gereja Protestan di Indonesia bagian Barat**, Jl. Surapati, Denpasar
- **Grand Bali Beach Hotel**, Jl. Hang Tuah, Sanur, Legong Room, So 18.30 h
- **Protestant Maranatha Church**, Jl. Surapati, Denpasar

MUSLIME
- **Masjid Raya**, Jl. Hasanuddin, Denpasar
- **Masjid al-Ihsaan**, Grand Bali Beach Hotel, Jl. Hang Tuah, Sanur, ☏ (0361)288079
- **Masjid an-Nurr**, Jl. Diponegoro, Denpasar
- **Masjid at-Taqwa Polda Bali**, Jl. Supratman 9, Denpasar

H

⇨ Haustiere

Bali gilt als tollwutfrei, weswegen es nahezu ausgeschlossen ist, seinen vierbeinigen oder gefiederten Liebling mit auf die Insel zu bringen. Wer dies dennoch unbedingt tun möchte, erkundige sich zwecks Ausnahmegenehmigung vor Reiseantritt bei einer der diplomatischen Vertretungen Indonesiens in seinem Land. Auf jeden Fall wird eine tierärztliche Bescheinigung darüber benötigt, dass das Tier frei von jedweder Krankheit ist, wodurch es aber kaum vor mehrwöchiger Quarantäne verschont bleiben dürfte.

I

⇨ Informationen

Literatur zum Thema bieten in Hülle und Fülle in den meisten Fällen die Universitätsbibliotheken, über die man sich notfalls auch die entsprechende Spezialliteratur per Fernleihe beschaffen lassen kann.

Wer sich über Land und Leute informieren möchte, kann sich auch an eine der **deutsch-indonesischen Gesellschaften** wenden, deren Adressen man im Internet findet, und zwar unter 🖳 http://home.snafu.de/watchin/Handbuch/DIGs_Adressen.html sowie 🖳 www.dig.bibcouncil.de/anschriften_der_gesellschaften.htm. Diese erteilen jedoch keine touristischen Auskünfte, hierfür sind die Fremdenverkehrsämter der Republik Indonesien (siehe ‚Fremdenverkehrsämter') zuständig.

Recht ordentliche touristische Informationen – oftmals besser als von den staatlichen Fremdenverkehrsämtern – erhält man von den konsularischen Vertretungen Indonesiens und der nationalen Luftfahrtgesellschaft *Garuda Indonesia*, aber auch die anderen indonesischen Airlines können vor Ort mitunter mit zahlreichen wertvollen Tipps und gelegentlich sogar brauchbaren Infobroschüren weiterhelfen.

Das Büro von *Garuda Indonesia* in **Deutschland** finden Sie: Düsseldorfer Straße 14, 60329 Frankfurt am Main, ☏ (069) 2380634 und (069) 238064, 📠 (069) 2380666. (Garuda unterhält zurzeit keine Büros in Österreich und der Schweiz.)
- Hermannstraße 40, 20095 Hamburg, ☏ (040) 327459.
- Tal 10, 80331 München, ☏ (089) 220661.

ÖSTERREICH
- Fleischmarkt 14, 1010 Wien, ☏ (01)54134068.

SCHWEIZ
- Sumatrastraße 25, 8006 Zürich, ☏ (01)3636692, 📠 (01)3625369.

Die Büroadressen der wichtigsten indonesischen Fluggesellschaften (Garuda Indonesia, Bouraq, Merpati und Sempati) auf Bali finden Sie weiter oben im selben Kapitel unter ‚Fluggesellschaften'. Recht ordentliche – wenn auch in manchen Belangen nicht immer ganz aktuelle – Informationen liefert die **Website des balinesischen Fremdenverkehrsamtes**: **Bali Government Tourism Office**, E-mail: webmaster@balitourismauthority. net, 🖳 www.balitourismauthority.net.

Handlich und informativ ist vor Ort die monatlich erscheinende, englischsprachige Broschüre ‚**Bali Plus**' (☏ (0361)758671, E-mail: baliplus@denpasar.wasantara.net.id), die Sie über alle wichtigen Ereignisse im Laufe des Monats in Kenntnis setzt und viele praktische und aktuelle Tipps parat hält. Recht informativ ist auch das monatlich in englischer Sprache erscheinende Touristenmagazin ‚**Hello Bali**', das gleichfalls u. a. die aktuellen kulturellen Veranstaltungen auflistet. Mit recht ordentlichen Hintergrundberichten kann das gleichfalls auf Englisch herausgegebene Monatsmagazin ‚**Bali & Beyond**' (www.baliandbeyond.com) aufwarten. Jede Menge Infos über das aktuelle Geschehen auf Bali enthält die ‚**Bali Post**', die vierzehntägig herausgegeben wird. In all diesen Magazinen und Broschüren finden sich neben einer ganzen Anzahl mehr oder weniger brauchbarer Karten die wichtigsten Daten, Telefonnummern und Adressen, ergänzt durch viel Werbung für Beherbergungsbetriebe, Restaurants, Shops und andere Dienstleistungseinrichtungen der Tourismusindustrie. Sehr informativ ist der ‚**Visitor's Guide to Bali**', dessen einziger Nachteil das unhandliche Din-A4-Format ist. Dieses alljährlich im Juli neu erscheinende Nachschlagewerk findet man in manchen Hotels oder Restaurants ausliegen, oder man bezieht es kostenlos direkt von: Media Dutaservicindo PT, Jl. Hayam Wuruk 178, Denpasar 80235, ☏ (0361)244611, 📠 (0361)236979, E-mail: mdsbali@idola.net.id, 🖳 www.visitorsguide.com.sg.

Ein Blatt voller Anzeigen ist der alle vierzehn Tage erscheinende ‚**Bali Advertiser**', in dem man viele nützliche Adressen und Angebote findet. Des weiteren kann man sich zwecks Informationen selbstverständlich an das Personal der Hotelrezeption bzw. den Concierge wenden, die gleichfalls meist jede Menge Tipps auf Lager haben und einem behilflich sein können. Das umfassendste ‚Nachschlagewerk' ist indes das **Internet**, in dem man zu nahezu allen Aspekten etwas findet. Einige wichtige Internetadressen finden Sie unten unter ‚Internetlinks'.

⇨ **Internetcafés**

Das neue Kommunikationszeitalter hat auch Bali im Sturm erobert, fast überall findet man mittlerweile Internetcafés, die allerdings – bis auf wenige Ausnahmen – außer den Terminals zum Surfen kaum etwas zu bieten haben, so dass man gut beraten ist, sich seinen Kaffee, sein Sandwich oder was auch immer selbst mitzubringen. Preislich variieren die Angebote ganz erheblich, die günstigsten liegen derzeit bei Rp. 250 pro Minute. Doch nicht nur zum Surfen im World Wide Web oder Checken seiner E-Mails, sondern auch zum Schreiben seiner Korrespondenz und anderem kann man die Computer natürlich nutzen.

⇨ **Internetlinks**

Auch Bali ist mit einer unüberschaubaren Zahl an Homepages im Internet vertreten, und täglich kommen neue hinzu. Außer in die bereits im Text erwähnten lohnt sich zwecks Vorabinformation oder Nachbereitung vielleicht noch der Blick in folgende Seiten, wobei die Auswahl bewusst möglichst knapp gehalten wurde:

www.asiahotels.com Umfangreiche, sehr gute Übernachtungsangebote.
www.asiarooms.com Günstige Übernachtungsangebote.
www.balibagus.com U. a. gute Auflistung der Sehenswürdigkeiten.
www.balidiscovery.com Umfangreiches Portal mit wöchentlich aktualisierten News.
www.balieats.com Ausgezeichneter Restaurantführer.
www.baliforyou.com Neben den üblichen Angeboten auch zahlreiche Hinweise zu günstigen Unterkunftsmöglichkeiten.
www.baligardenroute.com Hier wird man auch gleich musikalisch miteingestimmt.
www.baliguide.com Landeskundliches und Reisepraktisches.
www.balihotelfinder.com Sehr gutes Portal zu nahezu allen Belangen bezüglich Bali.
www.bali-hotels-travel.com Hilft Ihnen bei der Hotelsuche.
www.bali-info.de Aktuelle Reisetipps auf Deutsch.
www.balimosaic.com Eines der größten Portale für Bali.
www.balinesia.com Bietet zu allen Fragen etwas.
www.balinetwork.com Sehr umfassendes, in Zusammenarbeit mit der Regierung angebotenes Suchportal.
www.balinewsletter.com Monatlicher Newsletter zu vielen interessanten Themen (auch Ausgaben der vergangenen Jahre verfügbar).
www.bali-paradise.com Hier findet man zu fast allem etwas, sowohl Reisepraktischem als auch Kulturellem und Geschäftlichem.
www.bali-portal.com Umfangreiche Linksammlung.
www.bali-thepages.com Viele Adressen.
www.bali-travelnet.com Auch geeignet für die Weiterreise innerhalb Indonesiens.
www.bali-travelnews.com Immer gut für den ein oder anderen aktuellen Tipp.
www.balivision.com Hier bleibt kaum eine Frage offen.

www.baliwww.com Viele reisepraktische Tipps und Suchhilfen, aber auch viel Kulturelles.
www.baliwww.net Sehr umfangreiches Linkportal.
www.balix.com Sehr umfangreiches Portal, dessen landeskundliche Seiten ein großes Plus darstellen.
www.bps.go.id/index.shtml Statistisches zu Indonesien; leider nicht immer auf dem aktuellsten Stand.
www.columbusreisefuehrer.com Deutschsprachige Landesinfos.
www.dse.de/za/lis/indones/index.htm Umfassende landeskundliche Informationen auf Deutsch.
www.gatewaytobali.com Bietet von allem etwas.
www.deutschebotschaft-jakarta.or.id Die Website der deutschen Botschaft in Jakarta

www.halo-bali.com Recht ordentliche Allgemeintipps und gute Übernachtungssonderangebote.
www.indo.com Umfassendes Angebot zu fast allen Bereichen.
www.indonesia.go.id Die Website der indonesischen Regierung mit landeskundlichen Infos (derzeit leider nur auf Indonesisch).
www.indonesianet.com Riesiges Angebot an weiterführenden Internetadressen.
www.indonesia-tourism.com Kulturelles, Geschichtliches und bali/history.html Reisepraktisches.
www.odci.gov/cia/publications Aktuelle Landeskunde.
factbook/geos/id.html
www.ri.go.id Die Website der indonesischen Regierung mit landeskundlichen Infos.

K

⇨ **Kartenmaterial**

Neben der diesem Buch beigefügten Reisekarte im Maßstab 1:200.000 sind die empfehlenswertesten Karten von Bali im deutschsprachigen Raum:
- **Bali**, Nelles Maps, Indonesia 3, Nelles Verlag, München, 1:180.000. Diese Karte umfasst neben der großen Übersichtskarte zusätzlich Detailkarten von Südbali und der Umgebung von Ubud sowie Stadtpläne von Denpasar und Kuta/Legian.
- **Bali**, B&B Map, Berndtson & Berndtson Publications, Fürstenfeldbruck, 1:200.000. Die Karte bringt außer der großen Übersichtskarte noch Spezialkarten zu Zentral- und Südbali, der Halbinsel Badung, der Umgebung von Ubud und Sanur sowie Stadtpläne von Denpasar und Kuta/Legian, wobei besonders die recht ordentlichen Indizes der Ortschaften bzw. Straßen, Sehenswürdigkeiten, Hotels, Restaurants, wichtigen Gebäude und Einrichtungen u. Ä. positiv zu vermerken sind.

Wer noch mehr kartografische Informationen benötigt, sollte die Anschaffung folgender Karten ins Auge fassen, die es vor Ort in vielen Buchhandlungen zu kaufen gibt, die allerdings gleichfalls nicht ganz frei von Fehlern sind:
- **Bali**, Periplus Travel Maps, Periplus Editions, 5 Little Road, #08-01, Singapore 536983. Ausgezeichnete Karte im Maßstab 1:250.000, mit Regionalkarte Südbali (1:100.000) und

Umgebungs- und Stadtplänen (jeweils 1:10.000 - 1:25.000) von Kuta/Legian, Sanur, Ubud, Nusa Dua & Tanjung Benoa, Lovina Beach, Denpasar, Semarapura, Candi Dasa, Singaraja und Gianyar.
- **Bali Pathfinder**, Ubud, Bali. Diese handgezeichnete Karte wirkt mitunter etwas überfrachtet, ist aber neben der Periplus-Karte derzeit die beste, will heißen genaueste kartographische Informationsquelle. Neben einer Übersichtskarte über Gesamtbali beinhaltet sie Detailkarten zu Zentralbali, der Umgebung von Ubud, die Umgebung von Denpasar sowie Ortspläne von Kuta / Legian, Amlapura, Bangli, Semarapura, Negara, Singaraja, Lovina, Nusa Dua, Gianyar und Tabanan; E-mail: infobali@balipathfinder.com, www.balipathfinder.com.
- **Ubud**, Periplus Travel Maps, Periplus Editions, 5 Little Road, #08-01, Singapore 536983. Sehr gute, handliche Detailkarte von Ubud und Umgebung, mit einer kleinen Karte von Gesamtbali.
- **Ubud Surroundings**, Travel Treasure Maps, CV. Sayap Pelangi, Bali. Handgezeichnete Karte von Ubud mit überaus detaillierten Angaben zu Hotels, Restaurants, Geschäften und vielem mehr.

Wer Karten für ganz Indonesien sucht, kann auf folgende zurückgreifen:
- **Indonesia**, Nelles Map, Nelles Verlag, München, 1:4.000.000
- **Hildebrand's Urlaubskarte Indonesien**, Karto + Grafik Verlag, Frankfurt, 1:12.700.000

Karten aller Art besorgt vor der Reise:
- **Brettschneider Fernreisebedarf**, Feldkirchner Straße 2, 85551 Heimstetten, ☏ (089) 990 20330, 📠 (089) 99020331, E-mail: info@brettschneider.de, 🖥 www.brettschneider.de.
- **GeoCenter Internationales Landkartenhaus**, Schockenriedstraße 44, 70565 Stuttgart, ☏ (0711) 7889340, 📠 (0711) 7824375, E-mail: vertrieb@geocenter.de, 🖥 www.geocenter.de.

Vor Ort erhält man Landkarten und Stadtpläne in vielen Buchläden und Hotels sowie in größeren Supermärkten und Souvenirshops. Mit zusätzlichem Kartenmaterial können auch die Fremdenverkehrsämter Indonesiens (Anschriften siehe ‚Fremdenverkehrsämter') weiterhelfen, wobei man dort vor Ort gelegentlich auch noch detailliertere Stadt- und Regionalpläne erhält. Kostenlose Übersichtskarten, von denen man sich allerdings keine allzu genauen Angaben erhoffen sollte, liegen zudem am Flughafen, in vielen Hotels und an so manch anderen Plätzen aus.

⇨ **Kartenvorverkauf**

Wer sich beizeiten Karten für eine Tanzaufführung o. ä. sichern möchte, kann bei den Fremdenverkehrsämtern nachfragen, doch verkaufen diese Karten meist nur für Sonderveranstaltungen, nicht jedoch für die regelmäßigen Tanzaufführungen (siehe ‚Aufführungen'), für die Karten an den Rezeptionen bzw. Tour Desks vieler Hotels im Vorverkauf angeboten werden, wobei die Vertretungen der diversen Reiseagenturen, ob im Hotel oder außerhalb, in der Regel die beste Option sind, so man sich das Ticket nicht direkt am Veranstaltungsort besorgt. Vor allem in Ubud bieten Verkäufer(-innen) Eintrittskarten für die allabendlich stattfindenden Tanzvorführungen auch auf der Straße an, insbesondere rund um den Zentralmarkt. Da praktisch jeden Abend an verschiedenen Orten Tanzaufführungen stattfinden, kommt es kaum zu Engpässen, und sollte eine Veranstaltung wirklich einmal ausverkauft sein, so findet bestimmt wenige Tage später eine weitere am selben Ort oder in der näheren Umgebung statt.

⇨ **Kinder**

Kinder fliegen bei allen Airlines zum Sondertarif, und zwar zahlen solche bis zu zwei Jahren ohne eigenen Sitzplatz in der Regel 10 Prozent des offiziellen IATA-Tarifs, mitunter aber auch nur 10 Prozent des Billigtickettarifs, wohingegen für Kinder bis zu zwölf Jahren – mit Anspruch auf einen eigenen Sitzplatz – zumeist ein Discount von 50 Prozent gewährt wird. Wer seine Kinder mit auf Reisen nimmt, sollte sich daher auf jeden Fall bei den verschiedenen in Frage kommenden Airlines nach deren Ermäßigungen erkundigen.

Für Kinder ist die Insel selbst geradezu das sprichwörtliche Paradies, mit kilometerlangen Stränden, frischen Früchten in Hülle und Fülle, kinderlieben Einheimischen und jeder Menge Unterhaltung. **Kinder sind überall herzlich willkommen!** Um den Einheimischen näher zu kommen, sollten Sie daher zumindest das Geschlecht und das Alter Ihrer Kinder auf Indonesisch angeben können: ‚*Laki*' ist ‚Junge', ‚*Perempuan*' heißt ‚Mädchen', ‚*Tahun*' bedeutet ‚Jahr' und ‚*Bulan*' ‚Monat'. Und scheuen Sie sich nicht, sich nach den Kindern Ihres Gesprächspartners zu erkundigen, ganz gleich ob sie gerade anwesend sind oder nicht. Etliche der größeren Hotels besitzen vorzügliche Kindereinrichtungen samt Kinderbetreuung, die auch Nicht-Hotelgästen gegen Entrichtung der entsprechenden Gebühr (Rp. 50.000-100.000 für den halben, Rp. 100.000-200.000 für den ganzen Tag) zur Verfügung stehen, so z. B. das *The Westin Resort Nusa Dua* in Nusa Dua oder das *Bali Dynasty Resort* und das *Balihai Resort & Spa* in Tuban. Über das größte Angebot verfügt indes der *Club Mediterranée* in Nusa Dua, doch stehen dessen Einrichtungen nur Hotelgästen zur Verfügung, im Rahmen der All-Inclusive-Arrangements, dafür aber fast ausnahmslos ohne Zusatzkosten.

Damit die Kleinen den Aufenthalt aber auch so recht genießen können, sollte man ein **paar Vorsichtsmaßnahmen** nicht außer Acht lassen:
• Lassen Sie Ihr(e) Kind(er) vor Reiseantritt entsprechend impfen (Impfempfehlungen siehe oben unter ‚Gesundheit/Gesundheitsvorkehrung').
• Schützen Sie Ihre Sprösslinge vor allzu viel Sonne, ganz besonders während der ersten Tage und den Mittagsstunden (10-16 h), selbst wenn es bewölkt sein sollte. Die Nähe zum Äquator kann sonst schnell schlimme Folgen haben. Das Einreiben mit einer wirksamen Sonnenschutzcreme (Lichtschutzfaktor 15+) und das Tragen einer Kopfbedeckung ist bei den Kleinen noch wichtiger als bei Erwachsenen.
• Achten Sie darauf, dass Ihr(e) Kind(er) stets Schuhwerk tragen, um so das Risiko einer Wurm- bzw. Pilzerkrankung zu vermindern.
• Beachten Sie die Ernährungsempfehlungen, die weiter oben unter dem Stichwort ‚Gesundheit/Gesundheitsvorsorge' gegeben werden.
• Lassen Sie Ihren Nachwuchs nach Möglichkeit nicht mit Tieren spielen, da diese oft Parasiten übertragen (Tollwutgefahr besteht auf Bali hingegen kaum).
• Die größte Gefahr lauert aber wohl auf Balis Straßen; Kinder sollten sich daher niemals allein ins Verkehrsgetümmel stürzen.
• Steile Treppen und ungesicherte Abhänge sind weitere Gefahrenquellen, die von Kindern vielfach unterschätzt werden.

Da Kinder oft (noch) wenig an Kultur interessiert sind, sollte man Sie notfalls lieber unter Obhut im Hotel oder bei seinem Vermieter lassen als sie bei schwül-warmem Wetter durch diverse Tempelanlagen oder sonstige Sehenswürdigkeiten zu zerren. Bedenken Sie auch, dass die Akklimatisierung für die Kleinen zwar leichter ist als für Erwachsene, jene dafür aber wesentlich mehr unter der Zeitumstellung zu leiden haben und daher die ersten Nächte vielfach ziemlich unruhig verbringen, worauf Sie sich im Vorfeld einstellen sollten. Gönnen Sie ihnen also besonders in der ersten Woche vor allem eines: **Entspannung und Ruhe**. Das **Essen** stellt für Kinder heutzutage kaum noch ein Problem dar, haben sich doch mittlerweile viele Restaurants auf die kleine Kundschaft eingestellt und bieten spezielle Kindermenüs an, die zwar meist das Lokalkolorit vermissen lassen, dafür aber ein Stück vertrauter Heimat auf den Teller zaubern. **Babypflegeartikel** sind in allen größeren Ortschaften erhältlich, ganz gleich ob es sich um Einmalwindeln, Kinderpuder oder Babynahrung handelt, allerdings sind all diese Artikel vergleichsweise teuer und belasten – im Falle der Wegwerfwindeln – die Umwelt übermäßig, da sie noch immer in vielen Fällen in Flüssen und Bächen landen.

> **Tipp**
>
> *Weil die Straßen und Bürgersteige auf der Insel meist in nicht besonders gutem Zustand sind, empfiehlt sich statt des Kinderwagens ein Tragegurt für die Kleinsten. Siehe auch ‚Babysitter'.*

⇨ Kleidung/Kleiderordnung

Da die Temperaturen das ganze Jahr über ziemlich gleichbleibend tropisch schwül-warm sind, empfiehlt sich die Mitnahme leichter Bekleidung aus Baumwolle, Leinen oder Seide, nicht jedoch solcher aus Kunstfasern, da diese weniger luftdurchlässig ist und somit noch mehr Schweiß treibt als man ohnehin schon lässt. Jeans sind zwar praktisch, trocknen aber oftmals schlecht. In den Niederungen ist es auch abends noch angenehm warm, nur wer in den höheren Regionen wie z. B. bei Kintamani oder beim Gunung Agung nächtigen möchte, sollte auch etwas Wärmeres mit einpacken. Natürlich können Sie so gut wie alles auch vor Ort kaufen, wer dies jedoch nicht tun möchte, sollte folgende Kleidungsstücke und Accessoires einpacken:

- Unterhosen oder Slips
- Strümpfe und Socken
- Unterhemden
- kurzärmelige Hemden
- langärmelige Hemden (gegen Moskitos am Abend bzw. für höhere Lagen)
- T-Shirts oder Polohemden
- Shorts
- Badehosen bzw. Badeanzüge
- lange Hosen
- knielange Kleider
- Jacke oder Blouson (für höhere Regionen)
- Sweatshirt oder dünner Pullover (für höhere Lagen)
- Kopfbedeckung
- dünne, luftdurchlässige Regenjacke
- feste, geschlossene Laufschuhe (auch Turnschuhe)
- ein gutes Paar Schuhe für offizielle Anlässe
- Sandalen (nicht aus Plastik, die sind verpönt)
- Badesandalen (nur für das Hotel und den Strand)

> **Tipp**
>
> Als Grundregel mag gelten: Je weniger Sie mitnehmen, desto besser, denn bis auf extreme Übergrößen gibt es so gut wie alles vor Ort zu kaufen, und so haben Sie bei der Heimreise wenigstens noch ausreichend Platz für die Mitbringsel.

Wer leger mit gammelig verwechselt, wird auf Bali kaum ernsthafte Freundschaften schließen, denn so locker und ungezwungen sich die Einheimischen im Allgemeinen geben, so sehr erwarten sie von ihren Gästen, und dies sind wir als Touristen nun einmal, dass sich diese sauber und den Umständen entsprechend kleiden. Abend- und Partykleid bzw. Jackett und Krawatte benötigt man jedoch allenfalls bei wichtigen geschäftlichen Verhandlungen oder feierlichen Anlässen. Ein langärmeliges Batikhemd passt bei Männern zu jedem Anlass. Shorts, offenherzige Tops, Badehose, Badeanzug und Bikini gehören an den Swimmingpool und Strand, woanders sind sie fehl am Platz, auch wenn es noch so drückend heiß und schwül ist, es sei denn, man möchte sich bei den Einheimischen unbedingt lächerlich machen, denn dies tut man, wenn Mann mit entblößtem Oberkörper oder Frau mit Super-Mini durch die Straßen läuft, auch wenn man es nicht ins Gesicht gesagt bekommt. Vor allem Frauen sollten sich dezent bekleiden, ganz gleich, wo sie sich befinden; dazu gehört auch das Tragen eines BHs. Bei Behördengängen wird indes von beiden Geschlechtern properes Auftreten erwünscht, schließlich achten auch die Einheimischen bei offiziellen Anlässen sehr auf Etikette – und als Gast des Landes sollte man dies desto mehr tun. Halten Sie sich auch bei Bekleidungsfragen stets vor Augen, dass Rucksacktouristen in Indonesien wenig geschätzt werden. Wer viel unterwegs ist und dabei auch die eine oder andere religiöse Gedenkstätte besucht, sollte darüber nachdenken, ob er sich nicht zu Beginn seines Aufenthaltes mit der Bekleidung der Einheimischen ausstaffiert, da diese den klimatischen Verhältnissen bestens angepasst ist und zudem vom eventuell anfallenden lästigen Umkleiden beim Besuch der Kultstätten befreit. Die entsprechenden Kleidungsstücke, z. B. einen Sarong (auf Bali auch *Kamben* genannt) und eine Tempelschärpe, finden Sie entweder in den Einkaufspassagen der größeren Hotels oder aber in vielen Geschäften unterwegs, oder Sie lassen sie nach Maß anfertigen, wozu in der Regel nur wenige Stunden benötigt werden. Textilien sind in Indonesien überall von symbolischer Bedeutung, angefangen beim *Peleng*, jenem schwarz-weiß gewürfelten Stoff, mit dem die Balinesen Monumente und Statuen umhüllen, bis hin zum *Geringsing* (siehe Kapitel ‚Webarbeiten', S. 160ff), einem von den Bali Aga im komplizierten Doppel-Ikat-Verfahren in Tenganan hergestellten, magisch behafteten Stoff, den diese bei Ritualen tragen. Der Respekt den Göttern und Dämonen gegenüber gebietet es den Balinesen, sich bei Tempelfesten besonders zu kleiden, gleichzeitig verdeutlicht man dadurch untereinander aber auch die Rangunterschiede, wobei heutzutage jedoch eine Tendenz zur Vereinheitlichung festzustellen ist.

Die **rituelle Bekleidung der Männer** besteht aus einem etwa schienbeinlangen, geknoteten Tuch, dem so genannten *Kamben* oder *Kamben sarung*, der gegen den Uhrzeigersinn gewickelt wird und von dem man ein Stück zwischen den Beinen herabhängen lässt. Darüber umschließt der von einem Stoffgürtel gehaltene *Saput* die Hüften, der traditionellerweise auf Bali über der Brust gebunden wird; mittlerweile lassen allerdings immer mehr Männer das Hemd darüber hängen. Zusätzlich tragen alle Männer einen aus einem dreieckigen Tuch bestehenden Turban (*Destar* oder *Udeng*), schließlich muss der mit dem Himmel in Kontakt stehende Kopf rein bleiben. Früher wurde er je nach Stand und Kontext verschieden gewickelt, heute tragen ihn hingegen fast alle gleich, lediglich die Priester, deren lange Haare vollständig unter dem weißen Turban verschwinden, haben ihre traditionelle Wickelmethode beibehalten. **Frauen** tragen den die Hüften umspielenden und bis auf die Füße fallenden *Kamben* oder *Kamben lembaran* im Uhrzeigersinn gewickelt, wobei dieser von einem Korsett gehalten wird, das aus einem langen Band besteht. Die dereinst nackt belassenen Brüste verhüllt heutzutage die *Kebaya*, eine aus feinem, durchbrochenem Stoff gefertigte Bluse (bzw. langärmeliges Jäckchen), über der ein breiter Stoffgürtel getragen wird. Die – in der Regel im Alltag langwallenden – Haare werden geknotet. Als Schmuck tragen die meisten Frauen Fußkettchen.

Wer einen Tempel oder eine andere religiöse Kultstätte betritt, ist gehalten einen Stoffgürtel (*Selendang*) **zu tragen**, der symbolisch die Gelüste der unteren Körperpartien bindet und nach neueren Kleidungsvorschriften gelb zu sein hat (wobei bei den Leihgürteln der Tempel oftmals auch andere Farben zu finden sind), wohingegen die Gürtel der Priester nach wie vor weiß sind. Diese Tempelschärpe kann man vor den Kultstätten ausleihen, wobei – wenn keine Leihgebühr erhoben wird – eine kleine Spende angebracht ist (Rp. 1.000-2.000). Wer im Laufe seines Inselaufenthaltes mehrere religiöse Stätten besucht, sollte über den Kauf solch einer Schärpe nachdenken, die gleichzeitig auch ein nettes Mitbringsel ist und später auch anderweitig verwendet werden kann – oder man verschenkt sie am Ende der Reise. **Bei den meisten Tempelanlagen und bei allen Tempelfesten ist auch das Anlegen eines Sarongs obligatorisch**, dies gilt auch, wenn man eine kurze Hose oder einen kurzen Rock beim Besuch von Kultstätten trägt. Auch diese können jeweils gegen eine Leihgebühr am Eingang entliehen werden. Ein käuflich erworbener Sarong kann mitunter auch als Handtuch oder Liegetuch weiterverwendet werden.

Des Weiteren sind bei dem Besuch religiöser Stätten folgende Kleidervorschriften zu beachten:
- für **Männer**: entblößter Oberkörper, Shorts, ärmellose Hemden oder ebensolche T-Shirts sind ebenso verboten wie Barfußgehen; die Hose sollte mindestens bis zu den Schienbeinen reichen, Hemden und T-Shirts zumindest kurze Ärmel aufweisen, und als Schuhwerk sind Sandalen das mindeste.
- für **Frauen**: Miniröcke, Tops, Bikini-Oberteile, ärmellose Blusen oder ebensolche T-Shirts sind genauso verboten wie Barfußgehen; der Rock oder

Legere Freizeitbekleidung gibt es zwar überall zu kaufen, ist jedoch nicht überall angebracht.

die Hose sollte mindestens die Knie bedecken, Bluse oder T-Shirt sollten zumindest kurze Ärmel aufweisen, und beim Schuhwerk sollten es zumindest Sandalen sein.

Wer vor hat, Bali mit dem Motorrad zu erkunden, sollte auf jeden Fall wärmende Schutzkleidung einpacken, denn nicht wenige haben ihren Leichtsinn – halbnackt über die Straßen zu brettern – mit einem üblen Sonnenbrand oder Schlimmerem bezahlt. Somit gehören auch Nierenschutz und der eigene Helm auf jeden Fall mit ins Gepäck. (Helme kann man sich notfalls auch bei seinem Motorradvermieter mit ausleihen.) *Siehe auch ‚Verhalten(sregeln)'.*

⇨ Krankenhäuser

Bislang gibt es auf Bali kein Krankenhaus, in dem ganz schwere Verletzungen oder lebensbedrohende Erkrankungen adäquat behandelt werden können, im Gegenteil, vor allem Denpasars öffentliche Krankenhäuser (*Rumah sakit umum*) haben einen besonders schlechten Ruf. Nicht ganz so schlimm verhält es sich bei den Privatkliniken, im Ernstfall sollte man aber – so es der Gesundheitszustand zulässt – auf jeden Fall einen Transport nach Jakarta, oder besser noch nach Singapur oder Australien in Erwägung ziehen. Eine weitere Möglichkeit wäre – falls Sie entsprechend versichert sind und dies auch als notwenig angesehen wird – ein Rettungsflug in die Heimat (siehe ‚Rettungsdienst').

⇨ Kulturelle Veranstaltungen

An kaum einem anderen Flecken unserer Erde finden rund ums Jahr derart viele kulturelle Veranstaltungen statt wie auf Bali, nahezu täglich begeht man irgendwo ein Tempelfest, oft sind es sogar mehrere am Tag, hinzu kommen die zahlreichen anderen religiösen Gedenkfeiern und Tanzvorführungen, die tagtäglich an diversen Orten präsentiert werden und auch den nur kurzfristig verweilenden Touristen einen Einblick in das kulturelle Leben gewähren lassen. Bei diesen Touristenveranstaltungen (Dauer durchschnittlich 60-90 Minuten) ist Fotografieren in der Regel erlaubt, zumeist auch mit Blitzlicht (bitte vorher fragen), keinesfalls sollte man jedoch die Bühne oder Tanzfläche betreten. Bei authentischen Tempeltänzen ist in jedem Fall größte Zurückhaltung angebracht. Wer Wert auf Authentizität legt, sollte entweder im *ARMA* (Agung Rai Museum of Art) in Pengosekan bei Ubud vorbeischauen, dessen Vorführungen zudem noch nicht so überlaufen sind (hier ist beim *Kecak* das Fotografieren mit Blitzlicht untersagt), oder sich abseits der Touristenpfade bewegen, um in den Ortschaften den prinzipiell problemlosen Kontakt zu den Einheimischen zu suchen, von denen man meist gerne zu einem gerade stattfindenden Fest eingeladen oder mitgenommen wird.

Da sich der Zyklus der Feste auf Bali im Wesentlichen nach balinesischen Kalendern (siehe Kapitel ‚*Die balinesischen Kalender*', S. 157ff) richtet, verschieben sich die einzelnen Daten zum allergrößten Teil im Vergleich zu dem bei uns gültigen gregorianischen Kalender jedes Jahr. Den alljährlich aktualisierten Veranstaltungskalender für das ganze Jahr (‚*Calendar of Events and Festivals*'), der sämtliche religiösen und weltlichen sowie touristisch bedeutsamen Veranstaltungen auflistet, erhält man bei den Fremdenverkehrsämtern, bei denen man sich auch über weitere kulturelle Veranstaltungen informieren kann. Auskunft über das aktuelle kulturelle Geschehen kann auch das Personal an der Hotelrezeption oder der Concierge geben, und gerade bei diesem kann man, wenn man sich gut mit ihm stellt, oftmals wertvolle Tipps für nirgendwo verzeichnete Veranstaltungen – insbesondere solche auf lokaler Ebene – erhalten. Oder man schlägt in den diversen englischsprachigen Informationsbroschüren (siehe ‚Informationen') nach, die gleichfalls über das aktuelle Kulturgeschehen Auskunft geben.

Ein kulturelles Schmankerl ist das alljährlich Mitte Juni bis Mitte Juli im *Werdhi Budaya Art Centre* in Denpasar stattfindende **Bali Art Festival**, an dem neben einer Vielzahl einheimischer Tanz-, Theater- und Musikvorführungen zunehmend auch internationale Ensembles und Orchester teilnehmen. Wer in den privaten Genuss einer Tanzvorstellung kommen möchte, kann solch eine auch ganz für sich allein buchen, z. B. in Kerambitan, wo man im Puri Anyar und Puri Gede eine Calonarang-Geschichte mit einem Jogéd bestellen kann, begleitet vom Tektekan-Gamelan. Je nach Teilnehmerzahl kostet Sie das einmalige Erlebnis ab US$ 200.

M

 Maßeinheiten

In Indonesien gilt das metrische System, nur an und ab erfolgen Längen- bzw. Höhenangaben in Fuß und Temperaturangaben in Fahrenheit.

Längenmaß: 1 ft (foot = 12 inch) = 30,48 cm
Umrechnungstabelle Celsius/Fahrenheit: 1 °Celsius = 1,8 °Fahrenheit

Fahrenheit	Celsius	Fahrenheit	Celsius
23°	-5°	68°	20°
32°	0°	77°	25°
41°	5°	86°	30°
50°	10°	95°	35°
59°	15°	104°	40°

 Mietwagen

Mietwagen der verschiedensten Art werden auf Bali in allen Touristenzentren angeboten, wobei ein gründlicher Preis- und Leistungsvergleich lohnt, ja geradezu ein Muss ist. Die Preise und die im Preis eingeschlossenen Leistungen klaffen weit auseinander, so ist z. B. nicht immer eine Kfz-Versicherung im Mietpreis inbegriffen, dabei ist **Vollkaskoversicherung obligatorisch**. Lassen Sie sich auf jeden Fall die Police zeigen und lesen Sie die Versicherungsbedingungen sorgfältig durch. In vielen Fällen legt der Vermieter zunächst einen Vertrag vor, der im Unfalls- und Diebstahlsfall eine Selbstbeteiligung (meist US$ 300-500) des Mieters vorsieht, außerdem bietet er eine teure Zusatzversicherung an, die gelegentlich pro Tag mehr als die Automiete betragen kann. Durch zähes Verhandeln erreicht man aber meist die ersatzlose Streichung der Selbstbeteiligungsklausel. Angesichts der recht chaotischen Fahrweise der Einheimischen sind Sie – so durch den Mietvertrag nicht alles abgedeckt ist – dennoch gut beraten, sich gegen alle Eventualitäten zusätzlich zu versichern, selbst wenn dies ein bisschen mehr kostet.

 Hinweis

Manche Kreditkartenbesitzer (z. B. Eurocard Gold) sind im Schadensfall über ihre Kreditkarte entsprechend versichert, wenn Sie mit dieser bezahlen.

Kilometergeld wird für gewöhnlich nicht gesondert verrechnet, Sie können also so viele fahren, soviel Sie möchten, lediglich die Spritkosten gehen selbstverständlich auf Ihre Kosten, wobei Sie sich bei der Anmietung erkundigen sollten, ob der Wagen vollgetankt zurückgegeben werden muss, was aber nur dann der Fall sein darf, wenn Sie Ihn auch vollgetankt entgegennehmen.

Als Modelle stehen überwiegend diverse, meist viersitzige japanische Jeep- und Geländewagentypen zur Auswahl, mit denen man sich auch einmal auf eine unbefestigte Nebenstrecke begeben kann, Kleingruppen greifen hingegen gerne auf die minibusartigen Toyota Kijang zurück, die bis zu sieben Personen Platz bieten. Aufgrund der großen Konkurrenz ist **Kuta/Legian wohl derzeit der günstigste Platz**, um sich einen fahrbaren Untersatz zu mieten. Wie gesagt, es hängt entscheidend von Ihrem Verhandlungsgeschick ab, wie viel Sie letztendlich für Ihren Mietwagen zahlen, wobei es entscheidend ist, wo Sie Ihr Fahrzeug anmieten, denn in Sanur und vor allem Nusa Dua zahlen Sie in den meisten Fällen erheblich mehr als in Kuta/Legian. Der Endpreis hängt natürlich auch davon ab, für wie lange Sie das Auto anmieten. Für weniger als **Rp. 150.000 pro Tag** – einschließlich Vollkaskoversicherung und Steuer – werden Sie kaum einen Wagen finden, wobei dieser Preis selbst bei einer längeren Anmietung kaum zu untertreffen sein dürfte. Im Normalfall wird bei Anmietung die Hinterlegung einer Kaution bzw. die Bezahlung eines Teilbetrages der anfallenden Mietsumme verlangt. **Auf gar keinen Fall sollten Sie Ihren Pass als Pfand hinterlegen**, was hier und da gefordert wird, lieber sollten Sie in solch einem Fall die Verleihfirma wechseln.

Überprüfen Sie, ehe Sie losfahren, das Fahrzeug zunächst einmal gründlich, insbesondere die Bremsen, die Reifen, die Lichtanlage (einschließlich Blinker), das Reserverad, den Wagenheber, den Erste-Hilfe-Koffer und anderes. Bei etwaigen Mängeln bestehen Sie auf dem Austausch des Wagens oder der Reparatur. Eine kurze Proberunde mit dem Vermieter kann ebenfalls nicht schaden. Vor allem bei den kleineren lokalen Vermietern treten immer wieder einmal Mängel auf, die großen internationalen Verleihfirmen übergeben ihre Fahrzeuge dagegen in den allermeisten Fällen in einwandfreiem Zustand, doch lassen sie sich ihren Ruf auch entsprechend bezahlen. **Vergessen Sie auf gar keinen Fall, sich den Kraftfahrzeugschein aushändigen zu lassen, ehe Sie abfahren!** Im Schadensfall ist der Vermieter zu verständigen, der entweder den Fehler zu beheben oder ein Ersatzfahrzeug zu stellen hat. Wer seinen Mietwagen nicht an der Verleihstation zurückgeben kann oder möchte, kann ihn auch abholen lassen, wobei es von der Kulanz des Vermieters abhängt, ob er diesen Extra-Service zusätzlich berechnet oder nicht (erkundigen Sie sich am besten bei der Anmietung danach).

Hinweis

Die Mietfahrzeuge sind in der Regel nur für Bali zugelassen. Wollen Sie Ihr Fahrzeug mit nach Lombok oder Java mitnehmen, so benötigen Sie dafür eine Sondererlaubnis Ihres Vermieters, wodurch sich die Miete gleichzeitig erhöht.

Eine Alternative zum eigenen Wagen ist das Mieten eines solchen mit Chauffeur (*Sopir*), was mehrere Vorteile hat, vorausgesetzt er spricht einigermaßen Englisch, worauf Sie auf jeden Fall achten sollten: Man braucht sich nicht um den Verkehr zu kümmern, im Unfallsfall ist der Fahrer schuld, es gibt keine Verständigungsschwierigkeiten mit den Einheimischen, da der Fahrer die Fragen stellt bzw. beantwortet, und er kennt in der Regel Land und Leute weitaus besser als Sie, wodurch er Ihnen noch so manch nützlichen Tipp geben kann. Und last but not least reinigt er auch noch das Auto. Alles in allem: Sie sparen Nerven und oft auch noch Zeit. Nur müssen Sie darauf achten, dass er aus dem Ausflug keine versteckte Shopping Tour macht. Falls Sie diese Möglichkeit in Erwägung ziehen, können Sie im Hotel oder bei den meisten Autovermietern danach fragen, wobei Sie die Option zwischen stündlicher, halbtäglicher, täglicher, wöchentlicher oder gar monatlicher Anmietung haben. Zu den reinen Mietkosten für Wagen und Fahrer kommen – wenn Sie den Fahrer für einen Tag oder länger anheuern – noch dessen Verpflegungskosten (ca. Rp. 20.000-30.000 am Tag) und am Ende ein angemessenes Trinkgeld (ca. Rp. 10.000-20.000) hinzu, und für den Fall, dass Sie unterwegs nächtigen, müssen Sie selbstverständlich auch noch dessen Übernachtungskosten mit übernehmen. Siehe auch ‚Auto fahren'.

➪ **Motorrad fahren/Motorrad mieten**

Ist Autofahren auf Bali schon nicht ungefährlich, so erhöht sich das Risiko beim Motorrad noch um einiges, schließlich schrumpft die Knautschzone auf nahezu null, was angesichts des anarchischen Fahrverhaltens der Einheimischen und der zumeist unebenen Straßen nicht gerade ermutigend wirkt. Anfänger sollten es sich daher dreimal überlegen, ob sie sich tatsächlich in den Sattel schwingen wollen. Zur Warnung sei gesagt, dass alljährlich ein rundes Dutzend Touristen tödlich mit dem Motorrad verunglückt, von den zahlreichen Verletzten und Schwerverletzten ganz zu schweigen. Auch erfahrene Motorradfahrer sollten sich ganz sachte mit den lokalen Straßenverhältnissen vertraut machen, denn Schlaglöcher, unbefestigte Bankette, plötzlich auftretender Belagwechsel, gänzlich andere Bodenhaftung nach Regenschauern u.ä. sind nicht zu unterschätzen. **Fahren Sie also langsam und vorsichtig! Auf Bali besteht Helmpflicht!**

Motorradfahren ist auf Bali nicht ungefährlich.

Wer keinen Internationalen Motorradführerschein besitzt oder diesen daheim vergessen hat, kann sich beim **Traffic Police Department** in Denpasar eine Fahrerlaubnis besorgen. Für die Beantragung werden Pass und drei Passbilder benötigt. Dieser Bali-Führerschein, für den Sie Rp. 200.000 bezahlen müssen) ist nur auf der Insel gültig, und zwar für die Dauer Ihres Aufenthaltes. In der Regel begleitet einen der Verleiher zur Polizei und erledigt auch sämtliche Formalitäten, die selten mehr als vier Stunden in Anspruch nehmen.

Es besteht **Versicherungs- und Haftpflicht**. Wissen Sie im Voraus, dass Sie während Ihres Aufenthaltes Motorrad fahren werden, so bringen Sie am besten Ihren eigenen Helm mit, da diejenigen der Verleihfirmen meistens nur wenig Schutz bieten. Aus Sicherheits- und Gesundheitsgründen sollten Sie auch stets Nierenschutz, langärmeliges Hemd, lange, feste Hosen sowie festes Schuhwerk tragen – und vergessen Sie nicht, sich gegen die Sonne einzucremen. Die **günstigste Tagesmiete** für ein Motorrad mit 100 ccm oder 125 ccm liegt gegenwärtig bei etwa **Rp. 50.000**, für eine **Woche** bezahlt man ab **Rp. 200.000**, jeweils inklusive Versicherungen und Steuer. Prüfen Sie die Maschine vor Vertragsunterzeichnung auf Herz und Nieren (Reifen, Bremsen, Lichtanlage, Getriebe, Öl usw.) und lassen Sie sich **vor der Abfahrt den Kraftfahrzeugschein aushändigen**. Die **meisten Verleihfirmen**, die mit ‚Motorcycle for hire' werben, findet man in **Kuta/Legian** und **Sanur**, wobei es sich vielfach um die gleichen Firmen handelt, die auch Pkws vermieten. Zusätzlich bietet aber auch noch eine ganze Reihe von Reiseagenturen, Losmen, Restaurants und anderen Läden Motorräder zum Vermieten an.

Hinweise

- Es ist so gut wie unmöglich, ein auf Bali gemietetes Motorrad mit nach Java oder Lombok zu nehmen, geschweige denn anderswohin.
- Auf das Fahren ohne Führerschein steht offiziell eine Strafe von Rp. 2.000.000, die sich zwar in der Regel erheblich herunterhandeln lässt, worauf Sie sich aber nicht verlassen sollten. Ihnen und den anderen Verkehrsteilnehmern zuliebe: Fahren Sie nicht ohne gültigen Führerschein! Bezüglich der Straßenverkehrsordnung und Verkehrsverhältnisse siehe ‚Autofahren', zu Versicherungsfragen unter ‚Versicherungen'.

Museen

Bali verfügt nicht nur über jede Menge Sonne und Strände, sondern auch über einige recht sehenswerte Museen. Da diese an gewissen Feiertagen geschlossen haben (siehe ‚Feiertage'), empfiehlt es sich, sich gegebenenfalls vor dem Besuch noch einmal telefonisch nach den Öffnungszeiten zu erkundigen. Für Kinder beträgt der Eintritt meist die Hälfte des Erwachsenenpreises.

Hinweis

In der Regel ist in den Museen das Fotografieren zwar erlaubt, jedoch nur ohne Blitzlicht und Stativ, ebenso ist das Rauchen in den Ausstellungshallen untersagt.

N

Nachtleben

Wer die Nacht zum Tage machen möchte, kann dies auch auf Bali tun, wobei für nahezu jeden Geschmack etwas dabei sein dürfte. Chancen, stilvoll oder in lustiger, legerer Runde das eine oder andere Glas zu leeren bzw. schweißgebadet die Tropennacht zu durchtanzen, haben Sie insbesondere in den Touristenzentren des Südens, in Ubud, Candi Dasa und Lovina, in speziellen Nachtklubs ebenso wie in vielen Lokalen und Hotels, die außer mit einer Bar mitunter auch mit einer eigenen Diskothek aufzuwarten vermögen, letztere z. T. mit stilvoller Atmosphäre bzw. technisch einwandfreiem Equipment glänzend, wofür man allerdings auch entsprechend zur Kasse gebeten wird.

Zentrum des Nachtlebens in Kuta/Legian ist das von der Jl. Pantai Kuta und der Jl. Legian begrenzte Viertel, in dem es zahlreiche Bars, Discos und andere Unterhaltungsetablissements gibt, die überwiegend von trinkwütigen Australiern bevölkert werden, deren schier grenzenloser Alkoholkonsum leider oftmals auch seine unschönen Folgeerscheinungen zeigt, wenn sich Horden schwer Angetrunkener nächtens grölend durch die Straßen der Ortschaft auf den Heimweg machen, nicht selten begleitet von Schlägereien und anderen wenig schönen Szenen. Sanurs Nachtszene hingegen ist mehr etwas für Leute, die Entspannung und ohren- und nervenschonende Unterhaltung suchen; ähnlich verhält es sich auch mit Nusa Dua.

Hinweise

- *Da fast wöchentlich eine andere Kneipe bzw. Disco in ist und nicht wenige genauso schnell wieder von der Bildfläche verschwinden wie sie auf aufgetaucht sind, können sich Namen und/oder Niveau sehr rasch ändern.*
- *Bei Diskotheken und Nachtklubs muss man für gewöhnlich Eintritt (Cover Charge) bezahlen, ebenso bei allen besseren Karaoke-Bars, oder aber es wird ein Mindestverzehr verlangt.*
- *Eine strenge Kleiderordnung besteht an und für sich nirgendwo, dennoch sollte man nicht gerade im Strandoutfit auftauchen.*

  Nationalpark

Bislang verfügt Bali nur über einen einzigen Nationalpark, den so genannten **Taman Nasional Bali Barat** (Nationalpark Westbali), der einen Großteil des nahezu unbewohnten Hochlands von Jembrana im Nordwesten Balis einschließlich der Halbinsel Bukit Prapat Agung und der vorgelagerten Pulau Menjangan umfasst und sich über 76.312 Hektar erstreckt, von denen rund 50.000 Hektar bewaldet sind. Näheres zu dem Park finden Sie im Kapitel ‚Der Westen', S. 656ff. Für Wandertouren durch den Park, den man ohne Führer nicht betreten darf, benötigt man eine Genehmigung (Permit), die man entweder bei den Parkbüros in Cekik und Labuhan Lalang oder beim Landesforstamt in Denpasar kostenlos erhält.

Für die verschiedenen angebotenen, von einem Park Ranger geführten **Touren ab Labuhan Lalang** müssen Sie mit folgenden Kosten rechnen:
1. Zweistündiger Rundmarsch, für eine oder zwei Personen Rp. 120.000, jede weitere Person kostet Rp. 30.000 extra.
2. Vierstündige Wanderung in die Berge, für eine oder zwei Personen Rp. 160.000, jede weitere Person kostet Rp. 30.000 zusätzlich.
3. Tagestour bis Melaya (auf der anderen Seite des westlichen Inselzipfels). Diese Tour führt bis auf 669 m Höhe und durch üppigen Regenwald und kostet für eine oder zwei Personen Rp. 290.000, für jede weitere Person werden Rp. 30.000 berechnet.

4. Wanderung um die Halbinsel Bukit Prapat Agung. Diese Tour, bei der man eine ganze Reihe wilder Tiere zu Gesicht bekommt (Affen, Schlangen, Hirsche u. a.) und für die man sich die Erlaubnis im Parkhauptquartier in Cekik einholen muss, dauert zwei bis drei Tage, wobei unterwegs Wassertanks zum Duschen und einfache Übernachtungsmöglichkeiten zur Verfügung stehen. Bei bis zu zwei Personen zahlt man für diese Tour Rp. 600.000, für jede weitere Person werden zusätzlich Rp. 30.000 fällig.
5. Pulau Menjangan-Tour. Diese Tour (möglich täglich von 7-15 h), die Gelegenheit zum Schnorcheln und Tauchen bietet, schlägt bei einer Dauer von vier Stunden mit Rp. 200.000 zu Buche, jede weitere Stunde wird mit Rp. 20.000 berechnet, wobei für den Guide in jedem Fall noch einmal Rp. 60.000 hinzukommen.

Je nachdem, wie informativ und hilfsbereit Ihr Ranger war, sollten Sie am Ende der Tour nicht vergessen, sich bei Ihm mit einem angemessenen Trinkgeld zu bedanken. Während Kochgerät im Park ausgeliehen werden kann, müssen Essen, Getränke, Bettzeug und anderes Zubehör selbst mitgebracht werden. Als Bekleidung empfiehlt sich festes, geschlossenes Schuhwerk sowie lange Hosen und langärmelige Hemden bzw. Blusen, um Moskitos und Stacheln möglichst wenig Angriffsfläche zu bieten. Am besten arrangiert man alles am Tag vor der eigentlichen Wanderung, d. h. man holt das Permit ein, heuert einen Führer an und deckt sich mit den notwendigen Ausrüstungsgegenständen und dem benötigten Proviant ein. So kann man bereits die kühleren Morgenstunden für das ohnehin schweißtreibende Unternehmen nutzen und muss sich nicht erst mit den erforderlichen Vorbereitungen herumschlagen. Ansonsten können Sie Ihr Glück aber auch frühmorgens um 7 h beim Parkhauptquartier in Cekik oder bei der Ranger Station in Labuhan Lalang versuchen, wo Sie zu dieser Zeit möglicherweise schon einen Guide vorfinden. Möchte man über Nacht im Park bleiben, sollte man dies der Parkbehörde rechtzeitig mitteilen und auf jeden Fall ein Moskitonetz sowie ausreichend Proviant und Wasser mitbringen. Die für die Übernachtung zur Verfügung stehenden Hütten sind sehr einfach und nichts für komfortverwöhnte Zeitgenossen!

⇨ **Notruf**

Bei Schwierigkeiten mit dem Mietwagen bzw. Mietmotorrad unbedingt auch die Verleihfirma verständigen. Im Falle des Verlustes von Pass oder anderen Papieren oder Dokumenten das Konsulat seines Landes verständigen.

Nachstehend **einige wichtige Rufnummern**:

Operator:	100 (national),	**Beschwerden**:	117
	101 (international)	**Touristennotdienst**:	(0361) 227271
Directory Assistance Operator:		**Postauskunft**:	161
	108 (örtlich),	**Aids-Info**:	163
	106 (landesweit)		
Polizei (Kantor Polisi):	110	**Zeitansage**:	103
Feuerwehr:	113	**Immigration**:	(0361) 238168 und
			(0361) 751038
Krankenwagen:	118	**Indonesisches Rotes Kreuz**:	(0361) 226465

Siehe auch ‚Telefon'.

O

⇨ Öffnungszeiten

Die nachfolgend genannten Öffnungszeiten stellen nur grobe Anhaltswerte dar; notfalls im Einzelfall vorab erkundigen:

- **Ämter und Behörden** (Regierungsstellen): Mo-Do 7-14 h und Fr 7-12 h
- **Apotheken**: täglich 9-19 h, zuweilen auch bis 20 h oder gar rund um die Uhr
- **Banken**: Mo-Fr 8-12 h (gelegentlich auch bis 14 h und länger, vor allem in den Touristenzentren) und Sa 8-11 h; in den Hotels meist bis spät abends oder rund um die Uhr
- **Botschaften und Konsulate**: siehe unter ‚Botschaften/Konsulate'
- **Büros**: Mo-Fr 8-16 h bzw. 9-17 h
- **Geschäfte**: Da es wie in vielen asiatischen Ländern keine gesetzlich vorgeschriebenen Ladenschlusszeiten gibt, kann jeder Besitzer sein Geschäft nach Belieben öffnen und schließen wann er möchte, wobei die Läden in den Touristenzentren länger geöffnet bleiben als sonst wo, oftmals bis in die späten Abendstunden, so dass man nach Einbruch der Dunkelheit oder nach dem Abendessen noch genügend Gelegenheit hat, um in Ruhe Einkaufen zu gehen. An Sonn- und Feiertagen bleiben allerdings viele Geschäfte geschlossen. Als grobe Anhaltspunkte mögen folgende Zeiten gelten: in Touristenzentren täglich 10-22 h, auf dem Lande täglich 8-20 h und in der Stadt Mo-Sa 9-20 h.
- **Money Changers** (Wechselstuben): täglich 8-20 h
- **Museen**: sehr unterschiedlich, meist jedoch täglich 8-16 bzw. 17 h
- **Post**: Mo-Do 8-14 h, Fr 8-11 h und Sa 8-13 h
- **Restaurants**: Die Öffnungszeiten der einzelnen Lokale sind sehr unterschiedlich, doch beginnen die meisten den neuen Geschäftstag vor dem Mittag (oft schon um 7 h zum Frühstück) und schließen zwischen 22 und 24 h. Hat man ein spezielles Restaurant im Auge, sollte man dessen Geschäftszeiten notfalls telefonisch erfragen.
- **Telefonamt** (Wartel): täglich 8-20 h, in den Touristenzentren auch bis 22 h oder länger
- **Tempel**: für gewöhnlich täglich 7-17 oder 18 h

P

⇨ Pass

Achten Sie darauf, dass Ihr Pass bei der Einreise **noch mindestens ein halbes Jahr lang gültig** ist. Zwar sollen Sie ihn offiziell stets bei sich haben, da jedoch nur äußerst selten Kontrollen stattfinden, ist es aus Sicherheitsgründen jedoch in der Regel ratsamer, ihn in Ihrer Unterkunft zu deponieren, außer Sie sind mit dem Mietwagen bzw. -motorrad unterwegs. Im Falle des **Verlustes** gehen Sie zunächst zu der für Sie zuständigen konsularischen Vertretung, die einen Ersatzpass ausstellt, mit dem Sie anschließend zur nächsten Polizeidienststelle und schließlich zum Kantor Imigrasi (siehe ‚Einwanderungsbehörde') gehen, um ihn abstempeln zu lassen.

⇨ **Passfotos**

Sie sollten stets ein paar Passfotos in Ihrem Reisegepäck mitführen. Diese benötigen Sie unter Umständen zur Beantragung des balinesischen Ersatz-Führerscheins oder eines Visums, falls Sie in ein visumpflichtiges Land weiterreisen und noch kein Visum dafür haben. Passbilder kann man auf Bali in vielen Fotogeschäften kostengünstig anfertigen lassen.

⇨ **Post**

In der Regel sind die **Postämter** (*Kantor Pos* oder *Postal Agent*) Mo-Do 8-14 h, Fr 8-11 h und Sa 8-13 h geöffnet. Nach Europa sind Briefe und Postkarten als Luftpost (Air mail) durchschnittlich **sieben bis zehn Tage** unterwegs, umgekehrt dauert die Zustellung noch etwas länger.

Hinweise

Es empfiehlt sich, Post nach Möglichkeit immer als Luftpost aufzugeben, wobei man wichtige Briefe als Einschreiben schicken sollte.

Briefmarken erhält man bei allen Postämtern, allen *Postal agents* und an den Rezeptionen der meisten Hotels, an denen man auch Postsendungen aufgeben kann; diese werden zuverlässig weiterbefördert. Achten Sie darauf, dass die Marken auch richtig kleben, da manche keine allzu gute Gummierung aufweisen.

Tipp

Die z.T. sehr motivschönen indonesischen Briefmarken sind ein beliebtes Mitbringsel für Philatelisten. Viele Postämter und Hotelkioske halten eine Auswahl postfrischer und/oder gestempelter Marken zur Auswahl bereit.

Postlagernde Sendungen kann man sich auf die in Kapitel ‚Regionale Reisetipps von A-Z' mit einem Stern (*) gekennzeichneten Postämter mit dem Vermerk ‚Poste restante' schicken lassen, wobei der Familienname großgeschrieben und unterstrichen sein sollte, gefolgt von dem Namen des Postamts (‚Kantor Pos...') sowie ‚Bali' und ‚Indonesia', so dass die vollständige Anschrift folgendermaßen aussieht:

```
Heinz MUSTERMANN (ohne Herr, Frau oder Fräulein)
Poste restante
Kantor Pos... (z. B. Ubud)
Bali
Indonesia
```

Wenn Sie Ihre Post an den Poste-Restante-Schaltern abholen wollen, müssen Sie Ihren Pass vorlegen, zudem wird pro Brief eine kleine Verwaltungsgebühr erhoben. Falls man Ihre Sendung unter Ihrem Namen nicht gleich findet, soll man notfalls auch unter Ihrem Vornamen nachschauen. Briefe werden normalerweise drei Monate aufgehoben, ehe sie zurückgeschickt werden, Telegramme gehen allerdings oft schon nach vier Wochen zurück und müssen mitunter an einem anderen Schalter abgeholt werden. Falls man noch Post erwartet, aber schon weiterreisen möchte, hat es im Allgemeinen wenig Sinn, einen Nachsendeantrag zu stellen. Als Nachsendeadresse kämen allenfalls die diplomatischen Vertretungen des Heimatlandes in Frage bzw. für Besitzer einer American-Express-Kreditkarte die Vertretungen von American Express.

!!! Vorsicht

Da überdurchschnittlich viele Postsendungen verloren gehen, sollte man sich Post nur im äußersten Notfall (nach)schicken lassen, allenfalls Postkarten. Dies gilt für postlagernde Sendungen genauso wie Sendungen, die an Privatadressen oder Hotels adressiert sind.

Auf dem Hauptpostamt von Denpasar und den Postämtern der größeren Touristenorte kann man sich auch ein **Postschließfach** mieten, an das man seine Post schicken lassen kann. **Auskunft über Postleitzahlen**, **Posttarife** u. a. erhält man bei den Postämtern oder an der Hotelrezeption.

Die derzeitigen Luftposttarife nach Europa:

Postkarte:	Rp. 6.000	**Päckchen:**	bis 250 g Rp. 60.000
Brief:	bis 20g Rp. 6.000		bis 500 g Rp. 90.000
	bis 50 g Rp. 14.000		bis 1 kg Rp. 170.000
	bis 100 g Rp. 25.000		bis 2 kg Rp. 250.000

Es gibt **zwei Arten von Express-Briefen**:
1. **blaue Umschläge** mit der Aufschrift ‚Kilat'
2. **gelbe Umschläge** mit der Aufschrift ‚Kilat khusus' (Luftposteinschreiben)
Beide Umschlagarten sind auf allen Postämtern erhältlich, allerdings gewinnt man mit Ihnen höchstens zwei Tage bei Sendungen nach Europa oder in die USA, wobei bei beiden eine Zusatzgebühr erhoben wird.

Die **Gebühren für Pakete** bemessen sich nach dem Gewicht, wobei das Höchstgewicht für Luftfracht bei 10 kg liegt, was darüber hinausgeht, muss auf dem Landweg oder per Schiff (Sea mail) verschickt werden. **Pakete** müssen neutral, z. B. mit braunem Papier verpackt und verschnürt sein, **dürfen aber erst nach der Inspektion durch den Postbeamten verschlossen werden** (dies geschieht, um die illegale Ausfuhr von Antiquitäten zu verhindern). Auf den größeren Postämtern kann man das zum Verpacken benötigte Material gelegentlich käuflich erwerben, wobei man sein Paket z. T. sogar für einige Rupien in Folie einschweißen lassen kann. Die maximale Länge eines Paketes beträgt 100 cm, bei einem Maximalumfang von 200 cm. Legen Sie einen Zettel mit Ihrer Adresse sicherheitshalber auch in das Paket. Bei Sendungen ins Ausland sind folgende Formblätter auszufüllen: CP2 (eine Art Ausfuhrbescheinigung) und C2/CP3 (eine Zollerklärung), wobei von letzterem insgesamt fünf Durchschläge benötigt werden. Per Luftfracht sollte ein Paket ab Bali in zwei bis drei Wochen in Mitteleuropa sein, auf dem Seeweg in zwei bis drei Monaten.

Indonesische **Briefkästen sind rot** und tragen die Aufschrift ‚*Pos dan Giro*'; die Leerungszeiten sind auf einem Schild auf der Vorderseite verzeichnet. **Einige Fachbegriffe**:
First class mail normale Briefpost
Registered mail Einschreiben (indonesisch: *Kilat khusus*)
Air mail Luftpost (indonesisch: *Pos udara*)
Sea mail Seefracht (indonesisch: *Pos laut*)

Zusätzlich zur Post gibt es noch eine ganze Reihe von **Zustelldiensten und Kurieren**, deren Adressen und Telefonnummern man in den Yellow Pages unter ‚*Courier Service*' findet.

R

⇨ **Rauchen**

Nichtraucher haben es in Indonesien schwer, denn bis dato gibt es praktisch keine Nichtraucherzonen, lediglich einige Hotels der oberen Kategorien bieten Nichtraucherzimmer an. Ansonsten muss man sich, wenn man sich unter Menschen und speziell Einheimischen, von denen immerhin rund 60 Prozent der Männer qualmen, mischt, den blauen Dunst als Passivraucher schlucken. Ein Mann, der nicht raucht, ist für viele Indonesier unvorstellbar und wird oft für homosexuell gehalten.

⇨ **Reisebüros/Reiseveranstalter**

Wer im Rahmen einer organisierten Tour unterwegs ist, braucht sich um das Reiseprogramm, die Bestätigung des Rückfluges oder die Buchung irgendwelcher Zusatzleistungen normalerweise keine Gedanken zu machen. Wer indes auf eigene Faust angereist ist, sich vor Ort aber nicht gleich völlig selbständig auf Entdeckungsreise begeben möchte, kann sich einem der zahlreichen Reiseveranstalter anvertrauen, die in allen Touristenzentren – aber auch andernorts – zu finden sind. Bei diesen Agenturen kann man Tages- und Halbtagesausflüge zu Lande oder Wasser, Trips auf die Nachbarinseln, Rundflüge und Flüge, Schiffspassagen oder auch eine Unterkunft buchen, darüber hinaus helfen sie meist auch mit Tipps weiter und übernehmen vielfach auch die Rückbestätigung von Flügen.

⇨ **Reisedokumente**

Folgende Dokumente und Reiseunterlagen gehören ins **Handgepäck**:

- Flugticket(s)
- Pass
- Impfpass
- Internationaler Führerschein (falls Sie ein Auto oder Motorrad anmieten wollen)
- Internationaler Jugendherbergsausweis (wenn Sie in der Jugendherberge unterkommen möchten)
- Internationaler Studentenausweis (so Sie noch studieren)
- Internationale Telefonkarte
- Kreditkarten
- Traveller Cheques
- Bargeld
- Reiseunterlagen (wenn Sie eine Pauschalreise gebucht haben)
- Versicherungsunterlagen (für Krankheits- bzw. Unfallsfall)
- Mitgliederausweise (Membership Cards – z. B. von Airlines oder Hotelketten)
- Handy

Fertigen Sie von allen wichtigen Dokumenten und Reiseunterlagen mindestens je eine Kopie an, wobei Sie natürlich nicht alle Traveller Cheques kopieren müssen, eine Kopie der Ankaufquittungen genügt. Im Fall des Abhandenkommens irgendeines Dokuments verständigen Sie umgehend die zuständige Stelle, z. B. beim Pass die diplomatische Vertretung Ihres Landes, bei Kreditkarten das bzw. die ausgebende(n) Geldinstitut(e), bei Traveller Cheques die Scheckgesellschaft und beim Flugticket die Airline. Siehe auch unter ‚Führerschein', ‚Geldangelegenheiten', ‚Pass' und ‚Versicherungen'.

⇨ **Reisezeit**

An und für sich hat Bali, begünstigt durch die äquatornahe Lage, **ganzjährig Saison**, so dass es vor allem von der Niederschlagsstatistik abhängen dürfte, wann man sich auf die Reise begibt. Diese zeichnet die Monate **April bis September** mit nur durchschnittlich **vier bis fünf Regentagen** pro Monat als die regenärmsten aus, wobei die Tageshöchsttemperatur kaum über 30 °C steigt. Doch auch in den so genannten Regenmonaten regnet es meist nur nachts oder in den frühen Morgenstunden, wohingegen sich am späten Vormittag und am Nachmittag wiederum die Sonne am blauen Himmel zeigt. Weitaus mehr zu schaffen macht vielen zu dieser Jahreszeit die hohe Luftfeuchtigkeit, die nicht selten 85 Prozent und mehr erreicht, und dies bei Temperaturen um 30-32 °C – nicht gerade das geeignetste Klima für ausgedehnte Wanderungen.

Das relativ trockene Wetter der Monate April – September nützen natürlich auch viele Urlauber aus dem asiatisch-pazifischen Raum, die vor allem in den Monaten Juni-September zuhauf auf die Insel strömen, wodurch es hier und da mitunter eng werden kann und die Preisnachlässe normalerweise knapper ausfallen als in der so genannten Nebensaison, die gewöhnlich von Oktober bis Mai dauert und lediglich von der ‚kleinen Hochsaison' (von Weihnachten bis Mitte Januar) unterbrochen wird, zu der besonders viele Indonesier und Australier Bali einen Kurzbesuch abstatten. Viele indonesische Touristen trifft man auch während der nationalen Feiertage und während des islamischen Fastenmonats Ramadan auf der Insel an.

Wer es sich einrichten kann, sollte die Monate **April-Juni** oder **Oktober/November** für seine Visite wählen, die – bei meist schönem Wetter – mehr Beschaulichkeit und in vielen Fällen erstklassige Möglichkeiten der Preisermäßigung gewährleisten. Wer auch die Nachbarinseln (z. B. Komodo oder Sulawesi) besuchen möchte, der wähle am besten die Frühjahrsmonate, da die Herbst- und Wintermonate auf diesen von starken Regenfällen gekennzeichnet sind. Siehe auch Kapitel ‚Klima', S. 49ff.

⇨ **Rettungsdienst**

Wer sich auf Bali eine schwerwiegende Verletzung zuzieht oder ernsthaft erkrankt, sollte sich, so er reisetauglich ist, zur Behandlung möglichst ins Ausland oder aber zumindest nach Jakarta begeben. Ist der Patient selbst dazu nicht mehr imstande, wird er in der Regel ausgeflogen; ob nach Jakarta, Singapur, Australien oder gar Europa, darüber entscheidet im Ernstfall der behandelnde Arzt. **Zwei Transportmöglichkeiten** stehen dabei zur Verfügung, wobei die Fluggesellschaften sowie die diplomatischen Vertretungen des Heimatlandes in Notfällen jederzeit gerne Auskunft geben:

1. per ‚**Stretcher**': Hierbei handelt es sich um eine normale Linien- oder Chartermaschine, in der mehrere Sitze oder Sitzreihen ausgebaut und durch eine Krankenliege ersetzt werden. Diese Art des Transports wird aber allenfalls bei nicht lebensbedrohenden Verletzungen und Krankheiten gewählt.
2. per **Rettungsflug**: Die am häufigsten gewählte Alternative, um Schwerverletzte bzw. -erkrankte zu transportieren.

Da beide Möglichkeiten äußerst kostspielig sind, **sollte man auf jeden Fall vor der Reise eine Reisekostenversicherung abschließen, die einen eventuellen Rettungsflug abdeckt**. (Siehe ‚Versicherungen'.)

Weltweiten Versicherungsschutz genießen Mitglieder von **Rettungsflugwachten**:
- **Deutsche Rettungsflugwacht e.V.** (DRF), Raiffeisenstraße 32, 70794 Filderstadt, ☏ (0711)70070, 📠 (0711)70072349, E-Mail: presse@drf.de, 🖥 www.drf.de.
- **ÖAMTC-Notrufzentrale**, Wien, ☏ (01)9821304.
- **Tyrol Air Ambulance**, Fürstenweg 180, Postfach 81, 6026 Innsbruck-Flughafen, ☏ (0512) 22422, 📠 (0512) 288888, E-Mail: taa@taa.at, 🖥 www.taa.at.
- **Schweizerische Rettungsflugwacht Rega**, Rega Center, Potfach 1414, 8058 Zürich-Flughafen, ☏ (01) 6543311, 📠 (01) 6543322, E-Mail: info@rega.ch, 🖥 www.rega.ch.

Siehe auch ‚Versicherungen'.

⇨   **Rundflüge**

Bietet die Insel schon vom Boden und Wasser aus tagtäglich neue faszinierende Perspektiven und Ausblicke, an denen man sich nicht satt sehen kann, so ist ein Rundflug über das Eiland das Tüpfelchen auf dem I, offeriert die Vogelperspektive doch eine derartige Fülle ungeahnter, atemberaubender Ansichten und Einsichten, dass man sich – trotz der in diesem Moment rein räumlichen Distanz – ihr emotional noch näher fühlt als je zuvor. Je nachdem wie tief Sie in Ihre Tasche langen wollen, stehen Ihnen mehrere Optionen zur Auswahl (alle Preise verstehen sich inklusive Steuern und Service Tax):

Rundflüge sind – außer bei fast allen Reisebüros – auch direkt bei folgenden Veranstaltern zu buchen:
- **Bali Adventure Tours**, Adventure House, Jl. By Pass Ngurah Rai, Pesanggaran, ☏ (0361) 721480, 📠 (0361) 721481. Dieser Veranstalter bietet sieben verschiedene Helikopterrundflüge an, vom achtminütigen Rundflug über Kuta Beach bis hin zum einstündigen über die Vulkane und Seen im Inselinneren. Bei maximal drei Fluggästen kommen diese Rundflüge auf US$ 45-299 pro Person (inklusive Hoteltransfer und Versicherung). Sie können die Helikopter aber auch zu Privatzwecken anmieten; E-Mail: info@baliadventuretours.com, 🖥 www.baliadventuretours.com
- **Air Bali**, Dewa Ruci Building No. 2, By Pass Ngurah Rai, Kuta, ☏ (0361) 767466, (0361) 766582, (0812) 3836321 und (081) 338769756, 📠 (0361) 766581, E-Mail: info@airbali.com, 🖥 www.air-bali.com. Für die sieben verschiedenen Rundflüge und die Privatcharter stehen zwei Helikopter zur Verfügung. Die einzelnen Rundflüge dauern zwischen 15 Minuten und gut eineinhalb Stunden und kosten (ohne Flughafensteuer) für bis zu vier Personen zwischen US$ 330 und US$ 1.705. Die Kosten für die Charter hängen von der Dauer und dem Zielort ab.

Allgemeine Reisetipps von A-Z

- **Bali Avia**, Jl. Sunia Negara 31, Banjar Sakah, Denpasar, P.O. Box 1094, ☎ (0361) 722114, 📠 (0361) 725300 und (0361) 728101. Hier können Sie Helikopter ganz für Ihre privaten Zwecke buchen, ob zum Sightseeing oder für professionelle Fotoaufnahmen. Die Preise richten sich nach Teilnehmerzahl und Flugdauer. Pro Stunde zahlt man bei 2-4 Personen US$ 1.200 (wer alleine fliegt nur US$ 1.150); E-mail-Adressen: baliavia@dps.centrin.net.id und baliaviatr@denpasar.wasantara.net.id

Aus der Luft präsentiert sich Bali von seiner Schokoladenseite.

- **Island Seaplanes**, Jl. Raya Pelabuhan, Benoa Harbour, ☎ 0818-552960, 0818-139708 und 0815-9998960, E-mail: seaplanes@bali-travelshop.com, 🖥 www.bali-travelshop.com/bali_adventure/island_seaplanes/index.html. Mit dem Wasserflugzeug (Typ DeHavilland Beaver) kann man entweder ab Benoa Harbour zu diversen Rundflügen (mindestens 3 Personen) abheben; z. B. zum Danau Batur (30 Minuten, pro Person US$ 55), zum Pura Besakih (40 Minuten, pro Person US$ 73), zu den Vulkanen (50 Minuten, pro Person US$ 110), nach Lombok (4 h, davon 1,5 h Flug, pro Person US$ 255), nach Komodo (ganztägig, US$ 2.500 für die ganze Maschine. oder aber man heuert die Maschine für US$ 680 stundenweise an (max. 7 Personen). Darüber hinaus kann man sie auch als Transfermittel nutzen, und zwar nach Lovina für US$ 160 pro Person (mind. 3 Personen) oder zur Pulau Menjangan und nach Senggigi und zu den Gili Islands für US$ 230 pro Person (jeweils one way).
- **Seal**, Letkol Wisnu Airstrip, Sumber Kima Village, Grokgak, Buleleng, ☎ (0361) 726689, 📠 (0361) 727860. Der 20-minütige Tandemflug mit dem Ultraleichtflugzeug über den Nordwesten der Insel kostet Sie US$ 65. Wer Gefallen an dieser Fortbewegungsart findet, kann hier auch seinen Flugschein erwerben.

▷ **Rundfunk**

Mittlerweile gibt es auf Bali eine ganze Reihe von **privaten Rundfunksendern**, die – normalerweise jeweils zur vollen Stunde – Nachrichten in englischer Sprache ausstrahlen, deren Programm ansonsten aber fast ausschließlich aus westlicher Musik besteht, darunter auch der hauseigene Sender des Bali Hard Rock Hotels.

Der staatliche Sender **Radio Republic Indonesia** (RRI; 93,5 kHz) hingegen bringt nur morgens und abends ein englischsprachiges Programm, ansonsten viel traditionelle indonesische Musik.

Wer einen **Weltempfänger** besitzt, kann je nach Tageszeit auf verschiedenen Frequenzen die **Deutsche Welle** hören, wobei der Empfang von Ort zu Ort und je nach Tageszeit (bester Empfang meist in den Abend- und Nachtstunden) sehr unterschiedlich ausfällt. Da sich die Kurzwellenfrequenzen zweimal im Jahr ändern, sollte man sich sicherheitshalber einen kostenlosen Sendeplan mit den entsprechenden Sendefrequenzen schicken lassen: *Deutsche Welle*, DW-Radio, Kurt-Schumacher-Straße 3, 53113 Bonn, ☎ (0228) 4290, 📠 (0228) 4293000, E-mail: tb@dw-world.de, 🖥 www.dw-world.de.

> **Hinweis**
>
> *Offiziell brauchen Sie zwar eine Genehmigung für die Einfuhr eines Radios, angesichts der nur äußerst selten durchgeführten Kontrollen sollten Sie sich aber diesbezüglich nicht allzu viele Gedanken machen.*

S

⇨ **Schwarzes Brett**

Wer nach einer Mitfahr- oder Mitwohngelegenheit, günstigen Kaufs- und Verkaufsangeboten sowie den neuesten Insidertipps u.Ä. Ausschau hält, sollte ab und an einen Blick auf die schwarzen Bretter werfen, die in etlichen Cafés, Restaurants und Unterkunftsbetrieben hängen. Offerten und Nachfragen dieser Art findet man aber auch in einem Teil der vielerorts kostenlos ausliegenden Informationsbroschüren (siehe ‚Informationen').

⇨ **Sex(abenteuer)**

Der Strom der Touristen hat auch alle diesbezüglichen negativen Begleiterscheinungen an die Gestade Balis gespült, so auch den Sextourismus, der zwar noch nicht die erschreckenden Ausmaße, Auswüchse und Abscheulichkeiten angenommen bzw. hervorgebracht hat wie z. B. in Thailand oder auf den Philippinen, doch hat sich die Lage in den letzten Jahren infolge der Wirtschaftskrise zumindest in der Region um Kuta und Legian erschreckend zugespitzt, werden dort alleinreisenden Männern, insbesondere entlang der Jalan Legian und an der Strandpromenade, auf Schritt und Tritt ‚nice young girls' und ‚nice women' angeboten. Wer auf derlei Vergnügen (?) nicht verzichten kann oder meint, den Liebreiz der Balinesinnen einmal hautnah verspüren zu müssen, sollte sich zunächst darüber im Klaren sein, dass es sich bei den von Schleppern und Zuhältern angebotenen Mädchen (‚Balinese girl, very young') und Frauen, aber auch bei den Damen, die sich selbst anbieten, mit nahezu hundertprozentiger Sicherheit um keine Balinesin handelt, da sich diese für etwas Derartiges nicht hergeben, sondern vielmehr um Mädchen und Frauen von den Nachbarinseln (Java, Sulawesi etc.), die nicht selten mit leeren Versprechungen und z. T. auch unter Androhung von Gewalt hierher gelockt bzw. geschleppt wurden, und für die es, schon allein aufgrund der bestehenden sozialen Normen, fast kein Zurück mehr gibt.

Sollte dies an und für sich allein schon Grund genug sein, Abstand von solchen Angeboten zu nehmen, so spricht die Tatsache, dass – nach neuesten Schätzungen – **neun von zehn dieser Mädchen mit Aids oder Geschlechtskrankheiten infiziert** sind, eine wohl mehr als deutliche Sprache. Seit dem Bekanntwerden von Aids sieht man auch **Homosexuelle** unter einem anderen Licht. Schon vorher mehr geduldet als gelitten, steht man ihnen nunmehr wieder weitaus ablehnender gegenüber, daher gibt es bislang auch noch kein wirklich einschlägiges Lokal für diese Zielgruppe, auch wenn – besonders in Kuta und Legian – in einigen Lokalen und Bars homosexuelles Verhalten stillschweigend akzeptiert wird. In der Öffentlichkeit gelten derartige ‚Zärtlichkeiten' allerdings als geschmacklos, was aber auch für Heterosexuelle zutrifft.

⇨ Sicherheit

Nicht erst durch den schrecklichen Bombenanschlag in Kuta am 12. Oktober 2002, sondern bereits zuvor hat auch Bali, durch den immer stärker werdenden Touristenstrom und infolge der starken Zuwanderung von den Nachbarinseln, bedauerlicherweise seine Unschuld verloren, wobei es allerdings in der Mehrzahl Nicht-Balinesen sind, die sich am Eigentum anderer vergreifen und Touristen mehr oder weniger obszöne Angebote zuflüstern. Was nicht heißen will, dass Gefahr nur von dieser Seite aus lauert, gilt mittlerweile doch auch hier die Devise: Gelegenheit macht Diebe. Doch ist es trotz allem auf der Insel nicht unsicherer oder gefährlicher als an den meisten anderen Plätzen dieser Welt, wo so viele unterschiedliche Menschen und Charaktere zusammentreffen, und wer die überall angebrachten Sicherheitsvorkehrungen trifft, dürfte zumindest vor Diebstahl, Betrug oder gar tätlichen Übergriffen gefeit sein. Im wesentlichen handelt es sich bei Übergriffen gegen Ausländer um Eigentumsdelikte, Gewaltverbrecher sind bis dato glücklicherweise die absolute Ausnahme und in der Regel durch eigenes Fehlverhalten selbst provoziert, von solch verdammenswerten Ereignissen wie dem Bombenanschlag einmal abgesehen.

Wer die folgenden **Ratschläge** beherzigt, minimiert das Risiko auf jenen Rest, der sich niemals und nirgendwo ausräumen lässt:
- Oberster Grundsatz ist es, seinen **Besitz niemals öffentlich zur Schau stellen**, dies erweckt nur Begehrlichkeiten, bei Einheimischen genauso wie bei anderen Touristen.
- **Lassen Sie Ihr Hab und Gut niemals unbeaufsichtigt irgendwo liegen**, auch nicht im **Auto** oder am **Strand**, während Sie sich in den Fluten abkühlen. Überlassen Sie Ihre Sachen nur einer Person Ihres Vertrauens zur Aufsicht. Und auf gar keinen Fall größere Geldbeträge oder Wertgegenstände mit an den Strand nehmen.
- Fertigen Sie vor der Reise **Fotokopien** aller wichtigen Unterlagen und Papiere an, dazu zählen neben Reisepass und Personalausweis auch Führerschein, Flugticket(s), Impfausweis, Kreditkarte(n) u. Ä. Geben Sie je einen kompletten Satz dieser Kopien in jedes Ihrer Gepäckstücke.
- Notieren Sie sich vor der Reise alle wichtigen Telefonnummern (z. B. diejenige des Reiseunternehmens, der Versicherung(en), der Hausbank, des/der Kreditkartenunternehmen(s), des/der Reisescheckaussteller(s) etc.) auf einem Zettel und führen Sie diesen stets bei sich. Besser noch, Sie fertigen zwei oder mehr dieser Zettel an und verteilen Sie in Ihrem Gepäck.
- **Wertsachen grundsätzlich im Hotel lassen**; gibt es keinen eigenen Zimmersafe, so deponiert man sie am besten in einem Schließfach (Safe Deposit Box) an der Rezeption. Sollte Ihre Unterkunft über keine Safes oder Schließfächer verfügen, so deponieren Sie Ihre Wertgegenstände gegen Beleg an der Rezeption. Die unsichersten Alternativen sind das Einschließen im Koffer oder Zimmerschrank (Schlüssel mitnehmen!)
- **Lassen Sie Wertgegenstände niemals offen im Zimmer herumliegen**; Hotels lehnen eine Haftung bei Zimmerdiebstahl grundsätzlich ab.
- **Schließen Sie Türen und Fenster Ihres Zimmers beim Verlassen und während der Nacht immer sorgfältig ab**, auch wenn es noch so heiß ist. Falls Sie in einfacheren Unterkünften logieren, sollten Sie stets ein paar Vorhängeschlösser dabei haben, um sie eventuell anstelle der vorhandenen zu verwenden.
- **Nehmen Sie**, wenn Sie das Hotel verlassen, **den Zimmerschlüssel mit**, nur wenn Sie ganz sicher sein können, dass kein Unbefugter an den Schlüssel kommt, können Sie ihn

Allgemeine Reisetipps von A-Z

an der Rezeption abgeben. Doch verlieren Sie ihn unterwegs nicht, besonders wenn Hotelname und Zimmernummer auf dem Schlüsselanhänger stehen (notfalls – wenn möglich – getrennt einstecken).

- Immer nur so viel Geld mitnehmen, wie man wirklich benötigt; zeigen Sie vor allem niemandem, wie viel Sie bei sich haben.
- Verwahren Sie die Kaufquittung(en) Ihrer Reiseschecks, so Sie welche dabei haben, getrennt von den Schecks selbst auf.
- Zur Aufbewahrung der tagsüber mitgeführten Finanzmittel oder sonstiger Wertgegenstände haben sich gegen Taschendiebe besonders Brustbeutel (unter dem Hemd bzw. der Bluse getragen) oder spezielle Gürtel sowie verschließbare Jackeninnentaschen bewährt.
- Gefahr von **Taschendieben** droht vor allem in öffentlichen Verkehrsmitteln (Bemos, Busse etc.), bei größeren Menschenansammlungen und auf Märkten.
- **Taschen- und Trickdiebe** lauern vor allem in öffentlichen Verkehrsmitteln wie Bemos oder Bussen, wobei sich diese zunächst nach dem Besitzstand des ausgespähten Opfers erkundigen, indem sie dieses fragen, ob es einen größeren Geldschein wechseln kann. Ein Blick ins Portemonnaie reicht sodann, um festzustellen, ob sich das Risiko lohnt oder nicht, wobei meist zwei Tricks zur Anwendung kommen: 1) Zwei – in der Regel englischsprechende – junge Männer nehmen einen in die Mitte, wobei der eine ein angeregtes Gespräch mit einem beginnt, während sich der andere an den Taschen und dem eventuell mitgeführten Gepäck zu schaffen macht. 2) Man versucht das Opfer abzulenken und die Brieftasche bzw. den Geldbeutel unter ein größeres Paket auf dem Schoß des Diebes zu manövrieren, das oftmals nur ein in braunes Papier eingepacktes Stück Sperrholz ist.
- Damen sollten ihre **Handtaschen am besten im Hotel lassen**, um so der Gefahr zu entgehen, dass ihnen diese z. B. von Entreißdieben auf Motorrädern von der Schulter gerissen wird. Oder tragen Sie sie quer (d. h. mit dem Riemen diagonal über die Brust) und auf der straßenabgewandten Seite. Dies gilt selbstverständlich auch für andere Schulter- und Umhängetaschen.
- Den **Mietwagen** nachts am besten auf dem Hotelgelände oder notfalls auch an einem beleuchteten Ort abstellen, auf gar keinen Fall aber etwas von Wert im Wagen liegen lassen, das gilt auch tagsüber (was man eventuell nicht mitnehmen kann, möglichst ohne Augenzeugen im Kofferraum einschließen).
- **Einsame Spaziergänge** in unübersichtlichem Gelände bzw. fern der nächsten Ortschaft sollte man zumindest nachts unterlassen. Erhöhte Aufmerksamkeit gilt heutzutage nächtens allerdings auch in den Straßen von Kuta und Legian.
- Für den Fall, dass man Sie bedroht, sollten Sie stets ein wenig Kleingeld separat vom restlichen Geld in einer Hosentasche bei sich haben, und spielen Sie nicht den Helden, sondern geben Sie das Geforderte unverzüglich heraus.
- **In einfacheren Unterkünften**, deren Türen nur mit Vorhängeschlössern gesichert sind, sollte man seine eigenen Schlösser verwenden.
- Seinen **Rucksack oder seine Tasche(n)** sollte man, z. B. wenn man sein Zimmer mit anderen, unbekannten Personen teilt und kein abschließbarer Schrank zur Verfügung steht, gleichfalls mit einem Vorhängeschloss sichern.
- **Koffer**, **Rucksäcke**, **Umhängetaschen**, **Fototaschen** u. Ä. sollten möglichst aus festem Material bestehen, um das Aufschlitzen (z. B. in öffentlichen Verkehrsmitteln) zu erschweren bzw. unmöglich zu machen, zudem sollten Sie – nach Möglichkeit – nicht schon von außen auf eventuell wertvollen Inhalt schließen lassen. Dass sie gut abschließbar sein sollten, versteht sich von selbst; notfalls einige stabile Vorhängeschlösser mit sich führen.

- Wird Gepäck auf dem Dach eines Busses befördert, sollte man es mit Hilfe einer stabilen Kette sichern.
- Schlafen Sie niemals in öffentlichen Verkehrsmitteln.
- **Leihen Sie niemals Geld aus**, zumindest dann nicht, wenn Sie erwarten, es wiederzubekommen.
- **Nehmen Sie kein Gepäck von Fremden mit**, schon so manch einer wurde als unwissender Drogenkurier missbraucht und zahlte für seine Gutmütigkeit und Gutgläubigkeit schmerzhaftes Lehrgeld.
- Seien Sie vorsichtig, wenn Ihnen junge Burschen anbieten, ihr – angebliches – Heimatdorf zu zeigen, denn oftmals passiert es, dass diese Ihnen, natürlich in Erwartung einer größeren Geldspende, dann eine erfundene Geschichte von einer kranken Großmutter oder einem Bruder auftischen, für deren medizinische Behandlung bzw. dessen Ausbildung kein Geld vorhanden ist.

Tipp

Vorbeugend für den Fall, dass Sie unterwegs Ihrer Finanzmittel beraubt werden, sollten Sie einen kleinen Betrag (z. B. US$ 200) als Reserve in Ihrer Unterkunft im Safe (notfalls auch im abgeschlossenen Koffer) aufbewahren. Oder Sie mieten ein Schließfach bei einer Bank oder in einer darüber verfügenden Wechselstube.

Hinweis

Denken Sie bei Ihren Sicherheitsvorkehrungen daran, dass Balinesen einen Landsmann einem Fremden gegenüber nicht verraten, wenn sie ihn beim Taschendiebstahl oder kleinen Betrügereien beobachten bzw. erwischen. Haben Sie daher im Verdachtsfall auch immer ein Auge auf die Umstehenden.

Siehe auch ‚Frauen alleine unterwegs'.

 Spas

Auch Bali hat die Gesundheits- und Schönheitswelle erfasst, immer mehr Hotels eröffnen ihr eigenes Spa, in dem sich die Gäste mit Hilfe einer schier unüberschaubaren Fülle an Anwendungen wieder auf Vordermann bringen lassen können. Die Preise liegen dort in der Regel um einiges höher als in den außerhalb der Hotels – gleichfalls in immer größer werdender Zahl – zu findenden Spas, von denen Sie nachstehend einige aufgelistet finden.

Ob auch Ihre Unterkunft über eine eigene derartige Einrichtung verfügt, sehen Sie im Kapitel ‚Regionale Reisetipps von A-Z': Finden Sie bei der Hotelbeschreibung unter den Leistungsmerkmalen das Kürzel ‚SP', so können Sie auch im Haus Körper und Geist wieder beleben lassen. Ziel derartiger Einrichtungen auf Bali ist nicht die Therapierung irgendwelcher gesundheitlicher Probleme, stattdessen hat man sich praktisch ausnahmslos der Wiederbelebung, Verjüngung und Verschönerung von Körper und Geist verschrieben, und zwar für beide Geschlechter. Wichtigster Bestandteil einer Ganzkörperpflege ist das *Lulur* genannte Schönheitsritual, dessen Ursprung in den königlichen Palästen Zentraljavas zu suchen ist. Dabei wird der Körper zunächst mit einer aus diversen wohlriechenden Kräutern, Körnern, Nüssen und anderen Bestandteilen bestehenden pulvrigen Paste eingepudert, mit Hilfe derer anschließend die tote Haut abgerubbelt wird. Als nächstes wird der Körper mit Feuchtigkeit spendendem, kaltem Joghurt eingerieben, woraufhin eine Dusche und ein wohlriechendes Kräuter- und Blütenbad folgt. Zum Abschluss findet der Körper bei einer Ganzkörpermassage Entspannung und neue Lebenskräfte.

⇨ **Sport**

Für Sportenthusiasten ist die Insel wahrlich ein Paradies, kommt doch so ziemlich jeder Fitnessfreak oder ambitionierte Hochleistungssportler angesichts der vielfältigen Landschaft und Wasserwelt sowohl zu Lande als auch in der Luft oder zu Wasser voll auf seine Kosten. Das größte Angebot findet man natürlich in den Touristenzentren Südbalis, wo u. a. alle größeren Hotels ein umfangreiches Sportangebot (teilweise mit Animation) für ihre Gäste parat halten. Ein voll ausgerüstetes Fitness Center ist mittlerweile fast schon Standard. Doch auch außerhalb der Hotels kann man seine Muskeln in diversen Fitnessstudios stählen. Gleich jedoch, ob Sie sich unter Anleitung oder allein ein paar Pfunde vom Leib schwitzen und etwas für Ihre Fitness tun: Bei körperlich anstrengenden Sportarten sollten Sie aus gesundheitlichen Gründen auf jeden Fall in die frühen Morgen- bzw. späten Nachmittagsstunden ausweichen, um der größten Mittagshitze und deren Gefahren zu entgehen. Ausreichender Sonnenschutz, Hemd, Kopfbedeckung und Sonnenschutzcreme ist bei sportlicher Betätigung im Freien indes immer dringend angeraten.

• **Berg steigen**: Beliebteste Ziele sind der 3.142 m hohe Gunung Agung und der Gunung Batur, letzterer auch von Ungeübten relativ leicht zu erklimmen, wohingegen die Besteigung des Gunung Agung schon eine relativ gute Kondition voraussetzt, doch ist auch für ihn keine spezielle Ausrüstung vonnöten. Festes Schuhwerk ist jedoch eine Selbstverständlichkeit, ebenso ausreichend Trinkwasser und Essen. Theoretisch ist der Gipfelsturm bei beiden genannten Bergen auch ohne lokalen Führer möglich, doch ist die Anheuerung eines solchen beim Gunung Agung empfehlenswert und beim Gunung Batur mittlerweile sogar Pflicht. (Routenbeschreibungen und zu beachtende Vorschriften für die Besteigung dieser beiden Vulkane finden Sie in den Kapiteln ‚Der Gunung Agung und seine Südflanke', S. 601ff, und ‚Der Nordosten und der Danau Batur', S. 613ff) Darüber hinaus wartet aber noch eine Reihe weiterer Berge darauf, erstürmt zu werden. Folgendes sollten Sie aber bei allen Vulkanbesteigungen beachten: 1) Meiden Sie Fumarolen, d. h. Erdspalten, aus denen heißer Wasserdampf und Gase austreten; 2) Schlacken in erkaltetem Lavagestein haben oftmals rasiermesserscharfe Kanten, an denen Sie sich bei Stürzen böse Verletzungen zuziehen können.

• **Bowling**: Möglich z. B. im *Grand Bali Beach Hotel*, Jl. Hang Tuah, Sanur

• **Bungee-Jumping/Slingshot**: Derzeit kann man sich auf Bali an folgenden Orten diesem Nervenkitzel aussetzen, wobei zumindest Zertifikat und Versicherung jeweils im Preis beinhaltet sind.
Adrenalin Park, Jl. Benasari 69, Kuta 80361, ☏ (0361) 757841, 📠 (0361) 757844, täglich 10-22 h (Springen bis 20 h). Der erste Sprung kostet US$ 40, der zweite ist gratis. Im Preis inbegriffen ist auch ein T-Shirt. In der Anlage befindet sich auch eine künstliche Klettermauer.

A.J. Hackett Bungy, Jl. Arjuna, Kuta 80361, ☏ (0361) 730666, 📠 (0361) 730466, täglich 11-19 h und Sa 2-4 h (Nachtspringen). Hier kann man sich mit allem Möglichen und Unmöglichen vom 44-Meter-Turm stürzen, auch mit dem Schlauchboot oder Motorrad. Der Spaß kostet ab US$ 40.

Bali Bungy Co., Jl. Sriwijaya, Kuta 80361, ☏/📠 (0361) 752658 und (0361) 755425, E-mail: b_bungy@dpa.mega.net.id, täglich 9-19 h. Der zweite Sprung ist beim Preis von US$ 49 kostenlos, wer sich hingegen am Sky Surfer probieren möchte, zahlt US$ 29. Als Souvenir gibt es ein T-Shirt gratis. Kostenloser Hoteltransfer.

Bali Slingshot, Bounty Mall, Jl. Legian, Kuta 80361, ☏ (0361) 763151, täglich 11-1 h. Für Rp. 160.000 kann man sich in wenig mehr als einer Sekunde mit 5 G 52 m hoch schleudern lassen. Ein T-Shirt ist als Erinnerung im Preis mit inbegriffen.

Bungee in Bali, Banjar Belangsinga, Blahbatuh, Gianyar, ☏ (0361) 941102, 📠 (0361) 752666, täglich 10-17 h. Etwas ganz Besonderes: Nicht nur Balis höchster Turm, sondern auch der einzige über einem Wasserfall. Hoteltransfer, vier Fotos des Sprungs und Begrüßungscocktail im angeschlossenen Restaurant sind im Preis von US$ 50 mit inbegriffen.

- **Drachen fliegen**: Vor allem nördlich von Sanur, wo zwischen Juni und September auch etliche Drachenflugwettbewerbe stattfinden, kann man seinen Drachen in die Lüfte steigen lassen.

- **Fahrrad fahren/Mountainbiking**: Siehe oben unter ‚Fahrrad fahren', und ‚Fahrradverleih/-kauf' sowie Kapitel *Organisierte Touren/Zu Lande'*.

- **Fallschirm springen**: Tandemsprünge aus 3.000 m Höhe mit Landung am Strand gibt es bei: ***Skydive Bali***, Bali Aero Club International, Jl. Airport Ngurah Rai 9, Tuban 80361, ☏ (0361) 761476 und (0361) 761477, 📠 (0361) 751118. Einer zwanzigminütigen Einführung folgt der etwa viertelstündige Steigflug auf 3.000 m Höhe, gefolgt von etwa 50 Sekunden freiem Fall und anschließend fünf bis sieben Minuten Schweben mit Schirm. Wer will, kann sich seine Mutprobe auch auf Film bannen lassen. Der Hoteltransfer ist in dem US$-200-Abenteuer mit eingeschlossen.

- **Fischen**: In den fischreichen Gewässern Balis kann man nahezu überall seine Angelrute auswerfen. Entsprechendes Gerät kann man vor Ort kaufen oder leihen. Die Preise für organisierte Tagestouren variieren, beginnen aber bei etwa US$ 60 (bei vier Personen Minimum). Organisierte Touren, bei denen jeweils zumindest Hoteltransfer, Skipper und Crew, Lunch Box oder Mittagessen, Softdrinks, Versicherung und Leihangelausrüstung im Preis enthalten sind, haben unter anderem im Angebot:

Bali Marine Sports, Jl. By Pass Ngurah Rai, Banjar Blanjong, Sanur, ☏ (0361) 289308, 📠 (0361) 287872, E-mail: bmsdive@indosat.net.id, 🖥 www.indo.com/diving/bms. Die achtstündige Tour nach Nusa Penida kommt (bei mindestens drei Personen) auf US$ 60 pro Person, die sechsstündige auf US$ 50, die Kurztour nach Nusa Dua auf US$ 40.

Ena Dive Center and Water Sports, Jl. Tirta Ening 1, P.O. Box 3798, Sanur 80227, ☏ (0361) 288829 und (0361) 281751, 📠 (0361) 287945. Die 4-Stunden-Tour kostet bei einer Mindestteilnehmerzahl von 2 Personen US$ 75, die sechsstündige US$ 110 und die achtstündige mit eigenem Boot US$ 425 (maximal 4 Personen); E-mail: enadive@denpasar.wasantara.net.id, 🖥 www.enadive.co.id

PT. Tourdevco Operation, Jl. Pelabuhan, Port Benoa, ☏ (0361) 720592. Täglich 8.30-17 h ab Port Benoa, pro Person US$ 100 (maximal 6 Personen).

Bali Golf and Country Club

Yos Marine Adventures, Jl. Pratama 106X, Tanjung Benoa, Nusa Dua 80363, ☎ (0361) 773774, (0361) 775 438 und (0361) 775440, 📠 (0361) 775 439, E-mail: yosbali@indosat.net.id, 🖥 www.yosdive.com. Vierstündige Trips für US$ 70-180 (je nach Boot) sowie achtstündige Touren für US$ 525 (für das ganze Boot, mit maximal 4 Personen). Auch deutschsprachige Begleitung.

• **Golf**: Liebhabern dieser Sportart stehen einige der schönsten Anlagen Asiens, wenn nicht gar der ganzen Welt zur Verfügung, und es ist davon auszugehen, dass sich die Zahl der Plätze in den kommenden Jahren noch erhöhen wird. Derzeit stehen folgende Parcours zur Auswahl:

Bali Golf and Country Club, P.O. Box 12, Nusa Dua 80361, ☎ (0361) 771791, 📠 (0361) 771797, E-mail: reservat@baligolfandcountryclub.com; 18 Löcher, Parcours 6.849 Yards, Par 72, täglich 6.30-16.30 h; Greenfee (ohne Steuer (10 Prozent), aber inklusive Golf Cart): US$ 142 bzw. US$ 85 (9 Löcher: ab 14 h); 🖥 www.baligolfandcountryclub.com

Bali Handara Kosaido Country Club, Pancasari 81162, ☎ (0362) 22646, 📠 (0362) 23048. E-mail: sale@balihandara.famili.com, 🖥 www.balihandara.com Reservierung auch: Jl. By Pass Ngurah Rai, Banjar Blanjong, Sanur, P.O. Box 3324, Denpasar 80033, ☎ (0361) 288944, 📠 (0361) 287358; 18 Löcher, Parcours 7.024 Yards, Par 72, täglich 6.30-18 h; Greenfee (inklusive Steuer): US$ 100 (50Prozent Rabatt für Gäste, die im Club wohnen – siehe ‚Regionale Reisetipps' unter *Bedugul*).

Nirwana Bali Golf Club Tanah Lot, Jl. Raya Tanah Lot, Kediri, P.O. Box 3521, Tabanan 82171, ☎ (0361) 815960 und (0361) 815970, 📠 (0361) 815961/2, E-mail: reservation@nirwanabaligolf.com, 🖥 www.nirwanabaligolf.com; 18 Löcher, Parcours 6.805 Yards, Par 72, täglich 6.30-18 h.; Greenfee (inklusive Cart und Caddy, ohne Steuer) : US$ 130 (Gäste des *Le Meridien Hotels* – siehe „Regionale Reisetipps" unter *Tanah Lot*: US$ 77.

Inna Grand Bali Beach Hotel, Resort & Spa, Jl. Hang Tuah, P.O. Box 3275, Sanur 80032, ☎ (0361) 288511, 📠 (0361) 287917 und (0361) 288459, E-mail: sales@grand-balibeach.com, 🖥 www.grand-balibeach.com; 9 Löcher, Parcours 2.980 Yards, Par 36, täglich 6.30-18 h ; Greenfee: Rp. 450.000 (Hotelgäste erhalten 50Prozent Rabatt).

Alle Plätze, auf denen selbstverständlich auch Caddies und Ausrüstungen gemietet bzw. ausgeliehen werden können, stehen gegen Bezahlung der entsprechenden Greenfee jedermann offen.

Weitere Auskünfte erhalten Sie an der Rezeption Ihres Hotels oder direkt bei den Clubs.

Nirwana Bali Golf Club Tanah Lot

- **Kajak fahren**: Fahrten – einschließlich Hoteltransfer, Versicherung und Mittagessen bzw. Picknick mit Wein – organisiert beispielsweise:
  Ayung River Rafting, Jl. Diponegoro 150, B-29, Denpasar 80114, ☎ (0361) 238759, 📠 (0361) 224236, E-mail: ayung@denpasar.wasantara.net.id, 💻 www.ayungriver.com. Die Fahrt auf den Ayung River kostet Sie US$ 65 pro Person.
  Bali Adventure Tours, Adventure House, Jl. By Pass Ngurah Rai, Pesanggaran, ☎ (0361) 721 480, 📠 (0361) 721 481. Den Ayung River hinunter geht es für US$ 66; E-mail: info@baliadventuretours.com, 💻 www.baliadventuretours.com
  Sobek Bali Utama, Jl. Tirta Ening 9, Sanur, ☎ (0361) 287059, 📠 (0361) 289448, E-mail: sobek@denpasar.wasantara.net.id, 💻 www.99bali.com/adventure/sobek/index.html, Reservierung täglich 6.30-23 h. Der morgendliche Spaß am Ayung River oder Telaga Waja kostet pro Person US$ 68.

- **Kanu / Paddelboot**: Boote findet man an vielen Stränden und den großen Seen. Zu entleihen gibt es sie u. a. bei:
  Wisata Tirta Baruna PT, Jl. By Pass Ngurah Rai 300B, P.O. Box 3419, Denpasar 80034, ☎ (0361) 753820, 📠 (0361) 753809, E-mail: baruna@denpasar.wasantara.net.id, 💻 www.bagus-discovery.com/baruna/index.html. Der Veranstalter unterhält u. a. Buchungsbüros in diversen Hotels in Sanur, Candi Dasa und Nusa Dua. Pro Stunde zahlt man für das Boot US$ 6.

- **Paragliding**: Drei Hauptfluggebiete gibt es derzeit auf Bali: 1) Timbis (über den Klippen ganz im Süden der Insel), das vor allem für Anfänger bestens geeignet ist; 2) Candi Dasa, wo erfahrenere Flieger aufsteigen können; 3) Gunung Batur, der beste Startplatz von allen. Geflogen wird in den Monaten April bis November, in den restlichen Monaten bestehen wenige Chancen dafür. Wer es einmal probieren möchte, wende sich an *Bali Adventure Tours*, Adventure House, Jl. By Pass Ngurah Rai, Pesanggaran, ☎ (0361) 721480, 📠 (0361) 721481, E-mail: info@baliadventuretours.com, 💻 www.baliadventuretours.com. Der nachmittägliche, 20-minütige Tandemflug vom Bukit Cliff kostet US$ 71 (Kinder US$ 57), inklusive Hoteltransfer und Versicherung.

- **Rafting/Schlauchboot fahren**: Dieses feuchte Vergnügen findet außer auf den Flüssen Unda und Telaga Waja vor allem auf dem elf Kilometer langen Streckenabschnitt des Ayung River zwischen Kedewatan und Ubud statt, wobei Hoteltransfer, Sicherheitsausrüstung, Versicherung sowie Snacks bzw. Mittagessen und Softdrinks bei allen Touren beinhaltet sind. Interessenten haben die Wahl zwischen folgenden Veranstaltern:
  Ayung River Rafting, Jl. Diponegoro 150, B-29, Denpasar 80114, ☎ (0361) 238759, 📠 (0361) 224236, E-mail: ayung@denpasar.wasantara.net.id, 💻 www.ayungriver.com. Die zweieinhalbstündige Raftingfahrt auf dem Ayung River kostet Sie US$65.
  Baleraf, PT Bakas Aneka Citra Wisata Tirta, Jl. Danu Tamblingan 82, Sanur, ☎ (0361) 287256 und (0361) 289379. Rafting auf dem Melangit River für US$ 60.
  Bali Adventure Tours, Adventure House, Jl. By Pass Ngurah Rai, Pesanggaran, ☎ (0361) 721480, 📠 (0361) 721481. Für den feuchtfröhlichen Ritt durch die Stromschnellen des Ayung River zahlen Sie morgens US$ 66 (Kinder S$ 45) und nachmittags US$ 42 (Kinder US$ 29); E-mail: info@baliadventuretours.com, 💻 www.baliadventuretours.com
  Bali Hai Cruises, Benoa Harbour, P.O. Box 3548, Denpasar 80001, ☎ (0361) 720331, 📠 (0361) 720334, E-mail: sales@balihaicruises.com, 💻 www.balihaicruises.com. Dieser Ver-

anstalter bietet ‚Ocean Rafting', bei dem man mit von drei 226 PS starken Außenbordmotoren angetriebenen, 12,6 m langen Speedboats mit über 70 km/h über die Wellenkämme vor Balis Küsten dahinbraust. Für Kinder unter 12 Jahren nicht geeignet. Man kann wählen zwischen: 1) Delphinbeobachtung mit Südküste für US$ 49 (Kinder 12-16 Jahre US$ 33), 7.30-9.30 h. 2) Schnorcheltour nach Nusa Lembongan für US$ 49 (Kinder 12-16 Jahre US$ 39), 9-12.30 h, Leihschnorchelausrüstung im Preis beinhaltet. 3) Fahrt um Nusa Lembongan und Nusa Ceningan bis nach Nusa Penida für US$ 69 (Kinder 12-16 Jahre US$ 46), 10.30-17.30 h. Im Preis zusätzlich enthalten sind der Besuch eines Inseldorfes und des firmeneigenen Beach Clubs auf Nusa Lembongan.

Bali Rafting, Jl. By Pass Ngurah Rai 45XY, Sanur 80227, ☏ (0361) 270743/4, 🖷 (0361) 270742, E-mail: balirafting@hotmail.com, 💻 www.99bali.com/adventure/balirafting. Wilde Fahrt auf dem Telaga Waja River in Ostbali, für die man US$ 65 bezahlt.

Bali Safari Rafting, P.O. Box 3212, Denpasar, ☏ (0361) 221315, 🖷 (0361) 221316, E-mail: safari@experiencebali.com, 💻 www.bali-travelnet.com/adventure/balisafari. Wilde Fahrten auf dem Telaga Waja River für US$ 65.

Sobek Bali Utama, Jl. Tirta Ening 9, Sanur, ☏ (0361) 287059, 🖷 (0361) 289448, E-mail: sobek@denpasar.wasantara.net.id, 💻 www.99bali.com/adventure/sobek/index.html, Reservierung täglich 6.30-23 h. Der Raftingspaß am Ayung River schlägt mit US$ 68 pro Person zu Buche.

Unda Adventures, Jl. Imam Bonjol 298, Denpasar, ☏ (0361) 484932, 🖷 (0361) 484932, 💻 www.99bali.com/adventure/unda/mainpage.htm. Zwölf Kilometer lang geht es für US$ 70 durch die phantastische Landschaft entlang des Unda River.

- **Reiten**: Wer Bali einmal vom Sattel aus erleben möchte, kann dies an verschiedenen Orten (vor allem im Süden) im Rahmen von einstündigen, mehrstündigen oder Halbtagestouren tun, die zumeist entlang der Küste direkt oder aber landeinwärts in Küstennähe durchgeführt werden.

- **Schwimmen**: Rings um die Insel gibt es zahlreiche Strände, meist mit mehr oder weniger Vulkanasche bedeckt, dennoch ist Bali keine ausgesprochene Badeinsel, da sich an vielen Stellen vorgelagerte Riffe befinden, an denen sich die Brandung oft meterhoch türmt. Die schönsten und beliebtesten Strände liegen im Inselsüden, allen voran derjenige von Kuta/Legian, an dem man kilometerlang entlangwandern und fast allabendlich spektakuläre Sonnenuntergänge erleben kann. Eine der größten Poolanlagen Balis, die gegen eine Eintrittsgebühr auch Nicht-Hotelgästen offen steht, besitzt das **Bali Hard Rock Hotel** in Kuta; Poolanlage täglich geöffnet 8-21 h, Eintritt (gültig für den ganzen Tag) : Erwachsene Rp. 50.000, Kinder bis 12 Jahre die Hälfte; Massage US$ 25; privater Poolpavillon Rp. 100.000 (pro Tag).

Eine weitere sehr attraktive Wasserlandschaft mit Riesenrutschen und vielem mehr besitzt der **Waterbom Park** in Tuban.

⚠ Warnungen

- *Anfänger, doch nicht nur diese, seien vor den mitunter tückischen Unterströmungen an Balis Küsten gewarnt!*
- *Vermeiden Sie jeglichen Kontakt mit lebenden Kegelmuscheln, sowohl in Riffen als auch im flachen Wasser!*

> **!!! Warnungen**
>
> - Tragen Sie beim Schwimmen und Tauchen im offenen Meer nach Möglichkeit stets geschlossene Schwimmschuhe bzw. Taucherflossen!
> - Sollten Sie sich an Korallen verletzen, so reinigen Sie die Wunde umgehend gründlich mit Frischwasser und Seife, und halten Sie die Verletzung anschließend für die nächsten fünf bis sieben Tage bedeckt!
> - Passen Sie auf Quallen auf! Auch wenn sich keine der tödlich wirkenden um Bali herum tummeln, so gibt es doch etliche Arten, deren Berührung mit schmerzhaften Erinnerungen verbunden ist. Falls Sie doch jene unliebsame Bekanntschaft gemacht haben, können Sie zunächst versuchen, die betroffenen Körperteile mit Essig zu übergießen; dies lindert jedoch nur leichtere Schmerzen. Besser ist es allerdings, Sie suchen umgehend einen Arzt auf, was bei heftigeren Schmerzen ohnehin unerlässlich ist.

- **Segeln**: Rings um die Insel locken einige schöne Segelreviere, so dass man sich durchaus einmal auf einen kleinen Törn begeben kann. Die Zahl der Charterbootanbieter ist allerdings nicht allzu groß, zudem muss die revierkundige Crew mitgechartert werden (siehe ‚Yachten & Boote').

- **Tauchen/Schnorcheln**: Für Tauchfans hält Bali noch immer eine ganze Reihe erstklassiger Unterwasserreviere bereit, auch wenn die meisten Korallenbänke vor allem infolge des jahrzehntelangen unkontrollierten Abbaus zum Zwecke der Verwendung als Baumaterial stark geschädigt sind. Mit Hilfe technischer Mittel versucht man diese verloren gegangenen Wellenbrecher nunmehr mancherorts wieder zum Leben zu erwecken. Doch nicht nur sie, sondern auch die reiche Fischwelt rund um die Insel und das eine oder andere Wrack locken immer mehr Touristen unters Wasser. Beste Tageszeit zum Schnorcheln und für den Tauchgang ist normalerweise der frühe Morgen, wenn das Wasser noch nicht so

aufgewühlt und trüb ist. Einige Hotels verfügen über eigene Tauchsportbasen, in denen die notwendige Ausrüstung ausgeliehen werden kann und in denen man auch das weltweit anerkannte PADI- oder CAMS-Brevet erwerben kann, eine Art Grundausbildung für Taucher. Ein viertägiger Tauchkurs mit Zertifikat kostet zwischen US$ 250 und US$ 400. Wer sich einer organisierten Tauchtour anschließen möchte, zahlt für das Entleihen von zwei Sauerstoffflaschen, Taucheranzug samt Flossen und einem Bleigürtel sowie für Tauchführer inklusive Versicherung, Verpflegung, Hoteltransfer und Boot je nach Tour US$ 50-100, wer nur das Equipment entleiht, zahlt rund US$ 15-20 pro Tag, zuzüglich US$ 15-20 pro Sauerstoffflasche. Beachten Sie bitte die oben unter ‚Schwimmen' aufgeführten **Warnhinweise**.

Die **schönsten Tauchreviere** (Tourgebühr versteht sich pro Person einschließlich einer Sauerstoffflasche, Bleigürtel, Guide und Transport, bei einer Mindestteilnehmerzahl von 2 Personen) vor Bali liegen bei:

Amed: leichte Strömung, beachtliche Vielfalt an Fischen und eines der besten Korallenriffe Balis; Tourgebühr ab US$ 55.

Gili Tepekong: mitunter starke und unberechenbare Strömung, teilweise sehr kaltes Wasser, vielfältige Korallen, bekannt für seinen Unterwassercanyon; Tourgebühr ab US$ 58.

Die Unterwasserwelt vor Nusa Lembongan lässt sich auch mit dem Miniunterseeboot von Bali Hai Cruises erkunden.

Nusa Dua: leichte Strömung, großer Fischreichtum, kaum Korallen; Tourgebühr ab US$ 35.

Nusa Lembongan: wenig Strömung und kaltes Wasser, ungeheuer vielfältige Unterwasserflora und -fauna, dazu Unterwassergrotten; Tourgebühr ab US$ 74.

Nusa Penida: mitunter kalte, mittelstarke Strömung, für balinesische Verhältnisse sehr große Fisch- und Korallenvielfalt; Tourgebühr ab US$ 74.

Padangbai: schwache Strömung, vor allem zahlreiche Fische; Tourgebühr ab US$ 54.

Pulau Menjangan: geringe Strömung, sehr gute Sichtverhältnisse, große Fisch- und Korallenvielfalt – **das Taucherparadies**, mit Schiffswrack vor der westlichen Inselküste; Tourgebühr ab US$ 74.

Sanur: geringe Strömung, vielfältige Fischpopulationen; Tourgebühr ab US$ 35.

Tulamben: so gut wie keine Strömung, viele Fische, Haupttauchziel ist indes das Wrack der 120 m langen *USAT Liberty*; Tourgebühr ab US$ 55.

Bei allen nachstehend aufgelisteten **Veranstaltern** können Sie sowohl **Tauchkurse** als auch **Schnorcheltouren** zu den obigen Zielen buchen, die sich in der Regel auf ein Drittel bis die Hälfte des jeweiligen Tauchkurspreises belaufen:

Air Diving Academy, Jl. By Pass Ngurah Rai 46E, Blanjong, Sanur 80238, ☏ (0361) 270791/2, 🖷 (0361) 287065, E-mail: aquapro@balidiving.com, 🖥 www.balidiving.com.

Bali Club Diver, Jl. Danau Tamblingan 110, Sanur 80228, ☏/🖷 (0361) 287263, E-mail: bcddiver@indosat.net.id.

Bali Marine Sports, Jl, By Pass Ngurah Rai, Banjar Blanjong, Sanur, ☏ (0361) 289308, 🖷 (0361) 287872, E-mail: bmsdive@indosat.net.id, 💻 www.indo.com/diving/bms.

Bali Sky Ocean Dive, Jl. By Pass Ngurah Rai 896A, Suwung Kauh, Denpasar, ☏ (0361) 721595, 🖷 (0361) 728617, E-mail: info@bsod2000.com, 💻 www.bsod2000.com/e.

Blue Dive, Jl. Tirta Ening 2, P.O. Box 3877, Sanur 80238, ☏ (0361) 285725 und (0361) 286798, 🖷 (0361) 286473, E-mail: sales@bluedivebali.com, 💻 www.bluedivebali.com.

Diving Centers Werner Lau, Matahari Beach Resort & Spa, P.O. Box 194, Singaraja 811 55, ☏ (0362) 92312, 🖷 (0362) 92313, E-mail: mbr-bali@indo.net.id, 💻 www.wernerlau.com/bali.

Dive & Dives, Jl. By Pass Ngurah Rai 23, Sanur 80228, ☏ (0361) 288052, 🖷 (0361) 289 309, E-mail: divedive@indosat.net.id.

Eco Dive Bali, Jemeluk Beach, Amed, Abang, Karangasem 80852, ☏/🖷 (0363) 23482, E-mail: info@ecodivebali.com, 💻 www.ecodivebali.com.

Ena Dive Center and Water Sports, Jl. Tirta Ening 1, P.O. Box 3798, Sanur 80227, ☏ (0361) 288 829 und (0361) 281 751, 🖷 (0361) 287 945; E-mail: enadive@denpasar.wasantara.net.id, 💻 www.enadive.co.id.

Mega Dive, Jl. Dewi Sartika 90X, Tuban 80361, ☏/🖷 (0361) 754165, E-mail: megadive@indosat.net.id, 💻 www.mega-dive.com.

Neptune Discovery, Banjar Ngis Kelod 48, Jegu – Penebel, Tabanan 82152, ☏ (0361) 744 4309 und (0813) 38654495, E-mail: nepisco@babizbali.com, 💻 www.babizbali.com/nepisco.

Reef Seen Aquatics Dive Centre, Pemuteran, Gerokgak, Singaraja 81155, ☏/🖷 (0362) 92339, E-mail: reefseen@denpasar.wasantara.net.id.

Spice Dive, Arya's Café, Lovina Beach, P.O. Box 157, Singaraja 81100, ☏ (0362) 41305, 🖷 (0362) 41171.

Tauch Terminal Resort Tulamben, Karangasem, ☏ (0363) 22911, 💻 www.divebali.com oder: Jl. Danau Tamblingan X / 40-42, Jimbaran 80000, ☏ (0361) 774504 und (0361) 772923, 🖷 (0361) 778473, E-mail: tauchtermi@denpasar.wasantara.net.id und resort@tulamben.com, 💻 www.tauch-terminal.com und www.tulamben.com.

Tauchzentrum Alam Anda, Hotel Alam Anda, Sambirenteng, Tejakula, Singaraja, ☏/🖷 (0362) 22222 [weitere Kontaktbüros, auf Bali: Astawa Enterprises, Jl. Legian 436N, Legian, ☏ (0361) 750444, 🖷 (0361) 752296, E-mail: alam-anda@indo.net.id; in Deutschland: Uwe Siegfriedsen, Ostersielzug 8, 25840 Friedrichstadt, ☏ (04881) 930666, 🖷 (04881) 930699, E-mail: bali@alamanda.de, 💻 www.alamanda.de. Unter deutsch/schweizerischer Leitung.

Wisata Tirta Baruna PT, Jl. By Pass Ngurah Rai 300B, P.O. Box 3419, Denpasar 80034, ☏ (0361) 753 820, 🖷 (0361) 753 809, E-mail: baruna@denpasar.wasantara.net.id, 💻 www.bagus-discovery.com/baruna/index.html.

Yos Marine Adventures, Jl. Pratama 106X, Tanjung Benoa, Nusa Dua 80363, ☏ (0361) 773 774, (0361) 775 438 und (0361) 775 440, 🖷 (0361) 775 439, E-mail: yosbali@indosat.net.id, 💻 www.yosdive.com. Hier spricht man auch Deutsch.

Falls Sie sich einer geführten Tauchtour anschließen möchten, sollten Sie diese im Voraus buchen, um sicher zu gehen, dass Sie Ihren Tauchführer auch sprachlich verstehen. Und vergessen Sie nicht Ihr Taucherzertifikat mitzubringen. Geübte Taucher, und nur solche, können mit der Zweimastbark *Golden Hawk* ein- oder zweitägige Tauchausflüge unternehmen. Buchbar bei: **Golden Hawk Cruises**, Jl. Danau Poso 20A, Sanur, ☏ (0361) 287431.

- **Tennis**: Viele Hotels der mittleren und oberen Kategorien (siehe Kapitel ‚*Regionale Reisetipps von A-Z*') besitzen einen oder mehrere Tennisplätze, die z. T. sogar mit Flutlichtanlagen ausgerüstet sind und auf denen man gegen eine entsprechende Gebühr auch Trainerstunden nehmen kann. Balljungen stehen in der Regel gleichfalls zur Verfügung.

- **Tiefsee fischen**: Wer es auf größere Kaliber abgesehen hat, wende sich z. B. an:
  Atlantis, Jl. Cemara 65, Sanur, ☏/🖷 (0361) 283676, E-mail: atlantiskb@hotmail.com. 4 Stunden kosten bei einer Mindestteilnehmerzahl von 2 Personen US$ 100 pro Person, 10 Stunden kommen auf US$ 160.
  Neptune Scuba, Jl. Uluwatu II 10X, Jimbaran, Kuta 80361, ☏/🖷 (0361) 701635, E-mail: neptune@dps.centrin.net.id, 🖳 www.neptunediver.com. Bei einer Mindestteilnehmerzahl von 2 Personen kostet der halbe Tag US$ 50 pro Person, der ganze Tag kommt auf US$ 75.
  Wisata Tirta Baruna PT, Jl. By Pass Ngurah Rai 300B, P.O. Box 3419, Denpasar 80034, ☏ (0361) 753820, 🖷 (0361) 753809, E-mail: baruna@denpasar.wasantara.net.id, 🖳 www.bagus-discovery.com/baruna/index.html. Vier Stunden kommen bei einer Mindestteilnehmerzahl von 2 Personen auf US$ 50 pro Person, acht Stunden auf UD$ 75.

Bei allen Veranstaltern sind Hoteltransfer, Lunch Box, Softdrinks, Versicherung und Leihangelausrüstung im Preis beinhaltet.

- **Wandern/Trekking**: Es gibt eigentlich keine schönere Alternative, um die Insel und ihre Menschen kennen zu lernen, schier endlos ziehen sich schmale Pfade und wenig befahrene Sträßchen durch die gebirgige Landschaft und Reisfelder, vorbei an Dörfern und Tempeln, die die Geheimnisse Balis nur dem preisgeben, der sich auch Zeit dafür nimmt. Insbesondere die Gegenden um Ubud und die großen Seen können mit einer Vielzahl reizvoller Wanderrouten aufwarten. Adressen erfahrener Veranstalter von Trekkingtouren finden Sie im Kapitel ‚Organisierte Touren – Zu Lande', S. 466-469.

- **Wellen reiten** (Surfen) : An manchen Stellen lädt Balis Brandung zum Ritt auf den Wogen ein, doch sollte man (vor allem Anfänger) dabei die Hinweise Einheimischer bezüglich der an manchen Stellen auftretenden gefährlichen und tückischen Unterströmungen beachten. Versuchen Sie es in den Monaten **April-Oktober** einmal bei(m) : Balangan, Bingin, Canggu, Jimbaran, Ketewel, Kuta, Lebih, Medewi, Nusa Lembongan, Padang Padang und Suluban bei Uluwatu; und in den Monaten **November-März** bei: Nusa Dua, Padang Galak und Sanur. Surfbretter und sonstiges Zubehör (oftmals allerdings mit nicht zu übersehenden Abnutzungserscheinungen) gibt es vor Ort an allen Stränden gegen eine Gebühr von US$ 5-10 zu entleihen, oder man kauft sich sein eigenes Brett, wobei man in den Surfläden vielfach auch die neuesten Infos über die aktuellen Surfbedingungen erhält.

- **Wind surfen**: Zwar zählt Bali zu den besten Surfregionen der Welt, doch eignen sich für diese Sportart nur wenige Abschnitte entlang der Küsten, wobei dieselben Sicherheitshinweise wie beim Wellenreiten zu beherzigen sind. Wer möchte, kann an folgenden Stellen sein Segel in den Wind halten: Balangan, Bingin, Canggu, Jimbaran, Kuta, Medewi, Nusa Lembongan, Nyang Nyang, Padang Padang, Sanur (nur November bis März empfehlenswert) und Suluban bei Uluwatu. Das benötigte Equipment kann man sich am günstigsten (pro Stunde ab US$ 20) bei folgenden Veranstaltern entleihen:
  Bali Sky Ocean Dive, Jl. By Pass Ngurah Rai 896A, Suwung Kauh, Denpasar, E-mail: info@bsod2000.com, 🖳 www.bsod2000.com/e/.
  Bali Marine Sports, Jl, By Pass Ngurah Rai, Banjar Blanjong, Sanur, ☏ (0361) 289308, 🖷 (0361) 287872, E-mail: bmsdive@indosat.net.id, 🖳 www.indo.com/diving/bms.

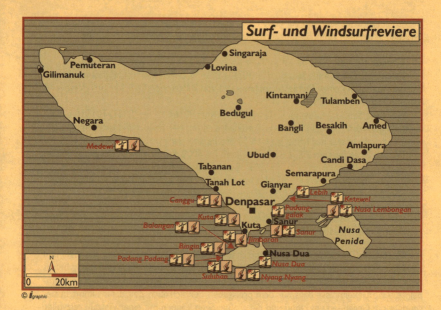

Wisata Tirta Baruna PT, Jl. By Pass Ngurah Rai 300B, P.O. Box 3419, Denpasar 80034, ☎ (0361) 753 820, 🖷 (0361) 753 809, E-mail: baruna@denpasar.wasantara.net.id, 🖳 www.bagus-discovery.com/baruna/index.html.

Neben den oben ausführlich behandelten Sportarten bieten diverse (vor allem unter ‚Tauchen' genannte) Veranstalter u. a. folgende Wassersportaktivitäten zu den genannten Preisen an:
- **Jet Ski**: 15 Minuten ab US$ 20 (in Bedugul am Danau Bratan US$ 15).
- **Motorbootfahren**: ab US$ 35 pro halbe Stunde (bei mindestens 2 Personen; vor Tanjung Benoa), bzw. Rp. 70.000 pro Person und 30 Minuten (ab Bedugul am Danau Bratan).
- **Parasailing**: Vor Kuta, Sanur und Nusa Dua kann man sich von verschiedenen Veranstaltern in die Lüfte hieven lassen, die ab US$ 10 pro Flug berechnen, in Bedugul am Danau Bratan zahlt man dafür hingegen nur Rp. 45.000.
- **Wasserski**: Hochburg dieser Sportart ist auf Bali der Danau Bratan, an dem mehrere Veranstalter das dafür notwendige Equipment anbieten, wobei 15 Minuten US$ 10 kosten. Zum doppelten Preis kann man auch vor Sanur, Nusa Dua und Kuta über die Wogen flitzen.

⇨ **Sprache**

Lernen Sie zumindest ein paar Wörter der Landessprache und Sie werden sehen, wie schnell sich Ihnen die Herzen der Einheimischen öffnen, denn mit kaum etwas anderem können Sie ihnen mehr Ihr Interesse an Land, Menschen und Kultur kundtun als mit Ihrem – zumindest ansatzweisen – Bestreben, sich auch sprachlich damit auseinander zu setzen. Nur Mut, kein Indonesier wird Sie kritisieren, wenn Sie Fehler bei der Grammatik oder Aussprache machen. Aber auch wenn Sie nicht dazu kommen, sich ein paar Brocken der Landessprache anzueignen, werden Sie, so Sie des Englischen mächtig sind, kaum irgendwo auf wirklich ernsthafte Sprachprobleme stoßen, allenfalls in abgelegeneren Regionen, denn vor allem die jüngeren Balinesen sprechen fast alle zumindest ein paar Worte Englisch.

Sprachkurse vor Ort bietet an:
- **Indonesia Australia Language Foundation** (IALF), Jl. Kapten Agung 17, Denpasar, ☎ (0361) 221782/3 und (0361) 225243.

Ausführliches zur *Bahasa Indonesia* und *Bahasa Bali* finden Sie im Kapitel ‚*Sprache*', S. 83ff, darüber hinaus einige wichtige Ausdrücke und Redewendungen im ‚*Kleinen Sprachführer*', S. 697ff.

> **Hinweis**
>
> *Wer sich intensiver mit der Sprache auseinander setzen möchte, findet im Literaturverzeichnis am Ende des Buches Hinweise auf geeignete Sprachführer und Lehrbücher.*

⇨ **Strände**

Weißen Korallensandstrand sucht man auf Bali vergebens, die Strände (Pantai) der Insel sind durchweg mit Vulkanasche durchsetzt, mal mehr mal weniger, wenn sie nicht überhaupt vollständig aus solcher bestehen. Trotzdem verfügt das Eiland über eine ganze Reihe schöner Strände. Alle zum Baden und Schwimmen geeigneten Strände sind gekennzeichnet, dort wo keine entsprechenden Schilder bzw. Warnhinweise stehen, sollte man es tunlichst unterlassen, ins Wasser zu gehen, denn tückische, auf den ersten Blick nicht zu erkennende Unterwasserströmungen sowie mitunter mehrere Meter hohe Brandungswellen for-

dern ohnehin jedes Jahr mehrere Menschenleben. Auch geübte Schwimmer können dabei in ernsthafte Schwierigkeiten geraten, ungeübte sollten niemals weiter als hüfttief ins Wasser gehen. Beachten Sie also unbedingt die Warnhinweise und Hinweise der Einheimischen! Zudem droht Ihren Füßen Gefahr seitens des Strandgutes, das bedauerlicherweise nicht nur aus Korallenbruchstücken und Seetang besteht, sondern auch aus Glasscherben und sonstigem, z. T. scharfkantigem Abfall. Tragen Sie daher (vor allem an wenig frequentierten und daher ungereinigten Strandabschnitten) sicherheitshalber Badeschuhe.

> **Hinweise**
>
> - *An den Stränden im Norden und Süden, die z. T. von vorgelagerten Riffen geschützt werden, drohen weitaus weniger Gefahren als an denjenigen im Osten und Westen.*
> - *Mit Haifischen ist an flach abfallenden Badestränden kaum zu rechnen, an Steilküsten und Riffbruchkanten hingegen sehr wohl. Baden Sie daher besser nicht in tiefem, blauem Wasser ohne Bodensicht.*
> - *Beachten und respektieren Sie unbedingt die Moralvorschriften der Einheimischen und unterlassen Sie das Nacktbaden und als Frau auch das Oben-ohne-Baden!*

Die schönsten Strände

IM SÜDEN
- **Pantai Canggu**: kleiner grauer Strand abseits des Rummels von Kuta und Legian
- **Pantai Jimbaran**: kleiner Strand, relativ ruhig; im nördlichen Teil allmorgendlich großer Fischmarkt
- **Pantai Kuta**: sichelförmiger, sechs Kilometer langer Sandstrand, der für seine atemberaubenden Sonnenuntergänge bekannt ist; immer voll, leider teilweise arg verschmutzt
- **Pantai Legian**: nördliche Fortsetzung des Pantai Kuta, nicht ganz so voll wie dieser
- **Pantai Nusa Dua**: herrlicher drei Kilometer langer Sandstrand mit sanfter Dünung; an ihm liegen einige der besten Hotels der Insel.
- **Pantai Sanur**: heller Sandstrand, allerdings nicht allzu breit und mitunter voller Anspülungen
- **Pantai Semawang**: besser als der sich nördlich anschließende Pantai Sanur
- **Pantai Seseh**: ein Stückchen nordwestlich des Pantai Canggu, daher noch ruhiger als dieser

IM OSTEN
- **Pantai Balina**: feiner schwarzer Sandstrand, nur vier Kilometer westlich von Candi Dasa und trotzdem ziemlich menschenleer
- **Pantai Candi Dasa**: schmaler Sandstrand, mit vielen Felsen durchsetzt; bei Flut stark eingeschränkte Bademöglichkeit.

Noch nicht überlaufen: Pantai Jimbaran.

- **Pantai Masceti**: schwarz-grauer, menschenleerer Sandstrand
- **Pantai Padangbai**: kleiner heller ruhiger Sandstrand in unmittelbarer Nachbarschaft zum Hafen
- **Pantai Saba**: Abgelegener grauer und schwarzer Sandstrand, den man manchmal ganz für sich alleine hat.

IM NORDEN
- **Pantai Air Sanih**: ruhig und abgelegen, fast ausnahmslos nur von Einheimischen besucht
- **Pantai Lovina**: weiter Sandstrand mit sanfter Dünung und spektakulären Sonnenuntergängen
- **Pantai Pemuteran**: schöner, noch nicht überlaufener Sandstrand

IM WESTEN
- **Pantai Kelating**: mächtige Wellen und fantastisches Panorama auf das gebirgige Hinterland mit seinen Reisterrassen
- **Pantai Medewi**: Ziemlich felsiger Strand, der wenig Platz lässt, um seine Beine auszustrecken, doch dafür ist es – abgesehen von den Surfern – herrlich ruhig.
- **Pantai Nyanyi**: schwarzer Sand, riesige Wellen und eine großartige Szenerie, vor allem bei Vollmond
- **Pantai Pasut**: Ruhiger abgelegener Strand, dessen schwarzer Sand im Abendrot geradezu mystisch anmutet.
- **Pantai Soka**: ebenfalls ein (noch) wenig frequentierter schwarzer Sandstrand mit spektakulären Sonnenuntergängen
- Sehr schön ist zudem der sichelförmige Strand von **Nusa Lembongan**.

⇨ **Strom**

Die **Stromspannung** beträgt mittlerweile **in den meisten Inselregionen 220-240 Volt Wechselstrom bei 50 Hz**, in manchen ländlichen Gegenden jedoch nach wie vor 110 Volt bei 50 Hz, wobei gelegentlich mit Stromschwankungen oder gar Stromausfällen (allerdings immer seltener) gerechnet werden muss. Falls Sie sich auch außerhalb der touristischen Zentren aufzuhalten gedenken, sollten Sie daher sicherheitshalber nur solche elektronischen Geräte mitnehmen, die man von 220 Volt auf 110 Volt umschalten kann.

Die **Steckdosen** sind außer für **zweipolige Rundstecker** vielfach auch für **zweipolige Flachstecker** ausgelegt, so dass es sich empfiehlt, sich vor der Reise einen entsprechenden Adapter zu besorgen. In größeren Hotels kann man sich die erforderlichen Adapter in der Regel auch kostenlos ausleihen, ansonsten kann man sie vor Ort auch noch in Elektrogeschäften und einigen der größeren Supermärkte erstehen. Falls man für seine Geräte einen **Transformator** benötigt, sollte man diesen auf jeden Fall von zu Hause mitbringen, da solche auf Bali nur schwer aufzutreiben und sehr teuer sind. In den Hotels findet man zudem für den Fall des Stromausfalls gewöhnlich auch Kerzen auf dem Zimmer.

 Hinweis

Ehe Sie eine Steckdose benutzen, sollten Sie sich stets zuvor bezüglich der Spannung versichern.

> **Tipps**
>
> - Um notfalls nicht im Dunkeln zu stehen, sollten Sie immer eine Taschenlampe mit Ersatzbatterien bzw. -akkus bei sich haben, das gilt auch, wenn Sie nachts in den kaum oder gar nicht beleuchteten Straßen, am Strand oder querfeldein unterwegs sind.
> - In einfacheren Unterkünften wird bisweilen am Strom gespart, da er relativ teuer ist; tauschen Sie gegebenenfalls die spärlichen 25-Watt-Brinen gegen eine stärkere aus, die Sie sich allerdings selbst besorgen müssen.

T

⇨ **Telefon**

Gelegentlich kann das Telefonieren auf Bali und innerhalb des Landes noch immer recht mühsam sein, da das lokale Telefonnetz überlastet ist; weitaus problemloser hingegen funktionieren in der Regel Gespräche ins Ausland. Die staatliche Telekommunikationsgesellschaft heißt *Telkom*.

> **Hinweise**
>
> *Derzeit wird das Telekommunikationsnetz der Insel erweitert und modernisiert, was eine Umstellung von fünf- auf sechsstellige Rufnummern und z. T. auch eine Änderung der Vorwahlnummern mit sich bringt. Daher kann die Richtigkeit der in diesem Buch genannten Rufnummern nicht im gewohnten Maße garantiert werden, und da auch die Telefonbücher nicht allzu zuverlässig sind, sollten Sie sich notfalls bezüglich der Korrektheit der gewünschten Rufnummer erkundigen. Falls Sie eine alte Nummer wählen, erfolgt nach der Korrekturansage auf Indonesisch auch eine ebensolche auf Englisch – legen Sie also nicht zu schnell auf.*

Ortsgespräche (Local calls) kann man von jeder Telefonzelle bzw. jedem Telefon sowie allen Telefonämtern (*Kantor telekomunikasi* oder *Kantor telepon*) aus führen. **Ferngespräche im Direktverfahren** hingegen sind von allen Telefonämtern und per IDD (International Direct Dialing) von vielen öffentlichen Telefonzellen, die teilweise auch Telefonkarten ausländischer Telefongesellschaften annehmen, oder aber aus dem Hotelzimmer heraus möglich. Müssen Sie bei ersteren eventuell mit längeren Wartezeiten rechnen, so hat die Bequemlichkeit letzterer natürlich ihren Preis, verlangen die Hotels doch durchschnittlich dreimal so viel. Zu beachten ist, dass man, um aus dem Hotel herauszukommen, zunächst eine Nummer vorwählen muss, die am Apparat selbst oder in der daneben liegenden Broschüre unter ‚IDD' vermerkt ist; die Gesprächskosten werden dann automatisch per Computer auf die Hotelrechnung gesetzt. Als Alternative bieten sich zum anderen die privaten, preislich etwa zehn Prozent über den staatlichen Fernmeldeämtern liegenden *Warung Telkomunikasi*, **Wartel** (siehe auch ‚Telex, Telefax/Telegramm'), an, die man an den weißen

Schildern und blauem Telefonhöreremblem erkennt. Man findet sie häufig in oder bei Hotels und Wechselstuben. Bei **Direct Domestic Dialing** (DDD), d. h. Inlandsanrufen mit Direktwahl, wählt man zunächst die '=' für das Inland vor, es folgt die Ortsvorwahl, am Ende die Anschlussnummer. Bei **International Direct Dialing** (IDD) ist zunächst die ‚001' zu wählen, gefolgt von der Landesvorwahl, anschließend der Ortsvorwahl ohne die ‚0' und schließlich dem Anschluss.

Wer die Nummer eines gewünschten Gesprächspartners nicht kennt, kann sich diese aus dem **Telefonbuch** oder dem **Branchenfernsprechbuch** (Yellow Pages) heraussuchen oder vom **Operator** geben lassen, den man unter der Rufnummer ‚100' (nationale Auskunft) bzw. ‚101' (internationale Auskunft) erreicht. Da bei weitem nicht alle sich unter diesen Nummern meldenden Damen und Herren über wirklich gute Englischkenntnisse verfügen, sollten Sie ihr/ihm den Namen der gewünschten Person am besten im ‚Alpha-Bravo-Charlie-System' durchgeben, denn die Buchstaben werden im Indonesischen anders ausgesprochen als im Englischen; sind sie dessen nicht mächtig, so verwenden Sie möglichst ähnlich klingende englische Wörter. Hat man dagegen Probleme, den gewünschten Gesprächspartner an die Strippe zu bekommen, kann man sich an den **Directory Assistance Operator** wenden, für den man die ‚108' (Auslandsauskunft) bzw. ‚106' (Inlandsauskunft) wählt und der für einen die Verbindung herzustellen versucht, wobei allerdings auch bei diesem die genannten Sprachprobleme auftauchen können.

Hinweise

Einige wichtige Ländernamen auf Indonesisch: Deutschland = Jerman, Österreich = Austria, Schweiz = Swis, USA = Amerika Serikat.

Alle, die des Englischen nicht so mächtig sind, sollten lieber auf eine andere Möglichkeit zurückgreifen, deren Gesprächsgebühren zwar teurer sind, dafür aber keinerlei Sprachprobleme aufwirft. Über den kostenlosen Zugangsservice ‚**Deutschland Direkt**' der Telekom meldet sich unter der **Rufnummer 001-999-49-1000** in Frankfurt am Main eine deutschsprachige Vermittlung, die einen nach der Durchgabe der gewünschten Nummer verbindet; das Gespräch bezahlt in diesem Fall der Empfänger.

Bequem und ohne viele Geld mit sich herumschleppen zu müssen kann man mit der **T-Card** (‚Telekarte') über den *Deutschland-Direkt*-Service bargeldlos telefonieren. Die T-Card erhält man bei der Deutschen Telekom. Bei Touch-Tone-Apparaten erfolgt die Verbindung nach vorheriger Eingabe der Landeszugangsnummer, der Karten- und PIN-Nummer direkt, bei Telefonen ohne Tonwahl gibt man der Vermittlung die Kartennummer und die PIN-Nummer durch. In beiden Fällen werden die Gesprächsgebühren über das Fernmeldekonto des Kartenbesitzers abgerechnet. Ein vergleichbares Verfahren bieten die US-Unternehmen AT&T, MCI und Sprint an, noch dazu zu günstigeren Tarifen. Die **AT&T-Karte** erhält jeder, der im Besitz einer Kreditkarte von *Diner's Club* oder *Visa* ist oder über ein US-Bankkonto verfügt. Die Vermittlung erfolgt in diesem Fall über den Operator in New York, bei Touch-Tone-Apparaten jedoch direkt, wobei nach Eingabe der Landeszugangsnummer zunächst Karten- und PIN-Nummer eingegeben werden müssen.

Weitere **Gesprächsvarianten**, die alle über den Operator gehen müssen, sind:
- **Collect call** (R-Gespräch) : Es zahlt der Angerufene, nachdem dieser dem Operator sein Einverständnis dazu gegeben hat. Nach Deutschland unter 001-801-49 und in die Schweiz unter 001-801-41 möglich, nach Österreich nicht.
- **Person-to-person call**: Man sagt dem Operator, welche Person man sprechen möchte; erst wenn diese sich meldet, zahlt man.
- **Third number call**: Nicht der Anrufer oder Angerufene zahlt, sondern ein Dritter (z. B. ein Freund), dessen Nummer man dem Operator mitteilen muss, der sich wiederum dessen Einverständnis einholt.

Immer mehr setzt sich auch auf Bali das bargeldlose Telefonieren mit **Telefonkarten** (*Kartu telepon*) durch, die man auf allen Postämtern, bei der *Telkom*, in den Telefonstuben (*Wartel*), an den Rezeptionen der größeren Hotels und in einigen Geschäften erhält.

Kartentelefone sind mit der Aufschrift ‚*Telepon kartu*' gekennzeichnet. Je nach Kartenart kann man entweder nur innerhalb Indonesiens oder aber auch ins Ausland telefonieren: Erkundigen Sie sich beim Kauf der Karte danach. Derzeit sind folgende **Telefonkartenwerte** erhältlich: 100 Einheiten (Rp. 35.000), 140 Einheiten (Rp. 45.000) und 200 Einheiten (Rp. 60.000). Die **Funktionsweise der öffentlichen Telefonapparate** ist zwar einfach, doch sollte man, wenn man nicht mit Karte telefonieren möchte, stets einen gewissen **Vorrat an 100-Rupiah-Münzen** bei sich haben. Gehen Sie wie folgt vor: Hörer abnehmen; wählen; sobald sich der Gesprächspartner meldet, Münze(n) einwerfen; sobald Signalton ertönt, Münze(n) nachwerfen, da das Gespräch sonst unterbrochen wird. Öffentliche Telefonapparate (*Telepon umum*) schlucken Münzen zu Rp. 50, 100 und 500 (manche nur 100-Rupiah-Münzen), wobei die Gebühr für eine Einheit und somit auch ein **zweiminütiges Ortsgespräch Rp. 100** beträgt, benutzt man hingegen ein **Kartentelefon**, so kostet die Einheit nur **Rp. 75**; Hotels hingegen berechnen das Drei- bis Vierfache, das gilt auch für **Ferngespräche**, für die man – nach Europa – z. B. im Wartel gegenwärtig **Rp. 11.800 pro Minute** bezahlt (+ 10 Prozent Steuern). Die Tarife variieren von Ort zu Ort. In Gebieten mit modernen computergesteuerten Telefonsystemen erfolgt die Abrechnung sekundengenau, wohingegen in Gegenden ohne solch ein System als Grundgebühr ein Drei-Minuten-Gespräch verrechnet wird, wobei die Tarife für jede weitere Minute günstiger sind.

 Hinweise

- *In den Telefonämtern und Telefonstuben können Sie sich vor dem Anruf anhand einer Tarifliste über die aktuellen Preise informieren.*
- *Falls Sie ein Gespräch anmelden und man Sie im Voraus nach der Gesprächsdauer fragt, kann es passieren, dass man die Leitung nach Ablauf der angegebenen Zeit unterbricht – überlegen Sie also gründlich, wie lange Sie voraussichtlich brauchen.*
- *Private Telefondienste lehnen R-Gespräche oft ab, und diejenigen, die Ihnen dies gestatten, berechnen für gewöhnlich eine Ein-Minuten-Gebühr zusätzlich.*

Wie überall auf der Welt, gibt es für praktisch alle Gesprächsvarianten teurere und billigere Telefonzeiten. Am günstigsten telefonieren Sie zwischen 17 und 7 h Ortszeit, wobei nach

23 h die Gebühren noch einmal gesenkt werden, das gleiche gilt für Samstag und Sonntag sowie Feiertage. Die bequemste, allerdings nicht ganz billige Alternative ist das eigene **Handy**, insofern es über **D1-, D2-, E-Plus- oder O$_2$-Anschluss** verfügt, die beide einwandfrei funktionieren. Während die staatlichen Telefonämter in der Regel täglich zwischen 8 und 16 h (in Touristenzentren auch länger) geöffnet haben, schließt so manch ein *Wartel*, die Sie beinahe an jeder Straßenecke finden, seine Tür nie.

Hinweise

- *AT&T gibt einen ‚International Telephone Guide' heraus, der das mitunter etwas komplizierte firmeneigene IDD-Verfahren erläutert, das von jedermann genutzt werden kann; er liegt u. a. in manchen Hotels in den Zimmern aus.*
- *Falls Sie dem Operator eine Nummer durchgeben, so sprechen Sie für die Zahl ‚0' den Buchstaben ‚O' und nicht ‚zero'.*
- *Von den hier und da herumstehenden ‚Home-Country-Direct'-Telefonen ist aufgrund der oftmals miserablen Verbindungen abzuraten. (Diese Apparate funktionieren folgendermaßen: Durch Drücken der entsprechenden Landeskennziffer (diese steht auf dem Apparat), meldet sich in dem Land, mit dem man sprechen möchte, der Operator in der Landessprache; die Gebühr geht auf das eigene Telefonkonto; diese Apparate stehen vor allem in etlichen der Tophotels, am Flughafen und in großen Einkaufszentren.)*
- *Noch eines zum Schluss: Denken Sie bei Ihren Anrufen nach Übersee an die jeweilige Zeitdifferenz!*

Wichtige Telefonnummern:

Internationale Vorwahl von Indonesien (von Europa aus) :	0062
Vorwahlen der Regionen auf Bali (aus dem Ausland ohne ‚0') :	
Badung, Bangli, Denpasar, Gianyar, Tabanan:	0361
Buleleng:	0362
Karangasem:	0363
Jembrana:	0365
Semarapura:	0366
Vorwahl Deutschlands (von Indonesien aus) :	00149
Vorwahl Österreichs (von Indonesien aus) :	00143
Vorwahl der Schweiz (von Indonesien aus) :	00141
Deutschland Direkt:	
Deutsche Telekom	001-999-49-1000
AT&T	1-800-292-0049
MCI	1-800-766-0049
US-Sprint	1-800-927-0049
Austria Direkt:	1-800-624-0043
Auskunft:	national 100
	international 101
Directory assistance operator:	national 106
	international 108
Weitere Rufnummern siehe ‚Notruf'.	

⇨ Telefax

Faxgeräte besitzen außer den sehr einfachen Losmen und Homestays praktisch alle Beherbergungsbetriebe, darüber hinaus steht in nahezu jedem *Wartel* (siehe ‚Telefon') eines zur Verfügung, wobei die Preise hier günstiger sind als in den Hotels. In jedem Fall sollten Sie sich aber zuvor erkundigen, in welcher Form abgerechnet wird, denn mancherorts verrechnet man eine Mindestzeit, die in der Regel derjenigen eines dreiminütigen Telefonats entspricht. Pro Faxseite bezahlen Sie derzeit bei der *Telkom* rund Rp. 11.000, im *Wartel* etwa Rp. 13.000, im Hotel kommen Sie unter Rp. 20.000 für die erste Seite kaum weg, die weiteren Seiten sind dann jedoch weitaus günstiger. An manche *Wartel*-Büros kann man sich gegen eine geringe Bearbeitungsgebühr auch ein Fax schicken lassen, das einem notfalls sogar gegen eine Zusatzgebühr zugestellt wird.

⇨ Toiletten

In den Touristenzentren und sonst in nahezu allen anderen Hotels, Restaurants und anderweitigen Einrichtungen, die von Touristen frequentiert werden, gibt es heutzutage überwiegend die aus unseren Breiten bekannten Sitztoiletten und auch Toilettenpapier. In den abgelegeneren Gegenden, in einfacheren Unterkünften oder auch in den Privatwohnungen stößt man hingegen vielerorts auf die so genannten ‚französischen' Toiletten, die aus einem im Boden eingelassenen Loch und zwei sich seitlich davon befindlichen Fußstützen bestehen, auf die man sich in Hockstellung stellt. Anfänglich bedarf ihre Benutzung ein wenig Geschicklichkeit, ihr großer Vorteil liegt – so sie anständig gereinigt sind – indes in der größeren Hygiene, da man keinen direkten Kontakt mit einer Sitzfläche hat. Mehr Probleme als das Hocken bereitet jedoch das oftmalige Fehlen von Toilettenpapier, an dessen Stelle man dann eine Schöpfkelle und einen wassergefüllten Behälter zwecks Reinigung vorfindet, die mit der linken, d. h. der unreinen Hand vorgenommen wird.

Öffentliche Toiletten, die noch nicht in allzu großer Zahl anzutreffen sind, erkennt man an der Aufschrift ‚*Kamar kecil*', wobei die Wörter ‚*Laki-laki*' oder ‚*Pria*' eine Herrentoilette und ‚*Wanita*' eine Damentoilette kennzeichnen. In einfacheren Unterkünften, aber auch sonst vielerorts, ist das WC im Badezimmer (Kamar mandi – siehe hierzu das Brevier unter dem Stichwort ‚Übernachten') untergebracht, wobei man das Duschwasser dann gleichzeitig auch für die Toilettenspülung bzw. -reinigung benutzt.

☞ Hinweis

Steht neben der Toilette ein Plastikeimer oder ein mit einem Deckel versehenes Körbchen, so wirft man das Toilettenpapier in diese und nicht in die Toilette. Dies dient dazu, das Verstopfen des Abflusssystems zu verhindern.

Tipp

Falls Sie mit den ungewohnten Toilettenverhältnissen nicht zurechtkommen oder sich querfeldein bewegen, sollten Sie als Vorsichtsmaßnahme stets eine Rolle Toilettenpapier bzw. einige feuchte Reinigungstücher bei sich haben.

⇨ Trampen

Aufgrund der Tatsache, dass Rucksacktouristen in Indonesien, und speziell auf Bali, nicht allzu gerne gesehen sind (eine Folge von deren oftmals wenig einfühlsamem Verhalten gegenüber der einheimischen Bevölkerung), hat man als solcher trotz der ansonsten so überaus wohltuenden Offenheit und Gastfreundschaft der Balinesen weitaus weniger Chancen als Anhalter mitgenommen zu werden als dies in vielen anderen Ländern der Fall ist. Dies wiegt allerdings umso weniger, als die Tarife der öffentlichen Verkehrsmittel, mit denen man nahezu überall hinkommt, so niedrig sind, dass sie sich auch derjenige leisten kann, der mit seinem Budget haushalten muss.

!!! Warnung

Frauen sollten sich vor den ‚schnellen Jungs auf ihren schnellen Maschinen' in Acht nehmen, die gewöhnlich mehr im Sinn haben als nur eine Mitfahrgelegenheit anzubieten. Doch auch das männliche Geschlecht sollte daran denken, dass Trampen immer ein gewisses, nicht zu unterschätzendes Risiko in sich birgt.

⇨ Trinkgeld

Da auch auf Bali die Angestellten im Dienstleistungsgewerbe nicht gerade üppig besoldet sind, freuen sie sich selbstverständlich über ein kleines Trinkgeld (*Uang rokok* oder *Persen*), wobei allerdings die Landesgegebenheiten, sprich das Einkommensgefüge insgesamt, berücksichtigt werden sollten, um nicht über das Maß hinauszuschießen, denn dadurch verdirbt man mittel- bis langfristig mehr als man sich eventuell persönlich an Entgegenkommen und Aufmerksamkeit ‚erkauft'. Natürlich ist das Geben eines Trinkgeldes immer eine freiwillige Sache, sind Sie jedoch mit dem Service zufrieden, so empfiehlt es sich schon, dies auch angemessen zum Ausdruck zu bringen, zudem öffnet es oft eine ansonsten verschlossene Tür, macht vermeintlich Unmögliches möglich. Und denken Sie daran, viele sind auf das Trinkgeld geradezu angewiesen, ist es doch deren eigentliche Verdienstquelle.

Die nachstehenden **Empfehlungen** sind als Orientierungshilfen gedacht:
- Zwar enthalten Rechnungen in **Restaurants** in den meisten Fällen schon 5-10 Prozent Bedienungszuschlag (‚*Tips included*', ‚*Service charge included*' oder ‚*Gratuity included*'), dennoch gehört es zum guten Ton, dass man – bei Zufriedenheit – ein zusätzliches Trinkgeld von etwa 5-10 Prozent des Rechnungsendbetrages gibt. Ist das Bedienungsgeld nicht in der Rechnung beinhaltet, sind 10-15 Prozent des Rechnungsbetrages üblich. In Lokalen lässt man das Trinkgeld bei Barbezahlung beim Verlassen auf dem Tisch bzw. in der gereichten Rechnungsmappe liegen, zahlen Sie hingegen mit Kreditkarte, so können Sie das Trinkgeld entweder gleichfalls in bar zurücklassen oder dieses mit abrechnen lassen, wobei Sie den beabsichtigten Betrag in der Rubrik ‚Tips' ausdrücklich in Rupiah auf der Quittung vermerken sollten. (Achten Sie beim Erhalt des Kreditkartenabzugs darauf, dass diese Rubrik nicht vom Abrechnenden nach eigenem Gutdünken ausgefüllt worden ist.)
- **Gepäckträger** erwarten pro Gepäckstück etwa Rp. 2.000-3.000, sowohl beim Einchecken im Hotel als auch beim Auschecken; das Gleiche gilt für die Träger am Flughafen (wobei diese es als Bezahlung, nicht als Trinkgeld verstanden wissen wollen).

- Dem **Zimmerpersonal** gibt man am besten gleich zu Beginn des Aufenthaltes ein kleines Trinkgeld, und ist man mit dem Service zufrieden gewesen, am Ende noch einmal etwas, wobei man pro Tag mit mindestens Rp. 2.000 rechnen sollte.
- Der **Zimmerkellner** freut sich über Rp. 2.000-3.000.
- **Toilettendamen und -herren** erwarten Rp. 500-1.000.
- Hat man einen Wagen mit **Chauffeur** gemietet, so sollte man diesem am Schluss etwa Rp. 20.000-30.000 pro Tag zukommen lassen.
- Sollten Sie einen persönlichen **Reiseführer** anheuern, so können Sie sich mit Rp. 20.000 pro Tour bzw. Tag bei ihm bedanken, wenn er seine Sache gut gemacht hat.
- **Taxifahrern** gibt man bei kürzeren Fahrten etwa Rp. 2.000, bei längeren natürlich mehr.
- **Bus- und Bemofahrer** erhalten normalerweise kein Trinkgeld.
- Haben sich **Concierge** und/oder **Rezeption** um Ihre Anliegen bemüht und Ihnen mit sachdienlichen Tipps weitergeholfen, sollte man dies – spätestens bei der Abreise – gleichfalls mit einer kleinen finanziellen Anerkennung (mindestens Rp. 10.000) honorieren.

Bei anderen Dienst- und Hilfeleistungen sind Sie auf Intuition und Fingerspitzengefühl angewiesen, doch wird es kaum jemanden geben, der ein pekuniäres Dankeschön zurückweist. Doch gilt in jedem Fall: **geben ja, übertreiben nein.** In Fast-Food-Restaurants und ähnlichen Einrichtungen gibt man kein Trinkgeld. Auch sollte man nichts geben, wenn der Service nicht stimmt, sollte dies aber auch begründen: ‚*No service, no tip!*'

⇨ Trinkwasser

Aus Sicherheitsgründen empfiehlt es sich, Wasser vor dem Trinken stets abzukochen, zu filtern oder mittels entsprechender Zusätze zu entkeimen, ganz gleich ob es aus dem Wasserhahn, Brunnen oder Gebirgsbach kommt.

Die **sicherste Methode** ist nach wie vor **das Abkochen**, doch muss das Wasser mindestens zehn Minuten sprudelnd kochen, damit alle Keime sicher abgetötet werden. Handelt es sich dabei einerseits, vor allem bei größeren Wassermengen, mitunter um eine aufwändige und zeitraubende Angelegenheit, so wird andererseits durch sie auch stark verunreinigtes und trübes Wasser praktisch keimfrei.

Eine mittlerweile weltweit verbreitete Methode der Wasserreinigung ist das **Filtern** mit Hilfe von Keramikfilterkerzen, die so feine Poren haben, dass Verunreinigungsbestandteile aller Art zurückgehalten werden, sogar Bakterien. Diese Filter sind jedoch nicht ganz billig und der Wasserdurchlauf ist – systembedingt – ziemlich langsam, außerdem muss die Filterkerze ab und zu mit einer Bürste gereinigt werden und nutzt sich so ab. Eine weitere Möglichkeit der Entkeimung ist die Zugabe von Silbersalzen wie *Micropur* oder *Halazone*, womit sich aber nur klares Wasser reinigen lässt, organische Schwebeteilchen dagegen verhindern die keimtötende Wirkung der Silberionen. Die Einwirkzeit beträgt mindestens eine Stunde.

In vielen Unterkünften werden Sie eine Thermoskanne mit heißem Wasser auf dem Zimmer vorfinden, das zur Zubereitung von Tee oder Kaffee gedacht ist. Da dieses zuvor abgekocht wurde, können Sie es bedenkenlos trinken. Zum **Zähneputzen** ist das aus dem Wasserhahn kommende Wasser im Normalfall bedenkenlos benutzbar.

U

▷ **Übernachten**

Balis Hotellerie braucht den internationalen Vergleich wahrlich nicht zu scheuen, im Gegenteil, einige Häuser zählen zu den besten der Welt, und Jahr für Jahr öffnen neue Unterkünfte der Spitzenklasse ihre Pforten, von denen nicht wenige sowohl durch ihre Architektur als auch ihre üppigen, weitläufigen Gartenanlagen beeindrucken und gefangen nehmen.

Rund um Ubud finden sich viele harmonisch in die Landschaft eingebettete Unterkünfte.

Gestaltlose Betonburgen wird man zum Glück kaum finden, dies verhindert ein bereits Ende der 60er Jahre erlassenes Gesetz, dem zufolge kein Gebäude höher sein darf als die höchste Palme in unmittelbarer Umgebung. Seither bemüht man sich, den Bau neuer Touristenhotels möglichst auf die bereits bestehenden touristischen Zentren zu konzentrieren, wobei man bei der architektonischen Planung viel Wert auf die Verwendung einheimischer Stilelemente und Materialien legt. Ein Unterfangen, das alles in allem recht gut gelungen ist, auch wenn der im Inselsüden fast schon irrwitzig zu nennende Bauboom der letzten paar Jahre manch eine optische Beleidigung aus dem Boden hat wachsen lassen.

Ein Zimmer zu bekommen, stellt auf Bali kaum ein Problem dar, lediglich in den Hochsaisons von Juli bis September und über die Weihnachtsfeiertage kann es passieren, dass im gewünschten Hotel keines mehr frei ist. Bei weit mehr als 30.000 Hotelzimmern jedweder Preisklasse dürfte ein jeder die für seinen Geldbeutel angemessene Bleibe finden, wobei sich das Gros im Süden der Insel ballt, und zwar in Sanur, Nusa Dua/Tanjung Benoa, Jimbaran und Tuban/Kuta/Legian/Seminyak, wobei sich letzterer Ballungsraum immer weiter nach Norden ausdehnt, bis Kerobokan und darüber hinaus. Weitere Zentren sind die nördlich von Denpasar im Inselinneren gelegene Region um Ubud sowie im Osten Candi Dasa und im Norden Lovina. Doch auch in fast allen anderen größeren Orten stehen Übernachtungsmöglichkeiten zur Verfügung, vielfach allerdings nur einfacherer Art, andererseits entstehen an immer mehr abgelegeneren Orten erstklassige Unterkünfte, die einem neben viel Komfort zugleich einen weitaus besseren Einblick in das wahre Bali vermitteln können, als dies in den touristischen Zentren je möglich wäre. Die größte Ansammlung an Hotels der Spitzenklasse findet man aber außer in und um Ubud vor allem im Inselsüden, wobei es in Nusa Dua und Sanur wesentlich ruhiger und gediegener zugeht als im Touristengürtel von Tuban bis Seminyak.

Der Ausstattungsstandard der Zimmer hat sich während der letzten Jahre stetig nach oben verschoben, eigenes Bad oder Dusche im Zimmer sind – außer in den ganz einfachen Unterkünften – praktisch überall vorhanden, und **Herbergen der mittleren und oberen Kategorien** verfügen – außer die Philosophie des Hauses steht dem entgegen – ferner grundsätzlich über Aircondition, Fernseher und Minibar bzw. Kühlschrank. Und selbst der hauseigene Pool ist beinahe schon Standard und mittlerweile selbst bei vielen einfacheren Unterkünften vorzufinden.

Eine Alternative zum Hotelleben bieten die fast überall anzutreffenden, meist einfachen und privat geführten **Losmen**, **Wisma**, **Homestays** oder **Penginapan**, in denen es in der Regel zwar Strom, aber kein Zimmertelefon und keinen Fernseher gibt, und die vielfach mit dem typischen indonesischen Bad namens *Kamar mandi* (s. u.) sowie Deckenventilatoren anstelle von Aircondition ausgestattet sind. Deren zumeist bescheidener Standard (z. T. nur kaltes Wasser, Handtücher und Seife müssen unter Umständen mitgebracht werden) wird andererseits durch die hautnahe Integration ins familiäre Alltagsleben wettgemacht, außerdem sind ein kleines Frühstück, bestehend aus Kaffee oder Tee, Obst und etwas Gebäck oder Toast, sowie Nachmittagstee meist im Preis mit eingeschlossen. Eingenommen werden diese Mahlzeiten für gewöhnlich auf der Veranda, die quasi das ‚Wohnzimmer' derartiger Unterkünfte und gleichzeitig Treffpunkt für ein Gespräch mit den Vermietern und anderen Gästen ist. Als grobe Orientierung kann gelten, dass das Penginapan die einfachste, das Wisma hingegen die komfortabelste und teuerste dieser Unterkünfte ist; Losmen und Homestay liegen bezüglich des Standards und der Preise normalerweise dazwischen, allerdings sind die Grenzen zwischen all diesen fließend und durchaus nicht klar gezogen. Unterkünfte dieser Art werben oftmals mit handgeschriebenen Schildern am Straßenrand für sich und liegen vielfach in schmalen Nebenstraßen und -gassen, in denen sie nur zu Fuß, nicht aber mit dem Auto zu erreichen sind. Da es sich bei diesen Unterkunftstypen um ziemlich gleich ausgestattete und qualitätsmäßig auf etwa demselben Niveau stehende handelt, so dass sich ein jeder selbst für seinen Favoriten entscheiden sollte, wird – da dies andernfalls den Rahmen sprengen würde – im Kapitel ‚*Regionale Reisetipps von A-Z*' bewusst darauf verzichtet, diesbezüglich Vorschläge zu unterbreiten.

Bei der Besorgung **privater Schlafstellen** hilft – gegen einen kleinen Obolus – notfalls auch das Dorfoberhaupt (*Kepala desa* oder *Kepala kampung*) oder die Dorfjugend, wobei es angebracht ist, dem Gastgeber grundsätzlich eine Kleinigkeit als Bezahlung für die gewährte Übernachtungsmöglichkeit zu hinterlassen, selbst wenn dies von jenem formell abgelehnt werden sollte. Rechnen Sie dabei mit Rp. 10.000-20.000, zu denen Sie auch ein paar Zigaretten, Obst, eine Flasche Mineralwasser oder sonst ein kleines Geschenk dazulegen können. Sollte man Sie darüber hinaus auch noch verköstigen, können Sie Ihren Dank z. B. auch mit einem Säckchen Reis zum Ausdruck bringen. Auf jeden Fall sollten Sie sich aber zuvor über die örtliche Etikette informieren, um die Gefühle und Gebräuche der Einheimischen nicht zu verletzen.

Vor einem sei jedoch gewarnt: Da so gut wie jeder Haushalt Balis Kampfhähne besitzt und diese beim ersten Schimmer der Morgendämmerung inselweit ein mitunter ohrenbetäubendes Stakkato anstimmen, sollten sich Morgenmuffel mit genügend Oropax eindecken.

Wer in einfacheren Unterkünften nächtigt, sollte folgende Dinge sicherheitshalber dabei haben: ein **Moskitonetz**, da die vorhandenen nicht immer intakt sind, **Moskito-Coils** gegen die stechenden Plagegeister, eine **40- oder 60-Watt-Glühbirne**, da schummrige 15-Watt-Birnen in den Zimmern keine Seltenheit sind, ein **Vorhängeschloss** (um das Zimmer sicher abschließen zu können) und eventuell ein Mittel gegen Kakerlaken und ähnliche unliebsame Mitbewohner. Denn obwohl man allerorten um Reinlichkeit bemüht ist, kann angesichts des Klimas und der baulichen Gegebenheiten hin und wieder doch einmal das eine oder andere Insekt durch das Zimmer krabbeln. Über einen Gecko im Zimmer hingegen sollte man sich freuen, schließlich stellt er die beste Insektenpolizei dar; damit diese nicht gerade die besten Stücke vollkleckern, sollte man seine Wäsche vorsichtshalber abdecken oder in geschlossenen Fächern bzw. Schränken aufbewahre

> **INFO** **Kamar mandi**
>
> Hierbei handelt es sich um die Urform des indonesischen Bades, bestehend aus einer Nasszelle mit einem in einer Ecke des Raumes fest eingemauerten (meist gekachelten) Wasserbecken, aus dem man mit Hilfe einer Kelle das erfrischende Nass schöpft, um sich dieses unter lautem Prusten und Schnauben über Kopf und Körper zu schütten. Sobald der erste Kälteschock überwunden ist, werden Sie dieses feucht-fröhliche Vergnügen jedoch schon bald nicht mehr missen mögen, denn das Blut strömt anschließend wie befreit durch die Adern, Mühsal und tagsüber vergossenen Schweiß schnell vergessen lassend. Wie neu geboren verlässt man die Kammer, die für so manchen anfangs einer Folterkammer gleichzukommen scheint.
>
> Zur weiteren, spartanischen Ausstattung des Mandi (das Wort bedeutet einfach ‚baden' oder ‚sich waschen') gehören außerdem ein Abflussrohr sowie ein Nagel zum Aufhängen der Kleidung, und wenn man viel Glück hat noch ein Plastikhocker. Großer Vorteil dieser Einrichtung ist, dass das Wasser stets angenehm kühl bleibt und auch nach dem Einseifen noch in ausreichender Menge zur Verfügung steht, was bei manch einer modernen Dusche aufgrund des fehlenden Wasserdruckes nicht unbedingt der Fall ist. Um das Wasser rein zu halten, sollte man sich niemals im oder über dem Wasserbecken selbst waschen, auch sollte man darin niemals seine Kleidung waschen. Meist dient das Wasser des Beckens bei derartigen Einrichtungen auch zum Spülen der Toilette, die in der Regel aus einem französischen Hockklo besteht. Ist zudem kein Toilettenpapier vorhanden, ist dies der stille Hinweis darauf, dass das vorhandene Nass auch dessen Aufgabe übernehmen soll. In der Regel findet sich unmittelbar daneben jedoch ein kleiner Eimer oder Korb, der dezente Hinweis, dass Toilettenpapier u.Ä. nicht hinuntergespült werden soll.
>
> Das Kamar mandi kann entweder an das Pensionszimmer angebaut sein, so dass es dann auch von diesem aus direkt zugänglich ist, oder aber es steht als Gemeinschaftseinrichtung zur Verfügung, was dann noch mehr Sorgfalt beim Umgang mit dem Wasser und dessen Reinhaltung erfordert. Wie auch immer, um Pilzinfektionen zu vermeiden, sollten Sie auch während des Duschbades auf jeden Fall Gummisandalen tragen. Siehe auch ‚Toiletten'.

In vielen Hotels sind keine Einzelzimmer verfügbar, sondern nur halbe Doppelzimmer. Achten Sie auf den Unterschied: **Twin** = Zimmer mit zwei getrennten Betten, **Double** = Zimmer mit einem großen Doppelbett. Außerhalb der Hochsaison, aber auch immer mehr öfters während dieser selbst, offerieren die Hotels **Sonderangebote**, bei denen man mitunter ganz erheblich (mitunter weit mehr als 50 Prozent) sparen kann – also unbedingt danach fragen (‚Special rate' oder ‚Special offer'), das gilt auch bei längeren Aufenthalten (*Long-term staying*) und für Buchungen über das Internet. Bei den unten genannten Preisen handelt es sich um die ausgeschriebenen Normaltarife (*Published rates*), wobei sich die erstgenannten Preise in der Auflistung jeweils auf die günstigsten Doppelzimmer (Einzelzimmer sind nur unwesentlich billiger), die letztgenannten auf die teuersten Suiten oder Bungalows beziehen, zu verstehen jeweils pro Nacht in der Nebensaison; in den Hochsaisons schlagen manche Hotels – insbesondere jene der oberen Preiskategorien – noch einmal einige Dollar drauf. **Auf die genannten Preise werden auf Bali, außer bei den günstigen Unterkünften, bis zu 11 Prozent Steuern und 10 Prozent Service Charge aufgeschlagen. Das Frühstück ist oftmals im Übernachtungspreis mit eingeschlossen**, wenn nicht, lässt es sich vielfach als kleine kostenlose Zusatzvergünstigung noch heraushandeln. Falls nicht, sind Sie nicht gezwungen, dieses in Ihrer Unterkunft einzunehmen, Alternativen gibt es schließlich genug.

> **Tipp**
>
> Wer über das Internet bucht, ganz gleich ob direkt oder über ein entsprechendes Internetportal, kann nicht selten 50 Prozent und mehr des offiziellen Preises sparen. Eine sehr empfehlenswerte Website ist 🖥 www.asiahotels.com

Beim Preisvergleich lohnt es sich aber gerade, einen Blick auf die im Gesamtpreis eingeschlossenen Zusatzleistungen zu werfen. Ein oder mehrere zusätzliche Betten im Zimmer müssen in der Regel immer extra bezahlt werden, wobei pro Bett in einfachen Unterkünften rund Rp. 10.000-20.000 und in besseren US$ 20-50 verlangt werden.

Die nachstehende Klassifizierung bezieht sich auf die Normaltarife eines Doppelzimmers (pro Nacht) ohne Steuer und Service Charge, wobei die Einordnung der einzelnen Hotels gemäß der jeweils günstigsten Zimmerkategorie erfolgt. Aufgrund der stark schwankenden Wechselkurse der indonesischen Rupiah wird meist in US-Dollar abgerechnet, wobei der zu bezahlende Betrag aber am Ende in Rupiah umgerechnet wird. **Beim Bezahlen der Rechnung ist unbedingt darauf zu achten, dass zum aktuellen Tageskurs abgerechnet wird!**

über US$ 200	sehr teure Übernachtungsmöglichkeit ($$$$$$)
über US$ 150	teure Übernachtungsmöglichkeit ($$$$$)
über US$ 100	moderate Übernachtungsmöglichkeit ($$$$)
über US$ 60	noch preiswerte Übernachtungsmöglichkeit ($$$)
über US$ 30	preiswerte Übernachtungsmöglichkeit ($$)
unter US$ 30	sehr preiswerte Übernachtungsmöglichkeit ($)

Die allermeisten Unterkünfte verfügen über **Schließfächer** (Safe deposit boxes) oder sogar über eigene **Zimmersafes**, in denen man seine Wertsachen einschließen sollte; die Zimmerschlüssel nimmt man während seines Aufenthaltes tagsüber normalerweise mit (siehe ‚Sicherheit') und gibt sie erst bei der Abreise an der Rezeption ab.

Kinder unter zwölf Jahren wohnen zumeist gratis mit im Zimmer ihrer Eltern (in der Regel maximal bis zu zwei Kinder), für zusätzliche Erwachsene hingegen wird ein Zuschlag in Höhe eines Extrabettes fällig.

Es stehen aber auch immer mehr voll möblierte **Privatvillen** zum Anmieten zur Verfügung, die vielfach Ausländern gehören, die diese aber nur wenige Wochen im Jahr selbst bewohnen. Viele von ihnen besitzen einen eigenen Swimmingpool, um den sich – wie auch das Kochen, die Wäsche, den Einkauf etc. – das Hauspersonal kümmert, dessen Dienstleistungen im Mietpreis (ab ca. US$ 250 pro Tag) mit inbegriffen sind. Interessenten wenden sich z. B. an:

- **Bali Professional Management Services**, Jl. Sunset Road, Ruku Sunset Indah No. 10, Kuta 80361, ☎ (0361) 767619, 🖷 (0361) 763609, E-mail: BigPaul@bpmsonline.com, 🖳 www.bpmsonline.com.
- **Coconutshome.com**, ☎ (0361) 733 118, 🖷 (0361) 733 120, E-mail: debbie@coconutshome.com, 🖳 www.coconutshome.com.
- **House of Bali**; insgesamt vier Büros: 1) Kerobokan: Jl. Raya Banjar Semer 23, ☎ (0361) 739541 und (0361) 739529, 🖷 (0361) 412804, E-mail: kerobokan@houseofbali.com; 2) Nusa Dua: Komplex Pertokoan Citra Bali 36, Jl. By Pass Ngurah Rai, ☎/🖷 (0361) 702332, E-mail: nusadua@houseofbali.com; 3) Sanur: Jl. Danau Tamblingan 108, ☎ (0361) 282224, 🖷 (0361) 282239, E-mail: sanur@houseofbali.com; 4) Ubud: Jl. Raya Mas 49, ☎/🖷 (0361) 974478, E-mail: ubud@houseofbali.com; 🖳 www.houseofbali.com. Dieses Unternehmen offeriert nicht nur Mietwohnungen, sondern hat auch viele Verkaufsoptionen im Angebot, Häuser genauso wie Grundstücke.
- **inTouch Real Estate**, Jl. Raya Seminyak 22, Seminyak 80361, ☎ (0361) 730944 und (0361) 731047/8, 🖷 (0361) 730683, E-mail: info@inTouchBali.com, 🖳 www.intouchbali.com. Vermietet Ferienwohnungen und -häuser und verkauft Häuser.

Neben diesen recht exklusiven Angeboten gibt es aber auch preiswertere, für die man pro Monat ab US$ 1.000 hinlegen muss, wobei auch hier das Hauspersonal vielfach bereits mitbezahlt ist. Eine gute Kontaktadresse diesbezüglich ist: *Rudiana*, Banjar Batujimbar, Sanur, ☎ (0361) 288707.

Wer ohne Zimmerreservierung nach Bali kommt, kann sich am Flughafen beim **Airport Information Desk** in der Ankunftshalle des International Terminal nach einem Quartier erkundigen; dort liegen auch Prospekte und Preislisten aus, die einem bei der Suche nach der passenden Unterkunft weiterhelfen können. Bei der Suche nach der geeigneten Bleibe stehen darüber hinaus die Fremdenverkehrsämter beratend zur Seite, zudem wird man vielerorts von Schleppern angequatscht, deren Offerten man allerdings einer gründlichen Prüfung unterziehen sollte, wobei dies bei Unterkünften einfacherer Art grundsätzlich anzuraten ist. **Zimmerreservierungen** (während der Hochsaison empfehlenswert) werden in Hotels in der Regel nur bis 18 h aufrechterhalten, es sei denn man hat eine *Guaranteed reservation* mit Kreditkarte. **Check-out-Zeit** ist im Normalfall 12 h mittags.

 Hinweise

- *Falls Sie von einem Taxifahrer oder Schlepper zu einem Losmen o. ä. gebracht werden, müssen Sie dessen Kommission mitbezahlen, d. h. zumindest für die erste Nacht wird Ihnen ein höherer*

> Preis verrechnet. Haben Sie keine Skrupel die angebotene Bleibe zu wechseln, falls sie Ihnen nicht zusagt, die Auswahl ist fast zu jeder Jahreszeit groß genug.
> • Planen Sie eine Rundreise auf der Insel und wollen Sie nicht Ihr ganzes Gepäck mitnehmen, so können Sie das nicht benötigte in nahezu jedem Hotel, Losmen usw. zur Aufbewahrung geben, und zwar meist sogar kostenlos, wenn sie nach Ihrer Rückkehr dort noch einmal nächtigen.
> • Auf Behinderte sind Balis Unterkünfte zumeist nur unzureichend oder gar nicht eingerichtet, daher sollten Sie sich im Bedarfsfall bei der von Ihnen ins Auge gefassten Unterkunft bereits im Vorfeld nach eventuellen Behinderteneinrichtungen (Rampen, Lifts, breite Türen etc.) erkundigen.

Die folgenden Abkürzungen stehen für die **wichtigsten Serviceleistungen und Ausstattungsmerkmale** der Hotels/Unterkünfte bzw. der Zimmer:

AC Aircondition (Klimaanlage)
BC Business Center
BF Frühstück im Übernachtungspreis eingeschlossen
EF Executive Floor
FC Fitness Center
FR Hauseigener Friseur/Beauty Salon
HA Arzt im Haus oder auf Abruf
KR Konferenz- bzw. Tagungsräume (maximale Personenzahl)
KV Kulturelle Veranstaltungen/Vorführungen im Haus
LS Limousinenservice
MB Minibar/Kühlschrank
NR Nichtraucherzimmer
RE Restaurant(s) und/oder Bar im Haus
SA Shopping-Arkade/Gift Shop
SB Shuttle Bus
SN Sauna
SP Spa
SS Steuer und Service Charge im Preis beinhaltet
SW Swimmingpool
TP Tennisplatz
TV Fernsehapparat auf dem Zimmer
UD Unterhaltungseinrichtungen/Disco im Haus
ZS Zimmersafe
ZT Zimmertelefon
24 24-Stunden-Zimmerservice

Die im Kapitel ‚Regionale Reisetipps von A-Z' mit einem * gekennzeichneten Häuser sind architektonisch und/oder gartenarchitektonisch bemerkenswert.

V

 Verhalten(sregeln)

Langmut und Toleranz der Asiaten sind sprichwörtlich, doch sollte man sie nicht überstrapazieren; diese Regel gilt auch bezüglich des Verhaltens den Balinesen gegenüber. Zwar sehen sie über viele Fauxpas der Fremden hinweg, erwarten aber dennoch, dass sich jene um die Einhaltung der Etikette und Sitten bemühen. Wer indes glaubt, sich sturköpfig und rücksichtslos darüber hinwegsetzen zu können, den strafen die Einheimischen rasch mit

Missachtung und Geringschätzung. Wie in anderen asiatischen Ländern geht es auch in Indonesien letztendlich darum, **das Gesicht, d. h. die Würde zu wahren, seine eigene, aber auch die des Gegenübers**. Nur wer das sich daraus ergebende komplizierte Verhaltensgeflecht verstanden hat oder zumindest zu verstehen versucht, wird in die Herzen der Balinesen vorstoßen und nicht nur als devisenbringender Gast (oder gar nur als eine ebensolche Melkkuh) angesehen werden. Machen

Bei festlichen und offiziellen Anlässen legen Balinesen Wert auf angemessene Bekleidung.

Sie sich keine Sorgen, kein Einheimischer wird von Ihnen erwarten, dass Sie alle Verhaltensregeln sofort perfekt beherrschen, vielmehr wird er Sie daran messen, in welchem Maße Sie sich um die Erlernung und Praktizierung dieser bemühen, denn trotz aller in den vergangenen Jahrzehnten durch die zahlreichen Touristen ins Land gebrachten sittlichen Aufweichungen, konnte der Sitten- und Verhaltenskodex der Einheimischen in seinen Grundfesten glücklicherweise nicht wirklich erschüttert werden.

Wer sich also an die Tugenden Höflichkeit, Bescheidenheit, Toleranz, Anpassungsfähigkeit, sensibles Auftreten und Geduld hält und Respekt zeigt, und sich somit um die Befolgung der nachstehenden Verhaltensregeln bemüht, dem wird man allerorten freundlich und respektvoll begegnen, der kann viel an Gesicht gewinnen.

Allgemeine Regeln: Lassen Sie in Konfliktsituationen dem Gegenüber stets die Möglichkeit, das Gesicht zu wahren. Wer die Würde des anderen antastet, begeht die schwerste aller möglichen Beleidigungen. Versuchen Sie also niemals, jemanden bloßzustellen.

- Tragen Sie stets das den Balinesen eigene Lächeln fröhlicher Unbekümmertheit in Ihrem Gesicht, so wahren Sie am einfachsten Ihr Gesicht, schließlich kommt es einem Affront gleich, in der Öffentlichkeit seine Beherrschung zu verlieren.
- Lassen Sie es niemals an der nötigen Respekterweisung fehlen.
- Berühren sie, außer in ärztlichen Notfällen, niemals den Kopf eines Balinesen, auch nicht eines Kindes, da dies der Sitz der Seele und damit der heiligste Teil seines Körpers ist und nicht verunreinigt werden darf.
- Überhaupt ist die Berührung durch einen Fremden für Indonesier ein Zeichen der Respektlosigkeit und ist daher nach Möglichkeit zu unterlassen.
- Da die linke Hand zur Reinigung auf der Toilette benutzt wird, gilt sie als unrein, so dass man mit ihr weder jemanden begrüßen noch jemandem damit etwas geben bzw. von jemandem etwas entgegennehmen darf, auch essen mit der Linken ist strengstens verboten.
- Als respektlos gilt es, wenn man die Beine übereinander schlägt, die Fußsohlen zeigt (diese gelten als unrein) bzw. damit auf jemanden oder etwas zeigt, oder vor einer sitzenden Person stehen bleibt.
- Gehen Sie immer hinter sitzenden Menschen vorbei, am besten in leicht gebückter Haltung.

- Wollen Sie jemanden herbeiwinken oder die Aufmerksamkeit auf sich lenken, so erreichen Sie dies am besten dadurch, dass Sie mit nach unten abgewinkelter Handfläche am ausgestreckten Arm die entsprechende Person herbeizuwinken versuchen und dazu die passenden indonesischen Rufwörter verwenden, und zwar ‚Mas' (‚junger Mann'), ‚Pak' (‚alter Mann') oder ‚Sus' (‚junge Frau'). Pfeifen Sie niemals! Und auch Klappern mit dem Besteck, ‚Hallo Sie'-Rufe, ‚Schschscht'-Laute und Ähnliches sind verpönt.
- Das Anstarren einer Person gilt als rüde und aggressiv, andererseits kann es durchaus passieren, dass man Sie einmal anstarrt.
- Der Austausch von Zärtlichkeiten in der Öffentlichkeit gilt als unschicklich. Sehen Sie zwei Balinesen oder Balinesinnen Hand in Hand miteinander gehen, so schließen Sie bitte nicht darauf, dass es sich um Homosexuelle handelt, vielmehr bringt man – wie in vielen Ländern Asiens – so lediglich eine gute Freundschaft zum Ausdruck, die mit Sex nichts zu tun hat. Ausländer sollten diese Art der Freundschaftsbezeugung aber unterlassen, da man ihnen sofort Homosexualität unterstellen wird, die bei balinesischen Männern zwar bis zu einem gewissen Maß toleriert wird, insgesamt aber nach wie vor verpönt ist.
- Nacktbaden gilt als eine der schlimmsten Missachtungen balinesischer Mentalität und ist auf jeden Fall, ganz gleich wo, zu unterlassen! Dies gilt bei Frauen auch für das Obenohne-Baden. Nackt badende bzw. sich waschende Balinesen/-innen haben getrennte Badeplätze oder verschiedene Badezeiten, sie anzustarren oder gar zu fotografieren ist äußerst unhöflich.
- Ein Balinese, der seine Notdurft verrichtet, ist für andere ‚unsichtbar'.
- Achten Sie stets auf angemessene Bekleidung (siehe unter ‚Kleider/Kleiderordnung'), jeder Ausländer wird als Repräsentant seines Landes wahrgenommen.
- Protzen Sie nicht mit Ihrem Geld und/oder Ihrer Habe.
- Erkennen Sie immer und überall die Realität des Geisterglaubens an.

beim Fotografieren: Fragen oder bitten Sie zunächst um Erlaubnis, wenn Sie jemanden fotografieren oder filmen möchten; eine eindeutige Handbewegung mit der Kamera reicht dabei in der Regel aus.
- Besonders viel Fingerspitzengefühl beim Fotografieren ist während ritueller Handlungen oder Tänze geboten, insbesondere wenn man beabsichtigt mit Blitzlicht zu arbeiten, da dies zu erheblichen Irritationen der Gläubigen bzw. Tänzer führen kann. Am besten unterlässt man das Blitzen ganz, oder aber man fragt zuvor noch einmal gezielt nach. Bei Trancetänzen gilt es sogar als gefährlich für die Tänzer.

beim Gespräch: Vermeiden Sie wildes Gestikulieren und zeigen Sie nicht mit dem Zeigefinger auf andere Leute, benutzen Sie stattdessen den Daumen. Da viele Gesten in Asien eine ganz andere Bedeutung haben als bei uns, kann es leicht passieren, dass Sie damit jemanden unbeabsichtigt beleidigen.
- Bei Gesprächen sollte man sich niemals in den Vordergrund zu spielen versuchen, stattdessen befleißige man sich vornehmer Zurückhaltung und vermeide auch intime Themen, wie z. B. Fragen nach dem Einkommen oder etwa gar Sexualität, auch politische Themen sollte man bei zufälligen Gesprächen am besten ausklammern. Indonesier, und besonders die Balinesen, sind stolz auf ihr Land, halten Sie sich daher mit entsprechender Kritik zurück. Es zählt die Form, weniger der Inhalt eines Gespräches.
- Eine der ersten Fragen, die Indonesier Fremden stellen, ist diejenige nach der Religionszugehörigkeit. Falls Sie sich als Atheist fühlen, sollten Sie dies nicht kundtun, da Indone-

sier Atheisten mit Kommunisten gleichstellen und letztere im Lande starke negative Gefühlsregungen hervorrufen. Für Indonesier ist es unvorstellbar, ohne Religion zu leben, für sie ist dies, als höre das Herz auf zu schlagen. Geben Sie bei Diskussionen über religiöse Anschauungen stets zu erkennen, dass Sie die Glaubensüberzeugung Ihres Gegenübers respektieren.

• Balinesen kennen kein schroffes oder direktes ‚Nein', stattdessen umschreiben sie ein solches mit zahlreichen Zeichen und Signalen, die man erst zu verstehen lernen muss. Immerhin kennt man zwölf Versionen des Nein-Sagens. Auch Sie sollten daher eine zu brüske Ablehnung oder Verneinung vermeiden. Ähnliches kann einem aber auch bei einer Bejahung widerfahren, denn ein ‚Ja' ist noch lange kein ‚Ja', zumindest nicht für den Indonesier; es kann auch ‚vielleicht', ‚ich weiß nicht', ‚wenn Sie meinen' oder oder oder bedeuten. Lernen Sie ‚zwischen den Zeilen' zu lesen bzw. ‚durch die Blume' zu sprechen und niemals kompromisslose Töne anzuschlagen. Dieses Darumherumreden sollten Sie aber auch berücksichtigen, wenn Sie z. B. jemanden nach dem Weg fragen, denn es ist durchaus möglich, dass man Ihnen aus Angst vor einem Gesichtsverlust, den ein Nicht-Wissen in den Augen der Balinesen darstellt, etwas Falsches sagt.

• Oberster Grundsatz eines jeden Gesprächs ist: Es gibt nur Erfreuliches, schlechte Nachrichten möchte niemand hören, und wenn einmal solche überbracht oder mitgeteilt werden müssen, verpackt man sie in ein Paket unwahrscheinlicher Mutmaßungen darüber, warum etwas misslang, nicht eintrat, nicht unternommen wurde und so fort.

• Kritik, ganz besonders, wenn diese in Anwesenheit Dritter ausgesprochen wird, gilt fast schon als niedere Gewaltanwendung und ist daher sehr diplomatisch und nach Möglichkeit nur unter vier Augen vorzubringen.

• Vergessen Sie nie während des Gesprächs zu lächeln, emotional starke Erregung oder gar Zornesausbrüche führen unweigerlich zum Gesichtsverlust.

• Verschränken Sie bei einem Gespräch mit einem Balinesen nicht die Arme vor der Brust oder stemmen Sie sie in die Hüften, beides erweckt den Anschein von Anmaßung.

bei einer Einladung: Die beste Zeit für eine Einladung oder einen unangemeldeten Besuch ist zwischen 16 und 18 h.

• Außer zu Geschäftsbesprechungen pflegt man etwa 15-30 Minuten später zu erscheinen als verabredet, wer pünktlich vor der Tür steht, gilt geradezu als ungehobelt. Die Indonesier haben sogar einen Ausdruck für diese spezielle Art des Später-Kommens, sie nennen es ‚Gummizeit' *(Jam karet)*.

• Werden Sie von Balinesen nach Hause eingeladen, ist es üblich, kleine Geschenke mitzubringen, der Dame des Hauses z. B. einen Blumenstrauß, Kekse oder Pralinen, den Kindern ein paar Süßigkeiten. Aber auch Geldgeschenke sind nicht unangebracht.

• Geschenke werden stets diskret beiseite gelegt und nicht vor den Augen des Gebenden geöffnet.

• Vor dem Betreten eines balinesischen Hauses oder einer Wohnung sind die Schuhe auszuziehen.

• Es mag verwirrend klingen, dass ein Gastgeber seinen Gästen dadurch Respekt zollt, dass er sie zunächst einmal im Wohnzimmer warten lässt, während er sich umkleidet, Tee und Gebäck zubereitet, doch gerade durch das Anlegen seiner besten Garderobe bringt er seine Wertschätzung für den Gast zum Ausdruck.

• Die Begrüßung erfolgt durch das mit nach oben weisenden Fingern Aneinanderlegen der ausgestreckten Hände vor der Brust, wozu man sich leicht vor seinem Gegenüber ver-

neigt. Diesem kann ein nicht zu kräftiger Handschlag mit der rechten Hand folgen, wobei man auf die Einhaltung der Rangfolge der Anwesenden nach Alter und Titel achte.
• Man setzt sich erst nach Aufforderung. Sitzt man auf Bodenmatten, sollten Männer im Schneidersitz Platz nehmen, Frauen hingegen die Beine nebeneinander seitwärts unterschlagen.
• Jedem Gast wird etwas zu trinken oder ein Imbiss gereicht, von dem Sie jedoch erst etwas nehmen sollten, nachdem man Sie mit ‚*Silakan makan*' oder ‚*Silakan minum*' (‚Ich bitte Sie') dazu aufgefordert hat.
• Sind Sie zu einem Mahl geladen, geziemt es sich, den Teller nicht gleich zu Beginn voll zu laden, vielmehr nachzunehmen und von allen gereichten Speisen zumindest ein Häppchen zu probieren, wobei am Ende ein Anstandsrest auf dem Teller übrigbleiben sollte. Er gilt als Götterspeise und dokumentiert zugleich, dass der Gastgeber einerseits reichlich aufgetafelt hat, der Gast andererseits aber nicht der Untugend der Maßlosigkeit verfallen ist.
• Möchte man sich zurückziehen, sollte man dies mit den Worten ‚*Permisi*' oder ‚*Pamit*' (‚Ich bitte um Erlaubnis') erbitten. Versuchen Sie aber nie, sich allzu rasch zurückzuziehen, denn ein Gast in Eile hinterlässt einen schlechten Eindruck.
• Denken Sie daran, dass balinesische Familien sich meist relativ früh zur Ruhe begeben.
• Falls man Sie auffordert, über Nacht zu bleiben und Ihnen womöglich auch noch das einzige Bett im Haus anbietet, so müssen Sie schon sehr gute Gründe für eine Ablehnung vorbringen, ansonsten werden Ihre Gastgeber zutiefst beleidigt sein.
• Bei Familienfeiern ist es ebenfalls üblich, ein Geschenk (Kado) mitzubringen; hierfür kann ein Standard-Kado auf dem Markt gekauft werden, das oft – ohne geöffnet zu werden – von Beschenktem zu Beschenktem wechselt.
• Bei einer Einladung in ein Restaurant zahlt immer derjenige, der sie ausgesprochen hat; getrennt zahlen ist äußerst ungewöhnlich.

bei Ämtern und Behörden: Müssen Sie auf einer Behörde oder sonstigen Dienststelle vorsprechen, so achten Sie unbedingt auf korrekte, formelle Kleidung (genaueres siehe ‚Kleidung/Kleiderordnung'), erscheinen Sie im Gammellook, so hat Ihr Anliegen kaum Chancen Gehör zu finden.
• Drängen Sie Ihr Gegenüber nicht zur Eile, bringen Sie Zeit mit, oder erwecken Sie zumindest den Eindruck, solche zu haben.
• Verhandlungen, bei denen Geduld oberstes Gebot ist, sollten mit der nötigen Respekterweisung geführt werden, ohne unterwürfig zu erscheinen.

bei religiösen Stätten und Ritualen: Das Betreten von Tempeln und heiligen Stätten mit offenen Wunden ist strikt verboten, dies gilt auch für Frauen während der Menstruation. Die Zuwiderhandlung wird als Sakrileg betrachtet, da der Tempel dadurch seinen geheiligten Zustand verliert, der nur durch aufwändige und komplizierte Riten wieder herzustellen wäre.
• Achten Sie beim Besuch eines Tempels oder einer religiösen Veranstaltung unbedingt auf korrekte Kleidung (siehe ‚Kleider/Kleiderordnung').
• Bei Tempelfesten ist auch für Touristen das Tragen eines Sarong obligatorisch.
• Ein extrem schlimmes Vergehen ist das Besteigen von Tempelmauern oder Tempelfiguren, die dadurch ihren spirituellen Charakter verlieren und mehr oder weniger nutzlos werden. Daher werden derartige Vergehen mit drastischen Geldstrafen geahndet.
• Lassen Sie sich nicht oberhalb von Priestern, Betenden oder heiligen Gegenständen

nieder und steigen Sie auch nicht über solche hinweg, zudem sollten Sie es tunlichst vermeiden, sich zwischen den Betenden und Götterschreinen oder -thronen aufzuhalten.
- Bei rituellen Handlungen ist Sitzen angebrachter als Stehen, wodurch man seinen Respekt den Göttern und Priestern gegenüber zum Ausdruck bringt. Verlässt man seinen Platz, sollte man dies durch eine leicht gebeugte Haltung verdeutlichen.
- Besondere Rücksichtnahme ist bei Bestattungen geboten, die mittlerweile bedauerlicherweise oftmals stark kommerzialisierte Formen annehmen, was aber kein Grund ist, von den sich geziemenden Anstandsregeln Abstand zu nehmen.
- Beim Tempelbesuch sollten Sie eine kleine Spende in die bereitstehende Box werfen; sie wird für die Erhaltung der Gebäude verwendet.

Wer sich schon im Vorfeld auf Land, Leute und Sitten einstimmen möchte, dem sei das vom **Studienkreis für Tourismus und Entwicklung**, Kapellenweg 3, 82541 Ammerland, ☏ (08177) 1783, herausgegebene *Sympathie-Magazin ‚Indonesien verstehen'* empfohlen.

Wer noch tiefer in die Materie einsteigen möchte, sollte sich das im **Iwanowski's Reisebuchverlag** erschienene Buch *‚Reisegast in Indonesien'* besorgen (siehe Literaturverzeichnis), das sehr ausführlich über Sitten und Gebräuche des Landes informiert.

▷ **Verkehrsmittel**

Auf Bali steht dem Reisenden eine recht vielfältige Palette öffentlicher Verkehrsmittel zur Verfügung, mit denen er nahezu an jeden Punkt der Insel gelangt. Bereits mit dem ersten vagen Schimmern des neuen Tages am Horizont beginnt sich jene Flut an Bussen, Colts und Bemos in Bewegung zu setzen, deren Motorenröhren sich tagsüber bisweilen zu einer ohrenbetäubenden Brandungswelle auftürmt, ehe sie mit dem Beginn der Dämmerung allmählich wieder abebbt und mit Einbruch der Nacht auf eine Art ‚Notverkehr' entlang der Hauptverkehrsadern zusammenschrumpft. Dies sollten Sie berücksichtigen und in Ihre Terminplanungen mit einkalkulieren, falls Sie nicht unvorbereitet irgendwo hängen bleiben wollen – Sie wären nicht der/die erste. Preiswert sind sie an und für sich alle, wobei man allerdings zunächst einmal den Einheimischen auf die Finger schauen sollte, um festzustellen wie viel diese für die Fahrt bezahlen, muss man doch sonst in den meisten Fällen mit einem kräftigen Aufschlag rechnen, dies gilt sowohl für den Fall, dass man den Fahrpreis vor der Abfahrt aushandeln muss, als auch für das Bezahlen während bzw. am Ende der Fahrt. Sie können die mitreisenden Einheimischen natürlich auch nach dem Normalpreis (Harga biasa) fragen, ziehen Sie dabei aber immer ins Kalkül, dass diese vielfach zum Fahrer halten. So Sie an einem Busterminal zusteigen, können Sie den korrekten Fahrpreis der aushängenden Preisliste entnehmen, die normalerweise am Kiosk für das Aufsichtspersonal zu finden ist. Unterwegs können Sie sich notfalls auch an einen Polizisten wenden, der Ihnen zumindest den etwaigen Wert nennen kann. Wie und wann man bezahlt, erfahren Sie nachstehend bei der Spezifizierung der einzelnen Verkehrsmittel. Auf jeden Fall sollten Sie stets eine **ausreichende Menge an Kleingeld** bei sich haben, damit Sie den Fahrpreis passend bezahlen können.

Nutzen Sie die öffentlichen Verkehrsmittel, nicht nur weil sie preiswert sind und man damit bequem und schnell auf der Insel herumkommt, sondern auch, weil man in ihnen in engen Kontakt mit den Einheimischen kommt, von deren Alltagsleben man auf diese Weise eine Menge erfahren kann. Ein paar eventuell gackernd über die Füße trippelnde Hühner oder ein Sack mit Durian-Früchten sollten Sie nicht von diesen einmaligen Erlebnissen abhalten. Doch seien Sie bei aller Euphorie nicht **zu** leichtsinnig, die Enge und das Gedränge in den öffentlichen Verkehrsmitteln sind ein Eldorado für Taschendiebe!

Die Terminals, **Terminal Bis**, für Busse, Colts und Bemos liegen in den meisten Fällen entweder in der Stadt- bzw. Ortsmitte oder – vor allem, wenn es mehrere im Ort gibt – an deren Peripherie. Da so gut wie an allen Stationen genügend Burschen herumlaufen, die einen zum gewünschten Bus etc. bringen, braucht man sich an diesen nicht allzu viele Sorgen machen, ob man den richtigen denn findet oder nicht – Nachfragen kann indes nicht schaden und schafft Sicherheit. Diese – meist jungen – mitfahrenden Burschen sind die eigentlichen ‚Seelen' der Bemos, Colts und Busse, denn sie sind nicht nur vor Fahrtbeginn für das Heranschaffen neuer Fahrgäste und das Verstauen von deren Gepäck verantwortlich, sie sind es auch, die während der Fahrt das Geld kassieren, durch ständiges Rufen des Zielortes zur offenen Wagentür hinaus für neue Kundschaft sorgen und gleichzeitig noch bei der oftmals schwierigen Prozedur des Ein- und Aussteigens über eine Schar von Beinen, Hühnern und Säcken hinweg behilflich sind. Um von einem Punkt Balis zu einem andren zu gelangen, ist es – aufgrund fehlender Direktverbindungen – oftmals notwendig, dass man über einen oder gar mehrere Terminals der größeren Städte oder Ortschaften fahren muss.

Hinweise

- *Da das Gros der öffentlichen Verkehrsmittel nur bis kurz nach Sonnenuntergang verkehrt, auf Nebenstrecken z.T. sogar nur bis zum späten Nachmittag, sollten Sie sich im Bedarfsfall jeweils rechtzeitig nach dem letzten Bus, Colt oder Bemo erkundigen.*
- *Falls Sie mit Gepäck unterwegs sind, müssen Sie dies für gewöhnlich mit in den Bus etc. hineinnehmen (und meist auf dem Schoß verstauen), handelt es sich dabei jedoch um größere Stücke, werden diese – wenn möglich – auf dem Dach verstaut. In letzterem Fall sollten Sie die einzelnen Stücke nach Möglichkeit abschließen und am besten anketten, was zum einen das Herunterfallen verhindern soll, zum anderen aber auch gegen Diebstahl gedacht ist. Wollen Sie überdimensioniertes Gepäck mit in das Fahrzeug hineinnehmen, kann es durchaus sein, dass man Ihnen einen zweiten Sitzplatz verrechnet.*
- *Hüten Sie sich, außerhalb eines Busbahnhofes in ein leeres Colt oder Bemo einzusteigen, dies kann unter Umständen dazu führen, dass der Fahrer es Ihnen für eine exklusive Sonderfahrt zum Mieten anbietet.*

BUS • Die **preisgünstigste Variante**, um kürzere oder längere Strecken zurückzulegen, wobei sich Busse – die entlang der Hauptverkehrsadern (insbesondere von und nach Denpasar) unterwegs sind – vor allem für Langstrecken empfehlen, da auf Kurzstrecken Bemos und Colts (siehe unten) schneller sind und in kürzeren Abständen verkehren, wenn auch zu etwas höheren Preisen. Die **Fahrpreise sind festgeschrieben**, so dass man sich das mitunter lästige Feilschen erspart, strikte Fahrpläne existieren hingegen nicht, gefahren wird, wenn so viele Fahrgäste eingestiegen sind, dass sich die Fahrt lohnt, was ab und an längeres Warten bedeuten kann. Die Preise variieren je nach der Länge der zurückgelegten Strecke, wobei das Geld in der Regel von dem mitfahrenden Burschen eingesammelt, nur in Ausnahmefällen direkt beim Fahrer bezahlt wird. Das Fahrtziel findet man auf die Windschutzscheibe geschrieben.

COLT • Hierbei handelt es sich um **Kleinbusse mit durchschnittlich 12 Sitzplätzen**, in die aber auch bis zu 20 Personen gezwängt werden – samt Gepäck. Es kann also eng werden; damit besteht erhöhte Diebstahlgefahr. Mit Colts, die gleichfalls längere Strecken bedienen, kommt man so gut wie überall rasch hin, da sie, außer auf wenig befahrenen Nebenstrecken, in kurzen Abständen verkehren und an jeder beliebigen Stelle der von ihnen befahrenen Strecke durch Winkzeichen angehalten werden können bzw. man sie zum Zwecke des Aussteigens durch den Zuruf ‚*Stop!*' oder ‚*Stopa!*' überall zum Halten veranlassen kann. Man kann aber auch, um den Fahrer zum Halten zu bewegen, an das Wagendach klopfen und dabei ‚*Kiri!*' oder ‚*Kiri, kiri!*' rufen.

Colts sind das Rückgrat des balinesischen Nahverkehrssystems.

Auch diese Kleinbusse starten von Busterminals aus, wobei es in größeren Ortschaften wiederum mehrere gibt, so dass man wissen muss, von welchem Bahnhof die Colts wohin fahren. Überzeugen Sie sich vor dem Einsteigen, in welche Richtung das Colt fährt und ob, und wenn ja wo, Sie umsteigen müssen. Das Fahrtziel ist an der Windschutzscheibe angeschrieben. **Abgefahren wird, wenn das Fahrzeug voll ist; Fahrpläne sind unbekannt, ebenso Tickets.** Die **Preise** stehen an und für sich fest und richten sich nach der Länge der gefahrenen Strecke, doch wird man als Fremder – zumindest bis man die wahren Fahrpreise heraus hat – kaum darum herum kommen, einen gewissen Zuschlag berappen zu müssen. Das Fahrgeld wird entweder von dem mitfahrenden Burschen eingesammelt oder beim Aussteigen direkt beim Fahrer bezahlt. Einige Preisbeispiele für den Inselsüden finden Sie im Schaubild unten. Colts kann man auch stunden- oder tageweise zu einem günstigen Pauschalpreis anmieten. Überall, wo Sie ‚*Transpor, transpor*' oder ‚*Charter*'-Rufe hören, können Sie diesbezüglich Ihr Glück versuchen, doch verhandeln Sie nur mit dem Fahrer selbst, ansonsten wird eine Vermittlerprovision fällig.

BEMO • In diese **Minibusse**, die überwiegend im Nahverkehr eingesetzt werden, zwängt man bis zu 14 Personen, auch wenn sie eigentlich nur für maximal acht Personen gedacht sind. Aufgrund der mitunter recht beengten Sitzmöglichkeiten ist bei längeren Fahrten mit gewissen Unbequemlichkeiten zu rechnen, so dass man dieses Beförderungsmittel vorwiegend bei Kurzstrecken ins Auge fassen sollte. Bemos sind gleichfalls an Busbahnhöfen stationiert, vielfach wiederum aufgeteilt auf verschiedene, je nach ihren Zielorten. Überzeugen Sie sich vor dem Einsteigen, ob das Bemo tatsächlich dahin fährt, wohin sie möchten, und ob und wo Sie eventuell umsteigen müssen. Das Fahrtziel steht auf der Windschutzscheibe. Wie bei den Colts kann man entlang der Fahrtroute jederzeit ein- bzw. aussteigen; Handzeichen bzw. Zuruf (‚*Stop!*' oder ‚*Stopa!*') genügen. Um dem Fahrer mitzuteilen, dass man aussteigen möchte, kann man auch unter lautem Rufen von ‚*Kiri!*' oder ‚*Kiri, kiri!*' gegen das Wagendach klopfen. **Fahrpläne und Tickets gibt es nicht, abgefahren wird, wenn alle Sitzplätze belegt sind.**

Der **Fahrpreis** ist an der Fahrzeugseite angeschlagen und wird entweder vom mitfahrenden Bemo-Boy eingesammelt oder beim Aussteigen direkt beim Fahrer beglichen. Eine kürzere Bemo-Fahrt kostet mindestens Rp. 1.000. Als Anhaltspunkte für die wichtigsten Fahrpreise zwischen den Touristenorten im Inselsüden mögen die im nebenstehenden Schaubild genannten Preise dienen. Bemos sind zu einem günstigen Pauschalpreis auch stunden- oder tageweise zu mieten. Die ‚Transpor, transpor' oder ‚Charter'-Rufe, mit denen man Ihnen entsprechende Offerten unterbreitet, werden Ihnen überall entgegenschallen, doch auch in diesem Fall, sollten sie nur mit dem Fahrer selbst verhandeln, ansonsten wird eine Vermittlerprovision fällig.

Minibus- und Bemo-Tarife im Inselsüden (Anhaltswerte) :

TOURIST SHUTTLE BUS • Diese Shuttle-Busse findet man in den Haupttouristenzentren. Sie verkehren auf Direktrouten zwischen größeren Orten und sind komfortabler als öffentliche Busse, Colts oder Bemos, dafür aber auch ein Gutstück teurer, andererseits aber wiederum billiger als ein privat gechartertes Bemo oder Colt. Bei den meisten Gesellschaften, die einen Shuttle-Bus-Service anbieten, hat man entlang der jeweiligen Strecke die Möglichkeit des Stop Over, d. h. man kann unterwegs – z. B. zum Zwecke des Sightseeing – aussteigen und mit einem der nächsten Busse ohne Mehrkosten weiterfahren.

Die größte und empfehlenswerteste Gesellschaft auf Bali, die derartige Busse laufen hat, ist **Perama**, deren Streckennetz alle touristisch wichtigen Zentren der Insel umfasst, mit Anschlussverbindungen nach Java, Lombok und Sumbawa. Vor allem während der Hochsaison sollte man nach Möglichkeit schon einen Tag im Voraus buchen, damit bei Bedarf ein größerer Bus eingesetzt werden kann. Die Preise sind fest und in etwa die gleichen wie bei anderen Gesellschaften. Nachstehend die wichtigsten **Streckentarife** (mit täglichen Abfahrtzeiten) von *Perama* ab Kuta:

Kuta – Bedugul	Rp.	10.000	10 h
Kuta – Candi Dasa	Rp.	30.000	10 h, 13.30 h
Kuta – Kintamani	Rp.	20.000	11.15 h
Kuta – Lovina	Rp.	50.000	10 h
Kuta – Padangbai	Rp.	30.000	10 h, 13.30 h
Kuta – Sanur	Rp.	10.000	10 h, 13.30, 16.30 h
Kuta – Tirtagangga	Rp.	35.000	10 h
Kuta – Tulamben	Rp.	40.000	10 h
Kuta – Ubud	Rp.	20.000	10 h, 13.30, 16.30 h
Kuta – Yeh Sanih	Rp.	45.000	10 h
Kuta – Mataram/Senggigi	Rp.	70.000	10 h
Kuta – Malang	Rp.	50.000	18.30 h
Kuta – Yogyakarta	Rp.	90.000	15.30 h
Kuta – Jakarta	Rp.	138.000	6.30 h

Des weiteren bietet *Perama* folgende **Charter-Verbindungen** (ab zwei Personen) an (Preis pro Person) :
Lovina - Tulamben, Amed, Tirtagangga und Padangbai   Rp. 75.000
Candidasa – Amed und Tulamben   Rp. 50.000
Ubud – Kintamani   Rp. 50.000

Besorgen Sie sich am besten das sehr brauchbare Informationsfaltblatt der Busgesellschaft, in dem sämtliche Abfahrtszeiten, Tarife und Haltestellen zu finden sind.

HOTEL SHUTTLE • Eine ganze Reihe von Hotels der mittleren und oberen Kategorien offerieren ihren Gästen den – zum Teil kostenlosen – Service eines Flughafen-Shuttles, der vor dem Terminal auf ankommende Gäste wartet bzw. die Abreisenden wieder zum Flughafen bringt. Achten Sie auf die entsprechenden Hotelschilder, die bei der Ankunft von den Abholern hochgehalten werden! Für den Transfer zum Flughafen sollten Sie sich rechtzeitig beim Concierge einen Platz reservieren lassen. Manche Hotels, vor allem solche, die ein wenig abseits liegen, bieten zusätzlich – in der Regel kostenlose – Shuttle-Verbindungen zu nahe gelegenen touristischen Zentren an. Auskunft über die Abfahrtszeiten erhalten Sie in Ihrem Hotel.

TAXI • Individueller und bequemer als Bus, Colt oder Bemo, dafür aber mit weit weniger Lokalkolorit und erheblich teurer. Bislang gibt es sie nur im touristisch erschlossenen Süden der Insel. Hier verkehren mehrere Hundert **lizenzierte, mit Taxametern ausgerüstete Taxis**, die man an dem Taxi-Schild auf dem Dach erkennt. Schalten diese die Taxameter tagsüber und während der frühen Abendstunden noch von sich aus an, so schalten die meisten von ihnen den Gebührenzähler abends, nachts und an Wochenenden bzw. bei sonstigen Gelegenheiten, bei denen ein gewisser Engpass an Taxis besteht, aus und nennen dann einen (höheren) Preis, den man entweder akzeptiert oder durch Handeln zu drücken versucht – oder aber man versucht sein Glück bei einem anderen Fahrer.

Die regulären **Gebühren** betrugen Anfang 2002: Grundpreis Rp. 3.000 (für den ersten Kilometer), danach pro 100 m Rp. 150. Die Zentrale von **Bali Taxi** erreichen Sie unter ☏ (0361) 701111.

> **Hinweis**
>
> *Steigen Sie niemals in ein Taxi, dessen Taxameter angeblich nicht funktioniert.*

Zusätzlich gibt es aber noch jede Menge so genannter ‚**wilder**' **Taxis**, die keine Taxameter besitzen und **bei denen der Fahrpreis in jedem Fall vor Beginn der Fahrt auszuhandeln ist.** Bei längeren Fahrten ist es, so man über die realen Fahrtkosten Bescheid weiß, oftmals günstiger, auf diese Form des Taxis zurückzugreifen. Man kann ein Taxi mit Fahrer auch stunden-, tage- oder gar monatsweise anheuern (auch über das Hotel). Für einen halben Tag muss man mit mindestens Rp.100.000 rechnen, für einen ganzen Tag mit Rp. 150.000. Bei ganztägiger Buchung muss man die Verpflegung des Fahrers mit übernehmen, für die man Rp. 20.000-30.000 einkalkulieren sollte. Bei längerer Anheuerung fern seines Zuhauses, muss man außerdem noch die Übernachtungskosten für den Chauffeur mitbezahlen. War man mit ihm zufrieden, bedankt man sich am Ende mit einem kleinen Trinkgeld (siehe ‚Trinkgeld').

> **Hinweise**
>
> - *Nur wenige Taxifahrer sprechen wirklich einigermaßen Englisch.*
> - *Über ein kleines Trinkgeld freut sich jeder Fahrer.*

LIMOUSINEN-SERVICE • Von manchen Hotels der oberen Kategorien kann man sich auch per Limousine vom Airport abholen bzw. zu diesem bringen lassen, ein Service, für den Spitzenhotels noch nicht einmal etwas extra verrechnen. Erkundigen Sie sich bei der Buchung danach. Der/die Abholer machen sich vor der Ankunftshalle des Flughafens durch entsprechende Hotelschilder bzw. Tafeln mit Ihrem Namen auf sich aufmerksam. Dem Fahrer sollte man in jedem Fall ein kleines Trinkgeld zukommen lassen.

OJEK • Hierbei handelt es sich um **Motorradtaxis**, die einen zu jedem beliebigen Zielort bringen, allerdings gehört eine Portion Mut und Risikobereitschaft dazu, sich den tollkühnen Fahrern anzuvertrauen, die Balis Straßen nicht selten mit schlecht präparierten Rennstrecken zu verwechseln scheinen. Ihre Erfahrung und Routine bringt einen aber dennoch in aller Regel sicher ans Ziel. Aus Sicherheitsgründen sollten Sie aber vor der Abfahrt nach einem Sturzhelm verlangen. Größte Vorteile dieser knatternden Stinker in den Städten sind ihre Allgegenwärtigkeit und enorme Beweglichkeit, dank derer sie auch durch den dichtesten Verkehr schlüpfen, was sie besonders in dringenden Fällen nahezu unschlagbar macht. Motorradtaxis, die man überall anhalten kann, stehen vorwiegend an größeren Kreuzungen und anderen wichtigen Verkehrsknotenpunkten bereit und sind leicht zu erkennen: So gut wie immer, wenn eine größere Gruppe junger Männer mit Motorrädern zusammensteht, können Sie davon ausgehen, dass es sich um Ojek-Fahrer handelt. Man erkennt sie zumeist auch daran, dass sie zwei Sturzhelme bei sich haben. Der **Preis muss in jedem Fall vor Fahrtbeginn ausgehandelt werden**, so dass Sie gut beraten sind, sich zuvor bei einer vertrauenswürdigen Person nach dem angemessenen Preis zu erkundigen, ansonsten kann es nämlich durchaus passieren, dass man Sie gewaltig übers Ohr haut.

DOKAR • Die hochrädrigen, einachsigen, einspännigen **Pferdedroschken**, die man in etlichen Städten und größeren Ortschaften antrifft, sind bei den Einheimischen – außer in Denpasar – ein überaus beliebtes Transportmittel für Kurzstrecken. Gemütlicher und beschaulicher kann man sich aber auch wirklich nicht durch die Gegend schaukeln lassen. Der an und für sich sehr geringe **Fahrpreis ist vor der Fahrt auszuhandeln**. Um nicht zu viel zu bezahlen, erkundigen Sie sich rechtzeitig bei einer Person Ihres Vertrauens danach, sonst zahlen Sie kräftig drauf.

Die gemächliche Art der Fortbewegung: Dokar.

FÄHREN UND BOOTE • Von und nach Bali bestehen ab verschiedenen Fährhäfen regelmäßige Fährverbindungen zu vielen Inseln des Archipels. Wer auf eines der vier zu Bali gehörenden Eilande (Nusa Ceningan, Nusa Lembongan, Pulau Menjangan und Nusa Penida) übersetzen möchte, kann – je nach Zielort – zwischen regulären Fähren und privatem Motorboot, Auslegerboot (Prahu), Schaluppe oder Taxi-Boot (für bis zu 15 Personen) wählen. Außer bei den Auslegerbooten kann man gegen ein entsprechendes Entgeld meist auch das Motorrad oder Fahrrad mitnehmen.

> **Hinweise**
>
> • Falls Sie privat ein Boot für Hin- und Rückfahrt bzw. für den ganzen Tag chartern, sollten Sie niemals im Voraus bezahlen, sondern erst nach der Rückkehr, ansonsten kann es Ihnen passieren, dass man Ihren Trip stark zu verkürzen versucht.
> • Mag der Preis für eine Privatcharter auch wesentlich höher sein als die normalen Fährpreise, so hat sie den Vorteil, dass man sein Programm individuell gestalten und – wenn man früh genug startet – z.B Nusa Lembongan, Nusa Penida und Nusa Ceningan am gleichen Tag besichtigen kann.

Fährverbindungen nach Nusa Ceningan: Die kleine Insel kann seit 2001 über eine kleine Hängebrücke von Nusa Lembongan aus erreicht werden, ansonsten per Boot ab Desa Lembongan, für das man ca. Rp. 10.000 bezahlt.

Fährverbindungen nach Nusa Lembongan: Die Insel, deren Anlegestelle sich bei Jungut Batu befindet, ist von folgenden Orten aus zu erreichen:
• **Sanur**: Die motorgetriebenen Auslegerboote (Prahu motor) fahren ab dem Nordende des Pantai Sanur. Kaufen Sie das Ticket nicht von Schleppern, da Sie es Ihnen nicht billiger verkaufen können als am offiziellen Ticketschalter (Stasiun bot) am Ende der Jl. Hang Tuah, an dem Sie Rp. 25.000 für die Überfahrt bezahlen. Das Boot fährt täglich um 8 h ab

und benötigt mindestens 1° Stunden. Wegen der lokalen Strömungs- und Wetterverhältnisse sollten Sie sich darauf einrichten, nass zu werden. Die Boote von Jungut Batu nach Sanur fahren gleichfalls um 8 h morgens ab, d. h. Sie müssen, falls Sie diese Fähralternative wählen, in jedem Fall auf Nusa Lembongan übernachten. Wollen Sie dies nicht, können Sie Ihr Glück bei einem der Bootstourenveranstalter versuchen, die täglich Nusa Lembongan ansteuern und meist noch Plätze für die Rückfahrt nach Benoa Harbour frei haben, z. B. *Bali Hai* (siehe ‚Yachten'); unter Rp. 100.000 werden Sie aber kaum davonkommen. Eine weitere Alternative ist die Charterung eines Privatbootes, wofür Sie bei der einfachen Überfahrt mit mindestens Rp. 200.000 rechnen müssen, für die Hin- und Rückfahrt bzw. Tagesmiete werden etwa Rp. 350.000-400.000 fällig.

- **Kusamba**: Ab hier kostet die Überfahrt mit dem Prahu pro Person mindestens Rp. 100.000; falls Sie das Boot für sich alleine chartern, müssen Sie mit etwa Rp. 350.000 für die Hin- und Rückfahrt rechnen.
- **Nusa Penida**: Zwischen Toyapakeh auf Nusa Penida und Jungut Batu verkehren – vor allem an Markttagen – Boote, nach deren genauen Abfahrtszeiten man sich bei den Einheimischen erkundigen muss. Der Fahrpreis für die 45-minütige Überfahrt ist Verhandlungssache (ca. Rp. 5.000), ebenso, wenn Sie ein Privatboot chartern möchten, für das Sie rund Rp. 80.000-100.000 einplanen sollten. Um 6.30 h morgens fährt von Jungut Batu aus eine motorisierte Fähre nach Sampalan auf Nusa Penida (Rückfahrt 9 h), für die Sie Rp. 10.000 bezahlen müssen, für etwa Rp. 50.000 kann man aber auch ein Privatboot anmieten.

Fährverbindungen nach Pulau Menjangan: Das Tauchparadies an der Nordwestküste Balis erreicht man ab

- **Labuhan Lalang**: Da die Insel zum Bali Barat Nationalpark gehört, darf auf dem Inselchen weder übernachtet werden noch bestehen regelmäßige Bootsverbindungen. Es besteht jedoch die Möglichkeit – nach Einholung der Erlaubnis zum Besuch der Insel bei den Park Rangers (siehe ‚Nationalpark') – am Pier des Ortes ein Boot anzumieten. Die Pulau Menjangan-Tour (möglich täglich von 7-15 h), die Sie nur in Begleitung eines Park Rangers unternehmen dürfen, bietet Ihnen neben einem Aufenthalt auf der Insel selbst auch die Gelegenheit zum Schnorcheln und Tauchen und schlägt bei einer Dauer von vier Stunden mit Rp. 200.000 zu Buche, jede weitere Stunde wird mit Rp. 20.000 berechnet, wobei für den Guide in jedem Fall noch einmal Rp. 60.000 hinzukommen.
- **Pemuteran**: Alternativ bieten auch verschiedene Veranstalter und Hotels in der Umgebung von Pemuteran Bootsausflüge zu dieser Insel an, wobei die Preise sehr unterschiedlich ausfallen.

Fährverbindungen nach Nusa Penida: Zu zwei Orten der Insel besteht mehr oder weniger regelmäßiger Fähr- bzw. Bootsverkehr, nämlich Toyapakeh und Sampalan, die von folgenden Stellen aus angesteuert werden:

- **Padangbai**: Mit etwa zehn Meter langen, für maximal 45 Passagiere ausgelegten Booten, die ein Stückchen östlich des Parkplatzes für die Lombok-Fähre an- und ablegen, kann man sich sowohl nach Toyapakeh als auch nach Sampalan übersetzen lassen. Tickets erhält man im *Loket* nördlich des Hauptticketschalters für die Fähre nach Lombok. Die Fahrt dauert 45 Minuten (je nach Strömungsverhältnissen) und kostet pro Person Rp. 20.000. Das erste Boot geht offiziell um 7 h, doch muss man mitunter etwas warten, bis es voll besetzt ist, denn erst dann wird gefahren. Je nach Passagieraufkommen werden bis 14 h (bei Zeremonien auf Nusa Penida bis 17 h) eventuell weitere Boote eingesetzt. Auf Nusa Penida star-

ten die Boote für gewöhnlich nicht vor 13 h (sicherheitshalber erkundigen), Tickets erhalten Sie in beiden Orten am Pier. Für ein privat gechartertes Boot bezahlen Sie rund Rp. 150.000, für ein Speedboat hingegen bis zu Rp. 400.000.
- **Kusamba**: Auslegerboote transportieren Menschen und Ware nach Toyapakeh und Mentigi und zurück, wobei die einfache Fahrt Rp. 5.500 kostet. Gefahren wird, wenn das Boot voll ist und Wetter und Seegang es zulassen, normalerweise um 7 h morgens. Als Fahrtdauer sind 45-60 Minuten einzuplanen. Die Boote in Richtung Kusamba verlassen Nusa Penida in der Regel um 14 h. Falls Sie ein Boot für Hin- und Rückfahrt ab hier privat anmieten möchten, müssen Sie mit rund Rp. 700.000 rechnen.
- **Nusa Lembongan**: Siehe oben unter ‚Fährverbindungen nach Nusa Lembongan'.
- **Sanur**: Für die knapp anderthalbstündige Überfahrt nach Toyapakeh mit einem Auslegerboot früh am Morgen zahlt man Rp. 35.000-40.000. Die Boote nach Sanur verlassen Toyapakeh zwischen 8 und 9 h morgens; Tickets gibt es nahe des Piers. Für die Privatcharter zahlen Sie für die einfache Fahrt ca. Rp. 150.000-200.000, für den ganzen Tag etwa Rp. 500.000.

Fährverbindungen nach Trunyan: Zu der kleinen Siedlung am Danau Batur gelangen Sie ab:
- **Kedisan**: Je nachdem wie viele Personen mitfahren, zahlen Sie für das Boot nach Trunyan und zurück (einschließlich eines Abstechers nach Toya Bungkah) : bei einer Person Rp. 196.500, bei zwei Personen Rp. 199.000, bei drei Personen Rp. 201.500, bei vier Personen Rp. 204.000, bei fünf Personen Rp. 206.500, bei sechs Personen Rp. 209.000 und bei sieben Personen Rp. 211.500.
- **Toya Bungkah**: Das Boot für Hin- und Rückfahrt kostet Rp. 100.000.

Boote auf dem Danau Bratan: Ab dem **Yayasan Bali Dharma Yadnya** in Bedugul [℡ (0368) 21450, 📠 (0368) 21101] hat man folgende Mietoptionen (Preise jeweils pro Person, wobei pro Boot maximal drei Fahrgäste zugelassen sind) :
- Die 45-minütige Fahrt zum Pura Ulun Danu Bratan kostet Rp. 40.000.
- Die 90-minütige Fahrt zu den Goa Jepeng kommt auf Rp. 50.000.
- Wer den Pura Ulun Danu Bratan und die Goa Jepeng während einer Tour sehen will, benötigt dafür zwei Stunden und zahlt Rp. 75.000.
- Die rund sechsstündige Fahrt einmal rund um den See kostet Sie Rp. 100.000.
- Wer eines der Boote zeitlich unbegrenzt (maximal für den ganzen Tag) anmieten möchte, zahlt dafür Rp. 120.000.

Ab dem **Taman Rekreasi Bedugul** zahlt man für die 25-minütige Fahrt zu den Goa Jepeng Rp. 30.000.

Fähren von und nach Java: siehe unter ‚Anreise' und ‚Ausreise'.

Fähren von und nach Lombok: Rund um die Uhr legen in Lembar auf Lombok täglich alle eineinhalb Stunden (z. B. 6 h, 7.30 h, usw.) **Fähren** in Richtung Padangbai im Osten Balis ab; die Schiffe in umgekehrter Richtung verkehren zu denselben Zeiten. Erkundigen Sie sich rechtzeitig nach der genauen Abfahrtszeit, da die Schiffe manchmal später, mitunter aber auch früher auslaufen. Die Überfahrt dauert im Durchschnitt vier Stunden, bei ungünstigen Wetterverhältnissen sind aber auch bis zu sieben Stunden möglich. An Bord sind Snacks, Kaffee, Tee, alkoholfreie Getränke und Zigaretten erhältlich. Die Passage beläuft sich für

Erwachsene auf Rp. 9.500, für Kinder auf Rp. 6.000. Ein Fahrrad schlägt mit Rp. 3.000, ein Motorrad mit Rp. 6.000 und ein Auto mit Rp. 50.000 zu Buche.

Hochgeschwindigkeitskatamaranfähren des **Mabua Express**, die für die Strecke Benoa Harbour (Bali) und Lembar (Lombok) nur zweieinhalb Stunden benötigen und täglich um 8.30 h in Richtung Lombok bzw. um 14.30 h in Richtung Bali starten. In der Emerald Class kostet das Vergnügen US$ 25 und in der komfortablen Diamond Class

Der Mabua Express nach Lombok.

US$ 30, wobei bei ersterer ein Snack und eine Flasche Mineralwasser, bei letzterer hingegen eine Snackbox, Fruchtsaft und Kaffee oder Tee im Preis inbegriffen sind. Kinder zwischen 2 und 12 Jahren zahlen die Hälfte. Rechtzeitige Reservierung ist empfehlenswert. Auskunft und Buchung auf Bali bei: *Mabua Express*, Benoa Harbour, Jl. Dermaga II, ☏ (0361) 721212, 🖷 (0361) 723615, E-mail: mabuaexp@indosat.net.id; auf Lombok bei: *Mabua Express*, Lembar Harbour, ☏ (0370) 681195 und (0370) 681225, 🖷 (0370) 681224, E-mail: mabuaexp@indosat.net.id.

Als Alternative bietet sich **Bounty Cruises** an, dessen Katamaranfähren täglich zwischen Benoa Harbour und Gili Meno Island verkehren und dabei Zwischenstopps auf Lembongan Island und in Senggigi auf Lombok einlegen. Die Fähren, die für die gesamte Tour dreieinhalb Stunden benötigen, verlassen Benoa Harbour um 9 h und Senggigi um 14 h. Die Überfahrt von Benoa Harbour bis Senggigi beläuft sich auf US$ 35 (Return Ticket US$ 65), für die Fahrt zwischen Benoa Harbour und Gili Meno Island bezahlt man US$ 42 (Return Ticket US$ 78).
• **Bounty Cruises**, Bounty Cruises Private Jetty, Benoa Harbour, ☏ (0361) 726666, 🖷 (0361) 726688, E-mail: emailcruises@balibountygroup.com, 🖥 www.balibountygroup.com/cruises/index.htm.

Von anderen Inseln des Archipels: Schiffe der nationalen Schifffahrtsgesellschaft *PELNI* verkehren auf Rundkursen in regelmäßigem Turnus zwischen den Inseln des Archipels, wobei Bali derzeit von vier Schiffen angelaufen wird, die am Kai von Benoa Harbour festmachen.

Aktuelle Fahrpläne und Preislisten von **PELNI** erhält man in dessen Büros:
auf **Bali**: Jl. Raya Kuta 299, Kuta 80361, ☏ (0361) 763963, 🖷 (0361) 763964, 🖥 www.pelni.co.id; Mo-Fr 8-16 h (Tickets nur bis 13 h erhältlich).
in **Jakarta**: Jl. Gajah Mada 14, P.O. Box 1115, 10130 Jakarta, ☏ (021) 63857747, 🖷 (021) 63854130 und (021) 63864837, E-mail: humas@pelni.co.id, 🖥 www.pelni.co.id.

Die Unterbringung auf den Schiffen von *PELNI*, auf denen zwischen 900 und 1.750 Passagiere Platz finden, entspricht – zumindest auf den neuen Schiffen – annähernd europäischem Standard, wobei alle Räume und Kabinen klimatisiert sind, außerdem stehen den Passagieren Restaurants und Bars zur Verfügung. Allerdings sollte man für diese Art des Reisens etwas Zeit mitbringen.

Hinweis

Achten Sie auf den Fährschiffen auf Taschendiebe!

➪ Versicherungen

Da seit der Einführung des deutschen Gesetzes zur Kostensenkung im Gesundheitswesen von den Krankenkassen keine Rechnungen aus Ländern erstattet werden, mit denen kein gegenseitiges Sozialversicherungsabkommen besteht, ist in jedem Fall der Abschluss einer **Reisekranken- und Reiseunfallversicherung** anzuraten. Entsprechende Policen kann man praktisch bei jeder Versicherung abschließen. Diese sind in der Regel auf 31 Tage beschränkt, bei einem längeren Aufenthalt kommt eine Jahresversicherung oftmals weitaus günstiger. Gemessen an ihrem Leistungsumfang recht preiswert sind Versicherungspakete wie z. B. ‚Rundum sorglos' und ‚Rat & Tat', die die Versicherung touristischer Beistandsleistungen (z. B. Rechtsanwalt) und Rücktransportkosten, eine Reisekranken- und Unfallversicherung, eine Haftpflicht und Reisegepäckversicherung beinhalten. Derartige Pakete kosten derzeit rund € 60-80, zu berücksichtigen ist dabei allerdings, dass **Film- und Fotosachen** nur zu einem Bruchteil (meist 33 Prozent) abgedeckt sind, so dass bei wertvolleren Ausrüstungsgegenständen in jedem Fall der Abschluss einer Spezialversicherung zu erwägen ist. Reiseversicherungen werden auch von den **Automobilklubs** des Heimatlandes angeboten, einen noch kompletteren Service für den Fall ernsthafter Erkrankungen oder Unfälle bieten die **Rettungsflugdienste** (siehe unter ‚Rettungsdienst'), wobei jeweils eine mindestens einjährige Mitgliedschaft abzuschließen ist. Im Notfall sorgen sie dann für den kostenlosen Heimtransport. Falls man seine Reise über einen Veranstalter bucht, empfiehlt sich zusätzlich der Abschluss einer **Reiserücktrittskostenversicherung**.

Wer auf Bali mit einem **Mietwagen bzw. -motorrad** unterwegs ist, muss eine Vollkaskoversicherung abschließen, entwedor vor Ort oder schon zu Hause bei der Vorausbuchung. Inwieweit Sie zusätzliche Versicherungen, wie z. B. Insassenzusatzversicherung etc. benötigen, müssen Sie selbst entscheiden, doch sollten Sie angesichts der balinesischen Fahr- und Verkehrsverhältnisse nicht am falschen Platz sparen.

➪ Visum

Staatsangehörige der Bundesrepublik Deutschland, Österreichs und der Schweiz müssen **bei der Einreise** im Besitz eines noch **mindestens sechs Monate gültigen Reisepasses** mit noch zumindest einer ganzen freien, ungestempelten Seite sein. Kinder – selbst Säuglinge – müssen einen eigenen Pass haben.

Wer als **deutscher** oder **schweizerischer Tourist** einreist, dem wird das Visa-**on-Arrival** (Visum bei Ankunft = VoA), das einen Aufenthalt von **maximal 30 Tagen** gestattet, bei der Einreise gegen eine Gebühr von **25 US$** in den Pass gestempelt; wer maximal **drei Tage** bleibt, zahlt lediglich **10 US$**. VoA werden auf Bali nur am Flughafen sowie in den Häfen Benoa Harbour und Padangbai ausgestellt.

Bürger Österreichs und **Geschäftsreisende** hingegen müssen sich bereits vor der Reise ein entsprechendes Visum besorgen, das sie bei den diplomatischen Vertretungen

Indonesiens (siehe ‚Botschaften / Konsulate') anfordern können. Touristen-Visa sind in der Regel **60 Tage gültig**, Geschäftsvisa hingegen **30 Tage** (Letztere können vor Ort bis zu einer Gesamtaufenthaltsdauer von drei Monaten verlängert werden). Über zusätzliche, länger gültige Visatypen (z. B. für Studenten und Firmenangestellte) informieren Sie die diplomatischen Vertretungen Indonesiens bzw. deren Internetseiten.

Eine **Verlängerung des Visums** wird nur in dringenden Ausnahmefällen (z. B. Naturkatastrophen, Krankheit, Verwicklung in einen Rechtsfall, nachweisliche Überbuchung des für die Ausreise vorgesehenen Fluges u. ä.) gewährt, so dass man das Land zwecks Visumserneuerung im Normalfall kurzfristig verlassen muss (z. B. in Richtung Singapur oder Malaysia), um anschließend neu einzureisen, was bereits einen Tag nach der Ausreise wieder geschehen kann. Diese Prozedur kann man beliebig oft wiederholen, wobei man die Ein- und Ausreisebestimmungen des/der für die Ausreise ins Auge gefassten Landes/Länder beachten sollte. **Die Überziehung des Visums wird mit einer Geldstrafe von US$ 20 pro überzogenem Tag sowie direkter Abschiebung geahndet und sollte daher tunlichst unterlassen werden.** Wer auf Einladung hin die Insel mit einem offiziellen Visum besucht, kann dieses gegen Rp. 200.000 einmalig um 30 Tage verlängern lassen.

Wer Probleme oder Fragen bezüglich seines Visums hat, wende sich – auch wegen einer eventuell notwendig werdenden Verlängerung – an die Einwanderungsbehörden in Denpasar oder Tuban. Zusätzlich wird von den indonesischen Behören bei der Einreise der **Nachweis einer bezahlten Flug- oder Schiffspassage** für die Rück- bzw. Weiterreise verlangt (Open date wird akzeptiert), doch wird dies nur in den seltensten Fällen tatsächlich kontrolliert. Falls man bei der Kontrolle noch nicht im Besitz einer solchen ist, muss man eventuell an Ort und Stelle eine lösen. Visa erhält man bei allen indonesischen diplomatischen Auslandsvertretungen gegen Vorlage bzw. Einreichung zweier Antragsformulare (bei jenen erhältlich oder aus dem Internet downloadbar), seines noch mindestens sechs Monate gültigen Reisepasses, zweier Passbilder sowie des Beleges für die Weiter- oder Rückreise (Flugticket, Schiffspassage o. ä.), des Nachweises ausreichender Finanzmittel und des Überweisungsbeleges für die jeweilige Visagebühr.

W

  Wäsche waschen

Wer **im Hotel** untergekommen ist, kann seine Schmutzwäsche beim *Housekeeping* abgeben, das diese normalerweise binnen 24 Stunden reinigt, bügelt, plättet, je nach Wunsch des Gastes. Die entsprechenden Wäschebeutel oder -tüten samt auszufüllenden Formularen liegen in den Zimmern – entweder in einem Schubfach oder im Wandschrank – aus. Wer es eilig hat, kann auch *Express Service* verlangen, der die Sachen bereits nach drei oder vier Stunden zurückbringt, dafür aber auch etwa doppelt so teuer ist. In dem einen oder anderen Spitzenhotel findet der Gast sogar Bügelbrett und -eisen in seinem Zimmer vor. Doch auch wer im **Losmen**, **Homestay** oder **Wisma** wohnt, hat nicht selten die Gelegenheit, sich seine Wäsche von Angehörigen der Familie, bei der er untergekommen ist, gegen ein kleines Entgelt waschen zu lassen. Je nach Wetterlage müssen Sie in diesem Fall mit mindestens 24 Stunden rechnen, ehe Sie Ihre Wäsche gewaschen und gebügelt zurück bekommen. Man kann seine Wäsche aber auch einer **Ibu**, d. h. einer älteren Frau anvertrauen, die sich auf das Waschen und Bügeln von Wäsche eingerichtet hat. Fragen Sie nach der *Tukang cuci*, der Wäscherin, fast in jedem Ort wird man Ihnen jemanden zeigen können. Doch ein wenig Vorsicht ist geboten, da oft billige Seife mit aggressiven Inhaltsstoffen oder stark scheuernde Plastikbürsten zum Einsatz kommen, die der Kleidung mitunter arg schaden bzw. diese abwetzen. Die billigste Variante freilich ist es, sich seine Wäsche selbst zu waschen. Wer dies plant, sollte ein Stück Wäscheleine mitnehmen bzw. vor Ort kaufen. Allerdings sollte man seine Wäsche nicht tropfnass mitten im Hotelzimmer zum Trocknen aufhängen, und selbst im Bad sieht man es in den Hotels nicht gerne, es sei denn, eine ausziehbare Wäscheleine ist fest installiert (meist über der Badewanne). Stattdessen findet man in den meisten Unterkünften einen Wäscheständer für Balkon oder Terrasse. Oder man geht mit seiner Schmutzwäsche in einen der zahlreichen Waschsalons (Laundry Service, Laundromat etc.), um sie dort reinigen zu lassen. Dabei ist gegenwärtig pro Kleidungsstück mit folgenden Preisen zu rechnen:

Jacke	Rp. 3.000	kurze Hose	Rp. 2.000
Kleid	Rp. 3.000	Unterwäsche	Rp. 1.500
Hemd	Rp. 2.000	Socken	Rp. 1.200
lange Hose	Rp. 2.500		

➪ Workshops/Kurse

Die künstlerische Geschicklichkeit der Balinesen hat noch jeden Reisenden in Erstaunen versetzt. Jeder Inselbewohner vermag aus den diversen Materialien große oder kleine für den alltäglichen Gebrauch oder für den Verkauf und Broterwerb bestimmte Kunstwerke zu zaubern. Wer Lust und Zeit hat, kann sich vor Ort unter anderem bei den nachstehenden Künstlern und Veranstaltern in die unterschiedlichen Techniken künstlerischen Schaffens einführen lassen, oder aber man erkundigt sich vor Ort nach derartigen Möglichkeiten bzw. achte auf die zahlreichen Hinweisschilder, auf denen die diversen Kurse angeboten werden. Die Preise für die einzelnen Kurse variieren je nach Kursart und Dauer ganz erheblich.

Y

➪ Yachten & Boote

Trotz der sehr schönen Segelreviere rings um Bali, ist die Zahl der Anbieter von Charterbooten vergleichsweise gering, wobei man in der Regel – außer bei kleinen Booten – die revierkundige Crew mit anheuern muss. Wer sich selbst ans Steuerruder stellen möchte, ganz gleich ob es sich um ein Motor- oder ein Segelboot handelt, muss an und für sich im Besitz eines entsprechenden Bootsführerscheins sein. Doch unterschätze man die mitunter starken und tückischen Strömungen entlang Balis Küsten und rings um die Nachbarinseln nicht, schon so mancher hat seine seemännische Selbstüberschätzung mit dem Leben bezahlt. Daher sollten weniger Erfahrene lieber mit einheimischer Crew auf Törn gehen. Gesegelt wird in den meisten Fällen mit Auslegerbooten oder Katamaranen (Hobie Cat), wobei bei letzteren für das Boot allein mit mindestens US$ 25 pro Stunde zu rechnen ist, erstere hingegen sind etwas preiswerter. Wer ein Motorboot mieten möchte, sollte pro Stunde mindestens US$ 120 einkalkulieren.

Mietinteressenten wenden sich am besten direkt an die Vermieter am Strand oder beispielsweise an:
- **Bali Diving Perdana**, Jl. Danau Poso, Gang Tanjung 30, Sanur 80227, ☏ (0361) 286 493, 📠 (0361) 288871; verleiht vor allem Hobie Cats.
- **PT. Surya Water Sports**, Jl. Duyung 10B, Sanur, ☏/📠 (0361) 287956, E-mail: surya_dive@telkom.net. Hier findet man Katamarane und Auslegerboote.
- **Royal Bali Yacht Club**, Bali Marina, Benoa Harbour, Jl. Sekar Waru 14, ☏ (0812) 3956173, 📠 (0361) 723604, E-mail: info@baliYC.com, 🖥 www.baliyc.com; bietet zahlreiche Yachten aller Güteklassen an.
- **Wisata Tirta Baruna PT**, Jl. By Pass Ngurah Rai 300B, P.O. Box 3419, Denpasar 80361, ☏ (0361) 753820, 📠 (0361) 753809, E-mail: baruna@denpasar.wasantara.net.id, 🖥 www.bagus-discovery.com/baruna/index.html. Zur Auswahl stehen Hobie Cats und Auslegerboote.
- **Yos Marine Adventures**, Jl. Pratama 106X, Tanjung Benoa, Nusa Dua 80363, ☏ (0361) 773 774, (0361) 775 438 und (0361) 775 440, 📠 (0361) 775 439, E-mail: yosbali@indosat.net.id, 🖥 www.yosdive.com. Für das Long Boat bezahlen Sie bei einer Maximalteilnehmerzahl von 2 Personen für vier Stunden US$ 250 und für acht Stunden US$ 250, die wesentlich stärker motorisierten Boote hingegen kommen bei vier Stunden auf US$ 325-375 und bei acht Stunden auf US$ 450-525. Jeweils im Preis beinhaltet sind Hoteltransfer, Treibstoff, Skipper und Crew, Angelausrüstung, Versicherung, Snacks, Obst und Softdrinks. Hier spricht man auch Deutsch.

Z

⇨ **Zeit**

Indonesien ist aufgrund der enormen Ost-West-Ausdehnung in drei Zeitzonen gegliedert:
- *Western Standard Time*: MEZ + 6 Stunden – dazu gehören Sumatra, Java, West- und Zentralkalimantan.
- *Central Standard Time*: MEZ + 7 Stunden – dazu gehören Ost-Kalimantan, Sulawesi, Nusa Tenggara und Bali.
- *Eastern Standard Time*: MEZ + 8 Stunden – dazu gehören die Molukken und Irian Jaya.

In **Bali** gehen also die Uhren im Vergleich zu Deutschland, Österreich und der Schweiz um **7 Stunden vor**, während der europäischen Sommerzeit um 6 Stunden. Indonesien kennt keine Sommerzeit. Durch die Äquatornähe variiert die Länge der einzelnen Tage das Jahr über nur unmerklich, durchschnittlich geht die Sonne um sechs Uhr auf und verschwindet gegen 18 Uhr wieder hinter dem Horizont. Die Stunden von Mitternacht bis 12 h mittags werden mit **a.m.** (ante meridiem) bezeichnet, die übrigen zwölf Stunden mit **p.m.** (post meridiem).

⇨ Zeitungen und Zeitschriften

Zwar gibt es keine direkte Zensur, doch wird die Pressefreiheit durch eine Unzahl von Gesetzen daran gehindert, wirklich systemkritisch zu berichten, wodurch der Wert der einheimischen Publikationen natürlich stark gemindert wird.

Neben einer unüberschaubaren Fülle an Tageszeitungen, Wochenzeitschriften und Monatsmagazinen, die in Bahasa Indonesia publiziert werden, gibt es auch einige **englischsprachige Tageszeitungen**, u. a. ‚The Bali Post', ‚The Jakarta Post', ‚The Indonesian Times' und ‚The Indonesian Observer', die an fast allen Zeitungskiosken, in vielen Buchhandlungen sowie vielen größeren Hotels ausliegen. Von den **einheimischen Wochenmagazinen** in englischer Sprache informiert das Nachrichtenmagazin ‚Indonesia' recht ordentlich über die Ereignisse der zurückliegenden Woche. Des Weiteren erhält man – insbesondere in den großen Buchläden sowie etlichen großen Hotels – **internationale englischsprachige Tageszeitungen und Magazine** wie z. B. ‚Time', ‚Newsweek' oder ‚Asia Newsweek'. **Deutschsprachige Zeitungen und Zeitschriften** sind fast ausschließlich in den Touristenzentren des Südens, in Ubud und Candi Dasa erhältlich, allerdings nicht immer neuesten Datums und zu stolzen Preisen. Ausländisches Pressematerial unterliegt offiziell nach wie vor der Zensur, so dass auch heute noch gelegentlich Passagen oder Seiten fehlen oder geschwärzt sein können.

⇨ Zoll

Um ganz sicherzugehen, erkundigt man sich am besten vor seiner Reise nach den jeweiligen Zollbestimmungen, dies gilt sowohl für Indonesien als auch sein Heimatland. Auskünfte erteilen neben allen Botschaften und Konsulaten die Zollbehörden. Für die Einreise muss eine Zollerklärung ausgefüllt werden, die normalerweise im Flugzeug bzw. im Schiff verteilt wird (pro Familie nur eine), auf der man – so man keine der unten aufgeführten Artikel und Gegenstände bei sich führt – immer nur ‚No' ankreuzt. Die Zollabfertigung erfolgt auf Bali im Normalfall schnell und zügig, Kontrollen finden nur selten statt.

EINFUHRBESTIMMUNGEN FÜR INDONESIEN (jeweils pro Erwachsener)
Nicht eingeführt werden dürfen: pornographische Literatur, chinesische Druckerzeugnisse in indonesischer und chinesischer Schrift und/oder Sprache, bespielte Filme und Videokassetten, Videolaserdiscs, Tonbänder, Drogen und Betäubungsmittel, Waffen und Munition, Sprengstoff, Fernsehgeräte, Funkgeräte, schnurlose Telefone (Handys ausgenommen), Transceiver und chinesische Medizin. Wer Tiere (einschließlich Fische) und Pflanzen oder Produkte davon mitführt, muss diese einer Quarantäneuntersuchung unterziehen lassen.

Zollfrei bzw. nicht deklarierungspflichtig sind neben allen Dingen des persönlichen Bedarfs in angemessenem Umfang (z. B. Kleidung oder Parfüm u. Ä.) : 200 Zigaretten oder 50 Zigarren oder 100 g Tabak, ein Liter Alkohol, Geschenke aus Übersee, die US$ 250 pro Person bzw. US$ 1.000 pro Familie nicht übersteigen, Rp. 5.000.000 (wer mehr mitführt, muss einen ‚Letter of Permission' der Bank Indonesia vorweisen können).

Derjenige, der keine zollpflichtigen Artikel bei sich hat, passiert bei der Zollkontrolle den so genannten **‚Green Channel'**, alle anderen – einschließlich derjenigen, die sich ihrer

Sache nicht sicher sind – müssen durch den ‚**Red Channel**'. Um sich unnötigen Ärger bei der Ausreise zu ersparen, sollte man im Zweifelsfall zwecks Einfuhrbestimmungen lieber sicherheitshalber nachfragen.

AUSFUHRBESTIMMUNGEN FÜR INDONESIEN
Souvenirs und Gebrauchsgüter dürfen in beliebigem Umfang ausgeführt werden, die Ausfuhr von **Rupiah** ist hingegen auf **Rp. 5.000.000** pro Person begrenzt, andernfalls benötigt man einen ‚Letter of Permission' (s. o.). Der Export von **Antiquitäten** unterliegt besonderen Vorschriften (siehe Stichwort ‚*Einkaufen*', S. 253).

EINFUHRBESTIMMUNGEN FÜR DEUTSCHLAND (pro Person)
Zollfrei sind: 200 Zigaretten oder 100 Zigarillos oder 50 Zigarren oder 250 g Tabak, ein Liter Spirituosen mit über 22 Vol.-Prozent oder zwei Liter unter 22 Vol.-Prozent oder zwei Liter Schaumwein, zwei Liter Wein, 50 g Parfüm, 0,25 l Toilettenwasser, 250 g Kaffee oder 100 g Kaffeeextrakt, 100 g Tee oder 40 g Teeextrakt sowie sonstige Waren im Gegenwert von € 175. (Tabakwaren und alkoholische Getränke nur bei Personen über 17 Jahren, Kaffee nur bei Personen über 15 Jahren.)

EINFUHRBESTIMMUNGEN FÜR ÖSTERREICH (pro Person)
Für Österreich gelten die gleichen Einfuhrbestimmungen wie für die Bundesrepublik Deutschland.

EINFUHRBESTIMMUNGEN FÜR DIE SCHWEIZ (pro Person)
Zollfrei sind: Reiseproviant sowie persönlich gebrauchtes Reisegut (z. B. Kleidung etc.); außerdem für Personen über 17 Jahren 200 Zigaretten oder 50 Zigarren oder 250 g Rauchtabak sowie zwei Liter alkoholische Getränke mit bis zu 15 Vol.-Prozent und ein Liter mit mehr als 15 Vol.-Prozent, ferner Geschenke im Gegenwert von bis zu sFr 200 (bei Personen unter 17 Jahren bis zu sFr 100).

Beachten Sie bei Ein- und Ausreise die Bestimmungen des **Washingtoner Artenschutzabkommens**, nach dem u. a. die Einfuhr von Elfenbein, aber auch von Produkten anderer bedrohter Tierarten (z. B. Schildpatt, Schlangenhäute, Krokodilleder oder Tierfelle) in Länder der EU, in die Schweiz, aber auch nach Indonesien verboten ist. Bei Verstößen werden entsprechende Gegenstände entschädigungslos beschlagnahmt, zudem drohen – je nach Schwere der Zuwiderhandlung – sogar Gefängnisstrafen. Und noch eine **Bitte**: Lassen Sie Ihre Hände auch von den vielerorts angebotenen Schmetterlingspräparaten, denn nirgendwo sonst sind die Geschöpfe schöner und anmutiger als in freier Natur.

Sollten Sie noch weiterführende Fragen haben oder sich über die aktuellen Einfuhrbestimmungen informieren wollen, so schauen Sie **im Internet** nach. Die **Zollbehörde** Ihres Lands finden Sie:
in **Deutschland**: www.zoll-d.de
in **Österreich**: www.bmf.gv.at/zoll
in der **Schweiz**: www.zoll.admin.ch

Regionale Reisetipps von A-Z

> **Benutzerhinweise**
>
> • Informationen zu den verschiedenen Unterkunftsmöglichkeiten, ihrer Klassifizierung und Ausstattungsmerkmale finden Sie in den **Allgemeinen Reisetipps** unter dem Stichwort ‚Übernachten'. Erläuterungen zu den Restaurants finden Sie in den **Allgemeinen Reisetipps** unter dem Stichwort ‚Essen und Trinken'. Unter ‚Sehenswertes' werden in diesem Kapitel nur die wichtigsten Sehenswürdigkeiten mit Öffnungszeiten und Eintrittspreisen aufgelistet, zahlreiche weitere finden Sie bei den einzelnen Touren in Kapitel 4. Besitzt ein Ort nur eine PLZ, so wird diese neben dem Ortsnamen angegeben.
>
> • Es wird ausdrücklich darauf hingewiesen, dass alle Angaben über Preise, Telefonnummern, Telex, Fax, Öffnungszeiten u. s. w. nur zum Zeitpunkt der Drucklegung gültig waren. Sie sind oft Änderungen unterworfen. Wir freuen uns über Hinweise auf Änderungen: info@iwanowski.de
>
> *Die Preiskategorien für Übernachtungsmöglichkeiten*
>
> | über US$ 200 | sehr teuer | ($$$$$$) | über US$ 60 | noch preiswert | ($$$) |
> |---|---|---|---|---|---|
> | über US$ 150 | teuer | ($$$$$) | über US$ 30 | preiswert | ($$) |
> | über US$ 100 | moderat | ($$$$) | unter US$ 30 | sehr preiswert | ($) |

Air Sanih	360	Kintamani	381
Amed	360	Kubutambahan	381
Amlapura	361	Kukuh	381
Bangli	362	Kuta	382
Banjar	362	**L**abuhan Lalang	390
Banyuwedang	362	Lalang Linggah	391
Batuan	363	Legian	391
Batubulan	363	Lovina	395
Bedulu	363	**M**anggis	399
Belimbing	363	Marga	400
Besakih	364	Mas	400
Blahbatuh	364	Mengwi	401
Bona	365	Munduk	401
Candi Dasa	365	**N**egara	402
Candi Kuning	367	Nusa Dua	403
Cape Gondol/Melanting	368	Nusa Lembongan	409
Cekik	368	Nusa Penida	410
Cepaka	368	**P**acung	411
Denpasar	368	Padangbai	411
Gianyar	373	Palasari	412
Gilimanuk	374	Pancasari	412
Gitgit	374	Pantai Canggu	413
Goa Lawah	374	Pantai Medewi	413
Iseh	375	Pantai Yeh Gangga	413
Jasan	375	Payangan	414
Jatiluwih	375	Pejeng	414
Jimbaran	375	Pemuteran	415
Kapal	378	Penatahan	416
Kayuputih	378	Penelokan	416
Kedisan	378	Penglipuran	417
Keliki	379	Putung	417
Kemenuh	379	**S**aba Bai	417
Kerambitan	379	Sambirenteng	417
Kerobokan	380	Sangeh	418
Sangkar Agung	418		
Sanur	418		
Sebatu	427		
Semarapura	427		
Sembung	428		
Seminyak	428		
Sengkidu	433		
Seririt	434		
Sidan	434		
Sidemen	434		
Singakerta	435		
Singapadu	435		
Singaraja	435		
Sukawati	436		
Tabanan	436		
Tampaksiring	437		
Tanah Lot	437		
Tanjung Benoa	438		
Taro	442		
Tembok	442		
Tenganan	443		
Tibubiyu	443		
Tihingan	443		
Tirtagangga	443		
Toya Bungkah	444		
Tuban	445		
Tulamben	449		
Ubud	450		
Uluwatu	464		
Ungasan	464		
Wanagiri	465		
Wanasari	465		
Wangayagede	465		

A   Air Sanih (S. 629)

Sehenswertes
• **Air Sanih**, täglich 8.30-17.30 h, Eintritt: Erwachsene Rp. 2.000, Kinder Rp. 1.000; Parkgebühr Rp. 1.500.

Unterkunft
• **Puri Rena Hotel & Restoran** ($), Jl. Raya Air Sanih, ☏/✉ (0362) 26581; 4 Zimmer; Rp. 60.000-150.000; BF, RE, SW. Die Zimmer bieten das Notwendigste, das Personal indes ist recht nett.
• **Wira Bali Arsanih** ($), Jl. Raya Air Sanih 8, Bukti Village, ☏ (0361) 236598 oder Jl. Arjuna 14B, Denpasar, ☏ (0361) 232408, ✉ (0361) 227091, E-mail: wka_group@hotmail.com, 🖳 www.wira.8k.com; 18 Zimmer; US$ 20-55; AC (z. T.), BF, MB (z. T.), RE, SW, UD, TV. Die einfache Unterkunft ist vor allem etwas für diejenigen, die einmal keine Europäer, Amerikaner, Japaner oder Australier sehen wollen, denn solche verirren sich nur selten hierher.

Restaurant
• **Puri Rena Hotel & Restoran** (s. o.), 7-22 h. Hier gibt es von allem etwas, bei recht günstigen Preisen.

Amed (S. 598) PLZ 80852

Unterkunft
MODERAT ($$$$)
• **Apa Kabar Villas**, Bunutan, ✉ (0363) 21044, E-mail: wayanmenu@hotmail.com; 2 Villen; US$ 125; AC, MB, RE, SW. Schöne, am Strand gelegene großräumige Villen mit jeweils eigener Kitchenette, zwei Schlafräumen, Wohnzimmer und Veranda.
• **Hotel Indra Udhyana**, Bunutan, P.O. Box 119, Amlapura, ☏ (0370) 26336, ✉ (0370) 36797, E-mail: indraudhyana@indo.com, 🖳 www.indo.com/hotels/indra-udhyana; 29 Bungalows und 4 Suiten; US$ 145.20-423.50; AC, BF, MB, RE, SA, SS, SW, TV, ZT. Unmittelbar am Meer gelegen ist dieses überwiegend aus zweistöckigen Bungalows bestehende Hotel, das u. a. über einen sehr schönen Pool verfügt, derzeit die Nummer Eins in der Region.

NOCH PREISWERT ($$$)
• **Santai**, Bunutan, P.O. Box 116, Amlapura, ☏/✉ (0363) 23487, E-mail: info@santaibali.com, 🖳 www.santaibali.com; 6 Bungalows (für je 4 Personen); US$ 75-95 (inkl. Steuern); AC, BF, MB, RE, SW. Eingebettet in einen üppigen Garten gewährt diese sehr familiär geführte Anlage viel Ruhe. Zum Auftanken bestens geeignet.

PREISWERT ($$)
• **Blue Moon Villas**, Pantai Selang, ☏ (0812) 3622597 und (0868) 12103650, ✉ (0363) 21044, E-mail: info@bluemoonvilla.com, 🖳 www.bluemoonvilla.com; 5 Zimmer; US$ 55-65; AC, BF, RE, SW. Hoch über der Küste gelegenes, aus drei Villen bestehendes Anwesen, von dem aus man einen phantastischen Blick auf die Küste hat, besonders während des Sonnenaufgangs.
• **Coral View Villas**, Lipah, P.O. Box 121, Amlapura, ☏ (0363) 22958, ✉ (0363) 22958, E-mail: hpc@dps.centrin.net.id, 🖳 www.hiddenparadise-bali.com; 19 Zimmer, davon 5 Suiten; US$ 40-90;

AC (z.T.), RE, SW. Bildet zusammen mit den Hidden Paradise Cottages eine Anlage, deren hübscher Garten und freundlicher Service einem den Aufenthalt angenehm machen.
- **Dancing Dragon Cottages**, Amed, ☏/🖷 (0363) 23521 und (0363) 41177, E-mail: info@dancingdragoncottages.com, 🖳 www.dancingdragoncottages.com; 5 Zimmer; US$ 50-90; AC (z.T.), MB, RE, SW. Kleines, nach Feng Shui-Richtlinien errichtetes Anwesen mit ansprechenden Zimmern unmittelbar am Strand. Eine der besten Adressen in diesem Inselteil.
- **Hidden Paradise Cottages**, Lipah, P.O. Box 121, Amlapura, ☏ (0363) 22958, 🖷 (0363) 22958, E-mail: hpc@dps.centrin.net.id, 🖳 www.hiddenparadise-bali.com; 16 Zimmer, davon 3 Suiten; US$ 40-90; AC (z.T.), RE, SW. Diese kleine, empfehlenswerte Bungalowanlage mit einem sehr schönen Garten beschränkt sich auf das Wesentliche, das man zur Erholung benötigt.

SEHR PREISWERT ($)
- **Eka Purnama**, Banyuning, 🖷 (0363) 21044, E-mail: geocowan@yahoo.com; 4 Zimmer; Rp. 120.000-175.000; BF, RE. Außer mit ausgezeichneter Küche kann die familiäre, von lockerer Atmosphäre gekennzeichnete Anlage hoch am Steilhang über der Küste mit dem unberührten Korallenriff und einem japanischen Schiffswrack vor der Haustür aufwarten.
- **Kusumajaya Beach Inn**, Bunutan, ☏ (0363) 21250; 10 Zimmer; Rp. 150.000-200.000; AC (z.T.), BF, RE. Die Bungalows stehen in einem recht hübschen Garten unmittelbar am Meer. Die günstigeren Zimmer verfügen nur über kaltes Wasser.
- **Pondok Vienna Beach**, Lipah, 🖷 (0363) 21883, 🖳 www.bali-amed.com; 13 Zimmer; US$ 18-40; AC (z.T.), BF, RE, SS. Mag der vorgelagerte Strand auch nur schmal sein, so gewährt die Lage dennoch großartige Sonnenaufgänge, und ein weiteres Plus: das Abendessen ist im Preis inbegriffen.

Restaurants
- **I Wayan Menu**, Apa Kabar Villas, Bunutan, 🖷 (0363) 21044, E-mail: wayanmenu@hotmail.com; 8-23 h. Gepflegtes Restaurant nur wenige Meter vom Strand entfernt. Kulinarischer Schwerpunkt ist die Küche des Archipels.
- **Komang John Café**, Blue Moon Villas, Pantai Selang, ☏ (0812) 3622597 und (0868) 12103650, 🖷 (0363) 21044, E-mail: info@bluemoonvilla.com, 🖳 www.bluemoonvilla.com; 7-22 h. Die Lage hoch über der Küste bietet zu jeder Tageszeit spektakuläre Ausblicke, vor allem aber morgens während des Sonnenaufgangs. Auf der Speisekarte stehen überwiegend indonesische Gerichte.

Amlapura (S. 592ff) PLZ 80811

Informationen
- **Tourism Office of Karangasem**, Jl. P. Diponegoro, ☏ (0363) 21196 und (0363) 22351, Mo-Sa 8-17 h.

Sehenswertes
- **Puri Agung Karangasem**, Jl. Sultan Agung, täglich 8-18 h, Eintritt: Rp. 2.000 (einschließlich Informationsblatt).

Unterkunft & Restaurant
- **Villa Amlapura** ($), Jl. Gajah Mada 6, ☏ (0363) 23246; 4 Zimmer und 1 Suite; Rp. 100.000-200.000; BF, RE. Die Zimmer des zentral, nahe des Palastes gelegenen Hauses sind einfach, aber sauber, und das angeschlossene Restaurant **Café Lima** (geöffnet 8-23 h) ist ganz ordentlich.

Polizei
Jl. Bayangkara 1, ☏ (0363) 110

 Krankenhaus
- **Rumah Sakit Umum**, Jl. Ngurah Rai, ☏ (0363) 21011.

Bangli (S. 566ff)

 Sehenswertes
- **Pura Dalem Cungkub**, Jl. Kusumayuda, täglich 7-19 h.
- **Pura Dalem Penunggekan**, Jl. Merdeka; unregelmäßig geöffnet.
- **Pura Kehen**, täglich von frühmorgens bis spät abends, Eintritt: Rp. 2.600; Parkgebühr Rp. 1.000.
- **Pura Penyimpenan**, gegenüber dem Pura Kehen, täglich 7-19 h.

 Einkaufen
LOKALE SPEZIALITÄTEN: Knochenschnitzereien, Kokosnussschnitzereien, Silberarbeiten

 Polizei
Jl. Nusantara, ☏ (0366) 91072

 Krankenhaus
- **Rumah Sakit Umum**, Jl. Kusumayudha 27, ☏ (0366) 91521.

Banjar (S. 651ff)

 Sehenswertes
- **Brahma Vihara Asrama**, ☏ (0362) 92954, täglich 6-19 h, Spende erbeten; Parkgebühr: Rp. 1.000. Tragen Sie sich am Eingang in das Gästebuch ein. Wer über Nacht hier bleiben möchte, sollte im Voraus schriftlich darum ersuchen.
- **Air Panas**, täglich 8-18 h, Eintritt: Erwachsene Rp. 3.000, Kinder Rp. 1.500; Parkgebühr Rp. 200.

Banyuwedang (S. 656) PLZ 80853

 Unterkunft & Restaurant
- **Mimpi Resort Menjangan*** ($$$), ☏ (0362) 94497, 🖷 (0362) 94498, E-mail: menjangan@mimpi.com, 🖳 www.mimpi.com; 30 Zimmer und 24 Villen; US$ 95-325; AC, HA, KR (bis 90 Personen), MB, RE, SA, SP, SW, TV (in den Villen), ZS, ZT, 24. Welches Hotel verfügt schon über eine eigene heiße Quelle? Dieses tut es und versorgt damit in allen Villen die Bäder und in neun sogar den dazugehörigen Plunge Pool. Gäste können aus einem umfangreichen Tourenangebot zu Lande und zu Wasser wählen. Das 6,5 ha große Gelände erstreckt sich derart zauberhaft um eine Lagune, dass man wenigstens einmal zum Abendessen ins **Sunset Beach Restaurant and Bar** (geöffnet 6.30-23 h) hierher kommen sollte.

Batuan (S. 522f)

Sehenswertes
- **Pura Desa**, zentrale Kreuzung, täglich 7-19 h.
- **Pura Puseh Batuan**, täglich 7-19 h, Spende erbeten.

Einkaufen
LOKALE SPEZIALITÄTEN: *Malerei, Holzschnitzereien, Masken, Korbwaren, Möbel, Textilien*

Tanzvorführung
- **Gambuh:** *Pura Puseh, am 1. und 15. eines jeden Monats, 19 h*

Batubulan (S. 517ff)

Einkaufen
LOKALE SPEZIALITÄTEN: *Antiquitäten, Keramik, Steingut, Steinskulpturen*
SPEZIALGESCHÄFT:
- **Gopala**, *Banjar Tegal Tamu,* ☏ *(0361) 299248; Steinskulpturen jeder Art und Größe.*

Tanzvorführungen
- **Barong & Kris Dance:** *Pura Puseh Bendul, täglich 9.30 h*
- **Kecak:** *Pura Puseh Bendul, täglich 18.30 h*

Bedulu (S. 558ff)

Sehenswertes
- **Bedulu Museum Purbakala Gedung Arca**, *Hauptstraße,* ☏ *(0361) 942347 und (0361) 942 354, täglich 8-15 h, Eintritt frei.*
- **Goa Gajah**, *täglich 8-18 h, Eintritt: Erwachsene Rp. 3.100, Kinder Rp. 1.600; Parkgebühr Rp. 500. Kommen Sie frühmorgens oder am späten Nachmittag hierher, dann sind die meisten Tourbusse noch nicht da bzw. schon wieder weg. Wer seine Videokamera mitnehmen möchte, muss Rp. 1.000 extra bezahlen, für die Fotokamera sind Rp. 500 zusätzlich zu entrichten.*
- **Pura Samuan Tiga**, *östlich der Hauptstraße, täglich 7-19 h.*
- **Yeh Pulu**, *täglich 8-18 h, Eintritt: Erwachsene Rp. 3.100, Kinder Rp. 1.600.*

Einkaufen
LOKALE SPEZIALITÄTEN: *geflochtene Hüte und Körbe, Malerei (u. a. klassische Kalender), Lederwaren*

Belimbing (S. 674)

Unterkunft
- **Cempaka Belimbing Villas* ($$$)**, *Banjar Suradadi, Pupuan,* ☏ *(0361) 754897,* 📠 *(0361) 752777, E-mail: reservation@cempakabelimbing.com,* 🖥 *www.cempakabelimbing.com; 10*

Suiten und 6 Villen; US$ 100-140; AC, BF, KV, MB, RE, SP, SW, TV, ZS, ZT. Wunderschön gelegene kleine Anlage in den Reis- und Gewürzfeldern, deren Abgeschiedenheit und Höhenlage Entspannung pur verspricht. Hervorragender Ausgangspunkt für Wanderungen durch die Plantagen und Felder ringsum.

Cempaka Belimbing Villas

Restaurant
- **Café Belimbing**, Banjar Suradadi, Pupuan, Tabanan, ☎ (0361) 287 374; 9-18 h. Die Auswahl an indonesischen und internationalen Gerichten ist ordentlich, die Aussicht hingegen phantastisch: Reisterrassen soweit das Auge blickt. Wer in der Region unterwegs ist, sollte unbedingt einen Stopp hier einlegen.

Besakih (S. 603f)

Sehenswertes
- **Pura Besakih**, täglich 8-19 h (im Grunde genommen rund um die Uhr), Eintritt: Erwachsene Rp. 5.000, Kinder Rp. 2.500 (einschließlich Parkgebühr). Am Zugang zur eigentlichen Tempelanlage ist eine zusätzliche Spende erbeten.

Unterkunft & Restaurant
- **Lembah Arca** (Arca Valley Inn) (**$**), Jl. Ke Besahik, Rendano, Karangasem, ☎ (0366) 23076; 8 Zimmer; Rp. 70.000; BF, RE. Die Unterkünfte bieten keinerlei Komfort, doch stellen sie eine gute Ausgangsbasis für diejenigen dar, die auf den Gunung Agung hinauf wollen, wobei der Eigentümer viele nützliche Tipps für dessen Besteigung parat hat und auch als Guide angeheuert werden kann. Das Restaurant (geöffnet 8-23 h) offeriert zwar keine große Auswahl, stellt aber eine Alternative zu den überteuerten und überlaufenen Lokalen direkt beim Pura Besakih dar.

Blahbatuh (S. 524f)

Sehenswertes
- **Pura Dalem Maya Blahbatuh**, täglich 7-19 h.
- **Pura Puseh Blahbatuh**, täglich 7-19 h.

Einkaufen
LOKALE SPEZIALITÄT: Musikinstrumente

SPEZIALGESCHÄFT
- **Sidha Karya Gong Foundry**, Jl. Raya Getas-Buruan, Blahbatuh, ☎ (0361) 945512. Neben einer Vielzahl an Musikinstrumenten, deren Herstellung man in der angeschlossenen Werkstatt verfolgen kann, gibt es hier auch Tanzkostüme zu kaufen.

Bona (S. 525)

Einkaufen
LOKALE SPEZIALITÄT: Korbwaren

Tanzvorführung
- Sanghyang Jaran: So, Mo, Mi und Fr 19 h

Candi Dasa (S. 590f)

Informationen & Reisebüro
- Perama Tourist Service, Jl. Raya Candi Dasa, ☎ (0363) 41114/5, täglich 7-22 h.

Unterkunft
- Puri Bagus Candidasa, Jl. Raya Candi Dasa, Dusun Samuh, Desa Bugbug, P.O. Box 129, Amlapura 80801, ☎ (0363) 41131, 📠 (0363) 41290, E-mail: info@bagus-discovery.com, 🖥 www.bagus-discovery.com/hotel/puribagus_candidasa_profile.html; 50 Zimmer; US$ 115-235; AC, MB, RE, SA, SW, ZT, 24. Die Bungalowanlage liegt unmittelbar am Strand, der in diesem Abschnitt nicht besonders attraktiv ist. Doch Hotel selbst überzeugt durch guten Service und schön eingerichtete, große Zimmer.

NOCH PREISWERT ($$$)
- **Hotel Rama Candidasa**, Jl. Sengkidu, P.O. Box 120, Amlapura 80801, ☎ (0363) 41974, 📠 (0363) 41975, E-mail: ramacan@denpasar.wasantara.net.id; 76 Zimmer und Suiten; US$ 90-350; AC, BC, BF, MB, RE, SA, SP, SW, TP, TV, ZT, 24. Direkt am Strand gelegene Anlage, bei der vor allem die Bungalows, der große Pool und das **Rama Restaurant** überzeugen.
- **The Watergarden***, Jl. Raya Candi Dasa, Karangasem 80851, ☎ (0363) 41540, 📠 (0363) 41164, E-mail: info@watergardenhotel.com, 🖥 www.watergardenhotel.com; 12 Cottages und 1 Suite; US$ 85-160; AC (z. T.), MB, RE, SA, SW, TV (nur in der Suite), ZS (z. T.), ZT, 24. Die preisgekrönte Gartenanlage allein schon ist das Kommen wert, die geschmackvoll eingerichteten Zimmer und das Restaurant tun das übrig dazu, um den Aufenthalt zu einem besonderen Erlebnis werden zu lassen.

PREISWERT ($$)
- **Fajar Candidasa**, Jl. Raya Candi Dasa, Karangasem 80851, ☎ (0363) 41539, 📠 (0363) 41538, E-mail: info@fajarcandidasa.com, 🖥 www.fajarcandidasa.com; 24 Zimmer; US$ 22-30; AC (z. T.), BF, RE, SS, SW, 24. Kleine Bungalowanlage unmittelbar am Strand, der an dieser Stelle allerdings nicht allzu viel hergibt.
- **Lotus Bungalows**, Jl. Raya Candi Dasa, Karangasem 80851, ☎ (0363) 41104, 📠 (0363) 41403, E-mail: lotusbungalows@eksadata.com; 20 Zimmer; US$ 41-65; AC (z. T.), BF, RE, SW. Unmittelbar am Strand, abseits der Straße anzutreffende ruhige Anlage, deren Highlight der Pool darstellt, der ins Meer zu fließen scheint.

SEHR PREISWERT ($)
- **Dewa Bharata Bungalows**, Karangasem 80851, ☎ (0363) 41090, 📠 (0363) 41091; 24 Zimmer; US$ 23-33; AC (z. T.), BF, RE, SW. Kleine, hübsche Bungalowanlage unmittelbar am Strand. Das viele Grün sorgt für Behaglichkeit.

- **Homestay Pelangi**, *Karangasem 80851,* ☎ *(0363) 41270, E-mail: susapta@yahoo.com; 8 Zimmer; Rp. 70.000-100.000; BF. Die einzelnstehenden, einfachen Hütten sind von viel Grün umwachsen und nur wenige Schritte vom Strand entfernt, den man durch eine andere Bungalowanlage erreicht.*
- **Kelapa Mas Homestay**, *Jl. Raya Candi Dasa, P.O. Box 103, Amlapura 80801,* ☎ *(0363) 41369,* 📠 *(0363) 41947; 20 Zimmer; Rp. 90.000-200.000; AC (z. T.), BF, RE. Die Doppelbungalows liegt direkt am Strand in einem recht hübschen Garten mit Kokosnusspalmen und Bananenstauden.*
- **Taruna Beach Bungalows**, *Jl. Raya Candi Dasa, Karangasem,* ☎/📠 *(0363) 41823, E-mail: tarunabeach@balibackpacker.com;* 🖳 *www.hotelwww.net/balibackpacker/candidasa/taruna.htm; 9 Zimmer; Rp. 30.000-75.000; BF, RE. Direkt am Meer gelegene kleine, einfache Bungalows zwischen viel Grün.*

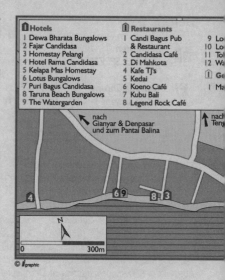

Restaurants & Bars

- **Candi Bagus Pub & Restaurant**, *Jl. Raya Candi Dasa,* ☎ *(0363) 41377; 9-23 h. Vom Restaurant aus hat man einen recht schönen Blick auf die gegenüberliegende Lagune.*
- **Candidasa Café**, *Jl. Raya Candi Dasa,* ☎ *(0363) 41107; 7.30-21.30 h. In unregelmäßigen Abständen finden hier abends Tanzvorführungen statt.*
- **Di Mahkota**, *Jl. Raya Candi Dasa,* ☎/📠 *(0363) 41800; 7-23 h. Elegantes, klimatisiertes Restaurant unter niederländischer Leitung, das mit europäischen Köstlichkeiten aller Art aufwarten kann, von einer Vielzahl an Gebäck und Käsesorten bis hin zu guten Tropfen, ergänzt durch einige indonesische Spezialitäten.*
- **Kafe TJ's**, *The Watergarden (s. o.); 7-22.30 h. Die feine balinesische und internationale Küche und das sehr gutes Getränkeangebot machen dies zu einem der besten Restaurants im Ort.*
- **Kedai**, *Jl. Raya Candi Dasa,* ☎ *(0363) 42020,* 📠 *(0363) 42018, E-mail: kedai@dekco.com,* 🖳 *www.dekco.com; 10.30-23 h. Durchgestyltes, ein wenig japanisch anmutendes, sehr gepflegtes Ambiente unter einem großen, offenen Bambuspavillon. Asian Fusion und Seafood sind hier angesagt.*
- **Koeno Café**, *Jl. Raya Candi Dasa,* ☎ *(0363) 42011; 9-23 h. Zwei- bis dreimal die Woche spielt hier eine Live-Band, dann ist das Restaurant auch bis 24 h geöffnet.*
- **Kubu Bali**, *Jl. Raya Candi Dasa,* ☎ *(0363) 41532 und (0363) 41256,* 📠 *(0363) 41531; 8-22 h. Spezialität dieses relativ großen Restaurants, in dessen offene Küche man blicken kann, ist die lokale Küche, und die gut sortierte Bar hat schon so manch einen zum längeren Verbleiben veranlasst.*
- **Legend Rock Café**, *Jl. Raya Candi Dasa,* ☎ *(0363) 41636; 8.30-23 h. Unter dem großen, luftigen Papillon tritt am Mo, Mi und Sa ab 20 h eine Live-Band auf, so dass erst um 1 oder 2 h Feierabend ist.*
- **Lotus Bungalows** *(s. o.), 8-23 h. Am Schönsten ist es hier am Abend, wenn sich die Blicke jenseits des Horizonts in der Unendlichkeit verlieren, die vom Meer kommende Brise für Abkühlung sorgt.*
- **Lotus Seaview**, *Jl. Raya Candi Dasa,* ☎ *(0363) 41257; 12-22 h. Von der Lage her das schönste Restaurant im Ort, und auch das Essen zählt zu den besten. Wer in Candi Dasa weilt, sollte auf jeden Fall einmal hier vorbeischauen.*

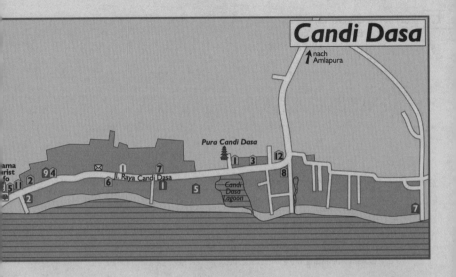

- **Toke Café**, Jl. Raya Candi Dasa, ☏ (0363) 41991; 8-23 h. Das Ambiente stimmt und die Bar ist ebenso gut wie die Speisenauswahl vielfältig, wobei besonders die indischen Gerichte eine Abwechslung zu den indonesischen darstellen.
- **Warung Candi Agung 2**, Jl. Raya Candi Dasa, ☏ (0363) 41672; 7-22 h. Wenn Ihnen nicht nach einheimischer Kost ist, sollten Sie hier einmal eine der Pizzas probieren, die bei den gelegentlichen abendlichen Tanzvorführungen noch ein wenig besser schmeckt.

 Einkaufen
- **Madi's Shop II**, Jl. Raya Candi Dasa, Candi Dasa, ☏ (0363) 41872, 📠 (0361) 298504. Neben Schmuck und Keramik werden vor allem Textilien aller Art angeboten und auch nach Maß angefertigt.

Candi Kuning (S. 642ff)

Sehenswertes
- **Kebun Raya Eka Karya Bali** (Botanischer Garten), täglich 7-18 h, Eintritt: Rp. 2.000; Parkgebühr: Auto Rp. 1.000, Motorrad Rp. 500. Für Rp. 5.000 können Sie Ihren Wagen auch mit in den Park hinein nehmen. (Motorräder sind im Park nicht erlaubt.)
- **Pasar**, Ortsmitte, täglich 6-17 h.
- **Pura Ulun Danu Bratan**, täglich 6-18 h, Eintritt: Erwachsene Rp. 3.300, Kinder Rp. 1.800; Parkgebühr Rp. 400.

Unterkunft
PREISWERT ($$)
- **Enjung Beji Resor**, ☏ (0368) 21490/1, 📠 (0368) 21022; 23 Zimmer; US$ 30-100; BF, RE, SA, SS, TP, TV (z. T.). Langgestrecktes Anwesen unmittelbar am See, dessen Cottages architektonisch recht ansprechend ausfallen.

Regionale Reisetipps von A-Z
(Candi Kuning, Cape Gondol/Melanting, Cekik, Cepaka, Denpasar)

SEHR PREISWERT ($)
- **Yayasan Bali Dharma Yadnya**, ☏ (0368) 21450, 📠 (0361) 21101; 28 Zimmer; Rp. 45.000-125.000; BF. Direkt am See an einem Hang gelegenes Hotel, dessen billigste Zimmer nur über eine Gemeinschaftsbad und kaltes Wasser verfügen. Ein wenig angestaubt, was angesichts der erstklassigen Lage umso bedauerlicher ist. Die Betreiber bieten auch Trekkingtouren in die Umgebung an.

Restaurant
- **Ulundanu Beratan**, Jl. Denpasar-Singaraja, ☏ (0368) 2119112, 📠 (0368) 21189; 7-17 h. Innerhalb des Besichtigungskomplexes rund um den Pura Ulun Danu gelegen, mit schönem Blick auf den See. Empfehlenswert ist vor allem das Mittagsbüfett (11-15.30 h), auch wenn dann meist eine Reihe von Gruppen den Lärmpegel in die Höhe treibt.

Cape Gondol/Melanting (S. 653f)

Sehenswertes
- **Fisheries Research Project**, Hauptstraße, täglich 8-15.30 h, ☏ (0362) 92278, 📠 (0362) 92272.
- **Pura Agung Pulaki**, nahe Melanting, täglich 7-18 h, Spende erbeten; Parkgebühr Rp. 500.
- **Pura Dalem Melanting**, nahe Melanting, geöffnet rund um die Uhr; Spende erbeten.

Cekik (S. 660f) PLZ 82253

Informationen
- **National Park Headquarters**, Jl. Raya Gilimanuk, ☏ (0365) 61060, täglich (außer an Feiertagen) 7-17 h.

Sehenswertes
- **Pusat Penangkaran Jalak Bali** (Bali Starling Recovery Project), Tegal Bunder, täglich 7-17 h, Spende erbeten.

Cepaka

- **Villa Sungai**, Tabanan, ☏ (0410) 324535, 📠 (07) 38465144, E-mail: info@bali-villasungai.com, 🖥 www.bali-villasungai.com; 1 Villa; US$ 540; AC, BF, LS, SW, TV, ZS, ZT, 24. Diese mit drei Schlafzimmern ausgestattete Villa stellt Luxus in Reinkultur dar. Abseits des Trubels auf halbem Wege zwischen Mengwi und Tanah Lot gelegen, stehen den maximal sechs Gästen nicht nur ein hauseigener Küchenchef, sondern u. a. auch acht Stunden am Tage kostenlos ein achtsitziges Fahrzeug samt Chauffeur und Guide zur Verfügung. Die edel und mit allen Raffinessen ausgestattete Villa gewährt ein Höchstmaß an Privatsphäre, die sich auf den großzügigen Veranden und am 17-Meter-Pool bestens genießen lässt. Ein Hideaway par excellence!

Denpasar (S. 474ff)

Informationen
- **Bali Tourist Offices**, Kompleks Niti Mandala, Jl. Raya Puputan, Renon, Denpasar 80235, ☏ (0361) 225649 und (0361) 222387, 📠 (0361) 223475 und (0361) 226313, E-

mail: webmaster@balitourismauthority.net, 🖳 www.balitourismauthority.net, Mo-Do 7-13.30 h, Fr 7-11 h und Sa 7-12.30 h. Das beste staatliche Auskunftsbüro auf der ganzen Insel; hier erhält man u. a. recht ordentliche Karten, den ,*Calendar of Festivals and Events*' sowie Infos zur Benutzung von Balis Bemo-System.
- **Denpasar Tourism Information**, Jl. Surapati 7, ☎ (0361) 223602, Mo-Do 7.30-15.30 h und Fr 8-13 h. Hier erhält man Auskünfte und Infomaterial über Denpasar.

Sehenswertes
- **Bali Museum** (Nationalmuseum), Jl. Letkol Wisnu, ☎/🖨 (0361) 222680, So-Do 7.30-15.30 h und Fr 7.30-13 h (Feiertage geschlossen), Eintritt: Erwachsene Rp. 750, Kinder Rp. 250.
- **Pasar Asoha**, Jl. Kamboja, täglich 15-24 h.
- **Pasar Badung**, Jl. Gajah Mada, täglich 6-16 h.
- **Pasar Burung**, Jl. Veteran, täglich 8-18 h.
- **Pasar Kumbasari**, Jl. Gajah Mada, täglich 6-16 h.
- **Pura Agung Jagatnatha**, Jl. Letkol Wisnu, täglich 7-19 h, Spende erbeten.
- **Pura Maospahit**, Jl. Sutomo, keine festen Öffnungszeiten, Spende erbeten.
- **Satria Art Market**, Jl. Veteran/Jl. Nakula, täglich 4-16 h; kleiner Kunstmarkt.
- **Taman Budaya Art Centre**, Jl. Nusa Indah, ☎ (0361) 227176, täglich 8-16.30 h, Eintritt: Rp. 500.
- **Walter Spies-Gedenkhaus**, Jl. Nusa Indah, unregelmäßig geöffnet, Eintritt: Rp. 750.

Unterkunft
PREISWERT ($$)
- **Natour Bali**, Jl. Veteran 3, P.O. Box 3003, Denpasar 80111, ☎ (0361) 225681, 🖨 (0361) 235347; 71 Zimmer und Suiten; Rp. 290.000-480.000; AC, BF, KR (bis 250 Personen), MB, RE, SS, SW, TV, ZT. Als das Hotel 1927 eröffnet wurde, war es das erste Haus internationalen Standards, von dem heute bedauerlicherweise nicht mehr allzu viel übriggeblieben ist. Um sich einen Eindruck vom alten Glanz zu verschaffen, sollte man jedoch einmal einen Blick in den Speisesaal werfen.

SEHR PREISWERT ($)
- **Hotel Sakura**, Jl. Kumbakarna 5, Denpasar 80119 B, ☎ (0361) 414639, 🖨 (0361) 423918; 24 Zimmer, davon 6 Suiten; Rp. 60.000-150.000; AC (z.T), BF, MB, RE, TV (z.T.), ZT (z.T.). Eine der besseren Adressen in Balis Hauptstadt. Die beiden überdimensionalen Sumo-Ringer vor dem Eingang erinnern an die Geburt des Eigentümers während des Zweiten Weltkrieges in Japan.
- **Hotel Taman Suci**, Jl. Imam Bonjol 45, P.O. Box 3516, ☎ (0361) 485254-6, und (0361) 484445, 🖨 (0361) 484724, E-mail: tamansuci@tamansuci.com, 🖳 www.tamansuci.com; 45 Zimmer, davon 3 Suiten; Rp. 225.000-325.000; AC, BC, BF, FR, MB (z. T.), RE, SA, SS, TV, UD, ZT, 24. Momentan das beste Haus in Balis Hauptstadt. Die Zimmer sind ordentlich, das Personal freundlich.
- **Pemecutan Palace Hotel**, Puri Pemecutan, Jl. Thamrin 2, ☎ (0361) 423491; 30 Zimmer; Rp. 80.000. Nur wer einmal in einem ehemaligen Palast wohnen möchte, sollte sich hier einquartieren, denn die Zimmer sind sehr einfach und das Personal spricht praktisch nur Indonesisch.

Restaurants
- **Amsterdam Bakery & Restaurant**, Jl. Diponegoro 140, ☎ (0361) 235035, 🖨 (0361) 242518; 8-22 h. Vielleicht das beste Café in der Stadt, das sich bei den Einheimischen dank der ab 19 h gebotenen Live-Musik großer Beliebtheit erfreut.

Regionale Reisetipps von A-Z (Denpasar)

- **Depot Hawaii**, Pasar Kumbasari, 2/F, Jl. Gajah Mada, ☏ (0361) 435135; 7-18 h. Einfache, aber schmackhafte indonesische Küche, zu der man sich einen der leckeren Fruchtsäfte genehmigen sollte.
- **Hongkong**, Jl. Gajah Mada 99, Denpasar 80118, ☏ (0361) 434845, 📠 (0361) 435777; 10-24 h. Unmittelbar neben dem Kumbasari-Markt an der Hauptstraße gelegenes Restaurant, in dem die kulinarischen Genüsse Chinas auf den Tisch kommen.
- **Kak Man Restaurant**, Jl. Teuku Umar 135, ☏ (0361) 227188 und (0361) 238597; 10-3 h. Ein für Denpasar grüner und ruhiger Ort, dessen Speisepavillons ebenso dem balinesischen Stil verbunden sind wie die Küche, die zudem Chinesisches und Seafood serviert.
- **Rumah Makan Prambanan**, Jl. Hayam Wuruk 30XX, P.O. Box 2004, Denpasar 80361, ☏ (0361) 239214 und (0361) 221909, 📠 (0361) 751687; 8-22 h. Ein für die Hauptstadt relativ großes, zweistöckiges Restaurant in Holzbauweise, in dem Indonesisches auf der Speisekarte steht.

- **Yokozuna**, Jl. Teuku Umar 172, Denpasar 80118, ☎ (0361) 242940, 🖷 (0361) 289934; 10-24 h. Wohl der beste Japaner in Balis Hauptstadt, mit sehr guter Sushi-Bar.

Einkaufen
LOKALE SPEZIALITÄTEN: Antiquitäten, Batik, Kunsthandwerk, Textilien

HAUPTEINKAUFSSTRAßEN:
- Jl. Gajah Mada – Textilien, Kassetten, Medizin, Haushalts- und Schreibwaren, Elektronik, Schuhe, Souvenirs
- Jl. M.H. Thamrin – Textilien, Schneider, Lederwaren, Souvenirs
- Jl. Sulawesi – Textilien
- Jl. Diponegoro – Kleidung, Bücher
- Jl. Veteran
- Jl. Kartini

MÄRKTE: siehe ‚Sehenswertes'.

EINKAUFSZENTREN, KAUFHÄUSER UND SUPERMÄRKTE:
- **Diponegoro Mega Complex**; Jl. Diponegoro
- **Matahari Department Store**; Jl. P.B. Sudirman
- **New Dewata Ayu Supermarket**; Jl. P.B. Sudirman
- **Suci Sari Jaya Shopping Centre**; Jl. Diponegoro
- **Tiara Dewata Supermarket & Department Store**; Jl. P.B. Sudirman
- **Tragia**, Jl. Diponegoro 98

SPEZIALGESCHÄFTE:
- **Batik Popiler**, Jl. Gajah Mada 117, Denpasar, ☎ (0361) 422498. Große Auswahl schöner Batikstoffe.
- **Mega Art**, Jl. Gajah Mada 36, Denpasar. Große Auswahl jeglicher Art kunsthandwerklicher Erzeugnisse.
- **Tati Photo Color Service Centre**, Jl. Sumatra 10-14, ☎ (0361) 226912. Repariert notfalls auch Ihre defekte Kamera.
- **Toko Pelangi**, Jl. Gajah Mada 54, Denpasar. Neben hochwertigen Ikat-Stoffen werden auch Garuda-Figuren verkauft.

Hotels
1. Hotel Sakura
2. Hotel Taman Suci
3. Natour Bali
4. Pemecutan Palace Hotel

Restaurants
1. Depot Hawaii
2. Hongkong
3. Kak Man Restaurant
4. Rumah Makan Prambanan
5. Yokozuna

Geschäfte
1. Batik Popiler
2. Diponegoro Mega Complex
3. Matahari Department Store
4. Mega Art
5. New Dewata Ayu Supermarkt
6. Suci Sari Jaya Shopping Centre
7. Tati Photo Color Service Centre
8. Tiara Dewata Supermarkt & Department Store
9. Toko Pelangi
10. Tragia

Jalan Gajah Mada – Denpasars Hauptgeschäftsstraße.

Banken

- Bank Dagang Bali, Jl. Gajah Mada 2, ☏ (0361) 263736.
- Bank Danamon, Jl. Hayam Wuruk 130, ☏ (0361) 224312, 🖷 (0361) 224 307.
- Bank Mandiri, Jl. Gajah Mada 3, ☏ (0361) 234647, 🖷 (0361) 234646; Jl. Udayana 11, ☏ (0361) 223511, 🖷 (0361) 231277.
- Bank Negara Indonesia, Jl. Gajah Mada 30, ☏ (0361) 227 321.
- Bank Rakyat Indonesia, Jl. Gajah Mada 5-7, ☏ (0361) 228817.

Polizei

- Jl. Achmad Yani, ☏ (0361) 225456
- Traffic Police Department, Jl. Supratman 17, ☏ (0361) 227711, Mo-Fr 7-13 h.

Post / Paketdienst

- Hauptpostamt (**Kantor Pos Besar**) (*), Kompleks Niti Mandala, Jl. Raya Puputan, Renon, Denpasar 80235, ☏ (0361) 223566, täglich 8-20 h.
- Kereneng Post Office, Jl. Kamboja, ☏ (0361) 222004.
- Sanglah Post Office, Jl. Diponegoro, ☏ (0361) 227727.
- United Parcel Service, Jl. Imam Bonjol 336K, Denpasar 80119, ☏ (0361) 481370, 🖷 (0361) 485433, 💻 www.ups.com.

Apotheken

- Bali Farma PT Apotik; Jl. Melati 9, ☏ (0361) 233858; Jl. Gajah Mada 103, ☏ (0361) 435152.
- Jaya Abadi Drug Store, Jl. Gajah Mada 71-73, ☏ (0361) 263024.
- Kimia Farma PT Persero, Jl. Diponegoro 123-125, ☏ (0361) 227811. Rund um die Uhr geöffnet.
- Kosala Farma Apotik, Jl. Kartini 136, ☏ (0361) 222301.
- Kresna Farma Apotik, Jl. M.H. Thamrin, ☏ (0361) 422133.
- Santosa Toko, Jl. Gajah Mada 67, ☏ (0361) 222812. Traditionelle chinesische Apotheke.

Ärzte

- Dr. Hamid Abdul, Jl. Diponegoro 126, ☏ (0361) 227605, Kinderarzt.
- Dr. Indra Guizot, Jl. Patimura 19, ☏ (0361) 222445, Zahnarzt.
- Dr. Alex Hostiadi, Jl. Patimura 57, ☏ (0361) 231215, Gynäkologe, spricht Deutsch.
- Dr. Jalantik A.A., Jl. Hayam Wuruk 190, ☏ (0361) 238717, Allgemeinarzt.
- Dr. Ruditha Made, Jl. M.H. Thamrin 7, ☏ (0361) 424310, Zahnarzt.
- Dr. Wita Wayan, Jl. Teuku Umar 125, ☏ (0361) 226526, Kardiologe.
- Dr. Masna Wirya, Jl. Diponegoro 115A, ☏ (0361) 224030, HNO.

Krankenhäuser

- Rumah Sakit Kasih Ibu (Frauenklinik), Jl. Teuku Umar 120, ☏ (0361) 223036.
- Rumah Sakit Umum Manuaba, Jl. H.O.S. Cokroaminoto 28, ☏ (0361) 426393, 🖷 (0361) 262915.
- Rumah Sakit Umum Surya Husadha, Jl. Pulau Serangan 1-3, ☏ (0361) 233787.

Einwanderungsbehörde

- Kantor Imigrasi, Jl. D.I. Panjaitan 4, Kompleks Niti Mandala, Renon, Denpasar Denpasar 80235, ☏ (0361) 238168, 🖷 (0361) 244340, Mo-Do 7.30-15.30 h und Fr 7.30-13 h.

Tanzvorführungen

- **Barong & Kris Dance:** *Catur Eka Budhi, Jl. Waribang, Kesiman, täglich 9.30 h*
  Sari Risata Budaya, Jl. By Pass Ngurah Rai, täglich 9.30 h
  Taman Budaya Art Centre, Jl. Nusa Indah, täglich 9.30 h
- **Kecak:** *Ayodya Pura Stage, Tanjung Bungkak, täglich 19 h*
  Stage Uma Dewi, Jl. Waribang, Kesiman, täglich 18.30 h
  Taman Budaya Art Centre, Jl. Nusa Indah, täglich 18.30 h
- **Legong:** *Puri Satria Open Stage, Puri Agung Satria, Mo 20 h*
- **Ramayana:** *Ayodya Pura Stage, Tanjung Bungkak, Sa und So 20 h*
  Puri Satria Open Stage, Puri Agung Satria, jeden Vollmond 20 h
- **Wayang Kulit:** *Puri Pemecutan, mehrmals wöchentlich (da die Zeiten unregelmäßig sind, sollten Sie sich im Voraus danach erkundigen.)*

Workshop

- **Language and Culture Centre** *(LCC), Jl. Nusa Indah 77,* ☎ *(0361) 226745 und 0818-569488. Hier kann man balinesisches und javanisches Gamelan sowie diverse balinesische Tänze erlernen.*

Mietwagen

- **Indorent**, *Jl. Imam Bonjol 417,* ☎ *(0361) 484476,* 📠 *(0361) 484007, E-mail: indorent@cbn.net.id oder indorent@indorent.co.id,* 🖥 *www.indorent.co.id/bali.htm.*

Fernbusunternehmen

- **Artha Mas PT**, *Jl. Diponegoro 23,* ☎ *(0361) 235008.*
- **Java Indah Express PO**, *Jl. Diponegoro 14,* ☎ *(0361) 227329 und (0361) 231760.*
- **Lorena**, *Jl. Diponegoro 100,* ☎ *(0361) 235010.*

Reisebüros

- **Bali Adventure Tours**, *Adventure House, Jl. By Pass Ngurah Rai, Pesanggaran,* ☎ *(0361) 721480,* 📠 *(0361) 721481, E-mail: info@baliadventuretours.com,* 🖥 *www.baliadventuretours.com.*
- **Bali Griyasari Tours & Travel**, *Jl. Gatot Subroto Timur 49, Denpasar 80237,* ☎ *(0361) 461910,* 📠 *(0361) 461131, E-mail: grsari@indosat.net.id,* 🖥 *www.balix.com/search/travel/main.html.*
- **Bali World Travel**, *Jl. Kertha Petasikan II/17, Denpasar 80224,* ☎ *(0361) 722920,* 📠 *(0361) 723334, E-mail: bwtdmc@denpasar.wasantara.net.id.*
- **Jan's Tour & Travel Service Ltd**, *Jl. Nusa Indah 11, P.O. Box 3026,* ☎ *(0361) 234930,* 📠 *(0361) 231009, E-mail: janstours@janstours.com,* 🖥 *www.janstours.com.*
- **Lumbung Bali Tours**, *Jl. Tukad Petanu, Gang Murai 3, Sidakarya, Denpasar 80224,* ☎ *(0361) 728362,* 📠 *(0361) 723845, E-mail: info@planetbali.net.*

Gianyar (S. 564f)

Informationen

- **Tourism Office of Gianyar**, *Jl. Ngurah Rai 21,* ☎ *(0361) 943401 und (0361) 947 656, Mo-Sa 8-17 h.*

Sehenswertes
- **Pasar**, Jl. Astina Timur, täglich 6-17 h.
- **Puri Agung Gianyar**, Jl. Kalantaka; nur von außen zu besichtigen.

Einkaufen
LOKALE SPEZIALITÄTEN: Ikat, Textilien, Wayang-Puppen

SPEZIALGESCHÄFT:
- **Cap Togog**, Jl. Astina Utara 11, ☏ (0361) 943046 und (0361) 943443, 📠 (0361) 943442, 8-17 h. Hier kauft man Ikat direkt ab der Fabrik, besonders Endek.

Polizei
Jl. Ngurah Rai, ☏ (0361) 943110

Krankenhaus
- **Rumah Sakit Umum**, Jl. Ciung Wanara 2, ☏ (0361) 943049.

Gilimanuk (S. 661f)

Unterkunft
- **Hotel Sampurna ($)**, Jl. Raya Gilimanuk; 10 Zimmer; Rp. 50.000-70.000; AC (z.T.), BF. Die Zimmer sind sehr einfach ausgestattet und nur für den Fall zu empfehlen, dass Sie aus irgendwelchen Gründen hier hängen bleiben.

Fähren (nach Java)
Siehe ‚Allgemeine Reisetipps' von A-Z – ‚Anreise' und ‚Ausreise'.

Gitgit (S. 640)

Sehenswertes
- **Gitgit Air Terjun**, täglich 7-18 h (offiziell, praktisch jedoch rund um die Uhr), Eintritt: Erwachsene Rp. 3.000, Kinder Rp. 1.500 (auf halbem Wege zu bezahlen); Parkgebühr Rp. 1.000.

Restaurant
- **Gitgit Hotel & Restaurant**, Gitgit Waterfall Area, ☏ (0362) 26212, 📠 (0362) 41840; 9-17 h. Am Parkplatz für den Wasserfall gelegenes Lokal, von dem aus man bei schönem Wetter bis hinunter zur Küste blicken kann. Recht ordentliches Mittagsbüfett.

Goa Lawah (S. 583f)

Sehenswertes
- **Tempel und Höhle** sind täglich von 8-18 h zu besichtigen; Eintritt: Erwachsene Rp. 2.000, Kinder Rp. 1.000; Parkgebühr Rp. 400.

Iseh (S. 612)

Unterkunft
- **Pondok Wisata Patal Kikian** *($$)*, *Sidemen, Karangasem*, ☎ *(0366) 23005*, 🖷 *(0363) 23007; 4 Zimmer; US$ 49.50-60.50; BF, SP. Die geräumigen Zimmer sind in zwei Bungalows untergebracht, die fern jeglicher anderer Bebauung auf einer Anhöhe in einer weitläufigen Gartenanlage liegen und von denen aus man einen phantastischen Blick auf den Gunung Agung und die umliegenden Reisfelder hat. Ein heißer Tipp für all diejenigen, die bei ihren Streifzügen möglichst wenigen Touristen begegnen wollen.*

Jasan (S. 546f)

Unterkunft
- **Bagus Jati** *($$$$$$)*, *Banjar Jati, Desa Sebatu, Kecamatan Tegallalang, P.O. Box 4, Ubud 80572*, ☎ *(0361) 978885*, 🖷 *(0361) 974666; 8 Villen; US$ 350; MB, RE, SB, SP, SW, ZS, ZT, 24. Weit weg von allem liegen die runden, großzügig bemessenen, edel ausgestatteten Villen inmitten eines fünf Hektar großen Geländes, von dem aus man einen phantastischen, völlig unverbauten Blick auf den gegenüberliegenden Dschungel hat. In der Natur und mit der Natur, so das Motto. Wer hierher kommt, will Ruhe, nichts als Ruhe – und die bekommt er zur Genüge. Ein echtes Hideaway; E-mail: info@bagusjati.com, 🖳 www.bagusjati.com*

Jatiluwih (S. 684)

Restaurants
- **Café Jatiluwih**, *Penebel, Tabanan*, ☎ *(0361) 815245; 8-16 h. Die Auswahl ist zwar nicht allzu groß, doch dafür der Ausblick über die umliegenden Reisterrassen, die zu den schönsten Balis zählen, umso phantastischer.*
- **Giri Paddy Restaurant**, *Soka, Penebel, Tabanan*, ☎/🖷 *(0361) 812919, E-mail: balinature@denpasar.wasantara.net.id*, 🖳 *www.bali.wasantara.net.id/~nature/index.htm; 8.30-17 h. Recht ordentliche balinesische Küche, und dazu ein phantastischer Blick auf die umliegenden Reisterrassen.*

Jimbaran (S. 499f)

Sehenswertes
- **Fischmarkt**, *Jl. Pantai Sari, täglich 6-10 h.*
- **Pura Ulun Siwi**, *Jl. Uluwatu, täglich 7-19 h.*

Unterkunft
SEHR TEUER ($$$$$$)
- **Bali Inter-Continental Resort on Jimbaran Beach***, *Jl. Uluwatu 45, Jimbaran 80361*, ☎ *(0361) 701888*, 🖷 *(0361) 701777, E-mail: bali@interconti.com*, 🖳 *www.bali.intercontinental.com; 351 Zimmer und 74 Suiten; US$ 215-2.000; AC, BC, EF, FC, FR, HA, KR (bis 510 Personen), KV, LS, MB, NR, RE, SA, SB, SN, SP, SW, TP, TV, UD, ZS, ZT, 24. Eine riesige Anlage mit jeglichem Komfort, einem schier unüberschaubaren Freizeitangebot und einer Gartenanlage, deren Wasserspiele an die*

alten Wasserpaläste Balis erinnern, und all dies an einem traumhaft schönen Strand. Hier logierte schon Ex-Bundespräsident Rau.
- **Four Seasons Resort Bali at Jimbaran***, Jimbaran 80361, ☎ (0361) 701010, 📠 (0361) 701020, E-mail: fsrb@fourseasons.com, 💻 www.fourseasons.com/jimbaranbay/index.html; 147 Villen; US$ 575-2.600; AC, BC, FC, FR, HA, LS, MB, RE, SA, SN, SP, SW, TP, TV, ZS, ZT, 24. Vielfach ausgezeichnetes, spektakulär über den Klippen von Jimbaran gelegenes Luxusresort, in dem jede der 200 m² großen Villa neben vielen anderen Extras über einen eigenen Plunge Pool und ein Höchstmaß an Privatsphäre verfügt. Hier stimmt alles auf den Punkt. Zumindest ein Abendessen sollten Sie sich hier einmal gönnen.
- **Jamahal Private Resort & Spa**, Jl. Uluwatu, Gang Batu Putih 1, Jimbaran 80364, ☎ (0361) 704394, 📠 (0361) 704597, E-mail: info@jamahal.net, 💻 www.creativemedia.li/jamahal; 9 Villen; US$ 245-345; AC, BF, LS, MB, NR, SB, SP, SS, SW, TV, ZS, ZT, 24. Exquisite kleine Anlage mit einem Höchstmaß an Privatsphäre und einigen Villen mit Privatpool. Die Zimmerausstattung ist edel, der Service untadelig.
- **Villa Hanani**, Jl. Yoga Perkanti 1, ☎ (0361) 702011 und (0361) 702012, 📠 (0361) 702013, E-mail: hanani@indosat.net.id, 💻 www.villahanani.co.id; US$ 1.400-1.500; AC, BF, LS, MB, SP, SW, TV, ZS, ZT, 24. Die strandnahen Villen mit Privatzugang stehen jeweils auf 2.000 oder 3.000 m² großen Grundstücken, in deren tropischem Grün sich neben Pool und Jacuzzi auch jeweils ein Lotusteich und ein Bale verstecken. Die drei Schlafräume für maximal sechs Personen verteilen sich auf zwei Gebäude. Da die einzelnen Villen zusätzlich über einen extra Wohnbereich für Personal verfügen, von dem man sich verwöhnen lassen kann, muss der Erholungsuchende sein temporäres Zuhause im Grunde genommen gar nicht verlassen.

TEUER ($$$$$)
- **Pansea Puri Bali Hotel**, Jl. Uluwatu, Jimbaran 80364, ☎ (0361) 701605, 📠 (0361) 701320, E-mail: bali@pansea.com, 💻 www.pansea.com; 41 Cottages; US$ 190-290; AC, BC, HA, MB, RE, SA, SW, TV, ZS, ZT, 24. Stilvolles Dekor und die Lage unmittelbar am Strand sind nur zwei Pluspunkte dieser feinen Anlage, von deren Restaurant aus man den Sonnenuntergang genießen kann. Der diskrete Service tut ein Übriges, um den Aufenthalt so angenehm wie möglich zu machen.

MODERAT ($$$$)
- **Keraton Bali**, Jl. Mrajapati, P.O. Box 2023, ☎ (0361) 701961, 📠 (0361) 701991, E-mail: german@denpasar.wasantara.net.id, 💻 www.asia123.com/keraton/home.htm; 99 Zimmer und Suiten; US$ 145-550; AC, BF, KR (bis 100 Personen), KV, MB, RE, SA, SW, TP, TV, ZT, 24. Die Villen sind einstöckig, die restlichen Gebäude, die dank der traditionellen Bauweise und des üppigen Grüns nicht zu erdrückend wirken, zweistöckig. Die unmittelbar am Strand gelegene Anlage ist stark von Deutschen frequentiert.
- **Puri Kosala Cottages**, Jl. Yoga Perkanti 2, Jimbaran 803 63, ☎ (0361) 701 673 und (0361) 702 575, 📠 (0361) 702 576, E-mail: purikosala@eksadata.com, 💻 www.purikosala.com; 6 Villen; US$ 140-200; AC, MB, SB, SW, TV, ZT. Kleines, ruhi-

The Ritz Carlton Bali

ges, sehr gepflegtes Anwesen, dessen Villen im alten Stil ohne Schnickschnack geschmackvoll eingerichtet sind. Bis zum Strand und den dortigen Restaurants sind es nur hundert Meter.
- **The Ritz Carlton, Bali Resort & Spa***, Jl. Karang Mas Sejahtera, Jimbaran 80364, ☎ (0361) 702222, 📠 (0361) 701555, E-mail: titzbc@indosat.net.id, 💻 www.ritzcarlton.com; 290 Zimmer und Suiten sowie 48 Villen; US$ 148-1.200; AC, BC, EF, FC, FR, HA, KR, KV, LS, MB, RE, SA, SB, SN, SP, SW, TP, TV, UD, ZS, ZT, 24. Das zu den **Leading Hotels of the World** zählende Luxusresort, dessen Villen jeweils über einen eigenen kleinen Pool verfügen, lässt keinen Wunsch unerfüllt und hält ein breitgefächertes Angebot für Sportenthusiasten und den Nachwuchs bereit, u. a. einen eigenen 18-Loch-Golf-Putting-Kurs (Länge 600 m).
- **Villa Balquisse***, Jl. Uluwatu 18X, ☎/📠 (0361) 701695, E-mail: info@balquisse.com, 💻 www.balquisse.com; 8 Zimmer und 5 Villen; US$ 120-1.560; AC, BC, BF, MB, RE, SP, SW, TV (in den Villen), ZS, ZT. Wer Wert auf ein Höchstmaß an Privatsphäre legt, kann auch eine der fünf Villen (3-9 Schlafzimmer), deren Zimmer ganz individuell mit altem Mobiliar eingerichtet sind, für sich allein anmieten. Dank des heimeligen Ambientes und des sehr persönlichen und diskreten Service fühlt man sich eher wie im Hause eines guten Freundes denn in einem Hotel.

NOCH PREISWERT ($$$)
- **Mimpi Resort Jimbaran**, Kawasan Bukit Permai, Jimbaran 80364, ☎ (0361) 701070, 📠 (0361) 701074, E-mail: info@mimpiresorts.com, 💻 www.mimpiresorts.com; 14 Zimmer, 6 Apartments (mit 1-3 Schlafzimmern) und 1 Villa; US Prozent 95-295; AC, MB, RE, SB, SW, TP, TV, ZT. Fast alle Zimmer verfügen über eine eigene, voll eingerichtete Küche und sind daher bestens für länger Bleibende und Familien geeignet. Ruhig gelegen, mit hübschem Garten.

Restaurants & Bars
- **Jimbaran Gardens Restaurant**, Bali Inter-Continental Resort on Jimbaran Beach (s. o.), 11-23 h; **$**. Vergessen Sie vor oder nach dem Essen nicht, sich die riesige Pool- und Wasserlandschaft des Hotels anzuschauen.
- **Padi Prada Lounge**, Bali Inter-Continental Resort on Jimbaran Beach (s. o.), 17-24 h. Gediegene Atmosphäre für die etwas älteren Semester bei Live-Pianomusik.
- **PJ's**, Four Seasons Resort Bali at Jimbaran (s. o.), 11-22 h; **$**. Feinstes Seafood, erlesene Weine, atemberaubendes Ambiente und spektakuläre Aussicht – da zahlt man gerne ein wenig mehr.
- **Terrace Bar and Lounge**, Four Seasons Resort Bali at Jimbaran (s. o.), 12-24 h. Live-Musik am Mi und Fr, dazu Live-Jazz am Sonntagabend, und dies alles in gepflegter Atmosphäre und mit großartigem Blick auf die Bay; gediegenes Publikum.
- **Warung Mie**, Four Seasons Resort Bali at Jimbaran (s. o.), 17.30-21.30 h; **$**. Den Blick aufs Meer vermisst man nicht einmal, dafür bieten das im Kolonialstil gehaltene Interieur des Restaurants und die reizvolle Gartenanlage viel zu viele optische Ablenkungen, so dass man aufpassen muss, dass man den superben Kochkünsten, die feinste asiatische Küche auf den Tisch bringen, nicht zu wenig Aufmerksamkeit schenkt.

Einkaufen
SPEZIALGESCHÄFTE:
- **Margi – House of Fine-Art**, Jl. Petanahansari 2A, ☎/📠 (0361) 704492, E-mail: margi_fineart@yahoo.com, 💻 www.geocities.com/margi_fineart. Werke des Künstlers **I Nyoman Sukadana** werden hier zum Verkauf angeboten.
- **Shahinaz**, Jl. Uluwatu 18X, Jimbaran 80361, ☎/📠 (0361) 701285; Im Angebot ist Feines für die Verschönerung der eigenen vier Wände; E-mail: shahinaz@equinoxtrading.com

Regionale Reisetipps von A-Z (Jimbaran, Kapal, Kayuputih, Kedisan)

Paketdienst
- **TNT Skypak International PT**, Kompleks Citra Bali 5-6, Jl. By Pass Ngurah Rai, Jimbaran 80362, ☎ (0361) 703520, 🖥 www.tnt.com/id.

Mietwagen
- **Avis Rent a Car**, Jl. Raya Uluwatu 8A, ☎ (0361) 701 770, E-mail bali.avis@denpasar.wasantara.net.id, 🖥 www.avis.com.
- **Golden Bird Bali**, Jl. By Pass Ngurah Rai 4, ☎ (0361) 701111, (0361) 701621 und (0361) 701791, 📠 (0361) 701628, 🖥 www.bluebirdgroup.com. Vermietet auch Fahrzeuge mit Chauffeur.

Kapal (S. 691ff)

Sehenswertes
- **Pura Sada Kapal**, Banjar Pemebetan, geöffnet tagsüber, Spende erbeten.

Einkaufen
LOKALE SPEZIALITÄT: Keramik

Kayuputih (S. 639)

Unterkunft & Restaurant
- **Damai Lovina Villas*** (**$$$$**), Jl. Damai, P.O. Box 272, Singaraja, ☎ (0362) 41008, 📠 (0362) 41009, 🖥 www.damai.com [oder: BAWA Tours & Travel GmbH, Königsgraben 7, 87700 Memmingen, ☎ (08331) 764 249, 📠 (08331) 764 248, E-mail: bawa@bawa.de, 🖥 www.bawa.de; 8 Bungalows; US$ 172-190; AC, MB, RE, SB, SP, SW, TV, ZT, 24. Fernab in den Bergen gelegenes Luxusdomizil mit phantastischem Blick bis hinunter zur Küste. Wer nicht hier logiert, sollte zumindest einmal hier im **The Restaurant** (geöffnet 7-23 h; **$**) dinieren. Zum kulinarischen Erlebnis trägt auch der rundum perfekte Service bei. Der Slogan des Hauses ist wahrlich nicht übertrieben: ‚Schwer zu finden, schwer zu verlassen.' Und Verliebte können sich auch eine balinesische Hochzeitszeremonie ausrichten lassen. Unbestritten die Nummer Eins in der Region.

Damai Lovina Villas

Kedisan (S. 622) PLZ 80652

Unterkunft
SEHR PREISWERT (**$**)
- **Hotel Segara**, ☎ (0366) 51136, 📠 (0366) 51212; 38 Zimmer; Rp. 50.000-125.000; BF, RE, TV (z.T.). Die Bungalowzimmer, deren günstigste nur über kaltes Wasser verfügen, liegen unweit des

Sees an der Uferstraße und sind ein guter Ausgangspunkt für die Besteigung des Gunung Batur. Der Hotelbesitzer selbst fungiert auch als Trekkingguide.
- **Hotel Surya**, P.O. Box 1006, ☎/🖷 (0366) 51378; 28 Zimmer; Rp. 40.000-100.000; BF, RE, SB. Zwei Fußminuten vom See entfernt gelegen, mit zum Teil sehr einfachen Zimmern ohne heißes Wasser.

Keliki (S. 542)

Unterkunft
- **Alam Sari ($$$)**, P.O. Box 03, Tegallalang, Gianyar 80561, ☎ (0361) 240308, E-mail: alamsari@indo.net.id, 🖳 www.alamsari.com; 8 Zimmer, 2 Suiten sowie eine Villa; US$ 106-400; AC, MB, RE, SP, SW, TV (in der Villa), ZT. Der neuseeländische Eigentümer und seine Familie legen viel Wert auf Naturnähe, so dass alle verbauten und verwendeten Produkte möglichst umweltschonend gewonnen und notfalls durch Neuanpflanzungen ersetzt werden. In enger Zusammenarbeit mit den Anwohnern des nächstgelegenen Ortes, aus dem auch das Personal stammt, wird ein umfangreiches Touren- und Kulturprogramm zusammengestellt, das den Gast tief in das Wesen und den Alltag der Balinesen einführt. Sehr empfehlenswert.

Kemenuh (S. 523)

Unterkunft
- **Sua Bali ($$)**, Banjar Madahan, Sukawati, p.O. Box 155, Gianyar 80500, ☎ (0361) 941050, 🖷 (0361) 941035, E-mail suabali@indosat.net.id; 5 Villen; US$ 54-88; BF. Inmitten üppigen Grüns gelegenes Anwesen mit traditionellen Bale, dessen deutschsprechende Besitzerin ganz auf sanften Tourismus setzt, wobei den Gästen Gelegenheit gegeben wird, Land und Leute, Sprache und Kultur im Rahmen der angebotenen Workshops und Exkursionen kennen zu lernen.

Einkaufen
LOKALE SPEZIALITÄT: Holzschnitzereien (u. a. große Garuda-Figuren)

Kerambitan (S. 674ff) PLZ 82161

Sehenswertes
- **Puri Anyar Kerambitan** (s. u.), geöffnet tagsüber, Eintritt frei.

Unterkunft & Restaurant
- **Puri Anyar Kerambitan ($$)**, Jl. Surapati 7, ☎ (0361) 812668, 🖷 (0361) 810885; 7 Zimmer; US$ 40; BF, RE. Sie möchten einmal in einem ehemaligen Palast wohnen – bitte, hier haben Sie die Chance. Bemerkenswert sind vor allem die alten Schmuckelemente an den Gebäuden und in den Höfen: Die Zimmer selbst sind nicht gerade auf dem neuesten Stand, doch dies interessiert kaum, denn hier geht es einzig und allein um Einblicke in das Leben der Einheimischen, und davon gibt es reichlich. Auf Bestellung hin wird einem in diesem ehemaligen Palast zwischen 10-13 h ein wahrhaft fürstliches Mal kredenzt, samt Begleitmusik und Tanzvorführung. Des Preises wegen sollten Sie sich dieses Erlebnis zusammen mit ein paar Freunden oder Bekannten gönnen. (Gebucht werden kann das Arrangement auch über fast alle lokalen Reisebüros.)

Einkaufen
LOKALE SPEZIALITÄT: *Malerei*

 Tanzvorführungen
- **Leko & Jangger**: *Puri Anyar, auf Anfrage*
- **Tektekan**: *Puri Anyar, auf Anfrage*
  Puri Gede, auf Anfrage

Kerobokan (S. 496) PLZ 80361

 Unterkunft
MODERAT ($$$$)
- **Balisani Suites Hotel**, *Pantai Batubelig, P.O. Box 3191, Denpasar,* ☎ *(0361) 730550,* 📠 *(0361) 730141, E-mail: balisani@dps.mega.net.id,* 🖥 *www.bali-sani.com/sanisuite_index.htm; 71 Zimmer und 29 Suiten; US$ 125-500; AC, BC, BF, HA, KR (bis 60 Personen), KV, MB, LS, MB, NR, RE, SA, SB, SN, SW, TV, ZT, 24. Abseits des Rummels gelegenes Hotel mit großen Zimmern, wobei die Senior Suiten jeweils über einen eigenen kleinen Pool verfügen.*

- **Hotel Vila Lumbung***, *Jl. Raya Petitenget 1000X, Petitenget,* ☎ *(0361) 730204,* 📠 *(0361) 731106, E-mail: info@hotellumbung.com,* 🖥 *www.hotellumbung.com; 28 Zimmer und 2 Villen; US$ 125-335; AC, HA, MB, RE, SA, SW, TV, ZS, ZT. Mit viel Liebe zum Detail eingerichtete, in reisspeicherartigen Gebäuden untergebrachte Zimmer und öffentliche Räume, und auch die überaus gepflegte Gartenanlage mit ihrem hübschen Pool vermittelt einem mehr das Gefühl im eigenen Heim zu weilen denn in einem Hotel.*

NOCH PREISWERT ($$$)
- **Intan Bali Village**, *Jl. Petitenget, P.O. Box 3493, Denpasar 80034,* ☎ *(0361) 730777,* 📠 *(0361) 730778, E-mail: intansalesbali@intanhotels.com,* 🖥 *www.intanhotels.com/bali/intan-bali-village/home; 311 Zimmer und 9 Suiten; US$ 90-760; AC, BC, FC, FR, HA, KR (bis 250 Personen), MB, RE, SA, SB, SN, SP, SW, TP, TV, ZT, 24. Weitläufige Anlage unmittelbar am Strand, deren Standardzimmer in mehrgeschossigen Gebäuden untergebracht sind, die 84 Bungalowzimmer hingegen in eingeschossigen.*
- **Puri Ratih Bali**, *Jl. Puri Ratih, Petitenget, P.O. Box 1114, Tuban 80361,* ☎ *(0361) 730446 und (0361) 7305478,* 📠 *(0361) 730549, E-mail: info@puri-ratih.com,* 🖥 *www.puri-ratih.com; 12 Zimmer, 4 Suiten und 4 Villen; US$ 80-320; AC, FC, LS, MB, RE, SA, SN, SW, TP, TV, ZS (z.T.), ZT, 24. Die Suiten und Villen der direkt am Meer gelegenen Anlage besitzen jeweils eine eigene Küche und sind, wie alle anderen Zimmer auch, großzügig bemessen, wobei vor allem die großen Terrassen ins Auge fallen.*

 Restaurants
- **Kafe Warisan**, *Jl. Raya Kerobokan 38,* ☎/📠 *(0361) 731175; täglich 12-16 h und 17-23 h. Feine französische Mittelmeerküche in stilvollem Ambiente, dazu ein edler Tropfen aus der gut bestückten Bar oder eine feine Zigarre, so lässt es sich in einem der feinsten Restaurants der Insel, das über eine erlesene Auswahl an Antiquitäten verfügt, behaglich dinieren; E-mail: info@kafewarisan.com,* 🖥 *www.kafewarisan.com*
- **Restaurant Vila Lumbung**, *Hotel Vila Lumbung (s. o.), 7-23 h. Sprechen Sie doch am besten Ihr Menü für das Candlelight Dinner im voraus mit dem Küchenchef ab und lassen Sie sich den Tisch auf der kleinen Insel im Pool reservieren – romantischer geht es kaum.*

- **The Living Room**, Jl. Petitenget 2000X, ☏ (0361) 735 735, 📠 (0361) 736 736, E-mail: thelivingroom@thelivingroominbali.com; 18.30-21 h. Eigentümer **Daniel Vannequé** ist ein Meister seines Faches und versteht es auf das allerbeste, seiner asiatischen Küche mit französischem Touch immer neue Glanzlichter aufzusetzen. Doch nicht nur kulinarisch zählt das Restaurant zu den besten Balis, hier stimmen auch Ambiente und die umfassende Getränkeliste auf den Punkt. Da zahlt man gerne einmal etwas mehr.

Einkaufen
LOKALE SPEZIALITÄT: *Möbel*

SPEZIALGESCHÄFTE:
- **Cahaya Silver**, Jl. Petitenget 1001X, ☏ (0361) 730418, 📠 (0361) 739060, E-mail: cahaya-s@indo.net.id, 🖥 www.cahayasilver.com. Riesige Auswahl, auch ausgefallene Stücke; man fertigt auch nach Ihrem Wunsch.
- **Tarita Furniture**, Jl. Padang Luwih 100X, ☏ (0361) 411773 und (0361) 411 802, 📠 (0361) 426 344; Jl. Raya Kerobokan 83A, ☏ 081-835 8224; Hier können Sie Möbel auch nach Ihren eigenen Wünschen anfertigen lassen; E-mail: info@tarita-bali.com, 🖥 www.tarita-bali.com

Tipp für Familien mit Kindern

- **Bali by Horseback**, Umalas Stable, Jl. Lestari 9X, Banjar Umalas, ☏ (0361) 731402, 📠 (0361) 731403, E-mail: umalas@experiencebali.com, 🖥 www.bali-tours.com/tour/horse.html. Pferdeliebhaber können täglich zwischen folgenden Optionen wählen: 1) zweistündiger Strandritt, 8-10 h, alleine US$ 55, ab zwei Personen je US$ 45; 2) einstündiger Ritt durch die Reisfelder bei Kerobokan, 10.30-11.30 h, alleine US$ 30, ab zwei Personen je US$ 25; 3) dreistündiger Strandritt, 15.30-18.30 h; alleine US$ 70, ab zwei Personen je US$ 60. Außerdem kann man sich noch für US$ 22-30 im Satteln und Pflegen unterrichten lassen und Übungsstunden nehmen.

Kintamani (S. 618ff) PLZ 80652

Informationen & Reisebüro
- **Perama Tourist Service**, Gunung Sari Restaurant.

Sehenswertes
- **Pura Ulun Danu**, geöffnet rund um die Uhr; Spende erbeten.

Kubutambahan (S. 631f)

Sehenswertes
- **Pura Meduwe Karang**, täglich 9-17 h, Spende erbeten.

Kukuh (S. 687)

Sehenswertes
- **Pura Alas Kedaton**, täglich 9-18 h, Eintritt: Erwachsene Rp. 3.300, Kinder Rp. 1.800.

K Kuta (S. 494ff) PLZ 80361

Informationen
- Bali Government Tourist Information Centre, Century Plaza, Jl. Benasari 7, ☏ (0361) 754090, Mo-Sa 8-21 h.
- Perama Tourist Service, Jl. Legian 20, ☏ (0361) 751551, 🖷 (0361) 751170, täglich 8-22 h.
- Badung Government Tourism Office, Jl. Raya Kuta 2, ☏ (0361) 7561751/6, Mo-Sa 8-18 h.

Sehenswertes
- Pasar Kuta, Jl. Raya Kuta.
- Pasar Seni (Kuta Art Market), Jl. Singosari.
- Vihara Dharmayana Kuta, Jl. Tanjung Sari, täglich 7-20 h.

Unterkunft
TEUER ($$$$$)
- Hard Rock Hotel Bali*, Jl. Pantai Kuta, ☏ (0361) 761869, 🖷 (0361) 761868, E-mail: rooms.bali@hardrockhotels.net, 🖳 www.hardrockhotelbali.com; 418 Zimmer und Suiten; US$ 170-550; AC, BC, FC, HA, KR, KV, MB, RE, SA, SB, SP, SW, TV, UD, ZS, ZT, 24. The Leading Entertainment Hotel in Bali vermag nicht nur die etwas anderen Zimmer aufzuweisen, sondern auch Balis bestes Soundsystem in seinen Bars und Discos sowie ein eigenes Aufnahmestudio und einen Haussender, der Hits von gestern und heute durch den Äther jagt. In Kooperation mit der gewaltigen Poollandschaft und der flippigen Architektur ist somit stets für allerbeste Laune gesorgt.

Hard Rock Hotel Bali

MODERAT ($$$$)
- Kuta Paradiso Hotel, Jl. Dewi Sartika, P.O. Box 1133 und 1134, ☏ (0361) 761414, 🖷 (0361) 756944, E-mail: info@kutaparadisohotel.com, 🖳 www.kutaparadisohotel.com; 233 Zimmer und 10 Suiten; US$ 140-950; AC, FC, FR, HA, KR (bis 400 Personen), MB, RE, SA, SN, SP, SW, TV, ZS, ZT, 24. Attraktive Poollandschaft, die sich jedoch aufgrund des viel zu engen Raumes, demzufolge das Hotel bis auf fünf Etagen hochgezogen werden musste, nicht richtig entfalten kann. Dem Platzmangel fiel auch jeglicher Garten zum Opfer. Eigentlich schade, denn die Zimmer sind hübsch, das Serviceangebot groß und gut, und die zentrale Lage stimmt – außer für Ruhe Suchende – auch.
- Inna Kuta Beach (ehemals: Natour Kuta Beach), Jl. Pantai Kuta 1, P.O. Box 3393, ☏ (0361) 751361, 🖷 (0361) 751362, E-mail: marketing@innakutabeach.com oder nkutabh@indosat.net.id, 🖳 www.innakutabeach.com; 131 Zimmer und 6 Suiten; US$ 100-350; AC, KR (bis 300 Personen), KV, MB, RE, SA, SP, SW, TP, TV, ZT, 24. Zentral, direkt am Strand gelegenes Hotel, dessen Cottagezimmer weitaus schöner sind als diejenigen im mehrgeschossigen Hauptgebäude.

NOCH PREISWERT ($$$)
- Hotel Barong, Jl. Segara Batu Bolong, ☏ (0361) 751804, 🖷 (0361) 761520, E-mail: barong66@indo.net.id, 🖳 www.balihotels.com/kuta/barong.htm; 98 Zimmer; US$ 75-150; AC, FR, HA, MB, RE, SA, SW, TV, ZT, 24. Die aufgelockerte, bis zu dreistöckige Bebauung sorgt optisch für

Abwechslung. Der rechte nette Pool und die passablen Zimmer machen das Haus zu keiner schlechten Wahl. Und für hier logierende Nachtschwärmer entfällt die Cover Charge im **Double Six Party Club** und in der **Gado Gado Discotheque** (außer bei Sonderveranstaltungen).
- **Hotel Bounty**, Jl. Segara Batu Bolong 18, P.O. Box 2064, ☎ (0361) 753030, 📠 (0361) 752121, E-mail: bounty@indo.net.id, 💻 www.balibountygroup.com/hotel/index.htm; 163 Zimmer, davon 2 Suiten; US$ 93-190; AC, BC, HA, MB, RE, SA, SW, TV, ZT, 24. Sehr beliebtes Hotel im Herzen von Kuta, daher oft ausgebucht. Für Familien eignen sich vor allem die zweietagigen Superior Duplex. Von fast allen Zimmern aus hat man Blick auf den zentralen Pool; bis zum Strand sind es fünf Fußminuten.
- **Hotel Kuta Jaya**, Jl. Pantai Kuta, ☎ (0361) 752308, 📠 (0361) 752309, E-mail: kutajaya@indosat.net.id, 💻 www.indo.com/hotels/kuta_jaya; 135 Zimmer, davon 1 Suite; US$ 90-250; AC, BF, HA, KV, MB, SA, SW, TV, ZT, 24. Die recht hübschen Zimmer sind größtenteils in zweigeschossigen Chalets untergebracht, die sich in dem schönen weitläufigen Garten verteilen. Der Strand liegt gleich über der Straße.
- **Hotel Sahid Raya Bali**, Jl. Pantai Kuta, P.O. Box 1102, ☎ (0361) 753855, 📠 (0361) 752019, E-mail: sahidbl@indosat.net.id, 💻 www.sahidhotels.com; 300 Zimmer, davon 11 Suiten; US$ 75-600; AC, BC, FR, HA, KR, KV, MB, RE, SA, SB, SN, SP, SW, TP, TV, UD, ZT, 24. Im Eingangsbereich und vorderen Wohnbereich etwas klobig wirkende Anlage direkt am Strand, die dank ihrer Größe aber auch ihr schönen Ecken hat, die Zimmer hingegen geben keinen Grund zur Beanstandung.
- **Legian Paradiso Hotel Bali**, Jl. Legian 118, ☎ (0361) 752167 und (0361) 752663, 📠 (0361) 754372, E-mail: info@legianparadisohotel.com, 💻 www.legianparadisohotel.com; 124 Zimmer; US$ 80-90; AC, HA, RE, SA, SW, TV, ZS, ZT, 24. Im Zentrum von Kuta gelegenes Hotel, das architektonisch nicht unbedingt ein Highlight darstellt, jedoch ein recht gutes Preis-Leistungsverhältnis und eines der besten mexikanischen Restaurants Balis sowie ein japanisches aufzuweisen hat.
- **Poppies***, Poppies Lane I, P.O. Box 3378, Denpasar 80033, ☎ (0361) 751059, 📠 (0361) 752 364, E-mail: info@poppiesbali.com, 💻 www.poppies.net; 20 Cottages; US$ 85; AC, MB, RE, SW, ZT. Seit mehr als zwanzig Jahren ein Klassiker und daher meist schon frühzeitig ausgebucht, kein Wunder bei der schönen Gartenanlage und den liebevoll eingerichteten Wohneinheiten. Und das Restaurant steht dem in nichts nach. Wer zum Strand möchte, muss etwa fünf Minuten laufen.
- **White Rose**, Jl. Legian, P.O. Box 4000, ☎ (0361) 756515, 📠 (0361) 753523; 124 Zimmer; US$ 95-125; AC, FC, HA, KR, KV, MB, RE, SA, SB, SP, SW, TV, ZS (z. T.), ZT, 24. Die meist dreistöckigen Gebäude umschließen den zentralen Pool, ohne diesen in dem großen Garten zu erdrücken. Sehr gepflegt und überaus freundlicher Service; E-mail: reservation@whiterose.co.id, 💻 www.whiterose.co.id

PREISWERT ($$)
- **Asana Santhi Willy**, Jl. Ciung Wanara 17, ☎ (0361) 751281, (0361) 752273 und (0361) 763243, 📠 (0361) 752641, E-mail: asanasw@indo.net.id; 12 Zimmer; US$ 35; AC, BF, SW. In der kleinen, sehr familiären Anlage fühlt man sich in das Kuta vor 20 Jahren zurückversetzt, mit einfachen, aber ordentlichen Zimmern, umsorgt vom aufmerksamen Personal.
- **Dewi Sri Cottage**, Jl. Legian, ☎ (0361) 752555, 📠 (0361) 753019, E-mail: barong66@indo.net.id, 💻 www.balihotels.com/kuta/dewisri.htm; 102 Zimmer; US$ 30-50; AC, HA, MB, RE, SW, TV, ZT, 24. Schlicht ausgestattete Zimmer, freundliches Personal. Großes Plus für Nachtschwärmer: Hotelgäste müssen (außer bei Sonderveranstaltungen) im **Double Six Party Club** und im der **Gado Gado Discotheque** keine Cover Charge zahlen.
- **Hotel Restu Bali**, Jl. Legian 113, ☎ (0361) 751 251, 📠 (0361) 751 252, E-mail: restubali@indo.com, 💻 www.restubali.com; 38 Zimmer; US$ 35-55; AC, BF, HA, MB (z. T.), RE, SB, SW, TV, ZT, 24. Die nett eingerichteten Zimmer sind auf ein zweigeschossiges Hauptgebäude und einige Cottages rund um den Pool verteilt. Zum Strand sind es zu Fuß knapp zehn Minuten.

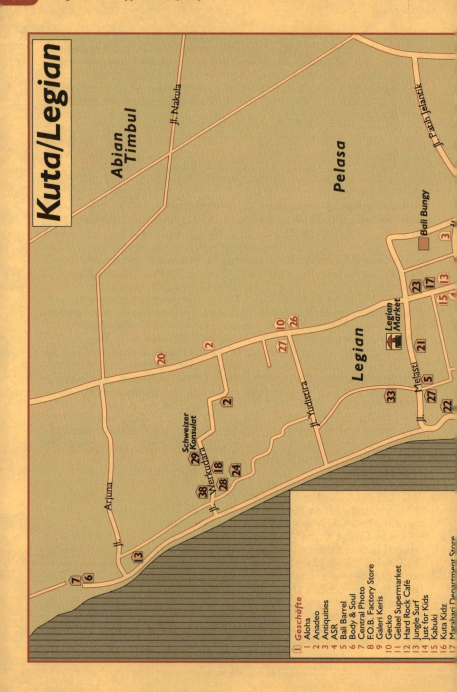

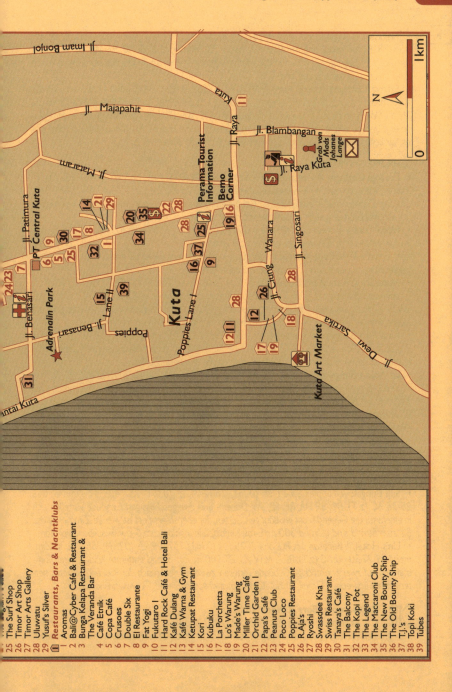

- **Nagasari**, Jl. Singosari 60, Kuta 80361, ☏ (0361) 751889 und (0361) 751960, 📠 (0361) 756278, E-mail: nsc@denpasar.wasantara.net.id; 28 Zimmer; US$ 37; AC, BF, MB, RE, SP, SW, TV. Kleines, dicht bebautes Anwesen mit familiärem Charme im Herzen Kutas, von dem aus es knapp fünf Minuten bis zum Strand sind.
- **Satriya Cottages**, Poppies Lane II, ☏ (0361) 758331, 📠 (0361) 752741, E-mail: satriya@spot.net.id, 🖳 www.balilife.com/satriya; 47 Zimmer; US$ 37-67; AC (z.T.), BF, HA, MB (z.T.), RE, SB, SN, SS, SW, TV (z.T.), ZT. In der Mitte der aus ein- und zweistöckigen Gebäude bestehenden Anlage liegt der von einem recht hübschen Garten umschlossene Pool. In den günstigsten Zimmern gibt es nur kaltes Wasser. Zum Strand sind es kaum fünf Fußminuten.

SEHR PREISWERT ($)

- **Fat Yogi Cottages & Restaurant**, Poppies Lane I, ☏ (0361) 751665, 📠 (0361) 757231, E-mail: info@fatyogi.com, 🖳 www.indo.com/hotels/fat_yogi; 26 Zimmer; US$ 13-40; AC (z.T.), BF, RE, SW. Die Zimmer sind in zweistöckigen Gebäuden rund um einen Pool untergebracht, der wiederum von viel Grün umgeben ist. Sehr beliebt, daher oft voll.
- **Hotel Lusa**, Jl. Benesari, ☏ (0361) 753714 und (0361) 765692, 📠 (0361) 765691, E-mail: info@hotellusa.com, 🖳 www.hotellusa.com; 30 Zimmer; RP. 95.000-220.000; AC (z.T.), BF, SS, SW. Sehr einfache Unterkunft, in der es in den günstigsten Zimmern nur kaltes Wasser gibt, die mit dem vergleichsweise vielen Grün aber wieder Punkte macht.
- **Hotel Sorga Kuta**, Poppies Lane I, ☏ (0361) 751897 und (0361) 758613, 📠 (0361) 752417, E-mail: sorga@idola.net.id, 🖳 www.angelfire.com/id/sorga; 47 Zimmer; US$ 11.50-23; AC (z.T.), BF, RE, SW, TV, ZT. Rund um einen Pool gebauter, dreistöckiger Komplex mit einfachen Zimmern, der ganz auf junges, weniger zahlungskräftiges Publikum setzt. In fünf Minuten ist man am Strand.
- **Kuta Puri Bungalows**, Poppies Lane I, ☏ (0361) 751903 und (0361) 754596, 📠 (0361) 752585; 39 Zimmer; US$ 18-45; AC (z.T.), BF, RE, SW. Zwar haben die günstigsten Zimmer nur kaltes Wasser, doch dafür entschädigt der recht große und nette Garten.
- **La Walon Bungalows**, Poppies Lane I, ☏ (0361) 757234 und (0361) 765896, 📠 (0361) 752463, E-mail: lawalon@hotmail.com, 🖳 www.lawalon.com/hotel/index.htm; 40 Zimmer; US$ 23.50-31.50; AC (z.T.), BF, HA, RE, SW. Die meisten Zimmer sind in dem dreistöckigen Hauptgebäude untergebracht, der Rest in Bungalows, dazwischen der Pool, so dass für Grün nicht allzu viel Platz bleibt. In drei Minuten ist man am Strand.
- **Sari Bali Cottages**, Poppies Lane II, P.O. Box 53, ☏ (0361) 756911; 34 Zimmer; US$ 13-24; AC (z.T.), BF, SW. Sehr einfache, zumeist einstöckige Anlage, die sich auf das Nötigste beschränkt, jedoch über einen recht hübschen Garten verfügt und nicht zu eng bebaut ist. Etwa fünf Fußminuten sind es von hier bis zum Strand. (Nur Barzahlung.)
- **Suji Bungalow**, Poppies Lane I, ☏ (0361) 765 804, 📠 (0361) 752 483; 47 Zimmer; US$ 25-26; AC (z.T.), BC, BF, HA, RE, SB, SW. Die ein- und zweigeschossigen Gebäude verteilen sich in einem für die Gegend recht weitläufigen Garten, der ebenso gepflegt ist wie die Zimmer selbst. Bis zum Strand sind es rund 300 m; E-mail: info@sujibungalow.com, 🖳 www.sujibungalow.com
- **Un's Hotel**, Jl. Benesari 16, P.O. Box 2025, ☏ (0361) 757409, 📠 (0361) 758414; 30 Zimmer; US$ 27.50-60; AC (z.T.), RE, SW, TV, ZS, ZT. 200 m vom Strand entfernte Anlage, deren Zimmer sich auf zwei zweistöckige Gebäude verteilen, zwischen denen sich der Pool und ein recht netter Garten erstrecken; E-mail: unshotel@denpasar.wasantara.net.id, 🖳 www.unshotel.com

Restaurants, Bars & Nachtklubs

- **Aromas**, Jl. Legian, ☏ (0361) 751003 und (0361) 761113; 7.30-23 h. Hier legt man größten Wert auf gesunde, ökologisch einwandfreie Produkte und Zutaten. Fast ausschließlich vegetarische Gerichte.

Regionale Reisetipps von A-Z (Kuta)

- **Café Etnik**, Jl. Legian 355, ☎ (0361) 751707, 🖷 (0361) 759597, E-mail: cafeetnik@jad.telkom.net.id; 8-1 h. Nettes kleines, atmosphärisches Lokal mit freundlichem Personal. Hygiene wird hier groß geschrieben. Für diejenigen, die allein kommen, gibt es Videos auf Großleinwand.
- **El Restaurante**, Legian Paradiso Hotel (s. o.), ☎ (0361) 752167; 12-3 h. Im ersten Stock gelegen, so dass man einen rechten guten Überblick über die davor liegende Plaza hat. Das Interieur ist bunt, viele der Speisen gut gewürzt, ganz wie es sich für die Küche Mexikos eben gehört.
- **Fat Yogi**, Poppies Lane I, ☎ (0361) 751665, 🖷 (0361) 757231, E-mail: info@fatyogi.com, 🖳 www.indo.com/hotels/fat_yogi; 8-23 h. Einer der besseren Italiener in Kuta, bei dem es auch leckeres Gebäck gibt.
- **Fukutaro I**, Legian Paradiso Hotel (s. o.), ☎ (0361) 752827, E-mail: fukutaro@indosat.net.id. Sehr beliebtes japanisches Restaurant, das seine Tür rund um die Uhr geöffnet hat.
- **Hard Rock Café & Hotel Bali*** (s. o.), So-Do 11-2 h, Fr-Sa 11-3 h. Eine größere Auswahl an Möglichkeiten, die Nacht zum Tag zu machen, findet man auf der Insel nirgendwo sonst unter einem Dach. Ob Disco oder Live Band (jeden Abend ab 23.15 h), Modenschau oder Ladies Night, die Bude ist jeden Abend brechend voll.
- **Kafé Dulang**, Kuta Square, Blok C/20-21, ☎ (0361) 753389; 8-23 h. Die Auswahl ist groß und befriedigt nahezu jeden Geschmack. Immer voll.
- **Ketupat Restaurant**, Jl. Legian 109, ☎ (0361) 754209 und (0361) 767278; 9-24 h. Feine indonesische Küche, die man u. a. in einem nachgebauten Reisspeicher zu sich nehmen kann. Die Auswahl ist groß, zudem sind alle Gerichte mit Fotos anschaulich dargestellt.
- **Kori**, Poppies Lane II, ☎ (0361) 758605, 🖷 (0361) 752510, E-mail: info@korirestaurant.com, 🖳 www.korirestaurant.com; 11-23 h. Das Restaurant überzeugt aufgrund des stilvollen Ambientes aus balinesischen und mediterranen Elementen, einer gut sortierten Bar und einer Speisekarte, die lokale und internationale Küche auflistet.
- **Kubuku**, Poppies Lane I, ☎ (0361) 765661; 7.30-24 h. Für diese Ecke Kutas auffallend großer und stilvoller Pavillon, in dem man den Tag mit einem ordentlichen Frühstück beginnen kann.
- **La Porchetta**, Jl. Legian 362, ☎ (0361) 750750, 🖷 (0361) 734104; 8-24 h. Es gibt auch Indonesisches, die wahren Gaumenfreuden kommen hier jedoch aus Italien. Die frisch zubereiteten Pastas und Pizzas sowie die Desserts sind das Wiederkommen wert.
- **Made's Warung**, Jl. Pantai Kuta, ☎ (0361) 755297, 🖷 (0361) 761959, E-mail: warmade@indo.net.id, 🖳 www.madeswarung.com; 8.30-24 h. Mag es auch des Verkehrs wegen meist laut sein, der Popularität dieses Restaurants kann dies nichts anhaben, im Gegenteil, ab Mittag ist oft kaum noch ein Platz zu finden, kein Wunder bei den Köstlichkeiten aus der Küche und von der Bar.
- **Miller Time Café**, Jl. Legian 204, ☎ (0361) 755 663; 20-2 h. Plätze gibt es drinnen wie draußen, dazu eine ordentliche Getränkeliste bis hin zum Champagner, ein Billardtisch und am Samstagabend Live-Musik.
- **Poppies Restaurant**, Poppies Lane I, ☎ (0361) 751 059; 8-23 h. Ruhig in einem sehr schönen grünen Innenhof gelegen, ist dieser Klassiker noch immer eines der attraktivsten Lokale in der Region von Kuta; E-mail: info@poppiesbali.com, 🖳 www.poppies.net

Im Hard Rock Hotel geht jeden Abend die Post ab.

- **R.Aja's**, Kuta Square, Blok C 13-15, ☎ (0361) 753117; 8-24 h. Das Interieur lässt ein wenig Mittelmeerfeeling aufkommen. Hier sitzt man gerne ein wenig länger und lässt das Geschehen an sich vorüberziehen.
- **Tanaya's Café**, Jl. Legian 131, ☎ (0361) 754362; 9-23 h. In dem mit viel Holz getäfelten, klimatisierten Restaurant kommen die Liebhaber der Küche Nippons voll und ganz auf ihre Kosten, doch auch die Steaks sind nicht zu verachten. Kostenloser Hoteltransfer in der Region Kuta.
- **The Balcony**, Jl. Benesari 16, ☎ (0361) 757409 ext. 7, 🖷 (0361) 758414, E-mail: desire@dps.centrin.net.id; 7-23 h. Im ersten Stock gelegenes Restaurant, dessen stilvolles Ambiente ebenso überzeugt wie die Küchenkreationen und die Getränkeauswahl.
- **The Kopi Pot**, Jl. Legian, ☎ (0361) 752614; 8-24 h. Vielleicht das schönste direkt an Kutas Hauptstraße gelegene Lokal, mit viel Grün und wunderbaren Shakes und Fruchtsäften sowie leckerem Gebäck.
- **The Maccaroni Club**, Jl. Legian 52, ☎ (0361) 754662, 🖷 (0361) 750437; 8-2 h. Das zweistöckige Lokal kommt im silber-blauen Technolook mit Holzvertäfelungen daher, und entsprechend ist auch zumeist die Musik. Und der Name lässt es schon erahnen – kulinarisch lässt Italien grüßen; E-mail: maccaroni_trend@hotmail.com
- **The New Bounty Ship**, Jl. Legian, ☎ (0361) 752529. Hier kann man rund um die Uhr essen und trinken, und wenn am Abend die Live-Band aufspielt, beben die Planken bis in die frühen Morgenstunden.
- **The Old Bounty Ship**, Jl. Legian, ☎ (0361) 754040; 11-3 h. Am Di, Fr und Sa spielt ab 23 h eine Live-Band auf, ansonsten gibt es Hits aus den 60er-90er Jahren, zu den auf den verschiedenen Schiffsdecks die Tanzbeine geschwungen werden.
- **T.J.'s**, Poppies Lane I, ☎ (0361) 751093; 11-23 h. Zur Straße hin abgeschirmt sitzt man an einem kleinen Teich und genießt mexikanische und kalifornische Küche, und dazu einen guten Tropfen aus der wohlsortierten Bar.
- **Tubes**, Poppies Lane II, ☎ (0361) 753510; 15-2 h. Schon die Dekoration verrät es: hier geht es um Surfen, und dementsprechend ist auch die Klientel, die recht trinkfreudig die Surfvideos verfolgt oder sich an den Billardtischen vergnügt.

Einkaufen
HAUPTGESCHÄFTSVIERTEL:
das von der Jl. Legian, Jl. Pantai Kuta und Jl. Melasti umschlossene Viertel.

MÄRKTE: siehe ‚Sehenswertes'.

EINKAUFSZENTREN, KAUFHÄUSER UND SUPERMÄRKTE:
- **Galeri Keris**: Jl. Legian 133, ☎ (0361) 754 368, 9-22 h.
- **Gelael Supermarket**: Jl. Raya Kuta 105, ☎/🖷 (0361) 751082, 9-22 h.
- **Matahari Department Store**: 1) Kuta Square, ☎ (0361) 757588/9, 🖷 (0361) 757587, 9.30-22 h; im obersten Stockwerk findet man eine sehr gut sortierte Buchabteilung, die u. a. eine große Auswahl an Bildbänden parat hält. 2) Legian Plaza, Jl. Legian 117, ☎ (0361) 754195/6, 🖷 (0361) 754193, 10-22 h.
- **The Legian Arcade**: Jl. Legian 191, ☎ (0361) 759467, 🖷 (0361) 763504, E-mail tla-bali@indo.net.id; 9-22 h. Mehrere Dutzend Läden und Restaurants, dazu jeden Abend von 19 bis 21 h Tänze, Live-Musik und andere Vorführungen.

SPEZIALGESCHÄFTE:

- **Aloha**, Jl. Legian 56, ☏ (0361) 758286 und (0361) 758383, 📠 (0361) 758 287, 9-24 h. Surf- und Sportbekleidung sowie die dazu benötigten Accessoires in allen Farben und Formen.
- **Antiquities**, Kompleks Sriwijaya, Shop No. 7, Jl. Tunjung Mekar, ☏ (0361) 767303, E-mail baliantik@denpasar.wasantara.net.id, 10-20 h. Erlesenes aus dem ganzen Archipel. Neben Möbeln, Plastiken und Textilien sind selbst königliche Artefakte, alte Fotos und Drucke sowie Erotika im Angebot. Derzeit vielleicht der beste Antiquitätenhändler der Insel.
- **ASR**, Jl. Legian, ☏ (0361) 758451, 📠 (0361) 762744, 8-23 h. Alles für den Sportsfreund unter einem Dach.
- **Bali Barrel**, Jl. Legian, ☏ (0361) 767238 und (0361) 767240, 📠 (0361) 767239, 9-23 h. Surfshop mit großer Auswahl.
- **Body & Soul**, Jl. Legian 162, ☏ (0361) 767169, 9-23 h. Neben Textilien sind vor allem Schuhe im Angebot, und ein kleines Café gehört auch dazu.
- **Central Photo**, Jl. Legian 165, ☏ (0361) 751345, 📠 (0361) 755104. Fotobedarf aller Art.
- **F.O.B. Factory Store**, Jl. Legian 115, ☏ (0361) 758886, 10-23 h. Riesige Auswahl an Jeans, Hosen, Hemden, T-Shirts und jeglicher Freizeitkleidung zu Fabrikpreisen.
- **Hard Rock Café**, Jl. Pantai Kuta, ☏ (0361) 761869, 📠 (0361) 761868, 9-23 h. Riesenauswahl an Textilien und Nippes für alle HRC-Fans; E-mail merch@hrbc-bali.co.id, 🖥 www.hardrockhotelbali.com
- **Jungle Surf**, Jl. Legian, ☏ (0361) 756644, 📠 (0361) 755347, 9-23 h. Surffreunde finden hier alles für den Ritt auf den Wellen.
- **Just for Kids**, Jl. Legian, ☏ (0361) 751740, 9-22 h. Strand- und Freizeitbekleidung für den Nachwuchs.
- **Kabuki**, Jl. Legian, ☏ (0361) 755654, 📠 (0361) 755652, 8-21 h. Designermode.
- **Kuta Kidz**, Jl. Legian, ☏ (0361) 755810, 📠 (0361) 756994, 8-22 h. Große Auswahl an Freizeit- und Strandbekleidung für den Nachwuchs.
- **Mayang Bali**, Kuta Square, Blok A-12, ☏ (0361) 752902, 📠 (0361) 752736, E-mail mayang@indo.net.id; 10-22 h. Nicht billig, doch dafür stimmen Qualität und Verarbeitung der maßgeschneiderten Kleidungsstücke ebenso wie diejenige der kunsthandwerklichen und Juwelierprodukte.
- **Milo's**, Kuta Square, Blok E1-1A, ☏ (0361) 754081, 📠 (0361) 753996, E-mail miloshop@idola.net.id. Riesige Auswahl an hochwertigen Seideprodukten.
- **Star Surf**, Jl. Legian, ☏ (0361) 756251, 📠 (0361) 756159, 10-24 h. Die Musik ist laut, die Auswahl riesengroß.
- **Surfer Girl**, Jl. Legian 138, ☏ (0361) 752693, E-mail surfgirl@dps.mega.net.id, 9-23 h. ,Der beste ausschließlich von Mädchen geführte Surfladen der Welt', so die Eigenwerbung. Manch einer schaut angeblich nur des Personals wegen vorbei.
- **The Curl**, Jl. Legian 191, ☏ (0361) 765889, 📠 (0361) 765890, 9-23 h. Filialen gibt es auch noch in der Jl. Pantai Kuta und der Jl. Melasti.
- **The Surf Shop**, Jl. Legian 94, ☏ (0361) 754915, 9-22.30 h. Der Name sagt, wer hier fündig wird.
- **Uluwatu**, Jl. Legian, ☏ (0361) 751933; Jl. Singosari, ☏ (0361) 753428; Jl. Pantai Kuta, ☏ (0361) 755342; E-mail uluwatu@denpasar.wasantara.net.id, 8-22 h. Edle, handgefertigte Textilprodukte, deren Qualität ihren Preis hat.
- **Yusuf's Silver**, Jl. Legian 182, ☏ (0361) 752050, 📠 (0361) 751106, E-mail: aldinoz@bali.net, 9-20 h. Keiner von den ganz großen Läden, doch die Preise sind fair.

Banken/Money Changer

- **Bank Central Asia**, Jl. Raya Kuta 121, ☎ (0361) 754115.
- **Bank Danamon**, Jl. Legian 87, ☎ (0361) 754479, 📠 (0361) 753746.
- **Bank Mandiri**, Jl. Setiabudi 3, ☎ (0361) 762060, 📠 (0361) 752221.
- **Bank Panin**, Jl. Legian 80X, ☎ (0361) 751076, 📠 (0361) 752815.
- **PT. Central Kuta**, Jl. Legian 165, ☎ (0361) 751345, 📠 (0361) 755104 (Money Changer).

Post

- **Kuta Post Office** (*), Jl. Raya Kuta, Gang Selamat, ☎ (0361) 754012.

Apotheken

- **Karya Farma Apotik**, Jl. Raya Kuta 88, ☎ (0361) 753940.
- **Maha Sandhi Apotik**, Jl. Raya Kuta 138, ☎ (0361) 751830.

Ärzte

- **Dr. Martinus Nurwijaya**, Jl. Legian 16, ☎ (0361) 751981, Allgemeinarzt.
- **Dr. Tati Siaga**, Jl. Raya Kuta 100X, ☎ (0361) 753268, Allgemeinarzt.
- **Dr. Kapt. Suharto**, Jl. Raya Kuta 88, ☎ (0361) 755775, Zahnarzt.

Krankenhäuser

- **Kuta Clinic**, Jl. Raya Kuta 100X, ☎ (0361) 753268.
- **Legian Medical Clinic 1**, Jl. Benasari, ☎ (0361) 758503, 📠 (0361) 765935.
- **Legian Medical Clinic 3**, Jl. Singosari, ☎ (0361) 765146.
- **Legian Medical Clinic 4**, Poppies Gang I, ☎ (0361) 757326.

Mietwagen

- **Mega Jaya Car Rental CV**, Jl. Raya Kuta 78X, ☎ (0361) 753760.

Reisebüros

- **Kuta Cemelang Bali Jaya**, Jl. Raya Kuta 127, ☎ (0361) 751517, 📠 (0361) 752777, E-mail: purwa@denpasar.wasantara.net.id.
- **Natour In Tours & Travel**, Jl. Pantai Kuta, P.O. Box 3097, ☎ (0361) 752520.
- **Perama Tourist Service**, Jl. Legian 39, ☎ (0361) 751551, 📠 (0361) 751170.

Spa

- **Tunjung Biru Spa**, Jl. Sriwijaya 14, ☎ (0361) 761187, 📠 (0361) 751901, täglich 9-21 h. Einstündige Einzelanwendungen sind ebenso im Programm wie mehrstündige Kombipakete, deren Preise zwischen Rp. 228.000 und Rp. 648.000 variieren.

Labuhan Lalang (S. 656ff)

Informationen und Guides (für den Nationalpark)

- **Park Ranger Station Labuhan Lalang**, Hauptstraße, täglich 7-18 h.

Sehenswertes

- **Makam Jayaprana**, Banjar Teluk Terima, zugänglich rund um die Uhr; Eintritt: Erwachsene Rp. 3.100, Kinder Rp. 1.600.

Unterkunft
SEHR TEUER ($$$$$$)
- **Menjangan Jungle and Beach Resort**, West Bali National Park, Jl. Raya Gilimanuk – Singaraja km 17, Desa Pejarakan, Buleleng, ☏ (0362) 94700, 📠 (0362) 94708, E-mail: info@menjangan.net, 🖥 www.menjangan.net; 12 Zimmer, 2 Suiten und 1 Villa; US$ 200-950; LS, MB, RE, SA, SB, SP, SW, TV, ZS, ZT, 24. Traumhaft am Rande des Nationalparks gelegen, hat man nicht nur von der ganzen 284 ha großen Anlage aus herrliche Blicke auf diesen, sondern kann ihn im Rahmen des angebotenen umfangreichen Tourenprogramms (Trekking, Vogelbeobachtung, Reiten, Tauchen, Kajakfahren und Fahrradfahren) auch bestens erkunden. Die Villa verfügt über einen eigenen Pool. Vom Restaurant **Puri Bengkirai** im Bali Tower hat man einen besonders phantastischen Ausblick. Etwas für Naturliebhaber.

TEUER ($$$$$)
- **Waka Shorea Resort*** ($$$$$), km 15 Jl. Raya Gilimanuk-Singaraja, Tanjung Kotal, Taman Nasional Bali Barat, ☏ 082-8361448, 📠 082-8361341, E-mail: wakashorea@wakaexperience.com, 🖥 www.wakashorea.com; 14 Bungalows und 2 Villen; US$ 157-218; BF, MB, RE, SP, SW. Zu diesem Resort kommt man nur mit dem Boot, oder dem Wasserflugzeug. Wie alle Häuser der Waka-Gruppe folgt auch dieses einem streng ökologisch ausgerichteten Kurs, mit Beschränkung auf das Notwendigste. Als einziges Domizil im Nationalpark, fühlt man sich der Natur besonders verpflichtet, was auch im Rahmen des umfassenden Tourenangebotes zu Wasser und zu Lande zum Ausdruck kommt.

Lalang Linggah (S. 674) PLZ 82162

Unterkunft & Restaurant
NOCH PREISWERT ($$$)
- **Gajah Mina Beach Resort***, Selemadeg, Tabanan, ☏ 081-23811630, 📠 (0361) 731174, E-mail: info@gajahminaresort.com, 🖥 www.gajahminaresort.com; 8 Bungalows, davon 2 Suite Bungalows; US$ 80-120; AC, MB, RE, SB, SW, TV (z. T.), ZS, ZT. Aufgrund der herrlichen Lage zwischen Reisfeldern direkt an der zerklüfteten Küste avanciert diese Anlage zu **dem** Tipp in dieser Region, wozu auch die dank ihrer gegeneinander abgeschirmten Veranden sehr viel Privatsphäre gewährenden Bungalows und das überdurchschnittliche **Naga Restaurant** (geöffnet 8-22.30 h) beitragen, in dem neben indonesischer Küche noch chinesische und thailändische auf den Tisch kommen.

PREISWERT ($$)
- **Sacred River Retreat** ($$), ☏/📠 (0361) 814993, E-mail: bookings@sacred-river.com, 🖥 www.sacred-river.com; 14 Bungalows; US$ 35-55; BF, KR (bis 30 Personen), RE, SW. Unmittelbar oberhalb der Überlandstraße Denpasar-Gilimanuk gelegen, mit gutem vegetarischem Restaurant, allmorgendlichen Yoga- und allabendlichen Meditationskursen in der hauseigenen Höhle. Die Zimmer sind einfach und folgen – soweit dies überhaupt möglich ist – den Prinzipien eines umweltbewussten Tourismus.

Legian (S. 496) PLZ 80361

Unterkunft
TEUER ($$$$$)
- **Hotel Padma**, Jl. Yudistira 1, P.O. Box 1107, ☏ (0361) 752111, 📠 (0361) 752140, E-mail: reservation@hotelpadma.com, 🖥 www.hotelpadma.com; 388 Zimmer und 17 Suiten; US$ 185-

1.500; AC, BC, FC, FR, HA, KR (bis 700 Personen), KV, MB, RE, SA, SB, SN, SP, SW, TP, TV, ZS, ZT, 24. Das direkt am Strand, sehr zentral gelegene Luxushotel verwöhnt seine Gäste mit erstklassigem Service, großem Pool, schönem Garten und geschmackvoll eingerichteten Zimmern, die in zweigeschossigen Gebäuden untergebracht sind und über alle Annehmlichkeiten zum Wohlfühlen verfügen. Von allen größeren Hotelanlagen Legians die Nummer Eins.

MODERAT ($$$$)

- **Alam Kul Kul Boutique Resort***, Jl. Pantai Kuta, ☎ (0361) 752520, 🖷 (0361) 766861, E-mail: info@alamkulkul.com, 🖳 www.alamkulkul.com; 57 Zimmer und 23 Villen; US$ 125-300; AC, BC, HA, KR, MB, RE, SA, SP, SW, TV, ZT, 24. Zwar eng bebaut, was dank des sehr gepflegten Zustandes jedoch nicht zu sehr ins Gewicht fällt, und die Zimmer sind ebenso stilvoll eingerichtet wie die öffentlichen Räume, zu denen erstklassige Restaurants gehören. Die Standardzimmer sind in zweistöckigen Gebäuden untergebracht, die Villen hingegen sind einstöckig und sehr heimelig.
- **Bali Mandira Hotel & Spa** (ehemals Hotel Bali Mandira), Jl. Yudistira 2, P.O. Box 1003, ☎ (0361) 751381, 🖷 (0361) 752377, E-mail: info@balimandira.com, 🖳 www.balimandira.com; 115 Zimmer und 2 Suiten; US$ 130-250; AC, HA, KR, MB, RE, SA, SP, SW, TP, TV, ZS, ZT. Die Zimmer, die sich großenteils auf Cottages verteilen, sind zwar nicht allzu groß, aber schön eingerichtet, und der hübsche Garten und die Lage unmittelbar am Strand tragen zusammen mit dem freundlichen Personal das Ihre zu einem angenehmen Urlaubsaufenthalt bei.
- **Hotel Intan Legian**, Jl. Melasti 1, P.O. Box 1002, ☎ (0361) 751770, 🖷 (0361) 751891, E-mail: intanlegian@balihotels.com, 🖳 www.intan-bali.com; 320 Zimmer, davon 4 Suiten; US$ 100-200; AC, FC, HA, KR (bis 250 Personen), KV, MB, RE, SA, SB, SN, SP, SW, TP, TV, ZT, 24. Zentral am Strand von Legian gelegen, offeriert dieses Haus Bungaloweinheiten mit Freiluftbädern und in zweistöckigen Gebäuden untergebrachte Standardzimmer.
- **Legian Beach Hotel**, Jl. Melasti, P.O. Box 3308, Denpasar 80033, ☎ (0361) 751711 und (0361) 755 460, 🖷 (0361) 752652, E-mail: info@legianbeachbali.com, 🖳 www.egianbeachbali.com; 216 Zimmer; US$ 110-150; AC, FC, HA, MB, RE, SA, SP, SW, TP, TV, ZS, ZT, 24. Die geschmackvoll eingerichteten Zimmer verteilen sich auf das vierstöckige Hauptgebäude und die im weiten Garten von viel Grün verwachsenen Bungalows. Zwei schöne Pools, gute Restaurants und ein umfassendes Freizeitangebot runden das insgesamt erstklassige Erscheinungsbild der unmittelbar an den Strand angrenzenden Anlage ab.

NOCH PREISWERT ($$$)

- **Hotel Camplung Mas**, Jl. Melasti, P.O. Box 343, ☎ (0361) 751580, 🖷 (0361) 751869, E-mail: camplung@indo.net.id; 70 Zimmer; US$ 73-82; AC, BF, MB, RE, SA, SW, TP, TV, ZT, 24. Ein sehr gutes Preis-Leistungsverhältnis zeichnet dieses Hotel mit seinen ein- und zweistöckigen Gebäuden aus, die sich über einen recht großen Garten verteilen. Und zum Strand sind es auch nur wenige hundert Meter.
- **Hotel Puri Raja**, Jl. Padma Utara, P.O. Box 2041, ☎ (0361) 754828 und (0361) 755902, 🖷 (0361) 754202, E-mail: sales@puriraja.com, 🖳 www.puriraja.com; 72 Zimmer; US$ 80-110; AC, MB, RE, SA, SW, TV (z. T.), ZT, 24. Die funktional eingerichteten Zimmer sind in zweigeschossigen Gebäuden untergebracht. Der Pool ist recht hübsch, und zum Strand ist es wenige hundert Meter.
- **Resort Tunjung Bali**, Jl. Padma Utara, ☎ (0361) 756013, 🖷 (0361) 756889, E-mail: annie-rai@resorttunjungbali.com, 🖳 www.resorttunjungbali.com; 7 Villen; US$ 62.50-105.50; AC, FC, MB, RE, SB, SS, SW, TV, ZT. Die jeweils mit Küche, Wohnzimmer und Esszimmer sowie mit einem bzw. zwei Schlafräumen ausgestatteten, geräumigen Villen eignen sich besonders für Familien und länger Bleibende, die sich selbst versorgen möchten. Den Strand findet man wenige Fußminuten entfernt.

PREISWERT ($$)

- **Baleka Beach Resort**, Jl. Werkudara, P.O. Box 3251, Denpasar 80225, ☎ (0361) 751931, 🖷 (0361) 753976, E-mail: info@balekabeachresort.com, 🖥 www.balekabeachresort.com; 45 Zimmer, davon 2 Suiten; US$ 40-65; AC (z. T.), BF, FR, HA, MB, RE, SP, SW, TV, ZT, 24. Ein- und zweigeschossige Gebäude säumen das langgestreckte Anwesen mit zentralem Pool. Recht nette Zimmer und freundliches Personal sorgen für die nötige Entspannung.
- **Bali Village Hotel**, Jl. Werkudara 515, ☎/🖷 (0361) 753893, 🖥 www.balivillagehotel.homepage.com; 28 Zimmer; US$ 30-45; AC, MB, RE, TV (z. T.), SW, ZT, 24. Kleine, familiäre Anlage, bei der vor allem die Bungalowzimmer empfehlenswert sind. Zum Strand sind es etwa sieben Minuten zu Fuß.
- **Hotel Kumala Pantai**, Jl. Werkudara, ☎ (0361) 755500 und (0361) 733448, 🖷 (0361) 755700, E-mail: kumalapt@indosat.net.id, 🖥 www.kumalapantai.com; 52 Zimmer, davon 3 Suiten; Rp. 350.000-1.450.000; AC, BF, MB (z. T.), RE, SS, SW, TV (z. T.), ZT, Die Zimmer in den um den Pool herum gebauten zwei- und dreistöckigen Gebäuden sind nett eingerichtet und verfügen alle über Terrasse oder Balkon. Wer an den Strand möchte, muss etwa fünf Minuten laufen.

SEHR PREISWERT ($)

- **Garden View Cottages** (ehemals: Legian Garden View), Jl. Padma Utara 4, P.O. Box 2008, ☎ (0361) 751559, 🖷 (0361) 753265, E-mail: gardenvc.@indo.net.id; 70 Zimmer; US$ 23-75; AC, BF, MB, RE, SW, ZT, 24. Die Zimmer verteilen sich auf mehrere Gebäude in einem recht hübschen Garten, wobei für Familien besonders die Family Bungalows, die für bis zu sechs Personen gedacht sind, von Interesse sein dürften. Bis zum Strand ist es nur wenige hundert Meter.
- **Three Brothers Bungalows**, Jl. Padma Utara, ☎ (0361) 751566, 🖷 (0361) 756082, E-mail: threebrothers@baliwww.com, 🖥 www.baliwww.com/threebrothers; 86 Zimmer; US$ 30-35; AC (z. T.), BF, RE, SW. Die ein- und zweigeschossigen Gebäude verteilen sich in einem weitläufigen, üppig wuchernden Tropengarten. Sehr beliebt, daher rechtzeitig buchen.

Restaurants, Bars & Nachtklubs

- **Bali@Cyber Café & Restaurant**, Jl. Werkudara, ☎ (0361) 761326, 🖷 (0361) 757401, E-mail: hello@balicyber.net oder email@balicyber.net, 🖥 www.balicyber.net; 8.30-23 h. Beliebtes Internetcafé, in dem man auch CNN sehen kann.
- **Bunga Kelapa Restaurant & The Veranda Bar**, Alam Kul Kul Boutique Resort, Jl. Pantai Kuta, ☎ (0361) 752520, 🖷 (0361) 752519, E-mail: info@alamkulkul.com; 🖥 www.alamkulkul.com. Da das rund um die Uhr geöffnete Restaurant einschließlich der feinen Bar im ersten Stock liegt, hat man – besonders bei Sonnenuntergang – einen sehr schönen Blick auf den Strand. Außer am Mi sorgt allabendlich zwischen 17 und 22 Uhr eine Band für musikalische Unterhaltung.
- **Copa Café**, Jl. Melasti, Komplek Pertokoan Melasti Centre, ☎ (0361) 762312, 🖷 (0361) 762027; 7-2 h. Modern gestyltes Interieur, nettes junges Personal.
- **Crusoes**, Jl. Pantai Arjuna, ☎ (0361) 733441, 🖷 (0361) 732532; 11-24 h. Unmittelbar am Strand zu findendes großes Restaurant mit abgefahrenem, teilweise skurrilem Südseeambiente, über das sich Robinson Crusoe sicherlich nur wundern würde. Vor allem das Seafood ist tadellos und die Getränkeliste beeindruckend.
- **Double Six**, Jl. Pantai Arjuna, ☎ (0361) 731266, 🖷 (0361) 731155; 23-6 h. Jeden Abend brechend voll. Musikalisch viel Techno, dazu leckere Pizzas.
- **Kafé Warna & Gym**, Jl. Pantai Arjuna, ☎ 081-7350384, 🖷 (0361) 756893; 7-23 h. Von dem großen offenen Papillon aus hat man einen hübschen Blick auf den vor der Haustür liegenden Strand; E-mail: kbpartha@indosat.net.id

Regionale Reisetipps von A-Z (Legian)

L

- **Lo's Warung**, Jl. Werkudara, ☏ (0361) 751822; 7.30-23 h. Das dunkle Holzinterieur ist ebenso ein Mix aus Westlichem und Balinesischem wie die Küche. Großes Plus: die Speisekarte gibt es auch auf Deutsch.
- **Orchid Garden I**, Jl. Melasti, ☏ (0361) 751070, ✉ (0361 754270); 12-23 h. Recht großes Restaurant mit erstaunlich günstigen Preisen, wobei die chinesischen Gerichte am meisten überzeugen.
- **Papa's Café**, Alam Kul Kul Boutique Resort, Jl. Pantai Kuta, P.O. Box 3556, Denpasar 80035, ☏ (0361) 755055, ✉

Papa's Café

(0361) 750751, E-mail: information@papascafe.com, 🖥 www.papascafe.com; 9-1 h. Sind schon Lage, Hygiene und Ambiente erstklassig, so ist es neben den Kochkünsten des Chefs wohl den verwendeten edlen Produkten (z. B. nur Öl der Güte ‚**Extra virgin**') zu verdanken, dass dies zur Zeit Balis bester Italiener ist. Exzellente Auswahl an Weinen, und sogar Champagner kann geordert werden.
- **Peanuts Club**, Jl. Legian/Jl. Sriwijaya, ☏ (0361) 754149, täglich 21-3 h (oder später). Der DJ spielt die neuesten Hits, die Live Bands geben Altes und Neues zum Besten, und wer will kann dabei eine Runde Poolbillard spielen oder sich durch die gut bestückte Bar trinken.
- **Poco Loco**, Jl. Padma Utara, ☏ (0361) 756079; 18-24 h. Fast so scharf wie das ein oder andere mexikanische Gericht, das hier serviert wird, dröhnen die Jazz-Kaskaden der Live-Band dem Gast durch die Ohren. Abend für Abend geht es hier hoch her.
- **Ryoshi**, Jl. Melasti 42A, ☏ (0361) 761852; 12-24 h. Nettes kleines, klimatisiertes Lokal, dessen Interieur ebenso japanisch ist wie das auf der Speisekarte Stehende.
- **Rum Jungle**, Jl. Werkudara, ☏ (0361) 764947, ✉ (0361) 758460, E-mail: rjungle@indosat.net.id, 🖥 www.indo.com/hotel/rumjungle; 8-23 h. Das Lokal strahlt viel Flair aus und ist abends meist proppenvoll.
- **Swassdee Kha**, Jl. Werkudara 523, ☏ (0361) 753573; 7.30-24 h. Hier wird thailändisch gekocht, Vor- und Nachspeise sowie Frühstück sind jedoch international. Zur Straße hin abgeschirmt sitzt man u. a. in kleinen Pavillons, wie sich das Lokal überhaupt architektonisch von den anderen in der Umgebung wohltuend abhebt.
- **Swiss Restaurant**, Jl. Werkudara, ☏ (0361) 751735 und (0361) 761511, ✉ (0361) 754457; 8-24 h. Eine Institution seit 1977, angeschlossen an das Schweizer Konsulat. Wer Sehnsucht nach eidgenössischer und deutscher Hausmannskost hat, liegt hier goldrichtig, dazu gibt es jeden Abend Live-Musik und Tanzvorführungen.
- **The Legend**, Jl. Sahadewa, ☏ (0361) 755376; 7-22 h. Man kann sich ins Freie setzen oder ins Minangkabau-Haus. Besonders gut und günstig ist das Büffetfrühstück.
- **Topi Koki**, Jl. Werkudara, P.O. Box 3346, ☏ (0361) 756330 und (0361) 767454, ✉ (0361) 754243, E-mail: topikoki@tunjungtours.com; 7-24 h. Fast schon ein wenig europäisches Kaffeehausambiente, wäre da nicht die tropische Vegetation.

Einkaufen
HAUPTGESCHÄFTSSTRAßEN: Jl. Legian, Jl. Yudistira, Jl. Werkudara und Jl. Arjuna
MARKT:
- **Pasar Legian**, Jl. Melasti; hier gibt es vor allem Textilien und Kunsthandwerkliches.

SPEZIALGESCHÄFTE:
- **Anadeo**, Jl. Legian 452, ☎ (0361) 752112. Kunst aus dem ganzen indonesischen Archipel, darunter auch ausgefallene Stücke; außerdem gutes Angebot an Ikat.
- **Gecko**, Jl. Legian 406, ☎ (0361) 751386, 📠 (0361) 756736, Mo-Sa 9-19 h. Alles aus Leder, Mäntel, Jacken, Taschen, Gürtel und so manches mehr, auch nach Maß.
- **Modula**, Jl. Legian 470, ☎/📠 (0361) 758293, E-mail: modula@eudoramail.com, 9-20 h. Ausgefallenes Design und hochwertige Materialien sind Kennzeichen der zum Verkauf stehenden Stücke, darunter chice Lampen, kunstvolle Möbel und farbschöne Bezüge.
- **Timor Art Shop**, Jl. Legian 396, ☎ (0361) 751537. Überwiegend timoresische Kunst; große Auswahl; auch antiquarische Stücke.
- **Timor Arts Gallery**, Jl. Legian 423A, ☎ (0361) 756018, 9-21 h. Kunst und Textilien aus dem östlichen Indonesien.

Bank
- **Bank Negara Indonesia**, Jl. Legian 359, ☎ (0361) 751914.

Apotheke
- **Legian Farma Apotik**, Jl. Legian 422A, ☎ (0361) 752284.

Spa
- **Sicilia Spa**, Jl. Arjuna, ☎ (0361) 758130, täglich 9-21 h. Die einstündige Ganzkörpermassage kommt auf Rp. 60.000, die knapp zweistündigen Anwendungen belaufen sich auf Rp. 100.000.

 Tipp für Eltern mit Kindern

- **Pony Day Tours**, Loji Garden Hotel, Jl. Yudistira, ☎ (0361) 751672, 📠 (0361) 755734, US$ 60. Halbtagestouren (vor- oder nachmittags) in touristisch weitestgehend unberührter Landschaft westlich von Tanah Lot, inklusive Hoteltransfer; Mindestalter 12 Jahre; Getränke und eine Mahlzeit sind im Preis inbegriffen.

Lovina (S. 638f)

Informationen & Reisebüro
- **Perama Tourist Service**, Anturan, ☎ (0362) 41161 und (0362) 41104, 📠 (0362) 41992, E-mail: peramalovina@yahoo.com, täglich 7.30-22 h; Kalibukbuk, (gleiche ☎- und 📠-Nummer sowie die selbe E-Mail), täglich 8-21 h.

Unterkunft
MODERAT ($$$$)
- **Puri Bagus Lovina**, Tukadmungga, P.O. Box 225, Singaraja, ☎ (0362) 21430, 📠 (0362) 22627, E-mail: info@bagus-discovery.com, 🖳 www.bagus-discovery.com/hotel/puribagus_lovina_profile.html; 40 Zimmer, davon 2 Suiten; US$ 125-350; AC, MB, RE, SA, SW, TV, ZT, 24. Herrlich am Strand gelegene, weitläufige Villenanlage, deren beide Suite-Villen je über einen eigenen kleinen Pool und extra Speisezimmer verfügen. Die beste Adresse von Lovina Beach.

L — NOCH PREISWERT ($$$)

- **Mas Lovina Hotel** (ehemals: Mas Lovina Beach Cottages), Jl. Raya Lovina, Kalibukbuk, Singaraja 81151, ☎ (0362) 41237, 📠 (0362) 41236; 10 Cottages (mit je zwei Schlafzimmern); US$ 126-133; AC, MB, RE, SW, TP, TV, ZT. Vor allem für Familien geeignete, in Strandnähe gelegene Cottages, die jeweils über eine voll ausgerüsteten Küche, ein gesondertes Esszimmer und eine hübsche Veranda verfügen; E-mail: info@maslovina.com, 🖥 www.maslovina.com
- **Sol Lovina Villas & Spa Resort**, Jl. Raya Lovina, Anturan, P.O. Box 131, Singaraja 81151, ☎ (0362) 41775, 📠 (0362) 41659, E-mail: sol.lovina@solmelia.com, 🖥 www.sollovina.solmelia.com; 95 Zimmer, 25 Bungalows, 1 Suite und 5 Villen; US$ 90-280; AC, FC, HA, KR (bis 100 Personen), MB, RE, SA, SB, SP, SW, TV, ZS, ZT, 24. Außer in den Bungalows und den Villen, die jeweils über einen eigenen kleinen Pool verfügen, sind alle Zimmer in zweigeschossigen Gebäuden untergebracht, die von üppigem Grün umwuchert sind. Direkt am Strand gelegen, fehlt es hier praktisch an nichts.

PREISWERT ($$)

- **Aditya Beach Cottages**, Jl. Raya Lovina, Kalibukbuk, P.O. Box 134, Singaraja 81101, ☎ (0362) 41059 und (0362) 41981, 📠 (0362) 41342, E-mail: aditya@singaraja.wasantara.net.id, 🖥 www.indo.com/hotels/aditya; 43 Zimmer und 21 Cottages; US$ 55-90; AC, BF, HA, MB (z.T.), RE, SW, TV (z.T.), ZT (z.T.). Direkt am Strand gelegene Anlage mit ein und zweigeschossigen Gebäuden, unter denen die Cottages sicherlich die erste Wahl sind.
- **Bali Taman Beach Resort**, Jl. Raya Tukadmungga, Anturan, ☎ (0362) 41126 und (0362) 41194, 📠 (0362) 41840, E-mail: info@balitaman.com, 🖥 www.balitaman.com; 30 Zimmer, davon 2 Suiten; US$ 45-160; AC, BF, HA, KR (bis 200 Personen), KV, MB, RE, SA, SB, SS, SW, TP, TV, ZT. Das umfassende Gesamtangebot und der hübsche Garten machen das Hotel zu einem der besten in der Region.

Lovina

Hotels
1. Adirama Beach Hotel & Restaurant
2. Aditya Beach Cottages
3. Bali Taman Beach Resort
4. Banyualit Quality Resort
5. Baruna Beach Cottages
6. Hotel Aneka Lovina
7. Hotel Celuk Agung
8. Hotel Melka
9. Juni Arta Bungalow
10. Mas Lovina Beach Cottages
11. Nirwana Seaside Cottages
12. Nirwana Water Garden
13. Puri Bagus Lovina
14. Rambutan Beach Cottages
15. Sol Lovina Villas & Spa Resort
16. Ulam Segara

Regionale Reisetipps von A-Z (Lovina) 397

- **Hotel Aneka Lovina**, Jl. Raya Kalibukbuk, Kalibukbuk, Singaraja 81151, ☎ (0362) 41121, 📠 (0362) 41827, E-mail: ank-lovina@denpasar.wasantara.net.id, 🖥 www.aneka-hotels.com/anekalovina.htm; 24 Zimmer und 35 Villen; US$ 50-70; AC, FC, MB, RE, SA, SW, TV, ZT, 24. Direkt am Strand gelegen, überzeugen hier besonders die netten freistehenden Villen.
- **Hotel Celuk Agung**, Anturan, P.O. Box 191, Singaraja 81101, ☎ (0362) 41039, 📠 (0362) 41379, E-mail: celukabc@singaraja.wasantara.net.id, 🖥 www.balilife.com/celukagung; 27 Zimmer; US$ 45-70; AC, BF, KR (bis 650 Personen), MB (z.T.), RE, SS, SW, TP, TV (z.T.), ZT. An Reisfeldern gelegene weitläufige Anlage mit ein- und zweigeschossigen Bungalows.
- **Ulam Segara**, Jl. Singaraja, Desa Pemaron, ☎/📠 (0362) 41337; 5 Zimmer; US$ 35-60; AC, BF, MB (z.T.), RE, SW. Das kleine Anwesen liegt direkt am Strand und zeichnet sich durch überaus freundlichen Service und ein gutes Restaurant aus.

SEHR PREISWERT ($)
- **Adirama Beach Hotel & Restaurant**, Jl. Seririt, Anturan, ☎ (0362) 41759, 📠 (0362) 41769, Email: info@admirabeachhotel.com, 🖥 www.adiramabeachhotel.com; 22 Zimmer, davon 2 Suiten; US$ 30-90; AC (z.T.), BF, RE, SW, TV (z.T.). Kleine familiäre, zweistöckige Anlage mit relativ großem zentralem Pool unmittelbar am Strand.
- **Banyualit Quality Resort**, Anturan, P.O. Box 116, Singaraja 81101, ☎ (0362) 41789, 📠 (0362) 41563, E-mail: banyualit@singaraja.wasantara.net.id; 24 Zimmer; Rp. 105.000-700.000; AC, BF, MB (z.T.), RE, SW, TV (z.T.), ZT. Die ein- und zweigeschossigen Gebäude verteilen sich in dem weitläufigen, hübschen Garten in Strandnähe, in dem auch ein kleiner Kinderspielplatz auf Gäste wartet. Die günstigsten Zimmer verfügen nur über kaltes Wasser.

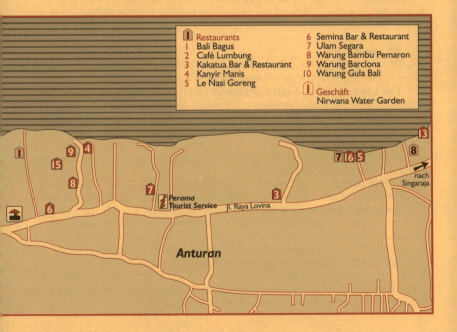

Restaurants
1. Bali Bagus
2. Café Lumbung
3. Kakatua Bar & Restaurant
4. Kanyir Manis
5. Le Nasi Goreng
6. Semina Bar & Restaurant
7. Ulam Segara
8. Warung Bambu Pemaron
9. Warung Barclona
10. Warung Gula Bali

Geschäft
Nirwana Water Garden

- **Baruna Beach Cottages**, *Desa Pemaron, P.O. Box 149, Singaraja 81101, ☏ (0362) 41745/6, 📠 (0362) 41252, E-mail: info@barunabeach.com, 🖥 www.barunabeach.com; 35 Zimmer; US$ 17-52; AC (z.T.), BF, RE, SW. Die überwiegend aus zweistöckigen Gebäuden bestehende Anlage überzeugt in ihrer Kategorie aufgrund ihres recht hübschen Garten, großen Pools sowie eines großen Freizeitangebotes.*
- **Hotel Melka**, *Jl. Laviana, Kalibukbuk, P.O. Box 321, Singaraja 81116, ☏ (0362) 41552 und (0362) 41562, 📠 (0362) 41543, E-mail: melka@telkom.net, 🖥 www.melkahotel.com; 25 Zimmer, davon 1 Suite; Rp. 80.000-700.000; AC (z.T.), BF, HA, MB (z.T.), RE, SS, SW, TV (z.T.), ZT (z.T.). Das Haus steht unter deutscher Leitung und besitzt eine Vielzahl an Haustieren, u. a. Minihaie, ein Krokodil und Schlangen. Sehr viele deutsche Gäste.*
- **Juni Arta Bungalow**, *Jl. Laviana, Kalibukbuk, ☏ (0362) 41885; 5 Zimmer; Rp. 75.000-100.000; AC (z.T.), BF, RE. Das sehr familiäre Anwesen ist nur auf einem schmalen Fußweg zu erreichen. In den recht großen, sauberen Zimmern hängen recht eigenwillige moderne Gemälde eines Schweizer Malers.*
- **Nirwana Seaside Cottages**, *Jl. Pantai Binaria, Kalibukbuk, ☏ (0362) 41288, 📠 (0362) 41090, E-mail: nirwana@singaraja.wasantara.net.id; 60 Zimmer; Rp. 80.000-225.000; AC (z.T.), RE, SW. Die in Bungalows untergebrachten Zimmer verteilen sich in einem direkt am Strand gelegenen hübschen Garten.*
- **Nirwana Water Garden**, *Jl. Seririt, Kalibukbuk, ☏ (0362) 42021; 9 Zimmer; Rp. 100.000-200.000; AC (z.T.), RE, SA, SW, TV (z.T.). Die zweistöckigen Bungalows liegen unweit des Strandes in einem recht netten Garten mit großem Pool; der angeschlossene Laden ist gut sortiert.*
- **Rambutan Beach Cottages**, *Jl. Mawar, Kalibukbuk, P.O. Box 195, Singaraja 81101, ☏ (0362) 41388, 📠 (0362) 41057, E-mail: rambutanlovina@hotmail.com, 🖥 www.rambutan.org; 30 Zimmer und 3 Villen; US$ 15-155; AC (z.T.), BF, MB (z.T.), RE, SS, SW, TV (z.T.). Weitläufige, mit viel Grün ausgestattete Hotelanlage mit überwiegend zweistöckigen Gebäuden, lediglich die Villen, von denen zwei über einen eigenen kleinen Garten verfügen, sind einstöckig. Die Villen besitzen darüber hinaus eigene Küchen und VCD-Anlagen.*

Restaurants

- **Bali Bagus**, *Banyualit, ☏ (0362) 41343, 📠 (0362) 42212; 10-22 h. Ruhig, unweit des Strandes gelegen, kommt hier schwerpunktmäßig Indonesisches auf den Tisch.*
- **Café Lumbung**, *Jl. Pantai Binaria, Kalibukbuk, ☏ (0362) 41149; 8-23. Lumbungartiges kleines Lokal, das sich neben Seafood vor allem auf Chinesisches spezialisiert hat.*
- **Kakatua Bar & Restaurant**, *Jl. Pantai Binaria, Kalibukbuk, ☏ (0362) 41144 und (0362) 41344; 8.30-23 h. Scharfes aus Mexiko, Indien und Thailand sind hier die Hits, die Stimmung ist vor allem abends bombig.*
- **Kanyir Manis**, *Jl. Mawar, Kalibukbuk, ☏ (0362) 41136; 8-22 h. Gemütliches Lokal, auf dessen Karten Mexikanisches und Italienisches steht.*
- **Le Nasi Goreng**, *Jl. Pantai Binaria, Kalibukbuk, ☏ (0362) 41158; 7.30-23 h. Wenn Sie mehrere Personen sind, sollten Sie einmal die Rijstaffel probieren; E-mail: albdaun@dps.centrin.net.id*
- **Semina Bar & Restaurant**, *Jl. Mawar, Kalibukbuk, ☏ (0362) 41094; 8-22 h. Das Lokal lockt nicht nur mit recht ordentlichem Essen, sondern auch mit allabendlichen Tanzvorführungen ab 19.30 h.*
- **Ulam Segara** *(s. o.), 8-16 h und 18-23 h. Hier kommt feine balinesische und indonesische Küche auf den Tisch, wobei sich besonders das abendliche Büffet großer Beliebtheit erfreut.*
- **Warung Bambu Pemaron**, *Jl. Hotel Puri Bagus, Pemaron, ☏ (0362) 31455, 📠 (0362) 27080, E-mail: karma@singaraja.wasantara.net.id; 10-23.30 h. Das von der Deutschen Beate Dotterweich und ihrem balinesischen Mann geführte Restaurant verführt seine Gäste mit authentischer balinesischer Küche, die nur allerbeste Zutaten verwendet, und am Mi und So ab 19.30 h mit Tanzvor-*

führungen, dargebracht von zwei der besten Tänzer Nordbalis. Industrieprodukte haben hier in der Küche ebenso wenig eine Chance wie schlechte Laune unter den Gästen, um die sich die Eigentümerin und ihr Team aufmerksam und liebevoll kümmern.
- **Warung Barclona**, Jl. Mawar, Kalibukbuk, ☏ (0362) 41894; 8-22. Zu den Spezialitäten des kleinen, aber sehr hübschen Lokals zählen gebratene Ente und auf balinesische Art zubereitete Meeresfrüchte.
- **Warung Gula Bali**, Jl. Mawar, Kalibukbuk, ☏ (0362) 41028; 7-22 h. Die Preise sind sehr moderat, und alles auf der Speisekarte Stehende gibt es auch zum Mitnehmen.

Einkaufen
- **Nirwana Water Garden** (s. o.). Hier finden Sie neben Textilien der verschiedensten Art vor allem Kunsthandwerkliches in einer für den Ort ansprechenden Auswahl.

Krankenhaus
- **Lovina Clinic**, Jl. Raya Singaraja-Seririt, Kalibukbuk, ☏ (0362) 41106.

Workshop
- **Lovina Cooking Course**, Temukus, ☏ (0362) 41913, 🖨 (0362) 41868. Man kann zwischen Kursen für vegetarische und nicht-vegetarische Gerichte wählen. Die Nachmittagskurse dauern jeweils etwa zweieinhalb Stunden und kosten US$ 15, bei einer Mindestteilnehmerzahl von 2 Personen.

Manggis (S. 585f) PLZ 80871

Unterkunft
SEHR TEUER ($$$$$$)
- **Amankila***, P.O. Box 33, ☏ (0363) 41333, 🖨 (0363) 41555; 34 Suiten; US$ 650-2.600; AC, FR, HA, KV, LS, RE, SA, SB, SW, ZT, 24. Dieses Hotel ist eine Legende, nicht nur des perfekten Service wegen, sondern insbesondere auch wegen seiner architektonischen Gesamtkonzeption und seiner atemberaubenden Lage hoch über dem Meer, in das der sich über drei Terrassen erstreckende Pool hinabzustürzen scheint. Während neun der großzügig bemessenen, elegant und edel ausgestatteten Bungalows zusätzlich einen eigenen Pool besitzen, stellt das Hotel selbst seinen Gästen sogar eine hauseigene Ausflugsyacht zur Verfügung. Schauen Sie doch wenigstens einmal zum Essen hier vorbei, Sie werden es nicht bereuen; E-mail: amankila@amanresorts.com, 🖥 www.amankila.com

TEUER ($$$$$)
- **Alila Manggis***, P.O. Box 13, ☏ (0363) 41011, 🖨 (0363) 41015; 56 Zimmer, davon 2 Suiten; US$ 180-350; AC, HA, MB, RE, SA, SP, SW, TV, ZT. Elegantes, edel gestyltes Anwesen am abgelegenen Strand von Buitan, von wo aus man auch schöne Wanderungen ins Hinterland unternehmen kann. Eine der besten Adressen in diesem Teil Balis; E-mail: manggis@alilahotels.com, 🖥 www.alilahotels.com/manggis

MODERAT ($$$$)
- **Puri Bagus Manggis**, ☏ (0363) 41304, 🖨 (0363) 41305, E-mail: info@bagus-discovery.com, 🖥 www.bagus-discovery.com/hotel/puribagus_manggis_profile.html; 7 Zimmer, davon 1 Suite; US$ 115-665; AC, BF, MB, RE, SW. Das ehemalige Familienanwesen abseits der Touristenpfade wurde liebevoll umgebaut und ist ein guter Standort für Wanderungen in der Umgebung.

M

PREISWERT ($$)
- **Balina Beach Resort**, ☎ (0363) 41002, 📠 (0363) 41001; 30 Zimmer und Suiten; US$ 50-80; AC, BF, RE, SA, SW. Dorfähnlich konzipierte Bungalowanlage mit weitläufigem Garten unmittelbar am schwarzen Kiesel- und Steinstrand. Das große Plus sind die angebotenen Workshops, vom Tanzen bis hin zum Weben. „Zurück zur Natur", so lautet das Konzept des Hauses; E-mail: balina@denpasar.wasantara.net.id, 💻 www.baliweb.net

Das Alila Manggis tischt feine asiatisch-mediterrane Küche auf.

Restaurants & Bar
- **The Bar**, Amankila (s. o.), 7-24 h. Die Getränkeauswahl ist superb, die Atmosphäre edel, die Aussicht mit Worten kaum zu beschreiben. Besser kann man einen Tag nur schwerlich ausklingen lassen.
- **The Lobby Lounge**, Alila Manggis (s. o.), 10.30-22.30 h. Genießen Sie beim Blick auf den gepflegten Garten und das Meer Ihren Cocktail oder einen der leckeren Fruchtsäfte.
- **The Restaurant**, Amankila (s. o.), 18-23 h; $. Atemberaubende Fernsicht, perfekter Service, kulinarische Raffinessen, stilvolle Atmosphäre – in jeder Hinsicht eines der spektakulärsten Restaurants der Insel. Ein Muss.
- **The Restaurant**, Alila Manggis (s. o.), 7-22.30; $. Hier genießt man feine asiatisch-mediterrane Küche mit herrlichem Blick auf einen nahezu menschenleeren Strandabschnitt und die gepflegte Gartenanlage des Hotels.
- **The Terrace**, Amankila (s. o.), 7-14 h; $. Was für das Abendessen im ‚The Restaurant' (s. o.) gilt, hat tagsüber hier Gültigkeit.

Marga (S. 686f)

Sehenswertes
- **Taman Pujaan Bangsa Margarana** (Nationaldenkmal Margarana), täglich 6-18 h, Eintritt frei (Spende erbeten).

Mas (S. 527ff) PLZ 80571

Sehenswertes
- **Pura Taman Pule**, Ortsmitte, täglich 7-19 h.

Einkaufen
LOKALE SPEZIALITÄTEN: Holzschnitzereien, Masken, Rattan- und Bambusmöbel

HOLZSCHNITZEREIEN:
- **Adil**, Jl. Raya Mas, ☎ (0361) 975173, 📠 (0361) 974642, täglich 8-17 h. Riesige Auswahl.
- **Dewi Art Gallery**, Jl. Raya Mas, ☎ (0361) 975792, 📠 (0361) 975285. Riesige Auswahl an alten und modernen Schnitzereien jeglicher Art.

- **Manis Art Shop & Wood Carver**, Jl. Raya Mas, ☎ (0361) 975232, 📠 (0361) 975328, E-mail: manisartshop@hotmail.com, 💻 www.manisartshop.balisite.com. Hier kann man den Künstlern auch beim Schaffen zuschauen.
- **Njana Tilem Gallery**, Jl. Raya Mas, ☎ (0361) 974503, 📠 (0361) 975099; 9-17.30 h. **Ida Bagus Njana** war einer der Gründer des neuen Stils der Holzschnitzkunst in den 30er Jahren, den sein Sohn **Ida Bagus Tilem** in den 60er Jahren weiterentwickelte. Einige ihrer Meisterwerke erinnern an das Schaffen dieser großartigen Künstler, deren Stil man sich hier auch weiterhin verpflichtet fühlt. Teuer, aber sehr erlesen; E-mail: tilem@telkom.net, 💻 www.tilem.com
- **Siadja**, Jl. Raya Mas, P.O. Box 3098, Denpasar 80030, ☎ (0361) 975210, 📠 (0361) 975710, E-mail: siadja@balimaestro.com, 💻 www.balimaestro.com/siadja; 8-18 h. In Balis ältester Galerie, die 1940 auf Anregung **Sukarnos** ihre Pforten öffnete und eng mit der Künstlervereinigung **Pita Maha** zusammenarbeitete, ist eine schier unüberschaubare Fülle an großen und kleinen Kunstwerken ausgestellt, darunter im Master Room Einzelstücke von außergewöhnlicher Schaffenskraft. Der Sohn des Gründers und heutige Direktor führt einen gerne selbst durch die Räume und erklärt einem an anschaulichen Beispielen alles über die Holzverarbeitung. Schon allein deswegen einen Besuch wert.

Mengwi (S. 689ff)

Sehenswertes
- **Pura Taman Ayun**, Jl. Mengwi-Sangeh, täglich 8-18 h, Eintritt: Erwachsene Rp. 3.000, Kinder Rp. 1.500.

Restaurant
- **Sari Royal Garden Restaurant**, Mandala Wisata Mengwi, ☎ (0361) 289031, 📠 (0361) 811910; 9-16 h. Unmittelbar gegenüber dem Pura Taman Ayun gelegenes Lokal, auf dessen Speisekarte indonesische und chinesische Gerichte stehen. Leider ein wenig vernachlässigt, dabei hätte es durchaus das Zeug und die Lage für ein wirkliches Spitzenrestaurant.

Einkaufen
Lokale Spezialität: Textilien

Munduk (S. 650)

Sehenswertes
- **Air Terjun Munduk**, ganztägig zugänglich, Parkgebühr: Rp. 500.

Unterkunft
preiswert:
noch preiswert:
- **Puri Lumbung**, ☎ (0362) 92810, 📠 (0362) 92514 [oder: Jl. Tunggul Ametung VII/9, P.O. Box 3603, Denpasar 80036], E-mail: lumbung@indosat.net.id, 💻 www.balihotels.com/purilumbung.htm; 12 Cottages; US$ 73-295; BF, RE. Nicht nur die in Form alter Reisspeicher erbauten Unterkünfte verweisen auf die Traditionsverbundenheit und ökologische Bewusstsein dieses Feriendomizils, sondern auch die zahlreichen angebotenen Workshops und der Erhaltung der Natur gewidmeten Aktivitäten. Hier lebt man mit und für die Bevölkerung.

Restaurant
- **Ngiring Ngewedang**, Dusun Tamblingan, Singaraja, ☎ (0362) 41126 und (0352) 25212, 🖷 (0362) 41840; 10-18 h. Wer sich von Bedugul und Umgebung auf dem Weg hinunter an die Nordküste befindet, sollte hier eine Kaffeepause einlegen, nicht nur der großartigen Aussicht wegen, sondern auch, weil einem die traditionelle Kaffeegewinnung demonstriert wird.

Workshops
- **Puri Lumbung** (s. o.): 1) Holzschnitzen: Preise pro Stunde: US$ 15 für bis zu 2 Personen, für jeden weiteren Teilnehmer zusätzlich US$ 5; 2) Kochkurs: Preis: US$ 21/Person; 3) Gamelan: Preise pro Stunde: 1-2 Personen US$ 9, 3-6 Personen US$ 18; 4) Tanz: Preise pro Stunde: 1-2 Personen US$ 9, 3-6 Personen US$ 18; 5) Weben: Preise pro Stunde: 1-2 Personen US$ 7.50, 3-6 Personen US$ 15.

Negara (S. 666f)

Informationen
- **Jembrana Government Tourist Office**, Jl. Dr. Setiabudi 1, Negara 82251, ☎ (0365) 41060, Mo-Do 7-13 h, Fr 7-11 h und Sa 7-12.30 h.

Sehenswertes
- **Pasar**: Jl. Ngurah Rai.
- **Pura Jagatnatha**, Jl. Sudirman, täglich 7-19 h.

Unterkunft
SEHR PREISWERT ($)
- **Hotel Prima Agung**, Jl. Ngurah Rai 111, ☎ (0365) 41876, 🖷 (0365) 41743; 11 Zimmer; Rp. 90.000-150.000; AC (z. T.), BF, KR (bis 50 Personen), RE, SS, TV, ZT. Wenn Sie in der Stadt nächtigen möchten oder müssen, sollten Sie es hier tun, trotz der Lage an der Hauptstraße.
- **Taman Sari**, Jl. Ahmad Yani 18, ☎ (0365) 41154; 16 Zimmer; Rp. 25.000-75.000; AC (z. T.), RE. Da das Hotel an einer der Hauptverkehrsstraßen der Stadt liegt, ist es entsprechend laut, doch auch sonst ist das Haus mit seinen äußerst einfachen Zimmern mehr als Notlösung anzusehen.

Restaurant
- **Rumah Makan Wirapada**, Jl. Ngurah Rai 107, ☎ (0365) 41161, 7-22 h. Auf den Tisch kommt indonesische und chinesische Küche zu günstigen Preisen.

Einkaufen
LOKALE SPEZIALITÄT: Textilien
MARKT: siehe ‚Sehenswertes'.

Polizei
Jl. Pahlawan 27, ☎ (0365) 41255

Apotheken
- **Karya Farma Apotik**, Jl. Rama 16, ☎ (0365) 41530.
- **Tri Jaya Apotik**, Jl. Srikandi 26, ☎ (0365) 41033.

Krankenhäuser
- **Kerta Yasa Poliklinik**, Jl. Ngurah Rai 143, ☎ (0365) 41248.
- **Rumah Sakit Umum**, Jl. Gelar, ☎ (0365) 41006.

Nusa Dua (S. 505ff) PLZ 80363

Unterkunft
SEHR TEUER ($$$$$$)

- **Amanusa***, ☏ (0361) 772333, 🖷 (0361) 772335, E-mail: amanusa@amanresorts.com, 🖳 www.amanresorts.com; 35 Villen; US$ 650-1.300; AC, FR, HA, KR (bis 30 Personen), RE, SA, SB, SW, TP, ZT, 24. Wie alle Amanresorts lässt es auch dieses an nichts fehlen. Acht der Villen besitzen einen eigenen Pool, von allen hingegen hat man einen phantastischen Blick über Nusa Dua und den direkt vor der Haustür liegenden Golfplatz. Und am hauseigenen Strand stehen den Gästen neun Bales als Sonnenschutz zur Verfügung. Schon der Aussicht wegen sollten Sie hier zumindest einmal speisen. Noch immer Nusa Duas erste Adresse.
- **Melia Bali Villas & Spa Resort***, P.O. Box 88, ☏ (0361) 771510, 🖷 (0361) 771360, E-mail: reservation@meliabali.com, 🖳 www.meliabali.com; 388 Zimmer, 112 Suiten und 10 Villen; US$ 200-1.100; AC, BC, BF, FC, FR, HA, KR (bis 400 Personen), KV, MB, NR, RE, SA, SB, SN, SP, SW, TP, TV, UD, ZS, ZT, 24. Großer, direkt am Meer gelegener Komplex mit großartigem Garten und breitgefächerten Freizeitangebot. Besonders attraktiv und großzügig bemessen sind die zweigeschossigen Suiten sowie die zehn, von der restlichen Hotelanlage abgegrenzten Villen, von denen jede über einen eigenen Pool verfügt.
- **Sheraton Laguna Nusa Dua**, P.O. Box 77, ☏ (0361) 771327, 🖷 (0361) 771326, 🖳 www.luxurycollection.com/lagunanusadua; 270 Zimmer, davon 13 Suiten; US$ 245-1.200; AC, BC, FC, FR, HA, KR (bis 200 Personen), KV, LS, MB, NR, RE, SA, SB, SP, SW, TP, TV, UD, ZS, ZT, 24. Dieses direkt am Meer gelegene Luxusresort, das über eine der größten Poollandschaften auf Bali verfügt, zählt zur Starwood Luxury Collection. 48 der Zimmer haben direkten Zugang zu der lagunenartigen Wasserlandschaft, der Butlerservice lässt keinen Wunsch unerfüllt. Und eingecheckt wird nicht an der Rezeption, sondern im Zimmer. Einzig die etwas kastenförmige, bis zu vierstöckige Bauweise trübt das Gesamtbild ein klein wenig.
- **The Bale**, Jl. Raya Nusa Dua Selatan, P.O. Box 76, ☏ (0361) 775111, 🖷 (0361) 775222, E-mail: bliss@thebale.com, 🖳 www.thebale.com; 20 Villen; US$ 420-700; AC, BF, FC, LS, MB, RE, SA, SB, SP, SW, TV, ZS, ZT, 24. In unmittelbarer Nähe des Geger Beach und zwei Minuten vom Bali Golf & Country Club entfernt gelegen, verwöhnt diese zu den Small Luxury Hotels of the World gehörende Anlage ihre Gäste mit jedwedem Komfort, wozu auch die villeneigenen Pools zählen – und die herrliche Aussicht aufs Meer gibt es gratis dazu.

TEUER ($$$$$)

- **Bali Hilton International**, Jl. Pantai Mengiat, P.O. Box 46, ☏ (0361) 771102, 🖷 (0361) 771616; 519 Zimmer und 18 Suiten; US$ 180-1.150; AC, BC, EF, FC, FR, HA, KR (bis 1.500 Personen), KV, LS, MB, NR, SA, SB, SP, SW, TP, TV, UD, ZT, 24. Die riesige Brunnen- und Teichanlage vor dem Haus erschlägt einen fast, ebenso die gewaltige Lobby. Zimmerausstattung und Service entsprechen dem hohen Standard der Hotelkette, und auch das Freizeitangebot lässt keine Wünsche offen; E-mail: info@balihilton.com, 🖳 www.balihilton.com
- **Grand Hyatt Bali***, P.O. Box 53, ☏ (0361) 771234, 🖷 (0361) 772038, E-mail: baligh.inquiries@hyattintl.com, 🖳

Vom Amanusa überblickt man ganz Nusa Dua.

N www.bali.grand.hyatt.com; 618 Zimmer, 41 Suiten und 2 Villen; US$ 150-2.300; AC, BC, EF, FC, FR, HA, KR (bis 780 Personen), KV, LS, MB, RE, SA, SB, SN, SP, SW, TP, TV, UD, ZS, ZT, 24. Über 40 ha tropischer Gärten verteilt sich diese in vier ‚Dörfer' unterteile Anlage, die nicht nur über sechs Pools und eine Vielzahl von Restaurants verfügt, sondern auch 650 m Strandfront, Haustempel und zwei Villen, die jeweils mit einem eigenen Pool ausgestattet sind. Hier fehlt es wahrlich an nichts, und nicht wenige, die von Bali nichts sehen außer diesem phantastischem Hotelkomplex.

- **Inna Putri Bali Hotel, Cottage & Spa** *(ehemals: Putri Bali Cottages & Spa)*, P.O. Box 1, ☎ *(0361) 771020*, 📠 *(0361) 771139*; 349 Zimmer, 22 Suiten und 21 Cottages; US$ 160-600; AC, FC, FR, KR (bis 300 Personen), KV, MB, RE, SA, SN, SP, SW, TP, TV, ZT, 24. Das unmittelbar am Strand gelegene First Class-Hotel, in dem viele Gruppen absteigen, bietet ein umfangreiches Freizeitangebot, auch für den Nachwuchs. Die schöne Gartenanlage und geschmackvoll eingerichteten Zimmer sind Garanten für einen erholsamen Aufenthalt; E-mail: sales@putribali.com, 💻 www.putribali.com

- **Nikko Bali Resort & Spa**, *Jl. Raya Nusa Dua Selatan*, P.O. Box 18, ☎ *(0361) 773377*, 📠 *(0361) 773388*; 377 Zimmer und 13 Suiten; US$ 160-605; AC, BC, FC, FR, HA, KR (bis 500 Personen), KV, MB, RE, SA, SB, SN, SP, SW, TP, TV, UD, ZS, ZT, 24. Grandios gelegenes Resort, von dessen 40 m hohen Observation Tower man einen atemberaubenden Blick auf die Steilküste hat. Im riesigen Freizeitangebot u. a. eine Kamelsafari entlang des Strandes und ins Innere der Halbinsel. Sehr viele japanische Gäste; E-mail: sales@nikkobali.com, 💻 www.nikkobali.com

- **Nusa Dua Beach Hotel & Spa**, P.O. Box 1028, ☎ *(0361) 771210*, 📠 *(0361) 771229*, E-mail: pr@nusaduahotel.com, 💻 www.nusaduahotel.com; 351 Zimmer, 29 Suiten und 1 Villa; US$ 150-2.800; AC, BC, EF, FC, FR, HA, KR (bis 600 Personen), KV, LS, MB, RE, SA, SB, SP, SW, TP, TV, UD, ZS, ZT, 24. Direkt am Strand gelegenes Mitglied der **Leading Hotels of the World**, dessen geschmackvolle Zimmer ebenso verwöhnen wie das in den diversen Restaurants Angebotene. Für Staatschefs oder Industriebosse ist die ‚Residence' gedacht, die abgeschottet von der restlichen Hotelanlage u. a. über einen 25 m² großen Pool und einen zauberhaften Privatgarten verfügt.

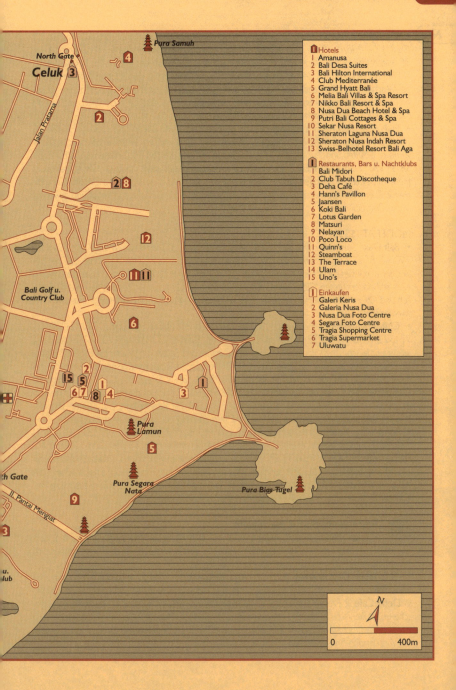

- **The Westin Resort Nusa Dua, Bali** *(ehemals: Sheraton Nusa Indah Resort)*, P.O. Box 36, ☎ *(0361) 771906,* 📠 *(0361) 771908,* 💻 *www.starwood.com/westin/index.html; 355 Zimmer, davon 38 Suiten; US$195-1.200; AC, BC, FC, FR, HA, KR (bis 2.500 Personen), KV, LS, MB, NR, RE, SA, SB, SN, SP, SW, TP, TV, ZS, ZT, 24.* Mit seinem riesigen Tagungszentrum ist dieses Hotel beliebte Adresse bei Geschäftsreisenden, doch auch für jeden anderen hält es mit seiner großzügigen Poolanlage, seinen Restaurants und schönen Zimmern alles bereit, was den Aufenthalt verschönert, und um die Kleinen kümmert man sich im hauseigenen Kinderclub.
- **Swiss-Belhotel Resort Bali Aga**, *Jl. Nusa Dua Selatan 8, P.O. Box 97,* ☎ *(0361) 776688,* 📠 *(0361) 773636, E-mail: baliaga@swiss-belhotel.com,* 💻 *www.swiss-belhotel.com/balia.html; 54 Zimmer, 6 Suiten und 3 Villen; US$ 178-450; AC, BC, FC, HA, KR (bis 50 Personen), LS, MB, RE, SA, SB, SP, SW, TV, ZS, ZT, 24.* Für Nusa Dua vergleichsweise kleines, nicht direkt am Strand gelegenes Hotel mit zwei dreistöckigen Flügeln, zwischen denen die Pools angeordnet sind. Die drei Villen, die jeweils über einen eigenen Plunge Pool verfügen, sind vom Rest der Anlage getrennt und gewähren so viel Privatsphäre.

MODERAT ($$$$)

- **Bali Desa Suites**, *P.O. Box 182,* ☎ *(0361) 772688,* 📠 *(0361) 772678; 28 Villen; US$ 140-290; AC, BF, LS, MB, SB, SW, TP, TV, ZS, ZT.* Die kleinste Villa misst 220 m^2, die größte 467 m^2, alle sind für mindestens vier Personen ausgelegt, die größten sogar für bis zu acht, und besitzen neben einer voll eingerichteten Küche große, elegante Schlaf- und Wohnzimmer. Bestens geeignet für Familien und länger Bleibende, für die es günstige Monatstarife gibt; *E-mail: balidesa@indosat.net.id,* 💻 *www.balidesa.co.id*
- **Club Méditerranée**, *Bali Holiday Village, Lot No. 6, P.O. Box 7,* ☎ *(0361) 771521, (0361) 771523, (0361) 771832 und (0361) 771834,* 📠 *(0361) 771831 und (0361) 771835,* 💻 *www.clubmed.com.my/Villages_Nusa.asp; 402 Zimmer und Suiten; pro Woche ab € 600 (Vollpension; nicht direkt buchbar; die genauen Preise für die verschiedenen Arrangements erfahren Sie bei Ihrem Reisebüro); AC, BC, BF, FR, HA, KV, MB, NR, RE, SA, SB, SN, SW, TP, TV, UD, ZS, ZT, 24.* Typische All-inclusive-Clubanlage mit riesigem, im Preis weitestgehend eingeschlossenen Sport- und Freizeitangebot, u. a. eine Zirkusschule, Bogenschießen und viel, viel Wassersport. Die Kleinen sind hier bestens aufgehoben und betreut, so dass die Eltern sie ruhig einmal allein lassen können.
- **Sekar Nusa Resort**, *Jl. Raya Nusa Dua Selatan, P.O. Box 177,* ☎ *(0361) 773333,* 📠 *(0361) 775765, E-mail: info@villasekarnusa.com,* 💻 *www.villasekarnusa.com; 53 Villen; US$ 125-350; AC, FR, HA, MB, RE, SA, SB, SP, SW, TV, ZS, ZT, 24.* Geschmackvoll eingerichtete Zimmer, diskreter Service und eine wunderbare Aussicht auf die Küste machen dieses landeinwärts auf einer Anhöhe anzutreffende Villendorf zu einem guten Standort für denjenigen, der Ruhe und Erholung sucht. Die Presidential Suite verfügt zudem über einen eigenen Pool und Küche.

Restaurants, Bars & Nachtklubs

- **Bali Midori**, *Galeria Nusa Dua, Blok D 8/1,* ☎/📠 *(0361) 778025; 7-23 h; $.* Kulinarisches aus allen Teilen der Welt, sorgsam zubereitet, ein Genuss auch für die Augen; allabendlich Tanzvorführungen; kostenloser Hoteltransfer in der Region.
- **Club Tabuh Discotheque**, *Nusa Dua Beach Hotel & Spa (s. o.), Do-So, 22-3 h.* Elegant, mit abwechslungsreichem Unterhaltungsprogramm, u. a. Modenschau am So und Ladies Night am Mi.
- **Deha Café**, *Jl. Pratama 51D,* ☎/📠 *(0361) 774097; 11-23 h.* Feine balinesische, indonesische und italienische Küche mit erlesenen Zutaten, und falls man den Gaumenfreuden ein wenig zuviel zugesprochen hat, kann man sich im unweit vom Lokal gelegenen DHSpa gleich wieder auf Vordermann bringen lassen.

- **Hann's Pavilion**, Jl. Pantai Mengiat 88, ☏ (0361) 776565. Im **Bella Vita** können Sie zwischen 11 und 23 h italienisch essen, im **Hann Chinese** zwischen 9 und 23 h chinesisch (einschließlich Dim Sum), und an der **Pavilion Bar** zwischen 11 und 23 h den einen oder anderen edlen Tropfen genießen. Ab 19.30 h gibt es jeden Abend Live-Musik und Aufführungen balinesischer Tänze, und der Hoteltransfer innerhalb von Nusa Dua ist kostenlos.
- **Jaansen**, Galeria Nusa Dua, Blok B 1/2, ☏ (0361) 772628; 8-23 h. Noch immer eines der beliebtesten Restaurants innerhalb dieses Einkaufskomplexes, nicht zuletzt wegen der guten Bar...
- **Koki Bali**, Jl. Pantai Mengiat, Bualu Village, ☏ (0361) 772406; 8-23 h. Voll ist es hier vor allem am Di und Do, wenn ab 20 h balinesische Tänze aufgeführt werden; kostenloser Hoteltransfer innerhalb von Nusa Dua.
- **Lotus Garden**, Jl. By Pass Ngurah Rai, ☏ (0361) 773378, 📠 (0363) 773379; 8-23 h. Wie alle zu dieser Kette gehörenden Restaurants überzeugt auch dieses – trotz seiner Lage an der Hauptstraße – durch Behaglichkeit, geschmackvolles Essen und aufmerksamen Service, zu dem auch der kostenlose Hoteltransfer innerhalb von Nusa Dua zählt.
- **Matsuri**, Galeria Nusa Dua, ☏ (0361) 772267, 📠 (0361) 772269; 11-23 h; **$**. Mehrere Pavillons in einem großen Garten, in denen vorzügliche japanische Küche serviert werden. Wer ungestört speisen möchte, kann sich auch ein Tatami-Zimmer reservieren lassen; kostenloser Hoteltransfer innerhalb von Nusa Dua.
- **Nelayan**, Jl. Pantai Mengiat, Bualu Village, ☏ (0361) 773534; 12-23 h. Auch die chinesischen und indonesischen Gerichte sind schmackhaft, besonders jedoch die feinen Seafood-Spezialitäten.
- **Poco Loco**, Jl. Pantai Mengiat 12, Bualu Village, ☏ (0361) 773923; 18-24 h. Das fetzig bunte Ambiente des großen Restaurants passt bestens zu dem wilden Potpourri der mexikanischen Gerichte, die hier bei mitunter wildem Jazz auf den Tisch kommen.
- **Quinn's**, Sheraton Laguna Nusa Dua (s. o.), 17-23 h. Nachtklub mit Live-Entertainment und Modenschau am Di.
- **Steamboat**, Bualu Village Shopping Center, Jl. Pantai Mengiat, ☏ (0361) 775747; 8-23 h. Neben orientalischer Küche sind noch Steaks und Pastas im Angebot; kostenloser Hoteltransfer in der Region Nusa Dua.
- **The Terrace**, Amanusa (s. o.), 7-22 h; **$**. Tagsüber kann man zwischen asiatischen und westlichen Gerichten wählen, am Abend gibt es indonesische und thailändische Spezialitäten vom Feinsten, mit atemberaubenden Blicken auf den Golfplatz und die Küste von Nusa Dua.
- **Ulam**, Jl. Pantai Mengiat 14, Bualu Village, P.O. Box 117, ☏ (0361) 771590 und (0361) 771902, 📠 (0361) 774166, E-mail: ulam@dps.mega.net.id; 10-23 h. Feine balinesische Küche, indonesische Rijstaffel und Seafood sind es, die dieses Restaurant bekannt gemacht haben; kostenloser Hoteltransfer in der Region von Nusa Dua.
- **Uno's**, Galeria Nusa Dua, Blok A 2/1-3, ☏ (0361) 773654; 7-23 h; **$**. Den Schwerpunkt stellt eindeutig die Küche Italiens dar. Besondere Dreingaben sind die kostenlose Salatbar, ein kleines Präsent und der unentgeltliche Hoteltransfer innerhalb von Nusa Dua.

Einkaufen
EINKAUFSZENTREN, KAUFHÄUSER UND SUPERMÄRKTE:
- **Galeri Keris**: Galeria Nusa Dua, Blok C 1, ☏ (0361) 771303, 9-20 h. Balis größter Department Store mit vielen internationalen Nobelmarken und einer riesigen Auswahl an indonesischem Kunsthandwerk und Textilien.
- **Galeria Nusa Dua**: Nusa Dua Tourism Complex, P.O. Box 40, ☏ (0361) 771662, 📠 (0361) 771664, E-mail: galeria@indo.net.id, 9-22 h. Weitläufiger Einkaufs- und Restaurantkomplex, verteilt auf eine Vielzahl von Gebäuden und Ständen. Außerdem gibt es hier ein Freilufttheater für kulturelle

Veranstaltungen und einen kostenlosen Shuttle-Bus-Service zu den Hotels in Nusa Dua und Tanjung Benoa.
- **Tragia Shopping Centre**: Jl. By Pass Ngurah Rai, ☏ (0361) 772170 und (0361) 772172, 8.30-20 h. Im Erdgeschoss befindet sich ein großer Supermarkt, darüber auf zwei Etagen ein Department Store.
- **Tragia Supermarket**: Galeria Nusa Dua, Blok B 3/1, ☏ (0361) 771451, 9-20 h.

SPEZIALGESCHÄFTE:
- **Nusa Dua Foto Centre**, Galeria Nusa Dua, C-9/5, ☏ (0361) 771509; alles rund ums Bild.
- **Segara Foto Centre**, Galeria Nusa Dua, A-2/6-7, ☏ (0361) 771314.
- **Uluwatu**, Galeria Nusa Dua, B-1/1, ☏ (0361) 771309; 8-22 h. Edle, handgefertigte Textilprodukte, deren Qualität ihren Preis hat; E-mail: uluwatu@denpasar.wasantara.net.id

Polizei
Jl. By Pass Nusa Dua, ☏ (0361) 772110

Paketdienst
- Federal Express, Jl. Raya Nusa Dua 100X, ☏ (0361) 701727, 📠 (0361) 701725.

Apotheke
- Nusa Dua Apotik, Jl. By Pass Ngurah Rai, ☏ (0361) 771393.

Krankenhaus
- Nusa Dua Clinic, Jl. Pratama 81A, ☏ (0361) 771324.

Mietwagen
- Agung Rant Car CV, Jl. Pratama, ☏ (0361) 772275.
- Hertz Rent a Car, Hotel Putri Bali, ☏ (0361) 771020, 📠 (0361) 286967.

Reisebüro
- Nusa Dua Bali Tours & Travel PT, Jl. By Pass Ngurah Rai 300B, ☏ (0361) 751223, E-mail: ndbt@dps.mega.net.id.

Tanzvorführungen
• Baris:	Galeria Nusa Dua, Blok A, Do 19.30 h
• Cendrawasih Dance:	Galeria Nusa Dua, Blok D, So 19.30 h
• Frog Dance:	Nusa Dua Beach Hotel, Innercourt Garden, Di 19 h
• Jauk:	Galeria Nusa Dua, Blok D, Fr 19.30 h
• Kecak:	Galeria Nusa Dua, Blok C, Di 19.30 h
	Pasar Senggol, Grand Hyatt, Di 19 h
	Pelangi Stage, Nusa Dua Beach Hotel, So 18 h
• Legong:	Budaya Stage, Nusa Dua Beach Hotel, Fr 20 h
	Galeria Nusa Dua, Blok D, Mo 19.30 h
	Pasar Senggol, Grand Hyatt, Sa 19 h
• Ramayana:	Budaya Stage, Nusa Dua Beach Hotel, Di 20 h
	Pasar Senggol, Grand Hyatt, Do 19 h
• Tektekan:	Pasar Senggol, Grand Hyatt, Mo 19 h
• Topeng:	Galeria Nusa Dua, Blok D, Mi 19.30 h

Spa

- **DHSpa**, Jl. By Pass Ngurah Rai 243, Mumbul, ☎ (0361) 777111, 📠 (0361) 777 107, E-mail: dhspa@dhspa.com, 💻 www.dhspa.com, täglich 9-21 h. Massagen ab US$ 15, Anwendungen bis US$ 149.

Tipp für Familien mit Kindern

- **Bali Camel Safaris**, Hotel Nikko Bali (s. o.), einstündige Ritte täglich 9, 10.30, 15 und 16.30 h, Erwachsene US$ 33, Kinder (5-12 Jahre) US$ 17. Die Touren beginnen und enden am Strand unterhalb des Hotels Nikko Bali und schlagen einen Bogen landeinwärts durchs Buschland.

Nusa Lembongan (S. 513ff)

Anreise

Siehe Kapitel ‚Allgemeine Reisetipps von A-Z – Verkehrsmittel – Fähren und Boote' (S. 349f) und Kapitel ‚Organisierte Touren – Zu Wasser' (S. 469ff).

Sehenswertes

- **Rumah Goa**, Desa Lembongan, täglich 7-18 h, Eintritt: Rp. 5.000.

Unterkunft

SEHR TEUER ($$$$$$)
- **Nusa Lembongan Resort***, Sanghyang Bay, ☎ (0361) 413375, 📠 (0361) 413376 [oder: P.O. Box 3846, Denpasar 80001, ☎ (0361) 725864, 📠 (0361) 725866; 12 Villen; US$ 242-605; AC, BF, MB, RE, SA, SP, SW, ZS, ZT, 24. Zauberhafte Anlage, mit exquisit eingerichteten Villen, superben Restaurants, einem malerischen Pool und einem Blick, für den man – besonders am Abend – fast alles hingibt. Derzeit mit weitem Abstand die Nummer Eins auf der Insel; E-mail: info@nusalembonganresort.com, 💻 www.nusa-lembongan.com

MODERAT ($$$$)
- **Waka Nusa Resort**, Sanghyang Bay, ☎/📠 (0351) 261130 [oder: Jl. Imam Bonjol 467, Denpasar, ☎ (0361) 723629 und (0361) 723659 und (0361) 723577, 📠 (0361) 722077, E-mail: wakanusa@wakaexperience.com, 💻 www.wakaexperience.com/wakanusa/index.htm; 10 Bungalows; US$ 110-125; AC (z. T.), BF, MB, RE, SW. Direkt am Strand weitläufig im Stil eines Dorfes angelegt. Sehr stilvoll, genau das Richtige zum Relaxen.

NOCH PREISWERT ($$$)
- **Coconuts Beach Resort**, Jl. By Pass Ngurah Rai 622, Suwung, ☎ (0361) 728 088, 📠 (0361) 728089; 18 Villen; US$ 66-86; AC (z. T.), BF, RE, SA, SS, SW, ZS. Zauberhaft am Abhang gelegene, behaglich eingerichtete Rundvillen mit spektakulärer Aussicht; E-mail: sales@bali-activities.com, 💻 www.bali-activities.com

PREISWERT ($$)
- **Hai Tide Huts**, Sanghyang Bay, PT Bali Cruises Nusantara, P.O. Box 3548, Denpasar 80001, Benoa Harbour, ☎ (0361) 720331, 📠 (0361) 720334; 15 Lumpung; US$ 95; AC, RE, SW. Schöne zweigeschossige, reisspeicherartige Unterkünfte direkt am Strand. Da die Anlage zu den Bali Hai Cruises gehört, stehen für die Gäste u. a. ein umfangreiches Wassersportangebot sowie eine Inseltour auf der Angebotsliste; E-mail: sales@balihaicruises.com, 💻 www.balihaicruises.com

N

- **Morin Lembongan**, Jl. Hang Tuah G III/8, Sanur 80228, ☎ (081) 8356804 und ✆/📠 (0361) 288993; 3 Zimmer; US$ 35; BF, RE. Von den drei hoch über der Bucht gelegenen einfachen Hütten, an und in denen fast alles aus Bambus besteht, genießt man einen großartigen Fernblick; E-mail: wayman40@hotmail.com
- **Villa Wayan's**, Jl. Danau Poso 61, Sanur 80228, ☎ 0828-362684 und ✆/📠 (0361) 287431; 14 Zimmer; US$ 39-59; BF, RE. Einfache, aber behaglich eingerichtete Zimmer mit Veranden und phantastischem Ausblick auf die Küste und das Meer. Abends kommt mitunter ein wenig Robinson Crusoe-Stimmung auf; E-mail: info@lembongan-discovery.com, 🖥 www.baliwww.com/bali/roomfinder/villawayan.htm

Vom Coconuts Beach Resort schweift der Blick über die langgezogene Bucht.

Restaurants

- **Coconuts Beach Resort** (s. o.), 7-22 h. Von dem kleinen Restaurant hoch über der Bucht hat man einen phantastischen Blick auf die Küste.
- **Jo-Jo's Restaurant**, Nusa Lembongan Resort (s. o.), 7-22 h; $. Das beste Restaurant auf der Insel, mit atemberaubendem Blick auf die Bucht und perfektem Service; für Romantiker und Verliebte besonders geeignet.
- **The Sanghiang Bar and Lounge**, Nusa Lembongan Resort (s. o.), 11-23 h. Stilvolle Bar am Pool, mit Blick auf die Bucht und einer großen Auswahl an Getränken, zu denen Snacks und Tapas gereicht werden.

Nusa Penida (S. 509ff)

Anreise
Siehe Kapitel ‚Allgemeine Reisetipps von A-Z – Verkehrsmittel – Fähren und Boote' (S. 349f) und Kapitel ‚Organisierte Touren – Zu Wasser' (S. 469f).

Sehenswertes
- **Goa Karangsari**, Karangsari.
- **Pura Dalem Penataran Ped**, ca. drei Kilometer östlich von Toyapakeh.
- **Pura Puseh Batumadeg**, Batumadeg.

Unterkunft
- **Bungalow Pemda ($)**, Sampalan; 10 Zimmer; Rp. 10.000. Die Betten der staatlich geführten, direkt am Strand gelegenen spartanischen Unterkunft sind ein wenig schmal und kurz, die Zimmer könnten sauberer sein und die Moskitos weniger nervtötend. Doch bleibt als Alternative, wenn man auf der Insel nächtigen möchte, bis dato nur die Möglichkeit privat unterzukommen (fragen Sie vor Ort danach).

Pacung (S. 685)

Unterkunft & Restaurants
MODERAT ($$$$)
- **Pacung Mountain Resort**, Jl. Raya Baturiti, Bedugul, Tabanan 82191, ☏ (0368) 21038 und (0361) 262461, 📠 (0368) 21043; 29 Zimmer und 10 Bungalows; US$ 100-200; BF, HA, KR (bis 170 Personen), MB, RE, SS, SW, TV, UD, ZT, 24. Traumhaft an den Hang gebaute Anlage aus mehrgeschossigen Gebäuden für die Standardzimmer und eingeschossigen Bungalows, von denen aus man einen phantastischen Blick auf die Reisterrassen ringsum und bis weit hinunter in Richtung Küste hat. Vom Restaurant (geöffnet 7-22 h) aus hat man einen phantastischen Blick auf die Reisterrassenlandschaft; E-mail: pacungmr@denpasar.wasantara.net.id, 🖥 www.bali-travelnet.com/hotels/pacung_resort

SEHR PREISWERT ($)
- **Pacung Indah Hotel & Restaurant**, Jl. Raya Baturiti, Bedugul, Tabanan 82191, ☏ (0368) 21020, 📠 (0368) 21964, E-mail: pacung_indah@hotmail.com, 🖥 www.pacung.com; 4 Zimmer; Rp. 190.000-750.000; RE, TV. Von hier oben bietet sich einem eine phantastische Aussicht über eine der schönsten Reisterrassenlandschaft Balis dar, die man auch vom Restaurant (geöffnet 7-20 h) aus genießen kann.

Padangbai (S. 584f) PLZ 80872

Informationen & Reisebüro
- **Perama Tourist Service**, ☏ (0363) 41419.

Unterkunft
SEHR PREISWERT ($)
- **Hotel Puri Rai**, Jl. Silayukti 7X, ☏ (0363) 41385 und (0363) 41387, 📠 (0361) 41386; 30 Zimmer; Rp. 150.000-300.000; AC (z. T.), BF, RE, SW. Das einfache und saubere Hotel mit seinen zweistöckigen Gebäuden und kleinem Garten ist das erste Haus am Platz.
- **Kerti Beach Inn**, Jl. Silayukti, ☏ (0363) 41391; 18 Zimmer; Rp. 40.000-70.000; BF, RE. Die auf einen gemeinsamen Innenhof hin ausgerichteten Zimmer sind nur mit dem Nötigsten ausgestattet, doch dafür liegt der Strand gleich auf der anderen Straßenseite.
- **Padangbai Beach Inn II**, Jl. Silayukti, ☏ (0363) 41439; 16 Zimmer; Rp. 60.000-75.000; BF. Die unmittelbar am Strand gelegene kleine Anlage besteht aus zweistöckigen, getreidespeicherartigen, minimalistisch ausgestatteten Wohneinheiten.
- **Pantai Ayu Guest House & Restaurant**, Jl. Silayukti 27, ☏ (0363) 41396; 10 Zimmer; Rp. 40.000-50.000; BF, RE, SS. Nicht direkt am Strand gelegen, doch dafür hat man von der Anhöhe aus einen schönen Blick auf die Bucht. Die charmante, mitunter etwas redselige Hausdame ist stolz auf ihre vielen deutschen Gäste.

Restaurants
- **Café Papa John**, Jl. Segara 23X, ☏ (0363) 41572; 7-22 h. Gemütliche kleine Bar, in der abends oft kein Platz mehr frei ist.
- **Champion's Café**, Jl. Segara, ☏ (0363) 41287; 7-22 h. An der Uferstraße gelegenes Lokal, das etwas größer ist als seine Konkurrenten nebenan.
- **Kerti Beach Inn**, Jl. Silayukti, ☏ (0363) 41391; 7-22. Von diesem in der zweiten Etage sich befindenden Restaurant aus hat man einen schönen Blick über die Bucht.
- **Pantai Ayu Guest House & Restaurant** (s. o.), 7-22 h. Internationale Küche zu günstigen Preisen.

- **Puri Rai Bar & Restaurant**, Hotel Puri Rai (s. o.), 7-24 h. Essen gibt es in Padangbais bestem Restaurant bis 22 Uhr, die gut sortierte Bar ist hingegen bis Mitternacht geöffnet.
- **Sari Arta Café**, Jl. Segara 9, 7-22 h. Nette kleine Bar an der Uferstraße.

Fähren und Boote
Siehe Kapitel ‚Allgemeine Reisetipps von A-Z – Verkehrsmittel – Fähren und Boote' (S. 349f).

Palasari (S.663)

Unterkunft
- **Taman Wana Villas & Spa**, Jl. Taman Wana, Negara 82252, ☎/📠 (0365) 40970, E-mail: twfv@dps.centrin.net.id, 🖥 www.bali-tamanwana-villas.com; 24 Villen und 3 Suiten; US$ 250-1.000; AC, HA, KR (bis 30 Personen), MB, RE, SA, SP, SW, TV, ZS, ZT, 24. Die Anlage wurde nach strengsten ökologischen Richtlinien errichtet und wird nach eben diesen geführt. Die auf drei Seiten durch Stein- und Holzmauern von einander abgeschirmten, über Hängebrücken zu erreichenden spitzdachigen Villen bieten ein Höchstmaß an Privatsphäre und gewähren nicht nur atemberaubende Blicke auf die Berge und den tropischen Regenwald des Nationalparks, sondern auch wie auf die vor der Haustür liegende Lagune. Die mit drei Schlafräumen ausgestattete Palasari Suite verfügt über einen eigenen Pool. Eines der landschaftlich am schönsten gelegenen Hotels der Insel.

Pancasari (S. 642) PLZ 81162

Unterkunft
NOCH PREISWERT ($$$)
- **Bali Danau Buyan Resort***, Jl. Raya Bedugul, Singaraja 81162, ☎ (0362) 21 351, und (0362) 23739, 📠 (0362) 21 388, E-mail: lakebuyan@bali-paradise.com, 🖥 www.bali-paradise.com/lakebuyan; 18 Zimmer; US$ 75-200; BF, MB, TP, TV, ZT, 24. Die neun geräumigen Bungalows, in denen jeweils zwei Schlafräume sowie eine gemeinschaftlich nutzbare, voll eingerichtete Küche mit großem Salon (mit Kamin) untergebracht ist, verlieren sich geradezu in der herrlichen Gartenanlage, von der aus man auf den Danau Buyan blicken kann;

Lage und Garten des Bali Danau Buyan Resort sind traumhaft.

MODERAT ($$$$)
- **Bali Handara Kosaido Country Club***, ☎ (0362) 22646, 📠 (0362) 23048; 77 Zimmer, davon 14 Suiten; US$ 100-500; BF, FR, FC, KR (bis 100 Personen), RE, SA, SN, SP, TP, TV, UD, ZT, 24. Hier steigen vornehmlich Golfer ab. Eigentlich schade, denn die traumhafte Lage inmitten des über 1.100 m hoch gelegenen Golfkurses wirkt geradezu betörend. Der ideale Ausgangspunkt für die Entdeckung der umliegenden Seen- und Berglandschaft; E-mail: sale@balihandara.famili.com, 🖥 www.balihandara.com

Restaurants
- **Café Teras Lempuna**, Jl. Raya Denpasar-Singaraja, ☎/📠 (0362) 293312; 10.30-23 h. Auch wenn das kleine Lokal, in dem es neben westlicher Küche vor allem noch japanische gibt, nicht direkt am See liegt, so hat man doch einen Blick darauf. Sehr gepflegt, und das Personal ist überaus freundlich.

- **Kamandalu**, Bali Handara Kosaido Country Club (s. o.), 7-22 h. Den traumhaften Blick auf den Golfplatz und die umliegende Berglandschaft gibt es im besten Restaurant der Gegend gratis dazu.

Pantai Canggu (S. 694)

Unterkunft & Restaurant

- Hotel Tugu Bali* *($$$$$$)*, Jl. Pantai Batu Bolong, Desa Canggu, ☏ (0361) 731701-3, 🖷 (0361) 731704, E-mail: bali@tuguhotels.com und tugubali@bali.pesat.net.id, 🖳 www.tuguhotels.com; 22 Suiten und 3 Bungalows; US$ 300-550; AC, BC, FC, HA, LS, MB, RE, SA, SP, SW, TP, TV, ZS, ZT, 24. Eigentlich ein Museum, kein Hotel, denn sowohl die öffentlichen Räume als auch die Zimmer sind voller Antiquitäten, die der Besitzer jahrelang zusammengetragen hat, u.a die größte aus einem einzigen Stück Holz gefertigte sowie die älteste Garudafigur der Welt. Kommen Sie zumindest einmal zum Essen hierher, z. B. ins **Waroeng Tugu I** (geöffnet 11-23 h; **$**). Haben Sie schon einmal in einem Museum diniert? Hier können Sie es. Auf den Tisch kommt feinste indonesische Küche. Dieses Ereignis sollten Sie sich nicht entgehen lassen! Ein Muss!

Pantai Medewi (S. 669f)

Sehenswertes

- **Pura Rambut Siwi**, zwischen Mendoyo und Pantai Medewi südlich der Hauptstraße an der Küste, täglich 6-17 h, Spende erbeten.

Unterkunft & Restaurant

- **Medewi Beach Cottages** (**$**), Pekutatan, Jembrana, P.O. Box 126, Negara 82217, ☏ (0365) 40029 und (0365) 40030, 🖷 (0365) 41555 und (0365) 40034; 26 Zimmer; US$ 20-60; AC, KV, MB, RE, SW, TV, ZT. Nette Bungalowanlage an einem der besten Surfstrände Balis. Das Essen des Restaurants (geöffnet 7-22 h) wirft zwar sicherlich niemanden vom Hocker, stellt vor Ort aber noch immer die beste Alternative dar.

Pantai Yeh Gangga (S. 678)

Unterkunft
MODERAT ($$$$)

- **Waka Gangga**, Jl. Pantai Yeh Gangga, Desa Sudimara, Tabanan, ☏ (0361) 41625 6/7, 🖷 (0361) 416353, E-mail: wakagangga@wakaexperience.com, 🖳 www.wakaexperience.com/wakagangga/index.htm; 10 Bungalows; US$ 130; AC (z. T.), MB, RE, SB, SN, SP, SW, ZT, 24. Zauberhaft in die bis an den Strand reichenden Reisfelder eingebettete weitläufige Villenanlage, deren einzelne lichte Wohneinheiten jeweils über ein eigenes Sonnendeck verfügen und die mit ihren Spitzdächern von fern wie eine Ansammlung planlos verstreuter Kegel wirkt.

SEHR PREISWERT ($)

- **Bali Wisata Bungalows**, P.O. Box 131, Tabanan, ☏ (0361) 261354, 🖷 (0361) 810212, E-mail: reservation@baliwisatabungalows.com, 🖳 www.baliwisatabungalows.com; 12 Zimmer und Suiten; Rp. 120.000-250.000; BF, MB (z. T.), RE, SN, SW. Unter deutscher Führung stehendes, ruhiges, abseits des Massentourismus gelegenes Anwesen direkt am Strand, in dessen Standardzimmern es nur kaltes Wasser gibt. Im Angebot ist ein umfangreiches Ausflugsprogramm, das Sie tief in das Wesen Balis eintauchen lässt.

Restaurant

- **Waka Gangga** (s. o.), 7-23 h. Der Anmarschweg mag ein wenig kompliziert sein, kulinarisch und szenarisch wird man jedoch ausreichend entschädigt, denn nur wenige Meter entfernt brandet das Meer an den Strand.

> **Tipp für Familien mit Kindern**
>
> - Bali Horse Riding, ☏/📠 (0361) 224603, 🖥 www.ilpbali@indosat.net.id; täglich (nach Vereinbarung), US$ 45. Mehrstündige Ausritte abseits der Touristenpfade und aller Straßen. Wer möchte, kann mit seinem Pferd sogar in den Wogen baden gehen.

Payangan (S. 542)

Unterkunft & Restaurants
SEHR TEUER ($$$$$$)

- **Alila Ubud***, Desa Melinggih Kelod, Payangan 80571, ☏ (0361) 975963, 📠 (0361) 975968; 56 Zimmer und 8 Villen; US$ 240-450; AC, HA, KR (bis 30 Personen), RE, SA, SB, SP, SW, ZS, ZT, 24. Traumhaft über dem Ayung River gelegenes Boutique-Hotel, das vom Design her zu den schönsten der Insel zählt, in den edel ausgestatteten Zimmern ebenso wie in den öffentlichen Räumen und ganz besonders auch bezüglich des Pools. Vom Restaurant (geöffnet 7-22 h) aus genießt man den herrlichen Blick auf das Flusstal; E-mail: ubud@alilahotels.com, 🖥 www.alilahotels.com/Ubud

): Das Alila Ubud wartet mit spektakulären Blicken in das Tal des Ayung River auf.

- **Begawan Giri Estate***, Banjar Begawan, Dusun Melinggih Kelod, P.O. Box 54, Ubud 80571, ☏ (0361) 978888, 📠 (0361) 978889 und (0361) 978036, E-mail: reservations@begawan.com, 🖥 www.begawan.com; 5 Residenzen mit 22 Suiten sowie 7 Villen; US$ 475-4.400; AC, BF, HA, KV, MB, RE, SP, SW, TV, ZT, 24. Die fünf Residenzen, die man auch jeweils als ganzes buchen kann, und Villen verlieren sich geradezu in dem neun Hektar großen Gelände, in dem fast alles gedeiht, was die Küche benötigt. Wer hier wohnt, fühlt sich zwangsläufig mehr als König denn als normaler Tourist. Die vielen Quellen auf dem Terrain speisen u. a. die Pools der Residenzen und Villen, die ihrerseits ein Traum aus edelsten Hölzern und exklusivster Ausstattung sind. Nein, hier möchte man nicht mehr weggehen. Um die Privatsphäre der Gäste zu wahren, ist man höflich bemüht, Schaulustige auf Distanz zu halten. Während eines Besuches des in einem 150 Jahre alten javanischen Pavillon untergebrachten Restaurants (geöffnet 7-22 h) können Sie sich aber dennoch einen ersten Einblick verschaffen. Luxus in einer neuen Dimension.

Pejeng (S. 556ff)

Sehenswertes
- **Pura Kebo Edan**, Hauptstraße, täglich 7-18 h, Spende erbeten.
- **Pura Penataran Sasih**, Hauptstraße, täglich 7-18 h, Spende erbeten.
- **Pura Pusering Jagat**, täglich 7-19 h.

Unterkunft & Restaurant
- **Anggrek Umah Anyar* ($$$$$$)**, Banjar Papadan, Tampaksiring, ☎ (0361) 97899112, 📠 (0361) 970093, 💻 www.balitourism.com.au; 12 Villen; US$ 320; AC, FR, HA, LS, MB, RE, SB, SW, TV, ZS, ZT, 24. Dreistöckige, 200 m² große, jeweils mit drei Schlafzimmern, zwei Bädern und eigenem kleinem Pool ausgestattete, für bis zu 6 Personen gedachte Villen am Hang hoch über dem Petanu River, mit phantastischem Blick auf das Tal und die umliegenden Anhöhen, den man auch vom **The Pavillon Restaurant** (7-23 h) genießen kann. Schon allein deswegen lohnt sich ein Abstecher hierher.

Pemuteran (S. 654f) PLZ 81155

Unterkunft
SEHR TEUER ($$$$$$)
- **Puri Ganesha Villas**, Gerokgak, ☎ (0362) 94766, 📠 (0362) 93433; 4 Villen; US$ 350-450; AC, RE, SW, ZT, 24. Jede der zweistöckigen, 360 m² Wohnraum messenden, aus naturbelassenen Hölzern errichteten Villen besitzt ihren eigenen 12 m x 5 m großen Seewasserpool und ist von der Nachbarvilla durch einen Zaun abgeschottet, so dass ein Höchstmaß an Privatsphäre gewährleistet ist, die durch den Butlerservice noch unterstrichen wird. Und zum romantischen Candlelight Dinner lädt das villeneigene Bale in Strandnähe ein; E-mail: pganesha@indosat.net.id, 💻 www.puriganeshabali.com

TEUER ($$$$$)
- **Matahari Beach Resort & Spa***, P.O. Box 194, ☎ (0362) 92312, 📠 (0362) 92313; 32 Zimmer; US$ 169-424; AC, BF, FC, FR, HA, KR (bis 80 Personen), KV, MB, SA, SP, SW, TP, ZS, ZT, 24. Diesen Garten müssen Sie gesehen haben! Im schönsten Hotel des Inselnordens, das unter deutscher Leitung steht und in dem deutsche Spitzenköche das Zepter schwingen, fehlt es dem Gast an nichts, nicht einmal an der hauseigenen Tauchschule, die ebenso am dem neuesten Stand der Technik ist wie die ganze Anlage. Und wer möchte, kann sich ja auch vom internationalen Flughafen aus mit dem Flugzeug oder Helikopter einfliegen lassen; E-mail: mbr-bali@indo.net.id, 💻 www.matahari-beach-resort.com

NOCH PREISWERT ($$$)
- **Taman Selini Beach Bungalows**, Gerokgak, Singaraja ☎/📠 (0362) 93449, E-mail: taslini@dps.mega.net.id, 💻 www.tamanselini.com; 11 Bungalows; US$ 85; AC, BF, RE, SW. Bezaubernde Anlage direkt am Strand, mit einfach, aber geschmackvoll eingerichteten Zimmern und reizvollen Freiluftbädern. Guter, unaufdringlicher Service.

PREISWERT ($$)
- **Aneka Bagus Resort & Spa**, Gerokgak, Singaraja 81151, ☎/📠 082-8365334; 12 Zimmer und 16 Villen; US$ 47-307; AC, MB, RE, SA, SP, SW, TV, ZS, ZT, 24. Die beiden Royal Suite Villas der kleinen, direkt am Meer gelegenen Anlage besitzen jeweils einen eigenen Pool. Alle Zimmer sind modern und behaglich ausgestattet, Pool und Restaurant laden zum Verweilen ein; E-mail: anekabagus@dps.centrin.net.id, 💻 www.aneka-hotels.com/anekabagus.htm
- **Pondok Sari Beach Bungalow Resort & Spa**, Gerokgak, ☎/📠 (0362) 92337, E-mail: contact@pondoksari.com, 💻 www.pondoksari.com; 22 Zimmer; US$ 39-44; AC (z.T.), BF, RE, SP, SW. Je zwei einfach ausgestattete Zimmer teilen sich einen Bungalow dieser unmittelbar am Strand gelegenen Anlage, die über einen recht hübschen Garten verfügt.
- **Taman Sari Bali Cottages**, Gerokgak, ☎/📠 (0362) 93264; 29 Zimmer, davon 8 Suiten; US$ 35-146; AC (z.T.), BF, RE, SA, SS, SW. Die Gebäude verteilen sich in einem weitläufigen, sehr gepfleg-

ten Garten am Strand, wobei besonders die beiden doppelstöckigen Suiten mit ihren Dachterrassen das Wiederkommen nicht schwer machen; 🖥 www.balitamansari.com/cottages-main.html

Restaurants
- Dewi Ramona Restaurant, Matahari Beach Resort & Spa (s. o.), 7-23 h; **$**. Chefkoch Jany-Michel Fourré (zuvor schon in mehreren anderen Relais & Chateaux Hotels) zaubert kulinarische Verführungen ohnegleichen auf den Tisch, die jede Rupiah wert sind.
- Taman Sari Bali Cottages (s. o.), 7-22 h. Direkt am Strand gelegen, mit guter Kuchenauswahl und umfangreicher Getränkeliste.
- Taman Selini Restaurant, Taman Selini Beach Bungalows (s. o.), 7-22 h. Zauberhaft zwischen Pool und Strand gelegen, kommt auf der Speisekarte die Vorliebe des Kochs für die griechische Küche klar zum Ausdruck.

> **Tipp für Eltern mit Kindern**
>
> - Pemuteran Stables Horse Riding & Proyek Penyu, Reef Seen Aquatics Dive Centre, Gerokgak, ☎/🖨 (0362) 92339, E-mail: reefseen@denpasar.wasantara.net.id. Der einstündige Ritt entlang des Strandes kostet US$ 25, die zweistündige Tour in die Berge US$ 30. Der Besuch der Meeresschildkrötenaufzucht ist kostenlos (Spende erbeten).

Penatahan (S. 681f)

Unterkunft & Restaurant
- Yeh Panas Natural Hot Spring & Spa Resort (**$$$**), Jl. Batukaru, Tabanan, ☎ (0361) 262356 [oder: Jl. Tegal Wangi Asri B19, Sesetan, Denpasar, ☎/🖨 (0361) 221263]; 16 Zimmer; US$ 60; AC, BF, MB, RE, SP, SW, TV, ZT. Zauberhaft an einem Berghang gelegene Unterkünfte, zu deren Füßen die von hoteleigenen heißen Quellen gespeisten Pools plätschern. Im Restaurant (geöffnet 7-22 h) kommt sowohl westliche als auch fernöstliche Küche auf den Tisch.

Spa
- Yeh Panas Natural Hot Spring & Spa Resort (s. o.), geöffnet 6-22 h; Eintritt für das Spa: US$ 15; die Besichtigung der Anlage ist kostenlos.

Penelokan (S. 621) PLZ 80652

Unterkunft
- Lakeview Hotel & Restaurant (**$$**), Jl. Raya Penelokan, ☎ (0366) 51394, 🖨 (0366) 51464, E-mail: lakeview@indo.com, 🖥 www.indo.com/hotels/lakeview; 22 Zimmer; US$ 48.40-72.60; BF, RE, SA, SP, SW, ZT. Von hier aus man eine phantastische Aussicht auf den Danau Batur und die umliegende Bergwelt, in die vom Hotel aus auch Trekkingtouren angeboten werden.

Restaurants
- Gunawan, Jl. Raya Penelokan, ☎ (0366) 51050, 🖨 (0366) 51404; 11.30-15.30 h. Da das große Restaurant hauptsächlich von Gruppen frequentiert wird, sollten Sie möglichst früh hier sein, damit das Büffet noch nicht allzu sehr geplündert ist. Das Kommen lohnt sich schon allein der herrlichen Aussicht wegen. Die Getränke sind vergleichsweise teuer.

• **Lakeview Hotel & Restaurant** *(s. o.)*, 7-22 h. Von hier haben Sie den wohl schönsten Blick auf den Danau Batur, doch nicht nur deswegen und des hübschen Ambientes wegen ist das Restaurant so beliebt, sondern auch aufgrund des exzellenten Mittagsbüffets.

Penglipuran (S. 572f)

Sehenswertes
Das traditionelle Dorf ist ganztägig besuchbar; Eintritt: Rp. 2.500 (hinter dem überdachten Eingangstor am Parkplatz zu bezahlen).

Putung (S. 612)

Unterkunft & Restaurant
• **Putung Hiltop Resort** *($)*, Duda Selat, Karangasem, ☎/📠 (0366) 23039; 5 Zimmer; US$ 20-25; BF, RE. Die Zimmer sind sehr einfach und ein wenig vernachlässigt, doch dafür entschädigt die großartige Fernsicht bis hinunter zum Meer, deretwegen man hier auf jeden Fall einen Stopp im Restaurant (geöffnet 7-20 h) einlegen sollte.

Saba Bai (S. 524)

Unterkunft & Restaurant
• **Lor-in Resort*** *($$$$$$)*, P.O. Box 150, Gianyar 80500, ☎ (0361) 297070, 📠 (0361) 297171, E-mail: info@lorinresortsababai.com, 🖥 www.lorinresortsababai.com; 32 Villen; US$ 250-600; AC, BF, MB, KR (bis 40 Personen), RE, SA, SB, SP, SW, TP, TV, ZS, ZT, 24. Fern des Touristentrubels bietet diese Anlage jeglichen Komfort an einem menschenleeren Strand. Die Villen bieten ein hohes Maß an Privatsphäre. **The Restaurant** (geöffnet rund um die Uhr; $) offeriert Lukullisches unter tropischem Grün. Der Tipp in dieser Region.

Ruhe und Erholung am einsamen Strand bietet das Lor-in Resort.

Sambirenteng (S. 615)

Unterkunft, Restaurant & Tauchveranstalter
TEUER ($$$$$)
• **Villas Agung Bali Nirwana**, Sambirentang, ☎ (081) 23843938 und (0868) 12111203, 📠 (0362) 23109, E-mail: villas@agung-bali-nirwana.com, 🖥 www.agung-bali-nirwana.com; 3 Villen; US$ 160-250; AC, BF (z.T.), KV, MB, RE, SP, SW, TV, ZS, ZT. Nur 30 m vom Strand entfernt gelegene überaus großzügig bemessende Villen mit je drei Schlafzimmern, geräumigen Aufenthaltsräumen und eigenen Küchen. Ökologie wird hier groß geschrieben. Wer vollkommen abschalten will, ist hier genau richtig.

PREISWERT ($$)

- **Alam Anda ($$)**, Tejakula, Singaraja, ☏/🖷 (0362) 22222 [weiteres Kontaktbüros: auf Bali: Astawa Enterprises, Jl. Legian 436N, Legian, ☏ (0361) 750444, 🖷 (0361) 752296; in Deutschland: Uwe Siegfriedsen, Ostersielzug 8, 25840 Friedrichstadt, ☏ (04881) 930666, 🖷 (04881) 930699], E-mail: bali@alamanda.de, 🖥 www.alamanda.de; 10 Bungalows, ein Doppelhaus und 2 Losmenzimmer; US$ 38-140; BF, RE, SW. Dieses unter deutscher Führung stehende Hotel versteckt sich unter Palmen am schwarzen Strand und ist sowohl für diejenigen bestens geeignet, die einfache einmal die Seele baumeln lassen wollen, als auch für die, die zu den Korallenbänken an Balis Nordküste hinabtauchen möchten. Sehr gute hausinterne Tauchschule. **Meetingpoint** (geöffnet 7-23 h) ist eines der schönsten Restaurants an der Nordküste, mit herrlichem Blick auf das Meer. Viele deutsche Gäste, die der großartigen indonesischen Küche nicht nur beim abendlichen Büffet reichlich zusprechen.

Sangeh (S. 688f)

Sehenswertes
- **Affenwald mit Pura Bukit Sari**, täglich 7-17 h; Eintritt: Erwachsene Rp. 3.000, Kinder Rp. 1.500.

Sangkar Agung (S. 668)

Sehenswertes
- **Gamelan-Museum Jegog Suar Agung**, Puri Gambelan Yayasan, Kelurahan, Jl. S. Bengawan Solo 9X, ☏ (0365) 40674, geöffnet tagsüber, Eintritt frei (Spende erwünscht). Schöne Privatsammlung verschiedener regionaler Gamelan, darunter mehrere Gamelan Jegog.

Tanz- und Gamelan-Vorführung
- **Kecak & Gamelan Jegog**: Gamelan Museum Jegog Suar Agung (s. o.), 2.+4. Do im Monat, 19 h; zu buchen bei: PT. Jusa Suar Agung, ☏ (0361) 232765, 🖥 www.jasatour.tripod.com/; Preis US$ 35 pro Person, Kinder unter 6 Jahren die Hälfte (einschließlich Transport und Abendessen).

Sanur (S. 486ff)

Informationen
- **Tourist Information Centre**, Jl. Danau Tamblingan 107, ☏ (0361) 288581, 🖷 (0361) 752743, täglich 8-20 h.

Sehenswertes
- **Bali Orchid Garden**, Jl. Bypass Ngurah Rai, Padanggalak, ☏ (0361) 466010, 🖷 (0361) 466011, täglich 8-18 h (Einlass bis 17 h), Eintritt: Erwachsene Rp. 50.000, Kinder Rp. 30.000 (einschließlich eines Softdrinks).

- **Museum Le Mayeur**, Jl. Hang Tuah, ☏ (0361) 286164, So-Do 7.30-15.30 h, Fr 7.30-13 h, Eintritt: Erwachsene Rp. 750, Kinder Rp. 250.
- **Pura Segara**, Jl. Segara Ayu, täglich 7-19 h.
- **Sanur Art Market**, Jl. Danau Tamblingan.
- **Sanur Beach Market**, zwischen Jl. Segara Ayu und Jl. Pantai Sindhu.

Unterkunft
TEUER ($$$$$)
- **Hotel Sanur Beach**, Jl. Danau Tamblingan, P.O. Box 3279, Denpasar 80032, ☏ (0361) 288011 und (0361) 288980, 📠 (0361) 287566 und (0361) 287928; 425 Zimmer, davon 22 Suiten; US$ 190-3.000; AC, FC, FR, KR (bis 467 Personen), KV, MB, RE, SA, SP, SW, TP, TV, ZS, ZT, 24. Wuchtiger, viergeschossiger Hotelkomplex mit großer Poollandschaft unmittelbar am Strand. Die geschmackvollen Zimmer und der Service lassen nichts vermissen, was die Urlaubsfreuden trüben könnte. Der hochaufragende Baumbestand und das üppige Grün kaschieren das unschöne Äußere zum Glück weitestgehend; E-mail: info@sanurbeach.aerowisata.com, 🖥 www.aerowisata.com
- **Pavilions – Private Villas***, Jl. Danau Tamblingan 76, Sanur 80228, ☏ (0361) 288381, 📠 (0361) 288382, E-mail: manager@balipavilions.com, 🖥 www.balipavilions.com; 18 Villen; US$ 195-395; AC, BC, BF, FC, FR, HA, LS, MB, RE, SP, SW, TV, ZS, ZT, 24. Die Villen mit einem, zwei oder drei Schlafzimmern sind allesamt exquisit eingerichtet, u. a. mit Küche und VCD-Spieler, und verfügen über behagliche Veranden. Perfekter und diskreter Service runden das superbe Gesamtbild ab. Das Kleinod liegt knapp zehn Minuten vom Strand entfernt.
- **Raddin**, Jl. Mertasari, P.O. Box 3476, Denpasar 80034, ☏ (0361) 288833, 📠 (0361) 287303 und (0361) 287772, E-mail: radsanur@indosat.net.id, 🖥 www.raddin.info/index.html; 192 Zimmer, 3 Suiten und 1 Villa; US$ 140-650; AC, BC, FR, HA, KR (bis 500 Personen), MB, RE, SA, SP, SW, TP, TV, ZT, 24. Am südlichen Ende von Sanur, direkt am Meer gelegenes Hotel mit architektonisch gelungenen, zwei- und dreistöckigen, reisspeicherartigen Unterkunftseinheiten, die sich in einem schönen Garten verteilen. Das umfassende Service- und Freizeitangebot machen es zu einem der besten Häuser Sanurs.
- **Tandjung Sari***, Jl. Danau Tamblingan 41, P.O. Box 3025, Denpasar 80228, ☏ (0361) 288441, 📠 (0361) 287930, E-mail: tansri@dps.mega.net.id, 🖥 www.tandjungsari.com; 28 Bungalows; US$ 150-260; AC, HA, MB, RE, SW, ZT, 24. Balis ältestes, direkt am Strand gelegenes Boutique-Hotel, an dessen traditionell eingerichteten Bungalows sich alle Nachfolger orientierten. Die geschmackvollen Zimmer, die zauberhafte Gartenanlage und der exzellente Service sind die tragenden Eckpfeiler des Erfolgs.

MODERAT ($$$$)
- **Bali Melita Villa***, Jl. Tirta Akasa 28, Sanur 80227, ☏ (0361) 270260, 📠 (0361) 270262, E-mail: balimelita@indo.com, 🖥 www.indo.com/hotels/balimelita; 12 Villen; US$ 235-270: AC, BC, BF, HA, LS, MB, SA, SS, SW, TV, ZS, ZT, 24. Die durch Mauern gegeneinander abgeschirmten Villen mit zwei oder drei Schlafräumen stehen in 400 m^2 bis 800 m^2 großen Parzellen, auf denen neben dem Hauptgebäude jeweils ein separater, offener Küchen- und Speiseraum sowie ein Bale zum Relaxen und ein privater Pool anzutreffen sind. Die größte der Villen verfügt sogar über ein gesondertes Gebäude, das z. B. als Büro oder Dienstmädchenwohnung genutzt werden kann. Besonders für Familien und länger Bleibende interessant, die mit exzellenten Monatsraten rechnen können. Da die Anlage über kein eigenes Restaurant verfügt, kooperiert man mit einer Reihe von Restaurants in Sanur, von denen das Essen auf Wunsch kostenlos angeliefert wird.

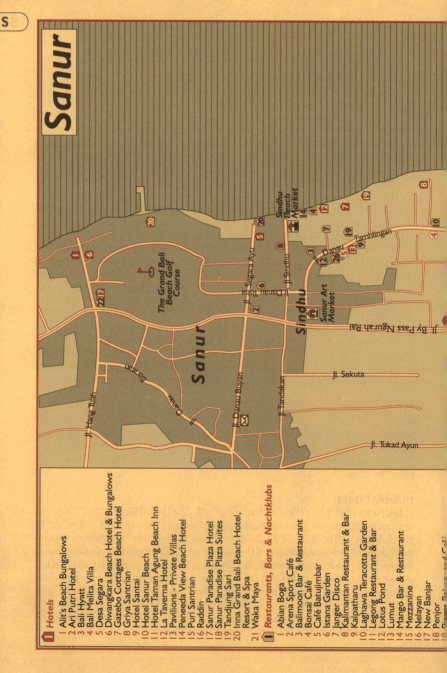

Regionale Reisetipps von A-Z (Sanur) 421

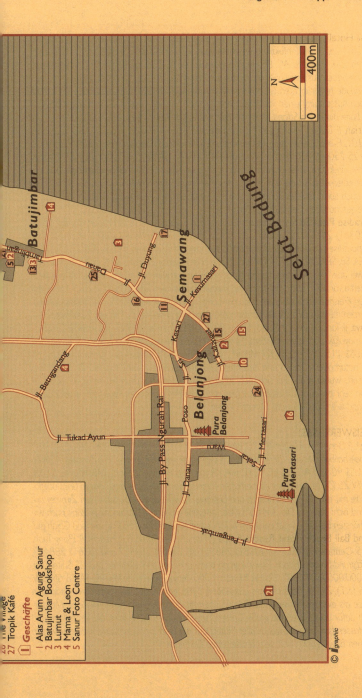

Geschäfte
1 Alas Arum Agung Sanur
2 Batujimbar Bookshop
3 Lumut
4 Mama & Leon
5 Sanur Foto Centre

- **La Taverna Hotel***, Jl. Danau Tamblingan 29, P.O. Box 3040, Sanur 80228, ☏ (0361) 288497, 🖷 (0361) 287126, E-mail: info@latavernahotel.com, 🖳 www.latavernahotel.com; 34 Zimmer, davon 4 Suiten; US$ 110-300; AC, BF, HA, MB, RE, SB, SS, SW, ZT. Eine Anlage für Gartenfreunde und Träumer, mehrfach ausgezeichnet als ‚bester natürlicher Garten' Balis, in dem die ein- und zweistöckigen Gebäude hinter dichten Grün hervorlugen, und auch die Zimmer verströmen dank ihrer altbalinesischen Ausstattung einen verführerischen Charme. Und dazu noch ein sehr gutes Restaurant und die Lage direkt am Strand, mehr benötigt man zum Wohlfühlen nicht.
- **Puri Santrian**, Jl. Danau Tamblingan 63, P.O. Box 3055, Sanur 80228, ☏ (0361) 288009, 🖷 (0361) 287101, E-mail: purisantrian@santrian.com, 🖳 www.santrian.com; 186 Zimmer, davon 2 Suiten; US$ 125-230; AC, KR (bis 150 Personen), KV, MB, RE, SA, SB, SW, TP, TV (z. T.), ZT, 24. Das Highlight dieser direkt am Meer anzutreffenden Anlage sind die 60 Zimmer des **Santrian Club**, die aufgrund ihrer edlen Ausstattung und zusätzlichen Serviceleistungen eine Art ‚Hotel im Hotel' darstellen, doch auch sonst fehlt es kaum an etwas für den erholsamen Urlaub. Die Zimmer sind in zwei- und dreigeschossigen Gebäuden untergebracht.
- **Sanur Paradise Plaza Suites** (ehemals: Radisson Bali Suites), Jl. By Pass Ngurah Rai 83, Sanur 80228, ☏ (0361) 281481, 🖷 (0361) 281482, E-mail: sanurparadiseplaza@bali-paradise.com, 🖳 www.bali-paradise.com/sanurparadiseplaza/suites.html; 84 Apartments; US$ 100-210; AC, BC, FC, MB, RE, SA, SB, SP, SW, TV, ZT, 24. Die mit Küche und Speisezimmer ausgestatteten Apartments mit einem, zwei oder drei Schlafräumen sind vor allem für Familien und länger Bleibende geeignet. Erstere profitieren vor allem auch von den vielen Freizeiteinrichtungen für den Nachwuchs, letztere von den attraktiven Preisnachlässen, die sich nach der Länge des Aufenthaltes richten und individuell ausgehandelt werden müssen. Einziger Wermutstropfen: zum Strand sind es zu Fuß gut 20 Minuten.
- **Waka Maya**, Jl. Tanjung Pinggir Pantai, Sanur 80224, ☏ (0361) 289912, 🖷 (0361) 270761, E-mail: wakamaya@wakaexperience.com, 🖳 www.wakaexperience.com/wakamaya; 7 Bungalows und 7 Villen; US$ 115-395; AC, BF, KV, MB, RE, SA, SB, SP, SW, ZT. Abseits gelegenes Anwesen mit großem, sehr naturnahem Garten und dezentem Skulpturenschmuck zum Vorreiter für alle weiteren Waka Resorts wurde. Man fühlt sich mehr in ein balinesisches Dorf denn ein Hotel versetzt. Der ohnehin schon sehr privaten Atmosphäre setzen drei der Villen mit einem Pool noch eines darauf. Wer zum Strand will, muss ein paar Minuten laufen.

NOCH PREISWERT ($$$)

- **Bali Hyatt***, Jl. Danau Tamblingan 89, P.O. Box 392, Sanur 80228, ☏ (0361) 281234, 🖷 (0361) 287693, E-mail: balihyatt.inquiries@hyattintl.com, 🖳 www.bali.resort.hyatt.com; 382 Zimmer, 7 Suiten sowie 1 Villa; US$ 90-380; AC, BC, EF, FC, FR, HA, KR (bis 250 Personen), KV, LS, MB, NR, RE, SA, SB, SN, SP, SW, TP, TV, ZS, ZT, 24. Dank des zauberhaften Tropengartens fallen die vierstöckigen Gebäudeflügel, in denen die mit allen Annehmlichkeiten und Balkonen bzw. Terrassen ausgestatteten Zimmer untergebracht sind, nicht sehr auf. Die direkt am Meer gelegene weitläufige Gartenanlage zählt nach wie vor zu den schönsten Balis und weist bei ihrer Poollandschaft u. a. eine Nachbildung von Goa Gajah auf.
- **Inna Grand Bali Beach Hotel, Resort & Spa** (ehemals: The Grand Bali Beach), Jl. Hang Tuah, P.O. Box 3275, Denpasar 80032, ☏ (0361) 288511, 🖷 (0361) 287917 und (0361) 288459, E-mail: sales@grand-balibeach.com, 🖳 www.grand-balibeach.com; 549 Zimmer und 25 Suiten; Rp. 650.000-10.000.000; AC, BC, FC, FR, HA, KR (bis 1.000 Personen), KV, LS, MB, RE, SA, SB, SN, SW, TP, TV, UD, ZS (z. T.), ZT, 24. Balis ältestes Luxushotel, 1966 erbaut, das mit seinem zehnstöckigen Hauptgebäude als einziges Bauwerk die Palmen überragt, architektonisch wahrlich keine Meisterleistung. Doch dafür überzeugen die große Gartenanlage mit ihren Bungalows, die Strandlage und das wohl umfassendste Freizeitangebot aller Hotels auf der Insel umso mehr, nicht zuletzt wegen der hauseigenen Bowlingbahn und dem hoteleigenen Golfplatz.

- **Griya Santrian**, Jl. Danau Tamblingan 47, P.O. Box 3055, Sanur 80228, ☏ (0361) 288181, 🖷 (0361) 288185, E-mail: griyasantrian@santrian.com, 🖳 www.santrian.com; 94 Zimmer, davon 2 Suiten; US$ 95-240; AC, BF, KV, RE, SB, SW, ZT, 24. Die geschmackvoll eingerichteten Zimmer verteilen sich auf ein- und zweistöckige Bungalows und zweietagige reisspeicherartige Gebäude, allesamt eingebettet in einen schönen tropischen Garten direkt am Strand.
- **Sanur Paradise Plaza Hotel** (ehemals: Radisson Bali Hotel), Jl. Hang Tuah 46, Sanur 80228, ☏ (0361) 281781, 🖷 (0361) 281782; 329 Zimmer, davon 81 Suiten; US$ 85-345; AC, BC, BF, FC, FR, HA, KR (bis 2.000 Personen), KV, MB, NR, RE, SA, SB, SN, SP, SW, TP, TV, ZS, ZT, 24. Der vierstöckige Komplex umschließt Poolanlage und Garten. Bei der Klasse des Hotels hätte man sich etwas mehr Grünanlage gewünscht, dafür sind Service und Freizeitangebot untadelig, und auch zum Strand hat man es nur fünf Minuten; E-mail: sanurparadiseplaza@bali-paradise.com, 🖳 www.bali-paradise.com/sanurparadiseplaza/index.html
- **Segara Village** (ehemals: Desa Segara), Jl. Segara Ayu, P.O. Box 3091, Denpasar 80030, ☏ (0361) 288407, 🖷 (0361) 287242, E-mail: info@segaravillage.com, 🖳 www.segaravillage.com; 144 Zimmer, davon 3 Suiten; US$ 75-210; AC, FC, KV, MB, RE, SA, SN, SP, SW, TP, ZT, 24. Dorfähnlich angelegtes Anwesen direkt am Strand, mit eigenem Tempel, schönem Garten und einem breitgefächerten Sport- und Workshopangebot, und auch die Kleinen sind bestens betreut.

PREISWERT ($$)
- **Ari Putri Hotel**, Jl. Kalianget, Banjar Semawang, Sanur 80228, ☏ (0361) 289188, 🖷 (0361) 289190; 41 Zimmer; US$ 50-55; AC, BF, KR (bis 50 Personen), KV, MB, RE, SW, TV, ZT. Schöne Steinreliefarbeiten zieren den Hoteleingang, freundliches Dekor hingegen empfängt den Gast in seinem Zimmer, das in dem maximal dreistöckigen Komplex untergebracht ist und über Balkon oder Terrasse verfügt. Und in weniger als fünf Minuten ist man am Strand.
- **Diwangkara Beach Hotel & Bungalows**, Jl. Hang Tuah. P.O. Box 3120 Denpasar 80032, ☏ (0361) 288577, 🖷 (0361) 288894, E-mail: jbadwkbl@denpasar.wasantara.net.id, 🖳 www.indo.com/hotels/diwangkara; 37 Zimmer und 1 Suite; US$ 55-100; AC, BF, HA, KV, MB, RE, SA, SW, TV, ZT. Die hübsch eingerichteten Zimmer sind auf mehrere Gebäude und Bungalows verteilt, die in einem schönen, unmittelbar an den Strand angrenzenden Garten liegen.
- **Gazebo Cottages Beach Hotel** (ehemals: Gazebo Cottages Beach Hotel), Jl. Danau Tamblingan 35, P.O. Box 3134, Sanur 80228, ☏ (0361) 286927, (0361) 289060, (0361) 288212 und (0361) 289256, 🖷 (0361) 288300, E-mail: gazebo@indosat.net.id oder gazebo@baligazebo.com, 🖳 www.baligazebo.com; 75 Zimmer, davon 9 Suiten; US$ 52-75; AC, FC, HA, KV, MB, RE, SA, SW, TV (z. T.). In einem schönen Garten, direkt am Strand gelegenes Anwesen mit den verschiedensten Übernachtungsmöglichkeiten, angefangen beim Standardzimmer im zweigeschossigen Hauptgebäude bis hin zu Cottages und Apartments. Das umfangreiche Freizeitangebot sorgt bei Jung und Alt für Kurzweil.
- **Hotel Taman Agung Beach Inn** (ehemals: Hotel Taman Agung Beach Inn), Jl. Danau Tamblingan 146, Sanur 80228, ☏ (0361) 288549, 🖷 (0361) 289161, E-mail: tamanagung@yahoo.com, 🖳 www.bali-journey.com/hotels/bali_hotels/sanur_hotels/taman_agung_hotel.htm; 31 Zimmer und 2 Suiten; US$ 35-60; AC (z. T.), BF, MB (z. T.), RE, SB, SW, TV (z. T.), ZS, ZT, 24. Die Zimmer fallen je nach Preislage sehr unterschiedlich aus, doch sollte man der Behaglichkeit zuliebe vielleicht doch ein paar Dollar mehr investieren. Zum Strand ist es nur rund fünf Minuten zu Fuß.
- **Peneeda View Beach Hotel**, Jl. Danau Tamblingan 89, P.O. Box 3770, Sanur 80228, ☏ (0361) 288425 und (0361) 289405, 🖷 (0361) 286224, E-mail: info@peneedaview.com oder peneeda@indo.net.id, 🖳 www.peneedaview.com; 57 Zimmer; US$ 45-60; AC, FC, KR, KV, MB, RE, SA, SW, TV (z. T.), ZT. Die wohnlichen Zimmer des unmittelbar am Strand gelegenen Hotels verteilen sich auf ein- und zweigeschossige Bungalows und Lumbung, die von üppigem Grün umwuchert werden.

SEHR PREISWERT ($)

- **Alit's Beach Bungalows**, Jl. Hang Tuah 41, P.O. Box 3102, Denpasar 80032, ☏ (361) 288560 und (0361) 288567, 📠 (0361) 288766; 85 Zimmer; US$ 25-30; AC, BF, FR, KR (bis 200 Personen), KV, RE, SA, SW, TP. Die Zimmer sind in ein- und zweistöckigen Bungalows unmittelbar am Strand in einer netten Gartenanlage untergebracht.
- **Hotel Santai**, Jl. Danau Tamblingan 148, Sanur 80228, ☏ (0361) 281684, 📠 (0361) 287314, E-mail: santai@indosat.net.id, 🖥 http://santai.pplhbali.or.id/; 16 Zimmer; US$ 20; AC, BF, KR, RE, SA, SS, SW, TV, ZT. In dem kleinen, einfachen Hotel, das nur wenige Fußminuten vom Strand entfernt liegt, ist das **Environmental Education Center** von Bali untergebracht, daher auch die in jeder Hinsicht stark ökologisch geprägte Ausrichtung, z. B. auch im Restaurant. Wer sich für Umweltfragen interessiert, trifft hier zu jeder Tageszeit interessante und interessierte Gesprächspartner.

Restaurants, Bars & Nachtklubs

- **Abian Boga**, Jl. Kesumasari 5, Semawang, ☏ (0361) 287174 und (0361) 284174, 📠 (0361) 287837; 11-21 h. Balinesische Spezialitäten, dazu jeweils am So-Fr abends Legong-Aufführungen und am Sa Topeng-Tanz. Kostenloser Hoteltransfer innerhalb Sanurs.
- **Arena Sport Café**, Jl. By Pass Ngurah Rai 115, ☏/📠 (0361) 287255; 11-23 h. Hier dreht sich alles um Sport, sowohl das Interieur als auch die Übertragungen auf den Monitoren und der Großleinwand.
- **Balimoon Bar & Restaurant**, Jl. Danau Tamblingan 19, ☏ (0361) 288486; 8-3 h. Schwerpunkt ist die Küche Italiens, zu der auch der eine oder andere gute Tropfen gereicht wird. Zum Service gehört auch der kostenlose Hoteltransfer in der Region von Sanur.
- **Bonsai Café**, Jl. Danau Tamblingan 27, Sanur 80228, ☏ (0361) 282907/8; 7-2 h. Unmittelbar am Strand gelegenes, stilvolles Restaurant mit netter Bar, an der es abends meist recht hoch her geht.
- **Café Batujimbar**, Jl. Danau Tamblingan 152, P.O. Box 25, ☏ (0361) 287374; 7.30-22.30 h; sehr beliebter Treff unter Bäumen.
- **Istana Garden**, Jl. Danau Toba 7, ☏ (0361) 288942 und (0361) 288370, 📠 (0361) 288630, E-mail: wiracita@dps.centrin.net.id; 17-23 h. Großes, sich über mehrere Ebenen verteilendes Restaurant, in dem an den meisten Abenden eine Band Pop- und Rock-Klassiker spielt.
- **Janger Disco**, Jl. Danau Tamblingan 21, ☏ (0361) 288888; 21-5 h. Ein Drink ist obligatorisch, das Publikum ein wenig schräg; meist voll.
- **Kalimantan Restaurant & Bar**, Jl. Pantai Sindhu 11, ☏ (0361) 289291; 7-23 h. Indonesische und amerikanische Kost sind die Renner dieses in einem üppig grünen Garten gelegenen Restaurants, das auch über eine gute Bar verfügt; E-mail: borneo@denpasar.wasantara.net.id
- **Kalpatharu**, Jl. Danau Tamblingan 80, ☏ (0361) 288457; 8-23 h; sehr nettes, über ein paar Terrassen verteiltes Lokal.
- **Laghawa Teracotta Garden**, Jl. Danau Tamblingan 51, P.O. Box 3357, Denpasar, ☏ (0361) 287919 und (0361) 288494, 📠 (0361) 289353; 14-22 h. So gemütlich und gepflegt das Ambiente des von einem Wassergraben umflossenen Pavillons ist, so gaumenschmeichlerisch sind die dargereichten Gerichte.
- **Legong Restaurant & Bar**, Jl. Danau Tamblingan 196, ☏ (0361) 288066, 📠 (0361) 289452; 11-23 h. Jeden Abend um 20 h Legong- oder Topeng-Aufführungen, zu denen man in stilvoller balinesischer Umgebung die lokalen Leckereien, z. B. Rijstaffel, genießen kann, aber auch westliche Küche steht zur Auswahl.
- **Lotus Pond**, Jl. Danau Tamblingan 30, ☏ (0361) 289398; 7-23 h. In einem Lotusteich liegendes Restaurant, dessen Rijstaffel ebenso lecker ist wie die hausgemachten Pastas und Pizzas, vom Rest ganz zu schweigen. Als Extraservice kann man den kostenlosen Hoteltransfer innerhalb Sanurs nutzen.

- **Lumut**, Jl. Danau Tamblingan 166, ☎ (0361) 270009/10, 🖷 (0361) 270011, E-mail: lumutcafe@yahoo.com, 🖳 www.lumut.com; 8-23 h. Plätze gibt es hier sowohl im Freien, und zwar auf der Dachterrasse, als auch im klimatisierten Innenraum. Der Schwerpunkt der auf natürliche Produkte Wert legenden Küche liegt auf Asien.
- **Mango Bar & Restaurant**, Strandpromenade; 7-1 h. Direkt am Strand gelegen, füllen sich die Plätze vor allem am Abend, denn ab 21 Uhr spielt allabendlich eine Live-Band auf.
- **Mezzanine**, Jl. Danau Tamblingan 63, ☎ (0361) 270624; 7-24 h. Allein schon architektonisch sticht das zweistöckige Restaurant wohltuend hervor, wobei die erlesene asiatische Küche, in die sich ein Schuss westlicher Kochkunst mischt, mit dem feinen Ambiente spielend mithalten kann. Wenn ab 20 h Live-Musik erklingt, bevölkert sich die gut bestückte Bar zusehends.
- **Nelayan**, Jl. Danau Tamblingan 186, ☎ (0361) 288263; 11-23 h. Spezialisiert auf Seafood, doch auch das restliche Angebot ist nicht ohne; kostenloser Hoteltransfer innerhalb Sanurs.
- **New Banjar**, Jl. Duyung, ☎ (0361) 287359; 7-23 h. Direkt am Strand gelegenes Lokal mit einer recht guten Auswahl an Meeresfrüchten und einer gemütlichen Bar. Und den Hoteltransfer gibt es innerhalb Sanurs gratis dazu.
- **Penjor**, Jl. Danau Tamblingan 140, Batujimbar, ☎ (0361) 288226, 🖷 (0361) 289216; 12-22 h. Allabendliche Tanzaufführungen zwischen 20.15 und 21 Uhr sowie kostenloser Hoteltransfer innerhalb von Sanur runden das gute Gesamtangebot ab.
- **Piazza Bakery and Café**, Gazebo Beach Hotel (s. o.), 7-24 h. Sehr elegantes, plazaartiges Restaurant, dessen Backwaren man auf gar keinen Fall unbeachtet lassen sollte.
- **Restoran Segara Agung**, Sanur Beach Market, Jl. Segara Ayu, ☎ (0361) 288574, 🖷 (0361) 289374; 7-23 h. Nettes Strandlokal, besonders für ein gemütliches Frühstück oder Abendessen.
- **Ryoshi**, Jl. Danau Tamblingan 150, ☎ (0361) 288473; 12-24 h. Gute japanische Küche in klimatisierten Räumlichkeiten.
- **Sanur Harum Cantonese Restaurant**, Sanur Paradise Plaza Hotel (s. o.), 18-21.30 h. Köstliche Dim Sum zum Festpreis von Rp. 46.000. (Die Leckereien können auch mitgenommen werden.)
- **Spago**, Jl. Danau Tamblingan 79, ☎ (0361) 288335, E-mail: restaurant@spagobali.com, 🖳 www.spagobali.com; 11-24 h. Feine mediterrane Küche, gepflegtes Ambiente und eine Bar mit vergleichsweise guter Weinauswahl sind die Garanten für einen gelungenen Abend.
- **Tamarind**, Jl. Mertasari 2, ☎ (0361) 270572; 7.30-23.30 h. Ein kräftiges irisches Frühstück und leckere Sandwiches stehen ebenso auf der Karte wie australische Steaks und indonesische Spezialitäten.
- **Telaga Naga**, Jl. Danau Tamblingan 180, ☎ (0361) 288271, 🖷 (0361) 287693; 19-22 h; $. Sanurs bester Chinese, in einem zauberhaften Garten gelegen, der allein das Kommen schon lohnt.
- **The Village**, Jl. Danau Tamblingan 66, ☎/🖷 (0361) 285025; 11-23 h. Sanurs bester Italiener bringt nicht nur die erstklassigen Pizzas ofenfrisch auf den Tisch, und die bestens bestückte Bar verführt zum längeren Verweilen unter dem großen offenen Gartenpavillon.
- **Tropik Kafé**, Jl. Danau Tamblingan 57, Sanur 80228, ☎ (0361) 287191; 17-24 h. Beachtung sollten Sie hier insbesondere den einheimischen Spezialitäten schenken.

Einkaufen

HAUPTGESCHÄFTSSTRAßE: Jl. Danau Tamblingan einschließlich ihrer nördlichen und südlichen Verlängerungen.
MÄRKTE: siehe ‚Sehenswertes'.
SUPERMARKT: • **Alas Arum Agung Sanur**: Jl. Danau Tamblingan 136.
SPEZIALGESCHÄFTE:
- **Batujimbar Bookshop**, Jl. Danau Tamblingan 152, ☎ (0361) 288303, täglich 7.30-22.30 h. Begrenzte Auswahl, doch findet man hier mitunter das eine oder andere ausgefallene Buch.

- **Lumut**, Jl. Danau Tamblingan 166, Sanur, ☎ (0361) 270009/10, 📠 (0361) 270011, E-mail: lumutcafe@yahoo.com, 🖥 www.lumut.com. Kunsthandwerkliches und Textilien modernen Designs stehen im Vordergrund.
- **Mama & Leon**, Jl. Danau Tamblingan 99A, Sanur 80228, ☎ (0361) 288044, 📠 (0361) 288150, E-mail: gustu@mamaleon.com, 🖥 www.mamaleon.com. Feine Designermode und Maßgeschneidertes für die ganze Familie. Nicht ganz billig.
- **Sanur Foto Centre**, Jl. Danau Tamblingan 68, ☎ (0361) 771884.

Bank
- **Bank Danamon**, Jl. Danau Tamblingan 67, ☎ (0361) 285866, 📠 (0361) 285867.

Polizei
Jl. By Pass Ngurah Rai, ☎ (0361) 288597

Post / Paketdienst
- **Pal Cargo Bali PT**, Jl. By Pass Ngurah Rai 45X, Sanur 80227, ☎/📠 (0361) 288684 und (0361) 288715, 📠 (0361) 282987, E-mail: info@palcargo.com, 🖥 www.palcargo.com.
- **Putri Mandalika Cargo PT**, Jl. Hang Tuah 11, Sanur 80227, ☎ (0361) 289481, 📠 (0361) 287125, E-mail: alit@denpasar.wasantara.net.id.
- **Sanur Post Office**, Banjar Taman, Jl. Danau Buyan, ☎ (0361) 754012.

Apotheken
- **Blanjong Farma Apotik**, Jl. Sri Kesari 15, ☎ (0361) 287250.
- **Farma Sari Apotik**, Jl. Segara Ayu, ☎ (0361) 288061.
- **Utama Apotik**, Jl. Danau Tamblingan, ☎ (0361) 289192.

Ärzte
- **Dr. N. Agus Bagiada**, Jl. P. Buru 35, Denpasar, ☎ (0361) 264976; oder: Inna Grand Bali Beach Hotel, Resort & Spa, Jl. Hang Tuah, Sanur, Room K2, ☎ (0361) 288511 ext. 1450, Mo-Fr 7-21 h, Sa 7-20 h und So+Feiertage 10-18 h, Allgemeinarzt.
- **Dr. I Made Wijaya**, Jl. Danau Buyan, Gang I/2, Sanur 80228, ☎ (0361) 286761. Allgemeinarzt.

Krankenhäuser
- **Legian Medical Clinic 2**, Jl. Danau Tamblingan, ☎ (0361) 287446, 📠 (0361) 765935.
- **Sanur Clinic**, Jl. Danau Tamblingan 27, ☎ (0361) 282678.
- **Wijaya Kusuma Abadi Clinic**, Jl. By Pass Ngurah Rai 8B, ☎ (0361) 281178.

Mietwagen
- **Avis Rent a Car**, Bali Hyatt Hotel, Jl. Danau Tamblingan 27, ☎ (0361) 289138, E-mail: bali.avis@denpasar.wasantara.net.id, 🖥 www.avis.com.
- **Bali Setia Rent a Car CV**, Jl. Danau Tamblingan, ☎ (0361) 288979. Vermietet auch Wagen mit Chauffeur.
- **Hertz Rent a Car**, Inna Grand Bali Beach Hotel, Resort & Spa, Jl. Hang Tuah, Area Cottages Arcade 50, ☎ (0361) 281180.
- **Wirasan Rent a Car**, Jl. By Pass Ngurah Rai 162, ☎ (0361) 286066, 📠 (0361) 282788, E-mail: wirasana@indosat.net.id.

Reisebüros
- **Barata Tours**, Inna Grand Bali Beach Hotel, Resort & Spa, Cottage Arcade, Jl. Hang Tuah, Sanur 80228, ☏ (0361) 282693, 🖷 (0361) 285995, E-mail: barata@bali.net, 🖥 www.baratatours.com.
- **Mandalika Tours**, Jl. Hang Tuah 11, Sanur 80227, ☏ (0361) 287450, 🖷 (0361) 285330, E-mail: info@balimandalikatour.com, 🖥 www.balimandalikatour.com.
- **Pacto Tour & Travel PT**, Jl. By Pass Ngurah Rai, ☏ (0361) 288247, 🖷 (0361) 288240; Inna Grand Bali Beach Hotel, Resort & Spa, Jl. Hang Tuah, ☏ (0361) 288511; E-mail: pactodps@ dps.mega.net.id.
- **Perama Tourist Service**, Warung Pojok, Jl. Hang Tuah 31, ☏ (0361) 287594.
- **Putri Mandalika Tours & Travel PT**, Jl. Hang Tuah 11, ☏ (0361) 287450, 🖷 (0361) 287125, E-mail: mandalika@denpasar.mega.net.id, 🖥 www.denpasar.mega.net.id/comdir/mandalika.htm.
- **Tunas Indonesia Tours & Travel**, Jl. Danau Tamblingan 107, ☏ (0361) 288581 und (0361) 288450 und (0361) 288056, 🖷 (0361) 288727, E-mail: tunas@denpasar.wasantara.net.id, 🖥 www.indo.com/travel_agents/tunas.
- **Vayatour**, Jl. By Pass Ngurah Rai 143, ☏ (0361) 285555, 🖷 (0361) 281144, E-mail: vayatour@vayatourbali.com, 🖥 www.vayatour.com/bali.

Tanzvorführungen
- Frog Dance:　　Penjor Restaurant, So 19.30 h
　　　　　　　　Hotel Sanur Beach, So 19.30 h
　　　　　　　　Sanur Beach Market Restaurant, Mi 19.30 h
- Legong:　　　　Hotel Sanur Beach, Mo 19.30 h
- Ramayana:　　Hotel Sanur Beach, Mi 19.30 h

Sebatu (S. 547)

Sehenswertes
- **Pura Gunung Kawi Sebatu**, täglich 8-18 h, Eintritt: Erwachsene Rp. 3.100, Kinder Rp. 1.600.

Einkaufen
LOKALE SPEZIALITÄT: Holzschnitzereien

Semarapura (S. 576ff)

Informationen
- **Semarapura Tourist Office**, Jl. Surapati 3, Semarapura 80751, ☏ (0366) 21448, Mo-Do 7.30-14.30 h und Fr 7.30-13.30 h.

Sehenswertes
- **Pasar**, Jl. Diponegoro, täglich 6-17 h. Großer Lebensmittelmarkt, auf dem es auch Haushaltswaren, Schmuck und Textilien aller Art zu kaufen gibt.
- **Puputan-Mahnmal**, Jl. Untung Surapati, täglich 7.30-18 h.
- **Pura Taman Sari**, Jl. Gunung Semeru, täglich 7-19 h.
- **Taman Gili**, Jl. Puputan, täglich 7.30-18 h, Eintritt. Erwachsene Rp. 5.000, Kinder Rp. 2.000.

Einkaufen
LOKALE SPEZIALITÄTEN: *Antiquitäten, Malerei (u. a. klassische Kalender), Songket, Seiden-Ikat, Wayang-Puppen*
HAUPTGESCHÄFTSSTRAßE: *Jl. Diponegoro – Schmuck, Textilien, Kunsthandwerkliches*
MARKT: *siehe ‚Sehenswertes'.*

Bank
- **Bank Danamon**, *Jl. Diponegoro 21, ☎ (0366) 21359, 🖷 (0366) 22954.*

Polizei
Jl. Untung Surapati 28, ☎ (0366) 21115

Apotheke
- **Sadhi Husada Apotik**, *Jl. Veteran 5, ☎ (0366) 21014.*

Krankenhaus
- **Rumah Sakit Umum**, *Jl. Flamboyan 40-42, ☎ (0366) 21172.*

Sembung (S. 686)

Tipp für Eltern mit Kindern

- Indonesia Jaya Reptile and Crocodile Park *(Taman Buaya Dan Reptil Indonesia Jaya)*, Banjar Binong, Werdhi Bhuana, Mengwi, ☎ *(0361) 829353,* 🖷 *(0361) 829352, täglich 9-18 h, Eintritt: Rp. 55.000, Kinder unter 10 Jahren die Hälfte. Besonders spektakulär ist die Fütterung der 500 Krokodile, acht Komodo-Warane und zahlreichen anderen Waranarten und Schlangen.*

Seminyak (S. 496) PLZ 80361

Sehenswertes
- **Pura Petitenget**, *Jl. Kayu Aya, täglich 7-19 h.*

Unterkunft
- **Amarta**, *Jl. Abimanyu 2000X, ☎ (0361) 734793, 🖷 (0361) 736111; 8 Bungalows; US$ 270; AC, MB, SW, TV, ZS, ZT. Die für bis zu vier Personen ausgelegten zweistöckigen Bungalows verfügen jeweils u. a. über eine voll eingerichtete Küche und VCD, die kleine Anlage selbst gewährt viel Intimität, und bis zum Strand ist es nur wenige Minuten zu Fuß.*
- **Bora Bora Villas**, *Jl. Kayu Jati 6, Petitenget, ☎ (0361) 735881, 🖷 (0361) 735884; 8 Villen plus Kubun Suite (bestehend aus vier Villen); US$ 205-600; AC, BF, MB, SS, SW, TV, ZS, ZT, 24. Jede Villa verfügt neben einer eigenen voll ausgestatteten Küche und einer Sonnenterrasse auch über einen eigenen Pool. Gewähren schon die jeweils auf 270 m² bis 520 m² Grund stehenden Villen mit ihren 1-3 Schlafzimmern viel Raum und Privatsphäre, so stellt die für bis zu zehn Personen ausgelegte Kubun Suite mit ihren sich um den Pool gruppierenden Wohneinheiten ein kleines Resort für sich dar. Hier fehlt es dem Erholungssuchenden wahrlich an nichts. 🖳 www.boraboravillas.net*
- **The Legian**, *Jl. Laksmana, ☎ (0361) 730622, 🖷 (0361) 730623; 67 Suiten und 11 Villen; US$ 325-1.000; AC, BC, FC, FR, HA, KR (bis 30 Personen), LS, MB, RE, SA, SB, SN, SP, SW, TV, ZS, ZT, 24. Die kleinste Suite misst 99 m² und neben einem Schlafzimmer und einem Bad noch ein angenehm großes Wohnzimmer, die allesamt edel und stilvoll eingerichtet sind, wie überhaupt das ganze, von*

außen etwas burgähnlich anmutende Gebäude, im Inneren bis auf das kleinste Detail perfekt durchgestylt ist. Und die **Lobby Lounge and Bar** hält feinste Havannas für Sie parat. Und wer es ganz exklusiv liebt, bezieht eine der elf Villen des **The Club at the Legian**, die jeweils über eigene 10-Meter-Pools und ein gemeinsames Clubhaus mit zusätzlichem 35-Meter-Pool verfügen; E-mail: legian@ghmhotels.com, 🖥 www.ghmhotels.com
- **The Oberoi***, Jl. Laksmana, P.O. Box 3351, Denpasar 80033, ☎ (0361) 730361, 📠 (0361) 730791; 60 Zimmer und 15 Villen; US$ 255-850; AC, BC, FC, FR, KR (bis 30 Personen), KV, LS, MB, RE, SA, SB, SN, SP, SW, TP, TV, ZS, ZT, 24. Dieses Mitglied der **Leading Small Hotels of the World** ist aufgrund seines perfekten Services, seiner zauberhaft eingerichteten Zimmer und seines wunderschönen Gartens noch immer eines der schönsten Hotels auf der Insel. Neun der Villen verfügen sogar über einen eigenen Pool, doch nicht nur deren Gäste möchten dieses direkt am Meer gelegene Anwesen kaum wieder verlassen; E-mail: kkaul@theoberoi-bali.com und reservation@theoberoi-bali.com, 🖥 www.oberoihotels.com
- **The Royal Seminyak** (ehemals: Hotel Imperial Bali), Jl. Abimanyu, P.O. Box 384, Denpasar 80001, ☎ (0361) 730730, 📠 (0361) 730545, E-mail: reservation@theroyal-seminyak.com oder reservation@sofitelbali.com, 🖥 www.theroyal-seminyak.com; 110 Zimmer, 11 Suiten und 16 Villen; US$ 200-2.500; AC, BC, HA, KR (bis 250 Personen), KV, LS, MB, RE, SA, SB, SN, SP, SW, TP, TV, ZS, ZT, 24. Exquisit ausgestattete Zimmer, kulinarische Meisterleistungen, ein weitläufiger, üppig tropischer Garten, perfekter Service und schöne Lage direkt am Strand – eben alles, was man von einem Luxushotel erwartet. Die Villen verfügen jeweils über eine eigene Küche, und zusätzlich über Pools und/oder Jacuzzis für die individuelle oder gemeinschaftliche Nutzung.
- **The Villas Bali Hotel & Spa*** (ehemals: The Villas Hotel & Spa), Jl. Kunti 118X, ☎ (0361) 730840, 📠 (0361) 733751, E-mail: bookings@thevillas.net, 🖥 www.thevillas.net; 50 Villen; US$ 260-450; AC, HA, LS, MB, RE, SA, SP, SW, TV, ZS, ZT. Große Villen mit 1, 2 oder 3 Schlafräumen, Küche, eigenem Pool und Privatgarten. Design und Ausstattung sind erstklassig und vermitteln einem zusammen mit dem perfekten Service das Gefühl bei Royals eingeladen zu sein. Hier stimmt einfach alles, ganz besonders auch das Spa, das ohne Zweifel Balis Nummer Eins ist. Und der Strand – nun, den braucht man eigentlich gar nicht, wer aber dennoch hin möchte, ist gut zehn Minuten unterwegs.
- **Villa Seminyak***, Jl. Legian, Gang Villa Lalu, ☎ (0361) 735566, 📠 (0361) 735656, E-mail: villaseminyak@eksadata.com, 🖥 www.indo.com/hotels/villaseminyak/index.html; 19 Villen; US$ 302-907; AC, BC, HA, LS, MB, SB, SW, TV, ZS, ZT. Die zehn Royal Villas verfügen jeweils über einen eigenen Pool, die anderen Villen über ein Jacuzzi, alle hingegen voll eingerichtete Küchen sowie große Schlaf- und Wohnräume, die überaus geschmackvoll eingerichtet sind und einem den Aufenthalt wahrlich angenehm machen. Den Strand, der rund zehn Minuten entfernt ist, vermisst man im Grunde genommen gar nicht.

TEUER ($$$$$)
- **Vila Rumah Manis**, Jl. Nakula 18, ☎ (0361) 730606, 📠 (0361) 730505, E-mail: vrman15@denpasar.wasantara.net.id, 🖥 www.balibountygroup.com/villa; 40 Villen; US$ 195-300; AC, HA, MB, RE, SA, SB, SW, TV, ZS, ZT, 24. Die zweistöckigen, gegeneinander gut abgegrenzten Villen, die jeweils über einen eigenen Plunge Pool verfügen, sind mit jeweils zwei Schlafräumen ausgestattet und für bis zu vier Personen gedacht. Die geschmackvoll ausgestatteten Zimmer und das hilfsbereite Personal versetzen den Gast in die richtige Urlaubsstimmung.
- **Villa Kendil***, Jl. Raya Kerobokan 107, Banjar Taman, ☎ (0361) 731468, 📠 (0361) 731470, E-mail: info@villakendil.com, 🖥 www.villakendil.com; 15 Villen; US$ 175-275; AC, BC, BF, HA, LS, MB, RE, SB, SS, SW, TV, ZT. Z.T. mit eigenem Plunge Pool ausgestattete, sehr geschmackvoll eingerichtete Villen, die über jeweils eine im überdachten Außenbereich liegende, voll eingerichtete Küche ver-

fügen. Durch Mauern gegeneinander abgegrenzt, so dass ein Höchstmaß an Privatsphäre gewährleistet ist. Besonders attraktiv auch die in einigen Villen anzutreffenden verglasten Wohnzimmer.
- **Villa Kubu**, Jl. Raya Seminyak, Gang Plawa 33F, ☎/🖷 (0361) 731129, 🖳 www.villakubu.com; 6 Villen; US$ 190-350; AC, BF, MB, SP, SW, TV, ZS, ZT. Zentral gelegen und doch fernab des Trubels, lassen es die Villen dank behaglicher, geschmackvoller Einrichtungen, eigener Küchen und Pools sowie der herrlichen Gartenanlagen es an nichts fehlen – und nicht einmal den gut fünf Fußminuten entfernt gelegenen Strand vermisst man.

MODERAT ($$$$)
- **Resor Seminyak**, Jl. Laksmana, P.O. Box 1085, ☎ (0361) 730814, 🖷 (0361) 730815, E-mail: info@resorseminyak.com, 🖳 www.resorseminyak.com; 60 Zimmer und 2 Suiten; US$ 119-300; AC, FR, HA, KR (bis 90 Personen), KV, MB, NR, RE, SA, SB, SN, SP, SW, TP, TV, ZT, 24. Dank der großen Gartenanlage fallen die dreigeschossigen Gebäude nicht auf. Direkt am Meer gelegen, verwöhnt dieses Haus seine Gäste mit freundlichem Service und einem großen Freizeitangebot. Und die Deluxe Zimmer punkten zusätzlich mit einem eigenen Jacuzzi.
- **Villa Lalu***, Jl. Pura Dalem, ☎ (0361) 731051, 🖷 (0361) 731052, E-mail: villalalu@ dps.centrin.net.id, 🖳 www.villalalubali.com; 12 Villen; US$ 100-220; AC, LS, MB, RE, SP, SW, TV, ZT. Die großzügig bemessenen Villen besitzen jeweils eine hübsche Veranda, Küche und kleinem Privatgarten, wodurch man sich mehr zu einer Großfamilie gehörig fühlt denn in einem Hotel. Dank des schönen Pools muss man nicht unbedingt zum gut zehn Minuten entfernten Strand gehen.

NOCH PREISWERT ($$$)
- **Bali Agung Village**, Jl. Abimanyu, P.O. Box 2089, ☎ (0361) 730367, 🖷 (0361) 730469; 32 Zimmer und 9 Villen; US$ 70-150; AC, KV, MB, RE, SA, SB, SW, TV, ZT. Die normalen Zimmer verteilen sich auf acht zweistöckige Bungalows, die Villen verfügen jeweils über eine eigene Küche und eignen sich gut für Familien. Umwuchert von dichtem Grün vermisst man den Strand, zu dem es etwa fünf Minuten zu Fuß sind nicht allzu sehr; E-mail: baliagung@ denpasar.wasantara.net.id, 🖳 www.bali-agung.com
- **Bali Holiday Resort**, Jl. Abimanyu, P.O. Box 1045, ☎ (0361) 730847, 🖷 (0361) 730848, E-mail: hojobali@indosat.net.id, 🖳 www.baliholiday-resort.com; 100 Zimmer und 5 Cottages; US$ 80-150; AC, HA, KV, MB, RE, SA, SB, SW, TV, ZT, 24. Gutes Mittelklassehotel direkt am Strand, mit schönem Garten und vergleichsweise großen Zimmern.
- **Dhyana Pura Beach Hotel**, Jl. Abimanyu, P.O. Box 1010, ☎ (0361) 730442, 🖷 (0361) 730463; 125 Zimmer, davon 2 Suiten; US$ 60-120; AC, BF, KR (bis 300 Personen), MB, RE, SA, SB, SS, SW, TV, ZT, 24. Diese der protestantischen Kirche Balis gehörende Hotelanlage unmittelbar am Strand weist neben einem schönen Garten gut gepflegte Zimmer und einen freundlichen Service auf. Ruhiger als im Hauptgebäude logiert man in einem der Bungalowzimmer; E-mail: info@dhyanapura.com, 🖳 www.dhyanapura.com

- **Puri Cendana Resort**, Jl. Abimanyu, ☏ (0361) 730869, 🖷 (0361) 730868, E-mail: info@puricendana.com, 🖳 www.puricendana.com; 12 Zimmer und 12 Suiten; US$ 80-100; AC, HA, KV, MB, NR, RE, SA, SB, SW, TV, ZT, 24. Knapp 100 m von Strand entferntes Anwesen mit hübschem Pool und Garten, in dem sich die dreistöckigen Gebäude mit ihren nett eingerichteten Zimmern gruppieren, von denen besonders die Duplex-Suiten zu überzeugen wissen.
- **Villa Ganesha***, Jl. Abimanyu, ☏/🖷 (0361) 732084, E-mail: info@balivacationrental.com, 🖳 www.balivacationrental.com/villas/ganesha; 3 Villen; US$ 95-580; AC, LS, MB, SW, TV, ZS, ZT. Sehr privates Anwesen, dessen architektonisches Highlight das oktogonale, zweietagige, aus Holz und Glas erbaute Main House mit 240 m² Wohnfläche ist. Wie auch die anderen beiden Pavillons, dessen größerer über einen Plunge Pool verfügt, hat es eine eigene Küche.

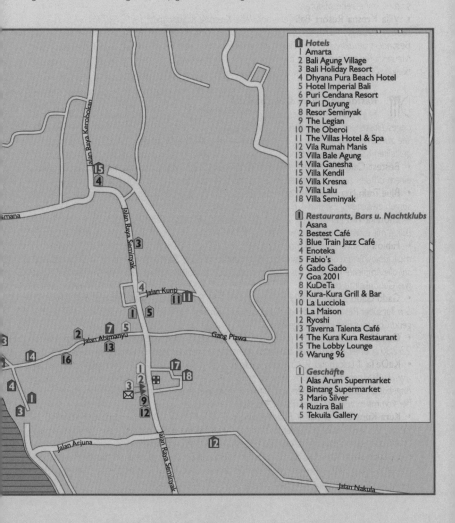

PREISWERT ($$)

- **Puri Duyung**, Jl. Abimanyu 15, ☎ (0361) 730372 und (0361) 730854, 📠 (0361) 730853, E-mail: reservation@puriduyung.com, 🖥 www.puriduyung.com: 12 Zimmer; US$ 30; AC, BC, BF, MB, RE, SW, TV, ZT. Sehr kleine, familiäre Anlage, deren charmantes Personal immer gute Tipps auf Lager hat. Zum Strand ist es keine zehn Minuten.
- **Villa Bale Agung**, Jl. Abimanya, Gang Sarinande No. 3, ☎ (0361) 736481 und (0361) 732856, 📠: (0361) 736482, E-mail: info@villabale.com, 🖥 www.villabale.com; 9 Villen; US$ 35-60; AC, MB, RE, SB, SW, TV, ZS, ZT. Großzügig bemessene Villen in einem großen Garten am Rande der Reisfelder, deren Attraktivität durch die z. T. erheblichen Preisnachlässe für länger Bleibende noch zusätzlich gesteigert wird. Derzeit ist noch kein Pol verfügbar, doch bis zum Strand sind es keine zehn Minuten.
- **Villa Kresna Resort Bali** (ehemals: Villa Kresna), Jl. Sarinande 19, ☎ (0361) 730317, 📠 (0361) 732847; 1 Zimmer, 5 Suiten und 6 Villen; US$ 39-179; AC (z. T.), BF, MB, SS, SW, TV, ZT. Besonders attraktiv sind die Villen, deren größte bis zu sechs Personen Platz bietet. Wer sich in die Meeresfluten stürzen möchte, muss nur ein paar Minuten laufen; E-mail: info@villa-kresna.com und booking@villa-kresna.com, 🖥 www.villa-kresna.com

Restaurants, Bars & Nachtklubs

- **Asana**, Jl. Raya Seminyak, ☎ (0361) 732775; 8-20 h. Sehr stilvolles kleines Café mit angeschlossener Gemäldegalerie, in dem man nicht nur gerne seinen morgendlichen Kaffee oder Tee zu sich nimmt, sondern auch gerne ein wenig mit der Eigentümerin über die Werke der ausgestellten Künstler diskutiert.
- **Bestest Café**, Jl. Abimanyu 101, ☎ (0361) 731516; 7-24 h. Junges, beflissenes Personal, das einem an den zur Verfügung stehenden Terminals notfalls auch beim Surfen im Internet hilft.
- **Blue Train Jazz Café**, Jl. Basangkasa 28, ☎ 081-23929705, Mo-So 18-1 h. Diverse Live Bands sorgen zwischen 22 h und 1 h zusätzlich für Stimmung.
- **Enoteka**, Villa Kendil (s. o.), 7-24 h. Das kleine Restaurant offeriert westliche Küche, zu der die Bar – mit einer der besten Weinlisten der Insel – stets den richtigen Tropfen bereit hält.
- **Fabio's**, Jl. Raya Seminyak 66, ☎ (0361) 261232 und (0261) 730562, 📠 (0361) 730564, E-mail: fabios@indo.com, 🖥 www.indo.com/restaurants/fabios; 7-24 h; **$**. Hier zahlt man für das sehr stilvolle Ambiente mit, doch das Kommen lohnt sich, zumal die Auswahl an Weinen ebenso groß ist wie Getränkeliste der Bar.
- **Gado Gado**, Jl. Abimanyu 99, ☎ (0361) 730955, E-mail: gadogado@eksadata.com; täglich 12-5 h. Tagsüber Restaurant, abends Disco. Gespielt wird vor allem Techno, getrunken werden überwiegend Cocktails und jede Menge Bier.
- **Goa 2001**, Jl. Laksmana, ☎ (0361) 730525, 📠 (0361) 731852, E-mail: goa2001@indosat.net.id; 22-2.30 h. Unter neuem Dach, aber noch immer mit einem der besten Musikangebote der Insel.
- **KuDeTa**, Jl. Laksmana 9, ☎ (0361) 736969, 📠 (0361) 736767, E-mail: info@kudeta.net, 🖥 www.kudeta.net; 8-2 h; **$**. Das überaus stilvolle Ambiente, der perfekte Service und das köstliche Angebot an Speisen, Getränken und Zigarren lassen die relativ hohen Preise schnell vergessen. Hierher kommt man meist mehr als nur ein Mal.
- **Kura-Kura Grill & Bar**, Jl. Raya Seminyak 15, ☎ (0361) 730445 und (0361) 765884, 📠 (0361) 751687; 10-24 h. Großer zweistöckiger Papillon mit netter, zentraler Bar. Die Preise liegen etwas über dem Durchschnitt, die Küche ist stark westlich ausgerichtet.
- **La Lucciola**, Jl. Kayu Aya, ☎ (0361) 730838; 7.30-24 h. Der große zweistöckige Pavillon liegt unmittelbar am Strand in einem gepflegten Garten, so dass zu den kulinarischen Genüssen der hier servierten mediterranen Küche noch die optischen hinzu kommen.

- **La Maison**, The Villas Bali Hotel & Spa (s. o.), 7-21.30 h; **$**. Feine französische Küche, eine große Weinauswahl und edle Zigarren sind die Markenzeichen dieses noblen Restaurants.
- **Ryoshi**, Jl. Raya Seminyak 17, ☏ (0361) 731152; 12-24 h. Kleines, klimatisiertes Restaurant, in dem feine japanische Küche serviert wird.
- **Taverna Talenta Café**, Jl. Abimanyu, ☏ (0361) 732907. Neben der üblichen internationalen Küche können sie hier auch Mexikanisches ordern, und zwar auch um drei Uhr morgens, denn das Lokal hat rund um die Uhr geöffnet.
- **The Kura Kura Restaurant**, The Oberoi (s. o.), 10-24 h; **$**. Das Ambiente ist ebenso traumhaft wie die kulinarischen Spezialitäten Augen und Gaumen unwiderstehlich verführen. Ein Ort für besondere Gelegenheiten.
- **The Lobby Lounge**, The Legian (s. o.), 7-24 h. Große Auswahl an Cocktails und kubanischen Zigarren, eine davon exklusiv für das Hotel hergestellt.
- **Warung 96**, Jl. Abimanyu 200A, ☏ (0361) 733800. Probieren Sie hier doch einmal Pizza, wenn Sie wollen auch im vier Uhr morgens, schließlich hat das Lokal seine Pforten rund um die Uhr geöffnet.

Einkaufen
HAUPTGESCHÄFTSSTRAßE: Jl. Seminyak
SUPERMÄRKTE: • **Alas Arum Supermarket**, Jl. Seminyak.
• **Bintang Supermarket**, Jl. Seminyak
SPEZIALGESCHÄFTE:
- **Mario Silver**, Jl. Seminyak 15, ☏ (0361) 730977 und (0361) 731950, 📠 (0361) 730926, E-mail: cvmario@indosat.net.id, 9-23 h. Riesige Auswahl an Silberschmuck. Auf Wunsch holt man Sie auch vom Hotel ab. Mehrere Filialen in Kuta und Ubud.
- **Ruzira Bali**, Jl. Kunti 1, ☏/📠 (0361) 738577. Damenschuhe, auch nach Maß; E-mail: ruzira@indo.net.id, 🖥 www.ruzira.balibagus.com
- **Tekuila Gallery**, Jl. Abimanyu, ☏ (0361) 732428, 📠 (0361) 732440; 9-20 h. Etwas ausgefallene, qualitativ sehr gute kunsthandwerkliche Sachen; dies trifft auch auf die Textilien zu; E-mail: eddy@dps.mega.net.id, 🖥 www.takuila.com

Krankenhaus
- **Bali Clinic**, Jl. Laksmana 54XX, ☏ (0361) 733301, 📠 (0361) 733302.

Spa
- **Bodyworks 1**, Jl. Raya Seminyak 63, ☏/📠 (0361) 730454, täglich 9-21 h. Die einstündige Ganzkörpermassage gibt es für Rp. 129.000, die eineinhalbstündige Aromatherapie-Massage für Rp. 175.000. Darüber hinaus kann man noch alles für sein äußeres Erscheinungsbild tun, vom Haarschnitt bis hin zur Maniküre.

Sengkidu (S. 590)

Unterkunft
- **Candi Beach Cottage**, Amlapura, P.O. Box 3308, Denpasar 80033, ☏ (0363) 41234, 📠 (0363) 41111, E-mail: info@candibeachbali.com, 🖥 www.candibeachbali.com; 64 Zimmer; US$ 110-130; AC, FC, HA, MB, RE, SA, SP, SW, TP, TV, ZS, ZT, 24. Schöne, mit viel Grün versehene Anlage mit großem Pool direkt am Meer und abseits des Rummels.

PREISWERT ($$)
- **Nirwana Cottages**, Amlapura 80871, ☏ (0363) 41136, 📠 (0363) 41543, E-mail: nirwanacot@denpasar.wasantara.net.id; 12 Zimmer; US$ 40-60; AC (z.T.), HA, MB (z.T.), RE, SW. Der Ehemann der

Eigentümerin ist Deutscher, wodurch die in üppiges Grün unter Kokospalmen gebettete, ökologisch ausgerichtete Anlage überdurchschnittlich gut in Schuss gehalten ist. Die Lage direkt an einem abseits gelegenen Strandabschnitt verspricht Ruhe und Erholung.

SEHR PREISWERT ($)
• **Anom Beach Inn Bungalows**, ☏ (0363) 41902, 📠 (0363) 41998, E-mail: anom_beach@balinetwork.com, 💻 www.balinetwork.com/hotel/anom [oder: Memelstraße 148, 41238 Mönchengladbach, ☏/📠 (02166) 21280]; 24 Zimmer; US$ 27-51; AC (z.T.), BF, MB, RE, SW. Während die Standardzimmer in einem zweistöckigen Gebäude untergebracht sind, verteilen sich die teureren auf Bungalows und Lumbungs. Da der Eigentümer in Mönchengladbach arbeitet, kommen 90 Prozent der Gäste aus Deutschland. Gemütlich, nur fehlt an dieser Stelle der Strand fast völlig.

Seririt (S. 651)

Unterkunft
NOCH PREISWERT ($$$)
• **Ratu Ayu Villas**, Desa Umaanyar, ☏ (0362) 93612, 📠 (0362) 93437 [oder: Jl. Tunggul Ametung VII/9, P.O. Box 3603, Denpasar 80036, ☏ (0361) 413679, 📠 (0361) 437071], E-mail: lumbung@indosat.net.id, 💻 www.villas-bali.com/ratuayu_overview.htm; 3 Cottages; US$ 99-166; BF, RE, SS. Zurück zur Natur. Am Rande der Reisfelder, umgeben von einer Vielzahl alter Schreine und Tempel, erlebt man Bali strandnah von seiner ursprünglichen Seite. Die zweistöckigen Cottages sind geräumig und luftig.

PREISWERT ($$)
• **Puri Jati Resort**, Desa Umaanyar, P.O. Box 18, Seririt, ☏ (0362) 93578, 📠 (0362) 93579, E-mail: wan2000_id@yahoo.com; 9 Zimmer, davon 2 Suiten; US$ 36-55; AC, BF, RE, SW, TV. Die Zimmer sind angenehm groß, der Pool hübsch, und zur Küste sind es nur wenige Minuten zu Fuß. Abseits des Rummels kann man hier relaxen und auftanken.

Sidan (S. 574)

Sehenswertes
• **Pura Dalem Sidan**, täglich 6-18 h, Eintritt: Erwachsene Rp. 3.100, Kinder Rp. 1.600.

Tanzvorführung
• **Barong**: täglich 9 h

Sidemen (S. 612)

Unterkunft
• **Sacred Mountain Sanctuary*** ($$$), Banjar Budamanis, Karangasem 80864, ☏ (0366) 24330 und (0366) 24331, 📠 (0366) 23456, E-mail: sacredmountain@indo.com, 💻 www.indo.com/hotels/sacredmountain; 19 Villen; US$ 97-158; BF, KR (bis 60 Personen), MB, RE, SB, SW, ZT. An einem kleinen Fluss weitab von allem gelegen und nach ökologischen Richtlinien erbaut

Regionale Reisetipps von A-Z (Sidemen, Singakerta, Singapadu, Singaraja)

und geführt. Auf die Gesundheit achten auch die Küche, die ihre Zutaten großenteils aus dem eigenen Garten bezieht, und die angebotenen Meditationskurse Naturliebhaber liegen hier genau richtig.

Einkaufen
LOKALE SPEZIALITÄTEN: Batik, Ikat

Singakerta (S. 529)

Unterkunft
• **Villa Semana*** ($$$$$$), Banjar Semana, Ubud, ☎ (0361) 246288, 📠 (0361) 979331, E-mail: info@villasemana.com,: www.villasemana.com; 10 Villen; US$ 250-440; AC, HA, KR (bis 14 Personen), LS, MB, RE, SA, SB, SP, SW, TV, ZS, ZT, 24. Zwischen Reisfeldern und dem Ayung River versteckt sich eines der schönsten Hotels Balis, dessen Lage und exzellenter Service ein Höchstmaß an Privatsphäre gewährleisten und es dem Gast an nichts fehlen lassen. Jede der Villen verfügt über einen eigenen kleinen Pool und ist mit viel Liebe zum Detail eingerichtet. (Für Kinder unter 12 Jahren nicht empfohlen.)

Singapadu (S. 519f)

Sehenswertes
• **Rimba Bali – Bali Reptile Park**, Jl. Serma Cok Ngurah Gambir, Gianyar 80542, ☎/📠 (0361) 299344, E-mail: herpindo@denpasar.wasantara.net.id, täglich 8-16 h (Einlass bis 17.30 h), Eintritt: Erwachsene US$ 8, Kinder US$ 4. Durch eine schön gestaltete Gartenanlage spazierend kann man sich in mehreren Freigehegen und Terrarien einen Überblick über die Reptilien- und Amphibienwelt des indonesischen Archipels verschaffen.
• **Taman Burung – Bali Bird Park**, (Adresse siehe ‚Bali Reptile Park'), ☎/📠 (0361) 299352 und (0361) 299612, 📠 (0361) 299614, E-mail: botanical@balibirdpark.com, 🖥 www.pande-bali.com/activity/bali-birdpark, täglich 8-16 h (Einlass bis 18 h), Eintritt: Erwachsene US$ 8, Kinder US$ 4. Mehr als tausend exotische Vögel, Vertreter von mehr als 250 Arten, tummeln sich in dieser mehr als zwei Hektar großen Gartenanlage, in der u. a. ein großes begehbares Aviarium anzutreffen ist, das Regenwaldklima aufzuweisen hat. Für Getränke und Snacks ist ebenso gesorgt wie für Souvenirs. Sehr lehrreich, da man sich etliche der Vögel auch auf Hand und Schulter setzen lassen kann, um sie so in aller Ruhe zu studieren.

> **Hinweis**
> Wer beide Parks besucht, zahlt für die Kombikarte als Erwachsener nur US$ 14 und als Kind US$ 7.

Einkaufen
LOKALE SPEZIALITÄTEN: Holzschnitzereien, Masken, Steinmetzarbeiten

Singaraja (S. 634ff)

Informationen
• **Buleleng Gouvernment Tourism Office**, Jl. Veteran 23, Singaraja 81117, ☎ (0362) 25141, Mo-Fr 7.30-15.30.

Sehenswertes
- Gedong Kirtya Lontar Museum, Jl. Veteran 20, ☏ (0362) 22645, Mo-Sa 7-15 h, Eintritt frei (Spende erbeten).
- Pasar Anyar, Jl. Diponegoro.
- Pura Agung Jagat Natha, Jl. Pramuka, täglich 7-18 h.
- Pura Dalem, Jl. Gajah Mada, täglich 7-18 h.
- Tempat Ibadat Tri Dharma Ling Gwan Kiong, Jl. Surapati, täglich 6-20 h.

Einkaufen
LOKALE SPEZIALITÄTEN: Antiquitäten, Batik, Ikat, Textilien
HAUPTGESCHÄFTSSTRAßE: Jl. Jend. Achmad Yani
MARKT: siehe ,Sehenswertes'.

Banken
- Bank Danamon, Jl. Jend A. Yani 46, ☏ (0362) 25725, 📠 (0362) 21891.
- Bank Mandiri, Jl. Jend A. Yani 60, ☏ (0362) 22343, 📠 (0362) 24543; Jl. Ngurah Rai 63, ☏ (0362) 23237, 📠 (0362) 22244.
- Bank Negara Indonesia, Jl. Surapati 52A, ☏ (0362) 22648, 📠 (0362) 2234.

Polizei
Jl. Pramuka 1, ☏ (0362) 22510

Post
- Singaraja Post Office (*), Jl. Gajah Mada 158, ☏ (0362) 21649.

Apotheken
- Hasanuddin Apotik, Jl. Hasanuddin 86, ☏ (0362) 21219.
- Kimia Farma Apotik, Jl. Ngurah Rai 30, ☏ (0362) 26192.
- Medika Apotik, Jl. Ngurah Rai 28, ☏ (0362) 25362.
- Sadha Agung Apotik, Jl. P. Diponegoro 48, ☏ (0362) 22002.

Ärzte
- Dr. Budiarta, Jl. Gang Rintani 12, ☏ (0362) 21960, Allgemeinarzt.
- Dr. Farida, Jl. Jend. A. Yani 86, ☏ (0362) 23077, Zahnarzt.

Krankenhaus
- Rumah Sakit Umum Daerah, Jl. Ngurah Rai 30, ☏/📠 (0362) 22046.

Sukawati (S. 520f)

Sehenswertes
- Pasar Seni, Jl. Raya Sukawati, täglich 6-18 h.

Einkaufen
LOKALE SPEZIALITÄT: Wayang-Puppen

Tabanan (S. 676ff)

Informationen
- Tourism Office of Tabanan, Jl. Gunung Agung, ☏ (0361) 811602, Mo-Sa 8-17 h.

Sehenswertes
- **Museum Subak**, Jl. Raya Kediri, Sanggulan Village, ☏ (0361) 810315, täglich 8-17.30 h, Eintritt frei (Spende erbeten).
- **Pasar**, Jl. Gajah Mada.

Einkaufen
LOKALE SPEZIALITÄT: Keramik

Bank
- **Bank Danamon**, Jl. Gajah Mada 81, ☏ (0361) 814450, 📠 (0361) 814459.

Polizei
Jl. Pahlawan, ☏ (0361) 811210

Apotheken
- **Kediri Apotik**, Jl. Raya Kediri 15, ☏ (0361) 812024.
- **Restu Farma Apotik**, Jl. Pahlawan 15, ☏ (0361) 812034.

Krankenhaus
- **Rumah Sakit Umum**, Kompleks BTN Kediri, Jl. Merpati 11, ☏ (0361) 811756.

Tampaksiring (S. 548ff)

Sehenswertes
- **Gunung Kawi**, täglich 9-17 h, Eintritt: Erwachsene Rp. 3.100, Kinder Rp. 1.600; Parkgebühr Rp. 400.
- **Istana Tampaksiring**: Weilen gerade keine Staatsgäste in ihm, ist die Besichtigung der Außenanlage des Palastes nach einem Eintrag in das am Eingang ausliegende Gästebuch (einschließlich Passnummer) kostenlos möglich. Wer seinen Pkw auf dem Gelände parken möchte, muss dafür Rp. 1.000 bezahlen. Geöffnet ist das Anwesen normalerweise täglich 8-17 h.
- **Pura Mengening**, täglich 7-18 h, Spende erbeten.
- **Pura Tirta Empul**, täglich 9-16 h, Eintritt: Erwachsene Rp. 3.100, Kinder Rp. 1.600; Parkgebühr Rp. 400.

Einkaufen
LOKALE SPEZIALITÄTEN: Knochenschnitzereien, Kokosnussschnitzereien, Decken, Modeschmuck, Ikat

Tanah Lot (S. 695f)

Sehenswertes
- **Pura Tanah Lot**, täglich 7-19 h, Eintritt: Erwachsene Rp. 3.500, Kinder Rp. 1.800; Parkgebühr Rp. 1.500.

Unterkunft
TEUER ($$$$$)
- **Le Meridien Nirwana Golf & Spa Resort***, P.O. Box 158, Kediri, Tanah Lot 82171, ☏ (0361) 815900, 📠 (0361) 815901, E-mail: sales@balimeridien.com, 🖥 www.bali.lemeridien.com; 278 Zim-

mer, davon 20 Suiten und 12 Villen; US$ 190-900; AC, BC, FC, FR, HA, KR (bis 600 Personen), KV, LS, MB, NR, RE, SA, SB, SN, SP, SW, TP, TV, UD, ZS, ZT, 24. Hier fehlt es wahrlich an nichts, wer will kann sich in der riesigen Poolanlage mit der 54-Meter-Wasserrutsche austoben oder den kleinen weißen Ball über Balis spektakulärsten Golfplatz treiben, oder man genießt ganz einfach von der Lounge aus den herrlichen Blick auf den unweit gelegenen Pura Tanah Lot. Golfspieler sollten sich nach den angebotenen, recht attraktiven Golf Packages erkundigen.

PREISWERT ($$)
- **Mutiara Tanah Lot**, *Tabanan*, ☎ *(0361) 225457 und (0361) 812939*, 📠 *(0361) 222672; 10 Zimmer; US$ 50; AC, BF, KV, RE, TV, ZT, 24. Die kleine Bungalowanlage liegt nur zwei Fußminuten von Balis berühmtesten Tempel entfernt und eignet sich daher bestens für diejenigen, die den hiesigen spektakulären Sonnenauf- und -untergang voll auskosten möchten.*

SEHR PREISWERT ($)
- **Dewi Sinta Restaurant and Villa**, *Tabanan*, ☎ *(0361) 812933*, 📠 *(0361) 813956, E-mail: dewisinta@dps.wasantara.net.id und dewisinta@indo.com,* 💻 *www.indo.com/hotels/dewisinta; 27 Zimmer und Suiten; US$ 16-50; AC (z. T.), KR (bis 300 Personen), KV, MB (z. T.), RE, SW, TV (z. T.). Das gute Preis-Leistungsverhältnis und die günstige Lage zeichnen dieses Haus aus.*

Tipp für Eltern mit Kindern
- **Horse Riding Adventure**, *Aragon Stable, Desa Pangkung Tibah, Dusun Langudu,* ☎ *081-7556309. Ritte durch die Reisfelder und entlang des Strandes, einschließlich Hoteltransfer, Führer und Softdrink. Für eine Stunde bezahlt man US$25, für zwei Stunden US$ 45 und für drei Stunden US$ 65.*

Restaurant
- **Nirwana Restaurant**, *Le Meridien Nirwana Golf & Spa Resort (s. o.), 18-22 h;* **$**. *Genießen Sie die feine asiatische Küche beim Blick auf den Pura Tanah Lot und die ringsum anbrandenden Wogen. Stilvoller kann ein Tag kaum ausklingen.*

Tanjung Benoa (S. 507f) PLZ 80363

Sehenswertes
- **Caow Eng Biu**, *Jl. Segara Ening, täglich 6-20 h.*

Unterkunft
sehr teuer ($$$$$$)
- **Club Bali Mirage**, *Jl. Pratama 72, P.O. Box 145,* ☎ *(0361) 772 147,* 📠 *(0361) 772 156, E-mail: cbmrsv@indosat.net.id; 98 Zimmer und Suiten; US$ 200-240; AC, BC, BF, FC, KR (bis 300 Personen), KV, MB, RE, SS, SW, TP, TV, UD, ZS, ZT, 24. Ende 1994 wurde dieses Hotel zum ersten All-inclusive-Hotel Indonesiens umfunktioniert und erfreut sich seither großer Beliebtheit, was angesichts der schönen Zimmer, der netten Gartenanlage und des umfangreichen Angebots an Freizeitaktivitäten sowie der Lage direkt am Meer auch nicht weiter verwunderlich ist;* 💻 *www.grandmirage.com/club/ cindex.htm*

Regionale Reisetipps von A-Z (Tanjung Benoa) 439

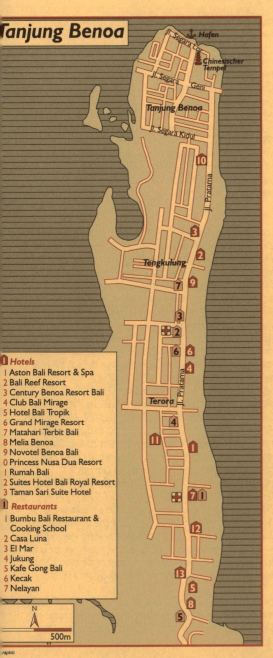

Hotels
1 Aston Bali Resort & Spa
2 Bali Reef Resort
3 Century Benoa Resort Bali
4 Club Bali Mirage
5 Hotel Bali Tropik
6 Grand Mirage Resort
7 Matahari Terbit Bali
8 Melia Benoa
9 Novotel Benoa Bali
10 Princess Nusa Dua Resort
11 Rumah Bali
12 Suites Hotel Bali Royal Resort
13 Taman Sari Suite Hotel

Restaurants
1 Bumbu Bali Restaurant & Cooking School
2 Casa Luna
3 El Mar
4 Jukung
5 Kafe Gong Bali
6 Kecak
7 Nelayan

• **Hotel Bali Tropik**, *Jl. Pratama 34A, P.O. Box 41, ☎ (0361) 772130, 📠 (0361) 772131, E-mail: hotel@balitropic-resort.com, 💻 www.balitropic-resort.com;* 108 Zimmer und 6 Suiten; US$ 270-385; AC, BF, FR, HA, KV, MB, RE, SA, SS, SW, TP, TV, ZT, 24. Ein Alles-inklusive-Hotel mit umfangreichem Freizeitangebot, bei dem Jung und Alt auf ihre Kosten kommen, netten Zimmern und einer schönen Gartenanlage. Sehr viele Gäste aus Deutschland, Österreich und der Schweiz.

• **Melia Benoa**, *Jl. Pratama, P.O. Box 52, ☎ (0361) 771714, 📠 (0361) 771713;* 90 Zimmer und 38 Suiten; US$ 363-596; AC, BF, FC, HA, KV, MB, NR, RE, SA, SN, SP, SS, SW, TV, ZS, ZT, 24. Die sehr geschmackvoll eingerichteten Zimmer sind in dreietagigen Gebäudeflügeln untergebracht, die Pool und Garten umschließen. Zur Zeit vielleicht Balis bestes Alles-inklusive-Hotel, bei dem das Freizeitangebot ebenso stimmt wie der Service und das in den Restaurants Gebotene; E-mail: melia.benoa@solmelia.com, 💻 www.meliabenoa.com

TEUER ($$$$$)
• **Aston Bali Resort & Spa**, *Jl. Pratama 68X, ☎ (0361) 773577, 📠 (0361) 774953, E-mail: sales@astonbali.com, 💻 www.astonbali.com;* 168 Zimmer und 19 Suiten; US$ 165-1.000; AC, BC, FC, FR, HA, KR (bis 350 Personen), KV, MB, NR, RE, SA, SB, SN, SP, SW, TV, ZS, ZT, 24. Vierstöckiger Hotelkomplex, der es an nichts fehlen lässt, weder an gutem Service oder attraktiven Zimmern noch an einem umfassenden Freizeitangebot oder Strandlage.

- **Conrad Bali Resort & Spa**, Jl. Pratama Raya 168, ☏ (0361) 778788, 🖷 (0361) 773888, E-mail: baliinfo@conradhotels.com, 🖳 www.conradhotels.com; 298 Zimmer, 15 Suiten und 20 Villen; US$ 160-2.000; AC, BC, EF, FC, FR, HA, KR (bis 650 Personen), KV, LS, MB, NR, RE, SA, SB, SN, SP, SW, TP, TV, ZS, ZT, 24. 85 Prozent der in einer 6,8 ha großen, bezaubernden Gartenanlage gelegenen, sich auf drei Flügel verteilenden Gästezimmer besitzen Meeresblick. In diesem exklusiven Resort, in dem man sich um ein Höchstmaß an Umweltverträglichkeit bemüht, fehlt es den Gästen wahrlich an nichts. Das hoteleigene Jiwa Spa zählt zu Balis besten.
- **Ramada Resort Benoa Bali** (ehemals: Century Benoa Resort Bali), Jl. Pratama 97A, ☏ (0361) 773730, 🖷 (0361) 773840, E-mail: rescbr@indosat.net.id, 🖳 www.ramadainternational.com; 170 Zimmer, 10 Suiten und 15 Villen; US$ 190-615; AC, BC, FC, HA, KR (bis 300 Personen), MB, NR, RE, SA, SP, SW, TP, TV, ZS, ZT, 24. Zwar fehlt der direkte Zugang zum Strand, denn der liegt auf der anderen Straßenseite, ansonsten fehlt es in diesem First Class-Haus praktisch an nichts. Das Gros der Zimmer ist im dreistöckigen Hauptkomplex untergebracht, der die Poollandschaft umschließt, mehr Privatsphäre versprechen hingegen die 15 Villenzimmer.

MODERAT ($$$$)

- **Bali Reef Resort**, Jl. Pratama, P.O. Box 5000, Denpasar 80114A, ☏ (0361) 776291, 🖷 (0361) 776294, E-mail: balireef@balireef-resort.com, 🖳 www.balireef-resort.com; 28 Zimmer; US$ 104; AC, FR, MB, RE, SA, SB, SP, SW, TV, ZT, 24. Direkt am Meer gelegen, überzeugt diese Anlage mit ihren geschmackvoll eingerichteten Zimmern, die sich zu zweit je einen der eingeschossigen Bungalows teilen. Ein netter Pool und ein aufmerksamer Service runden das attraktive Gesamtangebot ab.
- **Grand Mirage Bali Resort** (ehemals: Grand Mirage Resort), Jl. Pratama 74, P.O. Box 43, ☏ (0361) 771888, 🖷 (0361) 772148, E-mail: mail@grandmirage.com, 🖳 www.grandmirage.com/grand/gindex.htm; 284 Zimmer, 24 Suiten und 2 Bungalows; US$ 100-420; AC, BC, FC, FR, HA, KR (bis 300 Personen), KV, MB, RE, SA, SB, SP, SW, TP, TV, UD, ZS, ZT, 24. Dank der Anlagengröße wirkt der vierstöckige Gebäudekomplex unmittelbar am Meer nicht allzu erdrückend. Hier kommt jeder auf seine Kosten, der Freizeitenthusiast genauso wie der Gourmet oder derjenige, der sich mit Hilfe einer Thalassotherapie auf Vordermann bringen lassen möchte.
- **Novotel Coralia Benoa Bali** (ehemals: Novotel Benoa Bali), Jl. Pratama, P.O. Box 39, ☏ (0361) 772239, 🖷 (0361) 772237, E-mail: info@novotelbali.com, 🖳 www.novotelbali.com; 190 Zimmer und 12 Cottages; US$ 130-250; AC, FC, KR, KV, MB, RE, SA, SB, SN, SW, TP, ZS, ZT, 24. Mag die gesamte, direkt am Strand gelegene Anlage auch ein klein wenig vollgeschachtelt erscheinen, so zählt sie dennoch zu den schönsten in diesem Inselteil und weis vor allem durch ihre sehr schönen Zimmer, ihr großes Restaurant- und Freizeitangebot und ihre verspieltes Design zu überzeugen. Einen Hauch von Exklusivität vermitteln die in einstöckigen Cottages untergebrachten Beach Cabanas.
- **Suites Hotel Bali Royal Resort**, Jl. Pratama 66, ☏ (0361) 771039, 🖷 (0361) 771885 [oder: Hütteldorfer Straße 233, Wien 1140, Austria, ☏ (01) 9145851, 🖷 (01) 9113770], E-mail: suites@baliroyal.com, 🖳 www.baliroyal.com und www.villahemingwaybali.com/suiteshotel; 11 Bungalows, 3 Suiten und 1 Villa; US$169-436; AC, MB, RE, SB, SS, SW, TV, ZT. Die unmittelbar am Strand gelegenen zweigeschossigen Bungalows sind großzügig bemessen und heimelig eingerichtet. Das unter österreichischem Management stehende Anwesen weis zudem mit gutem Service und einem hübschen Garten samt Pool zu überzeugen. Ein besonderes Schmankerl ist die rund 300 m abseits gelegene, 1.500 m^2 umfassende Villa Hemingway's Preis auf Anfrage), die ein Höchstmaß an Privatsphäre gewährt.
- **Taman Sari Suite Hotel**, Jl. Pratama 61B, ☏ (0361) 773953, 🖷 (0361) 773954, E-mail: info@tamansarisuite-bali.com und tarisuite@dps.centrin.net.id, 🖳 www.tamansarisuite-bali.com; 10 Suiten und 1 Villa; US$ 140-280; AC, KV, MB, RE, SA, SB, SN, SP, SS, SW, TV, ZT. Besonders bei Japa-

nern beliebtes Anwesen, nicht zuletzt des Spas wegen. Ein gutes Thai-Restaurant gehört ebenso zum Haus wie ein hübscher Garten und eine Villa mit eigenem Pool.

NOCH PREISWERT ($$$)
- **Matahari Terbit Bali**, Jl. Pratama, ☎ (0361) 771019, 🖷 (0361) 772027, E-mail: sales@matahariterbitbali.com, 🖳 www.matahariterbitbali.com; 20 Zimmer und 1 Villa; US$ 90-300; AC, MB, RE, SP, SW, TV, ZT. Beim Bau der Anlage folgte man den altbalinesischen architektonischen Grundprinzipien, wodurch ein dorfähnliches Anwesen zustande kam, zusammengesetzt aus verschiedenen Baukörpern, auf die sich die geräumigen Zimmer verteilen, eingebettet in einen sehr schönen, gepflegten Garten, der unmittelbar am Strand liegt.
- **Princess Nusa Dua Resort**, Jl. Pratama 101, ☎ (0361) 771604, 🖷 (0361) 771394, E-mail: salan@indo.net.id, 🖳 www.nusadua.freeservers.com; 50 Zimmer und 4 Suiten; US$ 85-155; AC, MB, RE, SB, SP, SW, TP, TV, ZT, 24. Das zu 100 Prozent im Eigentum einer in den Niederlanden geborenen Australierin sich befindende Hotel glänzt mit Sauberkeit, ansprechend großen Zimmern und überaus freundlichem Personal, das sich den Charme der alten Dame zu eigen gemacht hat. Nicht zuletzt deswegen sind viele der Gäste ‚Wiederholungstäter'.
- **Rumah Bali**, Jl. Pratama, P.O. Box 132, ☎ (0361) 771256, 🖷 (0361) 771728, E-mail: info@balifoods.com, 🖳 www.balifoods.com/villa; 7 Zimmer und 10 Villen; US$ 75-225; AC, KV, LS, MB, RE, SW, TP, TV, ZT. Die Villenanlage folgt dem Grundkonzept eines balinesischen Dorfes, mit diversen Bale im weitläufigen Areal, die als Küche, Restaurant oder für Veranstaltungen (bis 400 Personen) genutzt werden. Die Villen mit einem, zwei oder drei Schlafräumen selbst sind großzügig bemessen und mit allem ausgestattet (z. B. Küche und Plunge Pool), was für einen erholsamen Familienurlaub benötigt wird.

Restaurants
- **Bumbu Bali Restaurant & Cooking School**, Matahari Terbit Bungalow, Jl. Pratama, P.O. Box 132, ☎ (0361) 774502, 🖷 (0361) 771728; 11-23 h; $. Feinste balinesische Küche und Seafood in einzigartigem, authentisch balinesischem Ambiente. Und wer möchte und Geschmack gefunden hat, kann das Servierte auch sogleich erlernen (s. u.); E-mail: info@balifoods.com, 🖳 www.balifoods.com
- **Casa Luna**, Jl. Pratama, ☎ (0361) 773845; 8-23 h. Europäische und asiatische Gerichte stehen ebenso auf der Speisekarte wie mexikanische und Seafood. Der Hoteltransfer innerhalb von Nusa Dua ist kostenlos.
- **El Mar**, Jl. Pratama, ☎ (0361) 773745; 8-23 h. Große Auswahl an Seafood, indonesischen, chinesischen und europäischen Gerichten. Gepflegtes Interieur, kostenloser Hoteltransfer in der Region von Nusa Dua.
- **Jukung**, Jl. Pratama 85D, ☎ (0361) 773902; 11-23 h. Spezialitäten sind Seafood sowie chinesische und italienische Küche. Der offene Pavillon verströmt eine behagliche Atmosphäre. Kostenloser Hoteltransfer in der Region Nusa Dua.
- **Kafe Gong Bali**, Jl. Pratama 88, ☎ (0361) 773738, 🖷 (0361) 773970, E-mail: gong@bali.net; 8-24 h. Gute Musik und Sportübertragungen, dazu überwiegend westliche Gerichte, aber auch Seafood. Kostenloser Hoteltransfer in der Region von Nusa Dua.
- **Kecak**, Jl. Pratama, ☎ (0361) 775533, 🖷 (0361) 772963, E-mail: sales@kecakbali.com, 🖳 www.kecakbali.com; 11-22 h. Die Speisepavillons verströmen ein sehr stilvolles und behagliches balinesisches Ambiente, dem die lokalen Spezialitäten samt Steamboat in nichts nachstehen.
- **Nelayan**, Jl. Pratama 101, ☎ (0361) 776868; 12-23 h. Der schöne offene Pavillon ist abends meist recht gut besucht, was angesichts der leckeren Seafood-Spezialitäten nicht weiter Wunder nimmt. Kostenloser Hoteltransfer innerhalb von Nusa Dua gehört zum Service.

- **Suku**, Conrad Bali Resort & Spa (s. o.); 6-23 h; **$**. Der Schwerpunkt liegt auf der einheimischen Küche, das Frühstück ist jedoch international – und dies alles bei traumhaften Blicken auf das Meer.

Spas
- **Aroma Dew Spa**, Taman Sari Suite Hotel, Jl. Pratama 61B, ☎/📠 (0361) 771458, E-mail: info@tamansarisuite-bali.com und tarisuite@dps.centrin.net.id, 🖳 www.tamansarisuite-bali.com, täglich 9-21 h. Massagen und Bäder zwischen 60 Minuten und fünf Stunden zum Preis von US$ 30-120, inklusive kostenlosem Transfer in Nusa Dua und Jimbaran (ab 1 Person) sowie Kuta und Sanur (ab 2 Personen).
- **Aroma Talk**, Jl. Pratama 87C, P.O. Box 202, ☎/📠 (0361) 771458, täglich 9-21 h. 60-minütige Massagen ab US$ 25, drei- bis fünfstündige Kombipakete US$ 70-110. Kostenloser Shuttle-Service, in Nusa Dua und Jimbaran ab 1 Person, in Kuta und Sanur ab 2 Personen; E-mail: selamat@aroma-bali.com, 🖳 www.aroma-bali.com
- **Sri Agung Spa**, Jl. Pratama 61D, 79X, ☎ (0361) 777333 und (0361) 772828, 📠 (0361) 773703, E-mail: sriagung@indo.net.id, 🖳 www.balihotels-travel.com/spa/sriagungspa. Die einfache, einstündige Massage fängt bei US$ 22.50 an, die zwei- bis sechsstündigen Kombipakete kommen hingegen auf US$ 33.75-93.75. Kostenloser Abholservice jeweils im Preis eingeschlossen.

Workshop
- **Bumbu Bali Restaurant & Cooking School** (s. o.), Preis: Der Tageskurs kostet pro Person US$ 85, der halbe Tag US$ 55. Kurse Mo-Fr, für maximal 12 Personen. Hier lernen Sie alles über die feine balinesische Küche.

Taro (S. 545f)

Sehenswertes
- **Elephant Safari Park**, täglich 9-17 h (Einlass bis 16.30 h); Parkeintritt. Erwachsene US$ 14, Kinder (5-13 Jahre) US$ 5.75, Kleinkinder US$ 2.50, Familie (2 Erwachsene und bis zu 4 Kinder unter 14 Jahre) US$ 37. Wer den Dickhäutern nicht nur zuschauen, sondern auch einmal eine halbe Stunde auf ihnen reiten möchte, zahlt dafür als Erwachsener (einschließlich Eintritt und Versicherung) US$ 39, als Kind US$ 29, und als Kleinkind US$ 10 und als Familie US$ 117. (Sonderaktion: 2 Erwachsene + 4 Kinder kosten US$ 126.75.) Als Paket auch buchbar über:

Bali Adventure Tours, Adventure House, Jl. By Pass Ngurah Rai, Pesanggaran, ☎ (0361) 721480, 📠 (0361) 721481, E-mail: info@baliadventuretours.com, 🖳 www.baliadventuretours.com. Das Paket inklusive Hoteltransfer, Eintritt, Versicherung und Mittagessen kostet Sie als Erwachsener US$ 48 und als Kind US$ 33, und falls Sie zusätzlich auch noch auf den Dickhäutern reiten möchten, bezahlen Sie US$ 68 bzw. US$ 47.

Tembok (S. 615)

Unterkunft & Restaurant
- **Jepun Bali Resort ($$$$)**, Jl. Singaraja-Amlapura No.100, Desa Tembok, Kec. Tejakula, Buleleng, ☎ (081) 338526692 und (0361) 773816, 📠 (0361) 773816, [Repräsentanz in Deutschland: Mollstraße 43, 68165 Mannheim, ☎ (0621) 4107626, 📠 (0621) 4107611, E-mail: sales@jepun-bali.com; 34 Zimmer, 2 Suiten und 2 Villen; US$ 120-250; AC, BF, KR, MB, RE, SA, SP, SW, TV, ZS, ZT, 24. Im Mai 2001 unter deutschem Management eröffnet, bietet dieses feine Resort einen ruhigen Rückzugsort fernab der Touristenströme. In diesem Inselteil derzeit unbestritten die Nummer

Eins, ebenso das Restaurant **Wantilan** *(geöffnet 7-23 h), in dem man leichte asiatisch-mediterrane Küche genießt; E-mail: sales.bali@jepun-bali.com,* 🖳 *www.jepun-bali.com*

Tenganan (S. 586ff)

Der Ort ist ganztägig zugänglich; am Eingang hinterlässt man nach dem Eintrag ins Gästebuch eine Spende; Parkgebühr Rp. 500.

Einkaufen
LOKALE SPEZIALITÄTEN: *Doppel-Ikat-Stoffe, Korbwaren, Lontar-Bücher*

Tibubiyu (S. 676)

Unterkunft
• **Bibis ($)**, *Kerambitan 82161,* ☏ *082-3610914,* 📠 *(0361) 812744; 4 Zimmer; Rp. 80.000-120.000; RE. ‚Urlaub auf dem Lande', unter hohen Palmen, am Rande der Reisfelder. In den Zimmern, die in reisspeicherähnlichen Gebäuden untergebracht sind, gibt es keine Aircondition und nur kaltes Wasser, also Reduktion auf das Notwendigste, doch dafür erlebt man Bali pur.*

Tihingan (S. 582)

Einkaufen
LOKALE SPEZIALITÄT: *Gongs*
SPEZIALGESCHÄFT:
• **Pande Kusuma Gong**, *Tihingan,* ☏ *(0366) 22321. In dem am südlichen Dorfeingang gelegenen Geschäft kann man Gongs und Gamelan erstehen.*

Tirtagangga (S. 599f)

Informationen & Reisebüro
• **Perama Tourist Service**, *am zentralen Parkplatz.*

Sehenswertes
• **Tirtagangga** *(Wasserpalast), täglich 7-19 h; Eintritt: Erwachsene Rp. 3.100, Kinder Rp. 1.600; Benutzung der Schwimmbäder: Pool A Rp. 4.000, Pool B Rp. 2.000 (Pool A ist tiefer als Pool B). Wer seine Fotokamera mitbringt, bezahlt Rp. 1.000 extra, für die Videokamera werden zusätzlich Rp. 2.500 fällig. Die Parkgebühr beträgt Rp. 600.*

Unterkunft
preiswert ($$)
• **The Villas at Tirtagangga Water Palace** *(ehemals: Tirta Ayu Villa & Restaurant), Tirtagangga Water Palace, Amlapura 80811, Karangasem,* ☏ *(0363) 21383, E-mail: tgangga@indo.net.id,* 🖳 *www.villas-bali.com/tirta_overview.htm; 4 Villen; US$ 58-177; BF, RE, SW. Im alten Glanz wieder hergestellte großzügige Unterkünfte innerhalb der ehemaligen Wasserpalastanlage, deren Becken die Gäste zum Schwimmen benutzen können. Romantisch.*

SEHR PREISWERT ($)

- **Dhangin Taman Inn**, P.O. Box 132, Amlapura 80811, Karangasem, ☎ (0363) 22059; 9 Zimmer; Rp. 40.000-80.000. Die Räumlichkeiten sind sehr einfach und verfügen über kein heißes Wasser; baden kann man im unmittelbar nebenan gelegenen Wasserpalast.
- **Kusumajaya Inn**, Karangasem, ☎ (0363) 21250; 14 Zimmer; Rp. 50.000-90.000; BF, RE. Schön auf der Anhöhe gelegenes Anwesen mit einfachen Zimmern, doch dafür ist die Aussicht über die Reisterrassen hinweg umso schöner.
- **Puri Prima Home Stay**, Karangasem, ☎ (0363) 21316; 8 Zimmer; Rp. 60.000-100.000; BF. Die Zimmer verfügen nur über Fan und kaltes Wasser, warten aber mit phantastischen Blicken auf die umliegenden Reisterrassen und die Bergwelt Balis auf.
- **Puri Sawah Bungalows & Restaurant**, P.O. Box 110, Amlapura 80811, Karangasem, ☎ (0363) 21847, 📠 (0363) 21939; 4 Zimmer; Rp. 100.000-200.000; BF, RE. Nur in einem Zimmer der einfachen Unterkunft gibt es heißes Wasser, doch dafür ist der Blick von der am Hang gelegenen Anlage recht schön.

Restaurants

- **Good Karma**, ☎ (0363) 22445; 6.30-23 h. Feine balinesische und indonesische Küche zu günstigen Preisen.
- **Kusumajaya Inn** (s. o.), 7-22 h. Die Auswahl ist zwar nicht allzu groß, dafür entschädigt jedoch der herrliche Blick.
- **The Villas at Tirtagangga Water Palace** (s. o.), 7-21 h. Innerhalb des Wasserpalastes gelegenes Restaurant, von dessen Terrasse aus man einen schönen Überblick über die Palastanlage hat.

Toya Bungkah (S. 625ff) PLZ 80652

Unterkunft
preiswert ($$)

- **Puri Bening Hayato**, P.O. Box 1007, ☎ (0366) 51234, 📠 (0366) 51248, E-mail: puribening@dps.centria.net.id, 🖥 www.indo.com/hotels/puribeninghayato; 10 Bungalows und 30 Zimmer; US$ 30.25-96.80; BF, KR, RE, SS, SW, TV (z. T.), UD, ZT, 24. Die Nummer Eins im Ort, doch sind die – zwar riesigen, aber nüchternen – Zimmer ein wenig überteuert, in den günstigen Bungalows hingegen gibt es nur kaltes Wasser.

SEHR PREISWERT ($)

- **Amertha's**, ☎ (0366) 51205; 6 Zimmer; Rp. 80.000; BF, RE. Einfache Zimmer, in deren Übernachtungspreis der Besuch der heißen Quellen mit beinhaltet ist.
- **Arlinas Bungalows & Restaurant**, P.O. Box 03, ☎ (0366) 51165; 11 Zimmer; US$ 15-25; BF, RE, 24. Zwar einfach, aber dennoch einer der besseren Plätze in diesem Ort, dessen Manager **Nyoman Sugata** sich sehr um seine Gäste bemüht und für sie u. a. Trekkingtouren in die nähere Umgebung ausarbeitet. In den günstigeren Zimmern gibt es nur kaltes Wasser; E-mail: arlinasbali@hotmail.com
- **Jero Wijaya Lakeside Cottages**, P.O. Box 01, ☎ (0366) 51251 und (0366) 51249, 📠 (0366) 51250, E-mail: Jero_Wijaya@hotmail.com, 🖥 www.balitrekking.com; 11 Zimmer; US$ 10-35; BF, RE, TV (z. T.). Direkt am See gelegen. In den günstigsten Zimmern gibt es nur kaltes Wasser. Der Besitzer ist Trekkingspezialist.
- **Puri Darma Putra Hotel**, ☎ (0366) 52043; 7 Zimmer; Rp. 50.000; BF, RE. In der Ortsmitte gelegen, weist diese Herberge zwar nur sehr einfache Zimmer auf, doch immerhin mit heißem Wasser.

- **Volcano II**, ☎ (0366) 52508; 7 Zimmer; Rp. 40.000-60.000; BF, RE. Einfache Cottages nahe des Sees. Der nette Eigentümer führt einen z. B. auch auf den Gunung Batur oder rund um die Caldera.

Restaurants
- **Amertha's** (s. o.), 8-21 h. Zwischen den heißen Quellen am See gelegen. Probiertipp: ofenfrische Pizza.
- **Arlinas Bungalows & Restaurant** (s. o.), 7-22 h. Man isst gut und preiswert und hat im Manager einen profunden Gesprächspartner, mit dem man auch die ein oder andere Trekkingtour planen kann.
- **Volcano Breeze Café**, ☎ (0366) 51824, E-mail: volcanobreeze@hotmail.com; 7-22 h. Neben indonesischen und balinesischen Spezialitäten wartet das kleine Lokal mit leckeren Fischgerichten auf.

Tuban (S. 494) PLZ 80361

Unterkunft
teuer ($$$$$)

- **Bali Dynasty Resort**, Jl. Dewi Sartika, P.O. Box 2047, ☎ (0361) 752403, 🖷 (0361) 752402, E-mail: reservations@balidynasty.com, 🖥 www.balidynasty.com; 300 Zimmer und 12 Suiten; US$ 160-300; AC, BC, FR, HA, KR (bis 300 Personen), KV, MB, RE, SA, SB, SP, SW, TV, UD, ZS, ZT, 24. Behagliche Zimmer, eine große Poolanlage, der schöne Garten, ein breitgefächertes Restaurantangebot und gute Kinderbetreuung, was braucht Jung und Alt mehr für einen erholsamen Urlaub, und dies alles direkt am Meer.
- **Discovery Kartika Plaza Hotel**, Jl. Dewi Sartika, P.O. Box 1012, ☎ (0361) 751067, 🖷 (0361) 753988 und (0361) 754585; 280 Zimmer, 32 Suiten und 5 Villen; US$ 160-2.100; AC, BC, FC, HA, KR (bis 800 Personen), KV, LS, MB, RE, SA, SB, SN, SP, SW, TP, TV, UD, ZS, ZT, 24. Luxushotel ohne Makel, mit geschmackvollen Zimmern und Villen und einem erstklassigen Serviceangebot, und auch die direkt an den Strand angrenzende Garten- und Poolanlage überzeugt in jeder Hinsicht; E-mail: reservation@discoverykartikaplaza.com, 🖥 www.discoverykartikaplaza.com
- **Patra Jasa Bali Resort**, Jl. Ir. H. Juanda, P.O. Box 3121, Denpasar 80031, ☎ (0361) 751161 und (0361) 752810, 🖷 (0361) 752030, E-mail: info@patra-jasa.com, 🖥 www.patra-jasa.com/bali; 228 Zimmer und Suiten; US$ 150-800; AC, BC, BF, FC, FR, HA, KR (bis 800 Personen), KV, MB, RE, SA, SB, SN, SP, SW, TP, TV, ZS (z. T.), ZT, 24. Große Bungalowanlage, in der sich zumeist je vier Zimmer ein Gebäude teilen. Einziger wirklich markanter Minuspunkt des unmittelbar am Strand gelegenen Hotels ist dessen direkte Nachbarschaft zum internationalen Flughafen.
- **Ramada Bintang Bali Resort**, Jl. Dewi Sartika, P.O. Box 1068, ☎ (0361) 7532923, 🖷 (0361) 753288 und (0361) 752015, E-mail: info@bintang-bali-hotel.com, 🖥 www.bintang-bali-hotel.com; 404 Zimmer, davon 17 Suiten; US$ 155-1.800; AC, BC, FC, FR, HA, KR (bis 400 Personen), KV, LS, MB, RE, SA, SB, SN, SP, SW, TP, TV, UD, ZS, ZT, 24. Große, viergeschossige Hotelanlage direkt am Meer, in der es dank des umfangreichen Restaurant- und Freizeitangebotes (mit schöner Poolanlage) wahrlich an nichts fehlt.

MODERAT ($$$$)
- **Hotel Santika Beach**, Jl. Dewi Sartika, P.O. Box 1008, ☎ (0361) 751267, 🖷 (0361) 751260, E-mail: santika@santikabali.com, 🖥 www.santikabali.com; 128 Zimmer, 11 Suiten und 32 Bungalows; US$ 120-450; AC, HA, KR (bis 125 Personen), KV, MB, RE, SA, SW, TP, TV, ZS, ZT, 24. Große Anlage mit hübschem Garten direkt am Meer, die für ihre Gäste in den Suiten einen gesonderten Pool bereit hält.

NOCH PREISWERT ($$$)

- **Balihai Resort & Spa** (ehemals: Holiday Inn Resort Balihai), Jl. Jenggala 33, P.O. Box 2054, ☎ (0361) 753035, 📠 (0361) 754702, E-mail: info@balihai-resort.com, 🖳 www.balihai-resort.com; 151 Zimmer, 47 Suiten und 2 Villen; US$ 70-500; AC, BC, BF, FC, FR, HA, KR (bis 350 Personen), KV, MB, NR, RE, SA, SB, SN, SP, SS, SW, TP, TV, UD, ZS, ZT, 24. Sehr kinderfreundliche Anlage am südlichsten Strandende von Tuban. Während die meisten Zimmer in dem dreistöckigen Hauptgebäude untergebracht sind, verfügen die großzügigen Villen jeweils über einen eigenen Pool.
- **Hotel Bali Rani**, Jl. Dewi Sartika, P.O. Box 1034, ☎ (0361) 751369, 📠 (0361) 752673; 104 Zimmer, davon 2 Suiten; US$ 85-200; AC, FC, FR, HA, KR (bis 140 Personen), MB, RE, SA, SP, SW, TV, ZT, 24. Fast alle Zimmer des dreigeschossigen Komplexes blicken auf den zentralen Pool. Zum Strand sind es fünf Minuten zu Fuß. Zentral gelegen; E-mail: sales@baliranihotel.com, 🖳 www.baliranihotel.com
- **Rama Beach Resort & Spa** (ehemals: Rama Beach Cottages & Spa), Jl. Jenggala, P.O. Box 3032, Denpasar 80001, ☎ (0361) 751557, 📠 (0361) 751768, E-mail: reservation@ ramabeachhotel.com, 🖳 www.bali-ramahotel.com; 90 Zimmer und 10 Cottages; US$ 65-85; AC, FC, HA, KR, MB, RE, SA, SB, SN, SP, SW, TP, TV, ZT, 24. Die ein- und zweistöckigen Gebäude verteilen sich um den Pool und in dem hübschen Garten, wobei vor allem die einstöckigen Cottages zu überzeugen wissen.
- **Risata Bali Resort** (ehemals: Risata Bali Resor), Jl. Janggala, P.O. Box 3207, Denpasar 80001, ☎ (0361) 753340, 📠 (0361) 753354 und (0361) 753304; 146 Zimmer, davon 14 Suiten; US$ 90-200; AC, FC, HA, MB, RE, SA, SB, SP, SW, TV, ZT, 24. Gutes Mittelklassehotel mit allen für einen erholsamen Urlaub notwendigen Einrichtungen. Die zweistöckigen Gebäude verschwinden nahezu vollständig hinter der üppig wuchernden Tropenpracht; E-mail: in risata@indosat.net.id, 🖳 www.baliwww.com/risata

Restaurants, Bars & Nachtklubs

- **Copa Café**, Jl. Dewi Sartika 172, ☎ (0361) 762028, 📠 (0361) 757805; 7-23 h. Man kann zwischen Plätzen im Freien oder im klimatisierten Innenraum wählen. Das Ambiente ist kühl mediterran, das Essen indonesisch und europäisch.
- **Fukutaro III**, Jl. Dewi Sartika, Kuta Centre, ☎ (0361) 758851; 12-24 h. Recht großes Restaurant, dessen japanische Spezialitäten nicht nur bei Japanern selbst sehr beliebt sind. Das ‚All You can eat'-Angebot für Rp. 88.000 ist mehr als fair.
- **Green Garden Café & Spa**, Jl. Wana Segara 9, ☎ (0361) 762054 und (0361) 762254; 8-23 h. Am besten setzen Sie sich in dem dreistöckigen Pavillonbau ins oberste Stockwerk, denn von dort haben Sie einen schönen Blick auf die Küste; E-mail: greengarden@iname.com, 🖳 www.greenbali.com
- **Haston Café & Bar**, Jl. Dewi Sartika, ☎ (0361) 751369 ext. 709/710; 7-24 h. Gute Salate und delikate Backwaren, vom Croissant bis zur Torte sind hier die Hits.

Tuban

Hotels
1. Bali Dynasty Resort
2. Discovery Kartika Plaza Hot
3. Holiday Inn Resort Balihai
4. Hotel Bali Rani
5. Hotel Santika Beach
6. Patra Jasa Bali Resort
7. Rama Beach Cottages & Spa
8. Ramada Bintang Bali Resort
9. Risata Bali Resort

Restaurants, Bars u. Nachtkl
1. Copa Café
2. Fukutaro III
3. Green Garden Café & Spa
4. Haston Café & Bar
5. Impala
6. Kin Khao
7. Kunyit Bali Restaurant
8. Lebanon Restaurant
9. Lotus Tavern
10. Mandarin Restaurant
11. Musro
12. Planet Hollywood
13. The Appetite

Geschäfte
1. Bali Fotografi
2. Bali Galeria
3. Bali Photo Centre
4. Disc Tarra
5. Inter Delta PT
6. Mal Bali Galeria
7. Matahari Department Store
8. Modern Photo Film Co PT
9. Palanquin Bali
10. Periplus Book Store & Café
11. Plaza Bali
12. Resa
13. Rumah Wayang

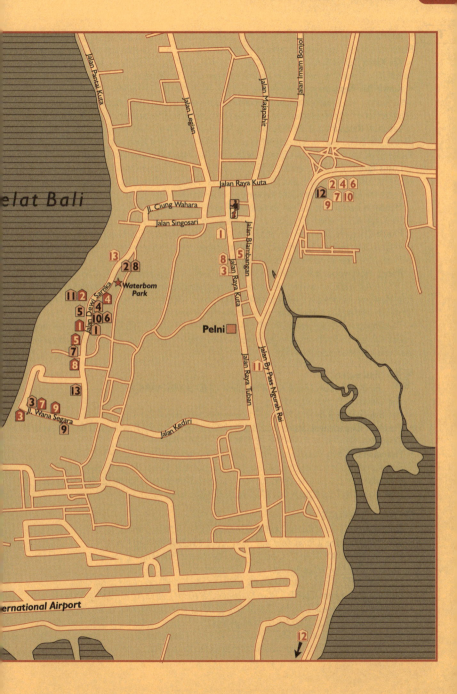

- **Impala**, Jl. Dewi Sartika 45X, ☎ (0361) 763843; 10.30-23.30 h. Zweistöckiges, gepflegtes Restaurant, in dem vor allem Chinesisches, Thailändisches und Europäisches auf den Tisch kommt.
- **Kin Khao**, Jl. Dewi Sartika 170, ☎ (0361) 757808, 🖷 (0361) 757805; 14.30-23 h. Eines der besten Thai-Restaurants Balis, unten klimatisiert, oben offen für Barbecue und Steamboat.
- **Kunyit Bali Restaurant**, Jl. Dewi Sartika, P.O. Box 1008, ☎ (0361) 759991; 11-23 h. Nicht nur architektonisch den lokalen Traditionen verbunden, auch kulinarisch legt man großen Wert auf Authentizität der servierten balinesischen und indonesischen Gerichte, einschließlich der erstklassigen Rijstaffel.
- **Lebanon Restaurant**, Jl. Dewi Sartika 8X, Kuta Centre, Blok C1, 2/F, ☎ (0361) 753673, 🖷 (0361) 753683; 11-24 h. Schmackhaftes aus dem Vorderen Orient kann man sich hier bei einer Wasserpfeife schmecken lassen. Das Interieur indes hat wenig Orientalisches an sich.
- **Lotus Tavern**, Jl. Wana Segara, ☎ (0361) 753797; 7-23 h. Das aufgrund der dunklen Hölzer ein wenig rustikal wirkende Lokal hätte ein besseres Umfeld verdient, nicht zu beanstanden sind hingegen die Kreationen der Küche. Kostenloser Hoteltransfer in der Region von Kuta.
- **Mandarin Restaurant**, Jl. Dewi Sartika, ☎ (0361) 751369 ext. 709/710; 8-23 h. Feine chinesische Küche einschließlich Dim Sum im holzgetäfelten, klimatisierten Ambiente.
- **Musro**, Discovery Kartika Plaza Hotel (s. o.), 21-3 h. Hier finden 1.500 Menschen Platz, um bei Live Musik ins Schwitzen zu kommen, die Modeschauen oder sonstige Events zu verfolgen; an den Wänden Memorabilia indonesischer Musikgrößen.
- **Planet Hollywood**, Bali Galeria DFS Complex, Jl. By Pass Ngurah Rai, ☎ (0361) 757827, 11.30-1 h. Auf 1.600 m^2 werden neben den üblichen Memorabilien diverser Showgrößen vor allem gute Musik, wechselnde Live Events sowie eine Reihe optischer Gimmicks präsentiert, die das Resultat der Verschmelzung balinesischer mit westlicher Kultur sind.
- **The Appetite**, Jl. Dewi Sartika 99X, ☎ (0361) 755845, 🖷 (0361) 755814; 12-1 h. Unter dem großen luftigen Pavillon bleibt man gerne noch etwas länger sitzen, zumal die Bar unter anderem über eine gute Weinauswahl verfügt.

Einkaufen
EINKAUFSZENTREN, KAUFHÄUSER UND SUPERMÄRKTE:
- **Bali Galeria**: Jl. By Pass Ngurah Rai.
- **Mal Bali Galeria**: Jl. By Pass Ngurah Rai, Simpang Dewa Ruci.
- **Matahari Department Store**: Mal Bali Galeria, 2C-85-98, Jl. By Pass Ngurah Rai, Simpang Dewa Ruci, ☎ (0361) 758540/1, 🖷 (0361) 758526, 10-22 h.
- **Palanquin Bali**, Jl. By Pass Ngurah Rai 8, Simpang Siur, ☎ (0361) 766555, 🖷 (0361) 752775, E-mail: info@palanquinbali.com, 🖳 www.palanquinbali.com, Mo-Sa 10-20 h sowie So 10-18 h. Ein exzellenter Ort für eine kleine Stärkung zwischendurch ist im Haus die **P.L. Quin's Tea Bar**.
- **Plaza Bali**: Jl. By Pass Ngurah Rai, ☎ (0361) 753301, 10-23 h.

SPEZIALGESCHÄFTE:
- **Bali Fotografi**, Jl. Raya Kuta 57X, ☎ (0361) 751329, 🖷 (0361) 755827.
- **Bali Photo Centre**, Jl. Raya Kuta 121, ☎ (0361) 751329.
- **Disc Tarra**, Mal Bali Galeria, 1C-68-71, Jl. By Pass Ngurah Rai, Simpang Dewa Ruci, ☎ (0361) 753202, 10-22 h. Riesige Auswahl an Audiokassetten, CD's und Videos.
- **Inter Delta PT**, Jl. Raya Kuta 106D, ☎ (0361) 754920. Hilft bei defekten Kameras.
- **Modern Photo Film Co PT**, Jl. Raya Kuta 117, ☎ (0361) 751370, 🖷 (0361) 752679.
- **Periplus Book Store & Café**, Mal Bali Galeria, 1A 30-32, Jl. By Pass Ngurah Rai, Simpang Dewa Ruci, ☎ (0361) 752670, täglich 10-22 h. Mit gemütlichem kleinem Café; zur Zeit Balis Nummer Eins.
- **Resa**, Jl. By Pass Ngurah Rai 589, ☎ (0361) 724979, E-mail: resafurniture@yahoo.com. Möbel aller Art; man fertigt auch Reproduktionen antiker Stücke und nach Ihren Vorlagen.

- **Rumah Wayang**, Jl. Dewi Sartika 9X, ☏/🖨 (0361) 751650, E-mail: wayang98@hotmail.com, 🖥 www.mega.net.id/rumahwayang. Hier steht eine große Auswahl an Wayang-Puppen jeglicher Art zur Verfügung.

Paketdienst
- Cardig Express Nusantara PT, Jl. Raya Tuban 6X, ☏ (0361) 753443, 🖨 (0361) 757649, E-mail: dps@cen.co.id, 🖥 www.cardig-express.com.

Einwanderungsbehörde
- Kantor Imigrasi, Jl. I Gusti Ngurah Rai (nahe dem Flughafen), ☏ (0361) 751038, 🖨 (0361) 757011, Mo-Do 7.30-15.30 h und Fr 7.30-13 h.

Apotheke
- Kimia Farma PT Persero, Jl. Dewi Sartika 67, ☏ (0361) 757196.

Krankenhäuser
- Klinik SOS Medika, Jl. By Pass Ngurah Rai 24X, ☏ (0361) 755768, 🖨 (0361) 764530, 🖥 www.internationalsos.com.
- Surya Husadha Clinic, Jl. Dewi Sartika 9, ☏ (0361) 752947.

Mietwagen / -motorrad
- Hertz Rent a Car, Hotel Patra Jasa Bali, Jl. Ir. H. Juanda, ☏ (0361) 751161.
- P.T. Ogimotor – Bali Big Bike Tour & Rental, Jl. By Pass Ngurah Rai 27X, ☏ 081-23982454, 🖨 (0361) 768295, E-mail: ogimotor@indo.net.id, 🖥 www.fullspeed.to/ogimotor. Die Tagesmiete für eine Maschine beläuft sich auf US$ 80. Dieser Vermieter führt auch organisierte Motorradtouren durch, die zwischen US$ 22 und US$ 143 kosten..
- Surya Rent a Car, Jl. Kesatria 10, ☏ (0361) 754020.

Tipps für Eltern mit Kindern

- Le Speed Karts, Jl. Dewi Sartika, ☏ (0361) 757850, 🖨 (0361) 757849, täglich 10-22 h, Eintritt: ab Rp. 40.000 für fünf Minuten. Go Kart-Bahn für Jung und Alt.
- Waterbom Park, Jl. Dewi Sartika, ☏ (0361) 755676, 🖨 (0361) 753517, E-mail: info@waterbom.co.id, 🖥 www.waterbom.com, täglich 8-17.30 h (Einlass bis 17 h), Eintritt: Erwachsene US$ 18.50, Kinder zwischen 3 und 12 Jahren US$ 9.50 (nur in Begleitung eines Erwachsenen), Kinder unter drei Jahren frei, Familie (2 Erwachsene + 2 Kinder 3-12 Jahre) US$ 50. Mehrere Wasserrutschen, darunter eine 300 m lange, und ein großer Pool in einer mehr als drei Hektar großen Anlage, in der zwei Restaurants auch für das leibliche Wohl sorgen (Speise und Getränke dürfen nicht mit in den Park gebracht werden). Gegen eine Extragebühr kann man sich im Spa revitalisieren lassen, oder aber man verbringt seine Zeit mit Badminton, Tischtennis, Beach Volleyball und anderen sportlichen Aktivitäten. Für Sicherheit sorgt eine ausgebildete Rettungswacht. Für Ihre Wertgegenstände stehen Schließfächer zur Verfügung.

Tulamben (S. 614f)

Informationen & Reisebüro
- Perama Tourist Service, Gandamayu Hotel & Restaurant.

T

U

Unterkunft
NOCH PREISWERT ($$$)
- **Emerald Tulamben Beach Hotel**, *Karangasem,* ☏ *(0363) 22925,* 📠 *(0363) 22928, E-mail: emerald@baliwww.com,* 💻 *www.baliwww.com/emerald; 50 Zimmer, davon 1 Suite; US$ 120-250; AC, BC, HA, KR, MB, RE, SA, SP, SW, TV, ZS, ZT, 24. Das Hotel wartet mit einem riesigen Freizeitangebot und einer eigenen Cable Car auf, die durch das dorfähnlich angelegte Areal schwebt.*
- **Mimpi Resort Tulamben**, *Karangasem,* ☏ *(0363) 21642 und (0361) 435171,* 📠 *(0363) 21939 und (0361) 435424, E-mail: tulamben@mimpi.com oder sales@mimpi.com,* 💻 *www.mimpi.com; 13 Zimmer und 16 Cottages; US$ 80-150; AC, BF, MB, RE, SP, SW, TV, ZT, 24. Direkt am Strand gelegene Bungalowanlage, die nicht nur aufgrund ihres großen Sportangebotes, vor allem Tauchen, sondern auch der hübschen Zimmer wegen in diesem Ort ganz oben steht.*

PREISWERT ($$)
- **Tauch Terminal Resort Tulamben**, *Jl. Danau Tamblingan X / 40-42, Jimbaran 80000,* ☏ *(0361) 774504 oder (0361) 772923,* 📠 *(0361) 778473; 10 Zimmer, 1 Suite, 9 Bungalows und 1 Appartment; US$ 40-125; AC (z. T.), BF, KR, MB (z. T.), RE, SA, SS, SW. Der Name sagt, was hier Programm ist. Von Deutschen geleitet, bietet das am schwarzen Lavastrand, nur 150 m östlich des Wracks gelegene Haus jedoch auch ein umfangreiches Ausflugsprogramm, das individuell zusammengestellt werden kann; E-mail: tauchtermi@denpasar.wasantara.net.id und resort@tulamben.com,* 💻 *www.tauch-terminal.com und www.tulamben.com*

SEHR PREISWERT ($)
- **Paradise Palm Beach Bungalows**, *Karangasem,* ☏ *(0363) 22910,* 📠 *(0363) 22917, E-mail: info@aquamarinediving.com,* 💻 *www.aquamarinediving.com/resorts_Paradise_Palm_Beach.html; 13 Zimmer und 16 Cottages; Rp. 60.000-280.000; AC (z. T.), BF, RE, SA. Die ein- und zweistöckigen Bungalows mit ihren kleinen Vorgärten liegen direkt am Strand. Die günstigsten Zimmer verfügen nur über kaltes Wasser.*

Tauchveranstalter
- **Tauch Terminal Resort Tulamben** *(s. o. und Kapitel ‚Allgemeine Reisetipps von A-Z – Sport – Tauchen', S. 319)*

Ubud (S. 530ff) PLZ 80571

Informationen
- **Ary's Tourist Services Center**, *Jl. Raya Ubud,* ☏ *und* 📠 *(0361) 975162, täglich 8-21 h.*
- **Campuhan Tourist Service & Information**, *Jl. Raya Campuhan, P.O. Box 10,* ☏ *und* 📠 *(0361) 975298, täglich 9-18 h.*
- **Perama Tourist Service**, *Jl. Hanoman,* ☏ *(0361) 973316 und (0361) 974722.*
- **Ubud Tourist Information**, *Jl. Raya Ubud,* ☏ *(0361) 973285, täglich 8-20 h. Vor Ort das beste Informationsbüro, das einem in fast allen Fragen weiterhelfen kann.*

Sehenswertes
- **Agung Rai Museum of Art** *(ARMA), Jl. Pengosekan, Peliatan,* ☏ *(0361) 976659, (0361) 975742 und (0361) 973495,* 📠 *(0361) 975332, E-mail: arma@indosat.net.id und*

Regionale Reisetipps von A-Z (Ubud)

info@armamuseum.com, 🖥 www.armamuseum.com, täglich 9-18 h; Eintritt: Rp. 10.000 (einschließlich eines Kaffees oder Tees).
- **House of Lempad**, Jl. Raya Ubud, täglich 6-21 h, Eintritt frei.
- **Museum Puri Lukisan**, Jl. Raya Ubud, ☎ (0361) 975136, 📠 (0361) 975137, E-mail: info@mpl-ubud.com, 🖥 www.mpl-ubud.com, täglich 8-16 h, Eintritt: Rp. 10.000.
- **Neka Art Museum**, Jl. Sanggingan, Campuhan, ☎ (0361) 975074 und (0361) 975034, 📠 (0361) 975639 und (0361) 974275, E-mail: info@museumneka.com, 🖥 www.museumneka.com, Mo-Sa 9-17 h, So 12-17 h, Eintritt: Rp. 10.000 (frei für Kinder bis 12 Jahre).
- **Pasar**, Jl. Raya Ubud.
- **Pengosekan Community of Artists Showroom**, Jl. Pengosekan, Pengosekan, P.O. Box 9, ☎ (0361) 975321, 📠 (0361) 975205; täglich 8-16 h, Eintritt frei.
- **Pura Campuhan**, nördlich der Jl. Raya Ubud bei der Brücke, täglich 7-19 h.
- **Pura Desa Gede**, Jl. Raya Peliatan, Peliatan, täglich 7-19 h.
- **Pura Taman Kemude Saraswati**, Jl. Raya Ubud (hinter dem Café Lotus), täglich 7-19 h.
- **Puri Saren Agung**, siehe ‚Unterkunft – **Hotel Puri Saren Agung**'.
- **Rudana – Fine Art Gallery**, Jl. Cok Rai Pudak 44, Peliatan, ☎ (0361) 975 779 und (0361) 976 479, 📠 (0361) 975 091, E-mail: rudana@denpasar.wasantara.net.id, 🖥 www.indo.com/galleries/rudana; täglich 8-17 h, Eintritt: Rp. 10.000.
- **Seniwati Gallery of Art by Women**, Jl. Sriwedari 2B, Banjar Taman, ☎/📠 (0361) 975485, E-mail: seniwati@dps.centrin.net.id, 🖥 www.seniwatigallery.com, täglich 9-17 h, Eintritt frei.
- **Siti Bungalows**, Jl. Kajeng 3, P.O. Box 175, ☎ (0361) 975699 und (0361) 974271, 📠 (0361) 975643, täglich 7-20 h, Eintritt frei.
- **The Blanco Renaissance Museum**, Jl. Raya Campuhan, Campuhan, ☎ (0361) 975502, 📠 (0361) 975551, E-mail: a-blanco@indo.net.id, 🖥 www.blancobali.co.id, täglich 8-17 h, Eintritt: Rp. 10.000.
- **Wanara Wana** (Affenwald), Jl. Wanara Wana, täglich 8-18 h, Eintritt: Rp. 3.000.

Unterkunft
SEHR TEUER ($$$$$$)
- **Amandari***, Kedewatan, ☎ (0361) 975333, 📠 (0361) 975335; 30 Villen; US$ 650-3.600; AC, FC, FR, KV, LS, MB, RE, SA, SB, SN, SP, SW, TP, ZT, 24. Wie alle Amanresorts eine Klasse für sich. 11 der sich hoch über dem Ayung River an den Berghang schmiegenden, großzügig bemessenen Villen besitzen einen eigenen Pool, die Amandari Villa zusätzlich eine Küche und einen Kamin. Wenigstens zum Dinner sollten Sie einmal hierher kommen; E-mail: amandari@amanresorts.com, 🖥 www.amanresorts.com.
- **Four Seasons Resort Bali at Sayan***, Sayan, ☎ (0361) 977577 und (0361) 701010, 📠 (0361) 977588 und (0361) 701020; 18 Suiten und 42 Villen; US$ 450-1.300; AC, FC, HA, KR, NR, RE, SA, SB, SN, SP, SW, ZS, ZT, 24. Gegenwärtig wahrscheinlich das architektonisch spektakulärste Hotel Balis: über eine Art Hängebrücke gelangt man zum Hauptgebäude, das sich, einer riesigen stilisierten Lotosblüte gleichend, hoch über dem Tal des Ayung River erhebt, mit einem scheinbar in die Tiefe stürzenden Pool auf dem Oberdeck. Zimmerausstattung und Service stehen dem in nichts nach, eben ganz Four Seasons. Die Villen verfügen jeweils über einen eigenen Plunge Pool. Zumindest einen Kaffee oder ein Abendessen sollten Sie sich hier einmal leisten; E-mail: reservation.fsrb@fourseasons.com, 🖥 www.fourseasons.com/sayan/index.html
- **Ibah***, Jl. Raya Campuhan, Campuhan, P.O. Box 193, ☎ (0361) 974466, 📠 (0361) 974467, E-mail: sales@ibahbali.com, 🖥 www.ibahbali.com; 15 Villen; US$ 210-500; AC, FR, HA, MB, RE, SA, SB, SP, SW, TV, ZS, ZT, 24. Sich in einer weitläufigen Gartenanlage verlierendes Resort der Spitzen-

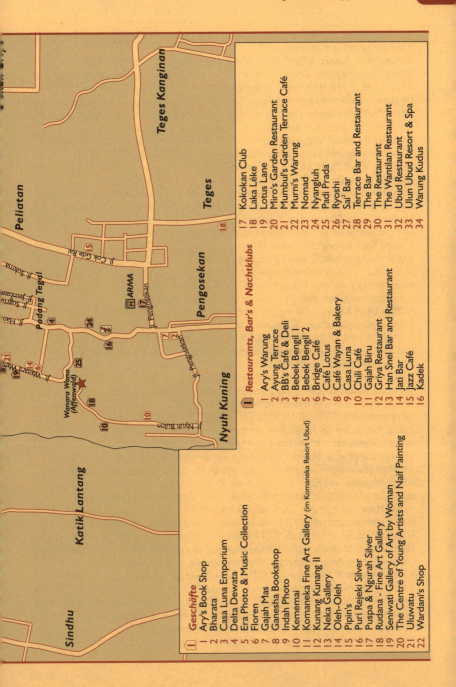

klasse, das viel Wert auf Diskretion legt und seine Gäste mit edler Küche ebenso verwöhnt wie mit einem der besten Spas der Insel.
- **Kamandalu Resort & Spa***, Jl. Tegallalang, Banjar Nagi, ☏ (0361) 975825, 📠 (0361) 975851, E-mail: info@kamandalu-resort.com, 🖥 www.kamandalu-resort.com; 46 Villen; US$ 200-1.700; AC, BC, FC, FR, HA, KR (bis 150 Personen), KV, MB, RE, SA, SB, SP, SW, TP, TV, ZS, ZT, 24. 9 Villen dieser bezaubernden Anlage, die sogar über eigene Reisterrassen und eine Hängebrücke verfügt, sind mit einem eigenen Pool ausgestattet, vier weitere mit Jacuzzis. Der erstklassige Service tut das Seine dazu, um einem den Aufenthalt so angenehm wie möglich zu machen.
- **Komaneka Suite***, Tanggayuda, Kedewatan, ☏ (0361) 978123, 📠 (0361) 977140, E-mail: sales@komaneka.com, 🖥 www.komaneka.com; 4 Suiten und 16 Villen; US$ 220-275; AC, HA, MB, RE, SA, SB, SP, SW, ZS, ZT, 24. Fern des Rummels nördlich von Ubud gelegenes Boutique-Hotel, dessen Villen jeweils über einen eigenen Plunge Pool verfügen. Das edle Ambiente und das überaus freundliche Personal, das einem auch bei der Planung seines Ausflugprogramms notfalls tatkräftig zur Seite steht, sind Garanten für einen unvergesslichen Aufenthalt. Und ebenso das **Warung Kudus** (geöffnet 7-23 h; **$**): man speist in einem Teil für Teil aus Ostjava herüber geholten alten Holzpavillon, der ebenso viel Atmosphäre verströmt wie das gesamte Hotelareal.
- **Kupu Kupu Barong***, Kedewatan, P.O. Box 7, ☏ (0361) 975478, 📠 (0361) 975079, E-mail: info@kupu-barong.com, 🖥 www.kupu-barong.com; 19 Bungalows; US$ 335-699; AC, HA, MB, RE, SB, SP, SW, ZT, 24. Traumhaft schön über dem Ayung River gelegenes Anwesen, dessen Gebäude sich im üppigen Grün verlieren. Perfekter Service, edel eingerichtete Zimmer, die sich auf das Wesentliche konzentrieren, denn wichtig sind hier vor allem Aussicht und Ruhe.
- **Maya Ubud Resort**, Jl. Gunung Sari, P.O. Box 1001, ☏ (0361) 977888, 📠 (0361) 977555, E-mail: info@mayaubud.com, 🖥 www.mayaubud.com; 48 Zimmer, 3 Suiten und 60 Villen; US$ 210-1.200; AC, BC, HA, KR (bis 70 Personen), KV, MB, RE, SA, SB, SP, SW, TP, TV, UD, ZS, ZT, 24. Sich entlang eines Bergrückens erstreckendes Luxushotel, dessen Villen über eigene Pools verfügen. Die Ausstattung aller Zimmer ist erstklassig, wobei besonders das Design der Villen zu überzeugen weiß, und das Spa liegt traumhaft schön am Fuße des Abhangs.
- **Natura Resort & Spa***, Banjar Laplapan, ☏ (0361) 978666, 📠 (0361) 978222, E-mail: sales@bali-natura.com, 🖥 www.bali-natura.com; 14 Villen; US$ 290.40-605; AC, BF, FC, HA, KR (bis 14 Personen), MB, RE, SA, SB, SN, SP, SS, SW, TV, ZS, ZT, 24. Ein echtes Hideaway hoch über dem Petanu River, in den die beiden Pools hinabzustürzen scheinen und aus dem sämtliches Brauchwasser hochgepumpt wird. Der Name ist Programm, in der Küche ebenso wie im Spa, zu dem man über eine steil abwärts führende Treppe gelangt. Vier der Villen, die allesamt ein Höchstmass an Privatsphäre gewährleisten, verfügen über einen eigenen Plunge Pool. Eine der schönsten und spektakulärst gelegenen Unterkünfte auf der Insel, von der aus man einen traumhaften Blick auf das Flusstal und den Dschungel ringsum hat. (Für Kinder unter 12 Jahren nicht empfohlen.)
- **Pita Maha***, Jl. Sanggingan, Campuhan, P.O. Box 198, ☏ (0361) 974330, 📠 (0361) 974329, E-mail: sales@pitamaharesorts-bali.com, 🖥 www.pitamaha-bali.com; 24 Villen; US$ 300-480; AC, HA, LS, MB, RE, SA, SP, SW, TV, ZS, ZT, 24. Traumhaft am Flusshang gelegenes Luxusressort, dessen Villen großzügig bemessen sind und von denen zehn einen eigenen kleinen Pool aufweisen. Das edle und gediegene Ambiente verführt gar allzu leicht dazu, die Anlage nicht zu verlassen.
- **Puri Wulandari***, Kedewatan, ☏ (0361) 978426 und (0361) 980252, 📠 (0361) 980253, E-mail: info@puriwulandari.com, 🖥 www.puriwulandari.com; 35 Villen; US$ 385-1.760; AC, FC, FR, HA, MB, RE, SA, SB, SN, SP, SW, TV, ZS, ZT, 24. Die Mitgliedschaft in dem erlesenen Club der **Small Luxury Hotels of the World** kommt nicht von ungefähr. Mit einem Elektrokarren wir der Gast in der weitläufigen Anlage, fern jeglichen Trubels, zu seiner Villa gebracht, in der ihn neben einem traumhaften Ausblick auf das Flusstal und einem eigenen Pool (bis auf zwei Villen) u. a. ein DVD-Spieler

und ein behaglicher, zum Relaxen einladender Bale erwarten. Umsorgt vom überaus aufmerksamen Personal wird der Aufenthalt hier zum unvergesslichen Erlebnis.

TEUER ($$$$$)
- **Komaneka Resort Ubud***, Jl. Wanara Wana, ☏ (0361) 976090, 📠 (0361) 977140, E-mail: sales@komaneka.com, 🖥 www.komaneka.com; 12 Zimmer, 2 Suiten und 6 Villen; US$ 165-250; AC, HA, RE, SA, SP, SW, ZS, ZT, 24. Sehr stilvolle kleine Anlage mit drei Villen, die über einen eigenen Pool verfügen und einen schönen Blick auf die Reisterrassen haben. Der Service ist diskret und überaus herzlich.
- **Padi Prada**, Jl. Wanara Wana, ☏ (0361) 978972, 📠 (0361) 970979, E-mail: padiprada@balidwipa.com, 🖥 www.padiprada.balidwipa.com; 3 Villen; US$ 155; AC, BF, HA, MB, RE, SP, SW, TV, ZS, ZT, 24. Geschmackvoll eingerichtete Zimmer unmittelbar an den Reisfeldern. Dank der geringen Größe sehr privat.
- **Uma Ubud**, Jl. Raya Sanggingan, Banjar Lungsiakan, Kedewatan, ☏ (0361) 972448, E-mail: info.ubud@uma.como.bz, 🖥 www.uma.como.bz; 24 Zimmer und 4 Suiten; US$ 185-350; AC, BC, FC, LS, MB, RE, SN, SW, TV, ZS, ZT, 24. Traumhaft über dem Ayung Oos gelegenes Boutique-Hotel, das sich ganz und gar fernöstlicher meditativer Ruhe und Erholung verschrieben hat. Die klaren Linien und das schnörkellose Design der Räumlichkeiten gehen mit dem üppigen Grüne ringsum eine überaus gelungene Symbiose ein. Verfügen die normalen Zimmer über Gartenterrassen oder kleine Höfe als Rückzugsoasen, so weisen die Suiten zusätzlich noch eigene Pools auf.

MODERAT ($$$$)
- **Barong Resort & Spa** (ehemals: Waka Barong Resort)*, Jl. Wanara Wana, ☏/📠 (0361) 971759, E-mail: sales@barong-resort.com, 🖥 www.barong-resort.com; 8 Bungalows und 3 Villen; US$ 120-300; AC, BF, HA, MB, RE, SA, SB, SP, SW, ZS, ZT. Stilvolles Dekor und eigenwillige Einrichtung zeichnen dieses zentral gelegene Haus aus. Während sich zwei Deluxe Villen jeweils einen Pool teilen, hat man diesen in der zweistöckigen Suite Villa für sich allein.
- **Waka di Ume***, Jl. Suweta, Desa Sambahan, ☏ (0361) 973178, 📠 (0361) 973179, E-mail: wakadiume@wakaexperience.com, 🖥 www.wakaexperience.com; 11 Zimmer, 4 Suiten und 1 Villa; US$ 130-375; HA, KV, RE, SA, SB, SP, SW. Abseits des Trubels von Ubud gelegenes Refugium, dessen Palm Suite über einen eigenen Poll verfügt. Direkt an den Reisfeldern gelegen, folgt man auch in diesem Haus der Waka-Philosophie, zu der neben perfektem Service vor allem ökologisches Bewusstsein gehören.
- **Waka Padma Resort** (ehemals Padma Indah Cottages)*, Jl. Raya Penestanan, ☏/📠 (0361) 975719, E-mail: wakapadma@wakaexperience.com, 🖥 www.wakaexperience.com; 3 Zimmer, 8 Villen und 1 Suite; US$ 115-210; AC, BF, HA, MB, RE, SA, SB, SP, SW, ZT. Schon das stilvolle Dekor und die auffallend schlichte Einrichtung lassen das Waka-Konzept erkennen.

NOCH PREISWERT ($$$)
- **ARMA Resort** (ehemals: Kokokan Hotel)*, Jl. Bima, Pengosekan, ☏ (0361) 976659, 📠 (0361) 975332, E-mail: arma@indosat.net.id und info@armaresort.com, 🖥 www.armaresort.com; 13 Zimmer, davon 2 Suiten und 4 Villen; US$ 90-700; AC, BF, KV, MB, RE, SA, SB, SS, SW, ZT, 24. Das überaus reizvolle, vom Eigentümer persönlich mit viel Liebe zum Detail gestaltete Hotel ist Bestandteil des Agung Rai Museum of Art und im Grund genommen selbst mehr ein Museum denn eine Herberge. Die Villen verfügen über eigene Pools. Eines der schönsten Hotels der Insel.
- **Cahaya Dewata Resort Hotel**, Kedewatan, P.O. Box 59, ☏ (0361) 9754 9516, 📠 (0361) 974349, E-mail: cdewata@baliwww.com, 🖥 www.baliwww.com/cahaya-dewata; 40 Zimmer, davon 14 Suiten; US$ 95-165; AC, MB, RE, SA, SW, TV, ZT, 24. Spektakuläre Blicke auf den Ayung River aus

nahezu allen Zimmern sowie dem Restaurant, dazu freundlicher Service, was braucht man mehr für einen erholsamen Urlaub.
- **Heritage Champlung Sari Hotel** (ehemals: Champlung Sari Hotel), Jl. Wanara Wana, P.O. Box 87, ☎ (0361) 975418 und (0361) 975349, 🖷 (0361) 975473, E-mail: chamsari@indosat.net.id; 58 Zimmer; US$ 99-150; AC, BF, KR (bis 40 Personen), MB, RE, SA, SW, TV, ZS, ZT. Am Ortsrand in der Nähe des Affenwaldes gelegenes Hotel, dessen mehrgeschossige Bauweise dank des vielen Grüns und der aufgelockerten Bebauung nicht wirklich stört. Freundlicher Service.
- **Chili Bungalow**, Banjar Nyuh Kuning, ☎/🖷 (0361) 978629; 1 Bungalow; US$ 75; AC, BF, MB, RE, TV, ZT. Momentan nur eine Wohneinheit direkt an den Reisfeldern, die mit bis zu vier Personen belegt werden kann (dann US$ 95) und die vor allem für Leute gedacht ist, die es ruhig haben und etwas länger bleiben wollen.
- **Hotel Puri Saren Agung**, Jl. Raya Ubud, ☎ (0361) 975057, 🖷 (0361) 975137; 8 Zimmer; US$ 65; AC, BF. Die prächtig dekorierten Bungalows und Bale im mit viel Grün bewachsenen Palastgarten zeugen von der glanzvollen Vergangenheit der noch immer hier lebenden Herrscherfamilie, in die man mehr oder weniger integriert wird.
- **Hotel Tjampuhan Spa***, Jl. Raya Campuhan, P.O. Box 198, ☎ (0361) 975368, 🖷 (0361) 975137, E-mail: info@tjampuhan.com, 🖳 www.tjampuhan.com; 55 Zimmer; US$ 70-175; AC (z. T.), BF, HA, KR (bis 40 Personen), KV, RE, SA, SB, SP, SW, ZT. Kein Wunder, dass sich **Walter Spies** hier niederließ, bei der traumhaften Lage. Um seinen ehemaligen Wohnsitz herum entstand dieses Hotel, das nach einer Generalrenovierung nun wieder zu den Glanzlichtern des Ortes zählt.
- **Padma Indah Cottages**, Jl. Raya Penestanan, Penestanan, ☎ (0361) 975719, 🖷 (0361) 975091, E-mail: rudana@denpasar.wasantara.net.id, 🖳 www.indo.com/galleries/rudana/cottages.html; 8 Zimmer und 2 Cottages (mit zwei Schlafzimmern); US$ 90-180; BF, MB, RE, SA, SW, ZT. Für Familien eignen sich vor allem die beiden Cottages, die auch über eigene Küchen verfügen. Nette Anlage mit Blick auf die Reisfelder.
- **Pradha Guesthouse & Restaurant** (ehemals: Pradha Café & Guesthouse), Jl. Kajeng 1, ☎/🖷 (0361) 975122, 🖷 (0361) 974291, E-mail: pradha@pradhabali.com, 🖳 www.pradhabali.com; 6 Zimmer; US$ 75; AC, BF, KV, MB, RE, SB, SW, ZT. Jedes der Zimmer, die teilweise um den Pool herum liegen, ist in einer anderen Farbe gehalten. Sehr persönlicher Service, auch in dem hübschen Restaurant.
- **Pringga Juwita Water Garden Cottages***, Jl. Bisma, ☎/🖷 (0361) 975734, E-mail: info@pringga-juwita.com, 🖳 www.pringga-juwita.com; 25 Zimmer; US$ 65-150; AC, BF, RE, SW. Hier wird auf jeden Schnickschnack verzichtet, man konzentriert sich auf das Wesentliche, wodurch man sich wie zu Hause fühlt, in diesem reizenden Garten mit all seinen Skulpturen, Wasserspielen und seiner Beschaulichkeit. Sehr privat, mit den Hähnen als einziger Geräuschkulisse.
- **Sayan Terrace Resort** (ehemals: Sayan Terrace), Sayan, P.O. Box 6, ☎ (0361) 974384, 🖷 (0361) 975384, E-mail: info@sayanterraceresort.com, 🖳 www.sayanterraceresort.com; 9 Zimmer und 1 Villa; US$ 60-220; AC (z. T.), BF, MB (z. T.), RE, SW, ZT. Von der hoch über dem Ayung River sich zwischen das Grün duckenden Anlage hat man einen phantastischen Blick über das Flusstal. Die Villa verfügt über eine eigene Kitchenette.
- **Ubud Village Hotel**, Jl. Wanara Wana, ☎ (0361) 975571, (0361) 974701 und (0361) 974 704, 🖷 (0361) 975069, E-mail: info@ubud-village.com, 🖳 www.ubud-village.com; 15 Zimmer, 8 Cottages und 5 Villen; US$ 70-150; AC, BF, MB, RE, SW, TV, ZT. Sehr schöne Bungalowanlage mit geschmackvoll eingerichteten Zimmern, eingebettet in einen üppigen, gepflegten Garten.
- **Ulun Ubud Resort & Spa***, Jl. Raya Sanggingan, P.O. Box 3, ☎ (0361) 975024 und (0361) 975762, 🖷 (0361) 975524, E-mail: ulunubud@dps.centrin.net.id, 🖳 www.ulunubud.com; 22 Zimmer, davon 5 Suiten; US$ 85-140; AC, BF, KR, MB, RE, SA, SB, SP, SS, SW, ZT. Die Anlage liegt sehr

schön und ruhig am Berghang über dem Fluss und besteht mehr oder weniger zur Gänze aus Antiquitäten, die der Eigentümer in jahrelanger Sammlerarbeit zusammengetragen hat. Traumhafte Blicke und ein nettes Restaurant komplettieren das Angebot.

PREISWERT ($$)

- **Fibra Inn**, Jl. Wanara Wana, ☎/🖷 (0361) 975451; 12 Zimmer; US$ 50-85; AC (z. T.), BF, FR, KR, RE, SN, SP, SW, ZT. Kleine atmosphärische, teilweise am Flussabhang gelegene Bungalowanlage mit sehr schönem Spa und überaus freundlichem Personal; E-mail: info@fibra-inn.com, 🖳 www.fibra-inn.com
- **Matahari Lumbung's**, Bentuyung, ☎/🖷 (0361) 971517, E-mail: KnuthSchulze@aol.com; 6 Bungalows (bis zu drei Personen); US$ 30-35; BF, SW. Etwa zwei Kilometer nördlich des Zentrums von Ubud inmitten der Reisfelder gelegene Lumbungs und Bungalows, die des wahren Bali-Feelings zuliebe bewusst auf jeglichen Schnickschnack verzichten.
- **Oka Kartini**, Jl. Raya Ubud, ☎ (0361) 975193, 🖷 (0361) 975759, E-mail: ritadewi@indo.net.id, 🖳 www.okakartini.com; 15 Zimmer; US$ 30-35; AC, BF, RE. Die kleine, gemütliche und von viel Grün bewachsene Anlage ist vor allem wegen ihrer zweimal in der Woche präsentierten Wayang Kulit-Vorführungen bekannt.
- **Pande Permai Bungalows**, Jl. Wanara Wana, ☎ (0361) 971332, 🖷 (0361) 975436, E-mail: info@pandepermai.com, 🖳 www.pandepermai.com; 54 Zimmer, davon 8 Suiten; US$ 35-100; AC (z. T.), BF, HA, MB, RE, SW, TV. Die abseits der Straße gelegenen, zwei- und dreigeschossigen Gebäude verteilen sich über einen Abhang und gewähren somit von ihren Terrassen und Balkonen einen schönen Ausblick auf die gegenüberliegende Talseite.
- **Pertiwi Resort & Spa**, Jl. Wanara Wana, P.O. Box 110, ☎ (0361) 975236, 🖷 (0361) 975559, E-mail: pertiwi@indosat.net.id, 🖳 www.pertiwiresort.com; 38 Zimmer und 12 Villen; US$ 60-270; AC (z. T.), BF, KR, MB (z. T.), RE, SA, SP, SW, TV (z. T.), ZT, ZS (z. T.), ZT. Drei der Villen besitzen einen eigenen kleinen Pool. Recht nette Anlage mit hübschem Garten. Sehr beliebt, daher oft ausgebucht.
- **Siti Bungalows**, Jl. Kajeng 3, P.O. Box 175, ☎ (0361) 975699 und (0361) 974271, 🖷 (0361) 975643, E-mail: info@sitibungalows.com, 🖳 www.sitibungalow.com; 8 Bungalows; US$ 50-95; BF, RE, SA, SW, ZT. Das hübsche Gartenanwesen des niederländischen Künstlers **Han Snel**, dessen Werke in der hauseigenen Galerie zu besichtigen sind, lockt vor allem abends viele Gäste in das angeschlossene Restaurant, das ein beliebter Treff von Einheimischen und Touristen ist.
- **Ubud Inn**, Jl. Wanara Wana, P.O. Box 171, ☎ (0361) 975071 und (0361) 976245, 🖷 (0361) 975188, E-mail: ubud_inn@indosat.net.id, 🖳 www.ubudinn.com; 35 Zimmer; US$ 40-75; AC (z. T.), BF, MB (z. T.), RE, SP, SS, SW, TV (z. T.), ZT. Die zweistöckigen Gebäude rings um den zentralen Pool verstecken sich hinter üppigem Grün, die Zimmer selbst sind angenehm bemessen und vom freundlichen Personal gut in Schuss gehalten.
- **Vila Sanggingan**, Jl. Raya Sanggingan, Sanggingan, Te. (0361) 975389 und (0361) 974274, 🖷 (0361) 974275, E-mail: madewidia@hotmail.com; 14 Zimmer, davon 2 Suiten; US$ 50-60; AC (z. T.), MB (z. T.), RE, SW, TV (z. T.), ZT. Ruhiges Anwesen mit viel Grün und Blick auf die Reisterrassen.

SEHR PREISWERT ($)

- **Matahari Cottage**, Jl. Jembawan, ☎/🖷 (0361) 975459, 🖷 (0361) 978079; 6 Zimmer; US$ 25-50; BF. Am Flussabhang gelegenes kleines Anwesen mit viel familiärem Charme; E-mail: seansean_tw@yahoo.com, 🖳 www.matahariubud.com
- **Nick's Pension**, Jl. Bisma, ☎ (0361) 973 290, 🖷 (0361) 975 636; 22 Zimmer; US$ 25-35; BF, RE, SW. Zauberhaft an einem üppig verwachsenen Flusssteilhang gelegene zweistöckige Gebäude, zu denen einzig das Plätschern des Wassers und das Rauschen der Palmen dringt; E-mail: nicksp@indosat.net.id

- **Puri Asri***, Petulu, P.O. Box 37, ☎/📠 (0361) 973123, 📠 (0361) 973124; 13 Zimmer und Suiten; US$ 25-30; BF, RE, SW, TV (z. T.), ZT (z. T.). Die sich im üppigen Grün verlierenden, individuell gestalteten Bungalows dieser sich im Besitz des ehemaligen deutschen Asien- und Chinakorrespondenten **Stefan Reisner** befindlichen Anlage sind ebenso gut besucht wie der weithin bekannte Sonntagsbrunch, an dem sich viele seiner ehemaligen Kollegen delektieren, die darüber hinaus gerne an der Hausbar über Gott und die Welt philosophieren. Besonders beliebt die Timor Suite, ein Originalhaus aus Mahagoni, über und über verziert mit Schnitzereien; E-mail: stefanreisner@telkom.net, 💻 www.ubud.com/puriasri
- **Puri Saraswati Bungalows**, Jl. Raya Ubud, ☎/📠 (0361) 975164; 18 Zimmer; US$ 24-60; AC (z. T.), BF, SA, SW, ZT. Nettes kleines, zentral gelegenes Anwesen, den familiärer Flair über manche fehlende Serviceeinrichtung hinweghilft; E-mail: info@purisaraswati.com, 💻 www.purisaraswati.com
- **Sagitarius Inn**, Jl. Wanara Wana, ☎ (0361) 973 387, 📠 (0361) 971 335; 14 Zimmer; Rp. 100.000-200.000; BF, RE, SW. Nette Bungalowanlage mit reizendem Garten. Die billigsten Zimmer verfügen nur über kaltes Wasser; E-mail: sagitarius_inn@hotmail.com
- **Sri Ratih Cottages**, Jl. Raya Penestanan, Penestanan, ☎ (0361) 975638, 📠 (0361) 976550; 30 Zimmer; US$ 25-35; AC (z. T.), BF, MB, SW, TV, ZT, 24. Die zweigeschossigen Bungalows gruppieren sich in dem hübschen Garten um den zentralen Pool.
- **Ubud Bungalows**, Jl. Wanara Wana, ☎ (0361) 971 298, 📠 (0361) 975 537, E-mail: w_widnyana@hotmail.com; 20 Zimmer; US$ 15-25; AC (z. T.), BF, RE, SW. Die zweistöckigen Bungalows stehen in einem zwar schmalen, aber sehr gepflegten, hübschen Garten.

Restaurants, Bars & Nachtklubs

- **Ary's Warung**, Jl. Raya Ubud, ☎ (0361) 975053, 📠 (0361) 978359; 10.30-22 h. Chicer Klassiker unter Ubuds Restaurants. Wer möchte, kann – ganz japanisch – auf dem Boden sitzend speisen; E-mail: aryswarung@dekco.com, 💻 www.dekco.com
- **Ayung Terrace**, Four Seasons Resort Bali at Sayan (s. o.), 6.30-22 h; $. Hier möchte man gar nicht mehr aufstehen, bei den Leckereien und der Aussicht auf die Schlucht des Ayung River.
- **BB's Café & Deli**, Jl. Raya Ubud, ☎/📠 (0361) 975013, E-mail: contact@bbcafe.com; 7-23 h. Der Schwerpunkt liegt hier auf westlicher Küche. Nach hinten hinaus hat man einen schönen Blick ins Grüne.
- **Bebek Bengil 1**, Jl. Hanoman, Padang Tegal, ☎ (0361) 975489, 📠 (0361) 975546; 10-23 h. Zwar alles Einheimischem aus Europäisches, Amerikanisches und Mexikanisches auf der Karte, Spezialität des Hauses ist jedoch Ente. Eines der besten Restaurants in Ubud, mit schönem, üppig grünem Garten, mehreren Teichen und einer gut sortierten Bar.
- **Bebek Bengil 2**, Jl. Wanara Wana, ☎ (0361) 978954; 10-22 h. Auch hier steht Ente an erster Stelle. Zurückgesetzt von der Hauptstraße gelegen, liefern Grillen und Frösche die Begleitmusik. Schönes Ambiente, gute Bar.
- **Bridge Café**, Jl. Raya Campuhan, Campuhan, ☎ (0361) 975085, 📠 (0361) 975137; 9-23 h. Neben indonesischen Gerichten stehen vor allem chinesische und italienische auf der Karte. Der reizvolle Blicke ins Flusstal wird leider ein wenig durch den auf den Vordächern weiter unten herumliegenden Müll getrübt.
- **Café Lotus**, Jl. Raya Ubud, ☎ (0361) 975660, E-mail: cafelotus@dps.centrin.net.id; 8-23 h. Ubuds berühmtestes Restaurant, mit großem Lotusteich und tempelartiger Hintergrundskulisse. Trotz des Ruhmes und des damit verbundenen Besucherandrangs konnte die hohe Qualität des aus der Küche Kommenden beibehalten werden.
- **Café Wayan & Bakery**, Jl. Wanara Wana, ☎/📠 (0361) 975447; 8-23 h. Zauberhaftes Ambiente mit viel Grün und z. T. kuscheligen Sitzecken. Hier schmeckt alles, und das Personal ist überdurchschnittlich freundlich. Am Sonntagabend sollten Sie sich das balinesische Büffet nicht entgehen lassen.

- **Casa Luna**, Jl. Raya Ubud, ☏ (0361) 973283 und (0361) 977409, 📠 (0361) 973282, E-mail: info@casalunabali.com, 💻 www.casalunabali.com; 8-23 h. Mit drei Etagen für Ubud riesig, aber dennoch feinste mediterrane und indonesische Küche. Letztere kann man in der angeschlossenen Cooking School auch erlernen.
- **Chili Café**, Banjar Nyuh Kuning, ☏/📠 (0361) 978629; 8-22 h. Fern der Hektik Ubuds strahlt das nette Lokal mit seiner ansprechenden Bar viel Ruhe aus, wozu auch der Blick ins Grüne beiträgt.
- **Gajah Biru**, Jl. Raya Penestanan, P.O. Box 254, ☏ (0361) 979085, E-mail: gajahbr@indo.net.id; 11-23 h. Die Tische und Bale sind in der großzügigen Gartenanlage derart weit auseinander gestellt, dass man die vorzüglichen indischen Gerichte der Punjab-Küche wirklich ungestört genießen kann. Kostenloser Hoteltransfer in der Region Ubud gehört zum Serviceangebot.
- **Griya Restaurant**, Jl. Raya Ubud, ☏ (0361) 975428; 10-22 h. Spezialisiert auf Indonesisches und vor allem Barbecue. Nach hinten Blick ins Grüne.
- **Han Snel Bar and Restaurant**, Jl. Kajeng 3, P.O. Box 175, ☏ (0361) 975699 und (0361) 974271, 📠 (0361) 975643; 7-22 h. Sehr schönes Gartenrestaurant im Anwesen des holländischen Künstlers, vor allem die Bar ist Abend für Abend stark umlagert.
- **Jati Bar**, Four Seasons Resort Bali at Sayan (s. o.), Sayan, ☏ (0361) 977577 und (0361) 701010, 📠 (0361) 977588 und (0361) 701020, E-mail: reservation.fsrb@fourseasons.com, 💻 www.fourseasons.com/sayan/index.html; 12-24 h. Kommen Sie zum Sonnenuntergang und genießen Sie diesen bei einer Flasche guten Weines oder einem kühlen Lager.
- **Jazz Café**, Jl. Sukma 2, ☏/📠 (0361) 976594, E-mail: jazzcafe@indo.net.id; 11-24 h. Am Mi, Fr und Sa Live Jazz von 19-24 h. So fetzig die Musik, so gut bestückt ist die Bar. Lockere Atmosphäre.
- **Kadek**, Jl. Pengosekan, ☏ (0361) 978374, 📠 (0361) 975348, E-mail: kayangan@indosat.net.id; 9-22 h. Vom ersten Stock aus hat man einen schönen Blick auf die Reisfelder, der Internetservice hilft einem, mit dem Rest der Welt in Kontakt zu bleiben.
- **Kokokan Club**, Jl. Pengosekan, ☏ (0361) 973495, 📠 (0361) 975332; 9-22 h. Zum ARMA gehörendes Restaurant, das neben balinesischer auch thailändische und italienische Küche serviert.
- **Laka Léke**, Banjar Nyuh Kuning, ☏ (0361) 977565; 7-23 h. Dank der abgeschiedenen Lage kann man sein Essen hier wirklich noch in Ruhe genießen.
- **Lotus Lane**, Jl. Wanara Wana, ☏ (0361) 975357; 7-23 h. Der richtige Ort für ein schmackhaftes Frühstück und romantisches Abendessen. Kostenloser Hoteltransfer innerhalb der Umgebung von Ubud.
- **Miro's Garden Restaurant**, Jl. Raya Ubud, ☏/📠 (0361) 973314; 8-22 h. Vielleicht Ubuds schönstes Restaurant, zumindest für diejenigen, die gerne im Grünen speisen, denn davon gibt es hier mehr als genug, aber auch mehrere kleine Pools. Und alle Treppen und Wege sind gesäumt von Windlichtern und frischen Hibiskus- und Frangipaniblüten. Ein Rausch für alle Sinne.
- **Mumbul's Garden Terrace Café**, Jl. Raya Ubud, ☏ (0361) 975364; 8-22 h. Auf mehrere Terrassen über einem kleinen Tal verteilt. Versäumen Sie nicht die Eisspezialitäten.
- **Murni's Warung**, Jl. Campuhan, Campuhan, ☏ (0361) 975233, E-mail: murnis@eksadata.com; 9-23 h. Treffpunkt der örtlichen Tourbusfahrer und Reiseleiter. Hinten hinaus hat man einen schönen Blick auf den Tropenwald. Ab 19 Uhr kostenloser Hoteltransfer innerhalb von Ubud.
- **Nomad**, Jl. Raya Ubud 33, ☏ (0361) 977169, 📠 (0361) 975115; 8-23 h. Spezialität des Hauses ist Ente, zu der man sich aus der umfangreichen Getränkeliste den richtigen Tropfen heraussuchen kann; E-mail: nomad@denpasar.wasantara.net.id
- **Nyangluh**, Jl. Hanoman, Padang Tegal, ☏/📠 (0361) 975894, E-mail: nyangluh@excite.com; 8-24 h. Hinten hinaus geht es in einen hübschen Garten, vorne spielt jeden Sa eine Live-Band, die Musik ist aber auch sonst recht gut, und dem stehen die Cocktails in nichts nach.

- **Padi Prada**, Jl. Wanara Wana, ☎ (0361) 978972, 📠 (0361) 970979; 9-22 h. Gepflegtes zweistöckiges Restaurant mit herrlichem Blick über die Reisfelder. Neben einheimischen Gerichten stehen vor allem noch solche aus Japan oder China auf der Speisekarte, und auch die Bar ist gut sortiert; E-mail: padiprada@balidwipa.com, 🖥 www.padiprada.balidwipa.com
- **Ryoshi**, Jl. Raya Ubud, ☎ (0361) 972192; 12-24 h. Hier kommt Japanisches auf den Tisch, mit Blick auf einen bambusbewachsenen Talabhang.
- **Sai² Bar**, Jl. Wanara Wana, ☎ (0361) 976698, 📠 (0361) 974217; 10-1 h. Besonders voll ist es, wenn am Mo, Mi, Do und Sa ab 20.30 Uhr Live-Bands auftreten.
- **Terrace Bar and Restaurant**, Hotel Tjampuhan Spa (s. o.), 7.30-23 h. Traditionsreiches Lokal, das besonders am Abend sehr viel Charme und Atmosphäre verströmt.
- **The Bar**, Amandari (s. o.), 7-24 h. Die Getränkeauswahl ist groß, die Fruchtsäfte sind lecker und das stilvolle Ambiente garantiert Behaglichkeit pur, so dass man sich ganz und gar auf die grandiose Aussicht konzentrieren kann.
- **The Restaurant**, Amandari (s. o.), 7-23 h; **$**. Zweistöckiges Restaurant mit fantastischem Blick in die Ayung-Schlucht und Service, der einem jeden Wunsch von den Lippen abliest.
- **The Wantilan Restaurant**, Natura Resort & Spa (s. o.), 7-23 h; **$**. Atemberaubende Lage hoch über dem Petanu River, der die gebotenen Köstlichkeiten in nichts nachstehen.
- **Ubud Restaurant**, Jl. Wanara Wana, ☎ (0361) 975492; 8-22 h. Hier gibt es fast ausschließlich balinesische Spezialitäten.
- **Ulun Ubud Resort & Spa*** (s. o.), 7-23 h. Hierher kommt man wegen des Ambientes, das fast vollständig aus Antiquitäten besteht, und des großartigen Blickes über das Flusstal, doch auch, was auf den Tisch kommt, ist nicht ohne.
- **Warung Kudus**, Komaneka Suite (s. o.), täglich 7-23 h; **$**. Man speist in einem Teil für Teil aus Ostjava herüber geholten alten Holzpavillon, der ebenso viel Atmosphäre verströmt wie das gesamte Hotelareal.

Einkaufen

Das Kunstzentrum der Insel – hier gibt es praktisch alles in riesiger Auswahl.

HAUPTGESCHÄFTSSTRAßEN: Jl. Raya Ubud, Jl. Hanoman und Jl. Wanara Wana

MARKT: siehe ‚Sehenswertes'.

SUPERMARKT:
- **Delta Dewata**, Jl. Raya Andong 14, ☎ (0361) 973049, 📠 (0361) 978071, 8-22 h. Supermarkt, in dem (fast) alles im Angebot ist. Ubuds Nummer eins.

SPEZIALGESCHÄFTE:
- **Ary's Book Shop**, Jl. Raya Ubud, ☎ (0361) 978203, 📠 (0361) 975162, 8-22 h. Ubuds führender Buchladen, mit einer großen Auswahl, auch an Karten.
- **Bharata**, Jl. Pengosekan 4, Pengosekan Kaja, ☎ (0361) 256236, 📠 (0361) 288547, E-mail: bagusarthana@yahoo.com, 9-18 h. Große Auswahl, von der Malerei über Schnitzereien bis hin zu Keramik.
- **Casa Luna Emporium**, Jl. Raya Ubud, ☎ (0361) 971605, 📠 (0361) 973282, E-mail: info@casalunabali.com, 🖥 www.casalunabali.com, 10-23 h. Großes, sehr gepflegtes Fachgeschäft, das von der surrealistischen Plastik bis hin zum Himmelbett alles verkauft.
- **Era Photo & Music Collection**, Jl. Wanara Wana 21. Große Auswahl an Musikkassetten und CD's.
- **Floren**, Jl. Wanara Wana, 8-20 h. Außer timoresischer Kunst gibt es hier noch Möbel.

- **Gajah Mas**, Jl. Raya Pengosekan, ☎ (0361) 976283, 🖷 (0361) 975328; 8.30-18 h. Hier stellen sowohl renommierte balinesische und indonesische Künstler als auch (noch) unbekannte Autodidakten aus; E-mail: gajahmasgallery@balisite.net, 💻 www.balibalibali.com/gajah_mas
- **Ganesha Bookshop**, Jl. Raya Ubud, ☎/🖷 (0361) 970320, 9-18 h. Große Auswahl an Büchern, Karten und touristischem Kleinkram; E-mail: info@ganeshabooksbali.com, 💻 www.bali-paradise.com/ganesha
- **Indah Photo**, Jl. Raya Ubud, ☎ (0361) 975152.
- **Kememai**, Jl. Nyuh Bulan, Nyuh Kuning, ☎ (0361) 977522. Traditionelles und Modernes aus Holz.
- **Komaneka Fine Art Gallery**, Komaneka Resort Ubud, Jl. Wanara Wana, ☎ (0361) 976090, 🖷 (0361) 977140, E-mail: gallery@komaneka.com, 💻 www.komaneka.com. Die Kunstgalerie des Hotels hält Erlesenes und Ausgefallenes bereit.
- **Kunang Kunang II**, Jl. Raya Ubud, ☎ (0361) 975716, täglich 9-19.30 h. Umfassende Auswahl an Holzarbeiten, Schmuck, Puppen und vielem mehr.
- **Neka Gallery**, Jl. Raya Ubud, ☎ (0361) 975034 und (0361) 975074, 🖷 (0361) 975639, täglich 9-17 h. Eine der größten Galerien, betrieben von **Suteja Neka**, einem der größten Kunstmäzenen der Insel. Zur Auswahl stehen alle Stilrichtungen.
- **Oleh-Oleh**, Jl. Wanara Wana, ☎ (0361) 973466, (0361) 976235 und (0361) 977116, 🖷 (0361) 975115, 9-19 h. Große Auswahl an Kunsthandwerk aus dem ganzen Archipel.
- **Pipin's**, Br. Ambengan, Peliatan, ☎ 081-23902709, 9-17.30 h. Neben Töpfereisachen findet man hier noch eine Riesenauswahl an Korbwaren.
- **Puri Rejeki Silver**, Jl. Wanara Wana, ☎ 081-23806853, 8-22 h. Große Auswahl an Silberarbeiten.
- **Puspa & Ngurah Silver**, Jl. Wanara Wana, ☎/🖷 (0361) 976660, 8-22 h. Feiner Silberschmuck mit z. T. nicht alltäglichem Design.
- **Rudana – Fine Art Gallery**, siehe ‚Sehenswertes'. Alle Stilrichtungen sind im Angebot.
- **Seniwati Gallery of Art by Women**, siehe ‚Sehenswertes'.
- **The Centre of Young Artists and Naif Painting**, Penestanan, ☎/🖷 (0361) 974340, täglich 8-17 h. Hier arbeiten und stellen viele junge Nachwuchskünstler des Ortes aus.
- **Uluwatu**, Jl. Wanara Wana, ☎ (0361) 977557; 🖷 (0361) 287054, 8-22 h. Edle, handgefertigte Textilprodukte, deren Qualität ihren Preis hat; E-mail: uluwatu@denpasar.wasantara.net.id
- **Wardani's Shop**, Jl. Wanara Wana, ☎ (0361) 975538, 🖷 (0361) 976080, 9-21.30 h. U.a. Seide und Hanggewebtes, aber auch Korbwaren und Kunsthandwerk sind im Angebot.

Banken
- **Bank Danamon**, Jl. Ida Bagus Manik, Peliatan, ☎ (0361) 975405, 🖷 (0361) 975561.
- **Bank Negara Indonesia**, Jl. Raya Ubud, ☎ (0361) 978747.

Polizei
Jl. Andong, ☎ (0361) 975316

Post
- **Ubud Post Office** (*), Jl. Jembawan 1, ☎ (0361) 975764.

Apotheken
- **Mua Farma**, Jl. Wanara Wana 10, ☎ (0361) 974674.
- **Ubud Farma I Apotik**, Jl. Wanara Wana 27, ☎ (0361) 976149; Jl. Raya Ubud, ☎ (0361) 974214.

Arzt

- Dr. Budiana Wayan, Jl. Raya Peliatan, Peliatan, ☎ (0361) 975022, Allgemeinarzt.

Krankenhäuser
- Legian Medical Clinic 5, Jl. Wanara Wana, Ubud, ☎ (0361) 976457 und ☎ 081-23925230.
- Legian Medical Clinic 6, Jl. Hanoman, Ubud, ☎ 081-23925230.
- Ubud Clinic, Jl. Raya Campuhan 36, P.O. Box 10, Campuhan, ☎ (0361) 974911, 📠 (0361) 974910, E-mail: ubudclinic@ubudclinic.com, 🖥 www.ubudclinic.com.

Mietwagen
- CV Three Brothers Wisata Car Rental, Jl. Wanara Wana, ☎ (0361) 973240.
- Ubud Wisata CV, Jl. Raya Ubud, ☎ (0361) 975016.

Reisebüro
- Perama Tourist Service, Jl. Hanoman, ☎ (0361) 973316 und (0361) 974722.

Spas
- **Aroma Bali**, Jl. Bisma, ☎ (0361) 970730, täglich 8-20 h. Der Manager des Spas arbeitete früher für Mandara Spa, was einem Gütesiegel gleichkommt. Die dreistündige Anwendung, u. a. mit Kopf- und Körpermassage, Blütenbad und Maniküre, kostet Sie US$ 100, bei der achtstündigen für US$ 180 sind zusätzlich noch ein Abendessen und eine Tanzvorführung sowie der Hoteltransfer innerhalb von Ubud im Preis mit beinhaltet. In einer reizvollen Gartenanlage werden hier vom überaus freundlichen Personal Geist und Körper auf vollendete Weise umhegt.
- **Bodywork Centre**, Jl. Hanoman 25, ☎ (0361) 975720, täglich 8-20 h. Die halbstündigen Fuß-, Kopf oder Schultermassagen gibt es ab Rp. 40.000, die einstündige Spezialmassage kommt auf US$ 30.
- **Rumah Ayu**, Ubud Sari Health Resort, Jl. Kajeng 35, ☎ (0361) 974393, 📠 (0361) 976305, E-mail: info@ubudsari.com, 🖥 www.ubudsari.com, täglich 8-21 h. Eines der umfassendsten Therapieangebote Balis, für dessen einstündige Massagen man ab US$ 25 und für dessen bis zu sechsstündige Kombianwendungen man bis zu US$ 130 bezahlt. Wer sich einem Intensivprogramm unterziehen möchte, kann auch gleich in einen der beiden Bungalows einziehen, die zu der sehr schönen Anlage gehören, die darüber hinaus über ein sehr gutes vegetarisches Restaurant verfügt.
- **The Wibawa Spa**, Jl. Wanara Wana, ☎/📠 (0361) 972152, täglich 9-21 h. Neben den üblichen kosmetischen Behandlungen offeriert das Haus eine ganze Reihe von ein- bis zweistündige Anwendungen, für die man Rp. 100.000-150.000 bezahlt (plus 10 Prozent Service Charge), die 45-60-minütige Massagen kommen hingegen auf Rp. 80.000-90.000.

Tanzvorführungen
- Barong: Puri Saren, Fr 18.30 h
- Barong & Kris Dance: Jaba Pura Padang Kerta, Padang Tegal Kelod, Mo 19 h
- Gabor: Puri Saren, 19.30 h
- Gambuh: ARMA, Pengosekan, 1. und 3. Mo eines jeden Monats, 19 h
- Kecak: ARMA, Pengosekan, jeden Neu- und Vollmond, 19 h
  Jaba Pura Padang Kerta, Padang Tegal Kelod, Di 19.30 h

• Legong:	Pura Dalem Ubud, Fr 19.15 h
	Puri Agung Peliatan, Do 19.30 h
	ARMA, Pengosekan, So 19.30 h
	Pura Dalem Ubud, Sa 19.30 h
	Puri Saren, Sa-Mo und Mi 19.30 h
• Mahabharata:	Puri Saren, So 19.30
• Ramayana:	Pura Dalem Ubud, Mo 20 h
	Puri Saren, Di 19.30 h
• Wayang Kulit:	Hotel Oka Kartini, So und Mi 20 h

Workshops

• **Agung Rai Museum of Art** (ARMA), Jl. Pengosekan, Peliatan, ☎ (0361) 976659 und (0361) 975742 und (0361) 973495, 🖷 (0361) 975332, E-mail: arma@indosat.net.id und info@armamuseum.com, 🖳 www.armamuseum.com. Im Angebot sind u. a.:

1) *Balinesische Architektur*.
2) *Batik*; US$ 15 pro Stunde und Person. Man lernt nicht nur die praktischen, technischen Seiten dieses Handwerks, sondern auch viel über Geschichte und Tradition.
3) *Holzschnitzen*; US$ 15 pro Stunde und Person. Technische Einführung und anschließend praktische Anwendung des Gelernten.
4) *Kochen*; Einführung in die Kochkünste Balis.
5) *Malerei*; US$ 15 pro Stunde und Person. Hier kann man - je nach Kurs - entweder selbst kreativ tätig werden oder sich während einer ausführlichen Führung durch das Museum nur sehr viel über Künstler und Techniken erzählen lassen.
6) *Musik*; Dreistündiger Workshop mit Einführung in die Geschichte und Anwendungsbereiche des Gamelan, danach praktische Übungen.
7) *Tanz*; Preis: US$ 15 pro Stunde und Person. Zwei der besten Tänzerinnen Balis führen **einen in** die Geheimnisse der balinesischen Tanzkunst ein.

• **Casa Luna Cooking School**, Jl. Bisma, ☎ (0361) 973283 und (0361) 977409, 🖷 (0361) 973282, E-mail: info@casalunabali.com, 🖳 www.casalunabali.com. Preis: Rp. 150.000 pro Person. Die Kochkurse finden Mo-Fr statt und sind bei einer Mindestteilnehmerzahl von 4 oder 8 Personen auf 10 bzw. 15 Teilnehmer begrenzt.

• **Ganesha Bookshop**, Jl. Raya Ubud, ☎ (0361) 976339, 🖷 (0361) 973359, E-mail: info@ganeshabooksbali.com, 🖳 www.bali-paradise.com/ganesha. Hier erhält man eine Einführung in das Gamelan-Spiel.

• **Hotel Puri Saren Agung**, Jl. Raya Ubud, ☎ (0361) 975057, 🖷 (0361) 975137. Hier kann man klassische balinesische Tänze erlernen.

• **Nirvana Batik Course**, Nirvana Pernsion, Jl. Gautama 10, Padangtegal, ☎/🖷 (0361) 975415 und (0361) 977624, E-mail: rodanet@denpasar.wasantara.net.id. Kurse finden jeweils Mo, Mi und Sa 10-15 h statt. Der eintägige Kurs kostet pro Person US$ 35, wer zwei oder drei Tage teilnimmt zahlt pro Tag nur noch US$ 30, und wer sich gar vier oder fünf Tage versucht nur noch US$ 25 pro Tag.

• **Pengosekan Community of Artists**, Pengosekan, P.O. Box 9, ☎ (0361) 975321 und (0361) 977329, 🖷 (0361) 975205. Kurse im Holzschnitzen, Malen, Tanzen und Gamelan-Spiel täglich zwischen 9 und 16 h; Preis für die zweistündigen Kurse jeweils Rp. 45.000 pro Person.

• **Seniwati Gallery of Art by Women**, Jl. Sriwedari 2B, Banjar Taman, ☎/🖷 (0361) 975485, E-mail: seniwati@dps.centrin.net.id, 🖳 www.seniwatigallery.com. Der jeden Do 10-12 h stattfindende Malkurs kostet pro Person US$ 25, der am Sa und So von 14-16 h durchgeführte Kinderkurs kommt auf US$ 15-20.

U Uluwatu (S. 501ff)

Sehenswertes
- **Pura Luhur Uluwatu**, geöffnet täglich 8-19 h; Eintritt: Erwachsene Rp. 3.000, Kinder Rp. 1.500; Parkgebühr: Pkw Rp. 1.000, Motorrad Rp. 500.

Unterkunft & Restaurant
SEHR TEUER ($$$$$$)
- **The Istana**, Bali Homes Management, Jl. Raya Semer 883, Banjar Semer, Kerobokan 80361, ☎ (0361) 730668, 📠 (0361) 736566, 🖥 www.theistana.com, 5 Villen; US$ 1.000; AC, RE, SW, TV, ZT, 24. Unweit der besten Surfplätze Balis spektakulär am Rande der Klippen gelegene Anlage, zu deren Füßen die Wellen des Indischen Ozeans anbranden. Wer sich hier einquartiert, möchte sich verwöhnen und den Rest der Welt möglichst weit hinter sich lassen und sich dabei einzig den Takten der Natur hingeben.

NOCH PREISWERT ($$$)
- **Uluwatu Resort ($$$)**, Jl. Pantai Suluban, P.O. Box 2046, Suluban 80361, ☎ (0361) 742 0610, 📠 (0361) 777967, E-mail: reservation@suluwaturesort.com, 🖥 www.uluwaturesort.com; 16 Zimmer, US$ 92-108; BF, RE, SB, SW. Hoch über den Klippen traumhaft über Balis beliebtestem Surfrevier gelegene Bungalows, von denen aus sich die Blicke in der schier endlosen Weite des Ozeans verlieren. Rechtzeitig buchen, da bei Surfern überaus beliebt. Vom **Reef Break Café** (geöffnet 7-22 h) aus sieht man die Riesenwogen heranrollen, die donnernd an den Fels klatschen.

Restaurant
- **Reef Break Café**, Uluwatu Resort (s. o.), 7-22 h. Nicht nur die Aussicht ist atemberaubend, auch das Servierte ist recht ordentlich.

Ungasan (S. 500f)

Sehenswertes
- **Garuda Wisnu Kencana Cultural Park**, Jl. Raya Uluwatu, Jimbaran 80361, ☎ (0361) 703603, 📠 (0361) 703626, E-mail: gam@gwk-bali.com, 🖥 www.gwk-bali.com; täglich 7-22 h; Eintritte: Park Rp. 5.000 pro Pkw, Rp. 1.000 pro Motorrad; Plaza Wisnu Rp. 15.000 pro Person (inklusive einem Soft Drink). Aufführungen: Kecak Dance jeden Di und Do, 19-21 h, mit Abendessen US$ 25, ohne US$ 5.

Unterkunft
SEHR TEUER ($$$$$$)
- **The Balangan**, Banjar Cenggiling 88, Bukit Jimbaran, ☎ (0361) 708080 und (0361) 708070, 📠 (0361) 708022, E-mail: view@thebalangan.com, 🖥 www.thebalangan.com; 11 Villen; US$ 350-575; AC, BC, BF, FR, MB, RE, SA, SB, SP, SW, ZS, ZT, 24. Neben dem großen Gemeinschaftspool steht in jeder Villa noch ein eigener Plunge Pool zur Verfügung, und in den meisten zudem eine eigene Küche. Hoch auf einer Anhöhe gelegen, hat man eine grandiose Fernsicht auf die Insel. Service und Leistungen lassen nichts zu wünschen übrig und rechtfertigen durchaus die hohen Preise.

TEUER ($$$$$)
- **Bali Cliff Resort**, Jl. Pura Batu Pageh, Ungasan 80361 [oder: P.O. Box 90, Nusa Dua 80383], ☎ (0361) 771992, 📠 (0361) 771993; 181 Zimmer, 14 Suiten und 5 Villen; US$ 175-2.200; AC, BC, FC, FR, HA, KR (bis 600 Personen), KV, LS, MB, NR, RE, SA, SN, SP, SW, TP, TV, UD, ZT, 24. An Balis

südlichstem Punkt hoch über den Klippen gelegenes Luxushotel, dessen großer Pool mit den Weiten des Ozeans eins zu werden scheint und dessen Service es an nichts fehlen lässt; E-mail: reservation@balicliffresort.com und bcr@indosat.net.id, 🖳 www.balicliffresort.com

MODERAT ($$$$)
- **Jimbaran Hills Resort**, Banjar Kangin Ungasan, P.O. Box 1063, Tuban 80361, ☏ (0361) 703 471, 🖷 (0361) 703476; 39 Zimmer und Suiten sowie 9 Villen; US$ 110-210; AC, BF, FC, KV, MB, RE, SA, SB, SP, SS, SW, TV, UD, ZT, 24. Die Zimmer sind groß und besitzen alle eine eigene, voll eingerichtete Küche, die Villen sogar eigene Pools. Die Lage des Hotels selbst ist hingegen momentan noch nicht die beste. Die 66 m lange Wasserrutsche und das umfangreiche Freizeitangebot sorgen jedoch für viel Spaß und Abwechslung; E-mail: executive@jmbaranhills-resort.co.id, 🖳 www.jimbaran-hills.com

SEHR PREISWERT ($)
- **Bukit Inn by Villa Koyo**, Jl. Uluwatu, ☏ (0361) 702927, 🖷 (0361) 704110; 34 Zimmer und Suiten und 5 Bungalows; US$ 50-120; AC, BF, MB, RE, SB, SW, TV, ZS, ZT. Beliebter, architektonisch nicht gerade umwerfender Surfertreff; E-mail: villakoyo@indo.com, 🖳 www.indo.com/hotels/villakoyo

Restaurants
- **Balangan**, The Balangan (s. o.), 7-23 h; $. Von dem auf einer Anhöhe gelegenen Restaurant aus hat man einen der spektakulärsten Fernblicke Balis, bei dem man die kulinarischen Köstlichkeiten fast vergisst.
- **Biu Kafé**, Mandala Garuda Wisnu Kencana, Jl. Raya Uluwatu, Jimbaran 80361, ☏ (0361) 703603 ext. 555, 🖷 (0361) 703607; 10-22 h. Eigenwillig gestyltes Restaurant im Areal des riesigen Vishnu-Garuda-Denkmals, das preislich zwar über dem Durchschnitt liegt, dafür aber auch mit einem phantastischen Blick auf die südlichen Regionen und die Bergwelt Balis aufwarten kann.

Wanagiri (S. 647)

Unterkunft & Restaurant
- **The Kalaspa ($$$$$)**, Banjar Asah Panji, Buleleng, ☏ (0828) 361034, 🖷 (0828) 369220, E-mail: resort@bali-kalaspa.com, 🖳 www.bali-kalaspa.com; 8 Villen; US$ 175-325; MB, RE, SP, TV, ZS, 24. Hoch über dem Danau Buyan gelegene, sehr private, exklusive Anlage, in deren Spa auch der abgeschlaffteste Körper wieder auf Vordermann gebracht wird. Wer Ruhe und Erholung sucht, liegt hier goldrichtig. Die herrliche Aussicht kann man aber auch vom **Restaurant Pakis** (geöffnet 7-22 h; $) aus genießen.

Wanasari (S. 681)

Tipp für Eltern mit Kindern
• Taman Kupu Kupu (Schmetterlings-Park), Jl. Batukaru, Sandan, ☏ (0361) 814282/3, 🖷 (0361) 814281, täglich 8-17 h, Eintritt: Erwachsene Rp. 30.000, Kinder Rp. 15.000.

Wangayagede (S. 682f)

Sehenswertes
- **Pura Luhur Batu Karu**, am Fuße des Gunung Batukau, täglich 9-17 h, Spende erbeten.

Organisierte Touren

Neben einer Vielzahl an Standardtouren, während derer die Hauptsehenswürdigkeiten der Insel – und meist auch die eine oder andere Künstlerwerkstatt bzw. verschiedene Geschäfte – besucht werden und die bei nahezu allen Reiseunternehmen in ähnlicher Form im Programm sind, gibt es noch eine ganze Reihe an ausgefalleneren Touren, die sich meist abseits der typischen touristischen Trampelpfade bewegen. Die nachstehende Aufzählung erhebt keinerlei Anspruch auf Vollständigkeit, ist vielmehr als Orientierungshilfe gedacht, um sich ein Bild vom Angebotsspektrum machen zu können. Alle genannten Preise verstehen sich, so nicht anders erwähnt, jeweils als **Preis pro Person**.

Zu Lande

MIT DEM FAHRRAD

- **Ayung River Rafting**, Jl. Diponegoro 150, B-29, Denpasar 80114, ☎ (0361) 238759, 📠 (0361) 224236, E-mail: info@ayungriver.com, 💻 www.ayungriverrafting.com. Vom Danau Batur hinunter nach Ubud, vom Gunung Batukau zu den heißen Quellen von Yeh Panas, oder rund um Sangeh, für jeweils US$ 50 pro Person, einschließlich Hoteltransfer, Mittagessen und Versicherung.
- **Bali Adventure Tours**, Adventure House, Jl. By Pass Ngurah Rai, Pesanggaran, ☎ (0361) 721 480, 📠 (0361) 721481, E-mail: info@baliadventuretours.com, 💻 www.baliadventuretours.com. Die in Kintamani startende 16-Kilometer-Tour durch Balis Hinterland schlägt mit US$ 56 (Kinder US$ 38) zu Buche, einschließlich Hoteltransfer, Leihrad, Sturzhelm, Mittagessen, Versicherung und Eintritt in den Elephant Safari Park.
- **Meru Bicycle Day-Trips**, Anmeldung bei: Iskander Wawo Runtu, Hotel Tandjung Sari, Jl. Danau Tamblingan 41, P.O. Box 3025, Denpasar 80228, ☎ (0361) 288441, 📠 (0361) 287930, E-mail: tansri@dps.mega.net.id, 💻 www.tandjungsari.com; oder im: **Café Batujimbar**, Jl. Danau Tamblingan 152, P.O. Box 25, ☎ (0361) 287374. Mit einem Mountainbike von Pupuan hinunter zum Meer. Mindestteilnehmerzahl 5 Personen; Preis: US$ 60. Man wird um 8 h in Sanur vom Hotel abgeholt, die Tour selbst startet um 10 h, gegen 18 h ist man zurück. Der zweitägige Wochenendausflug beläuft sich auf US$ 125.
- **Paddy Adventure**, Jl. By Pass Ngurah Rai 126i, Padang Galak, Sanur 80227, ☎ (0361) 289748, 📠 (0361) 285486, 💻 www.bali-tours.com/paddy; Preis: US$ 32 (einschließlich Hoteltransfer, Mittagessen, Mineralwasser, Obst, Versicherung und ein kleines Souvenir). 15-Kilometer-Tour durch die Landschaft und Dorfwelt am Fuße des Gunung Batukau.
- **Santa Bali Tours & Travel PT**, Jl. By Pass Ngurah Rai 70D, ☎ (0361) 286829, 📠 (0361) 286825; Inna Grand Bali Beach Hotel, Resort & Spa, Jl. Hang Tuah, ☎ (0361) 287628; Bali Hilton International, Nusa Dua, ☎ (0361) 771102; Galeria Nusa Dua, ☎ (0361) 772859. Radtouren in der Umgebung von Ubud sowie Mengwi und Tanah Lot schlagen mit US$ 40.50-43.50 bzw. US$ 55-58 zu Buche.

ZU FUß

- **Ayung River Rafting**, Jl. Diponegoro 150, B-29, Denpasar 80114, ☎ (0361) 238759, 📠 (0361) 224236, E-mail: info@ayungriver.com, 💻 www.ayungriverrafting.com. Dreistündiger Fußmarsch rund um den Danau Tamblingan einschließlich Bootsfahrt für US$ 48, einschließlich Hoteltransfer, Versicherung und Mittagessen.
- **Bali Adventure Tours**, Adventure House, Jl. By Pass Ngurah Rai, Pesanggaran, ☎ (0361) 721 480, 📠 (0361) 721481, E-mail: info@baliadventuretours.com, 💻 www.baliadventuretours.com. Sie

können zwischen folgenden Touren wählen: 1) Zweieinhalbstündiger Marsch zu Füssen des Gunung Batukau für US$ 49 (Kinder US$ 34), einschließlich Hoteltransfer, Picknick und Versicherung. 2) Zweieinhalbstündiger Ausflug rund um Taro für US$ 49 (Kinder US$ 37), einschließlich Hoteltransfer, Versicherung und Mittagsbüffet im Elephant Safari Park.
- **Bali Barat National Park**, siehe „Allgemeine Reisetipps von A-Z" unter „Nationalpark"
- **Bali Nature Land Tours**, Soka, Jatiluwih, Tabanan, ☎/📠 (0361) 812919, E-mail: balinature@denpasar.wasantara.net.id, 🖥 www.bali.wasantara.net.id/~nature/index.htm. Man holt Sie von Ihrem Hotel ab und bringt Sie zunächst nach Soka am Fuße des Gunung Batukau, von wo aus Sie sich auf einen Fußmarsch durch die umliegenden Reisterrassen oder den Dschungel machen. Darüber hinaus können Sie auch eine Fahrradtour durch Balis Hinterland machen, an einem Kulturprogramm teilnehmen oder reiten. Im Preis von US$ 68-95 sind das Mittagessen, Versicherung und ein Welcome Drink eingeschlossen.
- **Environmental Trekking Centre**, Puri Lumbung, Munduk, ☎ (0362) 92810, 📠 (0362) 92514 [oder: Jl. Tunggul Ametung VII/9, P.O. Box 3603, Denpasar 80036, ☎ (0361) 437071, 📠 (0361) 771985], E-mail: lumbung@indosat.net.id, 🖥 www.balihotels.com/purilumbung.htm. In Zusammenarbeit mit dem United Nations Development Programme ausgearbeitete zwei- bis siebenstündige Touren in der Region um Munduk und die Seen Danau Buyan und Danau Tamblingan, während derer man tief in das Leben der Balinesen eintaucht. Die Guides werden stundenweise bezahlt, und zwar die englischsprachigen mit US$ 5-7.50, unabhängig von der Gruppengröße. Sehr empfehlenswert.
- **I Made Sucipta**, Hotel Segara, Kedisan, Kintamani 80652, ☎ (0366) 51136, 📠 (0366) 51212. Für Rp. 200.000 bringt er maximal vier Personen auf den Gunung Batur.
- **Jero Wijaya**, Lakeside Cottages, P.O. Box 01, Kintamani 80652, ☎ (0366) 51251 und (0366) 51249, 📠 (0366) 51250, E-mail: Jero_Wijaya@hotmail.com, 🖥 www.Balitrekking.com. Trekkingspezialist, der seine Gäste notfalls auch aus den Touristenzentren des Südens abholt. Die Sonnenaufgangstour auf den Gunung Batur beläuft sich dann (je nach dem Ort, von dem man abgeholt wird) ab US$ 45, für die Tour auf den Gunung Agung zahlt man ab US$ 100, und für das eintägige Dschungeltrekking im Nationalpark (Mai-November, mindestens 4 Personen) US$ 100, für zwei Tage sind es US$ 150. Für die Batur Caldera-Tour zahlt man ab US$ 55, für das Trekking rund um Bedugul US$ 95. In allen Preisen sind Transport, Guide, Frühstück und ein Mineralwasser enthalten, manchmal auch noch eine zusätzliche Mahlzeit.
- **Kunung-Kunang Bali Tour & Travels**, Jl. Pengosekan, Ubud 80571, ☎/📠 (0361) 977388, E-mail: fordbiz2@ozemail.com.au; Preise: 1) *Village Life Day Tour*: US$ 68. Auf dieser in Ubud um 8.30 Uhr startenden und um 21 h endenden Tour taucht man tief in das Dorfleben Bedulus ein, lernt, wie man aus heimischen Pflanzen und Kräutern Medizin herstellt, erfährt alles über den Aufbau eines balinesischen Dorfes und die verschiedenen Funktionen der einzelnen Gebäude, hört Dorfmythen und -geschichten, schaut den lokalen Künstlern auf die Finger oder kann sich selbst künstlerisch betätigen, besucht einen Hindutempel und kann im nahen Fluss, an dem ein Picknick eingenommen wird, baden. Wer Gefallen gefunden hat, kann auch länger bleiben. 2) *Lunch at Lulu's*: US$ 68. Diese Tour beginnt gleichfalls um 8.30 h in Ubud, wo sie um 15.30 h auch wieder endet. Zunächst fährt man ca. neun Kilometer in Richtung Gunung Agung nach Tegallalang, wo sich das **Café Ibu Lulu** befindet, in dem nach einem Spaziergang durch die umliegenden Reisfelder zu Mittag gegessen wird. Außerdem schaut man bei den Holzschnitzern vorbei und erfährt viel über das Dorfleben.
- **Lovina Adventure Tours**, Temukus, Pantai Lovina, ☎ (0362) 41913, 📠 (0362) 41868. I Wayan Ariawan bietet seinen Gästen sehr schöne zwei- bis dreistündige Touren rund um Lovina an, und zwar Dschungeltrekking ebenso wie eine Erkundungstour in einem Bali Aga-Dorf, zu fairen Preisen zwischen US$ 10 und US$ 20 pro Person, einschließlich des Frühstücks, Mittagessens, Transfers und eines kleinen Geschenks.

- **Made Suryadi**, Vulcano II, Toya Bungkah, Kintamani 80652, ☏ (0366) 52508. Der Englisch sprechende Losmenbesitzer führt einen auf den Gunung Batur oder für Rp. 70.000 rund um die Caldera des Danau Batur.
- **Nyoman Sugata**, Arlinas Bungalows & Restaurant, P.O. Box 03, Kintamani 80652, ☏ (0366) 51165, E-mail: arlinasbali@hotmail.com. **Nyoman** und sein Team zählen zu den besten Kennern der Gegend rund um den Danau Batur, deren Anhöhen man mit ihnen erklimmen kann. Für die Tour auf den Gunung Batur werden Ihnen Rp. 200.000 verrechnet (max. 4 Personen).
- **Pinel Trekking**, Hotel Surya, Kedisan, P.O. Box 1006, Kintamani 80652, ☏/📠 (0366) 51378. **I Wayan Pinel** bringt Sie für Rp. 150.000 (bis vier Personen) auf den Gunung Batur, falls Sie einen Transfer ab Ubud benötigen, zahlen Sie stattdessen Rp. 200.000 (gleichfalls für bis zu 4 Personen), wobei auch noch das Frühstück beinhaltet ist.
- **Santa Bali Tours & Travel PT**, Jl. By Pass Ngurah Rai 70D, ☏ (0361) 286829, 📠 (0361) 286825; Inna Grand Bali Beach Hotel, Resort & Spa, Jl. Hang Tuah, ☏ (0361) 287628; Bali Hilton International, Nusa Dua, ☏ (0361) 771102; Galeria Nusa Dua, ☏ (0361) 772859. Der vierstündige Ausflug rund um Karangasem und Tenganan kostet US$ 45-48, die Tour rund um Ubud US$ 27.50-30.50.
- **Sobek Bali Utama**, Jl. Tirta Ening 9, Sanur, ☏ (0361) 287059, 📠 (0361) 289448, E-mail: sobek@denpasar.wasantara.net.id, 🖥 www.99bali.com/adventure/sobek/index.html, Reservierung täglich 6.30-23 h. Die dreistündige Tour durch den Gebirgsdschungel rund um Danau Buyan und Danau Tamblingan schlägt mit US$ 55 zu Buche, der zweistündige Fußmarsch am Fuße des Gunung Batukau mit abschließender Massage in Yeh Panas hingegen mit US$ 49. Beide Touren inklusive Hoteltransfer, Mittagessen und Versicherung.
- **Waka Tangga**, Jl. Imam Bonjol 467, Denpasar, ☏ (0361) 484085 und (0361) 482064, 📠 (0361) 484767, E-mail: wakatangga@wakaexperience.com, 🖥 www.wakaexperience.com/wakatangga/index.htm, Preis: US$ 57 (einschließlich Hoteltransfer ab Kuta, Sanur, Nusa Dua, Jimbaran, Canggu, Tabanan und Ubud, Morgenkaffee bzw. -tee, Mittagessen, Snacks, Obst und Wasser, Massage und ein Geschenk). Die Besteigung des Puncak Tedung, in deren Verlauf mehrere jahrhundertealte Tempel besucht werden, ist eine Erfahrung für Kopf, Geist und Seele.
- **Yayasan Bali Dharma Yadnya**, Candi Kuning, ☏ (0368) 21450, 📠 (0361) 21101. In diesem Hotel finden Sie Guides, die Sie auf den verschiedensten Touren rund um Danau Bratan, Danau Buyan und Danau Tamblingan begleiten (Preise jeweils pro Person). Unter Anderem folgende Touren sind im Angebot: 1) Die Besteigung des Gunung Catur (zirka 4 km; einschließlich Bootsfahrt, Frühstück und einer Flasche Wasser) dauert insgesamt 4,5 Stunden und kostet Rp. 175.000 (maximal 4 Personen); 2) Besteigung des Gunung Catur und Weitermarsch bis zum Dorf Yeh Ketiput (12 km, 7-8 Stunden; einschließlich Frühstück, Bootsfahrt, Mittagessen, einer Flasche Wasser und Rücktransport) für Rp. 350.000; 3) Viereinhalbstündiger, 5-6 km langer Marsch vom Botanischen Garten, über die Strawberry Farm bis zum Danau Buyan (einschließlich Frühstück, einer Flasche Wasser und Rücktransport) für Rp. 175.000; 4) Wie Tour 3 (zusätzlich noch Mittagessen), nur weiter bis zum Danau Tamblingan, Dauer 7-8 Stunden, Distanz 12 km, Preis Rp. 350.000; 5) Wie Tour 4, nur noch ein Stück weiter, insgesamt 15 km, Dauer 8-9 Stunden, Preis Rp. 400.000. Für Orchideenliebhaber werden auch Sondertouren angeboten, auf denen man viele verschiedene Arten zu sehen bekommt (saisonal verschieden).

Birdwatching
- **Victor Mason's Bali Bird Walks**, Treffpunkt: Di, Fr, Sa und So um 9 h in **Beggar's Bush**, Jl. Raya Campuhan, Campuhan, Ubud 80571, ☏/📠 (0361) 975009. Im Preis von US$ 33 sind neben dem dreistündigen Rundgang ein Mittagessen, Kaffee, Tee, Trinkwasser und der Gebrauch der Leih-

*ferngläser mit eingeschlossen. Vor dem Aufbruch erhält jeder einen Willkommensdrink, die Rückkehr ist für 12.30 h geplant. Auf dem Weg gibt es jedoch nicht nur mehrere Dutzend Vogelarten zu sehen, vielmehr unterhält und unterrichtet einen **Victor Mason** zusätzlich mit sehr viel Praktischem aus dem Leben der Inselbewohner.*
- **Santa Bali Tours & Travel PT**, Jl. By Pass Ngurah Rai 70D, ☎ (0361) 286826, 📠 (0361) 28682; Grand Bali Beach Hotel, Jl. Hang Tuah, ☎ (0361) 287628; Bali Hilton International, Nusa Dua, ☎ (0361) 771102; Galeria Nusa Dua, ☎ (0361) 772859. Vogelbeobachtungen im Bali Barat National Park für US$ 55-58 bzw. im Botanischen Garten bei Bedugul für US$ 50-53.

MIT DEM LANDROVER/MINIBUS
- **Paddy Adventure**, Jl. By Pass Ngurah Rai 126i, Padang Galak, Sanur 80227, ☎ (0361) 289748, 📠 (0361) 285486, 💻 www.bali-tours.com/paddy; Preis: US$ 70 (einschließlich Mittagessen, Mineralwasser, Obst, Versicherung und ein kleines Souvenir). Von den touristischen Zentren im Süden aus geht es in die Berg- und Dorfwelt zu Füssen des Gunung Batukau.
- **Sobek Bali Utama**, Jl. Tirta Ening 9, Sanur, ☎ (0361) 287059, 📠 (0361) 289448, E-mail: sobek@denpasar.wasantara.net.id, 💻 www.99bali.com/adventure/sobek/index.html, Reservierung täglich 6.30-23 h. Entdecken Sie den Osten Balis für US$ 78, einschließlich Hoteltransfer, Mittagessen, Versicherung und Erfrischungsgetränke.
- **Waka Land Cruise**, Jl. Padang Kartika 5X, Padang Sambian Kelod, Denpasar, ☎ (0361) 426972, 📠 (0361) 426971, E-mail: wakalandcruise@wakaexperience.com, 💻 www.wakaexperience.com/wakalandcruise/index.htm; Preis: US$ 83 (einschließlich Mittagessen mit Getränken). Tagestour (8.30-17 h) abseits der normalen Routen und Straßen zum Gunung Batukau im Herzen Balis, wo in einem urigen Restaurant im Tropenwald zu Mittag gegessen wird.

Zu Wasser

MIT DER YACHT/DER KATAMARANFÄHRE/DEM MOTORBOOT
- **Bali Hai Cruises**, Benoa Harbour, P.O. Box 3548, Denpasar 80001, ☎ (0361) 720331, 📠 (0361) 720334, E-mail: sales@balihaicruises.com, 💻 www.balihaicruises.com. Preise: 1) Lembongan Island Reef Cruise: täglich 9.15-16.15 h, Erwachsene US$ 85, Kinder 4-16 Jahre die Hälfte, Kinder unter 4 Jahren frei. Fahrt mit einer Katamaranfähre zum Reef Pontoon vor Nusa Lembongan. 2) Lembongan Island Beach Club Cruise: täglich 9.15-16.15 h, Erwachsene US$ 75, Kinder 4-16 Jahre die Hälfte, Kinder unter 4 Jahren frei. Mit der Katamaranfähre geht es ab Benoa Harbour in Richtung Bali Hai Cruises Beach Club auf Nusa Lembongan. 3) Aristocat: täglich 9-18 h, Erwachsene US$ 85, Kinder 8-16 Jahre US$ 57. Mit dem Katamaransegler geht es zum Bali Hai Cruises Beach Club auf Nusa Lembongan. 4) Die von 17.45-20.45 h dauernde ‚Sunset Dinner Cruise' kommt für Erwachsene auf US$ 40, Kinder 4-16 Jahre zahlen die Hälfte, Kinder unter 4 Jahren sind frei. Bei den Touren 1-3 sind jeweils Hoteltransfer, Snacks und Mittagsbüffet, eine Inselrundfahrt auf Nusa Lembongan sowie die Benutzung der meisten Wassersportgeräte beinhaltet, nur für Tauchgerät und Parasailing entstehen Zusatzkosten.
- **Bounty Cruises**, Jl. Nakula 9, Seminyak 80361, ☎ (0361) 733333 und (0361) 726666, 📠 (0361) 730404, E-mail: reserv@bounty.famili.com, 💻 www.balibountygroup.com. Täglich werden ab Benoa Harbour zwei Trips mit Balis schnellster und modernster Katamaranfähre angeboten (Kinder 3-16 Jahre zahlen die Hälfte, Kinder unter 3 Jahren sind frei; Hoteltransfer jeweils beinhaltet): 1) Tagesfahrt nach Nusa Lembongan, 9-16.30 h, US$ 85. Vom 48-Meter-Pontoon aus kann (z. T.

gegen Aufpreis) eine Vielzahl an Wassersportaktivitäten unternommen werden. Im Preis weiter enthalten sind Kaffee und Tee sowie das Mittagessen. 2) Die Bounty Dinner Cruise dauert 17.45-20.45 h und kommt auf US$ 45, einschließlich Büffet, balinesischer Tanzvorführung und Live-Musik.
- **Island Explorer Cruises**, Jl. By Pass Ngurah Rai 622, Suwung, ☎ (0361) 728088, 📠 (0361) 728089, E-mail: sales@bali-activities.com, 🖥 www.bali-activities.com. Folgende Ausflüge ab Benoa Harbour (einschließlich Hoteltransfer, Tee und Kaffee, Mittagessen, Inselrundfahrt auf Nusa Lembongan sowie Leihschnorchelausrüstung) nach Nusa Lembongan stehen täglich zur Auswahl (Kinder zahlen jeweils die Hälfte): 1) Ganztagesausflug mit einer 60-Fuß-Yacht für US$ 55; 2) Ganztagesausflug mit einer Motoryacht (einschließlich Fischen) für US$ 55; 3) Halbtagestour (12-17 h) mit Hochgeschwindigkeitskatamaranfähre für US$ 55. Bei allen Ausflügen besteht die Möglichkeit, sich für US$ 28 pro Nacht im **Coconuts Beach Resort** auf Nusa Lembongan einzuquartieren.
- **Ombak Putih Cruises**, Jl. Mertanadi 38, Kerobokan 80361, ☎ (0361) 730191, 📠 (0361) 733942, E-mail: info@ombakputih.com und info@indonesiacruises.com, 🖥 www.ombakputih.com und www.indonesiacruises.com. Siebentägige Luxustörns zu den Inseln östlich von Bali an Bord eines 36-Meter-Schoners.
- **Quicksilver**, Jl. Pulo Moyo, Perumahan Karantina Permai Blok 2 No. 1, Denpasar 80224, ☎ (0361) 729564, 📠 (0631) 729503, E-mail: info@quicksilver-bali.com, 🖥 www.quicksilver-bali.com; oder: Beluga Marina, Jl. Segara Kidul 3, Tanjung Benoa, Nusa Dua 80361, ☎ (0361) 771997, 📠 (0361) 771967, 🖥 www.quicksilver-bali.com; Preise: 1) Nusa Penida Island Day Cruise: täglich 9.30-15.45 h, Erwachsene US$ 85, Kinder 5-14 Jahre die Hälfte, Kinder bis 4 Jahre frei. 2) Sunset Dinner Cruise: täglich 18-20.30 h, Erwachsene US$ 40, Kinder 5-14 Jahre die Hälfte, Kinder bis 4 Jahre frei. Tagesausflüge zur Nusa Penida: von der vor Toyapakeh – das bei einem Landgang besichtigt werden kann – liegenden Plattform aus kann man die Unterwasserwelt erkunden. Romantiker sollten die Dinner Cruise wählen, bei der man nicht nur am delikaten Büffet ein paar Kalorien zuviel zu sich nehmen, sondern auch den Sonnenuntergang genießen kann. Der Hoteltransfer ist bei beiden Touren beinhaltet.
- **Sail Sensations**, P.O. Box 3846, Denpasar 80001, ☎ (0361) 725864, 📠 (0361) 725866, E-mail: info@bali-sailsensations.com, 🖥 www.bali-sailsensations.com. Sie können zwischen zwei in Benoa Harbour startenden Törns mit dem Katamaransegler wählen: 1) Daylight Sensation, täglich 9-17 h, US$ 89. Fahrt nach Nusa Lembongan, wo man eine Inseltour unternehmen und/oder aus dem umfangreichen Wassersportangebot auswählen kann. Im Preis beinhaltet sind Hoteltransfer, Benutzung der Wassersportgeräte (außer für das Tauchen), Mittagessen sowie alle Getränke. 2) Twilight Sensation, täglich 18.30-21 h, US$ 49. Stimmungsvolle Nachtfahrt mit Sechs-Gänge-Menü. Außerdem sind Hoteltransfer, sämtliche Getränke und Live-Musik im Preis mit beinhaltet.
- **Sojourn Cruise**, Jl. Hang Tuah 11, Sanur 80227, ☎ (0361) 283272, 📠 (0361) 281625, E-mail: info@baliyacht.com, 🖥 www.baliyacht.com. Mit der gut 22 m langen Segelyacht Sojourn geht es täglich um 8.30 h für US$ 65 (Kinder die Hälfte) von Benoa Harbour aus nach Nusa Lembongan. Im Preis sind neben dem Hoteltransfer und sämtlichen Softdrinks noch Snacks, Leihschnorchelausrüstung, Versicherung, Fahrt mit dem Glasbodenboot, Inselrundgang auf Nusa Lembongan und Mittagessen enthalten. Für US$ 25 pro Nacht kann man sich auf Nusa Lembongan in der **Villa Wayan's** einquartieren.
- **Waka Louka**, Jl. Imam Bonjol 467, Denpasar, ☎ (0361) 723629 und (0361) 723659 und (0361) 723577, 📠 (0361) 722077, 🖥 www.wakaexperience.com/wakaloukacruises/index.htm. Um 9 h segelt der 23-Meter-Katamaran von Benoa Harbour zum **Wakalouka Reef Club** auf Nusa Lembongan, wo man sich den Tag über das Passende aus einem umfangreichen Wassersportangebot heraussuchen kann. Die Rückkehr ist für 18 h geplant. Im Preis von US$ 86 sind Hoteltransfer, Mittagessen, sämtliche Getränke und ein Inselrundgang auf Nusa Lembongan mit beinhaltet.

MIT DEM U-BOOT

- **Submarine Safaris**, Jl. Pulo Moyo, Perumahan Karantina Permai Blok 2 No. 1, Denpasar 80224, ☎ (0361) 729564, 📠 (0631) 729503; oder: Beluga Marina, Jl. Segara Kidul 3, Tanjung Benoa, Nusa Dua 80361, ☎ (0361) 771997, 📠 (0361) 771967; Preis: Erwachsene US$ 100, Kinder 5-14 Jahre die Hälfte. Im Kleinst-U-Boot für 18 Passagiere geht es hinab in die Unterwasserwelt Balis. Die Termine der Tauchfahrten richten sich nach der Wetterlage und sind bei der Buchung zu erfahren; E-mail: info@quicksilver-bali.com, 🖥 www.quicksilver-bali.com

Delphinbeobachtung

- **Bali Marine Sports**, Jl, By Pass Ngurah Rai, Banjar Blanjong, Sanur, ☎ (0361) 289308, 📠 (0361) 287872, E-mail: bmsdive@indosat.net.id, 🖥 www.indo.com/diving/bms. Der um 8 h startende vierstündige Ausflug zu den Delphinen vor Nusa Dua kostet bei einer Mindestteilnehmerzahl von drei Personen US$ 50 und beinhaltet neben dem Hoteltransfer noch Snacks, Kaffee und Softdrinks sowie Versicherung.
- **Ena Dive Center and Water Sports**, Jl. Tirta Ening 1, P.O. Box 3798, Sanur 80227, ☎ (0361) 288829 und (0361) 281751, 📠 (0361) 287945, E-mail: enadive@denpasar.wasantara.net.id, 🖥 www.enadive.co.id; Preise: 1) Tour I, täglich 7.30-12 h, Erwachsene US$ 60, Kinder unter 12 Jahren US$ 30. Reine Delphinbeobachtungstour vor Nusa Dua. 2) Tour II, täglich 9-14 h, Erwachsene US$ 72, Kinder unter 12 Jahren US$ 36. Wie Tour I, jedoch zusätzlich Schnorcheln vor Sanur. (Preise gelten jeweils für eine Mindestteilnehmerzahl von zwei Personen, einschließlich Hoteltransfer, T-Shirt, Softdrink und Lunch Box.)
- **Khi Khi**, Lovina, ☎ (0362) 21548. Die Halbtagestour mit einem Jukung zum Beobachten von Delphinen, während der auch geschnorchelt werden kann und die Rp. 30.000 kostet, startet für gewöhnlich um 5.30 h ab dem Pantai Lovina und endet, nach einem Mittagessen, bei dem der zuvor gefangene Fisch gegrillt wird, gegen 13 h. Darüber hinaus hat dieser Veranstalter auch noch Tiefseefischen und Touren zum Fangen von Thunfisch im Programm.
- **Yos Marine Adventures**, Jl. Pratama 106X, Tanjung Benoa, Nusa Dua 80363, ☎ (0361) 773774, (0361) 775438 und (0361) 775440, 📠 (0361) 775439, E-mail: yosbali@indosat.net.id, 🖥 www.yosdive.com. Die Tour zu den Meeressäugern vor Nusa Dua kostet Sie bei mindestens vier Personen US$ 59, bei 2 Personen US$ 75. Im Preis enthalten sind jeweils Hoteltransfer, Guide, Snacks, Softdrinks, Obst und Versicherung. Hier spricht man auch Deutsch.

In der Luft

Siehe Kapitel Allgemeine Reisetipps von A-Z – ‚Rundflüge' (S. 307f).

Programmvorschläge

Für einen ein- bzw. zweitägigen Aufenthalt werden keine speziellen Programmvorschläge unterbreitet, da man diese erfahrungsgemäß für gewöhnlich damit verbringt, sich außer mit der Besorgung des einen oder anderen Mitbringsels dem Relaxen hinzugeben, für Kultur bleibt da meist wenig Zeit, und wenn doch, so in aller Regel in Form einer geführten, über einen Reiseveranstalter gebuchten Tour, die einem den Programmablauf vorschreibt. Doch auch bei den nachstehenden Vorschlägen wird bewusst jeweils ein Tag zum Entspannen und Einkaufen freigehalten, wobei es ganz gleich ist, welcher Tag dies ist, ebenso, in welcher Reihenfolge man die jeweils vorgeschlagenen Tagestouren absolviert. Um das Programm wie vorgeschlagen absolvieren zu können, sollten Sie in jedem Fall einen eigenen Wagen anmieten, mit oder ohne Chauffeur.

Programmvorschlag für einen dreitägigen Aufenthalt

Bei diesem eng bemessenen Zeitraum sollten Sie folgende Besichtigungen ins Auge fassen:
1. Tag: Planen Sie einen ganzen Tag für Ubud und die nähere Umgebung (z. B. Goa Gajah) ein, wo Sie notfalls auch Ihre Besorgungen erledigen können. Und zum Sonnenuntergang geht es zum Pura Tanah Lot (auch wenn es dann voll ist, denn das Naturspektakel ist einfach zu grandios, um verpasst zu werden).
2. Tag: Erkunden Sie den Osten der Insel, mit den Stationen Semarapura (Taman Gili), Pura Besakih und Danau Batur, so bringen Sie Kultur und Natur unter einen Hut.

Programmvorschlag für einen fünftägigen Aufenthalt

1. Tag: Genießen Sie die Atmosphäre von Ubud und Umgebung (mit einem Besuch von Goa Gajah, Pura Krobokan und Goa Garba) und unternehmen Sie einen Abstecher nach Tampaksiring, um Gunung Kawi zu besichtigen.
2. Tag: Heute steht der Inselosten auf dem Programm, und zwar der Taman Gili in Semarapura, das balinesische Nationalheiligtum Pura Besakih und die Gebirgslandschaft des Danau Batur.
3. Tag: Unternehmen Sie nach der Besichtigung des Pura Ulun Danu Bratan am Danau Bratan eine Wanderung in der Seenlandschaft von Danau Buyan und Danau Tamblingan.
4. Tag: Fahren Sie in die herrliche Berglandschaft rund um den Gunung Batukau, wo Sie nach dem Besuch des Pura Luhur Batu Karu die phantastische Reisterrassenlandschaft bei Jatiluwih und Pacung durchqueren, ehe Sie über Mengwi (Besichtigung des Pura Taman Ayun) zum Sonnenuntergang zum Pura Tanah Lot fahren.

Programmvorschlag für einen siebentägigen Aufenthalt

1. Tag: An diesem Tag warten Ubud und Umgebung (mit Goa Gajah, Pura Krobokan und Goa Garba) auf Sie.
2. Tag: Im Osten der Insel besichtigen Sie nach dem Taman Gili in Semarapura zunächst das Bali-Aga-Dorf Tenganan und die herrliche Reisterrassenlandschaft und den Wasserpalast bei Tirtagangga, ehe Sie zum Pura Besakih weiterfahren.
3. Tag: Dieser Tag gehört der Region rund um den Danau Batur und Tampaksiring, wo Sie neben Gunung Kawi auch das Quellheiligtum Pura Tirta Empul besuchen können.
4. Tag: Nach dem Besuch des Pura Ulun Danu Bratan am Danau Bratan sollten Sie die Bergwelt rund um den Danau Buyan und Danau Tamblingan auch ein Stück zu Fuß erkunden.
5. Tag: Die vielfältige Landschaft Balis erwartet Sie auf dieser Tagesetappe zum Gunung Batukau, wo Sie nach dem Besuch des Pura Luhur Batu Karu die phantastischen Reisterrassen bei Jatiluwih und Pacung zu sehen bekommen, ehe es über Mengwi (Besichtigung des Pura Taman Ayun) zum Sonnenuntergang zum Pura Tanah Lot geht.
6. Tag: Besuchen Sie in Denpasar das Bali Museum und den Pasar Kumbasari und unternehmen Sie einen Abstecher nach Nordosten, um den Pura Kehen in Bangli und den Bali Bird Park bei Singapadu aufzusuchen.

IWANOWSKI'S
Das kostet Sie Bali

News im Web:
www.iwanowski.de

• Stand November 2004 •

Auf den Grünen Seiten wollen wir Ihnen Preisbeispiele für Ihren Urlaub in Bali geben, damit Sie sich ein realistisches Bild über die Kosten Ihrer Reise und Ihres Aufenthaltes machen können. Natürlich sollten Sie die Preise nur als vage Richtschnur auffassen. Bei einigen Produkten und Leistungen ist eine Preis-Spannbreite angegeben.

Beachten Sie bitte, dass die saisonalen Schwankungen zum Teil beträchtlich sind.

Wechselkurs

Aktueller Kurs

Mitte August 2004 bekam man für einen **Euro** Rp. 7.752, für einen **Schweizer Franken** Rp. 5,03 und für einen **US-Dollar** Rp.6.302.

Rp. 10.000 kosteten **Euro 1,29** sowie **Schweizer Franken 1,99** und **US-Dollar 1,59**.

Transportmittel

Anreise

Ein Flug von Deutschland, Österreich oder der Schweiz nach Bali und zurück kostet Sie regulär derzeit in der Economy Class ab € 620, als Last-Minute-Angebot unter Umständen aber nur rund € 550.

Vor Ort

• **Taxi**: Grundpreis Rp. 3.000 (für den ersten Kilometer), danach pro 100 m Rp. 150.

• **Bemo / Colt**: Die Preise sind abhängig von der Entfernung, wobei pro Kilometer mit rund Rp. 1.000 zu rechnen ist.

• **Bus**: Die Preise sind fest und um 30-50 Prozent günstiger als bei Colt oder Bemo.

• **Mietwagen**: Für den kleinsten fahrbaren Untersatz zahlen Sie im günstigsten Fall am Tag ab Rp. 150.000.

- **Boote**: Wer ein Boot privat chartern möchte, muss für ein Auslegerboot oder einen Katamaran ab US$ 25 pro Stunde auf den Tisch legen, ein Motorboot hingegen schlägt mit zirka US$ 120 zu Buche.

Eintrittspreise

Tempel: In der Regel zahlen Erwachsene Rp. 3.100 und Kinder Rp. 1.600, bei Tempelfesten sollte man zusätzlich Rp. 5.000-10.000 spenden.

Museen: Bei staatlichen zahlt man zumeist Rp. 750, bei privaten bis zu Rp. 10.000.

Diskothek/Nachtklub: Die Cover Charge beträgt, falls überhaupt eine erhoben wird, meist nicht mehr als US$ 5.

Pauschalangebote

Zweiwöchige Pauschalreisen inklusive Flug und Mittelklassehotel gibt es ab rund • 1.000, als Last-Minute-Angebot bisweilen sogar schon ab • 650.

Hotels

Pro Nacht zahlt man für ein Doppelzimmer im:
First Class und Luxus-Hotel:	ab US$ 150.
Mittelklasse-Hotel:	ab US$ 80.
Standard-Hotel:	ab US$ 50.
Losmen und einfachen Hotel:	ab US$ 10

Die offiziell ausgeschriebenen Preise sind praktisch immer verhandelbar, so dass man – saisonal abhängig – mitunter bis zu 70 Prozent sparen kann. Bei privaten Buchungen also unbedingt nach Preisnachlässen fragen: Sehr lukrativ sind zudem in den allermeisten Fällen die im Internet angebotenen Preise.

Essen & Trinken

Für ein westliches Frühstück bezahlt man im Restaurant zumeist Rp. 10.000-20.000. Ein Mittagessen oder Abendessen mit Vorspeise, Hauptgericht und Nachtisch erhält man in den meisten Restaurants außerhalb der Hotels für Rp. 70.000-120.000 (Getränke nicht eingeschlossen). In Hotelrestaurants müssen Sie mit dem Doppelten bis Fünffachen rechnen.

Anhaltspreise für einzelne Gerichte in einem durchschnittlich teuren Restaurant::
Salat	Rp. 8.000-15.000
Suppe	Rp. 7.000-10.000

fleischloses Hauptgericht	Rp. 15.000-30.000
fleischhaltiges Hauptgericht	Rp. 20.000-40.000
Hummer u.ä.	Rp. 40.000-75.000
Pancake	Rp. 6.000-10.000
Banana Split	Rp. 12.000-18.000
ein Stück Tiramisu	Rp. 8.000-12.000
ein Glas frisch gepresster Obstsaft	Rp. 6.000-10.000
ein Milchshake	Rp. 10.000-15.000
ein Glas Bier	Rp. 8.000-15.000
ein Glas Coca Cola	Rp. 3.000-5.000
eine Tasse Bali-Kaffee	Rp. 3.000-6.000
eine Tasse Nescafé	Rp. 5.000-8.000

Telefonieren

Zweiminütiges **Ortsgespräch**	Rp. 100
Ferngespräch nach Europa pro Minute	Rp. 11.800 (plus 10 Prozent Steuern).

Tauchkurs

Ein viertägiger **Tauchkurs** mit Zertifikat kostet zwischen US$ 250 und US$ 400. Die **Leihgebühr** für Taucherbrille, Flossen und Gürtel beträgt rund US$ 15-20 pro Tag, zuzüglich US$ 15-20 pro Sauerstoffflasche.

Workshops

Ob Kochen, Batiken, Schnitzen oder Malerei, auf Bali gibt es viele Möglichkeiten, seine Talente weiterzuentwickeln, wobei die Kursgebühren stark variieren, abhängig von dem Veranstaltungsort. Bei einem Kurs bei einem lokalen Künstler bzw. Küchenmeister müssen Sie in der Regel mit einem Betrag von US$ 5-15 pro Stunde rechnen, Halbtageskurse kosten dort ab US$ 25, von Hotels angebotene Kurse hingegen kosten ein Mehrfaches.

Organisierte Touren

Zu Fuß: Die **Halbtagestour** kostet Sie ab US$ 30 pro Person, die **Ganztagestour** ab US$ 45. Preiswerter wandern Sie im Nationalpark und wenn Sie für die Besteigung der Vulkane privat einen Führer anheuern.

MIT DEM FAHRRAD
Zweiradtouren gibt es ab US$ 40.

MOTORISIERT
Rundfahrten mit dem Auto/Kleinbus: Das Angebot der vielen Veranstalter ist schier unüberschaubar, preislich jedoch in etwa überall gleich. Halbtagesausflüge zu verschiedenen Sehenswürdigkeiten der Insel werden ab US$ 15 pro Person angeboten, für den ganzen Tag zahlt man ab US$ 25.

ZU WASSER
Ganztägige Ausflüge nach Nusa Lembongan sind ab rund US$ 65 im Angebot, die Dinner Cruise bekommt man ab US$ 40.

RUNDFLÜGE
Für den 15-minütigen **Helikopterflug** über den Inselsüden und dessen Küsten zahlt man ab US$ 330, für den gut eineinhalbstündigen Flug nach Kintamani und zum Gunung Agung sowie entlang der Ostküste muss man US$ 1.705 hinlegen (jeweils für bis zu vier Personen und ohne Flughafensteuer).

Einkaufen

IM SUPERMARKT
eine Dose einheimisches Bier	Rp. 7.000
eine Dose Importbier	Rp. 14.000
eine kleine Flasche einheimisches Bier	Rp. 5.500
eine große Flasche einheimisches Bier	Rp. 9.000
eine Dose Coca Cola, Sprite etc	Rp. 3.000
eine Flasche Coca Cola (0,33 l)	Rp. 1.500
eine Flasche Mineralwasser	Rp. 1.500
eine große Flasche Coca Cola (1,5 l)	Rp. 7.000

KAPITEL 2

News im Web:
www.iwanowski.de

• Stand November 2004 •

Inhalt
Bali – Insel der Götter und Dämonen _____ I
Aktuelle politische und gesellschaftliche Situation I • Wirtschaftliche und demographische Entwicklungen II
Bali sehen und erleben _____ III
Übernachtungen III • Essen und Trinken IV • Allgemein IV • Errata IV

Bali – Insel der Götter und Dämonen

Aktuelle politische und gesellschaftliche Situation

Während sich in einigen Teilen des Archipels die Lage in den letzten Jahren weitestgehend beruhigt hat, gehen die bewaffneten Auseinandersetzungen in der nach Autonomie strebenden Provinz Aceh im Norden Sumatras weiter. Verschärft wurde dieser jahrzehntelange Konflikt vorübergehend zusätzlich durch die Bombenanschläge auf Bali am **12. Oktober 2002**, bei denen 202 Menschen getötet wurden, und das Bombenattentat am **5. August 2003** auf das *Marriott*-Hotel in Jakarta, bei dem 14 Menschen ums Leben kamen. Verantwortlich für den Terrorakt war die radikalislamische Organisation *Jemaah Islamiyah*, deren geistig-ideologisches Oberhaupt der Eiferer *Abu Bakr Baschir* ist. Mehrere der festgenommenen Attentäter wurden in Denpasar zum Tode verurteilt, unklar blieb während der Verhandlungen, inwieweit das Netzwerk der indonesischen islamischen Extremisten Verbindungen zum Terrornetzwerk *Al Kaida* unterhielt bzw. unterhält. Dies wurde nicht zuletzt deswegen vermutet, da sich der Anschlag von Kuta vornehmlich gegen Australier richtete (das ausgewählte Zielobjekt wurde überwiegend von Australiern besucht), den treuesten Verbündeten der Amerikaner in dieser Region, dessen Intervention auf Ost-Timor im Jahre 1999 zumindest die fundamentaleren der indonesischen Muslime bis heute nicht vergessen haben, zumal man – doch nicht nur in diesen Kreisen - die in der Meerenge von Australien georteten reichen Erdölvorkommen als wahren Grund der australischen Intervention vermutet. Infolge der Terrorattacken stürzte die Insel, aufgrund des zusammenbrechenden Tourismus, in ein wirtschaftliches Desaster, von dem auch andere Teile des Archipels nicht verschont blieben. Erst ganz allmählich beginnt sich Bali von den verheerenden Folgen dieses Anschlages zu erholen, kehren die Touristen auf die Insel zurück. Bleibt zu hoffen, dass sich derartiges nie wieder ereignet, sich die Erholungssuchenden ihres Teils der Verantwortung nunmehr endlich bewusst sind. Darüber hinaus randalierten in Jakarta militante Islamisten in Bars und Diskotheken und legten in Kirchen Bomben. Der von ihnen erhoffte Flächenbrand blieb aber glücklicherweise aus. Am **5. April 2004** fanden in Indonesien Wahlen zu den Parlamenten auf Landes-, Provinz- und Kreisebene statt, die mit Ausnahme weniger Zwischenfälle in der Unruheprovinz Aceh friedlich und fair verliefen. Insgesamt 24 Parteien kämpften mit ihren Kandidaten um die 550 Sitze im nationalen Parlament; außerdem stimmten die Wähler über die Zusammensetzung des Regionalrats sowie die Parlamente der 32 Provinzen und der Kommunen ab. Die Wahlbeteiligung lag bei 83 Prozent (dabei 8,81 Prozent ungültige Stimmen). Als Sieger aus diesen zweiten freien Wahlen gingen die säkularen Parteien hervor, die islamistischen Parteien hingegen konnten zum Glück keinen nennenswerten Zulauf verzeichnen.

Bestimmende Wahlthemen waren die grassierende Korruption und die desolate wirtschaftliche Lage in Indonesien, für die die Wähler beim Urnengang ganz eindeutig die Regierungspartei PDIP, aber auch die Präsidentin *Megawati* persönlich verantwortlich machten: die Wähler waren enttäuscht, dass sie den Sittenverfall in Politik und Verwaltung seit ihrem Machtantritt und trotz ihrer hehren Versprechungen nicht in den Griff bekommen hat. Diese Enttäuschung vermochte die Golkar, die ehemalige Suharto-Partei, für sich zu nutzen. Jüngste Umfragen ergaben, dass viele Indonesier glauben, das Leben sei unter *Suharto* besser gewesen. Ein erstaunliches Umfrageergebnis, scheinen sie offensichtlich vergessen zu haben, dass unter ihm politische Gegner rücksichtslos unterdrückt und Wahlen gefälscht wurden und die Pressefreiheit ausgeschaltet war.

Nachstehend das offizielle amtliche Endergebnis der Parlamentswahlen für die fünf größten Parteien: Golkar 21,5 Prozent (128 Sitze); PDIP 18,53 Prozent (109 Sitze), PKB 10,57 Prozent (58 Sitze), PPP 9,15 Prozent (57 Sitze), Partai Demokrat 7,45 Prozent (52 Sitze). Im Abgeordnetenhaus sitzen nunmehr 550 gewählte Vertreter.

Am **5. Juli 2004** fanden erstmals direkte Präsidentschaftswahlen statt. Da kein Kandidat die erforderliche absolute Mehrheit erreichte, fand am 20. September 2004 eine Stichwahl zwischen Amtsinhaberin *Sukarnoputri* und dem Herausforderer *Susilo Bambang Yudhoyono* statt. Bei Redaktionsschluß war davon auszugehen, dass *Susilo Bambang Yudhoyono* neuer Präsident Balis sein wird.

Wirtschaftliche und demographische Entwicklungen

• Das **Wirtschaftswachstum** Indonesiens betrug im Jahre 2002 **3,7** Prozent und 2003 schätzungsweise 4 Prozent (**Seite 60**).

• Die **Arbeitslosigkeit** belief sich in Indonesien im Jahre 2003 Schätzungen zufolge auf **10,5** Prozent, das **Pro-Kopf-Bruttosozialprodukt** erhöhte sich gleichzeitig bis 2003 auf **US$ 3.200**, wobei die **Inflationsrate** auf **6,9** Prozent anstieg; das **Pro-Kopf-Einkommen** betrug 2002 **US$ 710** (**Seite 61**).

Infolge der Bombenanschläge in Kuta und Jakarta sowie der Lungenkrankheit SARS waren die Zahlen im Tourismusgeschäft vor allem im Jahre 2003 stark rückläufig: So kamen nur noch knapp eine Million Besucher nach Bali, wodurch die Einnahmen auf rund eine Milliarde US-Dollar zurückgingen. In der ersten Hälfte des Jahres 2004 zeichnete sich dank steigender Buchungszahlen eine spürbare Erholung innerhalb der Tourismusbranche ab.

- Die **Einwohnerzahl** Indonesiens betrug nach Schätzungen im Juli 2004 238.452.952, wodurch die **Bevölkerungsdichte** auf 124 Einwohner pro km^2 anwuchs, die durchschnittliche **Lebenserwartung** stieg zeitgleich auf 69,26 Jahre (Männer 66,84 Jahre, Frauen 71,8 Jahre). Der Anteil derjenigen, die 65 Jahre und älter sind, beträgt mittlerweile gut 6 Prozent, gleichzeitig sank die **Säuglingssterblichkeit** auf **37** von 1.000 Lebendgeburten. Das **Durchschnittsalter** betrug 2003 landesweit 25,8 Jahre. Die **Analphabetenrate** betrug Mitte 2004 Schätzungen zufolge 11,5 Prozent. Das **Bevölkerungswachstum** sank landesweit auf 1,5 Prozent (**Seite 67**).

- Im August 2002 wurden weitreichende Verfassungsänderungen verabschiedet: 1. Die Befugnisse der MPR wurden auf reine Verfassungsfragen eingeschränkt; 2. Präsident/Vizepräsident werden ab 2004 direkt gewählt; 3. Schaffung einer Regionalvertretung (DPD) als 2. Kammer, die gemeinsam mit DPR die neue MPR bildet; 4. ernannte Abgeordnete scheiden ab 2004 aus DPR und MPR aus (**Seite 81**).

Bei den Parlamentswahlen im April 2004 waren insgesamt 24 Parteien zugelassen.

- Durch verwaltungsmäßige Umstrukturierungen hat sich die Zahl der Provinzen zwischenzeitlich auf 27 erhöht (**Seite 82**).

- Der Terroranschlag von Kuta am 12. Oktober 2002 machte auch dem letzten Balinesen klar, dass der ständig wachsende muslimische Bevölkerungsanteil auf Dauer zum Problem werden könnte, wenn man sich nicht rechtzeitig um geeignete Maßnahmen kümmert, um entweder den weiteren Zustrom zu stoppen oder diesen Bevölkerungsteil adäquat zu integrieren. Beide Alternativen dürften schwierig sein, doch zum Glück blieb die von den Terroristen erhoffte Initialzündung aus, kam es nicht zu einer Radikalisierung innerhalb der balinesischen Gesellschaft, und auch der vorübergehend in sich zusammengebrochene Zustrom der Touristen setzt allmählich wieder ein. Dieses schreckliche Ereignis hat den Balinesen nachdrücklich ins Bewusstsein gerufen, wie abhängig sie vom Tourismus sind, wie schwierig für sie aber auch der Spagat zwischen der Bewahrung der eigenen Traditionen und der Bereitschaft zum Entgegenkommen gegenüber Fremden ist, ganz gleich, ob sie in Gestalt andersgläubiger Landsleute oder als Ausländer auf die Insel kommen (**Seite 89**).

- Der Anteil der Muslime an der Gesamtbevölkerung Indonesiens ist mittlerweile auf 88 Prozent angestiegen (**Seite 169**).

Bali sehen und erleben
Übernachtungen

- **S. 476 (Das touristische Dreieck)**
REDAKTIONSTIPPS: Die Villenanlage heißt jetzt korrekt *The Villas Bali Hotel & Spa*.

- **Seite 487 (Das touristische Dreieck)**
1. ABSATZ: Das *The Grand Bali Beach Hotel* heißt jetzt *Inna Grand Bali Beach Hotel, Resort & Spa*.
- **Seite 488: (Das touristische Dreieck)**
KARTE: Das *The Grand Bali Beach Hotel* (1) heißt jetzt *Inna Grand Bali Beach Hotel, Resort & Spa*.
- **Seite 499: (Die Halbinsel Bukit Badung)**
KARTE VON JIMBARAN: Das *The Ritz Carlton Bali* (J) heißt jetzt vollständig *The Ritz Carlton, Bali Resort & Spa*.
- **Seite 500: (Die Halbinsel Bukit Badung)**
3. ABSATZ: Das *The Ritz Carlton Bali* (J) heißt jetzt vollständig *The Ritz Carlton, Bali Resort & Spa*.
- **Seite 531: (Ubud)**
REDAKTIONSTIPPS: Das *Kokokan Hotel* wurde in *ARMA Resort* umbenannt.
- **Seite 655: (Vom Danau Bratan nach Pemuteran)**
KARTE VON PEMUTERAN: Das Hotel Nr. 2 heißt jetzt *Pondok Sari Beach Bungalow Resort & Spa*.

Essen und Trinken

- **Seite 543: (Nördlich von Ubud)**
REDAKTIONSTIPPS: Essen und Trinken: Korrekt heißt es Tanggayuda, und *The Chedi* heißt nunmehr *Alila Ubud*.
- **Seite 600: (Der Osten)**
1. ABSATZ: *Tirta Ayu Villa & Restaurant* (B) heißen jetzt *The Villas at Tirtagangga Water Palace*.

Seite 614: (Der Nordosten und der Danau Batur)
REDAKTIONSTIPPS: „Essen und Trinken", korrekt muss es *Lakeview Hotel & Restaurant* heißen.

Allgemein

Der Nordosten und der Danau Batur
In der kleinen Ortschaft Les hat man im September 2003 das Fishery-Tourism-Village-Konzept ins Leben gerufen, im Rahmen dessen Touristen tieferen Einblick in das vom Fischfang und Erhalt der lokalen Meeresfauna und -flora abhängige Leben der hiesigen Bewohner erhalten sollen (**Seite 615**, 3. Absatz).

Errata

- **Seite 475:**
KARTE TOUR 1/ÜBERSICHTSKARTE: Statt 20 km muss es bei der Entfernungsangabe 2 km heißen.
- **Seite 497:**
KARTE TOUR 2/ÜBERSICHT: Statt 300 m muss es bei der Entfernungsangabe 2.200 m heißen.

4. BALI SEHEN UND ERLEBEN

In diesem Teil des Buches sollen Ihnen die kulturhistorischen und landschaftlichen Sehenswürdigkeiten und Schönheiten Balis näher gebracht werden. Wer jede der vorgeschlagenen 17 Routen jeweils innerhalb eines Tages bewältigen möchte, was allerdings nur bei sehr zeitigem Start in den Tag und ohne längere Wanderungen möglich ist, kommt um ein eigenes Fahrzeug nicht herum, da das Weiterkommen mit öffentlichen Verkehrsmitteln hier und da zu zeitintensiv oder auch zu umständlich ist. Da man jedoch gerade auch im Gedränge von Bus oder Bemo einen tiefen Einblick in das Leben der Inselbewohner gewinnen kann, lohnt es sich, so man genügend Zeit hat, durchaus, sich jener zu bedienen.

Die vorgeschlagenen Routen verstehen sich als Anregungen, ohne Ihnen die Freiheit der eigenen Planung und Streckenführung nehmen zu wollen. Für die Besteigung der diversen Vulkane ist allerdings von vornherein ein zusätzlicher Tag einzukalkulieren, ebenso sollte man bei längeren Wanderungen zeitlich wesentlich großzügiger planen. Wer jeweils zur besten Tageszeit (z.B. Sonnenaufgang, Marktstunden etc.) vor Ort sein möchte, muss die vorgeschlagenen Routen nach eigenem Gutdünken abändern, da bei den nachstehend empfohlenen vor allem darauf geachtet wurde, dass möglichst viele Orte in die Tagesprogramme aufgenommen werden konnten, ohne dass man allzu viele Strecken doppelt oder gar noch öfters zu fahren hat.

Aufgrund der doch recht geringen Größe Balis ist es im Prinzip möglich, mit dem eigenen Wagen alle Ziele von einem festen Standquartier aus in Eintagestouren zu erreichen, was allerdings voraussetzt, dass man mitunter noch vor den Hähnen aufsteht und gegebenenfalls erst spät am Abend wieder zurück ist. Wer sich indes mit Land und Leuten intensiver auseinander setzen und nicht nur Kilometer herunterspulen möchte, sollte sich – entsprechend der Routenvorschläge – Etappe für Etappe rund um die Insel vortasten, denn nur so bleibt einigermaßen ausreichend Zeit für die zunächst unscheinbaren Gegebenheiten beiderseits des Weges, aber auch Zeit, um die Seele ab und an einmal baumeln zu lassen und sich dem Zeittakt der Einheimischen hinzugeben.

Da auf Bali die Straßen nicht nummeriert sind, wird bei den Routenbeschreibungen vielfach auf die Himmelsrichtungen bzw. nächstgrößere Stadt oder Ortschaft hingewiesen.

Im Kapitel ‚Programmvorschläge', S. 471f, finden all diejenigen, denen nur begrenzt Zeit zur Verfügung steht, einige Routenvorschläge, die es ermöglichen sollen, innerhalb weniger Tage so viele Inselhighlights wie möglich kennen zu lernen.

Kartenhinweise
*In den Übersichtskarten (Tourkarten) am Anfang eines Kapitels sind die im Text beschriebenen Sehenswürdigkeiten mit **arabischen Ziffern** (1-5) gekennzeichnet. So lässt sich die beschriebene Route optimal auf der Karte verfolgen.*
*Die Eintragungen in den Stadt- und Detailplänen sind mit **Buchstaben (A-D)** versehen, während die Hinweise zu den einzelnen Tempelanlagen mit **römischen Ziffern (I-VI)** erklärt werden.*

Das touristische Dreieck

Das Gros der Touristen beginnt mit der Erkundung Balis im Süden, was nicht weiter verwundert, schließlich ballen sich zwischen Denpasar, Kuta/Legian und Sanur die touristischen Einrichtungen wie nirgendwo sonst auf der Insel. Wer nach exklusiven Hotelanlagen, herrlichen Stränden, einem umfangreichen Freizeitangebot und einer ebensolchen kulinarischen Auswahl aus ist, der liegt hier genau richtig. Und da etliche Hotels regelmäßig diverse Kulturveranstaltungen präsentieren, braucht sich derjenige, der bezüglich Kultur auf Schmalspur fährt, theoretisch kaum über diese Region hinauszubewegen, was allerdings eine Sünde wäre.

Zwar kann man – je nachdem, wo man seine Zelte aufgeschlagen hat – die nachfolgend beschriebene Tour selbstverständlich auch in Kuta, Sanur oder einem anderen Ort im Süden beginnen; um angesichts der eingeplanten Museumsbesuche nicht unter Zeitdruck zu geraten, sollte man sie aber am besten in der Inselhauptstadt angehen.

Denpasar

 Aktuelle regionale Reisetipps zu Denpasar entnehmen Sie bitte den gelben Seiten 368ff

Ballungszentrum

Die zwischen 12 und 75 Meter über dem Meeresspiegel liegende, 125,42 km² umfassende **Hauptstadt** der indonesischen Provinz Bali, die seit dem 27. Februar 1992 selbstständiger Regierungsbezirk ist, zählt gegenwärtig rund 340.000 Einwohner, von denen rund 30 % Nicht-Balinesen sind, was sie mit Abstand zur größten Stadt der Insel macht. Wie viele Städte im Boomraum Asien leidet auch sie unter chronischem Verkehrschaos, dessen infernalischer Lärm einen schnell die Flucht antreten lässt, zumindest weg von den Hauptstraßen.

Nicht nur Denpasars Hauptstraße, die Jalan Gajah Mada, versinkt tagtäglich im Verkehrschaos.

Das touristische Dreieck 475

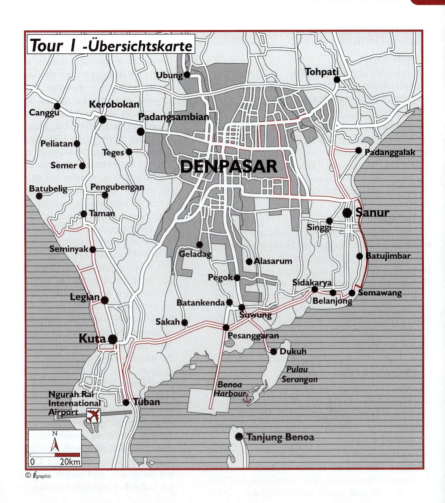

Erst 1946 löste das **ehemalige Badung** das nordbalinesische Singaraja als Inselhauptstadt ab und erhielt dabei gleichzeitig seinen neuen Namen. Die Einheimischen nennen ihre Hauptstadt allerdings zumeist noch immer beim alten Namen.

Zwar war der Raja von Badung einer der ersten, der die niederländische Kolonialherrschaft anerkannte und bereit war, dies in einem 1841 unterzeichneten Vertrag zu fixieren, wodurch er sich für seine Provinz eine gewisse Unabhängigkeit erhoffte, was ihm für mehr als sechs Jahrzehnte auch gelang, doch vermochte auch der Fürstenhof von Badung letztendlich nicht, sich dem Schicksal zu entziehen, das zu Beginn des 20. Jahrhunderts Bali heimsuchte und in dessen Zuge nicht nur der Palast von Badung in Flammen aufging, sondern auch das fürstliche Geschlecht nahezu vollständig ausgelöscht wurde. (Siehe Kapitel ‚*Balis historischer Werdegang*', S. 27ff)

Ausgelöschte Historie

Redaktions-Tipps

- **Sehenswertes**

Wer sich einen Überblick über Kunst und Geschichte Balis verschaffen möchte, kommt ums *Bali Museum* in Denpasar (S. 479ff) nicht herum.

- **Übernachten**

Etwas abseits in einem Wohnviertel versteckt sich die kleine Bungalowanlage *Bali Melita Villa* (S. 419), deren großzügig bemessene und hervorragend ausgestattete Wohneinheiten Erholung pur garantieren. Das gleiche gilt für *The Villas Hotel & Spa* in Seminyak (S. 429), in denen ein Höchstmaß an Privatsphäre garantiert ist.

- **Essen und Trinken**

Die Zahl der guten bis sehr guten Restaurants ist in den letzten Jahren auch außerhalb der Hotels sprunghaft angestiegen. Französisch angehauchtes Ambiente erwartet den Gast im *The Living Room* in Kerobokan (S. 380f), das *KuDeTa* in Seminyak (S. 432) seinerseits wartet mit sachlich durchgestyltem Interieur und einer hervorragenden Bar auf, wohingegen man in *Papa's Café* in Legian (S. 393f) allergrößten Wert auf edelste Kochzutaten legt. Und wer die Küche Chinas sowie atmosphärisches Gartenambiente liebt, kommt am *Telaga Naga* in Sanur (S. 425) nicht vorbei.

- **Für große und kleine Kinder**

Viel Spaß und Abwechslung für Groß und Klein hält der *Waterbom Park* in Tuban (S. 449) bereit, ganz gleich ob in Form von Wasserrutschen, Swimmingpools oder den diversen Massagen und Spa-Anwendungen.

- **Veranstaltungen**

Wer im Juni/Juli die Insel besucht, sollte es nicht versäumen, beim *Bali Art Festival* im Taman Budaya Art Centre in Denpasar (S. 485f) vorbeizuschauen, bei dem man einen recht guten Überblick über das kulturelle Schaffen der Balinesen gewinnt.

- **Einkaufen**

Nirgendwo sonst auf der Insel ist das Angebot so groß wie in Sanur und vor allem der Region Kuta/Legian (S. 388f und 394), ganz gleich ob es sich um Textilien oder Kunsthandwerkliches handelt. Wer ein wenig sucht, findet selbst hier noch immer Ausgefallenes, um das er allerdings – wie überall – kräftig feilschen muss. Eines sollten Sie allerdings nie tun: bei Straßenhändlern kaufen.

Seither hat sich die Stadt radikal verändert, insbesondere seit den 60er Jahren des letzten Jahrhunderts, als jener – vor allem auch durch den Tourismus bedingte – gewaltige Aufschwung einsetzte, der in und um Denpasar zu einer bedrohlichen Bevölkerungsballung geführt hat, so dass heutzutage bereits knapp 3.000 Menschen auf einem Quadratkilometer leben, was die Probleme, mit denen die Inselhauptstadt zu kämpfen hat, nicht hat geringer werden lassen. Im Gegenteil, die Umweltsorgen nehmen zu, angefangen bei der schlechten Luft, den Abfallbergen und dem dröhnenden Verkehr, mitverursacht durch die zu vielen Menschen, die sich hier Lohn und Brot versprechen, vor allem in den Touristenzentren ringsum. Zusätzlich verschärft hat sich diese Situation während der letzten Jahre durch immer stärker werdende Immigration von den Nachbarinseln, die zudem den möglichen sozialen Sprengstoff der ethnisch-religiösen Überfremdung in ihrem Schlepptau mit sich bringt. Daher breitet sich das Stadtgebiet immer weiter und rascher aus und wächst an vielen Stellen schon mit den einst selbstständigen Ortschaften der näheren Umgebung zusammen, so dass man kaum noch weiß, wo Denpasar anfängt bzw. endet und Orte wie Kerobokan, Kuta, Legian, Seminyak und andere eigentlich beginnen.

Nicht nur der Gouverneur ist in der geschäftigen Stadt, die sich seit Mitte der 80er Jahre flächenmäßig fast um das Zwanzigfache ausgedehnt hat, zu Hause, ebenso sind es die Medien, die großen Banken, Krankenhäuser und Fluggesellschaften, um nur die wichtigsten Dienstleistungsbetriebe zu nennen, von Teilen der Universität und zahlreichen anderen Lehranstalten ganz zu schweigen. In ihr lebt nicht nur das Gros der balinesischen Adelsschicht, der Priesterklasse, sondern auch Balis neue technische Elite und ihre Verwaltungselite sowie – wie bereits erwähnt – zahlreiche indonesische Ethnien, die vom Aufschwung der Insel aus anderen Teilen des Archipels angelockt wurden, so dass man hier heute größere Gemeinden von Buginesen, Javanern und Maduresen, aber auch von Arabern, Indern und Chinesen antrifft, was Denpasar – bis dato zumindest noch – zu

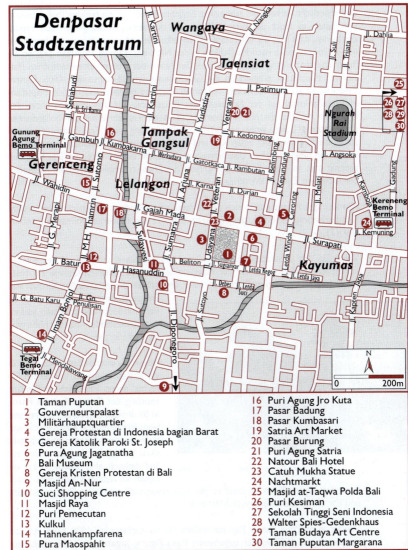

1 Taman Puputan
2 Gouverneurspalast
3 Militärhauptquartier
4 Gereja Protestan di Indonesia bagian Barat
5 Gereja Katolik Paroki St. Joseph
6 Pura Agung Jagatnatha
7 Bali Museum
8 Gereja Kristen Protestan di Bali
9 Masjid An-Nur
10 Suci Shopping Centre
11 Masjid Raya
12 Puri Pemecutan
13 Kulkul
14 Hahnenkampfarena
15 Pura Maospahit
16 Puri Agung Jro Kuta
17 Pasar Badung
18 Pasar Kumbasari
19 Satria Art Market
20 Pasar Burung
21 Puri Agung Satria
22 Natour Bali Hotel
23 Catuh Mukha Statue
24 Nachtmarkt
25 Masjid at-Taqwa Polda Bali
26 Puri Kesiman
27 Sekolah Tinggi Seni Indonesia
28 Walter Spies-Gedenkhaus
29 Taman Budaya Art Centre
30 Taman Puputan Margarana

einer überaus toleranten und zur reichsten und wichtigsten Stadt im Osten Indonesiens macht. Ihren schwer auszumachenden, spröden Charme entfaltet sie am ehesten in den kleinen Seitenstraßen und nächtens, wenn die Hitze des Tages erträglicher geworden und der Verkehr etwas abgeflaut ist und sich ein buntes Völkchen auf den Nachtmärkten trifft.

Der chaotische Verkehr, die zahlreichen Einbahnstraßen und die prekäre Parkplatzsituation lassen es trotz des Verkehrslärms und der abgasgeschwängerten Luft ratsam erscheinen, dass man die Innenstadt zu Fuß erkundet und seinen Wagen (so man einen hat) irgendwo parkt, nach Möglichkeit in der Nähe des **Taman Puputan (1)**, wo Sie Ihren Stadtspaziergang beginnen sollten. Der Name des größten innenstädtischen Platzes der Hauptstadt erinnert an die Geschehnisse am 20. September 1906. Diesem Zweck dient auch das aus einer stilisierten Lotusknospe herauswachsende **Puputan-Heldendenkmal** auf der Nordseite des Platzes, das aus drei heroisch blickenden Menschen besteht, die mit Todesverachtung in die Gewehrsalven der holländischen Kolonisatoren laufen, wobei vor allem die Darstellung einer Frau beachtet werden sollte, die in einer Hand einen Kris und in der anderen ihren Schmuck hält, entsprechend den geschichtlichen Überlieferungen zu jenem blutigen Ereignis. Des Weiteren gedenkt man an dieser Stelle der Märtyrer des Freiheitskampfes gegen die Niederländer nach dem Zweiten Weltkrieg.

Geschichtsträchtiger Platz

Nördlich des Platzes erhebt sich der im javanischen Pendopo-Stil errichtete ehemalige **Gouverneurspalast (2)**, die Westseite flankiert das moderne **Militärhauptquartier (3)**.

Christliche Zentren

Wenn Sie der Jl. Surapati ostwärts folgen, gelangen Sie schon bald zu der auf der nördlichen Straßenseite unter der Hausnummer 11 anzutreffenden **Gereja Protestan di Indonesia bagian Barat (4)**, einer der größten protestantischen Kirchen von Denpasar, deren Innenraum von einer Holzdecke abgeschlossen und einem umlaufenden Balkon höhenmäßig gegliedert wird.

Die Gereja Katolik Paroki St. Joseph

Biegen Sie anschließend nach links in die Jl. Kepundung ab, so werden Sie rechts deren katholischem Pendant ansichtig, der **Gereja Katolik Paroki St. Joseph (5)**, deren Äußeres und Skulpturenschmuck künstlerisch und architektonisch ebenso stark balinesisch geprägt ist wie ihr Altarraum und dadurch eher einem hindu-balinesischen Tempel gleicht, was einen besonders eigenwilligen Kontrast zu den eher traditionell gehaltenen Buntglasfenstern und der christlichen Ikonographie darstellt.

Wieder zurück am Taman Puputan, sollten Sie als nächstes im 1906 beim Puputan zerstörten und 1908 wieder aufgebauten **Pura Agung Jagatnatha (6)** vorbeischauen, dem ‚Tempel des Weltenherrschers', der am nordöstlichen Eck des Platzes zu finden ist und den Rang eines Reichstempels besitzt. Als einziger Tempel Balis ist er *Sanghyang Widhi Wasa* unmittelbar geweiht, dem hindu-balinesischen Gott der Götter, der im Tempel in Form einer goldglänzenden Metallfigur symbolisiert ist, die auf einem aus weißem Korallenstein erbauten, siebenstufigen Thron sitzt, der inmitten eines Teiches aufragt, in dem sich Karpfen tummeln. Diese Figur wird, wie auch die Symbole für alle anderen an diesem Ort dargestellten Gottheiten, nicht von einzelnen Personengruppen, sondern von allen balinesischen Hindus verehrt. Der Thron selbst steht auf dem Rücken der stilisierten heiligen Schildkröte, die von zwei Naga umschlungen wird, die sich auf der Rückenlehne des Throns winden, in die Szenen aus dem Ramayana und Mahabharata graviert sind. Seine Gestaltung greift einen alten Hindumythos auf: die Geschichte von der schäumenden Milchsee, als die Götter und Dämonen den Ozean quirlten, um den Nektar der Unsterblichkeit zu schaffen. In jeder Vollmondnacht ist der Tempel ab 19 Uhr Schauplatz umfangreicher Opferzeremonien. (Der Besucher wird um eine Spende gebeten.)

Religiöses Zentrum der Stadt

Denpasars bedeutendster Tempel, der Pura Agung Jagatnatha

Gleich nebenan wartet das **Bali Museum (7)**, das Nationalmuseum der Insel, das weltweit die größte Sammlung balinesischer Kulturgegenstände besitzt, auf Ihren Besuch. Wer sich für Kunst und Kultur der Insel und ihrer Bewohner interessiert, für den ist eine Visite ein Muss, auch wenn es dem Museum im Vergleich zu anderen Nationalmuseen großenteils an Systematik fehlt. Da praktisch alle Exponate auch in englischer Sprache beschriftet sind, kann sich auch der bis dato unkundige Besucher – so er des Englischen einigermaßen mächtig ist – recht ordentlich über Geschichte, Herkunft und Bedeutung der Ausstellungsstücke informieren. 1910 von den Niederländern gegründet, die um den Verlust der Kunst- und Kulturgegenstände fürchteten, sollte das Museum die repräsentative, regional verschiedene Bauweise der Insel widerspiegeln. 1917 wurde es infolge des Ausbruchs des Gunung Batur und des damit einhergehenden Erdbebens zusammen mit Hunderten von Häusern der Stadt zerstört. 1925 begann man mit dem vergrößerten Wiederaufbau, wobei es in der Folgezeit als Lagerraum für zahlreiche Artefakte und als Räumlichkeit für Wechselausstellungen diente, ehe es 1932 in ein ethnographisches Museum umgewandelt wurde. Dank der Bemühungen und sachkundigen Beratungen von *Walter Spies* gelang es in den Jahren danach, viele der ursprünglichen Ausstellungsstücke von Privatpersonen zurückzuerhalten. *Spies* war auch erster (ehrenamtlicher) Konservator des Museums, und dank seiner Vorliebe für die primitive Kunst wurden die Sammlungen um Stücke erweitert, die auf Balis alte austronesische Wurzeln verweisen und die tiefe Ehrfurcht vor den Ahnen und den Naturkräften widerspiegeln. Die Schätze der alten Fürstenhöfe können hier allerdings nicht besichtigt werden, da die meisten von ihnen zu Beginn des 20. Jahrhunderts bei der Eroberung durch die Niederländer vernichtet oder geraubt wurden. Durch den Zweiten Weltkrieg, die japanische Besetzung und den Unabhängigkeitskampf verzögerte sich der Aufbau des Museums jedoch erneut, erst nach 1966 entschied sich sein Schicksal definitiv und es erhielt seinen jetzigen Status eines Provinzmuseums.

Kulturhistorischer Überblick

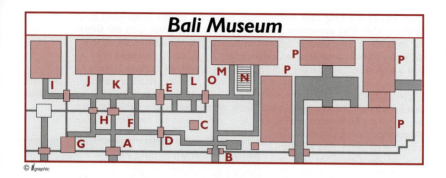

Architektonische Blickfänge

Die Anlage besteht heute aus einer Reihe hübscher begrünter Höfe, in denen einige der Archetypen der balinesischen Architektur anzutreffen sind, nämlich Bale agung, Candi bentar und Kulkul. Der in Form eines Candi bentar ausgeführte **ursprüngliche Eingang (A)** ist heutigentags geschlossen, stattdessen betritt man die Museumsanlage nunmehr durch das **südliche Tor (B)**, hinter dem man gleich links des **Glockenturms** (Kulkul) **(C)** ansichtig wird. Links an ihm vorbeigehend passiert man sogleich ein weiteres **Tor (D)**, das – wie noch andere **(E)** – im Originalzustand des ersten Museumsbaus erhalten geblieben ist. Über den **zentralen Vorhof (F)**, an dessen äußerstem nordwestlichem Eck sich ein mit feinen Reliefs verzierter **Gazebo (G)** erhebt, und ein **großes Schmucktor (H)** gelangt man schließlich zu den nebeneinander liegenden Ausstellungshallen, die nach Vorlagen alter Fürstenpaläste rekonstruiert wurden.

Prachtvolles Kunsthandwerk

Die Besichtigung beginnt man am besten beim **Pavillon aus Tabanan** (Gedung Tabanan) **(I)**, der auf 28 Pfeilern ruht, die sehr fein gearbeitete, vergoldete Holzschnitzereien aufweisen und einst zum Haus eines Adligen aus Tabanan gehörten, doch auch das außerordentlich kunstvoll geschnitzte hölzerne Deckengebälk verdient besondere Beachtung. Im Pavillon ausgestellt sind neben Schattenspielfiguren, Musikinstrumenten und Masken noch eine Reihe von Krisen und Waffen sowie auf dem zentralen Podium mehrere Barong-Figuren.

Im größten der insgesamt vier Ausstellungsgebäude, dem **Pavillon aus Karangasem** (Gedung Karangasem) **(J)**, bei dem der Stil der Audienzsäle in den ostbalinesischen Palästen nachgebildet wurde, sind neben vergoldeten ehemaligen Palasttüren volkstümliche Exponate wie z.B. Kalender, Modelle von Tempelfesten, Ritualgegenstände, Festtagsgewänder, Opfergaben und Lontar-Schriften zu sehen, wohingegen auf der Veranda eine große Skulpturensammlung mit einer schönen Sitzgarnitur die Blicke auf sich lenkt. Die Tore, Fensterklappen und -rahmen schmücken kunstvoll ausgeführte Tiefreliefs, an den Seiten der Treppen sind Szenen aus Tierfabeln eingearbeitet. Ursprünglich war dieses Gebäude von den Niederländern in Form einer nach allen vier Seiten hin offenen Halle errichtet worden, erst später wurden die Wände eingezogen.

Vor der Ausstellungshalle kann man für einen Prinzen aus Denpasar angefertigte **Bronzekanonen (K)** aus dem 17. Jahrhundert sehen, deren Rohrmündungen in Form von Ungeheuerköpfen gestaltet sind.

Einem Wohnpavillon in Nordbali gleicht der **Pavillon aus Buleleng** (Gedung Buleleng) **(L)**, den man dreimal verlagerte, ehe er schließlich Anfang der dreißiger Jahre an seiner heutigen Stelle seinen endgültigen Bestimmungsort fand. Diente er 1914 zunächst bei einer auf Java veranstalteten Kolonialausstellung als Bali-Lombok-Pavillon und wurde von dort nach Singaraja transportiert, wo er in ein Museum und eine Kunstgewerbegalerie und später zum Sitz des staatlichen Fremdenverkehrsamtes bestimmt wurde, so birgt er heute neben einer sehr schönen Sammlung Webarbeiten und -utensilien der Bali Aga aus Nordbali und aus Tenganan noch etliche Plastiken.

Kostbare Webarbeiten

Im Untergeschoss des sich südlich anschließenden **Ostgebäudes (M)** sind aus der Bronzezeit bis hin zum 19. Jahrhundert stammende Artefakte ausgestellt, darunter Steinsärge, Waffen und Skulpturen, aber auch Modelle der javanischen Tempelanlagen von Borobudur und Prambanan. Vor diesem Gebäude ist ein hübscher, von Skulpturen flankierter **Teich (N)** angelegt und unmittelbar daneben an der Gartenmauer ein kleiner **Schrein (O)**.

Artefakte aus zwei Jahrtausenden

Nicht unbeachtet sollte man die eigentümliche Duschanlage zwischen den Gebäuden lassen, die sich die Fürstenfamilie – etwas versenkt in den Boden – einbauen ließ.

Den südlichsten Teil des Museumsareals nehmen **mehrere Gebäude (P)** ein, in denen die Räumlichkeiten der Verwaltung, der Bibliothek und der Restauratoren untergebracht sind.

Gehen Sie nach dem Verlassen des Museums die Jl. Sudu ein Stückchen südwärts bis zur Jl. Debes, in die Sie rechts einbiegen, und schon stehen Sie vor der **Gereja Kristen Protestan di Bali (8)**, deren Altar die Form eines gespaltenen Tores aufweist, zwischen dessen beiden Seitenteilen sich ein großes Kreuz befindet. Ansonsten ist diese Kirche innen ebenso schlicht wie von außen.

Folgen sie der Jl. Sutoyo sodann südwärts, so passieren Sie kurz nach dem Überqueren eines kleinen Flusses eine ganze Reihe farbenprächtiger Blumenläden, deren Gestecke und Blumenarrangements sind durchaus eine paar Minuten Aufmerksamkeit schenken sollten.

Anschließend orientiere man sich in Richtung Jl. Diponegoro, der Sie, so Sie sich eine der größten Moscheen Denpasars – zumindest von außen – anschauen möchten, gleichfalls südwärts folgen bis kurz hinter die Jl. Halmahera folgen, wo unter Hausnummer 208 in der **Masjid an-Nur (9)** die gläubigen Muslim zum Gebet zusammenkommen. Ihr raketenförmiges Minarett ist im Grunde genommen genauso unschön wie der restliche Bau.

Eigenwillige Architektur

Folgt man der Jl. Diponegoro nordwärts, das heißt stadteinwärts, kommt man an einigen großen Department Stores und Einkaufszentren vorbei, ehe man an der Ecke Jl. Hasanuddin auf das **Suci Shopping Centre (10)** stößt, in dem eine Vielzahl an Goldhändlern auf Kundschaft wartet, genauso wie in der Jl. Hasanuddin selbst, in der eine weitere Moschee, die **Masjid Raya (11)**, aus dem baulichen Einerlei hervorsticht.

Gold, Gold, Gold

Am westlichen Ende der Straße liegt an der Ecke Jl. M.H. Thamrin hinter einer roten Ziegelsteinmauer der **Puri Pemecutan (12)**, der Palast der Fürsten von Badung, in

Einblicke in längst vergangene Pracht

dem heute ein kleines Hotel untergebracht ist. Da die ursprüngliche Palastanlage bei dem Puputan am 14. September 1906 infolge schweren Artilleriebeschusses nahezu völlig niederbrannte, handelt es sich bei der gegenwärtig zu besichtigenden um einen von den Niederländern veranlassten Neubau aus dem Jahre 1907, der jedoch nicht mehr die Größe des Originals besitzt. Beachtenswert sind vor allem das reich verzierte Eingangstor sowie als einziger baulicher Überrest der alten Anlage einige schöne Reliefs im hinteren Teil des Palastbezirks, in dem sich etliche reizvolle Gebäude in einem üppigen tropischen Garten verbergen. Im ehemaligen Empfangspavillon des Palastes in der Mitte des Hofes werden die wenigen Erinnerungsstücke aufbewahrt, die vom Brand verschont blieben, darunter eine Lontar-Sammlung sowie alte Gamelan-Instrumente und Waffen.

An der Straßenkreuzung selbst wird man eines vierstufigen **Kulkuls (13)** ansichtig, der mit acht kleinen Raksasa-Figuren und ganz oben mit chinesischen Porzellantäfelchen verziert ist.

In unmittelbarer Nähe des etwa 600 m weiter südwärts an der Jl. Imam Bonjol gelegenen Minibus- und Bemobahnhofes Tegal Terminal befindet sich eine **Hahnenkampfarena (14)**, in der in unregelmäßigen Abständen die gefiederten Gladiatoren ihren schicksalhaften Auftritt haben.

Nach dem Verlassen der Palastanlage folgen Sie indes der Jl. M.H. Thamrin nordwärts und gelangen nach wenigen hundert Metern zum **Pura Maospahit (15)**, einem der *Selten besuchte Tempelanlage* wichtigsten und ältesten Tempel der balinesischen Hauptstadt. Gegründet wurde er im 15. Jahrhundert von der aus Java stammenden Dynastie der Majapahit, deren Ahnentempel er noch heute ist. Sein Name ‚Maospahit' ist nicht nur eine Variante von Majapahit, sondern darüber hinaus auch der Name einer balinesischen Gottheit, und zwar von *Batara Maospahit*, die mit der Einführung der Majapahit-Kultur auf Bali in Verbindung gebracht wird. Da im Laufe der Zeit etliche Verschönerungsarbeiten an dem Tempel vorgenommen wurden, blieb von der ursprünglichen Ausstattung jedoch nur wenig erhalten.

Die Anlage, die beim Erdbeben im Jahre 1917 gleichfalls schwer beschädigt wurde, besteht aus mehreren durch hohe Mauern voneinander getrennten Teilen. Im **Vorhof (A)** stehen mehrere **Bale (B)**, den eigentlichen Tempel hingegen betritt man durch ein **Candi bentar (C)**, dessen 1925 restaurierte Reliefs zusammen mit den aus den fünf

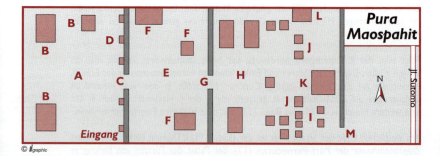

Pfeilern links und rechts herausgemeißelten **Gottheiten (D)** die eigentlichen Sehenswürdigkeiten dieser Anlage darstellen. Von links nach rechts erkennt man: *Sangkara* (eine Erscheinungsform *Shivas*), *Indra* (den Himmelsgott des alten Indien), den Totengott *Yama*, *Batara Bayu* (den Gott des Windes), *Garuda* (den mythischen Reitvogel *Vishnus*), *Kubera* (den indischen Gott des Reichtums) und den Meeresgott *Waruna*.

Durchschreitet man das Tor, so gelangt man in einen **Zwischenhof (E)**, in dem wiederum ein paar **Bale (F)** stehen. Durch ein **Candi korung (G)** gelangt man schließlich in den **hintersten Hof (H)**, in dem man neben etlichen **kleineren Schreinen (I)** und **drei Pelinggih (J)**, die mit Hirschgeweihen geschmückt und den Ahnen der Majapahit-Dynastie vorbehalten sind, des zentral positionierten, der Ahnenverehrung dienenden **Gedong Maospahit (K)** ansichtig wird, zu dessen linker Seite ein **geschlossenes Gebäude (L)** steht, in dem die Ahnen der Majapahit-Dynastie verehrt werden. Ein weiteres **Candi korung (M)**, hinter den sich ein nicht zugänglicher Hof anschließt, findet sich in der rechten hinteren Hofecke.

Eine der Götterfiguren im Pura Maospahit

Hinweis
Da der Haupteingang meist nur an Feiertagen geöffnet ist, muss man normalerweise den – leider gleichfalls nicht immer geöffneten – Zugang an der linken Seite der Tempelanlage benutzen, den man in dem mit Gang II bezeichneten Gässchen findet.

Wollen Sie sich noch die Überreste eines weiteren ehemaligen Palastes im Innenstadtbereich ansehen, so folgen Sie der Jl. Sutomo bis zur Kreuzung mit der Jl. Kumbakarna nordwärts, in der Sie fast unmittelbar an der Straßenkreuzung den Eingang zum **Puri Agung Jro Kuta (16)** finden. Überqueren Sie zunächst den großen Vorhof, an dessen gegenüberliegender Seite Sie durch ein Tor zu den ehemaligen Palasthöfen gelangen, in denen eine Vielzahl von neu errichteten Pavillons steht, die kaum mehr etwas von der einstigen Pracht dieser Palastanlage erahnen lassen.

Wollen Sie sich diesen kleinen Abstecher ersparen, so können Sie sich vom Pura Maospahit aus aber auch gleich entlang der Jl. Gajah Mada in Richtung Zentrum orientieren, wodurch Sie bereits nach wenigen Metern vom bunten Treiben des täglich von 6-16 Uhr stattfindenden **Pasar Badung (17)** aufgesogen werden, dessen Obst- und Gemüsestände überquellen von all den exotischen Köstlichkeiten, die diese Breiten parat halten, in dessen überdachten Teil sich die Verkaufsstände derart dicht an dicht drängen, dass kaum noch Platz für die Verkaufswilligen bleibt, die hier, die Sinne benebelt von tausendundeinem Duft der sich auftürmenden Gewürze, nach Ess- und Trinkbarem ebenso Ausschau halten wie nach den Dingen des Alltags, angefangen bei Seife bis hin zu Geschirr und all jenen Ritualgegenständen, die für die Erledigung der täglichen Opferzeremonien genauso wichtig sind wie für die großen Tempelfeste. Hier können Sie Ihre Augen, Ohren und Nase mit einer kaum zu verarbeitenden Vielfalt an Impressionen jeglicher Art füllen.

Hier gibt es alles zu kaufen

Der Pasar Kumbasari betört alle Sinne.

Und sollten Ihnen diese noch nicht ausreichen, so schauen Sie doch einfach im nebenan gelegenen **Pasar Kumbasari (18)** vorbei, einem mehrgeschossigen Gebäudekomplex am Tukad Badung, dem größten innerstädtischen Fluss, in dem es noch enger zugeht, die Luft noch stickiger ist, in dem man in den oberen Etagen mitunter fürchten muss, von den hoch aufgetürmten Stoffrollen, Textilienbergen, Haushaltswaren oder Mengen an kunsthandwerklichen Produkten, die aus den winzigen Läden hervorquellen, erdrückt zu werden. Im Untergeschoss hingegen warten Fleisch, Obst und Gemüse in Hülle und Fülle auf Käufer; und die Fischverkäufer sind etwas versteckt auf der Rückseite untergebracht, da das Meer nach hindu-balinesischem Glauben von bösen Geistern und Dämonen bewohnt ist, und es demzufolge auch die dort gefangenen Tiere sind.

Vor dem Eingang des Einkaufskomplexes bringen die Verkäuferinnen und Marktfrauen der Göttin des Reichtums im **Pura Melanting** ihre Opfer dar.

Kunst und Haustiere

Denpasars Hauptgeschäftsstraße weiter ostwärts gehalten, biege man in die Jl. Arjuna ein, der man wiederum bis zur Jl. Nakula folgt, auf der es rechts bis zum **Satria Art Market (19)** geht, einem kleinen zweigeschossigen, an der Kreuzung mit der Jl. Veteran zu findenden Kunstmarkt. Ein Schwenk nach links bringt einen in der Jl. Veteran nach wenigen Metern zum **Pasar Burung (20)**, Denpasars Vogelmarkt, auf dem jedoch nicht nur die gefiederten, hoch geschätzten und teilweise teuer gehandelten Mitbewohner vieler balinesischer Haushalte in ihren engen Käfigen ihrem Schicksal entgegendämmern, sondern u.a. auch Zierfische, Kampfhähne und Hunde zum Verkauf stehen. Unmittelbar dahinter duckt sich der **Puri Agung Satria (21)** mit seinem aus Ziegelsteinen Ende des 17. Jahrhunderts erbauten Ahnentempel **Pura Pemerajan Puri Agung Satria** in das Gebäudeeinerlei.

Spaziert man die Jl. Veteran wieder zurück, so passiert man kurz vor Erreichen des Taman Pu-

Auf Denpasars Vogelmarkt

putan Balis ältestes Touristenhotel, das von den Niederländern 1928 erbaute ehemalige Bali Hotel, das heute **Natour Bali Hotel (22)** heißt, das exakt an jener Stelle steht, an der sich 1906 der Puputan ereignet hat.

Auf der Kreuzung von Jl. Veteran und Jl. Gajah Mada erhebt sich die fünf Meter hohe, viergesichtige, achtarmige **Catuh Mukha Statue (23)**, die *Batara Guru* repräsentiert, den Gott der vier Himmelsrichtungen, der alle Kardinalpunkte gleichzeitig segnet. Geweiht ist die 1972 errichtete Statue *Shiva* als dem ‚Großen Lehrer', wobei die Gesichter im Osten *Indra*, im Süden *Brahma*, im Westen *Mahadewa* und im Norden *Vishnu* zeigen, letzterer leicht an seinen Insignien, Muschelhorn und Lebensrad (Cakra), zu erkennen. Diese Kreuzung ist nicht nur eine der geschäftigsten und einer der wichtigsten Verkehrsknotenpunkte der Stadt, sondern gleichzeitig auch das nordwestliche Eck des Taman Puputan.

Lärmumtoster Schutzpatron

Da die weiteren Besichtigungspunkte innerhalb des Stadtbezirks doch allesamt ein Gutstück weit im Osten zu finden sind und die ansonsten zu durchwandernden Stadtteile nicht besonders attraktiv sind, sollten Sie Ihre Erkundungstour nunmehr entweder mit Ihrem eigenen Wagen oder mit Hilfe öffentlicher Verkehrsmittel fortsetzen. Folgen Sie dabei zunächst der Jl. Surapati ostwärts, bis sie in die Jl. Hayam Wuruk übergeht, von der nach rund 500 m links die Jl. Kamboja abzweigt, die zum Kereneng Terminal führt, neben dem beim **Pasar Asoha (24)** allabendlich ein belebter **Nachtmarkt** stattfindet, auf dem man neben einer Vielzahl von Garküchen auch Verkaufsstände mit allerlei Krimskrams antrifft.

Nächtliches Treiben

Von hier aus geht es auf der Jl. Gadung nordwärts bis zur Jl. Supratman, wo man sogleich auf der gegenüberliegenden Straßenseite der **Masjid at-Taqwa Polda Bali (25)** ansichtig wird, Denpasars größter Moschee, die ohne besondere architektonische Finessen auskommt.

Knapp eineinhalb Kilometer weiter östlich liegen an der Kreuzung mit der Jl. Surabi 2 die unscheinbaren Reste des **Puri Kesiman (26)**, eines alten aus Ziegelsteinen gemauerten Raja-Palastes. Fährt man von dort einen halben Kilometer zurück und biegt links in die Jl. Nusa Indah ein, so muss man seine Augen offen halten, um das nicht gerade auffällige Hinweisschild nicht zu übersehen, das einem rechts den Weg zur **Sekolah Tinggi Seni Indonesia** (STSI) **(27)** weist, die etwa 150 m abseits der Jl. Nusa Indah an einer kleinen Nebenstraße liegt. An der Nationalen Kunst- und Tanzakademie erlernen junge Balinesen und Balinesinnen seit 1967 die hohe Kunst der traditionellen Tänze, des Wayang Kulit und des Spielens der Gamelan-Instrumente sowie Choreographie. Vormittags (Mo-Sa 7-13 h) kann man den Eleven bei den Proben zusehen, am Abend gibt es an bestimmten Tagen öffentliche Vorführungen [diese können vor Ort oder per Telefon, (0361)272361, erfragt werden].

Künstlerische Lehranstalt

Unmittelbar nebenan wird im **Walter Spies-Gedenkhaus (28)**, einem kleinen, fast unscheinbaren Gebäude, das Werk des deutschen Künstlers gewürdigt.

Letzter Besichtigungspunkt innerhalb des Stadtbezirks ist das weiter südlich an der Jl. Nusa Indah gelegene **Taman Budaya Art Centre (29)**, das architektonisch überaus ansprechend gestaltete Kunstzentrum der Hauptstadt, das vor allem wegen seiner umfangreichen Dauerausstellung balinesischer Gemälde, Holzschnitzereien, Schatten-

Denpasars kulturelles Zentrum

spielfiguren und Barong landung-Figuren im Hauptgebäude besuchenswert ist und einen umfassenden Überblick über die Palette balinesischen Kunsthandwerks gibt. Vor dem Eingang zu der weitläufigen Parkanlage empfangen eine große weiße Statue einer balinesischen Tänzerin sowie die riesige Plastik eines Sechsspänners mit *Rama* als Wagenlenker den Besucher. Nehmen Sie sich ein wenig Zeit, um durch den üppigen Tropengarten zu schlendern, in dem mehrere Pavillons und zwei große Freilichtbühnen zu finden sind, auf denen während des alljährlich von Mitte Juni bis Mitte Juli stattfindenden ‚Arts Festival' – aber auch sonst rund ums Jahr – Tanzvorführungen präsentiert werden. Angeschlossen ist das *Balinese Art Development Centre Program* (Di-So 8-17 h), in dem man sich künstlerisch ausbilden lassen kann, das aber auch diverse Veranstaltungen organisiert und Kunsthandwerksausstellungen präsentiert.

Den Nationalhelden zu Ehren

Wieder auf der Jl. Hayam Wuruk, hält man sich erst links und biegt dann gleich rechts in die Jl. Narakusuma ab, die einen zur Jl. K. Hajar Dewantara bringt, wo man sich links haltend in den Einbahnstraßenverkehr einfädelt, dem man wiederum bis zur Jl. Raya Puputan folgt, auf der man zum **Taman Puputan Margarana (30)** gelangt, auf dem das riesige **Bajra Sandhi Monument** an die balinesischen Freiheitskämpfer erinnert, die im Kampf gegen die niederländischen Imperialisten ihr Leben verloren.

Augenschmaus

Den Platz einmal umkreisend, geht es auf der Jl Raya Puputan in östlicher Richtung weiter nach Sanur. Orchideenliebhaber sollten, ehe sie nach Sanur hineinfahren, noch einen kurzen Abstecher Richtung **Padanggalak** unternehmen, um dem dortigen **Bali Orchid Garden** (Hinweisschild an der Jl. By Pass Ngurah Rai) einen Besuch abzustatten, der zwar nicht allzu groß ist, jedoch mit einer Riesenauswahl an Orchideen aufwarten kann.

Sanur

Aktuelle regionale Reisetipps zu Sanur
entnehmen Sie bitte den gelben Seiten 418ff

In den 30er Jahren des 20. Jahrhunderts entdeckten westliche Künstler und Lebenskünstler Sanur als paradiesisches Refugium unter Palmen, darunter *Walter Spies* und *Vicki Baum* sowie die amerikanischen Völkerkundlerinnen *Margaret Mead* und *Jane Belo*, die sich den hiesigen Brahmanen mit wissenschaftlichem Interesse näherten, denn das traditionsbewusste Pedanda-Dorf galt bei den Inselbewohnern als Heimat des beschwichtigungsbedürftigen, magisch gefährlichen ‚Schwarzen Barong', dessen Zauberkräfte die Balinesen noch heute fürchten, weswegen die örtlichen Brahmanen, die überregional als vedenkundige Opferexperten bekannt sind, oft Besuch von gläubigen Hindus erhalten, die rituelle Unterstützung suchen. Zwar geht es heute in Sanur ruhiger zu als in Kuta und Legian, die Anfänge des balinesischen Massentourismus wurden in den 60er

Auslegerboote am Pantai Sanur

Jahren jedoch hier gemacht, denn zu dieser Zeit beschloss Staatspräsident *Sukarno*, der selbst Balinese war, seine Heimatinsel für den devisenbringenden Tourismus zu erschließen. Das dafür erforderliche Kapital stellten die Japaner – als Reparationsleistung für ihre Besetzung während des Zweiten Weltkriegs – zur Verfügung. In der Anfangseuphorie wurden jedoch Fehler gemacht, von denen noch heute das 1966 eröffnete, zehnstöckige **The Grand Bali Beach Hotel (1)** zeugt, seinerzeit inselweit das erste Hotel mit internationalem Standard, dessen unförmige Betonbauweise Anlass dafür war, die Baurichtlinien auf Bali zu ändern, nämlich dahingehend, dass – um die Götter nicht zu verärgern – fortan kein Gebäude höher sein durfte als die höchste Palme in der Umgebung, eine Vorgabe, die in der Folgezeit inselweit Geltung erhielt. Die merkwürdigsten Geschichten kursieren über dieses Hotel, das angeblich auf einem früheren Friedhof stehen soll, und als es 1993 völlig ausbrannte, blieb – so das Gerücht – nur das für die Göttin der Südsee reservierte Zimmer 327 von der Feuersbrunst verschont, woraufhin man es bei der Renovierung in ein Heiligtum umgestaltete, in dem nunmehr täglich Opfergaben dargebracht werden. Die meisten der Anwohner hätten es jedoch lieber gesehen und hatten nach dem Brand auch darauf gehofft, dass dieser architektonische Schandfleck gänzlich von der Landkarte getilgt worden wäre.

Stein des Anstoßes

Nachdem der Ort zu Beginn und Mitte der 1980er Jahre gegenüber Kuta und Legian – die über die weitaus schöneren Strände verfügen – allmählich ins Hintertreffen geraten war, erlebt er seit einigen Jahren eine kleine Renaissance, nicht zuletzt bedingt durch den Rummel, dessen sich die beiden einstigen Aussteigertreffs an der Westseite des Isthmus kaum noch zu erwehren wissen. Das große Plus Sanurs ist, dass es durch ein vorgelagertes Korallenriff vor hohen Wellen weitestgehend geschützt ist, so dass sich in dem angenehm ruhigen Wasser bei Flut recht gut schwimmen oder schnorcheln lässt, bei Ebbe hingegen kann – da sich das Meer dann weit zurückzieht – das Baden wegen des scharfkantigen Korallenbodens problematisch werden. Recht beliebt sind zudem tagsüber Ausflüge zum Riff mit Jukungs, mit denen die Fischer abends, ausgestattet mit Kerosinlampen, zum Garnelenfang auslaufen.

Die gediegene Alternative

Ob billigstes Losmen oder Präsidentensuite, in Sanur kann jeder sein Haupt entsprechend seinen finanziellen Möglichkeiten betten, sich kulinarisch mit Leckereien aus vielen Teilen der Welt verwöhnen lassen, und auch in punkto Freizeitgestaltung bleibt kaum ein Wunsch offen. Kleiner, ruhiger, sicherer, und ein wenig exklusiver und reizvoller als Kuta und Legian, ist der Ort andererseits nicht so teuer wie Nusa Dua und hat sich noch einiges von seinem traditionellen Charakter erhalten können, was vor allem am Morgen deutlich zu spüren ist, wenn fast ausschließlich Einheimische die Straßen füllen und der Sonnenaufgang über Nusa Penida ein malerisches Schauspiel vollführt. Und auch für seine Gamelan-Orchester, Schattenspielvorführungen und die höfische Arja-Oper ist der Ort nach wie vor berühmt. Alles in allem ist Sanur im Vergleich zu Kuta und Legian anheimelnder und sanfter, sind seine Bewohner umgänglicher und zurückhaltender.

Man legt Wert auf Tradition

Starten Sie Ihre Ortsvisite beim **Pura Dalem Kedewatan (2)** in der Jl. Hang Tuah, der häufig Schauplatz von Prozessionen ist. Von hier ist es nicht weit zum unmittelbar an der Strandpromenade gelegenen **Museum Le Mayeur (3)**, das man, der Uferpromenade nach rechts folgend, bereits nach zwei bis drei Fußminuten erreicht. Das ehemalige Anwesen des 1958 verstorbenen belgischen Künstlers *Adrien Jean Le Mayeur*, der 1932 hierher umsiedelte, wird umschlossen von einem tropischen Garten mit

Künstlerklause

zahlreiche Statuen, Hibiskus und Bougainvillea. *Le Mayeur* lebte anfangs östlich von Denpasar in dem Dorf Klandis, wo er auch *Ni Polok* kennen lernte, eine berühmte Legong-Tänzerin und bekannte Schönheit, die zunächst sein wichtigstes Modell und 1935 seine Ehefrau wurde. Als sie 1985 verstarb, übernahm die indonesische Regierung die Verwaltung des Hauses und der Sammlung, wohingegen ihre Tochter heute die Besucher durch das Museum führt. Beachten Sie die schön geschnitzten Fensterläden des Hauses, die Szenen aus dem Ramayana erzählen, sowie die mit Reliefs verzierten Steinmauern. In den Räumlichkeiten des vormaligen Künstlerdomizils selbst sind 92 Bilder aus dem Œuvre des Künstlers sowie einige erlesene Stücke balinesischer Handwerkskunst zu besichtigen.

Vorbei an weiteren Ständen mit Surfutensilien, Textilien und Kunsthandwerk windet sich die Uferpromenade hin zum **Sanur Beach Market (4)** an der Jl. Segara Ayu, in der sich – zwischen Markt und Segara Village Hotel – der **Pura Segara (5)** befindet, ein kleiner, pyramidenförmiger Tempelbau, dessen Struktur auf prähistorischen Ursprung schließen lässt. ‚Segara' bedeutet ‚Meer', so dass mit der Bezeichnung ‚Pura Segara' zu den Ortschaften am Meer gehörende Tempel gemeint sind; im Landesinneren hingegen wird bestenfalls ein einziger Schrein des Tempels dem Meereskult zugedacht. Der hiesige Tempel ist recht ungewöhnlich, so wird das Portal zum Außenhof von zwei farbig bemalten Dämonen flankiert, während im Inneren drei große geschwärzte Korallenhaufen, flankiert von zwei kleinen Stufenpyramiden aus Korallengestein, einen Gutteil des Platzes einnehmen, auf dem noch mehrere Schreine und Bale zu finden sind.

Direkt neben dem Tempel lohnt ein Bummel durch den Sanur Beach Market, der von den Bewohnern Sanurs als eine Art Kooperative betrieben wird und auf dem man gut essen sowie neben Kunsthandwerk und Batikkleidern auch schön bemalte Papierdrachen erstehen kann.

Die Strandpromenade bringt einen schließlich zum Hotel **Bali Hyatt (6)**, in dem sich ein jeder, der sich für Hotel- und Gartenarchitektur interessiert, einmal umschauen

1	The Grand Bali Beach Hotel
2	Pura Dalem Kedewatan
3	Museum Le Mayeur
4	Sanur Beach Market
5	Pura Segara
6	Bali Hyatt
7	Pura Belanjong
8	Pura Mertasari

sollte, zählt es doch nach wie vor zu den sehenswertesten im Ort, wobei vor allem die Eingangshalle und die weitläufige Garten- und Poollandschaft durch und durch von den Grundlinien balinesischer Architektur durchdrungen sind, wohl am besten daran zu erkennen, dass man sogar einen Nachbau der Grotte von Goa Gajah in einen der Swimmingpools integrierte. Um das Ambiente gebührend genießen zu können, sollten Sie sich hier zumindest einen Drink oder Snack gönnen.

Anschließend halten Sie sich auf der Jl. Danau Tamblingan weiter südwärts und biegen beim Belanjong Market zunächst nach rechts ab, ehe Sie sich an der Jl. Danau Poso links halten, wodurch Sie schon bald auf der linken Straßenseite des **Pura Belanjong (7)** ansichtig werden, hinter dem eine der bedeutendsten archäologischen Fundstätten Balis liegt, nämlich der *Prasasti Blanjong*, eine beschriebene Steinsäule, die im Jahre 913 auf Geheiß des zur Warmadewa-Dynastie gehörenden buddhistischen Königs *Sri Kesari Warmadewa* aufgestellt wurde, der vermutlich den Pura Besakih errichten ließ. Die in Altbalinesisch und Sanskrit verfassten Inschriften, die 1932 entdeckt und bislang nur teilweise entziffert werden konnten, berichten von einer im Jahre 913 durchgeführten siegreichen Militäraktion des Königs gegen Ostjava, woher die Balinesen damals ihre Sklaven bezogen; außerdem gaben sie Hinweise auf die älteste bekannte balinesische Herrscherdynastie und bezeugen, dass der Hinduismus zu diesem Zeitpunkt bereits fest auf Bali verankert war.

Immer für einen Bummel gut: der Sanur Beach Market

Archäologisches Beweisstück

Kurz hinter dem Tempel zweigt nach links die Jl. Sekar Waru ab, die südlich auf die Jl. Mertasari trifft, auf der man sich wiederum westwärts orientiere, um die nächste Abzweigung nach links zu nehmen, wodurch man zum unmittelbar am Strand gelegenen **Pura Mertasari (8)** kommt, der aufgrund seiner abgeschiedenen Lage meist verwaist daliegt, beschattet von gewaltigen Bäumen. Diesem kleinen, geheimnisvollen Tempel sagen die Einheimischen sehr starkes übersinnliches Potential nach, das bei seinem Jahresfest, das zwei Wochen nach der Frühlingstagundnachtgleiche stattfindet, besonders anschaulich zum Ausdruck komme, denn in dieser Nacht wird außerhalb des Tempels ein eigenartiger Kriegstanz aufgeführt, den man als *Baris cina* (,chinesischer Baris') bezeichnet und bei dem die Tänzer weite Hosen, alte Militärhelme und Bajonette vom Beginn des 20. Jahrhunderts tragen, und der üblicherweise in ungestümen Trancetänzen seinen Abschluss findet. Etwas abseits im Gebüsch kann man entlang der Küste noch eine Gruppe kleiner Heiligtümer aus Korallenstein finden.

Abseits der Touristenpfade

Via Jl. By Pass Ngurah Rai geht es sodann weiter südwärts.

Pulau Serangan

Falls Sie einen Abstecher zur Pulau Serangan, zur ‚Schildkröteninsel' planen, so achten Sie auf der Höhe von Suwung auf das Hinweisschild ‚Pura Sakenan'. Einst nur per Boot zu erreichen, kann man dank des neuen Dammes heutzutage auch mit dem eigenen Wagen auf die 73 ha große, zirka drei Kilometer lange Insel vor der Einfahrt in den Hafen von Benoa übersetzen. Die verlassenen Küstenstreifen im Süden des Minieilandes säumen Palmen, in den beiden im Inselnorden gelegenen Ortschaften Ponjok und Dukuh hingegen lebt das Gros der rund 3.000 Inselbewohner, die größtenteils dem islamischen Glauben angehören.

Islamische Enklave

Hinweis
Wer mit dem eigenen fahrbaren Untersatz auf die Insel kommt, muss am Ende der Brücke eine – inoffizielle – Maut entrichten, und zwar Rp. 1.000 für einen Pkw und Rp. 500 für ein Motorrad.

Bekannt geworden ist die Insel, auf der es keinerlei Unterkünfte gibt, durch ihre Aufzucht von Meeresschildkröten, die zum Verzehr und für die Zubereitung von Opfergaben gedacht sind. Aufgrund der jahrzehntelangen Proteste von Umweltschützern ist die Zahl der zu diesen Zwecken abgeschlachteten Tiere stark zurückgegangen, sowohl was wild gefangene als auch gezüchtete betrifft. Da mittlerweile jedoch alle Meeresschildkröten in Indonesien unter Naturschutz stehen, muss man – zumindest offiziell –, um seinen rituellen Verpflichtungen nachkommen bzw. seine kulinarischen Gelüste befriedigen zu können, auf Zuchttiere zurückgreifen, die man hier in einigen Zuchtbetrieben in Augenschein nehmen kann. Das Fleisch der Schildkröten wird in Restaurants zu Steaks und Sate verarbeitet oder bei balinesischen Zeremonien als durch den Fleischwolf gedrehtes Lawar verwendet, wohingegen das Schildpatt, zu allerlei touristischem Schnickschnack verarbeitet, auf den Märkten seine Käufer sucht.

Nachschub für Restaurants und Opferrituale

In mondklaren Nächten hat man gelegentlich das Glück, die frei lebenden Tiere bei der Eiablage auf der Insel beobachten zu können. Die Eier werden zumeist eingesammelt und in den hiesigen Zuchtanstalten ausgebrütet, doch findet – trotz entsprechender Vorschriften – nur ein Teil von ihnen den Weg zurück in die Freiheit. Daher die Bitte: Lassen Sie die Finger von allen Schildkrötenprodukten, auch von den in etlichen Lokalen angebotenen Turtle Steaks! (Zudem ist die Einfuhr von Schildpattprodukten in die EU und viele andere Länder strengstens untersagt.)

Der wenig besuchte Pura Sakenan auf Pulau Serangan

Um zum **Pura Sakenan** in der Ortschaft Dukuh zu gelangen, müssen Sie sich nach der Mautstelle gleich links halten. Der kleine, einfache, in zwei Teile gegliederte Meerestempel, der zu den Reichstempeln zählt, ganz Südbali geweiht ist und dessen bemerkenswertestes architektonisches Element das eigenwillige, geradezu zierliche Candi bentar im Bersayap-Stil ist, ist mitten im Ort zu finden. Den Hauptbau bildet eine einzigartige, fünftägige Stufenpyramide (Prasada) aus Korallengestein, wie sie auf Bali nicht allzu oft anzutreffen ist; sie stellt eine Mischung aus balinesischem Candi und vorhinduistischen Steinaltären dar. Der Legende nach soll dieser Tempel, in dessen Innerem sich ein Obelisk für die Reisgöttin *Dewi Sri* befindet, im 11. Jahrhundert vom Wanderprediger *Empu Kuturan* gegründet worden sein. Anderen Quellen zufolge wurde er erst im 16. Jahrhundert vom Priester *Danghyang Nirartha* gegründet. Alle 210 Tage findet beim Pura Sakenan anlässlich des Odalan ein ‚Schildkrötenfestival' (Manis kuningan) statt, an dessen zweitem Tag für einen Barong landungs-Tanz benötigte riesige Puppen auf Kanus bei einer Prozession zu Wasser mitgeführt werden, welche die Seedämonen besänftigen sollen, während Tausende den Meeresgöttern Opfer darbringen und ein farbenfroher Jahrmarkt vor dem Tempel abgehalten wird. Dieses Fest zählt sicherlich zu den interessantesten auf ganz Bali.

Am Odalan geht's hoch her

Der südlich am Ortsrand zu findende, ein wenig größere **Pura Susunan Wadone** besitzt ein dreistufiges, jedoch cellaloses Prasada im Hof rechts vom Eingang. Ansonsten weist er keinerlei architektonische Besonderheiten auf.

Vom Abstecher auf die ‚Schildkröteninsel' zurück, hält man sich auf der Jl. By Pass Ngurah Rai weiter Richtung Kuta und Nusa Dua, dabei die Abzweigung nach **Benoa Harbour** passierend, Balis wichtigsten Hafen, den man über eine rund zwei Kilometer lange Mole erreicht.

Hinweis

Wer mit dem eigenen Fahrzeug in das Hafengelände hineinfährt, muss eine Maut von Rp. 1.000 bezahlen.

Jahrhundertelang war Labuhan Benoa, geschützt von Riffen, das Einfallstor für ganz Südbali. Schwemmsandablagerungen machten große Teile dieses Naturhafens jedoch allmählich unbefahrbar, woraufhin die Niederländer nach ihrer Invasion im Jahre 1906 jene Mole anlegen ließen, an deren südlichem Ende Treibstofftanks, eine Werft, Lagerhäuser, ein Leuchtturm, Fischereibetriebe, die Büros diverser Bootsverleihfirmen und ein Büro der staatlichen Reederei PELNI zu finden sind. In dieser Bucht werfen nicht nur Tanker, Frachtschiffe und Kreuzfahrtschiffe Anker, hier dümpeln auch zahlreiche Privatjachten, schließlich ist hier auch der *Bali International Yacht Club* zu Hause. Aber auch die Katamaranfähren nach Lombok und fast alle Ausflugsboote nach Nusa Lembongan und zu anderen Törns in die Gewässer rings um Bali legen hier ab.

Balis wichtigster Hafen

Via Jl. By Pass Ngurah Rai ist es nicht mehr weit bis zum touristischen Ballungszentrum

Tuban/Kuta/Legian/Seminyak

Jahrhundertelang war Kuta eine armselige Ansiedlung, in der Bauern, Fischer und Schmiede ihr kärgliches Dasein fristeten, ehe der berühmte General *Gajah Mada* während der Majapahit-Dynastie, also vor rund 600 Jahren, an dieser Stelle eine Verteidigungsanlage erbauen ließ, um so Invasoren, die in der Vergangenheit stets an dieser Stelle an Land gegangen waren, zukünftig vor Bali fern zu halten. Dieser Anlage verdankt der Ort auch seinen Namen, denn ‚Kuta' bedeutet nichts anderes als ‚Festung'. Kuta, in der Folgezeit von der Majapahit-Dynastie als Hafen benutzt, entwickelte sich im 18. und zu Beginn des 19. Jahrhunderts zum wichtigen balinesischen Sklavenumschlagsplatz, ehe der dänische Kaufmann *Mads Johanes Lange* im 19. Jahrhundert hier

Armselige Vergangenheit

eine florierende Koprafabrik einrichtete und es so in den 30er und 40er Jahren auf Bali und Lombok zu einem Vermögen brachte, darüber hinaus aber auch oftmals als Unterhändler zwischen den balinesischen Rajas und den Holländern fungierte, wobei er u.a. jenen Friedensvertrag aushandelte, der die niederländischen Angriffe auf Bali in den Jahren 1848-49 beendete.

Bis zur Wende zum 20. Jahrhundert hatte sich Kuta zu einem Hafen entwickelt, in dem europäische Handelsschiffe, die im Gewürzhandel mit dem Archipel eingesetzt waren, repariert und ausgerüstet wurden. Und wie in allen Häfen dieser Welt, fanden auch hier Subjekte Unterschlupf, die durch das soziale Raster der balinesischen Gesellschaft gerutscht waren.

Wendepunkt

Der Grundstein für Kutas dramatischen Wandel wurde schließlich – wenn man so will – in den 30er Jahren des 20. Jahrhunderts gelegt, als *Muriel Pearson*, besser bekannt unter ihrem Pseudonym *Ketut Tantri*, das kleine Hotel ‚The Sound of Sea' eröffnete, das sie wenig später an das kalifornische Ehepaar *Bob* und *Louise Koke* verkaufte, die es in ‚Kuta Beach Hotel' umbenannten und es bis zur japanischen Invasion führten. Das Hotel, das während des Zweiten Weltkriegs schwer litt, wurde 1959 wieder aufgebaut und firmiert seit 1991 unter dem Namen ‚Natour Kuta Beach Hotel'.

In Kuta ist Unterhaltung rund um die Uhr angesagt.

In den späten 60er Jahren verbreitete sich ein Name wie ein Lauffeuer unter den Rucksacktouristen: Kuta. Die Einheimischen, die ihre Chance erkannten, begannen schon bald mit der Vermietung einfacher Unterkünfte, eröffneten die ersten Restaurants und lösten dadurch jene erdrutschartige Veränderung aus, die mit der Einweihung der ersten Luxushotels im Jahre 1975 erst ihren Anfang nahm. Aus dem vormals ärmsten Eck Balis wurde somit innerhalb weniger Jahre eine der reichsten Gegenden ganz Indonesiens. Im Unterschied zu Sanur oder Nusa Dua, deren Hotels fast ausnahmslos Nicht-Balinesen gehören, sind es in Kuta und Legian in den meisten Fällen Einheimische, die in Unterkünfte, Lokale und Läden investieren, wodurch sich diese Orte trotz des geradezu irrwitzigen Booms bis heute ihre Reputation als preiswertes Erholungsgebiet weitestgehend bewahren konnten.

So mutierte das ehemals ruhige Dorf im Südwesten der Hauptstadt also innerhalb weniger Jahre zu dem, was man sich unter einem typischen Touristenareal vorstellt. Der damit einhergehende, unkontrollierte Flächenfraß führte dazu, dass der Ort beinahe zum Vorort Denpasars geworden ist. Mit den vormals isoliert gelegenen Nachbarortschaften Tuban, Legian, Seminyak und Kerobokan ist Kuta indes längst zusammengewachsen und dehnt sich noch immer weiter aus, vornehmlich nordwärts entlang der Küste. Das rasche Wachstum forderte natürlich seinen Tribut, das beschauliche Dorfflair ging ebenso verloren wie die traditionellen Arbeitsplätze in der Fischerei. Geld verdient man heute mit den Abertausenden Touristen, die tagtäglich von früh bis spät in die Nacht hinein den Strand, die Straßen, Läden, Restaurants, Bars und anderen Vergnügungseinrichtungen füllen und dieses optisch nicht gerade reizvolle Sammelsurium an architektonisch oftmals wenig gelungenen Funktionsbauten zu einem Platz haben werden lassen, der beinahe mit jedem anderen Ort dieser Kategorie austauschbar ist.

Radikalveränderung

Die zentrale Achse und Einkaufsmeile bilden die Jl. Legian und deren nördliche Fortsetzung, die Jl. Raya Seminyak, doch wer hier einkauft, hat angesichts der oftmals überzogenen Preise selbst Schuld, und auch essen und trinken kann man andernorts meist günstiger.

Fünf Kilometer vollgepackt mit Boutiquen, Bars, Restaurants, Supermärkten, Einkaufspassagen, Buchläden, Geldwechslern, Reisebüros, Schönheitssalons, Unterkünften fast jedweder Preiskategorie und plärrenden Kassettenläden, dies ist die Jl. Legian, dies ist Kuta/Legian, ein gigantischer Erste-Welt-Möchte-Gern-Yuppie-Tummelplatz, an dem man sich kaum zwanzig oder dreißig Meter fortbewegen kann, ohne dass man nicht von jemandem angequatscht wird, der einem tagsüber etwas zu einem ,very spezial price' und abends ,very young girls' oder ,nice women' andrehen will.

Rummelplatz

Böswillige Zungen behaupten bisweilen, dass sich Kuta im Vergleich zu früheren Zeiten, als es ein berüchtigter Sklavenmarkt war, der zwielichtige Gestalten von weit her anzog, gar nicht einmal so sehr geändert habe, womit sie die vielen Prostituierten aus Madura, Java und Sulawesi, die Transvestiten aus Surabaya, javanischen Straßenverkäufer und bettelnde Bali-Aga-Frauen meinen, die ihre Kinder im Schlepptau hinter sich herziehen, aber auch die gewieften Taschendiebe und penetranten Zuhälter.

Die Schattenseiten

Warum, so mag man fragen, strömen dann noch immer solche Heerscharen hierher? ,Sehen und gesehen werden', lautet die Devise, der spätestens mit dem Einbruch der Dämmerung allabendlich Tausende folgen und Kuta dadurch jene von stampfenden Rhythmen und schrillem Outfit geprägte Atmosphäre überstülpen, die so gar nicht zum heiseren Krähen der Kampfhähne passt, das auch an diesem Ort noch immer die Einheimischen beim ersten Schimmer des neuen Tages weckt und somit ein Idyll vortäuscht, das es so nicht mehr gibt, auch wenn sich im familiären Alltag der hier Lebenden trotz des touristischen Rummels insgesamt erstaunlich wenig geändert hat.

Was die Massen zuerst nach Kuta lockte, war neben den billigen Unterkünften der damals traumhaft schöne Strand, der allerdings viel an Reiz verloren hat, seit ihn eine vielbefahrene Straße von den Hotels und Restaurants trennt und an ihm u.a. zahllose Verkäufer/innen und Masseusen ihre Waren und Dienste an den Mann bzw. die Frau zu bringen versuchen. Wer jedoch Menschenmassen nicht scheut, das oftmals aufdringliche Bohren der Verkäufer/innen mit einem Lächeln quittieren kann, Bars und Halligalli sowie postkartengerechte Sonnenuntergänge liebt, der liegt hier goldrichtig, wobei es am Strand von Legian etwas ruhiger zugeht als in Kuta, von Seminyak und Tuban – und

Tummelplatz für Vergnügungssüchtige

vor allem Kerobokan – ganz abgesehen. Hüten sollte man sich jedoch in jedem Fall vor den tückischen Strömungen. Bedauerlicherweise hat sich der Strandabschnitt zwischen Legian und Seminyak in jüngerer Zeit wieder zusehends zum Treff all jener Ignoranten entwickelt, die meinen ihrer Vorliebe für ein Minimum an Textilien überall rücksichtslos frönen zu können.

In Seminyak und Kerobokan wohnen viele der europäischen und nordamerikanischen Expatriates, die im Exportgeschäft der hiesigen Textil-, Schmuck- oder Kunsthandwerksindustrie beschäftigt sind. Zum Glück beschränkt sich das krebsgeschwürartige hedonistische Treiben auf diese relativ kleine Enklave, die trotz alledem noch immer weltweit einer der besten Treffpunkte für Reisende ist, die nicht über allzu viel Geld verfügen, abschalten und Spaß haben wollen.

Fun-Zentrum

Vorsicht
An dieser Stelle sei noch einmal ausdrücklich vor den aufdringlichen Verkäufer/innen und Schleppern, gerissenen Taschendieben und Trickbetrügern gewarnt, die überall herumlungern. Entschlossenes Auftreten hilft gegen die einen, den anderen bietet man am besten dadurch keine Angriffsfläche, indem man nur das bei sich hat, was wirklich unbedingt nötig ist, und seine Wertsachen nicht in aller Öffentlichkeit herumzeigt.

Tuban

Aktuelle regionale Reisetipps zu Tuban *entnehmen Sie bitte den gelben Seiten 445ff*

Aus Richtung Sanur kommend fährt man zunächst auf der Jl. By Pass Ngurah Rai bis zur Abzweigung zum Flughafen und anschließend auf der Zubringerstraße zum Flughafen bis zum 1993 errichteten **Patung Satria Gatotkaca-Standbild (1)**, einer riesigen weißen Quadriga, die von *Gatotkaca*, einem Sohn *Bimas*, einem der Helden des Mahabharata gelenkt wird, der im Reich der Pandawa als fliegender Ritter für die Luftverteidigung und -sicherheit verantwortlich ist.

Steinerner Sicherheitsexperte

Nahe beim Flughafen steht das Patung Satria Gatotkaca-Standbild.

Kuta

Aktuelle regionale Reisetipps zu Kuta *entnehmen Sie bitte den gelben Seiten 382ff*

Hier biegt man nach rechts in die Jl. Raya Tuban ab, die später ihren Namen in Jl. Raya Kuta wechselt. An ihrem Ende erhebt sich rechts das zweistöckige Zentralmarktgebäude von Kuta, der **Pasar Kuta (2)**, um das man rechts herumfährt, um nach wenigen Metern wiederum nach rechts in die Jl. Tanjung Sari abzubiegen, wodurch man zu dem rechter Hand an der Ecke Jl. Padri gelegenen **chinesischen Tempel Vihara Dhar-**

mayana **Kuta (3)** gelangt, in dem die chinesische Gemeinde des Ortes ihre Bitt- und Dankesopfer darbringt.

Schräg gegenüber der Abzweigung in die Jl. Singosari treffen sich allabendlich viele Einheimische auf dem **Nachtmarkt (4)**; zu dem ein Stückchen weiter die Straße hinunter, westlich der Jl. Tanjung Sari versteckt in dem Häusergewirr auf dem chinesischen Friedhof zu finden **Grab von Mads Johanes Lange (5)** hingegen, verirrt sich kaum jemand. Das Grabmal des dänischen Kaufmanns, der – wie schon erwähnt – u.a. jahrelang als Unterhändler zwischen den Niederländern und den balinesischen Fürsten tätig war und plötzlich 1856 auf mysteriöse Art und Weise verstarb, vermutlich vergiftet von einem eifersüchtigen Prinzen, der von den Kolonialherren zu seiner Tat aufgehetzt worden war, besteht aus einer gemauerten schwarzweiß angestrichenen Pyramide. Die schäbigen Überreste des ehemaligen festungsartigen Wohnhauses von *Mads Johanes Lange* liegen gleich nebenan. Warum er gerade hier beigesetzt ist? Nun, zu seinen Frauen gehörte auch die Tochter eines im Ort ansässigen Magnaten, was ihm den Zugang zu dem weiten Netz der Handelskontakte der Chinesen verschaffte, daher wird sein Grab heute von den Balinesen auch als eine heilige Stätte der Chinesen angesehen.

Am westlichen Ende der Jl. Singosari stoßen Sie auf den **Pasar Seni** (Kuta Art Market) **(6)**, auf dem Sie hauptsächlich Textilien aller Art sowie Kunsthandwerkliches in Hülle und Fülle finden. Gleich um die Ecke finden Sie den **Kuta Square**

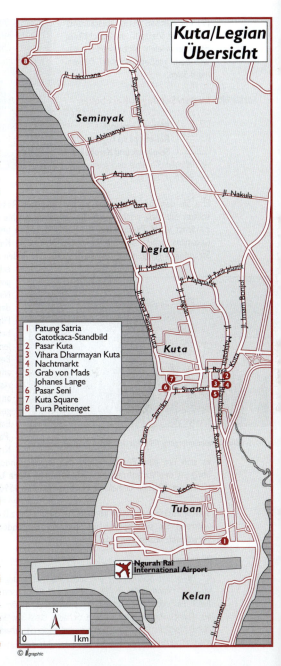

Kuta/Legian Übersicht

1 Patung Satria Gatotkaca-Standbild
2 Pasar Kuta
3 Vihara Dharmayan Kuta
4 Nachtmarkt
5 Grab von Mads Johanes Lange
6 Pasar Seni
7 Kuta Square
8 Pura Petitenget

(7) mit etlichen netten Restaurants und einer Vielzahl an Geschäften, darunter vielen Nobelmarken, sowie dem großen *Matahari Department Store*.

Legian/Seminyak/Kerobokan

 Aktuelle regionale Reisetipps zu Legian, Seminyak und Kerobokan entnehmen Sie bitte den gelben Seiten 391ff, 428ff, 380f

Auf dem Pasar Seni von Kuta

Gedenkstätte Ehe Sie den Tag in irgendeinem der zahllosen Restaurants am Ort ausklingen lassen, sollten Sie sich noch durch das Verkehrsgewühle nordwärts vorarbeiten, und zwar zunächst via Jl. Pantai Kuta, Jl. Melasti, Jl. Legian und Jl. Raya Seminyak, die Sie zur Jl. Laksmana bringt, der Sie wiederum bis zur Jl. Kayu Aya folgen, an der Sie den in Strandnähe gelegenen **Pura Petitenget (8)** finden, der vollständig aus Korallengestein erbaut ist und von einem der ersten javanischen Hindupriester, *Danghyang Nirartha*, im 16. Jahrhundert gegründet wurde, als sich dieser auf seiner Pilgerfahrt zum Pura Luhur Uluwatu befand. Nachdem dieser einen lokalen Dämon besiegt hatte, lud er die Bewohner des Ortes Kerobokan ein, an dieser Stelle einen Tempel zu errichten, der daran erinnern sollte, dass an dieser Stelle die Veden, die heiligen Schriften Indiens, erstmals nach Bali gebracht worden waren. Bei dem ‚Peti tenget', einem mit magischen Kräften ausgestatteten Behälter, soll

Zum Sonnenuntergang füllt sich der Pantai Kuta allabendlich.

es sich um eine Betelschachtel des Tempelgründers handeln. Der Tempel teilt sich übrigens den Vorhof mit dem Subak-Tempel **Pura Ulun Tanjung**. Und auch der erste Holländer, Captain *Cornelis de Houtman*, landete 1596 an eben dieser Stelle.

Stilvoll ausklingen lassen können Sie diesen Tag z.B. im **The Oberoi**, in dem Sie sich, während Sie sich optisch im Spiel der anbrandenden Wellen verlieren, kulinarisch verwöhnen lassen können.

Tipp

Ein Spaziergang am sechs Kilometer langen Strand von Kuta nach Seminyak kann noch immer sehr reizvoll sein, besonders in den frühen Morgenstunden. Nach Einbruch der Dunkelheit ist allerdings davon abzuraten, da zwielichtige Gestalten auf leichtsinnige Opfer warten. Schade, dass der Strand teilweise arg verschmutzt ist, daher Vorsicht vor Glasscherben und anderen scharfen Gegenständen. Am besten trägt man sicherheitshalber Sandalen.

Die Halbinsel Bukit Badung

Die Halbinsel am südlichen Ende von Bali, die durch eine maximal 1,7 km breite Landbrücke mit der Hauptinsel verbunden ist, fristete die allerlängste Zeit ein stiefmütterliches Dasein, denn die wenigen fruchtbaren Böden reichten nicht aus, um auf ihr Landwirtschaft zu betreiben, und auch der an den Küsten betriebene Fischfang ernährte nur wenige Menschen, erst mit der Anlage von Nusa Dua wurde sie aus ihrem Dornröschenschlaf gerissen.

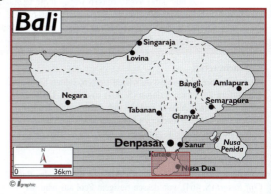

Die in ihrer Form einer Zitrone ähnelnde, ungefähr 100 km² große Halbinsel misst von Norden nach Süden rund acht Kilometer und von Westen nach Osten zirka 17 Kilometer. Heute durchschnittlich 100-200 m über dem Meeresspiegel gelegen, war sie vor langer Zeit einmal Bestandteil des Meeresbodens und dann vermutlich zunächst eine selbstständige Insel, ehe sie sich mit der großen Nachbarin verband. Die Holländer nannten das damals savannenartige, felsige, windumtoste, poröse Kalkplateau, das klimatisch, topographisch und geologisch stark Nusa Penida gleicht, jahrelang ‚Tafelhoek' (‚Tafelland').

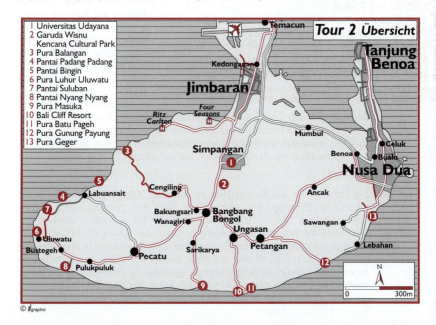

Die Halbinsel Bukit Badung

Finden sich an den vielerorts steil abfallenden Küsten einige der besten und dramatischsten Surfreviere von ganz Bali sowie im Westen und Süden zudem die Relikte alter Meerestempel, so bricht man landeinwärts noch immer Blöcke aus dem Karstgestein.

Bis zu Beginn der 80er Jahre des vergangenen Jahrhunderts abseits der Touristenpfade und nur unter Wellenreitern wegen ihrer exzellenten Surfmöglichkeiten sowie Kulturbeflissenen für den an ihrem westlichsten Ende zu findenden Reichstempel bekannt, erlebte die Halbinsel seither jedoch geradezu dramatische Veränderungen, tauschte ihr einstmals staubig braunes, von Dürre ausgemergeltes, beinahe menschenleeres Erscheinungsbild gegen ein nunmehr großenteils begrüntes und in zunehmendem Maße verbautes ein.

Einst ohne ganzjährig existente Fließgewässer und künstliche Bewässerungsmöglichkeiten, kennzeichneten bis in die 80er Jahre des 20. Jahrhunderts Knüppelgehölz und Kakteen das Landschaftsbild, so ziemlich das einzige, was auf den kargen und staubigen Böden gedieh. Drastische Unterschiede zwischen Trocken- und Regenzeit charakterisierten die lokalen Verhältnisse, denn während in der Trockenzeit (Mai - September) das Land gleichsam ausgebrannt, bar jeglichen Grüns unter der sengenden Sonne zu schmoren schien, sprossen während der Regenzeit (Oktober - April) u.a. sogar Bananen, Reis, Maniok, Sorghum, Bohnen, Erdnüsse, Orangen und Kokosnüsse aus der dünnen Humusschicht, wohingegen das Spektrum der heutzutage angebauten landwirtschaftlichen Erzeugnisse dank der künstlichen Bewässerung (via Pipeline aus dem Regierungsbezirk Tabanan) noch um vieles reichhaltiger ist.

Redaktions-Tipps

- **Sehenswertes**

Auch wenn Sie nicht selbst aufs Brett steigen, sollten Sie einmal den Surfern am *Pantai Suluban* (S. 504) zuschauen. Doch auch allein schon die Steilküste und die sich davor auftürmenden Wellen sind es wert, hierher zu kommen. Doch auch andernorts wartet die Halbinsel mit grandiosen, wild zerklüfteten Steilküstenabschnitten auf.

- **Übernachten**

Eine der spektakulärst gelegenen Herbergen Balis ist das *Bali Cliff Resort* (S. 464), von dessen riesigem Pool aus man ins Meer zu stürzen scheint. Legen Sie doch einmal ein paar Euro drauf und gönnen Sie sich – wenn auch nur für eine Nacht – den ultimativen Luxus des *Four Seasons Resort Bali at Jimbaran* (S. 376) oder den *Amanusa* in Nusa Dua (S. 403).

- **Essen und Trinken**

Eine phantastische Fernsicht hat man vom *Balangan* nahe Ungasan (S. 465), dessen intime Atmosphäre und exzellente Küche man bei einem romantischen Abendessen genießen sollte.

- **Sport**

Surfer finden bei Suluban (S. 504) ihr Dorado schlechthin.

Vormaliges herrschaftliches Jagdrevier

Die Halbinsel, von den Einheimischen oft nur ‚Bukit' (‚Berg') genannt, spielt in der balinesischen Mythologie eine wichtige Rolle, denn diese berichtet davon, dass die Götter ein Stück Land von Java nahmen, um daraus Bali zu schaffen, wobei sie drei hohe Gipfel formten, den Gunung Agung im Osten, den Gunung Batukau im Westen und eben Bukit Badung im Süden. Darüber hinaus galt die Halbinsel in alten Zeiten als gefährliches Territorium, auf dem sich große Herden wilder Büffel herumtrieben, die Fürsten von Denpasar und Mengwi hingegen jagten hier u.a. Fasane und Hirsche. Welch unwirtlichen Charakter dieses Stückchen Erde besaß, mag man daran erkennen, dass man bis in die Neuzeit hinein Kriminelle und politische Gegner hierher verbannte.

Jimbaran

Aktuelle regionale Reisetipps zu Jimbaran

entnehmen Sie bitte den gelben Seiten 375ff

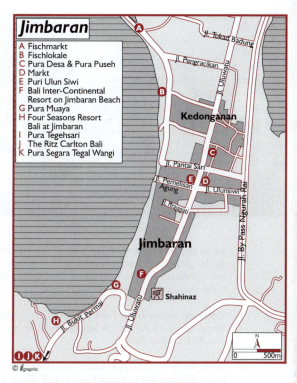

Beginnen kann man seine Rundfahrt auf der Halbinsel mit einem Besuch des frühmorgendlichen **Fischmarktes (A)** an der Teluk Jimbaran, dem nördlichen Strandende von Jimbaran, wohin man am besten über die Jl. Uluwatu und Jl. Pengracikan kommt. Gesäumt von den zahlreichen einfachen Unterkünften der Fischerfamilien, bei denen es sich praktisch ausnahmslos um Nicht-Balinesen handelt, nämlich zumeist Buginesen und Maduresen, bietet dieser Strandabschnitt tagtäglich ein pittoreskes Schauspiel, wenn die von der nächtlichen Ausfahrt zurückkehrenden Prahus und Jukungs ihren Fang anlanden, der sogleich vor Ort versteigert wird, um von hier an die zahlreichen **Fischlokale (B)** entlang der Jl. Pantai Sari bzw. in anderen Inselteilen ausgeliefert zu werden.

Tipp
Wer Lust verspürt, einmal mit auf nächtlichen Fang hinauszufahren, kann dies gegen ein Entgeld tun. Fragen Sie diesbezüglich einfach bei den Fischern nach.

Während der Weiterfahrt auf der Jl. Uluwatu in Richtung Süden, kommt man in der Ortsmitte zunächst an den linker Hand gelegenen **Pura Desa** und **Pura Puseh (C)** vorbei, ehe man gegenüber dem **Markt (D)** zur Rechten den **Pura Ulun Siwi (E)** auftauchen sieht. Der insgesamt recht bescheidene Tempel, der von *Cokorda Munggu*, dem Raja von Mengwi, errichtet wurde und die düstere Erhabenheit des Stils des 17. Jahrhunderts widerspiegelt, besitzt ein recht schönes Candi bentar, zudem werden in ihm heilige Barong- und Rangda-Tanzmasken aufbewahrt. Als bedeutendster Subak-Tempel Balis wird er von Reisbauern unterhalten und ist der Reisgöttin *Dewi Sri* geweiht, der herausragende elfstöckige Meru hingegen *Shiva*.

Bedeutendster Subak-Tempel

Welch bemerkenswerte Metamorphose hin zum Luxusbadeort das einst verträumte Fischerdorf, das vormals zum Reich von Mengwi gehörte und dessen fünf Kilometer langer, herrlicher weißer Sandstrand zu den besten Balis gehört, in den letzten Jahr-

Die Halbinsel Bukit Badung

Allmorgendlicher Fischmarkt in Jimbaran

zehnten hinter sich gebracht hat, wird einem bei der Weiterfahrt schon bald klar.

Kurz hinter dem **Bali Inter-Continental Resort on Jimbaran Beach (F)** folgen Sie der Jl. Bukit Permai nach rechts, wodurch Sie am **Pura Muaya (G)** vorbeikommen, der unter Beteiligung des nebenan gelegenen **Four Seasons Resort Bali at Jimbaran (H)** restauriert wurde, das vielfach zum besten Hotel Balis, ja ganz Asiens oder gar der ganzen Welt gewählt worden ist. Hier verwöhnt man seine Gäste mit ultimativem Hotelluxus, wozu auch ein eigener Pool für jede der 147 Villen zählt. Die phantastische Hotelanlage ist allemal eine Visite wert.

Vorbei am unscheinbaren **Pura Tegehsari (I)** erreichen Sie am Ende der Jl. Bukit Permai, die dann Jl. Karang Mas Sejahtera heißt, ein weiteres Hotel der Luxusklasse, das **The Ritz Carlton Bali (J)**.

Tosendes Naturschauspiel

Direkt vor der Hoteleinfahrt zweigt eine kleine Nebenstraße zum unmittelbar an der Küste gelegenen **Pura Segara Tegal Wangi (K)** ab, bei dem man das immer wieder großartige Naturschauspiel der an die Steilküste anbrandenden Fluten beobachten kann, deren Tosen weithin zu hören ist.

Anschließend geht es zurück zur Hauptstraße, auf der Sie sich südwärts Richtung Ungasan halten. Nach wenigen Kilometern sehen Sie bei Simpangan zur Linken die **Universitas Udayana (1)** liegen, die in den 80er Jahren viele ihrer Fakultäten von Denpasar hierher verlegte.

Ungasan

Aktuelle regionale Reisetipps zu Ungasan
entnehmen Sie bitte den gelben Seiten 464f

Und schon bald taucht links vor Ihnen die Einfahrt zum **Garuda Wisnu Kencana Cultural Park** (GWK) **(2)** auf. Hier entsteht auf einem ehemaligen Kalksandsteinbruchgelände Balis ehrgeizigstes Kulturprojekt, in dessen Mittelpunkt die weltweit größte Statue steht, die 146 m hohe *Garuda Wisnu Kencana*, deren Fertigstellung für das Jahr 2004/5 geplant ist und Gott *Vishnu* auf dem Göttervogel *Garuda* reitend darstellt. In der Basis dieses monumentalen Bauwerkes ist neben Kunstgalerien sowie einem Aussichtsrestaurant und einer Aussichtsplattform noch das *International Art & Culture Forum*

Monumentalbauwerk

untergebracht, dessen Aufgabe es sein wird, sich um den künstlerischen und kulturellen Datenaustausch zwischen den Nationen dieser Welt zu kümmern und die Kunst und Kultur Indonesiens stärker ins Bewusstsein der Welt zu rücken. Finanziert wird dieses ehrgeizige Projekt, das sich auch der kulturellen Pflege und Ausbildung verschrieben hat, aus Spenden und den Eintrittsgeldern für den Park.

Der wolkenkratzerhohen Statue liegen Entwürfe des balinesischen Künstlers *Nyoman Nuarta* zugrunde. 4.000 Tonnen wird die mit einer Flügelspannweite von 66 m himmelwärts ragende Statue aus Kupfer und Messing insgesamt wiegen, von der einige Teile mit Gold überzogen werden. Bislang fertiggestellt ist nur die 22 m hohe Büste *Vishnus*, die derzeit auf der *Penataran Wisnu* (Plaza Wisnu) im hinteren Teil des Gesamtkomplexes zu besichtigen ist.

Weitere Bestandteile dieses Mammutprojektes sind neben einer Reihe von Restaurants, Galerien und Geschäften das *Street Theatre*, eine 126 m x 24 m lange Plaza, die als Hauptboulevard praktisch alle wichtigen Einrichtungen des GWK miteinander verbindet und auf der die verschiedensten kulturellen Darbietungen präsentiert werden. Diesem Zweck dient auch das *Amphitheater* mit seinen 700 Plätzen, das bezüglich Licht- und Tontechnik auf dem neuesten Stand ist.

Die Büste Vishnus im GWK

Bemerkenswert sind auch die Wandreliefs, die die haushohen Natursteinmauern zieren, die man als Trennwände zwischen den einzelnen Parkeinheiten hat stehen lassen. Zudem hat man bei klarem Wetter von hier oben nordwärts eine phantastische Aussicht auf die Bergwelt Balis.

Großartiges Panorama

Wer viel Zeit hat, kann über Cengiling einen Abstecher zum Höhlentempel **Pura Balangan (3)** an der Nordwestküste der Halbinsel unternehmen, den man auf einer unasphaltierten Straße an einem herrlichen Sandstrand findet und von dem aus man gleichfalls eine großartige Fernsicht auf Bali hat. Vom Parkplatz ist es rund zehn Fußminuten bis zum Strand.

Uluwatu

Aktuelle regionale Reisetipps zu Uluwatu
entnehmen Sie bitte der gelben Seite 464

Wer sich den Umweg sparen möchte, kann sich – vorbei am Gunung Ingas, mit 203 m die höchste Erhebung auf der Halbinsel – gleich in Richtung Pecatu orientieren, von wo aus man sich entweder nordwärts in Richtung der Surfstrände **Padang Padang (4)** und **Bingin (5)** hält oder aber gleich bis zum bedeutendsten Tempel der Halbinsel durchfährt, dem noch vor wenigen Jahrzehnten vollständig isoliert gelegenen **Pura Luhur Uluwatu (6)**.

Surfreviere

Spektakuläre Lage

Das Meeresheiligtum, das zur See hin ausgerichtet ist und der Meeresgöttin *Dewi Danau* geweiht ist, thront am Rande einer steilen, jäh ins Meer abfallenden, 76 m hohen Klippe und zählt sowohl zu den sechs großen Heiligtümern (Sad kahyangan) als auch zu den Reichstempeln Balis. ‚Ulu' bedeutet ‚Kopf', ‚Watu' lässt sich mit ‚Felsen' übersetzen und ‚Luhur' mit ‚himmlisch, transzendent', so dass sein Name in etwa ‚Tempel des himmlischen Felsenkopfes' lautet, wohingegen der ganze Felsen als versteinertes Schiff der Seegöttin verehrt wird.

Angeblich wurde der Tempel im 11. Jahrhundert von *Empu Kuturan* errichtet und im 16. Jahrhundert von *Danghyang Nirartha* wieder aufgebaut, der hier seine endgültige Erlösung erlangt haben soll, indem er sich ins Nichts auflöste und so die Moksa erreichte. Auf dieses Ereignis weist auch der Namenszusatz ‚Luhur' hin, der sich von dem Wort ‚Ngeluhur' ableitet, was soviel bedeutet wie ‚hinaufgehen' bzw. ‚hinaufsteigen'.

Dass er aus derselben Epoche wie der Pura Sakenan auf Pulau Serangan stammt, belegen seine Architektur und Skulpturen.

Vergleichsweise ruhig

Aufgrund seines abgelegenen Standortes im äußersten westlichen Eck der Halbinsel, handelt es sich bei diesem Tempel um einen der am wenigsten vom Tourismus und Kommerz heimgesuchten der neun Reichstempel. Bis zu seinem Tode im Jahre 1906 durfte ihn nur der Fürst von Badung betreten, heutzutage steht er hingegen jedem hinduistischen Balinesen offen und unter der Obhut einer vormals königlichen Familie in Denpasar. Zwar gehört das Heiligtum allen Balinesen, doch sind es vor allem Fischer, die in ihm zur Meeresgöttin beten.

Vom Parkplatz führt ein etwa 300 m langer Fußweg zum Tempel, an dem neben der spektakulären Lage besonders die reich verzierten Tore Ihre Aufmerksamkeit verdienen, die – wie auch die übrigen Bauten – aus Korallengestein errichtet sind. 71 Stufen führen zum **Eingangstor (I)** der eigentlichen Tempelanlage.

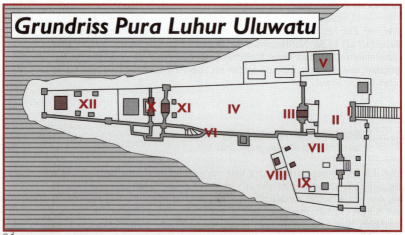

Dahinter gelangt man in den **Tempelvorhof (II)**, den ersten der drei Höfe, die das Reich der Geister, des irdischen Daseins und der Dämonen symbolisieren und jeweils von Mauern aus wettergehärtetem Korallengestein eingefriedet sind. Ein **Candi bentar (III)**, dessen geschwungene Form die Flügel des heiligen Vogels *Garuda* darstellen sollen (daher nennen die Balinesen diesen Baustil ‚Bersayap', d.h. ‚geflügelt'), leitet zum **zweiten Tempelhof (IV)**, den *Jero tengah*, über. Rechts davon ist ein **Astasari (V)** zu sehen, ein Schrein für die Festopfer.

Da man als Nicht-Hindu die beiden hinteren Höfe nicht betreten darf, muss man sich damit begnügen, diese von Süden her über die umlaufende **Schutzmauer (VI)** hinweg in Augenschein zu nehmen. Dabei passieren Sie zunächst einen kleinen **Nebenhof (VII)**, in dem mehrere Schreine für *Danghyang Nirartha* untergebracht sind: der an die Brüstung gemauerte, **Dwijendra (VIII)** genannte weist Darstellungen von *Brahma* (links) und *Vishnu* (rechts) auf, die vier freistehenden **Bale tajuk (IX)** hingegen sind den geistigen Wächtern *Nirarthas* geweiht.

Den Übergang zum dritten und letzten Hof bildet schließlich ein **Kori agung (X)**, das einen sonst auf Bali nicht üblichen, rundbogigen Durchgang (Gapura) aufweist und in stilisierter Form den mystischen Berg

Das rundbogige Kori Agung ist für Bali untypisch.

Meru darstellen soll. Während direkt über dem Torbogen eine Kala-Boma-Fratze zu sehen ist, kann man oberhalb dieser noch das ‚Kamandalu' genannte heilige Gefäß ausmachen, in dem das Lebenselixier aufbewahrt wird. Zu beiden Seiten des Durchgangs sieht man noch je eine als Wächter fungierende **Ganesha-Statue (XI)**, und zwar in jener Tanzhaltung, die für gewöhnlich sein göttlicher Vater *Shiva* als Nataraja (König des Tanzes) einnimmt: eine Reminiszenz an ostjavanische Tempelarchitektur.

Baustilistisch außergewöhnlich

Im hintersten Hof selbst ist ein *Danghyang Nirartha* geweihter **Drei-Tumpang-Meru (XII)** zu sehen, der an der Stelle errichtet worden sein soll, an der dieser seine Erleuchtung fand.

Hinweise

- Besucher dürfen keine schwarz-weiß gemusterten Kleidungsstücke und keine Hibiskusblüten tragen.
- Passen Sie auf die auf dem Tempelgelände und Parkplatz herumtollenden Affen auf, die sich gerne an achtlos hingelegten Sachen vergreifen und einem Hut oder Kamera entreißen.

Der Blick auf die unterhalb des Tempels mit der Urkraft des Meeres anbrandende See könnte atemberaubender kaum sein und lässt sich sehr gut von der ein Stückchen südlich gelegenen Klippe aus bestens beobachten, zu der vom Tempel aus ein schmaler Fußpfad führt. Zudem lassen sich von hier oben gelegentlich Meeresschildkröten und Delphine beobachten und Fregattvögel, die ihre in den Felsen gebaute Nester anfliegen.

Tobende Naturkräfte

Bei klarer Sicht kann man außerdem die Küste Ostjavas am Horizont ausmachen. Wer die einzigartige Atmosphäre genießen möchte und es sich einrichten kann, sollte möglichst früh kommen; voll hingegen wird es oftmals bei Sonnenuntergang, schließlich ist dies einer der schönsten Plätze Balis, um dieses immer wieder faszinierende, farbenprächtige Spektakel zu genießen.

Steilküste bei Suluban

Knapp drei Kilometer nördlich des Tempels befindet sich **Suluban (7)**, Balis berühmtestes, aber auch populärstes Surfrevier, an dem sich die Wellen mitunter acht Meter hoch auftürmen. Folgen Sie ab dem *Uluwatu Resort* am Ende der asphaltierten Straße dem Hinweisschild ‚Pantai Suluban'. Ein gepflasterter, treppenreicher Fußpfad führt zu den Klippen, oberhalb derer in den letzten Jahren zahlreiche einfache Restaurants entstanden sind und von denen aus man das Tosen und Toben des Meeres auch aus beruhigender Distanz und trockenen Fußes beobachten kann. Bereits seit Beginn der 70er Jahre des letzten Jahrhunderts zählt die Halbinsel zu den besten Surfregionen Südostasiens und wird zu den Top Ten der Welt gerechnet – nicht zu Unrecht, wie man hier unschwer erkennen kann. Die ideale Jahreszeit zum Surfen ist hier die Trockenzeit, also die Monate April bis Oktober, wobei frühmorgens die Wogen am vielversprechendsten sind; während der Regenzeit hingegen machen die starken Winde den Ritt auf den Wellen unmöglich.

Balis Surfrevier Nummer eins

Ein weiteres erstklassiges Surfrevier stellt **Nyang Nyang (8)** dar, das man auf dem Rückweg rechts liegen lässt. Haben Sie noch Zeit, so können Sie von Ungasan aus einen Abstecher zum **Pura Masuka (9)** unternehmen, doch lohnt sich der Umweg eigentlich nur der Aussicht wegen, der Tempel selbst liegt ziemlich verwaist und verwahrlost dar.

Nicht entgehen lassen sollten Sie sich dagegen den Besuch des **Bali Cliff Resort (10)**, dem einzigen Hotel auf Bali, von dem aus man sowohl Sonnenaufgang wie Sonnenuntergang beobachten kann und das über Un-

Vom Pool direkt ins Meer

Vom Pool des Bali Cliff Resort scheint man direkt ins Meer hinausschwimmen zu können.

gasan zu erreichen ist. Spektakulär oberhalb einer gut 75 m hohen Klippe gelegen, glaubt man vom riesigen Swimmingpool direkt ins Meer gespült zu werden. Via Travelator, einer Freilufttreppe, wird man zum unterhalb des Hotels gelegenen Green Bowl Beach gebracht.

Direkt auf der Ostseite des Hotels führt eine schmale Straße zum kleinen Höhlentempel **Pura Batu Pageh (11)**.

Zurück in Ungasan, hält man sich von dort aus ostwärts. Ob man von Petangan aus den Abstecher zum **Pura Gunung Payung (12)** unternimmt oder nicht, muss man selbst entscheiden, besonders lohnenswert ist dies jedoch nicht. Eher lohnt da schon eine kurze Stippvisite beim **Pura Geger (13)** an der Straße gleichen Namens, auf die man, von Petangan kommend, stößt, wenn man in Nusa Dua kurz vor der Jl. By Pass Ngurah Rai nach rechts in die Jl. Srikandi abbiegt, deren Verlängerung, die Jl. Nusa Dua Selatan, wiederum in die Jl. Pura Geger einmündet.

Wer sich diesen Umweg sparen möchte, kann aber auch gleich in Nusa Dua bleiben.

Nusa Dua

 Aktuelle regionale Reisetipps zu Nusa Dua
entnehmen Sie bitte den gelben Seiten 403ff

Seinen Namen, der übersetzt ‚zwei Inseln' bedeutet, verdankt Nusa Dua, dieser überdimensionale Freizeitpark, dessen Konzeption auf gänzlicher Autarkie beruht, den beiden vorgelagerten kleinen Halbinseln. Um dem touristischen Wildwuchs in Sanur, Kuta und Ubud einen Riegel vorzuschieben und die Auswirkungen des Tourismus auf die natürliche und menschliche Umwelt so gering wie möglich zu halten, beschloss die Inselregierung 1971, dass fortan nur noch in der Region um Nusa Dua größere Luxushotels gebaut werden durften, eine Regelung, die bis heute weitestgehend eingehalten wurde. Man entschied sich für diese Region, da sie zum einen in Flughafennähe lag, vor allem aber wegen ihrer atemberaubenden Lage, die zudem aufgrund ihrer relativen Isolation gewährleistet, dass die einheimische Bevölkerung durch das touristische Treiben, das nicht immer balinesischen Normen entspricht, nicht über Gebühr beeinträchtigt wird. Die Investoren zögerten anfangs jedoch, da man um das Schicksal einiger hier beheimate-

Luxusrefugium

In Nusa Dua reiht sich ein Luxushotel an das andere.

Die Halbinsel Bukit Badung

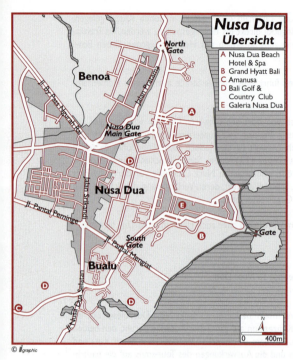

Nusa Dua Übersicht
A Nusa Dua Beach Hotel & Spa
B Grand Hyatt Bali
C Amanusa
D Bali Golf & Country Club
E Galeria Nusa Dua

ter Meerestempel fürchtete und eine ganze Reihe von Fischer- und Bauernfamilien umgesiedelt bzw. mit neuen Arbeitsplätzen vertraut gemacht werden mussten.

Den Durchbruch brachte 1979 die Eröffnung des *Bualu Hotels*, das der *Tourism and Hotel School* als Trainingsstätte für angehende Bedienstete im Tourismusgeschäft diente. 1982 schließlich erfolgte die Einweihung des *Nusa Dua Beach Hotels*, des ersten Fünf-Sterne-Hotels, das bis heute zur staatlichen Fluggesellschaft *Garuda Indonesia* gehört. In den Folgejahren schossen die Vier- und Fünf-Sterne-Komplexe nur so aus dem Boden, immer größer, immer spektakulärer, wodurch eine Kunstwelt entstand, die mit dem übrigen Bali kaum etwas zu tun hat. In Nusa Dua lebt man auch nicht, sondern hier arbeitet man oder man kommt hierher zu Besuch. Strand und Meer, Sonne und Luxus pur – von allem gibt es vor Ort reichlich. Sehr viel mehr allerdings auch nicht.

Künstliche Oase

Wer indes ganz weit weg sein möchte vom Rest der Welt, wer am Morgen nicht von krächzenden Hähnen geweckt werden möchte, der wird sich hier dennoch wohl fühlen, dafür sorgt schon allein das stets und überall freundliche Hotelpersonal, ganz zu schweigen von den phantastischen Park- und Gartenanlagen, deren Großzügigkeit und tropischer Reichtum einem bisweilen den Atem verschlägt und die das Touristenrefugium trotz allem im Großen und Ganzen überaus elegant und harmonisch erscheinen lassen, was auch daran liegt, dass alle Hotelbauten sich an der balinesischen Architektur anlehnen müssen. Das für Pools, Bäder und Grünanlagen benötigte Wasser kommt übrigens aus rund zwei Dutzend Tiefbrunnen.

Hotelbauten der Superlative

Um sich einen Eindruck von der architektonischen und gartenbaulichen Prachtentfaltung zu verschaffen, sollten Sie sich z.B. unbedingt einmal das **Nusa Dua Beach Hotel & Spa (A)** und das **Grand Hyatt Bali (B)** anschauen. Letzteres ist baulich vom Wasserpalast in Tirtagangga inspiriert und stellt dank seiner prunkvollen Ausstattung ein besonderes Art Gesamtkunstwerk dar. An Exklusivität kaum noch zu übertreffen ist das ein Stückchen weiter westlich auf einer kleinen Anhöhe gelegene **Amanusa (C)**, von dessen Terrasse aus man einen großartigen Überblick über Nusa Dua hat und zu dessen Füßen sich ein Teil des hiesigen **Bali Golf & Country Club (D)** erstreckt, der zu den schönsten und besten Golfplätzen der Welt zählt. Gut, aber nicht gerade billig, einkaufen kann man hingegen in der **Galeria Nusa Dua (E)**, die zudem über ein weitreichendes gastronomisches Angebot verfügt.

Da der Platz für weitere Hotelneubauten in Nusa Dua praktisch erschöpft ist, weicht man seit den 90er Jahren immer mehr in Richtung Norden aus, wo eine neue Zone mit vornehmlich touristischen Einrichtungen entstanden ist:

Tanjung Benoa

Aktuelle regionale Reisetipps zu Tanjung Benoa
entnehmen Sie bitte den gelben Seiten 438ff

Diese schmale, etwa fünf Kilometer lange Landbrücke stellt den nordöstlichsten Teil der Halbinsel Bukit Badung dar und ist an ihrer Westseite noch immer weitestgehend von Mangrovensümpfen gesäumt. Prägten einst Kokosnusspalmen und flach auslaufende Sandstrände diese verschlafene Inselregion, so hat sich deren Erscheinungsbild in den letzten Jahren durch den Bau etlicher Luxushotels, die Eröffnung neuer Restaurants, Cafés und Tauchschulen doch merklich verändert, auch wenn sie noch lange nicht jenen Hauch von Exklusivität aufzuweisen hat wie das benachbarte Nusa Dua.

An der namengebenden Ortschaft am nördlichen Ende des Landzipfels ist der touristische Aufschwung allerdings zum größten Teil vorübergegangen, ihre Lethargie scheint geradezu mit Händen greifbar, sich verstärkt zu haben, seit die vormals zur Pulau Serangan und nach Suwung ablegenden Fährboote, bedingt durch den Bau der Autobahn bzw. des Dammes zur ‚Schildkröteninsel', ihren Dienst eingestellt haben. Seither vergammelt der einst pittoreske Hafen bedauerlicherweise immer mehr, Berge von Unrat türmen sich entlang der Küste, vor der neben den traditionellen Prahus blitzblank geputzte Motor- und Segeljachten sich in den sanften Wogen wiegen.

Die kleine **Moschee (A)** der hier ansässigen Buginesen lohnt kaum den

Im kleinen Tempel Caow Eng Biu trifft sich die chinesischstämmige Buddhistengemeinde.

Das Amanusa ist der geeignete Ort, um den Tag ausklingen zu lassen.

Besuch, so dass die winzige wirkliche Sehenswürdigkeit von Tanjung Benoa der farbenprächtige **chinesische Tempel Caow Eng Biu (B)** ist, den man unweit des Hafens auf der Südseite eines von einem gewaltigen Banyanbaum beschatteten Platzes findet. In seinen Seitenflügeln werden Bronzeikonen aufbewahrt, die im 15. Jahrhundert aus den Trümmern eines chinesischen Schiffswracks geborgen wurden. Wer noch Zeit hat, kann noch bei den beiden Tempeln im Ort vorbeischauen, dessen einen man in unmittelbarer Nähe des chinesischen Tempels und dessen anderen man in der Ortsmitte findet.

Ein würdiger Abschluss für diesen Tag wäre z.B. ein Abendessen im Amanusa; doch auch die anderen Hotels der Gegend verfügen über eine Menge erstklassiger Restaurants. Oder Sie verbringen den Abend in der Galeria Nusa Dua, wo Ihnen für ein schönes Abendessen eine Vielzahl an Restaurants und fürs Einkaufen rund hundert Geschäfte zur Verfügung stehen.

Die vorgelagerten Inseln

Nusa Penida

Aktuelle regionale Reisetipps zu Nusa Penida
entnehmen Sie bitte der gelben Seite 410

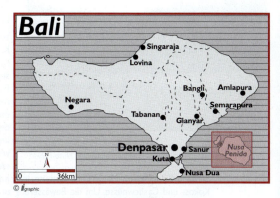

Die rund 22 km lange und maximal 16 km breite Insel, die von den Einheimischen kurz *Nusa* genannt wird, gilt bei den ‚Festlandsbalinesen' als die Heimat des gefährlichen, unheilbringenden Dämons *Jero Gede Macaling* und seiner weißgesichtigen Frau *Jero Luh*, die im Barong landung-Tanz als hochaufragende schwarze bzw. weiße Gestalten auftreten und im dualistischen balinesischen Weltbild als Gegenspieler des Guten, Schöpferischen und Hellen fungieren. In der Vergangenheit soll es diesem Dämon mit seinem Geistergefolge mehrmals gelungen sein, die Selat Badung (Badung-Straße) zu überwinden und Angst, Schrecken und Zerstörung über Bali zu bringen. Erst nachdem die Balinesen eine ähnlich aussehende Dämonenfigur angefertigt und an der Küste aufgestellt hatten, habe der Riese das Weite gesucht. Versuche, sich die hier hausenden Dämonen fernzuhalten, stellen auch die regelmäßig von den Balinesen aufgeführten Trancetänze dar, wie z.B. der Sanghyang dedari. Die Angst vor diesem Dämon ist es auch, warum sich die Balinesen nicht gerne nach Nusa Penida begeben, zudem stehen die Inselbewohner, die sich auch hinsichtlich des Adat, der Tänze, Puppenspiele, Architektur und Webkunst von den übrigen Balinesen unterscheiden, bei diesen im Ruf, in der schwarzen Magie bewandert zu sein, worauf wiederum ihr hohes Ansehen bei den ‚Festlandsbalinesen' zurückzuführen ist.

Zufluchtsstätte der Dämonen

Nusa Penida hat zwar nur eine spärliche Vegetation, dafür aber eine ungewöhnliche Tierwelt aufzuweisen, darunter einen der seltensten Vögel der Welt, den Rothchild's-Mynah. Mangels Wasser lässt das zum Regierungsbezirk Klungkung gehörende Kalksteinmassiv Nassreisanbau nicht zu, überhaupt vermisst man nahezu jegliches balinesisches Flair. Schuld daran ist der trockene, karge Landschaftscharakter, der die Rajas von Klungkung früher dazu veranlasste, Missetäter auf diese Insel zu verbannen, was ihr

Redaktions-Tipps

- **Sehenswertes/Sport**

Die Unterwasserwelt vor Nusa Penida (S. 509ff) und Nusa Lembongan (S. 513ff) war schon für so manchen Grund genug, endlich den Tauchschein zu machen. Wer indes an Land bleiben möchte, sollte einmal den Inselbewohnern bei der Seetangernte zuschauen.

- **Übernachten**

Gönnen Sie sich eine oder zwei Nächte im *Nusa Lembongan Resort* (S. 409) auf der gleichnamigen Insel.

- **Essen und Trinken**

Auch wenn Sie nicht zum Abendessen bleiben können, für einen Drink in *The Sanghiang Bar and Lounge* des *Nusa Lembongan Resort* (S. 410) sollten Sie sich allemal Zeit nehmen.

Die Algenzucht ist die Haupterwerbsquelle der Einwohner von Nusa Penida.

auch den Beinamen ‚Banditeninsel' einbrachte. Leicht zugängliche Sandstrände gibt es nur im Norden und Nordosten, die Südküste hingegen besteht aus steilen, bis zu 200 m hohen Klippen. Haupteinnahmequelle der rund 7.000, zum größten Teil hinduistischen, Inselbewohner sind der Fischfang und Seetanganbau, dessen rechteckige ‚Felder' an der Ostküste über Kilometer hin zu sehen sind und dessen Erzeugnis an die Kosmetik- und Lebensmittelindustrie verkauft wird. Statt Reis kultiviert man hauptsächlich Mais, Sojabohnen, Erdnüsse, Süßkartoffeln, Maniok, Mangos und Gemüse, in den fruchtbareren Küstenregionen auch Kokos- und Cashewnüsse. Um die Bewässerung zu verbessern, wurden in den letzten Jahren etliche Tiefbrunnen gebohrt und große Regenauffangbecken und Wasserreservoirs errichtet.

Mit welchem fahrbaren Untersatz auch immer Sie sich auf der 203 km² großen Insel fortbewegen, machen Sie sich auf größtenteils erbärmliche Straßenverhältnisse gefasst!

Touristen sind hier Mangelware

Ausgangspunkt einer Erkundungstour ist in der Regel der kleine Ort **Toyapakeh (1)**, dessen von Palmen gesäumter langer Strand aus hellem Muschelsand sowohl zum Baden einlädt als auch einen herrlichen Blick auf die Nachbarinsel Nusa Lembongan gewährt. Das Badevergnügen wird allerdings oftmals rasch durch die lärmenden Kinder getrübt, für die die wenigen sich hierher verirrenden Touristen vielfach noch immer eine Sensation oder zumindest willkommene Abwechslung darstellen. Zur Vorsicht gemahnen indes die zeitweise gefährlichen Unterwasserströmungen und gelegentlich auftauchenden Haie. In Toyapakeh leben, wie man an der Moschee unschwer erkennen kann, auch etliche Muslims, deren Vorfahren vor Jahrhunderten von anderen Inseln zugewandert sind.

Unwirtliche Wohnstätte

Mit dem gecharterten Wagen oder dem vormittags verkehrenden Bemo geht es sodann knapp drei Kilometer ostwärts bis zum **Pura Dalem Penataran Ped (2)**, der unwirtlichen Wohnstätte des Ungeheuers *Jero Gede Macaling*, dem Pilger aus ganz Bali alle drei Jahre am Usaba-Fest Opfer darbringen, um Krankheiten und Unheil abzuwehren. Der Schrein des gefürchteten schwarzen Dämons steht westlich außerhalb des Haupttempels in einem kleinen gesonderten, ummauerten Hof. Die Tempelanlage, die magische Kräfte besitzen soll, liegt nördlich der Hauptstraße in unmittelbarer Nähe des Strandes und entspricht in ihrer einfachen Ausführung der Armut der Insel.

Folgt man weiter der ‚Inselhauptstraße', so gelangt man schon bald zum kleinen Hafen **Mentigi (3)**, von dem aus man mit Auslegerbooten nach Kusamba oder Padangbai übersetzen kann. Unmittelbar dahinter erwartet Sie **Sampalan (4)**, die Hauptstadt der Insel, auf deren lebhaftem Markt nördlich des Bemo-Terminals man sehr guten gegrillten Thunfisch probieren kann. Falls Sie auf der Insel nächtigen wollen, ist dieser Ort sicherlich die erste Wahl. (Erkundigen Sie sich nach Privatunterkünften.)

Zirka vier Kilometer südöstlich von Sampalan zweigt kurz vor der Ortschaft Karangsari ein Pfad nach rechts zur heiligen **Goa Karangsari (5)** ab, bei den Einheimischen unter dem Namen **Goa Giri Putri** bekannt. (Sagen Sie einfach ‚Goa', und jeder weiß, wohin Sie wollen.) Um diese riesige Tropfsteinhöhle, in der natürlich ein Dämon hausen soll, zu besichtigen, kann man sich notfalls den Kindern anvertrauen, die sich als Führer anbieten, wobei das Honorar (Rp. 3.000-5.000) im Voraus auszuhandeln ist. Die kleinen Guides besorgen dann auch die Taschen- oder Kerosinlampen, die man für die Besichtigung unbedingt benötigt, ansonsten hört man nämlich nur das Geflatter der in der Höhle zu Tausenden lebenden Fledermäuse. Der etwas versteckt gelegene Eingang, den man über einen steilen, 150 m hohen Treppenaufgang erreicht und vor dem ein Schrein steht, misst nur zweieinhalb Meter in der Höhe und rund achtzig Zentimeter in der Breite. Von ihm aus geht es steil abwärts in die Haupthöhle hinein, von der mehrere Seitenhöhlen abgehen. In einem dieser Seitenarme liegt ein unterirdischer Süßwassersee, an dem die Menschen in der Kuningan-Nacht Opfer niederlegen, ebenso opfern die Hindus an der heiligen Quelle innerhalb der Höhle. Durchmisst man die ganze weitläufige, ca. 400 m lange Karsthöhle, so gelangt man zu dem gegenüberliegenden Ausgang in einer steilen Felswand.

Nusa Penidas Unterwelt

Sind Sie dem Dunkel der Höhle entronnen, locken schöne, helle Strände beim nahen Fischerdorf **Suana (6)**, bei dem man auf den zweitwichtigsten Meerestempel von Nusa Penida trifft, den mit einem 11-Tumpang- und einem 9-Tumpang-Meru ausgestat-

Pura Batu Medanu

teten, unmittelbar am Strand gelegenen **Pura Batu Medanu (7)**. Unweit davon, am Ende der nächsten Seitenstraße, stößt man auf einem über dem Strand aufragenden Felsplateau auf den **Pura Batu Kuning (8)**, der ebenfalls *Jero Gede Macaling* geweiht ist und in dem sich eine Reihe erotischer Reliefs finden. Über Serpentinen geht es hoch auf das zerklüftete Plateau, das mit einer völlig anderen, weitaus spärlicheren Vegetation als die Küstenregion aufwartet. Reizvolle, nahezu menschenverlassene Strände findet man bei **Karang (9)**, einer kleinen Siedlung an der Ostküste, die man von Pejukutan aus erreicht, von wo aus es auch weiter nach **Tanglad (10)** geht, einem 396 m über dem Meeresspiegel gelegenen Ort mit rund 2.000 Einwohnern, dessen exponierte, windumtoste Lage man im Rahmen eines umweltverträglichen Wind- und Sonnenenergieprojektes zu nutzen versucht. Im **Ortstempel** kann man auch einen Thron für den Sonnengott *Surya* inspizieren.

Schroffe, menschenleere Küstenlandschaft

Von der im äußersten Süden der Insel gelegenen Ortschaft **Sekartaji (11)** lässt sich das großartige Küstenpanorama mit seinen wildzerklüfteten Kliffs genießen. Der sich parallel der Südküste entlangschlängelnden Straße folgend, kommt man nach etwa drei Kilometern zum Dorf **Debuluh (12)**, von dem aus man entweder südwärts einen Abstecher zum **Cape Moling (13)** unternehmen oder seinen Weg in Richtung **Dungkap (14)** fortsetzen kann.

Ein Stückchen weiter biegt man an der Weggabelung nach links ab, um kurz bei der in der für die Insel ziemlich großen Ortschaft **Batukandik (15)** anzutreffenden archaischen **Steinskulptur einer Muttergottheit** vorbeizuschauen, einer vermutlich vorhinduistischen Kultstätte mit enormen Brüsten, auf denen ein Thron ruht. Auf den Schultern der eigenartigen Frauenfigur stehen zwei Hähne.

Vollbusige Matrone

Von hier aus sind es noch einmal rund vier Kilometer bis **Batumadeg (16)**, das gelegentlich von regulären Bemos angesteuert wird und dessen **Pura Puseh Batumadeg** durchaus einen Besuch wert ist. Zwei Treppenaufgänge führen zu dem Tempel, der als markantestes Bauwerk einen 7-Tumpang-Chedi aufweist.

Höher hinaus geht es nicht

Von Batumadeg aus kann man auch den **Gunung Mundi (17)** besteigen, mit 529 m die höchste Erhebung der Insel und Wohnsitz von *Dewi Rohini*, dem weiblichen Aspekt *Shivas*. Am westlichen Abhang stößt man auf einen kleinen Tempel, versteckt in einem kleinen Hain.

Eineinhalb Kilometer außerhalb von **Sebuluh (18)** findet man den **Sebuluh-Wasserfall (19)**, der nur zu Fuß erreichbar ist. Nur zu Fuß gelangt man von Sebuluh aus in einem etwa halbstündigen Marsch auch zur wildromantischen Südwestküste mit ihren imposanten, bis zu 228 m hohen Kalkkliffs. In den steil abfallenden Wänden haben sich Fischer luftige Arbeitsplätze gebaut, zudem durchzieht ein halsbrecherischer, aus Bambus und Holz gefertigter Stufenpfad die Felsen, auf dem die Einheimischen zum Meer hinuntersteigen, denn nur am Fuße der Klippen gibt es eine spärlich fließende Süßwasserquelle, auf die sie aufgrund des auf dem Kalksteinplateau herrschenden Wassermangels angewiesen sind. Am Fuß der Felsen befindet sich ein kleiner, unscheinbarer Tempel. Um diese waghalsige Treppenkonstruktion in ihrer ganzen Pracht bestaunen zu können, muss man dem schmalen Pfad am Rande des Abgrunds etwa 15 Minuten westwärts folgen.

Gefährlicher Abstieg

Bei **Klumpu (20)** hält man sich anschließend nordwärts in Richtung Toyapakeh, wobei man, falls man genügend Zeit mitbringt, via Sakti noch einen kleinen Abstecher nach **Penida (21)** unternehmen kann, einer kleinen Siedlung, die außer einem recht hübschen, aber kleinen Strand allerdings nicht allzu viel zu bieten hat.

Zurück in Toyapakeh, kann man von hier aus mit dem Boot zur Nusa Lembongan übersetzen.

Nusa Lembongan

Aktuelle regionale Reisetipps zu Nusa Lembongan
entnehmen Sie bitte den gelben Seiten 409f

Touristisch gesehen ist dieses maximal vier Kilometer lange und zweieinhalb Kilometer breite Eiland, dessen höchste Erhebung gerade einmal fünfzig Meter beträgt und das von etlichen Veranstaltern im Rahmen von Tagesausflügen angesteuert wird (siehe Kapitel ‚Organisierte Touren', S. 469ff), wahrscheinlich das interessanteste des vorgelagerten Inseltrios und lässt sich leicht an einem halben Tag umwandern, was indes nur sehr wenige tun – leider, denn zu verlockend ist der – gleich neben der Bootsanlegestelle

Klein, aber oho

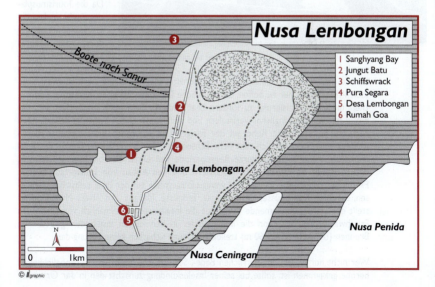

gelegene – weiße Strand aus Korallensand in **Sanghyang Bay (1)**, dem einzigen Ort – neben **Jungut Batu (2)** weiter nördlich – auf der Insel, in dem es auf Touristen eingerichtete Unterkünfte und Restaurants gibt. Insbesondere Taucher und Schnorchler kommen am vorgelagerten Korallenriff und im schmalen, kristallklaren Kanal zwischen Nusa Lembongan und Nusa Ceningan, der als erstklassiges Schnorchelgebiet gilt, voll auf ihre Kosten, und Surfer tummeln sich zumeist bei dem korallenüberwucherten **Schiffswrack (3)** herum, das man deutlich von der Küste aus ausmachen kann. Mietboote bringen einen auf Wunsch zu den einzelnen Surf-, Tauch- und Schnorchelplätzen vor der Insel.

Unterwassergärten

Trotz des in den letzten Jahren stark zunehmenden Tourismus ist das in Meeresplantagen kultivierte Seegras (Siwi), dessen Hauptabnehmer wiederum die Kosmetik- und Lebensmittelindustrie ist, noch immer die wichtigste Erwerbsquelle für die rund 5.000 überwiegend hinduistischen Inselbewohner. Zwei Arten werden davon gezogen, zum einen das kleine rote Pinusan, zum anderen das größere grüne Kotoni, wobei die insgesamt zirka 70 ha großen ‚Felder', die man am besten einmal bei Ebbe in Augenschein nimmt, einem gigantischen botanischen Unterwassergarten gleichen.

Jungut Batu fristet ein geruhsames Dasein.

Da die Tourismusplaner fürchten, dass die Geruchsbelästigung durch das Seegras künftige Pauschaltouristen fernhalten könnte, haben sie den Einheimischen allen Ernstes die Umsiedlung nach Sulawesi empfohlen! Bleibt also nur zu hoffen, dass sämtliche Dämonen Balis alle Investoren heimsuchen, die eine Kutaisierung zu fördern beabsichtigen, denn noch präsentiert sich das Eiland frei von aufdringlichen Verkäufern und beifallsheischenden Selbstdarstellern, noch herrscht weitestgehend Ruhe auf der felsigen und trockenen Insel, zwischen deren Kakteen und Gestrüpp sich zahlreiche Echsen tummeln. So sind zwei Drittel der Insel unfruchtbar, und auch die kurze Regenperiode von Dezember bis Februar ist nicht dazu angetan, die Situation zu verbessern und den Anbau von landwirtschaftlichen Produkten zu fördern, so dass nur wenige Erzeugnisse auf der Insel selbst heranwachsen, darunter Kokosnüsse, Cashewnüsse, Erdnüsse, Mangos und etwas Mais. Und so

Trocknet die Insel aus?

stellt der ständig zunehmende Tourismus die Inselbewohner allmählich vor ein akutes Frischwasserproblem, denn die immer tiefer in den kargen Inselboden getriebenen Brunnen (teilweise schon 60 m) stellen auf Dauer sicherlich keine Lösung dar.

Wer nicht nur wegen der herrlichen Bade-, Schnorchel-, Tauch- und Surfmöglichkeiten herübergekommen ist, sollte bei seiner Inselerkundung zunächst den in der Ortsmitte von Jungut Batu anzutreffenden Meerestempel **Pura Segara (4)** aufsuchen, der aus zwei Höfen besteht.

Die wichtigste Sehenswürdigkeit der Insel findet man indes in **Desa Lembongan (5)**, dem Hauptort von Nusa Lembongan, den man von Jungut Batu aus zu Fuß in etwa einer halben Stunde erreicht.

Nusa Lembongan ist beliebtes Tauch- und Schnorchelrevier.

Außer einigen kleinen Tempeln aus Korallengestein offeriert das 4.000-Seelen-Dorf eine Kuriosität, das **Rumah Goa (6)**, das zirka 500 m² große ‚Höhlenhaus', das aus einem Labyrinth aus Gängen und Räumen besteht. Über die Entstehung dieses Kuriosums erzählt man sich folgende Legende: Angeblich soll der Hauseigentümer, der Bauer, Tänzer, Puppenspieler und Priester *Made Byasa*, als Dalang oft Hindu-Epen, darunter das Mahabharata vorgelesen haben. Die darin zu findende Schilderung, der zufolge die Pandawa in einer Höhle vor den Kaurawa Schutz suchten, soll *Made Byasa* schließlich zum Bau dieser ‚Gala-Gala' genannten Höhlenwohnung inspiriert haben, die in den Jahren 1961-76 entstand, über sieben Eingänge, drei Belüftungssysteme, zwei Küchen, einen Brunnen, einen Aufenthaltsraum, zwei Schlafzimmer und ein Bad verfügt.

Marke Eigenbau

Von Nusa Lembongan aus geht es über die kleine Hängebrücke im Süden der Insel oder per Boot abschließend weiter nach

Nusa Ceningan

Dieses winzige, vier Kilometer lange und einen Kilometer breite Eiland, dessen höchste Erhebung gerade einmal 100 m misst, besitzt nur eine winzige Siedlung, aber keine Übernachtungsmöglichkeiten. Die herrlichen Sandstrände sind für Surfer dafür umso verlockender. Außerdem kann man hier den Einheimischen beim Speerfischen zuschauen.

Vergessen und verlassen

Da am Abend regulär keine Boote mehr von den Inseln nach Bali zurückfahren, ist man, so man nicht privat ein Boot chartern will bzw. ein solches bereits gemietet hat, gezwungen, auf Nusa Lembongan zu übernachten.

Das Herz Balis

Diese Tagesetappe führt Sie durch einen der am dichtesten besiedelten Teile der Insel, der nichtsdestoweniger seine ganz besondere Schönheit aufzuweisen hat und weitaus mehr Aufmerksamkeit verdient, als man ihr bei der nachstehenden Rundfahrt zukommen lassen kann. Nicht nur, dass man in dieser Region auf einige kulturgeschichtlich interessante Denkmäler stößt, insbesondere die zahllosen Möglichkeiten reizvoller Wanderungen durch Dörfer und Reisfelder laden zum Verweilen ein, lassen erkennbar, spürbar werden, warum gerade auch in dieser Region sich zahlreiche Künstler und Kunsthandwerker niedergelassen haben. Und trotz der ebenfalls seit Jahrzehnten nicht verstummenden Unkenrufe, die den Ausverkauf Balis, den Untergang seiner Kultur heraufbeschwören, hat sich viel von seinem einstigen Charme erhalten, man muss nur hinschauen, seine Sinne öffnen. Dies soll nicht heißen, dass es keinerlei Änderungen gegeben hat, im Gegenteil, die Welt steht nicht still, auch nicht auf Bali, und schon gar nicht voyeuristisch veranlagten Besuchern zuliebe, die meinen, gewisse Teile der Welt müssten für sie als museale Schaustücke erhalten bleiben, während sie sich jedwedem neumodischem Luxus und Unsinn hingeben dürfen.

Gerade auch diese Region lässt überdeutlich die Fähigkeit der Balinesen erkennen, Neues zu adaptieren und es gezielt für denjenigen bereitzuhalten, der nicht willens ist, darauf zu verzichten, oder glaubt, nicht darauf verzichten zu können. Doch kaum fünf Schritte abseits dieser übergestülpten Scheinwelt taucht man ein in ein Bali, an dem die Zeit zwar nicht spurlos vorübergegangen ist, das aber dennoch weit davon entfernt ist, zum gesichtslosen, austauschbaren Durchschnittsprodukt zu verkommen.

Menschenleere Strände

Von Denpasars östlichem Vorort Tohpati aus folge man zunächst rund vier Kilometer der neuen Küstenstraße bis zur Ortschaft **Gumicik**, wo ein recht schöner, wenig besuchter schwarzer Sandstrand auf Sonnenhungrige wartet. An diesem Küstenabschnitt befand sich vormals auch ein kleiner Hafen, von dem allerdings nichts mehr erhalten geblieben ist. Zweieinhalb Kilometer weiter passiert die Küstenstraße **Pabean**, wo man sie nach rechts abbiegend verlässt, um zum strandnahen **Pura Segara** zu gelangen, in dem regelmäßig religiöse Reinigungszeremonien stattfinden.

Das nahe gelegene **Ketewel**, wohin Sie als nächstes kommen, ist eines der größten genossenschaftlichen Dörfer der Insel, mit 14 Banjar und ungefähr 1.500 Haushalten, wobei besonders die einfache, aber schöne Architektur der Gehöfte, Tempel und öffentlichen Gebäude auffällt, die im südlichen Gianyar-Stil gehalten sind. Schauen Sie am Ortsausgang doch einmal rechts der Straße kurz im **Pura Peyogaan Agung** oder im **Pura Beji** vorbei. Bekannt ist der Ort für seinen Legong bededari, eine selten aufgeführte Tanzvariante.

Das Herz Balis **517**

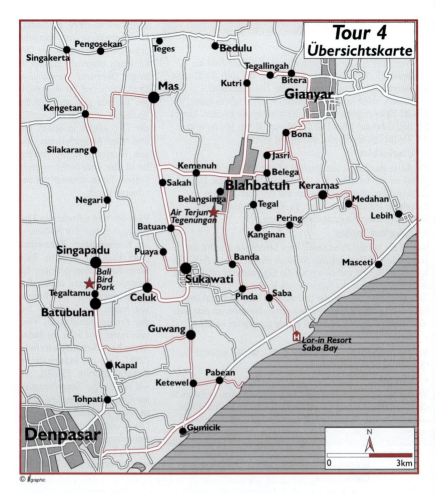

Tour 4
Übersichtskarte

Der Ort geht nahtlos in das benachbarte **Guwang** über, ein kleines Holzschnitzerdorf, in dem es u.a. hübsche Garuda-Figuren zu kaufen gibt.

Batubulan

Aktuelle regionale Reisetipps zu Batubulan
entnehmen Sie bitte der gelben Seite 363

Von hier aus kann man sich westwärts in Richtung **Batubulan** (‚Mondstein') orientieren, das vor allem durch seine allmorgendlich um 9.30 Uhr in unmittelbarer Nachbarschaft der beiden Dorftempel Pura Puseh und Pura Dalem stattfindenden einstündigen Barong-Aufführungen bekannt geworden ist, die von drei Tanzgruppen (die älteste

Das Herz Balis

Redaktions-Tipps

- **Sehenswertes**

Die Vogelwelt Indonesiens lernt man im *Bali Bird Park* bei Singapadu (S. 519f) kennen – ein Ausflug, der auch die Kleinen begeistern wird. Wer sich indes für die Holzschnitzerei interessiert, sollte in Mas bei *Siadja* (S. 401) vorbeischauen, wo Sie der Besitzer gerne in dieses Kunsthandwerk einführt. Lassen Sie sich dabei auf jeden Fall den Masters Room zeigen, in dem die Kleinodien des Hauses aufbewahrt werden.

- **Übernachten**

Das beste Haus in diesem Inselteil ist zweifelsohne das *Lor-in Resort* an der Saba Bai (S. 417), dessen abgeschiedene Lage Ruhe und Entspannung garantiert und von dem aus man traumhafte Wanderungen durch die Reisfelder und kleinen Dörfer der Umgebung unternehmen kann.

- **Essen und Trinken**

Wollen Sie bei der Zubereitung Ihres Mittagessens selbst mit Hand anlegen? Dann schauen Sie doch einmal im *Sua Bali* in Kemenuh (S. 379) vorbei, wo Sie die Eigentümerin auf Deutsch in die Geheimnisse der balinesischen Küche einführen wird. Zudem erfahren Sie von der charmanten Dame auch viel über Land und Leute; doch kann es passieren, dass man, so man sich nicht angemeldet hat, eventuell gerade niemanden antrifft.

- **Sport**

Bungee-Jumping über einem Wasserfall – bei Belangsinga (S. 314 und 523) ist es möglich.

- **Einkaufen**

Versäumen Sie es auf gar keinen Fall, im *Pasar Seni* in Sukawati (S. 521) vorbeizuschauen, auch wenn Sie nichts kaufen wollen, allein schon das Warenangebot und Gewusel sind sehenswert.

davon wurde 1970 gegründet) für Heerscharen von Touristen präsentiert werden, die den Ort für knapp eineinhalb Stunden in einen Jahrmarkt verwandeln. Doch kaum sind die Vorstellungen zu Ende gegangen und die Tourbusse verschwunden, verfällt der Ort wieder in seinen beschaulichen Alltagsrhythmus – bis zum nächsten Morgen. Batubulan ist aber auch Aufführungsort anderer Tänze, darunter des berühmten Kecak.

Viele der hier auftretenden Tänzer/innen haben ihre Ausbildung am **Konservatori Kerawitan** (kurz KOKAR) erhalten, Balis führendem Konservatorium für darstellende Künste, in dem Besucher wochentags die Möglichkeit haben, den Studenten bei den Proben zuzuschauen. Hier beheimatet sind auch die **Indonesische Schauspielschule** (SMKI) und die **Indonesische Kunstakademie** (SESRI), die wie ein riesiger Tempelkomplex am Ortsrand liegen. Die SMKI ist eine Ausbildungsstätte für Lehrer und verlangt eine Aufnahmeprüfung; nach bestandener Prüfung kehren die fertig Ausgebildeten in ihre Dörfer zurück und lehren dort die erlernten traditionellen Tänze und Musik.

Bekannt ist Batubulan aber auch ganz besonders für seine Steinmetzarbeiten aus vulkanischem Tuffstein, die entlang der Durchgangsstraße in einer kaum zu überblickenden Fülle und Formenvielfalt auf Käufer warten.

Gestalterischer Überschwang

Die ganze Handfertigkeit der hiesigen Steinmetze offenbart sich eindrucksvoll in der beinahe überschwänglichen Formgestaltung am **Pura Puseh**, der knapp 200 m östlich der Hauptstraße im Norden Batubulans liegt und dessen massives, einem mehrstufigen Candi ähnelndes gedecktes Tempeltor geradezu überzogen ist mit einer zweiten Haut aus Schmuckelementen. Steingewordene Symbole für den religiösen Synkretismus auf Bali sind die beiden meditierenden Buddhastatuen, die in Nischen sitzend das Kori agung flankieren. Große liegende Elefanten bilden die Geländer der zentralen Treppe, während die schreckliche Gestalt von *Boma*, dem Sohn der Erde, über dem großen Tor

Platz gefunden hat. Vier Paras-Skulpturen von *Vishnu* stehen vor den Treppen auf Sockeln, in die Episoden der Tantri-Tierfabeln eingraviert sind, in denen die wie Menschen handelnden Tiere die Früchte ihrer Laster und Tugenden ernten. Zwar sind die Skulpturen nicht alt, wurden aber nach alten Buchvorlagen des Archäologischen Dienstes angefertigt. Der Tempel selbst ist dem Dorfgründer geweiht, der hier zusammen mit den Göttern verehrt wird, denen der Grund und Boden gehört, auf dem die Anlage steht. In einem der Schreine wird eine machtvolle Barong-Maske aufbewahrt, die die Anwohner nach eigenen Aussagen hin und wieder hin und her schlurfen hören.

Von der Bildhauerei lebt auch ein Großteil der Bevölkerung im sich direkt anschließenden **Tegaltamu**, wo man sich an der Kreuzung, an der es rechts nach Gianyar und Semarapura geht, geradeaus hält, wodurch man nach **Singapadu** gelangt.

Singapadu

Aktuelle regionale Reisetipps zu Singapadu
entnehmen Sie bitte der gelben Seite 435

Batubulan ist eines der Steinmetzzentren Balis.

Hier sind nicht nur etliche Tanzgruppen zu Hause, die in den großen Hotels Balis auftreten, sondern neben weiteren Steinmetzkünstlern auch eine ganze Reihe talentierter Holzschnitzer, die sich auf das Anfertigen von Topeng-Masken spezialisiert haben. Das weiche Gestein der Steinmetze, deren zwischen 10 Zentimeter und mehr als eineinhalb Meter große Kunstwerke zu Abertausenden die Hauptstraße säumen, wird überwiegend an den Hängen des am Ortsrand fließenden Wos River abgebaut. Für die Anfertigung der kleinsten Figuren benötigen die Künstler allenfalls einen Tag, für die mannsgroßen hingegen zirka zwei Wochen, so dass für erstere ab Rp. 35.000 und für letztere um die acht Millionen Rupiah zu bezahlen sind.

Zentrum der Steinmetze

Neben dem **Pura Desa** liegt der ehemalige **Palast**, einer der wenigen Orte auf Bali, an dem Barong hergestellt werden. Eine der berühmtesten Barong-Masken Balis findet man übrigens vor Ort im **Pura Dalem Tengaling Pejeng**. Sie wurde Ende des 19. Jahrhunderts von *I Gusti Nyoman Lempad* geschnitzt und wird einmal im Jahr zu ihrem Gegenstück in Pejeng gebracht. Manche führen den künstlerischen Reichtum des Ortes darauf zurück, dass die königliche Familie den heiligen Kris Sekat Sandat mit angeblich übernatürlichen Kräften besitzt.

Gut gehütetes Kleinod

Hauptattraktion von Singapadu sind für die ausländischen Gäste jedoch die beiden am nördlichen Ortsende linker Hand unmittelbar nebeneinander gelegenen Freizeitparks,

Handzahme Gesellen im Bali Bird Park

zum einen der **Taman Burung – Bali Bird Park**, zum anderen der **Rimba Bali – Bali Reptile Park**.

Mehr als 1.000 Vögel von über 250 Arten sind im herrlichen *Bali Bird Park* zu bestaunen, und zwar nicht nur solche aus Bali oder Lombok, sondern auch viele aus dem ganzen indonesischen Archipel und sogar aus Afrika, Amerika und Australien kommende Arten. Nicht wenige von ihnen sind vom Aussterben bedroht und werden teilweise hier gezüchtet. Doch nicht nur die Vogelwelt, der man u.a. in der großen begehbaren Voliere nahe kommen kann, vermag zu begeistern, auch die üppige Regenwald- und Tropenlandschaft mit ihren mehr als 300 Baum- und Pflanzenarten lässt das Auge kaum zur Ruhe kommen. Eine besondere Sehenswürdigkeit innerhalb des Parks stellt zudem das über hundert Jahre alte Toraja-Haus aus Sulawesi dar, das man von der Nachbarinsel hierher holte. Lassen Sie sich doch einmal einen Kakadu auf den Arm setzen und schauen Sie ihm tief in die Augen – Sie werden sich von dem lustigen Kerl kaum noch trennen wollen.

Unterhaltung für Jung und Alt

Ein wenig mehr zum Gruseln ist einem bisweilen im nebenan gelegenen, gleichfalls gartenarchitektonisch sehr schönen *Bali Reptile Park*, in dem unter anderem Vertreter der berühmten Komodo-Warane auf Ihren Besuch warten, doch auch die hier anzutreffenden Krokodile, zahlreichen Schlangen und anderen Reptilien sind nicht gerade zum Streicheln gedacht.

Schmuck, wohin man schaut

Von hier aus geht es ostwärts weiter nach **Celuk**, dem Gold- und Silberschmiedezentrum der Insel, das das zweithöchste Pro-Kopf-Einkommen aller balinesischen Dörfer aufweist. In meist kleinen, sehr einfach ausgestatteten Werkstätten, die man oft auch besichtigen kann, werden insbesondere feinste Filigranarbeiten gefertigt.

Tipp
Die Juweliere dorfeinwärts sind etwas billiger als diejenigen an der Hauptstraße.

Sukawati

Aktuelle regionale Reisetipps zu Sukawati
entnehmen Sie bitte der gelben Seite 436

Von Celuk aus führt die Hauptstraße weiter zum geschäftigen, von vergleichsweise vielen Chinesen bewohnten Städtchen **Sukawati**, dessen Name von ‚Sukahati' abgeleitet sein soll, was soviel bedeutet wie ‚mein Herz mag das', womit angeblich an die prächtigen Tempel und Paläste erinnert werde, die der mächtige *I Dewa Agung Anom*, Sohn des Rajas von Klungkung, zusammen mit Vertretern der fürstlichen Familien aus Klungkung im 18. Jahrhundert an dieser Stelle im ostjavanischen Majapahit-Stil errichtet haben soll, nachdem er den Ort von *Ki Balian Batur*, einem bösen Zauberer, befreit hatte. Zu dieser Zeit war Sukawati unter dem Namen ‚Timbul' bekannt und das ranghöchste Königreich nach Klungkung. Da Streit unter den Söhnen von *I Dewa Agung Anom* bezüglich seiner Nachfolge herrschte, entschied der König, dass derjenige den Thron erben solle, der es wage, nach seinem Ableben seine Zunge in den Mund zu nehmen. Als sich nach dem Dahinscheiden der Leichnam des Königs unförmig aufblähte, traute sich keiner seiner Söhne, die gestellte Aufgabe zu erfüllen. Schließlich nahm ein naher Verwandter, der Raja von Gianyar, die Zunge des verstorbenen Königs in den Mund, woraufhin der Leichnam auf Normalmaß zurückschrumpfte und ein wohlriechendes Aroma zu verströmen begann. Nachdem die um ihr Erbe gekommenen Söhne wenig später von den Truppen Gianyars geschlagen wurden, gab man den Palast auf; das Erdbeben von 1917 machte die einstigen Prachtbauten schließlich völlig dem Erdboden gleich.

Eine nicht ganz alltägliche Forderung

Pilgerziel der Adelsclans der Umgebung ist der in der Ortsmitte wiederaufgebaute **Pura Penataran Agung**, doch auch eine Stippvisite im östlich daran angrenzenden **Pura Kawitan Dalem Sukawati** lohnt wegen der in Stein gehauenen Tantrik-Fabeln. Der im Nordosten des Städtchens zu findende **Pura Desa** dagegen beeindruckt durch sein riesiges Candi bentar.

Auf gar keinen Fall entgehen lassen darf man sich indes das bunte, quirlige Treiben auf dem jeden Morgen im Ortszentrum ab 6 Uhr stattfindenden großen **Obst- und Gemüsemarkt**, dem gegenüber der zweigeschossige **Pasar Seni** (Kunstmarkt) Tag für Tag Tausende anlockt, denn in ihm werden neben einer nicht überschaubaren Fülle an Textilien und an-

Pasar Seni in Sukawati

deren Alltagsgegenständen insbesondere alle nur erdenklichen balinesischen Kunsthandwerksarbeiten feilgeboten. Darunter auch Schattenspielfiguren, für deren Herstellung die ortsansässigen Dalang, die als die besten Balis gelten, überregional bekannt sind, genauso wie die Schirmmacher (Tukang prada), deren Produkte für Prozessionen und zur Tempeldekoration benötigt werden. Im Banjar hinter dem Markt leben einige der rund 25 Dalang von Sukawati, denen man bei der Fertigung der Wayang Kulit-Puppen auf die Finger schauen kann.

Kunsthandwerk en masse

Im nordwestlich angrenzenden Nachbardorf **Puaya** kann man gelegentlich bei der Herstellung von aus Kuhhaut gefertigten Tanzkostümen zuschauen, die man auch käuflich erwerben kann, wobei man die bemalten Oberflächen aneinander reiben sollte – blättert die Farbe, ist vom Kauf abzuraten. Des Weiteren fertigt man hier gleichfalls Wayang Kulit-Puppen, Topeng-Masken und Puppen aus alten chinesischen Münzen.

Batuan

Aktuelle regionale Reisetipps zu Batuan
entnehmen Sie bitte der gelben Seite 363

Längst mit Sukawati zusammengewachsen, schließt sich nördlich die Ortschaft **Batuan** an, aus der seit den 30er Jahren des 20. Jahrhunderts einige bedeutende Maler hervorgegangen sind. Imitationen ihrer Museumswerke hängen neben viel Kitsch in den zahlreichen Galerien entlang der Hauptstraße.

Altes Kulturzentrum

Dass der Ort eines der ältesten Kulturzentren Balis sein dürfte, belegt eine im hiesigen, unmittelbar an der zentralen Kreuzung anzutreffenden **Pura Desa** gefundene Inschrift, die aus dem Jahre 1022 n.Chr. stammt und die in jenem Jahr erfolgte Trennung von Sukawati und Batuan bezeugt, sowie die Tatsache, dass viele Familien des Ortes zum legendären buddhistischen Clan der *Griya Agung* gehören, der für sein künstlerisches Schaffen berühmt war. Da ‚Batu' ‚Stein' bedeutet, vertreten manche Wissenschaftler sogar die These, dass der Name des Dorfes auf eine jahrtausendealte megalithische Kultstätte verweise. Die Blütezeit des Ortes lag indes zwischen dem frühen 17. und frühen 18. Jahrhundert, als die königliche Familie von *Gusti Ngurah Batulepang* den größten Teil Südbalis kontrollierte.

Künstlerische Vorreiter

Wie auch immer, Tatsache ist jedenfalls, dass etliche lokale Künstler bei der Entwicklung der modernen balinesischen Malerei in den 30er Jahren des 20. Jahrhunderts eine wichtige Rolle spielten, und dass der Ort noch heute ein bedeutendes Zentrum der Malkunst ist, in dem ein eigenständiger Stil gepflegt wird. Doch auch die darstellende Kunst kommt nicht zu kurz, so haben u.a. die inselweit bekannten Baris- und Legong-Tänzer/innen zum Renommee des Ortes beigetragen, aber auch Wayang Topeng und Wayang Wong, für die örtliche Schnitzer kunstvolle Masken herstellen, und darüber hinaus der Gambuh.

Direkt an der Straßenecke beim Pura Desa erhebt sich eine riesige **Raksasa-Figur**, die einer der wohlhabenden Kunsthändler des Ortes 1980 stiftete.

Der gewaltige Raksasa bewacht die Zentralkreuzung von Batuan.

Biegt man bei dieser von der Hauptstraße nach links ab, so gelangt man schon nach wenigen hundert Metern zum hiesigen Ahnentempel **Pura Puseh Batuan**, der den Beinamen ‚Nabel-der-Welt-Tempel' trägt und auf der rechten Straßenseite liegt. In ihm sind schöne Skulpturen aus dem 11. Jahrhundert erhalten

Der Gedong rum im Pura Puseh Batuan

geblieben. Besondere Beachtung verdienen im hinteren Tempelteil der Gedong rum, ein rechteckiger Altar mit drei übereinander angeordneten Dächern auf der Ostseite des Hofes, sowie der Meru alit, der links davon anzutreffende Altar mit Wandmalereien unter seinem Gesims, die 1992 im Zuge umfangreicher Renovierungsarbeiten wiederhergestellt wurden. Sehr zu schätzen an dieser Anlage ist, dass die Namen von jedem Altar auf Balinesisch und Indonesisch angegeben sind. Eine von zwei geneigten Rampen flankierte Tür in der westlichen Mauer führt zu einem ungewöhnlichen Hof, dessen massiges Portal an alte indo-javanische Tempel erinnert und in dessen Mitte die Schildkröte *Bedawang Nala* in einem Bassin steht.

Dem Tempel gegenüber, auf der anderen Straßenseite, steht eine große **Versammlungshalle**, in der jeweils am 1. und 15. eines jeden Monats um 19 Uhr eine Gambuh-Aufführung stattfindet.

Knapp zwei Kilometer nördlich von Batuan sitzt inmitten der zentralen Straßenkreuzung von **Sakah** die riesige, aus 45 Tonnen Sandstein bestehende Statue des kindlichen **Brahma-Lelare**, der einem pausbäckigen Wonneproppen gleicht und nach Ansicht mancher den Riesen *Kebo Iwo* als Kleinkind darstellen soll, nach Meinung anderer jedoch einen Dämon besänftigen soll, der in einem nahe gelegenen Dorf das Leben der Kinder bedrohte.

Grinsender Koloss

Kurz davor findet man zur Linken den aus dem 14. Jahrhundert stammenden **Pura Hyang Tiba**.

Kemenuh

 Aktuelle regionale Reisetipps zu Kemenuh entnehmen Sie bitte der gelben Seite 379

Bei der Riesenfigur geht es nach rechts, so dass man wenig später den für die Herstellung von Holzskulpturen bekannten Ort **Kemenuh** passiert.

Sodann erreicht man das zirka drei Kilometer weiter östlich gelegene Blahbatuh, wo man am Ortseingang

Wasserfall bei Tegenungan

Bungee-Jumping über dem Wasserfall

gegenüber dem auf der linken Straßenseite auszumachenden Pura Dalem dem Hinweisschild ‚Bungee in Bali' zunächst nach rechts und anschließend den entsprechenden Hinweisen immer weiter folgt, bis man schließlich außerhalb von **Belangsinga** zum **Air Terjun Tegenungan**, einem schönen Wasserfall, kommt, der seit einigen Jahren von einem Sprungturm überragt wird, von dem man sich hinunterstürzen kann (siehe Kapitel ‚Sport – Bungee-Jumping/Slingshot', S. 314). (Die Hinweisschilder geleiten einen bis fast zum Wasserfall, nur an der letzten Kreuzung, an der Sie sich links halten müssen, steht keines mehr; kurz dahinter finden Sie rechts den Parkplatz.)

Saba Bai

Aktuelle regionale Reisetipps zu Saba Bai
entnehmen Sie bitte der gelben Seite 417

Einmal die Seele baumeln lassen

Falls Sie nach einem schönen, ruhigen, abgelegenen Strandabschnitt suchen, so sollten Sie Ihre Fahrt von hier aus südwärts durch Banda, Pinda und Saba fortsetzen, um so zum **Lor-in Resort** an der **Saba Bai** zu gelangen, einem wunderschön abseits der Touristenpfade gelegenen Luxushotel, an dessen Strand Sie nicht nur ein wenig Meeresluft schnuppern, sondern eventuell auch einen kleinen Imbiss zu sich nehmen können.

Blahbatuh

Aktuelle regionale Reisetipps zu Blahbatuh
entnehmen Sie bitte der gelben Seite 364

Sie können sich aber auch gleich wieder Richtung **Blahbatuh** orientieren, einst ein kleines Königreich, gegründet von *Gusti Ngurah Jelantik*, dem Premierminister von Gelgel, der im frühen 17. Jahrhundert eine erfolgreiche Militärexpedition gegen Java führte. Als Beute brachte er u.a. 21 außergewöhnliche Porträts bedeutender Majapahit-Persönlichkeiten mit, die angeblich zu den Prototypen der Masken wurden, die im balinesischen Tanzdrama Verwendung finden. Die mitgebrachten Masken, die man lediglich während des Odalan zu Gesicht bekommen kann, werden seither im **Pura Penataran Topeng (1)**, im westlichen Teil des Ortes, aufbewahrt.

Im südlichen Ortsteil kann man bei der Rückfahrt im 1999 stark vergrößerten **Vihara Amurva Bhumi Blahbatuh** vorbeischauen, einem großen chinesischen Tempel, der ein wichtiges religiöses Zentrum für die in Südbali lebenden Chinesen ist und sowohl buddhistische als auch hinduistische Elemente aufweist. Zurück auf der Hauptstraße kann man einen kurzen Zwischenstopp im **Pura Dalem Maya Blahbatuh (2)** einlegen, in dem ein recht gutes Anschauungsbeispiel für die Toleranz der Balinesen in religiösen Dingen zu finden ist, nämlich eine inmitten hinduistischer Figuren sitzende Buddhastatue. (Leider ist der Tempel oft geschlossen.)

Blütenpracht

Im aus dem Jahre 1758 stammenden Palast von Blahbatuh, dem **Puri Anggrek (3)**, unmittelbar links hinter der Abzweigung nach Bona gelegen, ist gegenwärtig die **Man-**

tarai-Budaya-Orchideenzucht untergebracht. Mehr als 50.000 Orchideen von sieben verschiedenen Arten wachsen in den langen Beeten des Palasthofes. Mit dem Verkaufserlös bestreitet der Inhaber den Erhalt der Palastanlage. Beste Besuchszeit ist während der Blüte in den Monaten Februar bis Mai, und zwar täglich von 6 bis 16 Uhr.

Schauen Sie sich auf jeden Fall im **Pura Puseh Blahbatuh (4)** um, den Sie an der gleichen Straße wie den Palast ein Stückchen weiter östlich zur Rechten finden. In dem mitunter auch ‚Pura Gaduh' genannten Tempel finden Sie in einem Pavillon im Haupthof hinten rechts einen furchterregenden, einen Meter hohen Steinkopf, der den legendären Riesen *Kebo Iwo* darstellen soll, der mit seinen überlangen Fingernägeln angeblich u.a. den Felsentempel von Gunung Kawi geschaffen hat. In der Gestalt dieses Riesen mischen sich historische Fakten und mythische Überlieferungen: Der historische *Kebo Iwo* war als treuer Minister des letzten unabhängigen Fürsten von Bedulu, *Raja Ratna Benten*, ein entschiedener Gegner des Majapahit-Premiers *Gajah Mada*, der ihn nach der Eroberung Balis im Jahre 1343 ermorden ließ. Anderen Überlieferungen zufolge stellt der Kopf *Jero Gede Macaling* (siehe Kapitel ‚Die vorgelagerten Inseln', S. 509) dar, der in früheren Zeiten mitsamt seinem aus Dämonen und Teufeln bestehenden Gefolge einige Male von Nusa Penida nach Bali herübergekommen sein soll und hier großes Unheil angerichtet habe. Der heute zu sehende Tempel ist eine Rekonstruktion der beim Erdbeben von 1917 völlig zerstörten Anlage. Erstaunlich auch das Haupttor mit seinen erotischen Motiven, eine für südbalinesische Tempel rare Bilderfolge.

Legendenumwobener Dickschädel

Ehe Sie den Ort verlassen, sollten Sie noch bei der an der Hauptstraße nach Buruan gelegenen, von *Made I Gableran* betriebenen **Sidha Karya Gong Foundry** einen kurzen Halt einlegen, denn hier stehen nicht nur jede Menge Musikinstrumente und Tanzkostüme zum Verkauf, sondern man kann in der angeschlossenen Werkstatt deren Herstellung auch live mitverfolgen. Mittels Blasebälgen entfachen die hier arbeitenden Männer die Glut, über der die Bronzestücke erhitzt und anschließend am Amboss zur gewünschten Form zurechtgehämmert werden, woraufhin der Meister die fertigen Klangkörper auf die korrekte Stimmung hin überprüft.

Auf den Ton kommt es an

Hält man sich sodann auf der am Pura Puseh vorbeiführenden Straße weiter ostwärts, so passiert man zunächst **Belega**, das für seine Bambusmöbel berühmt ist, und erreicht kurz darauf

Bona

Aktuelle regionale Reisetipps zu Bona
entnehmen Sie bitte der gelben Seite 365

In diesem Ort werden Korb- und Flechtwaren in Hülle und Fülle angeboten, darunter Sonnenhüte, Matten und Körbe aus den Blättern der Lontarpalme. Bekannt ist dieser Ort aber auch für seine regelmäßig am Abend stattfindenden Kecak- und Sanghyang Jaran-Aufführungen. Halten Sie sich von hier aus südwärts, so taucht nach etwa zwei Kilometern **Keramas** vor Ihnen auf, das für seine Arja-Tanzgruppen bekannt ist und in dem im 17. Jahrhundert der mächtige Prinz *Gusti Agung Maruti* residierte.

Berühmte Tanzensembles

Im Zickzackkurs geht es anschließend durch die fruchtbaren Reisfelder Richtung **Masceti**, einer recht armseligen Ansiedlung nahe dem Meer, wo man am Ende der Straße auf den am schwarzen Sandstrand erbauten Meerestempel **Pura Masceti** stößt, der durch sein aus Korallengestein gefertigtes Candi bentar beeindruckt. Er ist einer der neun die Südküste Balis schützenden Tempel. Davor findet man eine große Hahnenkampfarena, die das ganze Jahr über verwaist daliegt und nur während des Odalan zum Leben erwacht, an dem hier auch ein Barong-Tanz dargeboten wird.

Anschließend geht es nordwärts bis nach Gianyar, wo man sich wiederum auf der Hauptverkehrsachse Denpasar – Padangbai westwärts hält, wodurch man kurz nach dem Verlassen von Gianyar nach **Bitera** kommt, wo schon von weitem in Flussnähe auf der südlichen Straßenseite ein gewaltiger Banyanbaum sichtbar wird, dem gegenüber man auf der anderen Straßenseite den schönen **Pura Dalem** findet.

Versteckte Eremitenklause

Bei der Weiterfahrt kommen Sie nach **Tegallingah**, in dessen Nähe man **Candi Tebing** findet, am Fluss gelegene unvollendete Steingravierungen mit Eremitenhöhlen (Hinweisschild an der Straße beachten). Durch Reisfelder und eine steile Schlucht wandernd, erreicht man diese in eine über dem Fluss hängende Klippe gemeißelte Anlage nur zu Fuß. Ausgrabungen haben ergeben, dass es sich um ein unvollendet gebliebenes Kloster mit Hof, Treppen und Toren (von denen noch eines steht) gehandelt hat, das möglicherweise nach einem Erdbeben aufgegeben wurde. Nunmehr ist es von großen, schattenspendenden Bäumen überwuchert. Die Einwohner von Tegallingah mutmaßen, dass der Name ihres Ortes eine Verzerrung aus ‚Tiga' (drei) und ‚Linga' ist, da drei Lingam in die Wände dieser Anlage geritzt sind. Die Stätte gilt als sehr heilig, weswegen viele Menschen der Gegend zweimal im Jahr vor dem ersten Morgengrauen hierher kommen und ein reinigendes Bad in den heiligen Quellen nehmen.

Schicksalsfluss

Eingebettet zwischen den bei Penelokan entspringenden Flüssen Petanu (‚Blutfluss') und Pakerisan (von Kris) – der den Balinesen als besonders verehrungswürdig gilt – liegt in der Region zwischen Gianyar und Ubud uraltes, an archäologischen Funden und kunsthistorischen Monumenten reiches Kulturland. Eine interessante Geschichte rangt sich um den Namen des **Petanu**: Vor langer Zeit gab es eine Schlacht zwischen dem bösen König *Mayadanawa* und dem Heer *Indras*, da der König seine Untertanen zwang, nur ihn zu verehren und jegliches Opfer an die Götter untersagte, was diese jedoch nicht so einfach hinnahmen. Die erste kriegerische Auseinandersetzung fand in der Nähe von Petemon statt, nach der *Mayadanawa* nach Tampaksiring fliehen musste, wo sein Minister alle Brunnen vergiftete und so einen mit Gift gefüllten Fluss schuf, um *Indras* Truppen zu vernichten, woraufhin der Gott ungerührt zwei heilige Quellen schuf, eine davon in Tirta Empul, welche seine Truppen wieder zum Leben erweckten. Um der Rache des Gottes zu entkommen, floh der König in die nahe gelegenen Dörfer und verwandelte sich nacheinander in einen Hahn, einen Reishalm, einen Brotfruchtbaum und schließlich einen riesigen Steinblock inmitten des vergifteten Petanu. Schließlich schossen *Indra* und seine Gefolgsleute Pfeile auf den dämonischen Regenten und seinen Minister, deren giftiges Blut sich in den Petanu ergoss. Daher war es den Balinesen 1.700 Jahre lang verboten, sein Wasser für die Bewässerung der Felder zu benutzen, denn würde der damit bewässerte Reis jemals geerntet, so flösse aus den geschnittenen Halmen Blut. In den 20er Jahren des letzten Jahrhunderts ließen die Behörden schließlich religiöse Zeremonien abhalten und hoben das Verbot auf.

Von dem reichen kulturellen Erbe der Region legt der **Pura Bukit Dharma Durga** bei dem quasi gleich um die Ecke liegenden Ort **Kutri** beredtes Zeugnis ab. Der

Tempel, der als bedeutendstes Durga-Heiligtum der Insel gilt, liegt auf der östlichen Straßenseite bei einem gewaltigen Banyanbaum, und zwar unterhalb des heiligen Hügels Bukit Dharma, auf dem die javanische Königin *Mahendradatta*, die ‚böse Witwe' des balinesischen Königs *Udayana*, im Jahre 1066 n.Chr. feuerbestattet worden sein soll, woraufhin ihre

Pura Bukit Dharma Durga in Kutri

Asche nach Gunung Kawi gebracht und dort beigesetzt wurde. Einer Legende zufolge versuchte sie mittels schwarzer Magie ihren Sohn, König *Airlangga*, mitsamt seinen Untertanen durch eine Seuche auszurotten.

Auf dem Gipfel des von Banyanbäumen bestandenen Hügels, zu dem rechts des Tempels ein 99-stufiger Steinpfad hinaufführt, hat in einem kleinen Pavillon eine aus dem 11. Jahrhundert stammende, zwei Meter hohe Skulptur überdauert, die die achtarmige Todesgöttin *Durga* zeigen soll, die gerade einen ihr zu Füßen liegenden Dämon tötet und die für die weibliche Energie *Shivas* steht. Tatsächlich soll es sich bei dieser stark verwitterten Steinplastik jedoch um die Darstellung der Königin *Mahendradatta* handeln, die zu Lebzeiten *Shiva* verehrte, weswegen man sie als dessen Gemahlin *Durga* darstellte. In ihren Händen hält sie die Symbole ihrer übernatürlichen Kraft: Speer, Schild, Pfeil und Bogen, Muschelschale, Flammendiskus (Chakra) und eine Flasche mit heiligem Nektar. Die trotz der starken Verwitterung erkennbare anmutige Bewegtheit des Körpers entspricht nicht den üblichen Darstellungsformen balinesischer und javanischer Plastik, sondern lehnt sich eher an indische Vorbilder an.

Wer ist diese Dame?

Von hier oben hat man zudem einen herrlichen Blick auf die Reisfelder ringsum.

Mas

Aktuelle regionale Reisetipps zu Mas
entnehmen Sie bitte den gelben Seiten 400f

Über Blahbatuh geht es anschließend zurück bis zur Riesenbabyplastik in Sakah, bei der Sie die Hauptstraße nach rechts abbiegend verlassen, wodurch Sie schon bald zum berühmten Holzschnitzerdorf **Mas** (‚Gold') kommen, dessen Oberschicht sich auf einen der heiligsten Stammbäume Balis berufen kann, soll doch kein Geringerer als der im 15. Jahrhundert lebende bedeutende ostjavanische Shiva-Priester *Danghyang Nirartha* ihr Vorfahr gewesen sein, der mit einer Prinzessin aus diesem Dorf vier Söhne gehabt habe, die die Gründer der vier wichtigsten Brahmanenclans Balis wurden.

Berühmte Ahnen

Daher hat kaum ein anderes Dorf derart viele *Ida Bagus* (d.h. Angehörige der obersten Kaste) unter seinen Einwohnern.

Meisterwerke aus Holz

Seinen Ruhm verdankt der Ort Holzschnitzern wie *Ida Bagus Tilem*, *Ida Bagus Taman* oder *Ida Bagus Nyana*, aber auch Maskenschnitzern wie *Ida Bagus Gelodog* oder *Ida Bagus Ambara*. Wer sich mit Kaufabsichten trägt, sollte jedoch genau hinschauen und prüfen, das Gros der in den vielen – teuren – Geschäften angebotenen Stücke ist einfache – was nicht unbedingt heißen muss schlechte – Touristenmassenware. Spitzenprodukte hält hingegen die **Njana Tilem Gallery** an der Hauptstraße parat, in der zunächst *Ida Bagus Tilem* das künstlerische Werk seines Vaters *Ida Bagus Nyana* fortführte und das nunmehr von deren Nachfahren weiter gepflegt wird. Beide galten als innovative Künstler, die der balinesischen Holzschnitzkunst zu ganz neuen Ausdrucksformen verhalfen.

Ähnliche Meisterwerke können Sie auch in der gleichfalls an der Hauptstraße zu findenden Galerie **Adil** bestaunen, ganz besonders aber auch bei **Siadja** an derselben Straße, wo man darüber hinaus gerne bereit ist, Ihnen – samt anschaulicher Beispiele in den Werkstätten – eine umfassende Einführung in die Kunst des Holzschnitzens zu geben.

Nirarthas Wohn- und Wirkungsstätte

Nehmen Sie sich doch noch ein klein wenig Zeit und inspizieren Sie im Zentrum des Ortes den reich geschmückten **Pura Taman Pule**, den ‚Tempel mit dem herrlichen Garten', der (direkt beim Fußballplatz) an der Stelle von *Nirarthas* Wohnsitz errichtet worden sein soll. Sein inneres Portal erinnert mit seinen feinen Blattwerkdekorationen an den Kekayon des Wayang Kulit, das Symbol des natürlichen Universums und die Eingangstür zum Jenseits. Auf der Ostseite ist der Kopf des Dämons *Kala Rau* in den Stein gehauen, der zu seinem Unglück den Rest seines Körpers im Kampf mit Vishnu verloren hat und seither versucht, Sonne und Mond zu verschlingen. Im östlichsten Winkel des Hofes, d.h. am heiligsten Punkt, befindet sich ein kleiner Brunnen mit heiligem Wasser,

In vielen Werkstätten kann man den Künstlern auf die Finger schauen.

der mit beeindruckenden Naga verziert ist. Ihm gegenüber steht ein stoffumwickelter Steinlingam. Im Hof befinden sich zudem noch zwei Opferaltäre, die auf clownesken Frauenfiguren ruhen, sowie ein Baum, der manchmal geheimnisvolle violette Blüten hervorbringt. Es heißt, *Nirartha* habe ihn selbst gepflanzt, und wenig später habe sich eine Blüte aus reinem Gold geöffnet, woraufhin man dem Ort seinen Namen gab. In diesem Tempel finden alle 210 Tage über mehrere Tage und Nächte hinweg Wayang Wong-Aufführungen (Mas soll dessen Entstehungsort sein) zusammen mit einer der größten Hahnenkampfveranstaltungen der Insel statt, die in den frühen Morgenstunden über die Bühne geht.

Eine weitere sehr umfangreiche und interessante Kunstsammlung können Sie ein Stück weiter nördlich in der **Rudana – Fine Art Gallery** inspizieren, die für ihre schöne Gemäldesammlung einheimischer, den verschiedensten Stilrichtungen anhängender Künstler bekannt ist.

Exquisite Kunstsammlung

Von Mas aus führt eine schmale Straße westwärts nach **Kengetan**, wo man sich zunächst nach links hält, um im Nachbardorf **Silakarang** den auf der Ostseite der Straße gelegenen **Pura Puseh Silakarang**, einen der schönsten Tempel der Gegend, dessen Skulpturenschmuck von hoher Qualität ist, in Augenschein zu nehmen.

Anschließend geht es zurück nach Kengetan und weiter bis nach **Singakerta**, wo noch drei Tempelanlagen auf Ihre Visite warten.

Singakerta

Aktuelle regionale Reisetipps zu Singakerta
entnehmen Sie bitte der gelben Seite 434

Biegen Sie unmittelbar bei der Tankstelle nach rechts ab und folgen Sie der Straße rund 500 m bis zur ersten asphaltierten Abzweigung links, auf der Sie nach rund einem Kilometer zum **Pura Penataran Agung** gelangen, einem in manchen Teilen ein wenig extravagant wirkenden Tempel in ruhiger Lage. Den gleichen Weg zurückgehend, halten Sie sich sodann links und biegen nach zirka 300 m rechts in die nächste asphaltierte Nebenstraße ein, in der Sie nach kaum fünfzig Metern zur Linken des **Pura Gaduh** ansichtig werden, der mit einer merkwürdigen Mixtur aus stupaähnlichen buddhistischen und primitiven polynesischen Stilelementen überrascht. Seinen Eingang flankieren zwei Elefanten, auf denen Dämonen reiten. Zum Abschluss geht es noch zum **Pura Puseh**, den man – rund hundert Meter weiter ostwärts – knapp hundert Meter nördlich der Durchgangsstraße findet und der trotz starker Verwitterungen ornamental vielfach überfrachtet wirkt.

Die Südsee lässt grüßen

Nach diesem langen Tag ist es an der Zeit, sich ein Nachtquartier zu suchen, das man am besten im nahen Ubud findet.

Ubud

Aktuelle regionale Reisetipps zu Ubud
entnehmen Sie bitte den gelben Seiten 450ff

Trotz des Touristenbooms der letzten Jahrzehnte ist das rund 20.000 Einwohner zählende Landstädtchen Ubud nach wie vor ein absolutes Muss einer Bali-Reise; die würzige Nachtluft beschwört eine Tropenparadies-Stimmung herauf, wie sie Kuta schon vor langer Zeit abhanden gekommen ist, und die vielfältigen Wohn- und Wandermöglichkeiten rings um den Ort haben für jeden etwas zu bieten – von den mannigfaltigen Möglichkeiten, seinen Hunger und seine Kaufgelüste zu stillen, einmal ganz abgesehen.

Der Name des Ortes leitet sich übrigens von ‚Ubad' (‚Medizin') ab, was genau genommen die Bezeichnung eines heilkräftigen Krautes ist, das nahe dem Fluss Campuhan wächst. Da vielen Adligen aus Ubud bis heute besondere Heilkräfte zugeschrieben werden, bringt das Volk den Adelsfamilien noch immer große Verehrung entgegen.

Künstlerhochburg

Die Region um Ubud hat Balis Image als Insel der Künstler ganz entscheidend mitgeprägt, schließlich ist Ubud spätestens seit den 30er Jahren des vergangenen Jahrhunderts unbestritten der Mittelpunkt der balinesischen Malerei. Zahllose Tänzer und Tänzerinnen, Holzschnitzer und Maler hatten und haben hier ihre Wurzeln, was nicht zuletzt daran lag bzw. liegt, dass fruchtbare Böden und ausreichend Wasser für die Bewässerung vorhanden waren bzw. sind, dank derer ohne übermäßigen Arbeitsaufwand hohe Ernteerträge erzielt werden konnten, wobei die Agrarüberschüsse den Bauern Muße zur Kreativität gaben und gleichzeitig die feudale Hofhaltung der Rajas von Gianyar ermöglichten, die sich als Erben des untergegangenen Majapahit-Reiches verstanden und die Künste großzügig förderten.

Bis zum Ende des 19. Jahrhunderts war Ubud nur ein kleines, von den Palästen in Peliatan und Gianyar abhängiges Fürstentum. Aber durch kluge Bündnisse weiteten sich das Gebiet, die Macht und der Einfluss seiner

Beredte Zeugnisse künstlerischer Schaffenskraft findet man im Puri Saren Agung.

Feudalherren allmählich beträchtlich aus. Allen voran ging das Haus *Sukawati*, so dass um 1890 der ultrakonservative Aristokrat *Cokorda Gede Sukawati*, der eng mit den Niederländern kooperierte, einheimische Kunsthandwerker aus ganz Bali – mit großem Erfolg – einlud, sich in seinem Dorf niederzulassen, woraufhin er sie mit der Anfertigung von Tempel- und Palastdekorationen beauftragte. Dienten Kunsthandwerk, Tanz und Malerei bis ins 20. Jahrhundert hinein rein religiösen Zwecken, so änderte sich deren Zweckbereich in den 20er Jahren, als *Cokorda Gede Agung Sukawati* damit begann, ausländische Künstler in seine Residenz in Ubud einzuladen, wodurch jenes schöpferische Klima entstand, von dem der Ort bis heute durchweht wird. Ganz gleich ob *Walter Spies* oder *Rudolf Bonnet*, mit denen *Cokorda Gede Agung Sukawati* 1936 die Künstlervereinigung ‚Pita Maha' gründete, *Han Snel* oder wie sie alle hießen, ihnen ist es zu verdanken, dass Balis künstlerisches Schaffen neue, bis dahin ungeahnte Wege einschlug. Die kilometerlange Hauptstraße von Ubud wird heute gesäumt von den Ateliers und Galerien der zahlreichen hier ansässigen Maler, deren stilistische Palette vom traditionellen Wayang-Stil bis hin zu modernen Motiven und Techniken reicht, und in deren Ateliers interessierte Besucher in den meisten Fällen jederzeit willkommen sind.

Das Haus Sukawati

Um vom einzigartigen Flair dieser Gegend mehr als nur einen flüchtigen Eindruck mitzubekommen, muss man sich ein paar Tage Zeit für diese Region nehmen und dabei durch die Dörfer und Reisfelder ringsum wandern bzw. auf einem Drahtesel durch sie hindurchgleiten. Aufgrund der höheren Lage und des somit recht angenehmen Klimas bietet sich Ubud auch als ideales Standortquartier an, von dem aus man die verschiedensten Ausflüge in

Redaktions-Tipps

- **Sehenswertes**

Für Kunstliebhaber ein Muss sind das *ARMA* (S. 535f), das *Museum Puri Lukisan* (S. 538f) und das *Neka Art Museum* (S. 541f), die einem einen hervorragenden Überblick über die Kunst Balis verschaffen.

- **Übernachten**

Größten Wert auf Ökologie und perfekten Service legt man im spektakulär gelegenen *Natura Resort & Spa* in Laplapan (S. 454), weitab vom Rest der Welt hingegen liegen die Wohneinheiten *Villa Semana* am Ayung River (S. 434). Und während sich im *Four Seasons Resort Bali at Sayan* (S. 451) Luxus und atemberaubende Architektur vereinigen, stößt man im zum ARMA gehörenden *Kokokan Hotel* in Pengosekan (S. 455) auf beinahe museale Räumlichkeiten und ein kulturelles Gesamtkonzept ohnegleichen.

- **Essen und Trinken**

Ein Klassiker seit Jahrzehnten ist das *Café Lotus* (S. 458), Ubuds wahrscheinlich schönstes und romantischstes Restaurant ist hingegen *Miro's Garden Restaurant* (S. 459), ganz besonders am Abend. Grandios in Bezug auf Architektur und Aussicht gibt sich dagegen die *Ayung Terrace* des Four Seasons Resort Bali at Sayan (S. 458).

- **Veranstaltungen**

Die in zauberhaftem Rahmen stattfindenden abendlichen Tanzaufführungen des ARMA zählen zu den besten Balis und sind weit weniger kommerzialisiert und überlaufen als andere derartige Veranstaltungen. Wer den tänzerischen Nachwuchs beim Unterricht beobachten möchte, sollte nachmittags ins ARMA gehen. Wenn Sie sich eingehender mit Kunst und Kultur Balis auseinander setzen möchten, sollten Sie ruhig einmal nach dem Eigentümer, Herrn Agung Rai, fragen. Das ARMA bietet zudem eine ganze Reihe hervorragender Workshops an (S. 535 und 462f).

- **Einkaufen**

Ubud (S. 460f) ist **das** Kunstzentrum Balis, die Auswahl entsprechend riesengroß. Schauen Sie ruhig bei den Künstlern vorbei, dies hilft dabei, beim Kauf die Spreu vom Weizen zu trennen.

Zu Fuß und per Rad

die landschaftlich und kulturell reizvolle Umgebung – aber auch auf der ganzen Insel – unternehmen kann, die von einem engmaschigen Wege- und Straßennetz durchzogen ist und sich daher geradezu für Wanderungen und Radtouren anbietet. Und zum Abschluss eines abwechslungsreichen Tages sollte man sich die eine oder andere der zahlreich angebotenen Tanzvorführungen anschauen, die in Ubud bzw. den Nachbardörfern allabendlich präsentiert werden, und zwar in den meisten Fällen auf einem künstlerisch vergleichsweise hohem Niveau.

Hinweis
Ubud erkundet man am besten zu Fuß, ein Wagen ist – auch aufgrund der vielen Einbahnstraßen – nur hinderlich.

Planen Sie für den Erkundungsspaziergang von Ubud selbst mindestens einen Tag ein, wobei z.B. längere Einkaufsstopps oder der Besuch sämtlicher am Wege liegender Museen natürlich zusätzlich Zeit erfordern.

Im Grunde genommen ist es völlig egal, wo Sie Ihre Tour beginnen, falls Sie sich jedoch noch Informationsmaterial besorgen oder die eine oder andere Auskunft einholen möchten, empfiehlt es sich, dies im Zentrum Ubuds zu tun, und zwar dort, wo die Jl. Wanara Wana (vormals Jl. Monkey Forest) auf die Hauptstraße des Ortes, die Jl. Raya Ubud, trifft, denn hier finden Sie die **Ubud Tourist Information (1)**, die Ihnen mit Rat und Tat weiterhelfen kann.

Geschäftiges Treiben

Auf der anderen Seite der Jl. Wanara Wana erhebt sich der zweistöckige **Pasar Ubud (2)**, der aus mehreren Gebäuden bestehende Markt des Ortes, auf dem allmorgendlich ab 5 Uhr reges Treiben einsetzt, das erst gegen 14 Uhr sein Ende findet. Im Grunde genommen könnte man allein hier schon einen halben Tag verweilen.

Fürstenresidenz

Direkt gegenüber, d.h. an der nordöstlichen Ecke der Kreuzung, liegt der **Puri Saren Agung (3)**, die Residenz der fürstlichen Familie, deren Mitglieder traditionell als großzügige Mäzene der heimischen Kunst gelten. In einem Teil der Anlage, die beim Erdbeben von 1917 zerstört und großenteils erst vor wenigen Jahren wieder aufgebaut wurde, ist heute ein Hotel untergebracht. Ein prächtiges Kori agung, entworfen von *I Gusti Nyoman Lempad*, trennt den äußeren Hof von den Privaträumen des jetzigen Cokorda.

Ein kleiner Abstecher in die Jl. Suweta führt zu zwei im Norden des Ortes zu findenden Tempeln. Als erstes taucht zur Rechten der **Pura Mertasari (4)** auf, der Familientempel des hiesigen Fürstengeschlechts, der die am meisten verehrten Erbstücke des

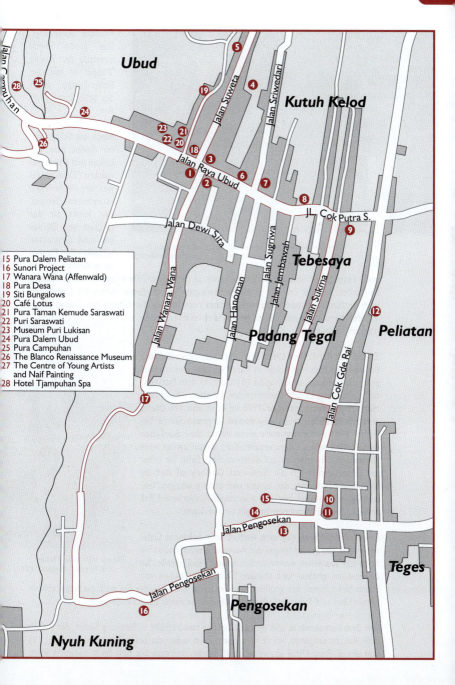

Der Puri Saren Agung zeugt noch heute vom einstigen Prunk des hiesigen Herrschergeschlechts.

Palastes beherbergt. Das große Portal oberhalb der steilen Treppe ist mit der Boma-Fratze eines der schönsten seiner Art.

Noch ein Stück weiter findet man zur Linken den **Pura Batukaru (5)**, einen etwas ungewöhnlichen königlichen Tempel, der leicht an der Gruppe von Dämonen und Grimassen schneidenden Figuren zu erkennen ist, die seine Fassade zur Straße hin säumen, sowie an den Löwen, die seinen Kulkul bewachen. Es handelt sich bei ihm um einen Penyawangan-Tempel, dessen Altäre die Gottheiten weit entfernter Tempel empfangen, wobei man in ihm die Göttin des Danau Batur anbeten kann, ohne die – einst gefahrvolle – Reise dorthin machen zu müssen.

Künstlerlegenden

Zurück auf der Jl. Raya Ubud, orientiert man sich auf dieser ostwärts, so dass man schon in Kürze vor dem linker Hand gelegenen **House of Lempad (6)** steht, in dem fast hundert Jahre lang Ubuds berühmtester Künstler, I Gusti Nyoman Lempad, lebte, der hier 1978 im Alter von 116 Jahren verstarb, und das heute von dessen jüngstem Sohne bewohnt wird, der einem auch gerne etwas über das Leben und Wirken seines Vaters erzählt. Kurz darauf zweigt nach links die Jl. Sriwedari ab, auf deren rechter Seite Sie unter der Hausnummer 2B die **Seniwati Gallery of Art by Women (7)** finden, der ersten und bislang einzigen Gemäldegalerie auf der Insel, die ausschließlich Werke auf Bali arbeitender Künstlerinnen ausstellt und verkauft.

Die **Neka Gallery (8)**, eine weitere sehr bekannte Galerie, in der alle Stilrichtungen zur Auswahl stehen, finden Sie noch ein Stückchen weiter östlich an der Hauptstraße. Sie ist eine der größten und ältesten Galerien, betrieben von Suteja Neka, einem der größten Kunstmäzenen der Insel, der Sie auch gerne persönlich herumführt und Ihnen viel über die balinesische Kunst zu erzählen weiß.

Durma trifft seine Mutter (I Gusti Nyoman Lempad, 1961)

Kunstmäzen

Um dem Verkehrslärm und -gestank auf der Hauptstraße in Richtung Süden, der Jl Cok Gde Rai, zu entgehen, wählt man stattdessen lieber die beim **Pura Dalem Puri (9)** von der Jl. Raya Ubud abzweigende Jl. Sukma, der man bis zum Ende südwärts folgt, wodurch man schließlich in **Peliatan** doch noch auf die Hauptverkehrsachse gen Süden trifft, an der man auf der östlichen Straßenseite den **Pura Desa Gede (10)** mit seinem beeindruckenden Skulpturen- und Statuenschmuck findet, der Nymphen, Affen, Ungeheuer und Clowns umfasst. Links davon, neben einem klassischen Kulkul, führt ein einfaches Gittertor zum Bale Agung, der vor wenigen Jahren mit den besten Bauhölzern wieder aufgebaut und mit Blattgold verziert wurde. Er beherbergt ein herrliches traditionelles Gemälde, das Gottheiten auf dem Rücken der weißen Schlange *Basuki* zeigt. Der hohe Gedong, der die kostbarsten Reliquien der Gemeinde birgt und erst vor ein paar Jahren zum Schutz vor Diebstahl erbaut wurde, bildet die Grenze zum rechts davon gelegenen **Pura Puseh (11)**.

Der Pura Desa Gede in Peliatan weist reichen Skulpturenschmuck auf.

Peliatan ist zudem für seine Legong-Tanzgruppe berühmt, die hier allabendlich auf der Bühne steht, sowie für seine 15 verschiedenen Gamelan-Orchester, die sich Abend für Abend bei Auftritten im Ort und im Nachbardorf **Teges** abwechseln, letzteres auch bekannt für seine schönen Holzschnitzereien.

Im **Puri Kaleran Mandala (12)** von Peliatan wird noch heute die klassische Tanzkunst Balis gepflegt, wobei es für gewöhnlich möglich ist, bei den nachmittäglichen Tanz- und Gamelan-Proben zuzuschauen.

Wo die Hauptstraße ostwärts abbiegt, halten Sie sich anschließend auf der Jl. Pengosekan westwärts, die Sie nach **Pengosekan** hineinbringt, eine Gemeinde, deren Bewohner sich zum einen der Malerei widmen, und zwar in der 1970 von *Dewa Nyoman Batuan* und zwanzig seiner Künstlerkollegen ins Leben gerufenen Künstlergenossenschaft ‚**Pengosekan Community of Artists' (13)** – damals die erste ihrer Art auf Bali –, deren Ausstellungs- und Arbeitsräume man auf der linken Straßenseite findet, überwiegend jedoch sind die Künstler mit der Herstellung von diversen Schnitzarbeiten beschäftigt. In den 1980er Jahren ermutigte die irische Möbeldesignerin *Linda Garland* die lokalen Künstler, Holzrahmen für ihre Bilder zu entwerfen und zu bemalen, woraufhin schon bald auch Früchte, ganze Bananenstauden und Himmelbetten aus Holz gefertigt wurden. Ins internationale Rampenlicht rückte die Ortschaft 1974, als Königin Elizabeth II. einen hier ansässigen Künstler besuchte, dessen Werke sie bewunderte. Bekannt ist das Dorf darüber hinaus für seine Lontar-Flechtarbeiten.

Königlicher Besuch

Ein Muss für jeden Kunstliebhaber ist das wenige hundert Meter weiter westlich auf der rechten Straßenseite auftauchende **Agung Rai Museum of Art** (ARMA) **(14)**, das sowohl seiner hervorragenden Sammlung erlesener Werke zahlreicher balinesischer bzw. auf der Insel lebender ausländischer Künstler von gestern und heute als auch seines Gesamtkonzeptes wegen zu überzeugen weiß. So hat es sich sein Eigentümer zur Lebensaufgabe gemacht, sich ganz und gar für den Erhalt alter balinesischer Gepflogenheiten und Künste einzusetzen, auch mit all seinen finanziellen Mitteln. Zu diesem

Richtungweisendes Gesamtkonzept

Das ARMA zählt zu den besten Museen Balis.

Zwecke kaufte er die an das Museum angrenzenden Reisfelder auf, um sie anschließend den Bauern zur weiteren Bewirtschaftung zurückzugeben, sah er doch nur so gewährleistet, dass sie nicht auch zugebaut würden. Und auch die zahlreichen Workshops, an denen einheimische und ausländische Künstler und Gäste teilnehmen können, und die angebotene kostenlose Tanzausbildung für die Kinder der Umgebung sind Beiträge zum Erhalt alter balinesischer Kulturelemente, genauso wie die regelmäßig dargebotenen Tanzvorführungen auf der hauseigenen Bühne, die zum Besten zählen, was Bali diesbezüglich zu bieten hat. Nehmen Sie sich ruhig ein wenig Zeit, um dieses Gesamtkunstwerk, denn als solches muss man es betrachten, richtig würdigen zu können, das Engagement eines Mannes, der zweifelsohne zu den wichtigsten lebenden Persönlichkeiten Balis zählt und jederzeit den Besuchern gerne Rede und Antwort steht.

Hinter dem Museum, jenseits des Flusses, findet man den abseits gelegenen **Pura Dalem Peliatan (15)** mit seinem seltsamen Skulpturenschmuck. Folgen Sie der Jl. Pengosekan anschließend bis zur nächsten Kreuzung, an der Sie sich links halten, um wenig später ihren Weg auf dieser rechts abbiegend fortzusetzen. Die auf den ersten Blick merkwürdig aussehenden hohen Bambusgebilde, die schon bald auf der linken Seite auftauchen, gehören zum **Sunori Project (16)**, einer mit japanischen Geldern finanzierten Versuchsanlage, die die traditionellen Vogelscheuchen ersetzen soll. Nach wenigen hundert Metern müssen Sie, um zurück nach Ubud zu kommen, in **Nyuh Kuning** nach rechts abbiegen.

Eigenwillige Vogelscheuchen

Das Dorf ist bekannt für seine Flechtarbeiten, insbesondere Körbe, sowie seine Holzschnitzereien, wobei sich die Künstler des Ortes den Ruf erworben haben, ‚Frosch- und Affenspezialisten' zu sein, denn jeden Monat werden hier Tausende dieser Objekte hergestellt. Daher findet sich praktisch vor jedem Haus mindestens eine Froschstatue, ein mitunter skurriles Spalier von Tänzer-, Krieger- und Händleramphibien.

Der Hauptstraße des Ortes nordwärts folgend, werden Ihnen schon bald die ersten Vorboten des nahen Affenwal-

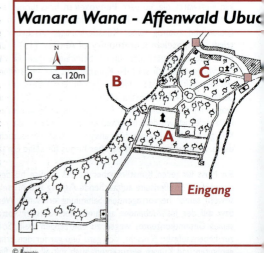

des, dem **Wanara Wana (17)**, begegnen, die Sie möglicherweise bettelnd anschauen, doch ist weder Füttern noch Berühren der Tiere gestattet. Während die lustigen Bali-Makaken (derzeit leben hier rund 125 in drei Clans), vor denen Sie sich in Acht nehmen sollten, da sie nur allzu gerne sorglos weggelegte Dinge davonschleppen bzw. einem Hut, Brille oder Kamera stibitzen, die man dann irgendwo in den Bäumen baumeln sehen kann, ringsum in den Bäumen toben oder auf den Fußwegen herumlungern, nähern Sie sich dem **Pura Dalem Agung Padangtegal (A)**, dem Tempel der Todesgöttin *Durga*, den ein beachtenswertes Candi korung schmückt, das nur für Opferzeremonien geöffnet wird. Das monumentale Tempeltor steht auf der Riesenschildkröte *Bedawang*, die die Unterwelt repräsentiert, bewacht von sieben furchterregenden, hängebrüstigen *Rangdas*, von denen die beiden äußersten offensichtlich gerade dabei sind, Kinder zu verschlingen. Werfen Sie auch einmal einen Blick auf den reich verzierten Kulkul, der auf einem gestuften Sockel ruht und einen Klöppel in Phallusform aufweist.

Vorsicht ist angebracht

Unweit des Tempels führt eine Treppe zu einer nahen Schlucht hinunter, die man auf einer schmalen Brücke überquert und in der sich zwischen mächtigen Bäumen der kleine **Pura Beji (B)** versteckt, der entsprechend dem ‚Drei-Mandala-Konzept' errichtet wurde, wobei der nördlichste Teil (*Utama Mandala*) den Göttern vorbehalten ist und nicht betreten werden darf, der mittlere Abschnitt (*Madia Mandala*) den Schülern der Götter gewidmet ist und die heilige Quelle birgt, wohingegen der südliche Teil den Menschen als Badeplatz dient.

In der nordöstlichen Ecke des Waldes findet man schließlich noch den **Pura Prajapati (C)**, bei dem die Totenverbrennungen des Ortes stattfinden.

Hinweise
- *Da die meisten Tourbusse am späten Vormittag und frühen Nachmittag hier ankommen, sollte man diese Tageszeit nach Möglichkeit für einen Besuch meiden.*
- *Nochmals: Das Füttern und Berühren der Affen ist verboten!*

Ob Sie die Jl. Hanoman oder die Jl. Wanara Wana für Ihren weiteren Weg bis zur Jl. Raya Ubud wählen, bleibt Ihnen überlassen. Beide Straßen säumen dicht an dicht Geschäfte, Restaurants und Unterkünfte aller Preiskategorien. Wollen Sie das Tagesprogramm schaffen, sollten Sie den Verlockungen allerdings – für den Moment zumindest – widerstehen.

Wieder zurück beim Zentralmarkt von Ubud, kann man kurz einen Blick auf den **Pura Desa (18)** werfen, ehe

Sie gelten als die Nachfahren von Hanumans Affenarmee.

es in die nächste Seitenstraße rechts geht, die Jl. Kajeng, in deren Straßenpflaster u.a. die Namen zahlreicher Besucher des Ortes eingraviert sind. Bei den auf der linken Straßenseite gelegenen **Siti Bungalows (19)** ist auch die Galerie mit Gemälden des niederländischen Künstlers *Hans Snel* untergebracht.

Künstlerhotel

Café Lotus

Ubuds berühmtestes Restaurant ist das **Café Lotus (20)** an der Jl. Raya Ubud, in dem Sie sich, falls Sie dies zwischenzeitlich noch nicht getan haben, eine Pause gönnen sollten, denn schöner sitzt es sich im Ort kaum irgendwo. Der namengebende Lotusteich gehört eigentlich zum dahinter gelegenen **Pura Taman Kemude Saraswati (21)**, einer sehenswerten Tempelanlage, die *Dewi Saraswati*, der Göttin der Künste und Wissenschaften geweiht ist. Der Tempel wurde in den 1950er Jahren vom damaligen Cokorda angelegt, um das Ende seiner politischen Gefangenschaft zu feiern. Von weither kamen Künstler, um unter *I Gusti Nyoman Lempad* zu arbeiten, der persönlich die drei Meter hohe Statue des Dämons *Jero Gede Macaling* schuf. In der Nordostecke des Hofes, den man durch ein Tor an der Westseite der Umfassungsmauer betritt, steht ein vorbildlicher Padmasana: eine zierliche Pyramide, die sich vom Rücken der kosmischen Schildkröte durch die Ebene der Welt bis zum Thron des höchsten Gottes erhebt.

Neben dem Café Lotus finden Sie den **Puri Saraswati (22)**, einen weiteren Fürstenpalast, der heutzutage gleichfalls ein Hotel beherbergt.

Balinesische Meisterwerke

Noch ein Stückchen weiter westlich gelangen Sie zu einem Hinweisschild für das **Museum Puri Lukisan (23)**, das etwa hundert Meter nördlich der Hauptstraße auf der anderen Seite eines kleinen, von einer Fußbrücke überspannten Flusstales inmitten einer hübschen Gartenanlage liegt, in der sich auch zwei reizvolle Teiche befinden.

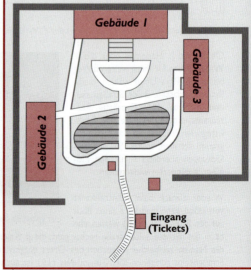

Der 1954 auf Geheiß von *Cokorda Gede Agung Sukawati* errichtete ‚Palast der Gemälde' besteht aus drei Gebäuden, in denen u.a. die vielleicht schönste Dauerausstellung von Werken aus der Blütezeit der balinesischen Kunst vor dem Zweiten Weltkrieg untergebracht ist, aber auch Exponate der modernen regionalen Holzschnitzkunst und eine ganze Reihe wichtige Gemälde der Nachkriegszeit. Die Sammlung teilt sich wie folgt in drei Ausstellungshallen auf: **Gebäude I** zeigt neben Holzschnitzarbeiten Gemälde aus der Zeit vor dem Zweiten Weltkrieg, einschließlich der Werke der ‚Pita Maha', und von *I Gusti Nyoman Lempad*, **Gebäude II** beherbergt zeitgenössische balinesische Kunst, wohingegen in **Gebäude III** Wechselausstellungen präsentiert werden.

An der Entstehung dieses Museums, anhand dessen Exponaten sich die Stilentwicklung von der klassischen Wayang-Malerei bis hin zur modernen naturalistischen Malerei klar erkennen lässt, war *Rudolf Bonnet* maßgeblich beteiligt. Viele der zu sehenden Werke wurden dem Museum von den Künstlern persönlich, deren Nachkommen oder von europäischen Käufern vermacht, die wollten, dass ihre Objekte nach ihrem Tode Bali nicht verließen bzw. nach ihrem Tode dorthin zurückkehrten. Wer im Ort Bilder erstehen möchte, sollte hier zunächst einmal seinen Blick für die verschiedenen Stilrichtungen schärfen.

Orientierungshilfe

Zirka 250 m weiter stößt man auf derselben Straßenseite auf den **Pura Dalem Ubud (24)**, bei dem vor allem die den Treppenaufgang flankierenden moosbewachsenen Rangda- und Dämonenfiguren Ihre Aufmerksamkeit verdienen.

Kurz vor der Brücke über den Fluss Uos führt rechter Hand (unmittelbar hinter der *Ubud Clinic* bei der Zufahrt zum Hotel *Ibah Villas & Spa*) ein Stufenpfad zu dem am Zusammenfluss zweier Arme des Uos gelegenen **Pura Campuhan (25)** (auch *Pura Gunung Lebah*) hinunter. Die beiden Flussarme gelten als Energieknoten der Erdströme und als Herde übernatürlicher Gefahren, weswegen sich nachts angeblich nur Hexen hierher wagen, um zu zaubern, oder Yogis, um durch Meditation zu geistiger Kraft zu gelangen. Das Heiligtum wurde vermutlich im 8. Jahrhundert vom Hindupriester *Resi Markandya* gegründet und im 16. Jahrhundert von *Danghyang Nirartha* beträchtlich erweitert. In einem seiner Schreine beherbergt der Tempel, in dem von einer Reisanbauvereinigung die Reisgöttin *Dewi Sri* verehrt wird, einen heiligen Barong. 1991 wurde in diesem Tempel, der als bedeutendster in der Umgebung Ubuds gilt, die nur alle 100 Jahre stattfindende ‚Penyegjeg Bhumi' (‚Große Zeremonie zur Stärkung der Welt') durchgeführt.

Bedeutendster Tempel der Umgebung

Die Felswände der Schlucht wiederum sind voller heiliger Quellen, Eremitenhöhlen und Grotten; in einer von ihnen soll ein berühmter Riese gewohnt haben, der einst die Mädchen raubte, die zum Beten in den Tempel kamen.

Überquert man sodann die Brücke über den Uos, so ist man bereits im Ortsteil **Campuhan** angekommen. Unmittelbar hinter der Brücke führt links eine Straße zum **The Blanco Renaissance Museum (26)** hoch, dem einstigen Anwesen des spanischen Künstlers *Antonio Mario Blanco* (siehe Kapitel ‚Bedeutende Persönlichkeiten', S. 37f), in dessen üppigem Tropengarten sich neben den heute von seinem Sohn bewohnten Privaträumen und dem Originalatelier von *Antonio M. Blanco* aus dem Jahre 1952, in dem noch dessen Malutensilien und einige seiner Werke zu sehen sind, das erst kurz nach dem Tode des Künstlers fertig gestellte neue Museum, dessen inneres und äußeres Erscheinungsbild und Exponate ebenso eigenwillig sind wie der Meister selbst es war. Die aus grünem italienischem Marmor gefertigte, 15 m hohe Riesenplastik am Fuße der gewaltigen, von Naga flankierten Freitreppe, die ins Museum hinein führt,

Eigenwillig, exaltiert in jeder Hinsicht

Eigenwillig in jeder Hinsicht: The Blanco Renaissance Museum

mutet auf den ersten Blick an wie die stilisierte, abstrahierte Umsetzung einer menschlichen Gestalt, stellt jedoch die spiegelkopierte Unterschrift des jahrzehntelang an diesem Ort tätigen Künstlers dar. Die im grellbunten zweistöckigen Museumsgebäude selbst gezeigten Werke repräsentieren einen Querschnitt durch das Schaffen *Blancos*, wobei vor allem die wuchtig, geradezu schwülstigen Rahmen auffallen, doch verstand der Meister Bild und Rahmen als eine Einheit, als Gesamtkunstwerk, das eine war für ihn ohne das andere nicht denkbar. Trennte sich *Blanco* schon zu Lebzeiten nur im äußersten Notfall von einem seiner Werke, so gibt es heute keine Originalgemälde von ihm zu kaufen, sondern nur noch einige Lithografien. Das Grundstück wurde dem Künstler 1952 vom damaligen Regenten von Ubud zur Verfügung gestellt, mit der einzigen Auflage, für Bali Werbung zu betreiben. Von der Dachterrasse des Museumsgebäudes, auf deren Balustrade einige goldfarbene Plastiken stehen, hat man einen sehr schönen Rundblick über Ubud und Umgebung. Das gesamte Museum wurde übrigens nach Entwürfen *Blancos* erbaut und wird heute von seinem Sohn *Mario* betreut, der Ihnen auch gerne nähere Auskünfte über das Leben und Schaffen seines Vaters gibt.

Talentschmiede

Vom Museum aus kehren Sie zunächst zur Hauptstraße zurück und halten sich auf ihr ortsauswärts, wodurch Sie schon nach wenigen Metern zu einer links bergan führenden Straße gelangen, der Sie folgen und die Sie zum Malerdorf **Penestanan** bringt, in dem in den 50er Jahren des letzten Jahrhunderts der niederländische Maler *Arie Smit* lebte, unter dessen Ägide sich hier die ‚Schule der jungen Künstler' entwickelte. Zahlreiche aus dieser Gruppe hervorgegangene Maler sind heute aktiv und freuen sich über Ihren Atelierbesuch. Einen recht guten Überblick über das Schaffen der lokalen Künstler in Vergangenheit und Gegenwart verschafft Ihnen **The Centre of Young Artists and Naif Painting (27)**, das Sie an der Hauptstraße des Ortes finden.

Im Centre of Young Artists and Naif Painting

Auf den Spuren von Walter Spies

Folgen Sie der Straße anschließend noch ein Stück nordwärts bis zur Kreuzung, an der sie eine Linkskurve einschlägt, wohingegen Sie sich entlang des schmaler werdenden Fußweges rechts halten. Ein etwa fünfzehnminütiger Spaziergang bringt Sie auf diesem letztendlich wieder zur aus Ubud herausführenden Hauptstraße, die hier jetzt Jl. Raya Sanggingan heißt. Ein Stückchen rechts auf der anderen Straßenseite können Sie Ihre Tagestour mit einem Abendessen im malerisch am Flusshang gelegenen **Hotel Tjampuhan Spa (28)** beschließen, in dessen einem Bungalow einst *Walter Spies* seinen Wohnsitz hatte.

Nördlich von Ubud

Dieser Tagesausflug führt Sie zu einigen der ältesten kulturhistorischen Stätten der Insel, aber auch durch reizvolle, mitunter spektakuläre Landschaftsstriche, zu vielbesuchten Sehenswürdigkeiten genauso wie zu abseits der Wege gelegenen, zu denen sich nur selten ein Fremder aufmacht.

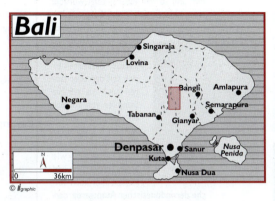

Sie verlassen Ubud auf der Hauptstraße westwärts und biegen kurz hinter der Brücke über den Fluss Uos links nach Penestanan ab. Stets der Hauptstraße folgend, stoßen Sie schließlich auf die große Verbindungsstraße, die von Denpasar kommend nach Kintamani führt. Wenn Sie sich auf ihr nordwärts, d.h. nach rechts halten, werden Sie nach wenigen Metern auf der linken Straßenseite einer großen Steintafel gewahr, die die Zufahrt zum **Four Seasons Resort Bali at Sayan (1)** markiert, das für seine spektakuläre Lage hoch über dem Yeh Ayung (Ayung River) ebenso berühmt geworden ist wie für seine ungewöhnliche Architektur und das Sie sich schon allein deswegen einmal anschauen sollten. Über eine Art Hängebrücke gelangt man zum Hauptgebäude, das sich, einer riesigen stilisierten Lotosblüte gleichend, hoch über dem Flusstal erhebt mit einem scheinbar in die Tiefe stürzenden Pool auf dem Oberdeck.

Doch nicht nur von diesem Hotel aus präsentiert sich einem dieses immer wieder aufs Neue begeisternde Flusspanorama, sondern von vielen Stellen der Ortschaft **Sayan**, in der sich in den 30er Jahren des 20. Jahrhunderts der kanadische Komponist und Ethnograph *Colin McPhee* niederließ und seinen Klassiker ‚A House in Bali' schrieb.

Nicht weniger berühmt und sehenswert als das *Four Seasons* ist das ein Stück weiter nördlich auf der gleichen Straßenseite zu findende Hotel **Amandari (2)**, das praktisch schon zur Legende geworden ist und es weder bezüglich der Architektur noch an der Ausstattung und am Service an irgend etwas mangeln lässt. Und auch von hier können Sie Ihre Blicke über den dichten, das Flusstal überwuchernden Tropenwald schweifen lassen, während Sie in der Tiefe den Ayung River glucksen hören, wie er sich über die Untiefen wälzt und sich an felsigen Barrieren brechend seinen Weg meerwärts bahnt.

Hotellegende

Wenig später folgen Sie rechts der Abzweigung nach Ubud, um dem in **Sanggingan** an der Jl. Raya Sanggingan gelegenen **Neka Art Museum (3)** einen Besuch abzustatten, das vom balinesischen Maler und Kunsthändler *Sutéja Neka* gegründet wurde und geleitet wird und in dessen insgesamt sieben Ausstellungsgebäuden, die sich in einem schönen Garten verteilen, neben Werken auf Bali und im restlichen Indonesien schaffender Künstler auch solche aus dem Ausland sowie ein Fotoarchiv gezeigt werden, ergänzt durch regelmäßig stattfindende Wechselausstellungen.

Indonesiens größtes Privatmuseum

Der 1939 geborene balinesische Museumsgründer erlangte 1966 eine gewisse Bekanntheit, als anlässlich einer Hoteleröffnung in Sanur Werke von ihm und seinem Vater gezeigt wurden, woraufhin er sich in der Folgezeit bemühte, jungen Balinesen die Grundbegriffe des Malens zu vermitteln. Darüber hinaus betätigte er sich seit den 60er Jahren auch als eifriger Sammler von auf Bali entstandenen Kunstwerken, darunter auch solchen der ‚alten Europäer' wie *Spies*, *Bonnet*, *Smit* und *Hofker*, aber auch solche der indonesischen Avantgarde, darunter *Affandi*, *Sijono* und *Lempad*, um nur einige wenige zu nennen. Insgesamt stehen im größten Privatmuseum Indonesiens, das am 7. Juli 1982 eröffnet wurde, 6.900 m² Ausstellungsfläche zur Verfügung, darüber hinaus wird im Eingangsbereich eine ganze Reihe von Werken zum Verkauf angeboten.

*Sutéja Neka 2
(Arie Smit, 1991)*

Tour 6 Übersichtskarte

1 Four Seasons Resort Bali at Sayan
2 Amandari
3 Neka Art Museum
4 White Heron Sanctuary
5 Telaga Waja
6 Elephant Safari Park

© *i*graphic

Tipp
Kunstinteressierten empfiehlt sich die Anschaffung des reich bebilderten, an der Museumskasse erhältlichen Museumsführers, der nicht nur Auskunft über die gezeigten Werke, sondern auch über die Künstlerbiographien gibt.

Payangan und Keliki

Aktuelle regionale Reisetipps zu Payangan und Keliki
entnehmen Sie bitte den gelben Seiten 414 und 379

Reizvolle Berg-und-Tal-Fahrt

Nach dem Museumsbesuch kehren Sie auf die Überlandstraße in Richtung Kintamani zurück, auf der die Fahrt nordwärts durch eine herrliche Reisfelderlandschaft, hinter der sich die Bergwelt Balis aufbaut, bis nach **Payangan** weitergeht, wo man am südlichen Ortseingang Acht geben muss, um rechts nicht die Abzweigung nach **Keliki** und Tegallalang zu verpassen. Machen Sie sich während der nächsten Kilometer auf eine wilde Berg-und-Tal-Fahrt gefasst, das sich beiderseits der kurvenreichen Straße darbietende Szenario entschädigt jedoch allemal für das wilde Gekurbel, mit dem sie sich bergauf- bzw. bergabwärts kämpfen müssen. Üppiger Tropenwald wechselt mit herrlichen Reisterrassen, eine fotogener als die andere.

Im Holzschnitzerdorf **Tegallalang**, das u.a. für seine erstklassigen Garuda-Figuren bekannt ist, stoßen Sie letztendlich auf die Überlandstraße von Ubud nach Kintamani, der Sie bis zum Ortsausgang nordwärts folgen, wo sich zur Rechten eine wunderschöne **Reisterrassenlandschaft** vor Ihnen auftut, die Ihnen von vielen Postkarten und Postern her bekannt sein dürfte.

Tegallalang durchquerend erreichen Sie südlich das benachbarte **Penusuan**, in dem Sie die Durchgangsstraße rechts abbiegend verlassen, um das kleine, gleichfalls für seine Holzschnitzer bekannte **Junjungan** anzusteuern, an dessen südlichem Dorfende der von zwei mächtigen Pule-Bäumen geschützte, antik aussehende **Pura Desa** in einem Gehölz liegt. Hat man das mit vier Wächterreliefs verzierte Candi bentar durchschritten, wird man des Kori agung ansichtig, das nicht so alt ist wie es

Redaktions-Tipps

- **Sehenswertes**

Landschaftlich besonders reizvolle Abschnitte findet man rund um Keliki (S. 542) und Bayad (S. 545), wobei man sich bei letzterem etwas Zeit für einen Spaziergang durch die Reisterrassen nehmen sollte. Die Königsgräber von *Gunung Kawi* bei Tampaksiring (S. 550ff) sind ein Muss für jeden Bali-Besucher. Vogelfreunde hingegen sollten es nicht versäumen, sich vor Sonnenuntergang beim *White Heron Sanctuary* bei Petulu (S. 544) einzufinden, um die vom Tagesausflug heimkehrenden Reiher zu beobachten.

- **Übernachten**

Das *Alam Sari* bei Keliki (S. 379) liegt nicht nur herrlich, sondern ist zudem bestrebt, einen möglichst umweltfreundlichen Tourismus zu praktizieren.

- **Essen und Trinken**

Auch wenn die Empfehlungen ab vom Schuss liegen, sollte man einmal im *Warung Kudus* der *Komaneka Suite* in Tanggayudha (S. 460) bzw. in den Restaurants vom *The Chedi* und *Begawan Giri Estate* bei Payangan (S. 414) dinieren, Ambiente, Service und Aussicht sorgen für ein unvergessliches Erlebnis. Und zum Sonntagsbrunch sollte man im *Puri Asri* in Petulu (S. 457) vorbeischauen, um mit dem Eigentümer und ehemaligen Journalisten Stefan Reisner zu klönen.

- **Sport**

Die feuchtfröhliche Rafting-Tour auf dem Ayung River (S. 316f) garantiert ebenso ein besonderes Naturerlebnis wie eine beschauliche Fahrradtour durch die Dörfer rund um Ubud (S. 466).

- **Für große und kleine Kinder**

Falls Sie noch nie auf einem Elefanten gesessen sind, sollten Sie bei Taro den *Elephant Safari Park* (S. 546) besuchen, der zudem über ein recht informatives Besucherzentrum verfügt.

So lieblich die Landschaft, so mühsam die Bestellung der Reisfelder.

aussieht und an dessen Treppenfuß hübsche Statuen von *Tualen*, dem komischen, aber weisen Diener des Wayang-Theaters, stehen.

Welche Route Sie für Ihre Weiterfährt nach Petulu benutzen, bleibt Ihnen überlassen. Sie können die längere, landschaftlich jedoch recht reizvolle Strecke über Ubud wählen, oder aber

Langbeinige Schönheiten

Sie fahren zunächst ein Stück zurück und biegen dann rechts auf eine recht holprige Nebenstrecke ab, die Sie direkt nach **Petulu** bringt, einen Vorort von Ubud, an dessen südlichem Ende Sie auf das zur Rechten liegende **White Heron Sanctuary (4)** stoßen, in dem Tausende von Reihern (Kokokan) nach ihren Tagesausflügen nächtigen. Die von den Balinesen als heilig verehrten Vögel – zu sehen sind Kuhreiher, Seidenreiher und Edelreiher – lassen sich am besten am späten Nachmittag (ab 17 h) beobachten. Am 7. November 1965, wenige Wochen nach dem Staatsstreich vom 30. September, kam ein erster Schwarm von Reihern und ließ sich auf den Bäumen um einen der Tempel Petulus nieder, und zwar just in dem Moment, als die Bewohner des Dorfes die erneute Weihe ihrer wichtigsten Tempel nach einer Reihe umfangreicher Renovierungen feierten. In der Festwoche kamen noch ungefähr 15.000 weitere dieser Vögel hier an, woraufhin das Gerücht umging, dass die Ankunft der Reiher mit dem Davonfliegen der Seelen der balinesischen Opfer während des Putschversuches im Zusammenhang stehe, denn auch auf der Insel hatten Unterdrückung und blutige Wirren in dessen Gefolge zahlreiche Opfer gefordert. Zweimal im Jahr führen die Bewohner von Petulu für die Reiher an Saniscara Kliwon Landep eine spezielle Zeremonie durch.

Wieder auf der Überlandstraße in Richtung Kintamani, hält man sich nordwärts und passiert zunächst **Gentong**, dessen Einwohner u.a. auf die Herstellung lustiger kleiner Holzskulpturen spezialisiert haben, wie z.B. Affenketten. Das Dorf ist nur eines von zahlreichen zwischen Ubud und Danau Batur, die für die Fertigung von Holzschnitzarbeiten bekannt sind, wobei die Spezialisierung stets auf der Ebene eines ganzen Ortes erfolgt, wie man anhand der am Straßenrand ausgestellten Objekte recht gut erkennen kann.

Nicht leicht zu finden: das Quellheiligtum Telaga Waja.

In Gentong folgen Sie rechts der Abzweigung nach Kenderan, auf der es bis **Kepitu**, der ersten Ortschaft hinter Gentong, zunächst steil bergabwärts geht. Wo die Hauptstraße im Ort nach rechts abbiegt, stellen Sie Ihr Fahrzeug ab und folgen links dem Fußweg bis zu dem mitten im Dschungel am Fluss Tukad Kungkang gelegenen, Ubud mit Wasser versorgenden Quellheiligtum **Telaga Waja (5)**, das

Versteckt im Grünen

sie nach etwa acht bis zehn Minuten Fußmarsch erreichen. Dessen alte, in den Felsen gehauene Meditationsgrotten hinter den beiden Wasserbecken sind heute wieder erschlossen. Da der teilweise abschüssige Pfad entlang einer kleinen Schlucht bis zu einer steilen Treppe verläuft, die zum am Zusammenfluss zweier Bäche gelegenen Heiligtum führt, ist der Besuch – auch aufgrund der schwülwarmen Luft – nur Schwindelfreien und Leuten mit stabilem Kreislauf zu empfehlen.

Wenige Kilometer weiter nördlich liegt **Manuaba** mit dem herrlichen **Pura Griya Sakti**, der rechts der Straße an der Stelle liegt, an der die Hauptstraße eine Linkskurve macht. Er ist der ehrwürdigen Linie der Manuaba-Brahmanen geweiht, der die Ortschaft ihren Namen verdankt. Der riesige hinter dem Tempel wachsende Banyanbaum bietet einen ungewöhnlichen Anblick. Ein schönes Beispiel traditioneller Architektur

Baumriese

stellt hingegen der Wantilan dar. Zudem fand man in dieser Ortschaft Ruinen, die vermutlich aus der Bronzezeit stammen, vor allem aber eine steinerne Gussform, wie sie zur Herstellung des ‚Mondes von Pejeng' (siehe Kapitel ‚Östlich von Ubud', S. 556f) gedient haben könnte.

Die landschaftlich reizvolle Fahrt geht nun weiter gen Norden, wobei man zunächst hinter **Pande** einen tollen Blick ins Flusstal hat, ehe sich in **Bayad**, dessen Durchgangsstraße gesäumt ist mit den Erzeugnissen der hier ansässigen Holzschnitzer, rechts der Straße Balis kunstvoll angelegte **Reisterrassenlandschaft** von ihrer schönsten Seite präsentiert.

Hinter Bayad halten Sie sich dann links in Richtung der kleinen Ortschaft **Kedisan**, hinter der eine recht schlechte Wegstrecke durch eine von steil aufragenden Felswänden gesäumte Schlucht beginnt, die Sie nördlich von Tegallalang schließlich wieder auf die Überlandstraße Ubud – Kintamani bringt, der Sie – ein Holzschnitzerdorf nach dem anderen durchfahrend – nunmehr nordwärts folgen, und zwar bis hinter **Pujungkaja**, wo Ihnen links ein nicht besonders auffälliges Hinweisschild den Weg nach **Taro** weist, zu dem Sie sich auf einer landschaftlich zwar schönen, aber arg ramponierten Straße durchschlagen müssen. Auf den das Dorf umgebenden Kaffeeplantagen erntet man den besten Kaffee der Insel.

Ein mächtiger Banyanbaum beschirmt den Pura Griya Sakti.

Taro

Aktuelle regionale Reisetipps zu Taro
entnehmen Sie bitte der gelben Seite 442

Gemäß einer Legende befahlen die Götter vor langer Zeit (vermutlich im 8. Jahrhundert n.Chr.) einem heiligen Mann namens *Resi Markandya*, der auf dem Gunung Raung in Ostjava meditierte, er solle in einem Wald auf Bali eine Kolonie gründen, woraufhin dieser mit 800 Siedlern aufbrach, von denen jedoch viele an Krankheiten starben oder von wilden Tieren getötet wurden. Daraufhin kehrte der Heilige auf den Gunung Raung zurück und erbat von den Göttern eine Erklärung für das Scheitern seiner Mission, woraufhin ihm jene mitteilten, dass er es versäumt habe, Gewissensbisse zu zeigen, als er mit der Rodung des Waldes begonnen habe. So kehrte er denn mit 400 neuen Siedlern aus dem Dorf Aga nach Bali zurück – und hatte Erfolg. Möglicherweise ist an dieser Legende etwas Wahres, denn zum einen pilgern die Bewohner Taros regelmäßig zum Gunung Raung, zum anderen ist die Ausrichtung des von *Resi Markandya* und seinen Leuten errichteten **Pura Gunung Raung**, den man ziemlich am Ortsende rechts der Straße findet (Hinweisschild beachten!), für Bali außergewöhnlich,

Respektlose Siedler

denn anders als zu erwarten, beten die Gläubigen in ihm nicht nach Norden, d.h. in Richtung der Berge, sondern nach Westen, also in Richtung des Gunung Raung in Ostjava. Der javanische Ursprung erklärt vielleicht auch, warum die Meru mit ihren drei Dächern im Ostteil des Tempels so groß sind.

Balis längster Pavillon

Wie auch immer, der im Dorfzentrum anzutreffende Haupttempel des Ortes, vor dessen Eingangstor sich eine kleine Brücke über ein Loch spannt, die nur von reinen Wesen (d.h. Göttern und Jungfrauen) überschritten werden kann, beeindruckt auf jeden Fall mit seinen majestätischen Proportionen, der Raffinesse der Sandsteinskulpturen und der stillen Schönheit der Landschaft ringsum. Der große Pavillon (Bale agung), der längste und einer der schönsten auf Bali, mit der aus einem Stück gefertigten Plattform im Inneren, erinnert an den Bale agung in Tenganan bzw. die Langhäuser von Borneo. Bitte beachten Sie, dass der Zugang zum Tempel – außer nach ausdrücklicher Erlaubnis – untersagt ist!

Beiderseits der Straße finden sich zahlreiche Betriebe, die sich auf die Herstellung von Altären, Schreinen und anderen aus Beton gefertigten Erzeugnissen spezialisiert haben, die auf der ganzen Insel verkauft werden.

Farblose Leihobjekte

Eine weitere Besonderheit des Ortes sind die hier aufgezogenen **Albino-Kühe** (Lembu putih), die von der ganzen Insel hierher gebracht werden und hier auf einer Weide südlich des Dorfes, kurz vor dem *Elephant Safari Park*, gehalten werden. Heutigentags werden diese Kühe nicht mehr geopfert, sondern nur noch für Zeremonien entliehen, wobei die Prozedur des Ausleihens eines Tieres jedoch ebenso ritualisiert ist wie die Bitte um heiliges Wasser, müssen doch zunächst Opfergaben vor den Göttern des Pura Dalem und des Pura Gunung Raung niedergelegt werden.

Die Albino-Kühe von Taro

Gleich hinter der Weide finden Sie den am 15. Dezember 2000 vom Kultus- und Tourismusminister J Gede Ardika offiziell eröffneten **Elephant Safari Park (6)**, der sich dem Schutz und der Erhaltung des Sumatra-Elefanten verschrieben hat und in dem Sie die Dickhäuter nicht nur in Augenschein nehmen, sondern auf ihnen auch einen Ausritt unternehmen können. Ein gutes Museum zum Thema sowie ein recht nettes Restaurant runden die Visite in dem Park ab.

Jasan

 Aktuelle regionale Reisetipps zu Jasan
entnehmen Sie bitte der gelben Seite 375

Die gleiche Holperpiste zurück, können Sie zunächst noch einen kleinen Abstecher nordwärts nach **Jasan** unternehmen, dessen Einwohner vor allem aus Litchiwurzeln geschnitzte große Boma anfertigen. *I Nyoman Cokot* aus dem westlich von Jasan gelegenen Dorf Jati war dereinst der erste, der diese bizarren Figuren aus den natürlichen Formen der Wurzeln herausarbeitete.

Sie können sich, von Taro kommend, aber auch gleich an der Kreuzung mit der Überlandstraße in Richtung **Sebatu** orientieren, wohin Sie eine von schönen Reisterrassen flankierte Straße bringt. Dieser Ort ist für seine hochwertigen und sehr preiswerten Holzschnitzereien, darunter gewaltige Garuda-Figuren, und sein Ensemble aus Musikern und Tänzern bekannt.

Sebatu

Aktuelle regionale Reisetipps zu Sebatu
entnehmen Sie bitte der gelben Seite 427

Sobald Sie das Dorf erreichen, können Sie am nördlichen Dorfende den auf einem kleinen Hügel errichteten **Pura Jaba Kuta** ausmachen, den ‚Tempel des Kopfes des Dorfes'.

Von hier aus halten Sie sich ortseinwärts und folgen der Hauptstraße bis zu der von einem **Standbild** dominierten Kreuzung, an der sie rechts abbiegen, wodurch Sie schon bald das im südwestlichen Teil der Ortschaft in einem Talkessel gelegene Quellheiligtum **Pura Gunung Kawi Sebatu** erreichen, dessen von moosbewachsenen Mauern eingefassten drei Badebecken ebenso rituellen Reinigungszwecken dienen wie das Heiligtum in Form eines quadratischen Teiches, in dessen Mitte sich ein kleiner offener Schrein mit einem Steinthron erhebt. Rituelle Zeremonien finden – unter Verwendung von heiligem Wasser – allerdings an einem kleinen Altar daneben statt.

Malerisches Quellheiligtum

In der Anlage, deren Wasserspeier hervorragende Beispiele qualitätsvoller Steinmetzkunst sind, finden sich zahlreiche, meist recht alte skulpturale Darstellungen, von denen zwei, die sich im rechten Pavillon des inneren Hofes befinden, besonders bemerkenswert sind: eine zeigt den aus dem Ramayana stammenden Dämon *Rawana*, die andere seinen Gegner *Hanuman*. Das sich direkt an den Tempel anschließende öffentliche Bad von Sebatu steht zwar jedermann offen, doch sollten Sie die Badenden keinesfalls fotografieren.

Das Quellheiligtum Pura Gunung Kawi Sebatu

Folgen Sie der Straße sodann bis zur nächsten Kreuzung, an der Sie links abbiegen, wodurch Sie über Bayad nach **Tampaksiring** gelangen, einer 630 m über dem Meeresspiegel gelegenen Ortschaft, die für ihre kunstvollen Knochen- und Elfenbeinschnitzereien bekannt ist.

Tampaksiring

Aktuelle regionale Reisetipps zu Tampaksiring
entnehmen Sie bitte der gelben Seite 437

Beachtenswerte Relikte

An der Durchgangsstraße von Tampaksiring halten Sie sich links und folgen ihr gut einen Kilometer, um dann zunächst nach links und anschließend nach rechts zum rund vier Kilometer von der Zentralkreuzung entfernten shivaistischen **Pura Gumang (A)** abzubiegen, den Sie wiederum rechts der Straße versteckt zwischen Urwaldriesen finden (auf der linken Seite der Straße steht ein offener Unterstand). Obwohl in diesem Wald, in dem vor etwa tausend Jahren zahlreiche shivaistische Tempel gestanden haben müssen, noch keine Ausgrabungen durchgeführt worden sind, birgt dieser Ort einige beachtenswerte Relikte: die Reste eines Prasada, etliche Reliefs mystischer hindu-javanischer Seeungeheuer, eine enthauptete Skulptur des weißen Stiers *Nandi* (*Shivas* Reittier) sowie ein massives Lingam auf einer Art Thron auf dem links vom Eingang zu findenden Pavillon.

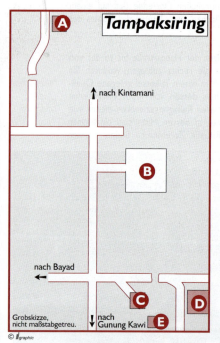

Sind Sie wieder auf der Hauptstraße in Richtung Tampaksiring zurück, so biegen Sie auf dem Weg dorthin bei der nächsten Kreuzung links zum **Istana Tampaksiring (B)** ab, dem ehemaligen Palast von Präsident *Sukarno*, dessen Gebäude sich inmitten einer weitläufigen Gartenanlage verteilen. 1954 ließ ihn der damalige Staatspräsident an der Stelle eines alten niederländischen Rasthauses errichten, um so einen Blick auf die Bäder und jungen Mädchen zu haben, die sich im unterhalb des Palastes gelegenen Quellheiligtum Tirta Empul badeten. Der Komplex besteht aus zwei Teilen, die durch einen schmalen Taleinschnitt voneinander getrennt, jedoch mittels einer Fußgängerbrücke miteinander verbunden sind. Insgesamt finden sich vier Baukörper auf dem Areal, in dem sich tagtäglich Heerscharen von indonesischen Touristen sammeln: *Wisma Merdeka*, die persönliche Residenz von Präsident *Sukarno*; *Wisma Negara*, das Gästehaus für Freunde des Präsidenten und Staatsgäste; *Wisma Yudistira*, für die Presse; und *Wisma Bima*, für die Leibwache des Präsidenten. Darüber hinaus kann man noch eine Pendopo für Tanzaufführungen und ein kleines Aviarium mit diversen Vögeln sehen.

Von der Terrasse aus hat man einen herrlichen Blick auf den Pura Tirta Empul.

Während all seiner Aufenthalte in diesem Palast wohnte Präsident *Suharto* im Wisma Negara, niemals hingegen im Wisma Merdeka, wo angeblich *Sukarnos* Geist herumspukt. Heute dient das Anwesen als Gästehaus der indonesischen Regierung.

Anschließend fahren Sie bis zu der zentralen Kreuzung zurück und biegen an dieser links ab, um kurz danach rechts dem Hinweisschild zum **Pura Mengening (C)** zu folgen, zu dem vom Parkplatz aus ein befestigter Fußpfad führt, und zwar zunächst bergab, dann über eine Art Vorhof und schließlich wieder treppauf. Der oberhalb einer heiligen Quelle (unterhalb des Vorplatzes zu finden) erbaute Tempel, der zu Ehren des Königs *Udayana* entstanden sein könnte, wird von großen, alleinstehenden Prasada dominiert, bei denen es sich um Gebäude mit rechteckigem Grundriss und mehreren Dächern handelt, vergleichbar den Candi, wie man sie aus dem alten Java kennt. Die Prasada, die heutigentags auf Bali sehr selten sind, vor einigen hundert Jahren jedoch sicherlich recht häufig anzutreffen waren,

Pura Mengening in Tampaksiring

dienten auch als Vorbild für so manches in den Fels gehauene Relief, wie etwa diejenigen von Gunung Kawi. Um ihrem Kris die magischen Kräfte der himmlischen Armee *Indras* zu verleihen, tauchen viele Balinesen ihren Dolch in die vom Pakerisan gespeisten Wasser von Mengening.

Folgen Sie der am Tempel vorbeiführenden Straße noch einen guten halben Kilometer weiter, taucht linker Hand der Parkplatz der berühmtesten Quelle des Pakerisan und des dazugehörigen Tempels vor Ihnen auf. Die Skulpturen und Pavillons des **Pura Tirta Empul (D)** sind zwar in keinerlei Hinsicht außergewöhnlich, seine Bäder indes weisen große rituelle und historische Bedeutung für die Bevölkerung des Königreiches von Gianyar auf, denn an dieser Stelle wurde die Armee des Gottes *Indra* wieder zum Leben erweckt, ehe sie König *Mayadanawa* schlug (siehe Kapitel ‚*Das Herz Balis*', S. 526). Eine Steininschrift im Pura Sakenan im nahe gelegenen Dorf Manukaya berichtet, dass dieses Quellheiligtum, das möglicherweise das älteste seiner Art auf Bali ist, im Jahre 882 des Saka-Kalenders von *Sang Ratu Candra Bhaya Singha Varmadeva* erbaut worden sei, was dem Jahre 960 n.Chr. entspräche.

Herausragende Bedeutung

Zentrum der aus drei Höfen bestehenden sakralen Stätte, deren Namensbestandteil ‚Tirta' sich aus dem Sanskritwort ‚Amrita' (,Götternektar' oder ‚Elixier der Unsterblichkeit') ableitet, ist ein ummauerter Quellsee im mittleren Hof, dessen Wasser sich mittels 26 Wasserspeiern in drei im vorderen Hof gelegene rechteckige Badebecken für die Gläubigen ergießt; das linke mit seinen 13 Wasserspeiern ist den Frauen vorbehalten, das mittlere mit seinen acht Wasserspeiern den Männern, wohingegen bei dem rechten rituelle Zeremonien durchgeführt werden. Jedem der Wasserspeier kommt dabei eine spezifische Funktion zu: Das Wasser des einen sorgt für geistige Reinigung, dasjenige eines anderen für die Reinwaschung vom Bösen, und das aus noch einem anderen fließende Wasser wirkt Vergiftungen entgegen.

Drei Wasserbecken

Eine der heiligsten Stätten Balis: Pura Tirta Empul

Einmal im Jahr waschen die Bewohner der umliegenden Dörfer in den Becken symbolisch ihre Töpfe, Schalen und Wasserkannen. Das Wasser des kleinen Beckens ganz rechts, in dessen Mitte sich ein Gedong erhebt, das dem Gott des Quellheiligtums vorbehalten ist, gilt als besonders rein, denn in ihm sammeln sich die ‚fünf heiligen Wasser' Pari Suda, Panglukatan, Sudamala, Tirta Teteg und Bayan Cokor. Im rückwärtigen rechten Teil der Anlage, die der Überlieferung zufolge Gott *Indra* geschaffen haben soll, trägt die mythologische Schildkröte *Bedawang Nala* den Götterthron *Indras*. Im Tempelinnenhof wird man zudem zwanzig kleiner, mit schönen geschnitzten, goldbemalten Türchen versehener Schreine ansichtig.

Rituelles Zentrum

Wer das Glück hat, während des Odalan (in einer Vollmondnacht des vierten balinesischen Monats) zugegen zu sein, kann die feierliche Prozession beobachten, bei der die Bewohner der nahe gelegenen Ortschaft Manukaya einen heiligen Stein zur rituellen Reinigung in das Quellheiligtum bringen. Eine erst 1969 durch den niederländischen Archäologen *Stutterheim* teilweise entzifferte Inschrift auf dieser Reliquie bezieht sich auf die Grundsteinlegung der Wasserbecken durch den heiligen Priester *Sang Ratu Candra Bhaga Singha Warmadewa* anlässlich eines Vollmonds im vierten Monat des Jahres 882 der Saka-Ära (962 n.Chr.). In dieser Woche, d.h. während des Galungan-Festes, in die dieser Tag (Purnama kapat) fällt, wimmelt die Anlage von Barong, die man aus nahezu allen Dörfern des Verwaltungsbezirks Gianyar herbeibringt, um sie symbolisch im heiligen Wasser *Indras* zu baden. Das Quellheiligtum, das König *Airlangga* im 11. Jahrhundert mit Statuen und Schreinen ausschmücken ließ und das 1969 vollständig renoviert wurde, wobei man neue Schreine und Pavillons hinzufügte, zählt zu den bedeutendsten Wallfahrtszielen aller Anhänger des hindu-balinesischen Glaubens, schließlich wird seinem Wasser, das als heiligstes auf ganz Bali gilt, eine magische Heilwirkung zugesprochen.

Tipp
Da es sich bei Pura Tirta Empul um eine der touristischen Hauptsehenswürdigkeiten Balis handelt, sollten Sie möglichst früh am Morgen oder kurz vor Schließung hierher kommen.

Balis größtes frühgeschichtliches Monument

Zum Abschluss dieser Tagesetappe geht es auf der Hauptdurchgangsstraße von Tampaksiring ein Stück südwärts, um bei dem östlich der Straße zu findenden, eindrucksvollsten und größten Monument der balinesischen Frühgeschichte vorbeizuschauen: **Gunung Kawi (E)**. Die aus dem 11. Jahrhundert stammenden, erst 1920 von *H.T. Damte* entdeckten Königsgräber sind den Balinesen seit alters her unter dem Namen ‚Jalú' bekannt.

Von der nahe der Abbruchkante endenden, von zahlreichen Verkaufsständen gesäumten Straße aus führt ein **Stufenpfad (1)** hinunter in die tief eingeschnittene, malerische,

Grundriss Gunung Kawi

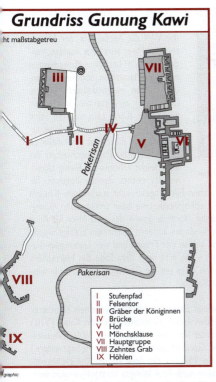

I	Stufenpfad
II	Felsentor
III	Gräber der Königinnen
IV	Brücke
V	Hof
VI	Mönchsklause
VII	Hauptgruppe
VIII	Zehntes Grab
IX	Höhlen

teilweise von steil abfallenden Reisterrassen strukturierte Schlucht des heiligen Pakerisan, in dessen sich gegenüberliegende Felswände man an dieser Stelle – als eines der wenigen Steinmonumente auf Bali – insgesamt neun Grabmale aus dem Tuffstein herausgemeißelt hat. Am Ende der 315 Stufen hält man sich nach dem **Felsentor (II)** zunächst einmal links, wodurch man zu einer unter der Bezeichnung ‚**Gräber der Königinnen' (III)** bekannten Gruppe von vier Grabmonumenten gelangt, deren Inschriften so stark verwittert sind, dass es unmöglich ist herauszufinden, wen genau die Denkmäler ehren, es wird jedoch vermutet, dass sie an die vier Lieblingskonkubinen des Fürsten *Anak Wungsu* erinnern sollen, der als jüngster Bruder des bedeutenden javanischen Königs *Airlangga* von 1049-71 über Bali herrschte.

Königinnen oder Konkubinen?

Überquert man die den Pakerisan überspannende **Brücke (IV)**, so taucht, wenn man den von Bale bestandenen **Hof (V)** durchquert, rechts eine in den Felsen gegrabene **Mönchsklause (VI)** (Patapan) auf, ein labyrinthartiges, sehr altes Heiligtum, das nur barfuss betreten werden darf. Sie stammt vermutlich bereits aus dem 9. Jahrhundert und wäre somit eines der frühesten Zeugnisse hinduistisch-buddhistischen Einflusses auf Bali. Dieser durch einen Spalt betretbare ‚Kreuzgang', dessen Wände fünf Meditationsnischen bergen, diente den Wächtern und Orakeln, deren Aufgabe es war, die Ratschläge des toten und vergöttlichten Königs den Lebenden zu vermitteln, als Rückzugsmöglichkeit. Die Bedeutung des Monolithen in der Mitte ist bislang ungeklärt.

Daneben befindet sich die **Hauptgruppe (VII)** mit fünf großen megalithischen Felsentempeln, die sich aber lediglich als Fassaden mit falschen Portalen und ohne Innenkammern entpuppen. In zirka sieben Meter hohen, spitzbogigen Nischen stehend, ähneln diese Monumente mit ihren pyramidalen Dachaufbauten den Totenheiligtümern (Candi) der Singasari- und Majapahit-Dynastien und zeugen damit eindeutig von der Übernahme des

Die Gräber der Königinnen

Die Hauptgräbergruppe von Gunung Kawi

damaligen ostjavanischen Baustils sowie noch früherer indischer Vorbilder. Weil die Anschereste der Monarchen im Meer verstreut wurden, handelt es sich bei den Monumenten nicht um Mausoleen, sondern um Gedenkstätten vergöttlichter Fürsten. Die stark verwitterten Inschriften wiesen auf König *Udayana* und seine Familie hin. Einer Theorie zufolge errichtete man diese fünf Denkmäler zu Ehren folgender Persönlichkeiten: das linke, leicht erhöhte für König *Udayana*, das rechts danebenliegende für

Königliche Gedenkstätten

dessen Gemahlin, die aus einem ostjavanischen Fürstengeschlecht stammende Königin *Mahendradatta*, das mittlere für *Udayanas* Lieblingskonkubine oder seinen Sohn *Airlangga*, das zweite von rechts für Udayanas Sohn *Marakata* sowie das ganz linke für *Anak Wungsu*, einen weiteren Königssohn. (Verschiedenen anderen Inschriften zufolge wurde durch die gesamte Anlage *Anak Wungsu* mit seinen vier Frauen und vier Lieblingskonkubinen verehrt, die sich – der Legende nach – alle acht nach dem Tode des Herrschers freiwillig mit diesem verbrennen ließen.) Die rings um die Grabmonumente zu findenden Quellen besitzen angeblich reinigende Kräfte.

Wer Zeit und Lust hat, kann noch auf einen Sprung bei dem etwa einen Kilometer südwestlich von der Hauptanlage zu findenden einzeln liegenden **zehnten Grab (VIII)** vorbeischauen, das erst ein paar Jahre später von dem Niederländer *W.O.J. Nieuwenkamp* entdeckt wurde, von den Balinesen ‚Geria Pedanda' (‚Haus des Hohepriesters') genannt wird und für einen Brahmanen oder Minister des *Anak Wungsu* (möglicherweise Premierminister *Rakryan*, der wenige Jahre nach *Anak Wungsu* verstarb) erbaut worden sein soll. In seiner ganzen Erscheinungsform gleicht dieses Monument jedoch mehr einer weiteren Mönchsklause, bestehend aus mehreren Nischen umgebenen Hof. Man erreicht es vom Tor am Fußende der Treppe aus auf einem schmalen, durch Reisfelder führenden Pfad. Hier im Süden des Tales entdeckt man auch an mehreren idyllisch gelegenen Plätzen Gruppen von ebenfalls aus den Felswänden gehauenen

Rückzugsorte

Höhlen (IX), in denen vermutlich Asketen und Eremiten oder Pilger unterkamen. So soll auch *Anak Wungsu* seinen Thron verlassen haben, um hier sein Leben als Einsiedler zu beschließen und durch Entsagung und Meditation zur Erlösung zu gelangen.

Ähnlich wie Goa Gajah soll, einer balinesischen Legende zufolge, der Riese *Kebo Iwo* all diese Monumente in einer einzigen Nacht mit seinen mächtigen Fingernägeln aus dem Vulkangestein herausgekratzt haben.

> **Tipp**
> *Frühmorgens und ab 16 h ist die grandiose Schönheit dieser Anlage am beeindruckendsten, tagsüber trübt der Rummel der herbeigekarrten Touristen den Genuss mitunter doch ganz erheblich.*

Nach einem langen Tag geht es von hier aus schließlich über Pejeng zurück nach Ubud.

Östlich von Ubud

Uralte Zeugnisse der balinesischen Kultur stehen heute ebenso auf dem Tagesprogramm wie die phantastische Landschaft der Insel.

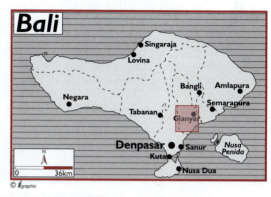

Ubud auf der Hauptstraße ostwärts verlassend, halten Sie sich an der Kreuzung mit der Überlandstraße in Richtung Denpasar geradeaus und biegen, nachdem Sie das Maya Ubud Resort haben rechts liegen lassen, nach links in Richtung **Laplapan** ab. Die schmale, nicht unbedingt in bestem Zustand sich befindende Straße führt Sie nordwärts durch kleine Ansiedlungen und eine liebliche, von Reisterrassen und -feldern geprägte Landschaft, die mehr als einen Fotostopp wert ist.

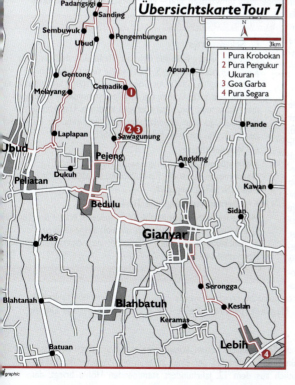

Sobald Sie auf der Überlandstraße, die nach Tampaksiring führt, angelangt sind, folgen Sie dieser nordwärts bis Padangsigi, wo Sie wiederum rechts abbiegen, um der ausgefahrenen Landstraße zunächst bis zur nächsten Kreuzung und an dieser dann wiederum nach rechts abbiegend zu folgen, wodurch Sie nach **Cemadik** gelangen, einer kleinen Ortschaft, in der ein wenig besuchtes Kleinod auf Sie wartet, der **Pura Krobokan (1)**. (Achten Sie auf das kleine Hinweisschild links.) Wenn Sie wollen,

Kleinod im Tal

Ein besonderes Kleinod ist der Pura Krobokan.

können Sie noch die kleine Sackgasse links bis zum Ende fahren, doch besteht dort nur eine recht enge Wendemöglichkeit, so dass es unter Umständen besser ist, das Fahrzeug an der Hauptstraße abzustellen. Wo die Straße endet, beginnt der allmählich immer steiler bergabwärts führende, schlüpfrige, nicht befestigte Trampelpfad zu den oberhalb des Pakerisan in die Felsen gehauenen Meditationsnischen, die auf der anderen Flussseite liegen und von üppig wucherndem Tropenwald umwachsen sind – ein wahrlich traumhaft schönes Stückchen Erde! (Da die Anlage ziemlich versteckt liegt, sollten Sie notfalls einen Ortsansässigen als Guide anheuern.)

Anschließend fahren Sie auf der Straße, auf der Sie gekommen sind, etwa drei Kilometer weiter südwärts bis zu der links der Straße neben der Dorfschule von **Sawagunung** zu findenden Tempelanlage **Pura Pengukur Ukuran (2)** (‚Tempel, an dem alle Dinge gemessen werden'), die Ende des 12. Jahrhunderts von König *Jayaprangus* am Hang einer Schlucht errichtet wurde und in ihrem Innenhof zahlreiche Bale, vorhinduistische Megalithe, behauene Steine und einen Zierschrein mit Lingam birgt.

Redaktions-Tipps

- **Sehenswertes**

Zwei alte, wenig besuchte Orte der Meditation sind der *Pura Krobokan* bei Cemadik (S. 553f) sowie *Goa Garba* nahe Sawagunung (S. 554f). An *Goa Gajah* (S. 560ff) kommt man an und für sich nicht vorbei; um den Touristenrummel zu entkommen, muss man ganz früh oder spät kommen. Und von der Höhlenanlage führt ein reizvoller, etwa halbstündiger Fußmarsch zu den Steinreliefs von *Yeh Pulu* (S. 562f).

- **Wanderungen**

Wer genügend Zeit mitbringt, sollte zwei oder drei Tage für Wanderungen durch die Flusstäler und Reisfelder östlich von Ubud (S. 553ff) einplanen.

- **Übernachten/Essen und Trinken**

Phantastisch über dem Petanu River gelegen, wartet das *Anggrek Umah Anyar* (S. 414) nicht nur mit voll ausgestatteten, dreistöckigen Wohneinheiten, sondern auch einem vorzüglichen Restaurant auf.

Verwaiste Meditationsnischen und Badeplätze

Geht man rechts um die Tempelanlage herum, kommt man zu einem durch ein massives Steintor bergab führenden Stufenpfad, der einen zu einer am Westufer des Pakerisan gelegenen, vermutlich aus dem 12. Jahrhundert stammenden Höhle bringt, der

Goa Garba ('der Schoß') **(3)**. Bei dem Abdruck auf einer der Gesteinsstufen handelt es sich angeblich um einen Fußabdruck von *Kebo Iwo*. Im Tal sind alte Badeplätze (links für die Könige, rechts für die Königinnen) sowie drei Meditationsnischen auszumachen, die in den Fels hinein gehauen und deren Wände mit Steinschnitzereien verziert sind. Die alten Kediri-Inschriften über den Zellen sind noch entzifferbar; in den Höhlen selbst findet man einige wenige Überreste alter Skulpturen und Säulenfüße. Der schweißtreibende Abstieg lohnt sich schon allein der Ruhe und Abgeschiedenheit wegen, denn hierher verirren sich nur wenige Fremde.

Goa Garba sieht nur selten Fremde.

Nun ist es an der Zeit, sich in Richtung Pejeng zu orientieren. Folgen Sie daher der Straße zunächst weiter bis zur etwa einen Kilometer entfernten T-Kreuzung, an der sie sich rechts halten, wodurch Sie – stets der Hauptstraße folgend – schließlich in Pejeng auf die Überlandstraße Richtung Tampaksiring stoßen.

Ehe Sie sich die verschiedenen Sehenswürdigkeiten von Pejeng ansehen, können Sie noch einen kleinen Abstecher zum westlichen Vorort **Kalebutan** (nahe Titiapi) unternehmen, wo Sie an der Hauptstraße des Ortes rechts an der Rechtskurve ein kleines Hinweisschild sehen, das Ihnen den Weg zum links der Straße in einem kleinen Flusstal gelegenen **Candi Tebing (A)** weist, den Sie nach etwa 150 Metern Fußmarsch auf einem unbefestigten, schlüpfrigen Fußpfad erreichen. Bei ihm handelt es sich um einen aus dem 14. Jahrhundert stammenden etwa 3,5 m hohen Tempel, der ein wenig wie eine Miniaturausgabe von Gunung Kawi wirkt und erst 1928 infolge eines Erdrut-

Gunung Kawi en miniature

Pejeng und Bedulu

A Candi Tebing
B Pura Penataran Sasih
C Pura Pusering Jagat
D Pura Kebo Edan
E Bedulu Museum Purbakala Gedung Arca
F Pura Arjuna Metapa
G Pura Samuan Tiga
H Kulturzentr. Mandala Wisata
I Goa Gajah
J Yeh Pulu
K Pura Pengastulan

sches entdeckt wurde. Erst 1951 hingegen wurde das auf der anderen Seite der Schlucht in den Felsen gehauene Kloster gefunden.

Pejeng

Aktuelle regionale Reisetipps zu Pejeng
entnehmen Sie bitte der gelben Seite 414

Wieder zurück in **Pejeng**, führt der erste Weg zu einem der bedeutendsten altertümlichen Relikte von Bali, das im Reichstempel **Pura Penataran Sasih (B)** aufbewahrt wird, der im 9./10. Jahrhundert als Zentraltempel des Königreiches von Pejeng erbaut wurde und dessen Eingang von zwei schönen Steinelefanten flankiert ist. Bei diesem Relikt, dem so genannten ‚**Mond von Pejeng**', handelt es sich um einen überdimensionalen Bronzegong mit 1,62 m Durchmesser und 1,86 m Höhe, der vermutlich bis in das dritte vorchristliche Jahrhundert zurückdatiert, d.h. bis zum Beginn der indonesischen Bronzezeit. Die Legierung aus Kupfer, Zinn und Blei wurde mit Hilfe des Wachsausschmelzverfahrens in zwei Etappen gegossen; spätere Zufügungen sind die Schlagplatte und der röhrenförmige Sockel.

Bronzener Riesengong

Dieser größte erhaltene vorgeschichtliche Gong wird leider in der oberen Etage eines turmartigen Bale in der nordöstlichen Ecke der Anlage aufbewahrt, so dass man für die Betrachtung seiner herrlichen, fein gravierten Ornamente an den Seiten ein Fernglas benötigt. (Das Besteigen des Bale ist streng verboten!) Neben konzentrischen Kreisen und anderen abstrakten Verzierungen sind zwischen den Griffen acht stilisierte männliche Antlitze im Tiefrelief zu erkennen, die zu den frühesten menschlichen Gesichtsdarstellungen Indonesiens gehören. (Der niederländische Künstler W.O.J. Nieuwenkamp erhielt 1906 die Erlaubnis, die Gravierungen des Gongs akkurat abzuzeichnen.) Ein wenig fremdartig an diesen Darstellungen wirken die Ohrgehänge in den gespaltenen Ohrläppchen. Auf seiner Schlagfläche ist der Gong mit einem Stern und einer Einfassung aus einem in Bali beliebten Ornament, dem Speerornament (Tumbak), dekoriert.

Feine, fremdartige Ornamente

Mond von Pejeng
Detail mit einem der Köpfe

Die Herkunft des legendenumwobenen, magisch mächtigen Kesselgongs ist unklar, doch führen die Balinesen seine Entstehung auf folgende Begebenheit zurück: Einmal waren statt der zwölf Monde (einer für jeden Monat des Jahres) deren 13 am Himmel erschienen, woraufhin einer von ihnen eines Nachts herabfiel und im Geäst eines Baumes hängen blieb. Sehr zum

Ärger einer Diebesbande erleuchtete er fortan die Nächte taghell, so dass sich der kühnste der Diebe – um ihre Beutezüge ungestört fortsetzen zu können – dazu entschloss, über den Mond zu pinkeln. Dabei zerbarst der Mond, erschlug den Frevler und stürzte in Form der Bronzetrommel zu Boden. Immerhin würde diese Legende den langen Riss im Boden des Gongs erklären, dem man noch heute magische Kräfte nachsagt und demzufolge täglich Blumenopfer darbringt. Einer anderen Legende zufolge ist der Gong ein Rad des Mondwagens oder der Ohrring des mystischen Riesen *Kebo Iwo*.

Legendenumwobene Herkunft

Rein stilistisch erinnert er an die Dong-Son-Kultur Indochinas, allerdings waren auch die alten Balinesen in der Kunst der Gongherstellung bewandert, wie die Entdeckung einer Steinform für den Guss eines ähnlichen, allerdings kleineren Gongs in der Nähe von Pejeng bewiesen hat. Man nimmt in diesem speziellen Fall jedoch an, dass diese Trommel von Adligen aus Indochina mitgebracht wurde, die zu ihrer Entstehungszeit in großer Zahl nach Südostasien flohen, auf der Flucht vor den Chinesen, die versuchten, ganz Nordvietnam zu besetzen.

Bei den unförmigen Gesteinsbrocken im rechten Teil des Hofes handelt es sich nach Ansicht der Balinesen um Sternschnuppen, die von dem Mond, als er zur Erde stürzte, mit heruntergerissen worden sein sollen. Des Weiteren werden im Tempel Statuen zum Gedenken an ehemalige Könige sowie eine im Pakerisan gefundene Ganesha-Figur aufbewahrt. In den offenen Pavillons findet man zudem eine Ansammlung von Skulpturen aus dem 10.-12. Jahrhundert: Gedenkstatuen an alte Herrscher und eine zum Gebet versammelte, stehende Göttergruppe.

Irdische und außerirdische Fundstücke

Ein paar hundert Meter weiter südlich weist ein Schild zum westlich der Straße an einer kleinen Stichstraße gelegenen **Pura Pusering Jagat (C)**, dem ‚Nabel-der-Welt-Tempel' aus dem Jahre 1329, in dem vier keulenschwingende, schnurrbärtige Dämonen um einen zentralen Shiva-Lingam herumtanzen. Sehenswert sind darüber hinaus eine Skulptur mit vier Göttergesichtern und vier Armen (solch einen Figurentyp nennt man Catuhkaya) sowie das in der hintersten rechten Ecke in einem Bale zu findende 75 cm hohe, zylindrische Steingefäß mit dem Beinamen ‚Kessel von Pejeng', auf dessen Relief das Quirlen des Milchozeans dergestalt dargestellt ist, dass die Hindugötter die Weltenschlange um den Berg Mandara winden, der als Weltachse gilt, wodurch sie ihn in Drehung versetzen und so, quasi durch ‚Buttern', das Lebenselixier Amrita gewinnen. Die Balinesen nennen dieses Behältnis, das sicherlich zur Aufnahme reinigenden Wassers verwendet wurde, ‚Naragiri', ‚Berg des Menschen'. Im Tempel befindet sich zudem ein Stein, den niemand bewegen kann, angeblich der Eingang zu jenem Tunnel, durch den der letzte unabhängige Regent Balis, König *Beda Ulu*, 1343 vor der anrückenden Majapahit-Armee nach Nusa Penida flüchtete, auf der der unterirdische Gang enden soll.

Der ‚Kessel von Pejeng'

Alle sechs Monate findet eine Zeremonie im Tempel statt, während der der Tempelpriester zunächst eine Silberschale vor den Kessel stellt, anschließend zusammen mit Gehilfen betet, woraufhin sich die Schale in etwa einer Viertelstunde mit Wasser füllt. Ist dieses rot, so schüttet es der Priester weg, da dies harte Zeiten für das Dorf bedeutet, ist es hingegen gelblich und klar, so signalisiert dies, dass das Wasser heilig ist und die wirtschaftlichen Aussichten für die Gemeinde gut sind. Bei einer weiteren Tempelzeremonie stehen ein in einem Bale bergwärts untergebrachter 120 cm langer

Horoskop

Östlich von Ubud

Schamvoll verhüllt:
Fruchtbarkeitsgott im Pura Kebo Edan

Steinphallus und ein seewärts gelegener, in Form einer Vulva gestalteter dreieckiger Stein im Mittelpunkt: Sollte ein Paar nach zehn Jahren Ehe noch kein Kind haben, so kommen die Eheleute hierher und beten, während der Priester heiliges Wasser auf die beiden Steine tröpfelt, woraufhin die Frau angeblich innerhalb von drei Monaten schwanger werde.

Noch ein Stückchen weiter südwärts findet man auf derselben Straßenseite den **Pura Kebo Edan (D)**, den ‚Tempel des verrückten Büffels', der durch den rund 700 Jahre alten ‚Riesen von Pejeng' beeindruckt, eine 3,6 m hohe Statue eines auf einem Dämon (wahrscheinlich der Totengott *Yama*) tanzenden, von Schlangen umwundenen Fruchtbarkeitsgottes, den die Balinesen *Bima* nennen und der eine Wandlung *Shivas* darstellt. Die unmittelbar hinter dem Tempelhofeingang rechts in einem Pavillon auszumachende Statue hatte niemals ein Gesicht, seine Stelle nimmt eine abstrakte Maske ohne Augen ein, die mit stilisierten Fangzähnen und unterschiedlich großen Hörnern versehen ist. Der enorme Penis der Gottheit, der schamvoll verhüllt ist, weist auf den altindischen Shiva-Bima-Kult hin, der auf Bali mit tantrischen Elementen angereichert wurde. Das sexuelle Raffinement der hinduistischen Tantriker des 14. Jahrhunderts, die im Orgasmus ihre Erleuchtung suchten, verdeutlichen die unschwer zu erkennenden vier Nägel mit Rundköpfen im Glied *Bimas*, die zur Luststeigerung der Begatteten führen sollten; außerdem strebte man durch das Brechen von Tabus – wie dem Trinken von Blut aus Hirnschalen, das der vor *Bima* stehende Raksasa vorexerziert – zu Ekstase und neuen Wahrnehmungen vorzudringen.

Bedulu

 Aktuelle regionale Reisetipps zu Bedulu
entnehmen Sie bitte der gelben Seite 363

Ruhmreiche Vergangenheit

Mittlerweile sind Sie in **Bedulu** (s.a. INFO in Kapitel ‚Balis historischer Werdegang', S. 23) angekommen, das zusammen mit Pejeng bis zur Eroberung durch den ostjavanischen General *Gajah Mada* im Jahre 1343 die Mitte eines prosperierenden Königreiches darstellte, von dessen Blüte etliche hinduistische und buddhistische Kulturdenkmäler zeugen.

Schaustücke balinesischer Frühgeschichte

Die Straße weiter hinunter findet man auf der gegenüberliegenden Seite das **Bedulu Museum Purbakala Gedung Arca (E)**, das Archäologische Museum, in dem man u.a. 16 Tuffsteinsarkophage (einige aus Korallengestein) aus der Zeit um 300 v.Chr. sowie Gerätschaften und Schmuckstücke aus der Stein- und Bronzezeit inspizieren kann.

Die Sarkophage wurden zu Beginn der 70er Jahre des vergangenen Jahrhunderts an verschiedenen Orten auf Bali gefunden und weisen teilweise Beschädigungen auf, die vermutlich durch Grabräuber bzw. unsachgemäße Ausgrabung verursacht wurden. In den Sarkophagen, von denen jeder neben dem Toten auch ein Schwein oder einen Hund sowie symbolische Miniaturwerkzeuge aufnehmen konnte, wurden die Verstorbenen nicht auf traditionell westliche Weise, sondern in einer Art Hockstellung bestattet. Die – so die Vermutung – Versinnbildlichung des ewigen Zyklus von Geburt, Tod und Wiedergeburt, wobei der Verstorbene nach seinem Tod aus einer Embryohaltung heraus wiedergeboren wird. Der wahrscheinlich eindrucksvollste der ausgestellten Sarkophage ist der bei Tamanbali (nahe Bangli) gefundene, der in Form zweier aufeinander hockender Schildkröten (Symbole der Unterwelt) gestaltet wurde. Interessant ist dabei, dass der Kopf des unteren Tieres menschliche Gesichtszüge aufweist.

Darüber hinaus präsentiert das Museum, dessen Ausstellungsgegenstände alle auch auf Englisch beschriftet sind, jungsteinzeitliche Beilklingen und anderes Werkzeug aus Stein- und Bronzezeit, Schmuckstücke, Bronzestatuen aus vorchristlicher Zeit sowie Porzellan aus China. Besondere Beachtung verdienen indes die in der Umgebung des Ortes gefundenen Miniaturstupas, die aus dem 8.-10. Jahrhundert stammen dürften, einer Zeit also, als auf Bali auch der Buddhismus heimisch war.

Glanzstücke des Archäologischen Museums sind 16 Steinsarkophage.

Ein wenig südlich des Museums versteckt sich der unscheinbare **Pura Arjuna Metapa (F)** in den Reisfeldern westlich der Hauptstraße, einer jener kleinen Schreine und Pavillons in der Gegend, die antike Steinplastiken oder zumindest Fragmente davon enthalten und als heilige Stätten verehrt werden. Neben dem göttlichen Helden *Arjuna*, der der Sage nach auf dem Berggipfel seine Kräfte für die bevorstehende Schlacht mit dem bösen Dämon *Niwata Kawaca* sammelt, sind hier seine beiden treuen Diener *Tualen* und *Merdah* zu sehen. Nach einer volkstümlichen Legende meditierte der schöne und verführerische *Arjuna* so intensiv, dass es selbst den himmlischen Nymphen nicht gelingen wollte, ihn von seinem edlen Ziel abzubringen.

Heldenhafte Konzentration

Rund 300 m östlich der von einer vierköpfigen Richtungsgottheit beschützten Hauptkreuzung findet man den **Pura Samuan Tiga (G)**, den ‚Tempel des Dreiertreffens', bei dem es sich um einen der hinduistischen Dreieinigkeit geweihten Terrassentempel aus dem 11. Jahrhundert handelt, in dem einst ein für die Entstehung der balinesischen Religion bedeutsames Treffen stattgefunden haben soll. Unter der Herrschaft von Königin *Guapriya Dharmapatni* (988-1011) und König *Udayana* war die balinesische Religion ohne allgemein verbindliche Glaubensgrundsätze, weswegen die verschiedensten Sekten mit eigenen religiösen Gesetzen nebeneinander existierten und einander bekämpften, was wiederum die Gefährdung der allgemeinen Sicherheit zur Folge hatte. Daher versammelten sich sechs Heilige, darunter *Empu Kuturan*, in diesem Tempel und bemühten sich um eine Vereinfachung der existierenden Religion, woraus die Glaubensgrundsätze des heutigen balinesischen Hinduismus entstanden. Die Architektur des Tempels stammt aus der Zeit nach dem Erdbeben von 1917, wobei besonders das majestäti-

Richtungweisendes Treffen

sche, von *I Gusti Nyoman Lempad* – der in Bedulu geboren wurde – geschaffene Kori agung beeindruckt.

Auf der gegenüberliegenden Straßenseite liegt das architektonisch interessant gestaltete, aber meist geschlossene **Kulturzentrum Mandala Wisata (H)**.

Darf nicht versäumt werden

Halten Sie sich an der zentralen Kreuzung indes gen Westen, kommen Sie nach etwas mehr als einem halben Kilometer zu der links unterhalb der Straße gelegenen **Goa Gajah (I)**, der ‚Höhle des Elefanten', die zu den wichtigsten Sehenswürdigkeiten Balis zählt, wie an den zahlreichen Verkaufsständen und Tourbussen auf dem Parkplatz unschwer zu erkennen ist.

Goa Gajah

Ihren Namen verdankt sie niederländischen Archäologen, die sie 1923 wiederentdeckten, und zwar angeblich wegen der großen Ohren der aus dem massiven Fels gehauenen Dämonenfratze, die den Höhleneingang umschließt, reich verziert mit Ranken, Tieren, Wellen und dämonischen Menschengestalten, die angeblich die menschliche Hilflosigkeit angesichts natürlicher Gefahren und Katastrophen symbolisieren. Bereits 1925 erkannte jedoch *W.O.J. Nieuwenkamp*, dass es sich bei der Darstellung um einen Dämonen und nicht um einen Elefanten handelt. Gemäß der Legende soll dieses Monster mit seiner enormen Kraft den Berg Mahameru in zwei Teile zerrissen und so die beiden Vulkane Gunung Agung und Gunung Batur geschaffen haben, was darauf hindeuten würde, dass es sich bei der Darstellung um *Shiva Pasupati* handelt. Andere Theorien sehen in der Fratze den Riesen *Kebo Iwo*, wieder andere *Bima*, den gemeinsamen Sohn von *Vishnu* und *Pertiwi*, was wiederum die bislang älteste bekannte Darstellung *Bimas* auf Bali wäre.

Monster statt Elefant

Anderen Angaben zufolge leitet sich der Name indes von der im Grotteninneren zu findenden Ganesha-Statue bzw. vom nahen Petanu ab, der einst Lwa Gajah hieß, ‚Elefantenfluss'. So berichtet z.B. eine javanische Chronik, und zwar das Palmblattmanuskript ‚Nagarakertagama' aus dem Jahre 1365, dass ein buddhistischer Priester zu jener Zeit als Einsiedler am Lwa Gajah lebte.

Steigt man vom Parkplatz die Stufen zu der 15 m unter Straßenniveau gelegenen Kultstätte hinunter, wird man zunächst eines großen, rund 1.000 Jahre alten, javanisch beeinflussten, erst 1954 bei Ausgrabungen des niederländischen Archäologen *J.C. Krijgsman* freigelegten **Badeplatzes (I)** mit sechs Quellnymphen (Widadari) ansichtig, aus

Getrennte Badeplätze

deren Krügen das Wasser in die Bassins sprudelt. Die fein gearbeiteten Figuren weisen sowohl buddhistische als auch hinduistische Symbole auf und gleichen stark nahezu identischen Figuren am Badeplatz von Belahan in Ostjava. Von den beiden Badebecken stand eines den Männern und eines den Frauen zur Verfügung; wozu das mittlere, kleine, diente, ist bislang unbekannt, möglicherweise jedoch zur rituellen Reinigung von Angehörigen der Priesterkaste.

Links dieses Wasserbeckens wird man sodann des kunstvoll verzierten Einganges zu der in den Felshang gehauenen **Höhle (II)** ansichtig, vor dem ein Pavillon mit drei Steinstatuen steht, von denen eine *Hariti* ist, eine buddhistische Dämonengottheit aus der Zeit um 1000 n.Chr., die sich von einem Kinder verschlingenden

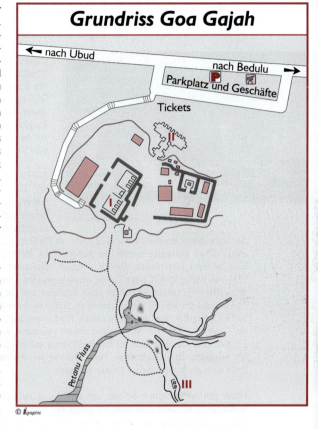

Ungeheuer zur buddhistischen Schutzpatronin der Kinder wandelte. Die Balinesen haben sie mittlerweile als *Men Brayut* (,eine alte Frau, die in einem Schuh lebte') in ihr Pantheon aufgenommen; in ihren Augen stellt sie eine Frau dar, die so viele Kinder hatte, dass sie weder ein noch aus wusste.

Mit seinen Pranken und langen Fingernägeln scheint der Dämon den Felsen und das Rankenwerk geradezu aufzureißen bzw. auseinander zu halten, um dem Besucher so ungehindert Eintritt zu verschaffen.

Bei der Besichtigung der Grotte leistet eine Taschenlampe gute Dienste, da man die darin aufgestellten Figuren ansonsten z.T. nur sehr schwer oder gar nicht ausmachen kann. So ist beispielsweise im linken Teil der Querhöhle, in einer der 15 Nischen des T-förmigen, 13 m tiefen und 15 m breiten Inneren ein knapp ein Meter hoher, vierarmiger, elefantenköpfiger *Ganesha* zu sehen, der als Sohn *Shivas* angesehen wird, wobei die shivaistische Ausrichtung des Grottenheiligtums auch durch mehrere Stein-Lingam (und deren Konterpart Yoni) unterstrichen wird, die die Zeugungskraft dieses Gottes unter-

Hinein ins Dunkel

streichen sollen, so z.B. durch das dreifache Lingam auf einem Steinaltar im rechten Teil der Höhle, das die hinduistische Trinität *Brahma-Vishnu-Shiva* symbolisiert, wobei sich um jeden der drei 46,6 cm großen Lingam acht kleinere Phallussymbole gruppieren, die jeweils die acht Weltenwächter darstellen sollen. Zu unterstreichen scheint diese These die Darstellung des Kopfes beim Eingang, der große Ohrringe trägt, was auf eine Frau hindeutet, und in dem viele Forscher eine Rangda-ähnliche Hexenfigur sehen, die aus dem tantrischen Buddhismus oder dem Shivaismus stammen könnte.

Der Eingang zur ‚Höhle des Elefanten'

Einiges Kopfzerbrechen bezüglich dieser Deutung bereiten jedoch die Schlafnischen im Eingangsbereich der Grotte und die buddhistischen Relikte außerhalb der Höhle, die man in der Nähe dieser vermutlich um 1022 n.Chr. als Meditationsort shivaistischer Eremiten entstandenen Kultstätte antrifft, die buddhistische Mönche als steinerne Zeugnisse ihres Wirkens hinterließen, nämlich – neben reliefverzierten Mauerfragmenten, die 1931 von *Walter Spies'* Cousin *Conrad* entdeckt wurden – zwei stark verwitterte **Buddhas (III)** im Lotussitz, die sich an einem schmalen, steil ins Flusstal hinunterführenden Pfad jenseits des kleinen Fließgewässers im Südosten der Anlage befinden, wo sie noch heute Opfergaben von den balinesischen Hindus empfangen. Die beiden Standbilder, die – wie die Reliefs – im 10. Jahrhundert geschaffen worden sein dürften, legen Zeugnis davon ab, dass auch auf Bali Buddhismus und Hinduismus eine Zeitlang friedlich nebeneinander koexistierten. Nach Meinung von Archäologen hat sich an dieser Stelle einst ein buddhistisches Kloster befunden.

Hinter den beiden Statuen befindet sich ein Eingang, vermutlich zu einer Eremitengrotte, die aber noch nicht vollständig frei gelegt ist.

Ein Unikat Von der Goa Gajah aus fahren Sie zunächst zurück bis zur zentralen Kreuzung in Bedulu, wo Sie rechts abbiegen und der Überlandstraße in Richtung Denpasar bis zur nächsten Linkskurve folgen, bei der Sie die Hauptstraße geradeaus fahrend verlassen und der nun eingeschlagenen Straße praktisch bis zu deren Ende folgen (Richtung *Villa Yehpulu*), wodurch Sie zum Quellheiligtum **Yeh Pulu (J)** gelangen, das sie aber auch von Goa Gajah aus auf einem schönen, etwas mehr als einen Kilometer langen durch die Reisfelder führenden Fußpfad erreichen können. Das aus dem 14./15. Jahrhundert stammende Heiligtum, zu dem einige Stufen hinunterführen, ist aufgrund seines 25 m langen und zwei Meter hohen Steinfrieses bekannt geworden, der vielleicht einst Bestandteil eines Klosters oder einer Einsiedelei war und der einzige seiner Art in ganz Indonesien ist. Sich harmonisch in die von Reisfeldern geprägte Landschaft schmiegend, hinterlassen die aus dem graubraunen Lavagestein herausgemeißelten, ungemein plastischen, lebensgroßen Figuren einen bleibenden Eindruck bei dem Betrachter.

Am Anfang der ersten Szene sieht man einen Kekayon, d.h. jene Puppe, die beim Schattenspiel als erste auftritt und die Erschaffung der Welt symbolisiert. Dieser folgt ein Mann, der seine Hand zum Gruß erhoben hat – in ihr sehen Religionswissenschaftler eine Darstellung des inkarnierten Gottes *Vishnu*. In der nächsten Szene erkennt man einen Mann, der an einem Tragegestell ein Behältnis mit Palmwein trägt und dem eine vornehme Dame vorausgeht, deren reicher Schmuck ihre Bedeutung unterstreicht. Diese beiden Figuren nähern sich einem reich dekorierten Haus, aus dem eine alte Dame heraustritt. Des Weiteren ist ein Mann mit Axt zu sehen, der sich mit einer Frau unterhält, außerdem ein Eremit mit hohem Turban. Es folgen sodann ein Reiter und ein Mann, der vermutlich einen Speer schwingt. In der nächsten Szene stößt ein Mann einem Raubtier (möglicherweise ein Bär) ein besonderes, doppelschneidiges Messer in den geöffneten Rachen; gleich daneben hockt ein Frosch und ahmt den Helden nach, indem er ein Messer in das Maul einer Schlange rammt. Zu sehen sind sodann zwei Männer, die zwei Tiere an einer Stange zwischen sich tragen, und in der letzten Szene schließlich ist ein Reiter dargestellt, der eine Frau hinter sich herzieht.

Wer kann sie deuten?

Die Reliefs von Yeh Pulu

Obwohl das Reliefband bereits 1925 von dem Künstler *W.O.J. Nieuwenkamp* bei Zeichenarbeiten entdeckt und 1937 renoviert wurde, konnte man die dargestellten Szenen bis heute nicht zweifelsfrei deuten, vermutlich handelt es sich aber um Gestalten aus dem Mahabharata, und zwar speziell um *Krishnas* Jagd nach dem Zauberjuwel des Bären *Jambavat*, dessen Tochter *Jambavati*, die er an sein Pferd gebunden hat, er später heiratet.

Das rechte Ende des Reliefs bilden ein zweiarmiger *Ganesha* und eine Meditationshöhle nahe einer unterirdischen Quelle. Eine alte Frau, die von den hinterlassenen Geldopfern lebt, kümmert sich beständig um diese eigenartige Kultstätte und segnet Sie auch.

Auf dem Rückweg zur Hauptstraße können Sie noch auf einen Sprung beim **Pura Pengastulan (K)** vorbeischauen, den Sie an der ersten nach links abzweigenden Straße finden und ein großes von *I Gusti Nyoman Lempad* gefertigtes Eingangstor aufzuweisen hat.

Wieder an der Hauptkreuzung, hält man sich sodann rechts und folgt der Überlandstraße bis nach

Gianyar

Aktuelle regionale Reisetipps zu Gianyar
entnehmen Sie bitte den gelben Seiten 373f

Die 127 Meter über dem Meeresspiegel liegende Stadt gilt als Zentrum der balinesischen Textilindustrie, wobei ein typisches Produkt der hiesigen Webereien, von denen etliche besucht werden können, Endek ist, ein im Ikat-Verfahren hergestellter, gemusterter Stoff. Schauen Sie doch einmal bei **Cap Togog (A)** vorbei, der an der Hauptstraße gelegenen ältesten und größten Weberei der Stadt.

An das Mahabharata erinnert das Standbild am Stadtrand von Gianyar.

Im 18. Jahrhundert entwickelte sich die Stadt nach dem Zusammenbruch des von den Majapahit-Flüchtlingen gegründeten Gelgel-Reiches unter *Dewa Manggis* zu einem machtvollen Fürstentum, musste jedoch in den 80er Jahren des 19. Jahrhunderts dem *Dewa Agung* von Klungkung Tribut zahlen, ehe dieser die königliche Familie Gianyars inhaftierte. 1889 gelang schließlich zwei Königssöhnen die Flucht, woraufhin sie das alte Königtum wieder herstellten. Im darauffolgenden Jahr, als sich die südbalinesischen Raja-Reiche aufs heftigste bekämpften, stellte sich dann Regent *Dewa Gde Raka* unter den Schutz der niederländischen Kolonialmacht. Daher blieb Gianyar verschont, als die Niederländer zu Beginn des 20. Jahrhunderts die Fürstentümer Südbalis eines nach dem anderen unterwarfen.

Unter dem Schutz der Kolonialherren

Trotzdem vermag das Städtchen, das heute Hauptstadt des gleichnamigen Regierungsbezirks ist, außer dem **Puri Agung Gianyar (B)** nichts aus seiner wechselvollen Geschichte vorzuweisen,

Historisches Überbleibsel

A Cap Togog
B Puri Agung Gianyar
C Alun-Alun
D Pasar

doch selbst dieser prachtvolle Königspalast ist für die Öffentlichkeit – außer mit Sondergenehmigung – nicht zugänglich, da in ihm noch immer die Nachfahren der königlichen Familie residieren. Ein Teil der Gebäude ist jedoch von der Straße aus sichtbar. Der im Ortszentrum gelegene, im Jahre 1771 von *Dewa Manggis IV.* an der Stelle eines ehemaligen Priesterhauses erbaute, von einer roten Ziegelsteinmauer umgebene Palast brannte zwar Mitte der 80er Jahre des 19. Jahrhunderts nach einem Angriff der Armee des Königreiches von Klungkung ab, wurde allerdings unverzüglich wieder aufgebaut und in der Folgezeit von den Niederländern geschützt, ehe er beim Erdbeben des Jahres 1917 erneut in Schutt und Asche fiel. In den 20er Jahren weitestgehend originalgetreu wieder aufgebaut, wiesen die auf einigen Gebäuden zu sehenden Pagodendächer im chinesischen Stil auf den Beitrag der in diesem Königreich seit langem zahlreich vertretenen chinesischen Händler hin. Umfangreiche Renovierungsarbeiten wurden anlässlich der 1992 vorgenommenen königlichen Einäscherung durchgeführt, ein Spektakel, an dem rund 60.000 Trauergäste teilnahmen.

Der Puri Agung Gianyar kann leider nicht besichtigt werden.

Pompöse Bestattung

Dem Palast gegenüber liegt der **Alun-Alun (C)** genannte Hauptplatz Gianyars mit seinem mächtigen Banyanbaum. Die Hauptstraße ein Stück zurück findet man den hiesigen **Pasar (D)**, auf dem es ebenso wuselig zugeht wie auf seinen Pendants in den anderen Städten der Insel.

Südlich des Alun-Alun bringt Sie die Jl. Kapten Dipta über die Ortschaften Serongga und Kesihan nach **Lebih**, wo man einen der wenigen chinesischen Tempel Balis findet, der an jene Zeit erinnert, als in dieser Gegend zahlreiche Chinesen lebten, die als Mittelsmänner zwischen dem Königshof von Gianyar und dessen Handelspartnern tätig waren. Heute leben die Einwohner u.a. vom Sammeln von Kaulquappen, die an Händler auf Java verkauft werden, die sie großziehen und anschließend weiterverkaufen.

Chinesische Unterhändler

In der Ortsmitte biegen Sie beim Standbild eines Speerfischers rechts ab, wodurch Sie wenig später in etwa dort, wo der Pakerisan ins Meer mündet, am schwarzsandigen Strand auf den kleinen, unscheinbaren **Pura Segara (4)** treffen, bei dem viele Verbrennungszeremonien durch das Ins-Meer-Streuen der Asche ihren feierlichen Abschluss finden, aber auch zahlreiche rituelle Reinigungszeremonien für Tempelartefakte abgehalten werden.

Endstation und Reinigungsplatz

Der herrliche Blick auf Nusa Penida verlockt zum Verweilen in einem der zahlreichen kleinen Restaurants am Strand. Falls Sie baden möchten, sollten Sie vorsichtig sein, denn die gefährlichen Unterströmungen haben schon so manchen Leichtsinnigen zum ‚Opfer' der Seegottheiten werden lassen. Während Sie den anbrandenden Wogen lauschen, können Sie den Tag hier ausklingen lassen.

Von Bangli nach Candi Dasa

Wo immer Sie auch genächtigt haben, fahren Sie zunächst erst einmal bis Bangli durch, dem Startpunkt der heutigen Tagesetappe.

Bangli

Aktuelle regionale Reisetipps zu Bangli entnehmen Sie bitte der gelben Seite 362

Die an der Grenze zwischen Zentral- und Ostbali gelegene Kleinstadt liegt auf 392 Meter über dem Meeresspiegel und verfügt aufgrund dieser Höhenlage über ein recht angenehmes Klima. Gemäß einer Inschrift im Pura Penyimpenan reicht die Stadtgeschichte bis ins 9. Jahrhundert zurück, auch wenn man als offizielles Gründungsdatum das Jahr 1204 festlegte.

Intrigen und Meuchelmorde

Im 15. Jahrhundert zu einem Ableger des Gelgel-Reiches und nach 1700 unabhängig geworden, liest sich die weitere Geschichte des hier ansässigen Königshauses wie eine billige Räuberpistole, angefüllt mit Gräueltaten jeglicher Art, Inzest, Verrat und zahlreichen intriganten Morden. So heiratete im 18. Jahrhundert der ruchlose König *Dewa Rai* von Taman seine Cousine *Dewi Ayu* aus der in Bangli ansässigen Familie *Denbancingah*. Wenig später adoptierte der König *Dewa Gede Tangkeban*, den Sohn des Herrschers von Nyalian, der sich in seine Stiefmutter verliebte und sich mit dieser auf eine Affäre einließ, woraufhin ihn die Königin überredete, *Dewa Rai* von unzufriedenen Untertanen ermorden zu lassen, was denn auch im Puri Agung von Bangli geschah, woraufhin *Dewa Gede Tangkeban* seine Stiefmutter heiratete und König von Bangli wurde. Da das königliche Adat dieser Zeit diese Heirat nicht billigte, lastete der Fluch des Unglücks auf den folgenden sieben Herrschergenerationen.

Odalan im Pura Kehen von Bangli

Als sich im 18. und 19. Jahrhundert der Seehandel zusehends

Redaktions-Tipps

- **Sehenswertes**

Das Odalan im *Pura Kehen* in Bangli (S. 570f) gehört zu den beeindruckendsten Tempelfesten Balis (erkundigen Sie sich nach dem Datum), doch auch sonst zählt der Tempel zu den schönsten der Insel. Keinesfalls entgehen lassen darf man sich den *Taman Gili* in Semarapura (S. 578ff) mit seinen herrlichen Malereien im klassischen Wayang-Stil. Während man die mühselige Gewinnung von Meersalz am Strand bei Kusamba (S. 583) beobachten kann, ermöglicht der Besuch von Tenganan (S. 586ff) einen groben Einblick in das dörfliche Leben der Bali Aga.

- **Übernachten**

Für alle, die es sich leisten können: das *Amankila* bei Manggis (S. 399), was sonst; für alle anderen: *The Watergarden* in Candi Dasa (S. 365), in dessen üppigem Garten die Gästebungalows kaum auszumachen sind.

- **Essen und Trinken**

Wer nicht im *Amankila* (S. 399f) wohnt, sollte es zumindest nicht versäumen, hier einmal zu essen oder einen Drink zu sich zu nehmen.

- **Wanderungen**

Die Region zwischen Tenganan und Manggis lädt geradezu zum Wandern ein. Wer nicht alleine losziehen möchte, findet überall lokale Führer, die einen während der meist drei- bis vierstündigen Touren durch die Reisfelder und -terrassen sowie etliche kleine Dörfer geleiten.

- **Einkaufen**

Wer sich für den klassischen Wayang-Stil interessiert, sollte sich in Kamasan im Banjar Sangging (S. 576) danach umschauen. Im gleichen Ort, nämlich im Banjar Pande Mas (S. 576), findet man aber auch etliche Gold- und Silberschmiede, die z.T. recht ausgefallene Stücke fertigen. Wer indes an Gongs Interesse hat, sollte den Schmieden in Tihingan (S. 582) einen Besuch abstatten.

ausweitete, profitierten wirtschaftlich und politisch lediglich jene Königreiche der Insel davon, die auch direkten Zugang zum Meer hatten, Bangli dagegen war aufgrund seiner Inlandslage dazu gezwungen, seine Güter durch die Territorien anderer Reiche zu transportieren und dafür hohe Tribute zu entrichten. Das Blatt wendete sich erst 1849, als König *Dewa Gede Tangkeban II.* von den Holländern zum Regenten über das nördlich gelegene Buleleng ernannt wurde, dessen Regent *Gusti Ketut Jelantik* Puputan begangen hatte. Es mutet fast schon paradox an, dass das Königreich den Höhepunkt seiner Macht ausgerechnet nach einem Unterwerfungsvertrag mit den niederländischen Kolonialisten erreichte. Diese Konföderation war für Bangli von großem Vorteil, denn endlich hatte es direkten Zugang zum Meer, wohingegen Buleleng seine Reisfelder mit Wasser aus Bangli versorgen konnte. Unglücklicherweise währte diese Allianz nicht sehr lange, bereits 1854 rebellierte Buleleng gegen Bangli, 1882 schließlich fiel der gesamte Norden Balis unter direkte niederländische Kolonialverwaltung.

Erstmalig ins Blickfeld der westlichen Welt rückte Bangli zu Beginn des 20. Jahrhunderts, als der deutsche Arzt *Gregor Krause* am hiesigen niederländischen Krankenhaus tätig war. Als begeisterter Amateurethnologe und -fotograf fertigte er während seines von 1912 bis 1914 dauernden Aufenthaltes mehr als 4.000 Aufnahmen an, die meisten davon in und um Bangli. Als diese 1922 in Deutschland – und dann der ganzen Welt – veröffentlicht wurden, wirkten sie geradezu elektrisierend auf die von einem blutigen Krieg ausgelaugten, sich nach exotischen Gefilden sehnenden Gemüter im Westen.

Deutscher Fotograf

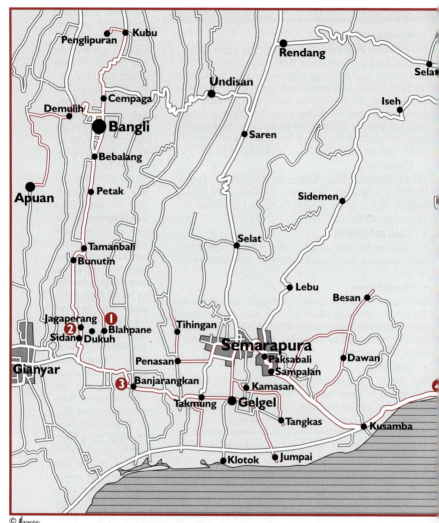

Zufall

Und so verschlug es auch die Schottin *Muriel Pearson* – die unter dem Pseudonym *Ketut Tantri* ‚Revolt in Paradise' schrieb, eine faszinierende Geschichte Balis und Javas in den Jahren 1932-47 – nach Bali, wo sie, nachdem ihrem Wagen unmittelbar vor dem Palast von Bangli der Sprit ausgegangen war, vom Raja eingeladen und später von diesem zu seiner Quasi-Adoptivtochter gemacht wurde. Dieser veranlasste sie, sich ihre roten Haare schwarz zu färben, da auf Bali nur Leyak, d.h. böse Geister, rote Haare besäßen.

Von Bangli nach Candi Dasa **569**

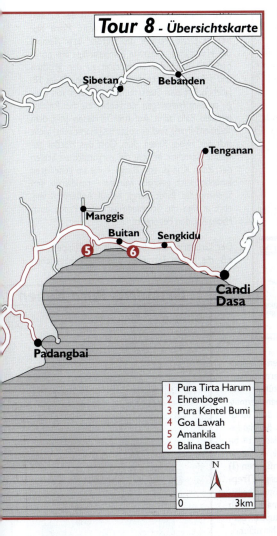

Tour 8 - *Übersichtskarte*

- Sibetan
- Bebanden
- Tenganan
- Manggis
- Buitan
- Sengkidu
- Candi Dasa
- Padangbai

1 Pura Tirta Harum
2 Ehrenbogen
3 Pura Kentel Bumi
4 Goa Lawah
5 Amankila
6 Balina Beach

0 — 3km

Palastensemble

Heute ist Bangli, das am oberen Ende der bewässerten zentralen Hügellandschaft liegt, wodurch eine gute und erfolgreiche Landwirtschaft ermöglicht wird, Hauptstadt des gleichnamigen Regierungsbezirks, der als einziger Balis über keinerlei Küste verfügt und mit rund 200.000 Einwohnern bevölkerungsmäßig nur vom Regierungsbezirk Klungkung unterboten wird. Bis auf die Region um den Gunung Batur, die noch zum Verwaltungsbezirk von Bangli gehört, ist das zweitkleinste der einstigen Königreiche Balis – trotz seiner z.T. großartigen Landschaftsszenarien – noch immer touristisch benachteiligt, so dass es nicht weiter verwundert, dass die acht nahe beieinander liegenden Paläste der Stadt, die großenteils noch von Zweigen der königlichen Familie bewohnt werden, sich in recht traurigem Zustand befinden, denn der örtliche Adel ist vielfach verarmt, so dass der Enkel des letzten Königs seinen Palast in Bangli teilweise in ein Hotel, das **Artha Sastra Inn (A)** (Jl. Merdeka 5) umwandeln musste, um so den Unterhalt für seine ‚Puri Denpasar' genannte Residenz bestreiten zu können.

So richtig zum Leben erwacht die ansonsten eher verschlafen wirkende Provinzstadt alle drei Tage, wenn die Bäuerinnen der Umgebung zum **Pasar (B)** strömen, um Kaffee, Tabak, Gemüse, Gewürz, Obst und Naturheilmittel der verschiedensten Art feilzubieten. Die Heilkundigen (Balian) der Gegend sind übrigens bekannt für ihre Trancepraktiken, und selbst von schwarzer Magie wird immer wieder gemunkelt.

Von Bangli nach Candi Dasa

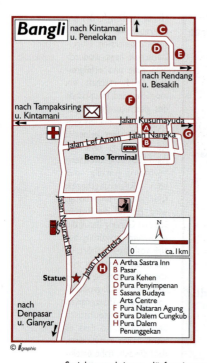

A Artha Sastra Inn
B Pasar
C Pura Kehen
D Pura Penyimpenan
E Sasana Budaya Arts Centre
F Pura Nataran Agung
G Pura Dalem Cungkub
H Pura Dalem Penuggekan

Hauptsehenswürdigkeit des Ortes ist der für seine grandiosen Tempelfeste berühmte **Pura Kehen (C)**. Die ‚Tempel des Herdes' bzw. ‚Tempel des Haushaltes' genannte Tempelanlage am nordöstlichen Rand der Stadt zählt zu den größten und sehenswertesten der Insel und wurde im 18. Jahrhundert zum Staatstempel der Rajas von Bangli ernannt, weswegen sie seither zu den Reichstempeln Balis zählt. Auf drei Terrassen (mit dem Treppenaufgang sind es sogar insgesamt acht) zieht sich der *Hyang Kehen*, dem Gott des Herdes geweihte Komplex, in dem die vergöttlichten Seelen der toten Könige von Bangli – die im geheiligten Innenhof auch gekrönt wurden – residieren, den Südhang des Bukit Bangli hinauf. Außerdem verehrt in ihm die Schmiedekaste der Pande auch *Hyang Api*, den Feuergott.

Der Grundriss und die Gestalt des Tempels, wie z.B. die hohen Terrassen und megalithähnlichen

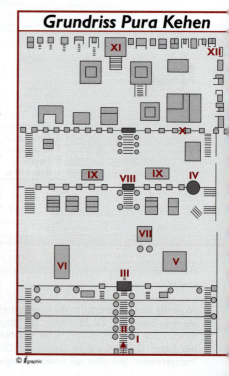

Terrassentempel

Steinkonstruktionen, dürften in unmittelbarer Nachfolge der terrassierten, animistischen Bergheiligtümer der Frühgeschichte Balis stehen. Vermutlich bereits im 11. Jahrhundert durch den fürstlichen Priester *Sri Brahma Kemuti Ketu* gegründet, flankieren 14 bizarre, nahezu lebensgroße, steinerne **Elefanten und Dämonenfiguren (I)** aus dem Wayang den 38-stufigen **Treppenaufgang (II)** dieses Stufenheiligtums, der zum monumentalen, reich skulptierten, gedeckten Haupttor, dem **Pamedal agung (III)** hinaufführt, über dem ein ausdrucksstarker Kala-Kopf prangt, der böse Geister am Betreten des Heiligtums hindert.

Neben einem riesigen, rund 400 Jahre alten, zirka 50 m hohen **Banyanbaum (IV)**, der einen Kulkul in seinem Geäst birgt und dessen Stamm Tausende von Luftwurzeln bildet, beherbergt der erste Hof u.a. rechts vom Eingang ein **Bale (V)**, in dem die Musikanten des Gamelan Platz nehmen, außerdem links ein weiteres **Bale (VI)**, das als Versammlungsort für die Tempelbesucher dient sowie einen flachen **Stein (VII)**, der an alte Megalithkulturen erinnert und als heilig gilt (Batu keramat).

Eingangsbereich

Während der Tempelfeste wird der Aufgang des Pura Kehen prächtig geschmückt.

Betritt man durch das **Candi bentar (VIII)** den zweiten Hof, so bemerkt man zunächst zur Rechten und zur Linken **zwei Gebäude (IX)**, in denen während der Tempelfeste Schattenspiele veranstaltet werden. In die **Mauer (X)** zwischen dem mittleren und dem auf der obersten Terrasse gelegenen Allerheiligsten sind als Dekoration wertvolle chinesische Porzellanteller eingelassen.

Zwischenhof

Besondere Aufmerksamkeit verdienen im innersten Tempelbezirk, d.h. im hintersten Hof, zum einen der dem *Hyang Kehen* als Erscheinungsform *Shivas* gewidmete **elfstufige Meru (XI)**, zum anderen der reich ornamentierte **Padmasana trisakti (XII)** in der Nordostecke, dessen drei Sessel eigentlich für die Hindu-Trinität bestimmt sind, wobei die Steinskulpturen auf der Rückseite *Shiva* (flankiert von *Durga* und *Ganesha*), *Vishnu*, *Arjuna*, *Garuda* und – als eine mögliche Inkarnation *Brahmas* – eine Dämonenfigur zeigen; die Balinesen sehen diesen Altar jedoch als dem Sonnengott *Surya* geweiht an, für den sie an dieser Stelle die Rituale durchführen. Die Basis dieses Padmasana bildet die Schildkröte *Bedawang*, die von einer Schlange, dem Symbol für die Unterwelt, umschlungen wird. Darüber hinaus findet man in diesem Hof noch die **Altäre** der Vorfahren der letzten Königsdynastie von Bangli.

Im Allerheiligsten

Einen überaus eindrucksvollen Panoramablick über Tempel und Umgebung kann man vom **Bukit Bangli** aus genießen, dem Bergrücken hinter dem Pura Kehen, für dessen Besteigung man ungefähr eine halbe Stunde benötigt. Auf dem Gipfel stößt man außerdem auf zwei kleine, moosbewachsene Tempel, deren Abgeschiedenheit und Ruhe das einzigartige Szenario noch vertiefen.

Der elfdachige Meru des Pura Kehen ist Shiva geweiht.

Alte Kupferplatten

Gegenüber dem Pura Kehen birgt der **Pura Penyimpenan (D)**, der ‚Tempel der Schatzkammer', drei Kupferplatten mit Inschriften zur balinesischen Geschichte aus dem Jahre 1204. Auf einer der Platten wird von der anlässlich eines großen Tempelfestes im Jahre 1204 erfolgten Opferung eines mächtigen schwarzen Stiers berichtet.

Das nahe gelegene **Sasana Budaya Arts Centre (E)**, eigentlich eines der größten Kulturzentren Balis, liegt gegenwärtig infolge der Wirtschafts- und der damit einhergehenden Finanzkrise verwaist und ziemlich verwahrlost da.

Fürstlicher Ahnentempel

Folgt man der Hauptdurchgangsstraße Banglis, der Jl. Nusantara, so kommt man am rechter Hand zu findenden **Pura Nataran Agung (F)** vorbei, dem Ahnentempel der hiesigen Fürstenfamilie, der jedoch bedauerlicherweise die meiste Zeit geschlossen ist.

Nach dem Passieren der zentralen Kreuzung biegen Sie vor dem Markt nach links in die Jl. Nangka und anschließend wiederum nach links, um sich schließlich an der Jl. Kusumayuda nach rechts zu orientieren, wodurch Sie wenig später zum auf einer kleinen Anhöhe gelegenen **Pura Dalem Cungkub (G)** kommen, einem der fünf Unterweltstempel von Bangli.

Einen weiteren recht sehenswerten Unterweltstempel finden Sie am südlichen Stadtrand auf der Ostseite der Jl. Merdeka, nämlich den **Pura Dalem Penunggekan (H)**, dessen Reliefs auf der Vorderseite ausgesprochen lebendige Szenen zeigen, die die

Bizarre steinerne Illustrationen

Strafen für Missetäter im Jenseits illustrieren. So vergewaltigt auf einer Tafel ein Dämon eine Frau, während andere gleichzeitig auf einen Mann einstechen und ihn kastrieren, an anderer Stelle stechen Dämonen einer Person die Augen aus, und noch ein anderer Dämon mit einem Pferdegesicht beißt ein Stück aus einem Tunichtgut heraus. Auf einer anderen Tafel hingegen sind Sünder zu sehen, die mit den Füßen an einem Ast aufgehängt sind und über einem Feuer geröstet werden. (Der Tempel ist leider oft geschlossen.)

Bambuswald

Ein Abstecher bringt Sie kurz hinter dem etwa vier Kilometer nördlich gelegenen **Kubu**, das über den größten Bambuswald Balis verfügt, nach **Penglipuran** (links der Straße), auf das an der Überlandstraße nach Kintamani ein Schild mit der Aufschrift ‚Desa tradisional' hinweist.

Penglipuran

Aktuelle regionale Reisetipps zu Penglipuran
entnehmen Sie bitte der gelben Seite 416

Das am Ende einer etwa 500 m langen Stichstraße zu findende Dorf zieht sich beiderseits der gepflasterten ‚Hauptstraße' terrassenförmig einen sanft ansteigenden Hang

Propere Dorfgemeinschaft

hinauf. Der Weg ist gesäumt von sorgsam gezogenen Gärten und gepflegten Blumenrabatten, hinter denen die sich gut in Schuss befindenden Mauern aufragen, die die einzelnen properen Familiengehöfte voneinander trennen, um so die Butas, die Quälgeister, fern zu halten. Am nördlichen Ende der Dorfstraße erhebt sich der **Pura Desa**, der exakt einem Tempel in Bayunggede bei Kintamani nachgebildet wurde, da die älteren Dorfbewohner behaupten, ihre Vorfahren stammten von dort, was wiederum bedeuten würde, dass es sich bei Penglipuran um eine relativ neue Siedlung handeln würde. Lässt man sich – gegen ein kleines Entgelt – von den Dorfkindern herumführen, stehen einem für gewöhnlich auch die Eingänge zu den einzelnen Gehöften offen; Besucher werden an und für sich überall gern gesehen (als kleines Dankeschön drücken Sie der ältesten Dame des Hauses etwa Rp. 3.000-5.000 in die Hand).

Einen Ausflug ins ländliche, vom Touristenstrom noch unberührte Bali können Sie von Bangli aus westwärts über **Demulih** nach **Apuan** unternehmen, doch machen Sie sich auf miserable Straßenverhältnisse gefasst, so dass dieser Trip nur dann zu empfehlen ist, wenn Sie über ausreichende Zeit, Nervenstärke und Fahrkönnen verfügen.

Landpartie

Wer nicht soviel Zeit hat, folgt der Überlandstraße in Richtung Gianyar bis zur Ortschaft **Tamanbali**, um von dieser, sich an der 90-Grad-Rechtskurve geradeaus haltend, in Richtung **Dukuh-pane** abzubiegen, woraufhin man nach einer Weile nahe Sidawa zu einem rechts der

Properes Bergdorf: Penglipuran

Straße stehenden Hinweisschild für den *Pura Tirta Harum* (1) gelangt, wo man sein Fahrzeug abstellt, denn von hier aus geht es zu Fuß weiter. Zunächst ein kurzes Stück durch die Reisfelder marschierend, gelangt man zu dem zwar gut befestigten, aber sehr treppenreichen Fußpfad, auf dem es erst einmal steil bergab geht, wobei man auf halbem Wege sich ins üppige Grün duckenden kleinen **Jero Puri** vorbeikommt, den man links liegen lässt und dem Treppenpfad weiter bergab folgt, bis man schließlich nach etwa einem halben Kilometer zum königlichen, bei einer heiligen Quelle liegenden **Pura Tirta Harum** kommt, den man im dichten Tropenwald kaum ausmachen kann. Hier im ‚Tempel der duftenden Quelle' glaubt man, kam der Ahne der gegenwärtigen Herrscherdynastie von Bangli in einem kleinen strohgedeckten Haus zur Welt. So schweißtreibend der Weg hierher und zurück auch ist, die traumhaft schöne Lage dieses Kleinods und die Stille und Einsamkeit des Ortes sind jeden Tropfen wert.

Versteckt im Dschungel

Zurück auf der Hauptstraße, geht es weiter südwärts bis ins benachbarte **Bunutin**, wo man das kleine Schild links der Straße nicht verpassen darf, das einem den Weg zum östlich der Straße am Ende der schmalen Dorfstraße gelegenen **Pura Penataran Agung** weist, der einen unmittelbar angrenzenden Teich überblickt, in dem ein kleiner Schrein steht. Eine Legende berichtet von einem Hinduprinzen aus dem 17. Jahrhundert, der sich sehr krank fühlte, woraufhin er einen Dukun konsultierte, der wiederum die Familie des Prinzen anwies, sie solle einen Tempel zu Ehren des islamischen Vorfahrens des Prinzen, *I Dewa Mas Wili*, erbauen, der von Ostjava an den Hof von Gelgel

Architektonischer Zwitter

gekommen war. So entstand der ein wenig einer Moschee gleichende Tempel am Ufer des Teiches, in dem heutzutage sowohl Hindus als auch Muslims ihre Andachten verrichten.

Kurz hinter der Ortschaft **Jagaperang** spannt sich ein gewaltiger, die Grenze des Regierungsbezirks markierender **Ehrenbogen (2)** über die Straße.

Sidan

Aktuelle regionale Reisetipps zu Sidan
entnehmen Sie bitte der gelben Seite 434

Nun ist es nicht mehr weit bis **Sidan**, wo man zunächst den **Pura Puseh Sidan** mit seinem siebenstufigen Meru passiert und anschließend in der Ortsmitte auf der östlichen Straßenseite des **Pura Merajan Agung** ansichtig wird, des Ahnentempels der Rajas von Gianyar, in dem gegenwärtig einige Familien wohnen und der sich in ziemlich schlechtem Zustand befindet.

Reicher Skulpturenschmuck

Am südlichen Ortsausgang findet man schließlich links der Straße an einer scharfen Linkskurve den **Pura Dalem Sidan** (Parkplatz auf gegenüberliegender Straßenseite), einen der eindrucksvollsten Unterweltstempel Balis, der *Merajapati*, dem Wächter des Totenreiches geweiht ist. Mit seinem ungemein reichen, der Abwehr böser Dämonen dienenden Skulpturenschmuck weist er eine überraschende Ähnlichkeit mit den überladenen nordbalinesischen Tempeln auf.

Besondere Aufmerksamkeit verdienen dabei das Kori agung, das einen Kekayon zeigt, sowie der Kulkul, dessen Außenmauern mit Reliefs und dreidimensionalen Steinbildnissen überzogen sind, die ‚Bimas Höllenfahrt' (eine Mahabharata-Legende) zeigen und auf überaus drastische Art und Weise die Bestrafung von Missetätern und Sündern in der jenseitigen Welt darstellen. Die beiden Candi bentar im Inneren flankieren furchterregende Rangda-Figuren mit Reißzähnen und Hängebrüsten. Manch einer glaubt, dass in diesem Tempel die Asche König *Airlanggas* beigesetzt ist.

Auf der Hauptstraße von Gianyar nach Candi Dasa geht es ostwärts weiter. Nachdem man das die Grenze des Regierungsbezirks Gianyar markierende Monument und die dahinterliegende Brücke passiert hat, taucht in einer 90-Grad-Kurve – kurz vor **Banjarangkan** – schräg gegenüber einem großen Banyanbaum rechter Hand der bedeutende, ziemlich eingewachsene **Pura Kentel Bumi (3)** auf, der ‚Tempel der Weltschöpfung'.

Reichen Reliefschmuck weist der Pura Dalem Sidan auf.

Von hier ist es nicht mehr weit bis **Takmung**, wo man sich an der zentralen, von einer großen Statue dominierten Kreuzung, an der es links nach Semarapura geht, rechts in Richtung **Klotok** hält, um dem dortigen strandnahen **Pura Batu Klotok** einen kurzen Besuch abzustatten, der östlich des an einem sehr schönen, schwarzsandigen Küstenstreifen gelegenen Parkplatzes liegt und an dem zahlreiche Prozessionen, die den Muttertempel Pura Besakih zum Ziel haben, den Meeresgottheiten Opfer darbringen.

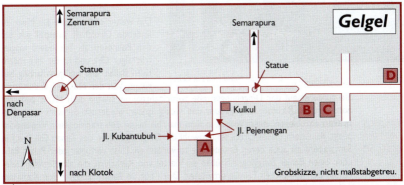

Wieder zurück an der Zentralkreuzung von Takmung, hält man sich nunmehr rechts in Richtung **Gelgel**, das vom 14. bis zum 17. Jahrhundert Machtzentrum der Majapahit-Emigranten war, heutzutage indes keine bemerkenswerten Baudenkmäler jener ruhmreichen Epoche mehr vorzuweisen hat, denn nicht einmal der verfallene Ahnentempel der Rajas von Gelgel, der **Pura Jero Agung (A)** (‚Tempel des großen Palastes'), der die frühere Lage des um 1700 aufgegebenen Palastes markiert, vermag noch an jene ruhmreiche Zeit zu erinnern. Hier empfing 1597 der *Dalem Seganing*, Sohn des Königs *Waturenggong*, die ersten westlichen Besucher, die vom Prunk und von der Größe seines Palastes beeindruckt waren. Kein Wunder, soll der *Dalem* doch allein Herr über einen fünfhundertköpfigen Harem und fünfzig Liliputaner gewesen sein.

Vergangene Pracht

Die Umgehungsstraße weiter ostwärts fahrend, stößt man gleich hinter dem **Pasar (B)** rechts auf den **Pura Penataran Dasar (C)**, in dem an Festtagen Angehörige der Herrscherkasten Balis zusammenkommen, um einigen stark verwitterten, auf einem Ehrenthron ‚sitzenden' Steinen ihre Ehrerweisung darzubringen, die selbst mit viel Phantasie nicht mehr zu deuten sind. Nach Ansicht mancher Wissenschaftler handelte es sich dabei ursprünglich um megalithische Altäre. Rituell bedeutend ist der Tempel mit seinen beiden Elf- und Neun-Tumpang-Meru deswegen, weil er als Basistempel den Gegenpol zum großen Bergtempel Pura Besakih darstellt und in ihm die vergöttlichten Vorfahren der Königsfamilie verehrt werden. Nicht unbeachtet lassen sollte man das Candi bentar am Tempeleingang, an dem Schlangenskulpturen die üblicherweise glatten Torinnenflächen verzieren.

Steine der Verehrung

Noch ein Stück weiter östlich sieht man schließlich zur Linken inmitten des hiesigen Muslimviertels die **Masjid Nurul Huda (D)** zwischen den Häusern liegen. Bei ihr handelt es sich um die älteste Moschee der Insel, deren Grundsteinlegung bereits im

Balis älteste Moschee

Die Masjid Nurul Huda in Gelgel

14. Jahrhundert erfolgt sein soll. Auf Weisung eines Rajas aus Gelgel soll sie für erfolglose javanische Missionare muslimischen Glaubens erbaut worden sein. (Das Betreten der Moschee durch Nicht-Muslime ist nicht erwünscht.)

Die weiter südlich nahe am Meer zu findende Ortschaft **Jumpai** gilt bei den Balinesen als besonders magieträchtiger Ort und ist für ihre mächtigen Balian und heiligen Barong berühmt. Von der Moschee aus müssen Sie zunächst auf der Umgehungsstraße zurückfahren, um hinter dem Markt zunächst nordwärts in Richtung Semarapura und wenig später wiederum ostwärts nach **Kamasan** abzubiegen, einem Vorort, in dem man bis heute den traditionellen Wayang-Stil pflegt. Künstlern dieses Ortes sind sowohl die Originalgemälde des Taman Gili (s.u.) in Semarapura als auch deren Erneuerung zu verdanken. Einst verfügte jeder Palast Balis über einen Banjar Sangging, d.h. über ein Viertel von Künstlern, die als offizielle Lieferanten der königlichen Familie arbeiteten. Doch nur im Banjar Sangging von Kamasan, wahrscheinlich das älteste derartige Viertel der Insel, hat die traditionelle Malerei im Stil des ‚goldenen Zeitalters' überdauert, weswegen die Balinesen heute vom ‚Kamasan-Stil' sprechen.

Hier pflegt man den Wayang-Stil

Des Weiteren findet man in diesem Dorf, und zwar im Ortsteil Banjar Pande Mas, zahlreiche Gold- und Silberschmiede, die vorwiegend den von Frauen bei Tempelzeremonien getragenen traditionellen Schmuck anfertigen, seit dem 14. Jahrhundert allerdings auch für die Herstellung des Kronschmuckes der Rajas von Gelgel verantwortlich waren.

Schmuckherstellung

Eine schmale Landstraße führt zum einen Kilometer weiter südöstlich gelegenen **Tangkas**, das beim Ausbruch des Gunung Agung im Jahre 1963 größtenteils zerstört wurde und in dem die altehrwürdige Musiktradition des Gamelan Luang aufrechterhalten wird.

An der Stelle des heutigen **Pura Dalem Gandamayu**, den Sie am Ortsende kurz vor dem Steinbruch finden, hat einst *Danghyang Nirartha* gelebt, der Vorfahre des Hohepriesters *Shivas* auf Bali und Begründer der balinesischen Kosmologie. Einer der Schreine im Tempelinneren ist dem Hindupriester, ein weiterer den Schmieden geweiht.

Semarapura

Aktuelle regionale Reisetipps zu Semarapura
entnehmen Sie bitte den gelben Seiten 427f

Das ehemalige Klungkung ist Hauptstadt des Regierungsbezirks Klungkungs, des kleinsten Kapubaten der Insel, zu dem auch Nusa Penida, Nusa Lembongan und Nusa Ceningan gehören. Der Einfluss dieser Region prägte Gesamtbali nachhaltig, spielte sie

Führungsposition

doch von alters her in der Geschichte der Insel eine herausragende Rolle. So installierte *Gajah Mada*, nachdem er die Insel Mitte des 14. Jahrhunderts dem Reich von Majapahit einverleibt hatte, im nahe gelegenen Samprangan einen Marionettenkönig, ehe sich Ende des 15. Jahrhunderts, d.h. beim Zusammenbruch des ostjavanischen Majapahit-Reiches und der daraufhin einsetzenden Flucht des hindu-javanischen Adels nach Bali, das wenige Kilometer südlich von Semarapura gelegene Gelgel zum Mittel-

Im Pura Dalem Gandamayu lebte einst Danghyang Nirartha.

punkt eines neuen, mächtigen Königreiches aufschwang, woraufhin die ehemaligen Majapahit-Fürsten (als erste 1550 König *Widjayas* Sohn *Batu Renggong*) unter dem erblichen Titel ‚Dalem' von hier aus die Herrschaft über ganz Bali antraten. Mitte des 16. Jahrhunderts erstreckte sich ihr Herrschaftsbereich von Ostjava über Bali, Lombok, Sumbawa bis nach Südsulawesi. Zwar zerfiel das Gelgel-Reich Mitte des 17. Jahrhunderts in etwa ein Dutzend selbstständige, sich regelmäßig befehdende Fürstentümer, dennoch gelang es der Gelgel-Dynastie, die ihre Hauptstadt 1710 unter Fürst *Di Made*, einem Urenkel *Widjayas*, nach Klungkung verlegte, sich als ranghöchstes, weil ältestes Fürstengeschlecht zu behaupten. Seit der Verlegung der Hauptstadt nach Klungkung trugen die Fürsten den erblichen Titel ‚Dewa Agung' (‚erhabener Gott').

Die führende Position Klungkungs war jedoch stets mehr kulturell-religiöser als politischer Natur, so dass die schönen Künste – vor allem Musik, Tanz und die Wayang-Malerei – am hiesigen Fürstenhof eine beispiellose Hochblüte erlebten. Von mitentscheidender Bedeutung für die Vorrangstellung war allerdings auch die Tatsache, dass sich über Jahrhunderte hinweg in Klungkung der Sitz des für ganz Bali zuständigen Obersten Gerichtshofes befand.

Kulturelles Zentrum

Im 18. Jahrhundert verlor Klungkung immer mehr an Bedeutung und Einfluss an das nahe Gianyar. Immerhin einigte sich der Dewa Agung mit den Herrschern der benachbarten Fürstentümer aber auf ein gemeinsames Vorgehen gegen die immer vehementeren Vorstöße der Niederländer. So wurden die 1849 bei Padangbai gelandeten niederländischen Truppen, die bis Kusamba vorstießen, durch einen für sie überraschenden Nachtangriff der Königin *Dewa Agung Istri Kanyas* nach schweren Verlusten zum Rückzug und letztendlich – nach Aushandlung eines Friedensvertrages unter Vermittlung von *Mads Johanes Lange* – zum Verlassen der Insel gezwungen.

Niedergang

Auf Dauer verfügte der Klungkunger Königshof jedoch nicht über die entsprechenden militärischen Mittel, um sich gegen die ständig drohende Invasion ausreichend wehren zu können. So wurde denn auch der Niedergang des Fürstenhauses mit dem Feldzug der Niederländer gegen die rebellischen südbalinesischen Fürstentümer zu Beginn des 20. Jahrhunderts eingeleitet, denn zwei Jahre nach dem Puputan von Badung wiederholte sich unter *Dewa Agung Jambe* das grausige Schauspiel 1908 vor den Toren des Fürstenpalastes von Klungkung, den die Niederländer im Zuge ihrer Strafexpedition in Schutt und Asche legten.

Schauriges Schauspiel

Semarapuras Hauptstraße: die Jalan Diponegoro

Dewa Agung Geg, der letzte Raja von Klungkung, der 1965 verstarb, galt als exaltiertester Prinz innerhalb der balinesischen Aristokratie. Zeit seines Lebens litt er an den Verletzungen des Puputan im Jahre 1908, als ihm in die Seite gestochen und ins Knie geschossen wurde. Bis 1929 befand er sich im Exil auf Lombok, ehe er mit seinen 40 Frauen und 100 Kindern in die Reste seines alten Palastes zurückkehrte.

Entlang der Jl. Diponegoro, der heißen und lauten Hauptstraße, die von Geschäften aller Art gesäumt ist, haben auffallend viele Chinesen ihre Läden, denn die Stadt ist Hauptumschlagplatz für den Handel mit Lombok und Ostbali. Daher ist der an dieser Straße gelegene große und geschäftige **Pasar (A)** durchaus einen Besuch wert.

Aufgrund der gründlichen Arbeit der niederländischen Kolonialherren ist von der Vergangenheit der Stadt heutzutage kaum noch etwas zu sehen, lediglich der im Zentrum unmittelbar an der Jl. Untung Surapati gelegene, einst zum Fürstenpalast Puri Semarapura („Palast des Gottes der Liebe") gehörende **Taman Gili (B)** („Park mit Inselchen") mit zwei bedeutenden, vollständig restaurierten Kulturdenkmälern erinnert noch an jene Periode. In der Form eines Mandala errichtet, stellte der jeweils 150 m Seitenlänge messende Palast mit seinen diversen Pavillons, Gärten und Höfen

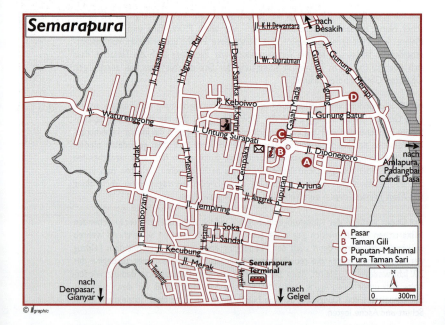

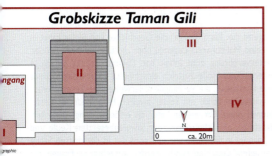

Grobskizze Taman Gili

eine miniaturisierte Form des Universums dar.

Nachdem man den Park von der Jl. Puputan her betreten hat, sollte man sich zunächst einmal links halten, um die in der ersten Hälfte des 18. Jahrhunderts von *Dewa Agung Gusti Sideman* erbaute, offene Gerichtshalle **Bale Kerta Gosa (I)** zu inspizieren, eines der eindrucksvollsten Beispiele balinesischer Profanarchitektur, die sich in der Nordostecke der Anlage befindet. Hier richteten bis 1950 im Namen des Fürsten drei hohe Brahmanenpriester über Verbrechensfälle, die nicht innerhalb der Dorfgemeinschaften geregelt werden konnten. Eine von zwei Naga-Schlangen flankierte Treppe führt hinauf zu dem auf einem zirka zwei Meter hohen Steinpodest stehenden, nach allen vier Seiten offenen quadratischen Bale, in dem noch die – aus der Kolonialzeit stammenden – kunstvoll geschnitzten sechs Stühle für die drei Richter und ihre drei Beisitzer sowie ein rechteckiger Tisch ausgestellt sind.

Oberster Gerichtshof

Die Innenflächen des von prachtvoll geschnitzten Holzpfeilern getragenen offenen Dachstuhls sind über und über mit eindrucksvollen Fresken bemalt, die zu den kostbarsten Zeugnissen der balinesischen Feudalepoche zu zählen sind. Im klassischen Wayang-Stil flächig und ohne

Im Bale Kerta Gosa lässt sich der Wayang-Stil studieren.

Perspektive dargestellt, schildern diese Malereien in den unteren Bildreihen überaus deutlich alle Folterqualen der Hölle und in den oberen Bildsequenzen alle Wonnen des Paradieses. Doch die Vermutung, mit den Deckenbildern sei den Delinquenten gewissermaßen das Spektrum möglicher Strafen vorgeführt worden, trifft wohl nicht die Wirklichkeit, denn die Halle war heiliger Ort, so dass sie – außer Clan- und Dorfchefs – kein Mensch betreten durfte, der die Ordnung gestört hätte. Vielmehr dürfte es darum gegangen sein, mit diesen Motiven den Ausgleich zwischen Verfehlung und Vergeltung darzustellen. Wann genau die Deckenbemalung entstand, ist historisch ungeklärt, die erste schriftlich überlieferte Erwähnung findet sich jedoch auf einem Lontar-Blatt aus dem Jahre 1842, das im Gedong Kirtya Lontar Museum in Singaraja aufbewahrt wird.

Himmel und Hölle

Lehrreiches Bilderbuch

In neun Bilderreihen unterteilt, erzählen die aus 267 Paneelen zusammengefügten Deckenmalereien in der untersten Reihe fünf Episoden aus den Tantri-Fabeln und in den restlichen Tafeln überwiegend die ‚Bima Suarga', die Geschichte von *Bimas* Fahrt in die Hölle und den Himmel – eine Mahabharata-Legende über die fünf Pandawa-Brüder, welche insbesondere die Vaterverehrung zum Inhalt hat. (Suarga ist das jenseitige Reich, das der Toten, das Himmel und Hölle zugleich einschließt.) Einst erlegte *Bimas* Vater *Pandu* bei der Jagd eine Hirschkuh, die verhängnisvollerweise eine Erscheinungsform eines Brahmanen war, woraufhin *Pandu* mit seiner zweiten Frau *Madri* im Kessel des Totengottes *Yama* schmoren muss. Um seinen Vater zu erlösen, dringt *Bima* (erkennbar an der dunklen Hautfarbe, am Schnurrbart, der juwelenbesetzten Keule und dem schwarzweiß-karierten Sarong) in die Hölle vor und wird der in der dritten Szene dargestellten Folterszenen ansichtig: Geschlechtsteile werden ausgebrannt; Frauen, die abgetrieben haben, werden Krokodilen zum Fraß vorgeworfen; Mütter, die nicht stillen wollten, müssen Raupen säugen; Missetäter werden mit Messern zerhackt oder von Elefanten zertrampelt; Höllenknechte zersägen die Schädel von Sündern, die ihre Eltern oder Ahnen nicht ehren, bei lebendigem Leib; Schweine fressen Homosexuelle oder Sodomiten. Dann setzt *Bima* – auf der Suche nach dem Elixier der Unsterblichkeit, das seinen Eltern das Leben zurückgeben soll – seine Reise in der himmlischen Welt fort, so dass in den obersten Bilderstreifen himmlische Freuden gezeigt sind, die den Frommen und Rechtschaffenen winken. Nach vielen Rückschlägen (u.a. wird er zwischenzeitlich zweimal von seinem eigenen Vater getötet) gelingt es *Bima*, die Gebeine seiner Eltern ordnungsgemäß zu bestatten, woraufhin er mit Hilfe *Shivas* zu Weihwasser gelangt, mit dem er eine ordentliche Verbrennung nach hinduistischem Ritus durchzuführen imstande ist, wodurch er die Seele seines Vaters erlöst. Einige Tafeln zeigen darüber hinaus einen astrologischen Kalender und legen den Akzent auf Erdbeben und Vulkanausbrüche, Naturphänomene, die die Menschen damals sehr beschäftigten.

Rettung

1930 renovierte man mit niederländischer Unterstützung die Malereien, 1960 erneuerte man das Hallendach und reproduzierte die Gemälde auf Asbestplatten (die alten Gemälde auf Stoff sind leider zerfallen), 1984 schließlich führte man die bislang letzte Generalüberholung durch, leider teilweise mit Chemiefarben, die nicht die Nuancen der früher verwendeten Naturfarben zulassen.

Schwimmender Lustpavillon

Nebenan liegt inmitten eines künstlichen Lotusteiches der **Bale Kambang (II)**, der ‚schwimmende Pavillon', eine rechteckige, offene Halle, in die sich die Raja gelegentlich zusammen mit ihren Konkubinen während der heißen Tageszeit zurückzogen; außerdem beherbergte er zur Zeit der Rajas von Klungkung die königliche Garde, während der Kolonialzeit warteten hingegen hier die Verwandten der Kläger und Angeklagten auf die nebenan im Bale Kerta Gosa verkündeten Urteile.

Farbenprächtige Deckengemälde

In diesem einst zum Palast gehörenden Pavillon, der 1942 erneuert und vergrößert wurde, machten balinesische Künstler vor allem die Sutasoma-Legende zum Thema farbenprächtiger Deckengemälde, die gleichfalls 1984 letztmalig restauriert wurden. Diese Wayang-Malereien zeigen in der untersten Bilderreihe die Phasen des balinesischen astrologischen Kalenders, in der zweiten das Kindermärchen von *Pan* und *Men Brayut* (‚Papa und Mama Brayut'), also jenes balinesischen Paares, das die Last seiner 18 Kinder schwer drückt, wobei die Darstellungen den Alltag der einfachen Menschen Balis detailliert beschreiben. In der dritten Reihe von unten beginnt sodann die Geschichte von *Sang Sutasoma*, einem tantrisch-buddhistischen Heiligen, der Gewaltlosig-

Der Zugang zum Bale Kambang ist von Statuen flankiert.

keit und Achtsamkeit symbolisiert, wobei dessen Weisheit die Waffen seiner Gegner in Blumen verwandelt, sogar diejenigen, die von den Göttern geschickt werden. Dieser Halbgott bekehrt auf seinen Wanderungen den mordlustigen Elefanten *Gajah* und den Schlangenkönig *Naga* zum Buddhismus, und als der Heilige eines Tages eine Tigerin trifft, die aus Nahrungsmangel über ihre eigenen Jungen herfallen will, bietet er sich selbst als Opfer an, wodurch er das Mitgefühl und den Sieg über den eigenen Selbsterhaltungstrieb als der stärksten der menschlichen Begierden verkörpert.

Bekehrung und Selbsthingabe

Beachten Sie unbedingt die in beiden Bale stehenden Statuen von Europäern mit Hüten, die eine amüsante Abwechslung zu den sonst üblichen Wächterfiguren bilden. Die Steinfiguren rund um den Bale Kambang entstammen dem Mahabharata, wobei die guten Charaktere rechts der Halle und die schlechten links davon stehen.

Lustige Gesellen

Als weiteres Relikt des ehemaligen Fürstenpalastes, der einst als prächtigster ganz Balis galt, ist ein wenig weiter westlich ein gedecktes Ziegelsteintor, das **Pemedal Agung (III)** zu sehen. Das Tor, dessen Flügel aus Eisenholz sind, ist mit Dämonen verziert, die gewöhnlich der Abschreckung dienen, hier jedoch als zwei bärtige Europäer mit großen Nasen, hohen Hüten und Gehröcken erscheinen, eine Art der Darstellung, wie sie im Inselinneren öfters anzutreffen ist.

Integriert in die Gesamtanlage ist auch ein kleines **Museum (IV)** an der Westseite der Parkanlage, das u.a. kunsthandwerkliche Exponate aus dem Ort sowie eine Barong-Figur präsentiert.

Gegenüber, auf der anderen Seite der Jl. Untung Surapati, erhebt sich in einer kleinen Grünanlage das aus Vulkangestein gefertigte, 28 Meter hohe **Puputan-Mahnmal (C)** zum Gedenken an den am 28. April 1908 vollzogenen Freitod des hiesigen Königshauses. Im Inneren des am 21. April 1992 eingeweihten Bauwerks, dessen äußere Form stilisiert die Vereinigung von Lingam und Yoni darstellt, findet man die Königsfamilie aus Bronze sowie an den Wänden diverse Szenen des damaligen Geschehens im Modellformat.

Nordöstlich des Stadtzentrums liegt am Ende der Jl. Gunung Semeru (vierte Querstraße nach der Zentralkreuzung) der **Pura Taman Sari (D)**, der ‚Tempel des Blumengartens', in dem man eine ganze Reihe von Meru mit bis zu elf Dächern sowie einige Wasserkanäle und kleine dazwischen liegende

Das Puputan-Mahnmal in Semarapura

Gärten vorfindet, und in dessen Vorhof meist die Männer mit dem Trainieren ihrer Kampfhähne beschäftigt sind.

Fährt man von der zentralen Kreuzung indes wieder zurück in Richtung Gianyar und hält sich, wo die Überlandstraße eine Linkskurve einschlägt, geradeaus, so kommt man nach etwa drei Kilometern nach

Tihingan

Aktuelle regionale Reisetipps zu Tihingan
entnehmen Sie bitte der gelben Seite 443

In diesem Ort kann man den Schmieden bei der Herstellung der nach alten Formen angefertigten Bronzegongs und Metallophone für die Gamelan zuschauen.

Ein Clown als Verkehrshindernis

Wenn Sie schon einmal hier sind, sollten Sie beim **Pura Penataran Pande** im Dorfzentrum vorbeischauen, der über einen herrlichen Kulkul verfügt, den mit Rangda verzierte Säulen tragen. Vor dem Tempel steht – mitten in der Straßenkreuzung – eine Steinstatue von *Tualen*, dem liebenswerten Clown aus dem Mahabharata, und unter dem Banyanbaum findet man ein der Windgöttin geweihtes Standbild. Auffällig auch die zahlreichen Ziegelbrennereien des Ortes – ein weiteres wichtiges Gewerbe von Tihingan.

Etwa zwei Kilometer südlich von Tihingan steht an der Hauptstraße des kleinen Ortes **Penasan** das vom Künstler *Nyoman Gunarsa* gegründete **Privatmuseum** (Öffnungszeiten unregelmäßig, Eintritt frei), in dem er seine seltene Sammlung von im klassischen Stil gehaltenen Gemälden aus dem 16.-19. Jahrhundert dem Publikum präsentiert. Das Studio des Künstlers ist u.a. angefüllt mit alten Möbeln, alten Holzschnitzereien, impressionistischen Malereien und traditionellen Tanzkostümen. 1944 geboren, wurde er vom Jakarta Arts Council bereits zweimal zum besten Maler Indonesiens gewählt.

Durch Semarapura hindurch geht es nunmehr weiter in Richtung Candi Dasa. Gleich hinter der Stadt biegen Sie nach der Brücke in **Paksabali** an der knapp 90-Grad-Rechtskurve links in Richtung Sidemen ab und folgen dieser Straße bis zur dritten nach links abzweigenden Straße bzw. Gasse, in die Sie einbiegen und die Sie – eine Rechtskurve machend – zum **Pura Timbrah** bringt. In diesem Tempel geht während des Kuningan das Tranceritual ‚Dewa Mapalu' (‚Krieg der Götter') über die Bühne, bei dem die Götter auf Tragen, die ansonsten in einem Bale des Tempels aufbewahrt werden, aus ihm herausgetragen und zum nahe gelegenen Fluss Yehunda zum ‚Baden' gebracht werden. Sobald die Träger sich dann daran machen, sie zurückzubringen, helfen alle mit, denn die Götter haben es nicht eilig und leisten heftigen Widerstand.

Schirme und Fahnen

Bekannt ist der Ort darüber hinaus für die hier hergestellten Zeremonialschirme und -fahnen, die in etlichen Geschäften entlang der Durchgangsstraße feilgeboten werden. Kostbare seidene Ikats und goldbestickte Songkets hingegen werden im Nachbardorf **Sampalan** gewebt.

Nach etwa zwei Kilometern zweigt links die landschaftlich reizvolle Straße nach **Dawan** und **Besan** ab. In letzterer Ortschaft findet man in der Ortsmitte den **Pura Bale Agung**, einen Tempel mit alten Kawi-Inschriften.

Zurück auf der Ost-West-Hauptverbindungsstraße, fallen einem sofort die kilometerlangen schwarzen Lavastrände auf – Relikte des Ausbruchs des Gunung Agung im Jahre 1963. Doch auch sonst unterscheidet sich Ostbali merklich von den Ebenen Südbalis: Kokospalmen und Bananenhaine säumen den Küstenstreifen der stillen, weniger wohlhabenden und weniger entwickelten Landschaft, über deren hohen, kargen Hügeln an klaren Tagen der eindrucksvolle Kegel des Gunung Agung aufragt.

‚Salzgewinnungsanlage' bei Kusamba

Erster Stopp an diesem Küstenstreifen ist das Fischerdorf **Kusamba**, einst der größte Hafen des Königreiches Klungkung, bei dem 1963 die glutflüssige Lava des Gunung Agung zum Stillstand kam und das für seine Salzproduktionsanlagen bekannt ist. Die in diesem Gewerbe Arbeitenden leben in einfachen Strohhütten und dämmen im Sand rechteckige Areale ein, um darin Meerwasser verdunsten zu lassen. Der salzgetränkte, halbtrockene Sand wird anschließend in Behältnisse gefüllt, aus denen in den Hütten nach dem Übergießen mit weiterem Meerwasser das stark salzhaltige Wasser heraustropft, das aufgefangen und in lange Bambusströge gegeben wird, in denen das restliche Wasser verdunstet. Eine simple, vorindustrielle Art der Salzgewinnung, mit der sich keine Reichtümer erzielen lassen: die Tagesproduktion einer Person liegt bei maximal fünf Kilogramm Salz, das zum Einlegen von Fisch, nicht aber als Tafelsalz verkauft wird. Ein kleines Zubrot verdienen sich die Ansässigen gelegentlich durch die Vermietung der hier zahlreich am Strand liegenden Jukung, mit denen die örtlichen Fischer – normalerweise nachts – zum Fang in den tückischen Meeresströmungen ringsum hinausfahren. Mit den etwas größeren Prahu, die über Segel und Außenbordmotor verfügen, kann man sich indes von hier aus auch nach Nusa Penida übersetzen lassen.

Salzgewinnung wie zu Urväters Zeiten

Goa Lawah

Aktuelle regionale Reisetipps zu Goa Lawah
entnehmen Sie bitte der gelben Seite 374

Wenige Kilometer weiter taucht sodann links der Straße die Fledermaushöhle **Goa Lawah (4)** auf, deren kleiner **Pura Goa Lawah** ein Staatstempel der Rajas von Klungkung war und zu den neuen Reichstempeln Balis zählt. Tausende von als heilig geltenden Fruchtfledermäusen hängen an der Decke der relativ kleinen Grotte im Kalksteinkliff, die den Eingang zu einem vermutlich weit verzweigten Höhlensystem bildet, das sich in der Vorstellung der Einheimischen bis zum Fuß des Gunung Agung erstreckt, einen unterirdischen Fluss aufweist und erst im kleinen, rund 30 km entfernten Pura Goa (,Höhlentempel') innerhalb des Pura Besakih wieder zutage tritt, womit es die Verbindung zwischen den Antipoden Berg und Meer bzw. Götter- und Dämonenwelt herstellen würde. (Andere behaupten, der unterirdische Gang ende erst beim Pura Dalem Penataran Ped auf Nusa Penida.)

Fledermaushöhle

Heilige Schlangen

In dem kleinen Tempel der Grotte, der 1007 von *Empu Kuturan* gegründet worden sein soll und in dem die gläubige Bevölkerung alle 15 Tage Opfer darbringt, wofür sie als Gegenleistung heiliges Wasser erhält, verehrt man die beiden mythologischen Unterweltschlangen *Sanghyang Basuki* (‚Herr der Schlangen') und *Antaboga*, denen zwei der den Eingang beschützenden, über und über mit Kot bekleckerten Steinthrone geweiht sind. Dieser Glaube ist auch der Grund dafür, dass die zwischen den Fledermäusen und auf dem Felsen umherkriechenden Felsenpythons als heilig gelten und von niemandem angefasst bzw. verscheucht werden; sie ernähren sich von den sterbenden und verletzten Fledermäusen. Das Höhlenheiligtum besaß in Balis jüngerer Geschichte große politische Bedeutung, da hier 1904 die Adligen der Insel bei Geheimtreffen ihren Widerstand gegen die Niederländer organisierten, wodurch Goa Lawah zum Symbol des Freiheitskampfes avancierte.

Täglich besuchen zahlreiche Gläubige Goa Lawah.

Hinweis
Hüten Sie sich vor den jungen Mädchen, die Ihnen vor dem Tempel mit liebreizender Eloquenz allerlei touristischen Schnickschnack andrehen wollen.

Padangbai

Aktuelle regionale Reisetipps zu Padangbai entnehmen Sie bitte den gelben Seiten 411f

Wichtiger Hafen

Auf der Küstenstraße geht es anschließend weiter nach **Padangbai**, ein wenig attraktives Städtchen, das jedoch über einen wichtigen Hafen für den Personen- und Frachtverkehr zur Nachbarinsel Lombok und für Kreuzfahrtschiffe verfügt und sich etwa zwei Kilometer südlich der Überlandstraße entlang einer malerischen, von dichtbewachsenen, palmenbestandenen Hügeln umrahmten Bucht erstreckt, in deren Nähe es einige kleine, relativ versteckt gelegene Sandstrände zu entdecken gibt. Am Strand fallen einem sofort die farbenprächtigen Auslegerboote der überwiegend muslimischen Fischer des Ortes auf, die vielfach einen originellen Bug besitzen, der dem aufgerissenen Maul eines Krokodils ähnelt.

Die Geschichte Padangbais, neben Benoa Harbour bedeutendster Hafen im Inselsüden, ist eng verbunden mit jener ereignisreichen Zeit zu Beginn des 11. Jahrhunderts, als *Udayana* und *Mahendradatta* starben, und als hier der Priester *Empu Kuturan* lebte, der das

Die Bucht von Padangbai

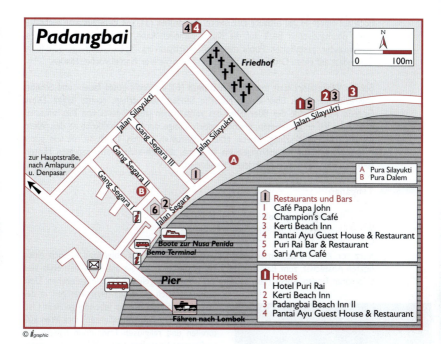

Kastensystem nach Bali brachte und bis heute durch seine sozio-religiösen Reformen und neuen Architekturvorschriften die Geschicke Balis entscheidend mitbestimmt hat. Wo gegenwärtig der **Pura Silayukti** steht, soll er einst gelebt haben. Außerdem ging in dieser Bucht *Cornelis de Houtman* 1597 an Land, einer der ersten niederländischen Forschungsreisenden in dieser Weltgegend.

Manggis

 Aktuelle regionale Reisetipps zu Manggis entnehmen Sie bitte den gelben Seiten 399f

Ein architektonischer Leckerbissen erwartet Sie kurz hinter **Manggis** (benannt nach der Mangostanenfrucht), das rechts der Überlandstraße

Traumhaft gelegen: das Amankila

hoch auf einem Hügel erbaute Luxushotel **Amankila (5)**, von dem aus man nicht nur einen phantastischen Blick auf die Küste genießen kann, sondern von dessen drei übereinander gestaffelten Pools man sich gleichsam ins Meer hinuntergespült fühlt. Zumindest auf einen Drink oder ein Essen sollten Sie hier einmal vorbeischauen.

Bei der Weiterfahrt lässt man **Pantai Balina (6)**, ein recht gutes Tauch- und Schnorchelrevier, das auch über einige hübsche Sandstrände verfügt, rechts liegen. Diese Gegend wurde Ende der 80er Jahre des vergangenen Jahrhunderts von Tourismusmanagern ins Visier genommen, erlebte jedoch infolge der Wirtschaftskrise in den 90ern einen herben Rückschlag, wovon etliche Bauruinen zeugen. Doch ist sie ein guter Ausgangspunkt für Wanderungen ins ländliche, dörflich-konservativ geprägte Hinterland, das vom Tourismus noch kaum berührt ist.

Verflogene Träume

Tenganan

Aktuelle regionale Reisetipps zu Tenganan
entnehmen Sie bitte der gelben Seite 443

Kurz vor Ihrem Etappenziel unternehmen Sie – nach links abbiegend – noch einen letzten Abstecher zum Bali-Aga-Dorf **Tenganan**, auf das Sie am Ende der etwa vier Kilometer langen Stichstraße stoßen. Bei dem in hügeligem Terrain gelegenen Dorf handelt es sich um eines jener wenigen, in denen prähistorische Kultur lebendig geblieben ist, in dem die Bali Aga (Altbalinesen) ihre alten kulturellen und religiösen Traditionen nahezu unverfälscht beibehalten haben. Während in vielen anderen balinesischen Orten die Einflüsse der westlichen Zivilisation zur Aufweichung oder gar Zersetzung tradierter Werte und kultureller Erscheinungsformen geführt haben, vermochte die streng konservative Ritualgemeinschaft der Bali Aga in diesem Rückzugsgebiet ihre urbalinesischen, vom Hinduismus kaum tangierten sozio-religiösen Grundprinzipien beinahe unverfälscht bis in die Gegenwart zu bewahren.

Das 242 Meter über dem Meeresspiegel gelegene Tenganan, das zu den besterforschten Dörfern Südostasiens zählt, besteht aus fünf Verwaltungsbezirken mit insgesamt 3.500 Einwohnern, wobei die eigentlichen Bali Aga aber ausschließlich in dem mauerumwehrten Zentraldorf **Tenganan Pegeringsingan** wohnen. Diese kastenlose, aus etwa 400 Personen bestehende Dorfgemeinschaft betrachtet sich selbst als eine ‚Gesellschaft der Auserwählten', denn schließlich war es – ihrem Schöpfungsmythos zufolge – *Indra* selbst, der mit den ersten beiden Menschen ihre Stammseltern geschaffen hat. Zum Beweis ver-

Auch in Tenganan sind die Hähne der Männer liebster Freund.

weisen sie auf die auf Palmblättern geschriebene balinesische Schöpfungsgeschichte ‚Usana Bali', in der schon im 14. Jahrhundert berichtet wird, dass es sich bei ihnen um Nachfahren der Götter handle. Aufgrund dieser angenommenen privilegierten Stellung verrichten die Tengananer nur wenige körperliche Arbeiten (z.B. die Herstellung von Tuak), sondern lassen die Arbeiten auf den ausgedehnten Reisfeldern – gegen die Hälfte des Ernteertrages – stattdessen von Balinesen aus den Nachbardörfern (oder den aus ihrer Gemeinschaft Verbannten) erledigen. Auch wenn es kein Privateigentum und somit auch keinen privaten Grundbesitz gibt, was wiederum zur Folge hat, dass die Mitglieder des Sozialwesens den von den gemieteten Arbeitskräften erwirtschafteten Profit unter allen Tengananern gleichmäßig aufteilen, gilt Tenganan dennoch als sehr wohlhabend, was angesichts eines Grundbesitzes von über 1.000 ha auch nicht verwunderlich ist.

Göttlichen Ursprungs

Geschichtlichen Überlieferungen zufolge stammen die Einwohner von Tenganan indes aus Bedulu, von wo sie zu Beginn des 14. Jahrhunderts hierher übersiedelten, veranlasst durch folgendes Geschehen: Als der mächtige König *Dalem Bedulu* sein Lieblingspferd verloren hatte und daraufhin seinen Leuten befahl, es zu suchen, zogen die späteren Tengananer ostwärts und fanden den Kadaver des Pferdes in der Gegend um Tenganan. Als der König ihnen eine Belohnung zusprach, erbaten sie sich all jenes Land, so weit der Verwesungsgeruch des toten Pferdes reiche. Der König willigte ein und sandte einen Beamten mit guter Nase zu ihnen, um eine gerechte Zuteilung des Landes zu gewährleisten. Als nach tagelangem Ritt durch die Hügel der Kadavergeruch noch immer nicht weniger geworden war, entschied der ermüdete Beamte schließlich, dass es nunmehr genug sei, woraufhin er unverzüglich abreiste. Kaum war der Beamte außer Blickweite, zog der Anführer der Bali Aga jenes Stück verwesenden Fleisches unter seiner Kleidung hervor, das ihnen ihr Land eingebracht hatte. Der Überlieferung nach verwandelte sich der Penis des Pferdes in Stein und ist noch heute oberhalb des Dorfes auf einem Hügel zu sehen.

Betrug oder Schlitzohrigkeit?

Um den Fortbestand ihres exklusiven Status zu sichern, sind die Bali Aga zur genauen Einhaltung komplexer religiöser Riten und Vorschriften verpflichtet, die die Freiheit des Einzelnen enorm beschneiden, wobei vormals besonders der Endogamie, der so genannten Binnenheirat, die Eheschließungen außerhalb des Dorfes strikt verbietet, allergrößte Bedeutung zukam. Aus dieser rigorosen Vorschrift resultierte andrerseits das größte Gegenwartsproblem der Gemeinschaft, nämlich eine mit einem drastischen Geburtenrückgang gekoppelte stetige Degeneration. Und da die Geburtenzahl immer stärker zurückging (u.a. weil immer öfters junge Leute außerhalb des Dorfes heirateten) und die Bevölkerungszahl letztendlich dadurch schrumpfte, entschloss man sich in den 80er Jahren des letzten Jahrhunderts schließlich zu einer Lockerung der strengen Vorschrift: jeder Tengananer, der außerhalb des Dorfes heiratet, darf zusammen mit seinem Ehepartner in der Dorfgemeinschaft verbleiben, solange sich letzterer einer eingehenden Reinigungs- und Initiationszeremonie unterzieht, durch die er zum Tengananer wird.

Strenge Gemeindeordnung

Alle Mädchen und Jungen müssen sich zwischen dem achten und fünfzehnten Lebensjahr in speziellen Mädchen- und Jungenvereinigungen organisieren, in denen sie mit dem traditionellen Wertesystem der Bali Aga vertraut gemacht werden, denn nur wer einer dieser Vereinigungen angehört, kann später Sitz und Stimme im Dorfrat (Krama desa) erhalten, dem alle verheirateten Tengananer mit noch unvermählten Kindern

Traditionsbewusstsein

angehören. Vom Eintritt in diese Vereinigungen an spielt das Elternhaus nur noch eine untergeordnete Rolle, die Erziehung zum vollwertigen Gemeindemitglied übernehmen eben jene Gruppierungen. Ausschlaggebend für die Eingliederung in die richtige Gruppe, in der die Tengananer bis zu ihrem Lebensende bleiben, sind Kriterien wie Alter, Geschlecht, Beruf und Fähigkeiten. Wer indes gegen die strengen Gesetze und Bräuche verstößt, wird aus der Kerngemeinschaft verstoßen und muss entweder das Dorf verlassen oder im Ostteil des Dorfes (Banjar Pande) wohnen, in der so genannten ‚Straße der Verbannten', zudem darf er nicht mehr an den religiösen Feierlichkeiten teilnehmen. Doch auch körperlich oder geistig Behinderte können keine Vollmitglieder des Dorfrates werden. Und sollte eine Familie keinen Erben haben, der in der Lage wäre, seine Aufgaben als Gemeindemitglied zu erfüllen, so nimmt die Gemeinde das Grundstück zurück, bis sie es einem anderen, den Regeln entsprechenden Paar bereitstellen kann.

Verstoßung

Durfte Tenganan bis in die 60er Jahre des 20. Jahrhunderts von ausländischen Besuchern nur mit Sondergenehmigung besucht werden, so haben die Bali Aga ihr Dorf zwar zwischenzeitlich für Touristen geöffnet, geben sich selbst aber weiterhin noch recht verschlossen.

Die ‚Hauptstraße' von Tenganan

Dem Besucher fällt sofort der im Vergleich zu anderen balinesischen Dörfern andersgeartete, altmalaiische Grundriss der Bali-Aga-Siedlung auf, in der es – außer gelegentlich einmal einem Motorrad – keinen Fahrzeugverkehr gibt: Das Dorf mit seinem rechteckigen Ortskern und schachbrettartigen Grundriss umgibt eine von nur vier schmalen Durchlässen an den Kardinalspunkten durchbrochene etwa 500 m x 250 m lange Umfriedungsmauer; entlang zweier überbreiter Pflaster- und Lehmstraßen reihen sich in langer Flucht – gleich Reihenhäusern – lückenlos aneinander grenzende, schlichte Gehöfte (Kuren), zwischen denen – d.h. in der Straßenmitte – auf terrassenförmig ansteigenden Grasflächen schmucklose Tempel, Reisspeicher, Schreine und Pavillons stehen, in denen sich auch das soziale und sakrale Leben abspielt.

Schachbrettartiger Grundriss

Rechts des Haupteingangs im Süden (Lawangan kelod) befinden sich zudem **zwei kleine Tempel**, die weiblichen Gottheiten geweiht sind. Ihnen gegenüber steht der lange **Bale Agung**, in dem der Ältestenrat über das gesellschaftliche Leben im Dorf entscheidet, und nördlich davon schließlich der einem Bale gleichende **Kulkul**, in dem 21 Trommelschläge das morgendliche Wecksignal geben. Auf der nächsten Terrasse wird man des **Bale Petemu Kelod** ansichtig, des ‚Pavillons der Vereinigung der Jungen des Südens'; zwei weitere gleich geartete Pavillons, der **Bale Petemu Tengah** und der **Bale Petemu Kaja**, liegen weiter nördlich. Weiter oberhalb befindet sich das **Haus des Banjar-Rates** des Westens und daneben der **Bale Gambang**, in dem anlässlich religiöser Zeremonien das Gamelan Gambang spielt. Im oberen Teil des Dorfes erhebt sich links ein hübscher **Wantilan**, in dem sich die Dorfmitglieder anlässlich sozialer Aktivitäten treffen, und außerhalb der Umfriedungsmauer finden sich im Norden schließlich die öffentlichen **Bäder** und der alte Dorftempel **Pura Puseh**, der lediglich aus einigen Schreinen besteht und von beinahe archaischem Charakter ist (wie bei den meisten anderen Heiligtümern der Bali Aga, z.B. dem Bale Agung und den anderen Versammlungshallen, ist auch hier Besuchern der Zutritt streng verboten). Und schließlich liegt hier im Norden – im Gegensatz zur allgemeinen balinesischen Sitte oberhalb des Dorfes – noch der **Friedhof**.

Eine wichtige Rolle in der altindisch inspirierten Glaubenswelt der Tengananer, die sich der Hindu-Javanisierung während der Majapahit-Epoche entziehen konnten, spielen heilige, unbearbeitete Steine (Batu menurun). Beachtenswert ist auch der am oberen Ende des Dorfplatzes stehende megalithische Götterthron. Und mit noch einer Besonderheit warten die Bewohner dieses Ortes auf: sie bestatten ihre Verstorbenen in der Erde und verbrennen sie nicht, wie sonst auf Bali üblich.

Erdbestattung

Weltweit bekannt ist Tenganan jedoch für die im komplizierten Doppel-Ikat-Verfahren hergestellten Geringsing-Stoffe (z.B. das berühmte Flammentuch Kamben Geringsing, das seinen Träger vor der schwarzen Magie schützt), die nicht einfach zu alltäglichen Kleidungsstücken oder Gebrauchsgegenständen verarbeitet werden, sondern – überall auf Bali – als sakrale Gewänder oder rituelle Tücher eine überaus wichtige Rolle bei zahlreichen Zeremonien und bedeutenden Ereignissen (Zahnfeilung, Hochzeit, Aufbewahrung der Toten etc.) spielen, da diese Stoffe dem Glauben der Balinesen zufolge vor dämonischen Kräften schützen und daher als heilig gelten, wobei ihr magischer Charakter bereits aus dem Namen hervorgeht, denn ‚Geringsing' bedeutet soviel wie ‚Krankheit abwehrend'. Für die Anfertigung besonders komplizierter Tücher, wozu nur noch sechs Familien fähig sind, werden mitunter bis zu zehn Jahre benötigt; entsprechend hoch sind dann allerdings auch die Preise.

Kostbare Webstücke

Hinweis
Falls Sie Geringsing kaufen möchten, so ist Tenganan der dafür am wenigsten geeignete Platz, da

Die Beschriftung von Lontarblättern gehört noch immer zu den Spezialitäten der Tengananer.

die Einwohner dieses Ortes Ihnen niemals ihre heiligen Stoffe und Kleidungsstücke verkaufen werden. Was Sie hier zum Verkauf angeboten finden, ist ausnahmslos außerhalb des Dorfes hergestellt oder es handelt sich um fehlerhafte und kaputte Stücke.

Darüber hinaus wird in Tenganan eine weitere – andernorts nahezu ausgestorbene – Kunstgattung noch gepflegt: das Kopieren altbalinesischer Texte und Miniaturillustrationen auf Lontarblätter. Auf derartigen Blättern sind die Riten und Gewohnheitsrechte (Awig-awig) Tenganans geschrieben, die von *Indra*, dem Gründer des Dorfes, und von den Vorfahren *Kaung* und *Keling* stammen sollen. Die an Touristen verkauften Exemplare weisen jedoch nicht diese heiligen Texte, sondern indische Epen, die mit Zeichnungen im Wayang-Stil verziert sind, auf.

Unter den zahlreichen Bali-Aga-Zeremonien, zu denen jeweils bestimmte Arten von Stoff, Tanz und Musik gehören, ist das einmal im Jahr stattfindende dreitägige Usaba Sambah sicherlich das spektakulärste. Anlässlich dieses Festes werden zwischen den Häuserreihen kultische, mit Menschenkraft betriebene Riesenräder errichtet, in denen die Mädchen und Frauen des Dorfes herumgewirbelt werden, wobei deren Drehen die Vereinigung der Erde mit der Sonne symbolisiert. Außerdem führt man zu den Klängen des heiligen Gamelan Selunding, das ein altertümliches Xylophon mit zu seinem Instrumentarium zählt, dessen Metallplatten kein Fremder berühren darf und dessen sakrale Melodien nicht aufgenommen werden dürfen, den rituellen Opfertanz Rejang auf, bei dem die Mädchen goldene Kronen und an den Fingern lange vergoldete künstliche Fingernägel tragen. Höhepunkte dieser Feierlichkeiten stellen das Schlachten eines schwarzen Wasserbüffels und die Mekare-Kare-Kämpfe dar, bei denen halbnackte Jugendliche, die sich mit runden, geflochtenen Schilden zu schützen versuchen, mit stacheligen Pandanusblättern aufeinander einschlagen. Dabei handelt es sich um ein Fruchtbarkeitsritual, denn mit dem dabei vergossenen Blut der Kämpfer erbitten die Einwohner des Dorfes den Segen der Götter für die bevorstehende Reisernte.

Ein Volksfest ganz eigener Art

Candi Dasa und Sengkidu

Aktuelle regionale Reisetipps zu Candi Dasa und Sengkidu
entnehmen Sie bitte den gelben Seiten 365f und 433

Wo sich bis in die frühen 80er Jahre des vergangenen Jahrhunderts noch Hund und Katze an der verträumten, wunderschön gelegenen Bucht Labuhan Amuk gute Nacht sagten, hat sich seither das dereinst abseits des touristischen Interesses gelegene Fischerdorf **Candi Dasa** (‚zehn Tempel'; ursprünglich der Name einer Tempelanlage) zu einem beliebten Ziel des Massentourismus entwickelt, so dass sich heute beiderseits der knapp zwei Kilometer langen Durchgangsstraße Restaurants, Geschäfte und Unterkünfte nahezu aller Preiskategorien dicht an dicht reihen, was wiederum dazu geführt hat, dass man das Meer von der Straße aus kaum noch zu sehen bekommt. Die wirtschaftliche Flaute der letzten Jahre hat den Boom jedoch abrupt zum Stillstand gebracht, schlimmer noch, keine andere Region der Insel hat der Rückgang der Touristenzahlen so hart getroffen wie Candi Dasa.

Vom Hoffnungsträger zum Sorgenkind

Die unschöne Betonmauer entlang des Strandes soll verhindern, dass sich das Meer noch weitere Stücke des ohnehin schon schmalen Küstenstreifens holt, der den Wogen praktisch ungeschützt ausgesetzt ist, seit durch den Abbau von Korallengestein (zur Herstellung von Baumaterial) das vormals schützende Korallenriff vor Candi Dasa stark geschädigt und somit seiner Schutzfunktion beraubt ist. Dieser Mangel an geeigneten Stränden ist – neben der etwas abgeschiedenen Lage – der Hauptgrund, warum der Ort bei reinen Badeurlaubern bei weitem nicht so hoch im Kurs steht wie die Vergnügungszentren im Inselsüden, als Standortquartier für die Entdeckung des Ostteils der Insel indes bestens geeignet ist.

Taucher finden an den Resten des Korallenriffs der Candi Dasa vorgelagerten kleinen **Pulau Kambing** eine faszinierende Unterwasserwelt vor, die sie allerdings mit zahlreichen sich hier herumtummelnden Haien teilen müssen.

Einzige wirkliche Sehenswürdigkeit im Ort ist der im 12. Jahrhundert von König *Sri Aji Jayapangus Arkajalancana* erbaute Tempelkomplex **Pura Candi Dasa** im östlichen Teil des Ortes gegenüber der Lagune, die von einer Quelle gespeist wird und sich von der Straße bis fast zum Meer erstreckt, dabei eine Art Vorhof für die *Shiva* und *Hariti* geweihten Tempel darstellend. Der Tempel für *Hariti*, bei dem kinderlos gebliebene Paare beten, ist in den steilen, unmittelbar an die Straße grenzenden Felsen gegraben. Von ihm führt eine Treppe zum Tempel *Shivas* hinauf, in dessen kleinem Hof ein Lingam auszumachen ist.

Bitten um Nachwuchs

Am Ufer der Lagune blickt ein kleiner Steinschrein auf das Meer, zwei weitere stehen auf den beiden Seiten des Ausflusses an ihrer südöstlichen Spitze.

Gute Übernachtungsmöglichkeiten und Restaurants sorgen hier für den verdienten erholsamen Ausklang dieses langen Tages.

Der Osten

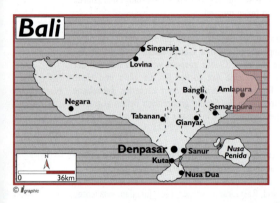

Ausgangspunkt dieser Etappe ist Candi Dasa, von wo aus Sie sich auf einer Serpentinenstraße nordostwärts in Richtung **Bugbug** orientieren, das schon von der Anlage her als Bali-Aga-Dorf zu erkennen ist und alle zwei Jahre bei Vollmond des vierten Monats ‚Austragungsort' des ‚Krieges der Götter' (Perang Dewa) auf dem Gumang-Hügel (schöne Aussicht vom kleinen Pura Gumang aus) ist, bei dem die Bewohner der umliegenden Dörfer gebratene Ferkel als Opfergaben an die Bäume hängen und ihre Götter gegeneinander kämpfen lassen, wobei während dieses Rituals viele Teilnehmer in Trance verfallen.

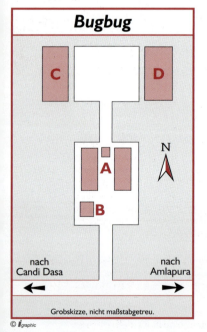

Der Pura Puseh Bugbug

In der Mitte des Dorfes, das man am besten zu Fuß erkundet, befinden sich auf einem großen Platz der **Bale Agung (A)** und seine Nebengebäude, darunter ein **Bale Gong (B)**. Am Ende der Dorfstraße öffnet sich schließlich ein zweiter Platz, auf dem sich der **Pura Puseh (C)**, links mit neunstufigem Meru, und der viel kleinere **Pura Pasek (D)** gegenüberstehen.

Amlapura

 Aktuelle regionale Reisetipps zu Amlapura *entnehmen Sie bitte den gelben Seiten 361f*

Auf der Überlandstraße geht es dann weiter nach **Amlapura** (Achtung: viele Einbahnstraßen), das vormalige Karangasem, das eingebettet in einer von Reisfeldern und -terrassen geprägten Kulturlandschaft liegt und Hauptstadt des 861 km² großen Regierungsbezirks Karangasem ist. Mit dem allmählichen machtpolitischen Niedergang der Gelgel-Klungkung-Dynastie im späten 17. Jahrhundert entwickelte sich das durch den Nachkommen eines aufständischen Ministers am Hof von Gelgel entstandene Fürstentum Karangasem während des 18. und 19. Jahrhunderts zum mächtigsten Balis, das – ab 1678 – lange Zeit sogar Teile der Nachbarinsel Lombok beherrschte. Diesen Aufstieg konnte selbst die 1750 von *Dewa Agung* von Klungkung angeordnete Ermordung des Königs von Karangasem nicht verhindern.

Die Niederländer nutzten auftretende Familienstreitigkeiten am Fürstenhof, und zwar zwischen dem Raja von Karangasem und dem Prinzen *Jelantik* von Buleleng, geschickt aus und machten 1849 nach einer mi-

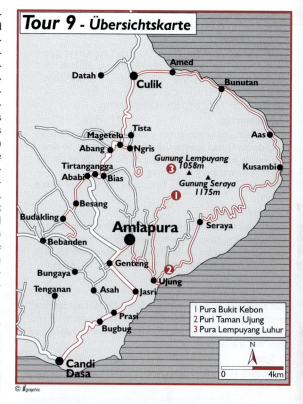

Tour 9 - Übersichtskarte

1 Pura Bukit Kebon
2 Puri Taman Ujung
3 Pura Lempuyang Luhur

litärischen Intervention einen Karangasem-Prinzen der Lombok-Linie, der mit ihnen kollaborierte, zum Herren über Lombok und Ostbali. (Aus jener Zeit stammen einige Sasak-Dörfer bei Amlapura und die Musiktradition des Cekepung, einer Art gesungenes Gamelan, bei dem die Sänger abwechselnd Verse auf Sasak und auf Balinesisch vortragen.) Aufgrund der Kollaboration mit den Niederländern vermochte Karangasems Raja zu Beginn des 20. Jahrhunderts sowohl seinen Titel als auch einen Teil seiner Machtbefugnisse beizubehalten. Umso mehr litt der Regierungsbezirk – einschließlich seiner Hauptstadt – infolge des verheerenden Ausbruchs des Gunung Agung im Jahre 1963, als nicht nur weite Teile des Regierungsbezirks Karangasem, sondern sogar große Teile von dessen Hauptstadt verwüstet wurden, die aufgrund der unterbrochenen Verkehrsverbindungen drei Jahre lang vom Rest der Insel abgeschnitten war.

Opfer der Naturgewalten

Als Zeichen des Neuanfangs, d.h. um alles zu vermeiden, was einen erneuten Ausbruch des Vulkans provozieren könnte (denn nach dem Glauben der Balinesen gibt es keinen wirklichen Neuanfang mit einem alten Namen), erhielt die Stadt, die jahrhundertelang denselben Namen trug wie das alte Reichsgebiet der Rajas, 1964 ihren neuen Namen. Zwar ging die Feudalzeit auch in Bali offiziell nach dem Zweiten Weltkrieg zu Ende, doch als Regierungschef (Bupati) von Karangasem fungierte noch bis 1979 ein Prinz

Neuanfang mit neuem Namen

Redaktions-Tipps

Hinweis

Erkundigen Sie sich vor dem Start zur Umrundung des Ostzipfels nach den Straßenverhältnissen. Im Zweifelsfall sollten Sie lieber davon Abstand nehmen, denn selbst ein von den Einheimischen als gut klassifizierter Zustand bedeutet in der Regel erbärmlichste Verhältnisse.

- **Sehenswertes**

An die wilde, immer wieder von kleinen Stränden durchbrochene Küste des Ostens verirren sich nur wenige Fremde, so dass man den ein oder anderen von Ihnen oft für sich alleine hat. So karg es in diesem Inselteil sein mag, so fruchtbar sind die malerischen Reisterrassen bei Tirtagangga (S. 599f) und Abang (S. 599).

- **Übernachten**

Komfortabel und nur wenige Meter vom Meer entfernt wohnt man in den *Apa Kabar Villas* in Bunutan (S. 360), wesentlich bescheidener hingegen im *Eka Purnama* in Banyuning (S. 361), doch dafür liegen ein herrliches Korallenriff und ein Wrack gleich vor der Haustür.

- **Essen und Trinken**

Vom *Komang John Café* am Pantai Selang (S. 361) aus hat man zu jeder Tageszeit einen phantastischen Blick, der einen manchmal schon zu sehr von den leckeren indonesischen Gerichten ablenkt.

- **Sport**

Für Taucher ist die Region um Amed (S. 598) eines **der** Zentren auf Bali.

des alten Königshauses. Heute zählt die kleinste balinesische Bezirkshauptstadt, die das Wirtschafts- und Verwaltungszentrum des östlichen Inselteils ist, rund 30.000 Einwohner.

Deutliche Spuren dieser Naturkatastrophe und nachfolgender Erdbeben sind bis heute an der ehemaligen, im Osten der Stadt zu findenden Fürstenresidenz **Puri Agung Karangasem (A)** auszumachen, der einzigen der insgesamt vier historischen Raja-Residenzen, die für Besucher geöffnet ist. Um zu ihm zu gelangen, folgt man der die Stadt umrundenden Einbahnstraße (Jl. Ngurah Rai) bis zur Jl. Sultan Agung, auf der man sich wiederum bis zu dem großen, die Straße überspannenden Tor südwärts hält, bei dem man den Palasteingang findet.

Stilistisches Sammelsurium

Nach 1894 für Raja *Anak Agung Gede Jelantik* erbaut, der von 1902 bis 1935 unter niederländischer Ägide als erster Statthalter der neuen Kolonialherren darin Hof hielt, zählte der von einer kompakten roten Ziegelsteinmauer umgebene Komplex einst zu den prächtigsten Palästen der Insel und vereint chinesische, europäische und einheimische Stilelemente in sich. Die 200 mal 100 m messende Anlage, in der gegenwärtig rund 150 Personen wohnen, nämlich Nachkommen der 35 Frauen des letzten Rajas und deren Bedienstete, besteht aus mehreren Höfen mit Teichen und Pavillons, die von Sträuchern und Bäumen umstanden sind.

Durch ein mit einem dreistufigen Dach gedecktes, von zwei Löwen bewachtes **Tor**, das ein klassisches Beispiel des strengen Architekturstils von Karangasem darstellt, betritt man den einem kleinen Garten gleichenden **Vor-**

Das Eingangstor zum Puri Agung Karangasem

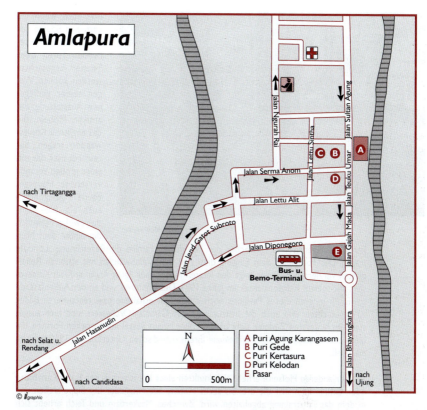

hof, der die Bezeichnung ‚Bencingah' trägt und in dem vormals die traditionellen Feierlichkeiten stattfanden. In ihm sieht man einen schönen alten Litchibaum und beiderseits die ‚Gästezimmer', in denen 1937 auch die amerikanische Tänzerin *Catherine Mershon* wohnte, die die balinesischen Rituale erforschte und – als Gast des Raja – der großartigen Maligia beiwohnte, einer Zeremonie der Vergöttlichung eines königlichen Verstorbenen.

Durch einen weiteren **Torturm**, den gleichfalls zwei Steinlöwen bewachen und der wie der erste im so genannten ‚Pagoden- oder ‚Stupastil' – einer auf Bali nirgendwo sonst auftauchenden Bauvariante – ausgeführt ist, gelangt man in den **zweiten Hof**, den ‚Jaba Tengah', in dem man neben dem Ticketschalter zwei weitere Litchibäume auszumachen sind.

Von hier aus geht es direkt weiter in den **dritten Hof**, in dem die 150 Personen fassende **Audienzhalle** für hohe Gäste, ‚Maskerdam' genannt, steht, deren blau-goldene, von chinesischen Kunsthandwerkern kunstvoll geschnitzten Türen ein wenig vom früheren Glanz des Palastes erahnen lassen. Nach dem Tode des letzten Fürsten im Jahre 1966 zunächst lange verschlossen, ist diese Halle nunmehr für jedermann zugäng-

Ein Stück Europa

Der ‚Maskerdam'

lich, auch wenn die einzelnen Räume nur durch die offenstehenden Türen oder Fenster begutachtet werden können. Wegen seiner gediegenen Ausstattung mit antiken Möbeln, die das englische Königswappen tragen, bezeichnet man das mit einer großen Veranda versehene Hauptgebäude gelegentlich auch als ‚Bale London', wobei eigentlich die hinter dem Maskerdam gelegenen Wohngemächer der königlichen Familie die Bezeichnung ‚London' tragen. Das Foto über dem Eingang dieses an den Außenwänden mit schönen Reliefplatten verzierten Pavillons zeigt den letzten König, *Anak Agung Anglurah Ketut Karangasem*, mit seinem Religionslehrer im Jahre 1939. Des Weiteren sind an der Außenfassade sowie im Inneren dieses Pavillons noch etliche gut erhaltene bzw. restaurierte Bilder zu begutachten, und auch die Instrumente des Gamelan-Orchesters sind hier ausgestellt. Im hintersten Zimmer sieht man darüber hinaus Sessel mit barocken Formen, die die niederländische Königin *Wilhelmine* ihrem ostindischen Untertan um 1910 zukommen ließ.

Auf der anderen Hofseite erhebt sich inmitten eines Lotusteiches der **Bale Kambang** oder **Gili**, in dem sich alle drei bis sechs Monate alle Mitglieder der Sippe treffen und in dem das Tanztraining abgehalten wird. Zwischen Maskerdam und Teich erhebt sich links der **Bale Pemandesan** mit überaus fein im balinesischen Stil gearbeiteten Reliefs mit Szenen aus dem Ramayana, in dem die Zeremonien der Zahnfeilung stattfinden. Diesem gegenüber erhebt sich rechts wiederum der **Bale Lunjuk** oder **Bale Pawedaan**, der für andere religiöse Zeremonien genutzt wurde.

Erdbebenopfer

In der Nähe des Palastes findet man etliche durch Erdbeben beschädigte Gebäude, die z.T. zu jenem selbst gehören oder Teile der alten Paläste **Puri Gede (B)** (direkt gegenüber), **Puri Kertasura (C)** sowie des **Puri Kelodan (D)** waren bzw. sind.

Königliche Kultstätte mit Fernsicht

Auf der Jl. Sultan Agung geht es dann, vorbei am im Süden der Stadt gelegenen **Pasar (E)**, südwärts in Richtung Ujung. Etwa einen Kilometer vor dieser Ortschaft zweigt nach links die rund acht Kilometer lange, immer steiler ansteigende Straße zum **Pura Bukit Kebon (1)** ab, die einem immer wieder phantastische Fernblicke gewährt. Hierbei handelt es sich um eine Kultstätte im Besitz der königlichen Familie von Amlapura, die zu Ehren des Sohnes errichtet wurde, den eine Prinzessin der fünften Generation mit dem Gott des Gunung Agung gehabt haben soll. Wunder begleiteten die Kindheit des Prinzen namens *Ida Betara Alit Sakti*, der als junger Mann in Bukit Kebon ein Haus für seine Mutter und sich selbst errichten ließ. Nach seiner Fertigstellung begab sich der ganze Hofstaat in einer Prozession dorthin, wobei der Prinz und seine Mutter, die sich auf einen Stock aus Kepuhholz stützte, so weit vorausgingen, dass sie außer Sichtweite gerieten. Als der Zug endlich bei dem Haus anlangte, fand man nur noch den Stock, Mutter und Sohn waren hingegen in die Moksa eingegangen, woraufhin das Gebäude in einen der vergöttlichten Prinzessin und ihrem Sohn geweihten Tempel umgewandelt wurde, in dessen Mitte der Kepuhstock mittlerweile zu einem riesigen Baum herangewachsen ist. Der elegante Pavillon in der Mitte der Nordmauer stellt das Haus dar, ein flacher Stein hingegen deutet den Ort an, an dem Mutter und Sohn auf wundersame Weise verschwanden.

Bei **Ujung** selbst stößt man sodann auf eines der beiden Lustschlösser des letzten Rajas von Karangasem, der ein glühender Anhänger von Kanälen, Wassergräben, Teichen und Springbrunnen war und offensichtlich ein Faible für verspielte Wasserpaläste besaß. So entstand nach seinen Plänen der 1921 mit einer religiösen Zeremonie eingeweihte **Puri Taman Ujung (2)**, der ‚Wasserpalast von Ujung', der 1963 und 1979 (zwei Australier waren zu diesem Zeitpunkt gerade mit den Wiederaufbauarbeiten beschäftigt) bedauerlicherweise nahezu vollständig Erdbeben zum Opfer fiel, so dass gegenwärtig nur noch gespenstisch über die Reisfelder verstreut liegende Gebäudereste auszumachen sind. Lustwandeln Sie ein wenig durch die Parklandschaft, über der ein Hauch von Agonie liegt, wobei ein Blick vom Pavillon hoch oben (links neben der Hauptstraße) besonders zu empfehlen ist.

Untergegangener Größenwahn

Die Ruinen des Puri Taman Ujung

Wer genau hinsieht, dem wird auffallen, dass die Reliefs an den Ruinen denselben geradlinigen Stil wie die des Puri Agung Karangasem in Amlapura aufweisen und somit nicht das Werk balinesischer Künstler zu sein scheinen. Welche Verschwendungssucht den Raja beim Bau dieses Wasserschlosses umtrieb, mag dessen Äußerung verdeutlichen, der zufolge es seine Absicht gewesen sein soll, dass auch ehemalige Untertanen des Königshofes, die nunmehr auf Lombok lebten, die Lichter dieses Palastes bei Nacht sehen könnten. Ein Mitglied der Raja-Familie, das auf dem Gelände wohnt, stellt sich Ihnen – gegen eine kleine Spende – gerne als Führer zur Verfügung und zeigt Ihnen Aufnahmen der Anlage, die kurz vor dem Erdbeben von 1963 gemacht wurden.

Hinweis
Bevor Sie Ihre Tour rund um den Ostzipfel in Angriff nehmen, sollten Sie sich der Fahrtüchtigkeit Ihres Fahrzeugs vergewissern und prüfen, ob der Tank voll

ist, da es unterwegs keine Möglichkeit zum Auftanken gibt, auch sollten Sie diese Etappe nur dann in Angriff nehmen, wenn Sie keine Höhenangst haben und über wirklich gutes Fahrvermögen verfügen, denn zwischen Seraya und Bunutan erwartet Sie derzeit noch Balis schlimmstes Stück Straße, das diesen Namen eigentlich gar nicht verdient, sondern mehr aus einer endlosen Aneinanderreihung von Schlaglöchern und von den Gebirgsbächen teilweise fortgerissenen Hoppelpisten besteht, wobei es fast ständig steil bergauf und bergab geht. Zwar ist für 2002 die Instandsetzung dieser Straße geplant, angesichts der bürokratischen Verhältnisse auf der Insel ist jedoch eher davon auszugehen, dass dies noch eine Weile auf sich wird warten lassen. Erkundigen Sie sich, bevor Sie sich auf den Weg machen, in jedem Fall nach den aktuellen Straßenverhältnissen, doch sollten Sie dabei bedenken, dass die Einheimischen diese so lange als akzeptabel einstufen, solange sie selbst überhaupt noch irgendwie durchkommen.

Der wenig erschlossene äußerste Osten Balis wartet mit reizvollen Buchten auf.

Falls Sie sich auf das Risiko einlassen, werden Sie mit großartigen Blicken auf die teilweise wild zerklüftete Küste und die dazwischenliegenden herrlichen Strandabschnitte entschädigt, an denen unter Palmen die Auslegerboote der Fischer auf die nächste nächtliche Ausfahrt warten. Auf dieser Tour passiert man nur wenige kleine Ortschaften, wie z.B. **Seraya**, da diese Gegend seit dem 1963 erfolgten Ausbruch des Gunung Agung lange Zeit weitestgehend entvölkert war und erst in den letzten paar Jahren wieder verstärkt besiedelt wird, vor allem durch Zuwanderer von den Nachbarinseln, die wie die Altansässigen ihr Brot fast ausnahmslos als Fischer, Salzarbeiter oder Korallensammler verdienen. Wie man rasch feststellen wird, durchquert man hier eine der ärmsten Gegenden der Insel, in die sich nur wenige Fremde verirren, die dafür aber mit grandiosen Aussichten entlohnt und von überaus liebenswerten Menschen empfangen werden.

Amed

Aktuelle regionale Reisetipps zu Amed
entnehmen Sie bitte den gelben Seiten 360f

Erstklassiges Tauchrevier

Zu einem beliebten Tauchrevier im Norden der halbkreisförmigen Landausbuchtung hat sich in den letzten Jahren in zunehmendem Maße die Gegend um das überwiegend von Muslims bewohnte Fischerdorf **Amed** entwickelt, wo man unter anderem wenige Meter von der Küste entfernt ein Wrack findet, um das herum sich bestens schnorcheln und tauchen lässt.

In **Culik** stößt man wieder auf die von Candi Dasa an die Nordküste führende Überlandstraße, auf der man sich südwärts hält und die sich allmählich zu einer auf knapp 350 m gelegenen Passhöhe hochwindet. Kurz vor ihrem Erreichen hat man einen beeindruckenden Blick in eine fast senkrecht abfallende Schlucht, deren Hänge trotz ihrer Steile vollständig terrassiert wurden, so dass so mancher Reisfeldabsatz hier kaum einen halben Meter Breite misst, wobei sich Hunderte solcher schmalen Stufen vom schattigen Schluchtgrund bis zu rund 600 m Höhe übereinander staffeln. Diese in mühsamer Handarbeit geschaffenen Kunstwerke zählen zweifelsohne zu den spektakulärsten ganz Balis.

Malerische Reisterrassen

Bei **Abang** zweigt sodann eine schmale Straße links nach **Ngis** ab (Hinweisschild beachten), eine recht abseits gelegene Ortschaft, die man auf dem Weg zum **Pura Lempuyang Luhur (3)** passiert, einem kleinen, auf dem 1.058 m hohen Gunung Lempuyang gelegenen Bergtempel. So abgeschieden und unscheinbar dieser auch sein mag, so zählt er doch zu den neun Richtungstempeln der Insel und ist am Galungan Schauplatz eines großen Tempelfestes. Vom Parkplatz aus sind es noch knapp drei Kilometer Fußmarsch mit rund 1.700 Stufen, eine schweißtreibende Angelegenheit also, trotz der Höhe, doch dafür werden Sie immer wieder mit atemberaubenden Aussichten belohnt. Während des Anstiegs kommen Sie zunächst am **Pura Telagamas** vorbei, bei dem Sie ebenso eine kurze Rast einlegen können wie an den anderen speziell dafür vorgesehenen Stellen entlang des Weges. Rechnen Sie mit mindestens zwei Stunden für Auf- und Abstieg, eher deutlich mehr.

Der Weg lohnt sich

Tirtagangga

Aktuelle regionale Reisetipps zu Tirtagangga
entnehmen Sie bitte den gelben Seiten 443f

Wieder zurück auf der Überlandstraße, geht es anschließend weiter bis nach **Tirtagangga** (,Wasser des Ganges'), das an den südöstlichen Ausläufern des Mutterberges in eine traumhaft schöne Reiseterrassenlandschaft eingebettet seine Gäste empfängt.

Der hiesige, namensgebende **Wasserpalast (A)**, ein 1947 von *Anak Agung Anglurah Ketut* erbautes königliches Refugium, kam beim Ausbruch des Gunung Agung im Jahr 1963, den wenig später das Inselreich erschütternden Ereignissen sowie dem Erdbeben von 1979 kaum glimpflicher davon als sein Pendant in Ujung. Wurde auch der größte Teil der Gebäude damals dem Erdboden gleichgemacht, so hat man die herrliche Parkanlage zwischenzeitlich jedoch wieder weitestgehend originalgetreu rekonstruiert. Beachtung verdienen insbesondere die phantasievoll gestalteten Wasserspeier, aus denen die Bassins mit dem aus einer heiligen Quelle sprudelnden, erfrischenden Wasser gespeist werden, die unter einem Banyanbaum entspringt. Zwischenzeitlich hat man die Pools – wie die ganze Anlage – zu einem öffentlichen Freibad ausgebaut.

Königliche Badeanstalt

Atemberaubend – vor allem im Glanz der ersten Sonnenstrahlen – das farbenprächtige Schauspiel in den Reisterrassen und auf den Teichen und Tümpeln Tirtaganggas, in deren Farbsymphonie blutrote Lilien, blauviolet-

Der Wasserpalast von Tirtagangga

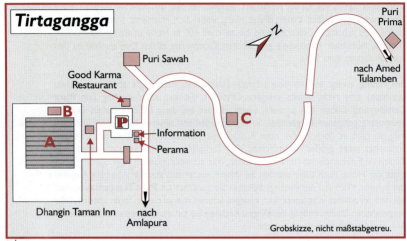

te Bougainvilleen und weiße Gardenien einstimmen. Wer beispielsweise im **Tirta Ayu Villa & Restaurant (B)** oder im **Kusumajaya Inn (C)** (siehe Kapitel ‚Regionale Reisetipps von A-Z') nächtigt, sollte sich diese an klaren Tagen kostenlos inszenierte Vorführung von Mutter Natur keinesfalls entgehen lassen.

Über **Ababi** und **Besang** geht es zum Abschluss dieser Tagesetappe weiter nach **Budakling**, einem beschaulichen Goldschmiededorf, das für seine weisen Brahmana-Buda-Familien bekannt ist. Die wenigen Pedanda-Buda-Priester Balis sind trotz ihres Namens keine Buddhisten, sondern gehören einer Gruppe Hohepriester an, die für die großen Rituale zuständig sind. Sie unterscheiden sich in ihrem rituellen Gebaren nur unwesentlich von den anderen Pedanda, so halten sie z.B. beim Gebet einen Vajra (Donnerkeil = eine tantrische ‚Waffe') statt Blumen in der Hand, zudem ist ihre Liturgie und Mudra (Gestik) anders.

Als Übernachtungsmöglichkeiten bieten sich Candi Dasa oder Tirtagangga an.

Die Reisterrassen von Tirtagangga zählen zu den schönsten Balis.

Der Gunung Agung und seine Südflanke

Kommen Sie von Candi Dasa, so biegen Sie in **Prasi** nach links in Richtung **Timbrah** ab, wo man an der Hauptstraße im Zentrum zur Rechten rings um den Bale Agung einige Pavillons ausmacht, die mit balinesischen Aufschriften versehen sind.

Wenig später kommt man in das Bali-Aga-Dorf **Asah**, das von Ethnologen und Musikwissenschaftlern genauestens unter die Lupe genommen worden ist. Die Straße stößt

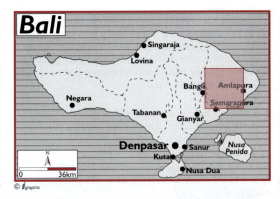

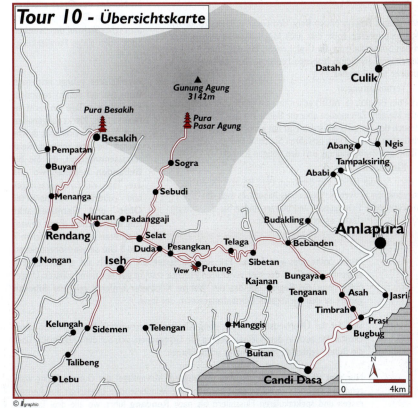

Redaktions-Tipps

- **Sehenswertes**

So überlaufen der *Pura Besakih* (S. 603ff) tagsüber zumeist ist, bei Sonnenaufgang vermag er noch immer jeden in den Bann zu ziehen, und wenn dann auch noch keine Wolken den Gunung Agung verhüllen, sind alle Voraussetzungen für ein großartiges Schauspiel gegeben. In der Nähe von Sidemen findet man recht schöne Reisterrassen (S. 612).

- **Übernachten**

Eine Oase der Ruhe ist das strengen ökologischen Richtlinien folgende *Sacred Mountain Sanctuary* bei Sidemen (S. 434), in dessen Umgebung es sich zudem wunderbar wandern lässt.

- **Essen und Trinken**

Ein kurzer Zwischenstopp für einen Nachmittagskaffee im *Putung Hiltop Resort* in Putung (S. 417) – der großartigen Aussicht wegen.

- **Sport**

Wer einmal Balis höchsten Berg, den *Gunung Agung* (S. 609f) besteigen möchte, sollte dies nach Möglichkeit so planen, dass er den Sonnenaufgang am Gipfel erlebt. Für das frühe Aufstehen entschädigt die atemberaubende Fernsicht über die Insel und bis hinüber nach Lombok.

- **Veranstaltungen**

Im Pura Besakih (S. 603ff) gehen fast das ganze Jahr über größere oder kleinere Zeremonien über die Bühne, so dass Sie sich beim Besuch des Tempels auf jeden Fall mit genügend Fotomaterial eindecken sollten. Doch bewahren Sie beim Fotografieren der Gläubigen Zurückhaltung und den nötigen Respekt!

- **Einkaufen**

Lassen Sie die Hände von den beim Pura Besakih (S. 603ff) angebotenen Souvenirs, großenteils handelt es sich um minderwertige Erzeugnisse, und billiger finden Sie das sich im Angebot Befindliche andernorts sowieso.

zwischen dem Meerestempel **Pura Segara** und dem **Pura Dalem Alit**, der den chthonischen Gottheiten geweiht ist, auf das Dorf. Der Tradition entsprechend, befindet sich der **Bale agung** hinter der Mauer des **Pura Bale Agung** im Zentrum des Dorfes, der wiederum in jeweils eigenen Pavillons drei heilige Gamelan beherbergt: Gamelan Gong, Gamelan Selunding und Gamelan Gambang, letzteres eine uralte Form des Gamelan. Die ältesten Riten Asahs sind diejenigen des **Pura Muter**, der – genau wie der **Pura Puseh** – im Norden des Ortes anzutreffen ist. Am Dorfausgang findet man schließlich auf der östlichen Seite noch einige Familienheiligtümer.

Als nächstes gelangt man nach **Bungaya**, auf dessen zentralem Platz alle paar Tage ein recht interessanter Markt abgehalten wird. Auf der Weiterfahrt durchqueren Sie eine reizvolle Reisterrassenlandschaft, die Sie bis **Bebanden** begleitet, wo alle drei Tage ein farbenprächtiger und überaus sehenswerter **Obst- und Gemüsemarkt mit Viehauktion** (Pasar hewan) abgehalten wird, der zwischen 7 und 9 Uhr seinen Höhepunkt erreicht. Sollte dies gerade der Fall sein, so lassen Sie ihn sich auf gar keinen Fall entgehen. Das Gros der hier verkauften Früchte stammt aus der unmittelbaren Umgebung, denn die Region um das nur wenige Kilometer entfernt gelegene **Sibetan** gehört zu den wichtigsten Obstanbaugebieten der Insel.

Sich auf der Überlandstraße in Richtung Kintamani westwärts haltend, hat man unter Umständen auch in dem kleinen **Telaga** die Gelegenheit, sich auf dem regelmäßig über die Bühne gehenden Morgenmarkt umzuschauen.

Nur ganz allmählich rückt der alles überragende Vulkankegel des Gunung Agung während der Weiterfahrt näher, die Sie durch eine wunderschöne Landschaft aus Reisterrassen und spektakulären Flusstälern bis nach **Rendang** führt, wo alle drei Tage ein lebhafter Obstmarkt stattfindet, auf dem als Spezialitäten Salak und Durian angeboten werden. Hier haben Vulkanforscher eine Station zur Erkundung der seismischen Aktivitäten des Gunung Agung eingerichtet.

Kurz hinter dem Ort orientiert man sich an der T-Kreuzung nach rechts und erreicht so schon bald die Ortschaft **Menanga**, in der man der nach Nordosten führenden Abzweigung zum Pura Besakih folgt.

Viehmarkt in Bebanden

Hinter dem Ort führt die Straße zunächst einmal hinab in ein tiefes Tal und überquert die Quellen des Yehunda. Gegenüber floss 1963 ein zerstörerischer Lavastrom bis zur Küste hinunter. Fortan steigt die Straße stetig an, so dass nach insgesamt zirka sechs Kilometern das Kassenhäuschen auftaucht, an dem der Eintritt und die Parkgebühr für die Tempelanlage von **Pura Besakih** zu bezahlen sind.

Bis zu den Parkplätze selbst ist es noch ungefähr ein Kilometer.

Besakih

Aktuelle regionale Reisetipps zu Besakih
entnehmen Sie bitte der gelben Seite 364

Beim Aussteigen werden Sie gewahr werden, dass es mittlerweile merklich kühler geworden ist, kein Wunder, schließlich befinden Sie sich nunmehr gut 900 m über dem Meeresspiegel. Doch andererseits wird Ihnen dies schon bald gar nicht so unrecht sein, denn vom Parkplatz aus steht Ihnen noch ein strammer, zirka 700 m langer Anstieg bevor, der Sie zu Balis Hauptheiligtum und Muttertempel sämtlicher Tempel der Insel bringt, zum Tempel aller Tempel, der an der Südwestflanke von Balis höchstem und heiligstem Vulkan, dem Sitz der Götter und symbolischen Mittelpunkt des Universums, inmitten üppigen Grüns emporragt.

Der Tempel aller Tempel

In diesem riesigen Komplex, der als einziger Tempel allen Balinesen als Andachtsstätte dient, unterhält jedes der alten balinesischen Fürstengeschlechter einen eigenen Tempelbezirk, jede bedeutende Sippe und Zunft sowie alle balinesischen Dorfgemeinschaften haben in ihm Schreine und Altäre errichtet, über die ihre Tempel mit diesem zentralen Heiligtum in Verbindung stehen, wodurch Pura Besakih zum Symbol der Einheit der Hindu-Dharma-Religion wird. Welche überragende Bedeutung dieser Tempel hat, kann man schon allein daraus ersehen, dass hier alljährlich mehr als 70 Feierlichkeiten während des 210-Tage-Zyklus über die Bühne gehen.

Feierlichkeiten rund ums Jahr

Der Gunung Agung und seine Südflanke

Balis Nationalheiligtum Pura Besakih

Die Ursprünge des Tempelkomplexes reichen auf ein altes prähinduistisches Terrassenheiligtum zurück, in dem die Gottheiten des Gunung Agung verehrt wurden. Überlieferungen zufolge hat der aus Java stammende legendäre Priester *Sanghyang Markandeya* im 8. Jh. an dieser Stelle eine hinduistische Kultstätte gegründet. Inschriften wiederum ist zu entnehmen, dass man hier spätestens im frühen 11. Jh. hinduistisch-shivaistische Tempelrituale abhielt, wobei die Anlage zu dieser Zeit auch Buddhisten als Heiligtum diente. Seit dem 10. Jahrhundert, als unter dem Herrscher *Kesari Warmadewa* die wesentlichen Teile des heutigen Tempels erbaut wurden, ist Pura Besakih mehr oder weniger auch Staatstempel, weswegen in ihm 1007 wahrscheinlich auch die Totenfeier für Königin *Mahendradatta* stattfand. Während der Herrschaft König *Dharmavangsas* (1022-26) wurde die Anlage dann noch einmal erweitert. Seit dem Ende des 15. Jh. fungierte das Zentralheiligtum von Besakih schließlich auch als Ahnentempel der ehedem führenden balinesischen Dynastie, des Hauses von Gelgel-Klungkung.

Lange Baugeschichte

Über Jahrhunderte hinweg wurde die Tempelanlage, die einst ausschließlich den Raja-Familien offen stand, kontinuierlich ausgebaut und nach einem Erdbeben im Jahre 1917 restauriert, so dass sich heutigentags an der Flanke des balinesischen Olymp ein weitläufiges Areal ausbreitet, das fast dreißig Einzelkomplexe mit zusammen rund 200 Bauwerken umfasst. Heute ist Pura Besakih auch der Tempel der Provinz- und Landesregierungen, die auch für seinen Unterhalt aufkommen.

Den besten Überblick über die Gesamtanlage mit ihren drei Hauptheiligtümern, um die sich die anderen, kleineren Nebentempel gruppieren, hat man von einem oberhalb des Zentralheiligtums gelegenen Aussichtspunkt.

Hinweise

- *Versuchen Sie möglichst frühmorgens da zu sein, nicht nur um dem Touristenstrom aus dem Weg zu gehen, sondern auch, um den Gunung Agung eventuell noch ‚unverschleiert' zu erleben, denn dieser hüllt sich meist bereits in den Vormittagsstunden in dichte Wolken.*
- *Wollen Sie den langen Anmarschweg nicht zu Fuß zurücklegen, so können Sie sich auch von einem der Motorradfahrer nach oben bringen lassen, die ihre Dienste bei den Parkplätzen anbieten. Doch Vorsicht: die Burschen verlangen Wucherpreise, die Sie erst einmal kräftig herunterhandeln müssen! (Mit dem eigenen Motorrad ist die Fahrt auf der Zufahrtsstraße zum Tempel verboten!)*
- *Unmittelbar vor dem Eingang zum Tempel bieten Einheimische ihre Dienste als Führer an, doch sind ihre Kenntnisse meist äußerst begrenzt, so dass man getrost darauf verzichten kann. Ihre Behauptung, dass man ohne sie das Tempelareal nicht betreten dürfe, stimmt nicht.*
- *Aufgrund des gewaltigen Touristenandrangs und aus religiösen Gründen ist der Zutritt zu den inneren Bezirken der einzelnen Tempelheiligtümer in den meisten Fällen nur*

Der Gunung Agung und seine Südflanke

Balinesen gestattet, doch kann man fast überall bequem über die Mauern schauen. Bitte beachten Sie diese Verbote!

Unmittelbar am obersten Parkplatz beginnt die rund 700 m lange **Prozessionsallee (1)**, entlang derer sich zahllose Geschäftsstände sowie etliche kleinere **Familientempel** reihen, deren Zahl sich in Zukunft sicherlich noch erhöhen wird, denn sobald eine Familie auf Bali eine gewisse Bedeutung erlangt hat, errichtet sie möglichst rasch einen eigenen Familientempel innerhalb des Areals des Pura Besakih.

Stetig aufwärts steigend nähert man sich Schritt für Schritt dem wichtigsten und heiligsten Tempel des gesamten Komplexes, dem **Pura Penetaran Agung (2)**, der von den Nachfahren der Gelgel-Klungkung-Dynastie unterhalten wird und in einer Höhe von 980-1.011 m ü.M. liegt. Unmittelbar unterhalb von ihm liegt eine weitläufige **Grünfläche (3)**, auf der die Gläubigen sich auf

Übersichtskarte für Pura Besakih

1 Prozessionsallee
2 Pura Penetaran Agung
3 Grünfläche
4 Pura Basukihan Puseh Jagat
5 Pura Ratu Pande
6 Pura Pedharman
7 Gesamtüberblick
8 Pura Batu Madeg
9 Pura Kiduling Kreteg
10 Pura Gelap
11 Pura Pengubengan
12 Pura Peninjoan
13 Pura Tirta
14 Pura Ratu Penyarikan
15 Pura Ratu Pasek
16 Pura Dukuh Segening
17 Pura Merajan Kanginan
18 Pura Goa
19 Pura Bangun Sakti
20 Pura Ulun Kulkul
21 Pura Manik Mas
22 Pura Pesimpangan
23 Pura Dalem Puri
24 Pura Merajan Selonding
25 Pura Jenggala

.... Fußweg   Karte nicht maßstabgerecht.

Der Pura Penetaran Agung ist der wichtigste Tempel des Gesamtkomplexes.

die Darbringung der Opfergaben vorbereiten oder ganz einfach ein Schwätzchen halten. Hier findet sich auch rechts unterhalb des Treppenaufgangs zum Hauptheiligtum der **Pura Basukihan Puseh Jagat (4)**, ein geschlossener Schrein mit siebenstufigem Meru, der als Ursprungsschrein der Gesamttempelanlage angesehen wird.

Grundriss des Pura Penataran Agung

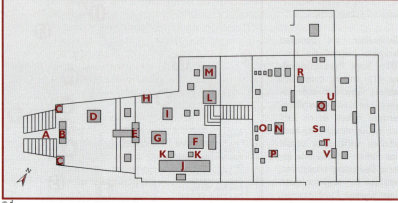

© igraphic

Sieben Terrassen

Ein aus sieben Terrassen bestehender, von mythologischen Figuren aus dem Mahabharata (darunter die fünf Pandawa-Brüder) flankierter **Treppenaufgang (A)** führt von diesem Vorfeld zum **Candi bentar (B)** empor, das nur von Hindus durchschritten werden darf. Links und rechts des Eingangs erhebt sich je ein **Kulkul (C)**. Der auf den Gipfel des Gunung Agung ausgerichtete Tempel, in dem *Sanghyang Widhi Wasa* in seiner wichtigsten Erscheinungsform als *Shiva* verehrt wird, besteht aus 57 Einzelbauwerken, die sich auf sieben übereinander gestaffelten Terrassen verteilen. Im ersten Tempelbezirk stehen noch einige **Pavillons (D)**, in denen vor großen Tempelfesten die Opfergaben zubereitet werden.

Durch das **Gelung Agung (E)** (gedecktes Tor) gelangt man in den zweiten Tempelbezirk, wo man des wichtigsten Schreins des ganzen Komplexes ansichtig wird, des aus dem 17. Jahrhundert stammenden dreisitzigen **Sanggar Agung (F)**, eines dreifachen Lotusthrones (Padmasana tiga), der *Sanghyang Widhi Wasa* in seiner Manifestation als Hindu-Trinität *Brahma-Vishnu-Shiva* während des Festes Batara Turun Kabeh als Ehrensitz dient und als rituelle Mitte der Tempelanlage angesehen wird. Unmittelbar hinter dem Eingangstor des

Im Pura Besakih finden rund ums Jahr Feierlichkeiten statt.

Hofes steht der **Bale Pawedan (G)**, bei dem die Priester die heiligen Texte rezitieren und Rituale durchführen. Im **Bale Pagongan (H)** links hingegen spielt während der Feierlichkeiten das Gamelan. Dahinter befindet sich der **Bale Kambang Sirang (I)**, in dem der Raja während der Zeremonien Platz nimmt. Parallel zur rechten Außenmauer erhebt sich wiederum der lange, von 24 Säulen getragene **Bale Agung (J)**, in dem sich die Dorfältesten der Gemeinde Besakih zu wichtigen Versammlungen treffen. Die beiden davor stehenden altarförmigen **Panggungan (K)** dienen der Zubereitung und Darbringung der Opfergaben; diesem Zweck dienen auch die meisten anderen in diesem Hof noch anzutreffenden Pavillons. In der linken hinteren Hofecke erheben sich sodann noch ein elf- und ein neunstufiger **Meru (L + M)**.

Treppen führen zum nächsten Hof, in dem man neben einer ganzen Reihe an Bale, an denen priesterliche Rituale durchgeführt werden, etliche drei- bis elfstufige Meru findet, die verschiedenen Gottheiten und vergöttlichten Ahnen geweiht sind, deren bedeutendsten wiederum der mit **elf Dächern (N)** ausgestattete für *Ratu Maospahit* und der mit **sieben Dächern (O)** versehene für *Ratu Geng* sind. Rechts von diesen beiden sieht man den **Kehen (P)**, in dem die Tempelschätze aufbewahrt werden, darunter alte Holzinschriften.

Tempelschatz

Auf der nächsten Terrasse erhebt sich im zentralen Bereich der **elfstufige Meru (Q)** für *Ratu Sunaring Jagat*, den ‚Herrn des Lichtes der Welt'. Ein weiterer bedeutsamer **Schrein (R)** ist derjenige für *Bhatara Surya Candra*, den Sonnen- und Mondgott. Im rechten Hofteil sind zudem noch **zwei Schreine (S + T)** für die männlichen bzw. weiblichen himmlischen Wesen (Widyadara bzw. Widyadari) zu sehen. Die beiden auf allen vier Seiten geschlossenen **Gedong (U + V)** sind zum einen (links) *Ratu Bukit Kiwa*, und zum anderen (rechts) *Ratu Bukit Tengan* geweiht, Göttern des Gunung Agung. Nicht-Hindus bleibt – wie bereits erwähnt – nur die Möglichkeit, die Anlage von außen in Augenschein zu nehmen, was aber angesichts der relativ niedrigen Umfassungsmauern problemlos möglich ist.

Blick über die Mauer

An der Westseite des Pura Penataran Agung unterhält die Schmiedekaste in einem quadratischen Anbau einen eigenen Tempel, den **Pura Ratu Pande (5)**, bei dem häufig Prozessionen von Frauen der Gamelan-, Gong- und Waffenschmiedekasten zu sehen sind, die mit hoch aufgetürmten, phantasievoll geschmückten Opfergaben hierher kommen. Die vergöttlichten Ahnen der Raja-Familien werden auch im **Pura Pedharman (6)** verehrt. Von einer kleinen Anhöhe nordöstlich des Zentralheiligtums aus, wo man auch einige Getränke- und Souvenirstände findet, hat man einen herrlichen **Gesamtüberblick (7)** über den Tempel, den Gunung Agung und – bei klarem Wetter – bis hinunter zur Küste.

Panorama

Auf einem Fußpfad gelangt man zum nordwestlich des Zentraltempels gelegenen **Pura Batu Madeg (8)** (‚Tempel des erhobenen Steins'), das Haupttheiligtum *Vishnus*, das eng mit dem Fürstengeschlecht von Bangli verbunden ist. Auf der gegenüberliegenden Seite indes erhebt sich der Haupttempel *Brahmas*, der **Pura Kiduling Kreteg (9)**, der von der Karangasem-Dynastie unterhalten wird und zu dem ein unterhalb des Pura Pedharman beginnender Fußweg führt.

Weitere Heiligtümer

Pura Penataran Agung, Pura Kiduling Kreteg und Pura Batu Madeg symbolisieren die hinduistische Trinität, wobei die Schreine der einzelnen Tempel während der in ihnen stattfindenden Feste und Zeremonien mit Tüchern und Bannern in den Symbolfarben der drei Gottheiten geschmückt werden, nämlich weiß für *Shiva*, rot für *Brahma* und schwarz für *Vishnu*.

Ein Stück oberhalb des Zentralheiligtums findet man noch den **Pura Gelap (10)** („Tempel des Blitzes'), von dem aus der Pfad durch den Pinienwald noch weiter bergaufwärts zum **Pura Pengubengan (11)** führt.

Feierlichkeiten

Das bedeutendste alljährlich hier stattfindende Fest ist das einen Monat dauernde Bhatara Turun Kabeh, („Die Götter steigen gemeinsam hernieder'), das im zehnten Mondmonat, d.h. im März oder April durchgeführt wird. Bei ihm versammeln sich nach Ansicht der Balinesen die Götter aller Tempel der Insel im Pura Besakih, um von den zu Zehntausenden herbeigeströmten Gläubigen ihre Opfergaben zu erhalten. Zehn Tage lang feiert man hingegen das Galungan, und nur alle zehn Jahre begeht man hier das Panca Wali Karma, dessen Aufgabe es ist, ganz Bali zu reinigen, weswegen es nahezu alle Inselbewohner anzieht.

Aufgrund der Bedeutung dieser Tempelanlage, in der das ganze Jahr über rund siebzig religiöse Zeremonien und Feste stattfinden, ist diese auch Schauplatz der wichtigsten religiösen Zeremonien Balis, deren bedeutendste wiederum das nur alle 100 Jahre stattfindende, zwei Monate dauernde Eka dasa rudra (siehe Kapitel ‚Riten und Feste', S. 199f) ist, das größte balinesische Opferritual, dessen Ziel die symbolische Reinigung des gesamten Universums ist. Als man es 1963 anlässlich eines Besuchs von Präsident *Sukarno* zu einem vorgezogenen Zeitpunkt feiern wollte, machte der Ausbruch des bis dahin 120 Jahre lang ruhenden Gunung Agung während der Vorbereitungen für dieses Fest einen Strich durch die Rechnung, was von den Balinesen als göttliche Strafe und schlechtes Omen gewertet wurde. Doch blieb Pura Besakih wie durch ein Wunder von den Lavaströmen, die rund 2.500 Menschen das Leben kosteten, verschont.

Zorn der Götter?

Bis heute ist umstritten, warum das Fest zu jenem Zeitpunkt ausgerichtet werden sollte, denn eigentlich wäre es erst im März 1979 fällig gewesen. Es gibt einige Antworten auf diese Frage: Da dieses alle Balinesen vereinigende Fest während der Kolonialzeit nicht gefeiert wurde, hatte man es letztmalig im 16. Jahrhundert begangen, zudem besannen sich die Balinesen nach Jahrzehnten ökonomischer und religiöser Lethargie ihrer ureigensten Identität, wodurch das Bedürfnis nach der allumfassenden Reinigung und Erneuerung übermächtig geworden war, weswegen das Fest vorgezogen werden sollte. Daher hatte der Ausbruch auch erhebliche Risse im spirituellen Selbstverständnis der Balinesen zur Folge. Was hatten sie getan, dass sie sich gerade während ihrer so demonstrativ bekundeten Bereitschaft zu Versöhnung und Neubeginn den Zorn der jenseitigen Mächte zuzogen?

Blutige Versöhnungsfeier

Schließlich wurde das Fest 1979 zur Besänftigung *Shivas* und der anderen zehn balinesischen Hauptgötter termingerecht ohne Zwischenfall nachgeholt, mit dem muslimischen Präsidenten *Suharto* als Ehrengast. Um die Götter zu besänftigen, wurden dabei weder Mühen noch Kosten gescheut: so schaffte man u.a. 85 Opfertiere verschiedener Spezies heran, darunter einen Elefanten, einen Tiger, einen Adler und ein Krokodil, außerdem zahlreiche Haustiere und sogar Insekten, die allesamt am 27. März 1979 geopfert wurden, wodurch die Harmonie zwischen Göttern und Menschen wieder hergestellt wurde.

INFO: Besteigung des Gunung Agung

Einmal auf dem Gipfel von Balis höchstem Berg stehen: kein Problem, alpinistische Schwierigkeiten bietet der 3.142 m hohe Gunung Agung keine, allerdings muss man für die Besteigung einen ganzen, langen Tag einplanen und gute körperliche Konstitution mitbringen, denn der steile Aufstieg setzt einem aufgrund der hohen Luftfeuchtigkeit und teilweise schwer zu gehenden Lavafelder doch mehr zu als man zunächst vermuten mag. Nach balinesischer Vorstellung ist der Berg der Mahameru, der Götterberg und Thron des *Sanghyang Widhi Wasa*.

Zwei populäre Aufstiegsrouten führen auf den Vulkan: 1) Die weniger bekannte, doch etwas kürzere und leichtere **Südroute**, die in der Ortschaft Sebudi beginnt, und 2) die von den meisten Gipfelstürmern gewählte **Südwestroute**, die beim Pura Besakih ihren Anfang nimmt.

Tipps für die Besteigung

- Egal welche der beiden Routen Sie wählen, engagieren Sie in jedem Fall einen ortskundigen Führer, denn die unmarkierten Pfade verzweigen sich häufig im dichten Bergdschungel sowie in der von mächtigen Lavaströmen zerfurchten Gipfelregion. Rechnen Sie bei der Bezahlung mit folgenden Preisen: Südwestroute US$ 30 pro Person (bei mehr als fünf Personen US$ 25 pro Person), Südroute Rp. 350.000 bis zwei Personen, bei mehr Teilnehmern Rp. 400.000 insgesamt. Ein guter Führer ist z.B. Ketut Sampun, den Sie im Lembah Arca (Arca Valley Inn – siehe Kapitel ‚Regionale Reisetipps von A-Z' unter ‚Besakih') finden.

- Da es bislang noch keine Schutzhütten in diesem Massiv gibt, sollten Sie Ihren Zeitplan so kalkulieren, dass Sie Auf- und Abstieg an einem Tag schaffen, wobei durchschnittlich – ab dem Pura Besakih – für den Aufstieg sieben Stunden und für den Abstieg sechs Stunden einzuplanen sind, d.h. Sie sollten – vorzugsweise in einer mondhellen Nacht – nach Möglichkeit nicht später als um 2 Uhr aufbrechen, damit Sie noch vor Einbruch der Dunkelheit auf jeden Fall wieder zurück sind. Wollen Sie hingegen den Sonnenaufgang (gegen 5.30-6 Uhr) vom Gipfel aus miterleben, sollten Sie, wenn Sie die Südwestroute wählen, allerdings allerspätestens um Mitternacht losmarschieren, aber auch nur, wenn Sie ein guter Wanderer sind, ansonsten noch eher. Entscheiden Sie sich für die Südroute, so können Sie rund zwei Stunden später aufbrechen, denn für den Aufstieg sollten Sie mit rund drei Stunden, und für den Abstieg mit zirka zwei Stunden rechnen.

- Als Übernachtungsmöglichkeit bietet sich bei der Südwestroute das Lembah Arca (siehe Kapitel ‚Regionale Reisetipps von A-Z' unter ‚Besakih') an, das auch über ein Restaurant verfügt und dessen Manager einem auch bei der Suche nach einem Guide behilflich ist. Bei der Südroute empfiehlt sich als Nachtlager das Putung Hiltop Resort (siehe Kapitel ‚Regionale Reisetipps von A-Z' unter ‚Putung') in Putung, das ebenfalls ein Restaurant besitzt. Melden Sie sich bei dieser Route sicherheitshalber bei der örtlichen Polizei in Selat vor dem Aufstieg an und nach der Rückkehr ab, auch wenn Sie mit örtlichem Führer gehen.

- Die günstigsten Wetterbedingungen für eine Besteigung herrschen in den Monaten Mai bis September; bei unsicheren Wetterverhältnissen ist von einer Besteigung dringend abzuraten.

- Zur Standardausrüstung für diese Bergtour gehören: robustes, trittfestes Schuhwerk, Kälte- und Nässeschutz, Proviant, eine Taschenlampe (einschließlich Ersatzbatterien bzw. -akkus

und einer Ersatzbirne), Toilettenpapier oder Feuchtigkeitstücher sowie 3-5 l Trinkwasser pro Person, da es unterwegs keine Trinkwasserquellen gibt. (Aus Gründen des Umweltschutzes sollten Sie auf jeden Fall ein paar Abfallbeutel dabei haben, um den Müll und das benutzte Toilettenpapier bzw. die Feuchtigkeitstücher wieder mit hinunter zu nehmen.)
• *Unterschätzen Sie die eisigen Höhenwinde nicht: daher unbedingt wärmende Kleidung (Wollpullover oder Ähnliches) einpacken!*

Hinweis
Da es sich beim Gunung Agung für die Balinesen um einen heiligen Berg handelt, sollten Sie unbedingt darauf achten, den gebührlichen Respekt zu zeigen und alles unterlassen, was den Glauben der Einheimischen brüskieren könnte.

Die Südwestroute:

Der rund sechs Kilometer lange Aufstieg beginnt an der Ostseite des Pura Penataran Agung, d.h. des Haupttempels von Pura Besakih. Nach etwa einer halben Stunde passiert man den Pura Gelap und nach weiteren gut dreißig Minuten den Pura Pengubengan, hinter dem der Aufstieg merklich steiler wird und stundenlang durch Mischwald mit auffallend vielen Pinien führt. Legt man keine langen Pausen ein, erreicht man nach etwa fünf Stunden Kori Agung, eine mächtige Felswand, die das symbolische Eingangstor zur heiligen Gipfelregion darstellt und bedauerlicherweise von zahlreichen Gipfelstürmern auf unrühmliche Art und Weise beschmiert wurde. An dieser Stelle finden Sie auch einige kleine Schreine, an denen von den Einheimischen geopfert wird.

Anschließend geht es über ein schroffes Geröllfeld, auf dem man sich nunmehr ostwärts halten muss, woraufhin man über einen Bergkamm – zu dessen Seite weite, schwer zu gehende Lavafelder steil abfallen – nach etwa weiteren zwei Stunden zum Gipfel gelangt, von dem aus es noch einige hundert Meter ostwärts bis zur etwas tiefer gelegeneren Caldera sind, die einen mittleren Durchmesser von 500 m aufweist und zirka 100 m steilwandig abfällt, wobei einem aus ihren zahlreichen Solfataren beißende Schwefeldämpfe in die Nase steigen. Falls Sie Glück haben und sich der Berg noch nicht sein übliches Wolkenmäntelchen umgelegt hat, können Sie die phantastischen Blicke über große Teile Balis und hinüber nach Nusa Penida und Lombok genießen.

Die Südroute:

Startet man beim Pura Pasar Agung hinter Sogra, so ist man eventuell in drei Stunden oben, allerdings erreicht man auf dieser Route nur den unteren Kraterrand und gelangt nicht bis zum wirklichen Gipfel des Vulkans. Der Pfad führt zunächst durch Piniengehölz und erreicht nach etwa einer Stunde die Baumgrenze, woraufhin der Untergrund steinig und rutschig wird. Falls Sie nicht mit einem eigenen Fahrzeug unterwegs sind, können Sie sich auf dem Rückweg beim Pura Pasar Agung von einem zuvor angeheuerten Bemo abholen lassen oder bis Sebudi hinuntermarschieren, um von dort mit einem regulären Bemo Ihre Tour fortzusetzen.

Nach der ausgiebigen Besichtigung von Pura Besakih fahren Sie über Rendang zurück bis **Muncan**, wo Sie noch einmal die herrlichen Reisterrassen passieren. In dieser kleinen Ortschaft findet Mitte März ein besonderes Fruchtbarkeitsritual statt, der ‚Tag der Stille', bei dem die Figuren Jero Ding und Jero Dong, verkörpert durch zwei Baumstümpfe (der eine hat ein Astloch, der andere einen dazu passenden Aststumpf), symbolisch vermählt und anschließend dem Fluss überlassen werden. Dieses Ritual soll für reiche Ernteerträge sorgen.

Hochzeit der Baumstümpfe

Nach ein paar Fahrminuten passieren Sie das verschlafene **Padanggaji**, in dem die Tradition des Gambuh gepflegt wird.

Sodann erreichen Sie **Selat**, wo Sie die Überlandstraße verlassen und der nordwärts führenden Straße rund sieben Kilometer bis **Sebudi** folgen, einer Ortschaft, die nach dem Vulkanausbruch im Jahre 1963 verlegt wurde, da die alte unter 40 m Lava und Asche ruht. Dieser Ort, in dessen Umgebung die Spuren der Naturkatastrophe noch deutlich zu sehen sind, eignet sich ausgezeichnet als Ausgangspunkt für die Besteigung des Gunung Agung (siehe INFO oben).

Neuanfang

Hinter Sebudi beginnt eine gemäßigte tundraähnliche Zone, bei der es sich um einen Lavastrom handelt, er mit einigen Bäumen und Magergras bewachsen ist. Schließlich erreicht man **Sogra**, die höchstgelegene Ansiedlung auf dem Vulkan, die sich hinter dicken Sträuchern und Bambus versteckt. Ein Teil der Dorfeinwohner suchte während des Vulkanausbruchs in einem kleinen Tempel Zuflucht, der von den Naturgewalten verschont blieb, andere hingegen wurden derart jäh aus dem Leben gerissen, dass man ihre Leichname zwei Wochen später völlig erhalten unter einer dicken Ascheschicht fand.

Wundersame Rettung

Hinter dem Ort führt eine steile, aber gut ausgebaute Straße noch weiter bis zum **Pura Pasar Agung**, der doppelt so hoch liegt wie der Bura Besakih und vom Parkplatz am Ende der Straße aus über rund 300 Stufen zu erreichen ist. Dieses auf einem felsigen, pinienbewachsenen Hügel stehende Heiligtum wird zwar selten besucht, hat aber dennoch große Bedeutung für die Einwohner des Verwaltungsbezirks Karangasem, denn es ist das Eingangstor zur Welt der Götter und Vorfahren. Auch von hier lässt sich der Gunung Agung in Angriff nehmen, doch sollte man auch in diesem Fall nicht auf einen ortskundigen Führer verzichten.

Schon von weitem sieht man die Kuppel der Moschee von Sidemen leuchten.

Iseh

Aktuelle regionale Reisetipps zu Iseh
entnehmen Sie bitte der gelben Seite 375

Malerische Landschaft

Wieder zurück auf der Überlandstraße, hält man sich auf dieser bis **Duda** weiter ostwärts, wo man südwärts abbiegt, wodurch man nach einigen Kilometern zum malerischen Ort **Iseh** gelangt, in dem sich 1932 *Walter Spies* ein kleines Landhaus mit freiem Blick auf den Gunung Agung bauen ließ, in dem in späteren Jahren der Schweizer Maler *Theo Meier* lebte. Als *Spies* sich hier niederließ, entdeckte er ein seltsames Tranceritual, bei dem die Teilnehmer sich in unangenehme Wesen (Schlangen, Schweine, junge Hunde, Affen, böse Geister etc.) oder Dinge (Topfdeckel, Besen usw.) verwandelten.

Sidemen

Aktuelle regionale Reisetipps zu Sidemen
entnehmen Sie bitte der gelben Seite 434

Wertvolle Stoffe, schöne Wanderrouten

Wenige Kilometer südwärts lohnt in **Sidemen** ein Stopp bei der relativ großen **Moschee**, deren weiße Kuppeln schon von weitem sichtbar sind. In diesem Weberdorf werden nach alten Vorlagen Ikat- und wertvolle Songket-Stoffe unter Verwendung von Seide, Gold- und Silberfäden hergestellt. Im übrigen hält diese Gegend eine Fülle herrlicher Wanderrouten parat, auf denen Sie ungestört stundenlang durch die Landschaft und kleinen Dörfer stromern können.

Putung

Aktuelle regionale Reisetipps zu Putung
entnehmen Sie bitte der gelben Seite 417

Fernsicht

Zum Abschluss dieses Tages biegen Sie in **Pesangkan** noch einmal von der nach Amlapura führenden Überlandstraße nach rechts ab, um sich in **Putung** auf die Terrasse des **Putung Hiltop Resort** zu setzen und bei einer Tasse Kaffee oder Tee die großartige Aussicht zu genießen, die über die umliegende Berglandschaft hinweg bis hinunter an die Küste reicht. Schöner kann der Tag kaum ausklingen.

Der Nordosten und der Danau Batur

Von Candi Dasa, Tirtagangga oder sonst einem Ort in dieser Region startend, durchqueren Sie zunächst noch einmal jene landschaftlich so überaus reizvolle und abwechslungsreiche Passage zwischen Ababi und Culik, die bereits in Kapitel ‚Der Osten', S. 598ff, beschrieben wurde. Nördlich von Culik ändert sich auf einmal das Landschaftsbild dramatisch, die üppige Fruchtbarkeit weicht einer kargen, steppenartigen, von Kakteen und Wolfsmilchgewächsen durchsetzten Erscheinungsform, die noch immer gezeichnet ist vom Ausbruch des Gunung Agung im Jahre 1963, am deutlichsten zum Ausdruck kommend in den ausgedehnten Feldern erstarrter Lava, die sich bis an den dünn besiedelten Küstensaum Nordostbalis hinunterziehen. Achten Sie auf die am Strand liegenden, zahllosen kleinen Auslegerboote, denen die Fischer mit bunten Farben weit aufgerissene Haifischmäuler verpasst haben, wodurch sich die Geister des Meeres

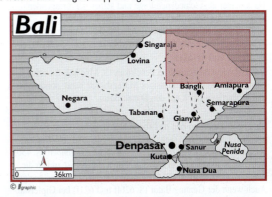

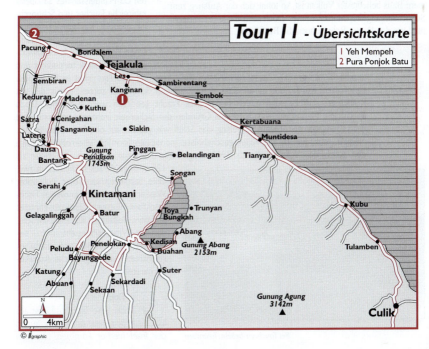

Redaktions-Tipps

- **Sehenswertes**

Die Große Tempelanlage des *Pura Ulun Danu* in Batur (S. 619f) bei Kintamani sowie der phantastische Ausblick auf den Danau Batur von Penelokan aus.

- **Übernachten**

Dank seiner abgeschiedenen Lage und seines hervorragenden Service ist das *Jepun Bali Resort* in Tembok (S. 442) am nordöstlichen Küstenabschnitt Balis klar die Nummer eins und gewährt mitunter erhebliche Preisnachlässe.

- **Essen und Trinken**

Das *Lakeview Restaurant* in Penelokan (S. 416) hält für seine Gäste nicht nur ein erstklassiges Mittagsbüfett parat, sondern auch den großartigen Blick auf den Danau Batur.

- **Sport**

Tulamben gehört zu den meistbesuchten Tauchrevieren Balis, wobei vor allem das Wrack der *SS Liberty* (S. 614) die Unterwassersportler anlockt. Im *Tauch Terminal Resort Tulamben* (S. 450) unterrichtet man auch auf Deutsch. Für Anfänger ist zudem die *Tauchbasis Alam Anda* (S. 417) in Sambirentang bestens geeignet. Auch wenn der Gunung Batur (S. 626ff und 621f) bei Gipfelstürmern Balis beliebtester Vulkan ist, so lohnt sich der Aufstieg zum Sonnenaufgang jedoch noch immer. Doch auch die anderen Berge rund um den Danau Batur lohnen die Besteigung.

täuschen lassen und somit das Fischen gefahrlos wird – zumindest hoffen dies die Seeleute.

Tulamben

Aktuelle regionale Reisetipps zu Tulamben entnehmen Sie bitte den gelben Seiten 449f

Die erste Ortschaft, die man bei der Weiterfahrt gen Westen durchquert, ist **Tulamben**, dessen steiniger, schwarzer Strand für Badegäste zwar nicht allzu attraktiv ist, dennoch aber über gute Wassersportmöglichkeiten verfügt, wobei das nur 50 m vor der Küste in rund 30 m Tiefe liegende **Wrack** des 1915 gebauten US-Handelsschiffes *SS Liberty* zahlreiche Taucher und Schnorchler anlockt, das am 11. Januar 1942 von den damaligen japanischen Besatzern 15 km südwestlich von Lombok torpediert und anschließend von den Zerstörern *HMNS Van Ghent* und *USS Paul Jones* in Schlepptau genommen wurde, um es an Balis Küste auf den Strand zu setzen, damit die aus Rohgummi und Eisenbahnteilen bestehende Fracht geborgen werden konnte. Doch musste die Mannschaft das Schiff aus Gründen der Sicherheit frühzeitig verlassen und die Ladung wurde, obwohl es gelang, das Schiff wie geplant auf den Strand zu setzen, niemals geborgen, da die Kriegsgeschehnisse Indonesien förmlich überrollten. Infolge der durch den Vulkanausbruch 1963 ausgelösten Flutwelle zerbrach das mehr als 120 m lange Wrack schließlich in zwei Teile. Sattsehen kann man sich unter Wasser auch an dem enormen Fischreichtum dieses Küstenabschnittes und dem vielfältigen Korallenbewuchs, der das Wrack überzieht und – neben den mehr als 400 verschiedenen Fischarten – die eigentliche Attraktion darstellen.

Bei Tauchern beliebt: Tulamben

Tipp
Da viele Tagesausflügler aus Singaraja und dem Süden der Insel hierher kommen, tummeln

sich zwischen 11 und 16 h mitunter bis zu 50 Taucher am Wrack, so dass Sie, falls Sie gerne tauchen, entweder zu früherer oder späterer Stunde auf Unterwassererkundungstour gehen sollten.

Tembok und Sambirentang

Aktuelle regionale Reisetipps zu Tembok und Sambirentang entnehmen Sie bitte den gelben Seiten 442 und 417

Die von grauen Sandstränden und schwarzen Klippen gesäumte Küstenstraße bringt einen anschließend über **Tembok** ins gut 25 km westlich gelegene **Sambirentang**, von dessen **Tauchbasis Alam Anda** aus sich das großartige, unter Naturschutz stehende Riff erkunden lässt, das zumindest hinsichtlich Flora und Fauna interessanter ist als Tulamben und sogar die Reviere um Lovina in den Schatten stellt.

Vielfältige Unterwasserwelt

Wenig später kommen Sie nach **Les**, wo Sie ein großes Hinweisschild auf den höchsten Wasserfall Balis aufmerksam macht. Biegen Sie hier links ab und folgen Sie der Straße bis zu einem kleinen Parkplatz, von dem aus es noch 25-30 Fußminuten auf einem Trampelpfad bis zum Wasserfall **Yeh Mempeh (1)** sind, dessen erfrischend kaltes Wasser sich in einer kleinen Schlucht unvermittelt aus dem üppigen Grün rundum herabstürzt.

Zirka zwei Kilometer hinter Les taucht **Tejakula** vor einem auf, ein kleines verschlafenes, chinesisch geprägtes Städtchen, in dem man bei dem Pancasila-Denkmal in der Orts-

Das Mandi Kuta in Tejakula

mitte nach links abbiegt, wodurch man zum etwa 100 m von der Hauptstraße entfernten prächtigen **Mandi Kuta** kommt, dem einstigen ‚Pferdebad' der Fürsten von Buleleng, das mittlerweile zu einer öffentlichen Badeanstalt mit getrennten Becken für Frauen und Männer umfunktioniert wurde. Im Banjar

Wo Pferde baden gingen

Sembiran

Pande des Ortes fertigen Gold- und Silberschmiede Ritualgegenstände und Schmuckstücke. Seine Berühmtheit verdankt Tejakula indes dem hier gepflegten Wayang wong.

Tempelreiches Bergdorf

Der Küstenstraße weiter gefolgt, zweigt in Pacung eine steil ansteigende, drei Kilometer lange Serpentinenstraße südwärts nach **Sembiran** ab, einem malerischen Bergdorf, dessen 6.000 Bewohner sich noch bis Mitte des 20. Jahrhunderts als Bali Aga bezeichneten, sich seither jedoch weitestgehend an die hindu-balinesische Kultur angepasst haben, auch wenn sie nach wie vor einen altbalinesischen Dialekt sprechen und keinerlei Kastensystem kennen. Am Dorfeingang steht ein riesiger Kemitbaum, der angeblich eine Stelle markiert, an der einstmals die Leichname zur Verwesung ausgelegt wurden. Recht sehenswert sind im Ort die rund zwanzig Tempel, die über geheimnisvolle Megalithskulpturen verfügen.

Eigenwillige Bauformen

Auf der Küstenstraße geht es zunächst noch ein Stückchen weiter westwärts, und zwar bis zum beim Cape As-Sari gelegenen Meeresheiligtum **Pura Ponjok Batu (2)**, das sich auf der meerseitigen Straßenseite auf einem kleinen Hügel erhebt und vom Hindu-Heiligen *Pedanda Sakti Bahu Rauh* gegründet wurde. Der auf einem Vorsprung (Ponjok) aus Steinen (Batu) ruhende Tempel umkränzt den Hügel mit einer sechseckigen Umfassungsmauer. Während sein äußerer Hof einen offenen Pavillon und zwei Plattformen birgt, die als Fundamente für die bei den Tempelfesten vorübergehend errichteten Behelfsbauten dienen, beherbergt der heilige Innenhof Altäre aus Kalkstein. Im Schatten von Bäumen thront auf dem Gipfel des Hügels ein kleiner Padmasana. Hinter dem Tempel führt eine Treppe zum Strand hinunter; hier stößt man auf eine **heilige Quelle**, die unmittelbar am Küstensaum aus dem Boden sprudelt (die Quelle darf nicht fotografiert werden).

Der Pura Ponjok Batu überrascht aufgrund seiner eigenwilligen Bauformen.

Von hier aus fährt man zunächst bis **Bondalem** zurück, um sich von dort aus auf der landeinwärts führenden, gut ausgebauten Serpentinenstraße bis nach **Dausa** hoch zu schlängeln, wobei man auf einer Strecke von zwölf Kilometern einen Höhenunterschied von rund 900 m überwindet. Entlang dieser Strecke breiten sich – insbesondere bei klarem Wetter – immer wieder phantastische Panoramen vor einem aus, die man bei dem einen oder anderen kurzen Stopp in ihrer ganzen Großartigkeit genießen sollte.

In Dausa angekommen, hält man sich nunmehr auf der Überlandstraße links in Richtung Kintamani. Während man sich allmählich immer weiter die Straße hochschraubt, überschreitet man bei 1.600 m die Grenze des Kondensationsniveaus, wodurch es zu täglicher Nebelbildung kommt. Diese immerwährende feuchte und kühle Witterung lässt wiederum Moose und Bartflechten gedeihen, die dem nun vorherrschenden Nebelwald sein charakteristisches Erscheinungsbild verleihen.

Dort, wo die stetige Steigung endet, weist ein unscheinbares Schild darauf hin, dass man am höchsten Punkt der Passstrasse (1.650 m über dem Meeresspiegel) angelangt ist. Kurz dahinter beginnt links der Straße in einer scharfen Rechtskurve der steile, rund 300 Stufen zählende Treppenpfad zum **Pura Tegeh Koripan (A)** (auch *Pura Sukawana* oder *Pura Penulisan*), der sich bei **Sukawana** an die südwestliche Flanke des 1.745 m hoch aufragenden **Gunung Penulisan** schmiegt. Oftmals in Nebel eingehüllt, diente das uralte Bergheiligtum einst als zentrale Kultstätte des Reiches von Pejeng. Die relativ schmucklosen offenen Pavillons (Meru sucht man vergeblich) des Tempels, der vermutlich aus dem 11. Jahrhundert stammt (womöglich aber noch älter ist) und somit zu den ältesten Balis zählt (wenn nicht gar der älteste ist), werden von Touristen nur sehr selten besucht.

Einer der ältesten Tempel Balis

Die Anlage besteht aus fünf kleinen Tempeln, die sich auf elf übereinander angeordnete Terrassen verteilen. Im obersten Tempelkomplex, dem **Pura Panarajon**, der den mys-

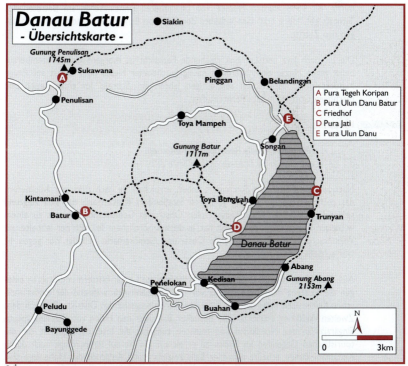

Dutzend-
weise
Stein-
skulpturen

tischen Hindu-Berg Mahameru symbolisiert, findet man auf Sockeln aus dem 10.-14. Jahrhundert stammende heilige Steinskulpturen, vor allem Lingam- und Yoni-Darstellungen, die *Shiva* in Vereinigung mit seiner Gemahlin *Parvati* repräsentieren. Zusätzlich macht man noch Skulpturen des Götterpaares *Vishnu* und *Lakshmi* aus, das eine vierblättrige Lotusblüte in seinen Händen hält, zudem den elefantenköpfigen *Ganesha* und die Abbildung eines Paares, das vermutlich König *Udayana* und seine Gattin *Mahendradatta* darstellt, die im 11. Jahrhundert lebten. Recht einfach ist die ostjavanisch beeinflusste Statue des Weltenschöpfers *Brahma* zu erkennen, die mit ihren vier Gesichtern in die vier Himmelsrichtungen blickt. In der Mitte des Hofes steht ein Thron, auf dem *Shiva* Platz nimmt, wenn er kultischen Handlungen beiwohnt. Weitere Statuen aus dem Jahre 1077 stellen König *Anak Wungsu* und dessen unfruchtbare Gattin, Königin *Betari Mandul*, dar. Der König soll seine Frau verlassen haben, um in den Bergen von Penulisan zu meditieren, und auch heute versammeln sich dort in den heiligen Nächten junge Balinesen, die das Meditieren lernen, um geistige Kräfte zu erlangen.

Ungeklärte
Vergangen-
heit

Möglicherweise war der Tempel, der heute *Sanghyang Grinatha* (eine Manifestation *Shivas*) geweiht ist, dem Gott der Berge, schon vor seiner Funktion als Reichstempel von Pejeng eine megalithische Opferstätte, zumindest lassen dies in der Umgebung gefundene, nicht mehr zu deutende Steinfragmente vermuten, anhand derer man davon ausgeht, dass sich bereits um 1500 v.Chr. ein Heiligtum an dieser Stelle befunden haben dürfte. Bis 1948 wurden Fremde von bewaffneten Einheimischen am Betreten des Tempels gehindert, erst dann erlaubte der Raja von Bangli niederländischen Archäologen den Zutritt.

Die bis nach Java und Lombok reichende Fernsicht ist morgens einfach atemberaubend, gegen Mittag zieht allerdings häufig feuchtkalter Nebel oder Dunst auf. Einige hundert Meter östlich ragt seit einigen Jahren ein ‚Schrein' für einen neuen und mächtigen Gott auf – Balis Fernsehturm.

Kintamani

Aktuelle regionale Reisetipps zu Kintamani
entnehmen Sie bitte der gelben Seite 381

Nachdem Sie **Penulisan** durchquert haben, erreichen Sie nach zirka vier Kilometern das recht unansehnliche, lang gezogene Straßendorf **Kintamani**, das sich aufgrund seiner Lage inmitten eines bedeutenden Obst- und Gemüseanbaugebietes zu einem wichtigen Marktflecken entwickelt hat, in dessen nördlichem Teil sich der lebhafte, am Vormittag über die Bühne gehende Obst- und Gemüsemarkt befindet, der gegen 11 Uhr schließt.

Wichtiger
Markt-
flecken

Aus dem 10. Jahrhundert stammende Inschriften auf Lontar-Blättern und Steinen belegen die Existenz des Ortes bereits vor der Majapahit-Ära, während der niederländischen Kolonialzeit hingegen war Kintamani Verwaltungssitz des Distrikts. Bis nach dem Zweiten Weltkrieg erreichten die Besucher Bali über den Hafen von Buleleng (heute Singaraja) an der Nordküste und mussten zunächst die Insel durchqueren, um die touristischen Gegenden im Süden zu erreichen. Da sie auf ihrem Wege auch durch Kintamani kamen, erbaute man hier Balis zweites Hotel. Aufgrund der Höhenlage sind die Nächte in der Gegend z.T. recht kühl, aber auch tagsüber kann es mitunter unange-

Zwischen-
station

nehm frisch werden. Kintamani gilt als Hauptstadt der immer und ewig jaulenden und kläffenden balinesischen Straßenhunde, die sich einem mitunter kilometerlang an die Fersen heften und einen nachts so manches Mal um die ersehnte Nachtruhe bringen.

Bedingt durch die vom Tourismus entscheidend mitgetragene Expansion ist Kintamani mittlerweile mit dem angrenzenden Nachbardorf **Batur** längst zusammengewachsen, in dessen Zentrum sich direkt über dem Calderaabgrund der zu den Reichstempeln zählende **Pura Ulun Danu Batur (B)** (‚Tempel am Kopf des Sees') ausbreitet, eine weitläufige, aus neun Haupttempeln bestehende Tempelanlage, die um einen beim Ausbruch des Gunung Batur im Jahre 1926 geretteten, *Ida Batari Dewi Ulun Danu* (kurz *Dewi Danu*: ‚Göttin des Danau Batur') geweihten Schrein wieder aufgebaut wurde, den man von seiner ursprünglichen Lage weiter unten in der Nähe des Sees hierher verlegte.

Eine der reich verzierten Türen im Pura Ulun Danu Batur

Mächtige Eingangstore, die im Vergleich zu denjenigen Südbalis eher nüchtern und streng wirken, führen zu den einzelnen Höfen des größten Tempels dieses zweitwichtigsten Tempelkomplexes der Insel, den **Pura Penataran Agung Batur**, der alles in allem einen recht düsteren Eindruck hinterlässt, woran auch die fünf geräumigen Innenhöfe kaum etwas zu ändern vermögen, in denen etliche Meru stehen. Im ersten Hof ist links vom **Eingang (I)** der **Bale Gong (II)** untergebracht, in dem die Instrumente des Gamelan aufbewahrt werden, darunter ein großer, legendenumwobener Gong.

Zweitwichtigster Tempelkomplex der Insel

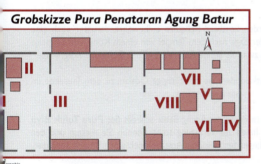

Besondere Beachtung verdienen die goldbemalten Türen, die man an etlichen Candi und Schreinen zu sehen bekommt, darunter auch am größten der Tore, dem in den zweiten Hof führenden **Candi korung (III)**, das nur Priester zu besonderen Anlässen durchschreiten dürfen.

Wie die elf Dächer des **Meru (IV)** zeigen, in dem *Dewi Danu* verehrt wird, ist sie die wichtigste Göttin dieses Tempels, daher weist der **Meru ihres Gatten (V)**, des Gottes des Gunung Batur, nur neun Dächer auf. *Dewi Danu* werden auch von südbalinesischen Reisbauern Opfer dargebracht, denn der Danau Batur speist zahlreiche Quellen, die in den Bezirken Bangli und Gianyar entspringen.

Der irdische Vertreter von *Dewi Danu*, einer der wichtigsten Gottheiten der Balinesen, ist der Jero Gede, der mächtigste Priester Balis und oberste Instanz für alle Fragen, die

Plastische Schmuckelemente im Pura Ulun Danu

die Wasserverteilung anbelangen. Der jetzige Jero Gede wurde im Alter von elf Jahren bestimmt und stammt – wie seine Vorgänger – aus dem Clan der Pasek Kayuselem, dessen erster Vorfahre angeblich ein schwarzer Baum war, der bei der Geburt der Götter auf dem Gipfel des Gunung Batur gestanden haben und in einen Menschen verwandelt worden sein soll. Als Zeichen der besonderen Beziehung zu *Dewi Danu* hat der Jero Gede, der nicht zur Kaste der Tri wangsa gehört, bei seiner Einäscherung das Anrecht auf einen Turm mit elf Dächern. (Bei seinem Tod lässt die Göttin durch eine Jungfrauenpriesterin in Trance den Namen des Nachfolgers verkünden, zudem wählt diese Priesterin auch die 24 Knaben als Priester aus, die sich für den Rest ihres Lebens um den Tempel zu kümmern haben.)

Ein weiterer **neunstöckiger Meru (VI)** ist dem göttlichen König *Waturenggong* geweiht. Einer der interessantesten Schreine ist hingegen ein **chinesisch aussehender Pavillon (VII)** im hintersten Hof links, der einer Prinzessin aus China gewidmet ist, an die im Theater des Barong landung erinnert wird, und der bis heute von den Chinesen der Gegend aufgesucht wird, wohl auch, weil in ihm der Heilige des Handels, *Ida Ayu Subandar*, verehrt wird.

Reminiszenz an Fernost

Im **Bale Gedung (VIII)** werden kostbare Reliquien aufbewahrt, darunter auch eine massive goldene Glocke, die der Sage nach dem Tempel von einem König von Singaraja gestiftet worden sein soll, und zwar als Sühne dafür, dass er die Götter beleidigt hatte.

Höhepunkt des jährlichen Festkalenders ist das elftägige Odalan, zu dem Tausende im Tempel zusammenströmen.

Nebentempel

Unmittelbar südlich an den Pura Penataran Agung Batur schließt der **Pura Tuluk Biyu** an. Je nachdem wie viel Zeit Ihnen zur Verfügung steht, können Sie diesem und den hinter diesen beiden Tempeln liegenden kleineren Anlagen noch einen Besuch abstatten.

Archaische Formen

Vom Pura Ulun Danu Batur aus können Sie entweder der Panoramastraße direkt bis nach Penelokan folgen, oder Sie machen – nach rechts in Richtung Peludu abbiegend – zuvor noch einen kleinen Abstecher nach **Bayunggede**, das trotz etlicher Neubauten noch ein recht gutes Beispiel für ein altes balinesisches Bergdorf ist, wobei die Unterschiede zu den Dörfern des Tieflandes vor allem in den Sakralbauten deutlich werden, so z.B. im **Pura Puseh** im Nordosten des Ortes, dessen Gebäude niedrig und aus einfachen Materialien gefertigt sind, in dem die Altäre ihre archaischen Formen beibehalten haben und in dem man – als Nachhall der Megalithkultur – heilige Steine verehrt.

Penelokan

Aktuelle regionale Reisetipps zu Penelokan
entnehmen Sie bitte der gelben Seite 416

Die ab hier gut ausgebaute Straße bringt Sie sodann auf die Überlandstraße von Tampaksiring hoch zum Danau Batur, der Sie nordwärts bis zum 1.452 m über dem Meeresspiegel gelegenen **Penelokan** folgen, dessen Name übersetzt ‚schöne Aussicht' bedeutet, was wahrlich nicht übertrieben ist, wovon Sie der phantastische Blick auf den Danau Batur denn sogleich überzeugen wird.

Grandiose Aussicht

Hinweis
Von Süden her kommend, muss man, so man mit dem eigenen Fahrzeug anreist, am Eingang von Penelokan eine Sonderabgabe in Höhe von Rp. 4.000 bezahlen. Heben Sie den für den Besuch der ‚Tourist Area' (gemeint ist die Region des Danau Batur) geltenden Coupon unbedingt auf, wenn Sie das Gebiet rund um den See verlassen, anschließend aber wieder zurückkommen wollen, hat er doch eine Woche lang Gültigkeit. Ansonsten heißt es bei der Rückkehr nämlich erneut bezahlen.

Die großartige Lage ist es, die diesen Ort so bekannt gemacht hat und tagtäglich Tausende Touristen anlockt, wodurch es gegen Mittag oftmals ein wenig eng wird in den Restaurants und an der Fußgängerpromenade, an der Ihnen zahlreiche Händler auflauern und allerlei Ramsch sowie völlig überteuerte Bootstouren auf dem See andrehen möchten.

Vorsicht Schlepper

Dies sollte sie aber keinesfalls vom Kommen abhalten, denn der Panoramablick, der über eine teilweise wild zerklüftete Landschaft hinunter zum See und weiter über die ringsum hoch aufragenden Berge schweift, entschädigt selbst für derlei Unannehmlichkeiten.

Die einem zu Füßen liegende riesige Caldera, die mit einer Ausdehnung von 13,8 km x 11 km zu den größten der Welt zählt, entstand vor Zehntausenden von Jahren durch den kesselförmigen Einsturz über entleerten Magmakammern. Genau genommen handelt es sich dabei um zwei ineinander liegende Calderas, deren größere und ältere vor 40.000-100.000 Jahren entstand, wohingegen die jüngere das Resultat einer Explosion vor rund 23.500 Jahren sein dürfte.

Urzeitliche Naturkatastrophen

Den tiefsten Absenkungspunkt des Einbruchskessels füllt der halbmondförmige, über sieben Kilometer lange, bis zu zweieinhalb Kilometer breite und bis zu neunzig Meter tiefe **Danau Batur**, der ungefähr ein Drittel der Caldera einnimmt und mit rund 140 km² der größte Binnensee Balis ist. Da er die Bewässerung und somit die Fruchtbarkeit der Reisfelder in den Regionen Bangli, Buleleng, Gianyar, Klungkung und Badung sichert, bringen ihm die Subak-Gemeinschaften aus der Region Ubud alljährlich einen Wasserbüffel als Opfer dar.

Balis größter Binnensee

Im Zentrum der ovalen Caldera ragt der noch tätige und daher ständig wachsende, 1.717 m hohe, sechskraterige **Gunung Batur** auf, an dessen Flanken sich weite, zerklüftete Felder schwarzer Lava ausdehnen. Dieser unberechenbare Vulkan hat sich in der Vergangenheit immer wieder mit verheerender Gewalt ins Gedächtnis der Men-

Unberechenbar

Hoch überragt der Gunung Abang den Danau Batur.

schen zurückgemeldet. 1917 tötete er 1.372 Menschen und zerstörte 65.000 Wohnungen und Häuser sowie 2.500 Tempel, wobei der Lavastrom das Dorf Batur bis auf den Dorftempel völlig vernichtete. Die Verschonung ihres wichtigsten Dorfheiligtums, des ursprünglichen Pura Ulun Danu, verstanden die Einwohner des Ortes als gutes Omen, woraufhin sie mit dem unverzüglichen Wiederaufbau ihres Ortes begannen. Als sie 1926 der nächste derartige Schicksalsschlag traf, ließen die Naturgewalten lediglich den höchsten Tempelschrein unbeschadet davonkommen, den die Überlebenden daraufhin auf den Kraterrand brachten, wo sie um ihn herum mit dem Bau des heutigen Pura Penataran Agung Batur begannen und das neue Batur erbauten. Gleiches gilt für den zum Komplex des Pura Ulun Danu Batur zählenden Pura Tuluk Biyu, der einst auf dem Gunung Abang stand und dann hierher umgesetzt wurde. Da die niederländische Verwaltung den Ausbruch vorausgesagt hatte, konnten die Bewohner Baturs beim zweiten Ausbruch rechtzeitig in Sicherheit gebracht werden, wenn auch teilweise nur unter Gewaltanwendung, so dass lediglich eine alte Frau vor Schreck starb.

Respektgebietende Berge

Die bislang letzten Eruptionen des Vulkans erfolgten in den Jahren 1963 und 1975 sowie im August 1994, als fünf Tage lang Asche auf Kintamani hernieder regnete, wodurch sich der Berg nachhaltig in Erinnerung brachte. Die Legende weiß zu berichten, dass *Shiva* den heiligen Hindu-Berg Mahameru einst teilte und als Gunung Agung und Gunung Batur auf die Insel brachte, weswegen letzterer als zweitheiligster Berg Balis verehrt wird. Als höchster Punkt des Kraterrings ragt jedoch auf der Südostseite der 2.153 m hohe Vulkan *Gunung Abang* auf.

Kedisan

*Aktuelle regionale Reisetipps zu Kedisan
entnehmen Sie bitte den gelben Seiten 378f*

Von Penelokan aus schraubt sich eine Serpentinenstraße hinunter nach **Kedisan**, einer kleinen von der Fischerei und der Landwirtschaft lebenden Gemeinde, von der aus man Bootsausflüge auf dem See unternehmen kann (z.B. nach Trunyan). Vom benachbarten **Buahan** aus führt am Ostufer eine schmale Piste bis zur kleinen Ansiedlung **Abang**, deren einzige Attraktion ein bescheidener Morgenmarkt ist, zu dem tagtäglich Bäuerinnen von jenseits des Gebirges herüberkommen, um auf ihm ihre landwirtschaftlichen Erzeugnisse gegen ein paar Fische einzutauschen. Da die Straße hier endet, muss sich derjenige, der auf dem Landweg nach Trunyan möchte, von hier aus zu Fuß aufmachen, wobei er mit etwa einer Stunde für eine Strecke rechnen sollte.

Die Bewohner des auf dem schmalen Landstreifen zwischen Danau Batur und der steil aufragenden Kraterwand des Gunung Abang in Abgeschiedenheit dahindämmernden **Trunyan** galten aufgrund der Isolation des Ortes und des dadurch bedingten seltenen Kontaktes mit Fremden lange Zeit als fremdenfeindlich und aggressiv, doch haben auch sie zwischenzeitlich die Vorteile des Tourismus – nur zu gut – erkannt und ihr Dorf ausländischen Touristen geöffnet.

Neue Einnahmequelle

Die Einwohner Trunyans, die ältesten Bewohner Balis, die sich hauptsächlich vom Fischfang und Betteln ernähren, glauben derart fest daran, dass ihr Ort zugleich Mittelpunkt und Ursprung Balis ist, dass sie davon überzeugt sind, selbst vor Erdbeben geschützt zu sein. Archäologische Funde haben erste Belege für ihre Vorstellungen geliefert, so belegen beispielsweise Steinwerkzeuge die Besiedlung des Ortes durch den Pithecanthropus erectus vor dem Ende der letzten Eiszeit, der als Sammler und Jäger lebte.

Eingekeilt zwischen Bergen und See: Trunyan

Dank der die längste Zeit selbst gewählten Abschottung ist hier andererseits vom prähistorischen Erbe mehr erhaltengeblieben als anderswo auf Bali. Das wichtigste Heiligtum des Ortes, der schmucklose **Pura Pancering Jagat** (,Tempel am Nabel der Welt'), erhebt sich hinter dem Dorf im Schatten eines mächtigen Banyanbaumes. Ehe man ihn betritt, muss man eine kleine symbolische Brücke überschreiten. In ihm wird – neben senkrecht stehenden Steinen – in einem siebenstöckigen Turm die größte Steinplastik der Insel aufbewahrt, eine nahezu vier Meter hohe Statue des *Ratu Gede Pancering Jagat* (die Trunyaner nennen ihn *Betara Da Tonta*: ,Der Herr, der das Zentrum der Welt ist'), den die hier Ansässigen als ihre höchste Gottheit verehren und der ihrer Ansicht nach das schöpferische und zerstörerische Prinzip der Natur verkörpert. Eine zwischen 882 und 914 n.Chr. beschriftete Kupferplatte bezieht sich auf die Gründung eines Tempels für *Betara Da Tonta* in dieser Ortschaft, so dass man davon ausgeht, dass es sich um diesen Tempel handelt.

Der Herr der Welt

Zu Gesicht bekommt man diese in dem siebenstöckigen Meru versteckt gehaltene, menhirähnliche Riesenstatue nur alle drei Jahre einmal, und zwar während des Berutuk-Rituals, eines großen Festes zur Zeit des Vollmondes im September/Oktober: An diesem Tag wird sie von jungen Knaben rituell gewaschen, mit einer Mischung aus

Pura Pancering Jagat in Trunyan

Wasser, Kalk und Honig bemalt und anschließend mit goldenem Schmuck verziert. (Da die Dorfbewohner diese Statue mit Argusaugen bewachen, dürften Sie sie höchstwahrscheinlich nicht zu Gesicht bekommen.) Die Zeremonie wird – laut Erlass (s.u.) – mindestens seit 911 begangen, allerdings ist nicht bekannt, ob die Statue noch immer dieselbe ist.

Während dieses festes treten außerdem Tänzerinnen in Kostümen aus Kokosschalen und Palm- und Bananenblättern auf, die eine Gruppe Hexen symbolisieren, die dieser Gottheit anhängen.

Abschottung

Der *Betara Da Tonta*-Fruchtbarkeitskult erinnert stark an den altindischen *Shiva*-Kult, und tatsächlich kamen die Trunyaner zwar schon im 10. Jahrhundert mit dem Hinduismus in Berührung, konnten sich aber aufgrund der Unzulänglichkeit ihres Dorfes einer weitergehenden Hinduisierung und der Unterwerfung durch die balinesischen Rajas entziehen. Diese selbst gewählte Abschottung aufzugeben, ist man bis heute noch nicht ganz bereit, und so muss jeder Dorfbewohner, der einen auswärtigen Partner heiratet, Trunyan verlassen.

Ein Friedhof der etwas anderen Art

Der deutlichste Unterschied zwischen den Trunyanern und den übrigen Balinesen ist in Bezug auf den Bestattungskult feststellbar. Gemäß einem uralten Brauch werden die Toten der Trunyaner weder wie bei den Hindu-Balinesen verbrannt noch wie bei den Bali Aga von Tenganan begraben, sondern, in weiße Tücher gehüllt, unter einem heiligen Taru-Menyan-Baum (der angeblich den Verwesungsgeruch nimmt) ein Stück nördlich außerhalb des Dorfes unter einer Art luftdurchlässigem Bambuszelt der natürlichen Verwesung überlassen, in dem Glauben, wilde Dschungeltiere und Vögel würden die Dahingegangenen in die jenseitige Welt hinübertransportieren und so den Kreislauf der Wiedergeburten positiv beeinflussen. Allerdings dürfen hier nur Verheiratete, und zwar maximal elf zur gleichen Zeit, ‚beigesetzt' werden. (Diese altmongolisch-altmalaiische Bestattungsart ist außerhalb Balis auch noch bei den Tibetern und den Parsen Indiens üblich.) Schon nach kurzer Zeit bleiben nur noch die Knochen übrig, woraufhin man die Schädel in den umstehenden Bäumen aufhängt oder zu einer skurril anmutenden, hohläugigen Schädelparade nebeneinander aufreiht. Die restlichen Knochen hingegen werden seitlich auf eine Art Müllhaufen geworfen, wo sie zusammen mit den Resten der Opfergaben und allerlei anderem Unrat weiter vor sich hinrotten. Die Leichname von Unverheirateten sowie derjenigen, die an entstellenden Krankheiten oder durch Selbstmord gestorben sind, werden indes verbrannt.

Der nur etwa einen Kilometer nördlich der Ortschaft am Fuße einer Steilklippe zu findende **Friedhof (C)** ist nur per Boot zu erreichen, was von manch einem geschäftstüchtigen Ortsbewohner mittlerweile reichlich pietätlos ausgenutzt wird, indem er für eine Bootscharter ab Trunyan einen exorbitanten Preis verlangt.

Übrigens: Eine der ältesten Inschriften Balis ist ein königlicher Erlass aus dem Jahre 911, der Trunyan von bestimmten Steuern befreit.

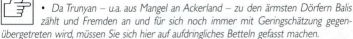

Hinweise
- Da Trunyan – u.a. aus Mangel an Ackerland – zu den ärmsten Dörfern Balis zählt und Fremden an und für sich noch immer mit Geringschätzung gegenübergetreten wird, müssen Sie sich hier auf aufdringliches Betteln gefasst machen.
- Besondere Vorsicht ist beim Friedhof geboten, der zu einer richtigen Touristenfalle geworden ist: So erwartet Sie bereits an der Anlegstelle ein Empfangskomitee, das Sie zur Entrichtung einer Spende und die Eintragung in ein Besucherbuch auffordert, eine weitere Spende wird sodann bei der eigentlichen Totenstätte fällig. Geben Sie in beiden Fällen nicht mehr als Rp. 30.000, die Phantasiesummen im Gästebuch beruhen auch nur auf nachträglichem Hinzufügen der ein oder anderen Null. Aber auch in Trunyan selbst wird man fast überall gebeten, seinen Obolus zu entrichten. (Die ausliegenden 100.000-Rupiah-Scheine sollen Ihnen zwar klar machen, wie viel Sie zu geben hätten, doch lassen Sie sich auf derlei erpresserische Methoden gar nicht erst ein, es reicht vollauf, wenn Sie jeweils Rp. 30.000 geben. Die Verwünschung überhören Sie einfach geflissentlich.)
- Nehmen Sie sich aber auch vor den aufdringlichen Guides in acht, deren Dienste Sie am besten von vornherein klipp und klar ablehnen, sonst sind sie noch einmal mindestens Rp. 20.000 los.
- Chartern Sie Ihr Boot in Kedisan nur am offiziellen Ticketschalter (siehe Kapitel „Allgemeine Reisetipps von A-Z, Verkehrsmittel – Fähren/Boote"), an dem die Preise ausgeschrieben sind, ansonsten kann es Ihnen passieren, dass Ihr Bootsführer auf dem Rückweg von Trunyan noch einmal mit Ihnen in Preisverhandlungen eintritt.

Trunyan: Die Ortschaft ist entweder mittels eines einstündigen Fußmarsches ab Abang oder aber mit dem Boot (für maximal sieben Personen) ab Kedisan oder Toya Bungkah (siehe Kapitel „Allgemeine Reisetipps von A-Z, Verkehrsmittel – Fähren und Boote", S. 350) zu erreichen. Die Parkplatzgebühr an der Ablegestelle in Kedisan beträgt Rp. 400.

Von Kedisan kommend passiert man auf der Westseite des Sees als erstes den rechts der Straße liegenden **Pura Jati (D)**, der eine wichtige Quelle heiligen Wassers für die Zeremonien auf ganz Bali ist. Er ist mit der Gottheit des heiligen Lebensflusses verbunden und soll von *Empu Jayamaireng* aus dem alten Clan der Pasek Kayuselem erbaut worden sein. Hier beginnt der kürzeste Aufstieg zum Gunung Batur, für den man ungefähr zwei Stunden veranschlagen muss.

Startpunkt für Gipfelstürmer

Toya Bungkah

Aktuelle regionale Reisetipps zu Toya Bungkah
entnehmen Sie bitte den gelben Seiten 444f

Ein Stück weiter nördlich liegt am Westufer des Danau Batur die verschlafene Ortschaft **Toya Bungkah**, ein weiterer guter Ausgangspunkt für Bootstouren auf dem See

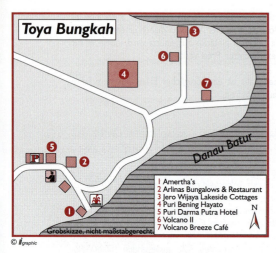

und für Trekkingtouren in die Bergwelt ringsum.

In den schwefelhaltigen **Air Panas** (heißen Quellen), die im Ortszentrum aus einer Grotte am Rande des Sees sprudeln, kann man sich für US$ 5 ein belebendes Bad gönnen (das Bad im – kalten – See hingegen ist kostenlos), z.B. nach der Besteigung des Gunung Batur. Das schwefelhaltige Wasser hilft bei Muskelschmerzen und heilt Rheumatismus und Hautkrankheiten. Die Quellen sprudeln an verschiedenen Stellen aus dem Boden, wobei das Wasser zunächst in Badebecken und anschließend in den See geleitet wird. Beim Sonnenaufgang kann man einen Großteil der Dorfbevölkerung in der Umgebung beim Baden treffen – die Männer am einen, die Frauen am anderen Ende.

INFO Besteigung des Gunung Batur und des Gunung Abang

Tipps

- Der *Gunung Batur* ist der am leichtesten zu besteigende Vulkan Balis. Konnte man bis vor wenigen Jahren den Aufstieg auch ohne Führer in Angriff nehmen, so ist die Anheuerung eines Guides mittlerweile Pflicht. Führer können Sie in Toya Bungkah, Kedisan, Penelokan oder beim Startpunkt nahe des Pura Jati anheuern; einige Empfehlungen finden Sie im Kapitel 'Organisierte Touren – Zu Lande', S. 467f.
- Die 600 m Höhenunterschied sind auch von Untrainierten in 2-3 Stunden zu bewältigen. Der Aufstieg ab dem Pura Jati ist etwas kürzer als derjenige von Toya Bungkah. Da jedoch meist schon am Vormittag Wolken aufziehen, sollte man möglichst zeitig aufbrechen, um die Sicht vom Gipfel auch genießen zu können, wobei besonders der dort zu erlebende Sonnenaufgang (gegen 5.30 Uhr) sich als überaus spektakuläres Erlebnis ins Gedächtnis einprägt.
- Wer früh aufbrechen möchte, sollte am besten in Toya Bungkah, Kedisan oder Penelokan übernachten, wo einige passable Unterkünfte zur Auswahl stehen (siehe Kapitel 'Regionale Reisetipps von A-Z' unter den genannten Orten).
- Achten Sie – vor allem im Kraterbereich – auf die zahlreichen Fumarolen und verlassen Sie die ausgetretenen Pfade nicht.
- Nehmen Sie etwas zur Stärkung und ausreichend Trinkwasser mit, d.h. pro Person 2-3 Liter.
- Nehmen Sie bitte sämtlichen Müll wieder mit herunter, um die Umweltbelastung so gering wie möglich zu halten.
- Denken Sie daran, dass der Berg den Balinesen heilig ist – entsprechend respektvolles Verhalten ist daher angebracht.

- Festes, griffiges Schuhwerk ist ein Muss, darüber hinaus empfehlen sich lange Hosen, ein dünner Nässe- und Kälteschutz und für Sonnenempfindliche eine Kopfbedeckung oder anderweitiger Sonnenschutz. Außerdem gehört – wenn Sie in der Dunkelheit starten – eine Taschenlampe samt Ersatzbatterien bzw. -akkus und einer Ersatzbirne ins Gepäck.
- Es empfiehlt sich, die Tour bereits am Vortag mit seinem Guide zu besprechen, wobei Sie für den Aufstieg eine andere Route wählen sollten als für den Abstieg.
- Bezüglich der Preise schlagen Sie bitte im Kapitel ‚Organisierte Touren – Zu Lande', S. 467f, nach.

Die **beliebteste Aufstiegsroute zum Gunung Batur** beginnt in der Nähe des Pura Jati südlich von Toya Bungkah. Die Tour ist bis auf einen verhältnismäßig steilen Abschnitt mit lockerem Lavagestein unmittelbar unterhalb des Kraterrandes relativ unproblematisch, doch ist der schmale, um den Krater herumführende Weg nichts für ängstliche Gemüter, da er an der einen oder anderen Stelle einen schmalen Grat mit tiefen Abgründen auf beiden Seiten überquert. Einen Kilometer vom Ausgangspunkt entfernt gelangt man zu einem Tempel, von dem aus man seinen Weg auf dem klar erkennbaren, ausgetretenen Pfad fortsetzt. In etwa 1.500 m Höhe erreicht man einen Sattel, auf dem man sich eine Verschnaufpause gönnen kann, oder aber man nimmt unverzüglich die restlichen 200 Höhenmeter bis zum Nordgipfel in Angriff, für die man nochmals etwa eine Stunde benötigt. Ganz oben steht ein kleiner *Vishnu*-Schrein.

Die imposante Kraterlandschaft vor Augen, kann man sich noch einmal das Volksmärchen in Erinnerung rufen, das Aufschluss über die Entstehung des Danau Batur und Gunung Batur gibt. Einst lebte auf Bali der Riese *Kebo Iwo*, ein Wesen so groß wie ein Berg, das mit seiner ungeheuren Kraft den Menschen oftmals bei der Anlage neuer Reisterrassen, Bewässerungssysteme und Tempel half. Als Belohnung erhielt er jeweils eine Mahlzeit, was aber jedes Mal die Nahrung von tausend Personen ausmachte. Als die Bewohner verschiedener Dörfer nach einer Missernte den Forderungen des Riesen nicht mehr nachkommen konnten, zerstörte dieser in seinem Zorn zahlreiche Häuser und Tempel und verschlang sogar einige Menschen, woraufhin die verängstigten Balinesen Zuflucht zu einer List nahmen: Wenn *Kebo Iwo* ihnen einen tiefen Brunnen graben könnte, würden sie ihn reichlich entschädigen.

Daraufhin begann der Riese unverzüglich mit dem Ausheben eines tiefen Schachtes, auf dessen Grund sich schon bald das erste Wasser sammelte. Da die Arbeit aber selbst für ihn ermüdend war, pflegte der Riese täglich seinen Mittagsschlaf in dem kühlen, schattigen Loch zu halten. Eines Tages schließlich sammelten sich die Menschen um den Brunnen und überschütteten den schlafenden Riesen mit Unmengen von Kalkstein. Sogleich verband sich der Kalk mit dem Wasser zu einer harten Masse, die dem Ruhenden seine Bewegungsfreiheit raubte und ihn schließlich unter sich begrub. Doch das Wasser stieg und stieg, floss letztendlich über den Brunnenrand und formte den Danau Batur, zu dessen Seite sich das ausgehobene Erdmaterial türmte, und zwar in Gestalt des Gunung Batur.

Weitere – ähnliche – **Routen** auf den Vulkan beginnen in Kedisan und am Parkplatz am südlichen Ortsende von Toya Bungkah. Ausgangspunkt der **kürzesten und leichtesten Route** ist hingegen der Parkplatz am Ende jener Straße, die zirka drei Kilometer hinter Songan (s.u.) nach links abzweigt und auf der man nach weiteren rund eineinhalb Kilometern zu einem gleichfalls nach links abzweigenden Pfad gelangt, auf dem man noch etwa einen Kilometer bergaufwärts fahren kann (Achtung: sehr schlechte Straßenverhältnisse). Vom Parkplatz führt dann ein deutlich markierter, leicht zu gehender Weg den Nordosthang zum Gipfel hinauf.

Darüber hinaus gibt es selbstverständlich noch eine Vielzahl weiterer Wander- und Trekkingrouten im Kratergebiet bzw. entlang des Calderarandes.

Hinweis
Eine Bitte noch zum Schluss: In den letzten Jahren ist es zur Unsitte vieler Guides geworden, Eier und Bananen über den heißen Löchern am Vulkangipfel zu braten, so dass sich mittlerweile jede Menge Eier- und Bananenschalen sowie anderer Unrat dort häufen. Daher sollten Sie Ihren Guide notfalls davon abhalten, diese Löcher als Öfen zu missbrauchen – und sie selbst sollten dies natürlich auch nicht tun.

Für die Besteigung des **Gunung Abang** gelten die gleichen Empfehlungen und Richtlinien wie für den Gunung Batur.

Den Ausgangspunkt der einfachsten Route auf den Gunung Abang erreichen Sie, wenn Sie die von Penelokan in Richtung Pura Besakih führende Straße entlang des Kraterrandes nach links abbiegend verlassen, wenn diese südwärts abknickt. Dadurch kommen Sie zu einem kleinen Tempel, kurz hinter dem die Straße endet. Anschließend geht es in einem 2-3-stündigen Fußmarsch bis zum Gipfel des Gunung Abang, auf dem ein kleines Bergheiligtum auf seltene Besucher wartet.

Wundersame Verschonung

Von Toya Bungkah windet sich eine schlaglochreiche Piste noch weiter nordwärts bis **Songan**, wo eine tief ausgefahrene Piste nach rechts zum kleinen **Pura Ulun Danu (E)** führt, den Resten jenes Tempels also, dessen wundersame Verschonung bei dem Vulkanausbruch im Jahre 1926 die Anwohner schließlich zur Verlegung dieses Heiligtums hinauf auf den Kraterrand veranlasste. Da in seiner unmittelbaren Nachbarschaft heiliges Wasser gewonnen wird, ist er für die Balinesen noch immer besonders verehrungswürdig. Daher werden die Besucher gebeten, sich nicht dem Wasser zu nähern und auf gar keinen Fall darin zu baden. Zu Ehren von *Dewi Danu* findet hier alle zehn Jahre (2004, 2014 etc.) eine große Zeremonie statt, bei der zahlreiche lebende Tiere (Büffel, Schweine, Gänse, Hühner usw.) inmitten des Sees ertränkt werden. Außerdem verehrt man in diesem Tempel noch *Vishnu*.

Ihr Ruhelager für die Nacht können Sie in Toya Bungkah, Kedisan oder Penelokan aufschlagen.

Rund um Singaraja und Lovina

Die großartige Gebirgslandschaft der Batur-Region hinter sich lassend, folgt man von Kintamani aus der sich nordwestwärts zur Küste hinunter schlängelnden Straße bis Kubutambahan, wobei sich immer wieder derart beindruckende Fernblicke vor einem auftun, dass man ruhig den einen oder anderen Stopp einlegen sollte, um das großartige Naturszenario in Ruhe zu genießen.

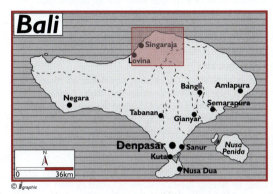

Air Sanih

 Aktuelle regionale Reisetipps zu Air Sanih entnehmen Sie bitte der gelben Seite 360

Auf diesem Wege trifft man schließlich auf die nördliche Küstenstraße, auf der man sich zunächst rechts orientiert, denn erster Anlaufpunkt dieser Tagestour ist das knapp fünf Kilometer östlich gelegene **Air Sanih** (auch *Yeh Sanih*), das seinen Namen den hiesigen **heißen Quellen** verdankt, deren Wasser in ein ausgesprochen hübsches Schwimmbad unmittelbar am Strand geleitet wird, von wo es ins Meer fließt. Bei den Quellen handelt es sich angeblich um einen Jungbrunnen für Verliebte. Eine in der schönen, von Frangipanibäumen bestandenen Gartenanlage eingelegte kurze Rast bietet die Gelegenheit, sich ein paar Fakten über

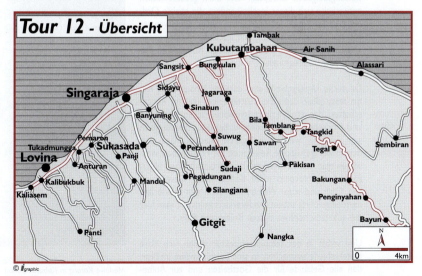

Redaktions-Tipps

- **Sehenswertes**

Dank seines reichen und teilweise eigenwilligen Skulpturen- und Reliefschmucks unterscheidet sich der *Pura Meduwe Karang* in Kubutambahan (S. 631f) klar vom Gros der balinesischen Tempel. Einblicke in die Herstellung des Gamelan gewährt ein Besuch bei den Bronzegießern von Sawan (S. 633). Fahren Sie frühmorgens von Lovina aus mit einem Jukung hinaus zu den Delfinen (S. 471 und 639).

- **Übernachten**

In einer weitläufigen Gartenanlage unmittelbar am Meer verstreut liegen die Bungalows des *Puri Bagus Lovina* (S. 395), wer mehr auf seinen Geldbeutel achten muss, findet in den *Rambutan Beach Cottages* (S. 398) eine gute Alternative, denn auch diese verfügen – unweit des Strandes gelegen – über einen sehr netten Garten.

- **Essen und Trinken**

Die gebürtige Bambergerin Beate Dotterweich verwöhnt ihre Gäste im *Warung Bambu Pemaron* in Lovina (S. 398) mit feinster balinesischer Küche und nimmt sich gerne ein wenig Zeit für einen Plausch.

Balis nördliche Region ins Gedächtnis zurückzurufen, die sich vom Rest der Insel, ganz besonders aber von dem turbulenten Süden, in so mancherlei Hinsicht ganz wesentlich unterscheidet. Die Hauptursache hierfür ist wohl in der in West-Ost-Richtung verlaufenden Bergkette zu sehen, die einem Wall gleich den schmalen nördlichen Schwemmlandsaum vom Rest der Insel abschneidet und so lange Zeit den Kontakt zwischen den verschiedenen Inselteilen weitestgehend verhinderte.

So wurde der Norden wesentlich stärker durch europäische Einflüsse geprägt, was darauf zurückzuführen ist, dass die Niederländer – nach zwei zuvor gescheiterten Versuchen in den Jahren 1846 und 1848 – hier bereits 1849 die Herrschaft übernahmen, also mehr als 50 Jahren früher als im Inselsüden, und die Kolonialherren zudem Mitglieder der Fürstenfamilien mit wichtigen Verwaltungsaufgaben betrauten. Aber auch gesellschaftlich entwickelte sich dieser Inselteil anders, die soziale Ordnung basiert mehr auf der Einzelfamilie und weniger auf der Dorfgemeinschaft, und auch das Kastenwesen spielt hier eine weit weniger wichtige Rolle als in den restlichen Inselregionen.

Anderes Klima, andere Vegetation

Deutliche Unterschiede sind darüber hinaus beim Klima feststellbar, denn die Küstenregion liegt im Regenschatten der großen Inlandsvulkane, ist somit heißer und trockener als der Süden, wobei die – im Vergleich zum Süden – weitaus geringeren Niederschläge wiederum weniger üppige Reisernten zur Folge haben, weswegen man auf den wenigen landwirtschaftlichen Nutzflächen des Nordens mehr Kaffee, Tabak, Gewürznelken, Obst und sogar Weintrauben (von den Niederländern eingeführt) anbaut. Andererseits kultiviert man hier die qualitativ hochwertigsten Reissorten Balis.

Und selbst in der Tempelarchitektur lassen sich klare Unterschiede ausmachen; so sind beispielsweise im Norden alle Gebäude für die Gottheiten und zur Aufbe-

Relief einer Legong-Tänzerin im Pura Meduwe Karang in Kubutambahan

wahrung wichtiger religiöser Reliquien auf einem Sockel angeordnet, wohingegen man die zahlreichen Meru und Schreine des Südens vergebens sucht. Zudem wirken die Tempel Nordbalis geradezu barock überladen, drohen bisweilen unter ihrem nahezu jeden Quadratzentimeter füllenden Relief- und Figurenschmuck schier zusammenzubrechen, wobei die vielfach anzutreffenden humoresken und satirischen Darstellungen immer wieder zum Schmunzeln Anlass geben. Die zu bearbeitenden weißen und braunen Steine werden hier für gewöhnlich nach ihrer Farbe ausgewählt und unbemalt gelassen (weiteres hierzu im Kapitel ‚Steinmetzarbeiten', S. 113ff).

Verspielt und humoresk

Einen nicht zu unterschätzenden Vorteil hat die abgesonderte Lage dieser Region allerdings: außer um Lovina und Pemuteran herum begegnet man nur wenigen Ausländern, und in den Ortschaften abseits der Küstenstraße ist man meist mit den Einheimischen allein.

Kubutambahan

Aktuelle regionale Reisetipps zu Kubutambahan
entnehmen Sie bitte der gelben Seite 381

Anschließend geht es von Air Sanih zurück nach **Kubutambahan**, um dort dem rechts der Durchgangsstraße anzutreffenden **Pura Meduwe Karang** einen Besuch abzustatten, der einige hundert Meter vor der Abzweigung nach Kintamani zu finden ist.

Der 1890 errichtete Tempel ist dem ‚Herrn der Felder' geweiht, dem männlichen Pendant zur Reisgöttin *Dewi Sri*, dem es zusammen mit der gleichfalls hier verehrten *Ibu Pertiwi* (‚Mutter Erde') obliegt, über die Fruchtbarkeit der umliegenden, nicht bewässerbaren Kaffee- und Maispflanzungen zu wachen. Da im Vergleich zum Südteil der Insel im Norden die Niederschläge wesentlich geringer ausfallen, kommt diesem Heiligtum besondere Bedeutung zu. Des Weiteren zollt man hier dem Sonnengott *Surya* Verehrung.

Die vordere Außenmauer zieren, in drei übereinander gestaffelten Reihen angeordnet, **steinerne Gestalten (I)** aus dem Ramayana; überhaupt gilt der sich über drei Höfe erstreckende Tempel als figurenreichster ganz Balis. In der untersten Reihe zählt man elf Figuren, in der mittleren zehn und in der obersten dreizehn, also insgesamt 34. Zu beiden Seiten der Figurengalerie führen **Treppen (II)** zum begrünten **ersten Hof (III)** empor, von dem aus wiederum eine zentrale Treppe durch ein **Candi bentar (IV)** hindurch in den **zweiten Hof (V)** geleitet,

Grundriss Pura Meduwe Karang

Figuren aus dem Ramayana zieren den Treppenaufgang des Pura Meduwe Karang.

dessen einziges bauliches Element ein großer **Pavillon (VI)** zur Linken ist.

Durch ein weiteres **Candi bentar (VII)** gelangt man schließlich in den **hintersten Hof (VIII)**, ins Allerheiligste, in dessen Zentrum auf einem gestuften Podest auf quadratischer Basis sich der beeindruckende Schrein **Betara Luhur Ing Angkasa (IX)** erhebt, der dem ‚Herrn der Felder' geweiht ist. Zu seiner Linken sieht man das **Gedong Pesimpangan (X)**, das *Ratu Ayu Sari* zugedacht ist, einer Erscheinungsform von *Ibu Pertiwi*, rechts hingegen sieht man das **Gedong Pesimpangan (XI)** für den Sonnengott *Surya*.

Besondere Beachtung verdienen darüber hinaus einige bemerkenswerte Reliefs der Tempelanlage, darunter dasjenige an der nördlichen, d.h. linken Sockelseite des Zentralheiligtums, ein zirka ein Meter breites Relief, das einen **Radfahrer (XII)** auf einem Gefährt mit Rankenrädern und Blütenspeichen darstellt. Anhand der langen Nase des strammen Radlers ist zu erkennen, dass es sich bei ihm um keinen Balinesen handelt, sondern vermutlich um den niederländischen Völkerkundler *W.O.J. Nieuwenkamp*, der 1904 per Fahrrad die Insel erkundete und damit für Aufsehen in den von ihm besuchten Dörfern – und so auch hier – sorgte. Da das Relief bei dem schweren Erdbeben 1917 stark beschädigt und später restauriert wurde, wobei es Veränderungen erfuhr, ist es andererseits durchaus möglich, dass die Meinung vieler Einheimischer nicht ganz falsch ist, nach deren Ansicht die ursprüngliche Darstellung mindestens 400 Jahre alt sein soll.

Der Radfahrer im Pura Meduwe Karang

In Stein gehauene Vielfalt

Andere Reliefs zeigen u.a. eine Legong-Tänzerin, einen Bauern mit Kuh, den König von Singaraja und eine ganze Reihe deftiger Darstellungen leiblicher Zweisamkeit, die als symbolische Motive für die erbetene Fruchtbarkeit (der Felder) zu verstehen sind. Die friedliche Atmosphäre wird durch die wohlriechende Blütenpracht der im Areal zu findenden Frangipanibäume noch verstärkt.

In der sich westlich anschließenden Ortschaft **Bungkulan** zweigt links die Straße zur gut drei Kilometer entfernten Ortschaft **Jagaraga** ab, die durch die blutige Schlacht berühmt geworden ist, die Niederländer und Balinesen 1849 hier schlugen und die mit dem Puputan von Raja Jelantik und seinem Hofstaat sowie dem Fall der hiesigen balinesischen Festungsanlage endete, was gleichzeitig den Beginn der niederländischen Kolonialzeit bedeutete. Zu Ehren der heldenhaften Kämpfer erhielt der Ort (vormals Sukapura) nach dem Puputan seinen heutigen Namen, der soviel bedeutet wie: ‚Nehmt euch in Acht'.

Der Reisende kommt jedoch des Unterweltstempels **Pura Dalem Jagaraga** wegen hierher, der nach dem Ende des Unabhängigkeitskrieges 1949 in einem sich von allen anderen Tempeln unterscheidenden Stil erbaut wurde. Man findet ihn am nördlichen Dorfrand links der Straße und er verdient vor allem aufgrund seiner außergewöhnlichen Reliefs an der Außen- und Innenseite seiner Umfassungsmauer (einschließlich des Eingangstores) besondere Aufmerksamkeit. Witzig und skurril muten dabei u.a. jene Darstellungen an, die z.B. von Seeungeheuern attackierte niederländische Fischerboote, ins Meer stürzende ‚Flugzeuge' mit Menschenköpfen und Fischschwänzen sowie einen Ford T zeigen, dessen langnasige Insassen von einem Banditen mit einem unförmigen Revolver bedroht werden. Die vielen Statuen *Rangdas*, die die negative Seite des Menschen repräsentieren, sind als Pendant der Göttin *Durga* (der der Tempel geweiht ist) und somit als Aufrechterhaltung der Balance zwischen Gut und Böse zu verstehen. Auffällig auch die zahlreichen geflügelten Löwen, die den patriotischen Geist der Gemeinschaft von Buleleng symbolisieren. Die Ortschaft ist darüber hinaus für ihr Legong-Ensemble bekannt, das im Ruf steht, Nordbalis bestes zu sein.

Reich verziertes Tor des Pura Dalem Jagaraga

Von hier sind es noch vier Kilometer südwärts bis **Sawan**, wo es verschiedene Tempel mit phantasievollem Relief- und Plastikschmuck zu entdecken gibt. Des Weiteren besitzt der Ort noch einige **Bronzegießereien**, in der Gongs für die Gamelan-Orchester hergestellt werden. Besucher sind in den Werkstätten jederzeit herzlich willkommen.

Aufgrund des Fehlens von Alternativen kehrt man sodann auf derselben Straße zur Küstenstraße zurück, um in **Sangsit** einen der sehenswertesten Tempel der Region in Augenschein zu nehmen, den man, beim **Markt** in der Ortsmitte in Richtung Meer abbiegend, auf der rechten Straßenseite findet.

Überbordender Skulpturenschmuck

Dabei handelt es sich um den im 15. Jahrhundert gegründeten, über einer Quelle erbauten Subak-Tempel **Pura Beji**, an dem sich leicht die Unterschiede zwischen süd- und nordbalinesischen Sakralbauten ausmachen lassen, denn anstelle der – im Süden zu findenden – zahllosen Altäre, Schreine und Meru erhebt sich hier auf einer zentralen Steinterrasse als einziges Hauptgebäude ein der Reis- und Fruchtbarkeitsgöttin *Dewi Sri* geweihter Pavillon. Die Haupt- und drei Nebentreppen, die auf die Plattform hinaufführen, dürfen nicht betreten werden. Phallische Lingam dokumentieren die Zeugungskraft

Pura Beji in Sangsit

Shivas. Außerdem kann dieses Heiligtum geradezu als Musterbeispiel für die überschwängliche Bauplastik nordbalinesischer Tempel herhalten, wobei die überbordenden Reliefs und detailreichen Skulpturen aus rosa Sandstein gemeißelt sind. So ist das breite, dreigeteilte Candi bentar überzogen mit Arabesken, Dämonen- und Garuda-Köpfen und wird bekrönt von Kekayon, Symbolen des Weltenbaumes, wie man sie vom Schattenspiel her kennt. Dahinter steht eine Geistermauer (Aling-aling), die von zwei Schlangen flankiert wird. Als Ausgleich zu der Überfülle an Zierrat beschatten den weitläufigen Hof nur einige Frangipanibäume.

Die vor dem Pura Beji rechts abzweigende schmale Straße bringt einen zum rund 300 m nördlich gelegenen **Pura Dalem Sangsit**, an dem neben den furchteinflößenden Rangda-Darstellungen vor allem die derb-erotischen Reliefs an der Außenmauer des Kori agung auffallen. Wie an verschiedenen anderen balinesischen Tempeln werden auch hier Liebespaare in Kopulation als Abbild des Urzeugungs- und Schöpfungsaktes dargestellt.

Alte Bauformen

Von Sangsit aus unternehmen Sie anschließend einen Abstecher gen Süden, und zwar über **Suwug** – dessen Ortsbild ein riesiger Banyanbaum an der Straßenkreuzung in der Ortsmitte prägt – nach **Sudaji**, das für seine Durian- und Rambutanfrüchte bekannt ist und dessen Häuser sich vielfach den Charme des Kolonialstils bewahrt haben, wobei in deren Gehöften oftmals noch schöne alte Reisspeicher zu sehen sind.

Wieder zurück auf der Küstenstraße, ist es dann nicht mehr weit bis zur Hauptstadt von Buleleng (Einwohner 2000: 565.162), des mit 1.370 km² größten Regierungsbezirk Balis:

Singaraja

Aktuelle regionale Reisetipps zu Singaraja
entnehmen Sie bitte den gelben Seiten 435f

Alter Handelsplatz

Bereits im 10. Jahrhundert wurde der Hafen des heutigen Singaraja von chinesischen Dschunken angelaufen. Im 14. Jahrhundert von den Fürsten der Gelgel-Dynastie abhängig, machten sich die Fürsten von Buleleng später selbstständig und übten ihren Machteinfluss zeitweilig bis nach Kintamani aus. Ende des 16., Anfang des 17. Jahrhunderts reichte die Macht des Rajas von Buleleng, *Ki Gusti Panji Sakti*, sogar bis nach Ostjava, und er und seine Nachfolger waren es, die balinesische Sklaven nach Java ausführten und im Gegenzug Gold und Opium importierten, wodurch Buleleng zur reichen Residenzstadt wurde. 1604 ließ *Ki Gusti Panji Sakti* einen Palast erbauen, den er ‚Singaraja' nannte, und zwar an einem Ort, wo die Menschen ein ‚Buleleng' genanntes Getreide anbauten. Nachdem Buleleng und Karangasem 1845 eine Allianz gebildet hatten, um andere Fürstentümer zu unterwerfen und den Niederländern Widerstand entgegensetzen zu können, sahen sich die Niederländer zum Zwecke der Machtübernahme im Norden Balis dazu veranlasst, in den Folgejahren diverse Angriffe gegen dieses Bündnis durchzuführen – schließlich und endlich auch mit Erfolg.

Ab der zweiten Hälfte des 19. Jahrhunderts die wichtigste Machtbasis der Niederländer im Bereich der Kleinen Sundainseln, erhielt Buleleng 1882

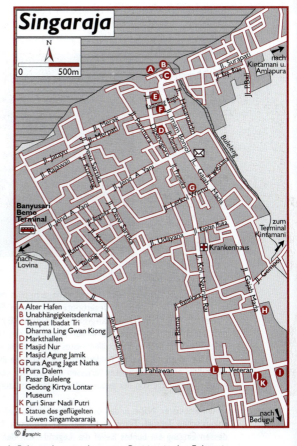

A Alter Hafen
B Unabhängigkeitsdenkmal
C Tempat Ibadat Tri Dharma Ling Gwan Kiong
D Markthallen
E Masjid Nur
F Masjid Agung Jamik
G Pura Agung Jagat Natha
H Pura Dalem
I Pasar Buleleng
J Gedong Kirtya Lontar Museum
K Puri Sinar Nadi Putri
L Statue des geflügelten Löwen Singambararaja

den Status der Kolonialhauptstadt Balis und vermochte seine Position in der Folgezeit dank seines florierenden Hafens zusehends zu stärken. Bis 1945 diente es als Hauptstadt von Bali und bis 1953 als Verwaltungszentrum der alten Provinz Nusa Tenggara, die von Bali bis Timor reichte. Der Stern der Stadt begann zu sinken, nachdem Indonesien die Unabhängigkeit erlangt hatte: die Verwaltung zog nach Denpasar um, der Hafen wurde nach Westen in den Ort Celukan Bawang verlegt, und im Inselsüden eröffnete man den neuen internationalen Flughafen. Und auch vom daraufhin die Insel überrollenden Tourismus profitierten fast ausschließlich die Orte im Süden der Insel.

Abgesang

Mag Singaraja (der Name bedeutet ‚Löwenkönig') während der letzten Jahrzehnte auch an Bedeutung verloren haben, so laufen in dieser Stadt doch noch immer alle Fäden der nordbalinesischen Wirtschaft zusammen, wobei ihre Bevölkerung aufgrund der kosmopolitischen Vergangenheit der Stadt verschiedenen ethnischen und religiösen Gruppen angehört. Gegenwärtig zählt die größte Stadt Nordbalis ungefähr 100.000 Bewohner, womit sie einwohnermäßig nach Denpasar inselweit an zweiter Stelle rangiert.

Nordbalinesisches Wirtschaftszentrum

Baumgesäumte Alleen, Reihen chinesischer Läden, ruhige Wohnviertel und hier und da gemächlich daherklappernde Pferdekutschen prägen das Straßenbild der Stadt. Nehmen Sie sich ruhig ein paar Stunden Zeit, um bei einer Kombination aus Stadtspaziergang und -rundfahrt den Resten kolonialer Vergangenheit und Architektur nachzuspüren.

Rund um den alten Hafen

Relikte davon begegnen Ihnen in Form verfallender Lagerhäuser am **alten Hafen (A)**, der zur Kolonialzeit Hauptumschlagplatz ganz Ostindonesiens und bis 1940 für Touristen das Tor nach Bali war. Als der Hafen an der Mündung des Buleleng-Flusses zu versanden begann, verlagerte man ihn westwärts, so dass heutzutage nur noch die kleinen Auslegerboote der lokalen Fischer von hier auslaufen. Am Hafen fällt einem das **Unabhängigkeitsdenkmal (B)** mit dem Freiheitskämpfer *Yuddha Mandalatama* ins Auge, der in der Frühphase des Unabhängigkeitskrieges an Bord eines niederländischen Patrouillenbootes ging, das mit gehisster Staatsflagge im Hafen vor Anker lag, und dort die niederländische gegen die indonesische Flagge austauschte, woraufhin er kurz nach dem Verlassen des Schiffes von einer Maschinengewehrsalve getötet wurde, die von der gedemütigten Schiffsbesatzung abgefeuert worden war.

Altstadt von Singaraja

In unmittelbarer Nähe finden Sie an der den Buleleng überspannenden Brücke den chinesischen Tempel **Tempat Ibadat Tri Dharma Ling Gwan Kiong (C)**, über dessen Eingang ein buntes Relief die ‚Legende von den acht Unsterblichen' illustriert. Im Inneren des Tempels, der sehr alte Keramiken und Textilien birgt, steht links vom Eingang eine aus dem Jahre 1800 stammende große Glocke aus dem niederländischen Kent. Der gute Erhaltungszustand dieser religiösen Gedenkstätte legt beredtes Zeugnis von der bedeutenden Rolle der hiesigen chinesischen Gemeinde ab, die mit Fleiß und Geschäftssinn ganz wesentlichen Anteil am Aufstieg der Stadt hatte und tut – fast seit Anbeginn – ihre wirtschaftliche Elite stellt. Dieser ökonomische Erfolg war es andererseits aber auch, der sie in der

Zentrum der Chinesengemeinde:
Tempat Ibadat Tri Dharma Ling Gwan Kiong

Vergangenheit immer wieder zur Zielscheibe unzufriedener Massen werden ließ, letztmalig Ende der 90er Jahre des 20. Jahrhunderts, als aufgeputschte Randalierer in dieser Stadt einige Geschäfte von Chinesen brandschatzten oder demolierten, darunter auch einen Teil der lokalen **Markthallen (D)** (Pasar Anyar), die man an der Jl. Diponegoro findet und um die herum nunmehr wieder den ganzen Tag über geschäftiges Markttreiben herrscht.

Orientiert man sich vom chinesischen Tempel in Richtung Jl. Imam Bonjol, so wird man in der Nebenstraße Jl. Erlangga rechts zunächst der kleinen **Masjid Nur (E)** gewahr, ehe man wenige Meter weiter in der Jl. Imam Bonjol gleichfalls rechts eine weit größere Moschee zu Gesicht bekommt, die **Masjid Agung Jamik (F)**, die aus dem 19. Jahrhundert stammt und aufgrund ihrer zinkverblechten Kuppel auffällt.

Kuppel und Minarett der Masjid Agung Jamik

Singarajas größter und beeindruckendster Tempel ist der weiter südlich an der Jl. Pramuka zu findende **Pura Agung Jagat Natha (G)**, der allerdings über keine herausragenden architektonischen Besonderheiten verfügt.

Hält man sich auf der Jl. Gajah Mada südwärts, d.h. stadtauswärts, kommt man an dem links der Straße auf einer kleinen Anhöhe gelegenen **Pura Dalem (H)** vorbei, der *Shiva* geweiht ist und zu den interessantesten Hindu-Tempeln Nordbalis zählt. Der von *Naga* flankierte Treppenaufgang leitet über zum ersten Hof, den man durch ein **Candi bentar** betritt, birgt keine großen Sehenswürdigkeiten, weswegen man gleich links durch ein weiteres, überaus reich verziertes Tor in den zweiten, tiefer gelegenen Hof gehen kann, in dem links das **Bale Gong** und rechts das **Bale Pemalaiyagan** stehen, in dem während der Tempelfeste die Götter von den Menschen willkommen geheißen werden. Am Ende der Anlage führen Stufen auf eine Steinterrasse, auf der sich die Altäre für die verschiedenen Gottheiten befinden. Während schaurige Reliefs der Hexe *Rangda* die Treppenaufgänge im Inneren flankieren, wacht *Durga* (die weibliche Erscheinungsform von *Shivas* zerstörerischer Energie) über den benachbarten Verbrennungsplatz.

Wo bei der Weiterfahrt links der Kreuzung der **Pasar Buleleng (I)** auftaucht, biegen Sie rechts ab, wodurch Sie zum linker Hand in der Jl. Veteran gelegenen, 1928 von dem niederländischen Residenten *L.J.J. Caron* gegründeten **Gedong Kirtya Lontar Museum (J)** kommen, in dem neben mehr als 4.500 Lontar-Palmblattmanuskripten zahlreiche Zeitungen, Zeitschriften und Tagebücher aus der Zeit der niederländischen Besatzung aufbewahrt werden. Einmalig ist die vollständige Sammlung traditioneller balinesischer Kalender seit dem Jahre 1935. Von besonderem Wert sind zudem die in altbalinesischer Sprache beschriebenen Metallplatten (Prasasti) aus dem 14. Jahrhundert, auf denen königliche Erlasse festgehalten sind. Gehören letztere zu den frühesten schriftlichen Überlieferungen, die man auf Bali kennt, so ist die Palmblättersammlung die

Eine Bibliothek der besonderen Art

Singarajas Pura Agung Jagat Natha

bedeutendste und umfassendste ihrer Art in Indonesien. Das Spektrum der hier aufbewahrten bibliophilen Schätze reicht von Ritualbüchern, Dichtungen und Chroniken zur Geschichte Balis und Lomboks bis hin zu magischen Formeln und Traktaten über die traditionelle Heilkunst. Um die empfindlichen Originale, von denen viele im Rahmen einer niederländischen Militärexpedition aus dem Königspalast in Mataram (Lombok) hierher verschleppt wurden, zu bewahren, wird die Lontar-Sammlung nach und nach auf neue Palmblätter kopiert und auf Initiative eines Wissenschaftlerteams aus Balinesen und Niederländern in lateinische Schrift übertragen. Zu sehen sind auch Palmblattmanuskripte aus Indien und Myanmar.

Unmittelbar hinter dem Museum findet man die Reste des ehemaligen Raja-Palastes **Puri Sinar Nadi Putri (K)**.

Ein Löwe mit Symbolwert

Folgt man der Jl. Veteran weiter westwärts, kommt man an der inmitten der nächsten großen Kreuzung sich erhebenden, sehr symbolträchtigen **Statue des geflügelten Löwen Singambararaja (L)** vorbei, dem Wahrzeichen der Stadt. Der fünfeckige Sockel erinnert an die Pancasila, besonders bemerkenswert ist jedoch die ‚Verschlüsselung' eines Datums, nämlich des 17. Augusts 1945, jenes Tages also, an dem die Republik ausgerufen wurde. Dargestellt wird es durch die 17 Schwungfedern der Flügel des Löwen, der in seinem Maul eine Weizenähre mit – dem Monat entsprechend – acht Blättern und – als Hinweis auf die Jahreszahl – 45 Körnern hält.

Über die Jl. Pahlawan und Jl. Jend. Sudirman gelangt man auf die Ausfallstraße in Richtung

Lovina

 Aktuelle regionale Reisetipps zu Lovina und Kayuputih
entnehmen Sie bitte den gelben Seiten 395ff und 378

Heimatliebe

Dieser etwa fünf Kilometer westlich von Singaraja beginnende Küstenstreifen hat sich seit den 70er Jahren des 20. Jahrhunderts zu einem Zentrum des Badetourismus im Norden der Insel entwickelt, das sich ständig weiter entlang der nördlichen Küstenstraße ausdehnt und mittlerweile – von Ost nach West – die Ortschaften **Pemaron**, **Tukadmungga**, **Anturan**, **Kalibukbuk**, **Kaliasem**, **Bunut Panggang** und **Temukus** umfasst, wobei Kalibukbuk und Anturan die agilsten der genannten Ortschaften sind. 1970 erbaute *Anak Agung Panji Tisna*, der letzte Raja von Buleleng, das erste Hotel am rund neun Kilometer langen Strand von Lovina; heute zählt man mehr als fünf Dutzend Bungalowanlagen der verschiedensten Preiskategorien, wobei man hier, da das Angebot an Luxusherbergen noch sehr bescheiden ausfällt, bislang noch einigermaßen preiswert den beeindruckenden Sonnenuntergang genießen kann, zumal die im Süden Balis nahezu allgegenwärtigen Verkäufer hier nur sehr dünn gesät und auch nicht so aufdringlich sind. *Anak Agung Panji Tisna* war es auch, der diesem Küstenstreifen 1953 seinen Namen gab, wobei er dabei das englische Wort ‚love' zugrundelegte, das er mit der Abkürzung von ‚Indonesien' verschmolz, so dass der neu kreierte Ausdruck übersetzt ‚ich liebe Indonesien' bedeutet.

Zwar vermag der kilometerlange graue, von einem Riff geschützte Sandstrand mit seinen sanft heranrollenden Wellen keine Südseeträume zu erfüllen und ist darüber hinaus zum Surfen ungeeignet, doch eignet er sich sehr wohl zum Verbringen einiger beschaulicher Urlaubstage, die man beispielsweise mit Schnorchel- und/oder Tauchausflügen zum vorgelagerten Korallenriff mit seiner schönen Unterwasserwelt sowie diversen anderen Erkundungstouren in die nähere Umgebung füllen kann. Wer das maritime Leben näher kennen lernen möchte, sollte dies in der Morgendämmerung tun, denn dann ist die Chance am größten, Delfine am Riff anzutreffen. An manchen Stellen kann man ganz einfach vom Strand aus zum unter Naturschutz stehenden Riff hinausschwimmen, an anderen genügt es, ein Prahu zu mieten, dessen Besitzer sicherlich die besten Tauchplätze kennt.

Tipp
Fahren Sie doch einmal am Spätnachmittag mit den Fischern hinaus zum Fangen. Am Strand finden Sie sicherlich den ein oder anderen, der gegen einen kleinen Obolus bereit ist Sie mitzunehmen.

Im westlichen Teil von Lovina zweigt hinter dem muslimischen Friedhof landeinwärts eine kleine Straße zur Ortschaft **Labuhan Aji** ab, die einen zu einem kleinen Parkplatz bringt, von dem aus es noch etwa 300 m zu Fuß bis zu den **Sing Sing Air Terjun** ist, den ‚Wasserfällen der Morgendämmerung', die in zwei Stufen geteilt den Berg herunter in einen kleinen Teich stürzen, dessen kaltes Wasser herrlich erfrischend ist. Besuchenswert sind die Wasserfälle vor allem während und kurz nach der Regenzeit, in der trockenen Jahreszeit hingegen kann es durchaus passieren, dass diese zu einem dünnen Rinnsal zusammenschrumpfen. (Seien Sie vorsichtig, der Fußpfad ist zum Teil schlüpfrig und im letzten Stück nicht ganz problemlos.)

Seine lebenden Artgenossen kann man vor Lovina beobachten.

Kühlendes Nass

Für die Nacht sollte ein jeder das seinem Geldbeutel entsprechende Nachtquartier in Lovina oder in Kayuputih finden.

Die Region des Danau Bratan

Gitgit

 Aktuelle regionale Reisetipps zu Gitgit entnehmen Sie bitte der gelben Seite 374

Auf dem Wege zu den drei Gebirgsseen kommen Sie, die Überlandstraße von Singara-

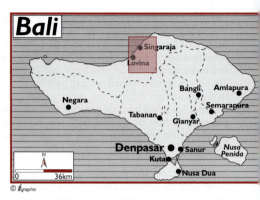

ja aus benutzend, zunächst zum **Air Terjun (1)** nahe der rund 400 m über dem Meeresspiegel gelegenen Ortschaft **Gitgit**, einem zirka 45 m hohen Wasserfall, den Sie vom Parkplatz aus auf einem rund 600 m langen, gut ausgebauten Fußweg erreichen, der großenteils gesäumt ist von zahlreichen Souvenirständen. Gischtschäumend stürzen die Wassermassen in das in eine Dschungelschlucht gebettete schwarze Felsbassin, das umstanden ist von Bananenstauden und anderen tropischen Pflanzen und Bäumen und dessen Nass ebenso kalt wie erfrischend ist. Wenn es nicht gerade wieder einmal regnet, was hier oben vergleichsweise häufig der Fall ist, hat man vom Restaurant am Parkplatz eine phantastische Fernsicht bis hinunter zur Nordküste.

Anschließend windet sich die Straße allmählich immer höher hinauf, bis sich urplötzlich das phantastische Seenpanorama vor einem auftut, hoch überragt vom 1.860 m messenden Gunung Lesung, dem 2.055 m hohen Gunung Pohon sowie dem zwischen diesen beiden liegenden, 2.093 m aufragenden Gunung Sengayang, hinter dem

Redaktions-Tipps

- **Sehenswertes**

Besonders malerisch präsentiert sich der *Pura Ulun Danu Bratan* in Candi Kuning (S. 642ff) ganz früh morgens, wenn sich der Dunst allmählich hebt.

- **Übernachten**

Auch wer nicht die Absicht hat hier zu spielen, sollte angesichts des großartigen Naturszenarios in Erwägung ziehen, im *Bali Handara Kosaido Country Club* (S. 412) abzusteigen.

- **Sport**

Eine Wanderung um den Danau Bratan (S. 641) oder durch die Bergwelt ringsum. Golfspieler indes kommen an einer Runde auf dem Parcours des *Bali Handara Kosaido Country Club* (S. 315) praktisch nicht vorbei.

- **Für große und kleine Kinder**

Eine Bootsfahrt auf dem Danau Bratan (S. 350).

noch der 2.276 m hohe Gunung Batukau die anderen überragt.

Hinweis
Geben Sie Acht, falls Sie entlang der Straße am Kraterwall aussteigen, denn hier tummeln sich Horden von Affen, die mitunter sehr aggressiv werden können. Am besten Sie unterlassen das Füttern der Tiere, um sie gar nicht erst groß auf sich aufmerksam zu machen.

Im Gegensatz zur kargen Vulkanlandschaft des Gunung Batur präsentiert sich die Umgebung des 1.200 m hoch gelegenen **Danau Bratan** in üppigem Grün. Zusammen mit den beiden Nachbarseen Danau Buyan und Danau Tamblingan füllt dieser bis zu 35 m tiefe See, der von den Einheimischen ‚heiliger Bergsee' genannt wird, Teile eines riesigen erloschenen Vulkankraters und hüllt sich gerne in Nebelschwaden und Regenwolken, wodurch er oftmals den Eindruck einer geheimnisumwitterten Region vermittelt, die wie geschaffen ist für Götter, Geister und Dämonen. Zudem soll sein Wasser, dem man magische Kräfte nachsagt, die umliegenden Felder mit ihren fertilen vulkanischen Böden mit einer erstaunlichen Fruchtbarkeit segnen, wozu andererseits aber auch die ausreichend fallenden Niederschläge beitragen, wodurch geradezu ideale Voraussetzungen für den Anbau von Äpfeln, Ananas, Erdbeeren, Passionsfrüchten und vielerlei mehr bestehen. Für die zauberhafte Seen- und Berglandschaft sollte man sich unbedingt etwas Zeit nehmen, die Möglichkeiten dazu sind vielfältig, z.B. in einer Form einer Bootstour auf dem Danau Bratan, den man auch auf einem Fußpfad in rund drei Stunden umrunden kann.

Falls es Ihnen nicht zu schwer fällt, sollten Sie, falls Sie hier nächtigen, möglichst mit den Hähnen aufstehen, um das Naturschauspiel namens ‚Sonnenaufgang über dem See' mitzuerleben.

Sorgt für Abkühlung: der Wasserfall von Gitgit.

Die Region des Danau Bratan

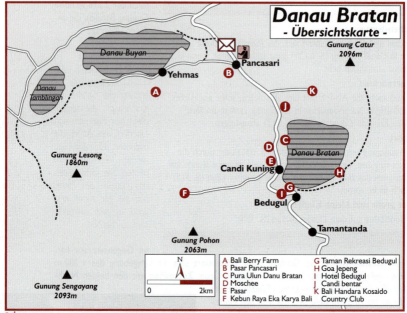

Danau Bratan
- Übersichtskarte -

A Bali Berry Farm
B Pasar Pancasari
C Pura Ulun Danu Bratan
D Moschee
E Pasar
F Kebun Raya Eka Karya Bali
G Taman Rekreasi Bedugul
H Goa Jepeng
I Hotel Bedugul
J Candi bentar
K Bali Handara Kosaido Country Club

Pancasari

Aktuelle regionale Reisetipps zu Pancasari
entnehmen Sie bitte der gelben Seite 412

Obst und Gemüse in Hülle und Fülle

Beginnen können Sie Ihre Besichtigungstour rund um den Danau Bratan mit einem Abstecher zur **Bali Berry Farm (A)**, die Sie etwa eineinhalb Kilometer westlich des **Pasar (B)** von Pancasari an den sanft vom Danau Buyan aus ansteigenden Bergflanken links der Straße finden. Von dieser riesigen Gemüse- und Obstfarm, deren Erzeugnisse nicht nur in der Region selbst auf den Markt kommen, sondern auch in anderen Inselteilen und sogar auf den Nachbarinseln, hat man einen herrlichen Blick auf den See und die umliegende Bergwelt.

Candi Kuning

Aktuelle regionale Reisetipps zu Candi Kuning
entnehmen Sie bitte den gelben Seiten 367f

Tempel im See

Als nächstes sollten Sie auf der Durchgangsstraße bis zum **Pura Ulun Danu Bratan (C)** fahren, den Sie am südwestlichen Eck des Sees links der Durchgangsstraße bei der Ortschaft **Candi Kuning** finden. Der größte Teil des viergeteilten Tempelkomplexes liegt auf einer Landzunge, der namensgebende Tempel hingegen liegt auf zwei kleinen vorgelagerten Inselchen ufernahe im See. Die wahren Reize der Anlage sind im Grunde genommen nur frühmorgens oder am späten Nachmittag spür- und erlebbar, d.h. vor und nach dem Ansturm der Touristenscharen und Souvenirverkäufer.

Das Heiligtum selbst gilt neben dem Pura Ulun Danu Batur als bedeutendster Tempel für die Bewässerung, wobei man die für die Balinesen außergewöhnliche religiöse Bedeutung des 1633 vom König von Mengwi erbauten Tempels daran erkennen kann, dass in ihm eine ganze Reihe verschiedener Gottheiten verehrt werden: *Shiva*, dem der dreistöckige Meru geweiht ist, *Brahma*, dessen man am siebengeschossigen Meru gedenkt, *Vishnu*, der mittels des elfstufigen Meru (gleichzeitig symbolische Darstel-

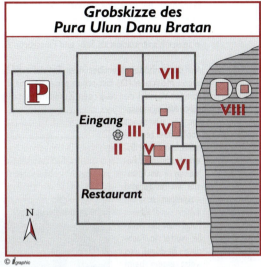

Grobskizze des Pura Ulun Danu Bratan

lung des vom Urozean umgebenen kosmischen Berges Meru) symbolisiert wird, und *Buddha*, an den die fünf meditierenden Dhyanibuddhas erinnern, die in den Nischen des auf einer oktogonalen Basis ruhenden **Stupa (I)** zu finden sind, die man in der den Tempeln vorgelagerten, von einem gewaltigen **Banyanbaum (II)** dominierten Parkanlage links zu sehen bekommt. Der kleine Stupa gehört zu den wenigen wirklichen buddhistischen Bauwerken Balis und wurde an einer jahrhundertelang als heilig verehrten Stelle errichtet. Die vier den verschiedenen Himmelsrichtungen zugewandten, gelb und rot bekleideten Buddhafiguren unterstreichen anschaulich die Übernahme buddhistischer Glaubenselemente in den balinesischen Hinduismus, denn *Gautama Buddha* gilt für die balinesischen Hindus als eine der vielen Erscheinungsformen des Welterhalters *Vishnu*.

Buddhistischer Stupa

Der achteckige Stupa des Pura Ulun Danu Bratan

Ein **Candi bentar (III)** geleitet einen in den **Vorhof (IV)**, in dem sich neben zwei Pavillons und einem Bale an der rechten vorderen Ecke der **Kulkul (V)** erhebt. Hinter der Umfassungsmauer rechts schließt sich direkt der **Pura Dalem Purwa (VI)** an, in der man die Göttin des Essens und Trinkens verehrt. Hält man sich hingegen von dem Stupa aus auf dem schmalen Durchgang links des Vorhofes seewärts, so lässt man den **Pura Teratai Bang (VII)** zu seiner Linken liegen und gelangt so schließlich ans Seeufer, wo vor einem auf zwei winzigen Inselchen die beiden Meru des **Pura Ulun Danu Bratan (VIII)** aufragen, die sich malerisch gegen die umliegenden Berge

Fotogen

abzeichnen. Bei Restaurierungsarbeiten an dem dreigeschossigen Meru fand man neben einer kleinen Quelle auch einen großen weißen Stein, flankiert von zwei roten: ein Hinweis auf *Shiva*. Der danebenliegende große Meru mit elf Dächern hingegen ist *Vishnu* in seiner Manifestation als See- und Flussgöttin *Dewi Danu* gewidmet.

Sichtbarer Wandel

Auf der Anhöhe gegenüber dem Tempel ragt seit einigen Jahren das Minarett einer neuen **Moschee (D)** fast schon provozierend in den Himmel, vom schleichenden, aber stetigen Wandel der religiösen Zusammensetzung der Bevölkerung zeugend, der manchem Alteingesessenen zusehends Kopfschmerzen bereitet, trotz aller Toleranz, die den Balinesen – noch immer weitestgehend – zu eigen ist.

Botanischer Garten

Folgt man der Straße weiter in Richtung Bedugul, so weist einem beim **Pasar (E)** in Candi Kuning, auf dem neben jeder Menge Obst und Gemüse auch Orchideen, Lilien und andere tropische Zierpflanzen verkauft werden, ein Schild den Weg zum **Kebun Raya Eka Karya Bali (F)**, dem etwa zwei Kilometer weiter am Ende der Straße zu findenden Botanischen Garten, der 1959 am Abhang des Gunung Pohon gegründet wurde und heute 154,5 ha umfasst, sich in einer Höhenlage von 1.200-1.450 m ausbreitend.

Frühmorgens ist es beim Pura Ulun Danu Bratan noch herrlich ruhig.

In der Eingangszone passiert man die gewaltige Steinstatue von *Kumbakarna*. Mit seinem ausgedehnten Wege- und Straßennetz lädt er zum Wandern ebenso ein, wie er bequem mit dem Auto erkundet werden kann, wobei man sich entlang des Weges einen guten Überblick über die überreiche Pflanzenwelt Asiens verschaffen kann, die hier mit mehr als 1.180 Arten vertreten ist. Auf rund 380 verschiedene Orchideenarten trifft man hier ebenso wie auf ein Farnhaus mit über 70 Arten, ein Kakteenhaus mit über 100 Arten und ein Rosenhaus sowie eine Abteilung, in der man medizinische Kräuter und Pflanzen züchtet. Von einigen Stellen aus hat man einen zauberhaften Blick auf den See und die umliegende Bergwelt.

Kumbakarna empfängt die Besucher des Botanischen Gartens.

Tipp
Wenn es geht, sollten Sie das Wochenende meiden, da der Park beliebtes Ausflugsziel der Einheimischen ist, wochentags hingegen ist man hier fast alleine unterwegs.

Bekanntester Ort der Region ist das am Südende des Sees in 1.224 m über dem Meeresspiegel gelegene **Bedugul**, ein zum großen Teil aus diversen Unterkunftsmöglichkeiten einfacherer Art und Restaurants sowie Souvenirläden bestehender Ausflugsort, den man – von Candi Kuning kommend – nach der Umrundung einer kleinen Berganhöhe erreicht, indem man nach links von der Hauptstraße abbiegt. Aufgrund der Höhenlage besitzt der Ort tagsüber ein angenehmes Klima (16-20°C), doch kühlt es nachts mitunter empfindlich ab, so dass – falls man in der Gegend nächtigt – zumindest eine dünne Jacke nicht im Gepäck fehlen sollte.

Beliebtes Ausflugsziel

Hinweise
Bei der Einfahrt nach Bedugul wird eine Maut in Höhe von Rp. 4.800 pro Pkw fällig. Der Wagen muss auf dem großen Parkplatz am Ortseingang abgestellt werden.

Vom Parkplatz aus gelangt man auf einer bergabwärts führenden Straße zum **Taman Rekreasi Bedugul (G)**, einem kommerzialisierten Freizeitpark mit überteuerten Restaurants und Souvenirläden sowie diversen Freizeiteinrichtungen, vor allem natürlich Wassersportmöglichkeiten wie Wasserski, Motorbootfahren, Jetski, Paragliding und ähnlichem (siehe im Kapitel ‚Allgemeine Reisetipps von A-Z – Verkehrsmittel – Fähren und Boote', S. 350). Von hier aus kann man auch zum Pura Ulun Danu Bratan hinüberpaddeln oder sich zu den **Goa Jepeng (H)** (‚Japanische Höhlen') am Ostufer des Sees bringen lassen, die von indonesischen Gefangenen im Zweiten Weltkrieg für die Japaner als Unterstände gegraben wurden. Die Höhlen sind vom Freizeitpark auch in 45-60 Minuten zu Fuß zu erreichen und können als Ausgangspunkt für den etwa zweistündigen Aufstieg zum **Gunung Catur** gewählt werden.

Kriegshinterlassenschaft

INFO   Besteigung des Gunung Catur

Alpinistischen Ambitionen kann man bei der Besteigung des 2.096 m hohen Gunung Catur frönen, wobei die Anheuerung eines Bergführers empfehlenswert ist.

Für gewöhnlich beginnt die gut ausgeschilderte Bergtour am **Hotel Bedugul (I)** und führt zunächst auf einem Feldweg zum Dorf **Tiingan**, von wo aus ein Pfad durch abwechslungsreichen Regenwald immer steiler werdend bergauf führt. Vorbei an einem verlassenen holländischen Landhaus, hangelt man sich im oberen Teilstück auf dem mitunter äußerst glitschigen Untergrund über umgestürzte Bäume bergan, bis man nach etwa zwei Stunden den völlig eingewachsenen Gipfel erreicht, auf dem der kleine **Pura Puncak Mangu** steht, der von zahlreichen Affen bewohnt wird.

Obwohl der unscheinbare Tempel zu den Reichstempeln zählt, ist er wenig bekannt und noch weniger besucht. Vom ersten Raja Mengwis erbaut, besitzt die Anlage neben einem Padmasana und einigen Schreinen u.a. ein Lingam, einige hübsche Reliefs und zwei Meru.

Als alternativer Rückweg bietet sich die Route hoch über dem Nordufer des Sees bis Pancasari oder Candi Kuning an.

Hinweise
- Tragen Sie bei der Besteigung des Berges festes Schuhwerk mit griffigen Sohlen und nehmen Sie ausreichend Trinkwasser mit.
- Wer am Berggipfel übernachten möchte, kann dies im Schutze eines der Bale des Tempels tun, sollte dann aber unbedingt etwas Warmes zum Anziehen mitnehmen, da es nachts recht frisch wird.
- Bergführer findet man sowohl in Bedugul als auch in Pancasari oder Candi Kuning. Fragen Sie doch im Hotel Yayasan Bali Dharma Yadnya danach (siehe Kapitel ‚Organisierte Touren – Zu Fuß', S. 468).

Einfahrt zum Bali Handara Kosaido Country Club

Putten auf Weltniveau

Von Bedugul aus fahren Sie anschließend wieder zurück in Richtung **Pancasari**, wo Sie, kurz nachdem Sie die Tankstelle links haben liegen lassen und durch ein großes, die Ortsgrenze von Pancasari markierendes **Candi bentar (J)** gefahren sind, nach rechts zum 135 ha großen **Bali Handara Kosaido Country Club (K)** abbiegen, dessen traumhaft schöner 18-Loch-Golfplatz zu den 50 besten der Welt gerechnet wird und dessen Parkanlage von einer Vielzahl in allen Farben blühender Bäume und Sträucher farblich akzentuiert wird. Fahren Sie einmal gemächlich bis zum dazugehörenden Hotel, das auch über eine nette Bar verfügt, in der Sie bei einem Drink die herrliche Aussicht auf den Parcours genießen können, oder aber Sie lassen den Tag – wenn Sie nicht ohnehin hier wohnen – an diesem Ort mit einem feinen Dinner ausklingen.

Golfen in herrlicher Berglandschaft: im Bali Handara Kosaido Country Club.

Vom Danau Bratan nach Pemuteran

Wanagiri

 Aktuelle regionale Reisetipps zu Wanagiri entnehmen Sie bitte der gelben Seite 465

Vom Danau Bratan kommend, biegen Sie auf der Höhe an der Weggabelung von der Überlandstraße Bedugul-Singaraja nach links in Richtung Seririt ab, wodurch Sie auf

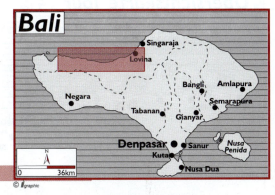

Redaktions-Tipps

Sehenswertes

Legen Sie den einen oder anderen Stopp auf der Höhenstraße oberhalb des Danau Buyan und Danau Tamblingan ein (S. 647), um das phantastische Landschaftspanorama zu genießen. Die phantastische Gartenanlage des *Matahari Beach Resort & Spa* in Pemuteran (S. 655 und 415), die jeden Gärtner in Verzückung versetzt, muss man gesehen haben.

Übernachten

Für alle diejenigen, die es sich leisten können, ist das *Matahari Beach Resort & Spa* in Pemuteran (S. 415) allererste Wahl, alle anderen finden in den *Taman Selini Beach Bungalows* (S. 415) im selben Ort eine behagliche Alternative. Und wer auf den Strand verzichten kann, findet in den *Damai Lovina Villas* in Kayuputih (S. 378) genau die richtige Herberge.

Essen und Trinken

Im *Ngiring Ngewedang* (S. 401) nahe der Ortschaft Tamblingan hat man nicht nur eine schöne Aussicht, sondern bekommt auch demonstriert, wie Kaffee verarbeitet wird. Kulinarische Höchstleistungen, die jeden Umweg lohnen, warten in den *Damai Lovina Villas* in Kayuputih (S. 378) auf Sie.

Sport

Einblicke in das dörflich-ländliche Leben Balis verschaffen einem Wanderungen rund um den Danau Tamblingan (S. 647 und 466ff) und in der Region um Munduk (S. 650 und 467).

Veranstaltungen

Eine Vielzahl höchst interessanter Workshops bietet das *Puri Lumbung* in Munduk (S. 402) an, das eng mit den Bewohnern des Dorfes zusammenarbeitet und sich darum bemüht, Kontakte und Verständnis zwischen Einheimischen und den ausländischen Besuchern herzustellen.

die Panoramastraße hoch über den beiden Seen Danau Buyan und Danau Tamblingan gelangen, die zu den landschaftlich reizvollsten und spektakulärsten Wegstrecken der Insel zählt. Zahlreiche Haltemöglichkeiten entlang der hoch über den Seen auf dem Grat des Kraterwalls verlaufenden Straße offerieren Ihnen bei **Wanagiri** die Möglichkeit, die phantastische, von tropischen Wäldern bedeckte Berglandschaft in aller Ruhe zu genießen, während sich auf der anderen Straßenseite immer wieder Ausblicke auf die rund 1.200 m tiefer liegende Nordküste auftun.

Traumhafte Höhenstraße

Oberhalb des Isthmus, der die beiden Seen seit einem Erdrutsch im 19. Jahrhundert voneinander trennt, findet man links der Straße am Ende eines langen Stufenpfades den kleinen **Pura Pekemitan Kan-**

Vom Danau Bratan nach Pemuteran

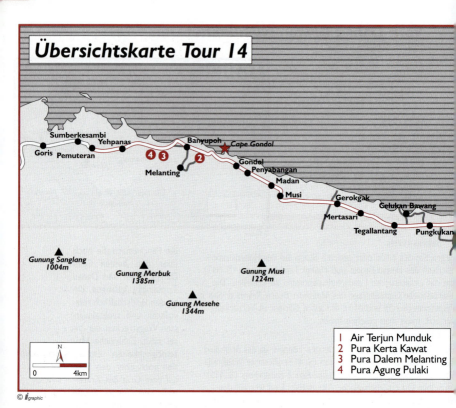

Übersichtskarte Tour 14

1 Air Terjun Munduk
2 Pura Kerta Kawat
3 Pura Dalem Melanting
4 Pura Agung Pulaki

Von der Höhenstraße aus hat man einen phantastischen Blick auf den Danau Buyan.

gin **(A)**, der einem weitere großartige Ausblicke gewährt.

Um diese stimmungsvolle Seenlandschaft nicht nur aus der ‚Vogelperspektive' zu sehen, sollten Sie auch einmal zum Danau Tamblingan hinunterfahren. Die z.T. recht steil bergab führende Straße passiert **Gubug**, wo man sich eventuell im rechts der Straße gelegenen **Warung Sulastri**

Vom Danau Bratan nach Pemuteran

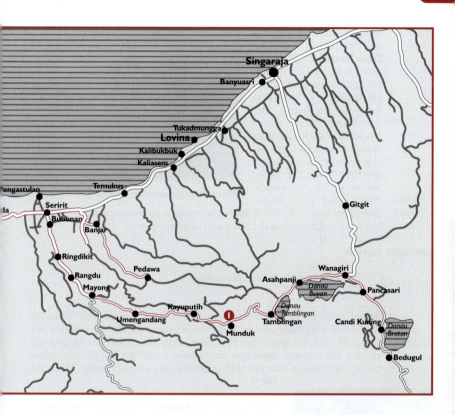

Auskünfte für Touren rund um die Seen einholen kann, zudem hat man von der kleinen Terrasse des Lokals einen schönen Blick auf die gebirgige Waldlandschaft.

Die letzten paar Hundert Meter bis zum Danau Tamblingan selbst führen auf einer ausgefahrenen Piste teilweise durch den herrlichen Primärwald, der den See umgibt und in dem sich neben Affen vor allem zahlreiche Vogelarten tummeln. Am Seeufer stößt man auf den ein wenig verwahrlost wirkenden **Pura Gubug Tamblingan (B)**, der den Ahnen der Rajas von Tabanan und Bu-

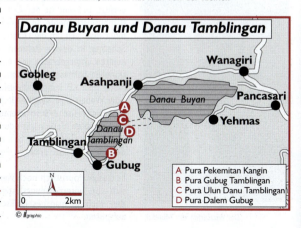

leleng geweiht ist. Wer zum kleinen, unscheinbaren **Pura Ulun Danu Tamblingan (C)** am anderen Ende des Sees möchte, kann sich hier ein Kanu mieten (die einfache Fahrt kostet zirka Rp. 40.000 pro Person), oder aber er umrundet den See zu Fuß, wobei er am **Pura Dalem Gubug (D)** vorbeikommt, der über einen vergleichsweise großen Meru verfügt. Die Region der beiden Seen ist beliebtes Trekkinggebiet (siehe Kapitel ‚Organisierte Touren – Zu Fuß', S. 466ff), was angesichts der weitestgehend unberührten Natur und Vielfalt der Flora und Fauna auch nicht verwunderlich ist.

Noch nicht überlaufen: die Region rund um den Danau Tamblingan

Beliebtes Trekkingrevier

Munduk

Aktuelle regionale Reisetipps zu Munduk
entnehmen Sie bitte den gelben Seiten 401f

Wieder zurück auf der Panoramastraße, windet sich diese nunmehr nach Westen hin ziemlich steil rund 500 m bis zum knapp zwei Kilometer vor Munduk gelegenen **Air Terjun Munduk (1)**, einem etwa 30 m hohen Wasserfall, zu dem vom Parkplatz aus ein etwa 500 m langer, unbefestigter und teilweise schlüpfriger Pfad führt, an dessen beiden Weggabelungen man sich beim ersten Mal links und beim zweiten Mal rechts hält.

Natur pur

Sodann passiert man **Munduk**, das sich in einer von Gewürznelken und Kaffeeplantagen geprägten Landschaft ausbreitet und noch über einige hübsche Häuser aus der Kolonialzeit verfügt. Bekannt ist der Ort u.a. für die hier hergestellten Bambusinstrumente. In diesem nicht allzu großen Ort bemüht man sich um die Umsetzung eines neuen touristischen Schemas, in dessen Rahmen Besucher in einfachen Unterkünften untergebracht und mit vielerlei Aspekten des traditionellen balinesischen Lebens vertraut gemacht werden. So bietet man z.B. kunsthandwerkliche Kurse wie Holzschnitzen oder Weben an, ermöglicht Interessenten das Erlernen klassischer balinesischer Instrumente, führt in die Geheimnisse der traditionellen Medizin ein oder zeigt, wie die diversen Opfergaben oder Gerichte der balinesischen Küche zubereitet werden. Mehr darüber erfahren Sie im Hotel **Puri Lumbung**.

Der Wasserfall von Munduk

In diesem touristisch noch wenig erschlossenen Terrain lässt sich von unternehmungslustigen und einfühlsamen Reisenden noch so manches idyllisches Kleinod auf eigene Faust aufspüren.

Seririt und Banjar

Aktuelle regionale Reisetipps zu Seririt und Banjar entnehmen Sie bitte den gelben Seiten 433f und 362

Die Bergstraße bringt einen schließlich hinunter nach **Seririt**, wo man sich auf der Küstenstraße zunächst ostwärts in Richtung der kleinen Ortschaft **Banjar** orientiert.

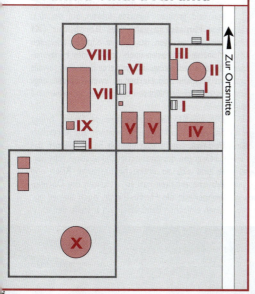

Um zu Balis einzigem buddhistischen Kloster zu gelangen, biegt man im Ort beim entsprechenden Hinweisschild zunächst nach rechts und dann vor dem **Pasar** links ab, ehe man sich bei der anschließenden T-Kreuzung rechts hält, wodurch man auf einer steilen und engen Bergstraße letztendlich das Kloster **Brahma Vihara Asrama** erreicht.

Das sich auf einem kleinen Hügel oberhalb des Dorfes erhebende buddhistische Meditationszentrum wurde 1958 erbaut und 1976 infolge eines Erdbebens schwer beschädigt. Die **Treppenaufgänge (I)** des auf mehreren Terrassen angelegten, mit rotgoldenen Gebäuden ausgestatteten Klosters flankieren steinerne Wächterfiguren, den Vorhof ziert ein **Lotusteich**

Balis einziges buddhistisches Kloster

(II), neben dem ein offener **Bale (III)** steht. Eine kleine Treppe führt ein paar Stufen hoch zur **Gebetshalle (IV)**, in der eine von zwei *Avalokiteshvara*-Figuren, den Heilsbringern des Mahayana-Buddhismus, flankierte Buddhafigur zu sehen ist. Die rechts davon auf die nächste Terrasse führende Treppe bringt einen zu den links gelegenen **Wohn- und Essräumlichkeiten (V)**, darüber hinaus findet man auf ihr noch zwei **hölzerne Buddhafiguren (VI)**, zwischen denen eine weitere Treppe zur großen **Medita-**

Der Lotusteich im Brahma Vihara Asrama

Die Treppenaufgänge des Brahma Vihara Asrama sind flankiert von fein gearbeiteten Statuen.

tionshalle (VII) emporführt, in der Reliefs Szenen aus *Buddhas* Leben – und zwar von seiner Geburt bis zum Eingehen ins Nirwana – aufzeigen. Rechts von dieser ragt wiederum ein auf einer achteckigen Plattform ruhender **Stupa (VIII)** auf, dessen Aufgänge mit Naga und anderen Schutzfiguren verziert sind, und der selbst die Elementensymbolik und die Erleuchtungsstufen gemäß *Buddhas* Lehre versinnbildlicht. Links der Halle wird man unter einem Bodhibaum einer weiteren sitzenden **Buddhafigur (IX)** gewahr, zu deren Linken mehrere Stufen zur obersten und größten Terrasse führen, auf der u.a. eine **Miniaturausgabe des Borobudur (X)** errichtet worden ist. Die im Kloster lebenden Mönche meditieren nach der Art des Hinayana-Buddhismus, wobei interessierte Besucher jeweils im Frühjahr und Herbst an zweiwöchigen, englischsprachigen Kursen teilnehmen können.

Die am Kloster vorbeiführende Straße bringt Sie nach rund zehn Kilometern zur Ortschaft **Pedawa**, einem abgelegenen Bali-Aga-Dorf, das 1343 gegen die javanische Okkupation rebellierte und sich so uralte hinduistische Riten und Bräuche erhalten hat; so errichten die Dorfeinwohner für die Hindu-Trinität noch immer nur einen einfachen Bambusschrein anstelle der sonst fast überall auf Bali üblichen drei steinernen Schreine.

Eine weitere Sehenswürdigkeit in Banjar selbst sind die **Air Panas**, die lokalen heißen Quellen, zu denen Sie gelangen, wenn Sie vom Kloster aus zunächst bis zum Markt zurückfahren und sich bei diesem sodann links halten, ehe Sie wenig später – dem Hinweisschild folgend – noch einmal links abbiegen. Der etwa 200 m lange Weg vom Parkplatz bis zum Eingang ist gesäumt von einer Vielzahl an Verkaufsständen. Die malerische, mitten im üppigen

Die heißen Quellen von Banjar sind auch bei Ausländern ein beliebter Badeplatz.

Tropendschungel gelegene Quellenanlage wird von einer 38°C heißen Schwefelquelle gespeist, deren Wasser sich aus den Steinköpfen acht heiliger Schlangen (Naga) in das erste von drei übereinander gestaffelten Becken ergießt, von wo es durch fünf weitere steinerne Schlangenköpfe in das zweite Becken fließt. Aus drei Wasserspeiern stürzt das Nass schließlich aus drei Metern Höhe in das unterste Becken und verschafft einem auf diese Weise eine kostenlose Massage. Für einigen Komfort sorgen Duschen und Umkleidekabinen sowie ein nettes Restaurant.

Heißes Badevergnügen

Die Ortschaft **Banjar** selbst ist nicht ohne historische Bedeutung, denn bis 1871 leistete das hier existierende, von einer Brahmanenfamilie regierte halb-unabhängige Königreich Widerstand gegen die niederländischen Kolonialherren, doch in jenem Jahr wurde die herrschende Familie bei einem der ersten Puputan im so genannten ‚Banjar-Krieg' ausgelöscht. Die hier lebenden Brahmanen, deren Vorfahren im 19. Jahrhundert alte Kawi-Texte ins Balinesische übersetzten, sind bis heute berühmt für ihr literarisches Können.

Berühmte Literaten

Auf der Küstenstraße geht es dann – vorbei an Kokosnusshainen, Maisfeldern und Kapokbäumen – durch den dünn besiedelten westlichen Teil des Regierungsbezirks Buleleng weiter Richtung Westen, und zwar bis **Celukan Bawang**, den wichtigsten Hafen an Balis Nordküste, der über mehrere Kais verfügt und in dem – neben modernen Frachtschiffen – meist auch einige buginesische Schoner vor Anker liegen.

Nordbalis wichtigster Hafen

Hinweis
Wer in das Hafengebiet hineinfahren möchte, muss Rp. 1.000 Maut bezahlen.

Cape Gondol/Melanting

Aktuelle regionale Reisetipps zu Cape Gondol/Melanting
entnehmen Sie bitte der gelben Seite 368

Nach weiteren rund 15 km erreicht man **Cape Gondol**, dessen weißer Sandstrand noch nahezu unberührt und menschenleer ist, doch leider auch ohne jegliche sanitäre Einrichtungen und ähnliches. Hier befindet sich auch das **Fisheries Research Project**, in dem man sich um die Aufzucht und Neuzüchtung verschiedener Fischarten bemüht, darunter des Garupa.

Die Nordküste bei Cape Gondol

Während rechts das Meer sanft anbrandet, erheben sich links die ausgedorrten, ausgebrannten Flanken der Berge, zu deren Füssen man wenige Kilometer weiter links der Straße (Hinweisschild beachten) nach 400 m den **Pura Kerta Kawat (2)** findet, der vom 579 m hohen Gunung Pulaki überragt wird. Dieser Tempel weist für Nordbali erstaunlich klare, schnörkellose Formen auf, wobei die stupaartigen Spitz-

Eigenwillige Architektur kennzeichnet den Pura Dalem Melanting.

aufsätze an den Gesimsen auffallen.

Von hier ist es auf der Überlandstraße nicht allzu weit bis zum **Pura Dalem Melanting (3)**, zu dem gleichfalls links der Hauptstraße (Hinweisschild beachten) eine schmale Landstraße führt, an der man ihn nach etwa zwei Kilometern rechts liegen sieht. Der Tempel, der dem Gott des Wohlstandes geweiht ist, überrascht und beeindruckt aufgrund seiner sehr eigenwilligen Bauweise, u.a. sein gewaltiges Candi bentar, zu dem eine von Naga gesäumte Treppe hinaufführt. Die verschnörkelte, verspielte Bauweise erinnert ein wenig an überdimensionierte Plastiken von *Salvadore Dali* oder *Antonio Blanco*.

Aus dem Felsen gemeißelt

Wieder auf der Küstenstraße, erreicht man schon wenig später den direkt an der Straße gelegenen **Pura Agung Pulaki (4)**, der teilweise aus dem massiven Felsen herausgemeißelt wurde und durch seine schöne Lage am Kliff, mit Blick auf Meer, Strand und – bei klarem Wetter – die Vulkane Javas, beeindruckt. Geweiht ist der 1983 vollständig restaurierte Tempel dem Religionserneuerer *Danghyang Nirartha*, von dem berichtet wird, dass er sich, als er in Gelgel lebte, dazu gezwungen sah, seine Tochter unsichtbar zu machen, damit sie vom König nicht verführt werden konnte. Daher brachte er sie an diesen abgelegenen Ort und machte sie zusammen mit den hier Lebenden unsichtbar. Während die Tochter heute hier als Göttin *Betari Dalem Melanting* verehrt wird, wurde das Dorf zum Pura Agung Pulaki (aus: Mpu laki = weiser Mann). Und so glauben die Einheimischen noch heute an die Existenz eines – bis auf die Tempel – unsichtbaren Dorfes sowie eines Tigerdschungels in Pulaki und bringen diesen Gamang, wie die Unsichtbaren genannt werden, regelmäßig Opfer dar; außerdem kommen die Gläubigen aus allen Teilen Balis hierher, um Wasser aus der heiligen, im Gebirge versteckten Quelle zu schöpfen. Sehen Sie sich jedoch in jedem Fall vor den Horden wilder Affen vor, die z.T. auch auf der Straße herumsitzen und dort die ihnen von den Einheimischen im Vorbeifahren zugeworfenen Früchte und Nüsse genüsslich verzehren.

Pemuteran

Aktuelle regionale Reisetipps zu Pemuteran
entnehmen Sie bitte den gelben Seiten 415f

Gleich darauf erreichen Sie **Pemuteran**, in dem seit den 90er Jahren des 20. Jahrhunderts einige feine Bungalowanlagen entstanden sind und dessen exzellente Tauchrevie-

Vom Danau Bratan nach Pemuteran **655**

re immer mehr Unterwassersportler anlocken.

Gegenüber dem **Matahari Beach Resort & Spa (A)**, dessen phantastische Gartenanlage Sie keinesfalls verpassen dürfen, führt eine kleine Straße zum weißen Tempel **Pura Pemuteran (B)** und den daneben liegenden heißen Quellen **Air Panas Pemuteran (C)**, die allerdings beide nicht besonders sehenswert sind.

```
1  Aneka Bagus Resort & Spa
2  Pondok Sari Beach Bungalows & Restaurant
3  Puri Ganesha Villas
4  Taman Sari Bali Cottages
5  Taman Selini Beach Bungalows
```

Grobskizze, nicht maßstabgerecht.

Folgen Sie der Küstenstraße noch ein kleines Stück westwärts, so finden Sie kurz hinter der Moschee auf der rechten Seite beim *Reef Seen Aquatics Dive Centre* das **Proyek Penyu (D)**, eine Zuchtanstalt für mehrere hundert Meeresschildkröten, die hier ausgebrütet und anschließend in mehreren Becken herangezogen werden, ehe man sie in die Freiheit entlässt.

Lassen Sie den Tag in einem der netten, unmittelbar am Strand gelegenen Hotelrestaurants ausklingen.

Den Garten des Matahari Beach Resort & Spa muss man gesehen haben.

Der Westen

Banyuwedang und
Labuhan Lalang

Aktuelle regionale Reisetipps zu Banyuwedang und Labuhan Lalang entnehmen Sie bitte den gelben Seiten 362 und 390f

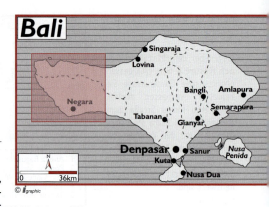

Während dieser Tagesetappe, die Sie – von Pemuteran kommend – zunächst Balis bedeutendstes Weinanbaugebiet und anschließend die beim *Mimpi Resort Menjangan* blubbernden **Air Panas (1)** (heißen Quellen) von **Banyuwedang** passieren lässt, umrunden Sie den **Taman Nasional Bali Barat** (Nationalpark Westbali; siehe Kapitel ‚Allgemeine Reisetipps von A-Z – Nationalpark'), ein Stück einzigartiger Natur auf dieser Insel.

Einzigartige Natur

Wichtigster Startpunkt für Wander- und Trekkingtouren im Nationalpark ist die Rangerstation in **Labuhan Lalang** an der **Teluk Terima** (Terima-Bucht). Hier – wie auch im Hauptquartier in Cekik (s.u.) – können Sie sich die Besuchserlaubnis und den obligatorischen Führer besorgen.

Refugium

Balis bislang einziger Nationalpark, der einen Großteil des nahezu unbewohnten Hochlands von Jembrana im Nordwesten Balis einschließlich der Prapat Agung umfasst, nimmt eine Gesamtfläche von 76.312 ha ein, von denen rund 50.000 ha bewaldet sind. Zunächst wiesen die Niederländer 1941 im Westen der Insel ein Naturschutzgebiet aus, um so das Aussterben des seltenen Bali-Stars und des balinesischen Wildrindes (Banteng) zu verhindern, für den in den 1930er Jahren ausgerotteten Bali-Tiger kam die Unter-Schutz-Stellung allerdings zu spät. 1984 wurde das Gebiet schließlich zum heutigen Nationalpark erweitert, in dem neben den genannten seltenen Spezies u.a. diverse Affen- und Schlangenarten, Leoparden, Wildschweine, Zibetkatzen, javanische Wildbüffel, Muntjak-Hirsche und viele der rund 300 auf Bali anzutreffenden Vogelarten leben.

Maritime Schutzzone

An den Südhängen regenreicher, zentraler Hochlagen des Gebirgszuges, der den Nationalpark durchzieht, stößt man bis in eine Höhe von 1.500 m auf immergrünen Primärwald, im trockeneren Norden hingegen findet man lichte, laubabwerfende Monsunwälder und Palmsavannen. Wichtige Bestandteile des rund 6.600 ha großen Meeresschutzgebietes im Norden des Parks sind u.a. ausgedehnte Mangrovensümpfe und fischreiche Korallenriffs rings um die Bukit Prapat Agung und Pulau Menjangan sowie Vogelreservate auf den Inselchen in der Gilimanuk Bay. Alles in allem besiedeln mehr als 200 Pflanzenarten die verschiedenen Vegetationszonen des Parks.

Da die kontrollierte Waldnutzung in gewissen Abschnitten des Parks eines der wichtigsten Ziele der Parkverwaltung ist, hat diese ein wachsames Auge auf den – lange Zeit unkontrollierten – Holzeinschlag der Bauern angrenzender Dörfer geworfen, zu-

Redaktions-Tipps

- **Sehenswertes**

Die Unterwasserwelt vor der Pulau Menjangan (S. 657ff). Ornithologen, doch nicht nur solche, sollten einmal im *Pusat Penangkaran Jalak Bali* (S. 660f) vorbeischauen, wo man sich um die Erhaltung des Bali-Stars bemüht.

- **Übernachten**

Traumhaft an einer Lagune gelegen, verfügt das *Mimpi Resort Menjangan* bei Banyuwedang (S. 362) sogar über eine eigene heiße Quelle. Für alle, die der Hektik und dem Rummel entfliehen möchten, ist das *Waka Shorea Resort* auf der Halbinsel Bukit Prapat (S. 391) in der Region erste Wahl, denn es ist nur mit dem Boot oder Wasserflugzeug zu erreichen.

- **Essen und Trinken**

Für einen romantischen Abend sind die *Sunset Beach Restaurant and Bar* des Mimpi Resort Menjangan (S. 362) geradezu prädestiniert.

- **Sport**

Während Sie bei einer Wanderung durch den *Taman Nasional Bali Barat* (Nationalpark Westbali) (S. 656f und 300f) Balis Landflora und -fauna kennen lernen, zieht die Unterwasserwelt vor der Pulau Menjangan (S. 657ff) Taucher in ihren Bann.

- **Veranstaltungen**

Wenn Sie in den Monaten Juli-November auf Bali weilen, sollten Sie es nicht versäumen, eines der in der Region stattfindenden Büffelrennen zu besuchen (S. 664ff).

dem wurden bereits nahezu alle ehemals innerhalb der Grenzen des Nationalparks liegenden Kokos- und Eukalyptusplantagen renaturiert – eine sinnvolle, aber überaus unpopuläre Maßnahme. Darüber hinaus sind der Fischfang und das Korallensammeln an den Küsten des Parks strengstens verboten.

Bei alledem geht es jedoch nicht darum, den Menschen außen vor zu halten, Absicht ist vielmehr die Etablierung eines sanften Naturtourismus, der sich sachte und zurückhaltend den Geheimnissen und Wundern der Natur nähert. Nach Sensationen heischende Safari-Touristen, die vom Jeep aus die programmierte Vorführung des Wildlife erwarten, haben hier nichts verloren – und sind auch nicht erwünscht. Alles in allem wird der Besucher im dichten Regenwald nur selten wilde Tiere zu Gesicht bekommen, dafür aber das Gesamtkunstwerk Natur neu und intensiv erleben.

Sanfte Annäherung

Falls Sie einen Ausflug zur **Pulau Menjangan** (‚Insel der Hirsche') planen, die zum Nationalpark gehört, können sie hier ein Boot für die Überfahrt zu dieser zum Teil von Mangroven gesäumten Insel, deren Korallenriffe als **das** Dorado für Taucher und Schnorchler auf Bali gelten, anmieten (siehe Kapitel ‚Allgemeine Reisetipps von A-Z – Verkehrsmittel – Fähren und Boote', S. 349, und ‚Sport – Tauchen', S. 318ff). Wer sich längere Zeit der Erkundung der hiesigen maritimen Welt hingeben möchte, muss sich ein Quartier in der Nähe suchen, da auf der Insel selbst nicht übernachtet werden darf. Die etwa halbstündige Bootsüberfahrt lohnt sich aufgrund der landschaftlichen Schönheit allerdings auch für Nicht-Unterwasserenthusiasten. Die Insel ist u.a. ein Refugium des Java-Hirsches und des geschützten Bali-Stars (Bali Starling), doch raten die Ranger wegen der hier ebenfalls vorkommenden Giftschlangen von Wanderungen auf dem Eiland ab, die nahezu unberührten Strände hingegen sind normalerweise reptilienfrei. Von den acht Haupttauchpunkten ist der ‚Anchor Wreck' genannte vermutlich der interessanteste, benannt nach einem von Krustentieren überzogenen alten Schiffsanker. An der Nordwestküste des Eilandes liegt rund 75 m vor der Küste in

Tauchdorado

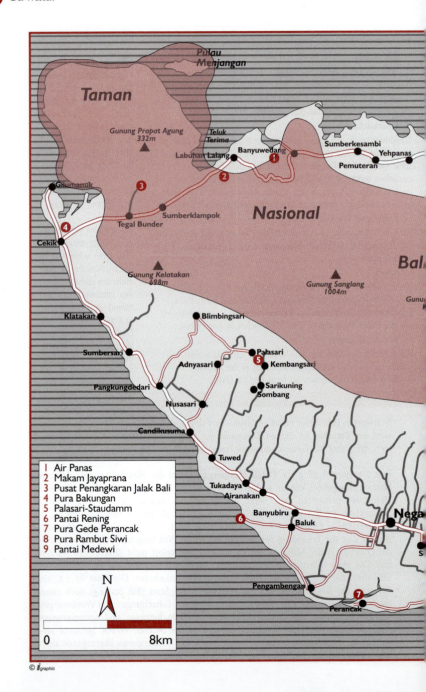

Der Westen 659

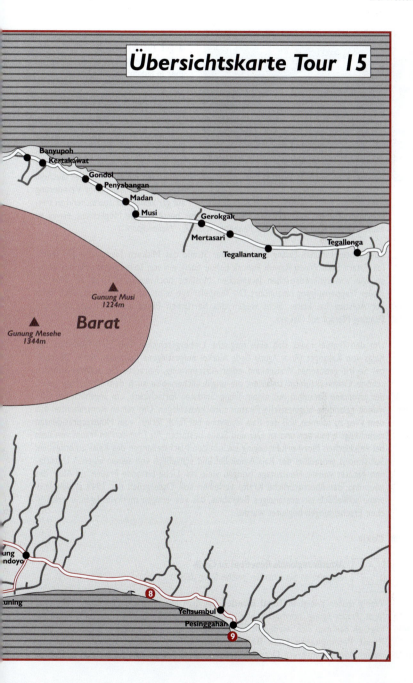

Vom Aussterben bedroht: Bali-Star

wenigen Metern Tiefe ein ca. 25 m langes altes Wrack, das beliebter Anlaufpunkt vieler Taucher ist. Achten Sie aber in jedem Fall auf Quallen!

Wer genügend Zeit mitbringt (d.h. mindestens zwei Tage), kann in einem zirka 25 km langen, schweißtreibenden Marsch die Halbinsel **Bukit Prapat Agung** umwandern und dabei hier und da in unberührten Korallenriffen schnorcheln oder tauchen. Vergessen Sie bei dieser Wanderung auf gar keinen Fall ausreichend zu trinken und zu essen mitzunehmen, denn unterwegs besteht keine Möglichkeit, etwas zu kaufen. (Siehe Kapitel ‚Allgemeine Reisetipps von A–Z – Nationalpark'.)

Kurz hinter Labuhan Lalang liegt links der Straße das **Makam Jayaprana (2)** (auch: Ida Batara Sakti Wawu Rawuh Puncak Luhuir Sari), ein von balinesischen Hindus ebenso wie von synkretistischen javanischen Muslims hochverehrtes Grab, zu dem ein steiler Treppenaufgang hinaufführt. Die Tempelanlage selbst ist uninteressant, doch lohnt der Aufstieg bei klarer Sicht wegen des herrlichen Blicks auf die Küste und den Gunung Merapi auf Ostjava.

Schöne Aussicht

Um den Tempel rankt sich eine tragische Liebesgeschichte. Der zum Günstling des Rajas von Kalianget (*Anak Agung Gede Murka*) aufgestiegene *Jayaprana*, ein in Dencarik bei Seririt geborenes Waisenkind edler Abstammung, heiratete die außergewöhnlich schöne Obstverkäuferin *Layonsari*, die unglücklicherweise auch dem alten Raja gefiel, der *Jayaprana* daraufhin mit einem Trupp Soldaten fortschickte, um angeblich bei Gilimanuk gelandete buginesische Piraten zurückzuschlagen. Um seinen Kontrahenten aus dem Weg zu räumen, ließ der Raja *Jayaprana* bei Teluk Terima vom Ministerpräsidenten meuchlings ermorden und an Ort und Stelle bestatten. Als *Layonsari* im Traum von dem heimtückischen Mord erfuhr, beging sie, um den Nachstellungen des Rajas zu entgehen, Selbstmord, woraufhin der Raja Amok lief und schließlich von seinen eigenen Untertanen getötet wurde. Heutzutage bringen viele um Liebe bittende Frauen am Altar des *Jayaprana*, der übernatürliche Kräfte verleihen soll, Opfergaben dar. 1949 erhielt *Jayaprana* schließlich ein anständiges Begräbnis, das von einigen merkwürdigen, unerklärlichen Erscheinungen begleitet wurde.

Tragische Liebesgeschichte

Cekik

Aktuelle regionale Reisetipps zu Cekik
entnehmen Sie bitte der gelben Seite 368

Wenig später zweigt in **Tegal Bunder** bei dem Hinweisschild *Pura Dang Kahyangan Jagat ‚Prapat Agung'* nordwärts eine schmale Straße ab, der man bis zur T-Kreuzung folgt, an der man sich wiederum rechts hält und so nach rund zwei Kilometern beim **Pusat Penangkaran Jalak Bali (3)** (Bali Starling Recovery Project) ankommt, in dessen Aviarien mehrere Dutzend Vertreter dieser raren, vom Aussterben bedrohten

Letzte Hoffnung für einen Piepmatz

Spezies gezüchtet werden. Da der Bali-Star bei den Balinesen als Glückssymbol und -bringer gilt, wird er, obwohl er unter strengstem Naturschutz steht, noch immer am Schwarzmarkt gehandelt und zwar mit Preisen von bis zu Rp. 20 Million pro Exemplar, was seine Überlebenschancen in der freien Wildbahn natürlich ganz erheblich schmälert.

Etwa einen halben Kilometer vor Cekik lässt man rechter Hand den kleinen **Pura Bakungan (4)** liegen, der um 1450 entstand, zu jener Zeit also, als das Königreich Gelgel zwei Prinzen nach Westbali entsandte, um die Wildnis urbar zu machen, wodurch die Reiche Negara und Gilimanuk entstanden, die sich jedoch schon bald kriegerisch gegenüberstanden und sich in Prunk und Pomp zu überbieten versuchten, ein sinnloses Protzgehabe, das schon bald in einen verheerenden Bürgerkrieg mündete und so die anfänglichen Siedlungserfolge wieder zunichte machte, was wiederum mit dazu beitrug, dass dieser Inselteil kaum von Hindu-Balinesen besiedelt wurde.

Die nördliche Küstenstraße endet in **Cekik**, einem unscheinbaren Ort, in dem das Hauptquartier des Taman Nasional Bali Barat liegt, das man unmittelbar an der Kreuzung mit der Überlandstraße Gilimanuk-Denpasar findet, in deren Mitte sich ein pagodenartiges Denkmal erhebt. Dieses eigenwillige **Kriegerdenkmal** erinnert an die Landung republikanischer Truppen, die die Niederländer an der Wiederherstellung der alten kolonialen Herrschaftsstrukturen nach dem Zweiten Weltkrieg hindern wollten. So wurden zwischen April und Juli 1946 einige Einheiten mit Ausleger- und Fischerbooten über die Selat Bali übergesetzt, wobei eine dieser Flottillen niederländische Patrouillenboote einkreiste und sogar eines davon zu versenken vermochte. Viele verloren bei den riskanten Landemanövern indes ihr Leben, und die, die durchkamen, schlossen sich Guerillaverbänden in den Bergen an.

Kriegserinnerungen

Die in den 60er Jahren des 20. Jahrhunderts in der Nähe von Cekik in rund 100 jungsteinzeitlichen Gräbern gemachten Funde, darunter Steinäxte und Keramikscherben, wiesen auf eine Besiedlung Balis von Westen her hin und gelten bis heute als die ältesten bekannten Zeugnisse menschlicher Kulturen auf der Insel; datiert werden sie auf die Zeit um etwa 1.000 v.Chr. Die Fundstücke sind heute im Bali Museum in Denpasar zu sehen.

Jungsteinzeitliche Funde

Gilimanuk

Aktuelle regionale Reisetipps zu Gilimanuk
entnehmen Sie bitte der gelben Seite 374

Drei Kilometer nördlich von Cekik liegt **Gilimanuk**, ein unattraktiver Ort an der knapp drei Kilometer breiten und maximal 60 m tiefen Selat Bali, der im Grunde genommen nur als Fährhafen nach Java von Bedeutung ist und an dessen Ortsgrenze der gewaltige ‚**Gateway to Bali'** die Inselbesucher begrüßt bzw. verabschiedet. Die Leiber der in die vier Himmelsrichtungen weisenden Drachen überspannen die Straße und vereinen sich zu einem Himmelsthron.

Das Tor zu Bali

Die Entstehung der Meerenge zwischen Bali und Java führt ein Mythos auf einen javanischen König zurück, der seinen flegelhaften Sohn gen Osten verbannte und dabei mit dem Finger eine Rinne in den Boden zeichnete, in die die Wasser des Indischen Ozeans und der Java-See strömten, wodurch Bali für immer von Java getrennt wurde.

Ein wenig javanisches Lokalkolorit bringen die kleinen, einspännigen Pferdedroschken in das recht triste Stadtbild von Gilimanuk, das einzig und allein vom allabendlichen Nachtmarkt im Stadtzentrum wenigstens ein klein wenig aufgelockert wird.

Heißt die Besucher willkommen: ‚Gateway to Bali'.

Von Cekik aus geht es nunmehr auf der Überlandstraße in Richtung Denpasar ostwärts bis **Pangkungdedari**, wo Sie nach links abbiegen, wodurch sie nach zirka vier Kilometern **Blimbingsari** erreichen, eine erst 1930 entstandene schmucke Ortschaft, in der die aus ihren Dörfern verstoßenen Protestanten Zuflucht fanden, die von christlichen Missionaren amerikanischer und niederländischer Herkunft in südbalinesischen Hindu-Dörfern u.a. mit dem Versprechen der Steuerfreiheit bekehrt worden waren und in Denpasar nicht geduldet wurden. Die zur Sudra-Kaste gehörenden Glaubensflüchtlinge (heute leben rund 4.000 Protestanten auf Bali) fanden hier ein neues Zuhause, wobei ihre 1930 erbaute Kirche, die in der Ortsmitte an der Jl. Nusa Indah aufragende **Gereja Kristen Protestan di Bali**, baustilistisch eine Verschmelzung von balinesischer Tempel- und westlicher Kirchenarchitektur ist:

Architektonische Symbiose

so ist beispielsweise der separat stehende Glockenturm als Kulkul und der Gebetsraum als überdimensionierter Bale ausgeführt, und selbst das Dämonen abwehrende Candi bentar hat hier seinen Weg in die christliche Kirchenarchitektur gefunden. Zudem steht das Kreuz Christi auf einem brahmanischen Lotusthron, und auch die beim Altar zu

Eine Mischung aus westlicher Kirchen- und balinesischer Tempelarchitektur: Gereja Kristen Protestan di Bali.

findende kleine künstliche Quelle stellt den Bezug zu hindu-balinesischen Glaubensüberzeugungen her, nämlich zu dem für die restlichen Balinesen so überaus wichtigen heiligen Wasser. Die drei Dächer des Kirchenturms wiederum symbolisieren die Berge der Insel. Ja selbst der Tempeltanz wird im Ort weiterhin praktiziert, mit dem entscheidenden Unterschied jedoch, dass hier – gemäß christlicher Dramaturgie – das Gute das Böse besiegt, und nicht – wie sonst auf Bali üblich – der Ausgleich zwischen schöpferischen und zerstörerischen Kräften gesucht wird.

Der Ort gehört, wie man schnell feststellt, zu den ordentlichsten und saubersten der ganzen Insel und weist zudem eine der höchsten Reisproduktionen ganz Indonesiens auf.

Von der Kirche aus hält man sich an der Kreuzung ostwärts und gelangt so nach weiteren gut vier Kilometern zur ‚Konkurrenz' in **Palasari**, dessen rund 2.000 Einwohner sich großenteils zum katholischen Glauben bekennen und damit die größte derartige Kirchengemeinde auf Bali darstellen. Am zentralen Dorfplatz überragt die 1956 erbaute und in den 90er Jahren renovierte Kirche **Hati Kudus Yesus**, die größte katholische Kirche ganz Ostindonesiens, alle umstehenden Gebäude bei weitem. Auch an ihr finden sich etliche balinesische Architekturelemente, wenn auch nicht so ausgeprägt wie bei der protestantischen Kirche in Blimbingsari.

Ostindonesiens größtes katholisches Gotteshaus: Hati Kudus Yesus

Unweit des Ortes (bei Ekasari) findet man den **Palasari-Staudamm (5)**, der zum einen der Bewässerung und Hochwasserregulierung dient und zum anderen für die Fischzucht und als Erholungsgebiet Bedeutung hat.

Über **Nusasari** orientiere man sich anschließend wieder in Richtung Überlandstraße, auf der man ostwärts bis Negara durchfährt, der Hauptstadt des Regierungsbezirks **Jembrana**, des am dünnsten besiedelten Teils Balis (von den Balinesen ‚Pulaki' genannt), der noch großenteils touristisches Niemandsland ist und dem der Nationalpark mit seinem undurchdringlichen, sich über Hügel und Berge hinziehenden Regenwald weitgehend seinen Stempel aufdrückt. Lediglich der Küstenstreifen entlang der Verbindungsstraße Gilimanuk-Denpasar ist gekennzeichnet von flachem Schwemmland mit sattgrünen Reisfeldern, in denen sich kleine Siedlungen unter Kokospalmen verlieren, wobei etliche dieser Dörfer ihren Ursprung in der von der Zentralregierung durchgeführten Umsiedlungspolitik (Transmigrasi) haben und somit javanischen Enklaven gleichen. Der Name des Bezirks, der eine Zusammenziehung von ‚Jimbar wana' ist, was soviel wie ‚großer Wald' bedeutet, passt somit vortrefflich zu dem Gebiet, das insgesamt zu mehr als der Hälfte bewaldet ist.

Auf der Küstenstraße

Nachdem die Region infolge des aberwitzigen Bürger- bzw. Bruderkrieges (s.o.) in Anonymität versunken war, ernannte sich im 17. Jahrhundert ein aus Sulawesi gekommener buginesischer Prinz zum Herrscher von Jembrana. 1803 jedoch gliederte der Raja von Karangasem, gestärkt durch Siege über Buleleng und auf der Nachbarinsel

Lombok, die Region seinem Machtbereich ein, doch geriet das einstige Reich von Jembrana 1849, d.h. nach dem Fall von Buleleng, als eines der ersten Gebiete auf der Insel in die Hände der Niederländer.

Weder reich noch politisch mächtig, spielte die Region in Balis Geschichte nie eine wichtige Rolle. Aufgrund ihrer Nähe zu Java kamen schon früh Chinesen, Buginesen und Javaner hierher, die von den örtlichen Grundbesitzern Land mieteten, um darauf Agrarprodukte anzubauen, ebenso wie die Niederländer und andere Europäer in den Jahren ab 1860, die große Baumwoll-, Kakao-, Kokosnuss- und Tabakplantagen anlegen ließen.

Bei Büffelrennen treten jeweils zwei Teams gegeneinander an.

So besteht die Bevölkerung Westbalis, die sich hauptsächlich in den Ortschaften entlang der Küstenstraße Denpasar-Gilimanuk zusammenballt, noch immer vorwiegend aus Bauern und Fischern, wobei der Anteil an Muslimen javanischer und buginesischer Herkunft – sowie Christen – für Bali ungewöhnlich hoch und vorwiegend Resultat jener bis in die 20er Jahre des 20. Jahrhunderts andauernden Einwanderungswelle ist, die Menschen aus politischen, wirtschaftlichen und strafrechtlichen Gründen aus anderen Gebieten Indonesiens hierher verschlug, aber auch die seit den 70er Jahren betriebene Transmigrasi-Politik und die wirtschaftliche und politische Instabilität gegen Ende des letzten Jahrhunderts hat Abertausende in dieser Region eine neue Bleibe suchen lassen.

INFO Wasserbüffelrennen und musikalische Schmankerln

Hauptattraktion dieser Region sind die alljährlich in dem Monaten Juli-November stattfindenden **Wasserbüffelrennen** (Mekepung), Spektakel ganz eigener Art, zu denen jeweils Abertausende herbeiströmen.

Dabei treten stets zwei bunt geschmückte, unterschiedlichen Mannschaften angehörende Wasserbüffelgespanne, die eine Art zweirädrigen Sulky mit Fahrer ziehen, auf einem zwei Kilometer langen Kurs zweimal gegeneinander an, wobei die meist im Stehen fahrenden Wagenlenker auf der unebenen Wegepiste ordentlich durchgeschüttelt werden. Die Gespanne werden nach Stärkeklassen unterteilt, wobei am

Ende die Partei den Gesamtsieg davonträgt, die die höhere Gesamtpunktezahl erringen konnte, die sich wiederum aus den Einzel- und Klassensiegen zusammensetzt.

Umweht von seidenen Bannern und dekoriert mit bunten Hörnern paradieren die Gespanne vor dem Rennen und nach dem ersten Lauf vor der Zuschauermenge. Bei einer Variante, dem Megembeng, tragen die Ochsen zusätzlich noch riesige Holzglocken um ihre Hälse.

Die speziell zu diesem Zweck gezüchteten Tiere, die sorgfältig ausgesucht und niemals zum Pflügen der Felder herangezogen werden, erreichen erstaunliche Spitzengeschwindigkeiten von bis zu 50 km/h, doch wird nicht unbedingt immer das schnellere Gespann zum Sieger erklärt, sondern mitunter auch das elegantere.

Wer nicht aufpasst, kommt unter die Räder.

Die Bewohner der Gegend sind gerne bereit, Ihnen die entsprechenden Veranstaltungsdaten und -ort zu nennen. Die beiden bedeutendsten Rennereignisse sind der anlässlich des indonesischen Unabhängigkeitstages – also um den 17. August herum – ausgetragene *Regent's Cup* (auch: *Bupati Cup*) und der im Oktober stattfindende *Governor's Cup*.

Es gibt zwei große Mannschaften: zum einen die Büffel der Reisbauern östlich des Ijo-Gading-Flusses (Eastern Division), zum anderen diejenigen der Dörfler vom Westufer (Western Division). Die Familie, die einen siegreichen Ochsen besitzt, ist sehr angesehen, und der Preis des Tieres verdoppelt sich von Sieg zu Sieg.

Ähnlich wie die Hahnenkämpfe dienen diese Wettbewerbe nicht nur der Volksbelustigung und der Befriedigung der balinesischen Wettleidenschaft, sie erfüllen darüber hinaus auch eine rituelle Funktion, denn durch sie will man die Götter erfreuen und diese um ihren Segen für die kommende Reisernte bitten. Möglicherweise entwickelte sich dieses rund hundert Jahre alte Amüsement aus dem Brauch, den geernteten Reis mit Ochsenkarren nach Haus zu befördern, oder aber es kam aus Madura, wo diese Rennen das wichtigste Freizeitvergnügen sind. Sollten Sie also in diesen Monaten in Bali sein, sollten sie sich dieses Spektakel, am Rande dessen eine Art kleiner Jahrmarkt mit Verkaufsständen und diversen Glücksspielen über die Bühne geht,

Stolz präsentiert der Sieger seine Trophäe.

nach Möglichkeit nicht entgehen lassen. (Daten und Orte nennen Ihnen auch die Fremdenverkehrsämter.)

Doch auch die Liebhaber der Gamelan-Musik kommen in der Gegend und während der wichtigsten Renntage auf ihre Kosten, insbesondere beim **Gamelan Jegog**, einer ganz besonderen lokalen Spezialität, deren kunstvoll geschnitzten und bunt bemalten Bambusinstrumente (14 an der Zahl) nicht nur beachtliche Ausmaße aufweisen, sondern auch derart tiefe Töne erzeugen, dass man die Schwingungen nicht nur hört, sondern auch körperlich spürt. Die besten Gelegenheiten, ein solches Orchester zu hören, sind die großen regionalen Feste sowie im *Gamelan Museum Jegog Suar Agung*.

Besonders geräuschvoll geht es beim ‚Jegog Mebarung' genannten Wettbewerb zu, bei dem zwei Gruppen von Musikern miteinander um die Gunst der Zuhörer rivalisieren, wobei die Aufmerksamkeit, so zumindest der erste flüchtige Eindruck Uneingeweihter, vor allem mittels Lautstärke zu gewinnen versucht wird, was natürlich nur die halbe Wahrheit ist. Kaum weniger geräuschvoll geht es beim ‚Kendang Mebarung' zu, bei dem zwei Spieler mit überdimensionalen Trommeln, die bis zu drei Meter Länge und einen Meter Durchmesser aufweisen, in rhythmischen Wettstreit miteinander treten, so dass deren dumpfe Klänge mitunter kilometerweit zu hören sind.

Eine weitere musikalische Spezialität – in diesem Fall eine Domäne der Frauen – stellt das ‚Bumbung Gebyog' dar, bei dem die Reisbäuerinnen dicke Bambusrohre auf die Erde stoßen, deren unterschiedliche Länge verschieden hohe Töne erzeugt. Pate für diese ungewöhnliche Form des Gamelan scheint das Reisstampfen gestanden zu haben, wobei die Bezeichnung ‚Bumbung' eine Art Lautmalerei ist, die ziemlich genau dem Klang dieses eigenartigen Orchesters entspricht.

Neben den genannten Musikformen findet sich in den Ortschaften der Region noch eine ganze Reihe weiterer Sonderformen, die nur in diesem Teil der Insel gepflegt werden und über die man sich im *Gamelan Museum* (s.o.) näher informieren kann.

Negara

Aktuelle regionale Reisetipps zu Negara
entnehmen Sie bitte der gelben Seite 402

Saubere Bezirkshauptstadt

Mit Abstand größer Ort in dieser Inselgegend ist **Negara**, seit 1803 Hauptstadt des Regierungsbezirks und zirka hundert Kilometer von Denpasar entfernt. Zu mehr als einer kurzen Tee- oder Kaffeepause reicht es bei den meisten Durchreisenden kaum, wodurch sich die Stadt, deren Sauberkeit auffällt, einiges von ihrem provinziellen Flair bewahren konnte. Eigentlich ist es jedoch schade, dass Negara derart stiefmütterlich behandelt wird, gibt es vor Ort und in der unmittelbaren Umgebung doch durchaus einige recht interessante Dinge, an denen man nicht achtlos vorüberfahren sollte.

Hauptschlagader der Stadt, in der die meisten Muslims der Insel leben, bildet die Jl. Ngurah Rai, entlang der sich auch die touristische Infrastruktur in Form von Hotels, Restaurants, Post, Tankstelle etc. reiht.

Hauptsehenswürdigkeit im Stadtzentrum ist neben dem **Pasar (A)** die recht neue und große weiße Moschee **Masjid Baitun Muhtalifin (B)** in der Jl. Pahlawan, nur wenige Meter vom Markt entfernt gegenüber dem Busbahnhof. Den größten Tempel der Stadt, den **Pura Jagatnatha (C)**, findet man hingegen im Nordosten der Stadt beim **Taman Pecangakan (D)** an der Ausfallstraße Jl. Sudirman. So imposant der Tempel – der genau genommen noch zum Vorort Jembrana gehört – auch sein mag, wirkliche architektonische Besonderheiten hat er nicht aufzuweisen.

Die Masjid Baitun Muhtalifin in Negara

Knapp zehn Kilometer westlich vom Stadtzentrum kann man am sichelförmigen, grausandigen **Pantai Rening (6)**, den man zumindest in der Woche fast immer für sich allein hat, eine kräftige Brise Meeresluft einatmen. Wer auf der Suche nach Einsamkeit und Ursprünglichkeit ist, liegt hier goldrichtig, wie man überhaupt in dieser Region noch einige zauberhafte und menschenleere Strandabschnitte vorfindet.

Auf dem Rückweg nach Negara sollten Sie noch einen Abstecher nach **Pengambengan** unternehmen, einen der wichtigsten Fischereihäfen Balis, in dem überwiegend Sardinen angelandet und in den örtlichen Fabriken großenteils sogleich weiterverarbeitet werden. Besonders malerisch präsentieren sich im Hafengelände die in den sachten Wogen dümpelnden bunten Bugischoner.

Fischindustrie

Sangkar Agung

 Aktuelle regionale Reisetipps zu Sangkar Agung
entnehmen Sie bitte der gelben Seite 418

Zurück in Negara, orientieren Sie sich auf der Überlandstraße in Richtung Denpasar und verlassen diese bei Jembrana – nach rechts abbiegend –, um dem **Gamelan Museum Jegog Suar Agung** in der Ortschaft **Sangkar Agung** einen Besuch abzustatten. Das kleine Privatmuseum, in dem man eine schöne Sammlung regionaler Gamelans bewundern kann, darunter das seltene Gamelan Jegog, wird von dem Musiker, Tänzer und Komponisten *Ketut Suwentra* unterhalten und geführt, der – so er zu Hause ist – auch gerne bereit ist, einem die einzelnen Instrumente vorzuspielen. (Um zum Museum zu kommen, folgen Sie ab der Hauptstraße den kleinen weißen Schildern mit der schwarzen Aufschrift ‚Jegog Suar Agung', wobei Sie vor allem an Weggabelungen und Kreuzungen aufpassen müssen, da die Schilder teilweise sehr versteckt angebracht sind.)

Prunkstücke des Gamelan Museums sind die Gamelan Jegog.

Anschließend müssen Sie wieder zurück zur Hauptstraße, die Sie in Mendoyo bei der Z-Kurve nach rechts abbiegend verlassen und sich nunmehr Richtung Tegalcantel orientieren, von wo aus es noch rund sechs Kilometer auf schmalen Straßen bis nach **Perancak** geht, wo man an einer einsamen, von vorgelagerten Korallenriffen begrenz-

Farbenfrohe Bugischoner bei Perancak

ten Lagune in der Nähe des Hafens, in dem Dutzende von Bugischonern postkartenmotivgerecht vor Anker liegen, den kleinen, z.T. weißen, aus Korallengestein erbauten **Pura Gede Perancak (7)** findet. Sein dreistufiger Meru im Haupthof ist dem javanischen Heiligen *Danghyang Nirartha* gewidmet, der an dieser Stelle auf Bali gelandet sein und sich im Schatten eines Ancak-Baumes ausgeruht haben soll. (Die heilige Stätte darf nur in Begleitung des hier lebenden Priesters betreten werden.)

Farbenprächtige Bugischoner

Pantai Medewi

Aktuelle regionale Reisetipps zu Pantai Medewi
entnehmen Sie bitte der gelben Seite 413

Den wichtigsten Tempel an der Südwestküste findet man hingegen rund acht Kilometer östlich von Mendoyo rechts der Hauptstraße an der Küste. An dem Parkplatz, an dem fast alle einheimischen Fahrer sich von Priestern mit dem beim Tempel gewonnenen heiligem Wasser – auf dessen segenspendende Kraft sie hoffen – besprengen lassen, zweigt eine kleine Stichstraße zu dem etwa einen halben Kilometer entfernten **Pura Rambut Siwi (8)** ab. Sein Name bedeutet soviel wie ‚heiliges Haar' oder ‚Verehrung des Haares' und geht auf eine Legende zurück, der zufolge der Heilige *Danghyang Nirartha*, der sich auf dem Weg durch den Dschungel Westbalis befand, um dem Herrscher in Gelgel seine Aufwartung zu machen, von einer Seuche erzählt wurde, die das Dorf Gading Wadi heimgesucht hatte, woraufhin er sich unverzüglich dorthin begab und den Ort von der Geißel befreite.

Daraufhin baten ihn die Bewohner, er möge doch bleiben, doch der Heilige setzte seine Reise gen Gelgel fort, jedoch nicht, ohne zuvor ein Pfand zu hinterlassen, das die Einwohner forthin schützen sollte. Dabei handelte es sich um eine Haarlocke, die er sich selbst abschnitt und 1546 in einem Schrein des Tempels zurückgelassen haben soll, wo sie bis heute als Reliquie verehrt wird. (Das Haar als Träger magischer Kraft steht im Zusammenhang mit dem indischen *Shiva*-Kult; daher ist ein Haarturban auch das Erkennungsmerkmal von *Shiva* als höchstem Yogi.)

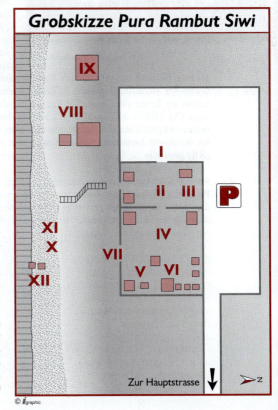

Am Rande der Klippe

Bei diesem Heiligtum handelt es sich um einen aus mehreren Tempeln bestehenden Komplex am Rande und zu Füssen der Klippe. Der namengebende Haupttempel besteht aus zwei Höfen. Der **Eingang (I)** wird von schön geschnitzten Naga und Keilern bewacht, im Inneren des **ersten Hofes (II)** findet man eine Reihe von **Bale (III)**, ebenso im **zweiten Hof (IV)**, in dem man auch etliche **Schreine (V)** zu sehen bekommt, darunter solche für *Saraswati* und die Reisgöttin *Dewi Sri* **(VI)**. Das dem Meer zugewandte **Candi bentar (VII)** bewacht eine prachtvolle Rangda-Statue. Auf den Reliefs des aus roten Ziegeln erbauten Tempels sind Szenen aus dem Leben des *Arjuna Wiwaha* dargestellt, die aus dem Mahabharata abgeleitet sind. Einige Frangipanibäume verwandeln den an einer Klippe über einem langen, breiten Strand gelegenen Tempel in ein bezauberndes Kleinod.

Kori agung des Pura Rambut Siwi

Verlässt man den Tempel durch den ersten Hof, so wird man rechts der zum Strand hinunterführenden Treppe des kleinen **Pura Penataran (VIII)** ansichtig, des eigentlichen Originaltempels, der an jener Stelle errichtet worden sein soll, an der *Danghyang Nirartha* zum ersten Mal auf Bali predigte. Dahinter erblickt man den **Pura Melanting (IX)**, der *Dewi Melanting*, der Göttin des Wohlstandes geweiht ist. Unter einem überhängenden Felsen stößt man sodann am Strand auf das aus fünf Räumen bestehende Höhlenheiligtum **Goa Hanimau (X)** (,Höhle des Tiger-Gottes') und die heilige Quelle **Goa Tirta (XI)**, mit dessen heiligem, trotz der Meeresnähe salzfreiem Wasser die Priester an der Straße die Autofahrer besprengen. Daneben wird man noch zweier winziger **Seetempel (XII)** gewahr.

Schwarzsandiges Surfrevier

Auf der Küstenstraße sind es nunmehr nur noch wenige Kilometer bis zum **Pantai Medewi (9)**, einem bei Surfern hoch im Kurs stehenden schwarzen Sandstrand, an dem sich bislang nur einige wenige Übernachtungsherbergen angesiedelt haben, aus denen Sie die für Sie passende für die Nacht aussuchen können.

Zwischen Pantai Medewi und Tabanan

Diese Tagesetappe führt großenteils durch die faszinierende Berglandschaft östlich des Taman Nasional Bali Barat, einer trotz ihrer landschaftlichen Großartigkeit bislang noch wenig vom Tourismus berührten Region. Von Pantai Medewi kommend, verlassen Sie die Küstenstraße in **Palukan** und folgen der links abgehenden Straße ins Landesinnere, wodurch Sie nach rund sieben Kilometern zur Ortschaft **Asahduren** gelangen, dem Zentrum des Nelkenanbaus auf der Insel.

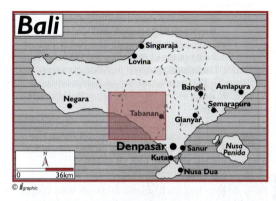

Tour 16 - Übersichtskarte

1 Bunut Bolong
2 Air Terjun Bangsing
3 Pantai Soka
4 Pantai Balian
5 Pantai Pasut
6 Pantai Kelating
7 Pantai Yeh Gangga

Redaktions-Tipps

- **Sehenswertes**

Mühsam zu erreichen, doch dafür umso spektakulärer ist der *Air Terjun Bangsing* (Wasserfall) bei Pujungan (S. 673). Im *Puri Anyar* in Kerambitan (S. 675) hingegen kann man sich einen schönen Eindruck von der Pracht der einstigen Fürstenhöfe verschaffen. Landschaftlich reizvoll ist zudem die Gegend rund um Pupuan (S. 673), von wo aus man auch einen herrlichen Blick auf die Berge im Osten der Insel hat.

- **Übernachten**

Zwei fern der normalen Touristenwege gelegene Boutiquehotels verwöhnen in diesem Inselteil den Gast: zum einen das *Gajah Mina Beach Resort* bei Lalang Linggah (S. 391), zum anderen *Waka Gangga* am Pantai Yeh Gangga (S. 413).

- **Essen und Trinken**

Direkt am Meer liegt das Restaurant des Hotels Waka Gangga (S. 414), in dem man einen romantischen Abend verbringen kann.

- **Für große und kleine Kinder**

Hoch zu Ross durch die Fluren und Wogen verspricht *Bali Horse Riding* am Pantai Yeh Gangga (S. 414) – die etwas andere Art Land und Leute kennen zu lernen.

Wenig später taucht vor Ihnen der gewaltige **Bunut Bolong (1)** ('Bunut' bedeutet 'Banyanbaum', und 'Bolong' heißt 'Loch') genannte Banyanbaum vor Ihnen auf, der einst friedlich und ungestört am Hang des Hindutempels **Pura Bujangga Sakti** stand und durch den nunmehr – nachdem sein Umfang derartige Ausmaße angenommen hatte, dass er nicht mehr umfahren werden konnte – die Straße hindurchführt, denn es wäre undenkbar gewesen, einen derartigen Baum zu fällen, glauben die Balinesen doch, dass jedes Lebewesen eine 'Seele' besitzt, die zu respektieren ist. So wird manchen Bäumen, die eine besonders starke 'Seele' haben, nachgesagt, dass sie von Gästen aus der unsichtbaren Welt besucht werden. Und wer grundlos die Naturgeister stört, geht das Risiko ein, die Überirdischen zu verwirren. Mittels bildlicher Darstellungen schafft man für die umherirrenden Geister Orte, die ihnen Zuflucht bieten und die gleichzeitig ihrer Anbetung dienen, wie z.B. die Tiger in dem Schrein südlich dieses riesigen Baumes.

Auf einer landschaftlich überaus reizvollen Straße, die einem immer wieder atemberaubende Panoramen der Gebirgslandschaft Balis präsentiert, geht es zunächst durch eine über und über mit Nelkenstauden bedeckte Hügellandschaft weiter, deren Ernteprodukt wichtiger Bestandteil der indonesischen Nationalzigarette Kretek mit ihrem unnachahmlichen Geschmack ist. Zusammen mit Tabak und Zucker werden die hier geernteten Nelken in javanischen Fabriken zu jenen süßlich-würzig riechenden Glimmstängeln verarbeitet, deren Duft für das Land ebenso typisch ist wie Weihrauch für den Vatikan. Weitere wichtige Anbauprodukte der Gegend sind Vanille und Kaffee, die u.a. auf großen Plantagen rings um **Pasut** kultiviert werden.

Süßlich duftende Glimmstängel

Die Gebirgsstraße schlängelt sich immer weiter durch Kaffeeplantagen und Reisterrassen empor, überquert dabei die Grenze zum benachbarten Regierungsbezirk

Kann man hindurchfahren: Bunut Bolong.

Über die fruchtbaren Ebenen rund um Pupuan schweifen die Blicke zu den Vulkanen im Osten.

Tabanan und langt schließlich in **Pupuan** an, einer kleinen, in 792 m über dem Meeresspiegel gelegenen Ortschaft, die sich, von dem frischen Klima und den reichlichen Niederschlägen profitierend, inmitten eines der bedeutendsten Gemüseanbaugebiete Balis ausbreitet.

Fruchtbare Böden

Von hier aus geht es wieder südwärts, schon bald das kleine Bergdorf **Pujungan** erreichend, wo man – ziemlich am Ortsanfang – nach links in eine kleine unasphaltierte Straße abbiegen muss, um zum **Air Terjun Bangsing (2)** zu gelangen (leider kein Hinweisschild vorhanden). Die Schotterpiste bringt einen – querfeldein führend – letztendlich zu einem mitten in den Plantagen stehenden Haus, bei dem die Piste endet. Da das letzte Wegstück bis zu dem Wasserfall nur schwer zu finden ist, sollten Sie den hier wohnenden Bauern als Führer anheuern, wobei Sie sich auf eine teilweise schlüpfrige Kletterei gefasst machen sollten. So strapaziös der Anmarsch auch sein mag, der Anblick des einen steilen Felsabbruch herunterstürzenden, 60 m hohen Wasserfalls, dessen Nass sich in einem kristallklaren Becken sammelt, entschädigt voll und ganz dafür.

Lohnende Strapaze

Schwer zu finden: der 60 m hohe Air Terjun Bangsing

Auf der Weiterfahrt gen Süden passieren Sie sodann etliche weitere verträumte Ortschaften, eingebettet in Gemüsefelder und Reisterrassen, darunter auch **Sanda**, in der man noch eine Vielzahl alter Reisspeicher zu sehen bekommt.

Belimbing

Aktuelle regionale Reisetipps zu Belimbing
entnehmen Sie bitte den gelben Seiten 363f

Gegenüber dem Pasar von **Belimbing** werden Sie dann unmittelbar links der Straße eines kleinen Schreins gewahr, der den Zugang zum **Pura Luhur Mekori** markiert, den man 200 m entfernt in einen Schutzwald eingebettet findet, beschattet von gewaltigen Baumriesen, die die wenigen Bale und Steinschreine geradezu winzig erscheinen lassen.

Baumriesen

Sich immer weiter südwärts haltend, stößt man bei **Autosari** schließlich wieder auf die Küstenstraße. Einige sehr schöne, fast menschenleere Strandabschnitte, an denen in den letzten Jahren auch ein paar neue Hotels entstanden sind, findet man ein Stück westlich am **Pantai Soka (3)** und **Pantai Balian (4)** bei **Lalang Linggah**.

Menschenleere Strände

Lalang Linggah

Aktuelle regionale Reisetipps zu Lalang Linggah
entnehmen Sie bitte der gelben Seite 391

Sich in Richtung Denpasar haltend, fahren Sie nunmehr bis **Meliling**, wo sie nach rechts in Richtung **Kerambitan** abbiegen.

Kerambitan

Aktuelle regionale Reisetipps zu Kerambitan
entnehmen Sie bitte den gelben Seiten 379f

Der Name des Künstlerdorfes, das für seine schönen alten Gebäude bekannt ist, soll von ‚Karawitan' (‚schöne Künste') abgeleitet sein. In ihm wird neben der Holz- und Steinschnitzkunst, Musik und Tanz vor allem die Malerei gepflegt, wobei sich die hier ansässigen Maler dem altüberlieferten Wayang-Stil verschrieben haben, der demjenigen von Kamasan ähnelt. Der besondere Tanz des Ortes, der u.a. am ersten Tag des Nyepi-Festes aufgeführt wird, trägt die Bezeichnung ‚Tektekan' und ist eine Art exorzistischer Ritual-

Bewohntes Museum: Puri Anyar in Kerambitan

tanz über die Geschichte der Hexe *Calonarang*, bei dem die Akteure große hölzerne Kuhschellen, Klappern und Bambustrommeln durch die Ortschaft tragen, um so Epidemien und Unheil auszutreiben, wobei an seinem Anfang und Ende je ein Blutopfer in Form eines Hühnchen oder einer Ente dargebracht werden muss.

Auf Bestellung vorgeführt wird dieser Tanz im Rahmen eines Spezialarrangements auch im **Puri Anyar Kerambitan**, dem alten an der Dorfhauptstraße gelegenen Raja-Palast, vor dessen Eingang ein gewaltiger Banyanbaum aufragt. Der ursprünglich aus dem 17. Jahrhundert stammende Feudalsitz fiel einem Erdbeben zum Opfer, wurde jedoch originalgetreu rekonstruiert und ist noch immer im Besitz einer Seitenlinie der Tabanan-Dynastie, die das Anwesen teilweise zum Hotel umgewandelt hat. Selbst wenn man keiner Tanzaufführung beiwohnt und auch nicht hier nächtigt, ist der aus insgesamt sieben Höfen bestehende Palast aufgrund seiner hübschen Gärten, reich verzierten und dekorierten Pavillons, wertvollen Schnitzereien, Keramiken, Musikinstrumenten, Masken, Kris und Gemälden einen Besuch wert.

Garuda-Plastik im Puri Anyar

An den Vorhof, der für Tanz- und Gamelan-Aufführungen genutzt wird, schließt sich auf der Hauptstraßenseite der Zeremonialhof mit den Familienschreinen an, die mit Porzellan und Kacheln aus China und den Niederlanden bedeckt sind. Ein seltenes Delfter Stück stammt aus der Napoleonischen Ära und zeigt den französischen Imperator auf einem Pferd sitzend. Der Hof zur Linken hingegen ist für rituelle Anlässe wie z.B. Zahnfeilungen und Hochzeiten reserviert. Diese beiden Höfe begrenzen auf zwei Seiten das Areal der Empfangsräume, an die sich Speisepavillons, die Gästeräume und prächtigen Wohngemächer anschließen.

Folgen Sie der Hauptstraße sodann bis zur T-Kreuzung und biegen bei dieser nach rechts, so sehen Sie am nördlichen Dorfausgang rechts der Straße auf einer kleinen Anhöhe den aus dem Neolithikum stammenden **Pura Ulun Suwi** auftauchen.

Halten Sie sich an der Kreuzung hingegen links, passieren Sie nach wenigen Metern den linker Hand zu findenden **Puri Gede**, eine weitere weitläufige ehemalige Palastanlage aus dem Jahre 1775, die zwar größer als diejenige des Puri Anyar ist, aber aufgrund der vielen neuen Gebäude baustilistisch bei weitem nicht mehr so geschlossen wirkt wie jener.

Ehemalige Palastanlage

Die königliche Familie von Kerambitan ist entfernt mit derjenigen von Tabanan verwandt und stand, trotz eines recht hohen Maßes an Selbstständigkeit und eines eigenen Königs, der im Puri Gede residierte, während des 19. Jahrhunderts doch ständig unter deren Einfluss. Über die Entstehung der Dynastie von Kerambitan gibt es unterschiedliche Überlieferungen, deren eine berichtet, dass sich zu Beginn des 18. Jahrhunderts der Dynastiegründer mit seinem rangmäßig unter ihm stehenden Halbbruder, dem Gründer von Badung und Tabanan, überwarf und sich in Kerambitan niederließ, das er aufgrund seiner herrlichen Lage wählte. Eine andere Variante lautet wie folgt: Im 17.

Genealogische Varianten

Jahrhundert versprach der König von Tabanan, der darüber verzweifelt war, dass keine seiner Gemahlinnen ihm einen Sohn geschenkt hatte, einer Normalsterblichen, dass er, falls sie ihm einen Sohn gebären würde, diesen zum König machen würde. Als die Frau tatsächlich einen Sohn zur Welt brachte, ernannte ihn der König zu seinem Nachfolger. Wenig später schenkte jedoch eine der kastenmäßig hochrangigen Gemahlinnen dem König gleichfalls einen Sohn. Herangewachsen, zog sich der zweitgeborene, titellose Sohn, den sein unglückliches Schicksal übermannte, mit einem Priester zur Meditation zurück. Als sich der Prinz weigerte nach Hause zurückzukehren, empfahl ihm der Priester, er solle fortziehen und an der Stelle einen Palast errichten, an der Rauch aus dem Boden aufsteige. Dieser Ort war Kerambitan. Vergebens versuchte der König seinen Sohn zur Rückkehr zu bewegen, stattdessen ließ dieser in Kerambitan den Puri Gede erbauen, und zwar genau nach den Plänen des Palastes von Tabanan.

Weniger als einen Kilometer westlich findet man die kleine Ortschaft **Tista**, das für seine besondere Form des Legong, den Legong Leko bekannt ist, der nur in der Umgebung von Tabanan zur Aufführung kommt. Bei diesem Tanz werden zwei kleine Leko-Tänzerinnen in Legong-Kleidern von den Melodien des Janger begleitet.

Tibubiyu

Aktuelle regionale Reisetipps zu Tibubiyu
entnehmen Sie bitte der gelben Seite 443

Traditionsbewusstsein

Von hier sind es noch etwa sechs Kilometer bis zum schwarzen, menschenleeren **Pantai Pasut (5)**, den man zwei Kilometer hinter **Tibubiyu** findet, einer schönen kleinen Gemeinde, in der Tradition groß geschrieben wird.

Hält man sich indes in Kerambitan auf der am Puri Gede vorbeiführenden Straße geradeaus, so kommt man zunächst durch **Penarukan**, in dem etliche erstklassige Holzschnitzer und Bildhauer zu Hause sind und in dem eine abgespeckte Variante des Tektekan bewundert werden kann. Nach weiteren drei Kilometern erreicht man schließlich den schönen grau-schwarzen Sandstrand **Pantai Kelating (6)**.

Tabanan

Aktuelle regionale Reisetipps zu Tabanan
entnehmen Sie bitte den gelben Seiten 436f

Orientieren Sie sich von hier aus wieder zurück zur Überlandstraße, auf der sie schon bald **Tabanan** erreichen, die von zahlreichen handeltreibenden Chinesen bewohnte Hauptstadt des gleichnamigen Regierungsbezirks, die mit rund 20.000 Einwohnern weder übermäßig groß ist noch mit nennenswerten kulturhistorischen Baudenkmälern aufzuwarten vermag.

Kunst- und Kunsthandwerkszentrum

Die lange Tradition der Künste und des Kunsthandwerks, auf die diese Stadt zurückblickt und deren Mäzene die Königshäuser von Tabanan – selbst nach dem Verlust ihrer weltlichen Macht – waren und sind, kommt heute u.a. noch dadurch zum Ausdruck, dass man hier die klassische Literatur in Form von Dichterwettstreiten und Rezitationszirkeln pflegt, aber auch ein weithin berühmtes Gamelan und die hochangesehene

Tanzgruppe *Rama Dewa* nennt die Stadt ihr eigen. Tabanan hat in den vergangenen Jahren mehrfach Auszeichnungen für seine Sauberkeit erhalten und gilt für viele Inselbewohner als bestorganisierte Stadt Balis.

Weit weniger beeindruckend als viele seiner Pendants ist der südlich an den **Pura Puseh Bale Agung (A)** anschließende **Puri Tabanan (B)**, der im 17. Jahrhundert von Nachkommen ostjavanischer Adliger – die im 14. Jahrhundert im Gefolge *Gajah Madas* nach Bali gekommen waren – erbaute Palast, in dem der letzte Raja des 1906 von den Niederländern aufgelösten, prosperierenden Reiches Tabanan residierte. Da der Raja kein Abkommen mit den Holländern geschlossen hatte, verlor er sein Land nach der Eroberung Südbalis durch die neuen Machthaber: Es wurde unter den einzelnen Dörfern des Gebietes aufgeteilt, die durch den Landgewinn zu neuer Blüte gelangten. Der Palast selbst wurde geschliffen und weist heutzutage praktisch nur noch das leere ehemalige Palastgelände mit einigen unschönen Neubauten auf.

Aufgeteilt

Wiederum südlich schließt sich die 1973 erbaute Stadthalle **Gedung Kesenian I Ketut Mario (C)** an, die an den berühmtesten Bürger der Stadt erinnert, nämlich den begnadeten Tänzer und Lehrer *I Ketut Mario* (gest. 1968), der bereits im Alter von sechs Jahren mit dem Tanzen begann, um 1900 in dieser Stadt seine Tanzausbildung erhielt, später neue Tänze wie den Kebyar Duduk und den Kebyar Trompong erfand und in den 30er Jahren von *Walter Spies* in dem Buch ‚Dance and Drama in Bali' verewigt wurde, das *Spies* zusammen mit dem Holländer *Beryl de Zoete* in England veröffentlichte.

Tabanans berühmtester Sohn

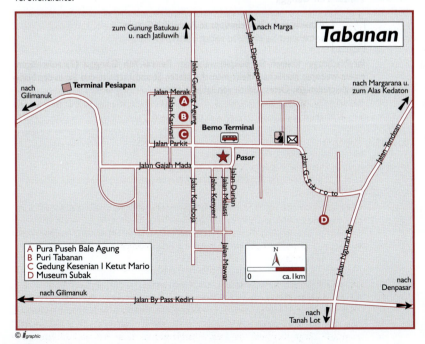

Auf dem Markt von Tabanan

Am östlichen Stadtrand findet man, sich auf der Überlandstraße in Richtung Denpasar haltend, rechts der Straße im hinteren Teil des Mandala Mathika Subak-Komplexes das kleine, aber sehenswerte und lehrreiche **Museum Subak (D)**, das Reisbau-Museum Balis, in dem neben der Reiskultivierung, d.h. der komplizierten Organisation der Bewässerungsgenossenschaften, den verschiedenen Phasen des Nassreisanbaus und diversen Ackergeräten, ein typischer balinesischer Haushalt anhand einer ‚Modellküche' anschaulich präsentiert wird. Während der guten englischsprachigen Führung erfährt man z.B. auch die Unterschiede zwischen balinesischem Reis und den neuen Importsorten, so werden die Schösslinge des ersten beispielsweise erst nach 45 Tagen umgesetzt, diejenigen der letzten bereits nach 21 Tagen; auch wird balinesischer Reis erst nach sechs Monaten geerntet, die anderen Sorten hingegen bereits nach vier, doch sind auch bei diesen nur zwei Ernten pro Jahr möglich, da sie nach zwei Anbauperioden eine Ruhephase benötigen, balinesischer Reis hingegen nicht.

Pantai Yeh Gangga

Aktuelle regionale Reisetipps zu Pantai Yeh Gangga
entnehmen Sie bitte den gelben Seiten 413f

Ihr Nachtlager können Sie beispielsweise am **Pantai Yeh Gangga (7)** aufschlagen, einem weiteren herrlichen, meist menschenleeren Strandabschnitt, den Sie in der Nähe des gleichnamigen Ortes südlich von Tabanan finden.

Im Regierungsbezirk Tabanan

Diese Tagesetappe führt Sie überwiegend durch den zentralbalinesischen Regierungsbezirk Tabanan, dessen Territorium 1037 der Herrschaft von König *Airlangga* unterstellt wurde, 1343 wurde es *Arya Kenceng*, einem General aus dem Heere *Gajah Madas*, zugesprochen. Während der klassischen Periode im 17. Jahrhundert, die auch erfüllt war von politischen Machtkämpfen, wuchs Tabanan zu einem selbstständigen und mächtigen Königreich heran, das vor allem um 1700 unter seinem Herrscher *Gusti Pandji Sakti* zu den einflussreichsten Fürstentümern Balis gehörte.

Bis 1891 lagen die Herrscherhäuser von Tabanan, Mengwi und Penebel in ständiger Fehde miteinander, erst dann gelang es den Prinzen von Tabanan und Badung Mengwi zu unterwerfen. Einen schweren Schlag erlitt die Feudalmacht, als Raja *Ngurah Agung* 1903 verstarb und sich zwei seiner Witwen darauf vorbereiteten, sich bei seiner Einäscherung freiwillig mit verbrennen zu lassen. Gegen diesen in seinen Augen unmenschlichen Akt erhob der niederländische Gesandte, der diesbezüglich politische Konsequenzen im Mutterland fürchtete, scharfen Einspruch und forderte, dass die Selbstverbrennung nicht zugelassen werden dürfe. Der Prinz von Tabanan – der vermittelnd eingriff – versprach, dass dies der letzte derartige Akt sein werde, und tatsächlich sprangen die beiden Frauen auch in die lodernden Scheiterhaufen

Lautstarke Proteste der Kolonialherren

Der Gunung Batukau (links) ist Balis zweithöchster Berg.

ihres Mannes, während niederländische Kriegsschiffe drohend vor der Küste patrouillierten. Der Gesandte behielt Recht: Wie von ihm vorausgesagt, erhob sich in den Niederlanden lautstarker Protest gegen diese Unmenschlichkeit, woraufhin die Balinesen 1904 zur Unterzeichnung eines Abkommens gezwungen wurden, der derartige Selbstverbrennungen (Suttee) untersagte.

Wenig später, nämlich 1906, forderte der König von Tabanan die Kolonialherren noch einmal heraus und leitete so den Untergang seines Hauses ein. Dabei ging es um ein an den Gestaden Balis gestrandetes Schiff, das der Herrscher seinen Untertanen – und den Männern aus Denpasar – zur Plünderung freigab. Daraufhin beorderten die Nie-

Provokation

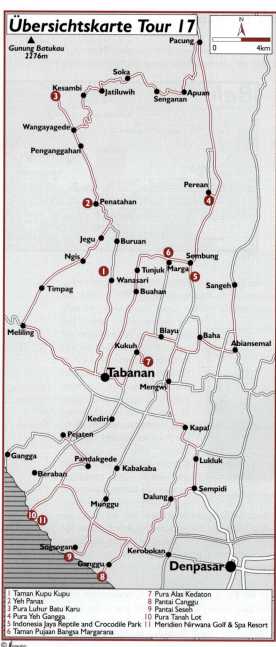

derländer König und Kronprinz von Tabanan zum Rapport nach Denpasar, wo sie über Nacht festgehalten und anschließend nach Lombok deportiert werden sollten. Als die beiden von den Plänen erfuhren, schieden sie freiwillig aus dem Leben, woraufhin sich die Niederländer unverzüglich in Richtung Tabanan in Bewegung setzten und dort den Palast schliffen, wodurch das Königreich ausradiert wurde. Heute erinnert nur noch ein quadratischer Platz im Stadtzentrum von Tabanan an den ehemaligen Königspalast.

Aufgrund der fruchtbaren Böden und des ausreichenden Niederschlages, sind in der Gegend bis zu drei Ernten pro Jahr möglich, wodurch dieser Teil Balis zur so genannten ‚Reiskammer' der Insel gerechnet wird und zu deren wohlhabendsten Regionen gehört. Mit einem Ernteertrag von durchschnittlich 12-15 Tonnen Reis pro Hektar zählen die Bauern hier zu den produktivsten ganz Indonesiens. Weitere wichtige landwirtschaftliche Anbauprodukte sind zudem Tee, Kakao, Erdnüsse und Früchte jeglicher Art. Es gibt keine jahreszeitlich gebundenen Arbeiten, das ganze Jahr über wird angebaut und geerntet. Höchste Erhebung innerhalb dieses Regierungsbezirkes ist der 2.276 m hohe Gunung Batukau, an dessen Flanken zahlreiche Flüsse und Flüsschen entspringen, die sich, wie praktisch überall auf der Insel, ihren Weg meerwärts nach Süden tief in die fruchtbaren Rotlehmböden gefräst und so dem Straßennetz seine Grundausrichtung vorgegeben haben, d.h. Querverbindungen sind äußerst rar, denn der Bau von Brücken ist zu kostspielig und wäre nur mit nicht unerheblichen Eingriffen in die Natur zu erkaufen.

Wanasari

Aktuelle regionale Reisetipps zu Wanasari
entnehmen Sie bitte der gelben Seite 465

Falls Sie zum Taman Kupu Kupu (1) bei **Wanasari** möchten, der wenige hundert Meter hinter dem nördlichen Dorfausgang links der Straße liegt, müssen Sie in Tabanan der Jl. Gunung Agung einfach immer nordwärts folgen. Der kleine Schmetterlingspark hat einige seltene Spezies vorzuweisen, die man sonst allenfalls aufgespießt als verkäufliche Präparate zu Gesicht bekommt.

Penatahan

Aktuelle regionale Reisetipps zu Penatahan
entnehmen Sie bitte der gelben Seite 416

Eine landschaftlich reizvollere Alternativroute, um nach **Penatahan** zu kommen, ist indes die schmale nordwärts führende Landstraße ab Meliling, die Sie durch herrliche Reisterrassen führt. Doch welche der beiden Stecken Sie auch wählen, ein Stückchen außerhalb von Penatahan finden Sie dann die Yeh Panas (2), heiße Quellen, um die herum bereits während des Zweiten Weltkrieges die Japaner Badebecken bauten. Während der 60er Jahre unternahm man dann den Versuch, hier ein luxuriöses Badezentrum aus dem Boden zu stampfen, das allerdings aus Geldmangel jämmerlich scheiterte. So ist die heutige Anlage des Yeh

Redaktions-Tipps

- **Sehenswertes**

Landschaftliche Leckerbissen sind die Reisterrassen und Panoramen bei Jatiluwih und Pacung (S. 684f), ein architektonischer hingegen *Pura Taman Ayun* in Mengwi (S. 689ff), und am *Pura Tanah Lot* (S. 695f) kommt – insbesondere beim Sonnenuntergang – ohnehin niemand vorbei, doch sollte man die überfüllte Promenade direkt gegenüber dem Tempel meiden und stattdessen ein Stück nach links oder rechts gehen, wodurch man dem Rummel ein wenig aus dem Weg zu gehen vermag.

- **Übernachten**

Wenn Sie einmal in einem Museum nächtigen möchten, dann steigen Sie im *Hotel Tugu Bali* am Pantai Canggu (S. 413 und 694) ab, und selbst wenn Sie nicht hier wohnen, schauen Sie es sich zumindest einmal an. Wer hingegen die Ruhe des Landesinneren sucht, liegt mit den *Cempaka Belimbing Villas* in Belimbing (S. 363f) genau richtig.

- **Essen und Trinken**

Stilvoller als im *Hotel Tugu Bali* (S. 413) isst man kaum irgendwo sonst auf der Insel. Für einen Drink oder Nachmittagskaffee empfiehlt sich zudem die Lounge im *Le Meridien Nirwana Golf & Spa Resort* bei Tanah Lot (S. 437f).

- **Sport**

Golfen auf Weltklasseniveau und mit Blick auf den Pura Tanah Lot können Sie im *Le Meridien Nirwana Golf & Spa Resort* (S. 315).

- **Für große und kleine Kinder**

Horse Riding Adventure im Ort Pangkung (S. 438) bietet Ritte durch die Reisfelder oder am Strand bei Tanah Lot an.

- **Veranstaltungen**

Aufgrund der spektakulären Kulisse sehr beeindruckend sind die in unregelmäßigen Abständen beim Pura Tanah Lot (S. 695f) veranstalteten Kecak-Tänze. (Daten und Zeiten müssen erfragt werden.)

Medizinische Wirkung

Panas Natural Hot Spring & Spa Resort bereits der dritte Versuch, den Ort als Freizeitzentrum zu etablieren, wobei die attraktiven Schwimmbecken der großzügig gestalteten Anlage zum Schwimmen und Baden einladen, außerdem können neun Separées für Massagen und therapeutische Anwendungen gemietet werden. Die wichtigsten Bestandteile des brühend heiß aus dem Boden sprudelnden Wassers, das Hautkrankheiten und Juckreiz heilen soll, sind Schwefel, Kalium und Natrium.

Sodann geht es weiter gen Norden, wodurch man nach wenigen Kilometern zur kleinen Ortschaft **Penganggahan** gelangt, die auf der östlichen Straßenseite über eine recht originelle katholische Kirche, **St. Martinus de Porus**, verfügt.

Wangayagede

Aktuelle regionale Reisetipps zu Wangayagede
entnehmen Sie bitte der gelben Seite 465

Nach einem Kilometer passiert man sodann das lang gestreckte **Wangayagede**, in dem zahlreiche kleinere Tempel und Götterschreine auffallen, aus denen am südlichen Dorfeingang besonders das Baumheiligtum **Pura Dalem Setera** mit seinen furchteinflößenden Hexenfiguren hervorsticht.

Herausragende Stellung

Am Ende der nordwärts weiterführenden Straße liegt, an den südlichen Ausläufern des 2.276 m hohen Vulkans Gunung Batukau in einer Lichtung am Rande des scheinbar undurchdringlichen, immergrünen, tropischen Regenwaldes der **Pura Luhur Batu Karu (3)** (auch: Pura Batukau), eine mittelgroße Tempelanlage, die wegen ihrer Funktion als Reichstempel und Ahnentempel des Fürstengeschlechts von Tabanan Ziel vieler Pilger ist. Aufgrund seiner Stellung als königlicher Ahnentempel, und weil er einen – allerdings recht vernachlässigten – Badeplatz aufzuweisen hat, trägt dieser Tempel – in dem man *Mahadewa* verehrt, die Gottheit des Gunung Batukau – als einer von wenigen auf Bali auch die Bezeichnung ‚Pura Taman'.

Am Rande des dichten Regenwaldes gelegen: der Pura Luhur Batu Karu

Als einziges Fürstengeschlecht Balis unterhalten die Rajas von Tabanan ihren Ahnentempel nicht im Pura Besakih. Zu Zeiten, als Tabanan noch ein unabhängiges Königreich war, diente der Tempel als Staatstempel für ganz Westbali, und noch heute besitzt jeder Tempel im westlichen Inselteil einen Schrein, der dem Pura Luhur Batu Karu gewidmet ist.

Als in den 20er Jahren des 20. Jahrhunderts der Archäologe *Hooykaas* diese Stätte besuchte, stieß er auf eine ganze Reihe aufrecht stehender Lingam, was ihn zu der Schlussfolgerung veranlasste, dass sie bereits in prähistorischer Zeit als Kultstätte benutzt wurde. Die Legende hingegen berichtet, dass der Tempel im 11. Jahrhundert von dem Heiligen *Empu Kuturan* gegründet wurde. Gestützt wird diese Zeitangabe durch Funde von Statuen, die *Goris* 1925 in dem nahe gelegenen Badeplatz entdeckte und die große Ähnlichkeit mit denjenigen von Goa Gajah aufweisen. 1604 indes wurde die Anlage bei einem Angriff des Rajas von Buleleng teilweise zerstört, doch wurden dessen Truppen durch Abermillionen von Bienen in die Flucht geschlagen, mit denen die Schutzgeister des Tempels die Angreifer attackierten. Erst 1959 macht man sich an den Wiederaufbau der Anlage, die 1991 einer gründlichen Restaurierung unterzogen wurde, bei der man die nähere Umgebung in eine Art öffentlichen Park umgestaltete, wodurch das Heiligtum heute weit weniger geheimnisvoll wirkt als vor der Generalüberholung.

Lange verwahrlost

Der Gesamtkomplex besteht aus dem Haupttempel und zwei kleineren Sanktuarien tiefer im Walde. Im ersten Hof sieht man den kleinen **Pura Dalem**, bei dem besonders der steinerne Thron für *Batari Uma* (hier in seiner Erscheinungsform als *Durga*) mit einer *Vishnu*-Figur auffällt, die auf einem *Garuda* reitet. An den Seiten des Hofes stehen mehrere Bale, die der Vorbereitung der Opfergaben dienen. Den Zugang zum hinteren Teil bildet das traditionelle, mit kunstvollen Reliefs versehene Candi bentar. Im zweiten Hof finden sich sodann links mehrere Meru mit einer unterschiedlichen Anzahl an Dächern, die verschiedenen Göttern geweiht sind. Der höchste Meru, der über sieben Dächer verfügt, ist *Batara Panji Sakti* geweiht, jener zur Linken, der drei Dächer aufweist, den fünf Richtungsgottheiten *Shiva*, *Vishnu*, *Ishvara*, *Brahma* und *Mahadewi*. Auf der rechten Hofseite findet man indes die den als Göttern verehrten Ahnen geweihten Meru, die über drei bzw. fünf Dächer verfügen.

Unspektakuläres Erscheinungsbild

Stufenpfade führen zu einer östlich des Tempels inmitten des vernachlässigten Parks gelegenen heiligen Quelle und einem künstlichen Teich, auf dessen Miniaturinsel (eine symbolische Darstellung des Mahameru) zwei Schreine auszumachen sind, die zum einen dem ‚Herrn des Gunung Batukau', zum anderen der Gottheit der drei Seen gewidmet sind, die in deren Einflussgebiet liegen: Danau Tamblingan, Danau Bratan und Danau Buyan.

Alljährlich ist dieser Tempel wenige Tage vor dem Nyepi-Fest anlässlich einer Reinigungszeremonie Ziel tausender Pilger, die aus ganz Bali zusammenströmen und während mehrerer Tage den Göttern Opfer darbringen, wodurch der ansonsten meist relativ verlassen daliegende Komplex außergewöhnliche Farbenpracht entwickelt. Anschließend ziehen Tausende in einer Augen und Ohren berauschenden Prozession hinunter zum Meer.

Jahreshöhepunkt

> **INFO** **Besteigung des Gunung Batukau**
>
> Recht mühsam und für gewöhnlich ziemlich rutschig gestaltet sich der Aufstieg zum 2.276 m hohen Gunung Batukau (‚Kokosnussschalenberg'), Balis zweithöchstem Berg, für den man sechs Stunden veranschlagen sollte und den man am besten beim Pura

Luhur Batu Karu beginnt, wobei es durchaus empfehlenswert ist, sich einem ortskundigen Führer anzuvertrauen, damit man in dem dichten Regenwald mit seinen Baumfarnen und Stechpalmen nicht verloren geht – schließlich ist diese Bergregion außer dem Nationalpark die einzige wirkliche Wildnis auf dieser dichtbesiedelten Insel.

Falls Sie sich doch alleine auf den Weg machen wollen, gehen Sie vom Tempel zunächst 200 m bis zu einem kleinen Fluss, den Sie mit Hilfe einer Brücke überqueren können. Anschließend halten Sie sich auf dem engen Pfad stets nordwärts, wobei Sie außer dem Pfad und dem Sie umgebenden Dickicht selbst kaum etwas sehen werden. Am dichtbewachsenen Gipfel erwarten den Himmelsstürmer uralte, moosbewachsene Steinthrone für *Shiva* als Weltenherrscher *Mahadewa*.

In alten Chroniken ist zu lesen, dass sich die ersten Bewohner des Berges, die Kinder des Gottes *Pasupati*, ungefähr hundert Jahre nach der Erschaffung der Welt hier niederließen. Als der Priester *Empu Kuturan* im 11. Jahrhundert nach Bali kam, soll er den Pura Luhur Batu Karu bereits in einem restaurierungsbedürftigen Zustand vorgefunden haben, zudem ließ er die hohen Meru errichten.

Hinweise
- *Ortskundige Führer findet man in den umliegenden Dörfern bzw. können über diverse Reisebüros gebucht werden (siehe Kapitel ‚Organisierte Touren – Zu Lande', S. 466ff).*
- *Es gelten die gleichen Sicherheitsvorkehrungen bzw. Ausrüstungsrichtlinien wie für die Besteigung der anderen Vulkane (siehe Kapitel ‚Der Gunung Agung und seine Südflanke', S. 609f. und ‚Der Nordosten und der Danau Batur', S. 626ff).*
- *Erhöhte Vorsicht gilt während des Abstiegs bei Regen bzw. regennassem Untergrund, denn dann geht es mitunter schneller bergab als einem dies lieb ist, natürlich bei entsprechend großem Verletzungsrisiko.*

Jatiluwih

Aktuelle regionale Reisetipps zu Jatiluwih
entnehmen Sie bitte der gelben Seite 375

Von Wangayagede geht es auf einem kurvenreichen, sich in schlechtem Zustand befindlichen Sträßchen ostwärts bis **Jatiluwih**, einem in rund 700 m Höhe gelegenen Dorf mit z.T. noch alten Reisspeichern, das mit **einem der schönsten Panoramablicke** ganz Balis aufwarten kann, hinweg über sich schier endlos die Hänge hinunterziehende Reisterrassen, was befürchten lässt, dass auch dieses bislang noch weitgehend unberührte Fleckchen Erde schon bald in den Blickwinkel geschäftstüchtiger Restaurant- und Hotelbesitzer rücken wird. Vergessen Sie nicht, hier einen Stopp im *Café Jatiluwih* einzulegen, um das phantastische Landschaftsbild auch in aller Ruhe genießen zu können.

Berauschendes Landschaftspanorama

Von hier aus schlängelt sich die schmale Gebirgsstraße bis nach **Apuan**, einer inmitten von Gewürznelken- und Vanilleplantagen eingebetteten Ortschaft, in die einmal im Jahr

Barong-Figuren aus allen Ecken der Insel kommen, um das örtliche, mindestens drei Tage dauernde Odalan zu begehen, denn viele der Barong-Masken sind aus dem Holz von Bäumen gefertigt, die in dieser Gegend wuchsen, so dass Apuan als Geburtsort und Heimat dieser magischen Kreaturen angesehen wird.

Reisterrassen bei Jatiluwih

Pacung

Aktuelle regionale Reisetipps zu Pacung
entnehmen Sie bitte der gelben Seite 411

An der Zentralkreuzung des Ortes hält man sich links, wodurch man schließlich bei **Pacung** auf die Überlandstraße Bedugul-Mengwi stößt. Auch dieser Ort vermag mit einer **atemberaubenden Reisterrassenszenerie** aufzuwarten.

Der Pura Yeh Gangga bei Perean

Orientiert man sich nunmehr südwärts und biegt in **Perean** beim entsprechenden (leider schlecht auszumachenden) Hinweisschild rechts ab, so taucht nach wenigen hundert Metern in einer Talsenke zur Linken der **Pura Yeh Gangga (4)** auf, dessen Name auf den heiligen Fluss Ganges in Indien hinweist. Bemerkenswertestes Bauwerk innerhalb des Tempels ist ein siebenstöckiger Meru auf einer Steinbasis, die auf der Vorderseite – entgegen der sonst auf Bali üblichen Ausführungsweise – offen ist. Eine innerhalb des Komplexes vorhandene Steininschrift datiert den Bau des Tempels auf das Jahr 1334. Auf drei Seiten der Anlage gibt es Nischen, auf der vierten hingegen findet sich ein Scheintor mit einer Gravur in Form eines Schlosses. In die Tempelwände sind zudem Porzellanteller eingesetzt. Obwohl der Tempel von Nicht-Hindus nicht betreten werden darf, ist er über die niedrige Umfassungsmauer hinweg recht gut einsehbar.

Unten im Tale

Sembung

Aktuelle regionale Reisetipps zu Sembung
entnehmen Sie bitte der gelben Seite 428

Nervenkitzel

Anschließend kehren Sie auf die Überlandstraße zurück und erreichen kurz hinter **Sembung** den östlich der Straße gelegenen **Indonesia Jaya Reptile and Crocodile Park (5)** (Taman Buaya Dan Reptil Indonesia Jaya), in dem rund 500 Krokodile sowie acht Komodo-Warane und zahlreiche andere Waranarten und Schlangen zu bestaunen sind.

Marga

Aktuelle regionale Reisetipps zu Marga
entnehmen Sie bitte der gelben Seite 400

Nationale Gedenkstätte

In Sembung zweigt westwärts eine kleine Straße ab, die Sie zum **Taman Pujaan Bangsa Margarana (6)**, zum Nationaldenkmal Margarana bringt, das 1954 zum Gedenken an die 94 Freiheitskämpfer errichtet wurde, die hier – da zahlenmäßig hoffnungslos unterlegen – am 20. November 1946 unter Führung des Befehlshabers der nationalen Truppen von Bali, Oberstleutnant *I Gusti Ngurah Rai*, beim Kampf gegen die niederländischen Kolonialtruppen den Märtyrertod starben, der einem Puputan glich. Da bei diesem Gemetzel viele Mitglieder hochrangiger Kasten ums Leben kamen, beteiligten sich fortan sehr viel mehr Angehörige niederer Kasten am Guerillakampf gegen die Niederländer. Das **zentrale Monument (I)** hinter dem Eingang gleicht zwar ein wenig einem Meru, ist aber nicht als solcher, sondern als symbolische Darstellung des Datums der Unabhängigkeitserklärung (17. August 1945) zu verstehen, wobei die vier Stufen und fünf kleinen Pfeiler am Sockel das Jahr, die acht Dächer den Monat und die Höhe von 17 m den Tag repräsentieren. Eine Statue des Freiheitsführers sowie der in das Ehrenmal eingeritzte Auszug aus einem Brief, in dem dieser den Niederländern mitteilte, dass er nicht zu einer Kapitulation bereit sei, vervollständigen das Denkmal.

Symbol der Unabhängigkeitserklärung: das Monument von Margarana

Insgesamt 1.372 kleine, meruartige, ein wenig an die alten Tempel der Majapahit-Periode erinnernde Grabsteine (mit Namen, Geburtsort und Sterbedatum) erinnern auf dem dahinterliegenden **Heldenfriedhof (II)** (Taman Makam Pahlawan) an die balinesischen Opfer des Freiheitskampfes in den 40er Jahren, unter denen sich auch etliche Christen und Muslims sowie elf zu den Balinesen übergelaufene Japaner befinden. Die Gedenksteine der Christen sind durch Kreuze, die der Muslims mittels des Halbmondes und diejenigen der Hindus mit der Swastika gekennzeichnet.

Neben dem Friedhof informiert ein kleines **Museum (III)** (Gedung Sejarah Perjuangan Margarana) über den Schlachtenverlauf und zeigt einige Waffen, Uniformen, Fotos und andere Reliquien der Schlacht. Am 20. November, am Balinese Memorial Day, findet bei dieser Gedenkstätte eine ‚Hero's Day Ceremony' statt, in deren Rahmen man in einem Nachtmarsch bis nach Denpasar marschiert, wodurch man an den ‚langen Marsch' der heldenmütigen Freiheitskämpfer erinnern möchte.

Kukuh

Aktuelle regionale Reisetipps zu Kukuh entnehmen Sie bitte der gelben Seite 381

Der Heldenfriedhof von Margarana

Über Tunjuk und Buahan gelangt man, wenn man ab dem Nationaldenkmal dem Hinweisschild folgt, zum **Pura Alas Kedaton (7)** nahe der Ortschaft **Kukuh**, der in einem der heiligen Affenwälder Balis, dem **Alas Kedaton**, liegt, der von mehreren Hundert der langarmigen Kletterkünstler bewohnt wird. Der Tempel gilt als eines der bedeutendsten Werke von *Empu Kuturan*, wobei vor allem die alten Statuen bemerkenswert sind, die den Hauptschrein zieren. Obwohl der hinterste Hof von Nicht-Hindus nicht betreten werden darf, ist die Anlage über die niedrige Mauer hinweg gut einsehbar.

Langarmige Kletterkünstler

Hinweis
Um zum Tempel zu gelangen, müssen Sie erst einmal die riesige Budenansammlung rechts des Parkplatzes durchqueren. Für gewöhnlich bieten sich junge

Pura Alas Kedaton

Mädchen als Guides an, die einen beim Rückweg wissen lassen, dass man doch bitte in ihrem Souvenirstand etwas kaufen möge, ansonsten bekämen sie Ärger mit ihrem Chef. Am besten verzichten Sie daher von vornherein auf derartige Begleitung, die auch nicht nötig ist.

Unweit vom Affenwald liegt das Zentrum der traditionellen Webkunst, **Blayu**, wo man Weberinnen bei der Herstellung wertvoller brokatartiger, golddurchwirkter Songket zuschauen kann, die nur bei besonderen Zeremonien und Tempelfesten getragen werden. Im Ortszentrum findet man auch den selten besuchten, rund fünf Hektar großen **Puri Blayu**, dessen aus Lehm gefertigtes Haupteingangstor das größte seiner Art auf Bali ist.

Zentrum der Webkunst

Wieder zurück auf der Überlandstraße Bedugul-Mengwi, orientieren Sie sich in Sunia ostwärts, wodurch Sie wenig später nach **Baha** gelangen, einer im alten Stil restaurierten, überaus properen Ortschaft, von der aus es über **Abiansemal** nach **Sangeh** geht.

Sangeh

Aktuelle regionale Reisetipps zu Sangeh
entnehmen Sie bitte der gelben Seite 418

Nachkommen aus Hanumans Affenheer

Dieser Ort besitzt wegen seines zirka zehn Hektar großen, berühmtberüchtigten **Affenwaldes** am nördlichen Ortsrand fast schon legendären Ruf. Eigentliches Ziel in dem westlich der Straße gelegenen Wald ist indes der im 17. Jahrhundert von einem Raja des Mengwi-Reiches als Meditationstempel gegründete, von Moosen und Flechten überwachsene **Pura Bukit Sari** („Nektar der Berge-Tempel'), der seit seiner Restaurierung 1973 als Subak-Tempel fungiert und dessen zentraler Innenhof als besondere Zierde eine außergewöhnliche Steinstatue des mythischen Sonnenvogels *Garuda*, des Reittieres des hier verehrten *Vishnu*, besitzt, die die Erlösung vom Leid und die Gewinnung des Lebenselixiers Amerta versinnbildlicht.

Da in dem umliegenden Hain, mit auf Bali sehr seltenen, bis zu 50 m hohen Muskatnussbäumen drei Affenhorden hausen, kommt man vor dem Tempelbesuch meist nicht umhin, sich erst einmal mit den diebischen Kletterkünstlern auseinander zu setzen, die nach allem zu grapschen versuchen, was lose an den Schultern, auf den Köpfen oder auf den Nasen leichtsinniger bzw. unvorbereiteter Touristen herumbaumelt bzw. sitzt.

Der balinesischen Version des Ramayana zufolge handelt es sich bei den Affen um die Nachkommen von Truppen der Affenarmee *Hanumans*, weswegen die Tiere – ebenso wie der Wald – als besonders heilig gelten. Diese Legende geht wie folgt: Da *Rawana*, der große Bösewicht des Ramayana, nicht sterben konnte, weder auf Erden noch in der Luft, sondern nur zwischen den beiden Elementen, packte Hanuman den heiligen Berg Mahameru und teilte ihn in zwei Hälften, zwischen denen er den Riesen zermalmte, wobei ein Teil des Berges bei Sangeh auf die Erde fiel, und mit ihm Truppen aus *Hanumans* Affenarmee, deren Nachkommen sich noch heute hier tummeln.

Einer der Bewohner des Affenwaldes von Sangeh

Hinweis

Am Eingang werden sich Ihnen vermutlich junge Männer aufdrängen, die Sie während Ihres Rundganges begleiten wollen. Lehnen Sie dies von vornherein ab, ansonsten nötigt man Sie am Ende, für diese ‚Führung' einen Obolus zu entrichten.

Im Regierungsbezirk Tabanan **689**

Vorsicht

!!! Um der räuberischen Gesellen Herr zu werden, gibt es zwei Alternativen: Entweder Sie verpacken alles diebstahlsicher in ihren Westen-, Hosen- oder sonstigen Taschen, oder aber Sie kaufen vorsichtshalber ein oder zwei Tüten Nüsse oder einige Bananen (natürlich allesamt vor Ort überteuert) bei den zahlreichen Verkäuferinnen, die sie – falls Sie ‚überfallen' werden – flugs an die ‚Langfinger' verteilen. Doch seien Sie schnell beim Verteilen der Gabe, hängt Ihre Kamera, Brille oder Tasche nämlich erst einmal in den Baumwipfeln, können Sie mitunter lange warten, bis Ihnen das teure Stück wieder ausgehändigt wird – wenn überhaupt.

Mengwi

 Aktuelle regionale Reisetipps zu Mengwi
entnehmen Sie bitte der gelben Seite 401

Anschließend geht es via Abiansemal zurück, und zwar nach **Mengwi**, das einst eines der Machtzentren der Region war und noch heute einen der schönsten und größten balinesischen Tempel sein eigen nennt, den **Pura Taman Ayun**.

Der Name des Tempels, der übersetzt ‚Gartentempel im Wasser' bedeutet, beschreibt die 1634 von Raja *Gusti Agung Anom* erbaute und 1937 bei gründlichen Restaurierungsarbeiten auf die heutige Größe erweiterte Anlage ziemlich treffend, denn der Reichstempel der Mengwi-Rajas, die der Ksatriya-Kaste entstammten, liegt wie in einem Teich auf einer Flussinsel in von Lotusblüten bedecktem, ruhigem Gewässer, an seinen Ufern umstanden von Frangipani- und diversen früchtetragenden Bäumen wie Durian, Mangosteen und Rambutan.

Architektonisches Schmuckstück

Die Anlage, die stellvertretend für den in einem Milchsee schwimmenden heiligen Berg Mahameru steht und deren drei Höfe die drei Bereiche der Erdgeister,

Einer der größten und wichtigsten Tempel Balis ist der Pura Taman Ayun.

Menschen und Götter symbolisieren, spiegelt das hindu-kosmische Weltbild der im 18. Jahrhundert mächtigen Herrscher von Mengwi wieder, ist sie doch nach Norden zu den Vulkanen und zum heiligen Danau Bratan hin ausgerichtet und nach Süden hin zum Meerestempel Ulun Siwi, der südlich von Denpasar auf dem Isthmus zur Halbinsel Bukit Badung liegt. Und hier in der Mitte hielten die Rajas von Mengwi – unterstützt von vedenkundigen Pedandas – die kosmischen Mächte von Schöpfung und Zerstörung durch Opferzeremonien im Gleichgewicht. Dieses geriet allerdings ins Wanken, als die rivalisierenden Reiche von Klungkung, Tabanan, Bangli und Badung, angelockt durch die fruchtbaren Reisfelder und die ertragreichen Kaffeeplantagen der Gegend sowie des einträglichen Opiumhandels wegen, Mengwi angriffen und zerschlugen, indem sie es 1891 unter sich aufteilten, was der Identitätsfindung der Bewohner des alten Raja-Reiches jedoch keinen Abbruch tat, denn in deren Geist lebt jenes noch immer fort.

Der Pura Taman Ayun erfüllt eine ungewöhnliche rituelle Funktion, denn bei ihm handelt es sich um einen Penyawangan, also einen Tempel, in dem u.a. andere Heiligtümer verehrt werden. So findet man in ihm Schreine zur Verehrung der wichtigsten Berge Balis sowie Schreine des Pura Ulun Siwi und des Pura Sadat. Über einen **Steg (I)** gelangt man zur eigentlichen Tempelinsel, auf der als erstes rechts im **ersten Hof (II)** ein **Wantilan (III)**, eine weite, offene Halle mit Doppeldach für Versammlungen, Tanzvorführungen und Hahnenkämpfe ins Auge fällt. Dahinter passiert man einige **Schreine (IV)** und durchschreitet dann am Ende einer siebenstufigen Treppe ein **Candi bentar (V)**, das zum **zweiten Hof (VI)** überleitet.

Wer sich einen Überblick über die leicht terrassierte Gesamtanlage verschaffen möchte, kann den **Kulkul (VII)** in der linken, d.h. westlichen Ecke des Hofes besteigen. Unmittelbar hinter dem Candi bentar liegt dagegen auf der zentralen Achse eine den Herrschern der Unterwelt geweihte **Brunnenanlage (VIII)**, um die herum man in Richtung **Jeroan (IX)** weitergehen kann, der von einem zusätzlichen **Wassergraben (X)** umgeben und etwas erhöht angelegt ist. Zu ihm führt eine weitere Treppe empor, an deren Kopf ein **Candi korung (XI)** zu durchschreiten ist, das ein wenig an südindische Tempeltürme erinnert.

Während die Westseite des Haupthofes von etlichen **Bale (XII)** flankiert wird, steht auf der Ostseite eine Reihe vieldachiger **Meru (XIII)**, wohingegen in der Mitte zwischen diesen beiden Gebäudereihen ein steinerner, mit schönen Reliefs verzierter **Lotusthron (XIV)** für das Götterdreigespann *Brahma-Vishnu-Shiva* auszumachen ist. Die drei Meru schräg hinter diesem Götterthron sind den Berggottheiten geweiht: ein **Neun-Tumpang-Meru (XV)** für den ‚Herrn des Gunung Batukau', ein **Elf-Tumpang-Meru (XVI)** für den ‚Herrn des Gunung Agung' und wiederum ein **Neun-Tumpang-Meru (XVII)** für den ‚Herrn des Gunung Batur'. An der Stirnseite des Hofes findet sich zudem ein den Gunung Batukau symbolisierender **elfdachiger Meru (XVIII)** sowie ein weiterer **Elf-Dach-Tumpang (XIX)** in der anderen Ecke für die Reisgöttin *Dewi Sri*. Die insgesamt 29 Schreine, von denen etliche Ebenbilder heiliger Vulkane Balis und der wichtigsten von der Mengwi-Dynastie erbauten Tempel darstellen, dienen den Göttern während der Teilnahme an den hiesigen Tempelfesten als Throne und Erholungsorte.

Die Holzwand des **Bale Murdha (XX)**, des Versammlungspavillons der Dorfältesten, ziert ein farbenfrohes Gemälde jüngeren Datums; weitaus älter sind hingegen die Reliefs am Sockel des **Bale Pawedaan (XXI)**, des Pavillons für die Priester, die verführerische Nymphen beim Versuch zeigen, den Ramayana-Prinzen *Arjuna* vom Meditieren abzulenken. Besondere Aufmerksamkeit verdienen zudem die wunderschönen Schnitzarbeiten an den Türen der einzelnen Schreine.

Der Lotusthron des Pura Taman Ayun

Tipps
- *Wer den Tempel in Ruhe genießen möchte, sollte auf jeden Fall vor 10 Uhr oder am späteren Nachmittag hier sein, denn während der restlichen Tagesstunden wird er oftmals von Touristengruppen geradezu überrannt.*
- *Einen herrlichen Überblick auf große Teile der Anlage hat man auch vom westlich der Anlage zu findenden Sari Royal Garden Restaurant, in dem man auch eine Kleinigkeit essen kann.*

Kapal

Aktuelle regionale Reisetipps zu Kapal
entnehmen Sie bitte der gelben Seite 378

Von Mengwi aus geht es sodann südwärts bis zur Küstenstraße Gilimanuk-Denpasar, auf der man ostwärts bis **Kapal** fährt, das für seine Tonfiguren und Steinmetzarbeiten bekannt ist, doch werden die Figuren – nebst allerlei anderem mehr oder weniger nützlichen Tand – mittlerweile auch aus Zement gegossen und farbenfroh mit schillernden Acryllacken bemalt, wodurch ihnen oftmals eine nicht unerhebliche Ähnlichkeit mit unseren Gartenzwergen nicht abzusprechen ist. Doch nicht deswegen sollte man hier einen Zwischenstopp einlegen, sondern wegen zweier Tempelanlagen, deren eine am westlichen Ortsende (Hinweisschild links) etwa einen halben Kilometer südlich der Hauptstraße zu finden ist, der **Pura Sada Kapal**, der älteste Ahnen- und Staatstempel der Rajas von Mengwi, der zu den wichtigsten Tempeln Balis zählt und in dem die

Balinesische Gartenzwerge

Grundriss Pura Sada Kapal

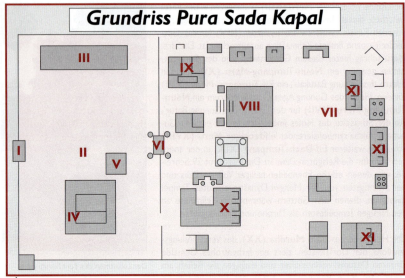

Prasada und Steinthrone im Pura Sada

vergöttlichte Seele von *Ratu Sakti Jayeningrat* verehrt wird, einem Adligen, der vom Majapahit-Reich hierher segelte und auf einem nahen Riff strandete (zu dieser Zeit reichte das Meer noch bis nahe an den Tempel heran).

Ein uralter, weit ausladender Waringinbaum mit dicken Luftwurzeln, zwischen denen sich ein steinerner Thron für die Unterweltdämonen verbirgt, markiert den Eingang zu dem im 14. Jahrhundert gegründeten Tempel, der ursprünglich ein Ahnenheiligtum zur Erinnerung an den javanischen Adligen war und später von einem Raja von Mengwi wiederaufgebaut wurde und seither als Ursprungstempel dieser Dynastie fungiert.

Durch ein siebenstufiges **Candi bentar (I)**, das vermutlich aus dem 14. oder 15. Jahrhundert stammt, betritt man den ummauerten **Vorhof (II)**, in dem an den Seiten zwei **Bale für Opfervorbereitungen (III)** und **Versammlungen (IV)** stehen. In der Mitte des Hofes steht ein **Pavillon (V)**, in dem jedes Jahr zu den Tempelfestzeremonien die Gottheiten zusammenkommen und über Medien in Trance miteinander kommunizieren.

Ein **Candi korung (VI)** mit einer schönen Kala-Boma-Darstellung führt in den **Jeroan (VII)**, der von einem 16 m hohen, dreizehnstöckigen, aus rotbraunen Ziegeln gemauerten **Prasada (VIII)** dominiert wird, der an den ostjavanischen Majapahit-Stil erinnert und der den Weltenberg Mahameru symbolisiert. Der Vorgängerbau dieses Prasada, der 1917 bei einem verheerenden Erdbeben zerstört wurde, dürfte gleichfalls aus dem 14. oder 15. Jahrhundert gestammt haben; erst 1948/49 wurde er unter Verwendung alter Vorlagen wieder aufgebaut, wobei nicht gesichert ist, ob er genau an der ursprünglichen Stelle errichtet wurde. Als rituelle Mitte des Reiches von Mengwi und als Sitz *Shivas* sollte seine phallische Form die Zeugungs- und Lebenskraft der vergöttlichten Rajas widerspiegeln. Auf allen vier Ecken des mächtigen Sockels sitzen die acht Richtungsgottheiten oder Nawa-sanga, die von den hinduistischen Balinesen aus dem Mahayana übernommen wurden. Die sieben Seher des hindu-balinesischen Kosmos sitzen oberhalb der Richtungsgottheiten auf der nächsten Sockelterrasse, wohingegen die Tri murti (*Brahma-Vishnu-Shiva*) auf der Ostseite porträtiert ist.

Stein gewordene Lebens- und Zeugungskraft

Halblinks bemerkt man das **Bale pesamyangan (IX)**, in dem die Götter willkommen geheißen werden. Rechts davon stehen insgesamt **57 Steinthrone (X)** (54 kleine und drei große), die angeblich an die untergegangene Schiffsmannschaft erinnern, die die sterblichen Überreste eines Majapahit-Königs nach Bali transportieren sollte und dabei ums Leben kam. Der dahinter aufragende Prasada soll wiederum den Verbrennungsturm symbolisieren, der mit den sterblichen Überresten zusammen auf das gekenterte Schiff geladen worden sein soll. Anderen Quellen zufolge erinnern die Steinthrone an im Krieg gefallene Soldaten. Im hinteren Hofteil erheben sich zudem mehrere **Schreine und Thronsitze (XI)**, die u.a. der göttlichen Trinität geweiht sind.

Wessen wird hier gedacht?

Die andere Tempelanlage ist der im östlichen Dorfteil unmittelbar an der Hauptstraße (in Richtung Denpasar links) zu findende Gesamtkomplex von **Pura Desa** und **Pura Puseh**, bei dem es sich eigentlich um zwei Tempel handelt, die heutzutage jedoch derart zusammengebaut sind, dass deren ursprüngliche Eigenständigkeit nur noch für Eingeweihte sichtbar ist. Besondere Aufmerksamkeit verdient das reich verzierte Haupttor mit seinen beiden Nebeneingängen, die der göttlichen Trinität gewidmet sind. Fein durchgestaltete Reliefs mit Szenen der Tantri-Tierfabeln zieren die Außenmauern neben den Eingängen.

Reich verziert: Pura Dalem Lukluk

Folgt man der Durchgangsstraße weiter in Richtung Denpasar, so erreicht man wenig später die Ortschaft **Lukluk**, deren etwa 200 m rechts der Hauptstraße am Ende einer asphaltierten Sackgasse in den Reisfeldern zu findender **Pura Dalem Lukluk** Reliefs mit Szenen aus dem Alltagsleben der Bauern und Handwerker sowie mythologische Themen aufzuweisen hat.

Wenn Sie sodann in **Sempidi** die Überlandstraße nach rechts abbiegend verlassen, kommen Sie über Dalung auf die Umgehungsstraße Denpasar-Tanah Lot, der Sie ein

Stück westwärts folgen, um dann nach links zum noch wenig erschlossenen **Pantai Canggu (8)** abzubiegen, an dem Sie eine Brise Meeresluft schnuppern können.

Pantai Canggu

Aktuelle regionale Reisetipps zu Pantai Canggu
entnehmen Sie bitte der gelben Seite 413

Bewohntes Museum

Hier sollten Sie es auf gar keinen Fall versäumen, zumindest auf einen Sprung im **Hotel Tugu Bali** vorbeizuschauen, dessen museale Ausstattung es zu einem der schönsten Hotels der Insel macht. Bitten Sie ruhig an der Rezeption um eine Führung durch das Anwesen, denn nur so erschließen sich einem all die phantastischen antiken Raritäten, die der Eigentümer in jahrzehntelanger Kleinarbeit zusammengetragen hat, darunter die größte aus einem einzigen Stück gefertigte Garuda-Figur der Welt, die die Lobby dominiert. Oder der gut 300 Jahre alte Kang Xi-Tempel, der zu einem der Restaurants umfunktioniert wurde oder der gleichfalls als Speiseraum dienende Bale Puputan, dessen Artefakte an die traurigen Geschehnisse in Badung und Klungkung zu Beginn des 20. Jahrhunderts erinnern. Ganz zu schweigen von den Wohnräumen, die mit Memorabilien an etliche auf der Insel vormals wirkende Künstler erinnern, u.a. an *Walter Spies* und *Le Mayeur*, und dem phantastischen Garten, in dem sich weitere originale Bauten finden, die man aus anderen Teilen des Archipels hierher gebracht hat.

Die weltweit größte aus einem einzigen Stück Holz gefertigte Garuda-Statue steht im Hotel Tugu Bali.

Zurück auf der Umgehungsstraße, folgen sie dieser sodann noch ein paar Kilometer weiter westwärts, um dann wiederum in Richtung Meer abzubiegen, und zwar zum gleichfalls schwarzsandigen **Pantai Seseh (9)**, an dem ein kleiner **Schrein** zu Ehren von *Ratu Mas Sepuh* zu finden ist, einem mächtigen und charismatischen Magier, der vor einigen hundert Jahren aus Java hierher kam und vom Raja von Mengwi aus Eifersucht wegen seiner Beliebtheit ermordet wurde. Seither waren die Königshäuser von Mengwi mit einem bösen Fluch belegt, bis schließlich um die Wende zum 20. Jahrhundert der damalige Raja zum Grab des Magiers pilgerte und als Zeichen der Reue das gegenwärtig zu sehende Mausoleum errichten ließ, an dem die Einwohner Mengwis noch heute beten.

Töpferwaren

Wenn Sie sich für die Herstellung von Töpferwaren und Dachziegeln interessieren, können Sie noch einen kleinen Abstecher nach **Pejaten** und dessen benachbarte Dörfer unternehmen, wo man den Dorfbewohnern bei der Herstellung derartiger Waren über die Schultern schauen kann. In ihren Händen entstehen u.a. bemerkenswerte glasierte Keramiken im chinesischen Stil sowie Porzellangegenstände aller Art, 90 % der arbeitenden Dorfbevölkerung widmet sich indes noch immer der Herstellung von Terrakotta-Dachziegeln. Den dafür benötigten Ton, der auch für die Fertigung der verschiedensten Kunstgewerbeartikel benötigt wird und der früher aus Gräben stammte, die man auf den Feldern der Umgebung aushob, beziehen die Dorfbewohner heutzutage zum größten Teil aus der Gegend um Malang im Osten Javas. Die fertigen Produkte werden zunächst allesamt zum Trocknen in die Sonne gelegt, erst dann in den überwiegend mit Kokosnussschalen befeuerten Brennöfen gebrannt.

Tanah Lot

Aktuelle regionale Reisetipps zu Tanah Lot entnehmen Sie bitte den gelben Seiten 437f

Dachziegelfabrik in Pejaten

Doch nun ist es an der Zeit, sich dem Endpunkt der heutigen Tagesetappe und der gesamten Bali-Rundreise zu nähern. Auch wenn er aufgrund seiner traumhaften Lage und berühmten Sonnenuntergänge, bei denen die Gezeiten und himmlischen Szenarien mitunter zu dramaturgischen Höchstleistungen auflaufen, vom Ansturm kamerabewehrter, souvenirsüchtiger Besucherscharen natürlich nicht verschont bleibt, so stellt der Meerestempel **Pura Tanah Lot (10)** (Tanah = Erde, Lot = See → ‚Land im Wasser') noch immer eines der Highlights einer jeden Bali-Reise und somit sicherlich auch einen passenden Ausklang dafür dar. Pura Tanah Lot zählt zu den berühmtesten Bauwerken ganz Balis und ist wahrscheinlich sein fotogenstes, zumindest bei Sonnenuntergang, wenn er sich scherenschnittartig als scharfe Silhouette gegen den glutrot getränkten Himmel abzeichnet. Die jeden Spätnachmittag am heißesten begehrten Plätze, an denen die Fotografen ihre Stative in Stellung bringen, befinden sich bei den (dann brechend vollen) Restaurants am Rande der steil abfallenden Klippen gegenüber dem Meerestempel. Das kleine, auf einem bei Flut von der Brandung umschäumten Felsenriff thronenden Heiligtum gehört als wichtiger Vorposten gegen die Mächte der Unterwelt, die im Meer hausenden Dämonen, zu den Reichstempeln und ist daher auch stets Ziel zahlreicher Pilger aus ganz Bali.

Keiner ist so fotogen

Wenn die Flut zurückweicht und den Besuchern den Weg zum Tempel freigibt, sieht man immer wieder Exemplare jener schwarz-gelb gestreiften Schlangen über den schlüpfrigen Felsuntergrund dahinhuschen, die quasi als heilige Abgesandte des Schlangen- und Wassergottes *Basuki* in diesem Tempel verehrt werden und daher nicht gestört werden dürfen. *Basuki* selbst wird als ‚Herr von Tanah Lot' angesehen, daher opfert man ihm am höchsten, fünf Dächer aufweisenden Meru, der offiziell der hinduistischen Trinität gewidmet wurde. *Danghyang Nirartha*, dem javanischen Religionserneuerer und mutmaßlichem Gründer von Tanah Lot im 16. Jahrhundert, ist ein dreidachiger Meru zugedacht. Der Überlieferung zufolge soll dieser während seiner Reise durch Bali eines Tages ein Licht von der Westküste her aufsteigen gesehen haben. Als er näher kam, bemerkte er ein zauberhaftes kleines Felseneiland, bei dem er rastete und meditierte, woraufhin sich schon bald Schüler aus der näheren Umgebung um ihn sammelten. Um Ärger mit dem Ortspriester namens *Bendesa Beraben* zu vermeiden, versetzte *Danghyang Nirartha* seinen Meditationsort einfach mitten ins Wasser und schuf so Pura Tanah Lot, wobei er seinen Schal in heilige Schlangen verwandelte, die den Tempel seither bewachen.

Kriechende Bewacher

Fotogen wie kein zweiter Tempel Balis: Pura Tanah Lot

In einem weiteren Schrein wohnt dem Glauben nach eine heilige Schlange. Darüber hinaus findet man auf der vom Meer umbrandeten kleinen Felseninsel noch zwei Bale für die Opfervorbereitungen und eine Opfersäule. Der eigentliche Tempelbezirk darf von Nicht-Hindus nicht betreten werden.

Um Pura Tanah Lot vor den tosend anbrandenden Wogen zu schützen, die nach der Zerstörung des ehemals vorgelagerten Korallenriffs in den 70er und 80er Jahren ungehindert an dem den Tempel tragenden Felsmassiv nagten, wurden 1987 mehrere tausend Betonklötze als Wellenbrecher ins Meer rings um die Kultstätte gesenkt, die die Landschaft – vor allem bei Ebbe – nicht gerade verschönern. Übrigens: Noch zu Beginn des 20. Jahrhunderts war die heutige Felseninsel durch eine natürliche Brücke mit dem Festland verbunden, die vermutlich beim Erdbeben 1917 einstürzte.

Durchaus einen Abstecher wert

Im Umkreis von Pura Tanah Lot liegen auf verschiedenen Felsvorsprüngen noch weitere winzige Tempel, die man entlang der Klippenkante leicht zu Fuß erreichen kann. Noch in Sichtweite des Meeresheiligtums liegt in westlicher Richtung der kleine **Pura Enjung Galuh**, einer der beliebtesten Standorte für ein Foto von Pura Tanah Lot. Einige hundert Meter weiter westlich erhebt sich auf einer Klippe, in die die Fluten einen Bogen gehöhlt haben, der **Pura Batu Bolong** (‚Tempel des durchlöcherten Steines'), von dem aus es noch einmal ein paar hundert Meter bis zum **Pura Batu Mejan** sind, bei dem Stufen zur heiligen Quelle **Beji Taman Sari** hinunterführen. Ein Stückchen landeinwärts breitet sich, umrahmt von Reisfeldern, die etwas größere Anlage des **Pura Luhur Pekendungan** mit ihrem weithin sichtbaren siebenstufigen Meru aus. Und wer viel Zeit hat, kann ja auch noch beim nahen **Pura Jero Kandang** auf einen Sprung vorbeischauen.

Hinweis

Vom Parkplatz aus müssen Sie zunächst durch eine rund 200 m lange Gasse aus Souvenirläden Spießruten laufen. Versuchen Sie die Offerten der Verkäufer/ -innen zu ignorieren: Preisgünstiges finden Sie hier ohnehin nicht. An der Klippe finden Sie einen Lageplan, auf dem die genauen Standorte der einzelnen Tempel eingezeichnet sind.

Morgendliches Schauspiel

Als stilvoller Ausklang dieser Etappe bzw. der ganzen Inselrundfahrt empfiehlt sich ein Abendessen im nahen **Le Meridien Nirwana Golf & Spa Resort (11)**, in dem Sie selbstverständlich auch übernachten können, um sodann am nächsten Morgen Pura Tanah Lot vom Hotel aus im Morgenglanz erleben zu können.

5. KLEINER SPRACHFÜHRER

Zur Grammatik und Aussprache siehe Kapitel ‚*Sprache*'.

Zahlen

0	nol	110	seratus sepuluh
1	satu	111	seratus sebelas
2	dua	...	
3	tiga	120	*seratus dua puluh*
4	empat	...	
5	lima	200	*dua ratus*
6	enam	300	*tiga ratus*
7	tujuh	...	
8	delapan	1000	*seribu*
9	sembilan	1100	*seribu seratus*
10	sepuluh	...	
11	sebelas	2000	*dua ribu*
12	duabelas	3000	*tiga ribu*
13	tigabelas	...	
14	empatbelas	10.000	*sepuluh ribu*
...		20.000	*dua puluh ribu*
20	dua puluh	...	
21	dua puluh satu	100.000	*seratus ribu*
22	dua puluh dua	200.000	*dua ratus ribu*
...		...	
30	tiga puluh	1.000.000	*sejuta*
31	tiga puluh satu	2.000.000	*dua juta*
...		...	
40	*empat puluh*	1/2	*setengah*
...		1/3	*sepertiga*
100	seratus	1/4	*seperempat*
101	seratus satu	3/4	*tiga per empat*
...		1 1/2	*satu setengah*

Monate

Januar	*(bulan) januari*	Juli	*(bulan) juli*
Februar	*(bulan) februari*	August	*(bulan) augustus*
März	*(bulan) maret*	September	*(bulan) september*
April	*(bulan) april*	Oktober	*(bulan) oktober*
Mai	*(bulan) mei*	November	*(bulan) nopember*
Juni	*(bulan) juni*	Dezember	*(bulan) desember*

Wochentage

Montag	*(hari) senen*	Freitag	*(hari) jumat*
Dienstag	*(hari) selasa*	Samstag	*(hari) sabtu*
Mittwoch	*(hari) rabu*	Sonntag	*(hari)minggu*
Donnerstag	*(hari) kamis*	Feiertag	*hari raya*

Zeitangaben

Datum	tanggal	übermorgen	hari/besok lusa
Sekunde	sekon	gestern	kemarin
Minute	menit	in fünf Tagen	lima hari lagi
Stunde	jam	Wieviel Uhr ist es?	Jam berapa?
Tag	hari	Es ist 7 Uhr.	Jam tujuh pagi.
Woche	minggu	Es ist 19 Uhr.	Jam tujuh malam.
Monat	bulan	wann	kapan
Jahr	tahun	jetzt	sekarang
früher Morgen (5-7 h)	pagi-pagi	bald, gleich	sebentar
Morgen (7-11 h)	pagi	noch nicht	belum
Mittag (11-15 h)	siang	schon, fertig	sudah
Nachmittag (15-18 h)	sore	früher	tadi
Abend (ab 18 h)	malam	vor	yang lalu
heute	hari ini	später	nanti
morgen	hari besok, besok	‚Gummizeit'	jam karet

Pronomen

ich/mein	saya, aku	wir/unser	kami (ohne den Angesprochenen)
du/dein (höflich: saudara)	anda, kamu	ihr/euer	anda, saudara
er, sie, es/sein, ihr	dia, ia	sie/ihr	mereka
wir/unser	kita (einschl. des Angesprochenen)		

Wichtige Begriffe (allgemein)

brauchen	perlu	was	apa
können	bisa	wer	siapa
mögen	suka	warum	kenapa
müssen	harus	wieviel	berapa
wollen	mau	da	disitu
Herr, Frau (Anrede)	saudara (förmlich)	hier	disini
Mann, Männer	laki-laki	dort	disana
Frau, Frauen	wanita, perempuan	wo	dimana
Vater	bapak, pak	wohin	kemana
Mutter	ibu, bu	woher	darimana
Fräulein	nona	in, im	di
junger Mann/ junges Mädchen	adik	zur, zum, nach	ke
und	dan	von	dari
ja	ya	Eingang	masuk
nein	tidak (bei Adj. o. Verb)	Ausgang	keluar
	bukan (bei Subst.)	oben	atas
		unten, unter	bawah, dibawah
		innen	dalam, didalam
dies(er, e, es)	ini	außen	luar, diluar
jene(r, s)	itu	vorne	depan
noch eine/r/s	satu lagi	hinten, hinter	belakang, dibelakang
mit	dengan		
ohne	tanpa	zwischen	antara

gegenüber	didepan, dimuka	kalt	dingin
nahe bei	disebelah	sauber	bersih
zentral	pusa	schmutzig	kotor
hinauf	naik	hässlich	jelek
hinunter	turun	leer	kosong
gut, in Ordnung	baik	voll	penuh
schlecht	kurang baik	dick	gemuk
gut, schön	bagus	dünn	tipis
schön (Dinge)	indah	offen	buka
hübsch (Person)	cantik	geschlossen	tutup
groß	besar	öffentlich	umum
klein	kecil	zu Ende	habis
lang	panjang	sehr	sekali
kurz	pendek	Tür, Tor	pintu
viel	banyak	Ermäßigung	korting
mehr	lebih banyak	Kino	bioskop
wenig	sedikit	Kleidung, Kleid	baju, rok
weniger	kurang	Kleider	pakaian
schwer	berat	Hemd, Bluse	kemeja
leicht	ringan	Hose	celana
alt	tua	gehen	jalan, pergi
neu	baru	kommen	datang
richtig	betul	geben	beri
falsch	salah	sprechen	bicara
langsam	pelan-pelan	sehen	lihat
schnell	cepat	drücken	tolak
arm	miskin	ziehen	tarik
reich	kaya	nicht rauchen	jangan meroko
trocken	kering	nicht berühren	jangan pegang
nass	basah	Vorsicht!	Awas!, Hati-hati!
heiß	panas	Gefahr	bahaya

Begrüßungs- und Höflichkeitsformeln

Vielen Dank!	Terima kasih!
Nichts zu danken!	Sama-sama!
Danke gleichfalls!	Terima kasih kembali!
Bitte! (anbietend)	Silakan!
Bitte! (fordernd)	Tolong!
Herzlich willkommen	Selamat datang
Guten Morgen	Selamat pagi
Guten Tag (mittags)	Selamat siang
Guten Tag (nachmittags)	Selamat sore
Guten Abend	Selamat malam
Gute Nacht	Selamat tidur
Bitte, kommen Sie herein!	Silakan masuk!
Bitte, setzen Sie sich!	Silakan duduk!
Auf Wiedersehen (allgemein)	Sampai bertemu lagi
Auf Wiedersehen (zu dem, der bleibt)	Selamat tinggal
Auf Wiedersehen (zu dem, der geht)	selamat jalan

Schlaf gut	Selamat tidur
Wie heißen Sie? (allgemein)	Siapa namanya anda?
Wie heißen Sie (er)?	Apa nama tuan?
Wie heißen Sie (sie)?	Apa nama nyonya?
Ich heiße...	Nama saya...
Ich freue mich sehr, Sie zu sehen.	Saya senang bertemu dengan anda/saudara.
Wie geht es Ihnen/Dir?	Apa khabar?
Mir geht es gut.	Khabar baik.
Entschuldigung! Es tut mir leid!	Ma'af! Permisi!
Verzeihung, gestatten Sie	Permisi
Ich bitte vielmals um Entschuldigung.	Saya (minta) mohon ma'af.
Bitte sehr, keine Ursache. Macht nichts.	Tidak apa apa.
Bitte essen Sie.	Mari makan.
Gern geschehen.	Kembali.

Wichtige Redewendungen

Wie bitte?	Bagaimana?
Bitte helfen Sie mir!	Tolonglah saya! oder: Harap tolong saya!
Nein, ich möchte nicht!	Tidak mau!
Was ist dieses?, ...jenes?	Apa ini?, Apa itu?
Ich weiß nicht.	Saya tidak tahu.
Wie heißen Sie?	Siapa namanya anda?
Ich heiße...	Nama saya...
Sprechen Sie/sprichst Du Englisch/Indonesisch?	Apakah saudara bisa bahasa inggeris/indonesia?
Ich verstehe (kein) Indonesisch.	Saya (tidak) mengerti bahasa indonesia.
Bitte sprich langsam!	Tolonglah bicara pelan-pelan!
Woher kommst Du/kommen Sie?	Darimana anda?
Ich komme aus Deutschland/Österreich/der Schweiz.	Saya datang dari Jerman/Austria/Swiss.
Wie lange bist Du in Indonesien?	Berapa lama di Indonesia?
Wie alt bist Du?	Umar berapa?
Wie viele Kinder?	Berapa anak-anak?
Ist dies der Weg nach...?	Jalan ini ke...?
Wohin willst Du?	Mau ke mana?
Ich will (von hier) nach...	Saya mau (dari sini) ke...
Wie weit ist es bis...?	Berapa lama ke...?
Wie viele Kilometer sind es bis...?	Berapa kilometer sampai ke...?
Wo liegt/finde ich...?	Dimana ada...?
Wie teuer ist das?	Berapa harga ini?
Wann ist...geöffnet?	Kapan...dibuka?
Darf ich fotografieren?	Apakah saya boleh memotret?
Kann man hier gefahrlos schwimmen?	Aman berenang disini?
Kein Problem.	Tidak apa-apa.

Geographie, Reise und Verkehr

Deutsch	Indonesisch
Norden	utara
Osten	timur
Süden	selatan
Westen	barat
geradeaus	terus, langsung
rechts/nach rechts	kanan/kekanan
links/nach links	kiri/kekiri
nah	dekat
fern	jauh
Dorf	kampung, desa
Stadt	kota, bandar, pekan
Verwaltungsbezirk	kabupaten
Provinz	propinsi
Straße	jalan
Gasse	gang
Brücke	jambatan
Touristenattraktion	obyek wisata
Markt	pasar
Nachtmarkt	pasar malam
Tempel	pura
Moschee	masjid, mesjid
Kirche	gereja
Palast	puri
Berg	gunung
Hügel	bukit
Vulkan	gunung api
Gipfel	puncak
Wasser, Fluss	yeh
Fluss	sungai
Quelle	mata air
heiße Quelle	air panas
Wasserfall	air terjun
Meer	laut, segara
See	danau, danu
Strand	pantai
Sand	pasir
Insel	pulau, nusa
Bucht, Golf	teluk
Kap, Punkt	tanjung
Wald	hutan
Garten	kebun
Park, Ziergarten	taman
Höhle	goa
Krater	kawah
Auto	mobil
Leihwagen	sewa mobil
Motorrad	sepeda motor
Fahrrad	sepeda
Taxi	taksi
Bus	bis
Nachtbus	bis malam
Busbahnhof	setasiun bis
Eisenbahn	kereta api
Flugzeug	kapal terbang
Flugplatz	lapangan terbang
Flughafen	airport, bandar udara
(See)Hafen	labuhan
Schiff	kapal laut
Benzin	bensin
Tankstelle	pompa bensin
Haltestelle	perhentian
Schalter	loket
Auskunft	penerangan
Ticket	tiket
Fahrkarte	karcis
Sitzplatz	tempat duduk
Fensterplatz	tempat duduk dekat jendela
Abfahrt	keberangkatan
Ankunft	kedatangan
Gepäck	barang barang
Reiseagentur	agen perjalanan
fahren, reisen	perjalanan
halten, anhalten	berhenti

Ich möchte nur spazieren gehen. — Saya hanya mau jalan-jalan.
Wie heißt diese Straße? — Nama saudara jalan?
Ich gehe nach… — Saya pergi ke…
Ich komme aus… — Saya datang dari…
Wie komme ich nach…? — Bagaimana saya sampai ke…?
Wie weit ist es nach…? — Berapa jauh ke…?
Gibt es einen Bus nach…? — Ada bis ke…?
Wann fährt der Bus ab? — Jam berapa bis berangkat?
Ist das der Bus nach…? — Bis ini ke…?

Wo ist der Busbahnhof?	*Dimana ada setasiun bis?*
Wo finde ich den Bus nach…?	*Dimana ada bis ke…?*
Welcher Bus fährt nach…?	*Bis yang mana pergi ke…?*
Wo kann ich eine Busfahrkarte kaufen?	*Dimana saya dapat membeli karcis bis?*
Biegen Sie nach links/rechts ab.	*Belok kekiri/kekanan.*
Wo muss ich aussteigen?	*Dimana saya harus tarun?*
Ich möchte hier aussteigen.	*Saya mau turun disini.*
Halten Sie hier!	*Kiri disini!*
Wo möchten Sie hinfahren?	*Mau kemana?*
Ich möchte nach…	*Saya mau ke…*
Bitte rufen Sie mir ein Taxi.	*Tolong panggilkan saya taksi.*

Unterkunft

Hotel	*hotel*		Handtuch	*handuk*
Zimmer	*kamar, bilek*		Wasser	*air*
Einzelzimmer	*kamar untuk satu*		heißes Wasser	*air panas*
Doppelzimmer	*kamar dua orang*		kaltes Wasser	*air dingin*
Zimmerschlüssel	*kunci*		Seife	*sabun*
Ventilator	*kipas angin*		Toilettenpapier	*kertas WC*
Aircondition	*berhawa dingin*			*(way say)*
Badezimmer	*kamar mandi*		Moskito	*nyamuk*
Toilette	*kamar kecil*		Moskitonetz	*kelambu*
Tisch	*meja*		müde	*lelah*
Stuhl	*kursi*		schlafen	*tidur*
Bett	*tempat tidur*		waschen	*cuci*
Bettdecke	*selimut*		baden	*mandi*
Kissen	*bantal*		bügeln	*seterika*
Bettlaken	*seperai*			

Wo kann ich übernachten?	*Dimana saya bisa bermalam menginap?*
Wo gibt es ein Losmen/Hotel?	*Dimana ada losmen/hotel?*
Haben Sie noch freie Zimmer?	*Masih ada kamar kosong disini?*
Was kostet das Zimmer?	*Berapa harga untuk kamar ini?*
Kann ich das Zimmer erst ansehen?	*Bolekah saya melihat kamar dulu?*
Ich möchte das Zimmer sehen.	*Saya mau lihat kamar.*
Ich nehme das Zimmer.	*Saya mau kamar ini.*
Ich bleibe hier…Tage.	*Saya tinggal disini…hari.*
für zwei Nächte	*untuk dua malam*
Mit Frühstück?	*Apa termasuk sarapan pagi?*
Wo ist die Toilette?	*Dimana ada kamar kecil?*
Gibt es ein Moskitonetz?	*Ada kelambu?*
Hier sind Mücken, bitte sprühen Sie mein Zimmer.	*Disini nyamuk ada, tolong menyemprot kamar saya.*
Bitte waschen Sie diese Kleider.	*Tolong mencuci pakaian ini.*
Wecken Sie mich um…Uhr, bitte.	*Tolong bangunkan saya pada jam…*
saubermachen	*bikin bersih*
Ich reise morgen früh ab.	*Saya akan berangkat besok pagi.*
Wo wohnst Du?	*Tinggal dimana?*
Ich wohne in…	*Saya tinggal di…*

Essen und Trinken

Deutsch	Indonesisch
Essen, Gericht	makanan
Trinken, Getränk	minuman
essen	makan
trinken	minum
Prost!	Selamat minum!
Frühstück	makan pagi, sarapan
Mittagessen	makan siang
Abendessen	makan malam
Essensstand	warung
Restaurant	rumah makan, restoran
Kellner	pelayan
Speisekarte	daftar makanan
Rechnung	bon, bil, rekening
Teller	piring
Glas	gelas
Tasse	cangkir, cawan
Gabel	garpu
Messer	pisau
Löffel	sendok, sudu
Suppe	soto
Fleisch	daging
Rind(fleisch)	(daging) sapi, lembu
Schwein(efleisch)	(daging) babi
Hammel(fleisch)	(daging) domba
Ziege(nfleisch)	(daging) kambing
Hühnchen(fleisch)	(daging) ayam
Ente(nfleisch)	(daging) bebek
Innereien	babat
Leber	hati
Herz	jantung
Gehirn	otak
Fisch	ikan
Aal	ikan belut
Tintenfisch	ikan cumi
Süßwasserfisch	ikan danau
Salzwasserfisch	ikan laut
Meeräsche	belanak
Krabben/Garnelen	udang
Krebs	kepiting
Hummer	udang karang
Muscheln	apitan
Reis	nasi
weißer Reis	nasi putih
Bali-Reis	beras Bali
Nudeln	mie, bakmie, bihun
Ei	telur
gekochtes Ei	telur rebus
Spiegelei	telur mata sapi
Brot	roti
Butter	mentega
Käse	keju
Tofu	tahu
Gemüse	sayuran
Kartoffeln	kentang
Aubergine	terong
Bohnen	buncis
Erdnüsse oder Bohnen	kacang
Gurke	ketimun gantung, – guling, mentimun
Porree	bawang prei
Knoblauch	kesuna
Spinat	bayam
Tomate	tomat
Zwiebeln	bawang
Salz	garam
Pfeffer	merica, lada
Safran	kunyit
Ingwer	jahe
Koriander	ketumbar
Muskat	pala
Zitronengras	sereh
Chili	lombok
Chilisauce	sambal
Sojasauce	kecap
Curry	kare
Zimt	kayu manis
Zucker	gula
Honig	madu
Süßigkeiten	gula-gula
Schokolade	coklat
Eiscreme	es krim
Kuchen	kue(h)
Pfannkuchen	martabak
Frucht, Obst	buah
Obstsalat	buah buahan
Ananas	nanas
Apfel	apel
Apfelsine, Orange	jeruk manis
Avocado	apokat, avocad
Banane	pisang, biu
gebratene Banane	gogodoh biu
Durian	duren
Erdbeere	arbei

Granatapfel	delima	Tee ohne Zucker	teh pahit, teh tawar
Guave	jambu	Milch	susu
Jackfrucht	nangka	Bier	bir
Kokosnuss	kelapa, nyuh	Orangensaft	air jeruk
Litchi	kelengkeng, leci	Palmschnaps	arak
Mango	mangga	Palmwein	tuak
Mangostane	manggis	süßer Reiswein	brem
Papaya	pepaya	heiß	panas
Passionsfrucht	markisah	kalt	dingin
Pomelo	jeruk bali	süß, mit Zucker	manis
Rambutan	aceh, buluan	ohne Zucker	tanpa manis
Sternfrucht	belimbing	mit/ohne Milch	susu/tanpa susu
Wassermelone	semangka	sauer	asam
Weintrauben	anggur	scharf	pedas
Zitrone, Limone	jeruk asam	salzig	asin
Wasser	air	süßsauer	asam manis
Eiswasser	air es	gebraten	goreng
Trinkwasser	air minum	gegrillt	bakar
abgekochtes Wasser	air matang	gekocht	rebus, jakau
heißes Wasser	air panas	hungrig	lapar
Kaffee	kopi	durstig	haus
Tee	teh	gemischt	campur
Tee mit Zucker	teh gula	Monosodiumglutamat	pitsin

ich möchte essen	*saya ingin (minta) makan*
ich möchte trinken	*saya ingin (minta) minum*
Kann ich die Speisekarte haben?	*Saya mau lihat daftar makanan?*
Haben Sie...?	*Ada...?*
Das Essen schmeckt köstlich.	*Makanan enak sekali.*
Ich möchte zahlen.	*Saya mau membayar.*
Die Rechnung, bitte!	*Tolong bonnya!* oder: *Saya minta bil!* oder: *Sayar mau bayar!*

Einkaufen

Geschäft, Laden	toko	Zeitung	surat kabar
Buchhandlung	toko buku	Zahnpasta	pasta gigi
Markt	pasar	Moskitocoils	tombat nyamuk
Nachtmarkt	pasar malam	kaufen	(mem)beli
Geld	uang	verkaufen	(mem)jual
Preis	harga	handeln	menawar
fester Preis	harga pas	billig	murah
Qualität	kwalitet	teuer	mahal

Wo kann ich...kaufen?	*Dimana saya dapat membeli...?*
Gibt es hier...?	*Apakah disini ada...?*
Was ist das?	*Apa itu?*
Wieviel kostet dies?	*Berapa harga(nya) ini?*
Das ist zu teuer.	*Itu terlalu mahal.*
Kann man handeln?	*Apa boleh tawar?*

Können Sie mit dem Preis etwas heruntergehen?	*Harap turun sedikit?* oder: *Bisa saudara kurangkan harganya?*
Haben Sie etwas Billigeres?	*Ada yang lebih murah?*
Der normale Preis ist...	*Harga biasa...*
Das gefällt mir.	*Saya senang ini.*
Ich nehme es.	*Saya akan ambil ini.*
Ich möchte nur gucken.	*Saya mau lihat saja.*
Ich komme später wieder.	*Saya akan kembali lagi.*

Behörden

Bank	*bank*	Religion	*agama*
Telefonamt	*wartel*	verheiratet	*kawin*
Behörde, Amt, Büro	*kantor*	ledig	*bujang*
Postamt	*kantor pos*	Unterschrift	*tanda tangan*
Polizeiwache	*kantor polisi*	Brief	*surat*
Einwanderungs- abteilung	*departemen immigrasi*	Postkarte	*kartu pos, poskart*
Fremdenverkehrsamt	*kantor pariwisata*	Luftpost	*pos udara*
Botschaft	*kedutaan*	Express	*ekspres*
Zoll	*beadan cukai*	Paket	*paket*
Information	*keterangan*	Porto	*ongkos*
(Familien-)Name	*nama (keluarga)*	Briefmarke	*perangko, stem*
männlich	*laki-laki*	Briefumschlag	*amplop*
weiblich	*perempuan*	Telefon	*telepon*
Nationalität	*kebangsaan*	Telegramm	*tilgram*
Adresse	*alamat*	Bargeld	*uang tunai*
Alter	*umur*	Geldwechsel, Wechseln	*penukaran uang*
Geburtsdatum	*tanggal lahir*	Reiseschecks	*cek perjalanan*
Geburtsort	*tempat lahir*	Überweisung	*pengiriman*
Identifikation (Pass usw.)	*surat keterangan*	Dieb	*pencuri*
Ausweis	*paspor*	Diebstahl	*pencurian*
Passnummer	*nomor paspor*	einbrechen	*ambruk*
ausgestellt von	*pembesar yang memberikan*	Versicherung	*assuransi*
Grund des Aufent- halts	*maksud kunjungan*	Erlaubnis, Genehmigung	*permisi, ijin*
Beruf	*pekerjaan*	(Geld) wechseln	*tukar*
		geduldig sein	*sabar*

Wann ist...geöffnet?	*Kapan...dibuka?*
Wann ist...geschlossen?	*Kapan...ditutup?*
Ich möchte mit...sprechen.	*Saya mau bicara dengan...*
Wie lange wird es dauern?	*Berapa lamanya?*
Wo ist ein öffentliches Telefon?	*Dimana ada telepon umum?*
Ich möchte nach...telefonieren.	*Saya mau telepon ke...*
Wo ist die nächste Post?	*Dimana kantor pos terdekat?*
Ich möchte diesen Brief nach Deutschland schicken.	*Saya mau mengirim surat ini ke Jerman.*

Wo kann ich Geld wechseln?	*Dimana saya dapat menukar uang?*
Ich möchte Euro wechseln.	*Saya mau menukar Euro.*
Wie hoch ist der Wechselkurs?	*Berapa perbandingan harga?*
Nehmen Sie Kreditkarten?	*Apa kartu credit diterima disini?*
Ich bin bestohlen worden.	*Saya kecurian.*

Im Krankheitsfall

Arzt	*dokter*
Zahnarzt	*dokter gigi*
Krankenhaus	*rumah sakit*
Apotheke	*apotik*
Drogerie	*toko obat*
Medikament	*obat*
Fieber	*demam*
Infekt	*infeksi*
Durchfall	*berak-berak*
Kopfschmerzen	*pusing*
Zahnschmerzen	*sakit gigi*
Kopf	*kepala*
Auge	*mata*
Nase	*hidung*
Hals	*leher*
Bauch	*perut*
Arm	*lengan*
Finger	*tangan*
Bein	*kaki*
gesund	*sehat*
krank	*sakit*
krank werden	*jatuh sakit*
gebrochen	*patah*

Ich brauche einen Arzt.	*Saya perlu dokter.*
Bitte holen Sie einen Arzt!	*Tolong panggil dokter!*
Wo gibt es ein sehr gutes Krankenhaus?	*Dimana ada rumah sakit yang paling baik?*
Ich brauche ein Medikament gegen...	*Saya perlu obat untuk...*

Farben

Farbe	*warna*
farblos	*tidak berwarna*
blau	*biru*
braun	*coklat*
gelb	*kuning*
grau	*kelabu*
grün	*hijau*
rot	*merah*
schwarz	*hitam*
weiß	*putih*

6. GLOSSAR

A

Abian Garten
Adat ‚Sitte', ‚Gewohnheitsrecht'. Das ungeschriebene, von Generation zu Generation weitergegebene Dorfrecht, welches die Verhaltensweise traditioneller, religiöser und sozialer Art regelt; somit ist jede Regel relativ und nach dem lokal gültigen *Adat* variabel.
Agama Bali (auch: **Tirta Agama**) Bezeichnung für die hindu-balinesische Religion
Agama hindu dharma Siehe 'Agama Bali'
Agung ‚Groß' (Höflichkeitssprache); bezeichnet sowohl physische als auch moralische Größe, Hoheit oder Adel.
Alang-alang Lange Grassorte, die als Dachabdeckung verwendet wird
Aling-aling Mauer zur Abwehr böser Geister unmittelbar hinter dem Eingangstor zu einem Privatgrundstück (und gelegentlich in einem Tempel)
Alun-alun Großer Rasenplatz im Ortszentrum, um den Gebäude des öffentlichen Lebens gruppiert sind, z.B. Regierungsgebäude und häufig auch der Fürstenpalast.
Alus Siehe ‚Halus'
Amerta Elixier der Unsterblichkeit (siehe ‚Tirta Amerta')
Anak Agung ‚Großer Mann'; ein Fürstentitel
Angklung 1) Musikinstrument aus Bambusstäben; 2) Abkürzung von *Gamelan angklung*, einem aus Metallophonen und Gongs bestehenden Orchester
Arak Reisschnaps
Arja Klassische balinesische Oper
Arjuna Einer der Helden des Mahabharata
Atman Vom allerhöchsten Wesen (Sanghyang Widhi Wasa) ausgehende, unsterbliche Lebens- und Seelenkraft

B

Bade Transportturm bzw. -sarg, in dem adlige Verstorbene oder ihre Bildnisse zum Verbrennungsplatz gebracht werden
Bahasa Indonesia Die Nationalsprache Indonesiens
Bale Pavillon; meist nach allen Seiten hin offen
Bale agung ‚Großer Pavillon'; dieser wird für Versammlungen und Aufführungen benutzt.
Bale banjar Zweidachiger Pavillon, der als Gemeinschaftshaus des Banjar für Versammlungen dient
Bale bengong ‚Pavillon der Träumerei'; in den Palastanlagen das Gebäude, von dem aus man den öffentlichen Platz beobachtete
Bale dangin Ostpavillon der Gehöfte; in ihm finden die Übergangsriten statt und werden die Verstorbenen aufgebahrt.
Bale daja Bergwärts gelegener Pavillon mit Terrasse; Residenz des Familienoberhaupts
Bale dauh Westpavillon; dient als Wohnhaus
Bale gede Empfangsraum oder Gästehaus im Haus eines wohlhabenden Balinesen
Bale gong Großer Pavillon im ersten oder mittleren der (üblicherweise) drei Tempelhöfe; in ihm spielt bei Tempelfesten das Gamelan, außerdem werden in ihm die Musikinstrumente aufbewahrt.

Bale kembang (auch: **Bale kambang**) ‚Schwimmender Pavillon' in der Mitte eines Wasserbeckens

Bale pesamyangan Pavillon innerhalb eines Tempels, in dem zu Beginn eines Tempelfestes die Götter willkommen geheißen werden

Bale pesimpangan Pavillon für Götter, die nicht ständig im Tempel wohnen, sondern nur zu Besuch kommen

Bale piasan Pavillon, in dem die Opfergaben aufgestellt oder vorbereitet werden

Bali Aga ‚Balinesen aus den Bergen'. Nachfahren der Ureinwohner Balis, die sich vor den hinduistischen Einflüssen zumeist in abgelegene Bergregionen zurückzogen und altbalinesische Kulturelemente bewahrten.

Balian Medizinmann, Heiler, Medium oder Zauberer, der gegen dämonische Wesen (Leyak, Kala) anfällige Menschen schützt; im Trancezustand erkennt er das Übel und findet dagegen ein Heil- bzw. Hilfsmittel.

Banjar Auf Gebräuchen und Sitten gegründete, kleinste dörfliche Organisationseinheit, der alle verheirateten Männer eines Dorfteils angehören. Bei den regelmäßigen Versammlungen werden alle das Banjar betreffenden wichtigen Dinge beraten und entschieden; darüber hinaus ist sie heutzutage auch Verwaltungseinheit.

Banten Opfergabe

Banten tegeh Die oftmals meterhohe Opfergabe aus Früchten und Kuchen

Banyan Weitausladender Baum mit Luftwurzeln, der als heilig und schutzbringend gilt und oft im Zentrum der Dörfer sowie in Tempeln zu finden ist

Baris Wörtlich ‚Linie'; ritueller Gemeinschaftstanz der Männer von kriegerischem Charakter

Barong 1) Als Gottheit betrachtete mythische Kreatur, die als Vertreter der weißen Magie hilft, mit den Naturgeistern in Kontakt zu treten. 2) Magisch-religiöser Tanz exorzistischen Charakters, in dem der Barong Ket als Vertreter des Guten gegen die Hexe Rangda kämpft.

Barong kedingkling Umherziehende Ramayana-Aufführung mit glückbringender Funktion

Barong landung ‚Großer Barong'; riesige heilige Puppen, unter denen sich Tänzer verbergen

Baruna Der Gott des Meeres

Batik Javanischer Stoff, dessen Muster dadurch entsteht, dass Teilflächen mit Wachs abgedeckt werden und deshalb keine Farben aufnehmen können

Bayu Der Gott der Luft

Bebali Klassisches zeremonielles Tanztheater, das als Opfer aufgeführt wird

Bedawang Meist von zwei Naga (Schlangen) umschlungene mythische Schildkröte, die – als Symbol der Unterwelt – das Universum trägt; häufig als Sockel des Padmasana zu finden

Bedeg Flechtwerk aus Bambuslamellen, das in der Regel als Trennwand verwendet wird

Beleganjur ‚Kriegerische Musik'; Prozessionsmusik mit Gongs, Zimbeln und Kendang

Betara (auch: **Bathara**) ‚Gottheit'; Betara Guru, ‚der Meister', ist eine Bezeichnung für Shiva oder eine Ahnengottheit, in der die Seelen der Verstorbenen einer Sippe verschmelzen.

Betara Kala Siehe ‚Kala'

Bima Zweiter der fünf Pandawa-Brüder, der guten Helden des Mahabharata

Bodhisattva Mittler im Mahayana, der zwar das Nirwana bereits erreicht hat, zugunsten der Mitmenschen jedoch darauf verzichtet, um für das Heil der ganzen Welt eintreten zu können

Boma (auch: **Bhoma**) Sohn der Erdgöttin; furchterregende, aber beschützende Gottheit, die man als Motiv über dem Kori agung findet
Bondre Komische Masken des Topeng-Theaters, die für Personen aus dem Volk stehen
Brahma Erster Gott der hinduistischen Trinität, der Schöpfer
Brahmana Die erste der drei Adelsklassen (Tri wangsa), welche die spirituelle Macht hält
Brahmane Angehöriger der Brahmana
Buddha ‚Der Erleuchtete'; Bezeichnung für jemanden, der nach der buddhistischen Lehre seine Erlösung (Erleuchtung) gefunden hat und auf der Schwelle zum Nirwana steht
Bupati Leitender Beamter eines Kabupaten
Buta Dämon oder böser Geist

C

Cak Männerchor, der rhythmischen Gesang ausführt
Calonarang 1) Werk der indo-javanischen Literatur, das von der Niederlage der Hexe Calonarang gegen die Macht des großen Königs Mpu Bahula erzählt. 2) Magisch-religiöses Theater auf der Grundlage dieser Legende, wobei Calonarang zu Rangda wird.
Campuhan ‚Zusammenfluss'; auch ein Knotenpunkt von Erdkräften, beladen mit übernatürlichen Mächten bzw. Kräften
Canang 1) Betel; 2) eine Opfergabe mit Betel in Form eines flachen, aus Kokospalmblättern geflochtenen Behälters
Candi 1) Hindu-buddhistisches Heiligtum aus Stein; 2) monumentales Tor in Tempeln und Palästen
Candi bentar ‚Gespaltenes Tor', das den Fuß der Berge symbolisiert
Candi korung ‚Gedecktes Tor', das meist den Zugang zum innersten Tempelbezirk bildet und symbolisch für die drei Durchgänge im Leben eines Hindu steht: Geburt – Tod – Wiedergeburt
Cap Metallstempel, der benutzt wird, um die Motive beim Batiken aufzutragen
Cili Aus Reis oder Blüten gestecktes, aber auch gemaltes figürliches Fruchtbarkeitssymbol, das die Reisgöttin Dewi Sri symbolisiert
Cokorda Fürstentitel der Nachfahren der ersten Herrscher von Klungkung, insbesondere in Ubud
Condong Vertraute der Galuh im klassischen Theater und Tanz

D

Dalang Puppenspieler und Geschichtenerzähler, der mitunter auch als Exorzist fungiert.
Dalem (auch: **Dalam**) 1) ‚Die Tiefe', ‚das Innere'; in den Pura dalem, den Aufenthaltsorten dunkler Mächte, werden die Gottheiten des Todes und der schwarzen Magie verehrt; 2) Titel der ersten balinesischen, von Majapahit abstammenden Rajas; 3) Urtyp des edlen Prinzen im Theater.
Delem Den Bösen zugeordneter Diener im Wayang-Theater.
Desa Dorf, Gemeinde; ein Desa besteht aus mehreren Banjar.
Desa adat Sozio-religiöse Gemeinschaft.
Desa dina Nationale Verwaltungseinheit.
Destar Turban der Männer.

Dewa 1) Gottheit; 2) Bezeichnung für die Neugeborenen; 3) Satria-Titel
Dewi Göttin
Dewi Danu (auch: **Dewi Danau**) Die Schutzgöttin des Wassers
Dewi Sri Die Reisgöttin, Gottheit des Wassers und Gattin Vishnus; im Ritual aber auch mit Rabut Sedana verknüpft, dem Gott des Geldes und des Reichtums
Dokar Als Taxi fungierender einspänniger zweirädriger Pferdewagen
Duk Schwarze Palmfaser, aus der man die Dächer der Schreine herstellt
Dukun Medizinmann, Heilpraktiker, Mystiker
Durga Die Todesgöttin, die als weibliches Pendant Shivas über die dunklen Mächte herrscht
Dusun Indonesische Bezeichnung für bestimmte Viertel oder Weiler (statt Banjar)

E

Eka dasa rudra 'Die elf Wächter des Raumes'; alle hundert Jahre im Pura Besakih durchgeführtes Reinigungsritual für das Universum; das größte und heiligste balinesische Fest überhaupt
Empu 1) ‚Weiser'; Titel hoher Priester mancher nicht-adligen Clans, etwa der Pande; 2) Titel von Wanderpredigern aus Java, die zur Zeit des Reiches von Majapahit den Glauben auf Bali erneuerten; 3) Waffenschmied, der den Kris herstellt
Endek Gewebe aus einfachem Ikat, dessen Motiv auf den Schussfäden vorgefärbt ist

G

Galuh Urtyp der guten Prinzessin im klassischen Theater
Galungan Ein Feiertag nach dem Pawukon-Kalender
Gambang Xylophone, bei denen die Oktave mit gegabelten Stäbchen geschlagen wird
Gambuh Von einem Gamelan gambuh begleitetes altes Hoftheater, dessen Handlung dem Panji-Zyklus entlehnt ist
Gamelan Gattungsname für Musik und traditionelle Orchester bzw. Ensemble von Musikinstrumenten, die zusammen hergestellt wurden bzw. werden und untrennbar sind
Ganesha Hinduistische Gottheit mit Elefantenkopf; Sohn Shivas
Garuda Mythischer, adlerähnlicher Vogelmensch, der Reittier Vishnus ist; auch Wappentier Indonesiens und der staatlichen Fluggesellschaft
Gebogan Private Opfergabe in Form eines Turms aus Früchten und Kuchen, die von jeder Familie erstellt und nach der Darbringung im Tempel gemeinsam verzehrt wird
Gedong Geschlossener Pavillon, der die Reliquien des Tempels birgt, oder der bergwärts gelegene Pavillon in einem Puri
Gedong agung Gebäude zur Verehrung der Ahnen
Gedong penimpanan Kleines Gebäude, das der lokalen Gottheit geweiht ist
Gender wayang Duo oder Viersatz von Metallophonen mit hängenden Plättchen, die das Wayang begleiten
Geria (auch: **Gria, Gerya** oder **Geriya**) ‚Haus'; Wohnsitz eines Brahmanen
Geringsing Von den Bali Aga hergestellter ritueller Stoff mit schützender Kraft; hierbei handelt es sich um einen doppelten Ikat, mit vorgefärbten Motiven auf Schuss und Kette.
Goa Höhle

Gong Instrument, das die großen Zyklen in der Gamelan-Musik beschließt; er ist heilig und empfängt die Opfergaben, bevor ein Gamelan zu spielen beginnt. Der Begriff wird auch auf alle Orchester übertragen, die einen Gong agung (‚großen Gong') besitzen.
Gunung Berg; Symbol der Lebensquelle, alles Positiven, Wohnort der Götter und Vorfahren
Gusti Titel bzw. höfliche Anrede für Angehörige der Wesia-Kaste
Guwung Glocken aus lockerem Flechtwerk, unter denen die Kampfhähne gehalten werden

H

Halus Fein, vornehm; bezeichnet auch eine Kategorie von Charakteren in Tanz und Theater.
Hanuman Der weiße Affe im Ramayana, der Anführer der Affenarmee, die Rama hilft, Rawana zu besiegen und Sita zu befreien
Hinayana ‚Das kleine Fahrzeug'; Ursprungslehre des Buddhismus, gemäß der jeder einzelne den Weg zur Erlösung finden muss und dabei nicht mit der Hilfe von Bodhisattvas rechnen kann

I

Ida Bagus Ehrentitel eines männlichen Angehörigen der Brahmana-Kaste
Iders-iders Lange, im Wayang-Stil bemalte Rollen, die als Tempeldekoration dienen
Ijuk Sehr kostbare und haltbare Fasern der Zuckerpalme, die vor allem für Meru-Dächer verwendet werden
Ikat Begriff, der die Webarbeit oder die Muster bezeichnet, die auf Kette oder/und Schuss vorgefärbt werden, wobei abgebundene Stellen keine Farbe annehmen. Durch Verweben von Kett- und Schussikat ergibt sich so genannter Doppelikat.
Indra Der König der Götter

J

Jaba 1) 'Das Äußere': der erste Hof einer Tempelanlage; 2) die vierte Kaste, die Bürgerlichen
Jaba tengah Zweiter Hof einer Tempelanlage
Jamu Kräutermedizin
Jegog Orchester aus sehr großen Bambus-Xylophonen
Jegogan Bass eines Orchesters, Metallophone oder Xylophone
Jeroan Von ‚Jero' (‚Inneres'); bezeichnet den inneren, d.h. letzten Hof des Tempels oder die Privatgemächer im Palast, darüber hinaus aber auch die Adligen und deren Residenzen.
Jineng Reisspeicher
Joged 1) Verführungstanz; 2) Joged-Tänzerinnen
Jukung Kleines Segelboot mit zwei Auslegern für die Küstenschifffahrt

K

Kahyangan tiga ‚Drei Heiligtümer'; gemeint sind die drei Dorftempel Pura puseh, Pura desa und Pura dalem.
Kain Sarongartiges, zirka 2,75 m x 1,2 m messendes Tuch, das man um den Körper wickelt
Kain kepala Kopftuch aus gebatiktem Stoff

Kaja ‚Bergwärts'; die Kaja-Bereiche sind rein.

Kajeng-kliwon Bezeichnet die Verbindung der Tage Kajeng im Drei-Tages- und Kliwon im Fünf-Tages-Zyklus, die nach dem Pawukon-Kalender alle 15 Tage entsteht; an ihr bringt man den Schreinen chthonischer Gottheiten Opfergaben dar.

Kala 1) Zeit, Augenblick; 2) ein Dämon, der an einen stilisierten Löwenkopf erinnert und Unglück und Verderben bringt, in einsamen Gegenden haust und an gefährlichen Stellen und Plätzen sein Unwesen treibt; seine Aufgabe ist es, Menschen zu quälen und sie mit körperlichen und geistigen Krankheiten zu belasten, zudem ist er – obwohl selbst ein solcher – für die Abwehr böser Geister zuständig; 3) Betara Kala, Sohn des Shiva, eine grausame Gottheit, die die Übergänge von Zeit und Raum (Mittag, Mitternacht, Dämmerung sowie Wegkreuzungen) heimsucht; 4) Kala Rau, ein Dämon, der die Eklipsen verursacht, indem er den Mond verschlingt

Kali Flüsschen, Bach, Kanal

Kamben Rechteckiger Stoff von 2 m x 2,5 m, der gewickelt wird und bei traditionellen Gewändern den unteren Körperteil umhüllt

Kampung (auch: **Kampong**) Eigentlich die einstöckige Hütte der Javaner, wird dieser Terminus meist im Sinne von ‚Dorf', ‚Stadtviertel' oder ‚Wohnviertel' verwendet.

Kangin Osten; reiner und positiver Raum der Geburt der Sonne

Karma Die Summe aller guten und schlechten Taten eines Menschen

Kauh Westen; negativer Bereich des Sonnenuntergangs

Kaurawa Im Mahabharata die 100 bösen Vettern der Pandawa, die deren Thron usurpiert haben

Kawi 1) Dichter; 2) Name der Literatursprachen (Alt- und Mitteljavanisch), die im Theater und Gesang verwendet werden

Kawitan Vorfahr

Kayonan Siehe ‚Kekayon'

Kebaya Auf Taille gearbeitetes, tief ausgeschnittenes Hemd mit langen Ärmeln; Bestandteil der Frauentracht

Kebo Iwo Mythischer Riese, dem man die Erschaffung alter Bauwerke im Gebiet von Gianyar zuschreibt

Kebyar 1) Moderner, um 1915 entstandener Stil der Gamelan-Musik; 2) in den 1930er Jahren entstandener balinesischer Tanz, der von nur einer Person mit gekreuzten Beinen getanzt wird

Kecak Moderne Version des Cak, bei der der sitzende Chor einen Kreis bildet, in dessen Zentrum eine kostümierte Tanzgruppe eine Kurzfassung des Ramayana darbietet; dabei spielt kein Gamelan, sondern der Chor übernimmt die Lautuntermalung.

Kekayon Im Wayang kulit eine Art Schirm mit dem Motiv des Lebensbaums, der die Weltenachse und/oder den Weltenberg symbolisiert und die Aufführung eröffnet

Kelabang Aus Blättern der Kokospalme gefertigtes Flechtwerk für Zwischenwände oder provisorische Dächer

Kelian Oberhaupt einer Vereinigung, eines Banjar oder Seka

Kelod ‚Meerwärts'; unreiner Raum und negative Richtung

Kendang Waagerechter Tambour mit zwei Häuten

Kepala desa Dorfoberhaupt, Bürgermeister

Kepeng Chinesische Sapeken mit einem quadratischen Loch, die früher einziges Zahlungsmittel waren und heute als Opfergaben benutzt werden

Kerbau Wasserbüffel

Kewangen Kleine dreieckige Opfergabe, die Geldstücke oder Kepeng enthält

Kisa Hahnenkorb
Klenteng Chinesischer Tempel
Kocokan Ein Glücksspiel, das vor allem von den fliegenden Händlern bei Tempelfesten gespielt wird
Kori agung Siehe ‚Candi korung'
Kretek Zigarette mit Gewürznelkenaroma
Kris (auch: **Keris**) Gebogener oder gewellter Dolch, der Bestandteil des Familienschatzes und bestimmter Zeremonialkleider ist. Er ist Zeichen des Mannes, der Würde und stellte eine Verbindung mit den männlichen Ahnen her.
Ksatriya Siehe ‚Satria'
Kukusan Konischer Filter zum Waschen von Reis; das aus einem Kukusan fließende Wasser besitzt reinigende Kraft.
Kulkul 1) Glockenturm; 2) Tambour aus einem Stück Holz, das in der Mitte einen Spalt aufweist; dieser wird benutzt, um Alarm zu schlagen und zur Versammlung zu rufen.
Kumbakarna Bruder des Rawana und König der dämonischen Riesen im Ramayana
Kuningan Feiertag am zehnten Tag des Galungan

L

Lamak (auch: **Lemak**) Aus langen grünen und gelben Palmblättern geflochtene Opfergabe, die während der Tempelfeste an Schreinen angebracht wird
Lasem Der indo-javanischen Literatur entnommene Geschichte des König Lasem, die häufigstes Thema für den Legong kraton ist
Lawar Mit Schweineblut vermischte rituelle Speise aus gehacktem Gemüse, Fleisch und Gewürzen
Legong Von drei Mädchen aufgeführter klassischer Tanz, der als Inbegriff der Grazie gilt
Legong kraton ‚Hoftanz'; kunstvoller Tanz junger Mädchen
Leyak Zauberin oder Hexe; Menschen, die sich in ein Tier, eine Pflanze, einen Gegenstand oder in Rangda verwandeln, um den Menschen zu schaden
Lingam Phallusförmiges Symbol, das Shiva versinnbildlicht
Lontar 1) Palmart; 2) Buch mit alten Schriften und Zeichnungen, das aus den in Streifen geschnittenen Blättern der Lontarpalme gefertigt wird
Losmen Gasthaus, preiswerte Unterkunft
Luhur 1) Gehoben, hoch; 2) die Vorfahren
Lumbung Reisspeicher

M

Mahabharata Großes indisches Epos in 110.000 Doppelversen, in dem die fünf Pandawa-Brüder gegen die 100 bösen Kaurawa kämpfen
Mahameru Heiliger Berg, Weltenachse in der hinduistischen Kosmologie. Auf Java, Bali und Lombok gelten mehrere heilige Berge als von den Göttern gepflanzte Stücke des Mahameru, die den Archipel erhalten sollen.
Mahayana ‚Das große Fahrzeug'; diese Richtung des Buddhismus ging in den ersten nachchristlichen Jahrhunderten aus dem Hinayana hervor und unterscheidet sich von letzterem u.a. durch die Einführung von zahlreichen Götterfiguren und Bodhisattvas.
Malat Werk der indo-javanischen Literatur, das von den Streitigkeiten zwischen den ostjavanischen Königreichen unter der Herrschaft Majapahits erzählt

Malen (auch: **Tualen**) Diener im Wayang
Manusa yadnya Übergangsriten
Mapasupati So nennt man eine Person oder einen Gegenstand, die oder der durch ein Initiationsritual die übernatürliche Kraft Shivas erlangt hat, etwa Dalang und ihre Puppen sowie die heiligen Masken des Barong und der Rangda.
Masatia Selbstmord der königlichen Gemahlinnen und Konkubinen, die sich – als Zeichen der Treue – lebendig in das Verbrennungsfeuer ihrer Gemahle warfen
Mebarung Musikalischer Wettstreit
Mejankrikan Grillenwettstreit mit Wetten
Mekepung Büffelrennen
Merajan Familientempel für die Adligen
Merdeka Freiheit, Unabhängigkeit; Schlachtruf der nationalistischen Bewegung
Meru Auf einem steinernen Sockel ruhende hölzerne Pagode mit stockwerkartig übereinander getürmten Dächern aus Ijuk für die Gottheiten der umgebenden Natur oder für die Ahnen
Meten Geschlossener Pavillon; Raum des Oberhauptes und Aufbewahrungsort für wertvolle Objekte. Bei Adligen spricht man von einem Bale daja.
Miyu Aus geflochtenem Bambus bestehendes rundes Reissieb, auf das man nach jedem Kochen und vor jedem Verzehr kleine Opfergaben aus Reis für die Hausgottheiten legt
Moksa Letztendliche Befreiung der perfekten Asketen, deren Seelen mit dem kosmischen Einen verschmilzt
Mpu Siehe ‚Empu'
Muspa Gebet; Verehrung mit Blumen, Räucherwerk und Kewangen

N

Naga Mythische Drachen-Schlange; nach einer hinduistischen Kosmologie entstand das Universum, als eine Naga das Meer aufrührte.
Nawa-sanga Diese ‚balinesische Windrose', die von den Bergen zum Meer ausgerichtet ist, dient als Orientierungsregel zur Ausrichtung der Tempel, Gehöfte etc. sowie zur Anordnung der Schreine und Altäre.
Ngaben Leichenverbrennung mit umfangreichem Zeremoniell; das größte religiöse Familienereignis für die Balinesen
Ngrorod Eine Form der Eheschließung, bei der die Braut ‚entführt' wird
Nyembah Verehrung; Geste der Ehrerbietung beim Gebet
Nyepi Balinesisches Neujahr

O

Odalan Im Abstand eines balinesischen Jahres, d.h. alle 210 Tage stattfindende Feier anlässlich der Tempelweihe, während der die Gottheiten mit Riten und Aufführungen empfangen werden
Ogoh-ogoh Aus Pappmaché gefertigte Ungetüme, die während des Neujahrsfestes durch die Straßen getragen werden

P

Padmasana Lotussitz bzw. Lotusthron; Schrein des höchsten Gottes Sanghyang Widhi Wasa, des Sonnengottes Surya oder von Siwi Raditya, des ‚strahlenden Shiva'. Seine Rückenlehne ist stets zum Gunung Agung hin ausgerichtet.
Padu raksa Sonderform des Candi korung

Paibon Schrein für die königlichen Ahnen in einem Staatstempel
Panca wali krama Großes, alle zehn Jahre im Pura Besakih stattfindendes Fest zur Reinigung des Universums
Pancasila ‚Fünf Säulen'; die fünf Prinzipien der Republik Indonesien, denen sich alle Bürger des Archipels als gesellschaftspolitische Grundlage zu verpflichten haben
Pandawa Die fünf heldenhaften Brüder des Mahabharata
Pande 1) Metallverarbeitende Handwerker; 2) kastenähnlicher Clan, dem die Gießer, Kupfer- und Silberschmiede angehören
Panji Wörtlich ‚Banner'; Urtyp des alten Prinzen in der indo-javanischen Literatur, der unter verschiedenen Namen im Panji-Zyklus oder Malat auftritt
Paon (auch: **Pawon**) Die Küche bei den unteren Kasten; sie gilt als unrein und befindet sich daher an einem spirituell niederen Ort.
Paras Sehr weiches und poröses, in der Bildhauerei verwendetes Tuffgestein
Pasah Einer der Tage des Drei-Tage-Zyklus; Markttag
Pasar malam Nachtmarkt
Pasek Größter, als bürgerlich geltender Clan auf Bali
Pasupati Einer der Namen von Shiva
Pawukon Balinesischer Kalender mit weissagender Funktion; der Geburtstag in ihm bestimmt den Charakter und das Schicksal.
Peci Im Allgemeinen aus schwarzem Filz oder Samt in Schiffchenform gefertigte randlose Kopfbedeckung der Männer, die zum nationalen Symbol geworden ist
Pedanda Hohepriester der Brahmana-Kaste; wie alle Hohepriester werden sie zweimal als Priester geboren.
Pelegongan Bronze-Gamelan, in dem Metallophone mit hängenden Plättchen vorherrschen
Pelinggih Sitz, Schrein für eine Gottheit; seine Bauweise ist genau festgelegt und richtet sich nach der jeweils verehrten Gottheit oder dem Geist, der in ihm wohnt
Pemangku Meist aus der Sudra- oder Jaba-Kaste stammender Priester, der einem bestimmten Tempel zum Dienst verbunden ist, sein Amt jedoch auch bei privaten Zeremonien ausüben kann. Seine Aufgabe ist häufig erblich, doch kann der Pemangku auch durch das Wort eines Mediums oder übernatürliche Heilung von einer Gottheit bestimmt werden.
Penarak Großer geflochtener, auf dem Kopf getragener Korb
Pendet Ritueller Willkommens- bzw. Opfertanz der Frauen
Pendopo Nach allen Seiten offene Säulenhalle mit tief herabgezogenem Dach, in der offizielle Empfänge oder Gemeinschaftsveranstaltungen stattfinden
Penginapan Einfache Unterkunft
Penjor Lange, mit Ackerbauprodukten und verschiedenen Symbolen geschmückte Bambusstangen, die bei Zeremonien und Festen vor den Eingängen von Tempeln und Häusern sowie an öffentlichen Orten aufgestellt werden
Perantenan Die Küche bei den Adligen
Peti Kleiner Behälter, der insbesondere für die Utensilien des Betelkauens benutzt wird
Piasan Schreine, die mit den symbolischen Gaben für die Gottheiten dekoriert sind
Poleng Wörtlich ‚zweifarbig'; Bezeichnung für schwarz-weiß, im Würfelmuster karierten Stoff, der die Dualität symbolisiert und von den Männern bei bestimmten Ritualen und von Wächtergottheiten getragen wird
Porosan Betelpriem als Grundelement von Opfergaben
Potong gigit Zahnfeilung

Prada Vergoldung von Skulpturen und Stoffen, insbesondere bei Tanzkostümen
Prahu Auslegerboot
Prasada Steinerner, einem Candi ähnelnder Schrein in Form von gestaffelten Dächern; er steht als Symbol für die Verehrung der Ahnen eines Fürstengeschlechts.
Pratima Götterfigur, die während einer Zeremonie die Anwesenheit des jeweiligen Gottes symbolisiert
Prembon Aufführung; entweder bezeichnet Prembon das Potpourri von aus ihrem Kontext gerissenen Tänzen, das für Touristen geschaffen wurde, oder dasjenige von Topeng und Arja.
Punakawan Paarweise auftretende Diener im Theater auf Bali und Java, von denen einer den Guten, einer den Bösen dient. Im balinesischen Wayang sind dies Malen und sein Sohn Merdah sowie Delem und sein Bruder Sangut.
Puputan Ritueller Selbstmord; Endkampf, Kampf bis zum Tod, notfalls auch durch Selbsttötung
Pura Tempel; heiliges Areal mit Pavillon und Schreinen
Pura dalem Totentempel; Tempel der Unterwelt; Shiva geweiht
Pura desa Dorftempel; Tempel des Lebens; Vishnu geweiht
Pura puseh Ursprungstempel; Tempel der Ahnen; Brahma geweiht
Pura subak Tempel der Subak
Puri Fürstenresidenz, Palast
Purnama Vollmond; an diesem Tag finden überall Odalan oder Opferdarbringungen statt.
Puskesmas Kleine ambulante Poliklinik

R

Raja König, Fürst, Prinz
Raksasa Dämonenhafter Riese, der in der Bildhauerkunst als Wächterfigur erscheint und als Tempelwächter fungiert
Rama Held und Prinz im Ramayana
Ramadan Muslimischer Fastenmonat
Ramayana Indisches Epos aus 24.000 Vierzeilern, das die Geschichte von Rama und seiner Frau Sita erzählt
Rangda Wörtlich ‚Witwe'; schreckliche Maske, die das Prinzip der Zerstörung verkörpert und eine der Erscheinungen Shivas ist. Im Theater verkörpert sie eine Hexe, insbesondere bei den exorzistischen Barong und Calonarang.
Rawana Rotgesichtiger Dämon im Ramayana
Rebab Zweisaitiges Instrument orientalischen Ursprungs
Rejang Ritueller Frauentanz der Bali Aga

S

Sad kahyangan 'Sechs Heiligtümer'; eine Reihe wichtiger Tempel an den Kardinalpunkten Balis
Saka Balinesischer Kalender, dem das Mondjahr indischen Ursprungs zugrunde liegt, das 78 Jahre hinter dem Gregorianischen Kalender zurück ist
Sakti 1) Partnerin einer männlichen Gottheit im Hinduismus, die die übernatürlichen Kräfte repräsentiert; 2) Personen oder Gegenstände, die von einer magischen Kraft gefangen sind
Sampian Geflochtene Opfergabe (im Allgemeinen an Penjor angebracht)
Samsara Theorie des unaufhörlichen Kreislaufes von Geburt, Tod und Wiedergeburt der Seele

Sanggah Haustempel
Sanggah cucuk Kleiner provisorischer Schrein aus geflochtenem Bambus, wie er häufig in Reisfeldern zu sehen ist. Von den Zauberern glaubt man, dass sie sie nachts auf die Friedhöfe tragen, um ihren unheimlichen Kult zu vollziehen.
Sangging Handwerker, der auf heilige Kunst (Malerei, Bau von Bade und Sarkophagen etc.) spezialisiert ist; sie waren einst den Palästen verbunden.
Sanghyang Trancetanz bzw. Besessenheitstrance mit exorzistischer Funktion
Sanghyang basuki Schlange der Unterwelt
Sanghyang Widhi Wasa ‚Der Allmächtige'; die über allem waltende Kraft, die traditionell keinen Kult hat; Abstraktion der höchsten balinesischen Gottheit
Sangut Punakawan der bösen Seite
Saput Stoffstück, das beim Festgewand über dem Kamben die Hüfte des Mannes umschlingt
Sarad Aus Reismasse geformte, das Universum versinnbildlichende, die symbolischen Waffen der hinduistischen Gottheiten zeigende Opfergabe
Saraswati Die Göttin der Weisheit ist das weibliche Pendant Brahmas.
Sari 1) Blume; 2) Essenz, das Wesentliche; 3) Geldbeträge bei den Opfergaben
Sarong (auch: **Sarung**) Aus gebatikten Stoffbahnen bestehendes, nach verschiedenen Techniken als Hüfttuch geschlungenes und geknotetes Kleidungsstück, das sowohl von Männern als auch von Frauen getragen wird
Satria Zweite der drei adligen Tri-wangsa-Kasten. Sie sind die fürstlichen Krieger, die legitimen Machthaber und tragen die offiziellen Titel Anak Agung oder Cokorda, doch haben viele Wesia ihre Macht – und sogar ihren Titel – usurpiert.
Sawah Meist in Terrassen angelegtes Bewässerungsfeld, auf dem Reis angebaut wird
Selunding Diese Bezeichnung taucht im Gamelan selunding auf, einem archaischen Ensemble von Metallophonen, das typisch für die Bali Aga ist, die es als Gottheit betrachten und dessen komplexe Musik dem Ritual vorbehalten ist.
Semanggen Begräbnishof in den Palästen, wo die Leichen aufgebahrt und die Riten vor der Verbrennung durchgeführt werden
Semar pegulingan Fürstliches Gamelan aus Bronze, das als Begleitmusik bei Legong kraton, Joged, Pingitan bzw. bei Barong und Calonarang in den Palästen spielte
Sengguhu Einer der bürgerlichen Clans Balis, dessen Priester (ebenfalls Sengguhu genannt) bei den Opferhandlungen auf die chthonischen Geister spezialisiert sind
Setra Friedhof; stets mit einem Pura dalem und einem großen Baum ausgestattet, dessen Holz dazu verwendet werden kann, Sakti-Masken herzustellen
Shiva Auf Bali gilt er als mächtigster der Götter der hinduistischen Trinität und wird daher am meisten verehrt. Er hat die Macht zu zerstören, um neu zu erschaffen.
Sida karya ‚Der das Werk vollenden kann'; Name einer halb menschlichen, halb dämonischen Maske und ein Spaßvogel, der das rituelle Topeng in dem Augenblick mit der Weihe von Opfergaben beendet, in dem der Pedanda seine rituelle Handlung vollendet
Simbuh In der traditionellen Medizin eine pflanzliche Arznei, die kräftig über den Patienten gespuckt wird
Sirih Betelnuss
Sita Im Ramayana die Gemahlin von Rama
Siwa Siehe ‚Shiva'
Slendang (auch: **Selendang**) 1) Bezeichnung für das Tuch, das vor dem Betreten eines Tempels um die Taille geschlungen wird; 2) über die Schultern getragene Schärpe der Frauen; unverzichtbares Stück der Festbekleidung

Sok Quadratischer Korb mit Deckel
Songket Balinesischer Brokat aus Gold oder Silber
Subak Bewässerungsgesellschaft, die die männlichen Besitzer oder Bewirtschafter der Reisfelder vereint, die von demselben Kanal versorgt werden. Das Subak hat die Aufgabe, die Arbeiten auf den Reisfeldern zu organisieren und das Bewässerungssystem funktionsfähig zu halten.
Sudra (auch: **Jaba**) Vierte oder bürgerliche Kaste, die die Mehrheit bildet und bis auf die Adligen (Tri wangsa) alle Balinesen einschließt
Sukla ‚Noch nicht gebraucht'; eine Eigenschaft, die alles besitzen muss, was für rituelle Zwecke verwendet wird.
Surya Der Sonnengott
Suttee Traditioneller Ritus, bei dem sich die Witwe des Verstorbenen selbst mitverbrannte

T

Taksu Die göttliche Inspiration, Vermittler zwischen Gottheiten und Menschen
Tantri Märchenhafte Sammlung von Erzählungen
Tektekan Ein Ensemble von Rhythmusinstrumenten aus Bambus, das ursprünglich ausschließlich Begleitmusik exorzistischer Handlungen war
Telek Masken im echten exorzistischen Barong; eine moderne Version wird außerhalb des eigentlichen Kontextes gespielt.
Tenget Auf gefährliche Weise mit übernatürlichen Kräften belasteter Ort oder Gegenstand
Tika Diagramm, das verwendet wird, um den Kalender zu deuten; ein Spezialgebiet der Schriftkundigen und Hohepriester
Tilem ‚Schwarzer Mond' = Neumond
Tirta (auch: **Tirtha**) Heiliges, geweihtes Wasser, das für zahlreiche religiöse Feste unentbehrlich ist
Tirta amerta Elixier der Unsterblichkeit; in der Mitte des Meeres aus Tirta amerta schwimmt der Mahameru.
Togog-batu Eine steinerne, Schutz gewährende Dämonenfigur, die man hauptsächlich an Tempeln, Wegkreuzungen und Gehöften findet
Topeng Getanztes Maskentheater, dessen Texte aus dem Babad kommen
Toplek Ein Glücksspiel
Transmigrasi Politisch, kulturell und ökologisch sehr umstrittenes staatliches Umsiedlungsprogramm innerhalb Indonesiens, das den Druck der Bevölkerungszunahme vor allem auf Java mildern soll
Tri angga Vorstellung von der Dreiteilung des Universums in Bereiche des Höheren (Göttlichen), Mittleren (Menschlichen) und Niederen (Geister und Dämonen)
Tri loka Siehe ‚Tri angga'
Tri murti ‚Drei Manifestationen'; die hinduistische Trinität: Brahma (der Schöpfer), Vishnu (der Bewahrer) und Shiva (der Heilbringer und Zerstörer)
Tri sakti Siehe ‚Tri murti'
Tri wangsa ‚Drei Rassen' oder ‚drei Völker'; gemeint sind die drei adligen Kasten der Brahmana (Religiöse und Schriftkundige), Satria (Kriegerfürsten) und Wesia (Minister des Königs).
Tualen Siehe ‚Malen'
Tumbak Ein sehr beliebtes Speerornament

Tumbal Magisches Symbol der schwarzen und weißen Magie, um das, was man erwünscht, zu erlangen
Tumpang Einzelnes Pagodendach

U

Udeng Turban der Männertracht
Ulu Kopf, Quelle, Extremität, Gipfel
Undagi Architekt und Hausbauer, der magische Maße verwendet, für die er am Besitzer des Grundstücks Maß nimmt, damit zwischen Bewohner und Wohnstatt Harmonie erzielt wird

V

Vihara Kloster
Vishnu In der Tri murti der bewahrende Gott, der mit dem Wasser und dem Reisanbau verbunden und Gemahl der Reisgöttin Dewi Sri ist

W

Wada Transportsarg, der den Mitgliedern der Jaba-Kaste vorbehalten ist
Wali Heilig; heute bezeichnet dieser Begriff offiziell auch die rituellen Tänze, die nicht in profanem Zusammenhang aufgeführt werden dürfen. Wali bildet zusammen mit Bebali und Balih-balihan eine Trilogie.
Wantilan Offener Pavillon für genehmigte Hahnenkämpfe und sonstige Veranstaltungen
Waringin Siehe ‚Banyan'
Wayang ‚Schatten'; einer der Namen für die filigranen, ledernen Stabpuppen (eigentlich Ringgit) des Wayang kulit, aber auch für die Holzpuppen der tagsüber gespielten rituellen Version (manchmal auch Wayang lemah genannt)
Wayang golek Puppenspiel mit vollplastischen Holzstabpuppen
Wayang kulit Schattenfigurenspiel mit ledernen Stabpuppen
Wayang topeng Siehe ‚Topeng'
Wayang wong Alte Form des Ramayana-Theaters mit Tanz und Masken, das aus der zweidimensionalen Gestik und Ästhetik des Wayang kulit inspiriert ist
Wesia (auch: **Wesiya**) Dritte der drei Adelsklassen (Tri wangsa), Beamte des Königreichs. Die Wesia-Minister haben sich öfters gegen die legitimen Satria-Herrscher erhoben und mehrere Königreiche auf Bali gegründet. Während ihr eigentlicher Titel Gusti lautet, sprechen sie viele ehrenhalber mit dem Titel Anak Agung (offiziell ein Satria-Titel) an.
Wibisana Jüngerer Bruder des Rawana im Ramayana, der seine Raksasa-Brüder verrät, um sich – neben Rama – auf die Seite der Guten zu stellen
Wihara Kloster
Wisma Pension, Gästehaus
Wisnu Siehe ‚Vishnu'
Wuku 210 Tage umfassender Sieben-Tage-Zyklus im Pawukon-Kalender; in ihm sind alle wichtigen (fast 200) Feste Balis verzeichnet.

Y

Yoni Stilisierte Darstellung der Vagina; hinduistisches Symbol für die weibliche Fruchtbarkeit

7. LITERATURVERZEICHNIS

Die nachstehende Literaturauswahl umfasst selbstverständlich nur einen kleinen Teil der über Bali – und den indonesischen Archipel als Ganzes – erhältlichen Literatur. Zu sehr ins Detail gehende Bücher wurden bei der Auswahl ebenso wenig berücksichtigt wie allzu wissenschaftliche Abhandlungen.

Allgemeines

Aarau, Alice/Draine, Cathie/Hall, Barbara, Reisegast in Indonesien; Reisebuchverlag Iwanowski, Dormagen, 1994
Bader, Louise, Rund um die Reistafel – Die Spezialitäten der berühmten indonesischen Küche; Heyne Verlag, München
Barths, F., Balinese Worlds; University of Chicago Press, Chicago 1993
Berningshausen, Jutta/Kerstan, Birgit, Die Töchter Kartinis – Berichte und Reportagen aus dem Leben indonesischer Frauen; Express Edition, Berlin, 1984
Covarrubias, Miguel, Island of Bali; Oxford University Press, Singapur, 1972
Davison, Julian/Granquist, Bruce, Balinese Flora & Fauna; Periplus Editions, Hong Kong, 1999
Dharma, A.P., Indonesian Medicinal Plants; Balai Pustaka, Jakarta 1987
Djelantik, A.A.M., The Birthmark – Memoirs of a Balinese Prince; Periplus Editions, Singapur, 1997
Dusik, Roland, Land & Leute – Indonesien; Polyglott, München 1993
Eiseman, Fred B., Bali: Sekala and Niskala (2 Bände); Periplus Editions, Hong Kong, 1989
Eiseman, Fred B./Margaret, Die Blumen Balis; Periplus Editions, Singapur, 1996
Eiseman, Fred B./Margaret, Die Früchte Balis; Periplus Editions, Singapur, 1996
Goenawan, Mohamad, Am Rande bemerkt. 35 Essays über Kultur, Politik und Gesellschaft in Indonesien; Horlemann, Bad Honnef, 1993
Hitchcock, Michael/Norris, Lucy, Bali – The Imaginary Museum (The Photographs of Walter Spies and Beryl de Zoete); Oxford University Press, Singapur, 1995
Hobart, Angela/Ramseyer, Urs/Leemann, Albert, The Peoples of Bali; Blackwell Publishers, Oxford, 1996
Jensen, Gordon D./Suryani, Luh Ketut, The Balinese People – A Reinvestigation of Character; Oxford University Press, Singapur, [2]1993
Kebschull, Dietrich, Transmigration – Indonesiens organisierte Völkerwanderung; Friedrich Ebert-Stiftung, Bonn, 1984
Lueras, Leonard/Lloyd, R. Jan, Bali – The Ultimate Island; Times Editions, [6]1997
Mabbett, Hugh, The Balinese; January Books, New Zealand, 1985
MacKinnon, J., Field Guide of the Birds of Java and Bali; Gajah Mada University Press, Yogyakarta, 1988
Magnis-Suseno, Franz, Neue Schwingen für Garuda, Indonesien zwischen Tradition und Moderne; München, 1989
Mason, Victor/Jarvis, Frank, Birds of Bali; Periplus Editions, Hong Kong, 1989
Owen, Sri, Die indonesische Küche; Heyne Verlag, München
Picard, Michel, Bali – Cultural Tourism and Touristic Culture; Archipelago Press, Singapur, 1996

Pickell, David/Siagian, Wally, Diving Bali; Periplus Editions, Singapur, 2000
Plants, Serie: Indonesian Heritage; Archipelago Press, 1999
Powell, Hickman, The Last Paradise; Oxford University Press, Singapur, 1986
Ramseyer, Urs, Bali, Insel der Götter; Basel, 1983
Roy, Biren/Römer, Elisabeth (Hrsg.), Mahabharata; Eugen Diederichs Verlag, Köln/Düsseldorf, 1979
Röll, Werner, Entwicklungsprobleme einer tropischen Inselwelt; Ernst Klett Verlag, Stuttgart, ²1981
Schulte, Nordholt, H., State, Village, and Ritual in Bali. A historical Perspective; VU University Press, Amsterdam, 1991
Studienkreis für Tourismus (Hrsg.); Indonesien verstehen; Sympathie-Magazin Nr. 7, Starnberg, 1988
Tantri, K'tut, Revolt in Paradise; Heinemann, London, 1960
Tettoni, Luca Invernizzi/Warren, William, Balinese Gardens; Periplus Editions, Singapur, ³2000
The Human Environment, Serie: Indonesian Heritage; Archipelago Press, 1999
Uhlig, Helmut, Bali – Insel der lebenden Götter; Bastei Lübbe, Bergisch Gladbach, 1988
Valmiki (Hrsg.), Ramayana; Eugen Diederichs Verlag, Köln/Düsseldorf, 1986
Vickers, Adrian, Bali – Ein Paradies wird erfunden; Bruckner & Thünker Verlag, Köln, 1994
Warren, C., Adat and Dinas. Balinese Communities in the Indonesian State; Oxford University Press, Singapur, 1993
Whitten, Tony/Jane/Cubitt, Gerald, Indonesien. Tiere und Pflanzen der indonesischen Inselwelt; Naturbuch, Augsburg, 1994
Wildlife, Serie: Indonesian Heritage; Archipelago Press, 1999

Historisches

Ancient History, Serie: Indonesian Heritage; Archipelago Press, 1999
Dahm, Bernhard, Sukarnos Kampf um Indonesiens Unabhängigkeit – Werdegang und Ideen eines asiatischen Nationalisten; Otto Harrassowitz, Wiesbaden, 1966
Early Modern History, Serie: Indonesian Heritage; Archipelago Press, 1999
Hanna, W.A., Bali Profile. People, Events, Circumstances (1001-1976); Rumah Budaya Banda Naira, 1990 (American Universities Field Staff, New York, 1976)
Ida Anak Agung Gede Agung, Bali in the 19th Century; Yayasan Obor Indonesien, Jakarta, 1991
Kubitschek, Hans-Dieter/Wessel, Ingrid, Geschichte Indonesiens; Akademie-Verlag, Berlin, 1981
Legge, J.D., Sukarno: A Political Biography; Allen and Unwin, Boston, 1972
McDonald, Hamish, Suharto's Indonesia; Fontana Books, Australia, 1981
Wiener, M.J., Visible and Invisible Realms. Power, Magic, and Colonial Conquest in Bali; University of Chicago Press, Chicago, 1995

Kunst und Kultur

Bandem, I.M., Kaja and Kelod. Balinese Dance in Transition; Oxford University Press, Kuala Lumpur, 1981
Belo, J., Temple Festival; University of Washington Press, Seattle, 1966

Belo, J., Trance in Bali; Greenwood Press, Westport, 1977
Belo, J. (Hrsg.), Traditional Balinese Culture; Columbia University Press, New York, 1970
Bodrogi, T., Kunst in Indonesien; Wien, 1972
Bührmann, M., Das farbige Schattenspiel; Bern, 1955
Carpenter, Bruce W., W.O.J. Nieuwenkamp – First European Artist in Bali; Periplus Editions, Hong Kong, 1997
Davison, Julian/Granquist, Bruce, Balinese Architecture; Periplus Editions, Hong Kong, 1999
Davison, Julian/Granquist, Bruce, Balinese Temples; Periplus Editions, Hong Kong, 1999
Djelantik, A.A.M., Balinese Paintings, Oxford University Press, Singapur, ²1993
Djelantik, A.A.M., The Development of Painting in Bali; Oxford University Press, Singapur, 1986
Eiseman, Fred/Margaret, Woodcarvings of Bali; Periplus Editions, Berkeley, 1988
Fischer, Joseph/Coope, Thomas, The Folk Art of Bali – The Narrative Tradition; Oxford University Press, Singapur 1998
Forman, Bedrich, Batik und Ikat aus Indonesien; Dausien, Hanau, 1990
Franciore, Gianni/Tettoni, Luca Invernizzi, Bali Modern – The Art of Tropical Living; Periplus Editions, Hong Kong
Franke-Benn, Christiane, Die Wayangwelt, Namen und Gestalten im javanischen Schattenspiel; Wiesbaden, 1984
Frey, Edward, The Kris: Mystic Weapon of the Malay World; Oxford University Press, Oxford, 1986
Hauser-Schäublin, Brigitta/Nabholz-Kartaschoff, Marie-Louise/Ramseyer, Urs, Balinese Textiles; Periplus Editions; Hong Kong, ²1997
Helmi, Rio/Walter, Barbara, Bali Style; Times Editions, Singapur, 2000
Hobart, A., Dancing Shadows of Bali; KPI, London, 1987
Höhn, Klaus D., Reflections of Faith – The History of Painting in Batuan 1834-1994; Pictures Publishers Art Books, Wiesbaden, 1997
Holt, C., Art in Indonesia, Continuity and Change; Cornell University Press, Ithaca, 1967
Kam, Garrett, Perceptions of Paradise – Images of Bali in the Arts; Yayasan Dharma Seni Museum Neka, Ubud, 1993
Kam, Garrett, Ramayana in the Arts of Asia; Select Books, Singapur, 2000
Kartomi, Margaret J., Musical Instruments of Indonesia; Indonesian Arts Society, Melbourne, 1985
Kempers, Bernet, Ancient Indonesian Art; D.P.J. van der Peet, Amsterdam, 1959
Kunst, J., Hindu-Javanese Musical Instruments; Den Haag, 1968
Lentz, D.A., The Gamelan Music of Java and Bali; Nebrasca Press, 1965
McPhee, Colin, Music in Bali. A Study in Form and Instrumental Organization in Balinese Orchestral Music; Da Capo Press, New York, 1976
Neka, Suteja/Garrett, Kam, The Development of Painting in Bali; Yayasan Dharma Seni Museum Neka, Ubud, 2000
Performing Arts, Serie: Indonesian Heritage; Archipelago Press, 1999
Pinl-Wilpert, C.B., Das indonesische Schattentheater; Baden-Baden, 1976
Racki, Christian, The Sacred Dances of Bali; CV. Buratwangi, Denpasar, 1998
Ramseyer, Urs, Kultur und Volkskunst in Bali; Atlantis Verlag, Fribourg/Zürich, 1977
Rhodius, H., Schönheit und Reichtum des Lebens. Walter Spies, Maler und Musiker auf Bali 1895-1942; Den Haag, 1964

Spitzing, Günter, Bali. Tempel, Mythen und Volkskunst auf der tropischen Insel zwischen Indischem und Pazifischem Ozean; DuMont Buchverlag, Köln, 1991
Spitzing, Günter, Das indonesische Schattenspiel – Bali, Java, Lombok; Köln, 1981
Spruit, Ruud, Artists on Bali; The Pepin Press, Amsterdam, 1997
Tan Hock Beng, Tropische Architektur und Interieurs. Traditionsbewusstes Design aus Indonesien, Malaysia, Singapur, Thailand; Page One Publishing, 1994
Tenzer, M., Balinese Music; Periplus Editions, Hong Kong, 1998
Visual Art, Serie: Indonesian Heritage; Archipelago Press, 1999
Wijaya, Made, Balinese Architecture: Toward an Encyclopedia; Sanur, Bali, Indonesia, 1984
Wijaya, Made/Ginanneschi, Isabella, At home in Bali; Abbeville Press Publications, New York
Zoete, B. De/Spies, Werner, Dance and Drama in Bali; Oxford University Press, Singapur, 1973
Zurbuchen, M., The Language of Balinese Shadow Theatre; Princeton University Press, Princeton, 1987

Religion

Appel, Michaela, Dewi Sri und die Kinder des Putut Jantaka. Beziehungen zwischen Mensch und Reis in Mythologie und Brauchtum auf Java und Bali; Akademischer Verlag, München, 1991
Brinkgreve, F./Stuart-Fox, D., Offerings. The Ritual Art of Bali; Image Network Indonesia, Sanur, 1992
Geertz, Clifford, Religiöse Entwicklungen im Islam. Beobachtet in Marokko und Indonesien; Suhrkamp, Frankfurt/Main, 1991
Helmi, Rio/Lueras, Leonard, Offerings – The Ritual Art of Bali; Singapur, 1992
Hooykaas, C., Religion in Bali; Brill, Leiden, 1973
Mershon, K., Seven plus seven. Mysterious Life-Rituals in Bali; Vantage Press, New York, 1971
Religion and Ritual, Serie: Indonesian Heritage; Archipelago Press, 1999
Stöhr, W./Zoetmulder, P., Die Religionen Indonesiens; Stuttgart, 1965
Wirz, Paul, Der Totenkult auf Bali; Strecker und Schröder Verlag, Stuttgart, 1928

Belletristik

Baum, Vicky, Liebe und Tod auf Bali; Kiepenheuer & Witsch Verlag, Köln
Hase, Michael/Schlaeger, Hilke (Hrsg.), Himmel und Erde – Ein Südostasien-Lesebuch; Express Edition, Berlin, 1985
Hooykaas, Jacoba (Hrsg.), Märchen aus Bali; Die Waage, Seelze, 1963
Kertonegoro, Madi, Flug des Geistes in das andere Bali; Hugendubel, München, 1991
Knight, Odyle, Bali Moon; Sandstone Publishing, NSW, 1999
Koch, Christopher J., Ein Jahr in der Hölle; Klett-Cotta Verlag, Stuttgart, 1988
Kratz, Ernst Ulrich (Hrsg.), Indonesische Märchen; Eugen Diederichs Verlag, Köln/Düsseldorf, 1973
McPhee, Colin, A House in Bali; Oxford University Press, Singapur, 1979
Picard, Walter G., Gadjah der Elefant und andere indonesische Geschichten; Erich Röth-Verlag, Kassel, 1972
Powell, H., The Last Paradise; Oxford University Press, Singapur, 1986

Toer, Pramoedya Ananta, Bumi Manusia – Garten der Menschheit; Rowohlt, Reinbek bei Hamburg, 1987
Toer, Pramoedya Annata, Das ungewollte Leben; Express Edition, Berlin, 1987
Toer, Pramoedya Annata, Kind aller Völker; Strom Verlag, Luzern, 1990
Toer, Pramoedya Annata, Spiel mit dem Leben; Rowohlt, Reinbek bei Hamburg, 1990

Sprache

Karow, Otto/Hilgers-Hesse, Irene, Indonesisch-Deutsches Wörterbuch/Kamus Bahasa Indonesia – Jerman; Verlag Otto Harrassowitz, Wiesbaden, 1962
Langenscheidts Sprachführer Indonesisch; Langenscheidt Verlag, Berlin/München, 1988
Language and Literature, Serie: Indonesian Heritage; Archipelago Press, 1999
Nothofer, Bernd (u.a.), Bahasa Indonesia – Indonesisch für Deutsche; Julius Groos Verlag, Heidelberg, 1985
Urban, Gunda, Kauderwelsch Indonesisch; Peter Rump Verlag, Bielefeld

8. STICHWORTVERZEICHNIS

A
Abang 599, 622, 625
Adat 69-70, 75, 81, 119, 162, 192, 509, 566
Air Sanih **629**, 631
- Regionale Reisetipps 360
Air Terjun Bangsing (siehe *Pujungan*)
Air Terjun Tegenungan (siehe *Belangsinga*)
Airlangga 14, 21-22, 527, 550-552, 574, 679
Amed **598**
- Regionale Reisetipps 360-361
Amlapura 82, **592-596**, 597, 612
- Puri Agung Karangasem 594-596, 597
- Regionale Reisetipps 361-362
Anak Wungsu 22, 551-552, 618
Anreise 226-232
Anschriften/Adressen 232-233
Anturan 638-639
Apotheke 233
Apuan **573**, **684**
Arzt/Zahnarzt 233-234
Asah **601-602**
Asahduren **671**
Ausreise/Weiterreise 234-237
Ausrüstung 238-239
Autofahren 239-244
Ayung River 541

B
Babysitter 244-245
Badung 30-32, 34, 37, 71, 82, 475, 502, 577, 621, 675, 679, 690, 694
Baha **687-688**
Bali Aga 21, 68, 107-108, 150, 186, 472, 481, 586-590, 592, 601, 616, 624, 652
Bali Bird Park (siehe *Singapadu*)
Bali Golf & Country Club 506
Bali Handara Kosaido Country Club 646

Bali Orchid Garden (siehe *Padanggalak*)
Bali-Star 53, 657
Bangli 26, 71, 82, 472, 559, **566-572**, 573, 607, 618-619, 621, 690
- Pura Kehen 109, 472, 570-571
- Pura Penyimpenan 566, 572
- Regionale Reisetipps 362
Banjar (Dorfgemeinschaft) 68-69, 72-74, 82, 516, 521
Banjar (Ort) **651-653**
- Air Panas 652-653
- Brahma Vihara Asrama 651-652
- Regionale Reisetipps 362
Banyuwedang **656**
- Regionale Reisetipps 362
Batuan 121, 134, **522-523**
- Pura Puseh Batuan 522-523
- Regionale Reisetipps 363
Batubulan **517-519**
- Regionale Reisetipps 363
Batur **619**, 622
Baum, Vicki 33, 37, 42, 486
Bayad **545**, 548
Bayunggede **620**
Bebanden **602**
Bedugul 644, **645**, 646-647, 685, 687
- Taman Rekreasi Bedugul 645
Bedulu 23, 525, **558-563**
- Bedulu Museum Purbakala Gedung Arca 558-559
- Goa Gajah) 21, 115, 472, 489, 552, **560-562**, 683
- Pura Samuan Tiga 559-560
- Regionale Reisetipps 363
Behinderte 245-246
Belangsinga **523**
- Air Terjun Tegenungan 523
Belega **525**
Belimbing **674**
- Regionale Reisetipps 363-364
Benoa Harbour **491**, 584
Benzin 246

Besakih 96, 199, **603**, 609
- Pura Besakih 35, 96-97, 109, 183, 199, 201, 472, 489, 575, 583, **603-608**, 609-611
- Regionale Reisetipps 364

Besan 582
Beschwerden 247
Bettler 247
Bitera **526**
Blahbatuh 39, 523, **524-525**, 527
- Pura Puseh Blahbatuh 525
- Puri Anggrek 525
- Regionale Reisetipps 364

Blambangan 24-26
Blanco, Antonio Mario 37-38, 539-540, 654
Blayu **687**
Blimbingsari **662-663**
Bona 136, **525**
- Regionale Reisetipps 365

Bonnet, Rudolf 38-39, 42, 119-120, 531, 539, 542
Botschaften/Konsulate 247-249
Budakling **600**
Bücher 249
Bugbug **592**
Bukit Badung 46, 48, 50, 57, 79, **497-508**, 689
- Bingin 501
- Nyang Nyang 504
- Padang Padang 501
- Pura Balangan 501
- Pura Batu Pageh 505
- Pura Geger 505
- Pura Gunung Payung 505
- Pura Masuka 504

Bukit Prapat Agung 46, 57, 656, 660
Buleleng 25-30, 82, 567, 593, 615, 618, 621, 633-635, 639, 649-650, 653, 663-664, 683
Bunut Bolong 672
Bunutin **573**
Business-Tipps 249

C

Camping 250
Campuhan 530, **539**
- Pura Campuhan 539
- The Blanco Renaissance Museum 539-540

Candi Dasa 66, 574, 582, **590-591**, 592, 598, 600-601, 613
- Regionale Reisetipps 365-367

Candi Kuning **642-645**, 646
- Kebun Raya Eka Karya Bali (Botanischer Garten) 644-645
- Pura Ulun Danu Bratan 96, 472, 642-644
- Regionale Reisetipps 367-368

Cape Gondol **653-654**
- Pura Agung Pulaki 654
- Pura Dalem Melanting 654
- Regionale Reisetipps 368

Cekik 20, 656, **660-661**, 662
- Pusat Penangkaran Jalak Bali (Bali Starling Recovery Project) 660-661
- Regionale Reisetipps 368

Celuk 163, **520**
Celukan Bawang 635, **653**
Covarrubias, Miguel 119
Culik 598, 613

D

Daendels, Herman Willem 15
Dalem Batu Renggong 22, 24, 96
Dalem Beda Ulu 23
Danau Batur 90, 96, 180, 472, 534, 544, 619, 621, 623, 625, 627, 684
Danau Bratan 48, 56, 96, 472, 641-642, 647, 683, 689
Danau Buyan 472, 641-642, 647, 683
Danau Tamblingan 472, 641, 647-649, 683
Danghyang Nirartha 22, 96-97, 103, 491, 496, 502-503, 527-528, 539, 576, 654, 669-670, 695
Denpasar 31-33, 35, 42, 45, 79, 82, 109, 162, 166, 179, 472, **474-486**, 488, 493, 498, 500, 502, 516, 526, 541, 553, 562, 635, 661-664, 666, 668, 674, 679-680, 687, 689, 691, 693
- Bali Museum 42, 472, 479-481, 661
- Catuh Mukha Statue 485
- Pasar Badung 483
- Pasar Burung (Vogelmarkt) 484
- Pasar Kumbasari 472, 484

- Pura Agung Jagatnatha 109, 179, 478-479
- Pura Maospahit 482-483
- Pura Pemerajan Puri Agung Satria 484
- Puri Agung Jro Kuta 483
- Puri Agung Satria 484
- Puri Kesiman 485
- Puri Pemecutan 481-482
- Regionale Reisetipps 368-373
- Satria Art Market 484
- Taman Budaya Art Centre 485-486
- Taman Puputan 478, 484-485
- Taman Puputan Margarana 486
- Walter Spies-Gedenkhaus 485

Desa adat 89-90
Diponegoro 15
Dong-Son-Kultur 13, 20, 121, 156, 166, 557
Drake, Sir Francio 23
Drogen 250

E

Einkaufen 251-254
Eintrittspreise 254-255
Einwanderungsbehörde 255
Eka dasa rudra 35-36, 199-200, 608
Elephant Safari Park (siehe *Taro*)
Empu Kuturan 95-96, 107, 183, 491, 502, 559, 584, 683-684, 687
Entfernungen 255
Ermäßigungen 255
Essen und Trinken 255-263

F

Fahrrad fahren 263-264
Fahrradverleih/-kauf 265-266
Feiertage und Feste 266-268
Fernsehen 268
Filmmaterial 268-269
Flüge 270-271
Fluggesellschaften 271-272
Fotografieren/Filmen 272-274
Frauen alleine unterwegs 274
Fremdenführer 274-275
Fremdenverkehrsämter 275
Fundsachen/Verlust 276

G

Gajah Mada 14, 22-23, 491, 525, 558, 577, 677, 679
Galerien/Ateliers 276
Gastfreundschaft 276-277
Geldangelegenheiten 277-281
Gelgel 24-25, 32, 93, 117, 524, 573, **575-576**, 577, 593, 661, 669,
Gelgel-Dynastie 22, 564, 566, 577, 593, 604-605, 634
Gentong **544**
Gesundheit/Gesundheitsvorsorge 281-286
Gianyar 25-26, 30, 71, 82, 96, 136, 162, 519, 521, 526, 530, 549-550, **564-565**, 574, 577, 582, 619, 621
- Puri Agung Gianyar 26, 113, 564-565
- Regionale Reisetipps 373-374

Gilimanuk 108, **661-662**, 663-664, 691
- Regionale Reisetipps 374

Gitgit **640**
- Air Terjun 640
- Regionale Reisetipps 374

Goa Gajah (siehe *Bedulu*)
Goa Garba 472, **555**
Goa Lawah **583-584**
- Pura Goa Lawah 96, 109, 583-584
- Regionaler Reisetipp 374

GOLKAR 18-19, 81
Gotong royong 68, 92
Gottesdienst 286-287
Gumicik **516**
Gunung Abang 45, 622-624, **626-628**
Gunung Agung 34-36, 45, 48, 50, 60, 68, 95-96, 101, 103, 108-112, 174, 178-179, 183-184, 498, 560, 576, 583, 593, 596, 598-599, 602-604, 606-608, **609-610**, 611-613, 622, 684
Gunung Batukau 45, 48, 50, 68, 95-96, 472, 498, 641, 680, 682, **683-684**
Gunung Batur 33, 48, 68, 95, 101, 108, 112, 479, 560, 568, 619-622, 625, **626-628**, 641
Gunung Catur 48, **645-646**
Gunung Kawi (siehe *Tampaksiring*)
Gunung Lempuyang 599
Gunung Lesung 640

Gunung Penulisan 617
Gunung Pohon 640, 644
Gunung Sengayang 640
Gunung Seraya 48
Guwang **517**

H
Habibie, Bacharuddin Jusuf 18-19
Hahnenkampf 193, 196-198
Hari Raya Galungan 201-202
Hari Raya Kuningan 201-202
Hari Raya Pagerwesi 202-203
Hari Raya Saraswati 202-203
Hatta, Dr. Mohammed 16, 43
Haustiere 287
Hayam Wuruk 14
Hofker, Willem Gerard 39, 542
Houtman, Cornelis de 24, 496, 585

I
Indonesia Jaya Reptile and Crocodile Park (siehe *Sembung*) 686
Informationen 287-288
Internetcafés 288
Internetlinks 288-289
Iseh 42, **612**
- Regionaler Reisetipp 375

J
Jagaraga 28-29, **633**
- Pura Dalem Jagaraga 633
Jakranegara 30
Jasan **546-547**
- Regionaler Reisetipp 375
Jatiluwih 472, **684**
- Regionale Reisetipps 375
Jelantik, Gusti Ketut 27-29, 567, 593, 633
Jembrana 25, 29, 49, 82, 656, 663-664, 667-668
Jero Gede Macaling 133, 509-510, 512, 525, 538
Jimbaran **499-500**
- Regionale Reisetipps 375-378
Junjungan **543**

K
Kahyangan jagat 97
Kahyangan tiga 96, 107-109
Kaja-Kelod-Prinzip 95
Kalebutan **555-556**
- Candi Tebing 555-556
Kaliasem 638
Kalibukbuk 638-639
Kamasan 93, 117, 120-121, 163, **576**, 674
Kapal 166, **691-693**
- Pura Sada Kapal 691-693
- Regionale Reisetipps 378
Karangasem 25-30, 82, 593-594, 607, 635, 663
Kartenmaterial 289-290
Kartenvorverkauf 290-291
Kayuputih 638-639
- Regionale Reisetipps 378
Kebo Iwo 523, 525, 552, 555, 557, 560, 627
Kedisan 545, **622**, 625-628
- Regionale Reisetipps 378-379
Keliki **542**
- Regionaler Reisetipp 379
Kemenuh **523**
- Regionale Reisetipps 379
Keramas **525**
Kerambitan 121, **674-676**
- Puri Anyar Kerambitan 675
- Puri Gede 675-676
- Regionale Reisetipps 379-380
Kerobokan 476, **493-494**, **496**
- Regionale Reisetipps 380-381
Kertanegara 14, 22
Kesiman 30
Ketewel **516**
Kinder 291-292
Kintamani 541-545, 602, 616, **618-620**, 622, 629, 631
- Pura Ulun Danu Batur 96, 201, 619-620, 622, 643
- Regionale Reisetipps 381
Kleider/Kleiderordnung 292-295
Klungkung 25-26, 29, 32, 71, 82, 93, 163, 509, 520-521, 565, 568, 572, 576-578, 580, 583, 593, 604-605, 621, 690, 694
Krankenhäuser 295
Kublai Khan 14

Kubutambahan 629, **631-632**
- Pura Meduwe Karang 631-632
- Regionaler Reisetipp 381

Kukuh **687**
- Pura Alas Kedaton 687
- Regionaler Reisetipp 381

Kulturelle Veranstaltungen 295-296
Kusamba 510, 577, **583**
Kuta 27, 29, 36, 52, 89, 166, 474, 476, 486-487, **491-496**, 505
- Kuta Square 495-496
- Pasar Seni 495
- Regionale Reisetipps 382-390
- Vihara Dharmayana Kuta 494-495

Kutri **526-527**
- Pura Bukit Dharma Durga 526-527

L

Labuhan Lalang **656**, 660
- Makam Jayaprana 660
- Regionale Reisetipps 390-391

Lalang Linggah **674**
- Regionale Reisetipps 391

Lange, Mads Johanes 29, 491, 495, 577
Le Mayeur, Adrien Jean 119, 487-488, 694
Le Meridien Nirwana Golf & Spa Resort (siehe *Tanah Lot*)
Lebih **565**
Legian 36, 89, 474, 476, 486-487, **491-194**, **496**
- Regionale Reisetipps 391-395

Lempad, I Gusti Nyoman 38-40, 120, 519, 532, 534, 538-539, 542, 560, 563
Lovina 55, 66, 615, 631, **638-639**
- Regionale Reisetipps 395-399

Lukluk **693**

M

Mahabharata 40, 115, 130, 135, 142-144, 148, 151, 154, 156, 479, 494, 515, 563, 574, 580-582, 606, 670
Mahendradatta 22, 527, 552, 584, 604, 618
Majapahit 14, 22, 71, 112, 117, 122, 130, 134, 150, 482-483, 491, 520, 524-525, 551, 557, 564, 575, 577, 589, 618, 686, 691-693

Manggis **585-586**
- Regionale Reisetipps 399-400

Manuaba **544-545**
- Pura Griya Sakti 544

Manusa yadnya 76, 184
Marga 34, **686-687**
- Regionaler Reisetipp 400
- Taman Pujaan Bangsa Margarina 686-687

Mario, I Ketut 135, 138, 677
Mas **527-529**
- Pura Taman Pule 528-529
- Regionale Reisetipps 400-401
- Rudana – Fine Art Gallery 529

Masceti **525-526**
- Pura Masceti 96, 526

Maßeinheiten 296
Mataram 13-15, 22, 24
McPhee, Colin 123, 541
Melanting (siehe *Cape Gondol*)
Mengwi 25-26, 472, 498-499, 643, 645, 679, 685, 687-688, **689-691**, 692-694
- Pura Taman Ayun 109, 472, 689-691
- Regionale Reisetipps 401

Mietwagen 297-298
Mond von Pejeng 20, 545, 556-557
Motorrad fahren/Motorrad mieten 298-299
Munduk **650**
- Air Terjun Munduk 650
- Regionale Reisetipps 401-402

Museen 199-300

N

Nachtleben 300
Nationalpark Westbali (siehe *Taman Nasional Bali Barat*)
Negara 82, 661, 663, **666-667**, 668
- Regionale Reisetipps 402

Neka, Sutéja 534, 541
Ngaben (siehe *Totenverbrennung*)
Nieuwenkamp, Wijnand Otto Jan 119, 552, 556, 560, 563, 632
Notruf 301-302
Nusa Ceningan 44, 514, **515**, 576
Nusa Dua 487, 492, 497, **505-507**

- Regionale Reisetipps 403-409
Nusa Lembongan 44, 65, 491, 510, **513-515**, 576
- Jungut Batu 514-515
- Regionale Reisetipps 409-410
- Rumah Goa 515
- Sanghyang Bay 514
Nusa Penida 44, 46, 50, 52-55, 133, 487, 497, **509-513**, 525, 557, 565, 576, 583, 610
- Goa Karangsari 511
- Pura Batu Kuning 512
- Pura Batu Medanu 512
- Pura Dalem Penataran Ped 510, 583
- Pura Puseh Batumadeg 512
- Regionale Reisetipps 410
- Sampalan 510-511
- Sebuluh-Wasserfall 512
- Toyapakeh 510, 513
Nyana, Ida Bagus 116, 528
Nyepi 200-201, 674, 683
Nyuh Kuning **536**

O

Odalan 102, 139, 141-142, 176, 183, 192-196, 199, 491, 526, 620
Öffnungszeiten 302
Organisierte Touren 466-471

P

Pabean **516**
Pacung 472, **685**
- Regionale Reisetipps 411
Padangbai 96, 510, 526, **584-585**
- Regionale Reisetipps 411-412
Padanggalak **486**
- Bali Orchid Garden 486
- Regionaler Reisetipp 418 (unter *Sanur*)
Pakerisan 168, 526, 549, 551, 557, 565
Paksabali **582**
Palasari **663**
Pancasari **642**, 646
- Regionale Reisetipps 412
Pancasila 43, 80, 179, 638
Pantai Balian 674
Pantai Balina 586
Pantai Canggu 694

- Regionale Reisetipps 413
Pantai Kelating 676
Pantai Medewi 669-671
- Regionale Reisetipps 413
Pantai Pasut 676
Pantai Rening 667
Pantai Seseh 694
Pantai Soka 674
Pantai Suluban 504
Pantai Yeh Ganga 678
- Regionale Reisetipps 413-414
Pass 302-303
Passfotos 303
Pasut **672**
Payangan **542**
- Regionale Reisetipps 414
Pearson, Muriel 492, 568
Pejaten 166, **694**
Pejeng 21, 519, 552, 555, **556-558**, 617-618
- Pura Kebo Edan 558
- Pura Penataran Sasih 21, 556-557
- Pura Pusering Jagat 109, 557
- Regionale Reisetipps 414
Peliatan 530, **535**
- Pura Desa Gede 535
Pemaksan 90
Pemaron 638
Pemecutan 31
Pemuteran 631, **654-655**, 656
- Proyek Penyu 655
- Regionale Reisetipps 415-416
Penasan **582**
Penatahan **681-682**
- Regionale Reisetipps 416
- Yeh Panas 681-682
Penelokan 620, **621**, 622, 626, 628
- Regionale Reisetipps 416
Penestanan 38, 40, 120, **540**, 541
- The Centre of Young Artists and Naif Painting 540
Pengambengan **667**
Penganggahan **682**
Penglipuran **572**
- Regionaler Reisetipp 416
Pengosekan **535**
- ARMA (Agung Rai Museum of Art) 535f

- Pengosekan Community of Artists 121, 535
Penulisan 618
Perancak **668-669**
Perean **685**
- Pura Yeh Gangga 685
Petanu 526
Petulu 543, **544**
- White Heron Sanctuary 544
Pita Maha 38-39, 42, 120-121, 531
Post 303-305
Programmvorschläge 471-472
Puaya **521**
Pujungan **673**
- Air Terjun Bangsing 673
Pulau Kambing 591
Pulau Menjangan 44, 656, **657**
Pulau Serangan 44, 133, **490-491**, 502, 507
- Pura Sakenan 490-491, 502
- Pura Susunan Wadone 491
Pupuan **673**
Puputan 15, 29-30, 32-34, 478, 482, 485, 567, 577-578, 633, 653, 686
Pura Agung Pulaki (siehe *Cape Gondol*)
Pura Batu Klotok **575**
Pura Bukit Kebon **596-597**
Pura Dalem Melanting (siehe *Cape Gondol*)
Pura Kentel Bumi **574**
Pura Krobokan 472, **553-554**
Pura Lempuyang Luhur 96, 109, **599**
Pura Luhur Batu Karu (Batukau) 96, 109, 472, **682-683**, 684
Pura Ponjok Batu **616**
Pura Rambut Siwi **669-670**
Pura Sambu 96
Pura Tirta Harum **573**
Purnama 201
Pusat Penangkaran Jalak Bali (Bali Starling Recovery Project) (siehe *Cekik*)
Putung 609, **612**
- Regionale Reisetipps 417

R
Raffles, Sir Thomas Stamford 15, 151
Rai, Gusti Ngurah 34, 686

Ramayana 40, 115, 135-136, 139, 142-143, 148, 151-152, 154, 156, 160, 479, 488, 547, 596, 631, 688, 691
Ramseyer, Urs 162
Rauchen 305
Reisebüros/Reiseveranstalter 305
Reisedokumente 305-306
Reisezeit 306-307
Rettungsdienst 307
Rundflüge 307-308
Rundfunk 308-309

S
Saba Bai **524**
- Regionale Reisetipps 417
Sad kahyangan 109, 502
Säule von Sanur 21
Sakah **523**, 527
Sambirenteng **615**
- Regionale Reisetipps 417
Sangeh **688-689**
- Pura Bukit Sari 688-689
- Regionaler Reisetipp 418
Sanggingan 541
- Neka Art Museum 541-542
Sangkar Agung **668**
- Gamelan Museum Jegog Suar Agung 666, 668
- Regionale Reisetipps 418
Sangsit **633-634**
- Pura Beji 633-634
Sanjaya-Dynastie 13
Sanur 30, 33, 474, **486-489**, 492, 505, 542
- Museum Le Mayeur 487-488
- Pura Belanjong 489
- Pura Dalem Kedewatan 487
- Pura Mertasari 489
- Pura Segara 488
- Regionale Reisetipps 418-427
- Sanur Beach Market 488
Sawan **633**
Sawagunung **554-555**
- Pura Pengukur Ukuran 554
Sayan **541**
Schwarzes Brett 309
Sebatu **547**
- Pura Gunung Kawi Sebatu 547

- Pura Jaba Kuta 547
- Regionale Reisetipps 427
Sebudi 609-610, **611**
Sekaha 69, 73-74
Semarapura 82, 119, 163, 472, 519, **576-582**
- Puputan-Mahnmal 581
- Pura Taman Sari 581-582
- Regionale Reisetipps 427-428
- Taman Gili 119, 472, 576, 578-582
Sembiran **616**
Sembung **686**
- Regionaler Reisetipp 428
Seminyak 66, 476, **491-494, 496**
- Pura Petitenget 496
- Regionale Reisetipps 428-433
Sengkidu **590**
- Regionale Reisetipps 433
Seraya **598**
Seririt 647, **651**, 660
- Regionale Reisetipps 433-434
Sex(abenteuer) 309310
Shailendra-Dynastie 13
Sicherheit 310-312
Sidan **574**
- Pura Dalem Sidan 574
- Regionale Reisetipps 434
Sidemen 582, **612**
- Regionale Reisetipps 434
Silakarang **529**
Simpangan 79, 500
Sing Sing Air Terjun 639
Singakerta **529**
- Pura Gaduh 529
- Pura Penataran Agung 529
- Pura Puseh 529
- Regionaler Reisetipp 434
Singapadu 472, **519-520**
- Regionale Reisetipps 435
- Rimba Bali – Bali Reptile Park 520
- Taman Burung – Bali Bird Park 472, 520
Singaraja 29, 35-37, 82, 150, 475, 481, 579, 614, 618, 620, 632, **634-638**, 640, 647
- Gedong Kirtya Lontar Museum 150, 579, 637-638
- Pura Agung Jagat Natha 637

- Pura Dalem 637
- Regionale Reisetipps 435-436
- Tempat Ibadat Tri Dharma Ling Gwan Kiong 636
Singasari-Dynastie 14, 22, 551
Sjahrir, Sutan 16
Smit, Arie 40, 120-121, 540, 542
Snel, Han 41, 531, 537
Sogra 610, **611**
- Pura Pasar Agung 610-611
Spas 312-313
Spies, Walter 33, 38-39, 41-42, 119-120, 123, 127, 136, 479, 486, 531, 540, 542, 562, 612, 677, 694
Sport 313-322
Sprache 322
Srivijaya 13-14
Strände 323-324
Strom 325
Subak 69, 74-75, 90, 621
Suharto 17-19, 35-36, 43, 81, 87-88, 196, 549, 608
Sukarno, Raden Ahmed 16-18, 35, 38, 43, 80-81, 487, 548-549, 608
Sukarnoputri, Megawati 18-19, 36, 60, 65, 81, 88, 91
Sukawana **617-618**
- Pura Tegeh Koripan 617-618
Sukawati 120, **520-521**, 522
- Pasar Seni 521
- Pura Kawitan Dalem Sukawati 521
- Pura Penataran Agung 521
- Regionale Reisetipps 436
Sukawati, Cokorda Gede Agung 38, 42, 120, 531, 539
Suluban **504**

T

Tabanan 31-32, 34, 71, 82, 135, 480, 498, 649, 673, 675, **676-678**, 679-682, 690
- Museum Subak 678
- Regionale Reisetipps 436-437
Taman Kupu Kupu 681
Taman Nasional Bali Barat 49, 56, 300-301, **656-660**, 661, 671
Tampaksiring 115, 117, 472, 526, **548-552**, 553, 555, 621

Stichwortverzeichnis

- Istana Tampaksiring 548
- Pura Gumang 548
- (Pura) Gunung Kawi 109, 472, 525, 527, 549-552, 555
- Pura Mengening 549
- Pura Tirta Empul 109, 202, 472, 526, 548-550
- Regionale Reisetipps 437

Tanah Lot 166, 693, **695-696**
- Le Meridien Nirwana Golf & Spa Resort 696
- Pura Tanah Lot 55, 109, 472, 695-696
- Regionale Reisetipps 437-438

Tangkas **576**
Tanjung Benoa **507-508**
- Caow Eng Biu 508
- Regionale Reisetipps 438-442

Taro **545-546**
- Elephant Safari Park 546
- Pura Gunung Raung 545-546
- Regionaler Reisetipp 442

Tegallalang 542, **543**, 545
Tegallingah **526**
- Candi Tebing 526

Tegaltamu **519**
Teges **535**
Tejakula **615-616**
Telaga Waja **544**
Telefon 325-329
Telefax 329
Tembok 615
- Regionaler Reisetipp 442

Temukus 638
Tenganan 21, 107, 150, 162, 472, 481, 546, **586-590**, 624
- Regionale Reisetipps 443

Tibubiyu **676**
- Regionaler Reisetipp 443

Tihingan **582**
- Regionale Reisetipps 443

Tilem, Ida Bagus 528
Tirtagangga 96, 472, 506, **599-600**, 613
- Regionale Reisetipps 443-444

Tista **676**
Toiletten 329-330
Totenverbrennung 165, 173, 186-192
Toya Bungkah **625-628**

- Regionale Reisetipps 444-445

Trampen 330
Trinkgeld 330-331
Trinkwasser 331-332
Trunyan 107, 622, **623-625**
Tuban **491-494**
- Regionale Reisetipps 445-449

Tukadmungga 638
Tulamben **614-615**
- Regionale Reisetipps 449-450

U

Ubud 37-40, 42, 48, 66, 120-121, 123, 472, 505, 526, 529, **530-540**, 541, 543-545, 552-553, 621
- Café Lotus 538
- House of Lempad 534
- Museum Puri Lukisan 38, 538-539
- Neka Gallery 534
- Puri Saraswati 538
- Puri Saren Agung 532
- Regionale Reisetipps 450-463
- Seniwati Gallery of Art by Women 534
- Siti Bungalows 537
- Wanara Wana (Affenwald) 537

Ubung 166
Udayana 21, 95, 527, 549, 552, 559, 584, 618
Übernachten 332-337
Ujung 596, **597**, 599
- Puri Taman Ujung 597

Uluwatu 96, **501-504**
- Pura Luhur Uluwatu 96, 109, 496, 501-503
- Regionale Reisetipps 464

Ungasan **500-501**, 504-505
- Garuda Wisnu Kencana Cultural Park 500-501
- Regionale Reisetipps 464-465

V

Vereenigde Oost-Indische Compagnie (VOC) 14-15
Verhalten(sregeln) 337-342
Verkehrsmittel 342-351
Versicherungen 351-352
Visum 352-353

W

Wäsche waschen 353-354
Wahid, Abdurrahman 19
Wanagiri **647**
- Regionale Reisetipps 465

Wanasari **681**
- Regionaler Reisetipp 465

Wangayagede **682**, 684
- Regionaler Reisetipp 465

Wasserbüffelrennen 54, 198, 664-666
Workshops/Kurse 354

Y

Yachten & Boote 354-355
Yeh Mempeh (Wasserfall) 615
Yeh Pulu **562-563**
Young Artists 120-121

Z

Zahnfeilung 77, 141, 162-163, 185, 596
Zeit 355
Zeitungen und Zeitschriften 355-356
Zoll 356-357
Zwangsanbausystem 15, 26

Persönliche Notizen

Home Infos Aktuelles Reisebücher Reiseangebote: Südafrika Namibia Botswana Zimbabwe

WAREN SIE SCHON IN @FRIKA?

ERLEBEN SIE UNS IM INTERNET

WWW.AFRIKA.DE

IWANOWSKI'S REISEN: DER SPEZIALIST FÜR DAS SÜDLICHE AFRIKA!

Surfen Sie doch einfach mal in die Kalahari – oder nach Kapstadt.

Bei uns finden Sie zahlreiche Informationen zu den Ländern des Südlichen Afrika:

Super-Preise für Flüge, Mietwagen, Camper, Safaris

und natürlich individuell ausgearbeitete Selbstfahrertouren.

Wenn Sie Afrika dann „live" erleben wollen:

Wir buchen Ihre Reise für Sie komplett von A bis Z.

IWANOWSKI'S REISEN

Iwanowski's Individuelles Reisen GmbH · Salm-Reifferscheidt-Allee 37 · 41540 Dormagen
Tel. 0 21 33 / 2 60 30 · Fax 0 21 33 / 26 03 33 · E-Mail: iwanowski@afrika.de